中国年鉴资源全文数据库核心年鉴
Core Yearbooks of China Yearbooks Full-text Database

中国企业年鉴 2017

CHINA ENTERPRISE YEARBOOK

中国企业年鉴编委会/编

企业管理出版社
ENTERPRISE MANAGEMENT PUBLISHING HOUSE

图书在版编目（CIP）数据

中国企业年鉴. 2017 / 中国企业年鉴编委会 编. —北京：企业管理出版社，2018.1

ISBN 978－7－5164－1660－0

Ⅰ. ①中… Ⅱ. ①中… Ⅲ. ①企业经济－中国－2017－年鉴 Ⅳ. ①F279.2-54

中国版本图书馆CIP数据核字（2018）第010780号

书　　名：中国企业年鉴 2017
作　　者：中国企业年鉴编委会 编
总 编 辑：官永久
责任编辑：尹 青 崔立凯
图文编辑：肖 钦
书　　号：ISBN 978－7－5164－1660－0
出版发行：企业管理出版社
地　　址：北京市海淀区紫竹院南路17号 邮编：100048
网　　址：http：//www.emph.cn
电　　话：出版社68701719 发行部68417763 编辑部68701184 广告部：68701192
电子邮箱：80147@sina.com chinaqynj@163.com
印　　刷：北京宝昌彩色印刷有限公司
经　　销：新华书店
规　　格：889毫米×1194毫米 16开本 43.75印张 1250千字 彩插 6.5印张
版　　次：2018年1月第1版 2018年1月第1次印刷
定　　价：480.00元（附赠光盘）
广告经营许可证：京海工商广字8127号

编 纂 说 明

一、《中国企业年鉴》（下称《年鉴》）于2011年在《中国企业管理年鉴》的基础上，更名改版，本卷为连续出版的第27卷。

二、《年鉴》是由国务院国有资产监督管理委员会主管，中国企业联合会、中国企业家协会组织编写的全国大型资料性年刊，是中国出版工作者协会年鉴工作委员会第一批认证的“中国年鉴资源全文数据库核心年鉴”。

三、《年鉴》继续由我国经济界、企业界老前辈袁宝华、陈锦华、张彦宁同志担任顾问，中国企业联合会、中国企业家协会会长王忠禹担任编委会主任；国务院国资委、工信部等部委领导同志担任编委会副主任。同时聘请了社会各界有关专家、学者、领导和企业家担任理事会成员、特约编委和特约撰稿人。

四、《年鉴》是中国国内迄今为止唯一一部反映和纪录中国企业改革与发展历程的史鉴，融政策性、权威性和实用性于一体，从不同层面、多元视角、各个领域真实客观地记录中国企业改革、管理和发展的新成就和新经验，热情讴歌先进企业的骄人业绩和企业家的领军风采。

五、《年鉴》秉承“鉴往知来，服务现实，保存资料，惠及后代”的重要使命，奉行“时代性、系统性、权威性和连续性”的办刊方针，为中国的各类企业和企业家以及众多研究和关注中国企业改革发展的专家学者提供数据信息和参考资料。

六、《年鉴》（2017）共设9个篇章，即：A. 重要经济文献；B. 经济法律法规选编；C. 企业发展概况；D. 行业发展概况；E. 企业管理综述；F. 企业论坛；G. 国民经济和社会发展统计资料；H. 附录；I. 图片资料。

七、本卷涉及全国性统计数据，暂未包括港澳台地区，其统计数据截至2016年

12 月 31 日。国民经济和社会发展统计资料中的数据采用国家统计局公布的初步统计数据；由于统计口径、方法不尽相同，如有行业、地方的统计数据与上述数据不完全一致的情况，以国家统计局的数据为准。

八、本卷编辑工作得到了全体特约编委、特约撰稿人和中国企业联合会有关部门同志的热心帮助和鼎力支持，在此一并表示诚挚的谢意。

九、自 2011 年改版后，每卷同步出版多媒体全文检索电子光盘（CD-ROM），随书赠送。

《中国企业年鉴》 编辑部

2017 年 11 月

▲ 习近平在江苏徐州市考察

2017 年 12 月 12—13 日，中共中央总书记、国家主席、中央军委主席习近平在江苏省徐州市考察时到徐工集团重型机械有限公司亲切看望劳动模范、技术能手等职工代表，鼓励他们在为实现中国梦的奋斗中争取人人出彩。

（新华社记者：谢环驰　摄）

▲ 李克强在湖北考察

2016 年 5 月 23 日，中共中央政治局常委、国务院总理李克强在十堰东风重卡新工厂，了解企业深化改革、调整结构、技术创新等情况。

（新华社记者：饶爱民　摄）

▲ 王忠禹会见联合国全球契约组织总干事 Lise Kingo

2016 年 8 月 22 日，中国企业联合会、中国企业家协会会长王忠禹会见出席“点亮美好未来——2016 实现可持续发展目标中国峰会”的联合国全球契约组织总干事 Lise Kingo。

（记者：林瑞泉　摄）

▲ 朱宏任出席第一届工业和信息化科技成果大会暨首届陕西品牌节

2016 年 9 月 24—25 日，第一届工业和信息化科技成果大会暨首届陕西品牌节在陕西省西安市举行。工业和信息化部原总工程师朱宏任出席并致辞。

（资料来源：新浪网）

▲ 李德成会见部分峰会代表

2016 年 8 月 22 日，在北京召开的“点亮美好未来——2016 实现可持续发展目标中国峰会”上，中国企业联合会、中国企业家协会常务副会长兼理事长、联合国全球契约理事李德成与获得“实现可持续发展目标（SDGs）中国先锋企业”的部分代表合影。

（记者：林瑞泉　摄）

▲ 黄海嵩出席第 105 届国际劳工大会

2016 年 6 月 4—10 日，中国企业联合会、中国企业家协会驻会副会长黄海嵩赴瑞士日内瓦出席第 105 届国际劳工大会。国际劳工组织总干事会见驻会副会长黄海嵩。

（供稿：中国企联雇主工作部）

▲ 全国企业管理创新大会在京召开

2016 年 4 月 17 日，主题为“践行五大发展理念，推动企业提质增效”的全国企业管理创新大会在北京召开。

（记者：林瑞泉　摄）

2016 年 4 月 27 日，中国企业联合会召开“两学一做”学习教育动员部署会，传达学习习近平总书记重要指示精神，贯彻落实中央“两学一做”学习教育工作座谈会精神，对“两学一做”学习教育进行动员部署。

（记者：林瑞泉　摄）

▲ 中国企业联合会召开“两学一做”学习教育动员部署会

2016 年 6 月 18—19 日，以“激发企业家精神、发挥企业家才能”为主题的“2016 年全国企业家活动日暨中国企业家年会”在黑龙江省哈尔滨市举行。

（记者：林瑞泉　摄）

▲ 2016 年全国企业家活动日暨中国企业家年会在哈尔滨举行

2016 年 8 月 27—28 日，由中国企业联合会、中国企业家协会举办的主题为“创新与转型，‘十三五’的大企业发展”的 2016 中国 500 强企业高峰论坛在湖南省长沙市举行。

（记者：林瑞泉　摄）

▲ 2016 中国 500 强企业高峰论坛在长沙举行

编 委 会

刘洪远　山西省企业联合会、山西省企业家协会常务副会长兼秘书长

刘建军　河北省企业家协会秘书长

安　进　安徽江淮汽车集团股份有限公司董事长、党委书记

关　飞　安徽省旅游集团有限责任公司董事长

汤　明　中电建路桥集团有限公司董事长、党委副书记

孙庆生　企业管理出版社社长

孙庆良　延边农村商业银行股份有限公司党委书记、董事长

次仁彭多　西藏自治区企业联合会、企业家协会负责人

李　克　宁夏企业和企业家联合会常务副会长

李　玲　中国机械工业企业管理协会执行副会长兼秘书长

李朴民　国家发展和改革委员会秘书长

李其华　江西省企业联合会、江西省企业家协会秘书长

李振中　全国打击侵权假冒领导小组办公室副主任

李寿生　中国石油和化学工业联合会会长、党委书记

李长进　中国中铁股份有限公司董事长、党委书记

李和仁　中国交通企业管理协会常务副秘书长

李光宁　珠海华发集团有限公司董事长

李普强　内蒙古企业联合会、内蒙古企业家协会秘书长

李建明　中国企业联合会、中国企业家协会副理事长

李　毅　工业和信息化部中小企业局综合处处长

杨连盛　广东省企业联合会、广东省企业家协会执行副会长

杨国翔　甘肃省企业联合会执行秘书长

杨廷成　青海省企业联合会、青海省企业家协会秘书长

邱思胜　湖北省企业联合会、湖北省企业家协会会长

余少雄　深圳市奇信建设集团股份有限公司总裁

何训班　国家工商行政管理总局外资局局长

辛仁周　工业和信息化部产业政策司巡视员

冷明权　海南省企业联合会、海南省企业家协会执行会长兼秘书长

沈　莹　国务院国有资产监督管理委员会财务监督与考核评价局局长

宋志平　中国建材集团有限公司董事长、党委书记

宋振海　山东省企业联合会常务副会长兼秘书长

宋　鑫　中国黄金集团公司董事长、党委书记

张东宁　北京银行党委书记、董事长

张志骧　中国企业联合会、中国企业家协会党委副书记、纪委书记

张艳艳　中国企业联合会咨询和培训中心主任

张祥明　重庆市企业联合会、重庆市企业家协会常务副会长兼秘书长

陆学泽　云南省企业联合会、云南省企业家协会常务副会长

陈进行　中国大唐集团公司董事长、党组书记

陈映坚　中广核工程有限公司总经理、党委副书记

陈宗权　贵阳银行股份有限公司董事长

陈秋途　中国华信能源有限公司总裁

武鸿麟　贵州省企业联合会、贵州省企业家协会会长

林左鸣　中国航空工业集团公司董事长、党组书记

竺延风　东风汽车公司董事长、党委书记

周厚健　海信集团有限公司董事长

周渝波　国务院国有资产监督管理委员会政策法规局局长

官永久　企业管理出版社总编辑

赵辰昕　国家发展和改革委员会经济运行调节局局长

郝玉峰　中国企业联合会研究部主任

郝为民　中国通信企业协会副会长兼秘书长

胡晓丽　中国企业联合会、中国企业家协会副理事长

柏东海　中国企业联合会、中国企业家协会副理事长

郜永军　河南省企业联合会、河南省企业家协会副会长兼秘书长

姜国钧　吉林省企业联合会、吉林省企业家协会常务副会长兼理事长

姜福魁　辽宁省企业联合会、辽宁省企业家协会副秘书长

栗　冀　中国通用咨询投资有限公司党委书记、总经理

主　　编：朱宏任　黄海嵩
副 主 编：刘　鹏　孙庆生　官永久
责任编辑：尹　青　崔立凯
编　　辑：黄宜成　杨天良
图片设计：申　辰

特约撰稿人

撰稿人：（按姓氏笔画排序）

马　超　中国企业联合会雇主工作部国际合作处副处长
王　艳　国务院国有资产监督管理委员会财务监管局处长
王吉伟　中国企业联合会企业文化工作部综合处处长
王华俊　中国有色金属工业协会副秘书长
王贺彬　中国钢铁工业协会综合部办公室副主任
左文胜　《中国交通年鉴》社编辑
石毅华　国家统计局综合司调研员
冯　帅　中国建筑材料联合会信息和经济运行部
朱小群　中国民营经济研究会专职研究员
汤家轩　中国煤炭工业协会技术管理中心主任
孙星寿　中国建筑材料联合会信息和经济运行部主任
孙蔚敏　国家工业和信息化部信息中心主任
孙淮滨　中国纺织工业联合会副会长
邬云芳　中国企业联合会、中国企业家协会办公室副主任
李　兰　中国企业家调查系统秘书长
李培松　中国轻工业联合会研究室主任
李战军　中国房地产业协会中房研协技术服务有限公司所长
李建明　中国企业联合会、中国企业家协会副理事长
肖春华　《中国经济贸易年鉴》顾问
吴英豪　赛迪顾问企业信息化研究中心高级咨询师
辛　灵　商务部国际贸易经济合作研究院对外投资合作研究所助理研究员
张　倩　中国纺织工业联合会产业部副处长
张　菲　商务部国际贸易经济合作研究院外国投资研究所副主任
张明钟　国家工业和信息化部信息中心信息通信研究所所长
邵红亚　中国企业联合会、中国企业家协会办公室主任
林瑞泉　《中国企业报》记者
欧阳晓明　中华全国工商业联合会经济部部长
周　蕊　中国企业联合会企业创新工作部
周　欣　中国企业联合会雇主工作部劳动关系处副处长
周志成　中国物流与采购联合会研究室主任
周业勤　中国房地产业研究会、中国房地产业协会研究员
赵志平　中国石油和化学工业联合会信息与市场部主任
赵新敏　中国机械工业联合会副秘书长
侯　勇　中国电力企业联合会规划发展部副处长
姜鑫民　中国宏观经济研究院办公室处长
贺登才　中国物流与采购联合会副会长、中国物流学会副会长
高银阁　工业和信息化部中小企业局副处长
陶　静　国家人力资源和社会保障部政策研究司处长
黄　磊　国务院国有资产监督管理委员会企业改革局副主任科员
曹　樱　国家发展和改革委员会经济运行局副处长

特约协办单位、 特约理事单位

特约协办单位：（排序不分先后）

国家电网公司
中国国电集团公司
中国建材集团有限公司
海信集团有限公司
中国华融资产管理股份有限公司
中国华信能源有限公司
珠海华发集团有限公司

特约理事单位：（排序不分先后）

中国兵器工业集团公司
中国航空工业集团公司
中国黄金集团公司
中国通用咨询投资有限公司
岭南园林股份有限公司
中国核电工程有限公司
中联重科股份有限公司
中科电力装备集团有限公司
中电建路桥集团有限公司
中国电建集团海外投资有限公司
北京汽车集团有限公司
皖北煤电集团

激发企业家精神　推进企业改革创新

——在2016年全国企业家活动日暨中国企业家年会上

（代序）

中国企业联合会
中国企业家协会　会长　王忠禹

2016年是实施“十三五”规划的开局之年，也是推进结构性改革的攻坚之年。适应经济发展新常态，中国企业转型升级步伐加快，创新动力持续提升，国际化经营稳步推进，涌现出一批具有核心竞争力的优强企业，炼就一支素质过硬、敢于担当的企业家队伍。

党的十八届五中全会通过的《关于制定国民经济和社会发展第十三个五年规划的建议》提出，激发企业家精神，依法保护企业家财产权和创新收益。习近平总书记3月4日在参加全国政协十二届四次会议民建、工商联界委员联组会时强调，激发企业家精神，发挥企业家才能，增强企业内在活力和创造力，推动企业不断取得更新更好发展。最近，习近平总书记在黑龙江考察调研时强调，深化改革开放优化发展环境，闯出老工业基地振兴发展新路。2016年全国企业家活动日暨中国企业家年会在哈尔滨市举行，并以“激发企业家精神，发挥企业家才能”为主题，就是贯彻落实党的十八大和十八届三中、四中、五中全会精神，学习贯彻习近平总书记系列重要讲话精神，进一步弘扬企业家“敢为天下先，爱拼才会赢”的精神，推动企业改革创新，为振兴东北地区老工业基地，全面建成小康社会做出新的贡献。

一、企业家要带领企业创新发展

创新是引领企业发展的第一动力。适应把握引领经济发展新常态，企业家必须把发展基点放在创新上，以技术创新和管理创新为核心，以人才培育为支撑，扎实推进创新驱动发展战略。

弘扬企业家创新精神。创新是企业家精神的灵魂。企业创新很多情况是新技术、新知识的大规模商业应用。企业家的创新精神体现在勇于担负产业报国、引领创新的历史使命；大胆摒弃因循守旧、怕担风险的观念，主动抢抓市场的机遇；积极推进商业模式创新，把互联网和传统产业结合起来，改造和提升传统产业；营造良好的企业创新环境，形成关注创新、支持创新、鼓励创新、包容失败的创新文化氛围。张瑞敏同志带领海尔集团从“日事日毕，日清日高”的 OEC 管理模式，到面向市场的“市场链”管理，再到快速推进的“人单合一”双赢模式，使海尔集团在持续创新中发展壮大。尹家绪同志作为中国汽车行业和军工行业的知名企业家，担任长安汽车公司领导期间勇于创新，确立全价值链体系化精益管理战略，使这家濒于破产的企业发展成为大型汽车企业集团；主持兵器工业集团工作以来，完善大型企业集团管控模式建设，积极倡导互联网思维，推动企业实现稳健增长。

加强企业技术创新。企业是技术创新的主体，主要体现在企业是创新的决策主体、投资主体、研发主体、成果应用主体和利益分配主体。近些年来，中国企业家带领企业瞄准国际创新发展趋势和特点，提高自主创新能力，将优势资源整合聚集到战略目标上，在重点领域、关键技术上取得重大突破，相继取得了一大批创新成果。中国核工业集团和中广核集团联合自主研发的第三代核电，使中国成为继美国、德国、俄罗斯之后又一个独立掌握该技术的国家。崔根良同志提出创新是亨通发展之魂，构建并不断完善企业创新体系，带领亨通集团打破国外技术垄断，成为中国在光纤通信领域唯一拥有光纤预制棒核心技术及自主产权的民族企业。宋志平同志领导的中国建材集团下属企业自主研发千吨级 T800 碳纤维生产线所有的核心设备和技术，实现了中国首条千吨级 T800 碳纤维生产线技术突破。

推动企业管理创新。管理创新是企业降本增效、提高发展水平的重要手段。随着中国企业劳动力成本不断提高，能源、物流、融资成本居高不下，企业低成本比较优势逐渐削弱。严峻的经营环境和市场压力，要求企业通过管理创新，有效控制成本，提高生产率；通过探索建立适应智能制造的管理模式，提升服务水平，创新发展空间。陈进行同志带领大唐集团始终把企业提质增效作为安身立命之本，以管理创新促进企业提高发展质量，集团效益连创新高。徐和谊同志把战略管理作为北汽集团发展的生命线，谋划“自主品牌”“新能源”和“国际化”战略，使北汽集团在竞争激烈的汽车制造业中站稳脚跟。通用技术集团、冶金科工集团、九洲电器集团、华录集团、电建集团、香江集团、科达集团、春秋航空等企业逐步探索形成了适合自身发展要求的先进经营理念和管理模式，使企业的管理优势有效地转化为竞争优势，在全国经济增速放缓的情况下，依然取得良好业绩，实现企业发展质量效益的稳步提升。

加快企业产品创新。产品是企业提供给市场，用于满足人们需求的有形物品和无形服务。随着中国生产、生活水平不断提高，消费需求呈现个性化、多样化趋势。企业只有创新供给，才能满足多层次消费需求；只有提升质量品牌，努力改善产品和服务，以精益求精的工匠精神实现增品种、提品质、创品牌，才能赢得客户；只有把握产品发展趋势，努力构建产品差异化优势，利用大数据，深入了解客户需求，才能不断开发满足客户需求的产品。前些年，中国手机市场被国际品牌垄断。这些年，中国企业通过技术和产品创新，逐步提高市场占有率，华为公司智能手机出货量在全球排行榜成为三星、苹果后的第三位。深圳大疆创新公司以技术为支撑，无人机产品满足市场多样化需求，占据全球消费级无人机 70.0% 的市场份额，成为以科技产品引领世界潮流的中国企业。

培育企业创新人才。人才是创新的根基。一切创新活动都是人做出来的。创新驱动实质上是人才驱动。谁拥有一流的创新人才，谁就拥有了科技创新的优势和主导权。企业要培育符合创新发展要求的人才队伍，完善引进、保留、使用人才的体制机制；积极探索在创新实践中发现人才、在创新活动中培育人才、在创新事业中凝聚人才，大力培养造就结构合理、素质优良的创新型科技人才队伍，尤其要注重培养一线创新人才和青年科技人才；要为人才发挥作用、施展才华提供更加广阔的天地，允许试错、宽容失败，最大限度调动科技人员的积极性、主动性、创造性。

二、企业家要推动企业深化改革

改革是转变经济发展方式的关键。经过近 40 年的改革开放，中国企业总体上已经同市场经济相融合，运行质量和效益明显提升。但是也要看到，企业仍然存在一些体制、机制、结构等方面的问题，严重制约着企业的持续健康发展。以改革促发展，向改革要红利已是企业家的普遍共识。企业家要推动企业加快改革步伐，加大改革力度。

深刻认识深化改革的紧迫性。《中共中央、国务院关于深化国有企业改革的指导意见》提出："到 2020 年，国有企业公司制改革基本完成，发展混合所有制经济取得积极进展，法人治理结构更加健全，优胜劣汰、经营自主灵活、内部管理人员能上能下、员工能进能出、收入能增能减的市场化机制更加完善。"实现这一目标还有 4 年时间。企业家要增强深化改革的紧迫感，结合本企业实际，坚持问题导向，通过不断深化改革，创新体制机制，破解企业发展难题，向改革要红利，增强发展动力和活力。

进一步完善现代企业制度。推进公司制股份制改革，加大集团层面公司制改革力度，积极引入各类投资者，实现股权多元化，大力推动国有企业改制上市，创造条件实现集团公司整体上市。健全公司法人治理结构，重点是推进董事会建设，建立健全权责对等、运转协调、有效制衡的决策执行监督机制，规范董事长、总经理行权行为，充分发挥董事会的决策作用、监事会的监督作用、经理层的经营管理作用、党组织的政治核心作用。兵器工业集团、国家开发投资公司、黄金集团、普天集团、海信集团、宝钢集团、华融资产、中和环球等企业坚持深化企业改革，不断完善市场化经营机制，积极推动集团管控模式建设，进行并购重组，使企业实现稳健增长和质量效益型的可持续发展。

积极发展混合所有制经济。发展混合所有制经济是为了提高国有资本配置和运行效率，实现各种所有制资本取长补短、相互促进、共同发展。已经实行混合所有制的企业，要着力完善现代企业制度，提高资本运行效率；对适宜继续推进混合所有制改革的国有企业，要充分发挥市场机制的作用。要充分发挥国有资本投资、运营公司的资本运作平台作用，对发展潜力大、成长性强的非国有企业进行股权投资。推进混合所有制经济还有许多政策问题需要明确细化。国有和民营企业都要如实认真反映改革中存在的问题。只有把存在的问题解决了，才能有效推动混合所有制经济的发展。中国建材集团、新兴际华集团、重庆银行等企业根据企业的特点和实际情况，积极探索发展混合所有制经济，激发了企业的活力和市场竞争力。

三、企业家要做到守法经营

社会主义市场经济本质上是法治经济。企业家不仅要经受市场竞争的考验，还要接受法律法规的考验，做到崇尚法治、依法经营。

自觉遵守法纪。企业家是否具有法律意识，是否具备法治精神，是企业能否健康发展的关键。企业家要以法律思维和法治方式经营管理企业，努力提升企业经营管理的法治化水平；要努力提升法律意识，做学法、知法、用法和守法的楷模。无论是在处理企业内部管理、运作，还是在处理企业与企业、企业与市场、企业与政府的关系上，企业家都要严格依法进行，自觉不踩雷区、不触红线。

依法合规经营。守法经营是任何企业都必须遵守的一个原则。企业家要依法合规经营，在法治框架下推进各项改革措施，坚守法律底线，注重履行法定程序，有效防范违规操作，避免企业经营风险。要进一步依法完善企业内部管理，充分发挥公司章程的作用，确保公司重大决策依法合规。要积极培育企业法治文化，在日常工作中自觉做到遵守公司的各项规章制度，形成依法做事，按章办事的良好作风。

不断自律修身。企业家要做到廉洁自律，守住做人、处事、用权、交友的底线。要自觉遵守国家法律法规，慎独慎微、勤于自省，时刻绷紧廉洁自律这根弦。要坚定理想信念，自觉抵制歪风邪气，加强道德养成，履行社会责任，清清白白地做事，堂堂正正地经营，不断向社会传递正能量。在政商交往中，要做到公私分明，形成以“亲清”关系为纽带的政商良性互动关系，构建风清气正、公正廉洁、规范有序、充满活力、和谐高效的新型政商关系。

四、为企业家营造良好的发展环境

企业是市场经济的主体。各级政府以及社会各界要进一步关心支持企业，为企业发展和企业家成长创造良好条件，充分调动企业家的积极性、主动性、创造性。

营造宽松的政策环境。政府要通过简政放权为企业提供更多的市场经营机会、更公平的经营环境、更明确的市场主体权益、更透明的信用机制和更高效的市场环境，激发企业创新的动力和活力。要加快金融财税体制改革，切实减轻企业税费负担。要构建多层次的金融市场体系，扩大和完善企业的融资渠道；要鼓励和支持企业成为研发主体、创新主体、产业主体，推动核心技术自主创新；要引导和帮助企业建立健全创新人才的引进和培育机制，大力提升企业的人才集聚度。

建立公正的法律环境。企业创新发展必须以健全完备的法律规范体系为基础，以确保企业在法治轨道上合法创新，健康发展。要营造公正的司法环境和守法的社会环境，激发企业创新动力、创造潜力和创业活力。要完善法律法规，维护企业的正当权益和企业家的人身财产安全；要健全和完善中国知识产权法律体系，使之更加适应创新驱动战略。要促进知识产权执法与司法的有效衔接，以高水平、专业化的知识产权司法保护，保障创新者的利益，支持和激励企业技术创新。要加快企业信用监管步伐，加强信用制度建设，建立健全失信约束惩罚机制，引导企业增强信用意识。

创造良好的舆论环境。全社会要形成尊重企业家、理解企业家、关怀企业家、支持企业家的社会氛围，尊重企业家的特殊劳动，重视企业家的社会价值，充分肯定企业家队伍对经济社会发展所做出的贡献；要对兢兢业业辛勤耕耘、做出成绩和贡献的优秀企业家大力宣传和表彰，特别是宣传企业创业创新典型，宣传企业家的社会责任和奉献精神，在全社会创造良好的舆论环境。

2016 年 4 月 29 日，中宣部在中央电视台向全社会公开发布“时代楷模”优秀企业家崔根良同志的先进事迹。崔根良同志 30 多年如一日，以爱党爱国为信念，以产业报国为己任，艰苦创业，勇于创新，大力发展民族工业，突破国外技术垄断，走出了一条依靠科技创新实现转型升级、自主发展之路。崔根良同志先进事迹发布后，在全社会引起热烈反响。5 月 29 日，作家出版社等单位主办著名作家叶梅的长篇纪实文学《美卿：一个中国女子的创业奇迹》研讨会。该纪实文学全面反映了香江集团总裁翟美卿的创业先进事迹，研讨会上，文学界、理论界、评论界专家纷纷发表精彩评论，反响强烈，好评如潮。可以说，中国改革开放这个伟大的时代，涌现出了一大批勇于创新、争创一流、艰苦奋斗、甘于奉献的优秀企业家，比如任正非、柳传志、张瑞敏等，也包括在座的各位中央企业、国有企业和民营企业的企业家。他们的创业创新不仅仅对中国经济社会发展繁荣是一种推动力量，同时也是社会正能量的践行者。社会各方面都要积极宣传这些企业家先进典型，在全社会形成尊重、理解、爱护、支持企业家的社会氛围。

企业家是企业统帅和灵魂，是改革创新的重要力量，也是推动经济社会发展的生力军。中国经济发展已经进入新常态，大力推进供给侧结构性改革，为企业家施展才华提供了广阔舞台，也带来新挑战。广大企业家要大力弘扬敢于担当、勇于作为、锐意改革、开拓创新的精神；要弘扬实业报国、顽强拼搏、迎难而上、百折不挠的精神；要弘扬致富思源、爱国敬业、团结协作、守法诚信的精神，要为企业做强做优、为国民经济持续健康发展做出积极的贡献。

中共中央国务院发布的《关于全面振兴东北地区等老工业基地的若干意见》提出，要充分认识推进东北老工业基地全面振兴的重要性和紧迫性，坚定不移地把这项宏伟事业推向新阶段。黑龙江省是中国重要的老工业基地，是全国最大的商品粮生产、供应基地，能源与原材料基地，在国家发展全局中具有重要地位。改革开放以来，黑龙江省的建设发展取得了突出的成就，在高品质食品、乳制品生产上有得天独厚的自然条件和多年的工作积累；旅游养老健康产业、体育产业都有明显的增长空间。这次全国企业家活动日在黑龙江省哈尔滨市举办，就是落实中央关于全面振兴东北地区等老工业基地战略部署，为全国企业家与龙江合作搭个平台，希望与会企业家和嘉宾多了解和关注龙江，加强合作，互利共赢，为东北振兴、龙江振兴，为企业改革发展，为全面建成小康社会的发展目标做出新的更大贡献！

（注：本文在编加时略有删减。）

目　次

A　重要经济文献

B　经济法律法规选编

法　律

行政法规

法规性文件

国务院部门规章

C 企业发展概况

D 行业发展概述

E 企业管理综述

F 企业论坛

G 国民经济和社会发展统计资料

H 附 录

I 图片资料

重点企业

优秀企业

A

重要经济文献

政府工作报告

——2017年3月5日在第十二届全国人民代表大会第五次会议上

国务院总理　李克强

各位代表：

现在，我代表国务院，向大会报告政府工作，请予审议，并请全国政协各位委员提出意见。

一、2016年工作回顾

过去一年，中国发展面临国内外诸多矛盾叠加、风险隐患交汇的严峻挑战。在以习近平同志为核心的党中央坚强领导下，全国各族人民迎难而上，砥砺前行，推动经济社会持续健康发展。党的十八届六中全会正式明确习近平总书记的核心地位，体现了党和人民的根本利益，对保证党和国家兴旺发达、长治久安，具有十分重大而深远的意义。各地区、各部门不断增强政治意识、大局意识、核心意识、看齐意识，推动全面建成小康社会取得新的重要进展，全面深化改革迈出重大步伐，全面依法治国深入实施，全面从严治党纵深推进，全年经济社会发展主要目标任务圆满完成，“十三五”实现了良好开局。

——经济运行缓中趋稳、稳中向好。国内生产总值达到744 000亿元，增长6.7%，名列世界前茅，对全球经济增长的贡献率超过30.0%。居民消费价格上涨2.0%。工业企业利润由上年下降2.3%转为增长8.5%，单位国内生产总值能耗下降5.0%，经济发展的质量和效益明显提高。

——就业增长超出预期。全年城镇新增就业1 314万人。高校毕业生就业创业人数再创新高。年末城镇登记失业率4.02%，为多年来最低。13亿多人口的发展中大国，就业比较充分，十分不易。

——改革开放深入推进。重要领域和关键环节改革取得突破性进展，供给侧结构性改革初见成效。对外开放推出新举措，“一带一路”建设进展快速，一批重大工程和国际产能合作项目落地。

——经济结构加快调整。消费在经济增长中发挥主要拉动作用。服务业增加值占国内生产总值比重上升到51.6%。高技术产业、装备制造业较快增长。农业稳中调优，粮食再获丰收。

——发展新动能不断增强。创新驱动发展战略深入实施。科技领域取得一批国际领先的重大成果。新兴产业蓬勃兴起，传统产业加快转型升级。大众创业、万众创新广泛开展，全年新登记企业增长24.5%，平均每天新增1.5万户，加上个体工商户等，各类市场主体每天新增4.5万户。新动能正在撑起发展新天地。

——基础设施支撑能力持续提升。新建高速铁路投产里程超过1 900公里，新建改建高速公路6 700多公里、农村公路29万公里。城市轨道交通、地下综合管廊建设加快。新开工重大水利工程21项。新增第四代移动通信用户3.4亿户、光缆线路550多万公里。

——人民生活继续改善。全国居民人均可支配收入实际增长6.3%。农村贫困人口减少1 240万人，易地扶贫搬迁人口超过240万人。棚户区住房改造600多万套，农村危房改造380多万户。国内旅游快速增长，出境旅游超过1.2亿人次，城乡居民生活水平有新的提高。

中国成功主办二十国集团领导人杭州峰会，推动取得一系列开创性、引领性、机制性重要成果，在全球经济治理中留下深刻的中国印记。

回顾过去一年，走过的路很不寻常。我们面对的是世界经济和贸易增速7年来最低、国际金融市场波动加剧、地区和全球性挑战突发多发的外部环境，面对的是国内结构性问题突出、风险隐患显现、经济下行压力加大的多重困难，面对的是改革进入攻坚期、利益关系深刻调整、影响社会稳定因素增多的复杂局面。在这种情况下，经济能够稳住很不容易，出现诸多向好变化更为难得。这再次表明，中国人民有勇气、有智慧、有能力战胜任何艰难险阻，中国经济有潜力、有韧性、有优势，中国的发展前景一定会更好。

一年来，我们主要做了以下工作。

一是继续创新和加强宏观调控，经济运行保持在合理区间。2016 年宏观调控面临多难抉择，我们坚持不搞“大水漫灌”式强刺激，而是依靠改革创新来稳增长、调结构、防风险，在区间调控基础上，加强定向调控、相机调控。积极的财政政策力度加大，增加的财政赤字主要用于减税降费。全面推开营改增试点，全年降低企业税负 5 700 多亿元，所有行业实现税负只减不增。制定实施中央与地方增值税收入划分过渡方案，确保地方既有财力不变。扩大地方政府存量债务置换规模，降低利息负担约 4 000 亿元。稳健的货币政策灵活适度，广义货币 M_2 增长 11.3%，低于 13.0% 左右的预期目标。综合运用多种货币政策工具，支持实体经济发展。实施促进消费升级措施。出台鼓励民间投资等政策，投资出现企稳态势。分类调控房地产市场。加强金融风险防控，人民币汇率形成机制进一步完善，保持了在合理均衡水平上的基本稳定，维护了国家经济金融安全。

二是着力抓好“三去一降一补”，供给结构有所改善。以钢铁、煤炭行业为重点去产能，全年退出钢铁产能超过 6 500 万吨、煤炭产能超过 2.9 亿吨，超额完成年度目标任务，分流职工得到较好安置。支持农民工在城镇购房，提高棚改货币化安置比例，房地产去库存取得积极成效。推动企业兼并重组，发展直接融资，实施市场化法治化债转股，工业企业资产负债率有所下降。着眼促进企业降成本，出台减税降费、降低“五险一金”缴费比例、下调用电价格等举措。加大补短板力度，办了一批当前急需又利长远的大事。

三是大力深化改革开放，发展活力进一步增强。全面深化改革，推出一批标志性、支柱性改革举措。围绕处理好政府和市场关系这一经济体制改革的核心问题，持续推进简政放权、放管结合、优化服务改革。在提前完成本届政府减少行政审批事项 1/3 目标的基础上，2016 年又取消 165 项国务院部门及其指定地方实施的审批事项，清理规范 192 项审批中介服务事项、220 项职业资格许可认定事项。深化商事制度改革。全面推行“双随机、一公开”，增强事中事后监管的有效性，推进“互联网 + 政务服务”。推动国有企业调整重组和混合所有制改革。建立公平竞争审查制度。深化资源税改革。完善农村土地“三权分置”办法，建立贫困退出机制。推进科技管理体制改革，扩大高校和科研院所自主权，出台以增加知识价值为导向的分配政策。放开养老服务市场。扩大公立医院综合改革试点，深化药品医疗器械审评审批制度改革。制定自然资源统一确权登记办法，开展省以下环保机构监测监察执法垂直管理、耕地轮作休耕改革等试点，全面推行河长制，健全生态保护补偿机制。改革为经济社会发展增添了新动力。

积极扩大对外开放。推进“一带一路”建设，与沿线国家加强战略对接、务实合作。人民币正式纳入国际货币基金组织特别提款权货币篮子。“深港通”开启。完善促进外贸发展措施，新设 12 个跨境电子商务综合试验区，进出口逐步回稳。推广上海等自贸试验区改革创新成果，新设 7 个自贸试验区。除少数实行准入特别管理措施领域外，外资企业设立及变更一律由审批改为备案管理。实际使用外资 1 300 多亿美元，继续位居发展中国家首位。

四是强化创新引领，新动能快速成长。深入推进“互联网 +”行动和国家大数据战略，全面实施《中国制造 2025》，落实和完善“双创”政策措施。部署启动面向 2030 年的科技创新重大项目，支持北京、上海建设具有全球影响力的科技创新中心，新设 6 个国家自主创新示范区。全社会研发经费支出与国内生产总值之比达到 2.08%。国内有效发明专利拥有量突破 100 万件，技术交易额超过 10 000 亿元。科技进步贡献率上升到 56.2%，创新对发展的支撑作用明显增强。

五是促进区域城乡协调发展，新的增长极增长带加快形成。深入实施“一带一路”建设、京津冀协同发展、长江经济带发展三大战略，启动建设一批重点项目。编制西部大开发“十三五”规划，实施新一轮东北振兴战略，推动中部地区崛起，支持东部地区率先发展。加快推进新型城镇化，深化户籍制度改革，全面推行居住证制度，又有1 600万人进城落户。发展的协同叠加效应不断显现。

六是加强生态文明建设，绿色发展取得新进展。制定实施生态文明建设目标评价考核办法，建设国家生态文明试验区。强化大气污染治理，二氧化硫、氮氧化物排放量分别下降5.6%和4.0%，74个重点城市细颗粒物（$PM_{2.5}$）年均浓度下降9.1%。优化能源结构，清洁能源消费比重提高1.7个百分点，煤炭消费比重下降2.0个百分点。推进水污染防治，出台土壤污染防治行动计划。开展中央环境保护督察，严肃查处一批环境违法案件，推动了环保工作深入开展。

七是注重保障和改善民生，人民群众获得感增强。在财政收支压力加大情况下，民生投入继续增加。出台新的就业创业政策，扎实做好重点人群、重点地区就业工作。全面推进脱贫攻坚，全国财政专项扶贫资金投入超过1 000亿元。提高低保、优抚、退休人员基本养老金等标准，为1 700多万困难和重度残疾人发放生活或护理补贴。财政性教育经费支出占国内生产总值比例继续超过4.0%。重点高校招收贫困地区农村学生人数增长21.3%。免除农村贫困家庭学生普通高中学杂费。全年资助各类学校家庭困难学生8 400多万人次。整合城乡居民基本医保制度，提高财政补助标准。增加基本公共卫生服务经费。实现大病保险全覆盖，符合规定的省内异地就医住院费用可直接结算。加强基层公共文化服务。实施全民健身计划，体育健儿在里约奥运会、残奥会上再创佳绩。2016年部分地区特别是长江流域发生严重洪涝等灾害，通过及时有力开展抢险救灾，紧急转移安置900多万人次，最大限度降低了灾害损失，恢复重建有序进行。

八是推进政府建设和治理创新，社会保持和谐稳定。国务院提请全国人大常委会审议法律议案13件，制定修订行政法规8件。完善公共决策吸纳民意机制，认真办理人大代表建议和政协委员提案。推进政务公开，省级政府部门权力和责任清单全面公布。加大督查问责力度，组织开展第三次国务院大督查，对去产能、民间投资等政策落实情况进行专项督查和第三方评估，严肃查处一些地区违规新建钢铁项目、生产销售“地条钢”等行为。加强安全生产工作，事故总量和重特大事故数量继续下降。强化社会治安综合治理，依法打击违法犯罪，有力维护了国家安全和公共安全。

扎实开展“两学一做”学习教育，认真落实党中央八项规定精神，坚决纠正“四风”，严格执行国务院“约法三章”。依法惩处一批腐败分子，反腐败斗争形成压倒性态势。

过去一年，中国特色大国外交卓有成效。习近平主席等国家领导人出访多国，出席亚太经合组织领导人非正式会议、上海合作组织峰会、金砖国家领导人会晤、核安全峰会、联大系列高级别会议、亚欧首脑会议、东亚合作领导人系列会议等重大活动。成功举办澜沧江—湄公河合作首次领导人会议。同主要大国协调合作得到加强，同周边国家全面合作持续推进，同发展中国家友好合作不断深化，同联合国等国际组织联系更加密切。积极促进全球治理体系改革与完善。推动《巴黎协定》生效。经济外交、人文交流成果丰硕。坚定维护国家领土主权和海洋权益。中国作为负责任大国，在国际和地区事务中发挥了建设性作用，为世界和平与发展做出了重要贡献。

隆重庆祝中国共产党成立95周年，隆重纪念中国工农红军长征胜利80周年，宣示了我们不忘初心、继续前进、战胜一切困难的坚强意志，彰显了全国人民走好新的长征路、不断夺取新胜利的坚定决心！

各位代表！过去一年取得的成绩，是以习近平同志为核心的党中央正确领导的结果，是全党全军全国各族人民团结奋斗的结果。我代表国务院，向全国各族人民，向各民主党派、各人民团体和各界人士，表示诚挚感谢！向香港特别行政区同胞、澳门特别行政区同胞、台湾同胞和海外侨胞，表示诚挚感谢！向关心和支持中国现代化建设事业的各国政府、国际组织和各国朋友，表示诚挚感谢！

我们也清醒看到，经济社会发展中还存在不少困难和问题。经济增长内生动力仍需增强,部分行业产能过剩严重,一些企业生产经营困难较多,地区经济走势分化,财政收支矛盾较大,经济金融风险隐患不容忽视。环境污染形势依然严峻,特别是一些地区严重雾霾频发,治理措施需要进一步加强。在住房、教育、医疗、养老、食品药品安全、收入分配等方面,人民群众还有不少不满意的地方。煤矿、建筑、交通等领域发生了一些重大安全事故,令人痛心。政府工作存在不足,有些改革举措和政策落实不到位,涉企收费多、群众办事难等问题仍较突出,行政执法中存在不规范不公正不文明现象,少数干部懒政怠政、推诿扯皮,一些领域腐败问题时有发生。我们一定要直面挑战,敢于担当,全力以赴做好政府工作,不辱历史使命,不负人民重托。

二、2017 年工作总体部署

2017 年将召开中国共产党第十九次全国代表大会,是党和国家事业发展中具有重大意义的一年。做好政府工作,要在以习近平同志为核心的党中央领导下,高举中国特色社会主义伟大旗帜,全面贯彻党的十八大和十八届三中、四中、五中、六中全会精神,以邓小平理论、"三个代表"重要思想、科学发展观为指导,深入贯彻习近平总书记系列重要讲话精神和治国理政新理念新思想新战略,统筹推进"五位一体"总体布局和协调推进"四个全面"战略布局,坚持稳中求进工作总基调,牢固树立和贯彻落实新发展理念,适应把握引领经济发展新常态,坚持以提高发展质量和效益为中心,坚持宏观政策要稳、产业政策要准、微观政策要活、改革政策要实、社会政策要托底的政策思路,坚持以推进供给侧结构性改革为主线,适度扩大总需求,加强预期引导,深化创新驱动,全面做好稳增长、促改革、调结构、惠民生、防风险各项工作,保持经济平稳健康发展和社会和谐稳定,以优异成绩迎接党的十九大胜利召开。

综合分析国内外形势,我们要做好应对更加复杂严峻局面的充分准备。世界经济增长低迷态势仍在延续,"逆全球化"思潮和保护主义倾向抬头,主要经济体政策走向及外溢效应变数较大,不稳定不确定因素明显增加。中国发展处在爬坡过坎的关键阶段,经济运行存在不少突出矛盾和问题。困难不容低估,信心不可动摇。中国物质基础雄厚、人力资源充裕、市场规模庞大、产业配套齐全、科技进步加快、基础设施比较完善,经济发展具有良好支撑条件,宏观调控还有不少创新手段和政策储备。我们坚信,有党的坚强领导,坚持党的基本路线,坚定不移走中国特色社会主义道路,依靠人民群众的无穷创造力,万众一心、奋力拼搏,中国发展一定能够创造新的辉煌。

2017 年发展的主要预期目标是:国内生产总值增长 6.5% 左右,在实际工作中争取更好结果;居民消费价格涨幅 3.0% 左右;城镇新增就业 1 100 万人以上,城镇登记失业率 4.5% 以内;进出口回稳向好,国际收支基本平衡;居民收入和经济增长基本同步;单位国内生产总值能耗下降 3.4% 以上,主要污染物排放量继续下降。

2017 年的经济增长预期目标,符合经济规律和客观实际,有利于引导和稳定预期、调整结构,也同全面建成小康社会要求相衔接。稳增长的重要目的是为了保就业、惠民生。2017 年就业压力加大,要坚持就业优先战略,实施更加积极的就业政策。城镇新增就业预期目标比上年多 100 万人,突出了更加重视就业的导向。从经济基本面和就业吸纳能力看,这一目标通过努力是能够实现的。

2017 年要继续实施积极的财政政策和稳健的货币政策,在区间调控基础上加强定向调控、相机调控,提高预见性、精准性和有效性,注重消费、投资、区域、产业、环保等政策的协调配合,确保经济运行在合理区间。

财政政策要更加积极有效。2017 年赤字率拟按 3.0% 安排,财政赤字 23 800 亿元,比上年增加 2 000 亿元。其中,中央财政赤字 15 500 亿元,地方财政赤字 8 300 亿元。安排地方专项债券 8 000 亿元,继续发行地方政府置换债券。2017 年赤字率保持不变,主要是为了进一步减税降费,全年再减少企业税负 3 500亿元左右、涉企收费约 2 000 亿元,一定要让市场主体有切身感受。财政预算安排要突出重点、有保有压,加大力度补短板、惠民生。对地方一般性转移支付规模增长 9.5%,重点增加均衡性转移支付和困难地区财力补助。压缩非重点支出，减少对绩效不高项目的预算安排。各级政府要坚持过紧日子，中央部门要带头，一律按不低于5.0%的幅度压减一般性支出，决不允许增加“三公”经费，挤出更多资金用于减税降费，坚守节用裕民的正道。

货币政策要保持稳健中性。2017年广义货币M_2和社会融资规模余额预期增长均为12.0%左右。要综合运用货币政策工具，维护流动性基本稳定，合理引导市场利率水平，疏通传导机制，促进金融资源更多流向实体经济，特别是支持“三农”和小微企业。坚持汇率市场化改革方向，保持人民币在全球货币体系中的稳定地位。

做好2017年政府工作，要把握好以下几点。

一是贯彻稳中求进工作总基调，保持战略定力。稳是大局，要着力稳增长、保就业、防风险，守住金融安全、民生保障、环境保护等方面的底线，确保经济社会大局稳定。在稳的前提下要勇于进取，深入推进改革，加快结构调整，敢于啃“硬骨头”，努力在关键领域取得新进展。

二是坚持以推进供给侧结构性改革为主线。必须把改善供给侧结构作为主攻方向，通过简政减税、放宽准入、鼓励创新，持续激发微观主体活力，减少无效供给、扩大有效供给，更好适应和引导需求。这是一个化蛹成蝶的转型升级过程，既充满希望又伴随阵痛，既非常紧迫又艰巨复杂。要勇往直前，坚决闯过这个关口。

三是适度扩大总需求并提高有效性。中国内需潜力巨大，扩内需既有必要也有可能，关键是找准发力点。要围绕改善民生来扩大消费，着眼补短板、增后劲来增加投资，使扩内需更加有效、更可持续，使供给侧改革和需求侧管理相辅相成、相得益彰。

四是依靠创新推动新旧动能转换和结构优化升级。中国发展到现在这个阶段，不靠改革创新没有出路。我们拥有世界上数量最多、素质较高的劳动力，有最大规模的科技和专业技能人才队伍，蕴藏着巨大的创新潜能。要坚持以改革开放为动力、以人力人才资源为支撑，加快创新发展，培育壮大新动能、改造提升传统动能，推动经济保持中高速增长、产业迈向中高端水平。

五是着力解决人民群众普遍关心的突出问题。政府的一切工作都是为了人民，要践行以人民为中心的发展思想，把握好中国处于社会主义初级阶段的基本国情。对群众反映强烈、期待迫切的问题，有条件的要抓紧解决，把好事办好；一时难以解决的，要努力创造条件逐步加以解决。我们要咬定青山不放松，持之以恒为群众办实事、解难事，促进社会公平正义，把发展硬道理更多体现在增进人民福祉上。

三、2017年重点工作任务

面对2017年艰巨繁重的改革发展稳定任务，我们要通观全局、统筹兼顾，突出重点、把握关键，正确处理好各方面关系，着重抓好以下几个方面工作。

（一）用改革的办法深入推进“三去一降一补”

要在巩固成果基础上，针对新情况新问题，完善政策措施，努力取得更大成效。

扎实有效去产能。2017年要再压减钢铁产能5 000万吨左右，退出煤炭产能1.5亿吨以上。同时，要淘汰、停建、缓建煤电产能5 000万千瓦以上，以防范化解煤电产能过剩风险，提高煤电行业效率，为清洁能源发展腾空间。要严格执行环保、能耗、质量、安全等相关法律法规和标准，更多运用市场化法治化手段，有效处置“僵尸企业”，推动企业兼并重组、破产清算，坚决淘汰不达标的落后产能，严控过剩行业新上产能。去产能必须安置好职工，中央财政专项奖补资金要及时拨付，地方和企业要落实相关资金与措施，确保分流职工就业有出路、生活有保障。

因城施策去库存。目前三四线城市房地产库存仍然较多，要支持居民自住和进城人员购房需求。坚持住房的居住属性，落实地方政府主体责任，加快建立和完善促进房地产市场平稳健康发展的长效机制，以市场为主满足多层次需求，以政府为主提供基本保障。加强房地产市场分类调控，房价上涨压力大的城市要合理增加住宅用地，规范开发、销售、中介等行为。目前城镇还有几千万人居住在条件简陋的棚户区，要持续进行改造。2017年再完成棚户区住房改造600万套，继续发展公租房，因地制宜提高货币化安置比例，加强配套设施建设和公共服务，让更多住房困难家庭告别棚户区，让广大人民群众在住有所居中创造新生活。

积极稳妥去杠杆。中国非金融企业杠杆率较高,这与储蓄率高、以信贷为主的融资结构有关。要在控制总杠杆率的前提下,把降低企业杠杆率作为重中之重。促进企业盘活存量资产,推进资产证券化,支持市场化法治化债转股,加大股权融资力度,强化企业特别是国有企业财务杠杆约束,逐步将企业负债降到合理水平。

多措并举降成本。扩大小微企业享受减半征收所得税优惠的范围,年应纳税所得额上限由30万元提高到50万元;科技型中小企业研发费用加计扣除比例由50.0%提高到75.0%,千方百计使结构性减税力度和效应进一步显现。名目繁多的收费使许多企业不堪重负,要大幅降低非税负担。一是全面清理规范政府性基金,取消城市公用事业附加等基金,授权地方政府自主减免部分基金。二是取消或停征中央涉企行政事业性收费35项,收费项目再减少50.0%以上,保留的项目要尽可能降低收费标准。各地也要削减涉企行政事业性收费。三是减少政府定价的涉企经营性收费,清理取消行政审批中介服务违规收费,推动降低金融、铁路货运等领域涉企经营性收费,加强对市场调节类经营服务性收费的监管。四是继续适当降低"五险一金"有关缴费比例。五是通过深化改革、完善政策,降低企业制度性交易成本,降低用能、物流等成本。各有关部门和单位都要舍小利顾大义,使企业轻装上阵,创造条件形成中国竞争新优势。

精准加力补短板。要针对严重制约经济社会发展和民生改善的突出问题,结合实施"十三五"规划确定的重大项目,加大补短板力度,加快提升公共服务、基础设施、创新发展、资源环境等支撑能力。

贫困地区和贫困人口是全面建成小康社会最大的短板。要深入实施精准扶贫精准脱贫,2017年再减少农村贫困人口1 000万人以上,完成易地扶贫搬迁340万人。中央财政专项扶贫资金增长30.0%以上。加强集中连片特困地区、革命老区开发,改善基础设施和公共服务,推动特色产业发展、劳务输出、教育和健康扶贫,实施贫困村整体提升工程,增强贫困地区和贫困群众自我发展能力。推进贫困县涉农资金整合,强化资金和项目监管。创新扶贫协作机制,支持社会力量参与扶贫。切实落实脱贫攻坚责任制,实施最严格的评估考核,严肃查处假脱贫、"被脱贫"、数字脱贫,确保脱贫得到群众认可、经得起历史检验。

(二)深化重要领域和关键环节改革

要全面深化各领域改革,加快推进基础性、关键性改革,增强内生发展动力。

持续推进政府职能转变。使市场在资源配置中起决定性作用和更好发挥政府作用,必须深化简政放权、放管结合、优化服务改革。这是政府自身的一场深刻革命,要继续以壮士断腕的勇气,坚决披荆斩棘向前推进。全面实行清单管理制度,制定国务院部门权力和责任清单,扩大市场准入负面清单试点,减少政府的自由裁量权,增加市场的自主选择权。清理取消一批生产和服务许可证。深化商事制度改革,实行多证合一,扩大"证照分离"改革试点。完善事中事后监管制度,实现"双随机、一公开"监管全覆盖,推进综合行政执法。加快国务院部门和地方政府信息系统互联互通,形成全国统一政务服务平台。我们一定要让企业和群众更多感受到"放管服"改革成效,着力打通"最后一公里",坚决除烦苛之弊、施公平之策、开便利之门。

继续推进财税体制改革。落实和完善全面推开营改增试点政策。简化增值税税率结构,2017年由四档税率简并至三档,营造简洁透明、更加公平的税收环境,进一步减轻企业税收负担。推进中央与地方财政事权和支出责任划分改革,加快制定收入划分总体方案,健全地方税体系,规范地方政府举债行为。深入推进政府预决算公开,倒逼沉淀资金盘活,提高资金使用效率,每一笔钱都要花在明处、用出实效。

抓好金融体制改革。促进金融机构突出主业、下沉重心,增强服务实体经济能力,防止脱实向虚。鼓励大中型商业银行设立普惠金融事业部,国有大型银行要率先做到,实行差别化考核评价办法和支持政策,有效缓解中小微企业融资难、融资贵问题。发挥好政策性开发性金融作用,强化农村信用社服务"三农"功能。深化多层次资本市场改革,完善主板市场基础性制度,积极发展创业板、新三板,规范发展区域性股权市场。拓宽保险资金支持实体经济渠道。大力发展绿色金融。当前系统性风险总体可控，但对不良资产、债券违约、影子银行、互联网金融等累积风险要高度警惕。稳妥推进金融监管体制改革，有序化解处置突出风险点，整顿规范金融秩序，筑牢金融风险"防火墙"。中国经济基本面好，商业银行资本充足率、拨备覆盖率比较高，可动用的工具和手段多。对守住不发生系统性金融风险的底线，我们有信心和底气、有能力和办法。

加快推进国企国资改革。要以提高核心竞争力和资源配置效率为目标，形成有效制衡的公司法人治理结构、灵活高效的市场化经营机制。2017 年要基本完成公司制改革。深化混合所有制改革，在电力、石油、天然气、铁路、民航、电信、军工等领域迈出实质性步伐。抓好电力和石油天然气体制改革，开放竞争性业务。持续推进国有企业瘦身健体、提质增效，抓紧剥离办社会职能，解决历史遗留问题。推进国有资本投资、运营公司改革试点。改善和加强国有资产监管，确保资产保值增值，把人民的共同财富切实守护好、发展好。

更好激发非公有制经济活力。深入落实支持非公有制经济发展的政策措施。加快构建新型政商关系。鼓励非公有制企业参与国有企业改革。坚持权利平等、机会平等、规则平等，进一步放宽非公有制经济市场准入。凡法律法规未明确禁入的行业和领域，都要允许各类市场主体平等进入；凡向外资开放的行业和领域，都要向民间资本开放；凡影响市场公平竞争的不合理行为，都要坚决制止。

加强产权保护制度建设。保护产权就是保护劳动、保护发明创造、保护和发展生产力。要加快完善产权保护制度，依法保障各种所有制经济组织和公民财产权，激励人们创业创新创富，激发和保护企业家精神，使企业家安心经营、放心投资。对于侵害企业产权的行为，必须严肃查处、有错必纠。

大力推进社会体制改革。深化收入分配制度配套改革。稳步推动养老保险制度改革，划转部分国有资本充实社保基金。深化医疗、医保、医药联动改革。全面推开公立医院综合改革，全部取消药品加成，协调推进医疗价格、人事薪酬、药品流通、医保支付方式等改革。深入推进教育、文化和事业单位等改革，把社会领域的巨大发展潜力充分释放出来。

深化生态文明体制改革。完善主体功能区制度和生态补偿机制，建立资源环境监测预警机制，开展健全国家自然资源资产管理体制试点，出台国家公园体制总体方案，为生态文明建设提供有力制度保障。

（三）进一步释放国内需求潜力

推动供给结构和需求结构相适应、消费升级和有效投资相促进、区域城乡发展相协调，增强内需对经济增长的持久拉动作用。

促进消费稳定增长。适应消费需求变化，完善政策措施，改善消费环境。一要加快发展服务消费。开展新一轮服务业综合改革试点，支持社会力量提供教育、养老、医疗等服务。推动服务业模式创新和跨界融合，发展医养结合、文化创意等新兴消费。完善旅游设施和服务，大力发展乡村、休闲、全域旅游。扩大数字家庭、在线教育等信息消费。促进电商、快递进社区进农村，推动实体店销售和网购融合发展。二要增加高品质产品消费。引导企业增品种、提品质、创品牌，扩大内外销产品"同线同标同质"实施范围，更好满足消费升级需求。三要整顿和规范市场秩序。严肃查处假冒伪劣、虚假广告、价格欺诈等行为，加强消费者权益保护，让群众花钱消费少烦心、多舒心。

积极扩大有效投资。引导资金更多投向补短板、调结构、促创新、惠民生的领域。2017 年要完成铁路建设投资 8 000 亿元、公路水运投资 18 000 亿元，再开工 15 项重大水利工程，继续加强轨道交通、民用航空、电信基础设施等重大项目建设。中央预算内投资安排 5 076 亿元。落实和完善促进民间投资的政策措施。深化政府和社会资本合作，完善相关价格、税费等优惠政策，政府要带头讲诚信，决不能随意改变约定，决不能"新官不理旧账"。

优化区域发展格局。统筹推进三大战略和"四大板块"发展，实施好相关规划，研究制定新举措。推动国家级新区、开发区、产业园区等创新发展。支持资源枯竭、生态严重退化等地区经济转型发展。优化空域资源配置。推进海洋经济示范区建设，加快建设海洋强国，坚决维护国家海洋权益。

扎实推进新型城镇化。深化户籍制度改革，2017 年实现进城落户 1 300 万人以上，加快居住证制度全覆盖。支持中小城市和特色小城镇发展，推动一批具备条件的县和特大镇有序设市，发挥城市群辐射带动作用。推进建筑业改革发展，提高设计水平和工程质量。统筹城市地上地下建设，再开工建设城市地下综合管廊 2 000 公里以上，启动消除城区重点易涝区段三年行动，推进海绵城市建设，使城市既有“面子”、更有“里子”。

（四）以创新引领实体经济转型升级

实体经济从来都是中国发展的根基，当务之急是加快转型升级。要深入实施创新驱动发展战略，推动实体经济优化结构，不断提高质量、效益和竞争力。

提升科技创新能力。完善对基础研究和原创性研究的长期稳定支持机制，建设国家重大科技基础设施和技术创新中心，打造科技资源开放共享平台。推进全面创新改革试验。切实落实高校和科研院所自主权，落实股权期权和分红等激励政策，落实科研经费和项目管理制度改革，让科研人员不再为杂事琐事分心劳神。开展知识产权综合管理改革试点，完善知识产权创造、保护和运用体系。深化人才发展体制改革，实施更加有效的人才引进政策，广聚天下英才，充分激发科研人员积极性，定能成就创新大业。

加快培育壮大新兴产业。全面实施战略性新兴产业发展规划，加快新材料、人工智能、集成电路、生物制药、第五代移动通信等技术研发和转化，做大做强产业集群。支持和引导分享经济发展，提高社会资源利用效率，便利人民群众生活。本着鼓励创新、包容审慎原则，制定新兴产业监管规则。深化统计管理体制改革，健全新兴产业统计。在互联网时代，各领域发展都需要速度更快、成本更低的信息网络。2017 年网络提速降费要迈出更大步伐，年内全部取消手机国内长途和漫游费，大幅降低中小企业互联网专线接入资费，降低国际长途电话费，推动“互联网 +”深入发展、促进数字经济加快成长，让企业广泛受益、群众普遍受惠。

大力改造提升传统产业。深入实施《中国制造2025》，加快大数据、云计算、物联网应用，以新技术新业态新模式，推动传统产业生产、管理和营销模式变革。把发展智能制造作为主攻方向，推进国家智能制造示范区、制造业创新中心建设，深入实施工业强基、重大装备专项工程，大力发展先进制造业，推动中国制造向中高端迈进。完善制造强国建设政策体系，以多种方式支持技术改造，促进传统产业焕发新的蓬勃生机。

持续推进大众创业、万众创新。“双创”是以创业创新带动就业的有效方式，是推动新旧动能转换和经济结构升级的重要力量，是促进机会公平和社会纵向流动的现实渠道，要不断引向深入。新建一批“双创”示范基地，鼓励大企业和科研院所、高校设立专业化众创空间，加强对创新型中小微企业支持，打造面向大众的“双创”全程服务体系，使各类主体各展其长、线上线下良性互动，使小企业铺天盖地、大企业顶天立地，市场活力和社会创造力竞相迸发。

全面提升质量水平。广泛开展质量提升行动，加强全面质量管理，健全优胜劣汰质量竞争机制。质量之魂，存于匠心。要大力弘扬工匠精神，厚植工匠文化，恪尽职业操守，崇尚精益求精，培育众多“中国工匠”，打造更多享誉世界的“中国品牌”，推动中国经济发展进入质量时代。

（五）促进农业稳定发展和农民持续增收

深入推进农业供给侧结构性改革，完善强农惠农政策，拓展农民就业增收渠道，保障国家粮食安全，推动农业现代化与新型城镇化互促共进，加快培育农业农村发展新动能。

推进农业结构调整。引导农民根据市场需求发展生产，增加优质绿色农产品供给，扩大优质水稻、小麦生产，适度调减玉米种植面积，粮改饲试点面积扩大到 1 000 万亩以上。鼓励多渠道消化玉米库存。支持主产区发展农产品精深加工，拓展产业链价值链，打造农村一、二、三产业融合发展新格局。

加强现代农业建设。加快推进农产品标准化生产和品牌创建，打造粮食生产功能区、重要农产品生产保护区、特色农产品优势区和现代农业产业园。推进土地整治，大力改造中低产田，新增高效节水灌溉面积 2 000 万亩。发展多种形式适度规模经营，是中国特色农业现代化的必由之路，离不开农业保险有力保障。2017 年在 13 个粮食主产省选择部分县市，对适度规模经营农户实施大灾保险，调整部分财政救灾资金予以支持，提高保险理赔标准，完善农业再保险体系，以持续稳健的农业保险助力现代农业发展。

深化农村改革。稳步推进农村集体产权制度改革，深化农村土地制度改革试点，赋予农民更多财产权利。完善粮食等农产品价格形成机制和收储制度，推进农业水价综合改革。深化集体林权、国有林区林场、农垦、供销社等改革。健全农村“双创”促进机制，支持农民工返乡创业，鼓励高校毕业生、退役军人、科技人员到农村施展才华。

加强农村公共设施建设。新建改建农村公路 20 万公里。实现农村稳定可靠供电服务和平原地区机井通电全覆盖。完成 3 万个行政村通光纤。提高农村饮水安全供水保证率。加大农村危房改造力度。深入推进农村人居环境整治，建设既有现代文明、又具田园风光的美丽乡村。

（六）积极主动扩大对外开放

面对国际环境新变化和国内发展新要求，要进一步完善对外开放战略布局，加快构建开放型经济新体制，推动更深层次更高水平的对外开放。

扎实推进“一带一路”建设。坚持共商共建共享，加快陆上经济走廊和海上合作支点建设，构建沿线大通关合作机制。深化国际产能合作，带动中国装备、技术、标准、服务走出去，实现优势互补。加强教育、文化、旅游等领域交流合作。高质量办好“一带一路”国际合作高峰论坛，同奏合作共赢新乐章。

促进外贸继续回稳向好。落实和完善进出口政策，推动优进优出。扩大出口信用保险覆盖面，对成套设备出口融资应保尽保。设立服务贸易创新发展引导基金。支持市场采购贸易、外贸综合服务企业发展。加快外贸转型升级示范基地建设。促进加工贸易向产业链中高端延伸、向中西部地区梯度转移。推广国际贸易“单一窗口”，实现全国通关一体化。增加先进技术、设备和关键零部件进口，促进贸易平衡发展和国内产业加快升级。

大力优化外商投资环境。修订外商投资产业指导目录，进一步放宽服务业、制造业、采矿业外资准入。支持外商投资企业在国内上市、发债，允许参与国家科技计划项目。在资质许可、标准制定、政府采购、享受《中国制造 2025》政策等方面，对内外资企业一视同仁。地方政府可在法定权限范围内，制定出台招商引资优惠政策。高标准高水平建设 11 个自贸试验区，全面推广成熟经验。引导对外投资健康规范发展，提升风险防范能力。中国开放的大门会越开越大，必将继续成为最富吸引力的外商投资目的地。

推进国际贸易和投资自由化便利化。经济全球化符合世界各国的根本利益。中国将坚定不移推动全球经济合作，维护多边贸易体制主渠道地位，积极参与多边贸易谈判。我们愿与有关国家一道，推动中国—东盟自贸区升级议定书全面生效实施，早日结束区域全面经济伙伴关系协定谈判，推进亚太自贸区建设。继续与有关国家和地区商谈投资贸易协定。中国是负责任的国家，作出的承诺一直认真履行，应有的权益将坚决捍卫。

（七）加大生态环境保护治理力度

加快改善生态环境特别是空气质量，是人民群众的迫切愿望，是可持续发展的内在要求。必须科学施策、标本兼治、铁腕治理，努力向人民群众交出合格答卷。

坚决打好蓝天保卫战。2017 年二氧化硫、氮氧化物排放量要分别下降 3.0%，重点地区细颗粒物（$PM_{2.5}$）浓度明显下降。一要加快解决燃煤污染问题。全面实施散煤综合治理，推进北方地区冬季清洁取暖，完成以电代煤、以气代煤 300 万户以上，全部淘汰地级以上城市建成区燃煤小锅炉。加大燃煤电厂超低排放和节能改造力度，东中部地区要分别于 2017 年、2018 年完成，西部地区于 2020 年完成。抓紧解决机制和技术问题，优先保障可再生能源发电上网，有效缓解弃水、弃风、弃光状况。加快秸秆资源化利用。二要全面推进污染源治理。开展重点行业污染治理专项行动。对所有重点工业污染源，实行 24 小时在线监控。明确排放不达标企业最后达标时限，到期不达标的坚决依法关停。三要强化机动车尾气治理。基本淘汰黄标车，加快淘汰老旧机动车，对高排放机动车进行专项整治，鼓励使用清洁能源汽车。在重点区域加快推广使用国六标准燃油。四要有效应对重污染天气。加强对雾霾形成机理研究，提高应对的科学性和精准性。扩大重点区域联防联控范围，强化应急措施。五要严格环境执法和督查问责。对偷排、造假的，必须严厉打击；对执法不力、姑息纵容的，必须严肃追究；对空气质量恶化、应对不力的，必须严格问责。治理雾霾人人有责，贵在行动、成在坚持。全社会不懈努力，蓝天必定会一年比一年多起来。

强化水、土壤污染防治。2017 年化学需氧量、氨氮排放量要分别下降 2.0%。抓好重点流域区域水污染和农业面源污染防治。开展土壤污染详查，分类制定实施治理措施。加强城乡环境综合整治，普遍推行垃圾分类制度。培育壮大节能环保产业，使环境改善与经济发展实现双赢。

推进生态保护和建设。抓紧划定并严守生态保护红线。启动森林质量提升、长江经济带重大生态修复、第二批山水林田湖生态保护工程试点，完成退耕还林还草 1 200 万亩以上，积累更多生态财富，构筑可持续发展的绿色长城。

（八）推进以保障和改善民生为重点的社会建设

民生是为政之要，必须时刻放在心头、扛在肩上。在当前国内外形势严峻复杂的情况下，更要优先保障和改善民生，该办能办的实事要竭力办好，基本民生的底线要坚决兜牢。

大力促进就业创业。完善就业政策，加大就业培训力度，加强对灵活就业、新就业形态的支持。2017 年高校毕业生 795 万人，再创历史新高，要实施好就业促进、创业引领、基层成长等计划，促进多渠道就业创业。切实做好退役军人安置工作。加大就业援助力度，扶持城镇困难人员、残疾人就业，确保零就业家庭至少有一人稳定就业。我们必须牢牢抓住就业这一民生之本，让人们在劳动中创造财富，在奋斗中实现人生价值。

办好公平优质教育。统一城乡义务教育学生“两免一补”政策，加快实现城镇义务教育公共服务常住人口全覆盖，持续改善薄弱学校办学条件，扩大优质教育资源覆盖面，不断缩小城乡、区域、校际办学差距。继续扩大重点高校面向贫困地区农村招生规模。提高博士研究生国家助学金补助标准。推进世界一流大学和一流学科建设。深化高考综合改革试点。加快发展现代职业教育。加强民族教育，办好特殊教育、继续教育、学前教育和老年教育。加强教师队伍建设。制定实施《中国教育现代化 2030》。我们要发展人民满意的教育，以教育现代化支撑国家现代化，使更多孩子成就梦想、更多家庭实现希望。

推进健康中国建设。城乡居民医保财政补助由每人每年 420 元提高到 450 元，同步提高个人缴费标准，扩大用药保障范围。在全国推进医保信息联网，实现异地就医住院费用直接结算。完善大病保险制度，提高保障水平。全面启动多种形式的医疗联合体建设试点，三级公立医院要全部参与并发挥引领作用，建立促进优质医疗资源上下贯通的考核和激励机制，增强基层服务能力，方便群众就近就医。分级诊疗试点和家庭签约服务扩大到 85.0% 以上地市。继续提高基本公共卫生服务经费补助标准。及时公开透明有效应对公共卫生事件。保护和调动医务人员积极性。构建和谐医患关系。适应实施全面两孩政策，加强生育医疗保健服务。支持中医药、民族医药事业发展。食品药品安全事关人民健康，必须管得严而又严。要完善监管体制机制，充实基层监管力量，夯实各方责任，坚持源头控制、产管并重、重典治乱，坚决把好人民群众饮食用药安全的每一道关口。

织密扎牢民生保障网。继续提高退休人员基本养老金，确保按时足额发放。稳步提高优抚、社会救助标准，实施好临时救助制度。调整完善自然灾害生活补助机制，全部完成 2016 年洪涝灾害中倒损民房的恢复重建。加强农村留守儿童关爱保护和城乡困境儿童保障。关心帮助孤寡老人。全面落实残疾人“两项补贴”制度。县级政府要建立基本生活保障协调机制，切实做好托底工作，使困难群众心里有温暖、生活有奔头。锲而不舍解决好农民工工资拖欠问题，决不允许他们的辛勤付出得不到应有回报。

发展文化事业和文化产业。加强社会主义精神文明建设，坚持用中国梦和社会主义核心价值观凝聚共识、汇聚力量。繁荣哲学社会科学和文学艺术创作，发展新闻出版、广播影视、档案等事业。建设中国特色新型智库。加强文物和非物质文化遗产保护利用。大力推动全民阅读，加强科学普及。提高基本公共文化服务均等化水平。加快培育文化产业，加强文化市场监管。推动中国文化走出去。做好冬奥会、冬残奥会筹办工作，统筹群众体育、竞技体育、体育产业发展，广泛开展全民健身，使更多人享受运动快乐、拥有健康体魄。人民身心健康、乐观向上，国家必将充满生机活力。

推动社会治理创新。健全基层群众自治制度，加强城乡社区治理。充分发挥工会、共青团、妇联等群团组织作用。改革完善社会组织管理制度，依法推进公益和慈善事业健康发展，促进专业社会工作、志愿服务发展。切实保障妇女、儿童、老人合法权益。加快社会信用体系建设。加强法治宣传教育和法律服务。落实信访工作责任制，依法及时就地解决群众合理诉求。深化平安中国建设，健全立体化信息化社会治安防控体系，严厉打击暴力恐怖活动，依法惩治黑恶势力犯罪和盗窃、抢劫、电信网络诈骗等多发性犯罪，维护国家安全和社会稳定。严格规范公正文明执法，大力整治社会治安突出问题，全方位提高人民群众安全感。

人命关天，安全至上。必须持之以恒抓好安全生产。加强安全基础设施建设，做好地震、气象、测绘、地质等工作。严格安全生产责任制，全面落实企业主体责任、地方属地管理责任、部门监管责任，坚决遏制重特大事故发生，切实保障人民群众生命财产安全。

（九）全面加强政府自身建设

要坚持党的领导，牢固树立“四个意识”，坚决维护以习近平同志为核心的党中央权威，自觉在思想上政治上行动上同党中央保持高度一致，加快转变政府职能、提高行政效能，更好为人民服务。

坚持依法全面履职。各级政府及其工作人员要深入贯彻全面依法治国要求，尊崇法治、敬畏法律、依法办事。加大政务公开力度。坚持科学决策、民主决策、依法决策，广泛听取各方面意见包括批评意见。各级政府要依法接受同级人大及其常委会的监督，自觉接受人民政协的民主监督，主动接受社会和舆论监督，认真听取人大代表、政协委员、民主党派、工商联、无党派人士和各人民团体的意见。作为人民政府，所有工作都要体现人民意愿、维护人民利益、接受人民监督。

始终保持廉洁本色。要认真落实全面从严治党要求，把党风廉政建设和反腐败工作不断引向深入。坚决贯彻落实党中央八项规定精神，一以贯之纠正“四风”。加强行政监察和审计监督。保持惩治腐败高压态势，聚焦重点领域，严肃查处侵害群众利益的不正之风和腐败问题。广大公务员要持廉守正，干干净净为人民做事。

勤勉尽责干事创业。中国改革发展的巨大成就是广大干部群众实干出来的，再创新业绩还得靠实干。各级政府及其工作人员要干字当头，真抓实干、埋头苦干、结合实际创造性地干，不能简单以会议贯彻会议、以文件落实文件，不能纸上谈兵、光说不练。要充分发挥中央和地方两个积极性，鼓励地方因地制宜、大胆探索，竞相推动科学发展。严格执行工作责任制，特别是对重点任务，要铆紧各方责任、层层传导压力，确保不折不扣落实到位。强化督查问责，严厉整肃庸政懒政怠政行为。健全激励机制和容错纠错机制，给干事者鼓劲，为担当者撑腰。广大干部要主动作为、动真碰硬，与人民群众同心协力，以实干推动发展，以实干赢得未来。

各位代表！中国是统一的多民族国家。要坚持和完善民族区域自治制度，认真贯彻党的民族政策，深入开展民族团结进步创建活动。组织好内蒙古自治区成立70周年庆祝活动。加大对民族地区发展支持力度，深入实施兴边富民行动，保护和发展少数民族优秀传统文化，扶持人口较少民族发展，推动各族人民在全面建成小康社会进程中实现共同发展繁荣。各民族和睦相处、和衷共济、和谐发展，中华民族大家庭必将更加幸福安康。

我们要全面贯彻党的宗教工作基本方针，依法管理宗教事务，促进宗教关系和谐，发挥宗教界人士和信教群众在促进经济社会发展中的积极作用。

我们要认真落实侨务政策，保障海外侨胞和归侨侨眷合法权益，充分发挥他们的独特优势和重要作用，海内外中华儿女的凝聚力和向心力必将不断增强。

各位代表！过去一年，国防和军队改革取得重大突破，军队革命化现代化正规化建设取得新进展新成就。新的一年，我们要继续坚持以党在新形势下的强军目标为引领，推进政治建军、改革强军、依法治军，强化练兵备战，坚决有效维护国家主权、安全、发展利益。坚持党对军队的绝对领导，维护和贯彻军委主席负责制。持续深化国防和军队改革。强化海空边防管控，周密组织反恐维稳、国际维和、远海护航等重要行动。提高国防科技自主创新能力，加快现代后勤建设和装备发展。加强国防动员和后备力量建设。促进经济建设和国防建设协调、平衡、兼容发展，深化国防科技工业体制改革，推动军民融合深度发展。各级政府要以更加扎实有力的举措，支持国防和军队改革建设，让军政军民团结之树根深、枝繁、叶茂！

各位代表！我们要继续全面准确贯彻"一国两制""港人治港""澳人治澳"、高度自治的方针，严格依照宪法和基本法办事，确保"一国两制"在香港、澳门实践不动摇、不走样、不变形。全力支持香港、澳门特别行政区行政长官和政府依法施政，发展经济、改善民生、推进民主、促进和谐。"港独"是没有出路的。要推动内地与港澳深化合作，研究制定粤港澳大湾区城市群发展规划，发挥港澳独特优势，提升在国家经济发展和对外开放中的地位与功能。我们对香港、澳门保持长期繁荣稳定始终充满信心。

我们要深入贯彻对台工作大政方针，坚持一个中国原则，维护"九二共识"共同政治基础，维护国家主权和领土完整，维护两岸关系和平发展和台海和平稳定。坚决反对和遏制"台独"分裂活动，绝不允许任何人以任何形式、任何名义把台湾从祖国分裂出去。要持续推进两岸经济社会融合发展，为台湾同胞尤其是青年在大陆学习、就业、创业、生活提供更多便利。两岸同胞要共担民族大义，坚定不移推动祖国和平统一进程，共同创造所有中国人的幸福生活和美好明天。

各位代表！面对世界政治经济格局的深刻变化，中国将始终站在和平稳定一边，站在公道正义一边，做世界和平的建设者、全球发展的贡献者、国际秩序的维护者。我们将坚定不移走和平发展道路，坚决维护多边体制的权威性和有效性，反对各种形式的保护主义，深入参与全球治理进程，引导经济全球化朝着更加包容互惠、公正合理的方向发展。推动构筑总体稳定、均衡发展的大国关系框架，着力营造睦邻互信、共同发展的周边环境，全面提升同发展中国家合作水平，积极提供解决全球性和地区热点问题的建设性方案。加快完善海外权益保护机制和能力建设。我们愿与国际社会一道，致力构建以合作共赢为核心的新型国际关系，为打造人类命运共同体做出新的贡献。

各位代表！使命重在担当，实干铸就辉煌。我们要更加紧密地团结在以习近平同志为核心的党中央周围，同心同德，开拓进取，努力完成2017年经济社会发展目标任务，为实现"两个一百年"宏伟目标、建设富强民主文明和谐的社会主义现代化国家、实现中华民族伟大复兴的中国梦而不懈奋斗！

关于2016年国民经济和社会发展计划执行情况与2017年国民经济和社会发展计划草案的报告(节选)

——2017年3月5日在第十二届全国人民代表大会第五次会议上

国家发展和改革委员会

各位代表:

受国务院委托,现将2016年国民经济和社会发展计划执行情况与2017年国民经济和社会发展计划草案提请十二届全国人大五次会议审议,并请全国政协各位委员提出意见。

一、2016年国民经济和社会发展计划执行情况

2016年以来,国内外环境复杂严峻,世界经济艰难复苏,国内经济下行压力依然较大。在以习近平同志为核心的党中央坚强领导下,各地区各部门坚持稳中求进工作总基调,坚持新发展理念,认真执行十二届全国人大四次会议审议批准的2016年国民经济和社会发展计划,落实全国人大财政经济委员会的审查意见,以推进供给侧结构性改革为主线,适度扩大总需求,坚定推进改革,妥善应对风险挑战,引导形成良好社会预期,扎实做好各项工作,经济社会保持平稳健康发展,"十三五"实现良好开局,计划执行情况总体是好的。

(一)创新和加强宏观调控,经济运行保持在合理区间

在区间调控基础上,加强定向调控、相机调控,积极的财政政策力度加大,稳健的货币政策灵活适度,确保经济平稳运行。国内生产总值达到744 100亿元,增长6.7%,符合预期。见图1。

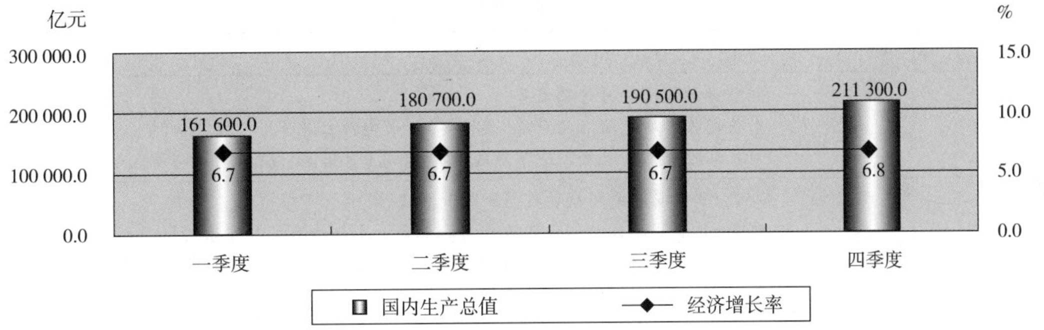

图1 2016年各季度国内生产总值和经济增长率

数据来源:国家统计局。

一是消费基础作用进一步增强。促进消费带动转型升级的行动方案出台,"十大扩消费行动"全面推进。促进绿色消费、实体零售创新转型、交通物流融合发展的政策出台实施。进一步扩大旅游文化体育健康养老教育培训等领域消费的意见发布实施,服务消费蓬勃兴起,汽车等实物消费扩大升级。激发重点群体活力带动城乡居民增收的实施意见出台,居民消费能力持续提升。社会消费品零售总额增长10.4%。消费在经济增长中发挥主要拉动作用,贡献率达到64.6%,消费和投资的比例关系进一步改善。见专栏1。

专栏1 十大扩消费行动

序号	分类	内容
1	城镇商品销售畅通	畅通市场流通网络,重点降低物流成本,提高物流效率,促进优质品牌商品销售向三四线城市延伸
2	农村消费升级	挖掘农村电商消费潜力,畅通城乡双向联动销售渠道,改善农村信息消费基础设施,着力引导农村消费质量升级
3	居民住房改善	因城施策化解房地产库存,建立租购并举的住房制度,用足用好住房公积金,满足居民改善性住房消费需求
4	汽车消费促进	开展放宽皮卡车进城试点,加快停车设施建设,促进汽车售后服务质量提升,满足居民汽车消费需求
5	旅游休闲升级	着力打造全城旅游示范区,加快发展邮轮游艇等消费,积极发展生态旅游、老年旅游,加快培育通用航空市场
6	康养家政服务扩容提质	加大家政服务人员培训力度,深入推进医养结合,支持整合改造闲置社会资源发展养老服务,推进个性化、多元化健康服务业发展
7	教育文化信息消费创新	发展高水平职业教育和中外合作办学,鼓励发展文化创意产业,推进智慧家庭等新兴信息消费应用推广,加强实体书店、县级城市数字影院等文化消费基础设施建设
8	体育健身消费扩容	进一步盘活体育场馆资源,完善赛事运营市场竞争机制,丰富体育赛事活动,激发并满足居民对体育消费的需求
9	绿色消费壮大	实施家用电器能效领跑者计划,增加家用绿色净化器具的供给,推广绿色建材应用
10	消费环境改善品质提升	推广应用全国信用信息共享平台,用好全国12358价格监管平台,加强市场价格监管,推动消费产品质量提升。支持分享经济等消费新业态发展

二是投资保持稳定增长。围绕补短板、调结构、增供给,努力扩大合理有效投资。中央预算内投资结构继续优化,政府投资项目储备库和三年滚动投资计划初步形成,重大工程建设加快推进。着力调动民间投资积极性,制定促进民间投资“26条”政策,加大政府和社会资本合作(PPP)模式推广力度。全社会固定资产投资增长7.9%,民间投资占固定资产投资(不含农户)比重为61.2%。见专栏2。

专栏2 促进民间投资健康发展

序号	分类	内容
1	督查指导	组织开展民间投资专项监查 对民间投资增速滞后的7省(直辖市)开展专项督导 对民间投资负增长及增速下降较多的11省(自治区、直辖市)进行重点督促
2	扶持引导	印发60条促进民间投资典型经验和做法 制定《传统基础设施领域实施政府和社会资本合作项目工作导则》 组建政府和社会资本合作(PPP)专家库,向社会公开推介总投资21 400亿元的传统基础设施政府和社会资本合作(PPP)项目

三是就业形势总体较好。基层就业社保服务设施和公共实训基地建设加快推进,高校毕业生和化解过剩产能职工就业服务工作力度加大,支持农民工等人员返乡创业试点持续推进。全年城镇新增就业1 314万人,年末城镇登记失业率4.02%。见图2。

四是价格总水平基本稳定。大宗商品价格调控进一步强化,生猪价格调控有效开展,汛期、重点节假日蔬菜等重要商品价格监测预警和调控监管加强。价格监管和反垄断执法强力推进,先后查处了数起反垄断案件。全年居民消费价格上涨2.0%。

五是各类风险挑战得到妥善应对。加强对外投资活动真实性审查,引导对外投资健康有序发展。按照市场化、法治化原则防范化解债券违约风险。因城因地施策,分类调控房地产市场。防范应对部分地区特别是长江流域发生的严重洪涝等灾害,及时有力开展抢险救灾,最大限度降低了灾害损失,恢复重建有序进行。

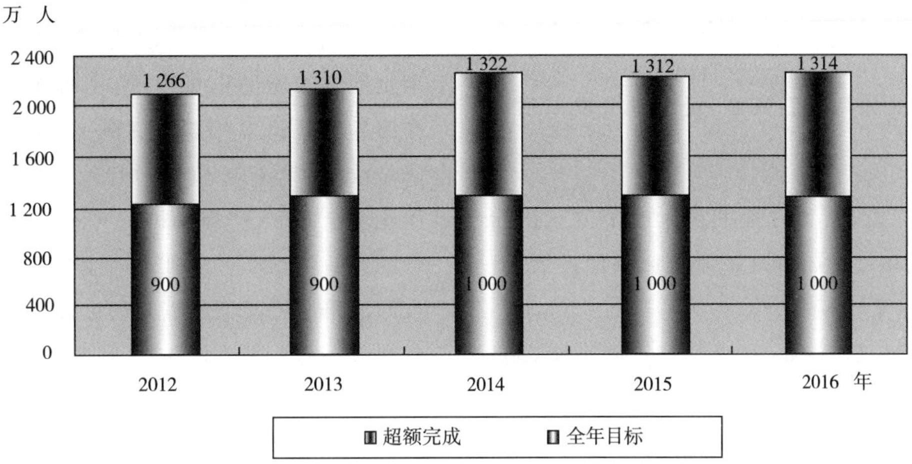

图2 2012—2016年城镇新增就业人数情况

数据来源：人力资源和社会保障部。

(二)扎实推进供给侧结构性改革，“三去一降一补”五大重点任务初见成效

加强政策引导和支持，建立工作推进机制，去产能、去库存、去杠杆、降成本、补短板取得初步成效。

一是去产能年度任务提前超额完成。《国务院关于钢铁行业化解过剩产能实现脱困发展的意见》(国发〔2016〕6号)和《国务院关于煤炭行业化解过剩产能实现脱困发展的意见》(国发〔2016〕7号)印发实施。组织开展了淘汰落后、违法违规建设项目清理、联合执法三个专项行动，严格控制新增产能，加快淘汰落后产能，有序引导过剩产能退出。积极做好职工安置和债务处置，推进企业兼并重组、转型升级和布局优化。及时妥善应对供需调整、价格波动影响。2016年退出钢铁和煤炭产能分别超过6 500万吨和2.9亿吨，超额完成年度目标任务。钢铁、煤炭企业效益转好，拖欠减少，现金流紧张、安全投入欠账、工资欠发缓发等问题得到一定缓解，行业运行状况和市场预期有所改善。

二是去库存加快推进。推动农业转移人口落户城镇，满足新市民住房需求，年末商品住宅待售面积比上年末减少4 991万平方米。棚户区住房改造货币化安置比例进一步提高，全年货币化安置294万户，占全年棚改开工量的48.5%，比2015年提高18.6个百分点。

三是去杠杆成效初步显现。《国务院关于积极稳妥降低企业杠杆率的意见》(国发〔2016〕54号)印发实施。采取兼并重组、市场化法治化债转股、发展股权融资等综合性措施，积极稳妥降低企业杠杆率。启动市场化银行债权转股权，截至2016年年底，多家商业银行通过实施机构共选择了资产负债率偏高但具有发展前景的行业龙头企业20家，自主协商达成债转股框架协议，协议金额超过2 500亿元。2016年年底，全国规模以上工业企业资产负债率55.8%，同比下降0.4个百分点。

四是降成本取得明显成效。《国务院关于印发降低实体经济企业成本工作方案的通知》(国发〔2016〕48号)印发实施。持续推进简政放权放管结合优化服务改革，降低制度性交易成本。全面推开营改增试点，阶段性降低“五险一金”缴费比例。实施煤电价格联动，推进输配电价改革，扩大电力直接交易规模，完善基本电价执行方式，降低企业用能成本。清理规范进出口环节、金融等领域涉企收费，推进铁路货运体制改革，开展物流业降本增效专项行动，印发实施推进物流大通道建设行动计划。2016年，规模以上工业企业每百元主营业务收入中的成本同比降低0.1元，利润率同比提高0.2个百分点。

五是补短板力度加大。坚持既利当前又利长远，既重硬设施又重软能力，以市场化投融资方式带动银行贷款等资金投放，在脱贫攻坚、灾后水利恢复重建、社会事业、创新能力、新产业等关键领域和薄弱环节，抓好补短板建设。全年完成1 000万人以上农村贫困人口脱贫目标任务。见图3。

（三）改革开放取得新突破，经济社会发展活力进一步释放

一批具有标志性、关键性的重大改革方案出台实施，重要领域和关键环节改革取得突破性进展，开放型经济发展水平不断提升。

一是简政放权放管结合优化服务改革向纵深推进。在提前完成本届政府减少行政审批事项1/3目标的基础上，2016年又取消165项国务院部门及其指定地方实施的审批事项，清理规范192项审批中介服务事项、220项职业资格许可认定事项。第三次修订政府核准的投资项目目录。商事制度改革继续深化。全面推行"双随机、一公开"，增强事中事后监管的有效性，推进"互联网+政务服务"。市场准入负面清单制度改革试点开局良好。"放管服"四大平台建成运行。见专栏3、图4。

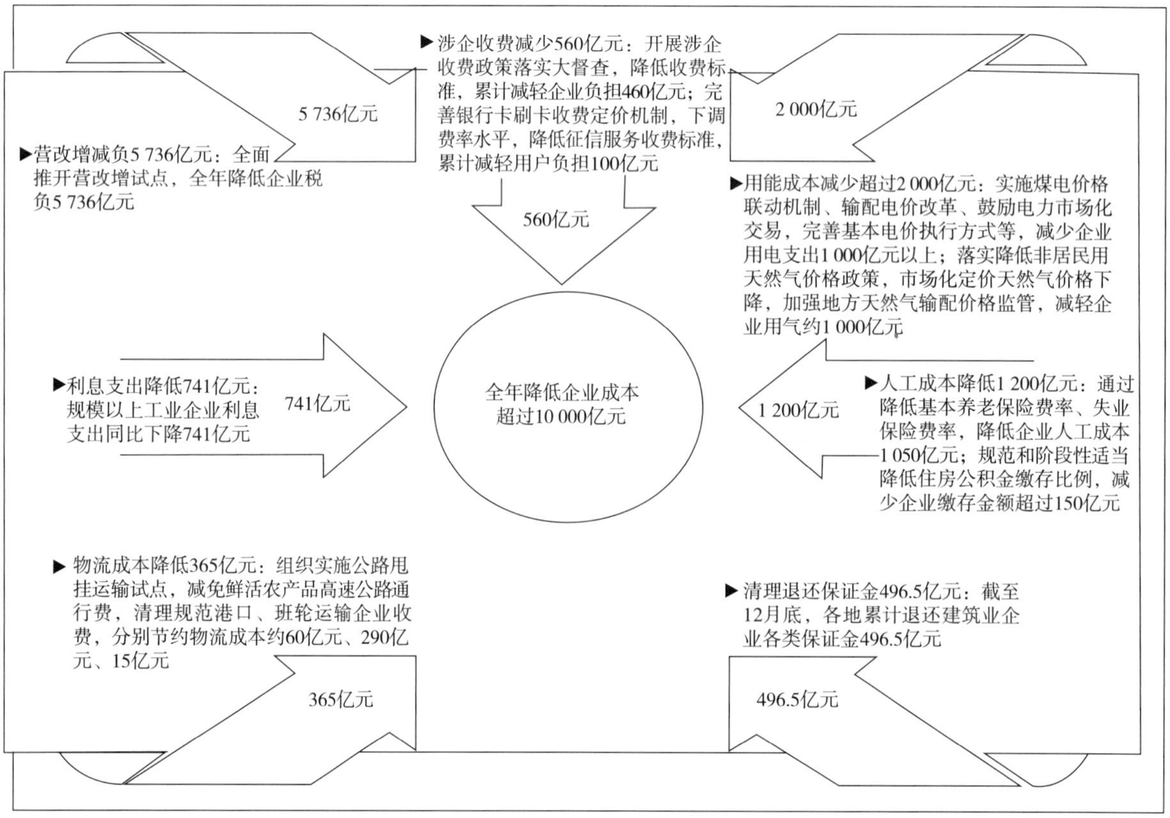

图3　降低实体经济企业成本

二是投融资体制改革步伐加快。深化投融资体制改革意见、企业投资项目核准和备案管理条例出台，新一轮投融资体制改革全面展开。修订发布中央预算内投资补助和贴息项目管理办法，制定80个专项管理办法。济青、杭绍台等铁路吸引社会资本示范项目取得积极进展。

三是价格改革继续深化。输配电价改革试点实现所有省级电网全覆盖。建立天然气管道运输定价新机制，占消费总量80.0%以上的非居民用气门站价格主要由市场主导形成。石油天然气交易市场加快发展。90.0%左右的城市已推广居民阶梯水电气价。全面推进医疗服务价格改革。铁路、民航旅客票价市场化程度明显提高。农业水价综合改革稳步推进。完善稻谷和小麦最低收购价政策，棉花、大豆目标价格改革试点深入推进。见专栏4、专栏5。

专栏3 “放管服”改革

序号	分类	内容
1	核准目录	中央层面核准项目累计消减比例达90.0%，投资项目报建审批事项由65项减少为42项
2	商事制度	“五证合一、一照一码”全面推进实施，18个省(自治区、直辖市)开展工商登记注册全程电子化试点
3	双随机、一公开	随机抽查事项，达到本部门市场监管执法事项的70.0%以上、其他行政执法事项的50.0%以上
4	负面清单	积极推进外商投资负面清单管理模式。在全国范围内将不涉及国家规定实施准入特别管理措施的外商投资企业的设立及变更，由审批改为备案 在天津、上海、福建、广东开展市场准入负面清单制度试点

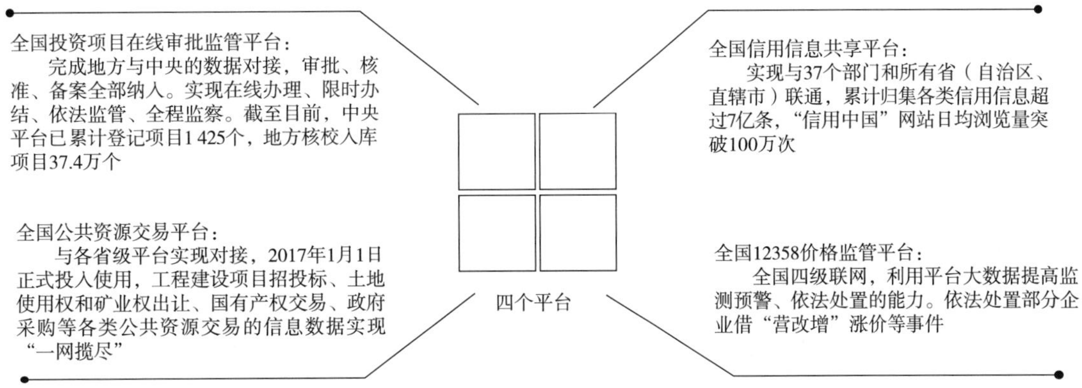

图4 四个平台

专栏4 重点领域价格改革

序号	分类	内容
1	成品油	完善成品油价格调控机制。放开液化石油气出厂价格
2	天然气	明确储气设施相关价格由市场竞争形成，全面放开化肥用气价格，在福建开展天然气门店价格市场化改革试点
3	输配电	2016年3月，公布5个试点省份输配电价，同时新增12个省级电网和华北区域电网试点。9月，启动14个省级电网输配电价改革试点，提前一年基本实现省级电网全覆盖 推动电力市场化交易，23.0%左右的发用电量由供求双方协商或市场竞争的方式确定价格
4	医疗服务	出台《推动医疗服务价格改革的意见》，19个省份出台了实施意见 公立医院医药价格改革实现县级全覆盖、在10个省份的城市全面实施 19个省份放开个性化需求较强、市场竞争比较充分的部分医疗服务价格 确定了7个改革联系示范点城市，并已全面出台改革实施方案
5	交通运输	高铁动车组票价、普通旅客列车软座软卧票价由铁路运输企业依法自主制定 放开民航800公里以下航线及800公里以上高铁动车组列车平行航线旅客票价
6	水利	出台《推进农业水价综合改革的意见》

专栏5 国有企业改革

序号	分类	内容
1	九项重点任务	尽快完善“1+N”文件体系；深入推进“十项改革试点”；以管资本为主推进国资监管机构职能转变；分类推进国有企业改革；加大公司制股份制改革力度；推进董事会建设；推动中央企业重组调整；强化国有资产监督；坚持党对国有企业的领导
2	重大改革举措	央企功能界定分类基本完成 公司制股份制改革步伐加快，央企子企业公司制改制面超过92.0%，混合所有制企业户数占比达68.0% 董事会建设进一步深化，83.0%的央企建立了规范的董事会制度；容错机制初步建立

四是国有企业和重点行业改革稳步开展。国企改革“1+N”文件体系基本形成，加快剥离办社会职能和

解决历史遗留问题工作方案等配套文件出台，深化国企改革九项重点任务、十项改革试点扎实推进。第一批混合所有制改革试点进入实施阶段。第一批国有资本投资公司试点取得阶段性进展。31 个省（自治区、直辖市）电改方案获批复，公布了首批 105 个增量配电业务改革试点项目。各省（自治区、直辖市）国有林场改革实施方案和内蒙古、吉林、黑龙江重点国有林区改革实施方案均已制定完成，浙江、湖南、江西等 6 省国有林场改革试点顺利完成。盐业体制改革方案出台，全面放开食盐出厂、批发和零售价格。改革玉米收储制度，将东北地区玉米临时收储政策调整为市场化收购加补贴新机制。政策性粮食和储备棉库存消化进展顺利。

五是公平竞争市场环境加快形成。印发完善产权保护制度依法保护产权的意见，依法平等保护各种所有制经济权益。工业用地市场化配置改革试点稳步实施。在市场体系建设中建立公平竞争审查制度的意见出台，从源头上预防政府部门制定出台限制竞争的政策措施。社会信用体系建设取得新进展，出台政务、个人、电子商务领域诚信建设指导意见，50 多个部门在 12 个领域开展失信联合惩戒、3 个领域开展守信联合激励。打击侵权假冒合力增强，查办违法犯罪案件 17 万余件。国内贸易流通体制改革发展综合试点稳步推进。

六是财税金融改革有序推进。《国务院关于推进中央与地方财政事权和支出责任划分改革的指导意见》（国发〔2016〕49 号）出台实施。全面推开营改增试点，将建筑业、房地产业、金融业、生活服务业纳入营改增范围，并将所有企业新增不动产所含增值税纳入抵扣范围。全面实施资源税从价计征改革，开展水资源税改革试点。深化国有商业银行和开发性、政策性金融机构改革。存款保险制度平稳运行。上海自贸试验区部分金融开放创新举措推广至广东、天津、福建自贸试验区。“深港通”开启。

七是社会领域改革加快推进。中央和国家机关公务用车制度改革全面完成，地方党政机关公车改革深入推进。行业协会商会与行政机关脱钩改革第二批试点启动实施。加快不动产统一登记制度落地，全国 100% 的地（市、州）、98.0% 的县（市、区）实现“发新停旧”。国家科技计划管理改革继续深化，以增加知识价值为导向的分配政策出台，科技成果转化力度加大。教育领域综合改革向纵深推进。分级诊疗制度建设持续推进，城乡居民基本医疗保险制度整合取得实质性进展，个人卫生支出占卫生总费用的比重下降到 28.9%。《国务院办公厅关于全面放开养老服务市场提升养老服务质量的若干意见》（国办发〔2016〕91 号）印发实施。稳步推进机关事业单位养老保险制度改革。加快构建中国特色哲学社会科学，实施哲学社会科学创新工程。足球改革加快推进。见专栏 6。

专栏 6　社会领域改革

序 号	分 类	内 容
1	教 育	统筹推进县城内城乡义务教育一体化改革发展的若干意见出台，从 2016 年春季学期起，统一城乡义务教育学校生均公用经费基准定额 在上海、山东、重庆、甘肃、江苏、深圳等地开展教育综合改革试点，设立 36 个国家学前教育改革发展试验区
2	卫 生	新增上海等 7 个省（自治区、直辖市）开展综合医改试点。确立 4 个直辖市、266 个地级市开展分级诊疗试点 完善实施全面两孩政策的法律法规和配套政策，29 个省（自治区、直辖市）修订地方人口与计划生育条例 改革完善药品生产流通使用政策，推进家庭医生签约服务，公立医院综合改革试点城市增加到 200 个。落实政府办医责任，进一步优化社会办医责任
3	文 化	加快构建现代化公共文化服务体系，31 个省（自治区、直辖市）出台了贯彻落实《关于加快构建现代公共文化服务体系的意见》及《国家基本公共文化服务指导标准》的实施意见和实施标准
4	体 育	《中国足球中长期发展规划（2016—2050 年）》《全国足球场地设施建设规划（2016—2020 年）》《加快发展健身休闲产业的指导意见》等印发实施，全面启动各省（自治区、直辖市）及足球发展重点城市足协改革
5	社 保	31 个省（自治区、直辖市）对整合城乡居民基本医疗保险制度做出规划或已实现整合，30 个省（自治区、直辖市）实现省内异地就医联网结算，所以统筹地区均已启动实施城乡居民大病保险

八是以“一带一路”建设为统领推动开放型经济水平不断提升。“一带一路”建设进展快速。“六廊六路多国多港”主骨架建设稳步推进，战略对接、规划对接成效显著，中欧班列实现了统一品牌，累计开行近3 000列。一批国际产能合作标志性工程落地，亚的斯亚贝巴—吉布提铁路正式通车，从投融资、技术标准到运营管理维护，全部采用中国标准，标志着中国铁路首次实现全产业链“走出去”。印尼雅万高铁、中老铁路、中泰铁路、马来西亚南部铁路、匈塞铁路、瓜达尔港等重大项目有序推进。外商投资便利化程度进一步提高，非金融类实际使用外资保持稳定。对外投资管理体制机制更加完善，非金融类对外投资继续增长。国际贸易“单一窗口”在沿海口岸全部启用，通关一体化、检验检疫一体化管理覆盖全国。全年货物贸易进出口总额下降0.9%，降幅比上年收窄6.1个百分点。服务贸易较快增长。人民币正式加入国际货币基金组织特别提款权(SDR)货币篮子。特别是成功主办二十国集团领导人杭州峰会，影响深远。见专栏7。

专栏7　重点开发开放功能平台建设

序　号	分　类	内　容
1	国家级新区	20世纪90年代初至2015年，先后设立上海浦东、天津滨海、重庆两江、浙江舟山群岛、兰州、广州南沙、陕西西咸、贵州贵安、青岛西海岸、大连金普、四川天府、湖南湘江、南京江北、福州、云南滇中、哈尔滨等16个国家级新区 2016年，新设立长春、江西赣江2个国家级新区
2	重点开发开放试验区	2012—2015年，先后在沿边地区设立广西东兴、云南瑞丽、内蒙古满洲里、二连浩特和云南勐腊(磨憨)5个重点开发开放试验区 2016年，新设立广西凭祥、黑龙江绥芬河—东宁2个开发开放试验区
3	内陆开放型经济试验区	2012年，设立宁夏内陆开放型经济试验区 2016年，设立贵州内陆开放型经济试验区
4	自由贸易试验区	2013年，设立上海自由贸易试验区 2015年，设立广东、天津、福建自由贸易试验区 2016年，在辽宁、浙江、河南、湖北、重庆、四川、陕西新设立7个自由贸易试验区
5	跨境电子商务综合试验区	2016年，在天津、上海、重庆、合肥、郑州、广州、成都、大连、宁波、青岛、深圳、苏州等12个城市设立跨境电子商务综合试验区
6	国家级经济技术开发区	2016年，《完善国家级经济技术开发区考核制度促进创新驱动发展的指导意见》发布

(四)深入实施创新驱动发展战略，经济发展新动能加快成长

《国家创新驱动发展战略纲要》印发实施，取得一批重大科技成果，高技术产业、装备制造业、战略性新兴产业较快增长，创新对发展的支撑作用增强。

专栏8　创新平台建设

序　号	分　类	内　容
1	国家实验室	国家实验室组建方案制订完成
2	国家重点实验室	新建6个省部共建国家重点实验室，建成学科国家重点实验室255个、企业国家重点实验室177个、省部共建国家重点实验室18个
3	国家工程实验室	支持建设40家国家工程实验室
4	电子商务示范城市	新设立17个电子商务示范城市，电子商务示范城市总数达到70个
5	大数据综合试验区	设立贵州、京津冀、珠三角、上海、河南、重庆、沈阳、内蒙古8个大数据综合试验区
6	国家自主创新示范区和高新区	批准河南郑洛新、辽宁沈大、山东半岛、福建福厦泉、安徽合芜蚌和重庆6大区域建设国家自主创新示范区。自创区总数达到17个，高新区总数达到146个
7	创新型省市	湖北、福建、广东3省启动创新型省份建设。创新型省份总数达到7个，创新型城市总数达到61个

一是创新能力持续提升。由点及面、有序布局重大科技创新平台建设,深入推进8个区域全面创新改革试验。北京、上海建设科技创新中心迈出新步伐。河北·京南、浙江、宁波3个国家科技成果转移转化示范区启动建设。首个国家高速列车技术创新中心建成。完全自主知识产权中国标准高速列车正式投入运营。建成世界最大单口径射电望远镜(FAST)等一批重大科技基础设施,在量子通信、航空航天等方面取得一批重大科技成果。国家科技重大专项深入实施,科技创新2030——重大项目遴选确定。大力推动企业技术创新,落实好研发费用加计扣除、股权激励和技术入股所得税优惠、完善高新技术企业认定办法等政策。见专栏8。

二是大众创业万众创新广泛开展。28个国家双创示范基地建设全面推进。双创政策信息服务平台开通,双创白皮书发布。国家新兴产业创业投资引导基金、科技成果转化引导基金子基金和国家中小企业发展基金实体基金设立运行,投贷联动试点启动,创业担保贷款创新发展。第二届全国双创活动周及“创响中国”巡回接力活动成功举办。大型央企建设双创实体平台128个,印发实施进一步完善中央财政科研项目资金管理等政策的若干意见,科研院所和高校鼓励创新创业机制逐步完善,各类孵化器、专业化众创空间日趋成熟。全年平均每天新登记企业15 100户。

三是新技术新产业新业态新模式蓬勃发展。工业机器人、集成电路、卫星应用、通用航空、生物等新产业快速发展。战略性新兴产业实现平稳增长,2016年,27个重点监测战略性新兴产业行业规模以上企业实现收入和利润分别增长11.3%和14.0%。“互联网+”行动和国家大数据战略深入推进,人工智能、虚拟现实、基因工程等新技术加速兴起,平台经济、分享经济、协同经济等新模式广泛渗透,线上线下融合、跨境电商、社交电商、智慧家庭、智能交通等新业态不断涌现。全年网上零售交易额近52 000亿元,同比增长26.2%;其中,实物商品网上零售额占社会消费品零售总额的12.6%。

四是传统产业转型升级步伐加快。加快落实《中国制造2025》,组织实施增强制造业核心竞争力三年行动计划和制造业升级改造重大工程包,8个产业化实施方案顺利推进。铁路关键装备研发试验取得重大突破,226个智能制造综合标准化试验验证和新模式应用项目有序开展,国家机器人检测与评定中心建设进展顺利。先进制造产业投资基金设立。

五是服务业创新发展稳步推进。落实加快发展生产性服务业、生活性服务业的两个指导意见,服务业领域放宽市场准入实施规划出台,新一轮服务业综合改革试点启动。安排服务业发展引导资金,支持163个公共服务平台建设。第三产业增速继续超过第二产业,增加值占国内生产总值的比重提高到51.6%。

专栏9　重大基础设施建设

序号	分类	内容
1	铁路	铁路投产新线3 281公里,铁路营业里程达12.4万公里,其中高速铁路约2.2万公里。郑徐高铁、渝万高铁建成通车,沪昆高铁全线贯通
2	公路	公路通车里程达到469万公里,其中高速公路里程约13万公里。港珠澳大桥长达22.9公里的主体工程桥梁工程全线贯通
3	水路	规模以上沿海港口(含长江南京以下港口)深水泊位超过2 200个,内河高等级航道达标里程达到14 100公里
4	机场	同行民用运输机场达到215个。北京新机场加快建设,成都新机场开工建设
5	城市轨道交通	全国已有29个城市开通城市轨道交通,运营总里程约4 000公里
6	城市地下综合管廊	全国已有147个城市、28个县城开工建设地下综合管廊2 005公里
7	能源	水电、风电、太阳能发电、生物质发电装机分别达到3.3亿千瓦、1.5亿千瓦、7 742万千瓦、1 400万千瓦。管道输油(气)里程12.2万公里
8	水利	引江济淮等21项重大水利工程开工建设,172项重大水利工程已累计开工106项,在建工程投资规模超过8 000亿元
9	信息	互联网宽带接入端口达到6.9亿个

六是基础设施网络进一步完善。加快推进现代综合交通运输体系建设,交通基础设施网络总里程突破500万公里。交通提质增效、扶贫脱贫、重大基础设施建设“一二三百”工程出台实施,推进多式联运发展,促进通用航空业发展,推动交通物流融合发展。能源生产和消费革命战略出台,能源供应能力不断增强,非化石能源消费比重预计上升到13.3%,煤炭消费比重下降到62.0%。全国地级市基本建成光网城市,新一代信息基础设施更加完善,建成全球最大的4G网络。见专栏9。

(五)着力提升农业可持续发展能力,农业现代化建设取得新进展

农业农村发展继续保持稳中有进的良好态势,粮食总产量达到61 600万吨,为经济社会发展大局提供了有力支撑。

一是农业生产能力继续提高。落实《全国新增1 000亿斤粮食生产能力规划》,高标准农田建设加快推进,全面完成永久基本农田划定,国家粮食安全和重要农产品供给保障能力进一步增强。新建粮食仓容195亿斤。农业生产稳中调优,籽粒玉米种植面积调减2 039万亩,粮改饲、粮改豆试点范围扩大,畜产品和水产品综合生产能力继续增强。农业绿色发展稳健起步,农业环境突出问题治理专项启动实施,农业可持续发展试验示范区启动创建,“一控两减三基本”行动取得阶段性成效,对农业面源污染、东北黑土地、农牧交错带已垦草原综合治理试点的支持力度加大。

二是农业农村基础设施不断完善。中小河流治理、小型病险水库除险加固、灌排骨干工程建设与配套改造和小型农田水利建设等进展顺利,新增高效节水灌溉面积2 000万亩以上,农村饮水安全巩固提升工程启动实施。新一轮农村电网改造升级工程,包括小城镇中心村农网改造升级和平原地区农村机井通电等重点工程全面实施。农村交通基础设施服务水平不断提升,新改建农村公路29万公里。“宽带乡村”工程继续实施,电信普遍服务试点全面部署,农村信息基础设施进一步改善。

三是农村一、二、三产业融合发展进展顺利。农村产业融合发展“百县千乡万村”试点示范工程启动,137个试点示范县在优化发展布局、推进产城融合发展、构建现代农业产业体系、创新投融资机制等方面进行了积极探索。农村产业融合发展孵化园区加快建设,多元融合主体发展较快,打造了一批农业产业化龙头企业,农村新产业新业态蓬勃发展。

四是农村改革稳步推进。农村土地所有权、承包权、经营权分置办法出台实施,土地承包经营权确权登记颁证面积超过8亿亩。房地一体的农村宅基地、集体建设用地确权登记加快推进。农村集体产权制度改革意见出台,农村集体资产股份权能改革试点和土地承包权有偿退出试点积极开展。农村承包土地经营权和农民住房财产权抵押贷款试点稳妥有序推进。土地经营权流转和抵押规模不断扩大。各类新型经营主体发展壮大,数量超过270万家。

(六)深入实施三大战略和新型城镇化,城乡区域发展格局正在重塑优化

发挥三大战略、“四大板块”的叠加效应,促进城乡区域协调协同发展,提升新型城镇化质量和水平,新增长点增长极增长带加快发展壮大。

一是三大战略扎实有序推进。各省(自治区、直辖市)主动融入丝绸之路经济带和21世纪海上丝绸之路建设,新疆、福建“一带一路”核心区建设成效初显。京津冀协同发展有序推进,北京城市副中心加快规划建设,一批疏解示范项目稳步实施,交通、生态、产业三个重点领域协同推进,一批重大改革举措落地。长江经济带发展规划纲要印发实施,坚持共抓大保护、不搞大开发,绿色生态廊道建设加快推进,覆盖上中下游地区的省际协商合作机制全面建立。见图5、图6、图7。

二是区域发展总体战略和差别化区域政策深入实施。加快新一轮西部大开发,一批重大标志性工程开工建设,中西部地区经济继续保持较快增长。出台实施新一轮东北振兴战略和若干重大政策举措,国企改革、投资营商环境改善等重点领域改革取得新进展。明确中部地区“一中心、四区”重要战略定位,长江中游城市群重要增长极作用强化。东部地区转型升级、开放创新、陆海统筹优势持续发挥,与伊朗、沙特、埃及、波兰、捷克、拉脱维亚、老挝、柬埔寨、孟加拉国等国签署政府间共建“一带一路”合作文件。签署建设中蒙俄经济走廊规划纲要、“丝绸之路经济带”建设与“光明之路”新经济政策对接合作规划、中捷在“一带一路”倡议框架下的双边合作规划

亚吉铁路建成通车，中老铁路全线开工，马来西亚南部铁路正式授标中方，匈塞铁路、雅万高铁、中巴喀喇昆仑公路二期改造（塔科特—哈维廉段）、中俄原油管道复线工程境内段、埃及苏伊士经贸合作区、马中关丹产业园、白俄罗斯中白工业园区等重大标志性项目取得突破性进展

国内开行中欧班列的城市22个，其中稳定运行的13个。境外到达城市14个，运行线路39条

“一带一路”沿线国家中，已有51国建立134所孔子学院和127个中小学孔子课堂。陆续推出“一带一路”纪录片、国际智库合作联盟、官方网站

图 5 “一带一路”建设

印发实施京津冀“十三五”规划。开展京津冀农产品流通体系创新行动。京津对口帮扶河北张承相关地区工作机制建立

北京城市副中心全面实施行政办公区一期工程，重大交通基础设施、景观提升工程加快建设。印发实施加强京冀交界地区规划建设管理指导意见，严格落实北京市新增产业的禁止和限制目录

完成北京117家商品交易市场调整疏解，清理淘汰335家一般性制造业企业，北京市常住人口增量和增速持续下降，城六区常住人口在上半年出现由增到减的拐点上继续保持负增长

京张、大张铁路全线开工，首都地区环线廊坊段、京秦高速天津段、京台高速北京段建成通车，打通一批断头路和瓶颈路段。印发实施北京新机场临空经济区规划，北京新机场工程全面推进

京津风沙源治理、引黄入冀补淀等生态环保重大工程持续推进

北京现代汽车第四工厂在河北沧州建成投产，首钢京唐二期、京冀循环经济产业示范区等重大项目和产业合作园加快建设

图 6 京津冀协同发展

图 7　长江经济带发展

区域发展新动能新亮点不断涌现。出台促进区域协调发展的指导意见，差别化区域政策体系持续完善。国家综合配套改革试验区、国家级新区及各类开发区、承接产业转移示范区、产城融合示范区、临空经济示范区等重要功能平台建设有序推进。加快革命老区、民族地区、边疆地区和集中连片特困地区脱贫攻坚。完善支持政策措施，推进新疆、西藏、四省藏区经济社会发展和长治久安。见专栏 10。

三是新型城镇化建设稳步推进。农业转移人口市民化步伐加快，户籍制度改革意见、居住证制度以及人地挂钩、支持农业转移人口市民化财政政策等关键性配套政策出台，全年进城落户人口达 1 600 万人，常住人口城镇化率达到 57. 4%，户籍人口城镇化率达到 41. 2%。城市群规划建设有序推进，支持武汉、郑州建设国家中心城市。在全国开展新生中小城市和特色小（城）镇培育，国家新型城镇化综合试点范围扩大到 2 个省 246 个城市（镇）。61 个中小城市综合改革试点取得积极成效。见专栏 11。

专栏 10　“四大板块”

序　号	分　类	内　容
1	西部开发	出台《西部大开发“十三五”规划》《国务院办公厅关于深入推进对口支援新疆工作的指导意见》（国办发〔2016〕4 号）《国务院办公厅关于进一步支持西藏经济社会发展若干政策和重大项目的意见》（国办发〔2016〕50 号）《国务院办公厅关于进一步支持四川云南甘肃青海省藏区经济社会发展若干政策和重大项目的意见》（国办发〔2016〕51 号）等系列重要文件 新开工 30 项重大工程
2	东北振兴	做好新一轮东北振兴战略顶层设计，出台《中共中央、国务院关于全面振兴东北地区等老工业基地的若干意见》《国务院关于深入推进实施新一轮东北振兴战略，加快推动东北地区经济企稳向好若干重要举措的意见》（国办发〔2016〕62 号）等系列重要文件 贯彻落实新一轮东北振兴战略部署，出台《东北振兴“十三五”规划》《推进东北地区等老工业基地振兴三年滚动实施方案》（2016—2018 年） 出台《国务院办公厅关于加快采煤沉陷区综合治理的意见》（国办发〔2016〕102 号）、《支持老工业城市和资源型城市产业转型升级的实施意见》《推进东北地区民营经济发展改革的指导意见》

续表

序　号	分　类	内　容
3	中部崛起	出台《促进中部地区崛起"十三五"规划》 明确全国重要先进制造业中心、全国新型城镇化重点区、全国现代农业发展核心区、全国生态文明建设示范区、全方位开展重要支撑区"一中心、四区"的重要战略定位，确定160多项重大项目
4	东部率先	促进重点地区合作发展，《国务院关于深化泛珠三角区域合作的指导意见》（国发〔2016〕102号）出台 贯彻落实建设海洋强国战略部署，出台《全国海洋经济发展"十三五"规划》《关于促进海洋经济发展示范区建设发展的指导意见》

专栏11　新型城镇化建设

序　号	分　类	内　容
1	制定出台政策文件	《深入推进新型城镇化建设的若干意见》《推动1亿非户籍人口在城市落户方案》《深入推进经济发达城镇行政管理体制改革的指导意见》《农村土地所有权承包权经营权分置办法》《实施支持农业转移人口市民化若干财政政策的通知》《建立城镇建设用地增加规模同吸纳农业转移人口落户数量挂钩机制的实施意见》《稳步推进农村集体产权制度改革的意见》
2	编制出台重大规划	《长江三角洲城市群发展规划》《长江中游城市群发展规划》《成渝城市群发展规划》《哈长城市群发展规划》《中原城市群发展规划》

（七）加强生态环境保护和能源资源节约，绿色发展初见成效

单位国内生产总值能耗和二氧化碳排放量分别下降5.0%和6.6%，超额完成全年目标，化学需氧量、氨氮、二氧化硫、氮氧化物排放量预计分别下降2.6%、2.9%、5.6%、4.0%，地级及以上城市空气质量优良天数比例同比提高2.1个百分点，74个重点城市细颗粒物（$PM_{2.5}$）年均浓度下降9.1%，地表水达到或好于Ⅲ类水体比例同比提高1.8个百分点、劣Ⅴ类水体比例同比下降1.1个百分点，万元国内生产总值用水量下降5.6%。见图8。

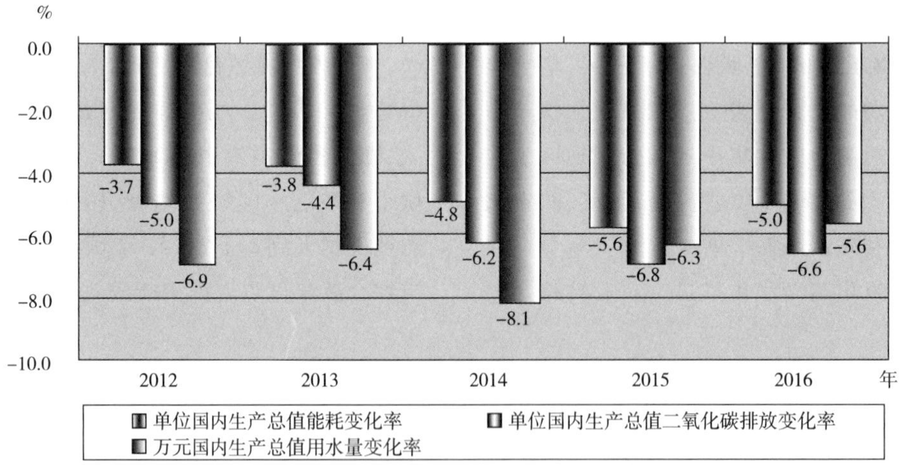

图8　生态文明建设和绿色发展

数据来源：国家统计局、国家发改委。

一是生态文明建设取得新进展。生态文明建设目标评价考核办法印发实施。决定在福建、江西和贵州等3省开展国家生态文明试验区建设，生态文明先行示范区建设持续深化。健全国家自然资源资产管理体制试点方案、省以下环保机构监测监察执法垂直管理制度改革试点指导意见、控制污染物排放许可制实施方案、划定并严守生态保护红线若干意见、培育环境治理和生态保护市场主体意见等一

批改革方案印发实施。在吉林等7省(直辖市)开展生态环境损害赔偿制度改革试点。全面推行河长制意见出台。生态保护补偿机制不断健全。新一轮退耕还林还草、重点防护林、石漠化综合治理、京津风沙源治理、水土流失综合治理等工程加快推进,湿地保护体系初步形成。开展中央环境保护督察。

二是主体功能区战略深入实施。国家重点生态功能区范围拓展到676个县及87个重点国有林区林业局,产业准入负面清单制度出台实施。省级海洋主体功能区规划编制实施工作在11个沿海省份展开。三江源、东北虎豹、大熊猫、神农架、武夷山、钱江源等国家公园体制试点方案印发实施。资源环境承载能力监测预警机制初步建立,先行在京津冀地区试点。市县"多规合一"试点深入推进,省级空间规划试点方案印发实施。全国国土规划纲要、全国土地利用总体规划纲要调整方案印发实施。

三是节能减排持续推进。"十二五"省级人民政府节能目标责任评价考核结果公布,"十三五"能耗、水耗总量和强度"双控"制度建立实施,在浙江、福建、河南、四川等4省开展用能权有偿使用和交易制度试点。循环经济发展加快,生产者责任延伸制度方案印发实施,产业园区循环化改造继续推进。印发《"十三五"节能环保产业发展规划》,构建绿色金融体系指导意见出台实施,发行各类绿色债券2 296.6亿元,节能环保产业不断做大做强。

四是环境综合治理力度加大。《京津冀地区大气污染防治强化措施(2016—2017年)》发布实施,重点地区煤炭消费量进一步压减,加快燃煤电厂超低排放改造,全国累计淘汰黄标车和老旧车404.6万辆。制定实施2016—2017年长江经济带生态环境保护行动计划,完成11省(直辖市)126个地级及以上城市全部319个集中式饮用水水源保护区划定,出台《全国重要饮用水水源地名录》,排查整治城市黑臭水体和非正规垃圾堆放点。深入开展农村生活垃圾治理专项行动,推进农村人居环境综合整治。土壤污染防治行动计划发布实施,出台污染地块土壤环境管理办法,启动14个土壤污染治理与修复试点项目和6个土壤污染综合防治先行区建设,加强重金属污染防控重点区域综合治理。全国矿山地质环境恢复和综合治理进一步加强。环境风险管控水平进一步提高,突发环境事件得到妥善处置。

五是应对气候变化工作不断强化。"十三五"控制温室气体排放工作方案印发实施。低碳省市、城(镇)、园区、社区等试点示范有序开展。碳排放权交易市场建设积极推进。城市适应气候变化行动方案发布实施。气候变化南南合作加快推进,"十百千"项目启动实施。首批签署和较早批准《巴黎协定》,创新性推动实现中美元首出席批准文书交存仪式,为推动《巴黎协定》尽早生效做出历史性贡献。建设性参加联合国气候变化马拉喀什会议并推动会议取得成功。

(八)加快发展社会事业和改善民生,人民生活水平持续提升

全力推进精准扶贫精准脱贫,加强社会政策托底,努力提高基本公共服务均等化水平。见专栏12。

专栏12 精准扶贫精准脱贫工程

序号	分类	内容
1	异地搬迁脱贫	全面推进新时期异地扶贫搬迁工作,统筹建设住房、配套基础设施和基本公共服务设施
2	产业发展脱贫	立足贫困地区资源禀赋,充分发挥农民合作组织、龙头企业等市场主体作用,建立健全产业到户到人的精准扶持机制,持续发展本地特色产业,实现贫困人口就地脱贫
3	转移就业脱贫	加强贫困人口职业技能培训和就业服务,保障贫困人口合法权益,开展劳务协作,推进就地就近转移就业
4	教育扶贫	合理布局贫困地区教育资源,系统改善办学条件,提高贫困人口基本文化素质和贫困家庭劳动力技能,加大力度实施各项教育扶贫政策
5	健康扶贫	改善贫困地区医疗卫生机构条件,提升服务能力,缩小区域间卫生资源差距,进一步完善基本医疗保障制度。全年共实施医疗救助3 099.8万人次,临时救助223.9万户次家庭,重点对象人均补助644.6元 逐户、逐人逐病核实核准因病贫困情况,组织实施分类救治。实行倾斜性医保政策措施,提升农村贫困人口医疗保障水平

续表

序号	分类	内容
6	生态保护扶贫	加强贫困地区生态环境保护与治理修复，提升贫困地区可持续发展能力。逐步扩大对贫困地区和贫困人口的生态保护补偿
7	兜底保障	统筹社会救助体系，促进扶贫开发与社会保障有效衔接，完善农村低保、特困人员救助供养等社会救助制度，健全留守儿童、留守妇女、留守老人和残疾人关爱服务体系
8	社会扶贫	发挥东西部扶贫协作和中央单位定点帮扶的引领示范作用，凝聚国内国际社会各方面力量，进一步提升贫困人口帮扶精准度和帮扶效果，形成脱贫攻坚强大合力
9	交通扶贫	以革命老区、民族地区、边疆地区、集中连片特困地区为重点，实施交通精准扶贫脱贫，加快完善交通基础设施，新增通硬化路建制村超过1.3万个，通客车建制村5 500个，建制村通客车率达到95.0%

一是脱贫攻坚战全面打响。《"十三五"脱贫攻坚规划》发布实施，全国财政专项扶贫资金投入超过1 000亿元。印发实施"十三五"易地扶贫搬迁规划，22个省（自治区、直辖市）全面启动易地扶贫搬迁项目，全年249万人易地扶贫搬迁建设任务如期完成。金融扶贫、特色产业扶贫、教育扶贫、交通扶贫、水利扶贫、旅游扶贫、光伏扶贫、电商扶贫、以工代赈等深入推进。东西部扶贫协作不断深化。推动集中连片特困地区"十三五"省级实施规划落地，对川陕等革命老区、赣南等原中央苏区振兴发展与脱贫攻坚支持力度持续加大。支持四川凉山、云南怒江、甘肃临夏等面临特殊困难的少数民族自治州加快建设小康社会进程。

二是社会保障能力不断加强。全国居民人均可支配收入实际增长6.3%，农村居民收入增幅连续7年高于城镇居民。退休人员基本养老金水平提高6.5%左右。基本医疗保险参保人数超过13亿人，城乡居民基本医保补助标准由每人每年380元提高到420元。在全国范围内建立了困难残疾人生活补贴和重度残疾人护理补贴制度。

三是公共服务供给持续改善。学前教育毛入园率、九年义务教育巩固率、高中阶段毛入学率分别达到77.4%、93.4%和87.5%。高等教育毛入学率达到42.7%，超过中高收入国家平均水平。现代职业教育体系进一步完善和发展。城乡基本医疗服务体系进一步健全，基本公共卫生服务项目年人均财政补助达到45元，均等化水平明显提高。"健康中国2030"规划纲要发布实施，每千人口执业（助理）医师数增加到2.3人，每万人全科医生数增加到1.5人。全年出生人口达到1 786万人，全面两孩政策平稳落地，生育服务保障进一步加强。公共文化服务体系建设继续加强，各省（自治区、直辖市）均已出台本地区的基本公共文化服务实施标准。实施中华优秀传统文化传承发展工程的意见等基础性制度出台。实施全民健身计划，体育健儿在里约奥运会、残奥会上再创佳绩。冰雪、水上、航空、山地户外等运动加快发展。见专栏13。

专栏13　公共服务供给

序号	分类	内容
1	教育	支持1 400余所义务教育学校、258所中等职业学校、208所普通高中、29所地方高校改善基本办学条件
2	卫生	重点加强400个县级医院、29个地市级医院、32个儿童医疗服务机构、247个妇幼保健机构、236个疾病预防控制机构、244个食品安全风险监测能力项目建设
3	养老	支持545个面向失能半失能老年人的专业养老机构、敬老院和社区日间照料中心等设施建设
4	助残	支持187个省级、地市级残疾人康复设施和县级残疾人托养设施项目建设
5	文化	支持73个地市级公共图书馆、文化馆、博物馆建设、225个国家文化和自然遗产保护利用设施建设。全国公共图书馆总流通人次、文化馆（站）服务人次、博物馆总参观人次分别增长12.0%、10.0%和5.0%，广播和电视节目综合人口覆盖率分别达到98.4%和98.9%
6	体育	支持498个足球场地和县级公共体育场等项目建设。对1 260个大型体育场馆进行了免费低收费开放补助

四是保障性安居工程建设扎实推进。加大中央预算内投资和中央财政专项资金支持力度，继续发挥企业债券直接融资作用，支持棚户区住房改造等保障性安居工程。2016年，完成棚户区住房改造

600 多万套,农村危房改造 380 多万户。

从计划指标运行情况看,经济增长、就业、价格总水平、国际收支平衡等主要指标保持在合理区间,科技创新、生态环保、民生保障等反映发展质量和效益的指标进一步改善,总的完成情况是好的。

19 个约束性指标全部完成。43 个预期性指标中,38 个指标运行情况符合或高于预期,第一产业、全社会固定资产投资、货物进出口额、广义货币供应量(M_2)增长率、城镇居民人均可支配收入 5 个指标运行值与预期值存在差距。需要说明的是,预期性指标的计划目标不是指令性的,也不是预测值,而是国家期望的发展目标,体现预期和政策导向,实际运行情况可能高于预期目标,也可能低于预期目标。部分指标运行值与预期目标存在差距,主要有以下原因:①针对农产品阶段性供大于求、库存高企、价格低迷的形势,主动推进种养结构调整,部分主要农产品产量有所回落,因此第一产业增加值增幅略低于预期目标。②受市场需求偏弱、投资回报下降、企业信心不强等因素综合影响,投资特别是民间投资、制造业投资下行压力较大,加上固定资产投资价格下跌持续时间和幅度超出预期,导致全社会固定资产投资增幅低于预期目标。③受全球经济复苏乏力、国际贸易需求疲软、针对中国的保护主义加剧等影响,货物贸易进出口虽回稳向好,但仍难以实现预期目标。④为供给侧结构性改革营造适宜的货币金融环境,在对实体经济提供足够支持的同时,货币供应切实体现了不搞"大水漫灌"和去杠杆、防风险、抑制资产价格泡沫的要求,因此广义货币供应量(M_2)增速低于预期目标。⑤从收入指标完成情况看,全国居民人均可支配收入增长与经济增长基本同步,受经济下行压力影响,部分行业从业人员工资性收入增幅放缓,导致城镇居民人均可支配收入增幅低于预期目标。

总之,在国内外形势错综复杂的情况下,中国经济增速继续走在世界前列,发展质量和效益提高,经济结构继续优化,人民生活水平持续改善,生态环境有所好转,成绩来之不易。这是党中央、国务院正确领导的结果,是各地区各部门共同努力的结果,是全国各族人民团结奋斗的结果。

同时,我们也清醒地认识到,世界经济仍然在深度调整,复苏动力不足,不稳定和不确定性将进一步凸显,国际投资和贸易低迷,保护主义、内顾倾向抬头。国内经济稳定运行的基础还不牢固,仍面临不少突出矛盾和问题。①实体经济结构性供需失衡。供给体系产能大多数只能满足中低端、低质量、低价格的需求,随着消费结构加快升级,出口需求和投资需求相对下降,供给结构不适应需求新变化。②有效需求增长乏力。有效投资特别是民间投资、制造业投资增速较低。经济下行对就业、收入、消费的滞后影响开始显现。国际需求持续低迷,国内综合要素成本不断上涨,产业和订单向外转移加快,中国外贸发展面临的形势更加复杂严峻。③部分区域、行业、企业困难较大。一些资源型和传统产业比重大的地区,下行压力和发展困难较大。部分行业分化调整的影响,可能沿产业链传导。受市场环境偏紧和经营成本较高双重挤压,企业盈利能力较弱、亏损面较大。④部分领域风险仍在积累。一些地区财政收支矛盾突出,防控金融风险力度需进一步加大,房地产市场仍面临结构性高房价、高库存双重挑战。⑤大气雾霾等环境问题仍然突出。多频次、广区域、长时间、重浓度的雾霾天气,给人民生产生活带来较大影响。与此同时,安全生产、食品药品质量和民生等领域也出现一些新问题。我们要高度重视,准确分析研判国内外形势,增强忧患意识,强化底线思维,保持战略定力,更加有效应对。

二、2017 年经济社会发展的总体要求、主要目标和政策取向(略)

三、2017 年经济社会发展的主要任务(略)

B

经济法律法规选编

中国企业年鉴

China Enterprise Yearbook 2017

法　律

中华人民共和国资产评估法

（2016年7月2日第十二届全国人民代表大会常务委员会第二十一次会议通过　2016年7月2日中华人民共和国主席令第46号公布　自2016年12月1日起施行）

第一章　总　则

第一条　为了规范资产评估行为，保护资产评估当事人合法权益和公共利益，促进资产评估行业健康发展，维护社会主义市场经济秩序，制定本法。

第二条　本法所称资产评估（简称“评估”），是指评估机构及其评估专业人员根据委托对不动产、动产、无形资产、企业价值、资产损失或者其他经济权益进行评定、估算，并出具评估报告的专业服务行为。

第三条　自然人、法人或者其他组织需要确定评估对象价值的，可以自愿委托评估机构评估。

涉及国有资产或者公共利益等事项，法律、行政法规规定需要评估的（简称“法定评估”），应当依法委托评估机构评估。

第四条　评估机构及其评估专业人员开展业务应当遵守法律、行政法规和评估准则，遵循独立、客观、公正的原则。

评估机构及其评估专业人员依法开展业务，受法律保护。

第五条　评估专业人员从事评估业务，应当加入评估机构，并且只能在一个评估机构从事业务。

第六条　评估行业可以按照专业领域依法设立行业协会，实行自律管理，并接受有关评估行政管理部门的监督和社会监督。

第七条　国务院有关评估行政管理部门按照各自职责分工，对评估行业进行监督管理。

设区的市级以上地方人民政府有关评估行政管理部门按照各自职责分工，对本行政区域内的评估行业进行监督管理。

第二章　评估专业人员

第八条　评估专业人员包括评估师和其他具有评估专业知识及实践经验的评估从业人员。

评估师是指通过评估师资格考试的评估专业人员。国家根据经济社会发展需要确定评估师专业类别。

第九条　有关全国性评估行业协会按照国家规定组织实施评估师资格全国统一考试。

具有高等院校专科以上学历的公民，可以参加评估师资格全国统一考试。

第十条　有关全国性评估行业协会应当在其网站上公布评估师名单，并实时更新。

第十一条　因故意犯罪或者在从事评估、财务、会计、审计活动中因过失犯罪而受刑事处罚，自刑罚执行完毕之日起不满五年的人员，不得从事评估业务。

第十二条　评估专业人员享有下列权利：

（1）要求委托人提供相关的权属证明、财务会计信息和其他资料，以及为执行公允的评估程序所需的必要协助；

（2）依法向有关国家机关或者其他组织查阅从事业务所需的文件、证明和资料；

（3）拒绝委托人或者其他组织、个人对评估行为和评估结果的非法干预；

（4）依法签署评估报告；

（5）法律、行政法规规定的其他权利。

第十三条　评估专业人员应当履行下列义务：

（1）诚实守信，依法独立、客观、公正从事业务；

（2）遵守评估准则，履行调查职责，独立分析估算，勤勉谨慎从事业务；

（3）完成规定的继续教育，保持和提高专业能力；

（4）对评估活动中使用的有关文件、证明和资料的真实性、准确性、完整性进行核查和验证；

（5）对评估活动中知悉的国家秘密、商业秘密和个人隐私予以保密；

（6）与委托人或者其他相关当事人及评估对象有利害关系的，应当回避；

（7）接受行业协会的自律管理，履行行业协会章程规定的义务；

（8）法律、行政法规规定的其他义务。

第十四条 评估专业人员不得有下列行为：

（1）私自接受委托从事业务、收取费用；

（2）同时在两个以上评估机构从事业务；

（3）采用欺骗、利诱、胁迫，或者贬损、诋毁其他评估专业人员等不正当手段招揽业务；

（4）允许他人以本人名义从事业务，或者冒用他人名义从事业务；

（5）签署本人未承办业务的评估报告；

（6）索要、收受或者变相索要、收受合同约定以外的酬金、财物，或者谋取其他不正当利益；

（7）签署虚假评估报告或者有重大遗漏的评估报告；

（8）违反法律、行政法规的其他行为。

第三章 评估机构

第十五条 评估机构应当依法采用合伙或者公司形式，聘用评估专业人员开展评估业务。

合伙形式的评估机构，应当有两名以上评估师；其合伙人2/3以上应当是具有3年以上从业经历且最近3年内未受停止从业处罚的评估师。

公司形式的评估机构，应当有8名以上评估师和两名以上股东，其中2/3以上股东应当是具有3年以上从业经历且最近3年内未受停止从业处罚的评估师。

评估机构的合伙人或者股东为两名的，两名合伙人或者股东都应当是具有3年以上从业经历且最近3年内未受停止从业处罚的评估师。

第十六条 设立评估机构，应当向工商行政管理部门申请办理登记。评估机构应当自领取营业执照之日起30日内向有关评估行政管理部门备案。评估行政管理部门应当及时将评估机构备案情况向社会公告。

第十七条 评估机构应当依法独立、客观、公正开展业务，建立健全质量控制制度，保证评估报告的客观、真实、合理。

评估机构应当建立健全内部管理制度，对本机构的评估专业人员遵守法律、行政法规和评估准则的情况进行监督，并对其从业行为负责。

评估机构应当依法接受监督检查，如实提供评估档案以及相关情况。

第十八条 委托人拒绝提供或者不如实提供执行评估业务所需的权属证明、财务会计信息和其他资料的，评估机构有权依法拒绝其履行合同的要求。

第十九条 委托人要求出具虚假评估报告或者有其他非法干预评估结果情形的，评估机构有权解除合同。

第二十条 评估机构不得有下列行为：

（1）利用开展业务之便，谋取不正当利益；

（2）允许其他机构以本机构名义开展业务，或者冒用其他机构名义开展业务；

（3）以恶性压价、支付回扣、虚假宣传，或者贬损、诋毁其他评估机构等不正当手段招揽业务；

（4）受理与自身有利害关系的业务；

（5）分别接受利益冲突双方的委托，对同一评估对象进行评估；

（6）出具虚假评估报告或者有重大遗漏的评估报告；

（7）聘用或者指定不符合本法规定的人员从事评估业务；

（8）违反法律、行政法规的其他行为。

第二十一条 评估机构根据业务需要建立职业风险基金，或者自愿办理职业责任保险，完善风险防范机制。

第四章 评估程序

第二十二条 委托人有权自主选择符合本法规定的评估机构，任何组织或者个人不得非法限制或者干预。

评估事项涉及两个以上当事人的，由全体当事人协商委托评估机构。

委托开展法定评估业务，应当依法选择评估机构。

第二十三条 委托人应当与评估机构订立委托合同，约定双方的权利和义务。

委托人应当按照合同约定向评估机构支付费用，不得索要、收受或者变相索要、收受回扣。

委托人应当对其提供的权属证明、财务会计信息和其他资料的真实性、完整性和合法性负责。

第二十四条 对受理的评估业务，评估机构应当指定至少两名评估专业人员承办。

委托人有权要求与相关当事人及评估对象有利害关系的评估专业人员回避。

第二十五条 评估专业人员应当根据评估业务具体情况，对评估对象进行现场调查，收集权属证明、财务会计信息和其他资料并进行核查验证、分析整理，作为评估的依据。

第二十六条 评估专业人员应当恰当选择评估方法，除依据评估执业准则只能选择一种评估方法的外，应当选择两种以上评估方法，经综合分析，形成评估结论，编制评估报告。

评估机构应当对评估报告进行内部审核。

第二十七条 评估报告应当由至少两名承办该项业务的评估专业人员签名并加盖评估机构印章。

评估机构及其评估专业人员对其出具的评估报告依法承担责任。

委托人不得串通、唆使评估机构或者评估专业人员出具虚假评估报告。

第二十八条 评估机构开展法定评估业务，应当指定至少两名相应专业类别的评估师承办，评估报告应当由至少两名承办该项业务的评估师签名并加盖评估机构印章。

第二十九条 评估档案的保存期限不少于15年，属于法定评估业务的，保存期限不少于30年。

第三十条 委托人对评估报告有异议的，可以要求评估机构解释。

第三十一条 委托人认为评估机构或者评估专业人员违法开展业务的，可以向有关评估行政管理部门或者行业协会投诉、举报，有关评估行政管理部门或者行业协会应当及时调查处理，并答复委托人。

第三十二条 委托人或者评估报告使用人应当按照法律规定和评估报告载明的使用范围使用评估报告。

委托人或者评估报告使用人违反前款规定使用评估报告的，评估机构和评估专业人员不承担责任。

第五章 行业协会

第三十三条 评估行业协会是评估机构和评估专业人员的自律性组织，依照法律、行政法规和章程实行自律管理。

评估行业按照专业领域设立全国性评估行业协会，根据需要设立地方性评估行业协会。

第三十四条 评估行业协会的章程由会员代表大会制定，报登记管理机关核准，并报有关评估行政管理部门备案。

第三十五条 评估机构、评估专业人员加入有关评估行业协会，平等享有章程规定的权利，履行章程规定的义务。有关评估行业协会公布加入本协会的评估机构、评估专业人员名单。

第三十六条 评估行业协会履行下列职责：

（1）制定会员自律管理办法，对会员实行自律管理；

（2）依据评估基本准则制定评估执业准则和职业道德准则；

（3）组织开展会员继续教育；

（4）建立会员信用档案，将会员遵守法律、行政法规和评估准则的情况记入信用档案，并向社会公开；

（5）检查会员建立风险防范机制的情况；

（6）受理对会员的投诉、举报，受理会员的申诉，调解会员执业纠纷；

（7）规范会员从业行为，定期对会员出具的评估报告进行检查，按照章程规定对会员给予奖惩，并将奖惩情况及时报告有关评估行政管理部门；

（8）保障会员依法开展业务，维护会员合法权益；

（9）法律、行政法规和章程规定的其他职责。

第三十七条 有关评估行业协会应当建立沟通协作和信息共享机制，根据需要制定共同的行为规范，促进评估行业健康有序发展。

第三十八条 评估行业协会收取会员会费的标

准，由会员代表大会通过，并向社会公开。不得以会员交纳会费数额作为其在行业协会中担任职务的条件。

会费的收取、使用接受会员代表大会和有关部门的监督，任何组织或者个人不得侵占、私分和挪用。

第六章　监督管理

第三十九条　国务院有关评估行政管理部门组织制定评估基本准则和评估行业监督管理办法。

第四十条　设区的市级以上人民政府有关评估行政管理部门依据各自职责，负责监督管理评估行业，对评估机构和评估专业人员的违法行为依法实施行政处罚，将处罚情况及时通报有关评估行业协会，并依法向社会公开。

第四十一条　评估行政管理部门对有关评估行业协会实施监督检查，对检查发现的问题和针对协会的投诉、举报，应当及时调查处理。

第四十二条　评估行政管理部门不得违反本法规定，对评估机构依法开展业务进行限制。

第四十三条　评估行政管理部门不得与评估行业协会、评估机构存在人员或者资金关联，不得利用职权为评估机构招揽业务。

第七章　法律责任

第四十四条　评估专业人员违反本法规定，有下列情形之一的，由有关评估行政管理部门予以警告，可以责令停止从业 6 个月以上 1 年以下；有违法所得的，没收违法所得；情节严重的，责令停止从业 1 年以上 5 年以下；构成犯罪的，依法追究刑事责任：

（1）私自接受委托从事业务、收取费用的；

（2）同时在两个以上评估机构从事业务的；

（3）采用欺骗、利诱、胁迫，或者贬损、诋毁其他评估专业人员等不正当手段招揽业务的；

（4）允许他人以本人名义从事业务，或者冒用他人名义从事业务的；

（5）签署本人未承办业务的评估报告或者有重大遗漏的评估报告的；

（6）索要、收受或者变相索要、收受合同约定以外的酬金、财物，或者谋取其他不正当利益的。

第四十五条　评估专业人员违反本法规定，签署虚假评估报告的，由有关评估行政管理部门责令停止从业 2 年以上 5 年以下；有违法所得的，没收违法所得；情节严重的，责令停止从业 5 年以上 10 年以下；构成犯罪的，依法追究刑事责任，终身不得从事评估业务。

第四十六条　违反本法规定，未经工商登记以评估机构名义从事评估业务的，由工商行政管理部门责令停止违法活动；有违法所得的，没收违法所得，并处违法所得 1 倍以上 5 倍以下罚款。

第四十七条　评估机构违反本法规定，有下列情形之一的，由有关评估行政管理部门予以警告，可以责令停业 1 个月以上 6 个月以下；有违法所得的，没收违法所得，并处违法所得 1 倍以上 5 倍以下罚款；情节严重的，由工商行政管理部门吊销营业执照；构成犯罪的，依法追究刑事责任：

（1）利用开展业务之便，谋取不正当利益的；

（2）允许其他机构以本机构名义开展业务，或者冒用其他机构名义开展业务的；

（3）以恶性压价、支付回扣、虚假宣传，或者贬损、诋毁其他评估机构等不正当手段招揽业务的；

（4）受理与自身有利害关系的业务的；

（5）分别接受利益冲突双方的委托，对同一评估对象进行评估的；

（6）出具有重大遗漏的评估报告的；

（7）未按本法规定的期限保存评估档案的；

（8）聘用或者指定不符合本法规定的人员从事评估业务的；

（9）对本机构的评估专业人员疏于管理，造成不良后果的。

评估机构未按本法规定备案或者不符合本法第十五条规定的条件的，由有关评估行政管理部门责令改正；拒不改正的，责令停业，可以并处 1 万元以上 5 万元以下罚款。

第四十八条　评估机构违反本法规定，出具虚假评估报告的，由有关评估行政管理部门责令停业 6 个月以上 1 年以下；有违法所得的，没收违法所得，并处违法所得 1 倍以上 5 倍以下罚款；情节严重的，由工商行政管理部门吊销营业执照；构成犯罪的，依法追究刑事责任。

第四十九条　评估机构、评估专业人员在 1 年内累计3次因违反本法规定受到责令停业、责令停止从业以外处罚的，有关评估行政管理部门可以责令其停业或者停止从业1年以上5年以下。

第五十条 评估专业人员违反本法规定，给委托人或者其他相关当事人造成损失的，由其所在的评估机构依法承担赔偿责任。评估机构履行赔偿责任后，可以向有故意或者重大过失行为的评估专业人员追偿。

第五十一条 违反本法规定，应当委托评估机构进行法定评估而未委托的，由有关部门责令改正；拒不改正的，处10万元以上50万元以下罚款；情节严重的，对直接负责的主管人员和其他直接责任人员依法给予处分；造成损失的，依法承担赔偿责任；构成犯罪的，依法追究刑事责任。

第五十二条 违反本法规定，委托人在法定评估中有下列情形之一的，由有关评估行政管理部门会同有关部门责令改正；拒不改正的，处10万元以上50万元以下罚款；有违法所得的，没收违法所得；情节严重的，对直接负责的主管人员和其他直接责任人员依法给予处分；造成损失的，依法承担赔偿责任；构成犯罪的，依法追究刑事责任：

（1）未依法选择评估机构的；

（2）索要、收受或者变相索要、收受回扣的；

（3）串通、唆使评估机构或者评估师出具虚假评估报告的；

（4）不如实向评估机构提供权属证明、财务会计信息和其他资料的；

（5）未按照法律规定和评估报告载明的使用范围使用评估报告的。

前款规定以外的委托人违反本法规定，给他人造成损失的，依法承担赔偿责任。

第五十三条 评估行业协会违反本法规定的，由有关评估行政管理部门给予警告，责令改正；拒不改正的，可以通报登记管理机关，由其依法给予处罚。

第五十四条 有关行政管理部门、评估行业协会工作人员违反本法规定，滥用职权、玩忽职守或者徇私舞弊的，依法给予处分；构成犯罪的，依法追究刑事责任。

第八章 附 则

第五十五条 本法自2016年12月1日起施行。

中华人民共和国网络安全法

（2016年11月7日第十二届全国人民代表大会常务委员会第二十四次会议通过 2016年11月7日中华人民共和国主席令第53号公布 自2017年6月1日起施行）

第一章 总 则

第一条 为了保障网络安全，维护网络空间主权和国家安全、社会公共利益，保护公民、法人和其他组织的合法权益，促进经济社会信息化健康发展，制定本法。

第二条 在中华人民共和国境内建设、运营、维护和使用网络，以及网络安全的监督管理，适用本法。

第三条 国家坚持网络安全与信息化发展并重，遵循积极利用、科学发展、依法管理、确保安全的方针，推进网络基础设施建设和互联互通，鼓励网络技术创新和应用，支持培养网络安全人才，建立健全网络安全保障体系，提高网络安全保护能力。

第四条 国家制定并不断完善网络安全战略，明确保障网络安全的基本要求和主要目标，提出重点领域的网络安全政策、工作任务和措施。

第五条 国家采取措施，监测、防御、处置来源于中华人民共和国境内外的网络安全风险和威胁，保护关键信息基础设施免受攻击、侵入、干扰和破坏，依法惩治网络违法犯罪活动，维护网络空间安全和秩序。

第六条 国家倡导诚实守信、健康文明的网络行为，推动传播社会主义核心价值观，采取措施提高全社会的网络安全意识和水平，形成全社会共同参与促进网络安全的良好环境。

第七条 国家积极开展网络空间治理、网络技术研发和标准制定、打击网络违法犯罪等方面的国际交流与合作，推动构建和平、安全、开放、合作的网络空间，建立多边、民主、透明的网络治理体系。

第八条 国家网信部门负责统筹协调网络安全工作和相关监督管理工作。国务院电信主管部门、公安部门和其他有关机关依照本法和有关法律、行政法规的规定，在各自职责范围内负责网络安全保护和监督管理工作。

县级以上地方人民政府有关部门的网络安全保护和监督管理职责，按照国家有关规定确定。

第九条 网络运营者开展经营和服务活动，必须遵守法律、行政法规，尊重社会公德，遵守商业道德，诚实信用，履行网络安全保护义务，接受政府和社会的监督，承担社会责任。

第十条 建设、运营网络或者通过网络提供服务，应当依照法律、行政法规的规定和国家标准的强制性要求，采取技术措施和其他必要措施，保障网络安全、稳定运行，有效应对网络安全事件，防范网络违法犯罪活动，维护网络数据的完整性、保密性和可用性。

第十一条 网络相关行业组织按照章程，加强行业自律，制定网络安全行为规范，指导会员加强网络安全保护，提高网络安全保护水平，促进行业健康发展。

第十二条 国家保护公民、法人和其他组织依法使用网络的权利，促进网络接入普及，提升网络服务水平，为社会提供安全、便利的网络服务，保障网络信息依法有序自由流动。

任何个人和组织使用网络应当遵守宪法法律，遵守公共秩序，尊重社会公德，不得危害网络安全，不得利用网络从事危害国家安全、荣誉和利益，煽动颠覆国家政权、推翻社会主义制度，煽动分裂国家、破坏国家统一，宣扬恐怖主义、极端主义，宣扬民族仇恨、民族歧视，传播暴力、淫秽色情信息，编造、传播虚假信息扰乱经济秩序和社会秩序，以及侵害他人名誉、隐私、知识产权和其他合法权益等活动。

第十三条 国家支持研究开发有利于未成年人健康成长的网络产品和服务，依法惩治利用网络从事危害未成年人身心健康的活动，为未成年人提供安全、健康的网络环境。

第十四条 任何个人和组织有权对危害网络安全的行为向网信、电信、公安等部门举报。收到举报的部门应当及时依法作出处理；不属于本部门职责的，应当及时移送有权处理的部门。

有关部门应当对举报人的相关信息予以保密，保护举报人的合法权益。

第二章 网络安全支持与促进

第十五条 国家建立和完善网络安全标准体系。国务院标准化行政主管部门和国务院其他有关部门根据各自的职责，组织制定并适时修订有关网络安全管理以及网络产品、服务和运行安全的国家标准、行业标准。

国家支持企业、研究机构、高等学校、网络相关行业组织参与网络安全国家标准、行业标准的制定。

第十六条 国务院和省、自治区、直辖市人民政府应当统筹规划，加大投入，扶持重点网络安全技术产业和项目，支持网络安全技术的研究开发和应用，推广安全可信的网络产品和服务，保护网络技术知识产权，支持企业、研究机构和高等学校等参与国家网络安全技术创新项目。

第十七条 国家推进网络安全社会化服务体系建设，鼓励有关企业、机构开展网络安全认证、检测和风险评估等安全服务。

第十八条 国家鼓励开发网络数据安全保护和利用技术，促进公共数据资源开放，推动技术创新和经济社会发展。

国家支持创新网络安全管理方式，运用网络新技术，提升网络安全保护水平。

第十九条 各级人民政府及其有关部门应当组织开展经常性的网络安全宣传教育，并指导、督促有关单位做好网络安全宣传教育工作。

大众传播媒介应当有针对性地面向社会进行网络安全宣传教育。

第二十条 国家支持企业和高等学校、职业学校等教育培训机构开展网络安全相关教育与培训，采取多种方式培养网络安全人才，促进网络安全人才交流。

第三章　网络运行安全

第一节　一般规定

第二十一条　国家实行网络安全等级保护制度。网络运营者应当按照网络安全等级保护制度的要求，履行下列安全保护义务，保障网络免受干扰、破坏或者未经授权的访问，防止网络数据泄露或者被窃取、篡改：

（1）定内部安全管理制度和操作规程，确定网络安全负责人，落实网络安全保护责任；

（2）采取防范计算机病毒和网络攻击、网络侵入等危害网络安全行为的技术措施；

（3）取监测、记录网络运行状态、网络安全事件的技术措施，并按照规定留存相关的网络日志不少于6个月；

（4）取数据分类、重要数据备份和加密等措施；

（5）法律、行政法规规定的其他义务。

第二十二条　网络产品、服务应当符合相关国家标准的强制性要求。网络产品、服务的提供者不得设置恶意程序；发现其网络产品、服务存在安全缺陷、漏洞等风险时，应当立即采取补救措施，按照规定及时告知用户并向有关主管部门报告。

网络产品、服务的提供者应当为其产品、服务持续提供安全维护；在规定或者当事人约定的期限内，不得终止提供安全维护。

网络产品、服务具有收集用户信息功能的，其提供者应当向用户明示并取得同意；涉及用户个人信息的，还应当遵守本法和有关法律、行政法规关于个人信息保护的规定。

第二十三条　网络关键设备和网络安全专用产品应当按照相关国家标准的强制性要求，由具备资格的机构安全认证合格或者安全检测符合要求后，方可销售或者提供。国家网信部门会同国务院有关部门制定、公布网络关键设备和网络安全专用产品目录，并推动安全认证和安全检测结果互认，避免重复认证、检测。

第二十四条　网络运营者为用户办理网络接入、域名注册服务，办理固定电话、移动电话等入网手续，或者为用户提供信息发布、即时通信等服务，在与用户签订协议或者确认提供服务时，应当要求用户提供真实身份信息。用户不提供真实身份信息的，网络运营者不得为其提供相关服务。

国家实施网络可信身份战略，支持研究开发安全、方便的电子身份认证技术，推动不同电子身份认证之间的互认。

第二十五条　网络运营者应当制定网络安全事件应急预案，及时处置系统漏洞、计算机病毒、网络攻击、网络侵入等安全风险；在发生危害网络安全的事件时，立即启动应急预案，采取相应的补救措施，并按照规定向有关主管部门报告。

第二十六条　开展网络安全认证、检测、风险评估等活动，向社会发布系统漏洞、计算机病毒、网络攻击、网络侵入等网络安全信息，应当遵守国家有关规定。

第二十七条　任何个人和组织不得从事非法侵入他人网络、干扰他人网络正常功能、窃取网络数据等危害网络安全的活动；不得提供专门用于从事侵入网络、干扰网络正常功能及防护措施、窃取网络数据等危害网络安全活动的程序、工具；明知他人从事危害网络安全的活动的，不得为其提供技术支持、广告推广、支付结算等帮助。

第二十八条　网络运营者应当为公安机关、国家安全机关依法维护国家安全和侦查犯罪的活动提供技术支持和协助。

第二十九条　国家支持网络运营者之间在网络安全信息收集、分析、通报和应急处置等方面进行合作，提高网络运营者的安全保障能力。

有关行业组织建立健全本行业的网络安全保护规范和协作机制，加强对网络安全风险的分析评估，定期向会员进行风险警示，支持、协助会员应对网络安全风险。

第三十条　网信部门和有关部门在履行网络安全保护职责中获取的信息，只能用于维护网络安全的需要，不得用于其他用途。

第二节　关键信息基础设施的运行安全

第三十一条　国家对公共通信和信息服务、能源、交通、水利、金融、公共服务、电子政务等重要行业和领域，以及其他一旦遭到破坏、丧失功能或者数据泄露，可能严重危害国家安全、国计民生、公共利益的关键信息基础设施，在网络安全等级保护制度的基础上，实行重点保护。关键信息基础设施的具体范围和安全保护办法由国务院制定。

国家鼓励关键信息基础设施以外的网络运营者自愿参与关键信息基础设施保护体系。

第三十二条 按照国务院规定的职责分工，负责关键信息基础设施安全保护工作的部门分别编制并组织实施本行业、本领域的关键信息基础设施安全规划，指导和监督关键信息基础设施运行安全保护工作。

第三十三条 建设关键信息基础设施应当确保其具有支持业务稳定、持续运行的性能，并保证安全技术措施同步规划、同步建设、同步使用。

第三十四条 除本法第二十一条的规定外，关键信息基础设施的运营者还应当履行下列安全保护义务：

(1)置专门安全管理机构和安全管理负责人，并对该负责人和关键岗位的人员进行安全背景审查；

(2)定期对从业人员进行网络安全教育、技术培训和技能考核；

(3)对重要系统和数据库进行容灾备份；

(4)制定网络安全事件应急预案，并定期进行演练；

(5)法律、行政法规规定的其他义务。

第三十五条 关键信息基础设施的运营者采购网络产品和服务，可能影响国家安全的，应当通过国家网信部门会同国务院有关部门组织的国家安全审查。

第三十六条 关键信息基础设施的运营者采购网络产品和服务，应当按照规定与提供者签订安全保密协议，明确安全和保密义务与责任。

第三十七条 关键信息基础设施的运营者在中华人民共和国境内运营中收集和产生的个人信息和重要数据应当在境内存储。因业务需要，确需向境外提供的，应当按照国家网信部门会同国务院有关部门制定的办法进行安全评估；法律、行政法规另有规定的，依照其规定。

第三十八条 关键信息基础设施的运营者应当自行或者委托网络安全服务机构对其网络的安全性和可能存在的风险每年至少进行一次检测评估，并将检测评估情况和改进措施报送相关负责关键信息基础设施安全保护工作的部门。

第三十九条 国家网信部门应当统筹协调有关部门对关键信息基础设施的安全保护采取下列措施：

(1)关键信息基础设施的安全风险进行抽查检测，提出改进措施，必要时可以委托网络安全服务机构对网络存在的安全风险进行检测评估；

(2)期组织关键信息基础设施的运营者进行网络安全应急演练，提高应对网络安全事件的水平和协同配合能力；

(3)促进有关部门、关键信息基础设施的运营者以及有关研究机构、网络安全服务机构等之间的网络安全信息共享；

(4)对网络安全事件的应急处置与网络功能的恢复等，提供技术支持和协助。

第四章　网络信息安全

第四十条 网络运营者应当对其收集的用户信息严格保密，并建立健全用户信息保护制度。

第四十一条 网络运营者收集、使用个人信息，应当遵循合法、正当、必要的原则，公开收集、使用规则，明示收集、使用信息的目的、方式和范围，并经被收集者同意。

网络运营者不得收集与其提供的服务无关的个人信息，不得违反法律、行政法规的规定和双方的约定收集、使用个人信息，并应当依照法律、行政法规的规定和与用户的约定，处理其保存的个人信息。

第四十二条 网络运营者不得泄露、篡改、毁损其收集的个人信息；未经被收集者同意，不得向他人提供个人信息。但是，经过处理无法识别特定个人且不能复原的除外。

网络运营者应当采取技术措施和其他必要措施，确保其收集的个人信息安全，防止信息泄露、毁损、丢失。在发生或者可能发生个人信息泄露、毁损、丢失的情况时，应当立即采取补救措施，按照规定及时告知用户并向有关主管部门报告。

第四十三条 个人发现网络运营者违反法律、

行政法规的规定或者双方的约定收集、使用其个人信息的，有权要求网络运营者删除其个人信息；发现网络运营者收集、存储的其个人信息有错误的，有权要求网络运营者予以更正。网络运营者应当采取措施予以删除或者更正。

第四十四条 任何个人和组织不得窃取或者以其他非法方式获取个人信息，不得非法出售或者非法向他人提供个人信息。

第四十五条 依法负有网络安全监督管理职责的部门及其工作人员，必须对在履行职责中知悉的个人信息、隐私和商业秘密严格保密，不得泄露、出售或者非法向他人提供。

第四十六条 任何个人和组织应当对其使用网络的行为负责，不得设立用于实施诈骗，传授犯罪方法，制作或者销售违禁物品、管制物品等违法犯罪活动的网站、通信群组，不得利用网络发布涉及实施诈骗，制作或者销售违禁物品、管制物品以及其他违法犯罪活动的信息。

第四十七条 网络运营者应当加强对其用户发布的信息的管理，发现法律、行政法规禁止发布或者传输的信息的，应当立即停止传输该信息，采取消除等处置措施，防止信息扩散，保存有关记录，并向有关主管部门报告。

第四十八条 任何个人和组织发送的电子信息、提供的应用软件，不得设置恶意程序，不得含有法律、行政法规禁止发布或者传输的信息。

电子信息发送服务提供者和应用软件下载服务提供者，应当履行安全管理义务，知道其用户有前款规定行为的，应当停止提供服务，采取消除等处置措施，保存有关记录，并向有关主管部门报告。

第四十九条 网络运营者应当建立网络信息安全投诉、举报制度，公布投诉、举报方式等信息，及时受理并处理有关网络信息安全的投诉和举报。

网络运营者对网信部门和有关部门依法实施的监督检查，应当予以配合。

第五十条 国家网信部门和有关部门依法履行网络信息安全监督管理职责，发现法律、行政法规禁止发布或者传输的信息的，应当要求网络运营者停止传输，采取消除等处置措施，保存有关记录；对来源于中华人民共和国境外的上述信息，应当通知有关机构采取技术措施和其他必要措施阻断传播。

第五章 监测预警与应急处置

第五十一条 国家建立网络安全监测预警和信息通报制度。国家网信部门应当统筹协调有关部门加强网络安全信息收集、分析和通报工作，按照规定统一发布网络安全监测预警信息。

第五十二条 负责关键信息基础设施安全保护工作的部门，应当建立健全本行业、本领域的网络安全监测预警和信息通报制度，并按照规定报送网络安全监测预警信息。

第五十三条 国家网信部门协调有关部门建立健全网络安全风险评估和应急工作机制，制定网络安全事件应急预案，并定期组织演练。

负责关键信息基础设施安全保护工作的部门应当制定本行业、本领域的网络安全事件应急预案，并定期组织演练。

网络安全事件应急预案应当按照事件发生后的危害程度、影响范围等因素对网络安全事件进行分级，并规定相应的应急处置措施。

第五十四条 网络安全事件发生的风险增大时，省级以上人民政府有关部门应当按照规定的权限和程序，并根据网络安全风险的特点和可能造成的危害，采取下列措施：

（1）要求有关部门、机构和人员及时收集、报告有关信息，加强对网络安全风险的监测；

（2）组织有关部门、机构和专业人员，对网络安全风险信息进行分析评估，预测事件发生的可能性、影响范围和危害程度；

（3）向社会发布网络安全风险预警，发布避免、减轻危害的措施。

第五十五条 发生网络安全事件，应当立即启动网络安全事件应急预案，对网络安全事件进行调查和评估，要求网络运营者采取技术措施和其他必要措施，消除安全隐患，防止危害扩大，并及时向社会发布与公众有关的警示信息。

第五十六条 省级以上人民政府有关部门在履行网络安全监督管理职责中，发现网络存在较大安全风险或者发生安全事件的，可以按照规定的权限和程序对该网络的运营者的法定代表人或者主要负责人进行约谈。网络运营者应当按照要求采取措施,进行整改,消除隐患。

第五十七条 因网络安全事件,发生突发事件或者生产安全事故的,应当依照《中华人民共和国突发事件应对法》《中华人民共和国安全生产法》等有关法律、行政法规的规定处置。

第五十八条 因维护国家安全和社会公共秩序,处置重大突发社会安全事件的需要,经国务院决定或者批准,可以在特定区域对网络通信采取限制等临时措施。

第六章 法律责任

第五十九条 网络运营者不履行本法第二十一条、第二十五条规定的网络安全保护义务的,由有关主管部门责令改正,给予警告;拒不改正或者导致危害网络安全等后果的,处1万元以上10万元以下罚款,对直接负责的主管人员处0.5万元以上5万元以下罚款。

关键信息基础设施的运营者不履行本法第三十三条、第三十四条、第三十六条、第三十八条规定的网络安全保护义务的,由有关主管部门责令改正,给予警告;拒不改正或者导致危害网络安全等后果的,处10万元以上100万元以下罚款,对直接负责的主管人员处1万元以上10万元以下罚款。

第六十条 违反本法第二十二条第一款、第二款和第四十八条第一款规定,有下列行为之一的,由有关主管部门责令改正,给予警告;拒不改正或者导致危害网络安全等后果的,处五万元以上50万元以下罚款,对直接负责的主管人员处1万元以上10万元以下罚款:

(1)设置恶意程序的;

(2)对其产品、服务存在的安全缺陷、漏洞等风险未立即采取补救措施,或者未按照规定及时告知用户并向有关主管部门报告的;

(3)擅自终止为其产品、服务提供安全维护的。

第六十一条 网络运营者违反本法第二十四条第一款规定,未要求用户提供真实身份信息,或者对不提供真实身份信息的用户提供相关服务的,由有关主管部门责令改正;拒不改正或者情节严重的,处5万元以上50万元以下罚款,并可以由有关主管部门责令暂停相关业务、停业整顿、关闭网站、吊销相关业务许可证或者吊销营业执照,对直接负责的主管人员和其他直接责任人员处1万元以上10万元以下罚款。

第六十二条 违反本法第二十六条规定,开展网络安全认证、检测、风险评估等活动,或者向社会发布系统漏洞、计算机病毒、网络攻击、网络侵入等网络安全信息的,由有关主管部门责令改正,给予警告;拒不改正或者情节严重的,处1万元以上10万元以下罚款,并可以由有关主管部门责令暂停相关业务、停业整顿、关闭网站、吊销相关业务许可证或者吊销营业执照,对直接负责的主管人员和其他直接责任人员处0.5万元以上5万元以下罚款。

第六十三条 违反本法第二十七条规定,从事危害网络安全的活动,或者提供专门用于从事危害网络安全活动的程序、工具,或者为他人从事危害网络安全的活动提供技术支持、广告推广、支付结算等帮助,尚不构成犯罪的,由公安机关没收违法所得,处五日以下拘留,可以并处5万元以上50万元以下罚款;情节较重的,处5日以上15日以下拘留,可以并处10万元以上100万元以下罚款。

单位有前款行为的,由公安机关没收违法所得,处10万元以上100万元以下罚款,并对直接负责的主管人员和其他直接责任人员依照前款规定处罚。

违反本法第二十七条规定,受到治安管理处罚的人员,5年内不得从事网络安全管理和网络运营关键岗位的工作;受到刑事处罚的人员,终身不得从事网络安全管理和网络运营关键岗位的工作。

第六十四条 网络运营者、网络产品或者服务的提供者违反本法第二十二条第三款、第四十一条至第四十三条规定,侵害个人信息依法得到保护的权利的,由有关主管部门责令改正,可以根据情节单处或者并处警告、没收违法所得、处违法所得1倍以上10倍以下罚款,没有违法所得的,处100万元以下罚款,对直接负责的主管人员和其他直接责任人员处1万元以上10万元以下罚款;情节严重的,并可以责令暂停相关业务、停业整顿、关闭网站、吊销相关业务许可证或者吊销营业执照。

违反本法第四十四条规定,窃取或者以其他非法方式获取、非法出售或者非法向他人提供个人信息，尚不构成犯罪的，由公安机关没收违法所得，并处违法所得1倍以上10倍以下罚款，没有违法所得的，处100万元以下罚款。

第六十五条 关键信息基础设施的运营者违反本法第三十五条规定，使用未经安全审查或者安全审查未通过的网络产品或者服务的，由有关主管部门责令停止使用，处采购金额1倍以上10倍以下罚款；对直接负责的主管人员和其他直接责任人员处1万元以上10万元以下罚款。

第六十六条 关键信息基础设施的运营者违反本法第三十七条规定，在境外存储网络数据，或者向境外提供网络数据的，由有关主管部门责令改正，给予警告，没收违法所得，处5万元以上50万元以下罚款，并可以责令暂停相关业务、停业整顿、关闭网站、吊销相关业务许可证或者吊销营业执照；对直接负责的主管人员和其他直接责任人员处1万元以上10万元以下罚款。

第六十七条 违反本法第四十六条规定，设立用于实施违法犯罪活动的网站、通信群组，或者利用网络发布涉及实施违法犯罪活动的信息，尚不构成犯罪的，由公安机关处5日以下拘留，可以并处1万元以上10万元以下罚款；情节较重的，处5日以上15日以下拘留，可以并处5万元以上50万元以下罚款。关闭用于实施违法犯罪活动的网站、通信群组。

单位有前款行为的，由公安机关处10万元以上50万元以下罚款，并对直接负责的主管人员和其他直接责任人员依照前款规定处罚。

第六十八条 网络运营者违反本法第四十七条规定，对法律、行政法规禁止发布或者传输的信息未停止传输、采取消除等处置措施、保存有关记录的，由有关主管部门责令改正，给予警告，没收违法所得；拒不改正或者情节严重的，处10万元以上50万元以下罚款，并可以责令暂停相关业务、停业整顿、关闭网站、吊销相关业务许可证或者吊销营业执照，对直接负责的主管人员和其他直接责任人员处1万元以上10万元以下罚款。

电子信息发送服务提供者、应用软件下载服务提供者，不履行本法第四十八条第二款规定的安全管理义务的，依照前款规定处罚。

第六十九条 网络运营者违反本法规定，有下列行为之一的，由有关主管部门责令改正；拒不改正或者情节严重的，处5万元以上50万元以下罚款，对直接负责的主管人员和其他直接责任人员，处1万元以上10万元以下罚款：

（1）不按照有关部门的要求对法律、行政法规禁止发布或者传输的信息，采取停止传输、消除等处置措施的；

（2）拒绝、阻碍有关部门依法实施的监督检查的；

（3）拒不向公安机关、国家安全机关提供技术支持和协助的。

第七十条 发布或者传输本法第十二条第二款和其他法律、行政法规禁止发布或者传输的信息的，依照有关法律、行政法规的规定处罚。

第七十一条 有本法规定的违法行为的，依照有关法律、行政法规的规定记入信用档案，并予以公示。

第七十二条 国家机关政务网络的运营者不履行本法规定的网络安全保护义务的，由其上级机关或者有关机关责令改正；对直接负责的主管人员和其他直接责任人员依法给予处分。

第七十三条 网信部门和有关部门违反本法第三十条规定，将在履行网络安全保护职责中获取的信息用于其他用途的，对直接负责的主管人员和其他直接责任人员依法给予处分。

网信部门和有关部门的工作人员玩忽职守、滥用职权、徇私舞弊，尚不构成犯罪的，依法给予处分。

第七十四条 违反本法规定，给他人造成损害的，依法承担民事责任。

违反本法规定，构成违反治安管理行为的，依法给予治安管理处罚；构成犯罪的，依法追究刑事责任。

第七十五条 境外的机构、组织、个人从事攻击、侵入、干扰、破坏等危害中华人民共和国的关键信息基础设施的活动，造成严重后果的，依法追究法律责任；国务院公安部门和有关部门并可以决定对该机构、组织、个人采取冻结财产或者其他必要的制裁措施。

第七章　附　则

第七十六条 本法下列用语的含义：

（1）网络，是指由计算机或者其他信息终端及相关设备组成的按照一定的规则和程序对信息进行收集、存储、传输、交换、处理的系统。

（2）网络安全，是指通过采取必要措施，防范对网络的攻击、侵入、干扰、破坏和非法使用以及意外事故，使网络处于稳定可靠运行的状态，以及保障网络数据的完整性、保密性、可用性的能力。

（3）网络运营者，是指网络的所有者、管理者和网络服务提供者。

（4）网络数据，是指通过网络收集、存储、传输、处理和产生的各种电子数据。

（5）个人信息，是指以电子或者其他方式记录的能够单独或者与其他信息结合识别自然人个人身份的各种信息，包括但不限于自然人的姓名、出生日期、身份证件号码、个人生物识别信息、住址、电话号码等。

第七十七条 存储、处理涉及国家秘密信息的网络的运行安全保护，除应当遵守本法外，还应当遵守保密法律、行政法规的规定。

第七十八条 军事网络的安全保护，由中央军事委员会另行规定。

第七十九条 本法自2017年6月1日起施行。

行政法规

全国社会保障基金条例

（2016 年 3 月 10 日　中华人民共和国国务院令第 667 号公布　自 2016 年 5 月 1 日起施行）

第一章　总　则

第一条　为了规范全国社会保障基金的管理运营，加强对全国社会保障基金的监督，在保证安全的前提下实现保值增值，根据《中华人民共和国社会保险法》，制定本条例。

第二条　国家设立全国社会保障基金。

全国社会保障基金由中央财政预算拨款、国有资本划转、基金投资收益和以国务院批准的其他方式筹集的资金构成。

第三条　全国社会保障基金是国家社会保障储备基金，用于人口老龄化高峰时期的养老保险等社会保障支出的补充、调剂。

第四条　国家根据人口老龄化趋势和经济社会发展状况，确定和调整全国社会保障基金规模。

全国社会保障基金的筹集和使用方案，由国务院确定。

第五条　国务院财政部门、国务院社会保险行政部门负责拟订全国社会保障基金的管理运营办法，报国务院批准后施行。

全国社会保障基金理事会负责全国社会保障基金的管理运营。

第二章　全国社会保障基金的管理运营

第六条　全国社会保障基金理事会应当审慎、稳健管理运营全国社会保障基金，按照国务院批准的比例在境内外市场投资运营全国社会保障基金。

全国社会保障基金理事会投资运营全国社会保障基金，应当坚持安全性、收益性和长期性原则，在国务院批准的固定收益类、股票类和未上市股权类等资产种类及其比例幅度内合理配置资产。

第七条　全国社会保障基金理事会制定全国社会保障基金的资产配置计划、确定重大投资项目，应当进行风险评估，并集体讨论决定。

全国社会保障基金理事会应当制定风险管理和内部控制办法，在管理运营的各个环节对风险进行识别、衡量、评估、监测和应对，有效防范和控制风险。风险管理和内部控制办法应当报国务院财政部门、国务院社会保险行政部门备案。

全国社会保障基金理事会应当依法制定会计核算办法，并报国务院财政部门审核批准。

第八条　全国社会保障基金理事会应当定期向国务院财政部门、国务院社会保险行政部门报告全国社会保障基金管理运营情况，提交财务会计报告。

第九条　全国社会保障基金理事会可以将全国社会保障基金委托投资或者以国务院批准的其他方式投资。

第十条　全国社会保障基金理事会将全国社会保障基金委托投资的，应当选择符合法定条件的专业投资管理机构、专业托管机构分别担任全国社会保障基金投资管理人、托管人。

全国社会保障基金理事会应当按照公开、公平、公正的原则选聘投资管理人、托管人，发布选聘信息、组织专家评审、集体讨论决定并公布选聘结果。

全国社会保障基金理事会应当制定投资管理人、托管人选聘办法，并报国务院财政部门、国务院社会保险行政部门备案。

第十一条　全国社会保障基金理事会应当与聘任的投资管理人、托管人分别签订委托投资合同、托管合同，并报国务院财政部门、国务院社会保险行政部门、国务院外汇管理部门、国务院证券监督管理机构、国务院银行业监督管理机构备案。

第十二条 全国社会保障基金理事会应当制定投资管理人、托管人考评办法，根据考评办法对投资管理人投资、托管人保管全国社会保障基金的情况进行考评。考评结果作为是否继续聘任的依据。

第十三条 全国社会保障基金投资管理人履行下列职责：

(1)运用全国社会保障基金进行投资；

(2)按照规定提取全国社会保障基金投资管理风险准备金；

(3)向全国社会保障基金理事会报告投资情况；

(4)法律、行政法规和国务院有关部门规章规定的其他职责。

第十四条 全国社会保障基金托管人履行下列职责：

(1)安全保管全国社会保障基金财产；

(2)按照托管合同的约定，根据全国社会保障基金投资管理人的投资指令，及时办理清算、交割事宜；

(3)按照规定和托管合同的约定，监督全国社会保障基金投资管理人的投资；

(4)执行全国社会保障基金理事会的指令，并报告托管情况；

(5)法律、行政法规和国务院有关部门规章规定的其他职责。

第十五条 全国社会保障基金财产应当独立于全国社会保障基金理事会、投资管理人、托管人的固有财产，独立于投资管理人投资和托管人保管的其他财产。

第十六条 全国社会保障基金投资管理人、托管人不得有下列行为：

(1)将全国社会保障基金财产混同于其他财产投资、保管；

(2)泄露因职务便利获取的全国社会保障基金未公开的信息，利用该信息从事或者明示、暗示他人从事相关交易活动；

(3)法律、行政法规和国务院有关部门规章禁止的其他行为。

第十七条 全国社会保障基金按照国家规定享受税收优惠。

第三章 全国社会保障基金的监督

第十八条 国家建立健全全国社会保障基金监督制度。

任何单位和个人不得侵占、挪用或者违规投资运营全国社会保障基金。

第十九条 国务院财政部门、国务院社会保险行政部门按照各自职责对全国社会保障基金的收支、管理和投资运营情况实施监督；发现存在问题的，应当依法处理；不属于本部门职责范围的，应当依法移送国务院外汇管理部门、国务院证券监督管理机构、国务院银行业监督管理机构等有关部门处理。

第二十条 国务院外汇管理部门、国务院证券监督管理机构、国务院银行业监督管理机构按照各自职责对投资管理人投资、托管人保管全国社会保障基金情况实施监督；发现违法违规行为的，应当依法处理，并及时通知国务院财政部门、国务院社会保险行政部门。

第二十一条 对全国社会保障基金境外投资管理人、托管人的监督，由国务院证券监督管理机构、国务院银行业监督管理机构按照与投资管理人、托管人所在国家或者地区有关监督管理机构签署的合作文件的规定执行。

第二十二条 审计署应当对全国社会保障基金每年至少进行一次审计。审计结果应当向社会公布。

第二十三条 全国社会保障基金理事会应当通过公开招标的方式选聘会计师事务所，对全国社会保障基金进行审计。

第二十四条 全国社会保障基金理事会应当通过其官方网站、全国范围内发行的报纸每年向社会公布全国社会保障基金的收支、管理和投资运营情况，接受社会监督。

第四章 法律责任

第二十五条 全国社会保障基金境内投资管理人、托管人违反本条例第十六条、第十八条第二款规定的，由国务院证券监督管理机构、国务院银行业监督管理机构责令改正，没收违法所得，并处违法所得1倍以上5倍以下罚款；没有违法所得或者违法所得不足100万元的，并处10万元以上100万元以下罚款；

对直接负责的主管人员和其他直接责任人员给予警告,暂停或者撤销有关从业资格,并处3万元以上30万元以下罚款;构成犯罪的,依法追究刑事责任。

第二十六条 全国社会保障基金理事会违反本条例规定的,由国务院财政部门、国务院社会保险行政部门责令改正;对直接负责的主管人员和其他直接责任人员依法给予处分;构成犯罪的,依法追究刑事责任。

第二十七条 国家工作人员在全国社会保障基金管理运营、监督工作中滥用职权、玩忽职守、徇私舞弊的,依法给予处分;构成犯罪的,依法追究刑事责任。

第二十八条 违反本条例规定,给全国社会保障基金造成损失的,依法承担赔偿责任。

第五章 附 则

第二十九条 经国务院批准,全国社会保障基金理事会可以接受省级人民政府的委托管理运营社会保险基金;受托管理运营社会保险基金,按照国务院有关社会保险基金投资管理的规定执行。

第三十条 本条例自2016年5月1日起施行。

中华人民共和国无线电管理条例

(根据1993年9月11日中华人民共和国国务院 中华人民共和国中央军事委员会令第128号修订 2016年11月11日 中华人民共和国国务院 中华人民共和国中央军事委员会令第672号公布 自2016年12月1日起施行)

第一章 总 则

第一条 为了加强无线电管理,维护空中电波秩序,有效开发、利用无线电频谱资源,保证各种无线电业务的正常进行,制定本条例。

第二条 在中华人民共和国境内使用无线电频率,设置、使用无线电台(站),研制、生产、进口、销售和维修无线电发射设备,以及使用辐射无线电波的非无线电设备,应当遵守本条例。

第三条 无线电频谱资源属于国家所有。国家对无线电频谱资源实行统一规划、合理开发、有偿使用的原则。

第四条 无线电管理工作在国务院、中央军事委员会的统一领导下分工管理、分级负责,贯彻科学管理、保护资源、保障安全、促进发展的方针。

第五条 国家鼓励、支持对无线电频谱资源的科学技术研究和先进技术的推广应用,提高无线电频谱资源的利用效率。

第六条 任何单位或者个人不得擅自使用无线电频率,不得对依法开展的无线电业务造成有害干扰,不得利用无线电台(站)进行违法犯罪活动。

第七条 根据维护国家安全、保障国家重大任务、处置重大突发事件等需要,国家可以实施无线电管制。

第二章 管理机构及其职责

第八条 国家无线电管理机构负责全国无线电管理工作,依据职责拟订无线电管理的方针、政策,统一管理无线电频率和无线电台(站),负责无线电监测、干扰查处和涉外无线电管理等工作,协调处理无线电管理相关事宜。

第九条 中国人民解放军电磁频谱管理机构负责军事系统的无线电管理工作,参与拟订国家有关无线电管理的方针、政策。

第十条 省(自治区、直辖市)无线电管理机构在国家无线电管理机构和省(自治区、直辖市)人民政府领导下,负责本行政区域除军事系统外的无线电管理工作,根据审批权限实施无线电频率使用许可,审查无线电台(站)的建设布局和台址,核发无线电台执照及无线电台识别码(含呼号,下同),负责本行政区域无线电监测和干扰查处,协调处理本行政区域无线电管理相关事宜。

省(自治区)无线电管理机构根据工作需要可以在本行政区域内设立派出机构。派出机构在省、自治区无线电管理机构的授权范围内履行职责。

第十一条 军地建立无线电管理协调机制,共同划分无线电频率,协商处理涉及军事系统与非军事系统间的无线电管理事宜。无线电管理重大问题报国务院、中央军事委员会决定。

第十二条 国务院有关部门的无线电管理机构在国家无线电管理机构的业务指导下,负责本系统(行业)的无线电管理工作,贯彻执行国家无线电管理的方针、政策和法律、行政法规、规章,依照本条例规定和国务院规定的部门职权,管理国家无线电管理机构分配给本系统(行业)使用的航空、水上无线电专用频率,规划本系统(行业)无线电台(站)的建设布局和台址,核发制式无线电台执照及无线电台识别码。

第三章 频率管理

第十三条 国家无线电管理机构负责制定无线电频率划分规定,并向社会公布。

制定无线电频率划分规定应当征求国务院有关部门和军队有关单位的意见,充分考虑国家安全和经济社会、科学技术发展以及频谱资源有效利用的需要。

第十四条 使用无线电频率应当取得许可,但下列频率除外:

(1)业余无线电台、公众对讲机、制式无线电台使用的频率;

(2)国际安全与遇险系统,用于航空、水上移动业务和无线电导航业务的国际固定频率;

(3)国家无线电管理机构规定的微功率短距离无线电发射设备使用的频率。

第十五条 取得无线电频率使用许可,应当符合下列条件:

(1)所申请的无线电频率符合无线电频率划分和使用规定,有明确具体的用途;

(2)使用无线电频率的技术方案可行;

(3)有相应的专业技术人员;

(4)对依法使用的其他无线电频率不会产生有害干扰。

第十六条 无线电管理机构应当自受理无线电频率使用许可申请之日起20个工作日内审查完毕,依照本条例第十五条规定的条件,并综合考虑国家安全需要和可用频率的情况,作出许可或者不予许可的决定。予以许可的,颁发无线电频率使用许可证;不予许可的,书面通知申请人并说明理由。

无线电频率使用许可证应当载明无线电频率的用途、使用范围、使用率要求、使用期限等事项。

第十七条 地面公众移动通信使用频率等商用无线电频率的使用许可,可以依照有关法律、行政法规的规定采取招标、拍卖的方式。

无线电管理机构采取招标、拍卖的方式确定中标人、买受人后,应当作出许可的决定,并依法向中标人、买受人颁发无线电频率使用许可证。

第十八条 无线电频率使用许可由国家无线电管理机构实施。国家无线电管理机构确定范围内的无线电频率使用许可,由省(自治区、直辖市)无线电管理机构实施。

国家无线电管理机构分配给交通运输、渔业、海洋系统(行业)使用的水上无线电专用频率,由所在地省(自治区、直辖市)无线电管理机构分别会同相关主管部门实施许可;国家无线电管理机构分配给民用航空系统使用的航空无线电专用频率,由国务院民用航空主管部门实施许可。

第十九条 无线电频率使用许可的期限不得超过10年。

无线电频率使用期限届满后需要继续使用的,应当在期限届满30个工作日前向作出许可决定的无线电管理机构提出延续申请。受理申请的无线电管理机构应当依照本条例第十五条、第十六条的规定进行审查并作出决定。

无线电频率使用期限届满前拟终止使用无线电频率的,应当及时向作出许可决定的无线电管理机构办理注销手续。

第二十条 转让无线电频率使用权的,受让人应当符合本条例第十五条规定的条件,并提交双方转让协议,依照本条例第十六条规定的程序报请无线电管理机构批准。

第二十一条 使用无线电频率应当按照国家有关规定缴纳无线电频率占用费。

无线电频率占用费的项目、标准,由国务院财政部门、价格主管部门制定。

第二十二条 国际电信联盟依照国际规则规划给中国使用的卫星无线电频率,由国家无线电管理机构统一分配给使用单位。

申请使用国际电信联盟非规划的卫星无线电频率,应当通过国家无线电管理机构统一提出申请。国家无线电管理机构应当及时组织有关单位进行必要的国内协调,并依照国际规则开展国际申报、协调、登记工作。

第二十三条 组建卫星通信网需要使用卫星无线电频率的,除应当符合本条例第十五条规定的条件外,还应当提供拟使用的空间无线电台、卫星轨道位置和卫星覆盖范围等信息,以及完成国内协调并开展必要国际协调的证明材料等。

第二十四条 使用其他国家、地区的卫星无线电频率开展业务,应当遵守中国卫星无线电频率管理的规定,并完成与中国申报的卫星无线电频率的协调。

第二十五条 建设卫星工程,应当在项目规划阶段对拟使用的卫星无线电频率进行可行性论证;建设须经国务院、中央军事委员会批准的卫星工程,应当在项目规划阶段与国家无线电管理机构协商确定拟使用的卫星无线电频率。

第二十六条 除因不可抗力外,取得无线电频率使用许可后超过2年不使用或者使用率达不到许可证规定要求的,作出许可决定的无线电管理机构有权撤销无线电频率使用许可,收回无线电频率。

第四章 无线电台(站)管理

第二十七条 设置、使用无线电台(站)应当向无线电管理机构申请取得无线电台执照,但设置、使用下列无线电台(站)的除外:

(1)地面公众移动通信终端;

(2)单收无线电台(站);

(3)国家无线电管理机构规定的微功率短距离无线电台(站)。

第二十八条 除本条例第二十九条规定的业余无线电台外,设置、使用无线电台(站),应当符合下列条件:

(1)有可用的无线电频率;

(2)所使用的无线电发射设备依法取得无线电发射设备型号核准证且符合国家规定的产品质量要求;

(3)有熟悉无线电管理规定、具备相关业务技能的人员;

(4)有明确具体的用途,且技术方案可行;

(5)有能够保证无线电台(站)正常使用的电磁环境,拟设置的无线电台(站)对依法使用的其他无线电台(站)不会产生有害干扰。

申请设置、使用空间无线电台,除应当符合前款规定的条件外,还应当有可利用的卫星无线电频率和卫星轨道资源。

第二十九条 申请设置、使用业余无线电台的,应当熟悉无线电管理规定,具有相应的操作技术能力,所使用的无线电发射设备应当符合国家标准和国家无线电管理的有关规定。

第三十条 设置、使用有固定台址的无线电台(站),由无线电台(站)所在地的省(自治区、直辖市)无线电管理机构实施许可。设置、使用没有固定台址的无线电台,由申请人住所地的省(自治区、直辖市)无线电管理机构实施许可。

设置、使用空间无线电台、卫星测控(导航)站、卫星关口站、卫星国际专线地球站、15瓦以上的短波无线电台(站)以及涉及国家主权、安全的其他重要无线电台(站),由国家无线电管理机构实施许可。

第三十一条 无线电管理机构应当自受理申请之日起30个工作日内审查完毕,依照本条例第二十八条、第二十九条规定的条件,作出许可或者不予许可的决定。予以许可的,颁发无线电台执照,需要使用无线电台识别码的,同时核发无线电台识别码;不予许可的,书面通知申请人并说明理由。

无线电台(站)需要变更、增加无线电台识别码的,由无线电管理机构核发。

第三十二条 无线电台执照应当载明无线电台(站)的台址、使用频率、发射功率、有效期、使用要求等事项。

无线电台执照的样式由国家无线电管理机构统一规定。

第三十三条 无线电台(站)使用的无线电频率需要取得无线电频率使用许可的,其无线电台执照有效期不得超过无线电频率使用许可证规定的期限；依照本条例第十四条规定不需要取得无线电频率使用许可的，其无线电台执照有效期不得超过5年。

无线电台执照有效期届满后需要继续使用无线电台（站）的，应当在期限届满30个工作日前向作出许可决定的无线电管理机构申请更换无线电台执照。受理申请的无线电管理机构应当依照本条例第三十一条的规定作出决定。

第三十四条 国家无线电管理机构向国际电信联盟统一申请无线电台识别码序列，并对无线电台识别码进行编制和分配。

第三十五条 建设固定台址的无线电台（站）的选址，应当符合城乡规划的要求，避开影响其功能发挥的建筑物、设施等。地方人民政府制定、修改城乡规划，安排可能影响大型无线电台（站）功能发挥的建设项目的，应当考虑其功能发挥的需要，并征求所在地无线电管理机构和军队电磁频谱管理机构的意见。

设置大型无线电台（站）、地面公众移动通信基站，其台址布局规划应当符合资源共享和电磁环境保护的要求。

第三十六条 船舶、航空器、铁路机车（含动车组列车，下同）设置、使用制式无线电台应当符合国家有关规定，由国务院有关部门的无线电管理机构颁发无线电台执照；需要使用无线电台识别码的，同时核发无线电台识别码。国务院有关部门应当将制式无线电台执照及无线电台识别码的核发情况定期通报国家无线电管理机构。

船舶、航空器、铁路机车设置、使用非制式无线电台的管理办法，由国家无线电管理机构会同国务院有关部门制定。

第三十七条 遇有危及国家安全、公共安全、生命财产安全的紧急情况或者为了保障重大社会活动的特殊需要，可以不经批准临时设置、使用无线电台（站），但是应当及时向无线电台（站）所在地无线电管理机构报告，并在紧急情况消除或者重大社会活动结束后及时关闭。

第三十八条 无线电台（站）应当按照无线电台执照规定的许可事项和条件设置、使用；变更许可事项的，应当向作出许可决定的无线电管理机构办理变更手续。

无线电台（站）终止使用的，应当及时向作出许可决定的无线电管理机构办理注销手续，交回无线电台执照，拆除无线电台（站）及天线等附属设备。

第三十九条 使用无线电台（站）的单位或者个人应当对无线电台（站）进行定期维护，保证其性能指标符合国家标准和国家无线电管理的有关规定，避免对其他依法设置、使用的无线电台（站）产生有害干扰。

第四十条 使用无线电台（站）的单位或者个人应当遵守国家环境保护的规定，采取必要措施防止无线电波发射产生的电磁辐射污染环境。

第四十一条 使用无线电台（站）的单位或者个人不得故意收发无线电台执照许可事项之外的无线电信号，不得传播、公布或者利用无意接收的信息。

业余无线电台只能用于相互通信、技术研究和自我训练，并在业余业务或者卫星业余业务专用频率范围内收发信号，但是参与重大自然灾害等突发事件应急处置的除外。

第五章 无线电发射设备管理

第四十二条 研制无线电发射设备使用的无线电频率，应当符合国家无线电频率划分规定。

第四十三条 生产或者进口在国内销售、使用的无线电发射设备，应当符合产品质量等法律法规、国家标准和国家无线电管理的有关规定。

第四十四条 除微功率短距离无线电发射设备外，生产或者进口在国内销售、使用的其他无线电发射设备，应当向国家无线电管理机构申请型号核准。无线电发射设备型号核准目录由国家无线电管理机构公布。

生产或者进口应当取得型号核准的无线电发射设备，除应当符合本条例第四十三条的规定外，还应当符合无线电发射设备型号核准证核定的技术指标，并在设备上标注型号核准代码。

第四十五条 取得无线电发射设备型号核准，应当符合下列条件：

（1）申请人有相应的生产能力、技术力量、质量保证体系；

（2）无线电发射设备的工作频率、功率等技术指标符合国家标准和国家无线电管理的有关规定。

第四十六条 国家无线电管理机构应当依法对申请型号核准的无线电发射设备是否符合本条例第四十五条规定的条件进行审查，自受理申请之日起30个工作日内作出核准或者不予核准的决定。予以核准的，颁发无线电发射设备型号核准证；不予核准的，书面通知申请人并说明理由。

国家无线电管理机构应当定期将无线电发射设备型号核准的情况向社会公布。

第四十七条 进口依照本条例第四十四条的规定应当取得型号核准的无线电发射设备，进口货物收货人、携带无线电发射设备入境的人员、寄递无线电发射设备的收件人，应当主动向海关申报，凭无线电发射设备型号核准证办理通关手续。

进行体育比赛、科学实验等活动，需要携带、寄递依照本条例第四十四条的规定应当取得型号核准而未取得型号核准的无线电发射设备临时进关的，应当经无线电管理机构批准，凭批准文件办理通关手续。

第四十八条 销售依照本条例第四十四条的规定应当取得型号核准的无线电发射设备，应当向省（自治区、直辖市）无线电管理机构办理销售备案。不得销售未依照本条例规定标注型号核准代码的无线电发射设备。

第四十九条 维修无线电发射设备，不得改变无线电发射设备型号核准证核定的技术指标。

第五十条 研制、生产、销售和维修大功率无线电发射设备，应当采取措施有效抑制电波发射，不得对依法设置、使用的无线电台（站）产生有害干扰。进行实效发射试验的，应当依照本条例第三十条的规定向省（自治区、直辖市）无线电管理机构申请办理临时设置、使用无线电台（站）手续。

第六章　涉外无线电管理

第五十一条 无线电频率协调的涉外事宜，以及中国境内电台与境外电台的相互有害干扰，由国家无线电管理机构会同有关单位与有关的国际组织或者国家、地区协调处理。

需要向国际电信联盟或者其他国家、地区提供无线电管理相关资料的，由国家无线电管理机构统一办理。

第五十二条 在边境地区设置、使用无线电台（站），应当遵守中国与相关国家、地区签订的无线电频率协调协议。

第五十三条 外国领导人访华、各国驻华使领馆和享有外交特权与豁免的国际组织驻华代表机构需要设置、使用无线电台（站）的，应当通过外交途径经国家无线电管理机构批准。

除使用外交邮袋装运外，外国领导人访华、各国驻华使领馆和享有外交特权与豁免的国际组织驻华代表机构携带、寄递或者以其他方式运输依照本条例第四十四条的规定应当取得型号核准而未取得型号核准的无线电发射设备入境的，应当通过外交途径经国家无线电管理机构批准后办理通关手续。

其他境外组织或者个人在中国境内设置、使用无线电台（站）的，应当按照中国有关规定经相关业务主管部门报请无线电管理机构批准；携带、寄递或者以其他方式运输依照本条例第四十四条的规定应当取得型号核准而未取得型号核准的无线电发射设备入境的，应当按照中国有关规定经相关业务主管部门报无线电管理机构批准后，到海关办理无线电发射设备入境手续，但国家无线电管理机构规定不需要批准的除外。

第五十四条 外国船舶（含海上平台）、航空器、铁路机车、车辆等设置的无线电台在中国境内使用，应当遵守中国的法律、法规和中国缔结或者参加的国际条约。

第五十五条 境外组织或者个人不得在中国境内进行电波参数测试或者电波监测。

任何单位或者个人不得向境外组织或者个人提供涉及国家安全的境内电波参数资料。

第七章　无线电监测和电波秩序维护

第五十六条 无线电管理机构应当定期对无线电频率的使用情况和在用的无线电台（站）进行检查和检测，保障无线电台（站）的正常使用，维护正常的无线电波秩序。

第五十七条 国家无线电监测中心和省、自治区、直辖市无线电监测站作为无线电管理技术机构，分别在国家无线电管理机构和省、自治区、直辖市无线电管理机构领导下，对无线电信号实施监测，查找无线电干扰源和未经许可设置、使用的无线电台（站）。

第五十八条 国务院有关部门的无线电监测站负责对本系统（行业）的无线电信号实施监测。

第五十九条 工业、科学、医疗设备，电气化运输系统、高压电力线和其他电器装置产生的无线电波辐射，应当符合国家标准和国家无线电管理的有关规定。

制定辐射无线电波的非无线电设备的国家标准和技术规范，应当征求国家无线电管理机构的意见。

第六十条 辐射无线电波的非无线电设备对已依法设置、使用的无线电台（站）产生有害干扰的，设备所有者或者使用者应当采取措施予以消除。

第六十一条 经无线电管理机构确定的产生无线电波辐射的工程设施，可能对已依法设置、使用的无线电台（站）造成有害干扰的，其选址定点由地方人民政府城乡规划主管部门和省（自治区、直辖市）无线电管理机构协商确定。

第六十二条 建设射电天文台、气象雷达站、卫星测控（导航）站、机场等需要电磁环境特殊保护的项目，项目建设单位应当在确定工程选址前对其选址进行电磁兼容分析和论证，并征求无线电管理机构的意见；未进行电磁兼容分析和论证，或者未征求、采纳无线电管理机构的意见的，不得向无线电管理机构提出排除有害干扰的要求。

第六十三条 在已建射电天文台、气象雷达站、卫星测控（导航）站、机场的周边区域，不得新建阻断无线电信号传输的高大建筑、设施，不得设置、使用干扰其正常使用的设施、设备。无线电管理机构应当会同城乡规划主管部门和其他有关部门制定具体的保护措施并向社会公布。

第六十四条 国家对船舶、航天器、航空器、铁路机车专用的无线电导航、遇险救助和安全通信等涉及人身安全的无线电频率予以特别保护。任何无线电发射设备和辐射无线电波的非无线电设备对其产生有害干扰的，应当立即消除有害干扰。

第六十五条 依法设置、使用的无线电台（站）受到有害干扰的，可以向无线电管理机构投诉。受理投诉的无线电管理机构应当及时处理，并将处理情况告知投诉人。

处理无线电频率相互有害干扰，应当遵循频带外让频带内、次要业务让主要业务、后用让先用、无规划让有规划的原则。

第六十六条 无线电管理机构可以要求产生有害干扰的无线电台（站）采取维修无线电发射设备、校准发射频率或者降低功率等措施消除有害干扰；无法消除有害干扰的，可以责令产生有害干扰的无线电台（站）暂停发射。

第六十七条 对非法的无线电发射活动，无线电管理机构可以暂扣无线电发射设备或者查封无线电台（站），必要时可以采取技术性阻断措施；无线电管理机构在无线电监测、检查工作中发现涉嫌违法犯罪活动的，应当及时通报公安机关并配合调查处理。

第六十八条 省（自治区、直辖市）无线电管理机构应当加强对生产、销售无线电发射设备的监督检查，依法查处违法行为。县级以上地方人民政府产品质量监督部门、工商行政管理部门应当配合监督检查，并及时向无线电管理机构通报其在产品质量监督、市场监管执法过程中发现的违法生产、销售无线电发射设备的行为。

第六十九条 无线电管理机构和无线电监测中心（站）的工作人员应当对履行职责过程中知悉的通信秘密和无线电信号保密。

第八章　法律责任

第七十条 违反本条例规定，未经许可擅自使用无线电频率，或者擅自设置、使用无线电台（站）的，由无线电管理机构责令改正，没收从事违法活动的设备和违法所得，可以并处5万元以下的罚款；拒不改正的，并处5万元以上20万元以下的罚款；擅自设置、使用无线电台（站）从事诈骗等违法活动，尚不构成犯罪的，并处20万元以上50万元以下的罚款。

第七十一条 违反本条例规定，擅自转让无线电频率的，由无线电管理机构责令改正，没收违法所得；拒不改正的，并处违法所得1倍以上3倍以下的罚款；没有违法所得或者违法所得不足10万元的，处1万元以上10万元以下的罚款；造成严重后果的，吊销无线电频率使用许可证。

第七十二条 违反本条例规定，有下列行为之一的，由无线电管理机构责令改正，没收违法所得，可以并处3万元以下的罚款；造成严重后果的，吊销无线电台执照，并处3万元以上10万元以下的罚款：

（1）不按照无线电台执照规定的许可事项和要求设置、使用无线电台（站）；

（2）故意收发无线电台执照许可事项之外的无线电信号，传播、公布或者利用无意接收的信息；

（3）擅自编制、使用无线电台识别码。

第七十三条 违反本条例规定，使用无线电发射设备、辐射无线电波的非无线电设备干扰无线电业务正常进行的，由无线电管理机构责令改正，拒不改正的，没收产生有害干扰的设备，并处5万元以上20万元以下的罚款，吊销无线电台执照；对船舶、航天器、航空器、铁路机车专用无线电导航、遇险救助和安全通信等涉及人身安全的无线电频率产生有害干扰的，并处20万元以上50万元以下的罚款。

第七十四条 未按照国家有关规定缴纳无线电频率占用费的，由无线电管理机构责令限期缴纳；逾期不缴纳的，自滞纳之日起按日加收0.05%的滞纳金。

第七十五条 违反本条例规定，有下列行为之一的，由无线电管理机构责令改正；拒不改正的，没收从事违法活动的设备，并处3万元以上10万元以下的罚款；造成严重后果的，并处10万元以上30万元以下的罚款：

（1）研制、生产、销售和维修大功率无线电发射设备，未采取有效措施抑制电波发射；

（2）境外组织或者个人在中国境内进行电波参数测试或者电波监测；

（3）向境外组织或者个人提供涉及国家安全的境内电波参数资料。

第七十六条 违反本条例规定，生产或者进口在国内销售、使用的无线电发射设备未取得型号核准的，由无线电管理机构责令改正，处5万元以上20万元以下的罚款；拒不改正的，没收未取得型号核准的无线电发射设备，并处20万元以上100万元以下的罚款。

第七十七条 销售依照本条例第四十四条的规定应当取得型号核准的无线电发射设备未向无线电管理机构办理销售备案的，由无线电管理机构责令改正；拒不改正的，处1万元以上3万元以下的罚款。

第七十八条 销售依照本条例第四十四条的规定应当取得型号核准而未取得型号核准的无线电发射设备的，由无线电管理机构责令改正，没收违法销售的无线电发射设备和违法所得，可以并处违法销售的设备货值10.0%以下的罚款；拒不改正的，并处违法销售的设备货值10.0%以上30.0%以下的罚款。

第七十九条 维修无线电发射设备改变无线电发射设备型号核准证核定的技术指标的，由无线电管理机构责令改正；拒不改正的，处1万元以上3万元以下的罚款。

第八十条 生产、销售无线电发射设备违反产品质量管理法律法规的，由产品质量监督部门依法处罚。

进口无线电发射设备，携带、寄递或者以其他方式运输无线电发射设备入境，违反海关监管法律法规的，由海关依法处罚。

第八十一条 违反本条例规定，构成违反治安管理行为的，依法给予治安管理处罚；构成犯罪的，依法追究刑事责任。

第八十二条 无线电管理机构及其工作人员不依照本条例规定履行职责的，对负有责任的领导人员和其他直接责任人员依法给予处分。

第九章 附 则

第八十三条 实施本条例规定的许可需要完成有关国内、国际协调或者履行国际规则规定程序的，进行协调以及履行程序的时间不计算在许可审查期限内。

第八十四条 军事系统无线电管理，按照军队有关规定执行。

涉及广播电视的无线电管理，法律、行政法规另有规定的，依照其规定执行。

第八十五条 本条例自2016年12月1日起施行。

企业投资项目核准和备案管理条例

（2016年11月30日　中华人民共和国国务院令第673号公布　自2017年2月1日起施行）

第一条　为了规范政府对企业投资项目的核准和备案行为，加快转变政府的投资管理职能，落实企业投资自主权，制定本条例。

第二条　本条例所称企业投资项目（简称“项目”），是指企业在中国境内投资建设的固定资产投资项目。

第三条　对关系国家安全、涉及全国重大生产力布局、战略性资源开发和重大公共利益等项目，实行核准管理。具体项目范围以及核准机关、核准权限依照政府核准的投资项目目录执行。政府核准的投资项目目录由国务院投资主管部门会同国务院有关部门提出，报国务院批准后实施，并适时调整。国务院另有规定的，依照其规定。

对前款规定以外的项目，实行备案管理。除国务院另有规定的，实行备案管理的项目按照属地原则备案，备案机关及其权限由省（自治区、直辖市）和计划单列市人民政府规定。

第四条　除涉及国家秘密的项目外，项目核准、备案通过国家建立的项目在线监管平台（简称“在线平台”）办理。

核准机关、备案机关以及其他有关部门统一使用在线平台生成的项目代码办理相关手续。

国务院投资主管部门会同有关部门制定在线平台管理办法。

第五条　核准机关、备案机关应当通过在线平台列明与项目有关的产业政策，公开项目核准的办理流程、办理时限等，并为企业提供相关咨询服务。

第六条　企业办理项目核准手续，应当向核准机关提交项目申请书；由国务院核准的项目，向国务院投资主管部门提交项目申请书。项目申请书应当包括下列内容：

（1）企业基本情况；

（2）项目情况，包括项目名称、建设地点、建设规模、建设内容等；

（3）项目利用资源情况分析以及对生态环境的影响分析；

（4）项目对经济和社会的影响分析。

企业应当对项目申请书内容的真实性负责。

法律、行政法规规定办理相关手续作为项目核准前置条件的，企业应当提交已经办理相关手续的证明文件。

第七条　项目申请书由企业自主组织编制，任何单位和个人不得强制企业委托中介服务机构编制项目申请书。

核准机关应当制定并公布项目申请书示范文本，明确项目申请书编制要求。

第八条　由国务院有关部门核准的项目，企业可以通过项目所在地省（自治区、直辖市）和计划单列市人民政府有关部门（简称“地方人民政府有关部门”）转送项目申请书，地方人民政府有关部门应当自收到项目申请书之日起5个工作日内转送核准机关。

由国务院核准的项目，企业通过地方人民政府有关部门转送项目申请书的，地方人民政府有关部门应当在前款规定的期限内将项目申请书转送国务院投资主管部门，由国务院投资主管部门审核后报国务院核准。

第九条　核准机关应当从下列方面对项目进行审查：

（1）是否危害经济安全、社会安全、生态安全等国家安全；

（2）是否符合相关发展建设规划、技术标准和产业政策；

（3）是否合理开发并有效利用资源；

（4）是否对重大公共利益产生不利影响。

项目涉及有关部门或者项目所在地地方人民政府职责的，核准机关应当书面征求其意见，被征求意见单位应当及时书面回复。

核准机关委托中介服务机构对项目进行评估的，应当明确评估重点；除项目情况复杂的，评估时限不得超过30个工作日。评估费用由核准机关承担。

第十条 核准机关应当自受理申请之日起20个工作日内，作出是否予以核准的决定；项目情况复杂或者需要征求有关单位意见的，经本机关主要负责人批准，可以延长核准期限，但延长的期限不得超过40个工作日。核准机关委托中介服务机构对项目进行评估的，评估时间不计入核准期限。

核准机关对项目予以核准的，应当向企业出具核准文件；不予核准的，应当书面通知企业并说明理由。由国务院核准的项目，由国务院投资主管部门根据国务院的决定向企业出具核准文件或者不予核准的书面通知。

第十一条 企业拟变更已核准项目的建设地点，或者拟对建设规模、建设内容等作较大变更的，应当向核准机关提出变更申请。核准机关应当自受理申请之日起20个工作日内，作出是否同意变更的书面决定。

第十二条 项目自核准机关作出予以核准决定或者同意变更决定之日起2年内未开工建设，需要延期开工建设的，企业应当在2年期限届满的30个工作日前，向核准机关申请延期开工建设。核准机关应当自受理申请之日起20个工作日内，作出是否同意延期开工建设的决定。开工建设只能延期一次，期限最长不得超过1年。国家对项目延期开工建设另有规定的，依照其规定。

第十三条 实行备案管理的项目，企业应当在开工建设前通过在线平台将下列信息告知备案机关：

（1）企业基本情况；

（2）项目名称、建设地点、建设规模、建设内容；

（3）项目总投资额；

（4）项目符合产业政策的声明。

企业应当对备案项目信息的真实性负责。

备案机关收到本条第一款规定的全部信息即为备案；企业告知的信息不齐全的，备案机关应当指导企业补正。

企业需要备案证明的，可以要求备案机关出具或者通过在线平台自行打印。

第十四条 已备案项目信息发生较大变更的，企业应当及时告知备案机关。

第十五条 备案机关发现已备案项目属于产业政策禁止投资建设或者实行核准管理的，应当及时告知企业予以纠正或者依法办理核准手续，并通知有关部门。

第十六条 核准机关、备案机关以及依法对项目负有监督管理职责的其他有关部门应当加强事中事后监管，按照谁审批谁监管、谁主管谁监管的原则，落实监管责任，采取在线监测、现场核查等方式，加强对项目实施的监督检查。

企业应当通过在线平台如实报送项目开工建设、建设进度、竣工的基本信息。

第十七条 核准机关、备案机关以及依法对项目负有监督管理职责的其他有关部门应当建立项目信息共享机制，通过在线平台实现信息共享。

企业在项目核准、备案以及项目实施中的违法行为及其处理信息，通过国家社会信用信息平台向社会公示。

第十八条 实行核准管理的项目，企业未依照本条例规定办理核准手续开工建设或者未按照核准的建设地点、建设规模、建设内容等进行建设的，由核准机关责令停止建设或者责令停产，对企业处项目总投资额1.0‰以上5.0‰以下的罚款；对直接负责的主管人员和其他直接责任人员处2万元以上5万元以下的罚款，属于国家工作人员的，依法给予处分。

以欺骗、贿赂等不正当手段取得项目核准文件，尚未开工建设的，由核准机关撤销核准文件，处项目总投资额1.0‰以上5.0‰以下的罚款；已经开工建设的，依照前款规定予以处罚；构成犯罪的，依法追究刑事责任。

第十九条 实行备案管理的项目，企业未依照本条例规定将项目信息或者已备案项目的信息变更情况告知备案机关，或者向备案机关提供虚假信息的，由备案机关责令限期改正；逾期不改正的，处2万元以上5万元以下的罚款。

第二十条 企业投资建设产业政策禁止投资建设项目的，由县级以上人民政府投资主管部门责令停止建设或者责令停产并恢复原状，对企业处项目总投资额5‰以上10‰以下的罚款；对直接负责的主管人员和其他直接责任人员处5万元以上10万元以下的罚款，属于国家工作人员的，依法给予处分。法律、行政法规另有规定的，依照其规定。

第二十一条 核准机关、备案机关及其工作人员在项目核准、备案工作中玩忽职守、滥用职权、徇私舞弊的，对负有责任的领导人员和直接责任人员依法给予处分；构成犯罪的，依法追究刑事责任。

第二十二条 事业单位、社会团体等非企业组织在中国境内投资建设的固定资产投资项目适用本条例，但通过预算安排的固定资产投资项目除外。

第二十三条 国防科技工业企业在中国境内投资建设的固定资产投资项目核准和备案管理办法，由国务院国防科技工业管理部门根据本条例的原则另行制定。

第二十四条 本条例自2017年2月1日起施行。

法规性文件

国务院办公厅关于印发强制性标准整合精简工作方案的通知

（2016年1月30日　国办发〔2016〕3号）

各省、自治区、直辖市人民政府，国务院各部委、各直属机构：

《强制性标准整合精简工作方案》已经国务院同意，现印发给你们，请认真贯彻执行。

强制性标准整合精简工作方案

强制性标准事关人身健康和生命财产安全、国家安全和生态环境安全，是经济社会运行的底线要求。强制性标准整合精简工作是标准化改革的重中之重，是建立新型强制性国家标准体系的首要任务。按照《国务院关于印发深化标准化工作改革方案的通知》（国发〔2015〕13号）和《国务院办公厅关于印发贯彻实施〈深化标准化工作改革方案〉行动计划（2015—2016年）的通知》（国办发〔2015〕67号）的要求，制定本工作方案。

一、工作目标

按照强制性标准制定原则和范围，对现行强制性国家标准、行业标准和地方标准及制修订计划开展清理评估。2016年年底前，提出整合精简工作结论，不再适用的予以废止，不宜强制的转化为推荐性标准，确需强制的提出继续有效或整合修订的建议，同时研究提出各领域强制性国家标准体系框架。通过废止一批、转化一批、整合一批、修订一批，逐步解决现行强制性标准存在的交叉重复矛盾、超范围制定等主要问题，为构建结构合理、规模适度、内容科学的新型强制性国家标准体系奠定基础，实现“一个市场、一条底线、一个标准”。

二、工作范围

强制性标准整合精简工作的范围包括现行强制性国家标准、强制性行业标准、强制性地方标准，以及已经立项、正在制定过程中的强制性国家标准、强制性行业标准、强制性地方标准制修订计划项目。

三、工作原则

（一）统一管理，分工负责

在国务院标准化协调推进部际联席会议（简称“联席会议”）的统一部署下，按照统一的工作程序、技术方法和时间进度，组织开展强制性标准的整合精简工作。国务院有关部门依据相关法律法规，分工负责各自职责范围内的整合精简工作。充分发挥有关标准化技术委员会、行业协会和技术专家的作用。积极做好跨部门、跨领域标准的协调，形成工作合力。各省级人民政府负责本行政区域内的整合精简工作，充分发挥省级标准化协调推进机制的作用。

（二）平稳推进，兼顾应用

全面掌握强制性标准的应用实施情况，充分考虑标准与相关法律法规、产业政策、监管制度的衔接，有效保障相关标准间的协同配套。在新标准制定发布前，确保原标准正常实施和发挥作用，不造成监管真空，不降低安全底线。

（三）试点引领，点面结合

国务院有关部门和各省级人民政府在不影响总体进度的情况下，可选择典型领域先行开展强制性标准整合精简试点工作，充分发挥试点工作的引领作用，及时总结试点工作经验，改进整合精简的组织实施工作，点面结合，确保顺利有序开展。

四、职责分工

（一）联席会议及其办公室

强制性标准整合精简工作中需协调的重大问题和整合精简结论，报请联席会议审定。联席会议办公室按照联席会议要求，督促指导国务院有关部门和各省级人民政府开展工作，负责确定强制性标准整合精简的范围和责任部门，开发强制性标准整合精简工作平台，审核国务院有关部门和各省级人民政府提出的整合精简结论并提交联席会议审定。

（二）专家咨询组

设立专家咨询组，为整合精简工作提供技术指导，必要时为联席会议提供咨询意见。专家咨询组由国家标准委、国务院有关部门和各省级人民政府推荐的专家组成。

（三）国务院有关部门

国务院有关部门负责对本部门职责范围内的强制性国家标准、强制性行业标准进行整合精简，提出整合精简结论及本领域强制性国家标准体系框架。可根据需要成立强制性标准整合精简工作组（简称“工作组”）。可依据本方案制定整合精简工作实施细则，并报联席会议办公室备案。根据整合精简工作需要，可成立由专家组成的一个或多个专业组，对强制性国家标准、强制性行业标准逐项进行评估，提出废止、转化、整合、修订或继续有效的建议，提出本专业领域强制性国家标准体系框架建议。专业组由涉及的标准化技术委员会、行业协会和科研机构的专家组成。

（四）省级人民政府

省级人民政府负责对本行政区域内强制性地方标准进行整合精简，提出整合精简结论。可依据实际需要成立工作组，并充分发挥地方标准化协调推进机制的作用。可依据本方案制定整合精简工作实施细则，并报联席会议办公室备案。根据整合精简工作需要，可成立由专家组成的一个或多个专业组，对强制性地方标准逐项进行评估，提出废止、转化、整合、修订或继续有效的建议。

（五）协调机制

整合精简过程中，部门内跨领域标准协调问题，由本部门负责；跨部门的协调问题，由相关部门先行协调，协调不一致的，由联席会议办公室负责协调，必要时提交联席会议协调。地方标准的协调应充分发挥地方标准化协调推进机制的作用。

五、进度安排

（一）准备阶段（2016 年 1—2 月）

1. 成立组织机构。国家标准委会同相关部门成立专家咨询组，国务院有关部门和各省级人民政府根据需要成立工作组和专业组。

2. 摸底调查。国家标准委、国务院有关部门和各省级人民政府分别对现行有效的强制性国家标准、强制性行业标准、强制性地方标准进行摸底，分别提供强制性标准目录和标准全文（对于强制性标准制修订计划项目，提供标准草案或标准大纲），提出负责整合精简的责任部门建议，报送联席会议办公室。除涉密内容外，上述信息统一上传至强制性标准整合精简工作平台。

3. 协调确定责任部门。国务院有关部门依据职责提出整合精简责任部门的调整建议，联席会议办公室协调确定需整合精简的强制性标准清单和责任部门。

4. 培训工作人员。国家标准委组织对国务院有关部门和各省级人民政府整合精简工作人员进行培训，以统一工作尺度和要求。

（二）评估阶段（2016 年 3—5 月）

1. 开展评估。国务院有关部门和各省级人民政府首先要对强制性标准的现状、问题以及应用实施情况进行充分调查研究，包括强制性标准是否被法律法规、规章及政府文件引用，是否有明确的实施监督部门和执行措施，以及在相关行业领域的应用情况等；其次依据《强制性标准整合精简评估方法》（由国家标准委印发）对强制性标准开展技术评估；最后提出废止、转化、整合、修订或继续有效的结论。国务院有关部门同时研究提出本领域强制性国家标准体系框架。整合精简结论应在强制性标准整合精简工作平台填报。

2. 报送强制性国家标准制修订建议。其中，对于现有强制性地方标准中可在全国范围内统一的技术要求，省级人民政府可提出强制性国家标准的制修订建议，说明制修订强制性国家标准的必要性和强制内容，报送联席会议办公室，由联席会议办公室按职责分工转国务院有关部门处理。

3. 形成文字记录。国务院有关部门和各省级人民政府在组织开展强制性标准评估时，对评估过程、评估依据、评估结论、参加评估人员均应有文字记录，形成会议纪要或工作报告。

4. 协调处理意见。对于建议废止的标准，责任部门要与相关应用部门充分沟通，避免出现与现行法律法规、政策文件不衔接的情况。对于省级人民政府提出的强制性国家标准制修订建议，国务院有关部门应统筹考虑，及时反馈处理意见。

（三）结论处理阶段（2016年6—11月）

1. 联席会议办公室确认。联席会议办公室要对国务院有关部门和各省级人民政府报送的强制性标准整合精简结论和强制性国家标准体系框架进行汇总。其中，国务院有关部门对所负责的工程建设强制性标准提出的整合精简结论，由住房城乡建设部统一协调审核后，报送联席会议办公室。

2. 征求意见。联席会议办公室将整合精简结论送国务院有关部门和各省级人民政府征求意见。

3. 社会公示。征求意见结束后，联席会议办公室将拟废止、转化的强制性国家标准、行业标准清单向社会公示60天。拟废止、转化的强制性地方标准，由省级人民政府在本行政区域内向社会公示60天。涉及国家安全和秘密的强制性标准，可结合实际情况在适当范围内公示。

（四）审定发布阶段（2016年12月）

1. 联席会议审定。国务院有关部门和各省级人民政府协调处理各方意见后，形成强制性标准整合精简工作报告，由联席会议办公室审核后报联席会议审定。

2. 发布。联席会议审定后，对于需废止、转化的强制性标准，由原发布主体或负责整合精简工作的责任部门在规定期限内各自发布废止、转化公告，需转化的按照推荐性标准制修订程序进行转化；对于需整合、修订的强制性标准，由国家标准委对外发布结果，并据此安排新的强制性标准制修订计划。

六、保障措施

（一）人员保障

国家标准委、国务院有关部门和各省级人民政府应根据方案要求和实际需要，安排专人具体负责此项工作。充分依托标准化专业机构为整合精简工作提供技术支撑。

（二）平台保障

国家标准委在整合精简工作方案的基础上，组织开发统一的强制性标准整合精简工作平台，为国务院有关部门和各省级人民政府的数据报送、信息查询、汇总统计、交流反馈提供信息化支撑。

（三）经费投入

国务院有关部门和各省级人民政府要加大整合精简工作的经费投入，确保整合精简工作顺利开展。

（四）其他要求

在整合精简工作期间，除法律法规另有规定或《国务院关于印发深化标准化工作改革方案的通知》已明确按照或暂时按照现有模式管理的领域外，停止新的强制性行业标准和强制性地方标准立项。除符合标准体系、经济社会发展和国际贸易急需的项目外，原则上不再下达新的强制性国家标准制修订计划。已立项的强制性国家标准在符合标准体系和归口部门同意的情况下，可以继续批准发布。

国务院办公厅关于加快众创空间发展服务实体经济转型升级的指导意见

（2016 年 2 月 14 日　国办发〔2016〕7 号）

各省、自治区、直辖市人民政府，国务院各部委、各直属机构：

推进大众创业万众创新是增强发展新动能、促进社会就业、提高发展质量效益的重要途径，是实施创新驱动发展战略的重要支撑，国务院陆续出台了一系列重要支持政策和举措，为经济平稳较快发展发挥了关键作用。当前，全国各地涌现出一批有亮点、有潜力、有特色的众创空间，已经成为大众创业万众创新的重要阵地和创新创业者的聚集地，呈现蓬勃发展的良好势头。为充分发挥各类创新主体的积极性和创造性，发挥科技创新的引领和驱动作用，紧密对接实体经济，有效支撑我国经济结构调整和产业转型升级，需要继续推动众创空间向纵深发展，在制造业、现代服务业等重点产业领域强化企业、科研机构和高校的协同创新，加快建设一批众创空间。经国务院同意，现就加快众创空间发展提出以下意见：

一、总体要求和基本原则

（一）总体要求

促进众创空间专业化发展，为实施创新驱动发展战略、推进大众创业万众创新提供低成本、全方位、专业化服务，更大释放全社会创新创业活力，加快科技成果向现实生产力转化，增强实体经济发展新动能。通过龙头企业、中小微企业、科研院所、高校、创客等多方协同，打造产学研用紧密结合的众创空间，吸引更多科技人员投身科技型创新创业，促进人才、技术、资本等各类创新要素的高效配置和有效集成，推进产业链创新链深度融合，不断提升服务创新创业的能力和水平。

一是配套支持全程化。通过为创新创业者提供工业设计、检验检测、模型加工、知识产权、专利标准、中试生产、产品推广等研发、制造、销售相关服务，实现产业链资源开放共享和高效配置。

二是创新服务个性化。通过整合专业领域的技术、设备、信息、资本、市场、人力等资源，为创新创业者提供更高端、更具专业特色和定制化的增值服务。

三是创业辅导专业化。通过凝聚一批熟悉产业领域的创业导师和培训机构，开展创业培训，举办各类创业活动，为创新创业者提供更加适合产业特点的创业辅导服务，提高创新创业者的专业素质和能力，培养更多适应经济转型升级的创新人才。

（二）基本原则

一是坚持发挥市场配置资源的决定性作用。要充分利用互联网等新一代信息技术，向创业者开放创新资源，降低创新创业成本，加强创新链与产业链、资金链的对接，让市场对科技成果作出评价。

二是坚持科技创新的引领作用。要以科技成果转移转化为重点，扩大“双创”的源头供给，推动科技型创新创业，使科技人员成为创新创业的主力军。

三是坚持服务和支撑实体经济发展。要与“互联网＋”行动计划、“中国制造 2025”、大数据发展行动等相结合，促进龙头骨干企业在研发、生产、营销、服务、管理等方面改革创新，加快发展“制造＋服务”的智能工厂模式，培育更多富有活力的中小微企业，为经济发展注入新技术、新装备、新模式，培育新业态，催生新产业。

二、重点任务

（三）在重点产业领域发展众创空间

重点在电子信息、生物技术、现代农业、高端装备制造、新能源、新材料、节能环保、医药卫生、文化创意和现代服务业等产业领域先行先试，针对产业需求和行业共性技术难点，在细分领域建设众创空间。

（四）鼓励龙头骨干企业围绕主营业务方向建设众创空间

按照市场机制与其他创业主体协同聚集，优化配置技术、装备、资本、市场等创新资源，实现与中小微企业、高校、科研院所和各类创客群体有机结合，有效发挥引领带动作用，形成以龙头骨干企业为核心、高校院所积极参与、辐射带动中小微企业成长发展的产业创新生态群落。

（五）鼓励科研院所、高校围绕优势专业领域建设众创空间

发挥科研设施、专业团队、技术积累等优势，充分利用大学科技园、工程（技术）研究中心、重点实验室、工程实验室等创新载体，建设以科技人员为核心、以成果转移转化为主要内容的众创空间，通过聚集高端创新资源，增加源头技术创新有效供给，为科技型创新创业提供专业化服务。

（六）建设一批国家级创新平台和双创基地

依托国家自主创新示范区、国家高新技术产业开发区等试点建设一批国家级创新平台，推动各地发展各具特色的双创基地。国家高新技术产业开发区、国家级经济技术开发区、国家现代农业示范区、农业科技园区等要结合国家战略布局和当地产业发展实际，发挥重点区域创新创业要素集聚优势，打造一批具有当地特色的众创空间，与科技企业孵化器、加速器及产业园等共同形成创新创业生态体系。

（七）加强众创空间的国际合作

鼓励龙头骨干企业、高校、科研院所与国外先进创业孵化机构开展对接合作，共同建立高水平的众创空间，鼓励龙头骨干企业与国外创业孵化机构合作建立投资基金。支持众创空间引进国际先进的创业孵化理念，吸纳、整合和利用国外技术、资本和市场等资源，提升众创空间发展的国际化水平。大力吸引和支持港澳台科技人员以及海归人才、外国人才到众创空间创新创业，在居住、工作许可、居留等方面提供便利条件。

三、加大政策支持力度

充分利用现有创新政策工具，挖掘已有政策潜力，加大政策落实力度，形成支持众创空间发展的政策体系。

（八）实行奖励和补助政策

有条件的地方要综合运用无偿资助、业务奖励等方式，对众创空间的办公用房、用水、用能、网络等软硬件设施给予补助。支持国家科技基础条件平台为符合条件的众创空间提供服务。符合条件的众创空间可以申报承担国家科技计划项目。发挥财政资金的杠杆作用，采用市场机制引导社会资金和金融资本进入技术创新领域，支持包括中国创新创业大赛优胜项目在内的创新创业项目和团队，推动众创空间发展。

（九）落实促进创新的税收政策

众创空间的研发仪器设备符合相关规定条件的，可按照税收有关规定适用加速折旧政策；进口科研仪器设备符合规定条件的，适用进口税收优惠政策。众创空间发生的研发费用，企业和高校院所委托众创空间开展研发活动以及小微企业受委托或自身开展研发活动发生的研发费用，符合规定条件的可适用研发费用税前加计扣除政策。研究完善科技企业孵化器税收政策，符合规定条件的众创空间可适用科技企业孵化器税收政策。

（十）引导金融资本支持

引导和鼓励各类天使投资、创业投资等与众创空间相结合，完善投融资模式。鼓励天使投资群体、创业投资基金入驻众创空间和双创基地开展业务。鼓励国家自主创新示范区、国家高新技术产业开发区设立天使投资基金，支持众创空间发展。选择符合条件的银行业金融机构，在试点地区探索为众创空间内企业创新活动提供股权和债权相结合的融资服务，与创业投资、股权投资机构试点投贷联动。支持众创空间内科技创业企业通过资本市场进行融资。

（十一）支持科技人员到众创空间创新创业

高校、科研院所要按照《中华人民共和国促进科技成果转化法》有关规定，落实科技成果使用权、处置权和收益权政策。对本单位科研人员带项目和成果到众创空间创新创业的，经原单位同意，可在3年内保留人事关系，与原单位其他在岗人员同等享有参加职称评聘、岗位等级晋升和社会保障等方面的权利。探索完善众创空间中创新成果收益分配制度。对高校、科研院所的创业项目知识产权申请、转化和运用，按照国家有关政策给予支持。进一步改革科研项目和资金管理使用制度，使之更有利于激发广大科研人员的创造性和转化成果的积极性。

（十二）调动企业参与众创空间建设的积极性

企业建设众创空间的投入符合相关规定条件的，可享受研发费用加计扣除政策。国有企业对众创空间投入较大且符合有关规定的，可以适用有关科技创新考核政策。充分利用淘汰落后产能、处置“僵尸企业”过程中形成的闲置厂房、空余仓库以及生产设施，改造建设众创空间，鼓励企业通过集众智、汇众力等开放式创新，吸纳科技人员创业，创造就业岗位，实现转型发展。

（十三）促进军民技术双向转化

大力推动军民标准通用化，引导民用领域知识产权在国防和军队建设领域运用。军工技术向民用转移中的二次开发费用，符合相关规定条件的可以适用研发费用加计扣除政策。在符合保密规定的前提下，对向众创空间开放共享的专用设备、实验室等军工设施，按照国家统一政策，根据服务绩效探索建立后补助机制，促进军民创新资源融合共享。

四、组织实施

（十四）加强组织领导

各有关部门和各省（自治区、直辖市）要加强对众创空间建设的宏观指导和工作协调，结合行业和地方发展实际，推进各具特色的众创空间建设和发展。加强对众创空间发展情况的监测、统计和评估。建立统一的政策信息发布平台。各地区各部门对众创空间等平台的扶持情况要上网公示，做到公开透明，避免多头重复支持。

（十五）加强示范引导

鼓励各地、各类主体积极探索支持众创空间发展的新政策、新机制和新模式，不断完善创新创业服务体系，持续提高创新创业服务能力。国家自主创新示范区、国家高新技术产业开发区等创新要素集聚区域的管理部门要率先行动起来，主动做好服务，为众创空间的专业化发展创造条件，开展先行先试，作出引领示范。

（十六）加强分类指导

要根据战略性新兴产业发展和传统产业升级的具体需求，聚焦重点领域和关键环节，采取有针对性的政策措施，实现重点突破，增强示范带动效应。要统筹考虑各地区经济发展、科技资源条件等实际情况，因地制宜推进众创空间在不同区域的建设和发展。

（十七）加强宣传推广

及时总结和交流众创空间建设的做法和经验，对模式新颖、绩效突出的案例进行宣传推广，树立品牌，扩大影响。对众创空间和中国创新创业大赛中涌现出来的优秀创业项目、创业人物加大宣传报道力度，在全社会弘扬创新创业文化，激发创新创业热情。

国务院办公厅关于印发全民科学素质行动计划纲要实施方案（2016—2020年）的通知

（2016年2月25日　国办发〔2016〕10号）

各省、自治区、直辖市人民政府，国务院各部委、各直属机构：

《全民科学素质行动计划纲要实施方案（2016—2020年）》已经国务院同意，现印发给你们，请认真贯彻执行。

全民科学素质行动计划纲要实施方案（2016—2020年）

根据《中共中央关于制定国民经济和社会发展第十三个五年规划的建议》《中共中央　国务院关于深化体制机制改革加快实施创新驱动发展战略的若干意见》和《国务院关于印发全民科学素质行动计划纲要（2006—2010—2020年）的通知》（国发〔2006〕7号，简称《科学素质纲要》），为实现2020年全民科学素质工作目标，进一步明确"十三五"期间全民科学素质工作的重点任务和保障措施等，制订本实施方案。

一、背景和意义

自2006年国务院颁布实施《科学素质纲要》以来，特别是"十二五"期间，各地各部门围绕党和国家发展大局，联合协作，未成年人、农民、城镇劳动者、领导干部和公务员、社区居民等重点人群科学素质行动扎实推进，带动了全民科学素质水平整体提高；科技教育、传播与普及工作广泛深入开展，科普资源不断丰富，大众传媒特别是新媒体科技传播能力明显增强，基础设施建设持续推进，人才队伍不断壮大，公民科学素质建设的公共服务能力进一步提升；公民科学素质建设共建机制基本建立，大联合大协作的局面进一步形成，为全民科学素质工作顺利开展提供了保障。第九次中国公民科学素质调查显示，2015年中国公民具备科学素质的比例达到6.2%，较2010年的3.3%提高近90.0%，超额完成"十二五"中国公民科学素质水平达到5.0%的工作目标，为"十三五"全民科学素质工作奠定坚实基础。

但是，也应清醒地看到，目前中国公民科学素质水平与发达国家相比仍有较大差距，全民科学素质工作发展还不平衡，不能满足全面建成小康社会和建设创新型国家的需要。主要表现在：面向农民、城镇新居民、边远和民族地区群众的全民科学素质工作仍然薄弱，青少年科技教育有待加强；科普技术手段相对落后，均衡化、精准化服务能力亟待提升；科普投入不足，全社会参与的激励机制不完善，市场配置资源的作用发挥不够。"十三五"时期是实施创新驱动发展战略的关键时期，是全面建成小康社会的决胜阶段。科学素质决定公民的思维方式和行为方式，是实现美好生活的前提，是实施创新驱动发展战略的基础，是国家综合国力的体现。进一步加强公民科学素质建设，不断提升人力资源质量，对于增强自主创新能力，推动大众创业、万众创新，引领经济社会发展新常态，注入发展新动能，助力创新型国家建设和全面建成小康社会具有重要战略意义。

二、指导方针和目标

指导方针：

全面贯彻党的十八大、十八届三中、四中、五中全会和习近平总书记系列重要讲话精神，认真落实党中央、国务院决策部署，牢固树立创新、协调、绿色、开放、共享的发展理念，坚持"政府推动、全民参与、提升素质、促进和谐"的工作方针，围绕"节约能源资源、保护生态环境、保障安全健康、促进创新创造”的工作主题，继承创新、拓展提升，开放协同、普惠共享，精准发力、全面跨越，推动科技教育、传播与普及，扎实推进全民科学素质工作，激发大众创业创新的热情和潜力，为创新驱动发展、夺取全面建成小康社会决胜阶段伟大胜利筑牢公民科学素质基础，为实现中华民族伟大复兴的中国梦作出应有贡献。

目标：

到2020年，科技教育、传播与普及长足发展，建成适应创新型国家建设需求的现代公民科学素质组织实施、基础设施、条件保障、监测评估等体系，公民科学素质建设的公共服务能力显著增强，公民具备科学素质的比例超过10.0%。

——促进创新、协调、绿色、开放、共享的发展理念深入人心。围绕经济社会发展新常态的需求，突出工作主题，弘扬创新创业精神，更加关注保障和改善民生，大力宣传普及高新技术、绿色发展、健康生活等知识和观念，促进在全社会形成崇尚科学的社会氛围和健康文明的生活方式，进一步推动依靠创新驱动，实现更高质量、更有效率、更加公平、更可持续的发展。

——以重点人群科学素质行动带动全民科学素质整体水平跨越提升。青少年的科学兴趣、创新意识、学习实践能力明显提高，领导干部和公务员的科学意识和决策水平不断提升，农民和城镇劳动者的科学生产生活能力快速提高，革命老区、民族地区、边疆地区、集中连片贫困地区公民的科学素质显著提升。

——公民科学素质建设的公共服务能力大幅增强。科技教育与培训体系基本完善，社区科普益民服务机制逐步建立，科普基础设施的保障能力不断增强，科普信息化建设取得突破进展，科普产业快速发展，科普人才队伍不断壮大，公民提升自身科学素质的机会与途径显著增多。

——公民科学素质建设的长效机制不断健全。公民科学素质建设的共建、社会动员、监测评估等机制进一步完善，社会各方面参与公民科学素质建设的积极性明显增强。

三、重点任务

根据指导方针和目标，“十三五”时期重点开展以下工作：

（一）实施青少年科学素质行动

任务：

——宣传创新、协调、绿色、开放、共享的发展理念，普及科学知识和科学方法，激发青少年科学兴趣，培养青少年科学思想和科学精神。

——完善基础教育阶段的科技教育，增强中小学生的创新意识、学习能力和实践能力，促进中小学科技教育水平大幅提升。

——完善高等教育阶段的科技教育，引导大学生树立科学思想，弘扬科学精神，激发大学生创新创造创业热情，提高大学生开展科学研究和就业创业的能力。

——充分发挥现代信息技术在科技教育和科普活动方面的积极作用，促进学校科技教育和校外科普活动有效衔接。

——巩固农村义务教育普及成果，提高农村中小学科技教育质量，为农村青少年提供更多接受科技教育和参加科普活动的机会。

措施：

——推进义务教育阶段的科技教育。基于学生发展核心素养框架，完善中小学科学课程体系，研究提出中小学科学学科素养，更新中小学科技教育内容，加强对探究性学习的指导。修订小学科学课程标准实验教材。增强中学数学、物理、化学、生物等学科教学的横向配合。重视信息技术的普及应用，加快推进教育信息化，继续加大优质教育资源开发和应用力度。

——推进高中阶段的科技教育。修订普通高中科学与技术领域课程标准，明确对学科素养和学业质量的要求。修订普通高中数学、物理、化学、生物、地理、信息技术、通用技术课程标准实验教材，鼓励普通高中探索开展科学创新与技术实践的跨学科探究活动。规范学生综合素质评价机制，促进学生创新精神和实践能力的发展。积极开展研究性学习与科学实践、社区服务与社会实践活动，提高学生的探究能力。深入实施“中学生英才计划”，促进中学教育和大学教育互动衔接，鼓励各地积极探索科技创新和应用人才的培养方式，加强普通高中拔尖创新人才培养基地建设。强化中等职业学校科技教育，发挥课程教学主渠道作用，推动科技教育进课堂、进教材、列入教学计划，系统提升学生科学意识和综合素养。

——推进高等教育阶段科技教育和科普工作。组织开展大学数学、物理、化学、生物学、计算机等课程改革，推进高校科学基础课建设。加强科学史等科学素质类视频公开课建设。深化高校创新创业教育改革，引导大学生转变就业择业观念，支持在校大学生开展创新性实验、创业训练和创业实践项目。推动建立大学生创新创业联盟和创业就业基地，大力开展全国青少年科技创新大赛、“挑战杯”全国大学生课外学术科技作品竞赛、“创青春”全国大学生创业大赛等活动，为青年提供将科技创意转化为实际成果的渠道、平台。深入实施基础学科拔尖学生培养试验计划，完善拔尖创新人才培养机制。

——大力开展校内外结合的科技教育活动。充分发挥非正规教育的促进作用，推动建立校内与校外、正规与非正规相结合的科技教育体系。广泛组织开展学校科技节、科技周、科普日、公众科学日、红领巾科技小社团、“科技之光”青年专家服务团等活动，普及节约资源、保护环境、防灾应急、身心健康等知识，加强珍爱生命、远离毒品和崇尚科学文明、反对愚昧迷信的宣传教育。充分利用重点高校和科研院所开放的科技教育资源，开展全国青少年高校科学营、求真科学营等活动。拓展校外青少年科技教育渠道，鼓励中小学校利用科技馆、青少年宫、科技博物馆、妇女儿童活动中心等各类科技场馆及科普教育基地资源，开展科技学习和实践活动。开展科技场馆、博物馆、科普大篷车进校园工作，探索科技教育校内外有效衔接的模式，推动实现科技教育活动在所有中小学全覆盖。

——充分利用信息技术手段，均衡配置科技教育资源。推进信息技术与科技教育、科普活动融合发展。推进优质科技教育信息资源共建共享。加强信息素养教育，帮助青少年正确合理使用互联网。大力开展线上线下相结合的青少年科普活动，满足青少年对科技、教育信息的个性化需求。面向农村学生特别是农村留守儿童，开展科技辅导、心理疏导、安全健康等方面的志愿服务，帮助他们提高科学素质、丰富生活阅历、增长见识。加强各类家长学校和青少年科普阵地建设，开展科技类亲子体验活动，搭建传播科学家庭教育知识的新平台，提高家长特别是母亲的科学素质。

分工：由教育部、共青团中央、中国科协牵头，中央宣传部、科技部、工业和信息化部、国家民委、民政部、人力资源社会保障部、国土资源部、环境保护部、文化部、卫生计生委、质检总局、新闻出版广电总局、体育总局、食品药品监管总局、林业局、旅游局、中科院、社科院、工程院、地震局、气象局、自然科学基金会、文物局、全国妇联等单位参加。

（二）实施农民科学素质行动

任务：

——宣传创新、协调、绿色、开放、共享的发展理念，围绕农业现代化、加快转变农业发展方式、粮食安全等，贯彻党和国家强农惠农富农政策，普及高效安全、资源节约、环境友好、乡村文明等知识和观念。

——加强农村科普信息化建设，推动“互联网＋农业”的发展，促进农业服务现代化。

——着力培养 1 000 万名具有科学文化素质、掌握现代农业科技、具备一定经营管理能力的新型职业农民，全面提升农民的生活水平。

——进一步加大对革命老区、民族地区、边疆地区、集中连片贫困地区科普工作的支持力度，大力提高农村妇女和农村留守人群的科学素质。

措施：

——大力开展农业科技教育培训。实施新型职业农民培育工程和现代青年农场主计划，全方位、多层次培养各类新型职业农民和农村实用人才。充分发挥党员干部现代远程教育网络、农村社区综合服务设施、农业综合服务站（所）、基层综合性文化服务中心等在农业科技培训中的作用，面向农民开展科技教育培训。深入实施农村青年创业致富“领头雁”培养计划，通过开展技能培训、强化专家和导师辅导、举办农村青年涉农产业创业创富大赛等方式，促进农村青年创新创业。深入实施巾帼科技致富带头人培训计划，着力培养一支综合素质高、生产经营能力强、主体作用发挥明显的新型职业女农民队伍。

——广泛开展形式多样的农村科普活动。深入开展文化科技卫生“三下乡”、科普日、科技周、世界粮食日、健康中国行、千乡万村环保科普行动、农村安居宣传、科普之春（冬）等各类科普活动，大力普及绿色发展、安全健康、耕地保护、防灾减灾、绿色殡葬等科技知识和观念，传播科学理念，反对封建迷信，帮助农民养成科学健康文明的生产生活方式，提高农民健康素养，建设美丽乡村和宜居村庄。

——加强农村科普公共服务建设。将科普设施纳入农村社区综合服务设施、基层综合性文化中心等建设中，提升农村社区科普服务能力。深入实施基层科普行动计划，发挥优秀基层农村专业技术协会、农村科普基地、农村科普带头人和少数民族科普工作队的示范带动作用。开展科普示范县（市、区）等创建活动，提升基层科普公共服务能力。

——加强农村科普信息化建设。积极开展信息技术培训，加大对循环农业、创意农业、精准农业和智慧农业的宣传推广力度，实施农村青年电商培育工程，鼓励和支持农村青年利用电子商务创新创业。建设科普中国乡村 e 站，大力开展农民科学素质网络知识竞赛、新农民微视频展播等线上线下相结合的科技教育和科普活动。发挥中国智慧农民云、科普中国服务云、中国环保科普资源网、中国兴农网、农业科技网络书屋等作用，帮助农民提高科学素质。

——加强对薄弱地区的科普精准帮扶。实施科普精准扶贫，加强革命老区、民族地区、边疆地区、集中连片贫困地区科普服务能力建设，加大对农村留守儿童、留守妇女和留守老人的科普服务力度。实施科普援藏援疆工作，加大科普资源倾斜力度，加强双语科普创作与传播。大力开展巾帼科技致富工程、巾帼科技特派员、巾帼现代农业科技示范基地建设等工作，组织开展“智爱妈妈”活动，努力提高农村妇女科学素质。

分工：由农业部、中国科协牵头，中央组织部、中央宣传部、教育部、科技部、国家民委、民政部、人力资源社会保障部、国土资源部、环境保护部、文化部、卫生计生委、质检总局、新闻出版广电总局、体育总局、食品药品监管总局、林业局、中科院、工程院、地震局、气象局、文物局、全国总工会、共青团中央、全国妇联等单位参加。

（三）实施城镇劳动者科学素质行动

任务：

——宣传创新、协调、绿色、开放、共享的发展理念，弘扬创新创业精神，引导更多劳动者积极投身创新创业活动。

——围绕加快建设制造强国、实施“中国制造2025”、推动生产方式转变，以专业技术人才、高技能人才、进城务工人员及失业人员的培养培训为重点，到 2020 年基本实现有培训愿望的劳动者都有机会参加一次相应的职业培训。

——推动职业技能、安全生产、信息技术等知识和观念的广泛普及，提高城镇劳动者科学生产和健康生活能力，促进城镇劳动者科学素质整体水平提升。

措施：

——加强专业技术人员继续教育工作。完善专业技术人员继续教育制度，深入实施专业技术人才知识更新工程，全面推进高级研修、急需紧缺人才培养、岗位培训、国家级专业技术人员继续教育基地建设等重点项目，开展少数民族专业技术人才特殊培养工作，构建分层分类的专业技术人员继续教育体系。充分发挥科技社团在专业技术人员继续教育中的重要作用，帮助专业技术人员开展技术攻关、解决技术难题，参加跨行业、跨学科的学术研讨和技术交流活动。

——大规模开展职业培训。构建以企业为主体、技工院校为基础，各类培训机构积极参与、公办与民办共举的职业培训和技能人才培养体系。面向城镇全体劳动者，积极开展订单式、定岗、定向等多种形式的就业技能培训、岗位技能提升培训、安全生产培训和创业培训，基本消除劳动者无技能从业现象，提高城镇劳动者安全生产意识，避免由于培训不到位导致的安全事故。组织开展技能就业培训工程暨高校毕业生技能就业和新一轮全国百家城市技能振兴等专项活动，深入实施国家高技能人才振兴计划，开展全国职工职业技能大赛、全国青年职业技能大赛、全国青年岗位能手评选等工作，大力提升职工职业技能。

——广泛开展进城务工人员培训教育。大力开展农民工求学圆梦行动、“春潮行动”——农民工职业技能提升计划、家政培训、城乡妇女岗位建功评选等活动，将绿色发展、安全生产、健康生活、心理疏导、防灾减灾等作为主要内容，发挥企业、科普机构、科普场馆、科普学校、妇女之家等作用，针对进城务工人员广泛组织开展培训，提高进城务工人员在城镇的稳定就业和科学生活能力，促进常住人口有序实现市民化，助力实现城市可持续发展和宜居。

——大力营造崇尚创新创造的社会氛围。深入开展“大国工匠”“最美青工”、智慧蓝领、巾帼建功等活动，倡导敢为人先、勇于冒尖的创新精神，激发职工创新创造活力，推动大众创业、万众创新，最大程度释放职工创新潜力，形成人人崇尚创新、人人渴望创新、人人皆可创新的社会氛围。

分工：由人力资源社会保障部、全国总工会、安全监管总局牵头，中央宣传部、教育部、科技部、工业和信息化部、民政部、卫生计生委、质检总局、新闻出版广电总局、食品药品监管总局、中科院、工程院、地震局、气象局、共青团中央、全国妇联、中国科协等单位参加。

（四）实施领导干部和公务员科学素质行动

任务：

——着眼于提高领导干部和公务员的科学执政水平、科学治理能力、科学生活素质，大力加强马克思列宁主义、毛泽东思想和中国特色社会主义理论体系，特别是习近平总书记系列重要讲话精神等科学理论的教育，宣传创新、协调、绿色、开放、共享的发展理念，开展科技革命、产业升级等前沿科技知识的专题教育，充分利用现代信息技术，加强科技知识、科学方法的培训和科学思想、科学精神的培养，使领导干部和公务员的科学素质在各类职业人群中位居前列，推动领导干部和公务员更好地贯彻实施创新驱动发展战略，推进国家治理体系和治理能力现代化。

措施：

——加强规划，把科学素质教育作为领导干部和公务员教育培训的长期任务。认真贯彻落实《2013—2017年全国干部教育培训规划》有关部署要求，严格执行《干部教育培训工作条例》有关规定。在研究制定领导干部和公务员培训规划时，突出科学理论、科学方法和科技知识的学习培训以及科学思想、科学精神的培养，重点加强对市县党政领导干部、各级各部门科技行政管理干部、科研机构负责人和国有企业、高新技术企业技术负责人等的教育培训。

——创新学习渠道和载体，加强领导干部和公务员科学素质教育培训。在党委（党组）中心组学习中，加强对马克思主义基本原理、习近平总书记系列重要讲话精神等内容的学习。把树立科学精神、增强科学素质纳入党校、行政学院和各类干部培训院校教学计划，合理安排课程和班次，引导、帮助领导干部和公务员不断提升科学管理能力和科学决策水平。鼓励领导干部和公务员通过网络培训、自学等方式强化科学素质相关内容的学习。积极利用网络化、智能化、数字化等教育培训手段，扩大优质科普信息覆盖面，满足领导干部和公务员多样化学习需求。在干部培训教材建设中强化新科技内容的编写和使用，编发领导干部和公务员应知必读科普读本。

——在领导干部考核和公务员录用中，体现科学素质的要求。贯彻落实中央关于改进地方党政领导班子和领导干部政绩考核工作的有关要求，不断完善干部考核评价机制。在党政领导干部、企事业单位负责人任职考察、年度考核中，强化与科学素质要求有关的具体内容。在公务员录用考试中，强化科学素质有关内容。制订并不断完善领导干部和公务员科学素质监测、评估标准。

——广泛开展针对领导干部和公务员的各类科普活动。办好院士专家科技讲座、科普报告等各类领导干部和公务员科普活动。继续在党校、行政学院等开设科学思维与决策系列课程。做好心理咨询、心理健康培训等工作，开发系列指导手册，打造网络交流平台。有计划地组织领导干部和公务员到科研场所实地参观学习，鼓励引导领导干部参与科普活动。组织开展院士专家咨询服务活动，着力提升广大基层干部和公务员的科学素质。

——加大宣传力度，为领导干部和公务员提高科学素质营造良好氛围。加强科技宣传，充分发挥新闻媒体的优势，增加科技宣传版面和时段，用好用活新媒体工具，推广发布一批优秀科普作品，大力传播科技知识、科学方法、科学思想、科学精神。围绕科技创新主题，选树一批弘扬科学精神、提倡科学态度、讲究科学方法的先进典型。

分工：由中央组织部、人力资源社会保障部牵头，中央宣传部、科技部、工业和信息化部、国土资源部、环境保护部、文化部、卫生计生委、质检总局、新闻出版广电总局、体育总局、食品药品监管总局、林业局、中科院、社科院、地震局、气象局、文物局、共青团中央、全国妇联、中国科协等单位参加。

（五）实施科技教育与培训基础工程

任务：

——构建科学教师培训体系，加大培训力度，不断提高教师科学素质和科技教育水平，建成一支优秀科学教师队伍。

——完善科技教育课程教材，特别是加强民族语言教材建设，满足不同对象的科技教育和培训需求。

——充分利用现代信息技术，优化教学方法，不断推动科技教育与教学实践深度融合。

——完善科技教育培训基础设施，不断提高科技教育培训基地、场所的利用效率，保障科技教育与培训有效实施。

措施：

——加强科技教育师资培训和研修。鼓励有条件的高等师范院校开设科技教育等专业或相关课程，培养更多科技教育师资。在"国培计划"中，加强教师科学素质能力培训，培养"种子"教师，推动各地加大对科学教师以及相关学科教师的培训力度，提高教师科技教育的教学能力和水平。实施科学教师和科技辅导员专项培训，建立培训基地，到2020年实现对全国一线科学教师和骨干科技辅导员培训全覆盖。

——加强各类人群科技教育培训的教材建设。结合不同人群特点和需求，不断更新丰富科技教育培训的教材内容，开设专业课程与科技前沿讲座等。将科普工作与素质教育紧密结合，注重培养具有创意、创新、创业能力的高层次创造性人才。将创新、协调、绿色、开放、共享的发展理念以及环境保护、节约资源、防灾减灾、安全健康、应急避险、科学测量等相关科普内容，纳入各级各类科技教育培训教材和教学计划。加强职业教育、成人教育、民族地区双语教育和各类培训中科技教育的教材建设。

——进一步改进科技教育教学方法。发挥基础教育国家级教学成果奖的示范辐射作用，加大科技教育优秀教学成果推广力度。加强学生综合实践活动指导，提高学生探究性学习和动手操作能力。加强中小学科技教育研究，研究建立符合我国青少年特点、有利于推动青少年科学素质提高和创新人才培养的青少年科学素质测评体系。

——加强科技教育与培训的基础设施建设。根据实际需求，因地制宜建设科技教育培训基础设施，重点加强农村边远贫困地区中小学科技教育硬件设施建设。合理规划布局现有科技教育培训基地、场所，不断提高使用效率。调动社会资源积极参与中小学科技教育网络资源建设，发挥现代信息技术的作用，不断丰富网络教育内容，促进优质教学资源广泛共享。鼓励高校、科研院所、科技场馆、职业学校、成人教育培训机构、社区学校等各类公共机构积极参与科技教育和培训工作。

——充分发掘高校和科研院所科技教育资源，健全科教结合、共同推动科技教育的有效模式。推动高等院校、科研院所的科技专家参与科学教师培训、中小学科学课程教材建设和教学方法改革。推动有条件的中学科学教师到高等院校、科研机构和重点实验室参与科研实践。加强高校科学道德和学风建设，推动高校师生广泛树立科学道德和科学精神。推动实施"科学与中国"科学教育计划。

分工：由教育部、人力资源社会保障部、中科院牵头，中央宣传部、科技部、工业和信息化部、国家民委、国土资源部、农业部、新闻出版广电总局、体育总局、林业局、社科院、工程院、地震局、气象局、自然科学基金会、全国总工会、共青团中央、全国妇联、中国科协等单位参加。

（六）实施社区科普益民工程

任务：

——宣传创新、协调、绿色、开放、共享的发展理念，普及尊重自然、绿色低碳、科学生活、安全健康、应急避险等知识和观念，提升社区居民应用科学知识解决实际问题、参与公共事务的能力，提高居民健康素养，促进社区居民全面形成科学文明健康的生活方式，促进和谐宜居、富有活力、各具特色的现代化城市建设。

——大力提升社区科普公共服务能力，促进基层社区科普服务设施融合发展，推动城镇常住人口科普基本公共服务均等化，全面提升居民科学素质，助力以人为核心的新型城镇化发展。

措施：

——广泛开展社区科技教育、传播与普及活动。围绕“节约能源资源、保护生态环境、保障安全健康、促进创新创造”的工作主题，深入开展科普日、科技周、世界环境日、世界地球日、世界标准日以及科技、文化、卫生、安全、健康、环保进社区等活动。组织开展社区气象、防震减灾、燃气用电安全、电梯安全以及社区居民安全技能、老年人急救技能培训等各类应急安全教育培训活动。面向城镇新居民开展适应城市生活的科技教育、传播与普及活动，帮助新居民融入城市生产生活。

——大力改善社区科普基础条件。推动基层服务中心融合发展，在新建及现有的基层服务中心拓展科普功能。建设科普中国社区 e 站，依托社区综合服务设施，深入推进社区科普益民服务站、科普学校、科普网络建设，进一步加强社区科普组织和人员建设。充分发挥科普基础设施作用，面向基层群众开展党员教育、体育健身、文化宣传、卫生健康、食品药品、防灾减灾等各类科普活动。

——促进形成政府推动、社会支持、居民参与的社区科普新格局。在现代公共文化服务中切实加强社区科普工作，深入实施基层科普行动计划，推动全国科普示范社区蓬勃发展。激发社会主体参与科普的积极性，面向社区提供多样化的科普产品和服务，动员驻区学校、科研院所、企业、科技社团、科普场馆、科普教育基地等相关单位开发开放科普资源，支持和参与社区科普活动。充分发挥社区组织和科普志愿者组织的作用，组织和引导社区居民参与科普活动，发挥党员先锋岗、工人先锋岗、青年文明岗、巾帼文明岗以及在社区有影响和号召力人士的带动作用，加强社区科学文化建设，助力和谐社区、美丽社区建设。

分工：由文化部、民政部、全国妇联、中国科协牵头，中央宣传部、教育部、科技部、国家民委、国土资源部、环境保护部、卫生计生委、质检总局、新闻出版广电总局、体育总局、安全监管总局、食品药品监管总局、中科院、社科院、地震局、气象局、全国总工会、共青团中央等单位参加。

（七）实施科普信息化工程

任务：

——以科普信息化为核心，推动实现科普理念和科普内容、表达方式、传播方式、组织动员、运行和运营机制等服务模式的全面创新。

——提升优质科普内容资源供给能力，运用群众喜闻乐见的形式，实现科普与艺术、人文有机结合，推出更多有知有趣有用的科普精品，让科学知识在网上和生活中流行。

——提升科技传播能力，推动传统媒体与新兴媒体深度融合，实现多渠道全媒体传播，大幅提升大众传媒的科技传播水平。

——推动科普信息在社区、学校、农村等落地应用，提升科技传播精准服务水平，满足公众泛在化、个性化获取科普信息的需求，定向、精准推送科普信息。

措施：

——实施“互联网＋科普”行动。汇聚各方力量打造科普中国品牌，推动科普领域牢固树立精品意识和质量意识，引导建设众创、众包、众扶、众筹、分享的科普生态圈，打造科普新格局。以科普的内容信息、服务云、传播网络、应用端为核心，形成“两级建设、四级应用”的科普信息化服务体系。以提升科普服务效能为核心、以科普信息汇聚生产与有效利用为目标，建设科普中国服务云，实现科普的信息汇聚、数据分析挖掘、应用服务、即时获取、精准推送、决策支持。建立完善网络科普内容科学性把关、网络科普传播舆情实时监测机制。深入探索利用政府和社会资本合作（PPP）的科普公共服务新模式，进一步把政府与市场、需求与生产、内容与渠道、事业与产业有效连接起来，实现科普的倍增效应。

——繁荣科普创作。支持优秀科普原创作品以及科技成果普及、健康生活等重大选题，支持科普创作人才培养和科普文艺创作。大力开展科幻、动漫、视频、游戏等科普创作，推动制定对科幻创作的扶持政策，推动科普游戏开发，加大科普游戏传播推广力度，加强科普创作的国际交流与合作。

——强化科普传播协作。制定鼓励大众传媒开展科技传播的政策措施。引导中央及地方主要新闻媒体加大科技宣传力度，扶持科技宣传报道做大做强。支持电视台、广播电台制作更多群众喜闻乐见的适合在电视、广播电台和互联网同步传播的科普作品，增加播放时间和传播频次，办好电视科普频道。鼓励报刊和网站增加科普内容或增设科普专栏。举办科技类全国电视大赛，营造全社会学科学的浓厚氛围。创新科普传播形式，推动图书、报刊、音像电子、电视等传统媒体与新兴媒体在科普内容、渠道、平台、经营和管理上深度融合，实现包括纸质出版、网络传播、移动终端传播在内的多渠道全媒体传播。组织开展科技宣传报道编辑记者学习培训，提升大众传媒从业者的科学素质与科技传播能力。

——强化科普信息的落地应用。依托大数据、云计算等信息技术手段，洞察和感知公众科普需求，创新科普的精准化服务模式，定向、精准地将科普信息送达目标人群。通过科普中国服务云、科普中国V视快递、科普中国e站推送等方式，推动科普信息在社区、学校、农村等落地应用。强化移动端科普推送，支持移动端科普融合创作，鼓励科研机构通过微信、微博等新媒体平台建设和运行有影响力的科普公众号，强化科普头条新闻推送，促进科普活动线上线下结合。加大对革命老区、民族地区、边疆地区、集中连片贫困地区群众及青少年等重点人群的科普信息服务定制化推送力度。

分工：由中国科协、中央宣传部、新闻出版广电总局牵头，教育部、科技部、工业和信息化部、国家民委、民政部、国土资源部、环境保护部、农业部、文化部、卫生计生委、质检总局、体育总局、安全监管总局、食品药品监管总局、林业局、旅游局、中科院、社科院、工程院、地震局、气象局、自然科学基金会、文物局、全国总工会、共青团中央等单位参加。

（八）实施科普基础设施工程

任务：

——增加科普基础设施总量，完善科普基础设施布局，提升科普基础设施的服务能力，实现科普公共服务均衡发展。

——推进优质科普资源开发开放，优化资源配置，拓展公众参与科普的途径和机会。

措施：

——加强对科普基础设施发展的顶层设计和宏观指导。制订实施科普基础设施发展规划，将科普基础设施建设纳入各地基本建设计划。制定完善各类科普基础设施建设与管理的规范标准和运行机制，研究建立科普基础设施的评估体系，开展监测评估工作。

——创新完善现代科技馆体系。突出信息化、时代化、体验化、标准化、体系化、普惠化、社会化，推动由数量与规模增长的外延式发展模式向提升科普能力与水平的内涵式发展模式转变，进一步建立完善以实体科技馆为龙头和基础，流动科技馆、科普大篷车、虚拟现实科技馆、农村中学科技馆、数字科技馆为拓展和延伸，辐射基层科普设施的中国特色现代科技馆体系。发挥自然博物馆和专业行业类科技馆等场馆以及中国数字科技馆的科普资源集散与服务平台作用。大力推动虚拟现实等技术在科技馆展览教育中的应用，以“超现实体验、多感知互动、跨时空创想”为核心理念，研发可复制、可推广的虚拟现实科技馆，生动展现科技前沿。推动中西部地市级科技馆、专题行业科技馆建设。推动建立科普标准化组织，完善科技馆行业国家标准体系以及相关标准规范，开展科技馆评级与分级评估。建立健全科技馆免费开放制度，提高科技馆公共服务质量和水平。

——加强基层科普设施建设。依托现有资源，因地制宜建设一批具备科技教育、培训、展示等多功能的开放性、群众性科普活动场所和科普设施。加快建设农村中学科技馆、乡村学校少年宫等农村青少年科技活动场所。加强科技场馆及基地等与少年宫、文化馆、博物馆、图书馆等公共文化基础设施的联动，拓展科普活动阵地。充分利用线上科普信息，强化现有设施的科普教育功能。

——加强科普教育基地建设。依托现有资源，建设国土资源、环境保护、安全生产、食品药品、质量监督、检验检疫、林业、地震、气象等行业类、科研类科普教育基地。制定完善科普教育基地的管理制度，加强工作考核和动态管理，提升服务能力。推动青少年宫、妇女儿童活动中心、各类培训基地和文化场所等增加科技教育内容，引导海洋馆、主题公园、自然保护区、森林公园、湿地公园、地质公园、动植物园、旅游景区、地震台站、地震遗址遗迹等公共设施增强科普功能。

——推动优质科普资源开发开放。推动高校、科研机构、工程中心（实验室）、科技社团向公众开放实验室、陈列室和其他科技类设施，推动高端科研资源科普化，充分发挥天文台、野外台站、重点实验室和重大科技基础设施等高端科研设施的科普功能。鼓励高新技术企业对公众开放研发机构、生产设施（流程、车间）或展览馆等，推动建设专门科普场所。充分发挥高校、科研院所、企业等科技人才和资源优势，积极组织开展科普活动。

分工：由中国科协、国家发改委、科技部牵头，中央宣传部、教育部、工业和信息化部、国家民委、民政部、财政部、人力资源社会保障部、国土资源部、环境保护部、农业部、文化部、卫生计生委、质检总局、体育总局、食品药品监管总局、林业局、旅游局、中科院、地震局、气象局、文物局、全国总工会、共青团中央、全国妇联等单位参加。

（九）实施科普产业助力工程

任务：

——研究制定科普产业发展的宏观政策以及技术标准、规范。

——促进科普产业健康发展，大幅提升科普产品和服务供给能力，有效支撑科普事业发展。

措施：

——完善科普产业发展的支持政策。开展科普产品和服务发展相关政策研究，推动制定科普产业发展的相关政策，将科普产业纳入高新技术产业、创意产业和文化产业的相关优惠政策范围，充分发挥市场机制配置科普社会资源的功能。

——推动科普产品研发与创新。成立全国科普服务标准化技术委员会，组织制定科普相关标准，建立完善科普产品和服务的技术规范。依托科普机构、科研机构、产学研中心等建立科普产品研发中心，开展科普产品和服务的基础研究、应用研究、研发推广，增强科普产品和服务的原始创新能力，提升市场竞争力。开展科普创作和产品研发示范团队建设，推动科技创新成果向科普产品转化，探索科技创新和科普产业结合的有效机制。

——加强科普产业市场培育。利用科普活动、科普教育基地、科普场馆、科普机构等有利条件，发挥集成效应，通过竞赛、线上线下相结合等方式，搭建科普创客空间，支持创客参与科普产品的创新、创造、创业。鼓励建立科普产业园区和产业基地，组建中国科学文化出版传媒集团等科普龙头企业，形成科普产业集群，实现集约发展。搭建科普产品和服务交易平台，加大政府购买科普产品和服务的力度。

分工：由科技部、中国科协牵头，国家发改委、教育部、工业和信息化部、国家民委、财政部、人力资源社会保障部、国土资源部、环境保护部、农业部、文化部、卫生计生委、质检总局、新闻出版广电总局、体育总局、安全监管总局、林业局、旅游局、中科院、社科院、工程院、地震局、气象局、文物局、全国总工会、共青团中央、全国妇联等单位参加。

（十）实施科普人才建设工程

任务：

——加强科普人才队伍建设，培养和选拔一批高水平科普人才，壮大专兼职科普人才队伍，推动科普志愿者队伍建设，优化科普人才结构。

——建立完善科普人才激励机制，推动科普人才知识更新和能力培养，增强适应现代科普发展的能力。

措施：

——完善科普人才培养、使用和评价制度。落实国家中长期科技、教育、人才发展规划纲要，加强科普人才培养、使用和评价的政策研究，推动制定科普学科发展、科普专业设置、科普人才评价标准、技术职务等相关制度，建立激励机制，充分调动科普人员积极性。

——加强科普人才培养和继续教育。深入推进高层次科普专门人才培养试点工作，总结推广经验，加强教学大纲、教材、课程和师资队伍建设，加大高层次科普专门人才培养力度。依托高等院校、科研院所、科普组织、企业与相关机构建立完善科普人才继续教育基地，以科普组织管理、科技教育、科技传播、科普活动组织、科普经营管理等从业者为重点，围绕科普的新理论、新方法、新手段等，及时更新补充新知识、扩展新视野、提升创新能力，以适应科技发展、社会进步和现代科普发展的新形势新要求。

——加强科普专业队伍建设。充分发挥科技社团、高等院校、科研机构等作用，搭建科学传播服务平台，发展壮大科学传播专家团队，深入开展科学传播活动。结合科技教育和课外科普活动，重点在中小学校、科普场馆、青少年宫等建立专职青少年科技辅导员队伍。依托基层各类组织，动员科技特派员、大学生村官、农村致富带头人、气象信息员、中小学教师和科普志愿者等担任科普宣传员，实现乡村社区科普宣传员全覆盖。发挥民族院校的作用，加强双语科普人才培养。结合各类社区科普设施和活动，发展壮大社区科普队伍。充分发挥企业科协、企业团委、职工技协、研发中心等作用，结合职工技能培训、继续教育和各类科普活动，培养和造就企业实用科普人才。

——大力发展科普志愿者队伍。建立完善科普志愿者组织管理制度，推动各级各类科普志愿者队伍建设，推动建立科普志愿者社团组织，开展科普志愿者交流、培训、经验推广等工作。搭建科普志愿活动服务平台，充分发挥科普志愿者在各类科普活动中不可替代的作用，规范记录科普志愿者的服务信息，建立完善科普志愿服务激励机制。鼓励老科技工作者、高校师生、中学生、传媒从业者参与科普志愿服务。建立健全应对重大突发事件的科普志愿者动员机制，发展应急科普志愿者队伍。

分工：由中国科协、科技部、人力资源和社会保障部牵头，中央组织部、中央宣传部、教育部、工业和信息化部、国家民委、民政部、国土资源部、环境保护部、农业部、文化部、卫生计生委、质检总局、新闻出版广电总局、体育总局、食品药品监管总局、安全监管总局、林业局、旅游局、中科院、社科院、工程院、地震局、气象局、自然科学基金会、文物局、全国总工会、共青团中央、全国妇联等单位参加。

四、组织实施和保障条件

（一）组织领导

——国务院负责领导《科学素质纲要》实施工作。各有关部门按照《科学素质纲要》的要求和本实施方案的分工安排，将有关任务纳入本部门本系统的相关工作规划和计划，充分履行工作职责，发挥各自优势，密切配合，形成合力。中国科协要发挥综合协调作用，做好日常沟通联络工作，会同有关方面共同推进公民科学素质建设。

——地方各级政府负责领导当地的《科学素质纲要》实施工作。要把公民科学素质建设作为推动地区经济社会发展的一项重要工作，纳入本地区经济社会发展总体规划，把实施《科学素质纲要》的重点任务列入年度工作计划，纳入目标管理考核。要因地制宜，制定本地区“十三五”全民科学素质行动的实施方案。要完善公民科学素质建设工作机制，加大政策支持和投入，为实施《科学素质纲要》提供保障，全面推进本地区公民科学素质建设。

——加强《科学素质纲要》实施的督促检查，推动各项工作任务和目标的落实。

（二）长效机制

——建立完善共建机制。全民科学素质纲要实施工作办公室与地方政府建立公民科学素质建设共建机制，形成一级带一级、层层抓落实的工作局面。

——建立科研与科普相结合的机制。继续落实在符合条件的国家科技计划项目中增加科普任务，将科普工作作为国家科技创新工作的有机组成部分，提高科普成果在科技考核指标中所占比重。完善国家科技报告制度，推动重大科技成果实时普及。中科院、工程院的院士专家带头面向公众开展科普活动。

——建立完善监测评估机制。完善公民科学素质调查体系，定期开展中国公民科学素质调查和全国科普统计工作，客观反映公民科学素质建设情况，为《科学素质纲要》实施和监测评估提供依据。加强公民科学素质建设的理论研究，把握公民科学素质建设的基本规律和国际发展趋势，建立符合我国国情的科学素质发展监测指标体系，创新公民科学素质建设的评估方法，适时开展公民科学素质建设第三方评估。

——建立完善社会动员机制。深入开展全国文明城市、国家卫生城市、全国科普示范县（市、区）、全国科普教育基地等创建活动，进一步形成政府推动、社会参与的良性机制。按照国家有关规定，对在公民科学素质建设中作出突出贡献的集体和个人给予奖励和表彰，大力宣传先进人物和典型经验。加强科普的国际交流与合作，用好国际国内两种资源，提高我国公民科学素质建设的国际影响力。

（三）保障条件

——政策法规。在国家和地方的国民经济和社会发展规划、相关专项规划以及有关科技教育、传播与普及的法律法规中，体现公民科学素质建设的目标和要求。完善促进公民科学素质建设的政策法规，推进《中华人民共和国科学技术普及法》实施条例和地方科普条例的研究制定工作，落实有关鼓励科普事业发展的税收优惠等相关政策，研究制定全民科学素质行动长远发展规划，为提高全民科学素质提供政策保障。

——经费投入。各级政府根据财力情况和公民科学素质建设发展的实际需要，逐步提高教育、科普经费的投入水平，并将科普经费列入同级财政预算，国家、省、地市、县四级合理分担科普财政投入。中央财政根据财政状况，继续支持对地方公民科学素质建设相关的转移支付。地方各级政府安排一定的经费用于公民科学素质建设。各有关部门根据承担的《科学素质纲要》实施任务，按照国家预算管理的规定和现行资金渠道，统筹考虑和落实公民科学素质建设所需经费。加强对科普经费、公民科学素质建设经费等专项经费使用情况的绩效考评，确保专款专用和使用效果。通过众筹众包、项目共建、捐款捐赠、政府购买服务等方式，鼓励和吸引社会资本投入公民科学素质建设。

（四）进度安排

——启动实施。2016 年，推动和指导各地制定本地“十三五”全民科学素质工作实施方案并启动实施工作。做好“十三五”《科学素质纲要》实施动员和宣传工作。

——深入实施。2017—2020 年，针对薄弱环节，继续完善工作机制，解决突出问题，全面推进各项重点任务的实施。深入开展调查研究，启动我国全民科学素质行动长远发展战略研究工作。

——总结评估。2020 年，组织开展督查，对“十三五”期间和《科学素质纲要》颁布实施以来的全民科学素质工作进行总结和全面评估，按照国家有关规定开展表彰奖励。

国务院关于印发实施《中华人民共和国促进科技成果转化法》若干规定的通知

（2016 年 2 月 26 日　国发〔2016〕16 号）

各省、自治区、直辖市人民政府，国务院各部委、各直属机构：

现将《实施〈中华人民共和国促进科技成果转化法〉若干规定》印发给你们，请认真贯彻执行。

实施《中华人民共和国促进科技成果转化法》若干规定

为加快实施创新驱动发展战略，落实《中华人民共和国促进科技成果转化法》，打通科技与经济结合的通道，促进大众创业、万众创新，鼓励研究开发机构、高等院校、企业等创新主体及科技人员转移转化科技成果，推进经济提质增效升级，作出如下规定：

一、促进研究开发机构、高等院校技术转移

1. 国家鼓励研究开发机构、高等院校通过转让、

许可或者作价投资等方式，向企业或者其他组织转移科技成果。国家设立的研究开发机构和高等院校应当采取措施，优先向中小微企业转移科技成果，为大众创业、万众创新提供技术供给。

国家设立的研究开发机构、高等院校对其持有的科技成果，可以自主决定转让、许可或者作价投资，除涉及国家秘密、国家安全外，不需审批或者备案。

国家设立的研究开发机构、高等院校有权依法以持有的科技成果作价入股确认股权和出资比例，并通过发起人协议、投资协议或者公司章程等形式对科技成果的权属、作价、折股数量或者出资比例等事项明确约定，明晰产权。

2. 国家设立的研究开发机构、高等院校应当建立健全技术转移工作体系和机制，完善科技成果转移转化的管理制度，明确科技成果转化各项工作的责任主体，建立健全科技成果转化重大事项领导班子集体决策制度，加强专业化科技成果转化队伍建设，优化科技成果转化流程，通过本单位负责技术转移工作的机构或者委托独立的科技成果转化服务机构开展技术转移。鼓励研究开发机构、高等院校在不增加编制的前提下建设专业化技术转移机构。

国家设立的研究开发机构、高等院校转化科技成果所获得的收入全部留归单位，纳入单位预算，不上缴国库，扣除对完成和转化职务科技成果作出重要贡献人员的奖励和报酬后，应当主要用于科学技术研发与成果转化等相关工作，并对技术转移机构的运行和发展给予保障。

3. 国家设立的研究开发机构、高等院校对其持有的科技成果，应当通过协议定价、在技术交易市场挂牌交易、拍卖等市场化方式确定价格。协议定价的，科技成果持有单位应当在本单位公示科技成果名称和拟交易价格，公示时间不少于 15 日。单位应当明确并公开异议处理程序和办法。

4. 国家鼓励以科技成果作价入股方式投资的中小企业充分利用资本市场做大做强，国务院财政、科技行政主管部门要研究制定国家设立的研究开发机构、高等院校以技术入股形成的国有股在企业上市时豁免向全国社会保障基金转持的有关政策。

5. 国家设立的研究开发机构、高等院校应当按照规定格式，于每年 3 月 30 日前向其主管部门报送本单位上一年度科技成果转化情况的年度报告，主管部门审核后于每年 4 月 30 日前将各单位科技成果转化年度报告报送至科技、财政行政主管部门指定的信息管理系统。年度报告内容主要包括：

（1）科技成果转化取得的总体成效和面临的问题；

（2）依法取得科技成果的数量及有关情况；

（3）科技成果转让、许可和作价投资情况；

（4）推进产学研合作情况，包括自建、共建研究开发机构、技术转移机构、科技成果转化服务平台情况，签订技术开发合同、技术咨询合同、技术服务合同情况，人才培养和人员流动情况等；

（5）科技成果转化绩效和奖惩情况，包括科技成果转化取得收入及分配情况，对科技成果转化人员的奖励和报酬等。

二、激励科技人员创新创业

6. 国家设立的研究开发机构、高等院校制定转化科技成果收益分配制度时，要按照规定充分听取本单位科技人员的意见，并在本单位公开相关制度。依法对职务科技成果完成人和为成果转化作出重要贡献的其他人员给予奖励时，按照以下规定执行：

（1）以技术转让或者许可方式转化职务科技成果的，应当从技术转让或者许可所取得的净收入中提取不低于50.0% 的比例用于奖励。

（2）以科技成果作价投资实施转化的，应当从作价投资取得的股份或者出资比例中提取不低于 50.0% 的比例用于奖励。

（3）在研究开发和科技成果转化中作出主要贡献的人员，获得奖励的份额不低于奖励总额的50.0%。

（4）对科技人员在科技成果转化工作中开展技术开发、技术咨询、技术服务等活动给予的奖励，可按照促进科技成果转化法和本规定执行。

7. 国家设立的研究开发机构、高等院校科技人员在履行岗位职责、完成本职工作的前提下，经征得单位同意，可以兼职到企业等从事科技成果转化活动，或者离岗创业，在原则上不超过 3 年时间内保留人事关系，从事科技成果转化活动。研究开发机构、高等院校应当建立制度规定或者与科技人员约定兼职、离岗从事科技成果转化活动期间和期满后的权利和义务。离岗创业期间，科技人员所承担的国家科技计划和基金项目原则上不得中止，确需中止的应当按照有关管理办法办理手续。

积极推动逐步取消国家设立的研究开发机构、高等院校及其内设院系所等业务管理岗位的行政级别，建立符合科技创新规律的人事管理制度，促进科技成果转移转化。

8. 对于担任领导职务的科技人员获得科技成果转化奖励，按照分类管理的原则执行：

（1）国务院部门、单位和各地方所属研究开发机构、高等院校等事业单位（不含内设机构）正职领导，以及上述事业单位所属具有独立法人资格单位的正职领导，是科技成果的主要完成人或者对科技成果转化作出重要贡献的，可以按照促进科技成果转化法的规定获得现金奖励，原则上不得获取股权激励。其他担任领导职务的科技人员，是科技成果的主要完成人或者对科技成果转化作出重要贡献的，可以按照促进科技成果转化法的规定获得现金、股份或者出资比例等奖励和报酬。

（2）对担任领导职务的科技人员的科技成果转化收益分配实行公开公示制度，不得利用职权侵占他人科技成果转化收益。

9. 国家鼓励企业建立健全科技成果转化的激励分配机制，充分利用股权出售、股权奖励、股票期权、项目收益分红、岗位分红等方式激励科技人员开展科技成果转化。国务院财政、科技等行政主管部门要研究制定国有科技型企业股权和分红激励政策，结合深化国有企业改革，对科技人员实施激励。

10. 科技成果转化过程中，通过技术交易市场挂牌交易、拍卖等方式确定价格的，或者通过协议定价并在本单位及技术交易市场公示拟交易价格的，单位领导在履行勤勉尽责义务、没有牟取非法利益的前提下，免除其在科技成果定价中因科技成果转化后续价值变化产生的决策责任。

三、营造科技成果转移转化良好环境

11. 研究开发机构、高等院校的主管部门以及财政、科技等相关部门，在对单位进行绩效考评时应当将科技成果转化的情况作为评价指标之一。

12. 加大对科技成果转化绩效突出的研究开发机构、高等院校及人员的支持力度。研究开发机构、高等院校的主管部门以及财政、科技等相关部门根据单位科技成果转化年度报告情况等，对单位科技成果转化绩效予以评价，并将评价结果作为对单位予以支持的参考依据之一。

国家设立的研究开发机构、高等院校应当制定激励制度，对业绩突出的专业化技术转移机构给予奖励。

13. 做好国家自主创新示范区税收试点政策向全国推广工作，落实好现有促进科技成果转化的税收政策。积极研究探索支持单位和个人科技成果转化的税收政策。

14. 国务院相关部门要按照法律规定和事业单位分类改革的相关规定，研究制定符合所管理行业、领域特点的科技成果转化政策。涉及国家安全、国家秘密的科技成果转化，行业主管部门要完善管理制度，激励与规范相关科技成果转化活动。对涉密科技成果，相关单位应当根据情况及时做好解密、降密工作。

15. 各地方、各部门要切实加强对科技成果转化工作的组织领导，及时研究新情况、新问题，加强政策协同配合，优化政策环境，开展监测评估，及时总结推广经验做法，加大宣传力度，提升科技成果转化的质量和效率，推动我国经济转型升级、提质增效。

16.《国务院办公厅转发科技部等部门关于促进科技成果转化若干规定的通知》（国办发〔1999〕29号）同时废止。此前有关规定与本规定不一致的，按本规定执行。

国务院办公厅关于完善国家级经济技术开发区考核制度促进创新驱动发展的指导意见

（2016年3月16日　国办发〔2016〕14号）

各省、自治区、直辖市人民政府，国务院各部委、各直属机构：

经过30多年发展，国家级经济技术开发区（简称“国家级经开区”）作为先进制造业聚集区和区域经济增长极，已经成为我国经济发展的强大引擎、对外开放的重要载体和体制机制改革的试验区域，为我国形成全方位、宽领域、多层次的对外开放格局作出了突出贡献。当前，国家级经开区面临的国际国内形势和肩负的历史使命都发生了深刻变化，迫切需要通过完善考核、分类指导、综合施策，促进创新驱动发展，为稳增长调结构惠民生继续发挥生力军作用。经国务院同意，现提出以下意见：

一、总体要求

全面贯彻党的十八大和十八届三中、四中、五中全会精神，认真落实《中共中央国务院关于构建开放型经济新体制的若干意见》和《中共中央国务院关于深化体制机制改革加快实施创新驱动发展战略的若干意见》，牢固树立创新、协调、绿色、开放、共享的发展理念，在培育发展新动力、拓展发展新空间、构建产业新体系和发展新体制等方面，持续发挥国家级经开区窗口示范和辐射带动作用，培育有全球影响力的先进制造业、现代服务业发展基地。

1. 坚持以对外开放为引领。放宽外资准入限制，完善法治化、国际化、便利化营商环境，吸引更多中高端外资加速流入。推进国家级经开区创新外贸发展模式，进一步提高贸易便利化水平，加快培育以技术、品牌、质量、服务为核心的外贸竞争新优势。主动适应中国对外开放新形势和国际产业转移新趋势，以开放促创新，拓展对外开放新的空间和领域，更好地融入全球产业链、价值链、供应链，提高我国在全球产业分工中的地位。

2. 坚持以科技创新为动力。着力构建以企业为主体、以市场为导向、产学研相结合的技术创新体系。推进信息化与工业化深度融合，将科技创新成果转化成现实生产力，打造若干高水平、有特色优势的产业创新中心。完善创新创业政策体系，支持和鼓励新技术、新产业、新业态蓬勃发展，形成有利于创新创业的良好氛围。强化原始创新、集成创新和引进消化吸收再创新，不断提高创新发展能力。

3. 坚持以体制创新为保障。加大简政放权力度，加强事中事后监管，做到扩大开放与加强监管同步。总结和复制推广自由贸易试验区体制机制创新成果，探索在开放创新、科技研发、市场导向、金融支持、公共服务等方面创新开发区发展模式，促进国家级经开区转型发展。

4. 坚持以考核评价为导向。完善考核评价体系，从产业基础、科技创新、区域带动、生态环保、行政效能等方面，综合评价各国家级经开区的优势、进步与不足，明确未来发展方向，加强分类指导和动态管理，鼓励争先进位，不断提升发展水平。

二、目标任务

5. 发展目标。通过对国家级经开区进行考核评价，加大政策支持力度，提高政策精准度，充分调动国家级经开区加快转型升级、实现创新驱动发展的积极性，继续把国家级经开区建设成为带动地区经济发展和实施区域发展战略的重要载体，成为构建开放型经济新体制和培育吸引外资新优势的排头兵，成为科技创新驱动和绿色集约发展的示范区，成为大众创业万众创新的落脚地。

6. 主要任务。提升自主创新能力，对标国际产业发展趋势，以推动产业转型升级为核心，引领新产业、新业态发展方向，提高支柱产业对区域发展的贡献率。积极实施腾笼换鸟、凤凰涅槃战略，促进传统产业就地转型升级，劳动密集型产业向欠发达地区转移。营造资本和技术密集型产业新优势，促进国家级经开区经济保持中高速增长，产业迈向中高端水平，在更高层次参与国际经济合作和竞争。

三、完善考核评价体系

7. 完善考核制度。商务部要改革完善国家级经开区发展水平考核评价制度，制订并发布《国家级经济技术开发区综合发展水平考核评价办法》，明确审核要求，科学设计指标体系，引导国家级经开区不断改善和优化投资环境，树立国家级经开区典型范例和良好品牌，服务国家区域协调发展战略，走质量效益型发展之路。

8. 加强动态管理。商务部牵头负责组织考核评价工作，会同相关部门加强对国家级经开区的宏观指导和管理。对发展好的国家级经开区一方面在金融、土地、人才等方面给予激励政策，另一方面要鼓励其输出管理经验，带动其他国家级经开区协同发展。对发展水平滞后的国家级经开区予以警告和通报，对连续两次考核处于最后 5 名的，按程序报国务院批准后降为省级经济开发区。对申请新设立或升级为国家级经开区的，给予 2 年培育期，待培育期满后进行实地考察，经综合评价其各项指标在被培育的省级经济开发区中位居前列的，启动新设或升级办理程序。

四、夯实产业基础

9. 提升产业核心竞争力。国家级经开区要扩大对内对外开放，促进国内国际要素有序流动、资源高效配置、市场深度融合。通过考核高新技术产品进出口总额、利用外资金额、产业集群数量及中外企业设立研发中心和总部中心数量等，促进国家级经开区参与全球产业分工和价值链重组，发展外向型产业集群，打造一批行业领军企业，强力推进产业集聚、集群、集约发展，提高科技含量和附加值。发展较好的国家级经开区要构建新型产业体系，大力发展战略性新兴产业，积极创建国家新型工业化产业示范基地，同时培育制造业创新中心，推动制造业由生产型向生产服务型转变，引导制造企业延伸服务链条、增加服务环节，引领中国制造业核心竞争力和国际分工地位跃升。产业集聚程度还不高的国家级经开区要大力引资引技引智，优化产业布局，推广应用新技术、新工艺、新装备、新材料，促进现代化产业集群健康发展。

10. 创新产业投融资方式。通过考核园区产业引导基金、创业投资基金及其他形式扶持基金的设立情况，促进有条件的国家级经开区按市场化原则设立各类基金，逐步建立支持创新创业的市场化长效运行机制。重点支持发展战略性新兴产业、先进制造业、现代服务业。支持有条件的国家级经开区探索同境内外社会资本合作，共办各具特色的“区中园”，形成多层次、多渠道、多方式的投融资体系。

11. 争取更多金融支持。通过考核产业发展和基础设施配套情况，促进国家级经开区充分利用政策性金融、开发性金融中长期融资优势和投资、贷款、债券、租赁、证券等综合金融服务优势，加快区内主导产业发展和城市地下综合管廊等基础设施建设。支持符合条件的国家级经开区开发、运营企业上市和发行债券。

五、激发创新活力

12. 用好用足创新创业扶持政策。通过考核用于科技创新的财政支出金额、企业研发支出占比、高新技术企业数量及高新技术企业主营业务收入占比等情况，促进国家级经开区扶持创新创业企业发展，加大对科技创新的财政支持。鼓励国家级经开区综合运用政府购买服务、无偿资助、业务奖励等方式，对众创空间等新型孵化机构的房租、宽带接入和用于创业服务的公共软件、开发工具等费用给予适当财政补贴。积极落实已推广到全国的国家自主创新示范区有关税收优惠政策，推动企业加大研发力度，创建自主品牌，推进结构调整，助力创业创新。

13. 打造创新创业服务平台。通过考核区内孵化器、众创空间和省级以上研发机构数量，促进国家级经开区通过市场化方式构建创新与创业相结合、线上与线下相结合、孵化与投资相结合的新型孵化平台和公共服务平台，为创业者提供低成本、便利化、全要素的工作空间、网络空间、社交空间和资源共享空间。有条件的国家级经开区要积极盘活闲置的商业用房、工业厂房、企业库房和物流设施，为创业者提供低成本办公场所。发挥行业领军企业、创业投资机构、社会组织的作用，积极发展众创、众包、众扶、众筹等新模式，促进高新技术企业发展。采取一口受理、网上申报、多证联办等措施为创业企业工商注册提供便利。

14. 加快人力资源集聚。通过考核职业技能培训机构数量、硕士及以上学历人才数量占比、专业技术人才和高技能人才数量占比，促进国家级经开区深化产教融合、校企合作，建立多种形式的研发基地和职业技能培训平台，有针对性地培养各种技术技能人才。进一步创新专业技术人才和高技能人才培养、使用和激励模式，加速培育适应产业创新发展要求的高素质人才队伍。

15. 加强知识产权运用和保护。通过考核每万人口发明专利拥有量、通过《专利合作条约》（PCT）途径提交的专利申请量、年度发明专利授权量、技术合同交易额等情况，促进国家级经开区完善知识产权政策体系，以知识产权助力创新创业，鼓励原创技术转化和产业化，促进知识产权运营，强化产业竞争力的知识产权支撑，营造良好的区域创新环境。鼓励国家级经开区深化知识产权领域改革，在知识产权综合管理、企业知识产权管理标准化、知识产权服务业、知识产权质押融资、知识产权维权机制等方面先行先试，创建知识产权试点示范园区。

六、发挥区域带动作用

16. 促进区域协调发展。通过考核地区生产总值、公共财政预算收入、税收收入、实际使用外资、高技术制造业产值、第三产业增加值等占所在地级市比重，推动国家级经开区通过全球资源利用、业务流程再造、产业链整合、资本市场运作等方式，促进主要经济指标平衡协调，经济发展质量和效益显著提高，有效带动所在区域经济发展。通过考核合作共建园区、对口援助等情况，鼓励国家级经开区按照国家区域和产业发展战略共建跨区域合作园区或合作联盟。依托京津冀开发区创新发展联盟，促进常态化的产业合作、项目对接和企业服务，提升区域合作水平。长江经济带沿线各国家级经开区要按照市场化机制建立合作联盟，促进产业有序转移、合理布局、协调发展，构筑全国范围内具有较强竞争力和影响力的区域开放合作平台。

七、强化绿色集约发展

17. 提高土地开发利用率。通过考核单位土地地区生产总值产出强度、土地开发利用率，促进国家级经开区科学划分产业用地与配套设施用地比例，创新土地动态监管和用地评估制度，建立健全低效用地再开发激励约束机制，盘活存量工业用地。省级人民政府在用地指标中可对国家级经开区予以单列，优先安排创新创业企业用地。探索对产业用地的供给方式和供地年限实施差别化管理。优先考虑发展好的国家级经开区扩区或调整区位需求。

18. 鼓励绿色低碳循环发展。通过考核单位地区生产总值能耗和水耗、污染物排放、通过 ISO 14000 认证企业数等情况，促进国家级经开区提高能源资源利用效率，严格环境准入门槛，增强环境监测监控能力，大力发展循环经济和环保产业，支持企业开展 ISO 14000 认证，推动建立绿色、低碳、循环发展产业体系。鼓励国家级经开区创建生态工业示范园区、循环化改造示范试点园区、国家低碳工业园区等绿色园区，通过双边机制开展国际合作生态（创新）园建设，引入国际先进节能环保技术和产品。

八、推进体制机制创新

19. 创新社会治理机制。推动国家级经开区构建适应经济转型升级的行政管理体制，探索开放创新、产业城市融合的发展模式。通过考核一般公共服务支出占比、设置安全生产机构、通过 ISO 9001 质量认证等方面情况，促进国家级经开区优化机构设置，提高行政效率，健全完善与经济发展水平相适应的社会保障体系和公共医疗、基础教育等公共服务体系。

20. 提升投资便利化程度。进一步下放外商投资审批权限，《外商投资产业指导目录》中总投资（包括增资）10亿美元以下的鼓励类、允许类外商投资企业和总投资1亿美元以下的限制类外商投资企业的设立及其变更事项，由省（自治区、直辖市）、计划单列市、新疆生产建设兵团、副省级城市（包括哈尔滨、长春、沈阳、济南、南京、杭州、武汉、广州、成都、西安）商务主管部门及国家级经开区负责审批和管理。国家级经开区要主动对接自由贸易试验区先行先试改革工作，率先复制推广试点经验，重点做好深化集中审批、事中事后监管等方面的改革试点经验复制工作。通过考核一站式政务服务大厅在线审批率，促进国家级经开区推进简政放权、放管结合，对企业设立、变更实行"单一窗口"，改进对企业和投资者的服务。

各地区、各部门要充分认识国家级经开区分类考核、转型升级、创新发展的重要意义，加强组织领导，健全工作机制，主动作为，尽快制订具体实施方案和配套政策措施。各省级商务主管部门和各国家级经开区要按照统一部署，认真贯彻落实考核评价各项工作要求，确保考核结果真实客观，取得实效。

国务院批转国家发展改革委关于2016年深化经济体制改革重点工作意见的通知

（2016年3月25日　国发〔2016〕21号）

各省、自治区、直辖市人民政府，国务院各部委、各直属机构：

国务院同意国家发展改革委《关于2016年深化经济体制改革重点工作的意见》，现转发给你们，请认真贯彻执行。

关于2016年深化经济体制改革重点工作的意见

国家发展和改革委员会

2016年是全面建成小康社会决胜阶段的开局之年，也是推进结构性改革的攻坚之年。根据《中央全面深化改革领导小组2016年工作要点》和《政府工作报告》部署，现就2016年深化经济体制改革重点工作提出以下意见：

一、总体要求

全面贯彻落实党的十八大和十八届三中、四中、五中全会精神，按照"五位一体"总体布局和"四个全面"战略布局，牢固树立并贯彻落实创新、协调、绿色、开放、共享的新发展理念，引领经济发展新常态，坚持改革开放，坚持稳中求进工作总基调，坚持稳增长、调结构、惠民生、防风险，大力推进结构性改革，着力加强供给侧结构性改革，抓紧推动有利于创造新供给、释放新需求的体制创新，推出一批具有重大牵引作用的改革举措，着力抓好已出台改革方案的落地实施，推动形成有利于引领经济发展新常态的体制机制和发展方式，努力实现"十三五"时期经济社会发展良好开局。

更加突出供给侧结构性改革。围绕提高供给体系质量和效率深化改革，使市场在资源配置中起决定性作用和更好发挥政府作用，矫正要素配置扭曲，降低制度性交易成本，激发企业家精神，提高全要素生产率，实现由低水平供需平衡向高水平供需平衡的跃升。

更加突出问题导向和目标导向。针对突出问题、抓住关键点，围绕当前经济下行压力大、结构性矛盾凸显、风险隐患增多等突出困难和问题加大改革力度，促进去产能、去库存、去杠杆、降成本、补短板，使改革更加精准对接发展所需、基层所盼、民心所向。

更加突出基层实践和创新。将顶层设计和基层探索创新有机结合，合理安排改革试点，鼓励地方结合实际进行探索创新，发挥基层首创精神，及时总结基层改革创新中发现的问题、解决的方法、蕴含的规律，推动面上制度创新。

更加突出抓改革措施落地。坚持改革政策要实，建立全过程、高效率、可核实的改革落实机制，加强对方案落实、工作落实、责任落实情况的督促检查，以钉钉子精神抓好改革落实，推动改革举措早落地、见实效，使人民群众有更多获得感。

二、大力推进国有企业改革，着力增强市场微观主体活力

（一）全面落实国企改革指导意见

健全国有资本合理流动机制，制定推动中央企业结构调整与重组指导意见，优化国有企业结构布局。推进股权多元化改革，健全企业治理结构，转换经营机制，开展落实企业董事会职权、市场化选聘经营管理者、职业经理人制度试点。深化国有企业内部人事、劳动、分配制度改革，探索建立与市场化选任方式相适应的高层次人才和企业经营管理者薪酬制度。加快剥离国有企业办社会职能和解决历史遗留问题。

（二）改革完善国有资产管理体制

加快改组组建国有资本投资、运营公司，搭建国有资本市场化运作专业平台。以管资本为主推进国有资产监管机构职能转变。出台进一步加强和改进外派监事会工作的意见。研究制定推进中央党政机关、事业单位经营性国有资产集中统一监管方案。出台加强国有企业国有资本和境外国有资产审计监督的意见。

（三）推进国有企业混合所有制改革

在电力、石油、天然气、铁路、民航、电信等重点领域，选择一批国有企业开展混合所有制改革试点示范，推动集团公司整体上市，支持具备条件的上市企业引入合格战略投资者，进一步放大国有资本功能，提高国有资本配置和运行效率。研究提出公有制经济之间股权多元化改革方案。开展混合所有制企业实行企业员工持股试点。支持地方国有企业因地制宜开展混合所有制改革试点。

（四）加快推进重点行业改革

深化电力体制改革，全面开展可再生能源就近消纳、售电侧改革、交易机构组建及电力市场建设等专项试点和综合试点。出台深化石油天然气体制改革的若干意见及配套政策。出台盐业体制改革方案，推进食盐生产批发管理体制、食盐政府定价机制、食盐储备体系等改革。出台深化建筑业改革促进行业发展的若干意见。

（五）激发非公有制经济活力和创造力

进一步放宽非公有制经济市场准入，废除制约非公有制经济发展的不合理规定，消除各种隐性壁垒，改善和优化服务。鼓励民营企业参与国有企业改革，鼓励发展非公有资本控股的混合所有制企业。从典型案例入手，总结保护产权好的做法和经验，纠正破坏产权的行为，出台进一步完善产权保护制度推进产权保护法治化的意见，让各种所有制经济权益、企业家财产权和创新收益等依法得到保护。

三、完善创新驱动发展体制机制，加快新动能成长和传统动能提升

（六）系统推进全面创新改革试验

聚焦实施创新驱动发展战略面临的突出问题，着力从处理好政府与市场关系、促进科技与经济融合、激发创新者动力和活力、深化开放创新等方面进行改革探索，在知识产权、科研院所、人才流动等方面取得试点突破，形成一批可复制、可推广的改革经验。加快将国家自主创新示范区试点政策推广到全国，再建设一批国家自主创新示范区、高新区。

（七）深化科技管理体制改革

加快推进技术创新引导专项（基金）、基地和人才专项的优化布局及分类整合，健全科技计划（专

项、基金等)体系及其管理制度,改革和规范项目管理流程,建立专业机构管理项目机制、统一的评估和监督机制、动态调整机制。打破行政主导和部门分割,建立主要由市场决定技术创新项目和经费分配、评价成果的机制。完善国家科技决策咨询制度。深化国家科技奖励改革。

(八)完善创新人才激励机制

实施支持科技成果转移转化的政策措施,启动促进科技成果转移转化行动。落实国有科技型企业股权激励和分红激励实施办法,深入开展科技人才分类评价试点。推动高校和科研院所去行政化改革,出台科研事业单位领导人员管理办法,研究制定科研机构创新绩效评价办法。扩大高校和科研院所自主权,赋予创新领军人才更大的人财物支配权和技术路线决策权。实行以增加知识价值为导向的分配政策,提高科研人员成果转化收益分享比例。建立统一的外国人才管理体制。

(九)营造保障大众创业万众创新的制度环境

构建对企业和个人创新创业活动的普惠性政策支撑体系,落实研发费用加计扣除、高新技术企业税收优惠政策,完善科技企业孵化器税收优惠政策,统筹研究对包括天使投资在内的投资种子期、初创期企业的税收优惠政策,研究建立新材料、关键零部件首批次应用保险保费补偿机制。借助互联网等新技术,构建新型的创新创业支撑平台,创新监管方式,为新兴领域创新创业营造宽松环境。创新通用航空新兴业态运行监管模式,出台促进通用航空发展相关政策。

(十)完善服务业发展体制

进一步放宽服务业领域市场准入,营造公平竞争的环境。落实和完善支持政策,推动生产性服务业向专业化转变、向价值链高端延伸,推动生活性服务业加快向精细化和高品质提升。启动新一轮国家服务业综合改革试点,及时推广可复制的经验和做法。大力发展服务贸易和服务外包,开展服务贸易创新发展试点,增加服务外包示范城市。深化养老服务业综合改革试点,全面放开养老服务市场,鼓励民间资本、外商投资进入养老健康领域,提高养老服务质量,推进多种形式的医养结合,增加有效供给。

(十一)健全保护企业家精神的体制机制

研究制定进一步激发和保护企业家精神的指导意见,健全相关体制机制和政策体系,充分发挥企业家精神在创新驱动和产业转型升级等方面的重要作用。

四、持续推进政府职能转变,改革完善“三去一降一补”的体制机制

(十二)深入推进简政放权、放管结合、优化服务改革

继续取消和下放一批行政审批事项,进一步简化审批程序,开展“证照分离”试点,改进和规范审批行为,清理规范中介服务,推广网上并联审批等新模式。制定国务院部门行政审批基本流程、标准指引及规范办法。全面公布地方政府权力和责任清单,开展国务院部门权责清单编制试点。对行政事业性收费、政府定价或指导价经营服务性收费、政府性基金和国家职业资格,实行目录清单管理。做好已取消和下放管理层级行政审批事项的落实和衔接,加强事中事后监管。建立健全纵横联动协同监管机制,全面推行“双随机、一公开”监管方式。研究制定创新政府配置资源方式的指导意见。进一步精简投资审批,创新投资管理方式和投融资机制。修改和废止有碍发展的行政法规和规范性文件。

(十三)健全有利于去产能、去库存、去杠杆的体制机制

制定并实施推动产业重组、处置“僵尸企业”的方案,优化存量、引导增量、主动减量,完善企业退出机制。推进以满足新市民住房需求为主要出发点的住房制度改革,建立购租并举的住房制度,把符合条件的外来人口逐步纳入公租房供给范围,住房保障实行实物保障与货币补贴并举,有条件的地区逐步转向以租赁补贴为主,发展住房租赁市场,研究鼓励住房租赁经营企业发展的配套政策,促进房地产去库存。完善地方政府债务限额管理、预算管理、风险

预警和监督考核制度，在全国人大批准的限额内适当增加财政实力强、债务风险较低的地方政府债务限额，改进地方政府债券发行办法，推动融资平台市场化转型改制。支持开展基础设施资产证券化试点。

（十四）强化降成本、补短板的制度保障

进一步正税清费，清理各种不合理收费，将18项行政事业性收费免征范围扩大到所有企业和个人。推进流通体制改革，提高流通效率，降低物流成本。健全质量安全标准和追溯体系，建立商品质量惩罚性赔偿制度，健全统一权威的食品药品安全监管体制，加快推进食品、工业消费品等品质提升和供给创新。创新补短板投入机制，保持政府投入力度，完善政银企社合作对接机制，推广政府和社会资本合作模式，创新政府和社会资本合作项目收益和分配机制，制定政府和社会资本合作项目财政管理办法，激发市场主体投资活力，推进社会资本参与重大工程建设运营，形成多元化、市场化、可持续的基础设施和公共服务投入机制和运营机制。

（十五）深入推进价格改革

推进电价市场化改革，完善煤电价格联动机制，完善环保电价、可再生能源电价政策，扩大输配电价改革试点。完善成品油价格市场化形成机制。择机理顺居民用天然气门站价格，完善天然气管道运输价格机制。稳步推进农业水价综合改革。积极稳妥推进医疗服务价格改革，逐步建立分类管理、动态调整、多方参与的价格形成机制。推进铁路运价形成机制改革，扩大铁路运输企业自主定价范围。扩大民航国内航线客运经营者自主定价范围。建立健全政府定价制度和市场价格行为规则。

（十六）深化商事制度改革

深入推进“三证合一、一照一码”，持续推进工商登记注册制度便利化，推进全程电子化登记和电子营业执照试点。推进企业名称登记管理改革，进一步放宽住所登记条件限制。深化未开业企业和无债权债务企业、个体工商户简易注销试点，建立完善便捷的市场退出机制。推进国家企业信用信息公示系统建设，与全国信用信息共享平台实现有机对接和信息共享，完善经营异常名录等信用监管制度。加强事中事后监管，履行“双告知”职责，探索综合执法模式。

（十七）健全市场公平竞争保障机制

在上海、广东、天津、福建开展市场准入负面清单制度试点。研究制定公平竞争审查制度，完善产业政策与竞争政策的协调机制，打破地域分割和行业垄断。建立健全中央储备与地方储备、政府储备与商业储备互为补充的储备制度。

（十八）加快社会信用体系建设

制定出台重点领域（政务、个人、电子商务等）诚信建设实施方案。完善全国信用信息共享平台，逐步实现各地区、各有关部门信用信息归集共享和整合。运用大数据加强对市场主体服务和事中事后监管，强化守信联合激励和失信联合惩戒机制。积极发展信用服务业，开展社会信用体系建设示范城市创建和信用大数据应用示范工程。全面推进统一社会信用代码制度改革，建立健全国家人口基础信息库、国家法人单位基础信息库。

五、加快财税体制改革，为结构性改革营造适宜的财税环境

（十九）完善事权和支出责任相适应的制度

推进中央与地方事权和支出责任划分改革，适度加强中央事权和支出责任，在条件成熟的领域率先启动。完善并择机出台调整中央和地方收入划分过渡方案，深入研究收入划分改革整体方案，合理确定增值税中央和地方分享比例，把适合作为地方收入的税种下划给地方，在税政管理权限方面给地方适当放权，调动中央和地方两个积极性。改革和完善中央对地方转移支付制度。

（二十）深化预算制度改革

对政府性基金预算中未列入政府性基金目录清单的收入项目，除国务院批准的个别事项外，逐步调整转列为一般公共预算并统筹使用。完善国有资本

经营预算支出管理制度,进一步提高中央国有资本经营预算调入一般公共预算的比例。实施跨年度预算平衡机制和中期财政规划管理,扩大预算绩效管理范围,积极推进预决算公开。研究制定政府会计具体准则,研究建立政府综合财务报告分析指标体系,组织开展政府财务报告编制试点。研究建立涵盖各类国有资产的政府资产报告制度。完善国库现金流量预测体系,建立财政库底目标余额管理制度。清理规范重点支出同财政收支增幅或生产总值挂钩事项,一般不采取挂钩方式。制定重要公共资源有偿出让和使用经营收益管理办法,开展相关试点。

(二十一)推进税收制度改革

全面推开营改增,将建筑业、房地产业、金融业和生活服务业纳入营改增范围。全面实施资源税从价计征改革,开展水资源费改税试点。继续推进消费税改革。逐步推进综合与分类相结合的个人所得税改革。研究降低部分消费品进口环节税税率。

六、深化金融体制改革,提高金融服务实体经济效益

(二十二)深化金融机构改革

深化国有商业银行和开发性、政策性金融机构改革,完善公司治理。进一步扩大民间资本进入银行业,发展民营银行。推进农村信用社省联社改革。大力发展普惠金融和绿色金融,规范发展互联网金融。选取部分符合条件的银行业金融机构和地区开展科创企业投贷联动试点。创新小微企业信贷风险分担模式,建立政府、银行和担保机构、保险机构合作机制,设立国家融资担保基金,建立全国农业信贷担保体系。推进不良资产证券化试点。建立银行卡清算服务市场化机制。将消费金融公司试点推广至全国。

(二十三)深化利率汇率市场化改革

加快建设市场化利率形成和调控机制。在公布关键期限和短端国债收益率曲线基础上,进一步健全长端国债收益率曲线。完善人民币汇率市场化形成机制,推动汇率风险管理工具创新。稳慎推进人民币资本项目可兑换,推动金融市场双向有序开放,择机稳妥开展限额可兑换试点。研究将境内企业人民币境外借款业务推广到全国。

(二十四)深化资本市场改革

推进股票、债券市场改革和法治化建设,促进多层次资本市场健康发展,提高直接融资比重。适时启动"深港通"。研究制定房地产投资信托基金规则,积极推进试点。严厉打击证券期货领域的违法犯罪活动,坚决守住不发生系统性区域性风险的底线。

(二十五)完善保险制度体系

研究推出城乡居民住宅地震巨灾保险制度,制定环境污染责任保险制度方案。研究建立保险资产交易机制。推进个人税收递延型商业养老保险试点、住房反向抵押养老保险试点,出台加快发展现代商业养老保险的若干意见。

(二十六)改革完善现代金融监管体制

完善宏观审慎政策框架,制定金融监管体制改革方案,实现金融风险监管全覆盖。完善国有金融资本管理制度。完善外汇储备管理制度,建立健全外债和资本流动管理体系。

七、推进新型城镇化和农业农村等体制创新,促进城乡区域协调发展

(二十七)完善新型城镇化体制机制

推动户籍制度改革落地,建立健全"人地钱"挂钩机制,制定实施1亿左右农业转移人口和其他常住人口在城镇落户方案,促进有能力在城镇稳定就业和生活的农业转移人口举家进城落户。推动居住证制度尽快覆盖未落户的城镇常住人口,使其依法享有居住地基本公共服务。扩大新型城镇化综合试点范围,抓好中小城市综合改革试点。制定经济发达镇行政体制改革意见,支持符合条件的地区开展特大镇综合功能设置改革试点,将一些具备条件的特大镇尽快发展成为中小城市。制定市辖区设置标准,进一步优化市辖区规模和结构。深化城市公共交通管理体制改革,完善城市交通拥堵综合治理机

制，健全城乡和跨区域公共交通衔接机制。推进综合交通运输管理体制改革。

（二十八）深化土地管理制度改革

形成扩大国有土地有偿使用范围的意见。完善和拓展城乡建设用地增减挂钩试点。完善城镇低效用地再开发政策。深入推进工业用地市场化配置改革试点，促进工业用地优化配置和高效利用。制定土地二级市场改革试点方案，制定土地流转市场运行规范。深入推进农村土地征收、集体经营性建设用地入市、宅基地制度改革试点，出台土地增值收益调节金征收使用管理暂行办法。完善耕地质量等级评定与质量保护监测办法。制定加强和改进耕地保护与耕地占补平衡的意见。

（二十九）深化农业农村改革

将农村土地承包经营权确权登记颁证整省试点扩大到22个省（自治区、直辖市），完善农村土地所有权、承包权、经营权分置办法。制定稳步推进农村集体产权制度改革的意见。制定完善集体林权制度的意见。维护进城落户农民在农村的合法权益，探索土地承包权、宅基地使用权、集体收益分配权依法自愿有偿退出机制。创新金融支农服务机制，慎重稳妥开展农村承包土地经营权和农民住房财产权抵押贷款试点，完善农业保险基层服务体系。探索建立粮食生产功能区和重要农产品生产保护区，完善粮食主产区利益补偿机制。改革完善粮食等重要农产品价格形成机制，积极稳妥推进玉米收储制度改革。改革完善中央储备粮管理体制，完善吞吐调节机制。制定以绿色生态为导向的农业补贴制度方案。落实农垦改革发展意见。

（三十）完善扶贫机制

对在贫困地区开发水电、矿产资源占用集体土地的，试行给原住居民集体股权方式进行补偿，探索对贫困人口实行资产收益扶持制度。建立贫困退出机制。指导推动有关省（自治区、直辖市）研究制定改进贫困县经济社会发展考核评价具体办法。

（三十一）强化区域协调发展体制保障

抓紧完善京津冀协同发展规划纲要的配套政策，启动一批北京非首都功能疏解示范项目，协调推进体制改革、创新驱动和试点示范。落实依托黄金水道推动长江经济带发展的指导意见和规划纲要。把改革开放作为新一轮东北地区等老工业基地振兴战略的关键举措，支持国企国资改革举措在东北地区先行先试，制定开展东北地区民营经济发展改革试点工作的意见，研究提出东北老工业基地进一步扩大对外开放的政策措施。

八、加快构建对外开放新体制，推进高水平双向开放

（三十二）进一步完善外贸体制

促进加工贸易创新发展，动态调整加工贸易禁止类、限制类商品目录，着力培育以技术、标准、品牌、质量、服务为核心的综合竞争优势。扩大跨境电子商务试点和市场采购贸易试点。实施自由贸易区战略，加快环境保护、投资保护、政府采购、电子商务、竞争政策等议题谈判。

（三十三）深化外商投资体制改革

推进外商投资负面清单管理模式改革，扩大金融、文化、电信、互联网、商贸物流等服务领域开放，进一步开放制造业。简化外商投资企业设立程序。深入推进自贸试验区建设，总结评估试验区经验，选择符合条件的地区扩大试验范围。创新开发区体制机制。

（三十四）完善“一带一路”和国际产能合作体制

深入贯彻实施“一带一路”倡议规划及三年滚动计划，务实推进中国、蒙古、俄罗斯等六大国际经济合作走廊建设，加强与相关国家发展战略对接。完善上下联动、统一归口、高效运转的对内对外合作机制，形成推进国际产能和装备制造合作的合力。持续深化境外投资管理制度改革，健全风险评估、预警和应急处置机制，研究探索有效的事中事后监管和服务手段。设立人民币海外合作基金。落实外债登记制改革，为企业开展国际产能合作提供低成本融资渠道。

（三十五）推进通关便利化改革

推进电子口岸建设，制定“单一窗口”工作方案和相关制度。推动全国通关一体化，深入推进检验检疫一体化改革，强化互联互通、协同协作，提升通关便利化水平。统筹推进海关特殊监管区域整合优化，推动符合条件的各类海关特殊监管区域整合为综合保税区。

九、加快生态文明体制改革，推动形成绿色生产和消费方式

（三十六）建立国土空间开发保护制度

完善主体功能区政策，发布全国主体功能区规划图和农产品主产区、重点生态功能区目录。重点生态功能区实行产业准入负面清单。以主体功能区规划为基础统筹各类空间性规划，推进“多规合一”。编制京津冀空间规划。制定省级空间规划试点方案。编制实施全国国土规划纲要。研究编制全国城镇体系规划。建立资源环境承载能力监测预警长效机制，形成资源环境承载能力监测预警报告。制定划定并严守生态保护红线的若干意见。抓紧推进三江源等9个国家公园体制试点。制定自然生态空间用途管制办法，将用途管制扩大到所有自然生态空间。制定耕地、草原、河湖休养生息规划，开展退田还湖还湿、耕地轮作休耕制度试点，开展山水林田湖系统保护与修复试点。开展科学确定和维持河流生态流量试点。将确需退耕还林还草的陡坡地中的基本农田调整为非基本农田，扩大新一轮退耕还林还草规模。制定矿山地质环境保护和土地复垦制度方案。创建农业可持续发展试验示范区。

（三十七）完善资源总量管理和节约制度

实施能源消费总量和强度双控制度，制定全国能源消费总量和强度目标及分解方案，建立目标责任制。深入实施能效领跑者制度，健全节能标准体系。实行最严格的水资源管理制度，建设节水型社会，实施水资源消耗总量和强度双控行动，出台水效领跑者引领行动实施方案，推行合同节水管理，推动建立国家水资源督察制度。制定建设用地总量和强度双控方案。研究建立矿产资源开发利用水平调查评估制度。制定围填海总量、自然岸线保有率控制制度方案，健全海洋督察制度。研究制定海洋渔业资源总量管理制度方案。制定沙化土地封禁保护制度方案、草原保护制度方案。制定湿地保护修复制度方案，在甘肃、宁夏等地开展湿地产权确权试点。制定生产者责任延伸制度方案。

（三十八）建立健全市场化环境治理和生态保护机制

制定用能权有偿使用和交易制度方案。深入开展排污权有偿使用和交易试点。制定全国碳排放权交易总量设定与配额分配方案，推动碳市场建设。出台培育环境治理和生态保护市场主体的意见。实施环保领跑者制度。

（三十九）完善环境治理保护制度

改革和完善主要污染物总量控制制度，制定污染物排放许可制实施方案，建立覆盖所有固定污染源的企业排放许可制。深入实施大气、水、土壤污染防治三大行动计划。制定重点区域大气污染防治联防联控协作机制方案。培育发展各种形式的农业面源污染治理、农村污水垃圾处理市场主体。推进水环境监测系统共建和信息共享。制定按流域开展环境监管和行政执法试点方案。开展省以下环保机构监测监察执法垂直管理试点。

（四十）加快推进国有林场林区改革

完成国有林场改革试点验收和经验总结，完善林场林区基础设施、化解金融债务、深山远山职工搬迁、富余职工安置、职工社会保障、森林资源保护和培育等配套支持政策，积极稳妥推进国有林区改革。

（四十一）推进生态文明基础制度建设

设立统一规范的国家生态文明试验区。制定出台生态文明目标评价考核办法，建立绿色发展指标体系。出台自然资源统一确权登记办法，制定水流产权确权试点方案。制定全民所有自然资源资产有偿出让制度方案，制定矿业权出让制度方案和矿产资源国家权益金制度实施方案，开展国有森林资源有偿使用

试点。出台建立流域上下游横向生态补偿机制的指导意见。开展生态环境损害赔偿制度改革试点。制定国家自然资源资产管理体制改革试点方案。深入开展领导干部自然资源资产离任审计试点。

十、深化社会事业相关改革，守住民生底线和社会稳定底线

（四十二）深化社会保障制度改革

加强顶层设计研究，完善个人账户制度，研究城镇职工基础养老金全国统筹方案，制定渐进式延迟退休年龄方案。继续推进机关事业单位养老保险制度改革。研究建立基本养老金合理调整机制。制定划转部分国有资本充实社保基金实施方案。研究适当降低社会保险费。

（四十三）深化收入分配制度改革

建立改革协调联动机制，统筹推进各类群体的增收措施。建立反映劳动力市场供求关系、与企业经济效益和劳动生产率挂钩的工资决定和正常增长机制。完善最低工资制度，合理确定最低工资标准调整幅度。

（四十四）深化教育体制改革

深入推进教育领域综合改革和考试招生制度改革。鼓励和督促各地制定推进教育管办评分离改革方案，开展相关改革试点。推动学前教育管理体制改革，鼓励普惠性幼儿园发展。出台统筹城乡义务教育一体化发展的意见。统一城乡义务教育学校生均公用经费基准定额。支持和规范民办教育发展。

（四十五）协调推动医疗、医保、医药联动改革

巩固完善县级公立医院综合改革，将公立医院综合改革试点城市增加到200个，扩大综合医改试点省份范围，加快建立现代医院管理制度。在部分综合医改试点省推广福建省三明市医改做法和经验。推进公立医院医务人员薪酬制度改革，建立维护公益性、调动积极性、保障可持续的运行新机制。深化基层医疗卫生机构综合改革，加快推进分级诊疗制度建设，在70.0%左右的地市开展试点。完善基本医疗保险制度，整合城乡居民基本医保制度和经办管理机构，加快医保支付方式改革，推进基本医保全国联网和异地就医结算。实现大病保险全覆盖。研究制定医疗保险和生育保险合并实施试点方案。健全药品供应保障机制，推进药品流通改革，降低药品虚高价格。全面推进药品医疗器械审评审批制度改革，建立以临床疗效为主导的审评制度，推进仿制药质量和疗效一致性评价，开展药品上市许可持有人制度试点。落实促进社会办医加快发展的若干政策措施。指导各地制定调整完善生育政策的配套政策。

（四十六）深化文化、体育改革

加快构建现代公共文化服务体系，推进基本公共文化服务标准化均等化。推动中央各部门各单位已转企改制的出版社、非时政类报刊社重组整合，组建若干出版传媒集团。落实足球改革发展总体方案。

（四十七）完善社会组织管理体制

开展行业协会商会与行政机关脱钩改革试点。加大政府向社会组织购买服务力度，推进有条件的事业单位转为社会组织。

十一、加强改革试点和改革督查评估

（四十八）深入推进国家综合配套改革试验

充分发挥试验区的综合改革试验平台作用，鼓励和支持各部门将需要试点的重要改革举措优先放在国家综合配套改革试验区先行先试。做好对不同主题综合配套改革试验区试点经验的总结，将统筹城乡、“两型社会”建设、创新发展、社会治理等相关改革经验在更大范围进行推广。对需要一定前提条件才能推广的经验，在具备条件的地区和改革试验区定向推广。

（四十九）有序开展各类专项改革试点

加强相关部门间的沟通、协调和合作，使各类专项改革试点目的明确、主题突出、内容相互衔接。合理确定试点任务、试点数量、试点范围和时限要求，有效防控风险，及时梳理总结可复制可推广的经验。

鼓励不同区域进行差别化的试点探索，有针对性开展既符合本地区特点又对解决面上共性难题有探索示范意义的改革试点。

（五十）加强改革督查评估和宣传引导

对已出台实施的重要改革方案，要加强对落实情况的督促检查，发现问题的要列出清单、明确责任、限定时间、挂账整改。采取第三方评估等方式，对改革举措执行情况、实施效果、群众感受等进行综合评估。根据评估情况进一步改进和完善改革政策，不断提高改革质量，使改革不断见到实效。加强改革宣传，正确引导社会预期，及时回应社会关切，为改革创造良好的舆论环境和社会氛围。

积极推进国家高端智库建设试点。遵循智库发展规律和决策咨询规律，创新组织形式和管理方式，建立成果质量导向的激励机制，不断提高政策研究、政策评估、政策解读和国际交流合作水平，为党和政府决策提供高质量的智力支持。

各地区、各部门要增强推进改革的思想自觉和行动自觉，加强组织领导，明确责任主体，提高方案质量，狠抓贯彻落实。牵头部门要切实负起主体责任，抓紧抓实改革方案制定、评估、督查、落实等工作；配合部门要加强协作，形成合力。国家发改委要加强对年度重点改革工作的综合协调、督促推进和检查评估，及时将改革进展情况和重大问题报告国务院。

国务院办公厅关于印发贯彻实施质量发展纲要2016年行动计划的通知

（2016年4月4日　国办发〔2016〕18号）

各省、自治区、直辖市人民政府，国务院各部委、各直属机构：

《贯彻实施质量发展纲要2016年行动计划》已经国务院同意，现印发给你们，请认真贯彻执行。

贯彻实施质量发展纲要2016年行动计划

为贯彻落实《质量发展纲要（2011—2020年）》和实施《中国制造2025》，明确2016年工作重点，以提高发展质量和效益为中心，开展质量品牌提升行动，加强供给侧结构性改革，推动建设质量强国，制定本行动计划。

一、增强质量和品牌提升的动力

1. 深入开展质量提升行动。以空气净化器、电饭煲、智能马桶盖、智能手机、玩具、儿童及婴幼儿服装、厨具、家具等消费者普遍关注的消费品为重点，开展改善消费品供给专项行动，组织实施消费品质量提升工程，增品种、提品质、创品牌。突出抓好输非商品、输中东商品、跨境电商产品质量提升。实施出口食品竞争力提升工程。在重点领域开展服务业质量提升专项行动。依托“重大新药创制”专项，推进新药研发质量与品牌提升。开展提升医疗质量专项工作。开展售后服务质量对比提升活动，发布京津冀地区城市公共服务质量监测报告。结合物流业“降本增效”专项行动，全面提升物流服务水平。推动银行业金融机构强化服务质量，加大对金融消费者的保护力度。开展车用汽柴油产品质量提升行动。开展含挥发性有机物涂料质量标准提升行动。（国家发改委、科技部、工业和信息化部、环境保护部、卫生计生委、国家质检总局、国家食品药品监管总局、银监会按职责分工负责）

2. 大力提高劳动者职业技能和质量素养。实施国家高技能人才振兴计划。促进培养高级技能人才。实施企业管理人才素质提升工程，为中小企业培养专门人才。组织开展农民工职业技能提升计划

"春潮行动"。鼓励引导企业开展岗位练兵、技术比武活动。开展质量素养提升行动,塑造精益求精、追求质量的工匠精神。推进旅游人才队伍建设,提高旅游从业人员服务质量。(教育部、工业和信息化部、人力资源社会保障部、质检总局、旅游局按职责分工负责)

3. 积极推动质量技术创新。围绕汽车、高档数控机床、轨道交通装备、大型成套技术装备等重点领域,开展质量攻关,攻克一批影响质量提升的关键共性质量技术。建立工业技术改造重点项目库,加大对制造业企业质量技术改造的支持、引导力度。在重点工业领域,推广可靠性设计、试验与验证以及可制造性设计等先进质量工程技术。广泛开展质量改进、质量攻关等多种形式的群众性创新活动,推动质量技术万众创新。(国家发改委、科技部、工业和信息化部、财政部、国务院国资委、国家质检总局按职责分工负责)

4. 鼓励采用先进的管理制度和先进标准。支持开展质量现场诊断、质量标杆经验交流、质量管理小组、质量信得过班组等活动,提升企业质量管理水平。在各类组织中,推广应用中国质量奖获奖者的质量管理方法和模式。推行企业产品和服务标准自我声明公开和监督制度,建立标准信息公共服务平台,出台实施指南。推动团体标准试点工作,激发社会团体组织和企业参与先进标准制定的积极性。制定海洋观测装备、海洋能发电装置质量管理办法及管理程序。(国家发改委、工业和信息化部、国家质检总局、国家海洋局按职责分工负责)

5. 大力推动品牌建设。制定质量品牌"十三五"规划。完善品牌国家标准体系,指导企业加强品牌建设。主导制定品牌评价的国际标准,推动中国品牌走出去。继续做好工业企业品牌培育、产业集群品牌培育试点示范工作。做大做强中国环境标志。支持发展无公害农产品、绿色食品、有机农产品。打造一批安全优质农产品品牌和食品品牌。打造一批检验检测认证知名品牌。推进农业、制造业、服务业企业品牌培育能力建设。实施出口食品竞争力提升工程。对品牌建设工作取得突出成绩的中央企业授予"品牌建设特别奖"。组织开展中央企业品牌建设工作专题研讨交流。推进商标品牌战略实施,提高商标公共服务水平。(国家发改委、工业和信息化部、环境保护部、农业部、国务院国资委、国家工商总局、国家质检总局按职责分工负责)

二、优化质量和品牌提升的环境

6. 加强质量整治淘汰落后产能和化解过剩产能。在煤炭、钢铁、电解铝、石油化工等高能耗、高污染行业严格执行生产许可及其他行业准入制度,按标准淘汰落后产能和化解过剩产能。依法严厉打击质量违法和侵权盗版行为,推进知识产权执法维权"护航"专项行动、"质检利剑"行动、"2016 红盾网剑专项行动"、农资打假"绿剑护农"行动、"红盾护农"行动、"红盾质量维权"行动、中国制造海外形象维护"清风"行动。实施百项能效标准推进工程,推进工业产品绿色设计。坚持农产品质量安全专项整治与日常执法监管相结合,加强农产品质量安全执法及成品油市场监管,严打重罚非法添加、制假售假、私屠滥宰等违法犯罪行为。开展医疗器械专项整治活动。深化食品药品重点领域专项整治,严打行业潜规则。开展涉假重点区域和农村地区食品安全专项整治。强化国际警务交流合作,严厉打击跨国、跨境制假售假犯罪。推广高效锅炉,实施锅炉节能环保改造,整治落后燃煤小锅炉。推进政府绿色采购和绿色印刷。(国家发改委、工业和信息化部、公安部、环境保护部、农业部、商务部、国家工商总局、国家质检总局、国家食品药品监管总局、国家知识产权局按职责分工负责)

7. 加强重点领域质量安全监管。突出对重点行业、领域中央企业的质量安全监督,坚决防范和遏制质量安全事故。建立商品质量惩罚性赔偿制度。加快推进重要产品追溯体系建设,强化全过程质量安全管理与风险控制。推进学校食堂及饮用水设施建设,加大学校食品安全督查力度。严查日用品领域产品质量违法行为。深入开展工程质量治理两年行动。在重点领域宣传推行设备监理制度。组织开展节水产品及农村饮用水安全产品抽查。组织开展公路水运工程建设重点项目质量安全综合督查和隧道工程安全专项督查。开展交通运输重点产品质量监督抽查。加强对重点食品、重点区域、重点问题和大型食品企业的监管,切实抓好食品安全日常监管、专项整治和综合治理工作，深入排查安全隐患，全面规范生产经营行为，全力保障人民群众“舌尖上的安全”。督促风景名胜区管理机构加强游览安全管理，防范事故发生。组织开展林产品质量监测工作。开展库存粮食质量安全监测工作。开展口岸传染病风险评估，提升口岸公共卫生风险管理水平。继续加强禽流感传染病防控工作。开展进口食品“清源”行动。开展电梯安全攻坚，进一步提升电梯安全水平。（工业和信息化部、住房城乡建设部、交通运输部、水利部、商务部、国务院国资委、国家工商总局、国家质检总局、国家食品药品监管总局、国家林业局、国家旅游局、国家粮食局、铁路总公司按职责分工负责）

8. 加快质量诚信体系建设。建设完善全国信用信息共享平台，加快归集、整合包括产品质量、知识产权、水利工程、公路水运、涉旅企业、进出口食品境外生产企业等在内的信用信息，实施信息信用共享交换。优化“信用中国”网站，推动信用信息“一站式”查询。开展国家产品质量信用信息数据采集工作，实施省级质量信用档案数据库建设试点。建设知识产权系统社会信用体系。建立水利质量管理信息系统，开展2016年度水利建设市场主体信用评价，开展“东北四省区节水增粮行动计划”项目质量调查评价。建成并运行“农安信用”频道，推进主要农资产品追溯体系建设，开展种子、水产行业信用评价。开展全国公路水运建设市场主体信用评价，治理工程设计变更违规行为和围标串标问题。推进“商务诚信建设重点推进行动计划”。建立涉旅企业不诚信行为记录机制，公布旅游经营服务不良信息记录。建设进口食品境外生产企业质量信用体系试点，完善追溯信息共享。出台《电子商务企业信用信息共享规范》，编写《中国电子商务信用报告》。（国家发改委、工业和信息化部、交通运输部、水利部、农业部、商务部、人民银行、国家质检总局、国家知识产权局、国家旅游局按职责分工负责）

9. 加快构建质量和品牌社会共治机制。组织开展2016年全国“质量月”活动，推动全社会着力提升质量、培育品牌。强化知识产权维权援助举报投诉信息平台建设，完善维权援助举报投诉案件网上受理、案件移送、信息反馈等制度。对农村市场、学校食堂和食品安全开展联合督查。在与社会公众安全密切相关的领域，探索产品质量安全强制责任保险试点。构建电梯安全社会治理机制，加强重点行业领域电梯安全工作。结合“一带一路”战略，推动行业协会、企业开展中国品牌海外宣传推广活动。（国家发改委、教育部、工业和信息化部、住房城乡建设部、水利部、商务部、国家工商总局、国家质检总局、国家食品药品监管总局、国家知识产权局、国家旅游局、保监会按职责分工负责）

10. 加强质量工作考核。深入开展省级人民政府质量工作考核，完善考核指标体系，进一步强调质量、品牌考核内容，科学制定考核方案，推动用好考核结果，抓好整改落实。指导地方政府将质量工作纳入市县绩效考核范围。开展消费者保护考核评价工作，督促银行业金融机构切实履行主体责任。组织做好2015—2016年度水利建设质量工作考核。（全国质量工作部际联席会议成员单位、银监会按职责分工负责）

11. 发挥新闻媒体的宣传监督作用。宣传一批重视质量、产品可靠的典型企业和优秀品牌，增进公众对中国质量的信心。结合质量整治专项行动，组织新闻媒体曝光重大质量违法行为和质量安全问题，发挥负面典型警示教育作用。加强网络销售产品、金融消费品、电子信息产品等质量安全监管报道。组织开展“金融知识进万家”银行业金融知识宣传服务月活动。开展国门生物安全宣传活动。（中央宣传部、工业和信息化部、国家工商总局、国家质检总局、国家新闻出版广电总局、银监会按职责分工负责）

三、培育质量和品牌竞争新优势

12. 推动外贸优进优出。推进国际贸易“单一窗口”建设，实现“信息互换、监管互认、执法互助”，降低企业进出口成本，加快通关速度。创新服务外包检验监管模式，对承接国际服务外包业务所需的进出口工业产品提供通关便利。加快培育新型贸易方式，做好对跨境电商出口贸易的扶持。实施“一带一路”沿线国家自贸区战略，推进区域全面经济伙伴关系（RCEP）谈判工作。推进自主品牌出口增长计划。（国家发改委、商务部、海关总署、国家质检总局按职

责分工负责）

13. 促进电子商务产业提质升级。指导电子商务生产企业改进生产工艺，提高标准执行力。完善电子商务产品质量信息公共服务平台，实现信息融合共享。推动落实《国务院办公厅关于加强互联网领域侵权假冒行为治理的意见》（国办发〔2015〕77号）。加强对跨境网络交易中邮递、快件渠道的监管，严厉打击利用电子商务平台以及跨境电子商务中邮递、快递渠道实施的走私违法活动和通过“蚂蚁搬家”等方式进出口侵权假冒商品的违法行为。制定《电子商务产品质量监督管理办法》，完善“风险监测、网上抽查、源头追溯、属地查处、信用管理”机制。发挥电商产品执法打假维权协作网作用，严查电商产品质量违法案件。在电商平台试点推广互联网“过滤”技术，构建网络销售产品质量的“防火墙”。打击售假、虚假宣传和侵权盗版的网站。（工业和信息化部、商务部、海关总署、国家质检总局、国家知识产权局按职责分工负责）

四、夯实质量和品牌提升的基础

14. 完善法律法规体系。开展质量促进法等立法研究。推动开展标准化法、计量法、农产品质量安全法、药品管理法、食品安全法实施条例、化妆品监督管理条例等法律法规的修订工作。推动《粮食质量安全监管办法》出台。修订完善学校食堂与学生集体用餐卫生管理规定。指导地方积极开展质量促进立法工作。编制《强制性国家标准管理办法》。制定《医疗质量管理办法》，编写2016年国家医疗质量管理安全报告。（教育部、农业部、卫生计生委、国家质检总局、国家食品药品监管总局、国家粮食局按职责分工负责）

15. 充分发挥质量技术基础的支撑作用。出台《关于加强装备制造业标准国际化工作的指导意见》。提出中国装备标准走出去名录，开展优势装备制造业技术标准的翻译、发布、推广以及国际对标工作。推动工程质量管理标准化工作，开展海洋国际标准研究和计量质量控制工作，启动实施农药残留标准制修订计划，完善铁道行业技术标准体系，优化交通运输标准体系，开展旅游标准化试点示范工作。加强国家计量科技创新基地和共享服务平台建设。制定和实施《诚信计量体系建设行动计划（2016—2020年）》。推进与“一带一路”沿线国家的国际计量互认，推动计量标准、装备、服务走出去。与“一带一路”沿线国家开展清真认证、有机认证和注册等领域国际合作。实施自贸区认证认可检验检测制度改革试点。开展中国环境标志产品、环保产品和“绿色之星”认证。（科技部、工业和信息化部、环境保护部、住房城乡建设部、交通运输部、水利部、农业部、商务部、国家工商总局、国家质检总局、国家旅游局、国家海洋局、铁路总公司按职责分工负责）

16. 加强质量和品牌教育及文化建设。围绕弘扬社会主义核心价值观，开展企业诚信宣传教育，推动各类经营者提升质量诚信和品牌保护意识。推进质量和品牌相关学科建设，支持高校自主设置质量品牌相关二级学科和交叉学科，加快与质量品牌相关的人才培养。举办2016年全国职业院校技能大赛。开展消费品质量安全“进社区、进学校、进乡镇”消费者教育活动，增强全社会消费品质量安全意识。（中央宣传部、教育部、工业和信息化部、国家质检总局、新闻出版广电总局按职责分工负责）

五、实施质量和品牌提升工程

17. 实施质量和品牌重点工程。把质量提升、培育品牌作为重要内容，启动知名品牌创建示范、品牌价值评价，实施制造业创新中心建设工程、智能制造工程、工业强基工程、绿色制造工程和高端装备创新工程。（国家发改委、教育部、科技部、工业和信息化部、国家工商总局、国家质检总局按职责分工负责）

18. 实施质量和品牌标杆对比提升工程。深入开展全国创建社会信用体系建设示范城市、质量强市示范城市、国家农产品质量安全县、质量安全示范区创建活动。推进林业标准化示范企业、示范基地建设。开展企业品牌培育、产业集群区域品牌建设试点示范等活动，提升企业品牌培育能力和产业集群区域品牌建设水平。开展全国旅游服务质量标杆单位遴选活动。（国家发改委、工业和信息化部、农业部、国家质检总局、国家林业局、国家旅游局按职责分工负责）

地方各级人民政府要加强对质量、品牌工作的组织领导和统筹协调，结合本地实际，参照以上工作安排和部门分工，制定本地区的具体工作方案，细化任务，明确时限和要求，逐级落实责任，确保完成各项任务。

国务院办公厅关于印发2016年全国打击侵犯知识产权和制售假冒伪劣商品工作要点的通知

（2016年4月19日　国办发〔2016〕25号）

各省、自治区、直辖市人民政府，国务院各部委、各直属机构：

《2016年全国打击侵犯知识产权和制售假冒伪劣商品工作要点》已经国务院同意，现印发给你们，请认真贯彻执行。

2016年全国打击侵犯知识产权和制售假冒伪劣商品工作要点

2016年，全国打击侵犯知识产权和制售假冒伪劣商品工作要认真贯彻党的十八大和十八届二中、三中、四中、五中全会精神，落实国务院有关工作部署，结合推动供给侧结构性改革，依法严厉惩处影响创新发展、妨碍公平竞争和侵害消费者合法权益的侵权假冒违法犯罪，为推动经济社会持续健康发展提供有力保障。

一、加强重点领域治理

（一）加强互联网领域侵权假冒治理

打击网上销售假冒伪劣商品。突出食品药品、农资、家用电器、建筑材料、汽车配件、儿童用品等重点商品，组织开展网络交易集中整治，加强监管执法。加强对网络交易商品的定向监测，强化电子商务产品质量执法打假维权协作，探索建立跨境电子商务侵权假冒商品追溯机制。打击邮件、快件渠道非法寄递进出口侵权假冒商品行为。（工业和信息化部、公安部、农业部、国家海关总署、国家工商总局、国家质检总局、国家食品药品监管总局、国家网信办、国家邮政局按职责分工分别负责）打击网络侵权盗版。开展2016红盾网剑专项行动。针对网络（手机）文学、音乐、影视、游戏、动漫、软件等重点领域，开展第十二次打击网络侵权盗版“剑网行动”。进一步扩大版权重点监管范围，探索对新型网络侵权盗版行为的有效治理模式。继续组织开展电子商务领域专利执法维权“闪电”专项行动，建立电子商务领域专利执法维权协作调度机制。加强文化市场技术监管与服务平台应用，以网络（手机）游戏、音乐、动漫为重点，组织查处违法违规互联网文化产品和经营单位。（工业和信息化部、公安部、文化部、国家工商总局、新闻出版广电总局、国家知识产权局、国家网信办按职责分工分别负责）强化网站监管。加强网站备案、网际协议地址（IP地址）和域名管理。督促指导网站严格内容审核，研发应用技术措施，加大人工核查投入，畅通举报投诉渠道，完善监督处置机制，增强自律管理能力。加强网络交易平台监管，强化与大型电商平台合作，利用大数据分析技术，及时发现和掌握违法犯罪线索，加强预警监测和事前风险防范，增强精准打击能力。（工业和信息化部、公安部、农业部、商务部、文化部、海关总署、工商总局、质检总局、新闻出版广电总局、食品药品监管总局、林业局、知识产权局、网信办、邮政局按职责分工分别负责）

（二）强化农村和城乡结合部市场监管执法

加强全链条监管，围绕重要节庆时点和春耕、夏种等重要时段，针对农村市场侵权假冒易发多发的商品，从生产源头、流通渠道和消费终端三个方面大力整治，加强市场监督检查，严厉打击违法犯罪，维护农村市场秩序。（公安部、农业部、商务部、工商总局、质检总局、食品药品监管总局、林业局、知识产权局、邮政局按职责分工分别负责）部署开展农资打假、“红盾护农”“农资打假下乡”等集中整治行动。开展果、蔬、茶、中草药常用投入品专项治理，查处非法销售使用高毒、禁限用农药的违法行为。强化农资生产经营企业产品抽检，重点检测种子苗木质量、品种真实性以及肥料、农药、兽药、饲料有效成分含量和是否添加违禁成分，严肃查处虚假宣传行为。对抽检发现问题多、媒体曝光多、举报投诉多的地区开展专项治理。加强对游商游贩违法经营行为的治理整顿。（农业部牵头负责，工业和信息化部、公安部、国家工商总局、国家质检总局、国家林业局、高检院按职责分工分别负责）开展林木种苗行政执法专项行动，对16个重点地区开展林木种苗质量监督抽查，重点检查工程造林使用的种子苗木质量以及许可、标签、档案等制度落实情况。（国家林业局负责）

（三）持续开展中国制造海外形象维护“清风”行动

重点针对拉美国家和地区，突出进出口、重点专业市场、跨境电子商务等重点环节，以及出口规模大、涉及人身健康安全的电子电器产品、化妆品、纺织品、日用品、药品等重点商品，加强部门执法协作，严厉打击跨境制售侵权假冒商品违法犯罪行为。加强对重点产品生产企业以及出口新兴市场商品的专业市场、集散地的监管，加大涉外展会、交易会等活动中的知识产权保护力度，增加对出口重点地区商品的查验频次。充分发挥驻外经商机构职能，加强对外沟通协调及对境外中资企业、商户的服务和教育引导。（工业和信息化部、公安部、农业部、商务部、海关总署、国家工商总局、国家质检总局、国家食品药品监管总局、国家知识产权局、国家网信办、国家邮政局、贸促会按职责分工分别负责）

（四）深入推进软件正版化工作

研究制定规范计算机软硬件采购的具体措施，从源头上防止盗版软件流入政府机关。制定正版软件使用管理指南，推进软件使用管理标准化。巩固政府机关软件正版化成果，加快推进企业软件正版化。推广使用优秀软件产品。建立常态化随机抽查制度，探索利用第三方专业机构资源和技术手段开展督查，加大督导检查力度，严格责任追究。（新闻出版广电总局牵头负责，工业和信息化部、财政部、国务院国资委、国家知识产权局、国管局按职责分工分别负责）推进中央企业所属四级、五级企业软件正版化工作，对进展缓慢的企业进行约谈。督促中央企业建立软件资产管理制度，规范软件资产的采购、登记、安装、升级等工作。开展中央企业软件正版化工作情况监督检查。（国务院国资委负责）加大对新出厂计算机预装正版操作系统软件的检查管理力度，将平板电脑、智能手机等纳入监管范围。（工业和信息化部负责）

二、强化行业日常监管

（五）加强药品和医疗器械监管

严肃查处药品生产经营企业制售假药劣药案件，打击擅自变更生产工艺、非法添加等违法行为。加强对药品研发过程中临床试验的监督检查，严肃查处临床试验数据造假行为。加强对跨省份的药品、化妆品、医疗器械、保健食品违法案件查处的督查督办。（食品药品监管总局负责）

（六）加强车用燃油监管

督促引导石油炼化企业严格按照标准生产加工车用燃油，强化出厂检测，推进油品质量升级。严肃查处石油炼化企业无生产许可违法生产、销售不符合国家标准车用燃油的违法行为。严格成品油批发零售资质管理。规范成品油特别是普通柴油销售，以县级以上城市及干线公路两侧加油站为重点，严肃查处销售伪劣油品等违法行为。（国家发改委、环境保护部、商务部、国务院国资委、国家税务总局、国家工商总局、国家质检总局按职责分工分别负责）

（七）加强重点商品监管

以建筑材料、汽车配件等为重点，继续开展“质检利剑”行动。以质量问题突出区域为重点，深入推进集中整治。以家用电器、服装、洗涤用品行业为重点，推动企业开展产品质量承诺。严肃查处无证出厂销售强制性认证产品的违法行为。对纳入注册管理的进口食品，加大查处无证销售等违法行为力度。（国家质检总局负责）开展红盾质量维权行动，加大对儿童用品、装饰装修材料等重点商品的市场检查和质量抽检力度，强化流通领域商品质量监管。严肃查处欺骗、误导消费者的虚假违法广告。（国家工商总局负责）以口罩、空气净化器等为重点，开展防雾霾商品监督抽查和专项整治。（国家工商总局、国家质检总局按职责分工分别负责）探索建立消毒产品监管信息平台，加大抽检力度，加强生产使用环节监管。（卫生计生委负责）

（八）查处侵犯知识产权行为

规范商标代理市场秩序，推动商标注册和评审便利化，严肃查处恶意抢注商标行为。加强商业秘密行政保护。（国家工商总局负责）在重点城市开展高校及其周边复印店专项治理行动。开展印刷复制发行专项检查，加强对网络销售、传播出版物的监管。（新闻出版广电总局负责）继续开展知识产权执法维权“护航”专项行动。（国家知识产权局负责）严肃查处侵犯植物新品种、地理标志、集成电路布图设计等知识产权的违法行为。（农业部、国家工商总局、国家质检总局、国家林业局、国家知识产权局按职责分工分别负责）依法查处滥用知识产权、排除限制竞争等违法行为。（国家发改委、商务部、国家工商总局按职责分工分别负责）组织文化市场暗访抽查，加大检查力度，规范市场秩序。（文化部负责）加强企业日常税收征管，严肃查处侵权假冒涉税违法行为。（国家税务总局负责）

三、加强法规制度建设

（九）研究制订“十三五”时期打击侵权假冒工作指导意见

更加注重打建结合、依法治理、能力建设、社会共治、统筹协调，明确今后一个时期工作目标、主要任务和政策措施。（全国打击侵权假冒工作领导小组办公室牵头负责）

（十）健全相关法律法规

按照立法计划，推动制订修订反不正当竞争法、药品管理法、著作权法、专利法、化妆品卫生监督条例、专利代理条例等法律法规。积极推进电子商务法制订工作。（法制办、国家发改委、工业和信息化部、财政部、商务部、人民银行、海关总署、国家税务总局、国家工商总局、国家质检总局、新闻出版广电总局、国家食品药品监管总局、国家知识产权局、国家网信办、国家邮政局按职责分工分别负责）

（十一）完善监管制度

研究出台海关知识产权行政案件处罚标准，规范自由裁量权。完善侵权案件办理和罚没货物处置程序。（海关总署负责）制订修订林木种子生产经营许可证管理办法、林木种子质量管理办法、林业植物新品种保护行政执法办法等规章和规范性文件。（国家林业局负责）制订邮件、快件实名收寄管理办法，推动寄递企业落实收寄验视、实名收寄、过机安检等管理措施，建立用户信息档案库，严格执行运单信息核对制度。（国家邮政局负责）健全侵权假冒商品无害化销毁工作机制，将拟销毁物品交由有资质的单位进行无害化处置。（环境保护部牵头负责）

（十二）加强标准建设

贯彻落实《深化标准化工作改革方案》（国发〔2015〕13号），集中开展滞后老化标准的复审和修订，适时制订急需的检验检测标准。（质检总局牵头负责）制订修订林木种子与苗木质量分级、林木种子检验、育苗技术规程等标准。（国家林业局负责）推进寄递行业标准化建设，规范收寄、分拣、运输、投递各环节操作行为，提高防范侵权假冒能力。（国家邮政局负责）

（十三）加强地方绩效考核

将打击侵权假冒工作作为平安中国建设的重要内容，纳入社会治安综合治理领导责任查究和重点地区治安突出问题排查整治范围。（中央综治办、全国打击侵权假冒工作领导小组办公室按职责分工牵头负责）

四、加强部门协同与司法保护

（十四）推进行政执法与刑事司法衔接

运行维护全国打击侵权假冒“两法衔接”信息共享系统，加强数据管理和有效应用。加强线上线下跨地区、跨部门执法司法协作与联动。推动打击侵权假冒涉案物品检验鉴定和保管处理体系建设。（全国打击侵权假冒工作领导小组办公室、高检院牵头负责，公安部、农业部、文化部、海关总署、国家工商总局、国家质检总局、新闻出版广电总局、国家食品药品监管总局、国家林业局、国家知识产权局、高法院按职责分工分别负责）

（十五）大力推进行政处罚案件信息公开

充分利用政府网站信息公开主渠道，公开案件信息。进一步完善和落实案件信息公开管理制度。加强监督检查、情况通报与考核，落实工作责任。（全国打击侵权假冒工作领导小组办公室牵头负责，农业部、文化部、海关总署、国家工商总局、国家质检总局、新闻出版广电总局、国家食品药品监管总局、国家林业局、国家知识产权局按职责分工分别负责）

（十六）推动跨区域跨部门合作

加强统筹协调，推动长三角、京津冀、泛珠三角等地区建立区域间、部门间执法协作机制，完善线索通报、证据转移、案件协查等制度，加强跨区域综合执法、联合执法。（全国打击侵权假冒工作领导小组办公室牵头负责）完善海关区域执法合作机制，防范和打击侵权假冒违法主体进行口岸“转移”。加强海关、工商、专利、邮政部门在进出口环节打击侵权假冒的执法协作。（海关总署牵头负责，国家工商总局、国家知识产权局、国家邮政局按职责分工分别负责）

（十七）强化刑事打击与司法保护

保持高压打击态势，深化情报导侦技术和手段运用，对犯罪行为实施全链条打击，打好一批高质量、有影响的集群战役。（公安部负责）严查侵权假冒犯罪案件背后的玩忽职守、贪赃枉法、徇私舞弊、帮助犯罪分子逃避刑罚等职务犯罪。开展危害食品药品安全犯罪专项立案监督活动。（高检院负责）推进知识产权审判民事、行政、刑事“三合一”改革。及时总结北京、上海、广州知识产权法院的经验，加强知识产权司法保护。（高法院负责）

五、推动打防结合打建结合

（十八）健全预警防范机制

加强新信息技术在执法监管中的研发运用，提高预测预警和分析研判能力，做到事前防范、精准打击。（全国打击侵权假冒工作领导小组有关成员单位按职责分工分别负责）推广使用知识产权海关保护执法移动查询系统，开发知识产权海关保护（二期）系统，实现案件在线办理。（海关总署负责）健全林业植物新品种测试机构，建设一批植物新品种测试站。推进植物新品种DNA（脱氧核糖核酸）图谱数据库建设，完善林业植物新品种保护信息管理系统，提供植物新品种网上查询服务。（国家林业局负责）实施寄递渠道安全监管“绿盾”工程，研究建立寄递渠道安全监控体系、安全执法检查支撑平台。（国家邮政局负责）

（十九）大力推进信用建设

全面实施统一社会信用代码制度，推动行政许可、行政处罚等信息上网公开，健全守信联合激励与失信联合惩戒机制。充分发挥全国信用信息共享平台和“信用中国”网站作用，加大信息归集整合力度，扩大平台互联互通范围，推进信息共建共享。（国家发改委、人民银行牵头负责）加快推进国家企业信用信息公示系统建设，构建新型监管制度，强化事中事后监管。（国家工商总局负责）推进网络领域信用体系建设，探索建立网络服务提供者管理人员失信“黑名单”制度，发挥网络诚信在网络空间法治化、网络生态治理中的作用。（网信办负责）

（二十）推进社会共治

整合行业组织力量，充分发挥行业自律作用，引导企业强化主体责任，加强知识产权自我保护，推动打击侵权假冒社会共治共享。（全国打击侵权假冒工作领导小组办公室牵头负责）完善举报投诉制度，发挥媒体和社会公众监督作用。(公安部、农业部、商务部、国家工商总局、国家质检总局、国家食品药品监管总局、国家林业局、国家知识产权局、国家邮政局按职责分工分别负责)

(二十一)开展全国质量提升行动

以消费品和工业品质量为重点,强化生产许可获证企业产品质量监管,开展电子商务产品质量提升行动,完善监督抽查、产品质量安全风险监控、缺陷产品召回等制度,全面提升产品质量供给水平。(国家质检总局牵头负责)

(二十二)加强知识产权保护服务

支持创新型企业选聘律师担任企业法律顾问,加强企业知识产权法律服务。加快推动知识产权证据材料公证保管执业管理平台建设,发挥公证机构服务职能,支持知识产权权利认定和纠纷解决。(司法部牵头负责)试点建立中小企业知识产权联络员制度。推动建立外经贸企业知识产权辅导体系,帮助企业建立知识产权战略管理制度。(海关总署负责)加强境内展会知识产权执法,督促落实展会主办方责任,组织查处侵权行为,妥善处理知识产权纠纷。(商务部、知识产权局按职责分工分别负责)

六、开展多样化宣传教育

(二十三)开展常态化宣传

制订年度宣传工作方案,把握正确舆论导向,组织各类新闻媒体,统筹做好对内对外宣传,解读政策措施,宣传工作成效,树立正面典型,曝光违法犯罪案件,加强舆论监督和警示教育。加强网络宣传,组织重点新闻网站、主要门户网站、政府网站等,充分运用微博、微信、移动客户端等新技术手段,扩大宣传覆盖面,增强宣传效果。充分发挥中国打击侵权假冒工作网网站群的宣传功能。积极开展对外宣传,及时发布权威信息,适时组织中外记者采访,展示成效,宣示决心,释疑解惑。(全国打击侵权假冒工作领导小组办公室、中央宣传部牵头负责,新闻办、国家网信办等按职责分工分别负责)

(二十四)加强集中宣传教育

深入推进“法律六进”主题活动。开展“3·15”国际消费者权益日、全国知识产权宣传周、“5·15”打击和防范经济犯罪宣传日、“8·8”海关法制宣传日、全国质量月、诚信兴商宣传月、全国网络诚信宣传日等活动。(公安部、司法部、商务部、海关总署、国家工商总局、国家质检总局、新闻出版广电总局、国家知识产权局、国家网信办按职责分工分别负责)

七、做好多双边协作与交流

(二十五)开展多双边磋商与交流合作

加强国际经贸合作,做好中美战略与经济对话、中美商贸联委会知识产权议题磋商,深化中美、中欧、中俄、中巴(西)、中瑞(士)、中日等知识产权对话交流,解决双方重点关切。加快中欧地理标志协定谈判进程。密切跟踪跨太平洋伙伴关系协定(TPP)、跨大西洋贸易与投资伙伴关系协定(TTIP)等多双边协定进展,深入分析相关影响,及时提出对策措施建议。(商务部负责)统筹协调涉外知识产权事宜,深化与世界知识产权组织等的交流合作,发挥金砖国家知识产权局局长会议作用,开展相关领域合作。(知识产权局负责)积极谋划与金砖国家、“一带一路”沿线国家知识产权合作。(商务部、国家知识产权局按职责分工分别负责)举办2016年国际工商知识产权峰会。充分利用多双边工商合作机制,推动知识产权国际交流。(贸促会负责)

(二十六)加强跨境执法协作

开展中美海关第二次知识产权联合执法行动。落实中欧海关2014—2017年知识产权合作行动计划。加强与俄罗斯海关知识产权保护合作。推动中日韩“零假冒计划”实施。加强对非洲和拉美国家海关、检验检疫执法的合作与援助。拓展与“一带一路”沿线国家海关、检验检疫的合作。(海关总署、国家质检总局按职责分工分别负责)加强警务国际执法协作,加大涉外侵权假冒犯罪侦办力度。(公安部负责)

(二十七)完善海外维权援助机制

完善国际经贸领域知识产权海外维权机制,引导我国企业积极开展海外维权。建立海外知识产权问题及案件信息提交平台,推动形成海外知识产权维权援助服务网。(商务部负责)健全境外展会防侵权管理体系,完善知识产权综合服务机制,帮助企业加快适应国际知识产权规则,做好政策指引、预警、咨询、诉讼等服务,协调处理涉外知识产权纠纷。在重要展会上设立中国企业知识产权服务工作站。(商务部、国家知识产权局、贸促会按职责分工分别负责)

国务院办公厅关于印发促进科技成果转移转化行动方案的通知

(2016年4月21日　国办发〔2016〕28号)

各省、自治区、直辖市人民政府,国务院各部委、各直属机构:

《促进科技成果转移转化行动方案》已经国务院同意,现印发给你们,请认真贯彻落实。

促进科技成果转移转化行动方案

促进科技成果转移转化是实施创新驱动发展战略的重要任务,是加强科技与经济紧密结合的关键环节,对于推进结构性改革尤其是供给侧结构性改革、支撑经济转型升级和产业结构调整,促进大众创业、万众创新,打造经济发展新引擎具有重要意义。为深入贯彻党中央、国务院一系列重大决策部署,落实《中华人民共和国促进科技成果转化法》,加快推动科技成果转化为现实生产力,依靠科技创新支撑稳增长、促改革、调结构、惠民生,特制定本方案。

一、总体思路

深入贯彻落实党的十八大、十八届三中、四中、五中全会精神和国务院部署,紧扣创新发展要求,推动大众创新创业,充分发挥市场配置资源的决定性作用,更好发挥政府作用,完善科技成果转移转化政策环境,强化重点领域和关键环节的系统部署,强化技术、资本、人才、服务等创新资源的深度融合与优化配置,强化中央和地方协同推动科技成果转移转化,建立符合科技创新规律和市场经济规律的科技成果转移转化体系,促进科技成果资本化、产业化,形成经济持续稳定增长新动力,为到2020年进入创新型国家行列、实现全面建成小康社会奋斗目标作出贡献。

(一)基本原则

——市场导向。发挥市场在配置科技创新资源中的决定性作用,强化企业转移转化科技成果的主体地位,发挥企业家整合技术、资金、人才的关键作用,推进产学研协同创新,大力发展技术市场。完善科技成果转移转化的需求导向机制,拓展新技术、新产品的市场应用空间。

——政府引导。加快政府职能转变,推进简政放权、放管结合、优化服务,强化政府在科技成果转移转化政策制定、平台建设、人才培养、公共服务等方面职能,发挥财政资金引导作用,营造有利于科技成果转移转化的良好环境。

——纵横联动。加强中央与地方的上下联动,发挥地方在推动科技成果转移转化中的重要作用,探索符合地方实际的成果转化有效路径。加强部门之间统筹协同、军民之间融合联动,在资源配置、任务部署等方面形成共同促进科技成果转化的合力。

——机制创新。充分运用众创、众包、众扶、众筹等基于互联网的创新创业新理念,建立创新要素充分融合的新机制,充分发挥资本、人才、服务在科技成果转移转化中的催化作用,探索科技成果转移转化新模式。

(二)主要目标

“十三五”期间,推动一批短中期见效、有力带动产业结构优化升级的重大科技成果转化应用，企业、高校和科研院所科技成果转移转化能力显著提高，市场化的技术交易服务体系进一步健全，科技型创新创业蓬勃发展，专业化技术转移人才队伍发展壮大，多元化的科技成果转移转化投入渠道日益完善，科技成果转移转化的制度环境更加优化，功能完善、运行高效、市场化的科技成果转移转化体系全面建成。

主要指标：建设100个示范性国家技术转移机构，支持有条件的地方建设10个科技成果转移转化示范区，在重点行业领域布局建设一批支撑实体经济发展的众创空间，建成若干技术转移人才培养基地，培养1万名专业化技术转移人才，全国技术合同交易额力争达到20 000亿元。

二、重点任务

围绕科技成果转移转化的关键问题和薄弱环节，加强系统部署，抓好措施落实，形成以企业技术创新需求为导向、以市场化交易平台为载体、以专业化服务机构为支撑的科技成果转移转化新格局。

（一）开展科技成果信息汇交与发布

1. 发布转化先进适用的科技成果包。围绕新一代信息网络、智能绿色制造、现代农业、现代能源、资源高效利用和生态环保、海洋和空间、智慧城市和数字社会、人口健康等重点领域，以需求为导向发布一批符合产业转型升级方向、投资规模与产业带动作用大的科技成果包。发挥财政资金引导作用和科技中介机构的成果筛选、市场化评估、融资服务、成果推介等作用，鼓励企业探索新的商业模式和科技成果产业化路径，加速重大科技成果转化应用。引导支持农业、医疗卫生、生态建设等社会公益领域科技成果转化应用。

2. 建立国家科技成果信息系统。制定科技成果信息采集、加工与服务规范，推动中央和地方各类科技计划、科技奖励成果存量与增量数据资源互联互通，构建由财政资金支持产生的科技成果转化项目库与数据服务平台。完善科技成果信息共享机制，在不泄露国家秘密和商业秘密的前提下，向社会公布科技成果和相关知识产权信息，提供科技成果信息查询、筛选等公益服务。

3. 加强科技成果信息汇交。建立健全各地方、各部门科技成果信息汇交工作机制，推广科技成果在线登记汇交系统，畅通科技成果信息收集渠道。加强科技成果管理与科技计划项目管理的有机衔接，明确由财政资金设立的应用类科技项目承担单位的科技成果转化义务，开展应用类科技项目成果以及基础研究中具有应用前景的科研项目成果信息汇交。鼓励非财政资金资助的科技成果进行信息汇交。

4. 加强科技成果数据资源开发利用。围绕传统产业转型升级、新兴产业培育发展需求，鼓励各类机构运用云计算、大数据等新一代信息技术，积极开展科技成果信息增值服务，提供符合用户需求的精准科技成果信息。开展科技成果转化为技术标准试点，推动更多应用类科技成果转化为技术标准。加强科技成果、科技报告、科技文献、知识产权、标准等的信息化关联，各地方、各部门在规划制定、计划管理、战略研究等方面要充分利用科技成果资源。

5. 推动军民科技成果融合转化应用。建设国防科技工业成果信息与推广转化平台，研究设立国防科技工业军民融合产业投资基金，支持军民融合科技成果推广应用。梳理具有市场应用前景的项目，发布军用技术转民用推广目录、"民参军"技术与产品推荐目录、国防科技工业知识产权转化目录。实施军工技术推广专项，推动国防科技成果向民用领域转化应用。

（二）产学研协同开展科技成果转移转化

6. 支持高校和科研院所开展科技成果转移转化。组织高校和科研院所梳理科技成果资源，发布科技成果目录，建立面向企业的技术服务站点网络，推动科技成果与产业、企业需求有效对接，通过研发合作、技术转让、技术许可、作价投资等多种形式，实现科技成果市场价值。依托中国科学院的科研院所体系实施科技服务网络计划，围绕产业和地方需求开展技术攻关、技术转移与示范、知识产权运营等。鼓励医疗机构、医学研究单位等构建协同研究网络，加强临床指南和规范制定工作，加快新技术、新产品应用推广。引导有条件的高校和科研院所建立健全专业化科技成果转移转化机构，明确统筹科技成果转移转化与知识产权管理的职责，加强市场化运营能力。在部分高校和科研院所试点探索科技成果转移转化的有效机制与模式，建立职务科技成果披露与管理制度，实行技术经理人市场化聘用制，建设一批运营机制灵活、专业人才集聚、服务能力突出、具有国际影响力的国家技术转移机构。

7. 推动企业加强科技成果转化应用。以创新型企业、高新技术企业、科技型中小企业为重点，支持企业与高校、科研院所联合设立研发机构或技术转移机构，共同开展研究开发、成果应用与推广、标准研究与制定等。围绕"互联网+"战略开展企业技术难题竞标等"研发众包"模式探索，引导科技人员、高校、科研院所承接企业的项目委托和难题招标，聚众智推进开放式创新。市场导向明确的科技计划项目由企业牵头组织实施。完善技术成果向企业转移扩散的机制，支持企业引进国内外先进适用技术，开展技术革新与改造升级。

8. 构建多种形式的产业技术创新联盟。围绕"中国制造2025""互联网+"等国家重点产业发展战略以及区域发展战略部署，发挥行业骨干企业、转制科研院所主导作用，联合上下游企业和高校、科研院所等构建一批产业技术创新联盟，围绕产业链构建创新链，推动跨领域跨行业协同创新，加强行业共性关键技术研发和推广应用，为联盟成员企业提供订单式研发服务。支持联盟承担重大科技成果转化项目，探索联合攻关、利益共享、知识产权运营的有效机制与模式。

9. 发挥科技社团促进科技成果转移转化的纽带作用。以创新驱动助力工程为抓手，提升学会服务科技成果转移转化能力和水平，利用学会服务站、技术研发基地等柔性创新载体，组织动员学会智力资源服务企业转型升级，建立学会联系企业的长效机制，开展科技信息服务，实现科技成果转移转化供给端与需求端的精准对接。

(三)建设科技成果中试与产业化载体

10. 建设科技成果产业化基地。瞄准节能环保、新一代信息技术、生物技术、高端装备制造、新能源、新材料、新能源汽车等战略性新兴产业领域，依托国家自主创新示范区、国家高新区、国家农业科技园区、国家可持续发展实验区、国家大学科技园、战略性新兴产业集聚区等创新资源集聚区域以及高校、科研院所、行业骨干企业等，建设一批科技成果产业化基地，引导科技成果对接特色产业需求转移转化，培育新的经济增长点。

11. 强化科技成果中试熟化。鼓励企业牵头、政府引导、产学研协同，面向产业发展需求开展中试熟化与产业化开发，提供全程技术研发解决方案，加快科技成果转移转化。支持地方围绕区域特色产业发展、中小企业技术创新需求，建设通用性或行业性技术创新服务平台，提供从实验研究、中试熟化到生产过程所需的仪器设备、中试生产线等资源，开展研发设计、检验检测认证、科技咨询、技术标准、知识产权、投融资等服务。推动各类技术开发类科研基地合理布局和功能整合，促进科研基地科技成果转移转化，推动更多企业和产业发展亟须的共性技术成果扩散与转化应用。

(四)强化科技成果转移转化市场化服务

12. 构建国家技术交易网络平台。以"互联网+"科技成果转移转化为核心，以需求为导向，连接技术转移服务机构、投融资机构、高校、科研院所和企业等，集聚成果、资金、人才、服务、政策等各类创新要素，打造线上与线下相结合的国家技术交易网络平台。平台依托专业机构开展市场化运作，坚持开放共享的运营理念，支持各类服务机构提供信息发布、融资并购、公开挂牌、竞价拍卖、咨询辅导等专业化服务，形成主体活跃、要素齐备、机制灵活的创新服务网络。引导高校、科研院所、国有企业的科技成果挂牌交易与公示。

13. 健全区域性技术转移服务机构。支持地方和有关机构建立完善区域性、行业性技术市场，形成不同层级、不同领域技术交易有机衔接的新格局。在现有的技术转移区域中心、国际技术转移中心基础上，落实"一带一路"、京津冀协同发展、长江经济带等重大战略，进一步加强重点区域间资源共享与优势互补，提升跨区域技术转移与辐射功能，打造连接国内外技术、资本、人才等创新资源的技术转移网络。

14. 完善技术转移机构服务功能。完善技术产权交易、知识产权交易等各类平台功能，促进科技成果与资本的有效对接。支持有条件的技术转移机构与天使投资、创业投资等合作建立投资基金，加大对科技成果转化项目的投资力度。鼓励国内机构与国际知名技术转移机构开展深层次合作，围绕重点产业技术需求引进国外先进适用的科技成果。鼓励技术转移机构探索适应不同用户需求的科技成果评价方法，提升科技成果转移转化成功率。推动行业组织制定技术转移服务标准和规范，建立技术转移服务评价与信用机制，加强行业自律管理。

15. 加强重点领域知识产权服务。实施"互联网＋"融合重点领域专利导航项目，引导"互联网＋"协同制造、现代农业、智慧能源、绿色生态、人工智能等融合领域的知识产权战略布局，提升产业创新发展能力。开展重大科技经济活动知识产权分析评议，为战略规划、政策制定、项目确立等提供依据。针对重点产业完善国际化知识产权信息平台，发布"走向海外"知识产权实务操作指引，为企业"走出去"提供专业化知识产权服务。

（五）大力推动科技型创新创业

16. 促进众创空间服务和支撑实体经济发展。重点在创新资源集聚区域，依托行业龙头企业、高校、科研院所，在电子信息、生物技术、高端装备制造等重点领域建设一批以成果转移转化为主要内容、专业服务水平高、创新资源配置优、产业辐射带动作用强的众创空间，有效支撑实体经济发展。构建一批支持农村科技创新创业的"星创天地"。支持企业、高校和科研院所发挥科研设施、专业团队、技术积累等专业领域创新优势，为创业者提供技术研发服务。吸引更多科技人员、海外归国人员等高端创业人才入驻众创空间，重点支持以核心技术为源头的创新创业。

17. 推动创新资源向创新创业者开放。引导高校、科研院所、大型企业、技术转移机构、创业投资机构以及国家级科研平台（基地）等，将科研基础设施、大型科研仪器、科技数据文献、科技成果、创投资金等向创新创业者开放。依托3D打印、大数据、网络制造、开源软硬件等先进技术和手段，支持各类机构为创新创业者提供便捷的创新创业工具。支持高校、企业、孵化机构、投资机构等开设创新创业培训课程，鼓励经验丰富的企业家、天使投资人和专家学者等担任创业导师。

18. 举办各类创新创业大赛。组织开展中国创新创业大赛、中国创新挑战赛、中国"互联网＋"大学生创新创业大赛、中国农业科技创新创业大赛、中国科技创新创业人才投融资集训营等活动，支持地方和社会各界举办各类创新创业大赛，集聚整合创业投资等各类资源支持创新创业。

（六）建设科技成果转移转化人才队伍

19. 开展技术转移人才培养。充分发挥各类创新人才培养示范基地作用，依托有条件的地方和机构建设一批技术转移人才培养基地。推动有条件的高校设立科技成果转化相关课程，打造一支高水平的师资队伍。加快培养科技成果转移转化领军人才，纳入各类创新创业人才引进培养计划。推动建设专业化技术经纪人队伍，畅通职业发展通道。鼓励和规范高校、科研院所、企业中符合条件的科技人员从事技术转移工作。与国际技术转移组织联合培养国际化技术转移人才。

20. 组织科技人员开展科技成果转移转化。紧密对接地方产业技术创新、农业农村发展、社会公益等领域需求，继续实施万名专家服务基层行动计划、科技特派员、科技创业者行动、企业院士行、先进适用技术项目推广等，动员高校、科研院所、企业的科技人员及高层次专家，深入企业、园区、农村等基层一线开展技术咨询、技术服务、科技攻关、成果推广等科技成果转移转化活动，打造一支面向基层的科技成果转移转化人才队伍。

21. 强化科技成果转移转化人才服务。构建"互联网＋"创新创业人才服务平台，提供科技咨询、人才计划、科技人才活动、教育培训等公共服务，实现人才与人才、人才与企业、人才与资本之间的互动和跨界协作。围绕支撑地方特色产业培育发展，建立一批科技领军人才创新驱动中心，支持有条件的企业建设院士（专家）工作站，为高层次人才与企业、地方对接搭建平台。建设海外科技人才离岸创新创业基地，为引进海外创新创业资源搭建平台和桥梁。

（七）大力推动地方科技成果转移转化

22. 加强地方科技成果转化工作。健全省、市、县三级科技成果转化工作网络，强化科技管理部门开展科技成果转移转化的工作职能，加强相关部门之间的协同配合，探索适应地方成果转化要求的考核评价机制。加强基层科技管理机构与队伍建设，完善承接科技成果转移转化的平台与机制，宣传科技成果转化政策，帮助中小企业寻找应用科技成果，搭建产学研合作信息服务平台。指导地方探索“创新券”等政府购买服务模式，降低中小企业技术创新成本。

23. 开展区域性科技成果转移转化试点示范。以创新资源集聚、工作基础好的省（自治区、直辖市）为主导，跨区域整合成果、人才、资本、平台、服务等创新资源，建设国家科技成果转移转化试验示范区，在科技成果转移转化服务、金融、人才、政策等方面，探索形成一批可复制、可推广的工作经验与模式。围绕区域特色产业发展技术瓶颈，推动一批符合产业转型发展需求的重大科技成果在示范区转化与推广应用。

（八）强化科技成果转移转化的多元化资金投入

24. 发挥中央财政对科技成果转移转化的引导作用。发挥国家科技成果转化引导基金等的杠杆作用，采取设立子基金、贷款风险补偿等方式，吸引社会资本投入，支持关系国计民生和产业发展的科技成果转化。通过优化整合后的技术创新引导专项（基金）、基地和人才专项，加大对符合条件的技术转移机构、基地和人才的支持力度。国家科技重大专项、重点研发计划支持战略性重大科技成果产业化前期攻关和示范应用。

25. 加大地方财政支持科技成果转化力度。引导和鼓励地方设立创业投资引导、科技成果转化、知识产权运营等专项资金（基金），引导信贷资金、创业投资资金以及各类社会资金加大投入，支持区域重点产业科技成果转移转化。

26. 拓宽科技成果转化资金市场化供给渠道。大力发展创业投资，培育发展天使投资人和创投机构，支持初创期科技企业和科技成果转化项目。利用众筹等互联网金融平台，为小微企业转移转化科技成果拓展融资渠道。支持符合条件的创新创业企业通过发行债券、资产证券化等方式进行融资。支持银行探索股权投资与信贷投放相结合的模式，为科技成果转移转化提供组合金融服务。

三、组织与实施

（一）加强组织领导

各有关部门要根据职能定位和任务分工，加强政策、资源统筹，建立协同推进机制，形成科技部门、行业部门、社会团体等密切配合、协同推进的工作格局。强化中央和地方协同，加强重点任务的统筹部署及创新资源的统筹配置，形成共同推进科技成果转移转化的合力。各地方要将科技成果转移转化工作纳入重要议事日程，强化科技成果转移转化工作职能，结合实际制定具体实施方案，明确工作推进路线图和时间表，逐级细化分解任务，切实加大资金投入、政策支持和条件保障力度。

（二）加强政策保障

落实《中华人民共和国促进科技成果转化法》及相关政策措施，完善有利于科技成果转移转化的政策环境。建立科研机构、高校科技成果转移转化绩效评估体系，将科技成果转移转化情况作为对单位予以支持的参考依据。推动科研机构、高校建立符合自身人事管理需要和科技成果转化工作特点的职称评定、岗位管理和考核评价制度。完善有利于科技成果转移转化的事业单位国有资产管理相关政策。研究探索科研机构、高校领导干部正职任前在科技成果转化中获得股权的代持制度。各地方要围绕落实《中华人民共和国促进科技成果转化法》，完善促进科技成果转移转化的政策法规。建立实施情况监测与评估机制，为调整完善相关政策举措提供支撑。

（三）加强示范引导

加强对试点示范工作的指导推动，交流各地方各部门的好经验、好做法，对可复制、可推广的经验和模式及时总结推广，发挥促进科技成果转移转化行动的带动作用，引导全社会关心和支持科技成果转移转化，营造有利于科技成果转移转化的良好社会氛围。

附件：

重点任务分工及进度安排表

序 号	重点任务	责任部门	时间进度
1	发布一批产业转型升级发展急需的科技成果包	科技部会同有关部门	2016年6月底前完成
2	建立国家科技成果信息系统	科技部、财政部、中科院、工程院、自然科学基金会等	2017年6月底前建成
3	加强科技成果信息汇交,推广科技成果在线登记汇交系统	科技部会同有关部门	持续推进
4	开展科技成果转化为技术标准试点	质检总局、科技部	2016年12月底前启动
5	推动军民科技成果融合转化应用	国家国防科工局、工业和信息化部、财政部、国家知识产权局等	持续推进
6	依托中科院科研院所体系实施科技服务网络计划	中科院	持续推进
7	在有条件的高校和科研院所建设一批国家技术转移机构	科技部、教育部、农业部、中科院等	2016年6月底前启动建设,持续推进
8	围绕国家重点产业和重大战略,构建一批产业技术创新联盟	科技部、工业和信息化部、中科院等	2016年6月底前启动建设,持续推进
9	推动各类技术开发类科研基地合理布局和功能整合,促进科研基地科技成果转移转化	科技部会同有关部门	持续推进
10	打造线上与线下相结合的国家技术交易网络平台	科技部、教育部、工业和信息化部、农业部、国务院国资委、中科院、国家知识产权局等	2017年6月底前建成运行
11	制定技术转移服务标准和规范	科技部、质检总局	2017年3月底前出台
12	依托行业龙头企业、高校、科研院所建设一批支撑实体经济发展的众创空间	科技部会同有关部门	持续推进
13	依托有条件的地方和机构建设一批技术转移人才培养基地	科技部会同有关部门	持续推进
14	构建"互联网+"创新创业人才服务平台	科技部会同有关部门	2016年12月底前建成运行
15	建设海外科技人才离岸创新创业基地	中国科协	持续推进
16	建设国家科技成果转移转化试验示范区,探索可复制、可推广的经验与模式	科技部会同有关地方政府	2016年6月底前启动建设
17	发挥国家科技成果转化引导基金等的杠杆作用,支持科技成果转化	科技部、财政部等	持续推进
18	引导信贷资金、创业投资资金以及各类社会资金加大投入,支持区域重点产业科技成果转移转化	科技部、财政部、人民银行、银监会、证监会	持续推进
19	推动科研机构、高校建立符合自身人事管理需要和科技成果转化工作特点的职称评定、岗位管理和考核评价制度	教育部、科技部、人力资源社会保障部等	2017年12月底前完成
20	研究探索科研机构、高校领导干部正职任前在科技成果转化中获得股权的代持制度	科技部、中央组织部、人力资源社会保障部、教育部	持续推进

国务院办公厅关于印发深化医药卫生体制改革 2016年重点工作任务的通知

(2016年4月21日　国办发〔2016〕26号)

各省、自治区、直辖市人民政府,国务院有关部门:

《深化医药卫生体制改革2016年重点工作任务》已经国务院同意,现印发给你们,请结合实际,认真组织实施。

深化医药卫生体制改革 2016 年重点工作任务

新一轮医改启动以来，在党中央、国务院的正确领导下，各地区、各有关部门协力同心推进改革，顶层设计不断完善，重点难点逐步突破，群众看病难、看病贵问题得到明显缓解，深化医改取得重大阶段性成效。2015 年，人均预期寿命达到 76.34 岁，比 2010 年提高 1.51 岁，人民健康水平总体上达到中高收入国家平均水平，居民个人卫生支出占卫生总费用比重下降到 30.0% 以下，为近 20 年来的最低水平。医改取得的积极进展和成效，为持续深化改革奠定了坚实基础。

2016 年是“十三五”的开局之年，是到 2017 年实现深化医药卫生体制改革阶段性目标的攻坚之年，也是到 2020 年实现人人享有基本医疗卫生服务目标的关键之年。要全面贯彻党的十八大和十八届三中、四中、五中全会精神，认真落实党中央、国务院决策部署，牢固树立并切实贯彻创新、协调、绿色、开放、共享的发展理念，坚持保基本、强基层、建机制，进一步突出重点领域和关键环节，增强改革创新力度，进一步推进医疗、医保、医药三医联动，强化改革整体性、系统性和协同性，进一步提高改革行动能力，推进政策落实，为实施“十三五”医改规划确定的各项改革任务布好局、起好步，确保取得更大成效，促进建立覆盖城乡居民的基本医疗卫生制度，切实推进健康中国建设。

一、全面深化公立医院改革

（一）巩固完善县级公立医院综合改革

加强分类指导和示范引领，选择江苏省启东市、安徽省天长市、福建省尤溪县、青海省互助土族自治县，开展县级公立医院综合改革示范工作，带动面上改革完善。（卫生计生委、财政部负责，中央编办、国家发展改革委、人力资源和社会保障部、中医药局参与。排在第一位的部门为牵头部门，下同）

（二）扩大城市公立医院综合改革试点

新增 100 个试点城市，使全国试点城市达到 200 个。中央财政对每个新增试点城市按照 2 000 万元的标准予以一次性补助；对所有试点城市有公立医院的市辖区按照每个 100 万元的标准给予补助。同时，开展公立医院综合改革试点效果评价工作，建立评价结果与中央财政补助资金拨付挂钩机制。先行推动 10 所国家卫生计生委委属委管医院参加属地公立医院综合改革，并建立绩效考核机制。积极推进国有企业所办医院参与公立医院改革工作。研究制订军队医院参与城市公立医院综合改革试点的指导性文件。（卫生计生委、财政部、国务院国资委、中央军委后勤保障部卫生局分别负责，中央编办、国家发展改革委、人力资源和社会保障部、中医药局参与）

（三）落实政府责任

贯彻执行《国务院办公厅关于印发全国医疗卫生服务体系规划纲要（2015—2020 年）的通知》（国办发〔2015〕14 号），所有省、市、县分别制定并实施医疗卫生资源配置标准（医疗卫生服务体系规划）、区域卫生规划、县域医疗卫生服务体系规划。全面落实政府对公立医院投入责任。（卫生计生委、国家发展改革委、财政部分别负责）

（四）健全科学补偿机制

巩固公立医院取消药品加成的改革成果，新增试点城市所有公立医院取消药品加成（中药饮片除外）。健全调整医疗服务价格、增加政府补助、改革支付方式以及医院加强核算、节约运行成本等多方共担的补偿机制。落实国家有关医疗服务价格调整政策，建立以成本和收入结构变化为基础的医疗服务价格动态调整机制，按照“总量控制、结构调整、有升有降、逐步到位”的原则，逐步理顺不同级别医疗机构间和医疗服务项目的比价关系。按照“腾空间、调结构、保衔接”的步骤理顺医疗服务价格：通过集中采购、医保控费、规范诊疗行为等降低药品、器械、耗材等费用，严格控制不合理检查检验费用，为调整医疗服务价格腾出空间；分步调整医疗服务价格，不能仅针对取消药品加成部分调整价格，调整的部分按规定纳入医保支付范围；加强医疗服务价格、医保支付、医疗控费、分级诊疗等政策的统筹衔接，确保医疗机构发展可持续、医保基金可承受、总体上不增加群众负担。公立医院改革试点城市要开展医疗服

务价格调整工作,综合医改试点省份要率先落实。(卫生计生委、国家发改委、人力资源和社会保障部、财政部、中医药局分别负责)

(五)完善公立医院管理体制

制订建立现代医院管理制度的指导性文件,落实公立医院人事管理、内部分配、运营管理等自主权。试点城市要建立健全公立医院综合性绩效评价指标体系,引入第三方开展绩效评价。推动实现院长职业化、专业化,建立院长培训认证、任期目标责任考核和相应的激励约束机制。加强财务预算管理,对公立医院实行全面预算管理,推动三级公立医院落实总会计师制度。(卫生计生委、人力资源和社会保障部、中央编办、财政部、教育部、中医药局负责)

(六)深化编制人事制度改革

在地方现有编制总量内,合理核定开展综合改革的公立医院编制总量。创新编制管理方式,完善编制备案管理办法,逐步实行编制备案制。在条件成熟的地方探索开展公立医院编制管理改革试点。在岗位设置、收入分配、职称评定、管理使用等方面,对编制内外人员待遇统筹考虑。按照国家规定推进养老保险制度改革。进一步完善聘用制度、岗位管理制度和公开招聘制度。对医院紧缺、高层次人才,可按规定由医院采取考察的方式予以招聘,结果公开。(中央编办、人力资源和社会保障部、卫生计生委、财政部分别负责,中医药局参与)

(七)加快建立符合医疗卫生行业特点的薪酬制度

组织完善公立医院薪酬制度改革试点工作,加大探索力度,及时总结试点经验。鼓励试点城市探索制订公立医院绩效工资总量核定办法,建立与岗位职责、工作业绩、实际贡献紧密联系的分配激励机制,着力体现医务人员技术劳务价值,规范收入分配秩序,逐步提高医务人员收入待遇,调动医务人员积极性。公立医院院长的绩效工资可由政府办医机构确定。严禁给医务人员设定创收指标,医务人员薪酬不得与医院的药品、耗材、检查、化验等业务收入挂钩。(人力资源和社会保障部、财政部、卫生计生委负责)

(八)严格控制医疗费用不合理增长

推动落实卫生计生委等部门《关于控制公立医院医疗费用不合理增长的若干意见》,各省(自治区、直辖市)根据不同地区医疗费用水平和增长幅度以及不同类别医院的功能定位等,分类确定控费要求并进行动态调整。设定全国医疗费用增长控制目标。2016年6月底前,各地要结合实际合理确定并量化区域医疗费用增长幅度。加强督促检查,定期对各省(自治区、直辖市)医疗费用控制情况进行排名公示。公立医院改革试点城市要列出具体清单,对辅助性、营养性等高价药品不合理使用情况实施重点监控,初步遏制医疗费用不合理增长的势头。(卫生计生委、国家发改委、人力资源和社会保障部、财政部、中医药局、地方各级人民政府负责)

(九)同步推进公立中医医院综合改革

细化落实对中医医院投入倾斜政策,制定实施差别化的价格调整、绩效考核等政策,建立维护公益性、突出中医药特色优势的公立中医医院运行新机制。加强临床路径推广应用,指导各地科学合理调整中医医疗服务价格。(中医药局、卫生计生委、财政部、人力资源和社会保障部、国家发改委负责)

(十)大力改善医疗服务

在各级各类医疗机构进一步落实改善医疗服务行动计划,重点做好预约诊疗、日间手术、信息推送、结算服务、药事服务、急诊急救、优质护理等工作,三级医院全面实施预约诊疗,提升医疗服务水平,改善就医感受,增强人民群众获得感。综合医改试点省份率先在城市三级医院试点推进日间手术,不断扩大日间手术病种范围。实施健康扶贫工程,保障贫困人口享有基本医疗卫生服务。建立健全医疗纠纷预防调解机制,依法保护医患双方合法权益,努力构建和谐医患关系。(卫生计生委、中医药局负责,中国残联参与)

(十一)为符合条件的公立医院医务人员就近提供公租房保障

具体条件和办法由县级以上人民政府制定。(住房城乡建设部、国家发改委、财政部、国土资源

部、卫生计生委负责）

二、加快推进分级诊疗制度建设

（一）加快开展分级诊疗试点

按照“基层首诊、双向转诊、急慢分治、上下联动”的要求，以综合医改试点省份和公立医院综合改革试点城市为重点，加快推进分级诊疗，在70.0%左右的地市开展试点。试点地区高血压、糖尿病患者规范化诊疗和管理率达到30.0%以上。（卫生计生委、人力资源和社会保障部、中医药局、试点地区人民政府负责，中国残联参与）

（二）扩大家庭医生签约服务

总结推广地方推进家庭医生签约服务的成熟经验，制订关于健全签约服务和管理的政策文件，建立健全全科医生制度。在200个公立医院综合改革试点城市开展家庭医生签约服务，鼓励其他有条件的地区积极开展试点。到2016年年底，城市家庭医生签约服务覆盖率达到15.0%以上，重点人群签约服务覆盖率达到30.0%以上。明确签约服务内涵和标准，规范签约服务收费，完善签约服务激励约束机制。签约服务费用由医保基金、基本公共卫生服务经费和签约居民个人分担。（卫生计生委、人力资源和社会保障部、财政部、国家发改委、中医药局负责，中国残联参与）

（三）提升基层服务能力

继续加强基层医疗卫生机构和县级医院能力建设，围绕县外转出率较高的病种，加强适宜技术推广工作，提升县级医院疾病诊疗能力。鼓励城市二级以上医院医师到基层医疗卫生机构多点执业。促进医疗资源向基层和农村流动。进一步完善基层医疗卫生机构绩效工资制度，可按照财务制度规定在核定的收支结余中提取职工福利基金和奖励基金。落实基层医疗卫生机构核定任务、核定收支、绩效考核补助的财务管理办法，加强绩效考核，采取有效措施，既调动基层医疗卫生机构和医务人员的积极性，又防止出现新的逐利行为。（卫生计生委、国家发改委、财政部、人力资源和社会保障部、科技部、中医药局负责）

（四）完善配套政策

探索建立包括医疗联合体、对口支援在内的多种分工协作模式，完善推进和规范城市及县域内医疗联合体建设的政策措施。完善不同级别医疗机构的医保差异化支付政策，适当拉开不同级别医疗机构的起付线和支付比例差距，探索基层医疗卫生机构慢性病患者按人头打包付费，对医疗机构落实功能定位、患者合理选择就医机构形成有效的激励引导。制定常见肿瘤、冠心病和脑血管疾病分级诊疗以及独立设置的病理、检验、影像、血液透析机构相关技术文件，明确常见病种出入院标准和双向转诊规范，落实二三级综合医院功能定位，明确医疗服务能力标准。推动急慢分治。新制修订50个疾病的临床路径，扩大临床路径覆盖面，提高管理质量。力争全部三级医院、80.0%以上的二级医院开展临床路径管理工作。（卫生计生委、人力资源和社会保障部、中医药局负责）

三、巩固完善全民医保体系

（一）推进建立稳定可持续的筹资和保障水平调整机制

基本医疗保险参保率稳定在95.0%以上，城乡居民医保人均政府补助标准提高到420元，人均个人缴费相应增加。新增筹资主要用于提高基本医疗保障水平，并加大对城乡居民大病保险的支持力度。城乡居民医保政策范围内住院费用报销比例稳定在75.0%左右。结合医保基金预算管理全面推进付费总额控制。加快建立健全基本医疗保险稳定可持续的筹资和报销比例调整机制。积极推进基本医保统筹层次提升至地市级，鼓励有条件的地区实行省级统筹。加快推进基本医保全国联网和异地就医结算工作，建立完善国家级异地就医结算平台，逐步与各省份异地就医结算系统实现对接，基本实现跨省异地安置退休人员住院费用直接结算。到2017年，基本实现符合转诊规定的异地就医住院费用直接结算。推动基本医疗保险与生育保险合并实施的相关工作。研究改进职工医保个人账户。（人力资源和

社会保障部、卫生计生委、财政部分别负责）

（二）推进整合城乡居民基本医疗保险制度

根据国家统筹安排，2016年6月底前，各省（自治区、直辖市）要完成统筹推进城乡居民医保制度整合工作的总体部署。年内各统筹地区要出台具体实施方案并组织实施。鼓励有条件的地区理顺管理体制。创新经办管理，提高管理效率和服务水平。支持具有资质的商业保险机构等社会力量参与各地基本医保经办服务。（国务院医改办、人力资源和社会保障部、卫生计生委、各省〔自治区、直辖市〕人民政府分别负责，保监会参与）

（三）巩固完善城乡居民大病保险和医疗救助制度

实现大病保险全覆盖，让更多大病患者减轻负担。完善大病保险政策，对包括建档立卡贫困人口、五保供养对象和低保对象等在内的城乡贫困人口实行倾斜性支付政策，进一步扩大受益面，提高受益水平。鼓励各省（自治区、直辖市）结合实际合理确定合规医疗费用范围，进一步减轻大病患者负担，有条件的地区实行大病保险省级统筹。规范大病保险经办业务，加强监督检查和考核评估，落实承办主体责任。中央财政安排城乡医疗救助补助资金160亿元。全面开展重特大疾病医疗救助，积极引导社会力量参与医疗救助。推动完善基本医保、大病保险、医疗救助、疾病应急救助、商业健康保险和慈善救助有效衔接的政策。完善疾病应急救助制度，指导地方规范开展工作。完善职工补充医疗保险措施。组织开展多层次、多形式的职工医疗互助活动。（国务院医改办、人力资源社会保障部、卫生计生委、民政部、保监会、财政部分别负责，全国总工会、中国残联参与）

（四）进一步深化医保支付方式改革

制订深化医保支付方式改革的政策措施，加快推进支付方式改革，控制医疗费用不合理增长。推广地方成功经验，系统推进按人头付费、按病种付费、按床日付费、总额预付等多种付费方式相结合的复合支付方式改革。逐步将医保对医疗机构服务的监管延伸到对医务人员医疗服务行为的监管。支持开展日间手术等。（人力资源和社会保障部、卫生计生委、财政部负责，中医药局参与）

（五）推进发展商业健康保险

指导保险业加强产品创新，丰富健康保险产品，提升服务水平。开展健康保险个人所得税优惠政策试点，不断完善优化试点方案。修订健康保险管理办法，健全健康保险相关监管制度，规范商业健康保险市场秩序。（保监会、人力资源和社会保障部、财政部、卫生计生委负责）

四、健全药品供应保障机制

（一）巩固完善基本药物制度

研究基本药物目录、生产、标识、价格、配送、配备使用等方面实行政策统一的工作，鼓励地方先行开展探索。研究儿童基本用药适宜剂型、规格，加强基本药物临床应用和处方集培训，加大对贫困地区药事服务帮扶力度。推进仿制药质量和疗效一致性评价，做好基本药物全品种抽验工作。继续加强对国家基本药物品种的不良反应监测，及时向社会发布药品安全性信息。开展专项检查、飞行检查等多种形式的监督检查，对基本药物生产、经营过程中存在的违法违规行为，予以立案查处。增加艾滋病等特殊药物免费供给。推进保障老年人基本用药工作。（卫生计生委、财政部、国家发改委、科技部、工业和信息化部、食品药品监管总局、中医药局分别负责）

（二）全面推进公立医院药品集中采购

继续落实《国务院办公厅关于完善公立医院药品集中采购工作的指导意见》（国办发〔2015〕7号），实行分类采购，每种药品采购的剂型原则上不超过3种，每种剂型对应的规格原则上不超过2种。推广地方经验做法，鼓励和引导省际跨区域联合采购，综合医改试点省份内可鼓励一定区域间的带量联合采购。优化药品购销秩序，压缩流通环节，综合医改试点省份要在全省范围内推行“两票制”（生产企业到流通企业开一次发票，流通企业到医疗机构开一次发票），积极鼓励公立医院综合改革试点城市推行

"两票制",鼓励医院与药品生产企业直接结算药品货款、药品生产企业与配送企业结算配送费用,压缩中间环节,降低虚高价格。总结评估国家药品价格谈判试点工作,逐步增加谈判药品品种数量,合理降低专利药品和独家生产药品价格。总结地方经验,推进完善政策措施,进一步推进高值医用耗材集中采购、网上公开交易等。综合医改试点省份要选择地区开展高值医用耗材集中采购,率先取得突破。进一步完善国家药品供应保障综合管理信息平台和省级药品集中采购平台规范化建设,完善药品采购数据共享机制。(卫生计生委、食品药品监管总局、国家发改委、工业和信息化部、商务部、人力资源和社会保障部、综合医改试点省份人民政府负责)

(三)健全药品价格形成机制

进一步完善药品价格形成机制。强化药品价格行为监管,健全药品价格监测体系,依法查处价格欺诈和垄断行为,切实维护药品市场价格秩序。根据国家有关政策要求,开展基本医保药品支付标准制定工作。采取多种形式推进医药分开,禁止医院限制处方外流,患者可自主选择在医院门诊药房或凭处方到零售药店购药。(国家发改委、卫生计生委、人力资源和社会保障部分别负责)

(四)构建药品生产流通新秩序

进一步完善药品生产质量管理规范和药品经营质量管理规范等政策体系,并严格监督实施。严格药品经营企业准入,规范药品流通秩序。严厉打击药品购销中的违法违规行为,预防和遏制药品、医疗器械与耗材采购中的不正之风和腐败行为。试行零售药店分类分级管理,鼓励连锁药店发展,组织医疗机构处方信息、医保结算信息与药品零售消费信息共享试点,推动医药分开。(食品药品监管总局、商务部分别负责,人力资源和社会保障部、卫生计生委、工业和信息化部参与)

(五)提高药品供应保障能力

强化短缺药品供应保障和预警,建立多部门会商联动机制,以省(自治区、直辖市)为单位选择若干医院和基层医疗卫生机构作为短缺药品监测点,完善短缺药品信息报送制度。建立以基本药物为重点的临床用药综合评价体系。推动建立常态短缺药品储备制度。对已完成定点生产的 4 个品种,组织公立医疗机构按规定从定点生产企业采购,对中标企业的生产供应情况进行监测,及时解决出现的问题。扩大定点生产试点品种范围,新增 5 个左右品种。支持建设小品种生产基地。加大科技创新力度,实施促进我国医疗器械和医药产业发展的指导性政策。加快推进重大新药的自主创新与产业化,加快推进医疗器械国产化和品牌化发展。深化药品医疗器械审评审批制度改革。进一步畅通儿童、老年人等特殊人群用药以及罕见病用药、临床急需药品的审评审批专门通道,加快注册审评进度。建立生产、配送企业约谈制度,重点提高乡村、边远地区药品配送管理水平,完善短缺药品配送管理。(卫生计生委、工业和信息化部、国家发改委、食品药品监管总局、科技部负责)

(六)成立专题工作组

研究制订以深化药品审评审批制度改革为重点,完善药品生产、流通、使用政策文件,着力解决药品规范生产和流通秩序问题。强化部门合作,支持建立完善信息系统,加强不同信息系统对接。强化药品质量监管,启动建立药品出厂价格信息可追溯机制,相关价格信息要提供给价格、卫生计生、工业和信息化、医保管理等部门。推动建立药品出厂价格信息可追溯机制、"两票制"和医务人员激励机制等之间的联动机制,综合施策降低药品虚高价格。加大力度,推进药品生产流通企业优化整合,规范药品流通秩序。(食品药品监管总局、工业和信息化部、国家发改委、财政部、商务部、卫生计生委、中医药局负责)

(七)制订改革意见

制订深化药品流通领域改革的意见。(卫生计生委、商务部、食品药品监管总局负责)

五、建立健全综合监管体系

(一)健全医药卫生监管法律体系

积极转变政府职能,进一步健全综合监管工作机制。加强事中事后监管,组织开展经常性督导检查。加强医疗质量监管,强化医疗服务收费和价格监督检查。(卫生计生委、法制办、食品药品监管总局、国家发改委、中医药局负责)

(二)建立医疗卫生机构医疗费用等信息公开机制

加强卫生全行业监管,将区域内所有医疗机构纳入所在地卫生计生行政部门的统一规划、统一监管。(卫生计生委、中医药局负责)

(三)加大医疗卫生行业监督执法力度

严厉打击各种形式的非法行医,严肃查处违法违规行为,加快推动医药卫生行业信用体系建设,促进各类医疗卫生机构依法执业。(卫生计生委、食品药品监管总局、中医药局负责)

六、加强卫生人才队伍建设

(一)继续加强以全科医生为重点的基层卫生人才培养

完善农村订单定向免费医学生就业、履约管理等相关政策。继续做好免费医学本科生的招生录取培养工作,计划招收5 000名左右免费医学本科生。(卫生计生委、教育部、财政部、中医药局负责,人力资源和社会保障部参与)

(二)全面组织实施住院医师规范化培训

新增规范化培训住院医师7万名,在培总量达到19万人。强化住院医师规范化培训基地内涵建设与动态管理,深入开展第三方评估,严格执行退出机制。开展专科医师规范化培训制度试点。(卫生计生委、财政部、国家发改委、中医药局负责,人力资源社会保障部参与)

(三)支持有条件的医学院校加强儿科、精神医学、助产等紧缺专业人才培养

采取推进高等院校儿科医学人才培养、住院医师规范化培训招生适当向儿科专业倾斜、开展县市级儿科医师转岗培训、增加全科医生儿科专业技能培训等措施,加强儿科医务人员队伍建设。根据毕业生数量和岗位需求,规范化培训儿科住院医师5 000名。加大老年医学、康复、健康管理等方面的专门人才培养力度。创新高层次医学人才培养机制。(卫生计生委、教育部、财政部、中医药局、中国残联负责)

(四)制订实施细则

各省(自治区、直辖市)要制订完善基层卫生专业技术人员职称评审的实施细则。〔各省(自治区、直辖市)人民政府、人力资源和社会保障部、卫生计生委负责〕

(五)继续开展全科医生特设岗位试点

开展乡村医生队伍建设重大政策措施落实情况的监督检查,推动政策落实。启动乡村全科执业助理医师资格考试试点。加强医院院长职业化培训。继续推进中医药传承与创新人才工程。(卫生计生委、人力资源社会保障部、财政部、中医药局、试点地区人民政府负责)

七、稳固完善基本公共卫生服务均等化制度

1. 人均基本公共卫生服务经费财政补助标准提高到45元。优化现有服务项目,扩大服务覆盖面。(财政部、卫生计生委、中医药局负责)

2. 健全分工协作机制,落实专业公共卫生机构对基层医疗卫生机构实施基本公共卫生服务的业务管理与指导。加强项目绩效考核,完善考核方式,强化县区级考核,实行考核结果与经费拨付挂钩。加强项目进展监测评价工作,完善项目资金管理和支付方式,按照服务数量和质量拨付资金。对基本公共卫生服务项目实施情况进行综合督查评估。(卫生计生委、财政部、中医药局负责)

3. 加强健康促进工作,制订加强健康促进与教育工作的指导性文件。继续实施妇幼健康行动计划等重大公共卫生服务项目。进一步强化出生缺陷综合防治,继续实施国家免费孕前优生健康检查项目。启动实施流动人口健康促进行动计划,全面推进流动人口基本公共卫生计生服务均等化工作。提供从婚检、孕前检查到孕产期保健、儿童保健等覆盖生育

全过程的基本医疗保健服务。（卫生计生委、中医药局、中国残联负责）

4. 推进基层计生服务机构与妇幼机构整合。（卫生计生委、中央编办负责）

八、推进卫生信息化建设

1. 统筹推进国家、省、市、县级人口健康信息平台建设，加快建设公共卫生、计划生育、医疗服务、医疗保障、药品管理、综合管理等业务应用信息系统并实现互联互通。推动实现电子健康档案和电子病历的连续记录以及不同级别、不同类别医疗机构间的信息授权使用。（卫生计生委、国家发改委、财政部、中医药局负责，工业和信息化部、网信办、国家统计局参与）

2. 选择具备条件的地区和领域先行推进健康医疗大数据应用试点。整合健康管理及医疗信息资源，推动预约诊疗、线上支付、在线随访以及检查检验结果在线查询等服务，积极发展远程医疗、疾病管理、药事服务等业务应用。加强临床医学大数据应用发展工作。（卫生计生委、国家发改委、财政部、中医药局负责，工业和信息化部、网信办、国家统计局参与）

3. 选择部分省（直辖市）开展医疗机构、医师、护士电子证照试点工作。（卫生计生委、中医药局、试点省〔直辖市〕人民政府负责）

九、加快发展健康服务业

1. 抓好社会办医政策落实，开展《国务院办公厅印发关于促进社会办医加快发展若干政策措施的通知》（国办发〔2015〕45 号）落实情况督查。（发展改革委、卫生计生委负责，商务部、中医药局参与）

2. 稳步推进和规范医师多点执业，加快转变政府职能，放宽条件、简化程序，优化医师多点执业政策环境，发挥“鲶鱼效应”，搞活用人机制。鼓励医师到基层、边远地区、医疗资源稀缺地区和其他有需求的医疗机构多点执业，推进形成分级诊疗格局。医师与第一执业地点医疗机构在协商一致的基础上，签订聘用（劳动）合同，明确人事（劳动）关系和权利义务，并按照国家有关规定参加社会保险。第一执业地点医疗机构应当支持医师多点执业并完善内部管理。试点放开公立医院在职或退休主治以上医师到基层医疗卫生机构执业或开设工作室。（卫生计生委、中医药局负责，人力资源社会保障部参与）

3. 贯彻落实《国务院关于印发中医药发展战略规划纲要（2016—2030 年）的通知》（国发〔2016〕15 号）和《国务院办公厅关于印发中医药健康服务发展规划（2015—2020 年）的通知》（国办发〔2015〕32 号），积极发展中医药、民族医药事业，大力发展中医药健康服务。（中医药局、国家发改委、卫生计生委负责）

4. 贯彻落实《国务院办公厅转发卫生计生委等部门关于推进医疗卫生与养老服务相结合指导意见的通知》（国办发〔2015〕84 号），建立健全医疗卫生机构与养老机构合作机制，促进中医药与养老服务结合。鼓励社会力量举办医养结合机构以及老年康复、老年护理等专业医疗机构。推动医疗卫生服务延伸至社区、家庭。（卫生计生委、民政部、国家发改委、财政部、人力资源和社会保障部、中医药局负责，商务部参与）

5. 完善政策措施，积极推进发展医疗旅游。（卫生计生委、中医药局负责）

十、加强组织实施

（一）建立健全强有力的医改组织领导体制和工作推进机制

深化医改是一项复杂的系统工程，当前改革进入深水区和攻坚期，各地区、各有关部门要树立大局意识，积极参与和支持医改，综合施策，形成合力攻坚克难。进一步加强组织领导，充分发挥医改领导小组的统筹协调作用，支持和鼓励建立医疗、医保、医药统一的管理体制。落实政府的领导责任、保障责任、管理责任、监督责任。建立将医改纳入对地方政府的考核要求等约束机制。紧扣改革目标，细化工作方案，强化政策落实，明确地方各级政府、各有关部门责任，制定时间表和路线图，推进改革政策和任务落实。加大督促指导力度，对工作不力或进展缓慢的，强化督查和问责。（卫生计生委、地方各级

人民政府负责）

（二）进一步总结推广综合医改试点省份的经验做法

总结完善福建省三明市改革做法和经验，在安徽、福建等综合医改试点省份推广。新增若干综合医改试点省份，区域联动推进综合改革，进一步增强改革的整体性、系统性和协同性。（卫生计生委、财政部、综合医改试点省份人民政府负责）

（三）加强医改宣传等工作

坚持正确的舆论导向，加大医改政策解读和正面宣传力度，及时解疑释惑，回应社会关切，引导群众合理预期和就医行为。及时总结推广基层成熟经验。各省（自治区、直辖市）要结合实际，强化经验总结，努力提炼可复制推广的改革模式。加强对三医联动及公共卫生等重大政策问题研究。推进科技与医疗协同，进一步完善国家临床医学研究中心和重大疾病协同研究网络布局，加强医改科技支撑。（卫生计生委、中央宣传部、科技部、各省〔自治区、直辖市〕人民政府负责）

附件：

部分重点工作任务分工及进度安排表

序号	工作任务	牵头部门	时间进度
1	制订“十三五”医改规划	国务院医改办	2016年6月底前完成
2	启动扩大城市公立医院综合改革试点和新增省级综合医改试点	国务院医改办	2016年5月底前完成
3	制订建立现代医院管理制度的指导性文件	卫生计生委	2016年9月底前完成
4	制订深化医保支付方式改革的政策措施	人力资源社会保障部、卫生计生委、财政部	2016年6月底前完成
5	修订健康保险管理办法	保监会	2016年10月底前完成
6	制订关于健全家庭医生签约服务和管理的政策文件	国务院医改办	2016年10月底前完成
7	完善推进和规范城市及县域内医疗联合体建设的政策措施	卫生计生委	2016年9月底前完成
8	研究制订以深化药品审评审批制度改革为重点，完善药品生产、流通、使用政策文件	食品药品监管总局、国家发改委、工业和信息化部、商务部、卫生计生委	2016年12月底前完成
9	制订健全药品供应保障机制的政策措施	卫生计生委	2016年10月底前完成

国务院关于印发盐业体制改革方案的通知

（2016年4月22日　国发〔2016〕25号）

各省、自治区、直辖市人民政府，国务院各部委、各直属机构：

现将《盐业体制改革方案》印发给你们，请认真贯彻落实。

盐业体制改革方案

为落实党中央、国务院决策部署，推进盐业体制改革，实现盐业资源有效配置，进一步释放市场活力，促进行业健康可持续发展，现制定以下方案。

一、总体要求

（一）指导思想

全面贯彻党的十八大、十八届三中、四中、五中全会和中央经济工作会议精神，认真落实创新、协调、绿色、开放、共享发展理念，以确保食盐质量安全和供应安全为核心，在坚持食盐专营制度基础上推进供给侧结构性改革，坚持依法治盐，创新管理方式，健全食盐储备，严格市场监管，建立公平竞争、监管到位的市场环境，培育一批具有核心竞争力的企业，逐步形成符合我国国情的盐业管理体制。

（二）基本原则

突出食盐安全。完善食盐监管机制，加强企业规范条件和信用体系建设，健全社会食盐储备体系，拓宽碘盐供应渠道，保障食盐质量，实现科学补碘。

释放市场活力。取消食盐产销区域限制，改革食盐定价机制和工业盐管理，鼓励企业自主经营、产销一体，通过兼并重组等方式不断做优做强，为行业健康发展提供动力。

注重统筹兼顾。把确保用盐安全和激发市场活力有机结合，统筹协调各项改革措施，建立沟通协调机制，加强工作指导和效果评估，确保改革稳妥推进。

坚持依法治盐。完善法律法规和政策措施，加快建设标准体系，建立健全监管制度，明确各方管理职责，创新管理方式，实施依法治理。

二、强化食盐专业化监管，完善食盐专营制度

（三）完善食盐定点生产制度

不再核准新增食盐定点生产企业，确保企业数量只减不增。鼓励食盐生产与批发企业产销一体。鼓励社会资本进入食盐生产领域，与现有定点生产企业进行合作。

（四）完善食盐批发环节专营制度

坚持批发专营制度，以现有食盐定点生产企业和食盐批发企业为基数，不再核准新增食盐批发企业，鼓励食盐批发企业与定点生产企业兼并重组，其他各类商品流通企业不得从事食盐批发。鼓励国有食盐批发企业在保持国有控股基础上，通过投资入股、联合投资、企业重组等方式引入社会资本，开展战略合作和资源整合。

（五）完善食盐专业化监管体制

保持现有专业化食盐监管体制不变，由盐业主管机构依法负责食盐管理与监督。工业和信息化部是国务院盐业主管机构，主管全国盐业工作，负责制定盐业发展规划和产业政策，管理全国食盐专营工作，保证盐行业发展稳定。县级以上地方各级人民政府授权的盐业主管机构，负责管理本行政区域内的食盐专营工作。各级盐业主管机构与公安、司法、卫生计生、工商、质检、食品药品监管等部门各司其职、密切协作，依法加强食盐安全监管。结合行政执法体制改革，探索推进食盐安全监管体制改革，研究剥离食盐批发企业承担的行政管理职能，创造条件将食盐质量安全管理与监督职能移交食品药品监管部门或市场监管部门负责。加快建设食盐电子追溯体系，实现食盐来源可追溯、流向可查询、风险可防范、责任可追究。

三、推进盐业管理综合改革，完善食盐储备制度

（六）改革食盐生产批发区域限制

取消食盐定点生产企业只能销售给指定批发企业的规定，允许生产企业进入流通和销售领域，自主确定生产销售数量并建立销售渠道，以自有品牌开展跨区域经营，实现产销一体，或者委托有食盐批发资质的企业代理销售。取消食盐批发企业只能在指定范围销售的规定，允许向食盐定点生产企业购盐并开展跨区域经营，省级食盐批发企业可开展跨省经营，省级以下食盐批发企业可在本省（自治区、直辖市）范围内开展经营。鼓励盐业企业依托现有营销网络，大力发展电子商务、连锁经营、物流配送等现代流通方式，开展综合性商品流通业务。

（七）改革食盐政府定价机制

放开食盐出厂、批发和零售价格，由企业根据生产经营成本、食盐品质、市场供求状况等因素自主确定。各级价格管理部门要加强对食盐零售价格的市场监测，配合盐业主管机构采取措施，保持价格基本稳定，特殊情况下可依法采取价格干预或其他紧急措施，防止普通食盐价格异常波动。

（八）改革工业盐运销管理

取消各地自行设立的两碱工业盐备案制和准运

证制度，取消对小工业盐及盐产品进入市场的各类限制，放开小工业盐及盐产品市场和价格。各省级人民政府要切实执行放开工业盐运销管制的要求，并研究制定落实细则和责任追究等有关管理办法，工业和信息化部要加强督促检查。工业盐生产企业应当建立、保存完整的生产和销售记录，严格防止工业盐流入食盐市场。质检部门要督促生产企业提高产品质量，加强工业盐产品质量监管，依法查处不合格产品，工商部门要依法查处虚假广告和侵权假冒行为。

（九）改革食盐储备体系

建立由政府储备和企业社会责任储备组成的全社会食盐储备体系，确保自然灾害和突发事件发生时食盐和原碘的安全供应。各省（自治区、直辖市）根据本地食盐供需情况建立政府食盐储备，储备量不得低于本省（自治区、直辖市）一个月食盐消费量，可以依托现有食盐批发企业仓储能力，也可以选择具备条件的食盐生产企业实施动态储备，本级财政预算应安排资金对食盐储备给予贷款贴息、管理费支出等支持。加大对储备补贴资金的审计力度，接受社会监督。完善企业食盐储备制度，限定食盐生产、批发企业的最低库存和最高库存，防止食盐市场供应短缺和企业囤积居奇，其中最低库存不得低于本企业正常情况下一个月的平均销售量，库存具体标准由行业协会研究提出、工业和信息化部核定，各级盐业主管机构要加强对库存情况的监督检查。鼓励企业在供求关系稳定或产能大于需求时，在最低库存基础上建立成本自担的社会责任储备。原碘供应按照现行方式管理，中央财政对原碘采购及碘添加剂生产、供应给予适当支持。

四、加强食盐管理制度建设，保障食盐供应安全

（十）严格规范食盐生产批发企业资质

工业和信息化部牵头，食品药品监管总局等有关部门积极参与，依照有关法律法规，综合考虑技术水平、卫生保障条件等因素，制定食盐生产、批发企业的规范条件。省级盐业主管机构要依照新的规范条件对现有食盐生产、批发企业资质重新进行严格审核后报工业和信息化部备案，并在指定网站公示，接受社会监督。

（十一）加快信用体系建设

各级盐业主管机构要会同有关部门、行业协会建立食盐生产、批发企业及其负责人和高管人员信用记录，纳入国家统一的社会信用体系。依托全国信用信息共享平台、国家企业信用信息公示系统和地方政府指定网站建立健全信息公示制度，对拟进入食盐生产、批发领域的社会资本要在准入前公示有关信息，并每年定期公示所有企业及其负责人的有关信息。对有违法失信行为的企业和个人，有关部门要加大监管力度，依法实施联合惩戒，对行为后果严重且影响食盐安全的，要依法采取行业禁入等措施。各级盐业协会要发挥好协调沟通和行业自律的作用。

（十二）加强科学补碘工作

充分发挥食盐生产、批发企业的保障供应作用，有效拓宽碘盐供应渠道，确保合格碘盐覆盖率在90.0%以上，同时满足特定人群非碘盐消费需求。积极做好科学补碘宣传教育，提高孕妇、儿童和碘缺乏地区群众的科学补碘意识。国家卫生计生委负责制定食盐加碘标准，组织开展碘缺乏病监测，公布区域人群碘营养状况；省级卫生计生部门负责划定边远贫困碘缺乏地区，做好动态监控，适时调整帮扶地区范围。各地可根据实际情况，灵活选择政府补贴运销费用或直接补贴贫困人口等方式，保证边远贫困地区和经济欠发达的边疆民族地区人口能够吃得上、吃得起合格碘盐，并建立与社会救助标准、物价挂钩的联动机制，及时调整保障标准。

（十三）加强应急机制建设

工业和信息化部负责全国食盐供应紧急突发事件的协调处置工作，各级盐业主管机构要会同有关部门研究制定食盐供应应急预案，并向同级政府应急管理部门备案。紧急突发情况下，由盐业主管机构按照应急预案规定，采取投放政府储备、调运企业社会责任储备等方式，确保食盐市场稳定。

（十四）推动盐业企业做优做强

按照党中央、国务院深化国有企业改革有关要求，加快国有盐业企业公司制、股份制改革，建立规范的公司法人治理结构，积极发展混合所有制，转换经营机制，盘活企业资产，增强生机和活力。鼓励食盐生产、批发企业兼并重组，允许各类财务投资主体以多种形式参与，向优势企业增加资本投入，支持企业通过资本市场或公开上市等方式融资，形成一批具有核心竞争力的企业集团，引领行业发展。将解决中央盐业企业历史遗留问题纳入中央国有资本经营预算支出范围统筹考虑，各级政府要落实国有盐业企业兼并重组整合涉及的资产评估增值、土地变更登记和国有资产无偿划转等方面税收优惠政策。

五、强化组织领导，落实改革任务

（十五）完善盐业法律法规体系

国务院有关部门、地方政府要依照有关法律法规和本方案精神，抓紧对现行盐业管理法规政策进行清理，按程序提出立改废建议，推动健全法律法规体系，促进盐业健康发展。

（十六）设置过渡期分步实施改革

自本方案印发之日起至2016年12月31日，有关部门要抓紧研究制定食盐生产及批发企业规范条件、食盐储备、市场监管和价格监测、干预等政策措施，修改完善相关制度。从2017年1月1日开始，放开所有盐产品价格，取消食盐准运证，允许现有食盐定点生产企业进入流通销售领域，食盐批发企业可开展跨区域经营。现有食盐定点生产企业许可证和食盐批发企业许可证不再重新核发，有效期延至2018年12月31日。从2018年1月1日开始，现有食盐定点生产企业和批发企业可依照新的规定申请许可，根据许可范围从事相应的经营活动。

（十七）切实落实工作责任

各省级人民政府对本行政区域内盐业体制改革负总责，要加强组织领导，明确各有关部门的监管责任，按照本方案确定的改革方向和主要原则，结合实际制定具体工作方案，安排好政府食盐储备、边远贫困地区及经济欠发达的边疆民族地区碘盐供应财政补贴等工作，全面落实改革各项任务。国务院各有关部门要按照方案要求，抓紧制定配套政策措施，建立协作联动机制，形成监管合力。国家发改委、工业和信息化部要加强工作指导和统筹协调，并做好督促检查和效果评估，对改革中出现的新问题及时研究提出解决办法，确保食盐安全和市场稳定，重大问题及时向国务院报告。

国务院关于印发全面推开营改增试点后调整中央与地方增值税收入划分过渡方案的通知

（2016年4月29日　国发〔2016〕26号）

各省、自治区、直辖市人民政府，国务院各部委、各直属机构：

现将《全面推开营改增试点后调整中央与地方增值税收入划分过渡方案》印发给你们，请认真遵照执行。

全面推开营改增试点后调整中央与地方增值税收入划分过渡方案

全面推开营改增试点将于2016年5月1日实施。按照党的十八届三中全会关于“保持现有中央和地方财力格局总体稳定，结合税制改革，考虑税种属性，进一步理顺中央和地方收入划分”的要求，同时考虑到税制改革未完全到位，推进中央与地方事权和支出责任划分改革还有一个过程，国务院决定，制定全面推开营改增试点后调整中央与地方增值税收入划分的过渡方案。

一、基本原则

1. 保持现有财力格局不变。既要保障地方既有财力，不影响地方财政平稳运行，又要保持目前中央和地方财力大体“五五”格局。

2. 注重调动地方积极性。适当提高地方按税收缴纳地分享增值税的比例，有利于调动地方发展经济和培植财源的积极性，缓解当前经济下行压力。

3. 兼顾好东中西部利益关系。以 2014 年为基数，将中央从地方上划收入通过税收返还方式给地方，确保既有财力不变。调整后，收入增量分配向中西部地区倾斜，重点加大对欠发达地区的支持力度，推进基本公共服务均等化。

同时，在加快地方税体系建设、推进中央与地方事权和支出责任划分改革过程中，做好过渡方案与下一步财税体制改革的衔接。

二、主要内容

（1）以 2014 年为基数核定中央返还和地方上缴基数；

（2）所有行业企业缴纳的增值税均纳入中央和地方共享范围；

（3）中央分享增值税的 50.0%；

（4）地方按税收缴纳地分享增值税的 50.0%；

（5）中央上划收入通过税收返还方式给地方，确保地方既有财力不变；

（6）中央集中的收入增量通过均衡性转移支付分配给地方，主要用于加大对中西部地区的支持力度。

三、实施时间和过渡期限

本方案与全面推开营改增试点同步实施，即自 2016 年 5 月 1 日起执行。过渡期暂定 2 ~ 3 年，届时根据中央与地方事权和支出责任划分、地方税体系建设等改革进展情况，研究是否适当调整。

国务院关于做好全面推开营改增试点工作的通知

（2016 年 4 月 29 日　国发明电〔2016〕1 号）

各省、自治区、直辖市人民政府，国务院各部委、各直属机构：

全面推开营改增试点将于 2016 年 5 月 1 日实施，为切实做好试点各项工作，现就有关事项通知如下：

1. 高度重视全面推开营改增试点工作，切实加强组织领导。全面推开营改增试点是当前推动结构性改革尤其是供给侧结构性改革的重要内容，是实施积极财政政策的重大减税措施，政策性强、涉及面广，时间紧、任务重。各地区、各部门要充分认识全面推开营改增试点的重大意义，高度重视，统一思想，进一步加强对试点工作的组织领导。全面推开营改增试点部际联席会议要按照国务院赋予的职责，主动做好综合协调，统筹推进相关工作。各省（自治区、直辖市）人民政府要对本行政区域全面推开营改增试点工作负总责，政府主要负责同志要切实担负起第一责任人的责任。要精心组织，周密部署，抓紧建立工作协同推进机制，明确任务分工，细化措施方案，层层落实责任。

2. 密切跟踪试点运行情况，做好政策解读和舆论引导。各地区、各部门要密切跟踪掌握全面推开营改增试点工作的进展情况，充分利用互联网、大数据等技术手段，针对不同行业和企业特点，梳理试点过程中的新情况,不断总结试点经验,优化流程,改进方法,加强监测预警,完善应对预案,强化风险防控,出现问题迅速处置。要进一步加强试点工作宣传,深入进行政策解读,对不实消息和人为炒作要予以及时澄清,积极回应社会关切,避免政策误读,有效引导社会舆论,为改革营造良好氛围。

3. 严肃财经纪律,强化责任追究。地方各级政府都要讲政治、顾大局,算政治账、经济账、长远账,严格遵守有关法律法规和财经纪律,绝不允许为了短期利益和局部利益,搞回溯性清税,甚至弄虚作假收过头税。此类问题一经发现要依法依规严肃处理,对不应征收的税收必须立即退付给纳税人,超出合理增幅部分的税收要相应扣回。有关部门要强化监督约谈,禁止个别企业等假借营改增之名刻意曲解政策、趁机涨价谋取不当利益。同时,要确保全面推开营改增试点后顺利实施调整中央与地方增值税收入划分过渡方案。要坚决避免违背市场规律的不合理行政干预,不得限制企业跨区域生产经营、操纵企业增加值地区分布,严禁以各种不当手段争夺税源,防止形成地方保护和市场分割,破坏全国统一大市场建设。要确保试点工作平稳、有序进行,确保各项减税措施落到实处、见到实效,确保各行业税负只减不增,使广大企业充分享受到全面推开营改增试点的改革红利。重大事项要及时向国务院报告。

国务院关于深化制造业与互联网融合发展的指导意见

(2016 年 5 月 13 日　国发〔2016〕28 号)

各省、自治区、直辖市人民政府,国务院各部委、各直属机构:

制造业是国民经济的主体,是实施“互联网 +”行动的主战场。中国是制造业大国,也是互联网大国,推动制造业与互联网融合,有利于形成叠加效应、聚合效应、倍增效应,加快新旧发展动能和生产体系转换,前景广阔、潜力巨大。当前,中国制造业与互联网融合步伐不断加快,在激发“双创”活力、培育新模式新业态、推进供给侧结构性改革等方面已初显成效,但仍存在平台支撑不足、核心技术薄弱、应用水平不高、安全保障有待加强、体制机制亟须完善等问题。为进一步深化制造业与互联网融合发展,协同推进“中国制造 2025”和“互联网 +”行动,加快制造强国建设,现提出以下意见:

一、总体要求

(一)指导思想

全面贯彻党的十八大和十八届三中、四中、五中全会精神,按照国务院决策部署,牢固树立和贯彻落实创新、协调、绿色、开放、共享的发展理念,以激发制造企业创新活力、发展潜力和转型动力为主线,以建设制造业与互联网融合“双创”平台为抓手,围绕制造业与互联网融合关键环节,积极培育新模式新业态,强化信息技术产业支撑,完善信息安全保障,夯实融合发展基础,营造融合发展新生态,充分释放“互联网 +”的力量,改造提升传统动能,培育新的经济增长点,发展新经济,加快推动“中国制造”提质增效升级,实现从工业大国向工业强国迈进。

(二)基本原则

坚持创新驱动,激发转型新动能。积极搭建支撑制造业转型升级的各类互联网平台,充分汇聚整合制造企业、互联网企业等“双创”力量和资源,带动技术产品、组织管理、经营机制、销售理念和模式等创新,提高供给质量和效率,激发制造业转型升级新动能。

坚持融合发展,催生制造新模式。促进技术融合与理念融合相统一,推动制造企业与互联网企业在发展理念、产业体系、生产模式、业务模式等方面全面融合,发挥互联网聚集优化各类要素资源的优势,构建开放式生产组织体系,大力发展个性化定制、服务型制造等新模式。

坚持分业施策，培育竞争新优势。深刻把握互联网技术在不同行业、环节的扩散规律和融合方式，针对不同行业、企业融合发展的基础和水平差异，完善融合推进机制和政策体系，培育制造业竞争新优势。

坚持企业主体，构筑发展新环境。充分发挥市场机制作用，更好发挥政府引导作用，突出企业主体地位，优化政府服务，妥善处理鼓励创新与加强监管、全面推进与错位发展、加快发展与保障安全的关系，形成公平有序的融合发展新环境。

（三）主要目标

到2018年年底，制造业重点行业骨干企业互联网“双创”平台普及率达到80.0%，相比2015年年底，工业云企业用户翻一番，新产品研发周期缩短12.0%，库存周转率提高25.0%，能源利用率提高5.0%。制造业互联网“双创”平台成为促进制造业转型升级的新动能来源，形成一批示范引领效应较强的制造新模式，初步形成跨界融合的制造业新生态，制造业数字化、网络化、智能化取得明显进展，成为巩固中国制造业大国地位、加快向制造强国迈进的核心驱动力。

到2025年，制造业与互联网融合发展迈上新台阶，融合“双创”体系基本完备，融合发展新模式广泛普及，新型制造体系基本形成，制造业综合竞争实力大幅提升。

二、主要任务

（四）打造制造企业互联网“双创”平台

组织实施制造企业互联网“双创”平台建设工程，支持制造企业建设基于互联网的“双创”平台，深化工业云、大数据等技术的集成应用，汇聚众智，加快构建新型研发、生产、管理和服务模式，促进技术产品创新和经营管理优化，提升企业整体创新能力和水平。鼓励大型制造企业开放“双创”平台聚集的各类资源，加强与各类创业创新基地、众创空间合作，为全社会提供专业化服务，建立资源富集、创新活跃、高效协同的“双创”新生态。深化国有企业改革和科技体制改革，推动产学研“双创”资源的深度整合和开放共享，支持制造企业联合科研院所、高等院校以及各类创新平台，加快构建支持协同研发和技术扩散的“双创”体系。

（五）推动互联网企业构建制造业“双创”服务体系

组织实施“双创”服务平台支撑能力提升工程，支持大型互联网企业、基础电信企业建设面向制造企业特别是中小企业的“双创”服务平台，鼓励基础电信企业加大对“双创”基地宽带网络基础设施建设的支持力度，进一步提速降费，完善制造业“双创”服务体系，营造大中小企业合作共赢的“双创”新环境，开创大中小企业联合创新创业的新局面。鼓励地方依托国家新型工业化产业示范基地、国家级经济技术开发区、国家高新技术产业开发区等产业集聚区，加快完善人才、资本等政策环境，充分运用互联网，积极发展创客空间、创新工场、开源社区等新型众创空间，结合“双创”示范基地建设，培育一批支持制造业发展的“双创”示范基地。组织实施企业管理能力提升工程，加快信息化和工业化融合管理体系标准制定和应用推广，推动业务流程再造和组织方式变革，建立组织管理新模式。

（六）支持制造企业与互联网企业跨界融合

鼓励制造企业与互联网企业合资合作培育新的经营主体，建立适应融合发展的技术体系、标准规范、商业模式和竞争规则，形成优势互补、合作共赢的融合发展格局。推动中小企业制造资源与互联网平台全面对接，实现制造能力的在线发布、协同和交易，积极发展面向制造环节的分享经济，打破企业界限，共享技术、设备和服务，提升中小企业快速响应和柔性高效的供给能力。支持制造企业与电子商务企业开展战略投资、品牌培育、网上销售、物流配送等领域合作，整合线上线下交易资源，拓展销售渠道，打造制造、营销、物流等高效协同的生产流通一体化新生态。

（七）培育制造业与互联网融合新模式

面向生产制造全过程、全产业链、产品全生命周期，实施智能制造等重大工程，支持企业深化质量管理与互联网的融合，推动在线计量、在线检测等全产业链质量控制，大力发展网络化协同制造等新生产模式。支持企业利用互联网采集并对接用户个性化需求，开展基于个性化产品的研发、生产、服务和商业模式创新，促进供给与需求精准匹配。推动企业运用互联网开展在线增值服务，鼓励发展面向智能产品和智能装备的产品全生命周期管理和服务，拓展产品价值空间，实现从制造向"制造+服务"转型升级。积极培育工业电子商务等新业态，支持重点行业骨干企业建立行业在线采购、销售、服务平台，推动建设一批第三方电子商务服务平台。

（八）强化融合发展基础支撑

推动实施国家重点研发计划，强化制造业自动化、数字化、智能化基础技术和产业支撑能力，加快构筑自动控制与感知、工业云与智能服务平台、工业互联网等制造新基础。组织实施"芯火"计划和传感器产业提升工程，加快传感器、过程控制芯片、可编程逻辑控制器等产业化。加快计算机辅助设计仿真、制造执行系统、产品全生命周期管理等工业软件产业化，强化软件支撑和定义制造业的基础性作用。构建信息物理系统参考模型和综合技术标准体系，建设测试验证平台和综合验证试验床，支持开展兼容适配、互联互通和互操作测试验证。

（九）提升融合发展系统解决方案能力

实施融合发展系统解决方案能力提升工程，推动工业产品互联互通的标识解析、数据交换、通信协议等技术攻关和标准研制，面向重点行业智能制造单元、智能生产线、智能车间、智能工厂建设，培育一批系统解决方案供应商，组织开展行业系统解决方案应用试点示范，为中小企业提供标准化、专业化的系统解决方案。支持有条件的企业开展系统解决方案业务剥离重组，推动系统解决方案服务专业化、规模化和市场化，充分发挥系统解决方案促进制造业与互联网融合发展的"黏合剂"作用。

（十）提高工业信息系统安全水平

实施工业控制系统安全保障能力提升工程，制定完善工业信息安全管理等政策法规，健全工业信息安全标准体系，建立工业控制系统安全风险信息采集汇总和分析通报机制，组织开展重点行业工业控制系统信息安全检查和风险评估。组织开展工业企业信息安全保障试点示范，支持系统仿真测试、评估验证等关键共性技术平台建设，推动访问控制、追踪溯源、商业信息及隐私保护等核心技术产品产业化。以提升工业信息安全监测、评估、验证和应急处置等能力为重点，依托现有科研机构，建设国家工业信息安全保障中心，为制造业与互联网融合发展提供安全支撑。

三、保障措施

（十一）完善融合发展体制机制

深入推进简政放权、放管结合、优化服务改革，放宽新产品、新业态的市场准入限制，加强事中事后监管，提升为企业服务的能力和水平，营造有利于制造业与互联网融合发展的环境。适应制造业与互联网跨界融合发展趋势，积极发挥行业协会和中介组织的桥梁纽带作用，鼓励建立跨行业、跨领域的新型产学研用联盟，开展关键共性技术攻关、融合标准制定和公共服务平台建设。围绕新商业模式知识产权保护需求，完善相关政策法规，建设结构合理、层次分明、可持续发展的知识产权运营服务网络。

（十二）培育国有企业融合发展机制

鼓励中央企业设立创新投资基金，引导地方产业投资基金和社会资本，支持大企业互联网"双创"平台建设、创新创意孵化、科技成果转化和新兴产业培育。建立有利于国有企业与互联网深度融合、激发企业活力、积极开展"双创"的机制，完善国有企业内部创新组织体系和运行机制，探索引入有限合伙制，完善鼓励创新、宽容失败的经营业绩考核机制，研究建立中央企业创新能力评价制度，建立促进创新成果转让的收益分配、工资奖励等制度，对企业重要技术人员和经营管理人员实施股权和分红激励政策。

（十三）加大财政支持融合发展力度

利用中央财政现有资金渠道，鼓励地方设立融合发展专项资金，加大对制造业与互联网融合发展关键环节和重点领域的投入力度，为符合条件的企业实施设备智能化改造、"双创"平台建设运营和应用试点示范项目提供支持。充分发挥现有相关专项资金、基金的引导带动作用，支持系统解决方案能力提升和制造业“双创”公共服务平台建设。制造业与互联网融合发展相关工作或工程中涉及技术研发、确需中央财政支持的，通过优化整合后的科技计划（专项、基金等）统筹予以支持。创新财政资金支持方式，鼓励政府采购云计算等专业化第三方服务，支持中小微企业提升信息化能力。

（十四）完善支持融合发展的税收和金融政策

结合全面推开营改增试点，进一步扩大制造企业增值税抵扣范围，落实增值税优惠政策，支持制造企业基于互联网独立开展或与互联网企业合资合作开展新业务。落实研发费用加计扣除、高新技术企业等所得税优惠政策，积极研究完善科技企业孵化器税收政策。选择一批重点城市和重点企业开展产融合作试点，支持开展信用贷款、融资租赁、质押担保等金融产品和服务创新。鼓励金融机构利用“双创”平台提供结算、融资、理财、咨询等一站式系统化金融服务，进一步推广知识产权质押，创新担保方式，积极探索多样化的信贷风险分担机制。

（十五）强化融合发展用地用房等服务

支持制造企业在不改变用地主体和规划条件的前提下，利用存量房产、土地资源发展制造业与互联网融合的新业务、新业态，实行5年过渡期内保持土地原用途和权利类型不变的政策。鼓励有条件的地方因地制宜出台支持政策，积极盘活闲置的工业厂房、企业库房和物流设施等资源，并对办公用房、水电、网络等费用给予补助，为致力于制造业与互联网融合发展的创业者提供低成本、高效便捷的专业服务。

（十六）健全融合发展人才培养体系

深化人才体制机制改革，完善激励创新的股权、期权等风险共担和收益分享机制，吸引具备创新能力的跨界人才，营造有利于融合发展优秀人才脱颖而出的良好环境。支持高校设置“互联网+”等相关专业，推进高等院校专业学位建设，加强高层次应用型专门人才培养。在重点院校、大型企业和产业园区建设一批产学研用相结合的专业人才培训基地，积极开展企业新型学徒制试点。结合国家专业技术人才知识更新工程、企业经营管理人才素质提升工程、高技能人才振兴计划等，加强融合发展职业人才和高端人才培养。在大中型企业推广首席信息官制度，壮大互联网应用人才队伍。

（十七）推动融合发展国际合作交流

积极发起或参与互联网领域多双边或区域性规则谈判，提升影响力和话语权。推动建立中外政府和民间对话交流机制，围绕大型制造企业互联网“双创”平台建设、融合发展标准制定以及应用示范等，开展技术交流与合作。结合实施“一带一路”等国家重大战略，运用丝路基金、中非发展基金、中非产能合作基金等金融资源，支持行业协会、产业联盟与企业共同推广中国制造业与互联网融合发展的产品、技术、标准和服务，推动制造业与互联网融合全链条“走出去”，拓展海外市场；提升“引进来”的能力和水平，利用全球人才、技术、知识产权等创新资源，学习国际先进经营管理模式，支持和促进中国制造业与互联网融合发展。

各地区、各部门要高度重视深化制造业与互联网融合发展工作，统一思想，提高认识，加大工作力度，切实抓好本意见实施。国家制造强国建设领导小组要统筹研究完善制造业与互联网融合发展推进机制，加强对重大问题、重大政策和重大工程的综合协调，部署开展督导检查，推动各项任务落实。各有关部门要按照职责分工，加强协同配合，做好指导协调，抓紧出台配套政策，完善相关规章制度，强化跟踪督查，及时帮助有关方面解决遇到的困难和问题。国家制造强国建设战略咨询委员会要充分发挥作用，组织开展基础性、前瞻性、战略性研究，为重大决策及相关工程实施提供咨询。各地区要结合实际建立健全工作机制，制定具体实施方案，加强考核评估，确保融合发展各项任务落到实处。

国务院办公厅关于加快推进“五证合一　一照一码”登记制度改革的通知

（2016年6月30日　国办发〔2016〕53号）

各省、自治区、直辖市人民政府，国务院各部委、各直属机构：

在全面实施工商营业执照、组织机构代码证、税务登记证“三证合一”登记制度改革的基础上，再整合社会保险登记证和统计登记证，实现“五证合一、一照一码”，是继续深化商事制度改革、优化营商环境、推动大众创业万众创新的重要举措。为加快推进这项改革，经国务院同意，现就有关事项通知如下：

一、总体要求

贯彻落实国务院关于深化简政放权、放管结合、优化服务改革的部署要求，统筹协调推进，精心组织实施，从2016年10月1日起正式实施“五证合一、一照一码”，在更大范围、更深层次实现信息共享和业务协同，巩固和扩大“三证合一”登记制度改革成果，进一步为企业开办和成长提供便利化服务，降低创业准入的制度性成本，优化营商环境，激发企业活力，推进大众创业、万众创新，促进就业增加和经济社会持续健康发展。

推进“五证合一、一照一码”登记制度改革的指导原则是：

——标准统一规范。建立健全并严格执行企业登记、数据交换等方面的标准，确保全流程无缝对接、流畅运转、公开公正。

——信息共享互认。强化相关部门间信息互联互通，实现企业基础信息的高效采集、有效归集和充分运用，以“数据网上行”让“企业少跑路”。

——流程简化优化。简化整合办事环节，强化部门协同联动，加快业务流程再造，务求程序上简约、管理上精细、时限上明确。

——服务便捷高效。拓展服务渠道，创新服务方式，推行全程电子化登记管理和线上线下一体化运行，让企业办事更方便、更快捷、更有效率。

二、主要任务

（一）完善一站式服务工作机制

以“三证合一”工作机制及技术方案为基础，按照“五证合一、一照一码”登记制度改革的要求加以完善。全面实行“一套材料、一表登记、一窗受理”的工作模式，申请人办理企业注册登记时只需填写“一张表格”，向“一个窗口”提交“一套材料”。登记部门直接核发加载统一社会信用代码的营业执照，相关信息在全国企业信用信息公示系统公示，并归集至全国信用信息共享平台。企业不再另行办理社会保险登记证和统计登记证。积极推进“五证合一”申请、受理、审查、核准、发照、公示等全程电子化登记管理，加快实现“五证合一”网上办理。

（二）推进部门间信息共享互认

制定统一的信息标准和传输方案，改造升级各相关业务信息系统和共享平台，健全信息共享机制，做好数据的导入、整理和转换工作，确保数据信息落地到工作窗口，并在各相关部门业务系统有效融合使用。登记机关将企业基本登记信息及变更、注销等信息及时传输至信息共享平台；暂不具备联网共享条件的，登记机关限时提供上述信息。对企业登记信息无法满足社会保险和统计工作需要的，社会保险经办机构和统计机构在各自开展业务工作时补充采集。社会保险经办机构在用人单位为其职工办理社会保险登记后，统计机构在完成统计调查任务后，要及时依法将涉及企业的相关基础信息反馈至信息共享平台。健全部门间信息查询、核实制度。

（三）做好登记模式转换衔接工作

已按照“三证合一”登记模式领取加载统一社会信用代码营业执照的企业，不需要重新申请办理“五证合一”登记，由登记机关将相关登记信息发送至社会保险经办机构、统计机构等单位。企业原证照有效期满、申请变更登记或者申请换发营业执照的，登记机关换发加载统一社会信用代码的营业执照。取消社会保险登记证和统计登记证的定期验证和换证制度，改为企业按规定自行向工商部门报送年度报告并向社会公示，年度报告要通过全国企业信用信息公示系统向社会保险经办机构、统计机构等单位开放共享。没有发放和已经取消统计登记证的地方通过与统计机构信息共享的方式做好衔接。

（四）推动“五证合一、一照一码”营业执照广泛应用

改革后，原要求企业使用社会保险登记证和统计登记证办理相关业务的，一律改为使用营业执照办理，各级政府部门、企事业单位及中介机构等均要予以认可，不得要求企业提供其他身份证明材料，各行业主管部门要加强指导和督促。积极推进电子营业执照的应用。

（五）加强办事窗口能力建设

围绕“五证合一、一照一码”登记制度改革涉及的法律法规、技术标准、业务流程、文书规范、信息传输等，系统加强业务培训，使办事窗口工作人员准确把握改革要求，熟练掌握业务流程和工作规范，提高服务效率。加快办事窗口服务标准化、规范化建设，突出问题导向，进一步完善窗口服务功能，真正实现一个窗口对外、一站式办结。加强办事窗口人员力量和绩效考核。健全行政相对人评议评价制度，不断提升窗口服务能力。

三、工作措施

（一）加强组织领导

各有关部门和地方各级政府要高度重视，按照任务分工和进度安排，把改革工作做扎实、做到位。主要领导要亲自抓，及时协调解决改革中遇到的问题。“三证合一”登记制度改革中落实不到位、衔接不顺畅等问题，要在推进“五证合一、一照一码”登记制度改革中认真研究、一并解决。工商、人力资源社会保障、统计、机构编制、发展改革、法制等部门要各负其责、协同配合，确保改革顺利推进。对改革涉及的法律、法规、规章及规范性文件，及时按程序修订和完善。

（二）加强督促检查

相关部门要组织联合督导，有针对性地对改革进展情况进行监督检查。国务院适时组织专项督查。畅通社会监督渠道。对工作积极主动、成效明显的予以表扬和激励，对落实不力、延误改革进程的要严肃问责。

（三）加强宣传引导

相关部门要对改革政策进行全面准确解读，对行之有效的经验做法加以推广，对相关热点难点问题及时解答和回应，让企业和社会公众充分了解改革政策，形成推动改革落地见效的良好氛围。

各地区、各部门在改革推进过程中遇到的新情况新问题，要及时报告国务院。

国务院办公厅关于推动中央企业结构调整与重组的指导意见

（2016 年 7 月 17 日　国办发〔2016〕56 号）

各省、自治区、直辖市人民政府，国务院各部委、各直属机构：

近年来，中央企业积极推进结构调整与重组，布局结构不断优化，规模实力显著增强，发展质量明显提升，各项改革发展工作取得了积极成效。但总的来看，中央企业产业分布过广、企业层级过多等结构性问题仍然较为突出，资源配置效率亟待提高、企业创新能力亟待增强。为贯彻落实党中央、国务院关于深化国有企业改革的决策部署，进一步优化国有资本配置，促进中央企业转型升级，经国务院同意，现就推动中央企业结构调整与重组提出以下意见：

一、总体要求

（一）指导思想

全面贯彻党的十八大和十八届三中、四中、五中全会精神，深入学习领会习近平总书记系列重要讲话精神，认真贯彻落实“四个全面”战略布局和党中央、国务院决策部署，牢固树立创新、协调、绿色、开放、共享的发展理念，推进供给侧结构性改革，坚持公有制主体地位，发挥国有经济主导作用，以优化国有资本配置为中心，着力深化改革，调整结构，加强科技创新，加快转型升级，加大国际化经营力度，提升中央企业发展质量和效益，推动中央企业在市场竞争中不断发展壮大，更好发挥中央企业在保障国民经济持续健康安全发展中的骨干中坚作用。

（二）基本原则

——坚持服务国家战略。中央企业结构调整与重组，要服务国家发展目标，落实国家发展战略，贯彻国家产业政策，以管资本为主加强国资监管，不断推动国有资本优化配置。

——坚持尊重市场规律。遵循市场经济规律和企业发展规律，维护市场公平竞争秩序，以市场为导向，以企业为主体，以主业为主，因地制宜、因业制宜、因企制宜，有进有退、有所为有所不为，不断提升中央企业市场竞争力。

——坚持与改革相结合。在调整重组中深化企业内部改革，建立健全现代企业制度，形成崭新的体制机制，打造充满生机活力的新型企业。加强党的领导，确保党的建设与调整重组同步推进，实现体制、机制、制度和工作的有效对接。

——坚持严格依法规范。严格按照有关法律法规推进中央企业结构调整与重组，切实保护各类股东、债权人和职工等相关方的合法权益。加强国有资产交易监管，防止逃废金融债务，防范国有资产流失。

——坚持统筹协调推进。突出问题导向，处理好中央企业改革、发展、稳定的关系，把握好调整重组的重点、节奏与力度，统筹好巩固加强、创新发展、重组整合和清理退出等工作。

二、主要目标

到 2020 年，中央企业战略定位更加准确，功能作用有效发挥；总体结构更趋合理，国有资本配置效率显著提高；发展质量明显提升，形成一批具有创新能力和国际竞争力的世界一流跨国公司。具体目标是：

功能作用有效发挥。在国防、能源、交通、粮食、信息、生态等关系国家安全的领域保障能力显著提升；在重大基础设施、重要资源以及公共服务等关系国计民生和国民经济命脉的重要行业控制力明显增强；在重大装备、信息通信、生物医药、海洋工程、节能环保等行业的影响力进一步提高；在新能源、新材料、航空航天、智能制造等产业的带动力更加凸显。

资源配置更趋合理。通过兼并重组、创新合作、淘汰落后产能、化解过剩产能、处置低效无效资产等途径，形成国有资本有进有退、合理流动的机制。中央企业纵向调整加快推进，产业链上下游资源配置不断优化，从价值链中低端向中高端转变取得明显进展，整体竞争力大幅提升。中央企业间的横向整合基本完成，协同经营平台建设加快推进，同质化经营、重复建设、无序竞争等问题得到有效化解。

发展质量明显提升。企业发展战略更加明晰，主业优势更加突出，资产负债规模更趋合理，企业治理更加规范，经营机制更加灵活，创新驱动发展富有成效，国际化经营稳步推进，风险管控能力显著增强，国有资本效益明显提高，实现由注重规模扩张向注重提升质量效益转变，从国内经营为主向国内外经营并重转变。

三、重点工作

（一）巩固加强一批

巩固安全保障功能。对主业处于关系国家安全、国民经济命脉的重要行业和关键领域、主要承担国家重大专项任务的中央企业，要保证国有资本投入，增强保障国家安全和国民经济运行能力，保持国有资本控股地位，支持非国有资本参股。对重要通信基础设施、重要江河流域控制性水利水电航电枢纽等领域，粮食、棉花、石油、天然气等国家战略物资储备领域，实行国有独资或控股。对战略性矿产资源开发利用，石油天然气主干管网、电网等自然垄断环节的管网，核电、重要公共技术平台、地质等基础数据采集利用领域，国防军工等特殊产业中从事战略武器装备科研生产、关系国家战略安全和涉及国家核心机密的核心军工能力领域，实行国有独资或绝对控股。对其他服务国家战略目标、重要前瞻性战略性产业、生态环境保护、共用技术平台等重要行业和关键领域，加大国有资本投资力度，发挥国有资本引导和带动作用。

（二）创新发展一批

搭建调整重组平台。改组组建国有资本投资、运营公司，探索有效的运营模式，通过开展投资融资、产业培育、资本整合，推动产业集聚和转型升级，优化中央企业国有资本布局结构；通过股权运作、价值管理、有序进退，促进国有资本合理流动。将中央企业中的低效无效资产以及户数较多、规模较小、产业集中度低、产能严重过剩行业中的中央企业，适度集中至国有资本投资、运营公司，做好增量、盘活存量、主动减量。

搭建科技创新平台。强化科技研发平台建设，加强应用基础研究，完善研发体系，突破企业技术瓶颈，提升自主创新能力。构建行业协同创新平台，推进产业创新联盟建设，建立和完善开放高效的技术创新体系，突破产业发展短板，提升集成创新能力。建设“互联网＋”平台，推动产业互联网发展，促进跨界创新融合。建立支持创新的金融平台，充分用好各种创投基金支持中央企业创新发展，通过市场化方式设立各类中央企业科技创新投资基金，促进科技成果转化和新兴产业培育。把握世界科技发展趋势，搭建国际科技合作平台，积极融入全球创新网络。鼓励企业搭建创新创业孵化和服务平台，支持员工和社会创新创业，推动战略性新兴产业发展，加快形成新的经济增长点。鼓励优势产业集团与中央科研院所企业重组。

搭建国际化经营平台。以优势企业为核心，通过市场化运作方式，搭建优势产业上下游携手走出去平台、高效产能国际合作平台、商产融结合平台和跨国并购平台，增强中央企业联合参与国际市场竞争的能力。加快境外经济合作园区建设，形成走出去企业集群发展优势，降低国际化经营风险。充分发挥现有各类国际合作基金的作用，鼓励以市场化方式发起设立相关基金，组合引入非国有资本、优秀管理人才、先进管理机制和增值服务能力，提高中央企业国际化经营水平。

（三）重组整合一批

推进强强联合。统筹走出去参与国际竞争和维护国内市场公平竞争的需要，稳妥推进装备制造、建筑工程、电力、钢铁、有色金属、航运、建材、旅游和航空服务等领域企业重组，集中资源形成合力，减少无序竞争和同质化经营，有效化解相关行业产能过剩。

鼓励煤炭、电力、冶金等产业链上下游中央企业进行重组，打造全产业链竞争优势，更好发挥协同效应。

推动专业化整合。在国家产业政策和行业发展规划指导下，支持中央企业之间通过资产重组、股权合作、资产置换、无偿划转、战略联盟、联合开发等方式，将资源向优势企业和主业企业集中。鼓励通信、电力、汽车、新材料、新能源、油气管道、海工装备、航空货运等领域相关中央企业共同出资组建股份制专业化平台，加大新技术、新产品、新市场联合开发力度，减少无序竞争，提升资源配置效率。

加快推进企业内部资源整合。鼓励中央企业依托资本市场，通过培育注资、业务重组、吸收合并等方式，利用普通股、优先股、定向发行可转换债券等工具，推进专业化整合，增强持续发展能力。压缩企业管理层级，对五级以下企业进行清理整合，将投资决策权向三级以上企业集中，积极推进管控模式与组织架构调整、流程再造，构建功能定位明确、责权关系清晰、层级设置合理的管控体系。

积极稳妥开展并购重组。鼓励中央企业围绕发展战略，以获取关键技术、核心资源、知名品牌、市场渠道等为重点，积极开展并购重组，提高产业集中度，推动质量品牌提升。建立健全重组评估机制，加强并购后企业的联动与整合，推进管理、业务、技术、市场、文化和人力资源等方面的协同与融合，确保实现并购预期目标。并购重组中要充分发挥各企业的专业化优势和比较优势，尊重市场规律，加强沟通协调，防止无序竞争。

（四）清理退出一批

大力化解过剩产能。严格按照国家能耗、环保、质量、安全等标准要求，以钢铁、煤炭行业为重点，大力压缩过剩产能，加快淘汰落后产能。对产能严重过剩行业，按照减量置换原则从严控制新项目投资。对高负债企业，以不推高资产负债率为原则严格控制投资规模。

加大清理长期亏损、扭亏无望企业和低效无效资产力度。通过资产重组、破产清算等方式，解决持续亏损三年以上且不符合布局结构调整方向的企业退出问题。通过产权转让、资产变现、无偿划转等方式，解决三年以上无效益且未来两年生产经营难以好转的低效无效资产处置问题。

下大力气退出一批不具有发展优势的非主营业务。梳理企业非主营业务和资产，对与主业无互补性、协同性的低效业务和资产，加大清理退出力度，实现国有资本形态转换。变现的国有资本除按有关要求用于安置职工、解决历史遗留问题外，集中投向国有资本更需要集中的领域和行业。

加快剥离企业办社会职能和解决历史遗留问题。稳步推进中央企业职工家属区“三供一业”分离移交，实现社会化管理。对中央企业所办医疗、教育、市政、消防、社区管理等公共服务机构，采取移交、撤并、改制或专业化管理、政府购买服务等多种方式分类进行剥离。加快推进厂办大集体改革。对中央企业退休人员统一实行社会化管理。

四、保障措施

（一）加强组织领导

国务院国资委要会同有关部门根据国家战略要求，结合行业体制改革和产业政策，提出有关中央企业实施重组的具体方案，报国务院批准后稳步推进。中央企业结合实际制定本企业结构调整与重组的具体实施方案，报国务院国资委备案后组织实施，其中涉及国家安全领域的，须经相关行业主管部门审核同意。中央企业在结构调整与重组过程中要切实加强党的领导，建立责任清晰、分工明确的专项工作机制，由主要负责人负总责，加大组织协调力度，切实依法依规操作。同时发挥工会和有关社团组织的作用，做好干部职工的思想政治工作。

（二）加强行业指导

各有关部门要根据实现“两个一百年”奋斗目标、国家重大战略布局以及统筹国内国际两个市场等需要，明确国有资本分行业、分区域布局的基本要求，作为中央企业布局结构调整的重要依据，同时结合各自职责，配套出台相关产业管理政策，保障国有资本投入规模科学合理，确保中央企业结构调整与重组有利于增强国有经济主导能力、维护市场公平竞争秩序。

（三）加大政策支持

各有关部门要研究出台财政、金融、人才、科技、薪酬分配、业绩考核等支持政策，并切实落实相关税收优惠政策，为中央企业结构调整与重组创造良好环境。要充分发挥各类基金的作用，积极稳妥引入各类社会资本参与和支持中央企业结构调整与重组。

（四）完善配套措施

健全企业退出机制，完善相关退出政策，依法妥善处理劳动关系调整、社会保险关系接续等问题，切实维护好企业职工合法权益。建立完善政府和企业合理分担成本的机制，多渠道筹措资金，妥善解决中央企业历史遗留问题，为中央企业公平参与市场竞争创造条件。

金融、文化等中央企业的结构调整与重组，中央另有规定的依其规定执行。

国务院办公厅关于建立国有企业违规经营投资责任追究制度的意见

（2016年8月2日　国办发〔2016〕63号）

各省、自治区、直辖市人民政府，国务院各部委、各直属机构：

根据《中共中央、国务院关于深化国有企业改革的指导意见》《国务院办公厅关于加强和改进企业国有资产监督防止国有资产流失的意见》（国办发〔2015〕79号）等要求，为落实国有资本保值增值责任，完善国有资产监管，防止国有资产流失，经国务院同意，现就建立国有企业违规经营投资责任追究制度提出以下意见：

一、总体要求

（一）指导思想

全面贯彻党的十八大和十八届三中、四中、五中全会精神，按照“五位一体”总体布局和“四个全面”战略布局，牢固树立和贯彻落实创新、协调、绿色、开放、共享的发展理念，深入贯彻习近平总书记系列重要讲话精神，认真落实党中央、国务院决策部署，坚持社会主义市场经济改革方向，按照完善现代企业制度的要求，以提高国有企业运行质量和经济效益为目标，以强化对权力集中、资金密集、资源富集、资产聚集部门和岗位的监督为重点，严格问责、完善机制，构建权责清晰、约束有效的经营投资责任体系，全面推进依法治企，健全协调运转、有效制衡的法人治理结构，提高国有资本效率、增强国有企业活力、防止国有资产流失，实现国有资本保值增值。

（二）基本原则

1. 依法合规、违规必究。以国家法律法规为准绳，严格执行企业内部管理规定，对违反规定、未履行或未正确履行职责造成国有资产损失以及其他严重不良后果的国有企业经营管理有关人员，严格界定违规经营投资责任，严肃追究问责，实行重大决策终身责任追究制度。

2. 分级组织、分类处理。履行出资人职责的机构和国有企业按照国有资产分级管理要求和干部管理权限，分别组织开展责任追究工作。对违纪违法行为，严格依纪依法处理。

3. 客观公正、责罚适当。在充分调查核实和责任认定的基础上，既考虑量的标准也考虑质的不同，实事求是地确定资产损失程度和责任追究范围，恰当公正地处理相关责任人。

4. 惩教结合、纠建并举。在严肃追究违规经营投资责任的同时，加强案例总结和警示教育，不断完善规章制度，及时堵塞经营管理漏洞，建立问责长效机制，提高国有企业经营管理水平。

（三）主要目标

在2017年年底前，国有企业违规经营投资责任追究制度和责任倒查机制基本形成，责任追究的范围、标准、程序和方式清晰规范，责任追究工作实现有章可循。在2020年年底前，全面建立覆盖各级履行出资人职责的机构及国有企业的责任追究工作体系，形成职责明确、流程清晰、规范有序的责任追究工作机制，对相关责任人及时追究问责，国有企业经营投资责任意识和责任约束显著增强。

二、责任追究范围

国有企业经营管理有关人员违反国家法律法规和企业内部管理规定，未履行或未正确履行职责致使发生下列情形造成国有资产损失以及其他严重不良后果的，应当追究责任：

（一）集团管控方面

所属子企业发生重大违纪违法问题，造成重大资产损失，影响其持续经营能力或造成严重不良后果；未履行或未正确履行职责致使集团发生较大资产损失，对生产经营、财务状况产生重大影响；对集团重大风险隐患、内控缺陷等问题失察，或虽发现但没有及时报告、处理，造成重大风险等。

（二）购销管理方面

未按照规定订立、履行合同，未履行或未正确履行职责致使合同标的价格明显不公允；交易行为虚假或违规开展“空转”贸易；利用关联交易输送利益；未按照规定进行招标或未执行招标结果；违反规定提供赊销信用、资质、担保（含抵押、质押等）或预付款项，利用业务预付或物资交易等方式变相融资或投资；违规开展商品期货、期权等衍生业务；未按规定对应收款项及时追索或采取有效保全措施等。

（三）工程承包建设方面

未按规定对合同标的进行调查论证，未经授权或超越授权投标，中标价格严重低于成本，造成企业资产损失；违反规定擅自签订或变更合同，合同约定未经严格审查，存在重大疏漏；工程物资未按规定招标；违反规定转包、分包；工程组织管理混乱，致使工程质量不达标，工程成本严重超支；违反合同约定超计价、超进度付款等。

（四）转让产权、上市公司股权和资产方面

未按规定履行决策和审批程序或超越授权范围转让；财务审计和资产评估违反相关规定；组织提供和披露虚假信息，操纵中介机构出具虚假财务审计、资产评估鉴证结果；未按相关规定执行回避制度，造成资产损失；违反相关规定和公开公平交易原则，低价转让企业产权、上市公司股权和资产等。

（五）固定资产投资方面

未按规定进行可行性研究或风险分析；项目概算未经严格审查，严重偏离实际；未按规定履行决策和审批程序擅自投资，造成资产损失；购建项目未按规定招标，干预或操纵招标；外部环境发生重大变化，未按规定及时调整投资方案并采取止损措施；擅自变更工程设计、建设内容；项目管理混乱，致使建设严重拖期、成本明显高于同类项目等。

（六）投资并购方面

投资并购未按规定开展尽职调查，或尽职调查未进行风险分析等，存在重大疏漏；财务审计、资产评估或估值违反相关规定，或投资并购过程中授意、指使中介机构或有关单位出具虚假报告；未按规定履行决策和审批程序，决策未充分考虑重大风险因素，未制定风险防范预案；违规以各种形式为其他合资合作方提供垫资，或通过高溢价并购等手段向关联方输送利益；投资合同、协议及标的企业公司章程中国有权益保护条款缺失，对标的企业管理失控；投资参股后未行使股东权利，发生重大变化未及时采取止损措施；违反合同约定提前支付并购价款等。

（七）改组改制方面

未按规定履行决策和审批程序；未按规定组织开展清产核资、财务审计和资产评估；故意转移、隐匿国有资产或向中介机构提供虚假信息，操纵中介机构出具虚假清产核资、财务审计与资产评估鉴证结果；将国有资产以明显不公允低价折股、出售或无偿分给其他单位或个人；在发展混合所有制经济、实施员工持股计划等改组改制过程中变相套取、私分

国有股权；未按规定收取国有资产转让价款；改制后的公司章程中国有权益保护条款缺失等。

（八）资金管理方面

违反决策和审批程序或超越权限批准资金支出；设立“小金库”；违规集资、发行股票（债券）、捐赠、担保、委托理财、拆借资金或开立信用证、办理银行票据；虚列支出套取资金；违规以个人名义留存资金、收支结算、开立银行账户；违规超发、滥发职工薪酬福利；因财务内控缺失，发生侵占、盗取、欺诈等。

（九）风险管理方面

内控及风险管理制度缺失，内控流程存在重大缺陷或内部控制执行不力；对经营投资重大风险未能及时分析、识别、评估、预警和应对；对企业规章制度、经济合同和重要决策的法律审核不到位；过度负债危及企业持续经营，恶意逃废金融债务；瞒报、漏报重大风险及风险损失事件，指使编制虚假财务报告，企业账实严重不符等。

（十）其他违反规定，应当追究责任的情形

其他违反规定，应当追究责任的情形。

三、资产损失认定

对国有企业经营投资发生的资产损失，应当在调查核实的基础上，依据有关规定认定损失金额及影响。

1. 资产损失包括直接损失和间接损失。直接损失是与相关人员行为有直接因果关系的损失金额及影响。间接损失是由相关人员行为引发或导致的，除直接损失外、能够确认计量的其他损失金额及影响。

2. 资产损失分为一般资产损失、较大资产损失和重大资产损失。涉及违纪违法和犯罪行为查处的损失标准，遵照相关党内法规和国家法律法规的规定执行；涉及其他责任追究处理的，由履行出资人职责的机构和国有企业根据实际情况制定资产损失程度划分标准。

3. 资产损失的金额及影响，可根据司法、行政机关出具的书面文件，具有相应资质的会计师事务所、资产评估机构、律师事务所等中介机构出具的专项审计、评估或鉴证报告，以及企业内部证明材料等进行综合研判认定。相关经营投资虽尚未形成事实损失，经中介机构评估在可预见未来将发生的损失，可以认定为或有资产损失。

四、经营投资责任认定

国有企业经营管理有关人员任职期间违反规定，未履行或未正确履行职责造成国有资产损失以及其他严重不良后果的，应当追究其相应责任；已调任其他岗位或退休的，应当纳入责任追究范围，实行重大决策终身责任追究制度。经营投资责任根据工作职责划分为直接责任、主管责任和领导责任。

1. 直接责任是指相关人员在其工作职责范围内，违反规定，未履行或未正确履行职责，对造成的资产损失或其他不良后果起决定性直接作用时应当承担的责任。

企业负责人存在以下情形的，应当承担直接责任：本人或与他人共同违反国家法律法规和企业内部管理规定；授意、指使、强令、纵容、包庇下属人员违反国家法律法规和企业内部管理规定；未经民主决策、相关会议讨论或文件传签、报审等规定程序，直接决定、批准、组织实施重大经济事项，并造成重大资产损失或其他严重不良后果；主持相关会议讨论或以文件传签等其他方式研究时，在多数人不同意的情况下，直接决定、批准、组织实施重大经济事项，造成重大资产损失或其他严重不良后果；将按有关法律法规制度应作为第一责任人（总负责）的事项、签订的有关目标责任事项或应当履行的其他重要职责，授权（委托）其他领导干部决策且决策不当或决策失误造成重大资产损失或其他严重不良后果；其他失职、渎职和应当承担直接责任的行为。

2. 主管责任是指相关人员在其直接主管（分管）工作职责范围内，违反规定，未履行或未正确履行职责，对造成的资产损失或不良后果应当承担的责任。

3. 领导责任是指主要负责人在其工作职责范围内，违反规定，未履行或未正确履行职责，对造成的资产损失或不良后果应当承担的责任。

五、责任追究处理

1. 根据资产损失程度、问题性质等，对相关责任人采取组织处理、扣减薪酬、禁入限制、纪律处分、移送司法机关等方式处理。

(1)组织处理。包括批评教育、责令书面检查、通报批评、诫勉、停职、调离工作岗位、降职、改任非领导职务、责令辞职、免职等。

(2)扣减薪酬。扣减和追索绩效年薪或任期激励收入，终止或收回中长期激励收益，取消参加中长期激励资格等。

(3)禁入限制。五年内直至终身不得担任国有企业董事、监事、高级管理人员。

(4)纪律处分。由相应的纪检监察机关依法依规查处。

(5)移送司法机关处理。依据国家有关法律规定，移送司法机关依法查处。

以上处理方式可以单独使用，也可以合并使用。

2. 国有企业发生资产损失，经过查证核实和责任认定后，除依据有关规定移送司法机关处理外，应当按以下方式处理：

(1)发生较大资产损失的，对直接责任人和主管责任人给予通报批评、诫勉、停职、调离工作岗位、降职等处理，同时按照以下标准扣减薪酬：扣减和追索责任认定年度50.0% ~100.0%的绩效年薪、扣减和追索责任认定年度(含)前三年50.0% ~100.0%的任期激励收入并延期支付绩效年薪，终止尚未行使的中长期激励权益、上缴责任认定年度及前一年度的全部中长期激励收益、五年内不得参加企业新的中长期激励。

对领导责任人给予通报批评、诫勉、停职、调离工作岗位等处理，同时按照以下标准扣减薪酬：扣减和追索责任认定年度30.0% ~70.0%的绩效年薪、扣减和追索责任认定年度(含)前三年30.0% ~70.0%的任期激励收入并延期支付绩效年薪，终止尚未行使的中长期激励权益、三年内不得参加企业新的中长期激励。

(2)发生重大资产损失的，对直接责任人和主管责任人给予降职、改任非领导职务、责令辞职、免职和禁入限制等处理，同时按照以下标准扣减薪酬：扣减和追索责任认定年度100.0%的绩效年薪、扣减和追索责任认定年度(含)前三年100.0%的任期激励收入并延期支付绩效年薪，终止尚未行使的中长期激励权益、上缴责任认定年度(含)前三年的全部中长期激励收益、不得参加企业新的中长期激励。

对领导责任人给予调离工作岗位、降职、改任非领导职务、责令辞职、免职和禁入限制等处理，同时按照以下标准扣减薪酬：扣减和追索责任认定年度70.0% ~100.0%的绩效年薪、扣减和追索责任认定年度(含)前三年70.0% ~100.0%的任期激励收入并延期支付绩效年薪，终止尚未行使的中长期激励权益、上缴责任认定年度(含)前三年的全部中长期激励收益、五年内不得参加企业新的中长期激励。

(3)责任人在责任认定年度已不在本企业领取绩效年薪的，按离职前一年度全部绩效年薪及前三年任期激励收入总和计算，参照上述标准追索扣回其薪酬。

(4)对同一事件、同一责任人的薪酬扣减和追索，按照党纪政纪处分、责任追究等扣减薪酬处理的最高标准执行，但不合并使用。

3. 对资产损失频繁发生、金额巨大、后果严重、影响恶劣的，未及时采取措施或措施不力导致资产损失扩大的，以及瞒报、谎报资产损失的，应当从重处理。对及时采取措施减少、挽回损失并消除不良影响的，可以适当从轻处理。

4. 国有企业违规经营投资责任追究处理的具体标准，由各级履行出资人职责的机构根据资产损失程度、应当承担责任等情况，依照本意见制定。

六、责任追究工作的组织实施

1. 开展国有企业违规经营投资责任追究工作，应当遵循以下程序：

(1)受理。资产损失一经发现，应当立即按管辖规定及相关程序报告。受理部门应当对掌握的资产损失线索进行初步核实，属于责任追究范围的，应当及时启动责任追究工作。

(2)调查。受理部门应当按照职责权限及时组织开展调查，核查资产损失及相关业务情况、核实损失金额和损失情形、查清损失原因、认定相应责任、提出整改措施等，必要时可经批准组成联合调查组进行核查，并出具资产损失情况调查报告。

（3）处理。根据调查事实，依照管辖规定移送有关部门，按照管理权限和相关程序对相关责任人追究责任。相关责任人对处理决定有异议的，有权提出申诉，但申诉期间不停止原处理决定的执行。责任追究调查情况及处理结果在一定范围内公开。

（4）整改。发生资产损失的国有企业应当认真总结吸取教训，落实整改措施，堵塞管理漏洞，建立健全防范损失的长效机制。

2. 责任追究工作原则上按照干部管理权限组织开展，一般资产损失由本企业依据相关规定自行开展责任追究工作，上级企业或履行出资人职责的机构认为有必要的，可直接组织开展；达到较大或重大资产损失标准的，应当由上级企业或履行出资人职责的机构开展责任追究工作；多次发生重大资产损失或造成其他严重不良影响、资产损失金额特别巨大且危及企业生存发展的，应当由履行出资人职责的机构开展责任追究工作。

3. 对违反规定，未履行或未正确履行职责造成国有资产损失的董事，除依法承担赔偿责任外，应当依照公司法、公司章程及本意见规定对其进行处理。对重大资产损失负有直接责任的董事，应及时调整或解聘。

4. 经营投资责任调查期间，对相关责任人未支付或兑现的绩效年薪、任期激励收入、中长期激励收益等均应暂停支付或兑现；对有可能影响调查工作顺利开展的相关责任人，可视情采取停职、调离工作岗位、免职等措施。

5. 对发生安全生产、环境污染责任事故和重大不稳定事件的，按照国家有关规定另行处理。

七、工作要求

1. 各级履行出资人职责的机构要明确所出资企业负责人在经营投资活动中须履行的职责，引导其树立责任意识和风险意识，依法经营，廉洁从业，坚持职业操守，履职尽责，规范经营投资决策，维护国有资产安全。国有企业要依据公司法规定完善公司章程，建立健全重大决策评估、决策事项履职记录、决策过错认定等配套制度，细化各类经营投资责任清单，明确岗位职责和履职程序，不断提高经营投资责任管理的规范化、科学化水平。履行出资人职责的机构和国有企业应在有关外聘董事、职业经理人聘任合同中，明确违规经营投资责任追究的原则要求。

2. 各级履行出资人职责的机构和国有企业要按照本意见要求，建立健全违规经营投资责任追究制度，细化经营投资责任追究的原则、范围、依据、启动机制、程序、方式、标准和职责，保障违规经营投资责任追究工作有章可循、规范有序。国有企业违规经营投资责任追究制度应当报履行出资人职责的机构备案。

3. 国有企业要充分发挥党组织、审计、财务、法律、人力资源、巡视、纪检监察等部门的监督作用，形成联合实施、协同联动、规范有序的责任追究工作机制，重要情况和问题及时向履行出资人职责的机构报告。履行出资人职责的机构要加强与外派监事会、巡视组、审计机关、纪检监察机关、司法机关的协同配合，共同做好国有企业违规经营投资责任追究工作。对国有企业违规经营投资等重大违法违纪违规问题应当发现而未发现或敷衍不追、隐匿不报、查处不力的，严格追究企业和履行出资人职责的机构有关人员的失职渎职责任。

4. 各级履行出资人职责的机构和国有企业要做好国有企业违规经营投资责任追究相关制度的宣传解释工作，凝聚社会共识，为深入开展责任追究工作营造良好氛围；要结合对具体案例的调查处理，在适当范围进行总结和通报，探索向社会公开调查处理情况，接受社会监督，充分发挥警示教育作用。

本意见适用于国有及国有控股企业违规经营投资责任追究工作。金融、文化等国有企业违规经营投资责任追究工作，中央另有规定的依其规定执行。

国务院办公厅关于转发国家发改委物流业降本增效专项行动方案（2016—2018年）的通知

（2016年9月13日　国办发〔2016〕69号）

各省、自治区、直辖市人民政府，国务院各部委、各直属机构：

国家发展改革委《物流业降本增效专项行动方案（2016—2018年）》已经国务院同意，现转发给你们，请认真贯彻执行。

物流业降本增效专项行动方案（2016—2018年）

国家发展和改革委员会

物流业是支撑经济社会发展的基础性、战略性产业，市场需求巨大，发展空间广阔。加快物流业发展是推进供给侧结构性改革、增加公共产品和公共服务供给的重点方向，是扩大有效投资、促进城乡居民消费的重要手段，是消除瓶颈制约、补齐薄弱短板、提升国民经济整体运行效率的重要途径。按照党中央、国务院关于推进供给侧结构性改革和降低实体经济成本的决策部署，为解决物流领域长期存在的成本高、效率低等突出问题，大力推动物流业降本增效，推进物流业转型升级，提升行业整体发展水平，更好地服务于经济社会发展，根据《物流业发展中长期规划（2014—2020年）》，制定本行动方案。

一、总体要求

（一）指导思想

全面贯彻党的十八大和十八届三中、四中、五中全会精神，按照"五位一体"总体布局和"四个全面"战略布局，牢固树立和贯彻落实创新、协调、绿色、开放、共享的发展理念，认真落实党中央、国务院决策部署，聚焦影响物流业健康发展的突出矛盾和瓶颈制约，以创新体制机制为动力，以推广应用先进技术和管理手段为支撑，以完善落实物流管理和支持政策为路径，加快补齐软硬件短板，深入推进大众创业万众创新，大力发展新模式新业态，激发市场活力，优化物流资源配置，促进物流业跨界融合，建立标准化、信息化、网络化、集约化、智慧化的现代物流服务体系，降低物流成本，提高社会物流运行效率。

（二）基本原则

深化改革、协同推进。加大简政放权、放管结合、优化服务改革力度，深化物流领域体制改革，打破制约行业发展的体制机制障碍，加强统筹规划和部门协同，形成政策合力，营造良好发展环境。

问题导向、重点突破。聚焦突出问题出实招，找准薄弱环节补短板，率先在若干重点领域取得突破，夯实行业发展基础，提升物流社会化、专业化水平。

市场主导、创新驱动。发挥市场在资源配置中的决定性作用，激发企业创新的内生动力，鼓励先进技术装备应用，大力推进物流业与大众创业万众创新融合发展，推动业态创新、管理创新、服务创新。

联动融合、全面提升。推动物流与制造、交通、贸易、金融等行业深度融合，提升物流综合服务能力，优化整合产业资源，增强产业整体竞争力。

（三）主要目标

到2018年，物流业降本增效取得明显成效，建立支撑国民经济高效运行的现代物流服务体系。

——物流基础设施衔接更加顺畅。初步形成布局合理、覆盖广泛、便捷高效的物流基础设施网络，重要枢纽节点的物流服务功能更加完备，城乡配送体系更加健全。

——物流企业综合竞争力显著提升。物流企业一体化运作、网络化经营能力明显增强，供应链管理服务水平大幅提升,形成一批技术先进、模式创新、竞争力强的综合物流服务提供商。

——现代物流运作方式广泛应用。多式联运、甩挂运输、共同配送等先进物流运输组织方式加快发展,物联网、大数据等先进技术广泛应用,物流业态、模式创新取得突破,信息化、标准化、集装化水平显著提升。

——行业发展环境进一步优化。税收、土地等政策支持体系更加完善,乱收费、乱罚款的状况得到根本改变,物流一体化高效运作的体制机制制约基本消除,行业诚信体系进一步健全,有利于物流业创新发展的生态体系基本形成。

——物流整体运行效率显著提高。全社会物流总费用占国内生产总值(GDP)的比重较2015年降低1.0个百分点以上;工业企业物流费用率(物流费用与销售总额之比)由2014年的8.9%降至8.5%左右,批发零售企业物流费用率由7.7%降至7.3%左右。

二、重点行动

(四)简政放权,建立更加公平开放规范的市场新秩序

1. 优化行业行政审批。按照简政放权、放管结合、优化服务改革要求,在确保企业生产运营安全的基础上,清理、归并和精简具有相同或相似管理对象、管理事项的物流企业和物流从业人员的证照资质,加强事中事后监管。深入推进物流领域商事制度改革,加快推行"五证合一、一照一码""先照后证"和承诺制,简化办理程序。适应物流企业经营特点,支持地方进一步放宽企业住所和经营场所登记条件,鼓励物流企业网络化经营布局。(交通运输部、国家工商总局、国家质检总局、海关总署、国家邮政局等部门按职责分工负责,2016年年底前完成)

2. 深化公路、铁路、民航等领域改革。优化公路超限运输行政许可办理流程,提高审批效率。完善货运司机诚信管理制度,研究解决司机异地从业诚信结果签注问题。(交通运输部负责,2018年年底前完成)深化铁路货运改革,适度引入竞争,鼓励铁路运输企业与港口企业、物流园区等开展合资合作。推动国家铁路与地方铁路有效衔接,提高铁路资源利用率。支持铁路货运场站向综合物流基地转型升级,发展高铁快运及电商班列等铁路快捷货运产品,提高铁路物流服务质量。推动航空货运企业兼并重组、做强做大,增强高端物流市场服务能力。鼓励公路、铁路、民航部门和企业整合资源,加强合作,开展一体化物流运作。(国家发改委、交通运输部牵头,国务院国资委、中国民航局、中国铁路总公司按职责分工负责,持续推进)

3. 优化货运车辆通行管控。指导各地开展城市配送需求量调查等前瞻性研究。对企业从事生活必需品、药品、鲜活农产品和冷藏保鲜产品配送,以及使用节能与新能源车辆从事配送的,优先给予通行便利。合理确定配送车辆停靠卸货区域。规范公路超限治理处罚标准,减少执法中的自由裁量权。(交通运输部、公安部、商务部牵头,工业和信息化部、国家邮政局、国家标准委、国家发改委按职责分工负责,2017年年底前完成)

4. 推动货物通关便利化。落实信息互换、监管互认、执法互助,推进"单一窗口"建设和"一站式作业"改革,提高通关效率。(海关总署、国家质检总局牵头,交通运输部、商务部、公安部按职责分工负责,2017年年底前完成)

5. 提升行业监管水平。依托国家交通运输物流公共信息平台,推动政务信息资源共享和业务协同,加强物流运行监测、安全监管等大数据平台建设,通过数据收集、分析和管理,加强事中事后监管,提高物流运行监测、预测预警、公共服务能力。(交通运输部、公安部、国家发改委、工业和信息化部按职责分工负责,持续推进)

(五)降税清费,培育企业创新发展新动能

6. 完善物流领域增值税政策。通过全面推开营改增改革试点,进一步消除重复征税,扩大交通运输业的进项税抵扣范围,降低企业税收负担。(财政部、税务总局牵头,国家发改委、交通运输部按职责分工负责,持续推进)结合增值税立法,积极研究统一物流各环节增值税税率问题。(财政部、税务总局按职责分工负责,根据增值税立法进程推进)物流企业可按照现行增值税汇总缴纳有关规定申请实行汇

总纳税，鼓励物流企业一体化、网络化、规模化运作。（财政部、国家税务总局按职责分工负责，持续推进）

7. 降低物流企业运输收费水平。抓紧修订《收费公路管理条例》，调整完善收费公路政策，科学合理确定车辆通行费标准。（交通运输部、国家发改委、财政部按职责分工负责，2017年年底前完成）逐步有序取消政府还贷二级公路收费。贯彻落实《道路运输车辆技术管理规定》，取消营运车辆二级维护强制性检测。（交通运输部、国家发改委、财政部按职责分工负责，持续推进）

8. 规范物流领域收费行为。督促港口、铁路、航空等企业严格落实明码标价制度，实行进出口环节收费目录清单制，推进收费管理制度化、科学化、透明化。（国家发改委、交通运输部、财政部牵头，国家质检总局、海关总署、中国民航局、中国铁路总公司按职责分工负责，2017年6月底前完成）

9. 调整完善相关管理政策。落实"互联网＋"行动要求，完善物流业相关管理政策，鼓励企业开展创新。（国家发改委、交通运输部牵头，工业和信息化部、国家网信办、国家税务总局按职责分工负责，2018年年底前完成）支持依托互联网平台的无车承运人发展。研究完善交通运输业个体纳税人异地代开增值税专用发票管理制度。（交通运输部、国家税务总局按职责分工负责，2017年年底前完成）

（六）补短强基，完善支撑物流高效运行的设施和标准体系

10. 建立与现代产业体系相匹配的国家级物流枢纽体系。按照服务现代产业发展的要求和物流业围绕节点城市、沿交通通道集群式发展的特点，结合"一带一路"建设、京津冀协同发展、长江经济带发展三大战略，研究编制国家级物流枢纽设施布局和建设规划，运用大数据等先进信息技术，科学测算货物的流量流向，兼顾存量、优化增量，布局和完善一批具有多式联运功能的综合物流枢纽，统筹推进公路、铁路、水运、民航等基础设施无缝衔接。（国家发改委、交通运输部牵头，中国民航局、中国铁路总公司按职责分工负责，2017年年底前完成）

11. 健全有效衔接的物流标准体系。综合梳理各项国家标准、行业标准，加强不同领域、国内与国际标准间的协调衔接。根据行业发展需求，加快制修订冷链物流、绿色物流等方面标准。培育发展物流团体标准，鼓励企业制定严于国家和行业标准、具有竞争力的企业标准，促进政府主导制定标准与市场自主制定标准的协同发展，构建体系完备、高效协调的新型物流标准体系。（国家标准委牵头，国家发改委、商务部、工业和信息化部、交通运输部、中国铁路总公司按职责分工负责，2018年年底前完成）完善物流服务规范，研究出台提高物流服务质量的相关意见。（国家质检总局、国家发改委按职责分工负责，2016年年底前完成）大力推广托盘（1.2米×1米）、周转箱、集装箱等标准化装载单元循环共用，鼓励企业建立区域性、全国性托盘循环共用系统，在快速消费品、农产品、药品等领域开展试点，支持开展托盘租赁、维修等延伸服务。（商务部、财政部、国家发改委按职责分工负责，2016年年底前完成）加强各类物流标准的宣传贯彻工作。（国家标准委、国家发改委按职责分工负责，持续推进）

12. 构建高效运行的多式联运体系。依托国际、国内物流大通道，加强繁忙区段扩能改造，支持主要港口、大型综合性物流园区集疏运体系建设，着力解决"最后一公里"问题，加快形成贯通内外的多式联运网络体系。大力发展铁水联运、公铁联运、陆空联运等先进运输组织方式，发挥铁路、水运干线运输优势。开展多式联运、集装箱铁水联运等示范工程，加强在设施标准、运载工具、管理规则、信息系统等方面的统一衔接，提高干线运输效率和一体化服务水平。（交通运输部、国家发改委牵头，工业和信息化部、商务部、海关总署、中国铁路总公司按职责分工负责，2017年年底前完成）

13. 完善城市物流配送体系。优化城市物流基础设施布局，完善城市三级配送网络。依托重要交通枢纽、物流集散地规划建设或改造升级一批集运输、仓储、配送、信息交易于一体的综合物流服务基地，促进干线运输与城市配送有效衔接。加强公用型城市配送节点建设，优化配送相关设施布局，引导仓储配送资源开放共享。鼓励中心城区铁路货场转型发展为城市配送中心。支持城市末端配送点建设，大力发展智能快件箱。按照共享经济理念探索发展集约化的新型城市配送模式。在有条件的城市

研究推行“分时段配送”“夜间配送”。（商务部、国家发改委、交通运输部牵头，国家邮政局、公安部、住房城乡建设部、中国铁路总公司按职责分工负责，持续推进）

14. 健全农村物流配送网络。建立农村物流大企业联盟，推动物流企业、电商企业和邮政企业、供销合作社等充分利用现有物流资源开展深度合作，推动县级仓储配送中心、农村物流快递公共取送点建设，完善县乡村三级物流配送网络。（国家发改委、商务部牵头，国家邮政局、供销合作总社、交通运输部、国土资源部、工业和信息化部按职责分工负责，2017 年年底前完成）加大对农产品冷链物流设施和农产品批发市场建设的支持力度，促进工业品下乡和农产品进城的双向流通。（国家发改委、商务部按职责分工负责，持续推进）

（七）互联互通，建立协作共享和安全保障新机制

15. 促进物流信息互联共享。推动物流活动信息化、数据化。依托国家交通运输物流公共信息平台，加强信息平台接口标准的制定和推广。（交通运输部、国家发改委按职责分工负责，2017 年年底前完成）结合现代物流创新发展城市试点，建立政府物流数据公开目录，促进政府数据资源整合和开放共享。推动各类物流信息平台互联互通，促进综合交通运输信息和物流服务信息等有效衔接。开展物流大数据应用示范，鼓励政府、企业间的物流大数据共享协作，为提高物流资源配置效率提供基础支撑。（国家发改委、交通运输部牵头，工业和信息化部、商务部、公安部、海关总署、国家质检总局、国家工商总局、国家税务总局、中国铁路总公司按职责分工负责，2018 年 6 月底前完成）

16. 鼓励信息平台创新发展。发挥物流信息平台在优化整合物流资源、促进信息互联互通、提高物流组织化程度中的重要作用，扶持运输配载、跟踪追溯、库存监控等各类专业化、特色化的物流信息平台创新发展，提供追踪溯源、数据分析、担保结算、融资保险、信用评价等增值服务。推动物流信息平台与供应链上下游企业系统对接，增强协同运作能力。（国家发改委、交通运输部牵头，工业和信息化部、商务部、国家网信办按职责分工负责，持续推进）

17. 完善物流行业诚信体系。依托全国信用信息共享平台和各类行业信用信息平台、专业化物流信息平台等，加强物流行业与公安、工商、交通、保险等部门的信息共享，建立物流从业单位和从业人员信用信息档案，定期发布严重失信“黑名单”，并通过企业信用信息公示系统、“信用中国”网站等及时向社会公开，完善物流企业及相关责任主体守信激励和失信惩戒机制。（国家发改委、交通运输部牵头，人民银行、商务部、公安部、海关总署、国家质检总局、国家工商总局、国家税务总局等部门按职责分工负责，2017 年年底前完成）

18. 加强物流业网络安全保障。加强国家交通运输物流公共信息平台等关键信息基础设施的信息安全等级保护工作，落实数据库安全管理等各项网络安全保障措施，明确网络安全保障责任，保障数据信息安全。建立防范物流业网络安全风险和打击物流业网络违法犯罪工作机制，保障物流业网络安全。（公安部、交通运输部牵头，工业和信息化部、国家发改委等部门按职责分工负责，持续推进）

（八）联动融合，构建产业链共赢新格局

19. 推动物流业与制造业联动发展。结合“中国制造 2025”战略部署，鼓励物流企业面向制造业转型升级需求，拓展提升综合服务能力，为生产企业提供采购物流、入厂物流、交付物流、回收物流等精细物流服务，重塑业务流程，建立面向企业用户的一体化智慧供应链管理服务体系，推动物流业与制造业协调发展，进一步降低产业物流成本。（国家发改委、工业和信息化部按职责分工负责，持续推进）

20. 促进交通物流融合发展。加强物流服务设施和交通运输干线网络的衔接，加强铁路、港口物流基地与公路的衔接配套，推动建设一批专用铁路、公路进港和引入产业园区项目，完善公路物流枢纽服务功能，解决枢纽布局不合理、集疏运体系不畅、信息孤岛现象突出等问题，推动现代物流与交通运输一体化融合发展，提高综合效率效益和服务水平。（国家发改委、交通运输部、中国铁路总公司牵头，国土资源部、住房城乡建设部按职责分工负责，2017 年 6 月底前完成）

21. 促进商贸业与物流业融合发展。加强大数

据、云计算等技术应用，探索“商贸＋互联网＋物流”融合发展新模式，增强物流协同服务能力，提升物流服务质量和效率，降低实体商贸企业的物流成本。加强商贸企业现有渠道资源整合利用，满足电商企业多样化、分散化、及时性销售的物流需求，延伸商贸易的服务链条，促进行业转型升级。（商务部、国家发改委、工业和信息化部按职责分工负责，持续推进）

三、保障措施

（九）加大对重要物流基础设施建设的投资支持

各地发展改革部门要会同相关方面建立重要物流基础设施项目建设的协调机制和绿色审核通道，并将物流基础设施项目纳入现代物流重大工程进行调度，加强横向联动、有机衔接，形成工作合力。（国家发改委牵头，2016 年年底前完成）中央和地方资金要通过现有渠道积极支持符合条件的多式联运转运设施、城乡配送网络、农产品冷链物流、物流标准化和信息化等物流项目建设，发挥政府投资示范带动作用。（国家发改委牵头，商务部、交通运输部、财政部、国家邮政局等部门按职责分工负责，持续推进）

（十）完善落实支持物流业发展的用地政策

在土地利用总体规划、城市总体规划、综合交通规划、商业网点规划中充分考虑并统筹保障物流业发展的合理用地需求。优化物流业用地空间布局，合理确定用地规模和强度，研究提高土地利用效率，降低土地使用成本。相关开发建设须符合法定规划要求，不得随意更改。（国土资源部、住房城乡建设部牵头，国家发改委、商务部按职责分工负责，持续推进）在《城市用地分类与规划建设用地标准》修订工作中，统筹考虑物流配送相关设施用地分类和标准问题。（住房城乡建设部负责，2017 年年底前完成）

（十一）拓宽物流企业投资融资渠道

银行业金融机构要探索适合物流业发展特点的信贷产品和服务方式，在商业可持续、风险可控的前提下，进一步加大信贷支持力度。积极推动供应链金融服务持续健康发展。支持符合条件的企业通过发行公司债券、企业债券和上市等多种方式拓宽融资渠道，支持物流企业发行非金融企业债务融资工具筹集资金。创新投融资支持方式，鼓励社会资本以市场化方式设立现代物流产业投资基金，支持重点企业重要物流基础设施项目建设，培育形成一批具有较强国际竞争力的现代物流企业集团。（人民银行、银监会、国家发改委按职责分工负责，持续推进）

（十二）发挥好行业协会作用

积极发挥行业协会在行业运行监测、标准制订与宣传推广、职业培训、行业自律、诚信体系建设、国际合作等方面的作用，引导支持企业加快技术创新和服务创新，加强内部管理，提升物流服务水平，共同推动物流行业健康有序发展。（国务院国资委、相关行业协会负责，持续推进）

（十三）加强组织协调和督促检查

各地区、各有关部门要按照工作分工和完成时限要求，结合本地区、本部门实际，制定具体实施方案，落实工作责任。国家发改委要会同有关部门加强工作指导，及时协调解决政策落实中存在的问题，定期总结各项工作进展情况，进行专项督查，适时开展政策实施效果第三方评估工作，重要情况及时报告国务院。

国务院关于促进创业投资持续健康发展的若干意见

（2016年9月16日　国发〔2016〕53号）

各省、自治区、直辖市人民政府，国务院各部委、各直属机构：

创业投资是实现技术、资本、人才、管理等创新要素与创业企业有效结合的投融资方式，是推动大众创业、万众创新的重要资本力量，是促进科技创新成果转化的助推器，是落实新发展理念、实施创新驱动发展战略、推进供给侧结构性改革、培育发展新动能和稳增长、扩就业的重要举措。近年来，我国创业投资快速发展，不仅拓宽了创业企业投融资渠道、促进了经济结构调整和产业转型升级，增强了经济发展新动能，也提高了直接融资比重、拉动了民间投资服务实体经济，激发了创业创新、促进了就业增长。但同时也面临着法律法规和政策环境不完善、监管体制和行业信用体系建设滞后等问题，存在一些投资“泡沫化”现象以及非法集资风险隐患。按照党中央、国务院的决策部署，为进一步促进创业投资持续健康发展，现提出以下意见：

一、总体要求

创业投资是指向处于创建或重建过程中的未上市成长性创业企业进行股权投资，以期所投资创业企业发育成熟或相对成熟后，主要通过股权转让获取资本增值收益的投资方式。天使投资是指除被投资企业职员及其家庭成员和直系亲属以外的个人以其自有资金直接开展的创业投资活动。发展包括天使投资在内的各类创业投资，应坚持以下总体要求：

（一）指导思想

牢固树立和贯彻落实创新、协调、绿色、开放、共享的发展理念，着力推进供给侧结构性改革，深入实施创新驱动发展战略，大力推进大众创业万众创新，使市场在资源配置中起决定性作用和更好发挥政府作用，进一步深化简政放权、放管结合、优化服务改革，不断完善体制机制，健全政策措施，加强统筹协调和事中事后监管，构建促进创业投资发展的制度环境、市场环境和生态环境，加快形成有利于创业投资发展的良好氛围和“创业、创新＋创投”的协同互动发展格局，进一步扩大创业投资规模，促进创业投资做大做强做优，培育一批具有国际影响力和竞争力的中国创业投资品牌，推动我国创业投资行业跻身世界先进行列。

（二）基本原则

一是坚持服务实体。创业投资是改善投资结构、增加有效投资的重要手段。要进一步深化简政放权、放管结合、优化服务改革，创新监管方式，既要重视发挥大企业的骨干作用，也要通过创业投资激发广大中小企业的创造力和活力。以支持实体经济发展、助力创业企业发展为本，引导创业投资企业和创业投资管理企业秉承价值投资理念，鼓励长期投资和价值投资，防范和化解投资估值“泡沫化”可能引发的市场风险，积极应对新动能成长过程中对传统产业和行业可能造成的冲击，妥善处理好各种矛盾，加大对实体经济支持的力度，增强可持续性，构建“实体创投”投资环境。

二是坚持专业运作。以市场为导向，充分调动民间投资和市场主体的积极性，发挥市场规则作用，激发民间创新模式，防止同质化竞争。鼓励创业投资企业和创业投资管理企业从自身独特优势出发，强化专业化投资理念和投资策略，深化内部体制机制创新，加强对投资项目的投后管理和增值服务，不断提高创业投资行业专业化运作和管理水平，夯实“专业创投”运行基础。

三是坚持信用为本。以诚信为兴业之本、发展之基，加强创业投资行业信用体系建设，建立和完善守信联合激励和失信联合惩戒制度，促进创业投资企业和创业投资管理企业诚信守法，忠实履行对投资者的诚信义务，创建“信用创投”发展环境。

四是坚持社会责任。围绕推进创新型国家建设、支持大众创业万众创新、促进经济结构调整和产业转型升级的使命和社会责任，推动创业投资行业严格按照国家有关法律法规和相关产业政策开展投资运营活动，按照市场化、法治化原则，促进创业投资良性竞争和绿色发展，共同维护良好市场秩序，树立“责任创投”价值理念。

二、培育多元创业投资主体

（三）加快培育形成各具特色、充满活力的创业投资机构体系

鼓励各类机构投资者和个人依法设立公司型、合伙型创业投资企业。鼓励行业骨干企业、创业孵化器、产业（技术）创新中心、创业服务中心、保险资产管理机构等创业创新资源丰富的相关机构参与创业投资。鼓励具有资本实力和管理经验的个人通过依法设立一人公司从事创业投资活动。鼓励和规范发展市场化运作、专业化管理的创业投资母基金。（国家发改委、科技部、工业和信息化部、人力资源和社会保障部、商务部、国务院国资委、工商总局、银监会、证监会、保监会按职责分工负责）

（四）积极鼓励包括天使投资人在内的各类个人从事创业投资活动

鼓励成立公益性天使投资人联盟等各类平台组织，培育和壮大天使投资人群体，促进天使投资人与创业企业及创业投资企业的信息交流与合作，营造良好的天使投资氛围，推动天使投资事业发展。规范发展互联网股权融资平台，为各类个人直接投资创业企业提供信息和技术服务。（国家发改委、科技部、证监会按职责分工负责）

三、多渠道拓宽创业投资资金来源

（五）大力培育和发展合格投资者

在风险可控、安全流动的前提下，支持中央企业、地方国有企业、保险公司、大学基金等各类机构投资者投资创业投资企业和创业投资母基金。鼓励信托公司遵循价值投资和长期投资理念，充分发挥既能进行创业投资又能发放贷款的优势，积极探索新产品、新模式，为创业企业提供综合化、个性化金融和投融资服务。培育合格个人投资者，支持具有风险识别和风险承受能力的个人参与投资创业投资企业。（国家发改委、财政部、国务院国资委、银监会、证监会、保监会按职责分工负责）

（六）建立股权债权等联动机制

按照依法合规、风险可控、商业可持续的原则，建立创业投资企业与各类金融机构长期性、市场化合作机制，进一步降低商业保险资金进入创业投资领域的门槛，推动发展投贷联动、投保联动、投债联动等新模式，不断加大对创业投资企业的投融资支持。加强“防火墙”相关制度建设，有效防范道德风险。支持银行业金融机构积极稳妥开展并购贷款业务，提高对创业企业兼并重组的金融服务水平。完善银行业金融机构投贷联动机制，稳妥有序推进投贷联动业务试点，推动投贷联动金融服务模式创新。支持创业投资企业及其股东依法依规发行企业债券和其他债务融资工具融资，增强投资能力。（国家发改委、科技部、人民银行、银监会、证监会、保监会按职责分工负责）

四、加强政府引导和政策扶持

（七）完善创业投资税收政策

按照税收中性、税收公平原则和税制改革方向与要求，统筹研究鼓励创业投资企业和天使投资人投资种子期、初创期等科技型企业的税收支持政策，进一步完善创业投资企业投资抵扣税收优惠政策，研究开展天使投资人个人所得税政策试点工作。（国家发改委、科技部、财政部、商务部、税务总局、证监会按职责分工负责）

（八）建立创业投资与政府项目对接机制

在全面创新改革试验区域、双创示范基地、国家高新区、国家自主创新示范区、产业（技术）创新中

心、科技企业孵化器、众创空间等，开放项目（企业）资源，充分利用政府项目资源优势，搭建创业投资与企业信息共享平台，打通创业资本和项目之间的通道，引导创业投资企业投资于国家科技计划（专项、基金等）形成科技成果的转化。挖掘农业领域创业投资潜力，依托农村产业融合发展园区、农业产业化示范基地、农民工返乡创业园等，通过发展第二、三产业，改造提升第一产业。有关方面要配合做好项目对接和服务。（国家发改委、科技部、工业和信息化部、农业部、商务部按职责分工负责）

（九）研究鼓励长期投资的政策措施

倡导长期投资和价值投资理念，研究对专注于长期投资和价值投资的创业投资企业在企业债券发行、引导基金扶持、政府项目对接、市场化退出等方面给予必要的政策支持。研究建立所投资企业上市解禁期与上市前投资期限长短反向挂钩的制度安排。（国家发改委、科技部、财政部、人民银行、证监会按职责分工负责）

（十）发挥政府资金的引导作用

充分发挥政府设立的创业投资引导基金作用，加强规范管理，加大力度培育新的经济增长点，促进就业增长。充分发挥国家新兴产业创业投资引导基金、国家中小企业发展基金、国家科技成果转化引导基金等已设立基金的作用。对于已设立基金未覆盖且需要政府引导支持的领域，鼓励有条件的地方按照"政府引导、市场化运作"原则推动设立创业投资引导基金，发挥财政资金的引导和聚集放大作用，引导民间投资等社会资本投入。进一步提高创业投资引导基金市场化运作效率，促进政策目标实现，维护出资人权益。鼓励创业投资引导基金注资市场化母基金，由专业化创业投资管理机构受托管理引导基金。综合运用参股基金、联合投资、融资担保、政府出资适当让利于社会出资等多种方式，进一步发挥政府资金在引导民间投资、扩大直接融资、弥补市场失灵等方面的作用。建立并完善创业投资引导基金中政府出资的绩效评价制度。（国家发改委、科技部、工业和信息化部、财政部按职责分工负责）

五、完善创业投资相关法律法规

（十一）构建符合创业投资行业特点的法制环境

进一步完善促进创业投资发展相关法律法规，研究推动相关立法工作，推动完善公司法和合伙企业法。完善创业投资相关管理制度，推动私募投资基金管理暂行条例尽快出台，对创业投资企业和创业投资管理企业实行差异化监管和行业自律。完善外商投资创业投资企业管理制度。（国家发改委、商务部、证监会按职责分工负责）

（十二）落实和完善国有创业投资管理制度

鼓励国有企业集众智，开拓广阔市场空间，增强国有企业竞争力。支持有需求、有条件的国有企业依法依规、按照市场化方式设立或参股创业投资企业和创业投资母基金。强化国有创业投资企业对种子期、初创期等创业企业的支持，鼓励国有创业投资企业追求长期投资收益。健全符合创业投资行业特点和发展规律的国有创业投资管理体制，完善国有创业投资企业的监督考核、激励约束机制和股权转让方式，形成鼓励创业、宽容失败的国有创业投资生态环境。支持具备条件的国有创业投资企业开展混合所有制改革试点，探索国有创业投资企业和创业投资管理企业核心团队持股和跟投。探索地方政府融资平台公司转型升级为创业投资企业。依法依规豁免国有创业投资企业和国有创业投资引导基金国有股转持义务。（国家发改委、财政部、国务院国资委、证监会按职责分工负责）

六、进一步完善创业投资退出机制

（十三）拓宽创业投资市场化退出渠道

充分发挥主板、创业板、全国中小企业股份转让系统以及区域性股权市场功能，畅通创业投资市场化退出渠道。完善全国中小企业股份转让系统交易机制，改善市场流动性。支持机构间私募产品报价与服务系统、证券公司柜台市场开展直接融资业务。鼓励创业投资以并购重组等方式实现市场化退出，规范发展专业化并购基金。（证监会牵头负责）

七、优化创业投资市场环境

（十四）优化监管环境

实施更多的普惠性支持政策措施，营造公平竞争的发展环境，深化简政放权、放管结合、优化服务改革，搞好服务，激发活力。坚持适度监管、差异监管和统一功能监管，创新监管方式，有效防范系统性区域性风险。对创业投资企业在行业管理、备案登记等方面采取与其他私募基金区别对待的差异化监管政策，建立适应创业投资行业特点的宽市场准入、重事中事后监管的适度而有效的监管体制。加强信息披露和风险揭示，引导创业投资企业建立以实体投资、价值投资和长期投资为导向的合理的投资估值机制。对不进行实业投资、从事上市公司股票交易、助推投资泡沫及其他扰乱市场秩序的创业投资企业建立清查清退制度。建立行业规范，强化创业投资企业内控机制、合规管理和风险管理机制。加强投资者保护，特别是要进一步完善产权保护制度，依法保护产权和投资者合法经营、合法权益和合法财产。加强投资者教育，相关投资者应为具有风险识别和风险承受能力的合格投资者。建立并完善募集资金的托管制度，规范创业投资企业募集资金行为，打击违法违规募集资金行为。健全对创业投资企业募集资金、投资运作等与保护投资者权益相关的制度规范，加强日常监管。（国家发改委、科技部、国务院国资委、证监会按职责分工负责）

（十五）优化商事环境

各地区、各部门不得自行出台限制创业投资企业和创业投资管理企业市场准入和发展的有关政策。建立创业投资行业发展备案和监管备案互联互通机制，为创业投资企业备案提供便利，放宽创业投资企业的市场准入。持续深化商事制度改革，提高工商登记注册便利化水平。促进创业投资行业加强品牌建设。（国家发改委、工商总局、证监会会同各有关部门按职责分工负责）

（十六）优化信用环境

有关部门、行业组织和社会征信机构要进一步建立健全创业投资企业、创业投资管理企业及其从业人员信用记录，实现创业投资领域信用记录全覆盖。推动创业投资领域信用信息纳入全国信用信息共享平台，并与企业信用信息公示系统实现互联互通。依法依规在“信用中国”网站和企业信用信息公示系统公示相关信息。加快建立创业投资领域严重失信黑名单制度，鼓励有关社会组织探索建立守信红名单制度，依托全国信用信息共享平台，按照有关法律法规和政策规定实施守信联合激励和失信联合惩戒。建立健全创业投资行业信用服务机制，推广使用信用产品。（国家发改委、商务部、人民银行、工商总局、证监会按职责分工负责）

（十七）严格保护知识产权

完善知识产权保护相关法律法规和制度规定，加强对创业创新早期知识产权保护，在市场竞争中培育更多自主品牌，健全知识产权侵权查处机制，依法惩治侵犯知识产权的违法犯罪行为，将企业行政处罚、黑名单等信息纳入全国信用信息共享平台，对严重侵犯知识产权的责任主体实施联合惩戒，并通过“信用中国”网站、企业信用信息公示系统等进行公示，创造鼓励创业投资的良好知识产权保护环境。（国家发改委、人民银行、工商总局、知识产权局、证监会等按职责分工负责）

八、推动创业投资行业双向开放

（十八）有序扩大创业投资对外开放

发展创业投资要坚持走开放式发展道路，通过吸引境外投资，引进国际先进经验、技术和管理模式，提升中国创业投资企业的国际竞争力。按照对内外资一视同仁的原则，放宽外商投资准入，简化管理流程，鼓励外资扩大创业投资规模，加大对种子期、初创期创业企业支持力度。鼓励和支持境内外投资者在跨境创业投资及相关的投资贸易活动中使用人民币。允许外资创业投资企业按照实际投资规模将外汇资本金结汇所得的人民币划入被投资企业。（国家发改委、商务部、人民银行、国家外汇局按职责分工负责）

（十九）鼓励境内有实力的创业投资企业积极稳妥“走出去”

完善境外投资相关管理制度，引导和鼓励创业投资企业加大对境外及港、澳、台地区高端研发项目的投资，积极分享高端技术成果。（国家发改委、商务部、人民银行、国家外汇局按职责分工负责）

九、完善创业投资行业自律和服务体系

（二十）加强行业自律

加快推进依法设立全国性创业投资行业协会，鼓励具备条件的地区成立创业投资协会组织，搭建行业协会交流服务平台。充分发挥行业协会在行业自律管理和政府与市场沟通中的积极作用，加强行业协会在政策对接、会员服务、信息咨询、数据统计、行业发展报告、人才培养、国际交流合作等方面的能力建设，支持行业协会推动创业投资行业信用体系建设和社会责任建设，维护有利于行业持续健康发展的良好市场秩序。（国家发改委、科技部、民政部、证监会按职责分工负责）

（二十一）健全创业投资服务体系

加强与创业投资相关的会计、征信、信息、托管、法律、咨询、教育培训等各类中介服务体系建设。支持创业投资协会组织通过高等学校、科研院所、群团组织、创业投资企业、创业投资管理企业、天使投资人等多种渠道，以多种方式加强创业投资专业人才培养，加大教育培训力度，吸引更多的优秀人才从事创业投资，提高创业投资的精准度。（国家发改委、科技部、证监会按职责分工负责）

十、加强各方统筹协调

（二十二）加强政策顶层设计和统筹协调

国家发改委要会同有关部门加强促进创业投资发展的政策协调，建立部门之间、部门与地方之间政策协调联动机制，加强创业投资行业发展政策和监管政策的协同配合，增强政策针对性、连续性、协同性。建立相关政府部门促进创业投资行业发展的信息共享机制。（国家发改委、证监会会同有关部门按职责分工负责）

各地区、各部门要把促进创业投资持续健康发展作为深入实施创新驱动发展战略、推动大众创业万众创新、促进经济结构调整和产业转型升级的一项重要举措，按照职责分工抓紧制定相关配套措施，加强沟通协调，形成工作合力，确保各项政策及时落实到位，积极发展新经济、培育新动能、改造提升传统动能，推动中国经济保持中高速增长、迈向中高端水平。

国务院关于积极稳妥降低企业杠杆率的意见

（2016 年 9 月 22 日　国发〔2016〕54 号）

各省、自治区、直辖市人民政府，国务院各部委、各直属机构：

近年来，中国企业杠杆率高企，债务规模增长过快，企业债务负担不断加重。在国际经济环境更趋复杂、中国经济下行压力仍然较大的背景下，一些企业经营困难加剧，一定程度上导致债务风险上升。为贯彻落实党中央、国务院关于推进供给侧结构性改革、重点做好“三去一降一补”工作的决策部署，促进建立和完善现代企业制度，增强经济中长期发展韧性，现就积极稳妥降低企业杠杆率（简称“降杠杆”）提出以下意见。

一、总体要求

降杠杆的总体思路是：全面贯彻党的十八大和十八届三中、四中、五中全会精神，认真落实中央经济工作会议和政府工作报告部署，坚持积极的财政政策和稳健的货币政策取向，以市场化、法治化方

式,通过推进兼并重组、完善现代企业制度强化自我约束、盘活存量资产、优化债务结构、有序开展市场化银行债权转股权、依法破产、发展股权融资,积极稳妥降低企业杠杆率,助推供给侧结构性改革,助推国有企业改革深化,助推经济转型升级和优化布局,为经济长期持续健康发展夯实基础。

在推进降杠杆过程中,要坚持以下基本原则:

市场化原则。充分发挥市场在资源配置中的决定性作用和更好发挥政府作用。债权人和债务人等市场主体依据自身需求开展或参与降杠杆,自主协商确定各类交易的价格与条件并自担风险、自享收益。政府通过制定引导政策,完善相关监管规则,维护公平竞争的市场秩序,做好必要的组织协调工作,保持社会稳定,为降杠杆营造良好环境。

法治化原则。依法依规开展降杠杆工作,政府与各市场主体都要严格依法行事,尤其要注重保护债权人、投资者和企业职工合法权益。加强社会信用体系建设,防范道德风险,严厉打击逃废债行为,防止应由市场主体承担的责任不合理地转嫁给政府或其他相关主体。明确政府责任范围,政府不承担损失的兜底责任。

有序开展原则。降杠杆要把握好稳增长、调结构、防风险的关系,注意防范和化解降杠杆过程中可能出现的各类风险。尊重经济规律,充分考虑不同类型行业和企业的杠杆特征,分类施策,有扶有控,不搞"一刀切",防止一哄而起,稳妥有序地予以推进。

统筹协调原则。降杠杆是一项时间跨度较长的系统工程。要立足当前、着眼长远,标本兼治、综合施策。要把建立规范现代企业制度、完善公司治理结构、强化自身约束机制作为降杠杆的根本途径。降杠杆要综合运用多种手段,与企业改组改制、降低实体经济企业成本、化解过剩产能、促进企业转型升级等工作有机结合、协同推进。

二、主要途径

(一)积极推进企业兼并重组

1. 鼓励跨地区、跨所有制兼并重组。支持通过兼并重组培育优质企业。进一步打破地方保护、区域封锁,鼓励企业跨地区开展兼并重组。推动混合所有制改革,鼓励国有企业通过出让股份、增资扩股、合资合作等方式引入民营资本。加快垄断行业改革,向民营资本开放垄断行业的竞争性业务领域。

2. 推动重点行业兼并重组。发挥好产业政策的引导作用,鼓励产能过剩行业企业加大兼并重组力度,加快"僵尸企业"退出,有效化解过剩产能,实现市场出清。加大对产业集中度不高、同质化竞争突出行业或产业的联合重组,加强资源整合,发展规模经济,实施减员增效,提高综合竞争力。

3. 引导企业业务结构重组。引导企业精益化经营,突出主业,优化产业链布局,克服盲目扩张粗放经营。通过出售转让非主业或低收益业务回收资金、减少债务和支出,降低企业资金低效占用,提高企业运营效率和经营效益。

4. 加大对企业兼并重组的金融支持。通过并购贷款等措施,支持符合条件的企业开展并购重组。允许符合条件的企业通过发行优先股、可转换债券等方式筹集兼并重组资金。进一步创新融资方式,满足企业兼并重组不同阶段的融资需求。鼓励各类投资者通过股权投资基金、创业投资基金、产业投资基金等形式参与企业兼并重组。

(二)完善现代企业制度强化自我约束

5. 建立和完善现代企业制度。建立健全现代企业制度、完善公司治理结构,对企业负债行为建立权责明确、制衡有效的决策执行监督机制,加强企业自身财务杠杆约束,合理安排债务融资规模,有效控制企业杠杆率,形成合理资产负债结构。

6. 明确企业降杠杆的主体责任。企业是降杠杆的第一责任主体。强化企业管理层资产负债管理责任,合理设计激励约束制度,处理好企业长期发展和短期业绩的关系,树立审慎经营观念,防止激进经营过度负债。落实企业股东责任,按照出资义务依法缴足出资,根据股权先于债权吸收损失原则承担必要的降杠杆成本。

7. 强化国有企业降杠杆的考核机制。各级国有资产管理部门应切实履行职责,积极推动国有企业降杠杆工作,将降杠杆纳入国有资产管理部门对国有企业的业绩考核体系。统筹运用政绩考核、人事任免、创新型试点政策倾斜等机制,调动地方各级人民政府和国有企业降杠杆的积极性。

（三）多措并举盘活企业存量资产

8. 分类清理企业存量资产。规范化清理资产，做好闲置存量资产相关尽职调查、资产清查、财产评估等工作，清退无效资产，实现人资分离，使资产达到可交易状态。

9. 采取多种方式盘活闲置资产。对土地、厂房、设备等闲置资产以及各类重资产，采取出售、转让、租赁、回租、招商合作等多种形式予以盘活，实现有效利用。引导企业进入产权交易市场，充分发挥产权交易市场价格发现、价值实现功能。

10. 加大存量资产整合力度。鼓励企业整合内部资源，将与主业相关的资产整合清理后并入主业板块，提高存量资产的利用水平，改善企业经营效益。

11. 有序开展企业资产证券化。按照“真实出售、破产隔离”原则，积极开展以企业应收账款、租赁债权等财产权利和基础设施、商业物业等不动产财产或财产权益为基础资产的资产证券化业务。支持房地产企业通过发展房地产信托投资基金向轻资产经营模式转型。

（四）多方式优化企业债务结构

12. 推动企业开展债务清理和债务整合。加大清欠力度，减少无效占用，加快资金周转，降低资产负债率。多措并举清理因担保圈、债务链形成的三角债。加快清理以政府、大企业为源头的资金拖欠，推动开展中小企业应收账款融资。对发展前景良好、生产经营较为正常，有技术、有订单，但由于阶段性原因成为资金拖欠源头的企业，鼓励充分调动多方力量，在政策允许范围内，统筹运用盘活资产、发行债券和银行信贷等多种手段，予以必要支持。

13. 降低企业财务负担。加快公司信用类债券产品创新，丰富债券品种，推动企业在风险可控的前提下利用债券市场提高直接融资比重，优化企业债务结构。鼓励企业加强资金集中管理，支持符合条件的企业设立财务公司，加强内部资金融通，提高企业资金使用效率。通过大力发展政府支持的担保机构等措施，提高企业信用等级，降低融资成本。

（五）有序开展市场化银行债权转股权

14. 以市场化法治化方式开展债转股。由银行、实施机构和企业依据国家政策导向自主协商确定转股对象、转股债权以及转股价格和条件，实施机构市场化筹集债转股所需资金，并多渠道、多方式实现股权市场化退出。

15. 以促进优胜劣汰为目的开展市场化债转股。鼓励面向发展前景良好但遇到暂时困难的优质企业开展市场化债转股，严禁将“僵尸企业”、失信企业和不符合国家产业政策的企业作为市场化债转股对象。

16. 鼓励多类型实施机构参与开展市场化债转股。除国家另有规定外，银行不得直接将债权转为股权。银行将债权转为股权应通过向实施机构转让债权、由实施机构将债权转为对象企业股权的方式实现。鼓励金融资产管理公司、保险资产管理机构、国有资本投资运营公司等多种类型实施机构参与开展市场化债转股；支持银行充分利用现有符合条件的所属机构，或允许申请设立符合规定的新机构开展市场化债转股；鼓励实施机构引入社会资本，发展混合所有制，增强资本实力。

（六）依法依规实施企业破产

17. 建立健全依法破产的体制机制。充分发挥企业破产在解决债务矛盾、公平保障各方权利、优化资源配置等方面的重要作用。完善破产清算司法解释和司法政策。健全破产管理人制度。探索建立关联企业合并破产制度。细化工作流程规则，切实解决破产程序中的违法执行问题。支持法院建立专门清算与破产审判庭，积极支持优化法官配备并加强专业培训，强化破产司法能力建设。规范和引导律师事务所、会计师事务所等中介机构依法履职，增强破产清算服务能力。

18. 因企制宜实施企业破产清算、重整与和解。对于扭亏无望、已失去生存发展前景的“僵尸企业”，要破除障碍，依司法程序进行破产清算，全面清查破产企业财产，清偿破产企业债务并注销破产企业法人资格，妥善安置人员。对符合破产条件但仍有发展前景的企业，支持债权人和企业按照法院破产重整程序或自主协商对企业进行债务重组。鼓励企业与债权人依据破产和解程序达成和解协议，实施和解。在企业破产过程中，切实发挥债权人委员会作用，保护各类债权人和企业职工合法权益。

19. 健全企业破产配套制度。政府与法院依法依规加强企业破产工作沟通协调，解决破产程序启动难问题，做好破产企业职工安置和权益保障、企业互保联保和民间融资风险化解、维护社会稳定等各方面工作。加快完善清算后工商登记注销等配套政策。

（七）积极发展股权融资

20. 加快健全和完善多层次股权市场。加快完善全国中小企业股份转让系统，健全小额、快速、灵活、多元的投融资体制。研究全国中小企业股份转让系统挂牌公司转板创业板相关制度。规范发展服务中小微企业的区域性股权市场。支持区域性股权市场运营模式和服务方式创新，强化融资功能。

21. 推动交易所市场平稳健康发展。进一步发展壮大证券交易所主板，深入发展中小企业板，深化创业板改革，加强发行、退市、交易等基础性制度建设，切实加强市场监管，依法保护投资者权益，支持符合条件的企业在证券交易所市场发行股票进行股权融资。

22. 创新和丰富股权融资工具。大力发展私募股权投资基金，促进创业投资。创新财政资金使用方式，发挥产业投资基金的引导作用。规范发展各类股权类受托管理资金。在有效监管的前提下，探索运用股债结合、投贷联动和夹层融资工具。

23. 拓宽股权融资资金来源。鼓励保险资金、年金、基本养老保险基金等长期性资金按相关规定进行股权投资。有序引导储蓄转化为股本投资。积极有效引进国外直接投资和国外创业投资资金。

三、营造良好的市场与政策环境

24. 落实和完善降杠杆财税支持政策。发挥积极的财政政策作用，落实并完善企业兼并重组、破产清算、资产证券化、债转股和银行不良资产核销等相关税收政策。根据需要，采取适当财政支持方式激励引导降杠杆。

25. 提高银行不良资产核销和处置能力。拓宽不良资产市场转让渠道，探索扩大银行不良资产受让主体，强化不良资产处置市场竞争。加大力度落实不良资产转让政策，支持银行向金融资产管理公司打包转让不良资产。推动银行不良资产证券化。多渠道补充银行核心和非核心资本，提高损失吸收能力。

26. 加强市场主体信用约束。建立相关企业和机构及其法定代表人、高级管理人员的信用记录，并纳入全国信用信息共享平台。构建参与各方失信行为联合惩戒机制，依据相关法律法规严格追究恶意逃废债和国有资产流失等违法违规单位及相关人员责任。

27. 强化金融机构授信约束。银行业金融机构应通过建立债权人委员会、联合授信等机制，完善客户信息共享，综合确定企业授信额度，并可通过合同约定等方式，避免过度授信，防止企业杠杆率超出合理水平。对授信银行超过一定数量、授信金额超过一定规模的企业原则上以银团联合方式发放贷款，有效限制对高杠杆企业贷款。

28. 健全投资者适当性管理制度。合理确定投资者参与降杠杆的资格与条件。鼓励具有丰富企业管理经验或专业投资分析能力，并有相应风险承受力的机构投资者参与企业市场化降杠杆。完善个人投资者适当性管理制度，依法建立合格个人投资者识别风险和自担风险的信用承诺制度，防止不合格个人投资者投资降杠杆相关金融产品和超出能力承担风险。

29. 切实减轻企业社会负担。完善减轻企业非债务负担配套政策，落实已出台的各项清理规范涉企行政性、事业性收费以及具有强制垄断性的经营服务收费、行业协会涉企收费政策。加大对企业在降杠杆过程中剥离相关社会负担和辅业资产的政策支持力度。

30. 稳妥做好重组企业的职工分流安置工作。各级人民政府要高度重视降杠杆过程中的职工安置，充分发挥企业主体作用，多措并举做好职工安置工作。鼓励企业充分挖掘内部潜力，通过协商薪酬、转岗培训等方式，稳定现有工作岗位。支持企业依靠现有场地、设施、技术开辟新的就业岗位。对不裁员或少裁员的企业,按规定由失业保险实施稳岗补贴政策。依法妥善处理职工劳动关系,稳妥接续社会保险关系,按规定落实社会保险待遇。积极做好再就业帮扶,落实就业扶持政策,加大职业培训力度,提供公共就业服务,对就业困难人员按规定实施公益性岗位托底安置。

31. 落实产业升级配套政策。进一步落实重点行业产业转型升级和化解过剩产能的配套支持措施,加大对重点企业兼并重组和产业整合的支持力度,发挥产业投资基金作用,吸引社会资本参与,实行市场化运作,推动重点行业破局性、战略性重组,实现产业链整合及产业融合,通过资源重新配置降低企业杠杆率,进一步提升优质企业竞争力。

32. 严密监测和有效防范风险。加强政策协调,强化信息沟通与研判预警,提高防范风险的预见性、有效性,严密监控降杠杆可能导致的股市、汇市、债市等金融市场风险,防止风险跨市场传染。填补监管空白与漏洞,实现监管全覆盖,完善风险处置预案,严守不发生系统性风险的底线。

33. 规范履行相关程序。在降杠杆过程中,涉及政府管理事项的,要严格履行相关核准或备案程序,严禁违法违规操作。为适应开展降杠杆工作的需要,有关部门和单位应进一步明确、规范和简化相关程序,提高行政效率。

34. 更好发挥政府作用。政府在降杠杆工作中的职责是制定规则,完善政策,适当引导,依法监督,维护公平竞争的市场秩序,保持社会稳定,做好职工合法权益保护等社会保障兜底工作,确保降杠杆在市场化、法制化轨道上平稳有序推进。政府在引导降杠杆过程中,要依法依规、遵循规律、规范行为,不干预降杠杆工作中各市场主体的相关决策和具体事务。同时,各级人民政府要切实履行好国有企业出资人职责,在国有企业降杠杆决策中依照法律法规和公司章程行使国有股东权利。

国家发改委、人民银行、财政部、银监会等相关部门和单位要建立积极稳妥降低企业杠杆率部际联席会议制度,加强综合协调指导,完善配套措施,组织先行先试,统筹推进各项工作。及时了解新情况,研究、解决降杠杆过程中出现的新问题。通过多种方式,加强舆论引导,适时适度做好宣传报道和政策解读工作,回应社会关切,营造良好的舆论环境。及时归集、整理降杠杆相关信息并进行分析研究,适时开展降杠杆政策效果评估,重大问题及时向国务院报告。

附件(略)

国务院办公厅关于印发控制污染物排放许可制实施方案的通知

(2016年11月10日　国办发〔2016〕81号)

各省、自治区、直辖市人民政府,国务院各部委、各直属机构:

《控制污染物排放许可制实施方案》已经国务院同意,现印发给你们,请认真贯彻执行。

控制污染物排放许可制实施方案

控制污染物排放许可制(简称“排污许可制”)是依法规范企事业单位排污行为的基础性环境管理制度,环境保护部门通过对企事业单位发放排污许可证并依证监管实施排污许可制。近年来,各地积极探索排污许可制,取得初步成效。但总体看,排污许可制定位不明确,企事业单位治污责任不落实,环境保护部门依证监管不到位,使得管理制度效能难以充分发挥。为进一步推动环境治理基础制度改革,改善环境质量，根据《中华人民共和国环境保护法》和《生态文明体制改革总体方案》等，制定本方案。

一、总体要求

（一）指导思想

全面贯彻落实党的十八大和十八届三中、四中、五中、六中全会精神，深入学习贯彻习近平总书记系列重要讲话精神，紧紧围绕统筹推进“五位一体”总体布局和协调推进“四个全面”战略布局，牢固树立创新、协调、绿色、开放、共享的发展理念，认真落实党中央、国务院决策部署，加大生态文明建设和环境保护力度，将排污许可制建设成为固定污染源环境管理的核心制度，作为企业守法、部门执法、社会监督的依据，为提高环境管理效能和改善环境质量奠定坚实基础。

（二）基本原则

精简高效，衔接顺畅。排污许可制衔接环境影响评价管理制度，融合总量控制制度，为排污收费、环境统计、排污权交易等工作提供统一的污染物排放数据，减少重复申报，减轻企事业单位负担，提高管理效能。

公平公正，一企一证。企事业单位持证排污，按照所在地改善环境质量和保障环境安全的要求承担相应的污染治理责任，多排放多担责、少排放可获益。向企事业单位核发排污许可证，作为生产运营期排污行为的唯一行政许可，并明确其排污行为依法应当遵守的环境管理要求和承担的法律责任义务。

权责清晰，强化监管。排污许可证是企事业单位在生产运营期接受环境监管和环境保护部门实施监管的主要法律文书。企事业单位依法申领排污许可证，按证排污，自证守法。环境保护部门基于企事业单位守法承诺，依法发放排污许可证，依证强化事中事后监管，对违法排污行为实施严厉打击。

公开透明，社会共治。排污许可证申领、核发、监管流程全过程公开，企事业单位污染物排放和环境保护部门监管执法信息及时公开，为推动企业守法、部门联动、社会监督创造条件。

（三）目标任务

到2020年，完成覆盖所有固定污染源的排污许可证核发工作，全国排污许可证管理信息平台有效运转，各项环境管理制度精简合理、有机衔接，企事业单位环保主体责任得到落实，基本建立法规体系完备、技术体系科学、管理体系高效的排污许可制，对固定污染源实施全过程管理和多污染物协同控制，实现系统化、科学化、法治化、精细化、信息化的“一证式”管理。

二、衔接整合相关环境管理制度

（四）建立健全企事业单位污染物排放总量控制制度

改变单纯以行政区域为单元分解污染物排放总量指标的方式和总量减排核算考核办法，通过实施排污许可制，落实企事业单位污染物排放总量控制要求，逐步实现由行政区域污染物排放总量控制向企事业单位污染物排放总量控制转变，控制的范围逐渐统一到固定污染源。环境质量不达标地区，要通过提高排放标准或加严许可排放量等措施，对企事业单位实施更为严格的污染物排放总量控制，推动改善环境质量。

（五）有机衔接环境影响评价制度

环境影响评价制度是建设项目的环境准入门槛，排污许可制是企事业单位生产运营期排污的法律依据，必须做好充分衔接，实现从污染预防到污染治理和排放控制的全过程监管。新建项目必须在发生实际排污行为之前申领排污许可证，环境影响评价文件及批复中与污染物排放相关的主要内容应当纳入排污许可证，其排污许可证执行情况应作为环境影响后评价的重要依据。

三、规范有序发放排污许可证

（六）制定排污许可管理名录

环境保护部依法制订并公布排污许可分类管理名录，考虑企事业单位及其他生产经营者，确定实行排污许可管理的行业类别。对不同行业或同一行业内的不同类型企事业单位，按照污染物产生量、排放量以及环境危害程度等因素进行分类管理，对环境影响较小、环境危害程度较低的行业或企事业单位，简化排污许可内容和相应的自行监测、台账管理等要求。

（七）规范排污许可证核发

由县级以上地方政府环境保护部门负责排污许可证核发，地方性法规另有规定的从其规定。企事业单位应按相关法规标准和技术规定提交申请材料，申报污染物排放种类、排放浓度等，测算并申报污染物排放量。环境保护部门对符合要求的企事业单位应及时核发排污许可证，对存在疑问的开展现场核查。首次发放的排污许可证有效期三年，延续换发的排污许可证有效期五年。上级环境保护部门要加强监督抽查，有权依法撤销下级环境保护部门作出的核发排污许可证的决定。环境保护部统一制定排污许可证申领核发程序、排污许可证样式、信息编码和平台接口标准、相关数据格式要求等。各地区现有排污许可证及其管理要按国家统一要求及时进行规范。

（八）合理确定许可内容

排污许可证中明确许可排放的污染物种类、浓度、排放量、排放去向等事项，载明污染治理设施、环境管理要求等相关内容。根据污染物排放标准、总量控制指标、环境影响评价文件及批复要求等，依法合理确定许可排放的污染物种类、浓度及排放量。按照《国务院办公厅关于加强环境监管执法的通知》（国办发〔2014〕56号）要求，经地方政府依法处理、整顿规范并符合要求的项目，纳入排污许可管理范围。地方政府制定的环境质量限期达标规划、重污染天气应对措施中对企事业单位有更加严格的排放控制要求的，应当在排污许可证中予以明确。

（九）分步实现排污许可全覆盖

排污许可证管理内容主要包括大气污染物、水污染物，并依法逐步纳入其他污染物。按行业分步实现对固定污染源的全覆盖，率先对火电、造纸行业企业核发排污许可证，2017年完成《大气污染防治行动计划》和《水污染防治行动计划》重点行业及产能过剩行业企业排污许可证核发，2020年全国基本完成排污许可证核发。

四、严格落实企事业单位环境保护责任

（十）落实按证排污责任

纳入排污许可管理的所有企事业单位必须按期持证排污、按证排污，不得无证排污。企事业单位应及时申领排污许可证，对申请材料的真实性、准确性和完整性承担法律责任，承诺按照排污许可证的规定排污并严格执行；落实污染物排放控制措施和其他各项环境管理要求，确保污染物排放种类、浓度和排放量等达到许可要求；明确单位负责人和相关人员环境保护责任，不断提高污染治理和环境管理水平，自觉接受监督检查。

（十一）实行自行监测和定期报告

企事业单位应依法开展自行监测，安装或使用监测设备应符合国家有关环境监测、计量认证规定和技术规范，保障数据合法有效，保证设备正常运行，妥善保存原始记录，建立准确完整的环境管理台账，安装在线监测设备的应与环境保护部门联网。企事业单位应如实向环境保护部门报告排污许可证执行情况，依法向社会公开污染物排放数据并对数据真实性负责。排放情况与排污许可证要求不符的，应及时向环境保护部门报告。

五、加强监督管理

（十二）依证严格开展监管执法

依证监管是排污许可制实施的关键，重点检查许可事项和管理要求的落实情况，通过执法监测、核查台账等手段，核实排放数据和报告的真实性，判定是否达标排放，核定排放量。企事业单位在线监测数据可以作为环境保护部门监管执法的依据。按照“谁核发、谁监管”的原则定期开展监管执法，首次核发排污许可证后，应及时开展检查；对有违规记录

的，应提高检查频次；对污染严重的产能过剩行业企业加大执法频次与处罚力度，推动去产能工作。现场检查的时间、内容、结果以及处罚决定应记入排污许可证管理信息平台。

（十三）严厉查处违法排污行为

根据违法情节轻重，依法采取按日连续处罚、限制生产、停产整治、停业、关闭等措施，严厉处罚无证和不按证排污行为，对构成犯罪的，依法追究刑事责任。环境保护部门检查发现实际情况与环境管理台账、排污许可证执行报告等不一致的，可以责令作出说明，对未能说明且无法提供自行监测原始记录的，依法予以处罚。

（十四）综合运用市场机制政策

对自愿实施严于许可排放浓度和排放量且在排污许可证中载明的企事业单位，加大电价等价格激励措施力度，符合条件的可以享受相关环保、资源综合利用等方面的优惠政策。与拟开征的环境保护税有机衔接，交换共享企事业单位实际排放数据与纳税申报数据，引导企事业单位按证排污并诚信纳税。排污许可证是排污权的确认凭证、排污交易的管理载体，企事业单位在履行法定义务的基础上，通过淘汰落后和过剩产能、清洁生产、污染治理、技术改造升级等产生的污染物排放削减量，可按规定在市场交易。

六、强化信息公开和社会监督

（十五）提高管理信息化水平

2017 年建成全国排污许可证管理信息平台，将排污许可证申领、核发、监管执法等工作流程及信息纳入平台，各地现有的排污许可证管理信息平台逐步接入。在统一社会信用代码基础上适当扩充，制定全国统一的排污许可证编码。通过排污许可证管理信息平台统一收集、存储、管理排污许可证信息，实现各级联网、数据集成、信息共享。形成的实际排放数据作为环境保护部门排污收费、环境统计、污染源排放清单等各项固定污染源环境管理的数据来源。

（十六）加大信息公开力度

在全国排污许可证管理信息平台上及时公开企事业单位自行监测数据和环境保护部门监管执法信息，公布不按证排污的企事业单位名单，纳入企业环境行为信用评价，并通过企业信用信息公示系统进行公示。与环保举报平台共享污染源信息，鼓励公众举报无证和不按证排污行为。依法推进环境公益诉讼，加强社会监督。

七、做好排污许可制实施保障

（十七）加强组织领导

各地区要高度重视排污许可制实施工作，统一思想，提高认识，明确目标任务，制定实施计划，确保按时限完成排污许可证核发工作。要做好排污许可制推进期间各项环境管理制度的衔接，避免出现管理真空。环境保护部要加强对全国排污许可制实施工作的指导，制定相关管理办法，总结推广经验，跟踪评估实施情况。将排污许可制落实情况纳入环境保护督察工作，对落实不力的进行问责。

（十八）完善法律法规

加快修订建设项目环境保护管理条例，制定排污许可管理条例。配合修订水污染防治法，研究建立企事业单位守法排污的自我举证、加严对无证或不按证排污连续违法行为的处罚规定。推动修订固体废物污染环境防治法、环境噪声污染防治法，探索将有关污染物纳入排污许可证管理。

（十九）健全技术支撑体系

梳理和评估现有污染物排放标准，并适时修订。建立健全基于排放标准的可行技术体系，推动企事业单位污染防治措施升级改造和技术进步。完善排污许可证执行和监管执法技术体系，指导企事业单位自行监测、台账记录、执行报告、信息公开等工作，规范环境保护部门台账核查、现场执法等行为。培育和规范咨询与监测服务市场，促进人才队伍建设。

（二十）开展宣传培训

加大对排污许可制的宣传力度，做好制度解读，及时回应社会关切。组织各级环境保护部门、企事业单位、咨询与监测机构开展专业培训。强化地方政府环境保护主体责任，树立企事业单位持证排污意识，有序引导社会公众更好参与监督企事业单位排污行为，形成政府综合管控、企业依证守法、社会共同监督的良好氛围。

国务院关于印发“十三五”国家战略性新兴产业发展规划的通知

（2016年11月29日　国发〔2016〕67号）

各省、自治区、直辖市人民政府，国务院各部委、各直属机构：

现将《“十三五”国家战略性新兴产业发展规划》印发给你们，请认真贯彻执行。

“十三五”国家战略性新兴产业发展规划

战略性新兴产业代表新一轮科技革命和产业变革的方向，是培育发展新动能、获取未来竞争新优势的关键领域。“十三五”时期，要把战略性新兴产业摆在经济社会发展更加突出的位置，大力构建现代产业新体系，推动经济社会持续健康发展。根据“十三五”规划纲要有关部署，特编制本规划，规划期为2016—2020年。

一、加快壮大战略性新兴产业，打造经济社会发展新引擎

（一）现状与形势

“十二五”期间，中国节能环保、新一代信息技术、生物、高端装备制造、新能源、新材料和新能源汽车等战略性新兴产业快速发展。2015年，战略性新兴产业增加值占国内生产总值比重达到8%左右，产业创新能力和盈利能力明显提升。新一代信息技术、生物、新能源等领域一批企业的竞争力进入国际市场第一方阵，高铁、通信、航天装备、核电设备等国际化发展实现突破，一批产值规模千亿元以上的新兴产业集群有力支撑了区域经济转型升级。大众创业、万众创新蓬勃兴起，战略性新兴产业广泛融合，加快推动了传统产业转型升级，涌现了大批新技术、新产品、新业态、新模式，创造了大量就业岗位，成为稳增长、促改革、调结构、惠民生的有力支撑。

未来5到10年，是全球新一轮科技革命和产业变革从蓄势待发到群体迸发的关键时期。信息革命进程持续快速演进，物联网、云计算、大数据、人工智能等技术广泛渗透于经济社会各个领域，信息经济繁荣程度成为国家实力的重要标志。增材制造（3D打印）、机器人与智能制造、超材料与纳米材料等领域技术不断取得重大突破，推动传统工业体系分化变革，将重塑制造业国际分工格局。基因组学及其关联技术迅猛发展，精准医学、生物合成、工业化育种等新模式加快演进推广，生物新经济有望引领人类生产生活迈入新天地。应对全球气候变化助推绿色低碳发展大潮，清洁生产技术应用规模持续拓展，新能源革命正在改变现有国际资源能源版图。数字技术与文化创意、设计服务深度融合，数字创意产业逐渐成为促进优质产品和服务有效供给的智力密集型产业，创意经济作为一种新的发展模式正在兴起。创新驱动的新兴产业逐渐成为推动全球经济复苏和增长的主要动力，引发国际分工和国际贸易格局重构，全球创新经济发展进入新时代。

“十三五”时期是中国全面建成小康社会的决胜阶段，也是战略性新兴产业大有可为的战略机遇期。中国创新驱动所需的体制机制环境更加完善，人才、技术、资本等要素配置持续优化，新兴消费升级加快，新兴产业投资需求旺盛，部分领域国际化拓展加速，产业体系渐趋完备，市场空间日益广阔。但也要

看到，中国战略性新兴产业整体创新水平还不高，一些领域核心技术受制于人的情况仍然存在，一些改革举措和政策措施落实不到位，新兴产业监管方式创新和法规体系建设相对滞后，还不适应经济发展新旧动能加快转换、产业结构加速升级的要求，迫切需要加强统筹规划和政策扶持，全面营造有利于新兴产业蓬勃发展的生态环境，创新发展思路，提升发展质量，加快发展壮大一批新兴支柱产业，推动战略性新兴产业成为促进经济社会发展的强大动力。

（二）指导思想

全面贯彻党的十八大和十八届三中、四中、五中、六中全会精神，深入学习贯彻习近平总书记系列重要讲话精神，认真落实党中央、国务院决策部署，按照“五位一体”总体布局和“四个全面”战略布局要求，积极适应把握引领经济发展新常态，牢固树立和贯彻落实创新、协调、绿色、开放、共享的发展理念，紧紧把握全球新一轮科技革命和产业变革重大机遇，培育发展新动能，推进供给侧结构性改革，构建现代产业体系，提升创新能力，深化国际合作，进一步发展壮大新一代信息技术、高端装备、新材料、生物、新能源汽车、新能源、节能环保、数字创意等战略性新兴产业，推动更广领域新技术、新产品、新业态、新模式蓬勃发展，建设制造强国，发展现代服务业，为全面建成小康社会提供有力支撑。

（三）主要原则

坚持供给创新。创新是战略性新兴产业发展的核心。要深入实施创新驱动发展战略，大力推进大众创业、万众创新，突出企业主体地位，全面提升技术、人才、资金的供给水平，营造创新要素互动融合的生态环境。聚焦突破核心关键技术，进一步提高自主创新能力，全面提升产品和服务的附加价值和国际竞争力。推进简政放权、放管结合、优化服务改革，破除旧管理方式对新兴产业发展的束缚，降低企业成本，激发企业活力，加快新兴企业成长壮大。

坚持需求引领。市场需求是拉动战略性新兴产业发展壮大的关键因素。要强化需求侧政策引导，加快推进新产品、新服务的应用示范，将潜在需求转化为现实供给，以消费升级带动产业升级。营造公平竞争的市场环境，激发市场活力。

坚持产业集聚。集约集聚是战略性新兴产业发展的基本模式。要以科技创新为源头，加快打造战略性新兴产业发展策源地，提升产业集群持续发展能力和国际竞争力。以产业链和创新链协同发展为途径，培育新业态、新模式，发展特色产业集群，带动区域经济转型，形成创新经济集聚发展新格局。

坚持人才兴业。人才是发展壮大战略性新兴产业的首要资源。要针对束缚人才创新活力的关键问题，加快推进人才发展政策和体制创新，保障人才以知识、技能、管理等创新要素参与利益分配，以市场价值回报人才价值，全面激发人才创业创新动力和活力。加大力度培养和吸引各类人才，弘扬工匠精神和企业家精神。

坚持开放融合。开放融合是加快战略性新兴产业发展的客观要求。要以更开放的理念、更包容的方式，搭建国际化创新合作平台，高效利用全球创新资源，大力推动中国优势技术和标准的国际化应用，加快推进产业链、创新链、价值链全球配置，全面提升战略性新兴产业发展能力。

（四）发展目标

到2020年，战略性新兴产业发展要实现以下目标：

产业规模持续壮大，成为经济社会发展的新动力。战略性新兴产业增加值占国内生产总值比重达到15.0%，形成新一代信息技术、高端制造、生物、绿色低碳、数字创意等5个产值规模100 000亿元级的新支柱，并在更广领域形成大批跨界融合的新增长点，平均每年带动新增就业100万人以上。

创新能力和竞争力明显提高，形成全球产业发展新高地。攻克一批关键核心技术，发明专利拥有量年均增速达到15.0%以上，建成一批重大产业技术创新平台，产业创新能力跻身世界前列，在若干重要领域形成先发优势，产品质量明显提升。节能环保、新能源、生物等领域新产品和新服务的可及性大幅提升。知识产权保护更加严格，激励创新的政策法规更加健全。

产业结构进一步优化，形成产业新体系。发展一批原创能力强、具有国际影响力和品牌美誉度的行业排头兵企业，活力强劲、勇于开拓的中小企业持续涌现。中高端制造业、知识密集型服务业比重大幅提升，支撑产业迈向中高端水平。形成若干具有全球影响力的战略性新兴产业发展策源地和技术创新中心，打造百余个特色鲜明、创新能力强的新兴产业集群。

到2030年，战略性新兴产业发展成为推动中国经济持续健康发展的主导力量，中国成为世界战略性新兴产业重要的制造中心和创新中心，形成一批具有全球影响力和主导地位的创新型领军企业。

（五）总体部署

以创新、壮大、引领为核心，紧密结合"中国制造2025"战略实施，坚持走创新驱动发展道路，促进一批新兴领域发展壮大并成为支柱产业，持续引领产业中高端发展和经济社会高质量发展。立足发展需要和产业基础，大幅提升产业科技含量，加快发展壮大网络经济、高端制造、生物经济、绿色低碳和数字创意等五大领域，实现向创新经济的跨越。着眼全球新一轮科技革命和产业变革的新趋势、新方向，超前布局空天海洋、信息网络、生物技术和核技术领域一批战略性产业，打造未来发展新优势。遵循战略性新兴产业发展的基本规律，突出优势和特色，打造一批战略性新兴产业发展策源地、集聚区和特色产业集群，形成区域增长新格局。把握推进"一带一路"建设倡议契机，以更开放的视野高效利用全球创新资源，提升战略性新兴产业国际化水平。加快推进重点领域和关键环节改革，持续完善有利于汇聚技术、资金、人才的政策措施，创造公平竞争的市场环境，全面营造适应新技术、新业态蓬勃涌现的生态环境，加快形成经济社会发展新动能。

二、推动信息技术产业跨越发展，拓展网络经济新空间

实施网络强国战略，加快建设"数字中国"，推动物联网、云计算和人工智能等技术向各行业全面融合渗透，构建万物互联、融合创新、智能协同、安全可控的新一代信息技术产业体系。到2020年，力争在新一代信息技术产业薄弱环节实现系统性突破，总产值规模超过120 000亿元。

（一）构建网络强国基础设施

深入推进"宽带中国"战略，加快构建高速、移动、安全、泛在的新一代信息基础设施。

大力推进高速光纤网络建设。开展智能网络新技术规模应用试点，推动国家骨干网向高速传送、灵活调度、智能适配方向升级。全面实现向全光网络跨越，加快推进城镇地区光网覆盖，提供1 000兆比特/秒（Mbps）以上接入服务，大中城市家庭用户实现带宽100兆比特/秒以上灵活选择；多方协同推动提升农村光纤宽带覆盖率，98.0%以上的行政村实现光纤通达，有条件的地区提供100兆比特/秒以上接入服务，半数以上农村家庭用户实现带宽50兆比特/秒以上灵活选择。推动三网融合基础设施发展。推进互联网协议第六版（IPv6）演进升级和应用，推动骨干企业新增网络地址不再使用私有地址。

加快构建新一代无线宽带网。加快第四代移动通信（4G）网络建设，实现城镇及人口密集行政村深度覆盖和广域连续覆盖。在热点公共区域推广免费高速无线局域网。大力推进第五代移动通信（5G）联合研发、试验和预商用试点。优化国家频谱资源配置，提高频谱利用效率，保障频率资源供给。合理规划利用卫星频率和轨道资源，加快空间互联网部署，研制新型通信卫星和应用终端，探索建设天地一体化信息网络，研究平流层通信等高空覆盖新方式。

加快构建下一代广播电视网。推动有线无线卫星广播电视网智能协同覆盖，建设天地一体、互联互通、宽带交互、智能协同、可管可控的广播电视融合传输覆盖网。加速全国有线电视网络基础设施建设和双向化、智能化升级改造，推进全国有线电视网络整合和互联互通。推动下一代地面数字广播电视传输技术研发及产业化，加强地面无线广播电视与互联网的融合创新，创建移动、交互、便捷的地面无线广播电视新业态。见专栏1。

专栏1　宽带乡村示范工程

分　类	主要内容
宽带乡村示范工程	开展电信普遍服务试点工作，促进三网融合，加快光缆、卫星通信进行政村建设，按需实现光纤入户网络和第四代移动通信（4G）网络向自然村和住户延伸覆盖，利用卫星、移动通信等技术创新加强对海岛、边远地区、山区等覆盖，加快普及电子商务、远程教育、远程医疗、智慧农业、电子政务等信息化应用，支撑扶贫攻坚

统筹发展应用基础设施。充分利用现有设施，统筹规划大型、超大型数据中心在全国适宜地区布局，有序推进绿色数据中心建设。推动基于现有各类通信网络实现物联网集约部署。持续强化应急通信能力建设。

加强国际合作。加强信息网络基础设施国际互联互通合作。加强海外海缆、陆缆、业务节点、数据中心、卫星通信等设施建设，优化国际通信网络布局。加快建设中国—阿拉伯国家等网上丝绸之路、中国—东盟信息港。

（二）推进“互联网＋”行动

促进新一代信息技术与经济社会各领域融合发展，培育“互联网＋”生态体系。

深化互联网在生产领域的融合应用。深化制造业与互联网融合发展，推动“中国制造＋互联网”取得实质性突破，发展面向制造业的信息技术服务，构筑核心工业软硬件、工业云、智能服务平台等制造新基础，大力推广智能制造、网络化协同、个性化定制、服务化延伸等新业态、新模式。加快发展工业互联网，构建工业互联网体系架构，开展工业互联网创新应用示范。推进移动互联网、云计算、物联网等技术与农业、能源、金融、商务、物流快递等深度融合，支持面向网络协同的行业应用软件研发与系统集成，推动制造业向生产服务型转变、生产性服务业向价值链高端延伸。

拓展生活及公共服务领域的“互联网＋”应用。加快行业管理体制创新，促进医疗、教育、社保、就业、交通、旅游等服务智慧化。拓展新型智慧城市应用，推动基于互联网的公共服务模式创新，推进基于云计算的信息服务公共平台建设，增强公共产品供给能力。加快实施“互联网＋政务服务”，逐步实现政务服务“一号申请、一窗受理、一网通办”。

促进“互联网＋”新业态创新。鼓励运用信息网络技术推动生产、管理和营销模式变革，重塑产业链、供应链、价值链，加快形成新的生产和流通交换模式。以体制机制创新推动分享经济发展，建立适应分享经济发展的监管方式，促进交通、旅游、养老、人力资源、日用品消费等领域共享平台企业规范发展，营造分享经济文化氛围。见专栏2。

专栏2　“互联网＋”工程

分　类	主要内容
“互联网＋”工程	深入推进“互联网＋”创业创新、协同制造、现代农业、智慧能源、普惠金融、益民服务、高效物流、电子商务、便捷交通、绿色生态、人工智能等11个重点行动，建设互联网跨领域融合创新支撑服务平台。促进基于云计算的业务模式和商业模式创新，推进公有云和行业云平台建设。加强物联网网络架构研究，组织开展物联网重大应用示范。加快下一代互联网商用部署，构建工业互联网技术试验验证和管理服务平台。创建国家信息经济示范区

（三）实施国家大数据战略

落实大数据发展行动纲要，全面推进重点领域大数据高效采集、有效整合、公开共享和应用拓展，完善监督管理制度，强化安全保障，推动相关产业创新发展。

加快数据资源开放共享。统筹布局建设国家大数据公共平台，制定出台数据资源开放共享管理办法，推动建立数据资源清单和开放目录，鼓励社会公众对开放数据进行增值性、公益性、创新性开发。加强大数据基础性制度建设，强化使用监管，建立健全数据资源交易机制和定价机制，保护数据资源权益。

发展大数据新应用新业态。加快推进政府大数据应用，建立国家宏观调控和社会治理数据体系，提高政府治理能力。发展大数据在工业、农业农村、创业创新、促进就业等领域的应用，促进数据服务业创新，推动数据探矿、数据化学、数据材料、数据制药等新业态、新模式发展。加强海量数据存储、数据清洗、数据分析挖掘、数据可视化等关键技术研发，形成一批具有国际竞争力的大数据处理、分析和可视化软硬件产品，培育大数据相关产业，完善产业链，促进相关产业集聚发展。推进大数据综合试验区建设。

强化大数据与网络信息安全保障。建立大数据安全管理制度，制定大数据安全管理办法和有关标准规范，建立数据跨境流动安全保障机制。加强数据安全、隐私保护等关键技术攻关，形成安全可靠的大数据技术体系。建立完善网络安全审查制度。采用安全可信产品和服务，提升基础设施关键设备安全可靠水平。建立关键信息基础设施保护制度，研究重要信息系统和基础设施网络安全整体解决方案。见专栏3。

专栏3　大数据发展工程

分　类	主要内容
大数据发展工程	整合现有资源，构建政府数据共享交换平台和数据开放平台，健全大数据共享流通体系、大数据标准体系、大数据安全保障体系，推动实现信用、交通、医疗、教育、环境、安全监管等政府数据集向社会开放。支持大数据关键技术研发和产业化，在重点领域开展大数据示范应用，实施国家信息安全专项，促进大数据相关产业健康快速发展

（四）做强信息技术核心产业

顺应网络化、智能化、融合化等发展趋势，着力培育建立应用牵引、开放兼容的核心技术自主生态体系，全面梳理和加快推动信息技术关键领域新技术研发与产业化，推动电子信息产业转型升级取得突破性进展。

提升核心基础硬件供给能力。提升关键芯片设计水平，发展面向新应用的芯片。加快16/14纳米工艺产业化和存储器生产线建设，提升封装测试业技术水平和产业集中度，加紧布局后摩尔定律时代芯片相关领域。实现主动矩阵有机发光二极管（AMOLED）、超高清（4K/8K）量子点液晶显示、柔性显示等技术国产化突破及规模应用。推动智能传感器、电力电子、印刷电子、半导体照明、惯性导航等领域关键技术研发和产业化，提升新型片式元件、光通信器件、专用电子材料供给保障能力。见专栏4。

专栏4　集成电路发展工程

分　类	主要内容
集成电路发展工程	启动集成电路重大生产力布局规划工程，实施一批带动作用强的项目，推动产业能力实现快速跃升。加快先进制造工艺、存储器、特色工艺等生产线建设，提升安全可靠CPU、数模/模数转换芯片、数字信号处理芯片等关键产品设计开发能力和应用水平，推动封装测试、关键装备和材料等产业快速发展。支持提高代工企业及第三方IP核企业的服务水平，支持设计企业与制造企业协同创新，推动重点环节提高产业集中度。推动半导体显示产业链协同创新

大力发展基础软件和高端信息技术服务。面向重点行业需求建立安全可靠的基础软件产品体系，支持开源社区发展，加强云计算、物联网、工业互联网、智能硬件等领域操作系统研发和应用，加快发展面向大数据应用的数据库系统和面向行业应用需求的中间件，支持发展面向网络协同优化的办公软件等通用软件。加强信息技术核心软硬件系统服务能力建设，推动国内企业在系统集成各环节向高端发展，规范服务交付，保证服务质量，鼓励探索前沿技术驱动的服务新业态，推动骨干企业在新兴领域加快行业解决方案研发和推广应用。大力发展基于新一代信息技术的高端软件外包业务。

加快发展高端整机产品。推进绿色计算、可信计算、数据和网络安全等信息技术产品的研发与产业化，加快高性能安全服务器、存储设备和工控产品、新型智能手机、下一代网络设备和数据中心成套装备、先进智能电视和智能家居系统、信息安全产品的创新与应用，发展面向金融、交通、医疗等行业应用的专业终端、设备和融合创新系统。大力提升产品品质，培育一批具有国际影响力的品牌。

（五）发展人工智能

培育人工智能产业生态，促进人工智能在经济社会重点领域推广应用，打造国际领先的技术体系。

加快人工智能支撑体系建设。推动类脑研究等基础理论和技术研究，加快基于人工智能的计算机视听觉、生物特征识别、新型人机交互、智能决策控制等应用技术研发和产业化，支持人工智能领域的基础软硬件开发。加快视频、地图及行业应用数据等人工智能海量训练资源库和基础资源服务公共平台建设，建设支撑大规模深度学习的新型计算集群。鼓励领先企业或机构提供人工智能研发工具以及检验评测、创业咨询、人才培养等创业创新服务。

推动人工智能技术在各领域应用。在制造、教育、环境保护、交通、商业、健康医疗、网络安全、社会治理等重要领域开展试点示范，推动人工智能规模化应用。发展多元化、个性化、定制化智能硬件和智能化系统，重点推进智能家居、智能汽车、智慧农业、智能安防、智慧健康、智能机器人、智能可穿戴设备等研发和产业化发展。鼓励各行业加强与人工智能融合，逐步实现智能化升级。利用人工智能创新城市管理，建设新型智慧城市。推动专业服务机器人和家用服务机器人应用，培育新型高端服务产业。见专栏5。

专栏5　人工智能创新工程

分　类	主要内容
人工智能创新工程	推动基础理论研究和核心技术开发，实现类人神经计算芯片、智能机器人和智能应用系统的产业化，将人工智能新技术嵌入各领域。构建人工智能公共服务平台和向社会开放的骨干企业研发服务平台。建立健全人工智能“双创”支撑服务体系

（六）完善网络经济管理方式

深化电信体制改革。全面推进三网融合，进一步放开基础电信领域竞争性业务，放宽融合性产品和服务的市场准入限制，推进国有电信企业混合所有制试点工作。破除行业壁垒，推动各行业、各领域在技术、标准、监管等方面充分对接，允许各类主体依法平等参与市场竞争。

加强相关法律法规建设。针对互联网与各行业融合发展的新特点，调整不适应发展要求的现行法规及政策规定。落实加强网络信息保护和信息公开有关规定，加快推动制定网络安全、电子商务等法律法规。

三、促进高端装备与新材料产业突破发展，引领中国制造新跨越

顺应制造业智能化、绿色化、服务化、国际化发展趋势，围绕“中国制造2025”战略实施，加快突破关键技术与核心部件，推进重大装备与系统的工程应用和产业化，促进产业链协调发展，塑造中国制造新形象，带动制造业水平全面提升。力争到2020年，高端装备与新材料产业产值规模超过120 000亿元。

（一）打造智能制造高端品牌

着力提高智能制造核心装备与部件的性能和质量，打造智能制造体系，强化基础支撑，积极开展示范应用，形成若干国际知名品牌，推动智能制造装备迈上新台阶。

大力发展智能制造系统。加快推动新一代信息技术与制造技术的深度融合，开展集计算、通信与控制于一体的信息物理系统（CPS）顶层设计，探索构建贯穿生产制造全过程和产品全生命周期，具有信息深度自感知、智慧优化自决策、精准控制自执行等特征的智能制造系统，推动具有自主知识产权的机器人自动化生产线、数字化车间、智能工厂建设，提供重点行业整体解决方案，推进传统制造业智能化改造。建设测试验证平台，完善智能制造标准体系。

推动智能制造关键技术装备迈上新台阶。构建工业机器人产业体系，全面突破高精度减速器、高性能控制器、精密测量等关键技术与核心零部件，重点

发展高精度、高可靠性中高端工业机器人。加快高档数控机床与智能加工中心研发与产业化，突破多轴、多通道、高精度高档数控系统、伺服电机等主要功能部件及关键应用软件，开发和推广应用精密、高速、高效、柔性并具有网络通信等功能的高档数控机床、基础制造装备及集成制造系统。突破智能传感与控制装备、智能检测与装配装备、智能物流与仓储装备、智能农业机械装备，开展首台套装备研究开发和推广应用，提高质量与可靠性。

打造增材制造产业链。突破钛合金、高强合金钢、高温合金、耐高温高强度工程塑料等增材制造专用材料。搭建增材制造工艺技术研发平台，提升工艺技术水平。研制推广使用激光、电子束、离子束及其他能源驱动的主流增材制造工艺装备。加快研制高功率光纤激光器、扫描振镜、动态聚焦镜及高性能电子枪等配套核心器件和嵌入式软件系统，提升软硬件协同创新能力，建立增材制造标准体系。在航空航天、医疗器械、交通设备、文化创意、个性化制造等领域大力推动增材制造技术应用，加快发展增材制造服务业。见专栏6。

专栏6　重点领域智能工厂应用示范工程

分　类	主要内容
重点领域智能工厂应用示范工程	在机械、航空、航天、汽车、船舶、轻工、服装、电子信息等离散制造领域，开展智能车间/工厂的集成创新与应用示范，推进数字化设计、装备智能化升级、工艺流程优化、精益生产、可视化管理、质量控制与溯源、智能物流等试点应用，推动全业务流程智能化整合
	在石化化工、钢铁、有色金属、建材、纺织、食品、医药等流程制造领域，开展智能工厂的集成创新与应用示范，提升企业在资源配置、工艺优化、过程控制、产业链管理、质量控制与溯源、节能减排及安全生产等方面的智能化水平

（二）实现航空产业新突破

加强自主创新，推进民用航空产品产业化、系列化发展，加强产业配套设施和安全运营保障能力建设，提高产品安全性、环保性、经济性和舒适性，全面构建覆盖航空发动机、飞机整机、产业配套和安全运营的航空产业体系。到2020年，民用大型客机、新型支线飞机完成取证交付，航空发动机研制实现重大突破，产业配套和示范运营体系基本建立。

加快航空发动机自主发展。依托航空发动机及燃气轮机重大专项，突破大涵道比大型涡扇发动机关键技术，支撑国产干线飞机发展。发展1 000千瓦级涡轴发动机和5 000千瓦级涡桨发动机，满足国产系列化直升机和中型运输机动力需求。发展使用重油的活塞式发动机和应用航空生物燃料的涡轮发动机，推进小型发动机市场化应用。

推进民用飞机产业化。加快实施大型飞机重大专项，完成大型客机研制，启动宽体客机研发，突破核心技术。加快新型支线飞机工程研制和系列化改进改型，开展新机型国内外先锋用户示范运营和设计优化，提高飞机航线适应性和竞争力。大力开发市场需求大的民用直升机、多用途飞机、特种飞机和工业级无人机。

完善产业配套体系建设。提高航空材料和基础元器件自主制造水平，掌握铝锂合金、复合材料等加工制造核心技术。大力发展高可靠性、长寿命、环境适应性强、标准化、低成本的航空设备和系统，实现适航取证。加快航空科研试验重大基础设施建设，加大结构强度、飞行控制、电磁兼容、环境试验等计量测试和验证条件投入，加强试飞条件建设。突破一批适航关键技术，加强适航审定条件和能力建设，加快完善运输类飞机等各类航空产品的适航审定政策，建成具有完善组织机构、充足人力资源、健全规章体系、先进硬件设施和较强国际合作能力的适航审定体系。加快建设一批专业化数字化示范工厂，显著提高航空产品制造质量稳定性和生产效率。积极推进构建国际风险合作伙伴关系，建成功能完备的航空产业配套体系。

发展航空运营新服务。落实促进通用航空业发展的各项政策措施，大力培育通用航空市场，促进通用航空制造与运营服务协调发展。大力发展航空租赁。利用互联网技术建立先进航空运营体系，促进服务模式创新。加强飞行培训，培育航空文化。开发综合化、通用化、智能化的通信、导航和控制系统，发展面向全面风险管控和多类空域融合运用的技术体系和装备，形成安全运营支撑体系。见专栏7。

专栏7　新一代民用飞机创新工程

分　类	主要内容
新一代民用飞机创新工程	以重大专项和民用飞机科研为支撑，突破一批核心技术、系统、部件和材料，提高系统集成能力，重点发展系列化单通道窄体、双通道宽体大型飞机，系列化新型涡桨/涡扇支线飞机及先进通用航空器，着力开展新型民用飞机示范运营和市场推广，建立具有市场竞争力的产品保障和客户服务体系。C919、MA700 完成适航取证并交付用户，ARJ21 实现批量生产交付；一批重点通用航空器完成研制和市场应用

（三）做大做强卫星及应用产业

建设自主开放、安全可靠、长期稳定运行的国家民用空间基础设施，加速卫星应用与基础设施融合发展。到2020年，基本建成主体功能完备的国家民用空间基础设施，满足中国各领域主要业务需求，基本实现空间信息应用自主保障，形成较为完善的卫星及应用产业链。

加快卫星及应用基础设施建设。构建星座和专题卫星组成的遥感卫星系统，形成“高中低”分辨率合理配置、空天地一体多层观测的全球数据获取能力；加强地面系统建设，汇集高精度、全要素、体系化的地球观测信息，构建“大数据地球”。打造国产高分辨率商业遥感卫星运营服务平台。发展固定通信广播、移动通信广播和数据中继三个卫星系列，形成覆盖全球主要地区的卫星通信广播系统。实施第二代卫星导航系统国家科技重大专项，加快建设卫星导航空间系统和地面系统，建成北斗全球卫星导航系统，形成高精度全球服务能力。采用政府和社会资本合作（PPP）模式推进遥感卫星等建设。

提升卫星性能和技术水平。掌握长寿命、高稳定性、高定位精度、大承载量和强敏捷能力的卫星应用平台技术，突破高分辨率、高精度、高可靠性及综合探测等有效载荷技术。优先发展遥感卫星数据处理技术和业务应用技术。提升宽带通信卫星、移动多媒体广播卫星等技术性能。加强卫星平台型谱化建设，有序推进中小微卫星发展。

推进卫星全面应用。统筹军民空间基础设施，完善卫星数据共用共享机制，加强卫星大众化、区域化、国际化应用，加快卫星遥感、通信与导航融合化应用，利用物联网、移动互联网等新技术，创新“卫星+”应用模式。面向防灾减灾、应急、海洋等领域需求，开展典型区域综合应用示范。面向政府部门业务管理和社会服务需求，开展现代农业、新型城镇化、智慧城市、智慧海洋、边远地区等的卫星综合应用示范。围绕国家区域发展总体战略，推动“互联网+天基信息应用”深入发展，打造空间信息消费全新产业链和商业模式。推进商业卫星发展和卫星商业化应用。积极布局海外市场，建立“一带一路”空间信息走廊。见专栏8。

专栏8　空间信息智能感知工程

分　类	主要内容
空间信息智能感知工程	加快构建以遥感、通信、导航卫星为核心的国家空间基础设施，加强跨领域资源共享与信息综合服务能力建设，积极推进空间信息全面应用，为资源环境动态监测预警、防灾减灾与应急指挥等提供及时准确的空间信息服务，加强面向全球提供综合信息服务能力建设，大力拓展国际市场

（四）强化轨道交通装备领先地位

推进轨道交通装备产业智能化、绿色化、轻量化、系列化、标准化、平台化发展，加快新技术、新工艺、新材料的应用，研制先进可靠的系列产品，完善相关技术标准体系，构建现代轨道交通装备产业创新体系，打造覆盖干线铁路、城际铁路、市域（郊）铁路、城市轨道交通的全产业链布局。

打造具有国际竞争力的轨道交通装备产业链。形成中国标准新型高速动车组、节能型永磁电机驱动高速列车、30吨轴重重载电力机车和车辆、大型养路机械等产品系列，推进时速500公里轮轨试验列车、时速600公里磁悬浮系统等新型列车研发和产业化，构建完整产业链。加强产品质量检验检测认证综合能力建设。加快“走出去”步伐，提升国际竞争力。

推进新型城市轨道交通装备研发及产业化。面向大城市复杂市域交通需求，推动时速120～160公里、与城市轨道交通无缝衔接的市域（郊）铁路装备，适应不同技术路线的跨座式单轨，自动导轨快捷运输系统等研发与应用，构建时速200公里及以下中低速磁悬浮系统的设计、制造、试验、检测技术平台，建立完善产品认证制度，建立新型城市轨道交通车辆技术标准和规范，领跑国际技术标准。

突破产业关键零部件及绿色智能化集成技术。进一步研发列车牵引制动系统、列车网络控制系统、通信信号系统、电传动系统、智能化系统、车钩缓冲系统、储能与节能系统、高速轮对、高性能转向架、齿轮箱、轴承、轻量化车体等关键系统和零部件，形成轨道交通装备完整产业链。加强永磁电机驱动、全自动运行、基于第四代移动通信的无线综合承载等技术研发和产业化。优化完善高速铁路列控系统和城际铁路列控技术标准体系。

（五）增强海洋工程装备国际竞争力

推动海洋工程装备向深远海、极地海域发展和多元化发展，实现主力装备结构升级，突破重点新型装备，提升设计能力和配套系统水平，形成覆盖科研开发、总装建造、设备供应、技术服务的完整产业体系。

重点发展主力海洋工程装备。加快推进物探船、深水半潜平台、钻井船、浮式生产储卸装置、海洋调查船、半潜运输船、起重铺管船、多功能海洋工程船等主力海工装备系列化研发，构建服务体系，设计建造能力居世界前列。

加快发展新型海洋工程装备。突破浮式钻井生产储卸装置、浮式液化天然气储存和再气化装置、深吃水立柱式平台、张力腿平台、极地钻井平台、海上试验场等研发设计和建造技术，建立规模化生产制造工艺体系，产品性能及可靠性达到国际先进水平。

加强关键配套系统和设备研发及产业化。产学研用相结合，提高升降锁紧系统、深水锚泊系统、动力定位系统、自动控制系统、水下钻井系统、柔性立管深海观测系统等关键配套设备设计制造水平，大力发展海洋工程用高性能发动机，提升专业化配套能力。见专栏9。

专栏9　海洋工程装备创新发展工程

分　类	主要内容
海洋工程装备创新发展工程	推动大型浮式结构物等新型装备、3 600米以上超深水钻井平台等深远海装备、海洋极地调查观测装备等研究开发，实现科研成果工程化和产业化，促进总装及配套产业协调发展。完善海洋工程装备标准体系

（六）提高新材料基础支撑能力

顺应新材料高性能化、多功能化、绿色化发展趋势，推动特色资源新材料可持续发展，加强前沿材料布局，以战略性新兴产业和重大工程建设需求为导向，优化新材料产业化及应用环境，加强新材料标准体系建设，提高新材料应用水平，推进新材料融入高端制造供应链。到2020年，力争使若干新材料品种进入全球供应链，重大关键材料自给率达到70.0%以上，初步实现中国从材料大国向材料强国的战略性转变。

推动新材料产业提质增效。面向航空航天、轨道交通、电力电子、新能源汽车等产业发展需求，扩大高强轻合金、高性能纤维、特种合金、先进无机非金属材料、高品质特殊钢、新型显示材料、动力电池材料、绿色印刷材料等规模化应用范围，逐步进入全球高端制造业采购体系。推动优势新材料企业“走出去”，加强与国内外知名高端制造企业的供应链协作，开展研发设计、生产贸易、标准制定等全方位合作。提高新材料附加值，打造新材料品牌，增强国际竞争力。建立新材料技术成熟度评价体系，研究建立新材料首批次应用保险补偿机制。组建新材料性能测试评价中心。细化完善新材料产品统计分类。

以应用为牵引构建新材料标准体系。围绕新一代信息技术、高端装备制造、节能环保等产业需求，加强新材料产品标准与下游行业设计规范的衔接配套，加快制定重点新材料标准，推动修订老旧标准，强化现有标准推广应用，加强前沿新材料标准预先研究，提前布局一批核心标准。加快新材料标准体系国际化进程，推动国内标准向国际标准转化。

促进特色资源新材料可持续发展。推动稀土、钨钼、钒钛、锂、石墨等特色资源高质化利用，加强专用工艺和技术研发，推进共伴生矿资源平衡利用，支持建立专业化的特色资源新材料回收利用基地、矿物功能材料制造基地。在特色资源新材料开采、冶炼分离、深加工各环节，推广应用智能化、绿色化生产设备与工艺。发展海洋生物来源的医学组织工程材料、生物环境材料等新材料。

前瞻布局前沿新材料研发。突破石墨烯产业化应用技术，拓展纳米材料在光电子、新能源、生物医药等领域应用范围，开发智能材料、仿生材料、超材料、低成本增材制造材料和新型超导材料，加大空天、深海、深地等极端环境所需材料研发力度，形成一批具有广泛带动性的创新成果。见专栏10。

专栏10　新材料提质和协同应用工程

分　类	主要内容
新材料提质和协同应用工程	加强新型绿色建材标准与公共建筑节能标准的衔接，加快制定轨道交通装备用齿轮钢、航空航天用碳/碳复合结构材料、高温合金、特种玻璃、宽禁带半导体以及电子信息用化学品、光学功能薄膜、人工晶体材料等标准，完善节能环保用功能性膜材料、海洋防腐材料配套标准，做好增材制造材料、稀土功能材料、石墨烯材料标准布局，促进新材料产品品质提升。加强新材料产业上下游协作配套，在航空铝材、碳纤维复合材料、核电用钢等领域开展协同应用试点示范，搭建协同应用平台

四、加快生物产业创新发展步伐，培育生物经济新动力

把握生命科学纵深发展、生物新技术广泛应用和融合创新的新趋势，以基因技术快速发展为契机，推动医疗向精准医疗和个性化医疗发展，加快农业育种向高效精准育种升级转化，拓展海洋生物资源新领域、促进生物工艺和产品在更广泛领域替代应用，以新的发展模式助力生物能源大规模应用，培育高品质专业化生物服务新业态，将生物经济加速打造成为继信息经济后的重要新经济形态，为健康中国、美丽中国建设提供新支撑。到2020年，生物产业规模达到80 000～100 000亿元，形成一批具有较强国际竞争力的新型生物技术企业和生物经济集群。

（一）构建生物医药新体系

加快开发具有重大临床需求的创新药物和生物制品，加快推广绿色化、智能化制药生产技术，强化科学高效监管和政策支持，推动产业国际化发展，加快建设生物医药强国。

推动生物医药行业跨越升级。加快基因测序、细胞规模化培养、靶向和长效释药、绿色智能生产等技术研发应用，支撑产业高端发展。开发新型抗体和疫苗、基因治疗、细胞治疗等生物制品和制剂，推动化学药物创新和高端制剂开发，加速特色创新中药研发，实现重大疾病防治药物原始创新。支持生物类似药规模化发展，开展专利到期药物大品种研发和生产，加快制药装备升级换代，提升制药自动化、数字化和智能化水平，进一步推动中药产品标准化发展，促进产业标准体系与国际接轨，加速国际化步伐。发展海洋创新药物，开发具有民族特色的现代海洋中药产品，推动试剂原料和中间体产业化，形成一批海洋生物医药产业集群。见专栏11。

专栏11　新药创制与产业化工程

分　类	主要内容
新药创制与产业化工程	围绕构建可持续发展的生物医药产业体系，以抗体药物、重组蛋白药物、新型疫苗等新兴药物为重点，推动临床紧缺的重大疾病、多发疾病、罕见病、儿童疾病等药物的新药研发、产业化和质量升级，整合各类要素形成一批先进产品标准和具有国际先进水平的产业技术体系，提升关键原辅料和装备配套能力，支撑生物技术药物持续创新发展

创新生物医药监管方式。建立更加科学高效的医药审评审批方式，加快推开药品上市许可持有人制度试点，加快仿制药质量和疗效一致性评价，探索开展医疗新技术临床实验研究认可制度试点。完善药品采购机制，全面推动医药价格和行业监管等领域体制机制改革。

（二）提升生物医学工程发展水平

深化生物医学工程技术与信息技术融合发展，加快行业规制改革，积极开发新型医疗器械，构建移动医疗、远程医疗等诊疗新模式，促进智慧医疗产业发展，推广应用高性能医疗器械，推进适应生命科学新技术发展的新仪器和试剂研发，提升中国生物医学工程产业整体竞争力。

发展智能化移动化新型医疗设备。开发智能医疗设备及其软件和配套试剂、全方位远程医疗服务平台和终端设备，发展移动医疗服务，制定相关数据标准，促进互联互通，初步建立信息技术与生物技术深度融合的现代智能医疗服务体系。

开发高性能医疗设备与核心部件。发展高品质医学影像设备、先进放射治疗设备、高通量低成本基因测序仪、基因编辑设备、康复类医疗器械等医学装备，大幅提升医疗设备稳定性、可靠性。利用增材制造等新技术，加快组织器官修复和替代材料及植介入医疗器械产品创新和产业化。加速发展体外诊断仪器、设备、试剂等新产品，推动高特异性分子诊断、生物芯片等新技术发展，支撑肿瘤、遗传疾病及罕见病等体外快速准确诊断筛查。见专栏12。

专栏12　生物技术惠民工程

分　类	主要内容
生物技术惠民工程	推进网络化基因技术应用示范中心建设，开展出生缺陷基因筛查、肿瘤早期筛查及用药指导等应用示范。发展和应用新型生物治疗技术，推动新型个体化生物治疗标准化、规范化。开发智能化和高性能医疗设备，支持企业、医疗机构、研究机构等联合建设第三方影像中心，开展协同诊疗和培训，试点建立居民健康影像档案。开展区域性综合应用示范，实现区域生物基塑料制品、包装材料等替代50.0%以上的传统石化塑料制品。在城镇或企业周边建设生物质集中供气供热示范工程，探索多元协同共赢的市场化发展模式

（三）加速生物农业产业化发展

以产出高效、产品安全、资源节约、环境友好为目标，创制生物农业新品种，开发动植物营养和绿色植保新产品，构建现代农业新体系，形成一批具有国际竞争力的生物育种企业，为加快农业发展方式转变提供新途径、新支撑。

构建生物种业自主创新体系。开展基因编辑、分子设计、细胞诱变等关键核心技术创新与育种应用，研制推广一批优质、高产、营养、安全、资源高效利用、适应标准化生产的农业动植物新品种，积极推进生物技术培育新品种产业化，形成一批以企业为主体的生物育种创新平台，打造具有核心竞争力的育繁推一体化现代生物种业企业，加快农业动植物新品种产业化和市场推广。发展动植物检疫新技术，加强国外优质动植物品种资源引进检疫平台建设。

开发一批新型农业生物制剂与重大产品。大力发展动植物病虫害防控新技术、新产品，建立基于病虫基因组信息的绿色农药、兽药创制技术体系，创制一批新型动物疫苗、生物兽药、植物新农药等重大产品，实现规模生产与应用，推动农业生产绿色转型。创制可替代抗生素的新型绿色生物饲料和高效生物肥料产品。深度挖掘海洋生物资源，开发绿色、安全、高效的新型海洋生物功能制品，开辟综合利用新途径。推动食品合成生物工程技术、食品生物高效转化技术、肠道微生物宏基因组学等关键技术创新与精准营养食品创制。

（四）推动生物制造规模化应用

加快发展微生物基因组工程、酶分子机器、细胞工厂等新技术，提升工业生物技术产品经济性，推进生物制造技术向化工、材料、能源等领域渗透应用，推动以清洁生物加工方式逐步替代传统化学加工方式，实现可再生资源逐步替代化石资源。

不断提升生物制造产品经济性和规模化发展水平。发展新生物工具创制与应用技术体系，实现一批有机酸、化工醇、烯烃、烷烃、有机胺等基础化工产品的生物法生产与应用，推动生物基聚酯、生物基聚氨酯、生物尼龙、生物橡胶、微生物多糖等生物基材料产业链条化、集聚化、规模化发展，提升氨基酸、维生素等大宗发酵产品自主创新能力和发展水平。

建立生态安全、绿色低碳、循环发展的生物法工艺体系。发展高效工业生物催化转化技术体系，提升绿色生物工艺应用水平。建立甾体药物、手性化合物、稀少糖醇等生物催化合成路线，实现医药化工等中间体绿色化、规模化生产。促进绿色生物工艺在农业、化工、食品、医药、轻纺、冶金、能源等领域全面进入和示范应用，显著降低物耗能耗和污染物排放。

（五）培育生物服务新业态

以专业化分工促进生物技术服务创新发展，构建新技术专业化服务模式，不断创造生物经济新增长点。

增强生物技术对消费者的专业化服务能力。发展专业化诊疗机构，培育符合规范的液体活检、基因诊断等新型技术诊疗服务机构。发展健康体检和咨询、移动医疗等健康管理服务，推动构建生物大数据、医疗健康大数据共享平台，试点建立居民健康影像档案，鼓励构建线上线下相结合的智能诊疗生态系统，推动医学检验检测、影像诊断等服务专业化发展。见专栏13。

专栏13　生物产业创新发展平台建设工程

分　类	主要内容
生物产业创新发展平台建设工程	依托并整合现有资源，建设一批创新基础平台，支持基因库、干细胞库、中药标准库、高级别生物安全实验室、蛋白元件库等建设。加快推动构建一批转化应用平台，推进抗体筛选平台、医学影像信息库、农作物分子育种平台等载体建设。积极发展一批检测服务平台，推进仿制药一致性评价技术平台、生物药质量及安全测试技术创新平台、农产品安全质量检测平台、生物质能检验检测及监测公共服务平台等建设，完善相关标准

提高生物技术服务对产业的支持水平。发展符合国际标准的药物研发与生产服务，鼓励医药企业加强与合同研发、委托制造企业的合作。推动基因检测和诊断等新兴技术在各领域应用转化，支持生物信息服务机构提升技术水平。为药品、医疗器械、种业、生物能源等生物产品提供检测、评价、认证等公共服务，加快产品上市进度，提升产品质量。鼓励生物技术在水污染控制、大气污染治理、有毒有害物质降解、废物资源化等领域拓展应用，积极引导生物环保技术企业跨地区、跨行业联合或兼并，实现做大做强。构建生物技术专业化双创平台，降低生物产业创新创业成本，支持各类人员开办虚拟研发企业，释放创新潜能。

（六）创新生物能源发展模式

着力发展新一代生物质液体和气体燃料，开发高性能生物质能源转化系统解决方案，拓展生物能源应用空间，力争在发电、供气、供热、燃油等领域实现全面规模化应用，生物能源利用技术和核心装备技术达到世界先进水平，形成较成熟的商业化市场。

促进生物质能源清洁应用。重点推进高寿命、低电耗生物质燃料成型设备、生物质供热锅炉、分布式生物质热电联产等关键技术和设备研发，促进生物质成型燃料替代燃煤集中供热、生物质热电联产。按照因地制宜、就近生产消纳原则，示范建设集中式规模化生物燃气应用工程，突破大型生物质集中供气原料处理、高效沼气厌氧发酵等关键技术瓶颈。探索建立多元、协同、共赢的市场化发展模式，鼓励多产品综合利用，为生产生活提供清洁优质能源。

推进先进生物液体燃料产业化。重点突破高效低成本的生物质液体燃料原料处理和制备技术瓶颈，建设万吨级生物质制备液体燃料及多产品联产综合利用示范工程。完善原料供应体系，有序发展生物柴油。推进油藻生物柴油、生物航空燃料等前沿技术研发与产业化。

五、推动新能源汽车、新能源和节能环保产业快速壮大，构建可持续发展新模式

把握全球能源变革发展趋势和中国产业绿色转型发展要求，着眼生态文明建设和应对气候变化，以绿色低碳技术创新和应用为重点，引导绿色消费，推广绿色产品，大幅提升新能源汽车和新能源的应用比例，全面推进高效节能、先进环保和资源循环利用产业体系建设，推动新能源汽车、新能源和节能环保等绿色低碳产业成为支柱产业，到2020年，产值规模达到100 000亿元以上。

（一）实现新能源汽车规模应用

强化技术创新，完善产业链，优化配套环境，落实和完善扶持政策，提升纯电动汽车和插电式混合动力汽车产业化水平，推进燃料电池汽车产业化。到2020年，实现当年产销200万辆以上，累计产销超过500万辆，整体技术水平保持与国际同步，形成一批具有国际竞争力的新能源汽车整车和关键零部件企业。

全面提升电动汽车整车品质与性能。加快推进电动汽车系统集成技术创新与应用，重点开展整车安全性、可靠性研究和结构轻量化设计。提升关键零部件技术水平、配套能力与整车性能。加快电动汽车安全标准制定和应用。加速电动汽车智能化技术应用创新，发展智能自动驾驶汽车。开展电动汽车电力系统储能应用技术研发，实施分布式新能源与电动汽车联合应用示范，推动电动汽车与智能电网、新能源、储能、智能驾驶等融合发展。建设电动汽车联合创新平台和跨行业、跨领域的技术创新战略联盟，促进电动汽车重大关键技术协同创新。完善电动汽车生产准入政策，研究实施新能源汽车积分管理制度。到2020年，电动汽车力争具备商业化推广的市场竞争力。

建设具有全球竞争力的动力电池产业链。大力推进动力电池技术研发，着力突破电池成组和系统集成技术，超前布局研发下一代动力电池和新体系动力电池，实现电池材料技术突破性发展。加快推进高性能、高可靠性动力电池生产、控制和检测设备创新，提升动力电池工程化和产业化能力。培育发展一批具有持续创新能力的动力电池企业和关键材料龙头企业。推进动力电池梯次利用，建立上下游企业联动的动力电池回收利用体系。到2020年，动力电池技术水平与国际水平同步，产能规模保持全球领先。见专栏14。

专栏14　新能源汽车动力电池提升工程

分　类	主要内容
新能源汽车动力电池提升工程	完善动力电池研发体系，加快动力电池创新中心建设，突破高安全性、长寿命、高能量密度锂离子电池等技术瓶颈。在关键电池材料、关键生产设备等领域构建若干技术创新中心，突破高容量正负极材料、高安全性隔膜和功能性电解液技术。加大生产、控制和检测设备创新，推进全产业链工程技术能力建设。开展燃料电池、全固态锂离子电池、金属空气电池、锂硫电池等领域新技术研究开发

系统推进燃料电池汽车研发与产业化。加强燃料电池基础材料与过程机理研究，推动高性能低成本燃料电池材料和系统关键部件研发。加快提升燃料电池堆系统可靠性和工程化水平，完善相关技术标准。推动车载储氢系统以及氢制备、储运和加注技术发展，推进加氢站建设。到2020年，实现燃料电池汽车批量生产和规模化示范应用。

加速构建规范便捷的基础设施体系。按照“因地适宜、适度超前”原则，在城市发展中优先建设公共服务区域充电基础设施，积极推进居民区与单位停车位

配建充电桩。完善充电设施标准规范，推进充电基础设施互联互通。加快推动高功率密度、高转换效率、高适用性、无线充电、移动充电等新型充换电技术及装备研发。加强检测认证、安全防护、与电网双向互动等关键技术研究。大力推动"互联网＋充电基础设施"，提高充电服务智能化水平。鼓励充电服务企业创新商业模式，提升持续发展能力。到2020年，形成满足电动汽车需求的充电基础设施体系。

（二）推动新能源产业发展

加快发展先进核电、高效光电光热、大型风电、高效储能、分布式能源等，加速提升新能源产品经济性，加快构建适应新能源高比例发展的电力体制机制、新型电网和创新支撑体系，促进多能互补和协同优化，引领能源生产与消费革命。到2020年，核电、风电、太阳能、生物质能等占能源消费总量比重达到8.0%以上，产业产值规模超过15 000亿元，打造世界领先的新能源产业。

推动核电安全高效发展。采用国际最高安全标准，坚持合作创新，重点发展大型先进压水堆、高温气冷堆、快堆及后处理技术装备，提升关键零部件配套能力，加快示范工程建设。提升核废料回收利用和安全处置能力。整合行业资源，形成系统服务能力，推动核电加快"走出去"。到2020年，核电装机规模达到5 800万千瓦，在建规模达到3 000万千瓦，形成国际先进的集技术开发、设计、装备制造、运营服务于一体的核电全产业链发展能力。

促进风电优质高效开发利用。大力发展智能电网技术，发展和挖掘系统调峰能力，大幅提升风电消纳能力。加快发展高塔长叶片、智能叶片、分散式和海上风电专用技术等，重点发展5兆瓦级以上风电机组、风电场智能化开发与运维、海上风电场施工、风热利用等领域关键技术与设备。建设风电技术测试与产业监测公共服务平台。到2020年，风电装机规模达到2.1亿千瓦以上，实现风电与煤电上网电价基本相当，风电装备技术创新能力达到国际先进水平。

推动太阳能多元化规模化发展。突破先进晶硅电池及关键设备技术瓶颈，提升薄膜太阳能电池效率，加强钙钛矿、染料敏化、有机等新型高效低成本太阳能电池技术研发，大力发展太阳能集成应用技术，推动高效低成本太阳能利用新技术和新材料产业化，建设太阳能光电光热产品测试与产业监测公共服务平台，大幅提升创新发展能力。统筹电力市场和外输通道，有序推进西部光伏光热发电开发，加快中东部分布式光伏发展，推动多种形式的太阳能综合开发利用。加快实施光伏领跑者计划，形成光热发电站系统集成和配套能力，促进先进太阳能技术产品应用和发电成本快速下降，引领全球太阳能产业发展。到2020年，太阳能发电装机规模达到1.1亿千瓦以上，力争实现用户侧平价上网。其中，分布式光伏发电、光伏电站、光热发电装机规模分别达到6 000万千瓦、4 500万千瓦、500万千瓦。

积极推动多种形式的新能源综合利用。突破风光互补、先进燃料电池、高效储能与海洋能发电等新能源电力技术瓶颈，加快发展生物质供气供热、生物质与燃煤耦合发电、地热能供热、空气能供热、生物液体燃料、海洋能供热制冷等，开展生物天然气多领域应用和区域示范，推进新能源多产品联产联供技术产业化。加速发展融合储能与微网应用的分布式能源，大力推动多能互补集成优化示范工程建设。建立健全新能源综合开发利用的技术创新、基础设施、运营模式及政策支撑体系。

大力发展"互联网＋"智慧能源。加快研发分布式能源、储能、智能微网等关键技术，构建智能化电力运行监测管理技术平台，建设以可再生能源为主体的"源—网—荷—储—用"协调发展、集成互补的能源互联网，发展能源生产大数据预测、调度与运维技术，建立能源生产运行的监测、管理和调度信息公共服务网络，促进能源产业链上下游信息对接和生产消费智能化。推动融合储能设施、物联网、智能用电设施等硬件及碳交易、互联网金融等衍生服务于一体的绿色能源网络发展，促进用户端智能化用能、能源共享经济和能源自由交易发展，培育基于智慧能源的新业务、新业态，建设新型能源消费生态与产业体系。

加快形成适应新能源高比例发展的制度环境。围绕可再生能源比重大幅提高、弃风弃光率近零的目标，完善调度机制和运行管理方式，建立适应新能源电力大规模发展的电网运行管理体系。完善风电、太阳能、生物质能等新能源国家标准和清洁能源定价机制，建立新能源优先消纳机制。建立可再生能源发电补贴政策动态调整机制和配套管理体系。将分布式新能源纳入电力和供热规划以及国家新一轮配网改造计划，促进“源—网—用”协调发展，实现分布式新能源直供与无障碍入网。见专栏15。

专栏15 新能源高比例发展工程

分 类	主要内容
新能源高比例发展工程	为实现新能源灵活友好并网和充分消纳，加快安全高效的输电网、可靠灵活的主动配电网以及多种分布式电源广泛接入互动的微电网建设，示范应用智能化大规模储能系统及柔性直流输电工程，建立适应分布式电源、电动汽车、储能等多元化负荷接入需求的智能化供需互动用电系统，建成适应新能源高比例发展的新型电网体系
	选择适宜区域开展分布式光电、分散式风电、生物质能供气供热、地热能、海洋能等多能互补的新能源综合开发，融合应用大容量储能、微网技术，构建分布式能源综合利用系统，引领能源供应方式变革

（三）大力发展高效节能产业

适应建设资源节约型、环境友好型社会要求，树立节能为本理念，全面推进能源节约，提升高效节能装备技术及产品应用水平，推进节能技术系统集成和示范应用，支持节能服务产业做大做强，促进高效节能产业快速发展。到2020年，高效节能产业产值规模力争达到30 000亿元。

大力提升高效节能装备技术及应用水平。鼓励研发高效节能设备（产品）及关键零部件，加大示范推广力度，加速推动降低综合成本。制修订强制性能效和能耗限额标准，加快节能科技成果转化应用。发布节能产品和技术推广目录，完善节能产品政府采购政策，推动提高节能产品市场占有率。完善能效标识制度和节能产品认证制度，在工业、建筑、交通和消费品等领域实施能效领跑者制度，推动用能企业和产品制造商跨越式提高能效。

大力推进节能技术系统集成及示范应用。在示范园区等重点区域和重点行业开展节能技术系统集成试点，整合高耗能企业的余热、余压、余气资源，鼓励利用余热采暖、利用余能和低温余热发电。鼓励重点用能单位及耗能设备配备智能能源计量和远程诊断设备，借助信息网络技术加强系统自动监控和智能分析能力，促进提高综合能效。深入推进流程工业系统优化工艺技术，推动工业企业能源管控中心建设，鼓励企业在低温加热段使用太阳能集热器，实现生产工艺和能源供应的综合优化。推进化石能源近零消耗建筑技术产业化，大力推广应用节能门窗、绿色节能建材等产品。鼓励风电、太阳能发电与企业能源供管系统综合集成，推动可再生能源就地消纳。

做大做强节能服务产业。支持合同能源管理、特许经营等业态快速发展，推动节能服务商业模式创新，推广节能服务整体解决方案。支持节能服务公司通过兼并、联合、重组等方式实现规模化、品牌化、网络化经营。搭建绿色融资平台，推动发行绿色债券，支持节能服务公司融资。制定相关标准，提高节能服务规范化水平。制定节能服务机构管理办法，建立健全节能第三方评估机制。搭建节能服务公司、重点用能单位、第三方评估机构履约登记和服务平台，营造诚实守信的市场环境。见专栏16。

专栏16 节能技术装备发展工程

分 类	主要内容
节能技术装备发展工程	组织实施节能关键共性技术提升工程、节能装备制造工程。鼓励研发高性能建筑保温材料、光伏一体化建筑用玻璃幕墙、紧凑型户用空气源热泵装置、大功率半导体照明芯片与器件、先进高效燃气轮机发电设备、煤炭清洁高效利用技术装备、浅层地热能利用装置、蓄热式高温空气燃烧装置等一批高效节能设备（产品）及其关键零部件
	实施燃煤锅炉节能环保综合提升工程、供热管网系统能效综合提升工程、电机拖动系统能效提升工程，推进燃煤电厂节能与超低排放改造、电机系统节能、能量系统优化、余热余压利用等重大关键节能技术与产品规模化应用示范。组织实施城市、园区和企业节能示范工程，推广高效节能技术集成示范应用

（四）加快发展先进环保产业

大力推进实施水、大气、土壤污染防治行动计划，推动区域与流域污染防治整体联动，海陆统筹深入推进主要污染物减排，促进环保装备产业发展，推动主要污染物监测防治技术装备能力提升，加强先进适用环保技术装备推广应用和集成创新，积极推广应用先进环保产品，促进环境服务业发展，全面提升环保产业发展水平。到2020年，先进环保产业产值规模力争超过20 000亿元。

提升污染防治技术装备能力。围绕水、大气、土壤污染防治，集中突破工业废水、雾霾、土壤农药残留、水体及土壤重金属污染等一批关键治理技术，加快形成成套装备、核心零部件及配套材料生产能力。建设一批技术先进、配套齐全、发展规范的重大环保技术装备产业化示范基地，形成以骨干企业为核心、专精特新中小企业快速成长的产业良性发展格局。支持危险废弃物防治技术研发，提高危险废弃物处理处置水平。支持环保产业资源优化整合，积极拓展国际市场。

加强先进适用环保技术装备推广应用和集成创新。定期更新《国家鼓励发展的重大环保技术装备目录》，强化供需对接，加强先进适用环保装备在冶金、化工、建材、食品等重点领域应用。加快环保产业与新一代信息技术、先进制造技术深度融合，强化先进环保装备制造能力，提高综合集成水平。支持建立产学研用相结合的环保技术创新联盟，加快技术集成创新研究与应用。

积极推广应用先进环保产品。大力推广应用离子交换树脂、生物滤料及填料、高效活性炭、循环冷却水处理药剂、杀菌灭藻剂、水处理消毒剂、固体废弃物处理固化剂和稳定剂等环保材料和环保药剂。扩大政府采购环保产品范围，不断提高环保产品采购比例。实施环保产品领跑者制度，提升环保产品标准，积极推广应用先进环保产品，组织实施先进环保装备技术进步与模式创新示范工程。

提升环境综合服务能力。基于各行业污染物大数据，推动建立环保装备与服务需求信息平台、技术创新转化交易平台、环保装备招投标信息平台，提高环保服务信息化水平。推动在环境监测中应用卫星和物联网技术，构建污染排放、环境质量基础数据与监控处置信息平台，提高环境监管智能化水平，深入推进环境服务业试点工作。发展环境修复服务，推广合同环境服务，促进环保服务整体解决方案推广应用。开展环境污染第三方治理试点和环境综合治理托管服务试点，在城镇污水垃圾处理、工业园区污染集中处理等重点领域深入探索第三方治理模式。推进产品绿色设计示范企业创建工作，支持企业开展绿色设计。见专栏17。

专栏17　绿色低碳技术综合创新示范工程

分　类	主要内容
绿色低碳技术综合创新示范工程	对接绿色低碳试点示范项目，在具备条件的区域，以绿色低碳技术综合应用为核心，以互联网为纽带，建设新能源、新能源汽车与智慧交通系统、低碳社区、碳捕集和富碳农业、绿色智能工厂等综合应用设施，先行先试相关改革措施，促进绿色低碳技术、新一代信息技术与城镇化建设、生产生活的融合创新，广泛开展国际合作，打造相关技术综合应用示范区域

（五）深入推进资源循环利用

树立节约集约循环利用的资源观，大力推动共伴生矿和尾矿综合利用、“城市矿产”开发、农林废弃物回收利用和新品种废弃物回收利用，发展再制造产业，完善资源循环利用基础设施，提高政策保障水平，推动资源循环利用产业发展壮大。到2020年，力争当年替代原生资源13亿吨，资源循环利用产业产值规模达到30 000亿元。

大力推动大宗固体废弃物和尾矿综合利用。推动冶金渣、化工渣、赤泥、磷石膏等产业废弃物综合利用，推广一批先进适用技术与装备，加强对工业固体废弃物中战略性稀贵金属的回收利用。研发尾矿深度加工和综合利用技术，促进尾矿中伴生有价元素回收和高技术含量尾矿产品开发，提高尾矿综合利用经济性。研发复杂多金属尾矿选冶联合关键技术与装备、清洁无害化综合利用关键技术，研发单套设备处理能力达到每年100万～500万吨的尾矿高效浓缩及充填料制备、输送、充填成套工艺技术。开发低品位钛渣优化提质技术，提高钒钛磁铁矿资源综合利用率。

促进“城市矿产”开发和低值废弃物利用。提高废弃电器电子产品、报废汽车拆解利用技术装备水平，促进废有色金属、废塑料加工利用集聚化规模化发展。加快建设城市餐厨废弃物、建筑垃圾和废旧纺织品等资源化、无害化处理系统，协同发挥各类固体废弃物处理设施作用，打造城市低值废弃物协同处理基地。落实土地、财税等相关优惠政策。完善再生资源回收利用基础设施，支持现有再生资源回收集散地升级改造。

加强农林废弃物回收利用。基本实现畜禽粪便、残膜、农作物秸秆、林业三剩物等农林废弃物资源化利用。推广秸秆腐熟还田技术，支持秸秆代木、纤维原料、清洁制浆、生物质能、商品有机肥等新技术产业化发展。鼓励利用畜禽粪便、秸秆等多种农林废弃物，因地制宜实施农村户用沼气和集中供沼气工程。推广应用标准地膜，引导回收废旧地膜和使用可降解地膜。鼓励利用林业废弃物建设热、电、油、药等生物质联产项目。积极开发农林废弃物超低排放焚烧技术。

积极开展新品种废弃物循环利用。开展新品种废弃物回收利用体系示范，推动废弃太阳能电池、废旧动力蓄电池、废碳纤维材料、废节能灯等新型废弃物回收利用，推广稀贵金属高效富集与清洁回收利用、电动汽车动力蓄电池梯级利用等。支持碳捕集、利用和封存技术研发与应用，发展碳循环产业。

大力推动海水资源综合利用。加快海水淡化及利用技术研发和产业化，提高核心材料和关键装备的可靠性、先进性和配套能力。推动建设集聚发展的海水淡化装备制造基地。开展海水资源化利用示范工程建设，推进大型海水淡化工程总包与服务。开展海水淡化试点示范，鼓励生产海水淡化桶装水，推进海水淡化水依法进入市政供水管网。推进海水冷却技术在沿海高用水行业规模化应用。加快从海水中提取钾、溴、镁等产品，实现高值化利用。

发展再制造产业。加强机械产品再制造无损检测、绿色高效清洗、自动化表面与体积修复等技术攻关和装备研发，加快产业化应用。组织实施再制造技术工艺应用示范，推进再制造纳米电刷镀技术装备、电弧喷涂等成熟表面工程装备示范应用。开展发动机、盾构机等高值零部件再制造。建立再制造旧件溯源及产品追踪信息系统，促进再制造产业规范发展。

健全资源循环利用产业体系。推动物联网电子监管技术在危险废弃物、电子废弃物利用处置等领域应用，支持再生资源企业建立线上线下融合的回收网络。统筹国内外再生资源利用，加强生活垃圾分类回收与再生资源回收的衔接。建设资源循环利用第三方服务体系，鼓励通过合同管理方式，提供废弃物管理、回收、再生加工、循环利用的整体解决方案。全面落实生产者责任延伸制度，鼓励使用再生产品和原料。建立健全覆盖固体废弃物、危险废弃物、再生产品、污染物控制等方面的标准体系。见专栏18。

专栏18　资源循环替代体系示范工程

分　类	主要内容
资源循环替代体系示范工程	实施循环发展引领行动，推动太阳能光伏电池、废弃电子产品稀贵金属多组分分离提取和电动汽车动力蓄电池、废液晶等新品种废弃物的回收利用，开展基于“互联网＋”的废弃物回收利用体系示范。推进城市低值废弃物协同处置和大宗固体废弃物综合利用加快发展。建立以售后维修体系为核心的旧件回收体系，在商贸物流、金融保险、维修销售等环节和煤炭、石油等采掘企业推广应用再制造产品。鼓励专业化再制造服务公司提供整体解决方案和专项服务

六、促进数字创意产业蓬勃发展，创造引领新消费

以数字技术和先进理念推动文化创意与创新设计等产业加快发展，促进文化科技深度融合、相关产业相互渗透。到2020年，形成文化引领、技术先进、链条完整的数字创意产业发展格局，相关行业产值规模达到80 000亿元。

（一）创新数字文化创意技术和装备

适应沉浸式体验、智能互动等趋势，加强内容和技术装备协同创新，在内容生产技术领域紧跟世界潮流，在消费服务装备领域建立国际领先优势，鼓励深度应用相关领域最新创新成果。

提升创作生产技术装备水平。加大空间和情感感知等基础性技术研发力度，加快虚拟现实、增强现实、全息成像、裸眼三维图形显示（裸眼3D）、交互娱乐引擎开发、文化资源数字化处理、互动影视等核心技术创新发展，加强大数据、物联网、人工智能等技术在数字文化创意创作生产领域的应用，促进创新链和产业链紧密衔接。鼓励企业运用数字创作、网络协同等手段提升生产效率。

增强传播服务技术装备水平。研发具有自主知识产权的超感影院、混合现实娱乐、广播影视融合媒体制播等配套装备和平台，开拓消费新领域。大力研发数字艺术呈现技术，提升艺术展演展陈数字化、智能化、网络化应用水平，支持文物保护装备产业化及应用。研究制定数字文化创意技术装备关键标准，推动自主标准国际化，完善数字文化创意技术装备和相关服务的质量管理体系。见专栏19。

专栏19　数字文化创意技术装备创新提升工程

分　类	主要内容
数字文化创意技术装备创新提升工程	以企业为主体、产学研用相结合，构建数字文化创意产业创新平台，加强基础技术研发，大力发展虚拟现实、增强现实、互动影视等新型软硬件产品，促进相关内容开发。完善数字文化创意产业技术与服务标准体系，推动手机（移动终端）动漫、影视传媒等领域标准体系广泛应用，建立文物数字化保护和传承利用、智慧博物馆、超高清内容制作传输等标准。完善数字创意“双创”服务体系

（二）丰富数字文化创意内容和形式

通过全民创意、创作联动等新方式，挖掘优秀文化资源，激发文化创意，适应互联网传播特点，创作优质、多样、个性化的数字创意内容产品。

促进优秀文化资源创造性转化。鼓励对艺术品、文物、非物质文化遗产等文化资源进行数字化转化和开发。依托地方特色文化，创造具有鲜明区域特点和民族特色的数字创意内容产品。加强现代设计与传统工艺对接，促进融合创新。提高图书馆、美术馆、文化馆、体验馆数字化、智能化水平，加强智慧博物馆和智慧文化遗产地建设，创新交互体验应用。

鼓励创作当代数字创意内容精品。强化高新技术支撑文化产品创作的力度，提高数字创意内容产品原创水平，加快出版发行、影视制作、演艺娱乐、艺术品、文化会展等行业数字化进程，提高动漫游戏、数字音乐、网络文学、网络视频、在线演出等文化品位和市场价值。鼓励多业态联动的创意开发模式，提高不同内容形式之间的融合程度和转换效率，努力形成具有世界影响力的数字创意品牌，支持中华文化“走出去”。见专栏20。

专栏20　数字内容创新发展工程

分　类	主要内容
数字内容创新发展工程	依托先进数字技术，推动实施文化创意产品扶持计划和“互联网+”中华文明行动计划，支持推广一批数字文化遗产精品，打造一批优秀数字文化创意产品，建设数字文化资源平台，实现文化创意资源的智能检索、开发利用和推广普及，拓展传播渠道，引导形成产业链

（三）提升创新设计水平

挖掘创新设计产业发展内生动力，推动设计创新成为制造业、服务业、城乡建设等领域的核心能力。

强化工业设计引领作用。积极发展第三方设计服务，支持设计成果转化。鼓励企业加大工业设计投入，推动工业设计与企业战略、品牌深度融合，促进创新设计在产品设计、系统设计、工艺流程设计、商业模式和服务设计中的应用。支持企业通过创新设计提升传统工艺装备,推进工艺装备由单机向互联、机械化向自动化持续升级。以创意和设计引领商贸流通业创新,加强广告服务,健全品牌价值体系。制定推广行业标准,推动产业转型升级。支持建设工业设计公共服务平台。通过工业设计推动中国制造向中国创造、中国速度向中国质量转变。

提升人居环境设计水平。创新城市规划设计,促进测绘地理信息技术与城市规划相融合,利用大数据、虚拟现实等技术,建立覆盖区域、城乡、地上地下的规划信息平台,引导创新城市规划。从宏观、中观、微观等多层面加强城市设计,塑造地域特色鲜明的风貌。鼓励建筑设计创作,完善招投标制度和专家评标制度,扩展建筑师执业服务范围,引导建筑师参与项目策划、建筑设计、项目管理,形成激励建筑师创作的政策环境。加大建筑师培养力度,培育既有国际视野又有文化自信的建筑师队伍。倡导新型景观设计,改善人居环境。进一步提高装饰设计水平。见专栏21。

专栏21　创新设计发展工程

分　类	主要内容
创新设计发展工程	制定实施制造业创新设计行动纲要,建设一批国家级工业设计中心,建设一批具有国际影响力的工业设计集聚区。建设增材制造等领域设计大数据平台与知识库,促进数据共享和供需对接。通过发展创业投资、政府购买服务、众筹试点等多种模式促进创新设计成果转化

(四)推进相关产业融合发展

推动数字文化创意和创新设计在各领域应用,培育更多新产品、新服务以及多向交互融合的新业态,形成创意经济无边界渗透格局。

加快重点领域融合发展。推动数字创意在电子商务、社交网络中的应用,发展虚拟现实购物、社交电商、“粉丝经济”等营销新模式。推动数字创意在教育领域的应用,提升学习内容创意水平,加强数字文化教育产品开发和公共信息资源深度利用,推动教育服务创意化。提升旅游产品开发和旅游服务设计的文化内涵和数字化水平,促进虚拟旅游展示等新模式创新发展。挖掘创意“三农”发展潜力,提高休闲农业创意水平,促进地理标志农产品、乡村文化开发,以创意民宿推动乡村旅游发展和新农村建设。推动数字创意在医疗、展览展示、地理信息、公共管理等领域应用。构建数字创意相关项目资源库和对接服务平台,创新使用多种形式的线上线下推广手段,广泛开展会展活动,鼓励行业协会、研究机构积极开展跨领域交流合作。

推进数字创意生态体系建设。建立涵盖法律法规、行政手段、技术标准的数字创意知识产权保护体系,加大打击数字创意领域盗版侵权行为力度,保障权利人合法权益。积极研究解决虚拟现实、网络游戏等推广应用中存在的风险问题,切实保护用户生理和心理健康。改善数字创意相关行业管理规制,进一步放宽准入条件,简化审批程序,加强事中事后监管,促进融合发展。

七、超前布局战略性产业,培育未来发展新优势

以全球视野前瞻布局前沿技术研发,不断催生新产业,重点在空天海洋、信息网络、生命科学、核技术等核心领域取得突破,高度关注颠覆性技术和商业模式创新,在若干战略必争领域形成独特优势,掌握未来产业发展主动权,为经济社会持续发展提供战略储备、拓展战略空间。

(一)空天海洋领域

显著提升空间进入能力。突破大推力发动机、大直径箭体设计、制造与先进控制等关键技术,发展重型运载火箭,保障未来重大航天任务实施。发展快速、廉价、可重复使用的小载荷天地往返运输系统。超前部署具有高空间定位精度的空间飞行器自主导航和飞行技术。

加快发展新型航天器。加强超高分辨率、超高精度时空基准、超高速安全通信、高性能星上处理、大功率电源、新型材料等关键技术研发,研制新型应

用卫星。建立先进的载人空间科学实验平台和生命支持系统。发展空间飞行器轻量化小型化技术，推进应用型微、纳、皮卫星规范有序发展。部署和发射新型试验卫星。加快发展临近空间飞行器、可重复使用航天器等面向未来任务的新型航天器。

加快航空领域关键技术突破和重大产品研发。超前部署氢燃料、全电、组合动力等新型发动机关键技术研究，提升未来航空产业自主发展能力。加快发展多用途无人机、新构型飞机等战略性航空装备。前瞻布局超音速商务机、新概念新构型总体气动技术、先进高可靠性机电技术、新一代航空电子系统、航空新材料及新型复合材料加工技术。

发展新一代深海远海极地技术装备及系统。建立深海区域研究基地，发展海洋遥感与导航、水声探测、深海传感器、无人和载人深潜、深海空间站、深海观测系统、“空—海—底”一体化通信定位、新型海洋观测卫星等关键技术和装备。大力研发深远海油气矿产资源、可再生能源、生物资源等资源开发利用装备和系统，研究发展海上大型浮式结构物，支持海洋资源利用关键技术研发和产业化应用，培育海洋经济新增长点。大力研发极地资源开发利用装备和系统，发展极地机器人、核动力破冰船等装备。

（二）信息网络领域

构建未来网络新体系。着眼于提升当前网络体系架构可扩展性、安全性、可管控性、移动性和内容分发能力，系统布局新型网络架构、技术体系和安全保障体系研究，开展实验网络建设，研究构建泛在融合、绿色带宽、智能安全的新型网络。

加强关键技术和产品研发。面向万物互联需求，发展物联网搜索引擎、E级高性能计算、面向物端的边缘计算等技术和产品。开展深度学习、认知计算、虚拟现实、自然人机交互等领域前沿技术研发，提升信息服务智能化、个性化水平。布局太赫兹通信、可见光通信等技术研发，持续推动量子密钥技术应用。

推动电子器件变革性升级换代。加强低功耗高性能新原理硅基器件、硅基光电子、混合光电子、微波光电子等领域前沿技术和器件研发，形成一批专用关键制造设备，提升光网络通信元器件支撑能力。统筹布局量子芯片、量子编程、量子软件以及相关材料和装置制备关键技术研发，推动量子计算机的物理实现和量子仿真的应用。加强类脑芯片、超导芯片、石墨烯存储、非易失存储、忆阻器等新原理组件研发，推进后摩尔定律时代微电子技术开发与应用，实现产业跨越式发展。

（三）生物技术领域

构建基于干细胞与再生技术的医学新模式。加快布局体细胞重编程科学技术研发，开发功能细胞获取新技术。完善细胞、组织与器官的体内外生产技术平台与基地。规范干细胞与再生领域法律法规和标准体系，完善知识产权评估与转化机制，持续深化干细胞与再生技术临床应用。发展肿瘤免疫治疗技术。

推进基因编辑技术研发与应用。建立具有自主知识产权的基因编辑技术体系，开发针对重大遗传性疾病、感染性疾病、恶性肿瘤等的基因治疗新技术。建立相关动物资源平台、临床研究及转化应用基地，促进基于基因编辑研究的临床转化和产业化发展。

加强合成生物技术研发与应用。突破基因组化学合成、生物体系设计再造、人工生物调控等关键技术，研究推进人工生物及人工生物器件临床应用和产业化。推动生物育种、生态保护、能源生产等领域颠覆性技术创新，构建基础原料供给、物质转化合成、民生服务新模式，培育合成生物产业链。

（四）核技术领域

加快开发新一代核能装备系统。加快推动铅冷快堆、钍基熔盐堆等新核能系统试验验证和实验堆建设。支持小型和微型核动力堆研发设计和关键设备研制，开展实验堆建设和重点领域示范应用。积极参与国际热核聚变实验堆计划，不断完善全超导托卡马克核聚变实验装置等国家重大科技基础设施，开展实验堆概念设计、关键技术和重要部件研发。

发展非动力核技术。支持发展离子、中子等新型射线源，研究开发高分辨率辐射探测器和多维动态成像装置，发展精准治疗设备、医用放射性同位素、中子探伤、辐射改性等新技术和新产品，持续推动核技术在工业、农业、医疗健康、环境保护、资源勘探、公共安全等领域应用。

八、促进战略性新兴产业集聚发展，构建协调发展新格局

立足区域发展总体战略，围绕推进“一带一路”建设、京津冀协同发展、长江经济带发展，根据各地产业基础和特色优势，坚持因地制宜、因业布局、因时施策，加快形成点面结合、优势互补、错位发展、协调共享的战略性新兴产业发展格局。

（一）打造战略性新兴产业策源地

支持创新资源富集的中心城市形成以扩散知识技术为主要特征的战略性新兴产业策源地。发挥策源地城市科研人才密集、学科齐全、国际交流频繁等优势，支持建设一批国际一流的大学和科研机构，强化重点领域基础研究，大力促进新兴学科、交叉学科发展，支持建设新兴交叉学科研究中心，推进信息、生命、医疗、能源等领域原创性、颠覆性、支撑性技术开发，推动产学研用联动融合，形成引领战略性新兴产业发展的“辐射源”。以推进全面创新改革试验为契机，加快改革攻坚，完善科研项目经费管理和科技成果转移转化机制，最大限度减少不利于创新人才发展的制度障碍，探索建立适应创新要素跨境流动的体制机制。发挥策源地城市改革创新示范带动作用，在全国范围内推广一批有力度、有特色、有影响的重大改革举措。大力推动科技中介新业态发展，支持海外人才、科研人员、高校师生在策源地城市创业创新，支持海外知名大学、科研机构、企业在策源地城市建设产业创新平台和孵化器，打造战略性新兴产业创业创新高地。鼓励策源地城市开展“知识产权强市”建设，加大知识产权保护力度，强化知识产权运用和管理，加快发展知识产权服务业，更好利用全球创新成果，加速科技成果向全国转移扩散。

（二）壮大一批世界级战略性新兴产业发展集聚区

依托城市群建设，以全面创新改革试验区为重点，发展知识密集型战略性新兴产业集群，打造10个左右具有全球影响力、引领中国战略性新兴产业发展的标志性产业集聚区，推动形成战略性新兴产业发展的体制机制创新区、产业链创新链融合区、国际合作承载区。在东部地区打造国际一流的战略性新兴产业城市群，围绕京津冀协同发展，加强京津冀经济与科技人才联动，形成辐射带动环渤海地区和北方腹地发展的战略性新兴产业发展共同体；发挥长三角城市群对长江经济带的引领作用，以上海、南京、杭州、合肥、苏锡常等都市圈为支点，构筑点面结合、链群交融的产业发展格局；以广州、深圳为核心，全面提升珠三角城市群战略性新兴产业的国际竞争力，延伸布局产业链和服务链，带动区域经济转型发展；推动山东半岛城市群重点发展生物医药、高端装备制造、新一代信息技术、新材料等产业和海洋经济；围绕福州、厦门等重点城市，推动海峡西岸地区生物、海洋、集成电路等产业发展。依托中西部地区产业基础，大力推进成渝地区、武汉都市圈、长株潭城市群、中原城市群、关中平原城市群等重点区域战略性新兴产业发展，积极创造条件承接东部地区产业转移；支持昆明、贵阳等城市发展具有比较优势的产业，促进长江经济带上中下游地区产业协同发展。对接丝绸之路经济带建设，促进天山北坡、兰州—西宁等西北地区城市群发展特色产业。推动东北地区大力发展机器人及智能装备、光电子、生物医药及医疗器械、信息服务等产业，以沈阳、大连、哈尔滨、长春为支点，支持东北地区城市群打造国内领先的战略性新兴产业集群，带动区域经济转型升级。

（三）培育战略性新兴产业特色集群

充分发挥现有产业集聚区作用，通过体制机制创新激发市场活力，采用市场化方式促进产业集聚，完善扶持政策，加大扶持力度，培育百余个特色鲜明、大中小企业协同发展的优势产业集群和特色产业链。完善政府引导产业集聚方式，由招商引资向引资、引智、引技并举转变，打造以人才和科技投入为主的新经济；由“引进来”向“引进来”“走出去”并重转变，充分整合利用全球创新资源和市场资源；由注重产业链发展向产业链、创新链协同转变，聚焦重点产业领域，依托科研机构和企业研发基础，提升产业创新能力；由产城分离向产城融合转变，推动研

究机构、创新人才与企业相对集中，促进不同创新主体良性互动。避免对市场行为的过度干预，防止园区重复建设。鼓励战略性新兴产业向国家级新区等重点功能平台集聚。

九、推进战略性新兴产业开放发展，拓展合作新路径

贯彻国家开放发展战略部署，构建战略性新兴产业国际合作新机制，建设全球创新发展网络，推动产业链全球布局，拓展发展新路径。

（一）积极引入全球资源

抓住“一带一路”建设契机，推进国际产能合作，构建开放型创新体系，鼓励技术引进与合作研发，促进引进消化吸收与再创新。积极引导外商投资方向，鼓励外商投资战略性新兴产业，推动跨国公司、国际知名研究机构在国内设立研发中心。加大海外高端人才引进力度，畅通吸纳海外高端人才的绿色通道，为海外人才来华工作和创业提供更多便利。

（二）打造国际合作新平台

积极建立国际合作机制，推动签署落实政府间新兴产业和创新领域合作协议。推动双边互认人员资质、产品标准、认证认可结果，参与国际多边合作互认机制。以发达国家和“一带一路”沿线国家为重点，建设双边特色产业国际合作园区，引导龙头企业到海外建设境外合作园区。创新合作方式，提升重点领域开放合作水平。加强国际科技成果转化和孵化、人才培训等公共服务体系建设。

（三）构建全球创新发展网络

建立健全国际化创新发展协调推进和服务机制，加强驻外机构服务能力，利用二十国集团（G20）、夏季达沃斯等平台开展新经济交流，充分发挥有关行业协会和商会作用，搭建各类国际经济技术交流与合作平台。引导社会资本设立一批战略性新兴产业跨国并购和投资基金，支持一批城市对接战略性新兴产业国际合作，建设一批国际合作创新中心，发展一批高水平国际化中介服务机构，建立一批海外研发中心，构建全球研发体系，形成政府、企业、投资机构、科研机构、法律机构、中介机构高效协同的国际化合作网络。支持企业和科研机构参与国际科技合作计划、国际大科学计划和大科学工程，承担和组织国际重大科技合作项目。鼓励企业积极参与国际技术标准制定。

（四）深度融入全球产业链

推动产业链全球布局，在高端装备、新一代信息技术、新能源等重点领域，针对重点国家和地区确定不同推进方式和实施路径，推动产业链资源优化整合。支持企业、行业协会和商会、地方政府和部门创新方式开展战略性新兴产业国际产能合作，推动国内企业、中外企业组团共同开拓国际市场，支持产业链“走出去”，将“走出去”获得的优质资产、技术、管理经验反哺国内，形成综合竞争优势。推动高端装备、新一代信息技术等领域龙头企业海外拓展，与国际大企业开展更高层次合作，实现优势互补、共赢发展。

十、完善体制机制和政策体系，营造发展新生态

加快落实创新驱动发展战略，深入推进政府职能转变，持续深化重点领域和关键环节改革，强化制度建设，汇聚知识、技术、资金、人才等创新要素，全面营造有利于战略性新兴产业发展壮大的生态环境。

（一）完善管理方式

推进简政放权、放管结合、优化服务改革。在电信、新药和医疗器械、新能源汽车生产准入等领域，进一步完善审批方式，最大限度减少事前准入限制，修改和废止有碍发展的行政法规和规范性文件，激发市场主体活力。坚持放管结合，区分不同情况，积极探索和创新适合新技术、新产品、新业态、新模式发展的监管方式，既激发创新创造活力，又防范可能引发的风险。对发展前景和潜在风险看得准的“互联网＋”、分享经济等新业态，量身定制监管模式；对看不准的领域，加强监测分析，鼓励包容发展，避免管得过严过死；对潜在风险大、有可能造成严重不良

社会后果的，切实加强监管；对以创新之名行非法经营之实的，坚决予以取缔。严格执行降低实体经济企业成本各项政策措施，落实中央财政科研项目资金管理相关政策措施，推进科技成果产权制度改革。全面落实深化国有企业改革各项部署，在战略性新兴产业领域国有企业中率先进行混合所有制改革试点示范，开展混合所有制企业员工持股试点。发布战略性新兴产业重点产品和服务指导目录。

营造公平竞争市场环境。完善反垄断法配套规则，进一步加大反垄断和反不正当竞争执法力度，严肃查处信息服务、医疗服务等领域企业违法行为。建立健全工作机制，保障公平竞争审查制度有序实施，打破可再生能源发电、医疗器械、药品招标等领域的地区封锁和行业垄断，加大对地方保护和行业垄断行为的查处力度。完善信用体系，充分发挥全国信用信息共享平台和国家企业信用信息公示系统等作用，推进各类信用信息平台建设、对接和服务创新，加强信用记录在线披露和共享，为经营者提供信用信息查询、企业身份网上认证等服务。

加强政策协调。充分发挥战略性新兴产业发展部际联席会议制度作用，推动改革措施落地，加强工作沟通，避免相关政策碎片化。持续开展产业发展状况评估和前瞻性课题研究，准确定位改革发展方向。建立高层次政企对话咨询机制，在研究制订相关政策措施时积极听取企业意见。定期发布发展新经济培育新动能、壮大战略性新兴产业有关重点工作安排，统筹推进相关改革发展工作。

(二)构建产业创新体系

深入开展大众创业万众创新。打造众创、众包、众扶、众筹平台，依托"双创"资源集聚的区域、科研院所和创新型企业等载体，支持建设"双创"示范基地，发展专业化众创空间。依托互联网打造开放共享的创新机制和创新平台，推动企业、科研机构、高校、创客等创新主体协同创新。着力完善促进"双创"的法律和政策体系。持续强化"双创"宣传，办好全国"双创"活动周，营造全社会关注"双创"、理解"双创"、支持"双创"的良好氛围。

强化公共创新体系建设。实施一批重大科技项目和重大工程，加强颠覆性技术研发和产业化。创新重大项目组织实施方式，探索实行项目决策、执行、评价、监督相对分开的组织管理机制。构建企业主导、政产学研用相结合的产业技术创新联盟，支持建设关键技术研发平台，在重点产业领域采取新机制建立一批产业创新中心。围绕重点领域创新发展需求，统筹部署国家重大科技基础设施等创新平台建设，加强设施和平台开放共享。按照科研基地优化布局统筹部署，建设一批国家技术创新中心，支撑引领战略性新兴产业发展。加强相关计量测试、检验检测、认证认可、知识和数据中心等公共服务平台建设。成立战略性新兴产业计量科技创新联盟，加强认证认可创新。落实和完善战略性新兴产业标准化发展规划，完善标准体系，支持关键领域新技术标准应用。

支持企业创新能力建设。实施国家技术创新工程，加强企业技术中心能力建设，推进创新企业百强工程，培育一批具有国际影响力的创新型领导企业，引领带动上下游产业创新能力提升。加大对科技型中小企业创新支持力度，落实研发费用加计扣除等税收优惠政策，引导企业加大研发投入。

完善科技成果转移转化制度。落实相关法律法规政策，组织实施促进科技成果转移转化行动。落实科技成果转化有关改革措施，提高科研人员成果转化收益分享比例，加快建立科技成果转移转化绩效评价和年度报告制度。引导有条件的高校和科研院所建立专业化、市场化的技术转移机构，加强战略性新兴产业科技成果发布，探索在战略性新兴产业相关领域率先建立利用财政资金形成的科技成果限时转化制度。

(三)强化知识产权保护和运用

强化知识产权保护维权。积极推进专利法、著作权法修订工作。跟踪新技术、新业态、新模式发展创新，加强互联网、电子商务、大数据等领域知识产权保护规则研究，完善商业模式知识产权保护、商业秘密保护、实用艺术品外观设计专利保护等相关法律法规。完善知识产权快速维权机制，新建一批快速维权中心。将故意侵犯知识产权行为纳入社会信用记录，健全知识产权行政侵权查处机制，依法严厉打击侵犯知识产权犯罪行为，加大海关知识产权执法保护力度，推动提高知识产权侵权法定赔偿上限额度。

加强知识产权布局运用。大力推行知识产权标准化管理，提升创新主体知识产权管理能力。实施知识产权行业布局和区域布局工程，在战略性新兴产业集聚区和龙头企业引导设立知识产权布局设计中心。构建知识产权运营服务体系，推进全国知识产权运营公共服务平台建设，培育一批专业化、品牌化知识产权服务机构，鼓励高端检索分析工具等开发应用，引导知识产权联盟建设。聚焦战略性新兴产业，鼓励创新知识产权金融产品，开发知识产权投贷、投保、投债联动等新产品，探索知识产权股权化、证券化。鼓励企业综合运用专利、版权、商标等知识产权手段打造自有品牌。

完善知识产权发展机制。实施战略性新兴产业知识产权战略推进计划，围绕战略性新兴产业集聚区部署知识产权服务链，建立知识产权集群管理制度，推动形成一批知识产权优势集聚区。加强战略性新兴产业专利分析及动向监测。建立重大经济科技活动知识产权分析评议制度，鼓励企业建立知识产权分析评议机制。完善海外知识产权服务体系，研究发布海外知识产权环境信息，跟踪研究重点产业领域国际知识产权动向，引导建立海外知识产权案件信息提交机制，加强对重大知识产权案件的研究，建立海外知识产权风险预警机制，支持企业开展知识产权海外并购和维权行动。

（四）深入推进军民融合

构建军民融合的战略性新兴产业体系。促进军民科技创新体系相互兼容、协同发展，推进军民融合产业发展。依托国家军民融合创新示范区，促进军民两用技术产业化发展。建设一批军民融合创新平台。在军工单位集中、产业基础较好的地区，推进军民技术双向转移和转化应用。支持军工企业发挥优势向新能源、民用航空航天、物联网等新兴领域拓展业务，引导优势民营企业进入国防科研生产和维修领域，构建各类企业公平竞争的政策环境。

加强军民融合重大项目建设。面向建设航天强国，统筹规划军民卫星研发和使用，加强地面站网整合建设与信息共享，积极发展军民通用化程度高的动力系统、关键部件和基础材料。适应空域改革进程，加强空域管制系统技术和装备研发，推进航空产业军民深度融合发展。面向建设网络强国，加强新一代信息基础设施和系统军民合建共用，组织实施安全可靠信息网络产品和服务相关应用示范工程。面向建设海洋强国，适应军地海洋资源调查、海域使用、海洋观测预报、海洋环境保护和岛礁建设需求，发展军民两用高性能装备和材料技术。开展军民通用标准化工程，促进军民技术双向转移。

（五）加大金融财税支持

提高企业直接融资比重。积极支持符合条件的战略性新兴产业企业上市或挂牌融资，研究推出全国股份转让系统挂牌公司向创业板转板试点，建立全国股份转让系统与区域性股权市场合作对接机制。探索推进场外证券交易市场以及机构间私募产品报价与服务系统建设，支持战略性新兴产业创业企业发展。大力发展创业投资和天使投资，完善鼓励创业投资企业和天使投资人投资种子期、初创期科技型企业的税收支持政策，丰富并购融资和创业投资方式。积极支持符合条件的战略性新兴产业企业发行债券融资，扩大小微企业增信集合债券和中小企业集合票据发行规模，鼓励探索开发高收益债券和可转换债券等金融产品，稳步推进非金融企业债务融资工具发展。鼓励保险公司、社会保险基金和其他机构投资者合法合规参与战略性新兴产业创业投资和股权投资基金。推进投贷联动试点工作。

加强金融产品和服务创新。引导金融机构积极完善适应战略性新兴产业特点的信贷管理和贷款评审制度。探索建立战略性新兴产业投融资信息服务平台，促进银企对接。鼓励建设数字创意、软件等领域无形资产确权、评估、质押、流转体系，积极推进知识产权质押融资、股权质押融资、供应链融资、科技保险等金融产品创新。引导政策性、开发性金融机构加大对战略性新兴产业支持力度。推动发展一批为飞机、海洋工程装备、机器人等产业服务的融资租赁和金融租赁公司。加快设立国家融资担保基金，支持战略性新兴产业项目融资担保工作。

创新财税政策支持方式。发挥财政资金引导作用，创新方式吸引社会投资，大力支持战略性新兴产业发展。充分发挥国家新兴产业创业投资引导基金服务创业创新的作用，完善管理规则，做好风险防控，高效开展投资运作，带动社会资本设立一批创业投资基金，加大对战略性新兴产业的投入。鼓励有条件的地区设立战略性新兴产业发展基金，引导社会资金设立一批战略性新兴产业投资基金和国际化投资基金。积极运用政府和社会资本合作（PPP）等模式，引导社会资本参与重大项目建设。完善政府采购政策，加大对“双创”以及云计算、大数据、循环经济等支持力度，推进智慧城市、信息惠民、“城市矿山”、智能装备等示范应用。进一步完善光伏、风电、生物质等可再生能源发电补贴政策。调整完善新能源汽车推广补贴政策。完善战略性新兴产业企业股权激励个人所得税政策。

（六）加强人才培养与激励

培养产业紧缺人才。实施战略性新兴产业创新领军人才行动，聚焦重点领域，依托重大项目和重大工程建设一批创新人才培养示范基地，重点扶持一批科技创新创业人才。分行业制定战略性新兴产业紧缺人才目录，在国家相关人才计划中予以重点支持。根据产业发展需求，动态调整高校教学内容和课程设置，合理扩大战略性新兴产业相关专业招生比例。加强战略性新兴产业技术技能人才培养，推行企业新型学徒制，建立国家基本职业培训包制度，推动相关企业为职业学校战略性新兴产业相关专业学生实习和教师实践提供岗位。依托专业技术人才知识更新工程，培养一大批高层次急需紧缺人才和骨干专业技术人才，建设一批国家级继续教育基地。支持在线培训发展。

鼓励科技人才向企业流动。探索事业单位科研人员在职创业和离岗创业有关政策，引导和支持事业单位科研人员按照国家有关规定到企业开展创新工作或创办企业。在战略性新兴产业企业设立一批博士后科研工作站，鼓励开展产业关键核心技术研发。落实国家对科研人员的各项激励措施，鼓励企业通过股权、分红等激励方式，调动科研人员创新积极性。建立健全符合行业特点的人才使用、流动、评价、激励体系。

充分利用全球人才。在充分发挥现有人才作用的基础上引进培养一批高端人才。研究优化外国人永久居留制度，简化外籍高层次人才申请永久居留资格程序，为其配偶和未成年子女提供居留与出入境便利。

各地区、各有关部门要高度重视战略性新兴产业发展工作，加强组织领导，加快工作进度，切实抓好本规划实施工作，加强各专项规划、地方规划与本规划的衔接。地方各级人民政府要建立健全工作机制，细化实化政策措施，推动本规划各项任务落实到位。鼓励相关省（自治区、直辖市）联合编制区域性发展规划，推进战略性新兴产业差别化、特色化协同发展。国家发展改革委要会同科技部、工业和信息化部、财政部，发挥好战略性新兴产业发展部际联席会议的牵头作用，加强宏观指导、统筹协调和督促推动，密切跟踪产业发展情况，及时研究协调产业发展中的重大问题；联席会议各成员单位和相关部门要积极配合，按照职责分工抓紧任务落实，加快制定配套政策，形成工作合力，共同推动战略性新兴产业发展壮大。

附件：重点任务分工方案（略）

国务院关于印发“十三五”节能减排综合工作方案的通知

（2016 年 11 月 20 日　国发〔2016〕74 号）

各省、自治区、直辖市人民政府，国务院各部委、各直属机构：

现将《“十三五”节能减排综合工作方案》印发给你们，请结合本地区、本部门实际，认真贯彻执行。

（一）“十二五”节能减排工作取得显著成效

各地区、各部门认真贯彻落实党中央、国务院决策部署，把节能减排作为优化经济结构、推动绿色循环低碳发展、加快生态文明建设的重要抓手和突破口，各项工作积极有序推进。“十二五”时期，全国单位国内生产总值能耗降低18.4%，化学需氧量、二氧化硫、氨氮、氮氧化物等主要污染物排放总量分别减少12.9%、18.0%、13.0%和18.6%，超额完成节能减排预定目标任务，为经济结构调整、环境改善、应对全球气候变化作出了重要贡献。

（二）充分认识做好“十三五”节能减排工作的重要性和紧迫性

当前，我国经济发展进入新常态，产业结构优化明显加快，能源消费增速放缓，资源性、高耗能、高排放产业发展逐渐衰减。但必须清醒地认识到，随着工业化、城镇化进程加快和消费结构持续升级，我国能源需求刚性增长，资源环境问题仍是制约我国经济社会发展的瓶颈之一，节能减排依然形势严峻、任务艰巨。各地区、各部门不能有丝毫放松和懈怠，要进一步把思想和行动统一到党中央、国务院决策部署上来，下更大决心，用更大气力，采取更有效的政策措施，切实将节能减排工作推向深入。

（三）坚持政府主导、企业主体、市场驱动、社会参与的工作格局

要切实发挥政府主导作用，综合运用经济、法律、技术和必要的行政手段，着力健全激励约束机制，落实地方各级人民政府对本行政区域节能减排负总责、政府主要领导是第一责任人的工作要求。要进一步明确企业主体责任，严格执行节能环保法律法规和标准，细化和完善管理措施，落实节能减排目标任务。要充分发挥市场机制作用，加大市场化机制推广力度，真正把节能减排转化为企业和各类社会主体的内在要求。要努力增强全体公民的资源节约和环境保护意识，实施全民节能行动，形成全社会共同参与、共同促进节能减排的良好氛围。

（四）加强对节能减排工作的组织领导

要严格落实目标责任，国务院每年组织开展省级人民政府节能减排目标责任评价考核，将考核结果作为领导班子和领导干部年度考核、目标责任考核、绩效考核、任职考察、换届考察的重要内容。发挥国家应对气候变化及节能减排工作领导小组的统筹协调作用，国家发改委负责承担领导小组的具体工作，切实加强节能减排工作的综合协调，组织推动节能降耗工作；环境保护部主要承担污染减排方面的工作；国务院国资委要切实加强对国有企业节能减排的监督考核工作；国家统计局负责加强能源统计和监测工作；其他各有关部门要切实履行职责，密切协调配合。各省级人民政府要立即部署本地区“十三五”节能减排工作，进一步明确相关部门责任、分工和进度要求。

各地区、各部门和中央企业要按照本通知的要求，结合实际抓紧制定具体实施方案，明确目标责任，狠抓贯彻落实，强化考核问责，确保实现“十三五”节能减排目标。

“十三五”节能减排综合工作方案

一、总体要求和目标

（一）总体要求

全面贯彻党的十八大和十八届三中、四中、五中、六中全会精神，深入贯彻习近平总书记系列重要讲话精神，认真落实党中央、国务院决策部署，紧紧围绕“五位一体”总体布局和“四个全面”战略布局，牢固树立创新、协调、绿色、开放、共享的发展理念，落实节约资源和保护环境基本国策，以提高能源利用效率和改善生态环境质量为目标，以推进供给侧结构性改革和实施创新驱动发展战略为动力，坚持政府主导、企业主体、市场驱动、社会参与，加快建设资源节约型、环境友好型社会，确保完成“十三五”节能减排约束性目标，保障人民群众健康和经济社会可持续发展，促进经济转型升级，实现经济发展与环境改善双赢，为建设生态文明提供有力支撑。

（二）主要目标

到2020年，全国万元国内生产总值能耗比2015年下降15.0%，能源消费总量控制在50亿吨标准煤

以内。全国化学需氧量、氨氮、二氧化硫、氮氧化物排放总量分别控制在2 001万吨、207万吨、1 580万吨、1 574万吨以内,比2015年分别下降10.0%、10.0%、15.0%和15.0%。全国挥发性有机物排放总量比2015年下降10.0%以上。

二、优化产业和能源结构

(三)促进传统产业转型升级

深入实施"中国制造2025",深化制造业与互联网融合发展,促进制造业高端化、智能化、绿色化、服务化。构建绿色制造体系,推进产品全生命周期绿色管理,不断优化工业产品结构。支持重点行业改造升级,鼓励企业瞄准国际同行业标杆全面提高产品技术、工艺装备、能效环保等水平。严禁以任何名义、任何方式核准或备案产能严重过剩行业的增加产能项目。强化节能环保标准约束,严格行业规范、准入管理和节能审查,对电力、钢铁、建材、有色、化工、石油石化、船舶、煤炭、印染、造纸、制革、染料、焦化、电镀等行业中,环保、能耗、安全等不达标或生产、使用淘汰类产品的企业和产能,要依法依规有序退出。(牵头单位:国家发改委、工业和信息化部、环境保护部、国家能源局,参加单位:科技部、财政部、国务院国资委、质检总局、国家海洋局等)

(四)加快新兴产业发展

加快发展壮大新一代信息技术、高端装备、新材料、生物、新能源、新能源汽车、节能环保、数字创意等战略性新兴产业,推动新领域、新技术、新产品、新业态、新模式蓬勃发展。进一步推广云计算技术应用,新建大型云计算数据中心能源利用效率(PUE)值优于1.5。支持技术装备和服务模式创新。鼓励发展节能环保技术咨询、系统设计、设备制造、工程施工、运营管理、计量检测认证等专业化服务。开展节能环保产业常规调查统计。打造一批节能环保产业基地,培育一批具有国际竞争力的大型节能环保企业。到2020年,战略性新兴产业增加值和服务业增加值占国内生产总值比重分别提高到15.0%和56.0%,节能环保、新能源装备、新能源汽车等绿色低碳产业总产值突破100 000亿元,成为支柱产业。(牵头单位:国家发改委、工业和信息化部、环境保护部,参加单位:科技部、质检总局、国家统计局、国家能源局等)

(五)推动能源结构优化

加强煤炭安全绿色开发和清洁高效利用,推广使用优质煤、洁净型煤,推进煤改气、煤改电,鼓励利用可再生能源、天然气、电力等优质能源替代燃煤使用。因地制宜发展海岛太阳能、海上风能、潮汐能、波浪能等可再生能源。安全发展核电,有序发展水电和天然气发电,协调推进风电开发,推动太阳能大规模发展和多元化利用,增加清洁低碳电力供应。对超出规划部分可再生能源消费量,不纳入能耗总量和强度目标考核。在居民采暖、工业与农业生产、港口码头等领域推进天然气、电能替代,减少散烧煤和燃油消费。到2020年,煤炭占能源消费总量比重下降到58.0%以下,电煤占煤炭消费量比重提高到55.0%以上,非化石能源占能源消费总量比重达到15.0%,天然气消费比重提高到10.0%左右。(牵头单位:国家发改委、环境保护部、国家能源局,参加单位:工业和信息化部、住房城乡建设部、交通运输部、水利部、质检总局、国家统计局、国管局、国家海洋局等)

三、加强重点领域节能

(六)加强工业节能

实施工业能效赶超行动,加强高能耗行业能耗管控,在重点耗能行业全面推行能效对标,推进工业企业能源管控中心建设,推广工业智能化用能监测和诊断技术。到2020年,工业能源利用效率和清洁化水平显著提高,规模以上工业企业单位增加值能耗比2015年降低18.0%以上,电力、钢铁、有色、建材、石油石化、化工等重点耗能行业能源利用效率达到或接近世界先进水平。推进新一代信息技术与制造技术融合发展,提升工业生产效率和能耗效率。开展工业领域电力需求侧管理专项行动,推动可再生能源在工业园区的应用,将可再生能源占比指标纳入工业园区考核体系。(牵头单位:工业和信息化部、国家发改委、国家能源局,参加单位:科技部、环

境保护部、质检总局等）

（七）强化建筑节能

实施建筑节能先进标准领跑行动，开展超低能耗及近零能耗建筑建设试点，推广建筑屋顶分布式光伏发电。编制绿色建筑建设标准，开展绿色生态城区建设示范，到2020年，城镇绿色建筑面积占新建建筑面积比重提高到50.0%。实施绿色建筑全产业链发展计划，推行绿色施工方式，推广节能绿色建材、装配式和钢结构建筑。强化既有居住建筑节能改造，实施改造面积5亿平方米以上，2020年前基本完成北方采暖地区有改造价值城镇居住建筑的节能改造。推动建筑节能宜居综合改造试点城市建设，鼓励老旧住宅节能改造与抗震加固改造、加装电梯等适老化改造同步实施，完成公共建筑节能改造面积1亿平方米以上。推进利用太阳能、浅层地热能、空气热能、工业余热等解决建筑用能需求。（牵头单位：住房城乡建设部，参加单位：国家发改委、工业和信息化部、国家林业局、国管局、中直管理局等）

（八）促进交通运输节能

加快推进综合交通运输体系建设，发挥不同运输方式的比较优势和组合效率，推广甩挂运输等先进组织模式，提高多式联运比重。大力发展公共交通，推进“公交都市”创建活动，到2020年大城市公共交通分担率达到30.0%。促进交通用能清洁化，大力推广节能环保汽车、新能源汽车、天然气（CNG/LNG）清洁能源汽车、液化天然气动力船舶等，并支持相关配套设施建设。提高交通运输工具能效水平，到2020年新增乘用车平均燃料消耗量降至5.0升/百公里。推进飞机辅助动力装置（APU）替代、机场地面车辆“油改电”、新能源应用等绿色民航项目实施。推动铁路编组站制冷/供暖系统的节能和燃煤替代改造。推动交通运输智能化，建立公众出行和物流平台信息服务系统，引导培育“共享型”交通运输模式。（牵头单位：交通运输部、国家发改委、国家能源局，参加单位：科技部、工业和信息化部、环境保护部、国管局、中国民航局、中直管理局、中国铁路总公司等）

（九）推动商贸流通领域节能

推动零售、批发、餐饮、住宿、物流等企业建设能源管理体系，建立绿色节能低碳运营管理流程和机制，加快淘汰落后用能设备，推动照明、制冷和供热系统节能改造。贯彻绿色商场标准，开展绿色商场示范，鼓励商贸流通企业设置绿色产品专柜，推动大型商贸企业实施绿色供应链管理。完善绿色饭店标准体系，推进绿色饭店建设。加快绿色仓储建设，支持仓储设施利用太阳能等清洁能源，鼓励建设绿色物流园区。（牵头单位：商务部，参加单位：国家发改委、工业和信息化部、住房城乡建设部、质检总局、国家旅游局等）

（十）推进农业农村节能

加快淘汰老旧农业机械，推广农用节能机械、设备和渔船，发展节能农业大棚。推进节能及绿色农房建设，结合农村危房改造稳步推进农房节能及绿色化改造，推动城镇燃气管网向农村延伸和省柴节煤灶更新换代，因地制宜采用生物质能、太阳能、空气热能、浅层地热能等解决农房采暖、炊事、生活热水等用能需求，提升农村能源利用的清洁化水平。鼓励使用生物质可再生能源，推广液化石油气等商品能源。到2020年，全国农村地区基本实现稳定可靠的供电服务全覆盖，鼓励农村居民使用高效节能电器。（牵头单位：农业部、国家发改委、工业和信息化部、国家能源局，参加单位：科技部、住房城乡建设部等）

（十一）加强公共机构节能

公共机构率先执行绿色建筑标准，新建建筑全部达到绿色建筑标准。推进公共机构以合同能源管理方式实施节能改造，积极推进政府购买合同能源管理服务，探索用能托管模式。2020年公共机构单位建筑面积能耗和人均能耗分别比2015年降低10.0%和11.0%。推动公共机构建立能耗基准和公开能源资源消费信息。实施公共机构节能试点示范，创建3 000家节约型公共机构示范单位，遴选200家能效领跑者。公共机构率先淘汰老旧车，率先采购使用节能和新能源汽车，中央国家机关、新能源汽车推广应用城市的政府部门及公共机构购买新能源汽车占当年配备更新车辆总量的比例提高到50.0%以上,新建和既有停车场要配备电动汽车充电设施或预留充电设施安装条件。公共机构率先淘汰采暖锅炉、茶浴炉、食堂大灶等燃煤设施,实施以电代煤、以气代煤,率先使用太阳能、地热能、空气能等清洁能源提供供电、供热/制冷服务。(牵头单位:国管局、国家发改委,参加单位:工业和信息化部、环境保护部、住房城乡建设部、交通运输部、国家能源局、中直管理局等)

(十二)强化重点用能单位节能管理

开展重点用能单位“百千万”行动,按照属地管理和分级管理相结合原则,国家、省、地市分别对“百家”“千家”“万家”重点用能单位进行目标责任评价考核。重点用能单位要围绕能耗总量控制和能效目标,对用能实行年度预算管理。推动重点用能单位建设能源管理体系并开展效果评价,健全能源消费台账。按标准要求配备能源计量器具,进一步完善能源计量体系。依法开展能源审计,组织实施能源绩效评价,开展达标对标和节能自愿活动,采取企业节能自愿承诺和政府适当引导相结合的方式,大力提升重点用能单位能效水平。严格执行能源统计、能源利用状况报告、能源管理岗位和能源管理负责人等制度。(牵头单位:国家发改委,参加单位:教育部、工业和信息化部、住房城乡建设部、交通运输部、国务院国资委、质检总局、国家统计局、国管局、国家能源局、中直管理局等)

(十三)强化重点用能设备节能管理

加强高耗能特种设备节能审查和监管,构建安全、节能、环保三位一体的监管体系。组织开展燃煤锅炉节能减排攻坚战,推进锅炉生产、经营、使用等全过程节能环保监督标准化管理。“十三五”期间燃煤工业锅炉实际运行效率提高5.0个百分点,到2020年新生产燃煤锅炉效率不低于80.0%,燃气锅炉效率不低于92.0%。普及锅炉能效和环保测试,强化锅炉运行及管理人员节能环保专项培训。开展锅炉节能环保普查整治,建设覆盖安全、节能、环保信息的数据平台,开展节能环保在线监测试点并实现信息共享。开展电梯能效测试与评价,在确保安全的前提下,鼓励永磁同步电机、变频调速、能量反馈等节能技术的集成应用,开展老旧电梯安全节能改造工程试点。推广高效换热器,提升热交换系统能效水平。加快高效电机、配电变压器等用能设备开发和推广应用,淘汰低效电机、变压器、风机、水泵、压缩机等用能设备,全面提升重点用能设备能效水平。(牵头单位:质检总局、国家发改委、工业和信息化部、环境保护部,参加单位:住房城乡建设部、国管局、国家能源局、中直管理局等)

四、强化主要污染物减排

(十四)控制重点区域流域排放

推进京津冀及周边地区、长三角、珠三角、东北等重点地区,以及大气污染防治重点城市煤炭消费总量控制,新增耗煤项目实行煤炭消耗等量或减量替代;实施重点区域大气污染传输通道气化工程,加快推进以气代煤。加快发展热电联产和集中供热,利用城市和工业园区周边现有热电联产机组、纯凝发电机组及低品位余热实施供热改造,淘汰供热供气范围内的燃煤锅炉(窑炉)。结合环境质量改善要求,实施行业、区域、流域重点污染物总量减排,在重点行业、重点区域推进挥发性有机物排放总量控制,在长江经济带范围内的部分省市实施总磷排放总量控制,在沿海地级及以上城市实施总氮排放总量控制,对重点行业的重点重金属排放实施总量控制。加强我国境内重点跨国河流水污染防治。严格控制长江、黄河、珠江、松花江、淮河、海河、辽河等七大重点流域干流沿岸的石油加工、化学原料和化学制品制造、医药制造、化学纤维制造、有色金属冶炼、纺织印染等项目。分区域、分流域制定实施钢铁、水泥、平板玻璃、锅炉、造纸、印染、化工、焦化、农副食品加工、原料药制造、制革、电镀等重点行业、领域限期整治方案,升级改造环保设施,确保稳定达标。实施重点区域、重点流域清洁生产水平提升行动。城市建成区内的现有钢铁、建材、有色金属、造纸、印染、原料药制造、化工等污染较重的企业应有序搬迁改造或依法关闭。(牵头单位:环境保护部、国家发改委、工业和信息化部、质检总局、国家能源局,参加单位:财政部、住房城乡建设部、国管局、国家海洋局等)

（十五）推进工业污染物减排

实施工业污染源全面达标排放计划。加强工业企业无组织排放管理。严格执行环境影响评价制度。实行建设项目主要污染物排放总量指标等量或减量替代。建立以排污许可制为核心的工业企业环境管理体系。继续推行重点行业主要污染物总量减排制度，逐步扩大总量减排行业范围。以削减挥发性有机物、持久性有机物、重金属等污染物为重点，实施重点行业、重点领域工业特征污染物削减计划。全面实施燃煤电厂超低排放和节能改造，加快燃煤锅炉综合整治，大力推进石化、化工、印刷、工业涂装、电子信息等行业挥发性有机物综合治理。全面推进现有企业达标排放，研究制修订农药、制药、汽车、家具、印刷、集装箱制造等行业排放标准，出台涂料、油墨、胶黏剂、清洗剂等有机溶剂产品挥发性有机物含量限值强制性环保标准，控制集装箱、汽车、船舶制造等重点行业挥发性有机物排放，推动有关企业实施原料替代和清洁生产技术改造。强化经济技术开发区、高新技术产业开发区、出口加工区等工业聚集区规划环境影响评价及污染治理。加强工业企业环境信息公开，推动企业环境信用评价。建立企业排放红黄牌制度。（牵头单位：环境保护部，参加单位：国家发改委、工业和信息化部、财政部、质检总局、国家能源局等）

（十六）促进移动源污染物减排

实施清洁柴油机行动，全面推进移动源排放控制。提高新机动车船和非道路移动机械环保标准，发布实施机动车国Ⅵ排放标准。加速淘汰黄标车、老旧机动车、船舶以及高排放工程机械、农业机械。逐步淘汰高油耗、高排放民航特种车辆与设备。2016 年淘汰黄标车及老旧车 380 万辆，2017 年基本淘汰全国范围内黄标车。加快船舶和港口污染物减排，在珠三角、长三角、环渤海京津冀水域设立船舶排放控制区，主要港口 90.0% 的港作船舶、公务船舶靠港使用岸电，50.0% 的集装箱、客滚和邮轮专业化码头具备向船舶供应岸电的能力；主要港口大型煤炭、矿石码头堆场全面建设防风抑尘设施或实现煤炭、矿石封闭储存。加快油品质量升级，2017 年 1 月 1 日起全国全面供应国Ⅴ标准的车用汽油、柴油；2018 年 1 月 1 日起全国全面供应与国Ⅴ标准柴油相同硫含量的普通柴油；抓紧发布实施第六阶段汽、柴油国家（国Ⅵ）标准，2020 年实现车用柴油、普通柴油和部分船舶用油并轨，柴油车、非道路移动机械、内河和江海直达船舶均统一使用相同标准的柴油。车用汽柴油应加入符合要求的清净剂。修订《储油库大气污染物排放标准》《加油站大气污染物排放标准》，推进储油储气库、加油加气站、原油成品油码头、原油成品油运输船舶和油罐车、气罐车等油气回收治理工作。加强机动车、非道路移动机械环保达标和油品质量监督执法，严厉打击违法行为。（牵头单位：环境保护部、公安部、交通运输部、农业部、质检总局、国家能源局，参加单位：国家发改委、财政部、工商总局等）

（十七）强化生活源污染综合整治

对城镇污水处理设施建设发展进行填平补齐、升级改造，完善配套管网，提升污水收集处理能力。合理确定污水排放标准，加强运行监管，实现污水处理厂全面达标排放。加大对雨污合流、清污混流管网的改造力度，优先推进城中村、老旧城区和城乡结合部污水截流、收集、纳管。强化农村生活污染源排放控制，采取城镇管网延伸、集中处理和分散处理等多种形式，加快农村生活污水治理和改厕。促进再生水利用，完善再生水利用设施。注重污水处理厂污泥安全处理处置，杜绝二次污染。到 2020 年，全国所有县城和重点镇具备污水处理能力，地级及以上城市建成区污水基本实现全收集、全处理，城市、县城污水处理率分别达到 95.0%、85.0% 左右。加强生活垃圾回收处理设施建设，强化对生活垃圾分类、收运、处理的管理和督导，提升城市生活垃圾回收处理水平，全面推进农村垃圾治理，普遍建立村庄保洁制度，推广垃圾分类和就近资源化利用，到 2020 年，90.0% 以上行政村的生活垃圾得到处理。加大民用散煤清洁化治理力度，推进以电代煤、以气代煤，推广使用洁净煤、先进民用炉具，制定散煤质量标准，加强民用散煤管理，力争 2017 年年底前基本解决京津冀区域民用散煤清洁化利用问题，到 2020 年底前北方地区散煤治理取得明显进展。加快治理公共机构食堂、餐饮服务企业油烟污染,推进餐厨废弃物资源化利用。家具、印刷、汽车维修等政府定点招标采购企业要使用低挥发性原辅材料。严格执行有机溶剂产品有害物质限量标准,推进建筑装饰、汽修、干洗、餐饮等行业挥发性有机物治理。(牵头单位:环境保护部、国家发改委、住房城乡建设部、国家能源局,参加单位:工业和信息化部、财政部、农业部、质检总局、国管局、中直管理局等)

(十八)重视农业污染排放治理

大力推广节约型农业技术,推进农业清洁生产。促进畜禽养殖场粪便收集处理和资源化利用,建设秸秆、粪便等有机废弃物处理设施,加强分区分类管理,依法关闭或搬迁禁养区内的畜禽养殖场(小区)和养殖专业户并给予合理补偿。开展农膜回收利用,到2020年农膜回收率达到80.0%以上,率先实现东北黑土地大田生产地膜零增长。深入推广测土配方施肥技术,提倡增施有机肥,开展农作物病虫害绿色防控和统防统治,推广高效低毒低残留农药使用,到2020年实现主要农作物化肥农药使用量零增长,化肥利用率提高到40.0%以上,京津冀、长三角、珠三角等区域提前一年完成。研究建立农药使用环境影响后评估制度,推进农药包装废弃物回收处理。建立逐级监督落实机制,疏堵结合、以疏为主,加强重点区域和重点时段秸秆禁烧。(牵头单位:农业部、环境保护部、国家能源局,参加单位:国家发改委、财政部、住房城乡建设部、质检总局等)

五、大力发展循环经济

(十九)全面推动园区循环化改造

按照空间布局合理化、产业结构最优化、产业链接循环化、资源利用高效化、污染治理集中化、基础设施绿色化、运行管理规范化的要求,加快对现有园区的循环化改造升级,延伸产业链,提高产业关联度,建设公共服务平台,实现土地集约利用、资源能源高效利用、废弃物资源化利用。对综合性开发区、重化工产业开发区、高新技术开发区等不同性质的园区,加强分类指导,强化效果评估和工作考核。到2020年,75.0%的国家级园区和50.0%的省级园区实施循环化改造,长江经济带超过90.0%的省级以上(含省级)重化工园区实施循环化改造。(牵头单位:国家发改委、财政部,参加单位:科技部、工业和信息化部、环境保护部、商务部等)

(二十)加强城市废弃物规范有序处理

推动餐厨废弃物、建筑垃圾、园林废弃物、城市污泥和废旧纺织品等城市典型废弃物集中处理和资源化利用,推进燃煤耦合污泥等城市废弃物发电。选择50个左右地级及以上城市规划布局低值废弃物协同处理基地,完善城市废弃物回收利用体系,到2020年,餐厨废弃物资源化率达到30.0%。(牵头单位:国家发改委、住房城乡建设部,参加单位:环境保护部、农业部、民政部、国管局、中直管理局等)

(二十一)促进资源循环利用产业提质升级

依托国家"城市矿产"示范基地,促进资源再生利用企业集聚化、园区化、区域协同化布局,提升再生资源利用行业清洁化、高值化水平。实行生产者责任延伸制度。推动太阳能光伏组件、碳纤维材料、生物基纤维、复合材料和节能灯等新品种废弃物的回收利用,推进动力蓄电池梯级利用和规范回收处理。加强再生资源规范管理,发布重点品种规范利用条件。大力发展再制造产业,推动汽车零部件及大型工业装备、办公设备等产品再制造。规范再制造服务体系,建立健全再生产品、再制造产品的推广应用机制。鼓励专业化再制造服务公司与钢铁、冶金、化工、机械等生产制造企业合作,开展设备寿命评估与检测、清洗与强化延寿等再制造专业技术服务。继续开展再制造产业示范基地建设和机电产品再制造试点示范工作。到2020年,再生资源回收利用产业产值达到15 000亿元,再制造产业产值超过1 000亿元。(牵头单位:国家发改委,参加单位:科技部、工业和信息化部、环境保护部、住房城乡建设部、商务部等)

(二十二)统筹推进大宗固体废弃物综合利用

加强共伴生矿产资源及尾矿综合利用。推动煤矸石、粉煤灰、工业副产石膏、冶炼和化工废渣等工业固体废弃物综合利用。开展大宗产业废弃物综合利用示范基地建设。推进水泥窑协同处置城市生活垃圾。大力推动农作物秸秆、林业“三剩物”(采伐、造材和加工剩余物)、规模化养殖场粪便的资源化利用,因地制宜发展各类沼气工程和燃煤耦合秸秆发电工程。到2020年,工业固体废物综合利用率达到73.0%以上,农作物秸秆综合利用率达到85.0%。(牵头单位:国家发改委,参加单位:工业和信息化部、国土资源部、环境保护部、住房城乡建设部、农业部、国家林业局、国家能源局等)

(二十三)加快互联网与资源循环利用融合发展

支持再生资源企业利用大数据、云计算等技术优化逆向物流网点布局,建立线上线下融合的回收网络,在地级及以上城市逐步建设废弃物在线回收、交易等平台,推广“互联网+”回收新模式。建立重点品种的全生命周期追溯机制。在开展循环化改造的园区建设产业共生平台。鼓励相关行业协会、企业逐步构建行业性、区域性、全国性的产业废弃物和再生资源在线交易系统,发布交易价格指数。支持汽车维修、汽车保险、旧件回收、再制造、报废拆解等汽车产品售后全生命周期信息的互通共享。到2020年,初步形成废弃电器电子产品等高值废弃物在线回收利用体系。(牵头单位:国家发改委,参加单位:科技部、工业和信息化部、环境保护部、交通运输部、商务部、保监会等)

六、实施节能减排工程

(二十四)节能重点工程

组织实施燃煤锅炉节能环保综合提升、电机系统能效提升、余热暖民、绿色照明、节能技术装备产业化示范、能量系统优化、煤炭消费减量替代、重点用能单位综合能效提升、合同能源管理推进、城镇化节能升级改造、天然气分布式能源示范工程等节能重点工程,推进能源综合梯级利用,形成3亿吨标准煤左右的节能能力,到2020年节能服务产业产值比2015年翻一番。(牵头单位:国家发改委,参加单位:科技部、工业和信息化部、财政部、住房城乡建设部、国务院国资委、质检总局、国管局、国家能源局、中直管理局等)

(二十五)主要大气污染物重点减排工程

实施燃煤电厂超低排放和节能改造工程,到2020年累计完成5.8亿千瓦机组超低排放改造任务,限期淘汰2 000万千瓦落后产能和不符合相关强制性标准要求的机组。实施电力、钢铁、水泥、石化、平板玻璃、有色等重点行业全面达标排放治理工程。实施京津冀、长三角、珠三角等区域“煤改气”和“煤改电”工程,扩大城市禁煤区范围,建设完善区域天然气输送管道、城市燃气管网、农村配套电网,加快建设天然气储气库、城市调峰站储气罐等基础工程,新增“煤改气”工程用气450亿立方米以上,替代燃煤锅炉18.9万蒸吨。实施石化、化工、工业涂装、包装印刷等重点行业挥发性有机物治理工程,到2020年石化企业基本完成挥发性有机物治理。(牵头单位:环境保护部、国家能源局,参加单位:国家发改委、工业和信息化部、财政部、国务院国资委、质检总局等)

(二十六)主要水污染物重点减排工程

加强城市、县城和其他建制镇生活污染减排设施建设。加快污水收集管网建设,实施城镇污水、工业园区废水、污泥处理设施建设与提标改造工程,推进再生水回用设施建设。加快畜禽规模养殖场(小区)污染治理,75.0%以上的养殖场(小区)配套建设固体废弃物和污水贮存处理设施。(牵头单位:环境保护部、国家发改委、住房城乡建设部,参加单位:工业和信息化部、财政部、农业部、国家海洋局等)

(二十七)循环经济重点工程

组织实施园区循环化改造、资源循环利用产业示范基地建设、工农复合型循环经济示范区建设、京津冀固体废弃物协同处理、“互联网+”资源循环、再生产品与再制造产品推广等专项行动,建设100个资源循环利用产业示范基地、50个工业废弃物综合利用产业基地、20个工农复合型循环经济示范区,推进生产和生活系统循环链接,构建绿色低碳循环的产业体系。到2020年,再生资源替代原生资源量达到13亿吨,资源循环利用产业产值达到30 000亿元。(牵头单位:国家发改委、财政部,参加单位:科技部、工业和信息化部、环境保护部、住房城乡建设

部、农业部、商务部等）

七、强化节能减排技术支撑和服务体系建设

（二十八）加快节能减排共性关键技术研发示范推广

启动"十三五"节能减排科技战略研究和专项规划编制工作，加快节能减排科技资源集成和统筹部署，继续组织实施节能减排重大科技产业化工程。加快高超超临界发电、低品位余热发电、小型燃气轮机、煤炭清洁高效利用、细颗粒物治理、挥发性有机物治理、汽车尾气净化、原油和成品油码头油气回收、垃圾渗滤液处理、多污染协同处理等新型技术装备研发和产业化。推广高效烟气除尘和余热回收一体化、高效热泵、半导体照明、废弃物循环利用等成熟适用技术。遴选一批节能减排协同效益突出、产业化前景好的先进技术，推广系统性技术解决方案。（牵头单位：科技部、国家发改委，参加单位：工业和信息化部、环境保护部、住房城乡建设部、交通运输部、国家能源局等）

（二十九）推进节能减排技术系统集成应用

推进区域、城镇、园区、用能单位等系统用能和节能。选择具有示范作用、辐射效应的园区和城市，统筹整合钢铁、水泥、电力等高耗能企业的余热余能资源和区域用能需求，实现能源梯级利用。大力发展"互联网＋"智慧能源，支持基于互联网的能源创新，推动建立城市智慧能源系统，鼓励发展智能家居、智能楼宇、智能小区和智能工厂，推动智能电网、储能设施、分布式能源、智能用电终端协同发展。综合采取节能减排系统集成技术，推动锅炉系统、供热/制冷系统、电机系统、照明系统等优化升级。（牵头单位：国家发改委、工业和信息化部、国家能源局，参加单位：科技部、财政部、住房城乡建设部、质检总局等）

（三十）完善节能减排创新平台和服务体系

建立完善节能减排技术评估体系和科技创新创业综合服务平台，建设绿色技术服务平台，推动建立节能减排技术和产品的检测认证服务机制。培育一批具有核心竞争力的节能减排科技企业和服务基地，建立一批节能科技成果转移促进中心和交流转化平台，组建一批节能减排产业技术创新战略联盟、研究基地（平台）等。继续发布国家重点节能低碳技术推广目录，建立节能减排技术遴选、评定及推广机制。加快引进国外节能环保新技术、新装备，推动国内节能减排先进技术装备"走出去"。（牵头单位：科技部、国家发改委、工业和信息化部、环境保护部，参加单位：住房城乡建设部、交通运输部、质检总局等）

八、完善节能减排支持政策

（三十一）完善价格收费政策

加快资源环境价格改革，健全价格形成机制。督促各地落实差别电价和惩罚性电价政策，严格清理地方违规出台的高耗能企业优惠电价政策。实行超定额用水累进加价制度。督促各地严格落实水泥、电解铝等行业阶梯电价政策，促进节能降耗。研究完善天然气价格政策。完善居民阶梯电价（煤改电除外）制度，全面推行居民阶梯气价（煤改气除外）、水价制度。深化供热计量收费改革，完善脱硫、脱硝、除尘和超低排放环保电价政策，加强运行监管，严肃查处不执行环保电价政策的行为。鼓励各地制定差别化排污收费政策。研究扩大挥发性有机物排放行业排污费征收范围。实施环境保护费改税，推进开征环境保护税。落实污水处理费政策，完善排污权交易价格体系。加大垃圾处理费收缴力度，提高收缴率。（牵头单位：国家发改委、财政部，参加单位：工业和信息化部、环境保护部、住房城乡建设部、水利部、国家能源局等）

（三十二）完善财政税收激励政策

加大对节能减排工作的资金支持力度，统筹安排相关专项资金，支持节能减排重点工程、能力建设和公益宣传。创新财政资金支持节能减排重点工程、项目的方式，发挥财政资金的杠杆作用。推广节能环保服务政府采购，推行政府绿色采购，完善节能环保产品政府强制采购和优先采购制度。清理取消不合理化石能源补贴。对节能减排工作任务完成较好的地区和企业予以奖励。落实支持节能减排的企

业所得税、增值税等优惠政策，修订完善《环境保护专用设备企业所得税优惠目录》和《节能节水专用设备企业所得税优惠目录》。全面推进资源税改革，逐步扩大征收范围。继续落实资源综合利用税收优惠政策。从事国家鼓励类项目的企业进口自用节能减排技术装备且符合政策规定的，免征进口关税。（牵头单位：财政部、税务总局，参加单位：国家发改委、工业和信息化部、环境保护部、住房城乡建设部、国务院国资委、国管局等）

（三十三）健全绿色金融体系

加强绿色金融体系的顶层设计，推进绿色金融业务创新。鼓励银行业金融机构对节能减排重点工程给予多元化融资支持。健全市场化绿色信贷担保机制，对于使用绿色信贷的项目单位，可按规定申请财政贴息支持。对银行机构实施绿色评级，鼓励金融机构进一步完善绿色信贷机制，支持以用能权、碳排放权、排污权和节能项目收益权等为抵（质）押的绿色信贷。推进绿色债券市场发展，积极推动金融机构发行绿色金融债券，鼓励企业发行绿色债券。研究设立绿色发展基金，鼓励社会资本按市场化原则设立节能环保产业投资基金。支持符合条件的节能减排项目通过资本市场融资，鼓励绿色信贷资产、节能减排项目应收账款证券化。在环境高风险领域建立环境污染强制责任保险制度。积极推动绿色金融领域国际合作。（牵头单位：人民银行、财政部、国家发改委、环境保护部、银监会、证监会、保监会）

九、建立和完善节能减排市场化机制

（三十四）建立市场化交易机制

健全用能权、排污权、碳排放权交易机制，创新有偿使用、预算管理、投融资等机制，培育和发展交易市场。推进碳排放权交易，2017 年启动全国碳排放权交易市场。建立用能权有偿使用和交易制度，选择若干地区开展用能权交易试点。加快实施排污许可制，建立企事业单位污染物排放总量控制制度，继续推进排污权交易试点，试点地区到 2017 年底基本建立排污权交易制度，研究扩大试点范围，发展跨区域排污权交易市场。（牵头单位：国家发改委、财政部、环境保护部）

（三十五）推行合同能源管理模式

实施合同能源管理推广工程，鼓励节能服务公司创新服务模式，为用户提供节能咨询、诊断、设计、融资、改造、托管等“一站式”合同能源管理综合服务。取消节能服务公司审核备案制度，任何地方和单位不得以是否具备节能服务公司审核备案资格限制企业开展业务。建立节能服务公司、用能单位、第三方机构失信黑名单制度，将失信行为纳入全国信用信息共享平台。落实节能服务公司税收优惠政策，鼓励各级政府加大对合同能源管理的支持力度。政府机构按照合同能源管理合同支付给节能服务公司的支出，视同能源费用支出。培育以合同能源管理资产交易为特色的资产交易平台。鼓励社会资本建立节能服务产业投资基金。支持节能服务公司发行绿色债券。创新投债贷结合促进合同能源管理业务发展。（牵头单位：国家发改委、财政部、税务总局，参加单位：工业和信息化部、住房城乡建设部、人民银行、国管局、银监会、证监会、中直管理局等）

（三十六）健全绿色标识认证体系

强化能效标识管理制度，扩大实施范围。推行节能低碳环保产品认证。完善绿色建筑、绿色建材标识和认证制度，建立可追溯的绿色建材评价和信息管理系统。推进能源管理体系认证。制修订绿色商场、绿色宾馆、绿色饭店、绿色景区等绿色服务评价办法，积极开展第三方认证评价。逐步将目前分头设立的环保、节能、节水、循环、低碳、再生、有机等产品统一整合为绿色产品，建立统一的绿色产品标准、认证、标识体系。加强节能低碳环保标识监督检查，依法查处虚标企业。开展能效、水效、环保领跑者引领行动。（牵头单位：国家发改委、工业和信息化部、环境保护部、质检总局，参加单位：财政部、住房城乡建设部、水利部、商务部等）

（三十七）推进环境污染第三方治理

鼓励在环境监测与风险评估、环境公用设施建设与运行、重点区域和重点行业污染防治、生态环境综合整治等领域推行第三方治理。研究制定第三方治理项目增值税即征即退政策，加大财政对第三方治理项目的补助和奖励力度。鼓励各地积极设立第三方治理项目引导基金，解决第三方治理企业融资难、融资贵问题。引导地方政府开展第三方治理试点，建立以效付费机制。提升环境服务供给水平与质量。到2020年，环境公用设施建设与运营、工业园区第三方治理取得显著进展，污染治理效率和专业化水平明显提高，环境公用设施投资运营体制改革基本完成，涌现出一批技术能力强、运营管理水平高、综合信用好、具有国际竞争力的环境服务公司。（牵头单位：国家发改委、环境保护部，参加单位：工业和信息化部、财政部、住房城乡建设部等）

（三十八）加强电力需求侧管理

推行节能低碳、环保电力调度，建设国家电力需求侧管理平台，推广电能服务，总结电力需求侧管理城市综合试点经验，实施工业领域电力需求侧管理专项行动，引导电网企业支持和配合平台建设及试点工作，鼓励电力用户积极采用节电技术产品，优化用电方式。深化电力体制改革，扩大峰谷电价、分时电价、可中断电价实施范围。加强储能和智能电网建设，增强电网调峰和需求侧响应能力。（牵头单位：国家发改委，参加单位：工业和信息化部、财政部、国家能源局等）

十、落实节能减排目标责任

（三十九）健全节能减排计量、统计、监测和预警体系

健全能源计量体系和消费统计指标体系，完善企业联网直报系统，加大统计数据审核与执法力度，强化统计数据质量管理，确保统计数据基本衔接。完善环境统计体系，补充调整工业、城镇生活、农业等重要污染源调查范围。建立健全能耗在线监测系统和污染源自动在线监测系统，对重点用能单位能源消耗实现实时监测，强化企业污染物排放自行监测和环境信息公开，2020年污染源自动监控数据有效传输率、企业自行监测结果公布率保持在90.0%以上，污染源监督性监测结果公布率保持在95.0%以上。定期公布各地区、重点行业、重点单位节能减排目标完成情况，发布预警信息，及时提醒高预警等级地区和单位的相关负责人，强化督促指导和帮扶。完善生态环境质量监测评价，建立地市报告、省级核查、国家审查的减排管理机制，鼓励引入第三方评估；加强重点减排工程调度管理，对环境质量改善达不到进度要求、重点减排工程建设滞后或运行不稳定、政策措施落实不到位的地区及时预警。（牵头单位：国家发改委、环境保护部、国家统计局，参加单位：工业和信息化部、住房城乡建设部、交通运输部、国务院国资委、质检总局、国管局等）

（四十）合理分解节能减排指标

实施能源消耗总量和强度双控行动，改革完善主要污染物总量减排制度。强化约束性指标管理，健全目标责任分解机制，将全国能耗总量控制和节能目标分解到各地区、主要行业和重点用能单位。各地区要根据国家下达的任务明确年度工作目标并层层分解落实，明确下一级政府、有关部门、重点用能单位责任，逐步建立省、市、县三级用能预算管理体系，编制用能预算管理方案；以改善环境质量为核心，突出重点工程减排，实行分区分类差别化管理，科学确定减排指标，环境质量改善任务重的地区承担更多的减排任务。（牵头单位：国家发改委、环境保护部，参加单位：工业和信息化部、住房城乡建设部、交通运输部、国管局、国家能源局等）

（四十一）加强目标责任评价考核

强化节能减排约束性指标考核，坚持总量减排和环境质量考核相结合，建立以环境质量考核为导向的减排考核制度。国务院每年组织开展省级人民政府节能减排目标责任评价考核，将考核结果作为领导班子和领导干部考核的重要内容，继续深入开展领导干部自然资源资产离任审计试点。对未完成能耗强度降低目标的省级人民政府实行问责，对未完成国家下达能耗总量控制目标任务的予以通报批评和约谈，实行高耗能项目缓批限批。对环境质量改善、总量减排目标均未完成的地区，暂停新增排放重点污染物建设项目的环评审批，暂停或减少中央财政资金支持，必要时列入环境保护督查范围。对重点单位节能减排考核结果进行公告并纳入社会信

用记录系统,对未完成目标任务的暂停审批或核准新建扩建高耗能项目。落实国有企业节能减排目标责任制,将节能减排指标完成情况作为企业绩效和负责人业绩考核的重要内容。对节能减排贡献突出的地区、单位和个人以适当方式给予表彰奖励。(牵头单位:国家发改委、环境保护部、中央组织部,参加单位:工业和信息化部、财政部、住房城乡建设部、交通运输部、国务院国资委、质检总局、国家统计局、国管局、国家海洋局等)

十一、强化节能减排监督检查

(四十二)健全节能环保法律法规标准

加快修订完善节能环保方面的法律制度,推动制修订环境保护税法、水污染防治法、土壤污染防治法、能源法、固体废弃物污染环境防治法等。制修订建设项目环境保护管理条例、环境监测管理条例、重点用能单位节能管理办法、锅炉节能环保监督管理办法、节能服务机构管理暂行办法、污染地块土壤环境管理暂行办法、环境影响登记表备案管理办法等。健全节能标准体系,提高建筑节能标准,实现重点行业、设备节能标准全覆盖,继续实施百项能效标准推进工程。开展节能标准化和循环经济标准化试点示范建设。制定完善环境保护综合名录。制修订环保产品、环保设施运行效果评估、环境质量、污染物排放、环境监测方法等相关标准。鼓励地方依法制定更加严格的节能环保标准,鼓励制定节能减排团体标准。(牵头单位:国家发改委、工业和信息化部、环境保护部、质检总局、国务院法制办,参加单位:住房城乡建设部、交通运输部、商务部、国家统计局、国管局、国家海洋局、国家能源局、中直管理局等)

(四十三)严格节能减排监督检查

组织开展节能减排专项检查,督促各项措施落实。强化节能环保执法监察,加强节能审查,强化事中事后监管,加大对重点用能单位和重点污染源的执法检查力度,严厉查处各类违法违规用能和环境违法违规行为,依法公布违法单位名单,发布重点企业污染物排放信息,对严重违法违规行为进行公开通报或挂牌督办,确保节能环保法律、法规、规章和强制性标准有效落实。强化执法问责,对行政不作为、执法不严等行为,严肃追究有关主管部门和执法机构负责人的责任。(牵头单位:国家发改委、工业和信息化部、环境保护部,参加单位:住房城乡建设部、质检总局、国家海洋局等)

(四十四)提高节能减排管理服务水平

建立健全节能管理、监察、服务"三位一体"的节能管理体系。建立节能服务和监管平台,加强政府管理和服务能力建设。继续推进能源统计能力建设,加强工作力量。加强节能监察能力建设,进一步完善省、市、县三级节能监察体系。健全环保监管体制,开展省以下环保机构监测监察执法垂直管理制度试点,推进环境监察机构标准化建设,全面加强挥发性有机物环境空气质量和污染排放自动在线监测工作。开展污染源排放清单编制工作,出台主要污染物减排核查核算办法(细则)。进一步健全能源计量体系,深入推进城市能源计量建设示范,开展计量检测、能效计量比对等节能服务活动,加强能源计量技术服务和能源计量审查。建立能源消耗数据核查机制,建立健全统一的用能量和节能量审核方法、标准、操作规范和流程,加强核查机构管理,依法严厉打击核查工作中的弄虚作假行为。推动大数据在节能减排领域的应用。创新节能管理和服务模式,开展能效服务网络体系建设试点,促进用能单位经验分享。制定节能减排培训纲要,实施培训计划,依托专业技术人才知识更新工程等国家重大人才工程项目,加强对各级领导干部和政府节能管理部门、节能监察机构、用能单位相关人员的培训。(牵头单位:国家发改委、工业和信息化部、财政部、环境保护部,参加单位:人力资源社会保障部、住房城乡建设部、质检总局、国家统计局、国管局、国家海洋局、中直管理局等)

十二、动员全社会参与节能减排

(四十五)推行绿色消费

倡导绿色生活,推动全民在衣、食、住、行等方面更加勤俭节约、绿色低碳、文明健康,坚决抵制和反对各种形式的奢侈浪费。开展旧衣"零抛弃"活动,方便闲置旧物交换。积极引导绿色金融支持绿色消费，积极引导消费者购买节能与新能源汽车、高效家电、节水型器具等节能环保低碳产品，减少一次性用品的使用，限制过度包装，尽可能选用低挥发性水性涂料和环境友好型材料。加快畅通绿色产品流通渠道，鼓励建立绿色批发市场、节能超市等绿色流通主体。大力推广绿色低碳出行，倡导绿色生活和休闲模式。到2020年，能效标识2级以上的空调、冰箱、热水器等节能家电市场占有率达到50%以上。（牵头单位：国家发改委、环境保护部，参加单位：工业和信息化部、财政部、住房城乡建设部、交通运输部、商务部、中央军委后勤保障部、全国总工会、共青团中央、全国妇联等）

（四十六）倡导全民参与

推动全社会树立节能是第一能源、节约就是增加资源的理念，深入开展全民节约行动和节能"进机关、进单位、进企业、进军营、进商超、进宾馆、进学校、进家庭、进社区、进农村"等"十进"活动。制播节能减排公益广告，鼓励建设节能减排博物馆、展示馆，创建一批节能减排宣传教育示范基地，形成人人、事事、时时参与节能减排的社会氛围。发展节能减排公益事业，鼓励公众参与节能减排公益活动。加强节能减排、应对气候变化等领域国际合作，推动落实《二十国集团能效引领计划》。（牵头单位：中央宣传部、国家发改委、环境保护部，参加单位：外交部、教育部、工业和信息化部、财政部、住房城乡建设部、国务院国资委、质检总局、新闻出版广电总局、国管局、中直管理局、中央军委后勤保障部、全国总工会、共青团中央、全国妇联等）

（四十七）强化社会监督

充分发挥各种媒体作用，报道先进典型、经验和做法，曝光违规用能和各种浪费行为。完善公众参与制度，及时准确披露各类环境信息，扩大公开范围，保障公众知情权，维护公众环境权益。依法实施环境公益诉讼制度，对污染环境、破坏生态的行为可依法提起公益诉讼。（牵头单位：中央宣传部、国家发改委、环境保护部，参加单位：全国总工会、共青团中央、全国妇联等）

附件：

附件1 "十三五"各地区能耗总量和强度"双控"目标

地 区	"十三五"能耗强度降低目标（%）	2015年能源消费总量（万吨标准煤）	"十三五"能耗增量控制目标（万吨标准煤）
北 京	17	6 853	800
天 津	17	8 260	1 040
河 北	17	29 395	3 390
山 西	15	19 384	3 010
内蒙古	14	18 927	3 570
辽 宁	15	21 667	3 550
吉 林	15	8 142	1 360
黑龙江	15	12 126	1 880
上 海	17	11 387	970
江 苏	17	30 235	3 480
浙 江	17	19 610	2 380
安 徽	16	12 332	1 870
福 建	16	12 180	2 320
江 西	16	8 440	1 510
山 东	17	37 945	4 070
河 南	16	23 161	3 540
湖 北	16	16 404	2 500
湖 南	16	15 469	2 380

续表

地 区	“十三五”能耗强度降低目标（%）	2015 年能源消费总量（万吨标准煤）	“十三五”能耗增量控制目标（万吨标准煤）
广 东	17	30 145	3 650
广 西	14	9 761	1 840
海 南	10	1 938	660
重 庆	16	8 934	1 660
四 川	16	19 888	3 020
贵 州	14	9 948	1 850
云 南	14	10 357	1 940
西 藏	10	—	—
陕 西	15	11 716	2 170
甘 肃	14	7 523	1 430
青 海	10	4 134	1 120
宁 夏	14	5 405	1 500
新 疆	10	15 651	3 540

注：西藏自治区相关数据暂缺。

附件 2 “十三五”主要行业和部门节能指标

指 标	单 位	2015 年实际值	2020 年	
			目标值	变化幅度/变化率（%）
工 业：				
单位工业增加值（规模以上）能耗				[−18.0]
火电供电煤耗	克标准煤/千瓦时	315.0	306.0	−9.0
吨钢综合能耗	千克标准煤	572.0	560.0	−12.0
水泥熟料综合能耗	千克标准煤/吨	112.0	105.0	−7.0
电解铝液交流电耗	千瓦时/吨	13 350.0	13 200.0	−150.0
炼油综合能耗	千克标准油/吨	65.0	63.0	−2.0
乙烯综合能耗	千克标准煤/吨	816.0	790.0	−26.0
合成氨综合能耗	千克标准煤/吨	1 331.0	1 300.0	−31.0
纸及纸板综合能耗	千克标准煤/吨	530.0	480.0	−50.0
建 筑：				
城镇既有居住建筑节能改造累计面积	亿平方米	12.5	17.5	5.0
城镇公共建筑节能改造累计面积	亿平方米	1.0	2.0	1.0
城镇新建绿色建筑标准执行率	%	20.0	50.0	30.0
交通运输：				
铁路单位运输工作量综合能耗	吨标准煤/百万换算吨公里	4.7	4.5	[−5.0]
营运车辆单位运输周转量能耗下降率				[−6.5]
营运船舶单位运输周转量能耗下降率				[−6.0]
民航业单位运输周转量能耗	千克标准煤/吨公里	0.433	<0.415	>[−4.0]
新生产乘用车平均油耗	升/百公里	6.9	5.0	−1.9
公共机构：				
公共机构单位建筑面积能耗	千克标准煤/平方米	20.6	18.5	[−10.0]
公共机构人均能耗	千克标准煤/人	370.7	330.0	[−11.0]
终端用能设备：				
燃煤工业锅炉（运行）效率	%	70.0	75.0	5.0
电动机系统效率	%	70.0	75.0	5.0

续表

指　标		单　位	2015 年实际值	2020 年	
				目标值	变化幅度/变化率(%)
一级能效容积式空气压缩机市场占有率	小于 55 千瓦	%	15.0	30.0	15.0
	55～220 千瓦	%	8.0	13.0	5.0
	大于 220 千瓦	%	5.0	8.0	3.0
一级能效电力变压器市场占有率		%	0.1	10.0	9.9
二级以上能效房间空调器市场占有率		%	22.6	50.0	27.4
二级以上能效电冰箱市场占有率		%	98.3	99.0	0.7
二级以上能效家用燃气热水器市场占有率		%	93.7	98.0	4.3

注：[　]内为变化率。

附件 3　"十三五"各地区化学需氧量排放总量控制计划

地　区	2015 年排放量（万吨）	2020 年减排比例（%）	2020 年重点工程减排量（万吨）
北　京	16.2	14.4	2.33
天　津	20.9	14.4	2.47
河　北	120.8	19.0	16.14
山　西	40.5	17.6	4.75
内蒙古	83.6	7.1	5.19
辽　宁	116.7	13.4	8.41
吉　林	72.4	4.8	2.32
黑龙江	139.3	6.0	7.33
上　海	19.9	14.5	2.72
江　苏	105.5	13.5	10.39
浙　江	68.3	19.2	7.64
安　徽	87.1	9.9	7.70
福　建	60.9	4.1	2.14
江　西	71.6	4.3	2.73
山　东	175.8	11.7	13.30
河　南	128.7	18.4	16.98
湖　北	98.6	9.9	8.25
湖　南	120.8	10.1	10.49
广　东	160.7	10.4	11.06
广　西	71.1	1.0	0.35
海　南	18.8	1.2	0.16
重　庆	38.0	7.4	2.36
四　川	118.6	12.8	14.09
贵　州	31.8	8.5	2.77
云　南	51.0	14.1	5.85
西　藏	2.9	—	—
陕　西	48.9	10.0	2.63
甘　肃	36.6	8.2	2.40
青　海	10.4	1.1	0.07
宁　夏	21.1	1.2	0.10
新　疆	56.0	1.6	0.71
新疆生产建设兵团	10.0	1.6	0.04

注：2020 年减排比例根据各地区地表水质量改善任务确定，重点工程减排量根据"十三五"规划纲要、《水污染防治行动计划》及相关规划提出的环境治理保护重点工程确定。

附件 4 “十三五”各地区氨氮排放总量控制计划

地 区	2015 年排放量（万吨）	2020 年减排比例（%）	2020 年重点工程减排量（万吨）
北 京	1.6	16.1	0.24
天 津	2.4	16.1	0.38
河 北	9.7	20.0	1.59
山 西	5.0	18.0	0.61
内蒙古	4.7	7.0	0.28
辽 宁	9.6	8.8	0.85
吉 林	5.1	6.4	0.20
黑龙江	8.1	7.0	0.48
上 海	4.3	13.4	0.53
江 苏	13.8	13.4	1.25
浙 江	9.8	17.6	0.85
安 徽	9.7	14.3	1.07
福 建	8.5	3.5	0.30
江 西	8.5	3.8	0.32
山 东	15.3	13.4	1.49
河 南	13.4	16.6	1.93
湖 北	11.4	10.2	1.02
湖 南	15.1	10.1	1.41
广 东	20.0	11.3	1.54
广 西	7.7	1.0	0.08
海 南	2.1	1.9	0.04
重 庆	5.0	6.3	0.32
四 川	13.1	13.9	1.74
贵 州	3.6	11.2	0.41
云 南	5.5	12.9	0.67
西 藏	0.3	—	—
陕 西	5.6	10.0	0.38
甘 肃	3.7	8.0	0.28
青 海	1.0	1.4	0.01
宁 夏	1.6	0.7	0.01
新 疆	4.0	2.8	0.09
新疆生产建设兵团	0.5	2.8	—

注：2020 年减排比例根据各地区地表水质量改善任务确定，重点工程减排量根据“十三五”规划纲要、《水污染防治行动计划》及相关规划提出的环境治理保护重点工程确定。

附件 5 “十三五”各地区二氧化硫排放总量控制计划

地 区	2015 年排放量（万吨）	2020 年减排比例（%）	2020 年重点工程减排量（万吨）
北 京	7.1	35	1.8
天 津	18.6	25	2.8
河 北	110.8	28	18.4
山 西	112.1	20	22.4
内蒙古	123.1	11	13.5

续表

地　区	2015 年排放量（万吨）	2020 年减排比例（%）	2020 年重点工程减排量（万吨）
辽　宁	96.9	20	14.4
吉　林	36.3	18	5.2
黑龙江	45.6	11	4.3
上　海	17.1	20	3.4
江　苏	83.5	20	13.3
浙　江	53.8	17	9.1
安　徽	48.0	16	5.2
福　建	33.8	—	3.5
江　西	52.8	12	6.3
山　东	152.6	27	35.0
河　南	114.4	28	20.5
湖　北	55.1	20	10.9
湖　南	59.6	21	8.5
广　东	67.8	3	2.0
广　西	42.1	13	4.5
海　南	3.2	—	0.4
重　庆	49.6	18	8.1
四　川	71.8	16	11.2
贵　州	85.3	7	6.0
云　南	58.4	1	0.6
西　藏	0.5	—	—
陕　西	73.5	15	11.0
甘　肃	57.1	8	4.6
青　海	15.1	6	0.9
宁　夏	35.8	12	4.3
新　疆	66.8	3	2.0
新疆生产建设兵团	11.0	13	0.9

注:2020 年减排比例根据各地区空气质量改善任务确定,重点工程减排量根据“十三五”规划纲要、《大气污染防治行动计划》及相关规划提出的环境治理保护重点工程确定。

附件 6　“十三五”各地区氮氧化物排放总量控制计划

地　区	2015 年排放量（万吨）	2020 年减排比例（%）	2020 年重点工程减排量（万吨）
北　京	13.8	25	0.7
天　津	24.7	25	3.5
河　北	135.1	28	19.9
山　西	93.1	20	16.3
内蒙古	113.9	11	12.5
辽　宁	82.8	20	14.9
吉　林	50.2	18	9.0
黑龙江	64.5	11	7.1
上　海	30.1	20	5.2
江　苏	106.8	20	18.7
浙　江	60.7	17	10.3
安　徽	72.1	16	9.0

续表

地　区	2015 年排放量（万吨）	2020 年减排比例（%）	2020 年重点工程减排量（万吨）
福　建	37.9	—	4.6
江　西	49.3	12	5.9
山　东	142.4	27	31.0
河　南	126.2	28	15.8
湖　北	51.5	20	5.9
湖　南	49.7	15	6.3
广　东	99.7	3	3.0
广　西	37.3	13	3.3
海　南	9.0	—	1.2
重　庆	32.1	18	2.8
四　川	53.4	16	3.7
贵　州	41.9	7	2.9
云　南	44.9	1	0.4
西　藏	5.3	—	—
陕　西	62.7	15	9.4
甘　肃	38.7	8	3.1
青　海	11.8	6	0.7
宁　夏	36.8	12	4.4
新　疆	63.7	3	1.9
新疆生产建设兵团	9.9	13	1.3

注：2020 年减排比例根据各地区空气质量改善任务确定，重点工程减排量根据“十三五”规划纲要、《大气污染防治行动计划》及相关规划提出的环境治理保护重点工程确定。

附件 7　“十三五”重点地区挥发性有机物排放总量控制计划

地　区	2015 年排放量（万吨）	2020 年减排比例（%）	2020 年重点工程减排量（万吨）
北　京	23.4	25	3.5
天　津	33.9	20	4.6
河　北	154.6	20	19.5
辽　宁	105.4	10	10.5
上　海	42.1	20	8.4
江　苏	187.0	20	31.2
浙　江	139.2	20	25.5
安　徽	95.9	10	9.2
山　东	192.1	20	38.4
河　南	167.5	10	16.6
湖　北	98.7	10	9.9
湖　南	98.3	10	7.9
广　东	137.8	18	20.7
重　庆	40.2	10	4.0
四　川	111.3	5	5.6
陕　西	67.5	5	3.4

注：“十三五”期间主要推进石化、化工、包装印刷和工业涂装等重点行业挥发性有机物减排，相关指标根据重点行业减排潜力、环境质量改善需求等因素分解落实到各有关省份。

国务院部门规章

电器电子产品有害物质限制使用管理办法

(2016年1月6日　中华人民共和国工业和信息化部　中华人民共和国国家发展和改革委员会　中华人民共和国科学技术部　中华人民共和国财政部　中华人民共和国环境保护部　中华人民共和国商务部　中华人民共和国海关总署　国家质量监督检验检疫总局令第32号公布　自2016年7月1日起施行)

第一章　总　则

第一条　为了控制和减少电器电子产品废弃后对环境造成的污染,促进电器电子行业清洁生产和资源综合利用,鼓励绿色消费,保护环境和人体健康,根据《中华人民共和国清洁生产促进法》《中华人民共和国固体废物污染环境防治法》《废弃电器电子产品回收处理管理条例》等法律、行政法规,制定本办法。

第二条　在中华人民共和国境内生产、销售和进口电器电子产品,适用本办法。

第三条　本办法下列术语的含义是:

(1)电器电子产品,是指依靠电流或电磁场工作或者以产生、传输和测量电流和电磁场为目的,额定工作电压为直流电不超过1 500伏特、交流电不超过1 000伏特的设备及配套产品。其中涉及电能生产、传输和分配的设备除外。

(2)电器电子产品污染,是指电器电子产品中含有的有害物质超过国家标准或行业标准,对环境、资源、人类身体健康以及生命、财产安全造成破坏、损害、浪费或其他不良影响。

(3)电器电子产品有害物质限制使用,是指为减少或消除电器电子产品污染而采取的下列措施:

a.设计、生产过程中,通过改变设计方案、调整工艺流程、更换使用材料、革新制造方式等限制使用电器电子产品中的有害物质的技术措施;

b.设计、生产、销售以及进口过程中,标注有害物质名称及其含量,标注电器电子产品环保使用期限等措施;

c.销售过程中,严格进货渠道,拒绝销售不符合电器电子产品有害物质限制使用国家标准或行业标准的电器电子产品;

d.禁止进口不符合电器电子产品有害物质限制使用国家标准或行业标准的电器电子产品;

e.国家规定的其他电器电子产品有害物质限制使用的措施。

(4)电器电子产品有害物质限制使用达标管理目录(简称"达标管理目录"),是为实施电器电子产品有害物质限制使用管理而制定的目录,包括电器电子产品类目、限制使用的有害物质种类、限制使用时间及例外要求等内容。

(5)有害物质,是指电器电子产品中含有的下列物质:

a.铅及其化合物;

b.汞及其化合物;

c.镉及其化合物;

d.六价铬化合物;

e.多溴联苯(PBB);

f.多溴二苯醚(PBDE);

g.国家规定的其他有害物质。

(6)电器电子产品环保使用期限,是指用户按照产品说明正常使用时,电器电子产品中含有的有害物质不会发生外泄或突变,不会对环境造成严重污染或对其人身、财产造成严重损害的期限。

第四条　工业和信息化部、国家发改委、科技部、财政部、环境保护部、商务部、海关总署、国家质检总局在各自的职责范围内对电器电子产品有害物质限制使用进行管理和监督。

第五条 工业和信息化部会同国务院有关主管部门制定有利于电器电子产品有害物质限制使用的措施，落实电器电子产品有害物质限制使用的有关规定。

第六条 省（自治区、直辖市）工业和信息化、发展改革、科技、财政、环境保护、商务、海关、质检等主管部门在各自的职责范围内，对电器电子产品有害物质限制使用实施监督管理。

省（自治区、直辖市）工业和信息化主管部门负责牵头建立省级电器电子产品有害物质限制使用工作协调机制，负责协调解决本行政区域内电器电子产品有害物质限制使用工作中的重大事项及问题。

第七条 国家鼓励、支持电器电子产品有害物质限制使用的科学研究、技术开发和国际合作，积极推广电器电子产品有害物质替代与减量化等技术、装备。

第八条 工业和信息化部、国务院有关主管部门对积极开发、研制严于本办法规定的电器电子产品的组织和个人，可以给予表扬或奖励。

省（自治区、直辖市）工业和信息化主管部门和其他相关主管部门对在电器电子产品有害物质限制使用工作以及相关活动中做出显著成绩的组织和个人，可以给予表扬或奖励。

第二章 电器电子产品有害物质限制使用

第九条 电器电子产品设计者在设计电器电子产品时，不得违反强制性标准或法律、行政法规和规章规定必须执行的标准，在满足工艺要求的前提下应当按照电器电子产品有害物质限制使用国家标准或行业标准，采用无害或低害、易于降解、便于回收利用等方案。

第十条 电器电子产品生产者在生产电器电子产品时，不得违反强制性标准或法律、行政法规和规章规定必须执行的标准，应当按照电器电子产品有害物质限制使用国家标准或行业标准，采用资源利用率高、易回收处理、有利于环境保护的材料、技术和工艺，限制或者淘汰有害物质在产品中的使用。

电器电子产品生产者不得将不符合本办法要求的电器电子产品出厂、销售。

第十一条 进口的电器电子产品不得违反强制性标准或法律、行政法规和规章规定必须执行的标准，应当符合电器电子产品有害物质限制使用国家标准或行业标准。

出入境检验检疫机构依法对进口的电器电子产品实施口岸验证和法定检验。海关验核出入境检验检疫机构签发的《入境货物通关单》并按规定办理通关手续。

第十二条 电器电子产品生产者、进口者制作、使用电器电子产品包装物时，不得违反强制性标准或法律、行政法规和规章规定必须执行的标准，应当采用无害、易于降解和便于回收利用的材料，遵守包装物使用的国家标准或行业标准。

第十三条 电器电子产品生产者、进口者应当按照电器电子产品有害物质限制使用标识的国家标准或行业标准，对其投放市场的电器电子产品中含有的有害物质进行标注，标明有害物质的名称、含量、所在部件及其产品可否回收利用，以及不当利用或者处置可能会对环境和人类健康造成影响的信息等；由于产品体积、形状、表面材质或功能的限制不能在产品上标注的，应当在产品说明中注明。

第十四条 电器电子产品生产者、进口者应当按照电器电子产品有害物质限制使用标识的国家标准或行业标准，在其生产或进口的电器电子产品上标注环保使用期限；由于产品体积、形状、表面材质或功能的限制不能在产品上标注的，应当在产品说明中注明。

第十五条 电器电子产品的环保使用期限由电器电子产品的生产者或进口者自行确定。相关行业组织可根据技术发展水平，制定包含产品类目、确定方法、具体期限等内容的相关电器电子产品环保使用期限的指导意见。

工业和信息化部鼓励相关行业组织将制定的电器电子产品环保使用期限的指导意见报送工业和信息化部。

第十六条 电器电子产品销售者不得销售违反电器电子产品有害物质限制使用国家标准或行业标准的电器电子产品。

第十七条 电器电子产品有害物质限制使用采取目录管理的方式。工业和信息化部根据产业发展的实际状况，商国家发改委、科技部、财政部、环境保护部、商务部、海关总署、国家质检总局编制、调整、发布达标管理目录。

第十八条 国家建立电器电子产品有害物质限制使用合格评定制度。纳入达标管理目录的电器电子产品,应当符合电器电子产品有害物质限制使用限量要求的国家标准或行业标准,按照电器电子产品有害物质限制使用合格评定制度进行管理。

工业和信息化部根据电器电子产品有害物质限制使用工作整体安排,向国家认证认可监督主管部门提出建立电器电子产品有害物质限制使用合格评定制度的建议。国家认证认可监督主管部门依据职能会同工业和信息化部制定、发布并组织实施合格评定制度。工业和信息化部根据实际情况,会同财政部等部门对合格评定结果建立相关采信机制。

第三章 罚 则

第十九条 违反本办法,有下列情形之一的,由商务、海关、质检等部门在各自的职责范围内依法予以处罚:

(1)电器电子产品生产者违反本办法第十条的规定,所采用的材料、技术和工艺违反电器电子产品有害物质限制使用国家标准或行业标准的,以及将不符合本办法要求的电器电子产品出厂、销售的;

(2)电器电子产品进口者违反本办法第十一条的规定,进口的电器电子产品违反电器电子产品有害物质限制使用国家标准或行业标准的;

(3)电器电子产品生产者、进口者违反本办法第十二条的规定,制作或使用的电器电子产品包装物违反包装物使用国家标准或行业标准的;

(4)电器电子产品生产者、进口者违反本办法第十三条的规定,未标注电器电子产品有害物质的名称、含量、所在部件及其产品可否回收利用,以及不当利用或者处置可能会对环境和人类健康造成影响等信息的;

(5)电器电子产品生产者、进口者违反本办法第十四条的规定,未标注电器电子产品环保使用期限的;

(6)电器电子产品销售者违反本办法第十六条的规定,销售违反电器电子产品有害物质限制使用国家标准或行业标准的电器电子产品的;

(7)电器电子产品生产者、销售者和进口者违反本办法第十七条的规定,自列入达标管理目录的电器电子产品限制使用有害物质的实施之日起,生产、销售或进口有害物质含量超过电器电子产品有害物质限制使用限量的相关国家标准或行业标准的电器电子产品的。

第二十条 有关部门的工作人员滥用职权,徇私舞弊,纵容、包庇违反本办法规定的行为的,或者帮助违反本办法规定的当事人逃避查处的,依法给予行政处分。

第四章 附 则

第二十一条 任何组织和个人有权对违反本办法规定的行为向有关部门投诉、举报。

第二十二条 本办法由工业和信息化部商国家发改委、科技部、财政部、环境保护部、商务部、海关总署、国家质检总局解释。

第二十三条 本办法自 2016 年 7 月 1 日起施行。2006 年 2 月 28 日公布的《电子信息产品污染控制管理办法》(原信息产业部、国家发改委、商务部、海关总署、国家工商总局、国家质检总局、原环保总局令第 39 号)同时废止。

煤矿企业安全生产许可证实施办法

(2016 年 2 月 16 日 国家安全生产监督管理总局令第 86 号公布 自 2016 年 4 月 1 日起施行)

第一章 总 则

第一条 为了规范煤矿企业安全生产条件,加强煤矿企业安全生产许可证的颁发管理工作,根据《安全生产许可证条例》和有关法律、行政法规,制定本实施办法。

第二条 煤矿企业必须依照本实施办法的规定取得安全生产许可证。未取得安全生产许可证的，不得从事生产活动。

煤层气地面开采企业安全生产许可证的管理办法，另行制定。

第三条 煤矿企业除本企业申请办理安全生产许可证外，其所属矿（井、露天坑）也应当申请办理安全生产许可证，一矿（井、露天坑）一证。

煤矿企业实行多级管理的，其上级煤矿企业也应当申请办理安全生产许可证。

第四条 安全生产许可证的颁发管理工作实行企业申请、两级发证、属地监管的原则。

第五条 国家煤矿安全监察局指导、监督全国煤矿企业安全生产许可证的颁发管理工作，负责符合本办法第三条规定的中央管理的煤矿企业总部（总公司、集团公司）安全生产许可证的颁发和管理。

省级煤矿安全监察局负责前款规定以外的其他煤矿企业安全生产许可证的颁发和管理；未设立煤矿安全监察机构的省（自治区），由省（自治区）人民政府指定的部门（与省级煤矿安全监察局统称“省级安全生产许可证颁发管理机关”）负责本行政区域内煤矿企业安全生产许可证的颁发和管理。

国家煤矿安全监察局和省级安全生产许可证颁发管理机关统称安全生产许可证颁发管理机关。

第二章 安全生产条件

第六条 煤矿企业取得安全生产许可证，应当具备下列安全生产条件：

（1）建立、健全主要负责人、分管负责人、安全生产管理人员、职能部门、岗位安全生产责任制；制定安全目标管理、安全奖惩、安全技术审批、事故隐患排查治理、安全检查、安全办公会议、地质灾害普查、井下劳动组织定员、矿领导带班下井、井工煤矿入井检身与出入井人员清点等安全生产规章制度和各工种操作规程；

（2）安全投入满足安全生产要求，并按照有关规定足额提取和使用安全生产费用；

（3）设置安全生产管理机构，配备专职安全生产管理人员；煤与瓦斯突出矿井、水文地质类型复杂矿井还应设置专门的防治煤与瓦斯突出管理机构和防治水管理机构；

（4）主要负责人和安全生产管理人员的安全生产知识和管理能力经考核合格；

（5）参加工伤保险，为从业人员缴纳工伤保险费；

（6）制定重大危险源检测、评估和监控措施；

（7）制定应急救援预案，并按照规定设立矿山救护队，配备救护装备；不具备单独设立矿山救护队条件的，与邻近的专业矿山救护队签订救护协议；

（8）制定特种作业人员培训计划、从业人员培训计划、职业危害防治计划；

（9）法律、行政法规规定的其他条件。

第七条 煤矿除符合本实施办法第六条规定的条件外，还必须符合下列条件：

（1）特种作业人员经有关业务主管部门考核合格，取得特种作业操作资格证书；

（2）从业人员进行安全生产教育培训，并经考试合格；

（3）制定职业危害防治措施、综合防尘措施，建立粉尘检测制度，为从业人员配备符合国家标准或者行业标准的劳动防护用品；

（4）依法进行安全评价；

（5）制定矿井灾害预防和处理计划；

（6）依法取得采矿许可证，并在有效期内。

第八条 井工煤矿除符合本实施办法第六条、第七条规定的条件外，其安全设施、设备、工艺还必须符合下列条件：

（1）矿井至少有 2 个能行人的通达地面的安全出口，各个出口之间的距离不得小于 30 米；井下每一个水平到上一个水平和各个采（盘）区至少有两个便于行人的安全出口，并与通达地面的安全出口相连接；采煤工作面有两个畅通的安全出口，一个通到进风巷道，另一个通到回风巷道。在用巷道净断面满足行人、运输、通风和安全设施及设备安装、检修、施工的需要；

（2）按规定进行瓦斯等级、煤层自燃倾向性和煤尘爆炸危险性鉴定；

（3）矿井有完善的独立通风系统。矿井、采区和采掘工作面的供风能力满足安全生产要求，矿井使用安装在地面的矿用主要通风机进行通风，并有同等能力的备用主要通风机，主要通风机按规定进行性能检测；生产水平和采区实行分区通风；高瓦斯和煤与瓦斯突出矿井、开采容易自燃煤层的矿井、煤层群联合布置矿井的每个采区设置专用回风巷，掘进工作面使用专用局部通风机进行通风，矿井有反风设施；

（4）矿井有安全监控系统，传感器的设置、报警和断电符合规定，有瓦斯检查制度和矿长、技术负责人瓦斯日报审查签字制度，配备足够的专职瓦斯检查员和瓦斯检测仪器；按规定建立瓦斯抽采系统，开采煤与瓦斯突出危险煤层的有预测预报、防治措施、效果检验和安全防护的综合防突措施；

（5）有防尘供水系统，有地面和井下排水系统；有水害威胁的矿井还应有专用探放水设备；

（6）制定井上、井下防火措施；有地面消防水池和井下消防管路系统，井上、井下有消防材料库；开采容易自燃和自燃煤层的矿井还应有防灭火专项设计和综合预防煤层自然发火的措施；

（7）矿井有两回路电源线路；严禁井下配电变压器中性点直接接地；井下电气设备的选型符合防爆要求，有短路、过负荷、接地、漏电等保护，掘进工作面的局部通风机按规定采用专用变压器、专用电缆、专用开关，实现风电、瓦斯电闭锁；

（8）运送人员的装置应当符合有关规定。使用检测合格的钢丝绳；带式输送机采用非金属聚合物制造的输送带的阻燃性能和抗静电性能符合规定，设置安全保护装置；

（9）有通信联络系统，按规定建立人员位置监测系统；

（10）按矿井瓦斯等级选用相应的煤矿许用炸药和电雷管，爆破工作由专职爆破工担任；

（11）不得使用国家有关危及生产安全淘汰目录规定的设备及生产工艺；使用的矿用产品应有安全标志；

（12）配备足够数量的自救器，自救器的选用型号应与矿井灾害类型相适应，按规定建立安全避险系统；

（13）有反映实际情况的图纸：矿井地质图和水文地质图，井上下对照图，巷道布置图，采掘工程平面图，通风系统图，井下运输系统图，安全监控系统布置图和断电控制图，人员位置监测系统图，压风、排水、防尘、防火注浆、抽采瓦斯等管路系统图，井下通信系统图，井上、下配电系统图和井下电气设备布置图，井下避灾路线图。采掘工作面有符合实际情况的作业规程。

第九条　露天煤矿除符合本实施办法第六条、第七条规定的条件外，其安全设施、设备、工艺还必须符合下列条件：

（1）按规定设置栅栏、安全挡墙、警示标志；

（2）露天采场最终边坡的台阶坡面角和边坡角符合最终边坡设计要求；

（3）配电线路、电动机、变压器的保护符合安全要求；

（4）爆炸物品的领用、保管和使用符合规定；

（5）有边坡工程、地质勘探工程、岩土物理力学试验和稳定性分析，有边坡监测措施；

（6）有防排水设施和措施；

（7）地面和采场内的防灭火措施符合规定；开采有自然发火倾向的煤层或者开采范围内存在火区时，制定专门防灭火措施；

（8）有反映实际情况的图纸：地形地质图，工程地质平面图、断面图、综合水文地质图，采剥、排土工程平面图和运输系统图，供配电系统图，通信系统图，防排水系统图，边坡监测系统平面图，井工采空区与露天矿平面对照图。

第三章　安全生产许可证的申请和颁发

第十条　煤矿企业依据本实施办法第五条的规定向安全生产许可证颁发管理机关申请领取安全生产许可证。

第十一条　申请领取安全生产许可证应当提供下列文件、资料：

1. 煤矿企业提供的文件、资料：

（1）安全生产许可证申请书；

（2）主要负责人安全生产责任制材料（复制件），各分管负责人、安全生产管理人员以及职能部门负责人安全生产责任制目录清单；

（3）安全生产规章制度目录清单；

（4）设置安全生产管理机构、配备专职安全生产管理人员的文件（复制件）；

（5）主要负责人、安全生产管理人员安全生产知识和管理能力考核合格的证明材料；

(6)特种作业人员培训计划，从业人员安全生产教育培训计划；

(7)为从业人员缴纳工伤保险费的有关证明材料；

(8)重大危险源检测、评估和监控措施；

(9)事故应急救援预案，设立矿山救护队的文件或者与专业救护队签订的救护协议。

2. 煤矿提供的文件、资料和图纸：

(1)安全生产许可证申请书；

(2)采矿许可证(复制件)；

(3)主要负责人安全生产责任制(复制件)，各分管负责人、安全生产管理人员以及职能部门负责人安全生产责任制目录清单；

(4)安全生产规章制度和操作规程目录清单；

(5)设置安全生产管理机构和配备专职安全生产管理人员的文件(复制件)；

(6)矿长、安全生产管理人员安全生产知识和管理能力考核合格的证明材料；

(7)特种作业人员操作资格证书的证明材料；

(8)从业人员安全生产教育培训计划和考试合格的证明材料；

(9)为从业人员缴纳工伤保险费的有关证明材料；

(10)具备资质的中介机构出具的安全评价报告；

(11)矿井瓦斯等级鉴定文件；高瓦斯、煤与瓦斯突出矿井瓦斯参数测定报告，煤层自燃倾向性和煤尘爆炸危险性鉴定报告；

(12)矿井灾害预防和处理计划；

(13)井工煤矿采掘工程平面图，通风系统图；

(14)露天煤矿采剥工程平面图，边坡监测系统平面图；

(15)事故应急救援预案，设立矿山救护队的文件或者与专业矿山救护队签订的救护协议；

(16)井工煤矿主要通风机、主提升机、空压机、主排水泵的检测检验合格报告。

第十二条 安全生产许可证颁发管理机关对申请人提交的申请书及文件、资料，应当按照下列规定处理：

(1)申请事项不属于本机关职权范围的，即时作出不予受理的决定，并告知申请人向有关行政机关申请；

(2)申请材料存在可以当场更正的错误的，允许或者要求申请人当场更正，并即时出具受理的书面凭证，通过互联网申请的，符合要求后即时提供电子受理回执；

(3)申请材料不齐全或者不符合要求的，应当当场或者在5个工作日内一次告知申请人需要补正的全部内容，逾期不告知的，自收到申请材料之日起即为受理；

(4)申请材料齐全、符合要求或者按照要求全部补正的，自收到申请材料或者全部补正材料之日起为受理。

第十三条 煤矿企业应当对其向安全生产许可证颁发管理机关提交的文件、资料和图纸的真实性负责。

从事安全评价、检测检验的机构应当对其出具的安全评价报告、检测检验结果负责。

第十四条 对已经受理的申请，安全生产许可证颁发管理机关应当指派有关人员对申请材料进行审查；对申请材料实质内容存在疑问，认为需要到现场核查的，应当到现场进行核查。

第十五条 负责审查的有关人员提出审查意见。

安全生产许可证颁发管理机关应当对有关人员提出的审查意见进行讨论，并在受理申请之日起45个工作日内作出颁发或者不予颁发安全生产许可证的决定。

对决定颁发的，安全生产许可证颁发管理机关应当自决定之日起10个工作日内送达或者通知申请人领取安全生产许可证；对不予颁发的，应当在10个工作日内书面通知申请人并说明理由。

第十六条 经审查符合本实施办法规定的，安全生产许可证颁发管理机关应当分别向煤矿企业及其所属煤矿颁发安全生产许可证。

第十七条 安全生产许可证的有效期为3年。安全生产许可证有效期满需要延期的，煤矿企业应当于期满前3个月按照本实施办法第十条的规定，向原安全生产许可证颁发管理机关提出延期申请，并提交本实施办法第十一条规定的文件、资料和安全生产许可证正本、副本。

第十八条 对已经受理的延期申请，安全生产许可证颁发管理机关应当按照本实施办法的规定办理安全生产许可证延期手续。

第十九条 煤矿企业在安全生产许可证有效期内符合下列条件，在安全生产许可证有效期届满时，经原安全生产许可证颁发管理机关同意，不再审查，直接办理延期手续：

（1）严格遵守有关安全生产的法律法规和本实施办法；

（2）接受安全生产许可证颁发管理机关及煤矿安全监察机构的监督检查；

（3）未因存在严重违法行为纳入安全生产不良记录“黑名单”管理；

（4）未发生生产安全死亡事故；

（5）煤矿安全质量标准化等级达到二级及以上。

第二十条 煤矿企业在安全生产许可证有效期内有下列情形之一的，应当向原安全生产许可证颁发管理机关申请变更安全生产许可证：

（1）变更主要负责人的；

（2）变更隶属关系的；

（3）变更经济类型的；

（4）变更煤矿企业名称的；

（5）煤矿改建、扩建工程经验收合格的。

变更本条第一款第一、二、三、四项的，自工商营业执照变更之日起10个工作日内提出申请；变更本条第一款第五项的，应当在改建、扩建工程验收合格后10个工作日内提出申请。

申请变更本条第一款第一项的，应提供变更后的工商营业执照副本和主要负责人任命文件（或者聘书）；申请变更本条第一款第二、三、四项的，应提供变更后的工商营业执照副本；申请变更本条第一款第五项的，应提供改建、扩建工程安全设施及条件竣工验收合格的证明材料。

第二十一条 对于本实施办法第二十条第一款第一、二、三、四项的变更申请，安全生产许可证颁发管理机关在对申请人提交的相关文件、资料审核后，即可办理安全生产许可证变更。

对于本实施办法第二十条第一款第五项的变更申请，安全生产许可证颁发管理机关应当按照本实施办法第十四条、第十五条的规定办理安全生产许可证变更。

第二十二条 经安全生产许可证颁发管理机关审查同意延期、变更安全生产许可证的，安全生产许可证颁发管理机关应当收回原安全生产许可证正本，换发新的安全生产许可证正本；在安全生产许可证副本上注明延期、变更内容，并加盖公章。

第二十三条 煤矿企业停办、关闭的，应当自停办、关闭决定之日起10个工作日内向原安全生产许可证颁发管理机关申请注销安全生产许可证，并提供煤矿开采现状报告、实测图纸和遗留事故隐患的报告及防治措施。

第二十四条 安全生产许可证分为正本和副本，具有同等法律效力，正本为悬挂式，副本为折页式。

安全生产许可证颁发管理机关应当在安全生产许可证正本、副本上载明煤矿企业名称、主要负责人、注册地址、隶属关系、经济类型、有效期、发证机关、发证日期等内容。

安全生产许可证正本、副本的式样由国家煤矿安全监察局制定。

安全生产许可证相关的行政许可文书由国家煤矿安全监察局规定统一的格式。

第四章 安全生产许可证的监督管理

第二十五条 煤矿企业取得安全生产许可证后，应当加强日常安全生产管理，不得降低安全生产条件。

第二十六条 煤矿企业不得转让、冒用、买卖、出租、出借或者使用伪造的安全生产许可证。

第二十七条 安全生产许可证颁发管理机关应当坚持公开、公平、公正的原则，严格依照本实施办法的规定审查、颁发安全生产许可证。

安全生产许可证颁发管理机关工作人员在安全生产许可证颁发、管理和监督检查工作中，不得索取或者接受煤矿企业的财物，不得谋取其他利益。

第二十八条 安全生产许可证颁发管理机关发现有下列情形之一的，应当撤销已经颁发的安全生产许可证：

（1）超越职权颁发安全生产许可证的；

（2）违反本实施办法规定的程序颁发安全生产许可证的；

（3）不具备本实施办法规定的安全生产条件颁发安全生产许可证的；

(4)以欺骗、贿赂等不正当手段取得安全生产许可证的。

第二十九条 取得安全生产许可证的煤矿企业有下列情形之一的,安全生产许可证颁发管理机关应当注销其安全生产许可证:

(1)终止煤炭生产活动的;

(2)安全生产许可证被依法撤销的;

(3)安全生产许可证被依法吊销的;

(4)安全生产许可证有效期满未申请办理延期手续。

第三十条 煤矿企业隐瞒有关情况或者提供虚假材料申请安全生产许可证的,安全生产许可证颁发管理机关不予受理,且在一年内不得再次申请安全生产许可证。

第三十一条 安全生产许可证颁发管理机关应当每年向社会公布一次煤矿企业取得安全生产许可证的情况。

第三十二条 安全生产许可证颁发管理机关应当将煤矿企业安全生产许可证颁发管理情况通报煤矿企业所在地市级以上人民政府及其指定的负责煤矿安全监管工作的部门。

第三十三条 安全生产许可证颁发管理机关应当建立、健全安全生产许可证档案管理制度。

第三十四条 省级安全生产许可证颁发管理机关应当于每年1月15日前将所负责行政区域内上年度煤矿企业安全生产许可证颁发和管理情况报国家煤矿安全监察局,同时通报本级安全生产监督管理部门。

第三十五条 任何单位或者个人对违反《安全生产许可证条例》和本实施办法规定的行为,有权向安全生产许可证颁发管理机关或者监察机关等有关部门举报。

第五章 罚 则

第三十六条 安全生产许可证颁发管理机关工作人员有下列行为之一的,给予降级或者撤职的处分;构成犯罪的,依法追究刑事责任:

(1)向不符合本实施办法规定的安全生产条件的煤矿企业颁发安全生产许可证的;

(2)发现煤矿企业未依法取得安全生产许可证擅自从事生产活动不依法处理的;

(3)发现取得安全生产许可证的煤矿企业不再具备本实施办法规定的安全生产条件不依法处理的;

(4)接到对违反本实施办法规定行为的举报后,不依法处理的;

(5)在安全生产许可证颁发、管理和监督检查工作中,索取或者接受煤矿企业的财物,或者谋取其他利益的。

第三十七条 承担安全评价、检测、检验工作的机构,出具虚假安全评价、检测、检验报告或者证明的,没收违法所得;违法所得在10万元以上的,并处违法所得2倍以上5倍以下的罚款,没有违法所得或者违法所得不足10万元的,单处或者并处10万元以上20万元以下的罚款,对其直接负责的主管人员和其他直接责任人员处2万元以上5万元以下的罚款;给他人造成损害的,与煤矿企业承担连带赔偿责任;构成犯罪的,依照刑法有关规定追究刑事责任。

对有前款违法行为的机构,依法吊销其相应资质。

第三十八条 安全生产许可证颁发管理机关应当加强对取得安全生产许可证的煤矿企业的监督检查,发现其不再具备本实施办法规定的安全生产条件的,应当责令限期整改,依法暂扣安全生产许可证;经整改仍不具备本实施办法规定的安全生产条件的,依法吊销安全生产许可证。

第三十九条 取得安全生产许可证的煤矿企业,倒卖、出租、出借或者以其他形式非法转让安全生产许可证的,没收违法所得,处10万元以上50万元以下的罚款,吊销其安全生产许可证;构成犯罪的,依法追究刑事责任。

第四十条 发现煤矿企业有下列行为之一的,责令停止生产,没收违法所得,并处10万元以上50万元以下的罚款;构成犯罪的,依法追究刑事责任:

(1)未取得安全生产许可证,擅自进行生产的;

(2)接受转让的安全生产许可证的;

(3)冒用安全生产许可证的;

(4)使用伪造安全生产许可证的。

第四十一条 在安全生产许可证有效期满未申请办理延期手续,继续进行生产的,责令停止生产,限期补办延期手续,没收违法所得,并处5万元以上10万元以下的罚款;逾期仍不申请办理延期手续,依照本实施办法第二十九条、第四十条的规定处理。

第四十二条 在安全生产许可证有效期内，主要负责人、隶属关系、经济类型、煤矿企业名称发生变化，未按本实施办法申请办理变更手续的，责令限期补办变更手续，并处1万元以上3万元以下罚款。

改建、扩建工程已经验收合格，未按本实施办法规定申请办理变更手续擅自投入生产的，责令停止生产，限期补办变更手续，并处1万元以上3万元以下罚款；逾期仍不办理变更手续，继续进行生产的，依照本实施办法第四十条的规定处罚。

第六章 附 则

第四十三条 本实施办法规定的行政处罚，由安全生产许可证颁发管理机关决定。除吊销安全生产许可证外，安全生产许可证颁发管理机关可以委托有关省级煤矿安全监察局、煤矿安全监察分局实施行政处罚。

第四十四条 本实施办法自2016年4月1日起施行。原国家安全生产监督管理局（国家煤矿安全监察局）2004年5月17日公布、国家安全生产监督管理总局2015年6月8日修改的《煤矿企业安全生产许可证实施办法》同时废止。

国家企业技术中心认定管理办法

（2016年2月26日 中华人民共和国国家发展和改革委员会 中华人民共和国科学技术部 中华人民共和国财政部 中华人民共和国海关总署 国家税务总局令第34号公布 自2016年4月1日起实施）

第一章 总 则

第一条 为深入实施创新驱动发展战略，贯彻落实《中共中央、国务院关于深化科技体制改革加快国家创新体系建设的意见》，进一步强化企业技术创新主体地位，引导和支持企业增强技术创新能力，健全技术创新市场导向机制，规范国家企业技术中心管理，依据《中华人民共和国科学技术进步法》，特制定本办法。

第二条 本办法所称企业技术中心，是指企业根据市场竞争需要设立的技术研发与创新机构，负责制定企业技术创新规划、开展产业技术研发、创造运用知识产权、建立技术标准体系、凝聚培养创新人才、构建协同创新网络、推进技术创新全过程实施。

第三条 国家鼓励和支持企业建立技术中心，发挥企业在技术创新中的主体作用，建立健全企业主导产业技术研发创新的体制机制。国家根据创新驱动发展要求和经济结构调整需要，对创新能力强、创新机制好、引领示范作用大、符合条件的企业技术中心予以认定，并给予政策支持，鼓励引导行业骨干企业带动产业技术进步和创新能力提高。

第四条 国家发改委、科技部、财政部、海关总署、税务总局负责指导协调国家企业技术中心相关工作。国家发改委牵头开展国家企业技术中心的认定与运行评价。

各省（自治区、直辖市）、计划单列市及新疆生产建设兵团发展改革部门或地方人民政府指定的部门会同同级管理部门，负责国家企业技术中心的申报、管理等事项。

第二章 国家企业技术中心认定

第五条 国家企业技术中心的认定，原则上每年进行一次。地方政府主管部门根据国家发改委通知要求报送申请材料，受理截止日期为当年5月31日。

第六条 国家企业技术中心应当具备以下基本条件：

（1）企业在行业中具有显著的发展优势和竞争优势，具有行业领先的技术创新能力和水平；

(2)企业具有较好的技术创新机制,企业技术中心组织体系健全,创新效率和效益显著;

(3)有较高的研究开发投入,年度研究与试验发展经费支出额不低于1 500万元;拥有技术水平高、实践经验丰富的技术带头人,专职研究与试验发展人员数不少于150人;

(4)具有比较完善的研究、开发、试验条件,技术开发仪器设备原值不低于2 000万元;有较好的技术积累,重视前沿技术开发,具有开展高水平技术创新活动的能力;

(5)具有省级企业技术中心资格两年以上。

企业在申请受理截止日期前三年内,不得存在下列情况:

(1)因违反海关法及有关法律、行政法规,构成走私行为,受到刑事、行政处罚,或因严重违反海关监管规定受到行政处罚;

(2)因违反税收征管法及有关法律、行政法规,构成偷税、骗取出口退税等严重税收违法行为;

(3)司法、行政机关认定的其他严重违法失信行为。

第七条 地方政府主管部门会同同级管理部门,根据本办法及当年国家发改委发布的通知,推荐符合条件的企业技术中心,并将推荐企业技术中心名单及其申请材料(一式二份)报送国家发改委。

申请材料主要包括企业技术中心申请报告、评价表及必要的证明材料。

第八条 母公司技术中心已是国家企业技术中心的,地方政府主管部门不得再推荐其下属子公司申请国家企业技术中心。但从事业务领域与母公司不同的子公司,可推荐其申请母公司国家企业技术中心分中心。

子公司技术中心已是国家企业技术中心的,地方政府主管部门在推荐其母公司申请国家企业技术中心时,应在推荐意见中明确提出将其子公司国家企业技术中心调整为分中心或撤销的意见。

国家企业技术中心分中心的申请程序和要求与国家企业技术中心相同。

第九条 国家发改委委托第三方机构,依据评价指标体系对地方政府主管部门推荐的企业技术中心申请材料进行初评,并根据初评结果委托第三方机构组织专家评审。

国家发改委会同科技部、财政部、海关总署、税务总局,根据专家评审意见以及国家产业政策、国家进口税收税式支出的总体原则及年度方案等综合评估,确认认定结果,并通过国家发改委官方网站予以公示。

第十条 国家发改委会同科技部、财政部、海关总署、税务总局,在受理地方政府主管部门申报材料之日起90个工作日之内联合发文,向地方政府主管部门及同级管理部门通报认定结果。

第三章 运行评价

第十一条 国家发改委会同科技部、财政部、海关总署、税务总局,原则上每两年组织一次国家企业技术中心运行评价。国家发改委于评价年度下发评价通知。

地方政府主管部门对国家企业技术中心评价材料真实性出具意见,并于评价年度的5月31日前将评价材料报送国家发改委。

评价材料主要包括国家企业技术中心工作总结、评价表及必要的证明材料。

第十二条 国家发改委委托第三方机构,依据评价指标体系,对地方政府主管部门报送的评价材料进行评价,并形成评价结果和评价报告。

第十三条 评价结果分为优秀、良好、基本合格和不合格:

(1)评价得分90分及以上为优秀;

(2)评价得分65~90分(不含90分)为良好;

(3)评价得分60~65分(不含65分)为基本合格;

(4)评价得分低于60分为不合格。

第十四条 国家发改委会同科技部、财政部、海关总署、税务总局对评价结果进行确认。国家发改委在受理评价材料之日起70个工作日内,向地方政府主管部门通报评价结果。

第四章 鼓励政策

第十五条 国家企业技术中心和国家企业技术中心分中心进口科技开发用品按照国家相关税收政策执行。

经海关确认后,国家企业技术中心可按有关规定，将免税进口的科技开发用品放置在其异地非独立法人分支机构使用。

第十六条 国家发改委结合企业技术中心创新能力建设、高技术产业化、战略性新兴产业发展等工作，对国家企业技术中心予以支持。

第十七条 国家支持国家企业技术中心承担中央财政科技计划（专项、基金等）的研发任务。

第五章 监督管理

第十八条 地方政府主管部门应于每年8月30日前，将国家企业技术中心所在企业发生更名、重组等变更情况报送国家发改委，同时抄送地方同级管理部门。

第十九条 国家发改委会同科技部、财政部、海关总署、税务总局，每年对地方政府主管部门报送的企业变更情况进行确认。其中，对经确认取消国家企业技术中心资格的，自该国家企业技术中心所在企业发生更名、重组等变更之日起，停止享受科技开发用品免征进口税收政策。

第二十条 自国家企业技术中心所在企业发生更名、重组等变更之日起，该企业所属国家企业技术中心进口的有关科技开发用品，经海关审核符合有关规定，可办理凭税款担保放行手续。待国家企业技术中心所在企业更名情况确认后，根据确认结果办理已凭税款担保放行的有关进口科技开发用品的税款征免手续。

第二十一条 母公司技术中心已认定为国家企业技术中心的，其子公司原有国家企业技术中心的资格应予调整。其中，从事业务领域与母公司不同的，可调整为其母公司国家企业技术中心分中心；业务领域与母公司一致的，取消其国家企业技术中心资格。

地方政府主管部门推荐母公司申请国家企业技术中心时，没有提出对其子公司国家企业技术中心调整意见的，视同母公司与子公司业务领域相同。

第二十二条 地方政府主管部门报送的企业材料和数据应当真实可靠。企业提供虚假材料和数据的行为，经核实，将纳入国家统一的信用信息平台。

第二十三条 有下列情况之一的，撤销国家企业技术中心资格：

（1）运行评价不合格；

（2）逾期未报送评价材料；

（3）提供虚假材料和数据；

（4）主要由于技术原因发生重大质量、安全事故；

（5）因违反海关法及有关法律、行政法规，构成走私行为，受到刑事、行政处罚，或因严重违反海关监管规定受到行政处罚；

（6）因违反税收征管法及有关法律、行政法规，构成偷税、骗取出口退税等严重税收违法行为；

（7）司法、行政机关认定的其他严重违法失信行为；

（8）企业被依法终止。

第二十四条 因本办法第二十三条第（1）、（2）项所列原因被撤销国家企业技术中心资格的，自撤销之日起，地方政府主管部门两年内不得再次推荐该企业。

因本办法第二十三条第（3）~（7）项所列原因被撤销国家企业技术中心资格的，自撤销之日起，地方政府主管部门三年内不得再次推荐该企业。

地方政府主管部门负责指导和督促评价基本合格的国家企业技术中心改进工作。

第二十五条 各直属海关对推荐申请国家企业技术中心的企业和国家企业技术中心所在企业是否存在本办法第六条第二款第（1）项、第二十三条第（5）项所列情况进行核查，具体核查要求由海关总署另行确定。

税务机关对推荐申请国家企业技术中心的企业和国家企业技术中心所在企业是否存在本办法第六条第二款第（2）项、第二十三条第（6）项情况进行核查，具体核查要求由税务总局另行确定。

第二十六条 国家发改委会同科技部、财政部、海关总署、税务总局联合发文，向地方政府主管部门及同级管理部门通报国家企业技术中心调整、撤销和更名结果。

第六章 附 则

第二十七条 各地方政府主管部门可参考本办法，结合本地实际，在职责范围内依法制定相应政策，支持企业技术中心建设。

第二十八条 本办法涉及的申请材料、评价材料和评价指标体系的内容和要求，由国家发改委商科技部、财政部、海关总署、税务总局后另行发布并适时调整。

第二十九条 依据《中华人民共和国政府信息公开条例》,国家企业技术中心认定的相关信息向社会公开。国家企业技术中心的认定、运行评价等,逐步实现网上办理。

第三十条 本办法自2016年4月1日起施行。《鼓励和支持大型企业和企业集团建立技术中心暂行办法》(国经贸〔1993〕261号)和《国家认定企业技术中心管理办法》(第53号令)同时废止。

第三十一条 本办法由国家发改委会同科技部、财政部、海关总署、税务总局负责解释。

能源效率标识管理办法

(2016年2月29日 中华人民共和国国家发展和改革委员会 国家质量监督检验检疫总局令第35号公布 自2016年6月1日起施行)

第一章 总 则

第一条 为加强节能管理,推动节能技术进步,提高用能产品能源效率,依据《中华人民共和国节约能源法》《中华人民共和国产品质量法》《中华人民共和国进出口商品检验法》及其实施条例、《中华人民共和国认证认可条例》,制定本办法。

第二条 本办法所称能源效率标识(简称"能效标识"),是指表示用能产品能源效率等级等性能指标的一种信息标识,属于产品符合性标志的范畴。

第三条 国家对节能潜力大、使用面广的用能产品实行能效标识管理。具体产品实行目录管理。

国家发改委、国家质检总局和国家认证认可监督管理委员会(简称"国家认监委")负责能效标识管理制度的建立并组织实施。国家发改委会同国家质检总局、国家认监委制定并公布《中华人民共和国实行能源效率标识的产品目录》(简称《目录》),规定统一适用的产品能效标准、实施规则、能效标识样式和规格。

第四条 地方各级人民政府管理节能工作的部门(简称"地方节能主管部门")、地方各级质量技术监督部门和出入境检验检疫机构(简称"地方质检部门"),在各自职责范围内对所辖区域内能效标识的使用实施监督管理。

第五条 列入《目录》的用能产品生产者和进口商应当向国家质检总局和国家发改委授权的中国标准化研究院(简称"授权机构")备案能效标识及相关信息。

第二章 能效标识的实施

第六条 生产者和进口商应当对列入《目录》的用能产品标注能效标识,根据国家统一规定的能效标识样式、规格以及标注规定印制和使用能效标识,并在产品包装物上或者使用说明书中予以说明。

列入《目录》的用能产品通过网络交易的,还应当在产品信息展示主页面醒目位置展示相应的能效标识。

在产品包装物、说明书、网络交易产品信息展示主页面以及广告宣传中使用的能效标识,可按比例放大或者缩小,并清晰可辨。

第七条 能效标识的名称为"中国能效标识"(英文名称为China Energy Label),能效标识应当包括以下基本内容:

(1)生产者名称或者简称;

(2)产品规格型号;

(3)能效等级;

(4)能效指标;

(5)依据的能源效率强制性国家标准编号;

(6)能效信息码。

列入国家能效"领跑者"目录的产品,还应当包括能效"领跑者"相关信息。

第八条 列入《目录》的用能产品生产者和进口商,可以利用自有检测实验室或者委托依法取得资质认定的第三方检验检测机构，对产品进行检测，并依据能源效率强制性国家标准，确定产品能效等级。

企业自有检测实验室应当依据相关产品能源效率强制性国家标准规定的检测方法和要求进行检测，如实出具产品能效检测报告。

第三方检验检测机构接受生产者和进口商的委托，应当依据相关产品能源效率强制性国家标准规定的检测方法和要求进行检测，保证检测结果客观公正、真实准确，保守受检产品和企业的商业秘密，并承担相应法律责任。

第九条 利用自有检测实验室检测确定能效等级的生产者和进口商，应当保证其检测实验室具备按照能源效率强制性国家标准进行检测的能力，并鼓励其取得国家认可机构的认可。

利用自有检测实验室检测确定能效等级的生产者和进口商，对其检测实验室出具的产品能效检测报告负责，并承担相应法律责任。

第十条 列入《目录》的用能产品，生产者应当于出厂前、进口商应当于进口前向授权机构申请备案。能效标识备案应当提交以下材料：

(1)生产者营业执照或者登记注册证明复制件；进口商营业执照以及与境外生产者订立的相关合同复制件；

(2)产品能效检测报告；

(3)能效标识样本；

(4)产品基本配置清单等有关材料；

(5)利用自有检测实验室进行检测的，应当提供实验室检测能力证明材料(包括实验室人员能力、设备能力和检测管理规范)，已经获得国家认可机构认可的，还应当提供相应认可证书复制件；利用第三方检验检测机构进行检测的，应当提供检验检测机构的资质认定证书复制件。

(6)由代理人提交备案材料的，应当有生产者或者进口商的委托代理文件等。

上述材料应当真实、准确、完整。

外文材料应当附有中文译本，并以中文文本为准。

第十一条 进境的列入《目录》的用能产品符合下列情形之一的，可以免于标注能效标识及备案：

(1)外国驻华使馆、领事馆或者国际组织驻华机构及其外交人员的自用物品；

(2)香港、澳门特别行政区政府驻大陆官方机构及其工作人员的自用物品；

(3)入境人员随身从境外带入境内的自用物品；

(4)外国政府援助、赠送的物品；

(5)为科研、测试所需的产品；

(6)为考核技术引进生产线所需的零部件；

(7)直接为最终用户维修目的所需的产品；

(8)工厂生产线、成套生产线配套所需的设备和部件(不包含办公用品)。

第十二条 能效标识内容发生变化的，应当重新备案。

第十三条 授权机构应当对生产者和进口商使用的能效标识及产品能效检测报告进行核验。

第十四条 授权机构应当自收到完整备案材料之日起10个工作日内完成能效标识的备案工作，并于备案完成之日起5个工作日内公告备案的能效标识样本。

能效标识备案不收取费用。

第十五条 生产者和进口商应当对其标注的能效标识及相关信息的准确性负责。

第十六条 销售者(含网络商品经营者)应当建立并执行进货检查验收制度，验明列入《目录》的用能产品能效标识，不得销售应当标注而未标注能效标识的产品。

第三方交易平台(场所)经营者对通过平台(场所)销售的列入《目录》的用能产品应当建立能效标识检查监控制度，发现违反本办法规定行为的，应当及时采取措施制止。

第十七条 任何单位和个人不得伪造、冒用能效标识或者利用能效标识进行虚假宣传。

第三章 监督管理

第十八条 国家质检总局负责组织实施对能效标识使用的监督检查、专项检查和验证管理。

地方质检部门负责对所辖区域内能效标识的使用实施监督检查、专项检查和验证管理，发现有违反本办法规定行为的，通报同级节能主管部门，并通知授权机构。

第十九条 授权机构应当撤销能效不合格产品生产者或者进口商的相关备案信息并及时公告。

第二十条 列入《目录》的用能产品生产者、进口商、销售者(含网络商品经营者)、第三方交易平台(场所)经营者、企业自有检测实验室和第三方检验检测机构应当接受监督检查、专项检查和验证管理。

企业自有检测实验室、第三方检验检测机构在能效检测中,伪造检验检测结果或者出具虚假能效检测报告的,授权机构自发现之日起一年内不再采信其检验检测结果。

第二十一条 授权机构应当建立规范的工作制度,客观、公正开展备案工作,保守备案产品和企业的商业秘密。

第二十二条 任何单位和个人对违反本办法规定的行为,可以向地方节能主管部门、地方质检部门举报。地方节能主管部门、地方质检部门应当及时调查处理,并为举报人保密,授权机构应当予以配合。

第二十三条 国家发改委、国家质检总局和国家认监委对违反本办法规定的行为建立信用记录,并纳入全国统一的信用信息共享交互平台。

第四章 罚 则

第二十四条 地方节能主管部门、地方质检部门依据《中华人民共和国节约能源法》等相关法律法规,在各自的职责范围内对违反本办法规定的行为进行处罚。

第二十五条 生产、进口、销售不符合能源效率强制性国家标准的用能产品,依据《中华人民共和国节约能源法》第七十条予以处罚。

第二十六条 在用能产品中掺杂、掺假,以假充真、以次充好,以不合格品冒充合格品的,或者进口属于掺杂、掺假,以假充真、以次充好,以不合格品冒充合格品的用能产品的,依据《中华人民共和国产品质量法》第五十条、《中华人民共和国进出口商品检验法》第三十五条的规定予以处罚。

第二十七条 违反本办法规定,应当标注能效标识而未标注的,未办理能效标识备案的,使用的能效标识不符合有关样式、规格等标注规定的(包括不符合网络交易产品能效标识展示要求的),伪造、冒用能效标识或者利用能效标识进行虚假宣传的,依据《中华人民共和国节约能源法》第七十三条予以处罚。

第二十八条 违反本办法规定,企业自有检测实验室、第三方检验检测机构在能效检测中,伪造检验检测结果或者出具虚假能效检测报告的,依据《中华人民共和国产品质量法》《检验检测机构资质认定管理办法》予以处罚。

第二十九条 从事能效标识管理的国家工作人员及授权机构工作人员,玩忽职守、滥用职权或者包庇纵容违法行为的,依法予以处分;构成犯罪的,依法追究刑事责任。

第五章 附 则

第三十条 本办法由国家发改委、国家质检总局负责解释。

第三十一条 本办法自2016年6月1日起施行。2004年8月13日国家发改委、国家质检总局令第17号发布的《能源效率标识管理办法》同时废止。

流通领域商品质量监督管理办法

(2016年3月17日 国家工商行政管理总局令第85号公布 自2016年5月1日起施行)

第一章 总 则

第一条 为加强流通领域商品质量监督管理,保护消费者合法权益,维护社会经济秩序,根据《中华人民共和国消费者权益保护法》《中华人民共和国产品质量法》等法律、行政法规,制定本办法。

第二条 县级以上工商行政管理部门(包括履行工商行政管理职责的市场监督管理部门,下同)依照法律、法规以及本办法的规定,对本行政区域内的流通领域商品质量进行监督管理,依法查处商品质量违法行为。

第三条 工商行政管理部门对流通领域商品质量实行以抽查为主要方式的监督检查制度，加强商品质量监督管理，督促经营者履行商品质量义务，保护消费者合法权益。

第四条 工商行政管理部门建立情况通报、信息共享、案件移送、监管联动的机制，加强执法协作，提高监管执法效能。

第五条 工商行政管理部门对商品质量违法行为实施行政处罚，应当依照公正、公开、及时的原则，坚持处罚与教育相结合，教育和督促经营者自觉履行法定义务。

第二章 经营者的商品质量义务

第六条 销售者应当建立健全进货检查验收、停止销售及退换货等商品质量管理制度，保障商品质量，按照法律、法规以及本办法的规定和对消费者的承诺履行商品质量义务，承担商品质量责任。

第七条 销售者应当严格执行进货检查验收制度，如实记录进货检查验收情况，并根据商品特点采取必要的保管措施，保持所销售商品的质量。

检查验收的内容主要包括：

(1)供货商的主体资格；

(2)商品合格证明和其他标识；

(3)对依照法律、法规规定实行生产许可证或者强制性产品认证制度的商品，查验其许可证、认证证书。

第八条 销售的商品或者其包装上的标识应当真实、准确、便于识别，不得误导消费者，并符合下列要求：

(1)有商品质量检验合格证明；

(2)有中文标明的商品名称、生产厂厂名和厂址；

(3)根据商品的特点和使用要求，需要标明的商品规格、等级、所含主要成分、含量以及其他需要事先让消费者知晓的内容；

(4)限期使用的商品应当在显著位置清晰标明生产日期和安全使用期或者失效日期；

(5)使用不当，容易造成商品本身损坏或者可能危及人身、财产安全的商品，应当有明确的警示标志或者中文警示说明；

(6)其他法律、法规及强制性标准规定应当标明的内容。

销售者销售的使用自己的商标、委托他人生产的商品，应当按照本条前款的规定进行标注。

根据商品的特点难以附加标识的裸装商品，可以不附加商品标识。

第九条 销售的进口商品应当符合下列要求：

(1)有中文标明的商品名称、产地以及进口商或者总经销者名称和地址；

(2)关系人体健康和人身、财产安全或者对使用、维护有特殊要求的商品，应当附有中文说明书；

(3)限期使用的商品，应当有中文注明的失效日期；

(4)用进口散件组装或者分装的商品，商品或者包装上应当有中文注明的组装或者分装厂厂名、厂址。

第十条 销售者不得销售下列商品：

(1)不符合保障人体健康和人身、财产安全的国家标准、行业标准的商品；

(2)不符合在商品或者其包装上标注采用的产品标准的商品，不符合以商品说明、实物样品等方式表明的质量状况的商品，不具备应当具备的使用性能的商品；

(3)国家明令淘汰并禁止销售的商品；

(4)伪造产地，伪造或者冒用他人的厂名、厂址，伪造或者冒用认证标志等质量标志的商品；

(5)失效、变质的商品；

(6)篡改生产日期的商品。

第十一条 销售者销售商品，不得掺杂、掺假，不得以假充真、以次充好，不得以不合格商品冒充合格商品。

第十二条 销售的商品存在使用性能的瑕疵但不违反法律强制性规定的，销售者应当在商品、包装或者销售场所的显著位置清晰地标明“处理品”“残次品”“等外品”等，并以告示等方式如实说明商品的瑕疵或者实际质量状况。

第十三条 销售者不得购进或者销售无厂名、厂址等来源不明的商品。

第十四条 奖品、赠品等视同销售的商品，应当符合本办法第八条至第十三条规定。

第十五条 服务业的经营者不得将本办法第十条、第十一条规定禁止销售的商品用于经营性服务。

第十六条 销售者销售的商品不符合质量要求的，应当依照国家规定、当事人约定履行退货、更换、修理等义务。没有国家规定和当事人约定的，消费者可以自收到商品之日起七日内退货；七日后符合法定解除合同条件的，消费者可以及时退货，不符合法定解除合同条件的，可以要求经营者履行更换、修理等义务。

对依法经有关行政部门认定为不合格的商品，消费者要求退货的，销售者应当负责退货。

第十七条 销售者采用网络、电视、电话、邮购等方式销售商品的，消费者有权自收到商品之日起七日内退货。销售者应当依照法律规定承担无理由退货义务。

第十八条 销售者应当及时履行商品修理、重作、更换、退货、补足商品数量、退还货款和服务费用或者赔偿损失等义务，不得故意拖延或者无理拒绝。

第十九条 销售者发现其提供的商品存在缺陷，有危及人身、财产安全危险的，应当立即向工商行政管理部门报告和告知消费者，并采取停止销售、警示等措施。

第二十条 经营者对知道或者应当知道属于本办法第十条、第十一条规定禁止销售的商品，不得为其提供运输、保管、仓储等便利条件。

第二十一条 商品经营柜台出租者、商品展销会举办者、网络交易平台提供者、广播电视购物平台经营者，应当对申请进入其经营场所或者平台销售商品的经营者的主体资格履行审查登记义务。

商品经营柜台出租者、商品展销会举办者、网络交易平台提供者、广播电视购物平台经营者接到工商行政管理部门责令停止销售通知或者公告后，应当要求并监督销售者停止销售相关商品，及时停止为相关商品提供入场经营或者平台服务，配合工商行政管理部门做好监督管理工作。

第三章 商品质量的监督检查

第二十二条 工商行政管理部门应当按照法律、法规、本办法规定以及随机抽查实施方案的统一安排，随机抽查辖区内经营者，随机选派执法人员，对销售的商品以及经营性服务中使用的商品进行监督检查。

随机抽查的内容主要包括：进货检查验收制度执行情况，商品的质量检验合格证明、说明书以及生产厂厂名、厂址、警示标志等标识标注情况，其他应当向消费者提供的商品信息。

工商行政管理部门对消费者、有关组织、大众传播媒介反映的以及行政执法中发现有质量问题的商品，应当开展重点检查。

第二十三条 工商行政管理部门应当按照流通领域商品质量抽查检验有关规定开展抽查检验工作，运用大数据分析等手段，科学确定线上线下抽查检验的重点，制定抽查检验计划和实施方案，不得随意抽查检验。

抽查检验应当依据法律、法规、强制性标准和其他有关规定，以及商品或者其包装上注明采用的产品标准或者商品说明、实物样品等方式表明的质量状况进行商品质量判定。

抽查检验结果应当及时向社会公布。

第二十四条 工商行政管理部门依据监督检查职权或者通过投诉、举报、其他机关移送、上级机关交办等途径发现、查处商品质量违法行为，并通过企业信用信息公示系统向社会公示行政处罚信息。

第二十五条 工商行政管理部门对涉嫌商品质量违法行为进行查处时，依法行使下列职权：

（1）对当事人涉嫌从事违法活动的场所实施现场检查；

（2）向当事人的法定代表人、主要负责人、其他有关人员以及相关经营者调查、了解与涉嫌违法活动有关的情况；

（3）查阅、复制当事人有关的合同、发票、进货台账、销售台账、财务账簿以及其他有关资料；

（4）对有根据认为不符合保障人体健康和人身、财产安全的国家标准、行业标准的商品或者有其他严重质量问题的商品，以及直接用于销售该商品的原辅材料、包装物、专用工具，予以查封或者扣押；

（5）法律、法规规定的其他职权。

第二十六条 对经抽查检验并依法认定的不合格商品，工商行政管理部门应当责令销售者立即停止销售。对发现销售有不符合保障人体健康和人身、财产安全的国家标准、行业标准的商品的，应当责令辖区内销售者立即停止销售同一商标的同一规格型号的商品，及时对该商品的供货者进行追查；供货者不在本辖区的，应当将相关线索通报供货者所在地工商行政管理部门。属于生产者责任引起的商品质量违法行为，应当将相关线索通报生产者所在地相关行政部门。

第二十七条 工商行政管理部门根据市场监督检查情况,适时发布商品质量安全风险警示和消费提示。

第二十八条 工商行政管理部门在法定职权范围内,可以对经营者实施行政指导,综合运用建议、约谈、示范等方式引导经营者合法规范经营。

第二十九条 经营者对工商行政管理部门依法进行的监督检查应当配合,不得拒绝。

第四章 法律责任

第三十条 销售者违反本办法第八条和第九条规定的,依照《中华人民共和国产品质量法》第五十四条的规定予以处罚;销售者违反本办法第十条第(一)项至第(五)项、第十一条、第十二条和第十四条规定的,依照《中华人民共和国产品质量法》第四十九条至第五十三条的规定予以处罚;经营者违反本办法第十条第(六)项、第十六条、第十七条、第十八条、第十九条规定的,依照《中华人民共和国消费者权益保护法》第五十六条的规定予以处罚;经营者违反本办法第二十条规定的,依照《中华人民共和国产品质量法》第六十一条的规定予以处罚;经营者违反本办法第十五条规定的,依照《中华人民共和国产品质量法》第六十二条的规定予以处罚;经营者违反本办法第二十九条规定的,依照《中华人民共和国产品质量法》第五十六条的规定予以处罚。

第三十一条 对为销售者提供不符合保障人体健康和人身、财产安全的国家标准、行业标准的商品的供货者,依照《中华人民共和国产品质量法》第四十九条的规定,责令停止销售,没收违法销售的商品,并处违法销售商品(包括已售出和未售出的商品)货值金额等值以上3倍以下的罚款;有违法所得的,并处没收违法所得;情节严重的,吊销营业执照。

第三十二条 销售者违反本办法第十三条规定的,责令改正,处违法所得三倍以下但不超过3万元的罚款;没有违法所得的,处1万元以下的罚款。

第三十三条 商品经营柜台出租者、商品展销会举办者、网络交易平台提供者、广播电视购物平台经营者对申请进入其经营场所或者平台销售商品的经营者的主体资格未履行审查登记义务,或者拒绝协助工商行政管理部门对涉嫌违法行为采取措施、开展调查的,责令改正;拒不改正的,处1万元以上3万元以下的罚款。

第三十四条 销售者主动消除或者减轻商品质量违法行为危害后果,采取退市等措施,自觉解决消费纠纷的,应当依法从轻或者减轻处罚。

销售者有充分证据证明其不知道所销售的商品为禁止销售的商品并如实说明进货来源的,可以依法从轻或者减轻处罚。

第三十五条 经营者对工商行政管理部门作出的行政处罚决定不服的,可以依法申请行政复议或者提起行政诉讼。

第三十六条 工商行政管理执法人员滥用职权、玩忽职守、徇私舞弊的,依法给予行政处分;情节严重构成犯罪的,依法移送司法机关。

第五章 附 则

第三十七条 本办法所称的销售包括销售者通过实体店、网络、电视、电话、邮购、直销等方式提供商品。

第三十八条 本办法由国家工商行政管理总局负责解释。

第三十九条 本办法自2016年5月1日起施行。

工业节能管理办法

(2016年4月27日 中华人民共和国工业和信息化部令第33号公布 自2016年6月30日起施行)

第一章 总 则

第一条 为了加强工业节能管理,健全工业节能管理体系,持续提高能源利用效率,推动绿色低碳循环发展,促进生态文明建设,根据《中华人民共和国节约能源法》等法律、行政法规,制定本办法。

第二条 本办法所称工业节能，是指在工业领域贯彻节约资源和保护环境的基本国策，加强工业用能管理，采取技术上可行、经济上合理以及环境和社会可以承受的措施，在工业领域各个环节降低能源消耗，减少污染物排放，高效合理地利用能源。

第三条 本办法适用于中华人民共和国境内工业领域的用能及节能监督管理活动。

第四条 工业和信息化部负责全国工业节能监督管理工作，组织制定工业能源战略和规划、能源消费总量控制和节能目标、节能政策和标准，组织协调工业节能新技术、新产品、新设备、新材料的推广应用，指导和组织工业节能监察工作等。

县级以上地方人民政府工业和信息化主管部门负责本行政区域内工业节能监督管理工作。

第五条 工业企业是工业节能主体，应当严格执行节能法律、法规、规章和标准，加快节能技术进步，完善节能管理机制，提高能源利用效率，并接受工业和信息化主管部门的节能监督管理。

第六条 鼓励行业协会等社会组织在工业节能规划、节能标准的制定和实施、节能技术推广、能源消费统计、节能宣传培训和信息咨询、能效水平对标达标等方面发挥积极作用。

第二章 节能管理

第七条 各级工业和信息化主管部门应当编制并组织实施工业节能规划或者行动方案。

第八条 各级工业和信息化主管部门应当加强产业结构调整，会同有关部门制定有利于工业节能减排的产业政策，综合运用阶梯电价、差别电价、惩罚性电价等价格政策，以及财税支持、绿色金融等手段，推动传统产业绿色化改造和节能产业发展。

各级工业和信息化主管部门应当推动高效节能产品和设备纳入政府采购名录，在政府性投资建设项目招标中优先采用。

第九条 工业和信息化部建立工业节能技术、产品的遴选、评价及推广机制，发布先进适用工业节能技术、高效节能设备（产品）推荐目录，以及达不到强制性能效标准的落后工艺技术装备淘汰目录。加快先进工业节能技术、工艺和设备的推广应用，加强工业领域能源需求侧管理，培育工业行业能效评估中心，推进工业企业节能技术进步。

鼓励关键节能技术攻关和重大节能装备研发，组织实施节能技术装备产业化示范，促进节能装备制造业发展。

第十条 工业和信息化部依法组织制定并适时修订单位产品能耗限额、工业用能设备（产品）能源利用效率等相关标准以及节能技术规范，并组织实施和监督。

鼓励地方和工业企业依法制定严于国家标准、行业标准的地方工业节能标准和企业节能标准。

引导行业协会等社会组织和产业技术联盟根据本行业特点制定团体节能标准。

第十一条 工业和信息化部组织编制工业能效指南，发布主要耗能行业产品（工序）等工业能效相关指标，建立行业能效水平指标体系并实行动态调整。

第十二条 各级工业和信息化主管部门根据工业能源消费状况和工业经济发展情况，研究提出本行政区域工业能源消费总量控制目标和节能目标，实行目标管理。

第十三条 各级工业和信息化主管部门应当依据职责对工业企业固定资产投资项目节能评估报告开展有关节能审查工作。对通过审查的项目，应当加强事中事后监管，对节能措施落实情况进行监督管理。

第十四条 各级工业和信息化主管部门应当定期分析工业能源消费和工业节能形势，建立工业节能形势研判和工业能耗预警机制。

第十五条 各级工业和信息化主管部门应当建立工业节能管理岗位人员和专业技术人员的教育培训机制，制定教育培训计划和大纲，组织开展专项教育和岗位培训。

各级工业和信息化主管部门应当开展工业节能宣传活动，积极宣传工业节能政策法规、节能技术和先进经验等。

第十六条 各级工业和信息化主管部门应当培育节能服务产业发展，支持节能服务机构开展工业节能咨询、设计、评估、计量、检测、审计、认证等服务，积极推广合同能源管理、节能设备租赁、政府和社会资本合作模式、节能自愿协议等节能机制。科学确立用能权、碳排放权初始分配，开展用能权、碳排放权交易相关工作。

第三章　节能监察

第十七条　工业和信息化部指导全国的工业节能监察工作，组织制定和实施全国工业节能监察年度工作计划。

县级以上地方人民政府工业和信息化主管部门应当结合本地区实际情况，组织实施本地区工业节能监察工作。

第十八条　各级工业和信息化主管部门应当加强节能监察队伍建设，建立健全节能监察体系。

节能监察机构所需经费依法列入同级财政预算，支持完善硬件设施、加强能力建设、开展业务培训。实施节能监察不得向监察对象收取费用。

第十九条　各级工业和信息化主管部门应当组织节能监察机构，对工业企业执行节能法律法规情况、强制性单位产品能耗限额及其他强制性节能标准贯彻执行情况、落后用能工艺技术设备（产品）淘汰情况、固定资产投资项目节能评估和审查意见落实情况、节能服务机构执行节能法律法规情况等开展节能监察。

各级工业和信息化主管部门应当明确年度工业节能监察重点任务，并根据需要组织节能监察机构开展联合监察、异地监察等。

工业和信息化部可以根据需要委托地方节能监察机构执行有关专项监察任务。

第二十条　工业节能监察应当主要采取现场监察方式，必要时可以采取书面监察等方式。现场监察应当由两名以上节能监察人员进行，可以采取勘察、采样、拍照、录像、查阅有关文件资料和账目，约见和询问有关人员，对用能产品、设备和生产工艺的能源利用状况进行监测和分析评价等措施。

第二十一条　节能监察机构应当建立工业节能监察情况公布制度，定期公开工业节能监察结果，主动接受社会监督。

第四章　工业企业节能

第二十二条　工业企业应当加强节能减排工作组织领导，建立健全能源管理制度，制定并实施企业节能计划，提高能源利用效率。

第二十三条　工业企业应当设立可测量、可考核的年度节能指标，完善节能目标考核奖惩制度，明确岗位目标责任，加强激励约束。

第二十四条　工业企业对各类能源消耗实行分级分类计量，合理配备和使用符合国家标准的能源计量器具，提高能源计量基础能力，确保原始数据真实、准确、完整。

第二十五条　工业企业应当明确能源统计人员，建立健全能源原始记录和统计台账，加强能源数据采集管理，并按照规定报送有关统计数据和资料。

第二十六条　工业企业应当严格执行国家用能设备（产品）能效标准及单位产品能耗限额标准等强制性标准，禁止购买、使用和生产国家明令淘汰的用能设备（产品），不得将国家明令淘汰的用能工艺、设备（产品）转让或者租借他人使用。

第二十七条　鼓励工业企业加强节能技术创新和技术改造，开展节能技术应用研究，开发节能关键技术，促进节能技术成果转化，采用高效的节能工艺、技术、设备（产品）。

鼓励工业企业创建“绿色工厂”，开发应用智能微电网、分布式光伏发电、余热余压利用和绿色照明等技术，发展和使用绿色清洁低碳能源。

第二十八条　工业企业应当定期对员工进行节能政策法规宣传教育和岗位技术培训。

第五章　重点用能工业企业节能

第二十九条　加强对重点用能工业企业的节能管理。重点用能工业企业包括：

（1）年综合能源消费总量10 000吨标准煤（分别折合8 000万千瓦时用电、6 800吨柴油或者760万立方米天然气）以上的工业企业；

（2）省（自治区、直辖市）工业和信息化主管部门确定的年综合能源消费总量5 000吨标准煤（分别折合4 000万千瓦时用电、3 400吨柴油或者380万立方米天然气）以上不满10 000吨标准煤的工业企业。

第三十条　工业和信息化部加强对全国重点用能工业企业节能管理的指导、监督。

省（自治区、直辖市）工业和信息化主管部门对本行政区域内重点用能工业企业节能实施监督管理。

设区的市和县级人民政府工业和信息化主管部门在上级工业和信息化主管部门的指导下，对重点用能工业企业实施属地管理，并可以根据实际情况，确定重点用能工业企业以外的工业企业开展节能监督管理。

第三十一条 重点用能工业企业应当根据能源消费总量和生产场所集中程度、生产工艺复杂程度，设立能源统计、计量、技术和综合管理岗位，任用具有节能专业知识、实际工作经验及中级以上技术职称的企业高级管理人员担任能源管理负责人，形成有岗、有责、全员参与的能源管理组织体系。

重点用能工业企业能源管理岗位设立和能源管理负责人任用情况应当报送有关的工业和信息化主管部门备案。

第三十二条 鼓励重点用能工业企业开展能源审计，并根据审计结果制定企业节能规划和节能技术改造方案，跟踪、落实节能改造项目的实施情况。

第三十三条 重点用能工业企业应当每年向有关的工业和信息化主管部门报送上年度的能源利用状况报告。能源利用状况报告包括能源购入、加工、转换与消费情况，单位产品能耗、主要耗能设备和工艺能耗、能源利用效率，能源管理、节能措施、节能效益分析、节能目标完成情况以及能源消费预测等内容。

第三十四条 重点用能工业企业不能完成年度节能目标的，由有关的工业和信息化主管部门予以通报。

第三十五条 重点用能工业企业应当积极履行社会责任，鼓励重点用能工业企业定期发布包含能源利用、节能管理、员工关怀等内容的企业社会责任报告。

第三十六条 重点用能工业企业应当开展能效水平对标达标活动，确立能效标杆，制定实施方案，完善节能管理，实施重大节能技术改造工程，争创能效“领跑者”。

第三十七条 鼓励重点用能工业企业建设能源管控中心系统，利用自动化、信息化技术，对企业能源系统的生产、输配和消耗实施动态监控和管理，改进和优化能源平衡，提高企业能源利用效率和管理水平。

第三十八条 重点用能工业企业应当建立能源管理体系，采用先进节能管理方法与技术，完善能源利用全过程管理，促进企业节能文化建设。

第六章 法律责任

第三十九条 各级工业和信息化主管部门和相关部门依据职权，对有下列情形之一的工业企业，依照《中华人民共和国节约能源法》等法律法规予以责令限期改正、责令停用相关设备、警告、罚款等，并向社会公开：

(1)用能不符合强制性能耗限额和能效标准的；

(2)能源统计和能源计量不符合国家相关要求的；

(3)能源数据弄虚作假的；

(4)生产、使用国家明令淘汰的高耗能落后用能产品、设备和工艺的；

(5)违反节能法律、法规的其他情形。

第四十条 各级工业和信息化主管部门及节能监察机构工作人员，在工业节能管理中有下列情形之一的，依法给予处分；构成犯罪的，依法追究刑事责任：

(1)泄露企业技术秘密、商业秘密的；

(2)利用职务上的便利谋取非法利益的；

(3)违法收取费用的；

(4)滥用职权、玩忽职守、徇私舞弊的。

第七章 附 则

第四十一条 县级以上地方人民政府工业和信息化主管部门可以依据本办法和本地实际，制定具体实施办法。

第四十二条 本办法自2016年6月30日起施行。

出版物市场管理规定

（2016 年 5 月 31 日　国家新闻出版广电总局　中华人民共和国商务部令第 10 号公布　自 2016 年 6 月 1 日起实行）

第一章　总　则

第一条　为规范出版物发行活动及其监督管理，建立全国统一开放、竞争有序的出版物市场体系，满足人民群众精神文化需求，推进社会主义文化强国建设，根据《出版管理条例》和有关法律、行政法规，制定本规定。

第二条　本规定适用于出版物发行活动及其监督管理。本规定所称出版物，是指图书、报纸、期刊、音像制品、电子出版物。

本规定所称发行，包括批发、零售以及出租、展销等活动。

批发是指供货商向其他出版物经营者销售出版物。

零售是指经营者直接向消费者销售出版物。

出租是指经营者以收取租金的形式向消费者提供出版物。

展销是指主办者在一定场所、时间内组织出版物经营者集中展览、销售、订购出版物。

第三条　国家对出版物批发、零售依法实行许可制度。从事出版物批发、零售活动的单位和个人凭出版物经营许可证开展出版物批发、零售活动；未经许可，任何单位和个人不得从事出版物批发、零售活动。

任何单位和个人不得委托非出版物批发、零售单位或者个人销售出版物或者代理出版物销售业务。

第四条　国家新闻出版广电总局负责全国出版物发行活动的监督管理，负责制定全国出版物发行业发展规划。

省（自治区、直辖市）人民政府出版行政主管部门负责本行政区域内出版物发行活动的监督管理，制定本省（自治区、直辖市）出版物发行业发展规划。省级以下各级人民政府出版行政主管部门负责本行政区域内出版物发行活动的监督管理。

制定出版物发行业发展规划须经科学论证，遵循合法公正、符合实际、促进发展的原则。

第五条　国家保障、促进发行业的发展与转型升级，扶持实体书店、农村发行网点、发行物流体系、发行业信息化建设等，推动网络发行等新兴业态发展，推动发行业与其他相关产业融合发展。对为发行业发展作出重要贡献的单位和个人，按照国家有关规定给予奖励。

第六条　发行行业的社会团体按照其章程，在出版行政主管部门的指导下，实行自律管理。

第二章　申请从事出版物发行业务

第七条　单位从事出版物批发业务，应当具备下列条件：

（1）已完成工商注册登记，具有法人资格；

（2）工商登记经营范围含出版物批发业务；

（3）有与出版物批发业务相适应的设备和固定的经营场所，经营场所面积合计不少于 50 平方米；

（4）具备健全的管理制度并具有符合行业标准的信息管理系统。

本规定所称经营场所，是指企业在工商行政主管部门注册登记的住所。

第八条　单位申请从事出版物批发业务，可向所在地地市级人民政府出版行政主管部门提交申请材料，地市级人民政府出版行政主管部门在接受申请材料之日起 10 个工作日内完成审核，审核后报省（自治区、直辖市）人民政府出版行政主管部门审批；申请单位也可直接报所在地省（自治区、直辖市）人民政府出版行政主管部门审批。

省（自治区、直辖市）人民政府出版行政主管部门自受理申请之日起 20 个工作日内作出批准或者不予批准的决定。批准的，由省（自治区、直辖市）人民政府出版行政主管部门颁发出版物经营许可证，并报国家新闻出版广电总局备案。不予批准的，应当向申请人书面说明理由。

申请材料包括下列书面材料：

（1）营业执照正副本复印件；

（2）申请书，载明单位基本情况及申请事项；

（3）企业章程；

（4）注册资本数额、来源及性质证明；

（5）经营场所情况及使用权证明；

（6）法定代表人及主要负责人的身份证明；

（7）企业信息管理系统情况的证明材料。

第九条 单位、个人从事出版物零售业务，应当具备下列条件：

（1）已完成工商注册登记；

（2）工商登记经营范围含出版物零售业务；

（3）有固定的经营场所。

第十条 单位、个人申请从事出版物零售业务，须报所在地县级人民政府出版行政主管部门审批。

县级人民政府出版行政主管部门应当自受理申请之日起20个工作日内作出批准或者不予批准的决定。批准的，由县级人民政府出版行政主管部门颁发出版物经营许可证，并报上一级出版行政主管部门备案；其中门店营业面积在5 000平方米以上的应同时报省级人民政府出版行政主管部门备案。不予批准的，应当向申请单位、个人书面说明理由。

申请材料包括下列书面材料：

（1）营业执照正副本复印件；

（2）申请书，载明单位或者个人基本情况及申请事项；

（3）经营场所的使用权证明。

第十一条 单位从事中小学教科书发行业务，应取得国家新闻出版广电总局批准的中小学教科书发行资质，并在批准的区域范围内开展中小学教科书发行活动。单位从事中小学教科书发行业务，应当具备下列条件：

（1）以出版物发行为主营业务的公司制法人；

（2）有与中小学教科书发行业务相适应的组织机构和发行人员；

（3）有能够保证中小学教科书储存质量要求的、与其经营品种和规模相适应的储运能力，在拟申请从事中小学教科书发行业务的省（自治区、直辖市）、计划单列市的仓储场所面积在5 000平方米以上，并有与中小学教科书发行相适应的自有物流配送体系；

（4）有与中小学教科书发行业务相适应的发行网络。在拟申请从事中小学教科书发行业务的省、自治区、直辖市、计划单列市的企业所属出版物发行网点覆盖不少于当地70.0%的县（市、区），且以出版物零售为主营业务，具备相应的中小学教科书储备、调剂、添货、零售及售后服务能力；

（5）具备符合行业标准的信息管理系统；

（6）具有健全的管理制度及风险防控机制和突发事件处置能力；

（7）从事出版物批发业务5年以上。最近3年内未受到出版行政主管部门行政处罚，无其他严重违法违规记录。

审批中小学教科书发行资质，除依照前款所列条件外，还应当符合国家关于中小学教科书发行单位的结构、布局宏观调控和规划。

第十二条 单位申请从事中小学教科书发行业务，须报国家新闻出版广电总局审批。

国家新闻出版广电总局应当自受理之日起20个工作日内作出批准或者不予批准的决定。批准的，由国家新闻出版广电总局作出书面批复并颁发中小学教科书发行资质证。不予批准的，应当向申请单位书面说明理由。

申请材料包括下列书面材料：

（1）申请书，载明单位基本情况及申请事项；

（2）企业章程；

（3）出版物经营许可证和企业法人营业执照正副本复印件；

（4）法定代表人及主要负责人的身份证明，有关发行人员的资质证明；

（5）最近三年的企业法人年度财务会计报告及证明企业信誉的有关材料；

（6）经营场所、发行网点和储运场所的情况及使用权证明；

（7）企业信息管理系统情况的证明材料；

（8）企业发行中小学教科书过程中能够提供的服务和相关保障措施；

(9)企业法定代表人签署的企业依法经营中小学教科书发行业务的承诺书；

(10)拟申请从事中小学教科书发行业务的省(自治区、直辖市)、计划单列市人民政府出版行政主管部门对企业基本信息、经营状况、储运能力、发行网点等的核实意见；

(11)其他需要的证明材料。

第十三条 单位、个人从事出版物出租业务，应当于取得营业执照后15日内到当地县级人民政府出版行政主管部门备案。

备案材料包括下列书面材料：

(1)营业执照正副本复印件；

(2)经营场所情况；

(3)法定代表人或者主要负责人情况。

相关出版行政主管部门应在10个工作日内向申请备案单位、个人出具备案回执。

第十四条 国家允许外商投资企业从事出版物发行业务。设立外商投资出版物发行企业或者外商投资企业从事出版物发行业务，申请人应向地方商务主管部门报送拟设立外商投资出版物发行企业的合同、章程，办理外商投资审批手续。地方商务主管部门在征得出版行政主管部门同意后，按照有关法律、法规的规定，作出批准或者不予批准的决定。予以批准的，颁发外商投资企业批准证书，并在经营范围后加注“凭行业经营许可开展”；不予批准的，书面通知申请人并说明理由。

申请人持外商投资企业批准证书到所在地工商行政主管部门办理营业执照或者在营业执照企业经营范围后加注相关内容，并按照本规定第七条至第十条及第十三条的有关规定到所在地出版行政主管部门履行审批或备案手续。

第十五条 单位、个人通过互联网等信息网络从事出版物发行业务的，应当依照本规定第七条至第十条的规定取得出版物经营许可证。

已经取得出版物经营许可证的单位、个人在批准的经营范围内通过互联网等信息网络从事出版物发行业务的，应自开展网络发行业务后15日内到原批准的出版行政主管部门备案。

备案材料包括下列书面材料：

(1)出版物经营许可证和营业执照正副本复印件；

(2)单位或者个人基本情况；

(3)从事出版物网络发行所依托的信息网络的情况。

相关出版行政主管部门应在10个工作日内向备案单位、个人出具备案回执。

第十六条 书友会、读者俱乐部或者其他类似组织申请从事出版物零售业务，按照本规定第九条、第十条的有关规定到所在地出版行政主管部门履行审批手续。

第十七条 从事出版物发行业务的单位、个人可在原发证机关所辖行政区域一定地点设立临时零售点开展其业务范围内的出版物销售活动。设立临时零售点时间不得超过10日，应提前到设点所在地县级人民政府出版行政主管部门备案并取得备案回执，并应遵守所在地其他有关管理规定。

备案材料包括下列书面材料：

(1)出版物经营许可证和营业执照正副本复印件；

(2)单位、个人基本情况；

(3)设立临时零售点的地点、时间、销售出版物品种；

(4)其他相关部门批准设立临时零售点的材料。

第十八条 出版物批发单位可以从事出版物零售业务。

出版物批发、零售单位设立不具备法人资格的发行分支机构，或者出版单位设立发行本版出版物的不具备法人资格的发行分支机构，不需单独办理出版物经营许可证，但应依法办理分支机构工商登记，并于领取营业执照后15日内到原发证机关和分支机构所在地出版行政主管部门备案。

备案材料包括下列书面材料：

(1)出版物经营许可证或者出版单位的出版许可证及分支机构营业执照正副本复印件；

(2)单位基本情况；

(3)单位设立不具备法人资格的发行分支机构的经营场所、经营范围等情况。

相关出版行政主管部门应在10个工作日内向备案单位、个人出具备案回执。

第十九条 从事出版物发行业务的单位、个人变更出版物经营许可证登记事项，或者兼并、合并、分立的，应当依照本规定到原批准的出版行政主管部门办理审批手续。出版行政主管部门自受理申请之日起20个工作日内作出批准或者不予批准的决定。批准的，由出版行政主管部门换发出版物经营许可证；不予批准的，应当向申请单位、个人书面说明理由。

申请材料包括下列书面材料：

（1）出版物经营许可证和营业执照正副本复印件；

（2）申请书，载明单位或者个人基本情况及申请变更事项；

（3）其他需要的证明材料。

从事出版物发行业务的单位、个人终止经营活动的，应当于15日内持出版物经营许可证和营业执照向原批准的出版行政主管部门备案，由原批准的出版行政主管部门注销出版物经营许可证。

第三章　出版物发行活动管理

第二十条　任何单位和个人不得发行下列出版物：

（1）含有《出版管理条例》禁止内容的违禁出版物；

（2）各种非法出版物，包括：未经批准擅自出版、印刷或者复制的出版物，伪造、假冒出版单位或者报刊名称出版的出版物，非法进口的出版物；

（3）侵犯他人著作权或者专有出版权的出版物；

（4）出版行政主管部门明令禁止出版、印刷或者复制、发行的出版物。

第二十一条　内部发行的出版物不得公开宣传、陈列、展示、征订、销售或面向社会公众发送。

第二十二条　从事出版物发行业务的单位和个人在发行活动中应当遵循公平、守法、诚实、守信的原则，依法订立供销合同，不得损害消费者的合法权益。

从事出版物发行业务的单位、个人，必须遵守下列规定：

（1）从依法取得出版物批发、零售资质的出版发行单位进货；发行进口出版物的，须从依法设立的出版物进口经营单位进货；

（2）不得超出出版行政主管部门核准的经营范围经营；

（3）不得张贴、散发、登载有法律、法规禁止内容的或者有欺诈性文字、与事实不符的征订单、广告和宣传画；

（4）不得擅自更改出版物版权页；

（5）出版物经营许可证应在经营场所明显处张挂；利用信息网络从事出版物发行业务的，应在其网站主页面或者从事经营活动的网页醒目位置公开出版物经营许可证和营业执照登载的有关信息或链接标识；

（6）不得涂改、变造、出租、出借、出售或者以其他任何形式转让出版物经营许可证和批准文件；

第二十三条　从事出版物发行业务的单位、个人，应查验供货单位的出版物经营许可证并留存复印件或电子文件，并将出版物发行进销货清单等有关非财务票据至少保存两年，以备查验。

进销货清单应包括进销出版物的名称、数量、折扣、金额以及发货方和进货方单位公章（签章）。

第二十四条　出版物发行从业人员应接受出版行政主管部门组织的业务培训。出版物发行单位应建立职业培训制度，积极组织本单位从业人员参加依法批准的职业技能鉴定机构实施的发行员职业技能鉴定。

第二十五条　出版单位可以发行本出版单位出版的出版物。发行非本出版单位出版的出版物的，须按照从事出版物发行业务的有关规定办理审批手续。

第二十六条　为出版物发行业务提供服务的网络交易平台应向注册地省（自治区、直辖市）人民政府出版行政主管部门备案，接受出版行政主管部门的指导与监督管理。

备案材料包括下列书面材料：

（1）营业执照正副本复印件；

（2）单位基本情况；

（3）网络交易平台的基本情况。

省（自治区、直辖市）人民政府出版行政主管部门应于10个工作日内向备案的网络交易平台出具备案回执。

提供出版物发行网络交易平台服务的经营者，应当对申请通过网络交易平台从事出版物发行业务的经营主体身份进行审查，核实经营主体的营业执照、出版物经营许可证，并留存证照复印件或电子文档备查。不得向无证无照、证照不齐的经营者提供网络交易平台服务。

为出版物发行业务提供服务的网络交易平台经营者应建立交易风险防控机制，保留平台内从事出版物发行业务经营主体的交易记录两年以备查验。对在网络交易平台内从事各类违法出版物发行活动的，应当采取有效措施予以制止，并及时向所在地出版行政主管部门报告。

第二十七条 省(自治区、直辖市)出版行政主管部门和全国性出版、发行行业协会，可以主办全国性的出版物展销活动和跨省专业性出版物展销活动。主办单位应提前2个月报国家新闻出版广电总局备案。

市、县级出版行政主管部门和省级出版、发行协会可以主办地方性的出版物展销活动。主办单位应提前2个月报上一级出版行政主管部门备案。

备案材料包括下列书面材料：

(1)展销活动主办单位；

(2)展销活动时间、地点；

(3)展销活动的场地、参展单位、展销出版物品种、活动筹备等情况。

第二十八条 从事中小学教科书发行业务，必须遵守下列规定：

(1)从事中小学教科书发行业务的单位必须具备中小学教科书发行资质；

(2)纳入政府采购范围的中小学教科书，其发行单位须按照《中华人民共和国政府采购法》的有关规定确定；

(3)按照教育行政主管部门和学校选定的中小学教科书，在规定时间内完成发行任务，确保“课前到书，人手一册”。因自然灾害等不可抗力导致中小学教科书发行受到影响的，应及时采取补救措施，并报告所在地出版行政和教育行政主管部门；

(4)不得在中小学教科书发行过程中擅自征订、搭售教学用书目录以外的出版物；

(5)不得将中小学教科书发行任务向他人转让和分包；

(6)不得涂改、倒卖、出租、出借中小学教科书发行资质证书；

(7)中小学教科书发行费率按照国家有关规定执行，不得违反规定收取发行费用；

(8)做好中小学教科书的调剂、添货、零售和售后服务等相关工作；

(9)应于发行任务完成后30个工作日内向国家新闻出版广电总局和所在地省级出版行政主管部门书面报告中小学教科书发行情况。

中小学教科书出版单位应在规定时间内向依法确定的中小学教科书发行单位足量供货，不得向不具备中小学教科书发行资质的单位供应中小学教科书。

第二十九条 任何单位、个人不得从事本规定第二十条所列出版物的征订、储存、运输、邮寄、投递、散发、附送等活动。

从事出版物储存、运输、投递等活动，应当接受出版行政主管部门的监督检查。

第三十条 从事出版物发行业务的单位、个人应当按照出版行政主管部门的规定接受年度核验，并按照《中华人民共和国统计法》《新闻出版统计管理办法》及有关规定如实报送统计资料，不得以任何借口拒报、迟报、虚报、瞒报以及伪造和篡改统计资料。

出版物发行单位、个人不再具备行政许可的法定条件的，由出版行政主管部门责令限期改正；逾期仍未改正的，由原发证机关撤销出版物经营许可证。

中小学教科书发行单位不再具备中小学教科书发行资质的法定条件的，由出版行政主管部门责令限期改正；逾期仍未改正的，由原发证机关撤销中小学教科书发行资质证。

第四章　法律责任

第三十一条 未经批准，擅自从事出版物发行业务的，依照《出版管理条例》第六十一条处罚。

第三十二条 发行违禁出版物的，依照《出版管理条例》第六十二条处罚。

发行国家新闻出版广电总局禁止进口的出版物，或者发行未从依法批准的出版物进口经营单位进货的进口出版物，依照《出版管理条例》第六十三条处罚。

发行其他非法出版物和出版行政主管部门明令禁止出版、印刷或者复制、发行的出版物的，依照《出版管理条例》第六十五条处罚。

发行违禁出版物或者非法出版物的，当事人对其来源作出说明、指认，经查证属实的，没收出版物和非法所得，可以减轻或免除其他行政处罚。

第三十三条 违反本规定发行侵犯他人著作权或者专有出版权的出版物的，依照《中华人民共和国著作权法》和《中华人民共和国著作权法实施条例》的规定处罚。

第三十四条 在中小学教科书发行过程中违反本规定，有下列行为之一的，依照《出版管理条例》第六十五条处罚：

(1)发行未经依法审定的中小学教科书的；

(2)不具备中小学教科书发行资质的单位从事中小学教科书发行活动的；

(3)未按照《中华人民共和国政府采购法》有关规定确定的单位从事纳入政府采购范围的中小学教科书发行活动的。

第三十五条 出版物发行单位未依照规定办理变更审批手续的，依照《出版管理条例》第六十七条处罚。

第三十六条 单位、个人违反本规定被吊销出版物经营许可证的，其法定代表人或者主要负责人自许可证被吊销之日起10年内不得担任发行单位的法定代表人或者主要负责人。

第三十七条 违反本规定，有下列行为之一的，由出版行政主管部门责令停止违法行为，予以警告，并处3万元以下罚款：

(1)未能提供近两年的出版物发行进销货清单等有关非财务票据或者清单、票据未按规定载明有关内容的；

(2)超出出版行政主管部门核准的经营范围经营的；

(3)张贴、散发、登载有法律、法规禁止内容的或者有欺诈性文字、与事实不符的征订单、广告和宣传画的；

(4)擅自更改出版物版权页的；

(5)出版物经营许可证未在经营场所明显处张挂或者未在网页醒目位置公开出版物经营许可证和营业执照登载的有关信息或者链接标识的；

(6)出售、出借、出租、转让或者擅自涂改、变造出版物经营许可证的；

(7)公开宣传、陈列、展示、征订、销售或者面向社会公众发送规定应由内部发行的出版物的；

(8)委托无出版物批发、零售资质的单位或者个人销售出版物或者代理出版物销售业务的；

(9)未从依法取得出版物批发、零售资质的出版发行单位进货的；

(10)提供出版物网络交易平台服务的经营者未按本规定履行有关审查及管理责任的；

(11)应按本规定进行备案而未备案的；

(12)不按规定接受年度核验的。

第三十八条 在中小学教科书发行过程中违反本规定，有下列行为之一的，由出版行政主管部门责令停止违法行为，予以警告，并处3万元以下罚款：

(1)擅自调换已选定的中小学教科书的；

(2)擅自征订、搭售教学用书目录以外的出版物的；

(3)擅自将中小学教科书发行任务向他人转让和分包的；

(4)涂改、倒卖、出租、出借中小学教科书发行资质证书的；

(5)未在规定时间内完成中小学教科书发行任务的；

(6)违反国家有关规定收取中小学教科书发行费用的；

(7)未按规定做好中小学教科书的调剂、添货、零售和售后服务的；

(8)未按规定报告中小学教科书发行情况的；

(9)出版单位向不具备中小学教科书发行资质的单位供应中小学教科书的；

(10)出版单位未在规定时间内向依法确定的中小学教科书发行企业足量供货的；

(11)在中小学教科书发行过程中出现重大失误，或者存在其他干扰中小学教科书发行活动行为的。

第三十九条 征订、储存、运输、邮寄、投递、散发、附送本规定第二十条所列出版物的，按照本规定第三十二条进行处罚。

第四十条 未按本规定第三十条报送统计资料的，按照《新闻出版统计管理办法》有关规定处理。

第五章 附 则

第四十一条 允许香港、澳门永久性居民中的中国公民依照内地有关法律、法规和行政规章，在内地各省(自治区、直辖市)设立从事出版物零售业务的个体工商户,无需经过外资审批。

第四十二条 本规定所称中小学教科书,是指经国务院教育行政主管部门审定和经授权审定的义务教育教学用书(含配套教学图册、音像材料等)。

中小学教科书发行包括中小学教科书的征订、储备、配送、分发、调剂、添货、零售、结算及售后服务等。

第四十三条 出版物经营许可证和中小学教科书发行资质证的设计、印刷、制作与发放等,按照《新闻出版许可证管理办法》有关规定执行。

第四十四条 本规定由国家新闻出版广电总局会同商务部负责解释。

第四十五条 本规定自 2016 年 6 月 1 日起施行,原新闻出版总署、商务部 2011 年 3 月 25 日发布的《出版物市场管理规定》同时废止。本规定施行前与本规定不一致的其他规定不再执行。

生产安全事故应急预案管理办法

(2016 年 6 月 3 日　国家安全生产监督管理总局令第 88 号公布　自 2016 年 7 月 1 日起施行)

第一章　总　则

第一条 为规范生产安全事故应急预案管理工作,迅速有效处置生产安全事故,依据《中华人民共和国突发事件应对法》《中华人民共和国安全生产法》等法律和《突发事件应急预案管理办法》(国办发〔2013〕101 号),制定本办法。

第二条 生产安全事故应急预案(简称“应急预案”)的编制、评审、公布、备案、宣传、教育、培训、演练、评估、修订及监督管理工作,适用本办法。

第三条 应急预案的管理实行属地为主、分级负责、分类指导、综合协调、动态管理的原则。

第四条 国家安全生产监督管理总局负责全国应急预案的综合协调管理工作。

县级以上地方各级安全生产监督管理部门负责本行政区域内应急预案的综合协调管理工作。县级以上地方各级其他负有安全生产监督管理职责的部门按照各自的职责负责有关行业、领域应急预案的管理工作。

第五条 生产经营单位主要负责人负责组织编制和实施本单位的应急预案,并对应急预案的真实性和实用性负责;各分管负责人应当按照职责分工落实应急预案规定的职责。

第六条 生产经营单位应急预案分为综合应急预案、专项应急预案和现场处置方案。

综合应急预案,是指生产经营单位为应对各种生产安全事故而制定的综合性工作方案,是本单位应对生产安全事故的总体工作程序、措施和应急预案体系的总纲。

专项应急预案,是指生产经营单位为应对某一种或者多种类型生产安全事故,或者针对重要生产设施、重大危险源、重大活动防止生产安全事故而制定的专项性工作方案。

现场处置方案,是指生产经营单位根据不同生产安全事故类型,针对具体场所、装置或者设施所制定的应急处置措施。

第二章　应急预案的编制

第七条 应急预案的编制应当遵循以人为本、依法依规、符合实际、注重实效的原则,以应急处置为核心,明确应急职责、规范应急程序、细化保障措施。

第八条 应急预案的编制应当符合下列基本要求:

(1)有关法律、法规、规章和标准的规定;

(2)本地区、本部门、本单位的安全生产实际情况;

(3)本地区、本部门、本单位的危险性分析情况;

(4)应急组织和人员的职责分工明确,并有具体的落实措施;

(5)有明确、具体的应急程序和处置措施,并与其应急能力相适应;

(6)有明确的应急保障措施,满足本地区、本部门、本单位的应急工作需要；

（7）应急预案基本要素齐全、完整，应急预案附件提供的信息准确；

（8）应急预案内容与相关应急预案相互衔接。

第九条 编制应急预案应当成立编制工作小组，由本单位有关负责人任组长，吸收与应急预案有关的职能部门和单位的人员，以及有现场处置经验的人员参加。

第十条 编制应急预案前，编制单位应当进行事故风险评估和应急资源调查。

事故风险评估，是指针对不同事故种类及特点，识别存在的危险危害因素，分析事故可能产生的直接后果以及次生、衍生后果，评估各种后果的危害程度和影响范围，提出防范和控制事故风险措施的过程。

应急资源调查，是指全面调查本地区、本单位第一时间可以调用的应急资源状况和合作区域内可以请求援助的应急资源状况，并结合事故风险评估结论制定应急措施的过程。

第十一条 地方各级安全生产监督管理部门应当根据法律、法规、规章和同级人民政府以及上一级安全生产监督管理部门的应急预案，结合工作实际，组织编制相应的部门应急预案。

部门应急预案应当根据本地区、本部门的实际情况，明确信息报告、响应分级、指挥权移交、警戒疏散等内容。

第十二条 生产经营单位应当根据有关法律、法规、规章和相关标准，结合本单位组织管理体系、生产规模和可能发生的事故特点，确立本单位的应急预案体系，编制相应的应急预案，并体现自救互救和先期处置等特点。

第十三条 生产经营单位风险种类多、可能发生多种类型事故的，应当组织编制综合应急预案。

综合应急预案应当规定应急组织机构及其职责、应急预案体系、事故风险描述、预警及信息报告、应急响应、保障措施、应急预案管理等内容。

第十四条 对于某一种或者多种类型的事故风险，生产经营单位可以编制相应的专项应急预案，或将专项应急预案并入综合应急预案。

专项应急预案应当规定应急指挥机构与职责、处置程序和措施等内容。

第十五条 对于危险性较大的场所、装置或者设施，生产经营单位应当编制现场处置方案。

现场处置方案应当规定应急工作职责、应急处置措施和注意事项等内容。

事故风险单一、危险性小的生产经营单位，可以只编制现场处置方案。

第十六条 生产经营单位应急预案应当包括向上级应急管理机构报告的内容、应急组织机构和人员的联系方式、应急物资储备清单等附件信息。附件信息发生变化时，应当及时更新，确保准确有效。

第十七条 生产经营单位组织应急预案编制过程中，应当根据法律、法规、规章的规定或者实际需要，征求相关应急救援队伍、公民、法人或其他组织的意见。

第十八条 生产经营单位编制的各类应急预案之间应当相互衔接，并与相关人民政府及其部门、应急救援队伍和涉及的其他单位的应急预案相衔接。

第十九条 生产经营单位应当在编制应急预案的基础上，针对工作场所、岗位的特点，编制简明、实用、有效的应急处置卡。

应急处置卡应当规定重点岗位、人员的应急处置程序和措施，以及相关联络人员和联系方式，便于从业人员携带。

第三章 应急预案的评审、公布和备案

第二十条 地方各级安全生产监督管理部门应当组织有关专家对本部门编制的部门应急预案进行审定；必要时，可以召开听证会，听取社会有关方面的意见。

第二十一条 矿山、金属冶炼、建筑施工企业和易燃易爆物品、危险化学品的生产、经营（带储存设施的，下同）、储存企业，以及使用危险化学品达到国家规定数量的化工企业、烟花爆竹生产、批发经营企业和中型规模以上的其他生产经营单位，应当对本单位编制的应急预案进行评审，并形成书面评审纪要。

前款规定以外的其他生产经营单位应当对本单位编制的应急预案进行论证。

第二十二条 参加应急预案评审的人员应当包括有关安全生产及应急管理方面的专家。

评审人员与所评审应急预案的生产经营单位有

利害关系的，应当回避。

第二十三条 应急预案的评审或者论证应当注重基本要素的完整性、组织体系的合理性、应急处置程序和措施的针对性、应急保障措施的可行性、应急预案的衔接性等内容。

第二十四条 生产经营单位的应急预案经评审或者论证后，由本单位主要负责人签署公布，并及时发放到本单位有关部门、岗位和相关应急救援队伍。

事故风险可能影响周边其他单位、人员的，生产经营单位应当将有关事故风险的性质、影响范围和应急防范措施告知周边的其他单位和人员。

第二十五条 地方各级安全生产监督管理部门的应急预案，应当报同级人民政府备案，并抄送上一级安全生产监督管理部门。

其他负有安全生产监督管理职责的部门的应急预案，应当抄送同级安全生产监督管理部门。

第二十六条 生产经营单位应当在应急预案公布之日起20个工作日内，按照分级属地原则，向安全生产监督管理部门和有关部门进行告知性备案。

中央企业总部（上市公司）的应急预案，报国务院主管的负有安全生产监督管理职责的部门备案，并抄送国家安全生产监督管理总局；其所属单位的应急预案报所在地的省（自治区、直辖市）或者设区的市级人民政府主管的负有安全生产监督管理职责的部门备案，并抄送同级安全生产监督管理部门。

前款规定以外的非煤矿山、金属冶炼和危险化学品生产、经营、储存企业，以及使用危险化学品达到国家规定数量的化工企业、烟花爆竹生产、批发经营企业的应急预案，按照隶属关系报所在地县级以上地方人民政府安全生产监督管理部门备案；其他生产经营单位应急预案的备案，由省（自治区、直辖市）人民政府负有安全生产监督管理职责的部门确定。

油气输送管道运营单位的应急预案，除按照本条第一款、第二款的规定备案外，还应当抄送所跨行政区域的县级安全生产监督管理部门。

煤矿企业的应急预案除按照本条第一款、第二款的规定备案外，还应当抄送所在地的煤矿安全监察机构。

第二十七条 生产经营单位申报应急预案备案，应当提交下列材料：

（1）应急预案备案申报表；

（2）应急预案评审或者论证意见；

（3）应急预案文本及电子文档；

（4）风险评估结果和应急资源调查清单。

第二十八条 受理备案登记的负有安全生产监督管理职责的部门应当在5个工作日内对应急预案材料进行核对，材料齐全的，应当予以备案并出具应急预案备案登记表；材料不齐全的，不予备案并一次性告知需要补齐的材料。逾期不予备案又不说明理由的，视为已经备案。

对于实行安全生产许可的生产经营单位，已经进行应急预案备案的，在申请安全生产许可证时，可以不提供相应的应急预案，仅提供应急预案备案登记表。

第二十九条 各级安全生产监督管理部门应当建立应急预案备案登记建档制度，指导、督促生产经营单位做好应急预案的备案登记工作。

第四章 应急预案的实施

第三十条 各级安全生产监督管理部门、各类生产经营单位应当采取多种形式开展应急预案的宣传教育，普及生产安全事故避险、自救和互救知识，提高从业人员和社会公众的安全意识与应急处置技能。

第三十一条 各级安全生产监督管理部门应当将本部门应急预案的培训纳入安全生产培训工作计划，并组织实施本行政区域内重点生产经营单位的应急预案培训工作。

生产经营单位应当组织开展本单位的应急预案、应急知识、自救互救和避险逃生技能的培训活动，使有关人员了解应急预案内容，熟悉应急职责、应急处置程序和措施。

应急培训的时间、地点、内容、师资、参加人员和考核结果等情况应当如实记入本单位的安全生产教育和培训档案。

第三十二条 各级安全生产监督管理部门应当定期组织应急预案演练，提高本部门、本地区生产安全事故应急处置能力。

第三十三条 生产经营单位应当制定本单位的应急预案演练计划，根据本单位的事故风险特点，每年至少组织一次综合应急预案演练或者专项应急预案演练，每半年至少组织一次现场处置方案演练。

第三十四条 应急预案演练结束后，应急预案演练组织单位应当对应急预案演练效果进行评估，撰写应急预案演练评估报告，分析存在的问题，并对应急预案提出修订意见。

第三十五条 应急预案编制单位应当建立应急预案定期评估制度，对预案内容的针对性和实用性进行分析，并对应急预案是否需要修订作出结论。

矿山、金属冶炼、建筑施工企业和易燃易爆物品、危险化学品等危险物品的生产、经营、储存企业、使用危险化学品达到国家规定数量的化工企业、烟花爆竹生产、批发经营企业和中型规模以上的其他生产经营单位，应当每三年进行一次应急预案评估。

应急预案评估可以邀请相关专业机构或者有关专家、有实际应急救援工作经验的人员参加，必要时可以委托安全生产技术服务机构实施。

第三十六条 有下列情形之一的，应急预案应当及时修订并归档：

（1）依据的法律、法规、规章、标准及上位预案中的有关规定发生重大变化的；

（2）应急指挥机构及其职责发生调整的；

（3）面临的事故风险发生重大变化的；

（4）重要应急资源发生重大变化的；

（5）预案中的其他重要信息发生变化的；

（6）在应急演练和事故应急救援中发现问题需要修订的；

（7）编制单位认为应当修订的其他情况。

第三十七条 应急预案修订涉及组织指挥体系与职责、应急处置程序、主要处置措施、应急响应分级等内容变更的，修订工作应当参照本办法规定的应急预案编制程序进行，并按照有关应急预案报备程序重新备案。

第三十八条 生产经营单位应当按照应急预案的规定，落实应急指挥体系、应急救援队伍、应急物资及装备，建立应急物资、装备配备及其使用档案，并对应急物资、装备进行定期检测和维护，使其处于适用状态。

第三十九条 生产经营单位发生事故时，应当第一时间启动应急响应，组织有关力量进行救援，并按照规定将事故信息及应急响应启动情况报告安全生产监督管理部门和其他负有安全生产监督管理职责的部门。

第四十条 生产安全事故应急处置和应急救援结束后，事故发生单位应当对应急预案实施情况进行总结评估。

第五章 监督管理

第四十一条 各级安全生产监督管理部门和煤矿安全监察机构应当将生产经营单位应急预案工作纳入年度监督检查计划，明确检查的重点内容和标准，并严格按照计划开展执法检查。

第四十二条 地方各级安全生产监督管理部门应当每年对应急预案的监督管理工作情况进行总结，并报上一级安全生产监督管理部门。

第四十三条 对于在应急预案管理工作中做出显著成绩的单位和人员，安全生产监督管理部门、生产经营单位可以给予表彰和奖励。

第六章 法律责任

第四十四条 生产经营单位有下列情形之一的，由县级以上安全生产监督管理部门依照《中华人民共和国安全生产法》第九十四条的规定，责令限期改正，可以处 5 万元以下罚款；逾期未改正的，责令停产停业整顿，并处 5 万元以上 10 万元以下罚款，对直接负责的主管人员和其他直接责任人员处 1 万元以上 2 万元以下的罚款：

（1）未按照规定编制应急预案的；

（2）未按照规定定期组织应急预案演练的。

第四十五条 生产经营单位有下列情形之一的，由县级以上安全生产监督管理部门责令限期改正，可以处 1 万元以上 3 万元以下罚款：

（1）在应急预案编制前未按照规定开展风险评估和应急资源调查的；

（2）未按照规定开展应急预案评审或者论证的；

（3）未按照规定进行应急预案备案的；

（4）事故风险可能影响周边单位、人员的，未将事故风险的性质、影响范围和应急防范措施告知周边单位和人员的；

（5）未按照规定开展应急预案评估的；

（6）未按照规定进行应急预案修订并重新备案的；

(7)未落实应急预案规定的应急物资及装备的。

第七章　附　则

第四十六条　《生产经营单位生产安全事故应急预案备案申报表》和《生产经营单位生产安全事故应急预案备案登记表》由国家安全生产应急救援指挥中心统一制定。

第四十七条　各省(自治区、直辖市)安全生产监督管理部门可以依据本办法的规定,结合本地区实际制定实施细则。

第四十八条　本办法自2016年7月1日起施行。

企业国有资产交易监督管理办法

(2016年6月24日　国务院国有资产监督管理委员会　财政部令第32号公布　自公布之日起施行)

第一章　总　则

第一条　为规范企业国有资产交易行为,加强企业国有资产交易监督管理,防止国有资产流失,根据《中华人民共和国企业国有资产法》《中华人民共和国公司法》《企业国有资产监督管理暂行条例》等有关法律法规,制定本办法。

第二条　企业国有资产交易应当遵守国家法律法规和政策规定,有利于国有经济布局和结构调整优化,充分发挥市场配置资源作用,遵循等价有偿和公开公平公正的原则,在依法设立的产权交易机构中公开进行,国家法律法规另有规定的从其规定。

第三条　本办法所称企业国有资产交易行为包括:

(1)履行出资人职责的机构、国有及国有控股企业、国有实际控制企业转让其对企业各种形式出资所形成权益的行为(简称"企业产权转让");

(2)国有及国有控股企业、国有实际控制企业增加资本的行为(简称"企业增资"),政府以增加资本金方式对国家出资企业的投入除外;

(3)国有及国有控股企业、国有实际控制企业的重大资产转让行为(简称"企业资产转让")。

第四条　本办法所称国有及国有控股企业、国有实际控制企业包括:

(1)政府部门、机构、事业单位出资设立的国有独资企业(公司),以及上述单位、企业直接或间接合计持股为100%的国有全资企业;

(2)本条第(1)款所列单位、企业单独或共同出资,合计拥有产(股)权比例超过50.0%,且其中之一为最大股东的企业;

(3)本条第(1)、(2)款所列企业对外出资,拥有股权比例超过50.0%的各级子企业;

(4)政府部门、机构、事业单位、单一国有及国有控股企业直接或间接持股比例未超过50.0%,但为第一大股东,并且通过股东协议、公司章程、董事会决议或者其他协议安排能够对其实际支配的企业。

第五条　企业国有资产交易标的应当权属清晰,不存在法律法规禁止或限制交易的情形。已设定担保物权的国有资产交易,应当符合《中华人民共和国物权法》《中华人民共和国担保法》等有关法律法规规定。涉及政府社会公共管理事项的,应当依法报政府有关部门审核。

第六条　国有资产监督管理机构(简称"国资监管机构")负责所监管企业的国有资产交易监督管理;国家出资企业负责其各级子企业国有资产交易的管理,定期向同级国资监管机构报告本企业的国有资产交易情况。

第二章　企业产权转让

第七条　国资监管机构负责审核国家出资企业的产权转让事项。其中,因产权转让致使国家不再拥有所出资企业控股权的,须由国资监管机构报本级人民政府批准。

第八条　国家出资企业应当制定其子企业产权

转让管理制度，确定审批管理权限。其中，对主业处于关系国家安全、国民经济命脉的重要行业和关键领域，主要承担重大专项任务子企业的产权转让，须由国家出资企业报同级国资监管机构批准。

转让方为多家国有股东共同持股的企业，由其中持股比例最大的国有股东负责履行相关批准程序；各国有股东持股比例相同的，由相关股东协商后确定其中一家股东负责履行相关批准程序。

第九条 产权转让应当由转让方按照企业章程和企业内部管理制度进行决策，形成书面决议。国有控股和国有实际控制企业中国有股东委派的股东代表，应当按照本办法规定和委派单位的指示发表意见、行使表决权，并将履职情况和结果及时报告委派单位。

第十条 转让方应当按照企业发展战略做好产权转让的可行性研究和方案论证。产权转让涉及职工安置事项的，安置方案应当经职工代表大会或职工大会审议通过；涉及债权债务处置事项的，应当符合国家相关法律法规的规定。

第十一条 产权转让事项经批准后，由转让方委托会计师事务所对转让标的企业进行审计。涉及参股权转让不宜单独进行专项审计的，转让方应当取得转让标的企业最近一期年度审计报告。

第十二条 对按照有关法律法规要求必须进行资产评估的产权转让事项，转让方应当委托具有相应资质的评估机构对转让标的进行资产评估，产权转让价格应以经核准或备案的评估结果为基础确定。

第十三条 产权转让原则上通过产权市场公开进行。转让方可以根据企业实际情况和工作进度安排，采取信息预披露和正式披露相结合的方式，通过产权交易机构网站分阶段对外披露产权转让信息，公开征集受让方。其中正式披露信息时间不得少于20个工作日。

因产权转让导致转让标的企业的实际控制权发生转移的，转让方应当在转让行为获批后10个工作日内，通过产权交易机构进行信息预披露，时间不得少于20个工作日。

第十四条 产权转让原则上不得针对受让方设置资格条件，确需设置的，不得有明确指向性或违反公平竞争原则，所设资格条件相关内容应当在信息披露前报同级国资监管机构备案，国资监管机构在5个工作日内未反馈意见的视为同意。

第十五条 转让方披露信息包括但不限于以下内容：

（1）转让标的基本情况；

（2）转让标的企业的股东结构；

（3）产权转让行为的决策及批准情况；

（4）转让标的企业最近一个年度审计报告和最近一期财务报表中的主要财务指标数据，包括但不限于资产总额、负债总额、所有者权益、营业收入、净利润等（转让参股权的，披露最近一个年度审计报告中的相应数据）；

（5）受让方资格条件（适用于对受让方有特殊要求的情形）；

（6）交易条件、转让底价；

（7）企业管理层是否参与受让，有限责任公司原股东是否放弃优先受让权；

（8）竞价方式，受让方选择的相关评判标准；

（9）其他需要披露的事项。

其中信息预披露应当包括但不限于以上（1）、（2）、（3）、（4）、（5）款内容。

第十六条 转让方应当按照要求向产权交易机构提供披露信息内容的纸质文档材料，并对披露内容和所提供材料的真实性、完整性、准确性负责。产权交易机构应当对信息披露的规范性负责。

第十七条 产权转让项目首次正式信息披露的转让底价，不得低于经核准或备案的转让标的评估结果。

第十八条 信息披露期满未征集到意向受让方的，可以延期或在降低转让底价、变更受让条件后重新进行信息披露。

降低转让底价或变更受让条件后重新披露信息的，披露时间不得少于20个工作日。新的转让底价低于评估结果的90.0%时，应当经转让行为批准单位书面同意。

第十九条 转让项目自首次正式披露信息之日起超过12个月未征集到合格受让方的，应当重新履行审计、资产评估以及信息披露等产权转让工作程序。

第二十条 在正式披露信息期间，转让方不得变更产权转让公告中公布的内容，由于非转让方原因或其他不可抗力因素导致可能对转让标的价值判断造成影响的,转让方应当及时调整补充披露信息内容,并相应延长信息披露时间。

第二十一条　产权交易机构负责意向受让方的登记工作,对意向受让方是否符合受让条件提出意见并反馈转让方。产权交易机构与转让方意见不一致的,由转让行为批准单位决定意向受让方是否符合受让条件。

第二十二条　产权转让信息披露期满、产生符合条件的意向受让方的,按照披露的竞价方式组织竞价。竞价可以采取拍卖、招投标、网络竞价以及其他竞价方式,且不得违反国家法律法规的规定。

第二十三条　受让方确定后,转让方与受让方应当签订产权交易合同,交易双方不得以交易期间企业经营性损益等理由对已达成的交易条件和交易价格进行调整。

第二十四条　产权转让导致国有股东持有上市公司股份间接转让的,应当同时遵守上市公司国有股权管理以及证券监管相关规定。

第二十五条　企业产权转让涉及交易主体资格审查、反垄断审查、特许经营权、国有划拨土地使用权、探矿权和采矿权等政府审批事项的,按照相关规定执行。

第二十六条　受让方为境外投资者的,应当符合外商投资产业指导目录和负面清单管理要求,以及外商投资安全审查有关规定。

第二十七条　交易价款应当以人民币计价,通过产权交易机构以货币进行结算。因特殊情况不能通过产权交易机构结算的,转让方应当向产权交易机构提供转让行为批准单位的书面意见以及受让方付款凭证。

第二十八条　交易价款原则上应当自合同生效之日起5个工作日内一次付清。

金额较大、一次付清确有困难的,可以采取分期付款方式。采用分期付款方式的,首期付款不得低于总价款的30.0%,并在合同生效之日起5个工作日内支付;其余款项应当提供转让方认可的合法有效担保,并按同期银行贷款利率支付延期付款期间的利息,付款期限不得超过1年。

第二十九条　产权交易合同生效后,产权交易机构应当将交易结果通过交易机构网站对外公告,公告内容包括交易标的名称、转让标的评估结果、转让底价、交易价格,公告期不少于5个工作日。

第三十条　产权交易合同生效,并且受让方按照合同约定支付交易价款后,产权交易机构应当及时为交易双方出具交易凭证。

第三十一条　以下情形的产权转让可以采取非公开协议转让方式:

(1)涉及主业处于关系国家安全、国民经济命脉的重要行业和关键领域企业的重组整合,对受让方有特殊要求,企业产权需要在国有及国有控股企业之间转让的,经国资监管机构批准,可以采取非公开协议转让方式;

(2)同一国家出资企业及其各级控股企业或实际控制企业之间因实施内部重组整合进行产权转让的,经该国家出资企业审议决策,可以采取非公开协议转让方式。

第三十二条　采取非公开协议转让方式转让企业产权,转让价格不得低于经核准或备案的评估结果。

以下情形按照《中华人民共和国公司法》、企业章程履行决策程序后,转让价格可以资产评估报告或最近一期审计报告确认的净资产值为基础确定,且不得低于经评估或审计的净资产值:

(1)同一国家出资企业内部实施重组整合,转让方和受让方为该国家出资企业及其直接或间接全资拥有的子企业;

(2)同一国有控股企业或国有实际控制企业内部实施重组整合,转让方和受让方为该国有控股企业或国有实际控制企业及其直接、间接全资拥有的子企业。

第三十三条　国资监管机构批准、国家出资企业审议决策采取非公开协议方式的企业产权转让行为时,应当审核下列文件:

(1)产权转让的有关决议文件;

(2)产权转让方案;

(3)采取非公开协议方式转让产权的必要性以及受让方情况;

(4)转让标的企业审计报告、资产评估报告及其核准或备案文件。其中属于第三十二条(1)、(2)款情形的,可以仅提供企业审计报告;

(5)产权转让协议;

(6)转让方、受让方和转让标的企业的国家出资企业产权登记表(证);

(7)产权转让行为的法律意见书;

(8)其他必要的文件。

第三章 企业增资

第三十四条 国资监管机构负责审核国家出资企业的增资行为。其中,因增资致使国家不再拥有所出资企业控股权的,须由国资监管机构报本级人民政府批准。

第三十五条 国家出资企业决定其子企业的增资行为。其中,对主业处于关系国家安全、国民经济命脉的重要行业和关键领域,主要承担重大专项任务的子企业的增资行为,须由国家出资企业报同级国资监管机构批准。

增资企业为多家国有股东共同持股的企业,由其中持股比例最大的国有股东负责履行相关批准程序;各国有股东持股比例相同的,由相关股东协商后确定其中一家股东负责履行相关批准程序。

第三十六条 企业增资应当符合国家出资企业的发展战略,做好可行性研究,制定增资方案,明确募集资金金额、用途、投资方应具备的条件、选择标准和遴选方式等。增资后企业的股东数量须符合国家相关法律法规的规定。

第三十七条 企业增资应当由增资企业按照企业章程和内部管理制度进行决策,形成书面决议。国有控股、国有实际控制企业中国有股东委派的股东代表,应当按照本办法规定和委派单位的指示发表意见、行使表决权,并将履职情况和结果及时报告委派单位。

第三十八条 企业增资在完成决策批准程序后,应当由增资企业委托具有相应资质的中介机构开展审计和资产评估。

以下情形按照《中华人民共和国公司法》、企业章程履行决策程序后,可以依据评估报告或最近一期审计报告确定企业资本及股权比例:

(1)增资企业原股东同比例增资的;

(2)履行出资人职责的机构对国家出资企业增资的;

(3)国有控股或国有实际控制企业对其独资子企业增资的;

(4)增资企业和投资方均为国有独资或国有全资企业的。

第三十九条 企业增资通过产权交易机构网站对外披露信息公开征集投资方,时间不得少于40个工作日。信息披露内容包括但不限于:

(1)企业的基本情况;

(2)企业目前的股权结构;

(3)企业增资行为的决策及批准情况;

(4)近三年企业审计报告中的主要财务指标;

(5)企业拟募集资金金额和增资后的企业股权结构;

(6)募集资金用途;

(7)投资方的资格条件,以及投资金额和持股比例要求等;

(8)投资方的遴选方式;

(9)增资终止的条件;

(10)其他需要披露的事项。

第四十条 企业增资涉及上市公司实际控制人发生变更的,应当同时遵守上市公司国有股权管理以及证券监管相关规定。

第四十一条 产权交易机构接受增资企业的委托提供项目推介服务,负责意向投资方的登记工作,协助企业开展投资方资格审查。

第四十二条 通过资格审查的意向投资方数量较多时,可以采用竞价、竞争性谈判、综合评议等方式进行多轮次遴选。产权交易机构负责统一接收意向投资方的投标和报价文件,协助企业开展投资方遴选有关工作。企业董事会或股东会以资产评估结果为基础,结合意向投资方的条件和报价等因素审议选定投资方。

第四十三条 投资方以非货币资产出资的,应当经增资企业董事会或股东会审议同意,并委托具有相应资质的评估机构进行评估,确认投资方的出资金额。

第四十四条 增资协议签订并生效后,产权交易机构应当出具交易凭证,通过交易机构网站对外公告结果,公告内容包括投资方名称、投资金额、持股比例等,公告期不少于5个工作日。

第四十五条 以下情形经同级国资监管机构批准,可以采取非公开协议方式进行增资:

(1)因国有资本布局结构调整需要,由特定的国有及国有控股企业或国有实际控制企业参与增资;

(2)因国家出资企业与特定投资方建立战略合作伙伴或利益共同体需要,由该投资方参与国家出资企业或其子企业增资。

第四十六条 以下情形经国家出资企业审议决策,可以采取非公开协议方式进行增资:

(1)国家出资企业直接或指定其控股、实际控制的其他子企业参与增资;

(2)企业债权转为股权;

(3)企业原股东增资。

第四十七条 国资监管机构批准、国家出资企业审议决策采取非公开协议方式的企业增资行为时,应当审核下列文件:

(1)增资的有关决议文件;

(2)增资方案;

(3)采取非公开协议方式增资的必要性以及投资方情况;

(4)增资企业审计报告、资产评估报告及其核准或备案文件。其中属于第三十八条(1)、(2)、(3)、(4)款情形的,可以仅提供企业审计报告;

(5)增资协议;

(6)增资企业的国家出资企业产权登记表(证);

(7)增资行为的法律意见书;

(8)其他必要的文件。

第四章 企业资产转让

第四十八条 企业一定金额以上的生产设备、房产、在建工程以及土地使用权、债权、知识产权等资产对外转让,应当按照企业内部管理制度履行相应决策程序后,在产权交易机构公开进行。涉及国家出资企业内部或特定行业的资产转让,确需在国有及国有控股、国有实际控制企业之间非公开转让的,由转让方逐级报国家出资企业审核批准。

第四十九条 国家出资企业负责制定本企业不同类型资产转让行为的内部管理制度,明确责任部门、管理权限、决策程序、工作流程,对其中应当在产权交易机构公开转让的资产种类、金额标准等作出具体规定,并报同级国资监管机构备案。

第五十条 转让方应当根据转让标的情况合理确定转让底价和转让信息公告期:

(1)转让底价高于100万元、低于1 000万元的资产转让项目,信息公告期应不少于10个工作日;

(2)转让底价高于1 000万元的资产转让项目,信息公告期应不少于20个工作日。

企业资产转让的具体工作流程参照本办法关于企业产权转让的规定执行。

第五十一条 除国家法律法规或相关规定另有要求的外,资产转让不得对受让方设置资格条件。

第五十二条 资产转让价款原则上一次性付清。

第五章 监督管理

第五十三条 国资监管机构及其他履行出资人职责的机构对企业国有资产交易履行以下监管职责:

(1)根据国家有关法律法规,制定企业国有资产交易监管制度和办法;

(2)按照本办法规定,审核批准企业产权转让、增资等事项;

(3)选择从事企业国有资产交易业务的产权交易机构,并建立对交易机构的检查评审机制;

(4)对企业国有资产交易制度的贯彻落实情况进行监督检查;

(5)负责企业国有资产交易信息的收集、汇总、分析和上报工作;

(6)履行本级人民政府赋予的其他监管职责。

第五十四条 省级以上国资监管机构应当在全国范围选择开展企业国有资产交易业务的产权交易机构,并对外公布名单。选择的产权交易机构应当满足以下条件:

(1)严格遵守国家法律法规,未从事政府明令禁止开展的业务,未发生重大违法违规行为;

(2)交易管理制度、业务规则、收费标准等向社会公开,交易规则符合国有资产交易制度规定;

(3)拥有组织交易活动的场所、设施、信息发布渠道和专业人员,具备实施网络竞价的条件;

(4)具有较强的市场影响力,服务能力和水平能够满足企业国有资产交易的需要;

(5)信息化建设和管理水平满足国资监管机构

对交易业务动态监测的要求；

（6）相关交易业务接受国资监管机构的监督检查。

第五十五条 国资监管机构应当对产权交易机构开展企业国有资产交易业务的情况进行动态监督。交易机构出现以下情形的，视情节轻重对其进行提醒、警告、通报、暂停直至停止委托从事相关业务：

（1）服务能力和服务水平较差，市场功能未得到充分发挥；

（2）在日常监管和定期检查评审中发现问题较多，且整改不及时或整改效果不明显；

（3）因违规操作、重大过失等导致企业国有资产在交易过程中出现损失；

（4）违反相关规定，被政府有关部门予以行政处罚而影响业务开展；

（5）拒绝接受国资监管机构对其相关业务开展监督检查；

（6）不能满足国资监管机构监管要求的其他情形。

第五十六条 国资监管机构发现转让方或增资企业未执行或违反相关规定、侵害国有权益的，应当责成其停止交易活动。

第五十七条 国资监管机构及其他履行出资人职责的机构应定期对国家出资企业及其控股和实际控制企业的国有资产交易情况进行检查和抽查，重点检查国家法律法规政策和企业内部管理制度的贯彻执行情况。

第六章 法律责任

第五十八条 企业国有资产交易过程中交易双方发生争议时，当事方可以向产权交易机构申请调解；调解无效时可以按照约定向仲裁机构申请仲裁或向人民法院提起诉讼。

第五十九条 企业国有资产交易应当严格执行“三重一大”决策机制。国资监管机构、国有及国有控股企业、国有实际控制企业的有关人员违反规定越权决策、批准相关交易事项，或者玩忽职守、以权谋私致使国有权益受到侵害的，由有关单位按照人事和干部管理权限给予相关责任人员相应处分；造成国有资产损失的，相关责任人员应当承担赔偿责任；构成犯罪的，依法追究其刑事责任。

第六十条 社会中介机构在为企业国有资产交易提供审计、资产评估和法律服务中存在违规执业行为的，有关国有企业应及时报告同级国资监管机构，国资监管机构可要求国有及国有控股企业、国有实际控制企业不得再委托其开展相关业务；情节严重的，由国资监管机构将有关情况通报其行业主管部门，建议给予其相应处罚。

第六十一条 产权交易机构在企业国有资产交易中弄虚作假或者玩忽职守、给企业造成损失的，应当承担赔偿责任，并依法追究直接责任人员的责任。

第七章 附 则

第六十二条 政府部门、机构、事业单位持有的企业国有资产交易，按照现行监管体制，比照本办法管理。

第六十三条 金融、文化类国家出资企业的国有资产交易和上市公司的国有股权转让等行为，国家另有规定的，依照其规定。

第六十四条 国有资本投资、运营公司对各级子企业资产交易的监督管理，相应由各级人民政府或国资监管机构另行授权。

第六十五条 境外国有及国有控股企业、国有实际控制企业在境内投资企业的资产交易，比照本办法规定执行。

第六十六条 政府设立的各类股权投资基金投资形成企业产（股）权对外转让，按照有关法律法规规定执行。

第六十七条 本办法自发布之日起施行，现行企业国有资产交易监管相关规定与本办法不一致的，以本办法为准。

广告发布登记管理规定

（2016年11月1日　国家工商行政管理总局令第89号公布　自2016年12月1日起施行）

第一条　为加强对广告发布活动的监督管理，规范广告发布登记，根据《中华人民共和国广告法》（简称“广告法”）、《中华人民共和国行政许可法》等法律、行政法规，制定本规定。

第二条　广播电台、电视台、报刊出版单位（统称“广告发布单位”）从事广告发布业务的，应当向所在地县级以上地方工商行政管理部门申请办理广告发布登记。

第三条　国家工商行政管理总局主管全国广告发布登记的监督管理工作。

县级以上地方工商行政管理部门负责辖区内的广告发布登记和相关监督管理工作。

第四条　办理广告发布登记，应当具备下列条件：

（1）具有法人资格；不具有法人资格的报刊出版单位，由其具有法人资格的主办单位申请办理广告发布登记；

（2）设有专门从事广告业务的机构；

（3）配有广告从业人员和熟悉广告法律法规的广告审查人员；

（4）具有与广告发布相适应的场所、设备。

第五条　申请办理广告发布登记，应当向工商行政管理部门提交下列材料：

（1）《广告发布登记申请表》；

（2）相关媒体批准文件：广播电台、电视台应当提交《广播电视播出机构许可证》和《广播电视频道许可证》，报纸出版单位应当提交《报纸出版许可证》，期刊出版单位应当提交《期刊出版许可证》；

（3）法人资格证明文件；

（4）广告业务机构证明文件及其负责人任命文件；

（5）广告从业人员和广告审查人员证明文件；

（6）场所使用证明。

工商行政管理部门应当自受理申请之日起5个工作日内，作出是否准予登记的决定。准予登记的，应当将准予登记决定向社会公布；不予登记的，书面说明理由。

第六条　广告发布单位应当使用自有的广播频率、电视频道、报纸、期刊发布广告。

第七条　广告发布登记的有效期限，应当与广告发布单位依照本规定第五条第一款第（2）项规定所提交的批准文件的有效期限一致。

第八条　广告发布登记事项发生变化的，广告发布单位应当自该事项发生变化之日起30日内向工商行政管理部门申请变更登记。

申请变更广告发布登记应当提交《广告发布变更登记申请表》和与变更事项相关的证明文件。

工商行政管理部门应当自受理变更申请之日起5个工作日内作出是否准予变更的决定。准予变更的，应当将准予变更决定向社会公布；不予变更的，书面说明理由。

第九条　有下列情形之一的，广告发布单位应当及时向工商行政管理部门申请注销登记：

（1）广告发布登记有效期届满且广告发布单位未申请延续的；

（2）广告发布单位法人资格依法终止的；

（3）广告发布登记依法被撤销或者被吊销的；

（4）广告发布单位由于情况发生变化不具备本规定第四条规定的条件的；

（5）广告发布单位停止从事广告发布的；

（6）依法应当注销广告发布登记的其他情形。

第十条　广告发布登记有效期届满需要延续的，广告发布单位应当于有效期届满30日前向工商行政管理部门提出延续申请。工商行政管理部门应当在广告发布登记有效期届满前作出是否准予延续的决定。准予延续的，应当将准予延续的决定向社会公布；不予延续的，书面说明理由；逾期未作决定的，视为准予延续。

第十一条 广告发布单位应当建立、健全广告业务的承接登记、审核、档案管理、统计报表等制度。

第十二条 广告发布单位应当按照广告业统计报表制度的要求，按时通过广告业统计系统填报《广告业统计报表》，向工商行政管理部门报送上一年度广告经营情况。

第十三条 工商行政管理部门应当依照有关规定对辖区内的广告发布单位采取抽查等形式进行监督管理。抽查内容包括：

(1)是否按照广告发布登记事项从事广告发布活动；

(2)广告从业人员和广告审查人员情况；

(3)广告业务承接登记、审核、档案管理、统计报表等基本管理制度的建立和执行情况；

(4)是否按照规定报送《广告业统计报表》；

(5)其他需要进行抽查的事项。

第十四条 工商行政管理部门依照广告法的规定吊销广告发布单位的广告发布登记的，应当自决定做出之日起10日内抄告为该广告发布单位进行广告发布登记的工商行政管理部门。

第十五条 广播电台、电视台、报刊出版单位未办理广告发布登记，擅自从事广告发布业务的，由工商行政管理部门依照广告法第六十条的规定查处。

以欺骗、贿赂等不正当手段取得广告发布登记的，由工商行政管理部门依法予以撤销，处1万元以上3万元以下罚款。

广告发布登记事项发生变化，广告发布单位未按规定办理变更登记的，由工商行政管理部门责令限期变更；逾期仍未办理变更登记的，处1万元以上3万元以下罚款。

广告发布单位不按规定报送《广告业统计报表》的，由工商行政管理部门予以警告，责令改正；拒不改正的，处1万元以下罚款。

第十六条 工商行政管理部门应当将准予广告发布登记、变更登记、注销登记等广告发布登记信息通过本部门门户网站或者政府公共服务平台向社会公布。无法通过上述途径公布的，应当通过报纸等大众传播媒介向社会公布。

企业的广告发布登记信息和行政处罚信息，应当通过企业信用信息公示系统依法向社会公示。

第十七条 本办法自2016年12月1日起施行。2004年11月30日国家工商行政管理总局公布的《广告经营许可证管理办法》同时废止。

企业发展概况

2016 年发展和改革工作综述

中国宏观经济研究院　姜鑫民

2016 年，世界经济深度调整，复苏乏力，地缘政治风险上升，外部环境的不稳定不确定因素增加，对中国发展的影响不可低估，国内经济下行压力加大，中国面临国内外诸多矛盾叠加、风险隐患交汇的严峻挑战。各地区、各部门在以习近平同志为核心的党中央坚强领导下，坚持改革开放，坚持以新发展理念引领发展，坚持稳中求进工作总基调，主动适应经济发展新常态，把握好稳增长与调结构的平衡，保持经济运行在合理区间，加强供给侧结构性改革，加快培育新的发展动能，改造提升传统比较优势，抓好去产能、去库存、去杠杆、降成本、补短板，加强民生保障，切实防控风险，经济运行缓中趋稳、稳中向好。2016 年经济社会发展目标的完成，实现了"十三五"时期经济社会发展良好开局。

一、继续创新和加强宏观调控，经济运行保持在合理区间

2016 年宏观调控面临多难抉择，坚持不搞"大水漫灌"式强刺激，而是依靠改革创新来稳增长、调结构、防风险，在区间调控基础上，加强定向调控、相机调控。

（一）实施积极的财政政策和稳健的货币政策

积极的财政政策力度加大，增加的财政赤字主要用于减税降费。全面推开营改增试点，全年降低企业税负 5 700 多亿元，所有行业实现税负只减不增。制定实施中央与地方增值税收入划分过渡方案，确保地方既有财力不变。扩大地方政府存量债务置换规模，降低利息负担约 4 000 亿元。稳健的货币政策灵活适度，广义货币 M_2 增长 11.3%，低于 13.0% 左右的预期目标。综合运用多种货币政策工具，支持实体经济发展。

（二）有效发挥投资关键作用

着力推进重大项目建设，扎实推进 11 个投资工程，包括粮食水利、交通、生态环保、健康养老服务、信息电网油气等重大网络工程、清洁能源、油气及矿产资源保障工程、城市轨道交通、现代物流、新兴产业增强制造业核心竞争力。累计完成投资 79 203 亿元，已开工 48 个专项、507 个项目。着力推动"三去一降一补"，设立并及时拨付专项奖补资金，重点用于化解钢铁、煤炭行业过剩产能过程中职工分流安置。大力支持棚户区改造和货币化安置。

2016 年 1—12 月全国新设立外商投资企业 27 900家，比上年增长 5.0%，实际使用外资金额 8 132.2亿元人民币（折 1 260 亿美元），同比增长 4.1%（不含银行、证券、保险领域数据）。

东盟对华投资新设立企业 1 160 家，同比增长 0.5%，实际投入外资金额 67.3 亿美元，同比下降 14.3%。欧盟 28 国对华投资新设立企业 1 741 家，同比下降 1.8%，实际投入外资金额 96.6 亿美元，同比增长 35.9%。"一带一路"沿线国家对华投资新设立企业 2 905 家，同比增长 34.1%，实际投入外资金额 70.6 亿美元，同比下降 16.5%。长江经济带区域新设立外商投资企业 11 677 家，同比下降 2.5%，实际使用外资 610.6 亿美元，同比下降 1.5%，见图 1。

全年全社会固定资产投资 606 466 亿元，比上年增长 7.9%，其中，固定资产投资（不含农户）596 501 亿元，增长 8.1%。2016 年 1—12 月，同比增长 5.0%，见图 2。

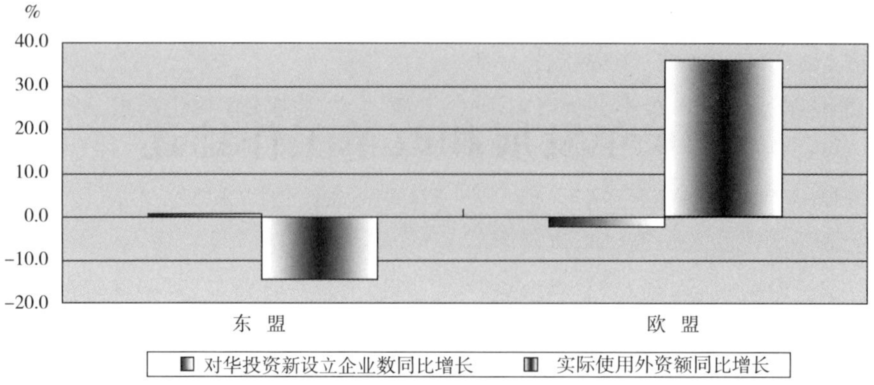

图 1　东盟与欧盟对华投资情况

数据来源：商务部。

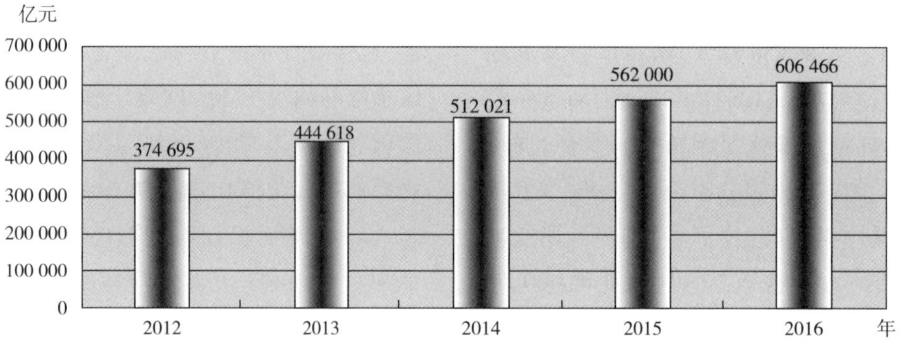

图 2　2012—2016 年全社会固定资产投资情况

数据来源：国家统计局。

(三)实施更加积极的就业政策

加强公共就业服务信息化建设，打造全国共享的公共就业创业服务信息化平台，为毕业生跨区域求职择业提供便利，也为大中城市引进合适人才提供服务。

召开高等学校毕业生就业创业工作电视电话会议，部署推动做好高校毕业生就业创业工作。启动实施 2016 年高校毕业生就业服务月活动，推进实名登记精准服务，帮助更多高校毕业生就业。印发《关于实施高校毕业生就业创业促进计划的通知》，提出实施能力提升、创业引领、校园精准服务、就业帮扶、权益保护五大行动，促进高校毕业生就业创业。启动人力资源市场高校毕业生就业服务周活动，更好发挥市场在促进高校毕业生就业中的基础性作用。全年就业人员 77 603 万人，其中城镇就业人员 41 428万人。全年城镇新增就业 1 314 万人，见图 3。

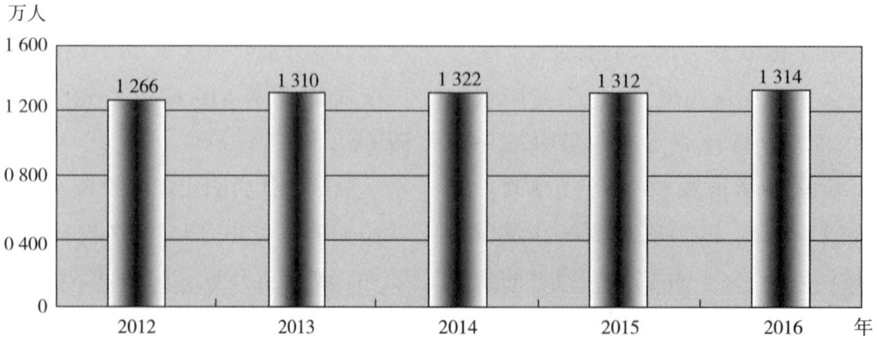

图 3　2012—2016 年城镇新增就业人数情况

数据来源：国家统计局。

(四)实施促进消费升级措施

着力推进六大重点消费工程,出台《关于进一步扩大旅游文化体育健康养老教育培训等领域消费的意见》,推进幸福产业服务消费提质扩容、大力促进传统实物消费扩大升级、持续优化消费市场环境。以改革创新增加消费领域特别是服务消费领域有效供给、补上短板,促进服务业发展和经济转型升级、培育经济发展新动能。坚持以供给侧结构性改革为主线,深入推进简政放权、放管结合、优化服务改革,消除各种体制机制障碍,放宽市场准入,营造公平竞争市场环境,激发大众创业、万众创新活力,改善产品和服务供给,积极扩大新兴消费、稳定传统消费、挖掘潜在消费。信息、旅游等消费增长点不断增大,全年国内游客40亿人次,比上年增长10.5%,移动互联网接入流量41.9亿G,比上年增长103.0%。社会消费品零售总额332 316亿元,比上年增长10.4%(见图4)。全国网上零售额51 556亿元,比上年增长26.2%。

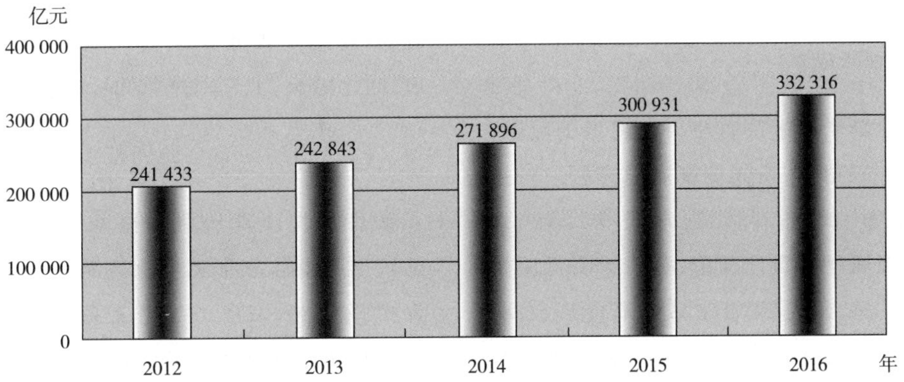

图4　2012—2016年社会消费品零售总额情况

数据来源:国家统计局。

(五)分类调控房地产市场

坚持住房的居住属性,落实地方政府主体责任,加快建立和完善促进房地产市场平稳健康发展的长效机制,以市场为主满足多层次需求,以政府为主提供基本保障。加强房地产市场分类调控,房价上涨压力大的城市要合理增加住宅用地,规范开发、销售、中介等行为。

(六)加强金融风险防控

大力推动金融改革开放,持续释放改革红利,深化重点领域改革,加强金融监管,完善宏观审慎政策框架。完善金融风险监测、评估、预警和处置体系建设,全面排查风险隐患,强化对跨行业、跨市场风险及风险传染的分析研判。完善金融监管协调机制,防止监管空白和监管套利。扎实做好存款保险制度实施各项工作,完善金融安全网。强化底线思维,及时采取有效措施,牢牢守住不发生系统性区域性金融风险的底线。

二、着力抓好"三去一降一补",供给结构有所改善

推进供给侧结构性改革,是党中央、国务院综合研判世界经济形势和中国经济发展新常态作出的重大决策,被认为是解决中国经济结构性矛盾的治本之策。

(一)扎实有效去产能

以钢铁、煤炭行业为重点去产能,全年退出钢铁产能超过6 500万吨,煤炭产能超过2.9亿吨,超额完成年度目标任务,分流职工得到较好安置,煤炭2.5亿吨的产能涉及62万名职工,钢铁4 500万吨的产能涉及18万名的职工,年底安排的职工已经接近70万人。钢铁工业协会会员企业2015年1—11月亏损529亿元,2016年1—11月盈利331亿元,煤炭企业的利润也增长了1.1倍。

(二)积极稳妥去杠杆

促进企业盘活存量资产,推进资产证券化,支持

市场化法治化债转股，加大股权融资力度，强化企业特别是国有企业财务杠杆约束，逐步将企业负债降到合理水平。

（三）因城施策去库存

支持、引导农民工和农民进城买房，推进棚改货币化安置去库存，城市农民工和农民买房占整个买房量的50.0%，有的县城达到70.0%。棚改货币化安置比例达到48.5%，比2015年提高了18.6个百分点，商品房待售面积下降。

（四）多措并举降成本

扩大小微企业享受减半征收所得税优惠的范围，年应纳税所得额上限由30万元提高到50万元；科技型中小企业研发费用加计扣除比例由50.0%提高到75.0%。全面清理规范政府性基金，取消城市公用事业附加等基金，授权地方政府自主减免部分基金，取消或停征中央涉企行政事业性收费35项，减少政府定价的涉企经营性收费，加强对市场调节类经营服务性收费的监管，降低"五险一金"缴费比例。

（五）精准加力补短板

针对严重制约经济社会发展和民生改善的突出问题，结合实施"十三五"规划确定的重大项目，加大补短板力度，加快提升公共服务、基础设施、创新发展、资源环境等支撑能力。

三、大力深化改革开放，发展活力进一步增强

围绕处理好政府和市场关系这一经济体制改革的核心问题，持续推进简政放权、放管结合、优化服务改革。积极扩大对外开放。推进"一带一路"建设，与沿线国家加强战略对接、务实合作。重要领域和关键环节取得重要进展。

（一）行政审批制度不断改革不断深化

按照创新、协调、绿色、开放、共享的发展理念，紧紧扭住转变政府职能这个"牛鼻子"，在更大范围、更深层次，以更有力举措推进简政放权、放管结合、优化服务改革，使市场在资源配置中起决定性作用和更好发挥政府作用，破除制约企业和群众办事创业的体制机制障碍，着力降低制度性交易成本，优化营商环境，激发市场活力和社会创造力，与大众创业、万众创新和发展壮大新经济紧密结合起来，进一步形成经济增长内生动力，促进经济社会持续健康发展。2016年又取消165项国务院部门及其指定地方实施的审批事项，清理规范192项审批中介服务事项、220项职业资格许可认定事项。深化商事制度改革。2016年，"五证合一、一照一码"登记制度改革正式实施。全面推行"双随机、一公开"，增强事中事后监管的有效性，推进"互联网＋政务服务"。全年新登记企业552.8万户，同比增长24.5%，平均每天新登记1.51万户。

（二）推动国有企业调整重组和混合所有制改革

出台《关于2016年深化经济体制改革重点工作意见》，推进国有企业混合所有制改革。在电力、石油、天然气、铁路、民航、电信等重点领域，选择一批国有企业开展混合所有制改革试点示范。推动集团公司整体上市，支持具备条件的上市企业引入合格战略投资者，进一步放大国有资本功能，提高国有资本配置和运行效率。提出公有制经济之间股权多元化改革方案。开展混合所有制企业实行企业员工持股试点。支持地方国有企业因地制宜开展混合所有制改革试点。国有控股工业企业2016年实现利润总额同比增长6.7%，创造了2012年以来的最高增速。

（三）社会领域改革继续深化

建立公平竞争审查制度。深化资源税改革。完善农村土地"三权分置"办法，建立贫困退出机制。推进科技管理体制改革，扩大高校和科研院所自主权，出台以增加知识价值为导向的分配政策。放开养老服务市场。扩大公立医院综合改革试点，深化药品医疗器械审评审批制度改革。制定自然资源统一确权登记办法，开展省以下环保机构监测监察执法垂直管理、耕地轮作休耕改革等试点，全面推行河长制，健全生态保护补偿机制。推广上海等自贸试验区改革创新成果，新设7个自贸试验区。

（四）对外开放新格局加快形成

推进"一带一路"建设，与沿线国家加强战略对

接、务实合作。100多个国家和国际组织积极支持参与，一大批有影响力的标志性项目成功落地。

中国同"一带一路"沿线国家的双边贸易额达到63 000亿元人民币，增长了0.6%。全年对"一带一路"沿线国家直接投资145亿美元，在沿线国家新签的对外承包合同额1 620亿美元，同比增长了36.0%。沿线国家对我直接投资新设立企业2 905家，增长34.1%，直接投资金额458亿元。对沿线国家承包工程业务完成营业额760亿美元，增长9.7%。推动和相关国家共建经贸产业合作园区。在20多个国家建设了56个经贸合作区，合作区新增投资达到50亿美元。大批大项目建成投产或开工建设，喀喇昆仑公路升级改造的二期工程，黑河大桥已经开工建设；亚太直达的海底光缆、亚欧5号海底光缆已经建成投入使用。积极推进人文交流，围绕着绿色、健康、智力、和平丝绸之路开展一系列工作。设立了中国政府的教育奖学金。建立了"一带一路"大学联盟，跟沿线国家的学历学位互认工作取得进展。

四、强化创新引领，新动能快速成长

颁布实施《国家创新驱动发展战略纲要》，确立了创新驱动发展三步走战略目标，明确了"坚持双轮驱动、构建一个体系、推进六大转变"的战略布局。

（一）大众创业万众创新蓬勃发展

市场主体实现量增质升。"五证合一、一照一码"改革全面施行。2016年，全国新登记市场主体1 651.3万户，同比增长11.6%，知识技术密集的战略性新兴产业和现代服务业新创办企业呈现迅猛发展的态势。

创新增长动能逐渐变强。全社会R&D支出达到15 500亿元，占GDP比重为2.1%（见图5），企业占比78.0%以上；全国技术合同成交额达11 407亿元，科技进步贡献率增至56.2%。

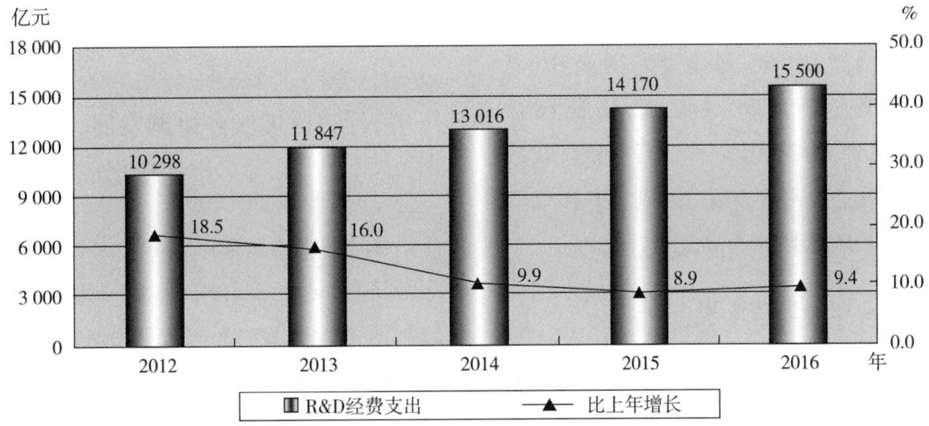

图5 2012—2016年研究与试验发展（R&D）经费支出及其增长速度情况

（二）创新型国家建设取得重要进展

深入推进"互联网+"行动和国家大数据战略，全面实施《中国制造2025》，落实和完善"双创"政策措施。部署启动面向2030年的科技创新重大项目，支持北京、上海建设具有全球影响力的科技创新中心，新设6个国家自主创新示范区，146家国家高新区营业收入预计达280 000亿元，同比增长11.5%。国内有效发明专利拥有量突破100万件，技术交易额超过10 000亿元。全社会R&D支出达到15 440亿元，占GDP比重为2.1%，企业占比78.0%以上；全国技术合同成交额达11 407亿元，科技进步贡献率上升到56.2%。"神舟十一号"载人飞船与"天宫二号"空间实验室实现自动交会对接，大推力新一代运载火箭长征五号发射升空，首颗量子科学实验卫星"墨子号"、首颗全球二氧化碳监测科学实验卫星成功发射等一批重大创新成果取得突破。

（三）传统产业转型升级步伐加快

在供给侧结构改革持续发力下，工业增速回升，产业分化持续，传统资源和原材料行业规模压缩，煤炭和钢铁行业盈利状况有所改善，而高技术产业与新兴产业增长较快,利润增速较快。不断推进产业结构转型升级,消费对于国民经济的贡献度持续增加,服务业继续"领跑"经济增长。"三去一降一补"成为产业结构调整的重要推手,供给侧改革的成效开始逐步显现,企业产销率停止下滑,库存增长率持续下降,钢铁和煤炭企业经营状况有所改善,工业向中高端加速迈进。2016 年化解粗钢产能超过 6 500 万吨,化解煤炭产能过剩 2.9 亿吨。

(四)大力发展战略性新兴产业

推动新能源汽车、新能源和节能环保等绿色低碳产业成为支柱性产业。2016 年战略性新兴产业 27 个主要行业主营业务收入达到 191 000 亿元,同比增长 11.3%。战略性新兴产业领域新热点纷纷涌现,部分战略性新兴产业技术临近突破,具备较好发展前景,有望形成规模化产业。暴风魔镜、小宅魔镜头盔、灵镜、珠海真幻 3D 影魁、聚众创科 VR BOX、乐侣魔镜等产品不断涌现。北京首条无人驾驶地铁线燕房线也进入动车调试阶段。2016 年三季度,战略性新兴产业上市公司营收总额达 21 317.8 亿元,同比增长 18.2%,较上年同期提升 0.5 个百分点;实现利润总额 2 264.4 亿元,增速高达 29.7%。2016 年四季度,战略性新兴产业行业景气指数为 147.8,创年内新高;企业家信心指数达到 151.6,好于上年同期水平、并创 2015 年以来新高。

(五)现代服务业取得显著成果

教育,文化、体育和娱乐业,科学研究和技术服务业,信息传输、软件和信息技术服务业等新登记企业数量快速增长,为新经济发展不断注入新的活力。服务业新动能快速成长,互联网、电子商务与邮政快递业快速发展,不断孵化出新产业、新业态、新模式,涌现出"摩拜单车""ofo""滴滴顺风车"等为代表的出行共享平台。服务业增加值 384 221 亿元,比上年实际增长 7.8%,在三次产业中继续领跑,服务业对国民经济增长的贡献率为 58.2%,比上年提高 5.3 个百分点。服务业占 GDP 比重已上升为 51.6%,比上年继续提高 1.4 个百分点。

(六)基础设施网络水平进一步提升

高铁营业里程达 2.2 万公里,占世界高速铁路运营总里程 60.0% 以上,新增高速公路 6 000 多公里,总里程突破 13 万公里。新改建农村公路 20 万公里,新增贫困地区 7 000 个建制村通硬化路。民用航空机场共 218 个,国内航线完成 91 401.7 万人次,比上年增长 10.3%,煤炭消费比重下降约 2.0 个百分点,非化石能源和天然气消费比重分别提高 1.4 个百分点和 0.3 个百分点。网络基础设施建设水平进一步提升,全国移动互联网接入流量消费达 93.6 亿 G,同比增长 123.7%,比上年提高 20.7 个百分点。4G 用户数全年新增 3.4 亿户,总数达到 7.7 亿户。互联网宽带接入端口数量达到 6.9 亿个,比上年净增 11 400 万个,同比增长 19.8%。光纤接入(FTTH/0)端口比上年净增 18 100 万个,达到 52 200 万个,占互联网接入端口的比重由上年的 59.3% 提升至 75.6%。新增移动通信基站 92.6 万个,总数达 559 万个,其中 4G 基站新增 86.1 万个,总数达到 263 万个。固定互联网宽带接入用户 29 721 万户,比上年增加 3 774 万户;移动宽带用户 94 075 万户,增加 23 464 万户,见图 6。

五、促进区域城乡协调发展,新的增长极增长带加快形成

深入实施"一带一路"建设、京津冀协同发展、长江经济带发展三大战略,启动建设一批重点项目。编制西部大开发"十三五"规划,实施新一轮东北振兴战略,推动中部地区崛起,支持东部地区率先发展。加快推进新型城镇化,深化户籍制度改革,全面推行居住证制度,又有 1 600 万人进城落户。发展的协同叠加效应不断显现。

(一)三大战略取得显著进展

"一带一路"倡议实施以来,进度和成果超出预期。与有关国家和国际组织签署了 40 多份共建"一带一路"合作协议,同 20 多个国家开展了机制化的国际产能合作。"一带一路"沿线国家对华直接投资新设立企业 2 905 家,增长 34.1%;对华直接投资金额 458 亿元(折合 71 亿美元)。

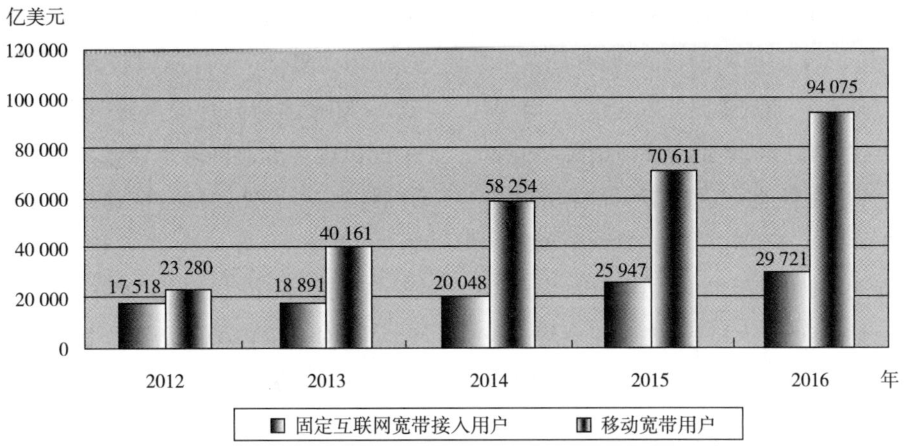

图6　2012—2016 年固定互联网宽带接入用户和移动宽带用户数情况

北京非首都功能疏解有序推进，调整疏解商品交易市场 117 家，清理淘汰一般性制造业企业 335 家，一批学校、医院等有序向外疏解。公共服务协作也迈入快车道。京津冀"互联网＋"等职业教育联盟组建，河北省 58 所职业学校与京津两市 225 家企业开展校企合作。北京市 50 多家医院与天津、河北省 150 余家医疗机构开展合作，京冀在燕郊、张家口、曹妃甸、承德等地共同实施重点医疗合作项目，累计派出医师 1 000 余人，接诊患者约 7 万人次。

长江经济带 11 省市地区生产总值增速达 8.1%，高于全国平均水平。加快构建绿色生态走廊，已完成防护林体系建设造林计划 132.7 万亩，启动实施贵州草海、云南大理洱海源头国家重要湿地保护和修复，以及湖北、湖南、重庆、云南、贵州等省（直辖市）10 个湿地保护工程。加快形成长江黄金水道和综合立体交通走廊，沪昆高铁贵阳至昆明段、浙江建德寿昌至开化白沙关（浙赣界）公路等项目，正成为发展的重要支撑。

（二）新型城镇化积极推进，新型城镇化建设取得重要进展

全面落实国务院《关于深入推进新型城镇化建设的若干意见》，扎实推进 30 项年度重点任务，新型城镇化建设取得重要进展。

农业转移人口市民化有了新突破。出台了一系列关键性政策，包括推动 1 亿非户籍人口在城市落户的总体方案，以及支持农业转移人口市民化的财政、土地、住房等配套政策，农业转移人口市民化"四梁八柱"政策框架基本形成。2016 年进城落户约 1 600万人，常住人口城镇化率达到 57.4%，户籍人口城镇化率达到 41.2%，分别比上年提高 1.25 个、1.3 个百分点。

实施了长三角、长江中游、成渝、哈长、中原和北部湾 6 个城市群规划，启动了国家中心城市布局建设，加大县城和重点镇基础设施建设力度，累计开工地下综合管廊 2 000 多公里，新增城市轨道交通里程 535 公里，开工改造各类棚户区住房 604 万套。开展了第三批新型城镇化综合试点，试点扩围至 2 个省 246 个城市（镇）。有序推进农村土地三项制度改革试点、城乡建设用地增减挂钩、城镇低效用地再开发、农村土地"三权分置"等改革试点。举办"2016 中欧城镇化伙伴关系务实合作项目签约仪式"，推进中欧城镇化伙伴关系示范区建设，中欧城市结对达 30 对。

（三）三大战略叠加效应明显，区域发展格局优化重塑

大力推动"一带一路"建设、京津冀协同发展、长江经济带建设，统筹推进东、中、西部、东北四大板块发展，加大基础设施、生态环保等建设力度，新的经济增长极、增长带逐步形成，区域发展格局不断优化重塑。

2016 年，"一带一路"沿线国家对华直接投资新设立企业 2 905 家，比上年增长 34.1%，对华直接投资金额 71 亿美元。与"一带一路"沿线国家新签合同额 1 260 亿美元，占同期对外承包工程新签合同额的 51.6%，完成营业额 760 亿美元，占同期总额的 47.7%。

设立 100 亿元京津冀产业结构调整引导基金，助推区域内产业优化升级，中船重工融资租赁、中国能建电力工程技术创新产业园等一批产业合作项目签约落地。京秦高速天津段建成通车，京唐铁路开工建设，一批"瓶颈路"顺利打通，天津港与唐山港组建津唐国际集装箱码头公司，京津冀首个海铁联运集装箱中心站开通运营。京津冀海关区域通关一体化改革继续深化，京津实现离境退税互联互通，天津口岸进出口总额中，来自北京与河北的货物比重达到32.5%。生态环保联防联控不断深化，统一执行区域重污染天气预警标准，$PM_{2.5}$浓度连续三年下降。2016年，京津冀地区生产总值合计74 613亿元，占全国的9.7%。

长江经济带沿线11省市网信办全力搭建平台，长江经济带以省际协商合作为重点，加快推进体制机制创新，合作步入新阶段，初步形成长三角、长江中游和成渝三大城市群。2016年，长江经济带地区生产总值超过330 000亿元，占全国比重为43.1%。

制定实施西部大开发"十三五"规划，出台促进中部崛起的十年规划，实施新一轮东北地区等老工业基地振兴战略，支持东部地区在体制创新、陆海统筹等方面率先突破，区域发展布局持续优化。2013—2016年，中部和西部地区生产总值年均分别增长8.6%和9.1%；中部和西部全社会固定资产投资分别年均增长18.5%和17.3%。2016年中、西部地区投资占全国比重分别为26.3%和25.8%，比2012年提高3.4、2.1个百分点。

六、加强生态文明建设，绿色发展取得新进展

制定实施生态文明建设目标评价考核办法，建设国家生态文明试验区。强化大气污染治理，二氧化硫、氮氧化物排放量分别下降5.6%和4.0%，74个重点城市细颗粒物（$PM_{2.5}$）年均浓度下降9.1%。优化能源结构，清洁能源消费比重提高1.7个百分点，煤炭消费比重下降2.0个百分点。推进水污染防治，出台土壤污染防治行动计划。开展中央环境保护督察，严肃查处一批环境违法案件，推动了环保工作深入开展。

（一）生态文明建设持续加强

在若干省设立国家生态文明试验区，开展生态文明体制改革综合试验。中央深改组审议通过一系列生态文明制度改革系列文件。从生态补偿到生态环境损害赔偿，从目标评价考核到划定严守生态红线，从环境监测到环保执法，中央深改组为生态文明建设和环境治理出台了详细的执行方案。全国陆续开展国家生态文明试验区建设。已经有16个省（自治区、直辖市）开展生态省建设，1 000多个市（县、区）开展生态市县建设。发布了《土壤污染防治行动计划》，对土壤污染防治工作做出了系统而全面的规划及行动部署。

（二）全国污染治理取得积极成效

2016年，新环境空气质量标准第一阶段实施监测的74个城市平均优良天数比例为74.2%，比上年上升3.0个百分点；细颗粒物（$PM_{2.5}$）平均浓度比2015年下降9.1%。全国338个地级及以上城市平均优良天数比例为78.8%，比上年上升2.1个百分点。338个地级及以上城市897个在用集中式生活饮用水水源监测断面（点位）中，有811个全年均达标，占90.4%。符合第一类海水水质标准的海域面积均占中国管辖海域面积的95.0%。309个开展功能区声环境监测的地级及以上城市，昼间监测点次达标率为92.2%，夜间监测点次达标率为74.0%。

（三）节能减排取得新成效

加强重点领域节能，国家发改委安排中央预算内投资，支持开展重点用能单位能效综合提升、重点行业节能改造、合同能源管理推进、城市道路照明、机场车站码头节能综合改造等节能重点工程，全国单位GDP能耗下降5.0%。

深化国家低碳工业园试点工作，加快扩大工业园区试点数量，继续组织创建国家低碳产业示范园。全国碳市场建设正在有序推进。2016年碳排放强度下降了6.6%。

（四）应对气候变化取得新进展

持续推进碳排放权交易试点，在碳排放权交易试点的省市纳入交易的有多个行业，试点范围内碳排放总量和强度呈现了双降趋势，在推动参与企业和试点地区的低碳发展、有效控制二氧化碳排放方面，试点发挥了积极作用，同时也培养了一批队伍，

提升了相关的能力。中国省市与国外地方之间在应对气候变化和低碳发展领域的合作交流趋于活跃。浙江省积极参与气候变化南南合作，建立“1 + X”的南南合作培训模式，国家发改委气候司组织开展了关于“一带一路”低碳城市合作的研究。

（五）着力解决环保突出问题

中央环保督察组对突出环境问题“出重拳”“下猛药”。2016 年 1 月，中央环保督察组进驻河北省；7 月，进驻内蒙古等 8 个省（自治区）；11 月，进驻北京等 7 个省（直辖市），开展环境保护督察工作。中央环保督查组共受理群众举报 3.3 万余件，立案处罚 8 500余件、罚款 4.4 亿多元，立案侦查 800 余件、拘留 720 人，约谈 6 307 人，问责 6 454 人，使一大批突出环境问题得到解决。

七、注重保障和改善民生

着力保障和改善民生，推行了一系列的惠民举措，人民群众获得感增强。

（一）全面推进脱贫攻坚

审议通过了“十三五”脱贫攻坚的规划，各地都出台和完善了“1 + N”扶贫政策举措，对很多老大难问题切实拿出了过硬举措。组织第三方对省级党委政府扶贫开发成效进行了第三方评估，改革了财政涉农资金管理使用的机制，建立了贫困退出的机制。针对贫困村、贫困户的实际情况，各地因地制宜地发展了特色农业、乡村旅游、电商扶贫、光伏扶贫等产业扶贫，大力实施易地扶贫搬迁，开展劳务输出扶贫、教育扶贫和健康扶贫，探索资产收益生态保护扶贫。全国还选派了 18 万多名的优秀干部到贫困村、贫困基层组织薄弱村担任第一书记，提升带动群众的脱贫能力。进一步深化了东西部扶贫协作，启动了携手奔小康的行动，加强了中央单位的定点扶贫工作，积极推进社会扶贫和志愿服务力量参与脱贫攻坚。军队和武警部队发挥自身优势，积极支持所在地的脱贫攻坚，开展了“万企帮万村”的精准扶贫行动。农村贫困人口 4 335万人，比上年减少 1 240 万人，超额完成 1 000 万人的目标任务，完成易地扶贫搬迁 340 万人。中央和省级财政专项扶贫资金首次突破 1 000 亿元，其中中央财政扶贫资金 667 亿元，同比增长 43.4%。

（二）居民收入稳定增加

工资收入分配制度改革不断深化，企业、机关事业单位工资决定和正常增长机制进一步完善。企业工资分配宏观调控体系更加健全。机关事业单位工资结构更加优化。工资收入稳步提高，工资收入分配秩序更加规范、差距逐步缩小。2016 年中国居民人均可支配收入 23 821 元，比上年名义增长 8.4%，扣除价格因素实际增长 6.3%，全国居民人均可支配收入中位数 20 883 元，增长 8.3%。见图 7。

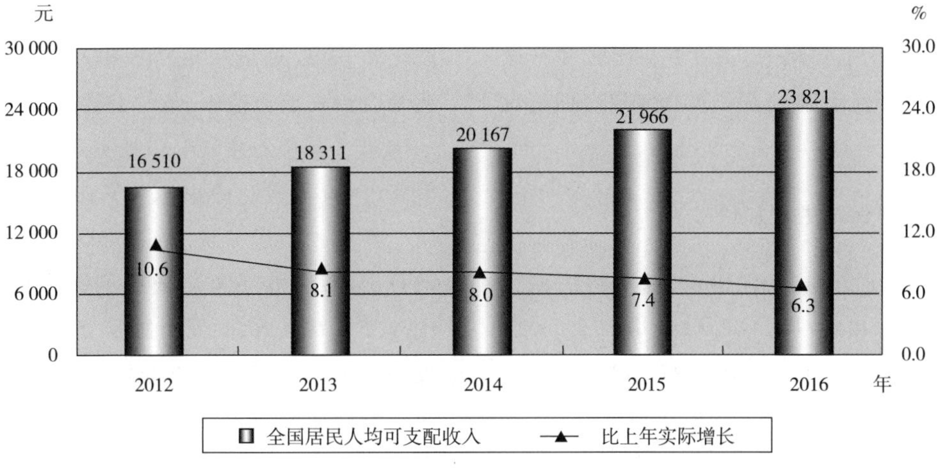

图 7　2012—2016 年全国居民人均可支配收入及其增长速度情况

数据来源：国家统计局。

城镇居民人均可支配收入33 616元,比上年名义增长7.8%,实际增长5.6%;农村居民人均可支配收入12 363元,名义增长8.2%,实际增长6.2%。

农村居民人均收入名义增速和实际增速分别高于城镇居民0.4和0.6个百分点。城乡居民收入比由上年同期的2.73下降为2.72,城乡居民的收入差距继续缩小。

(三)基本公共服务均等化建设取得积极成效

基本公共教育服务体系建设不断完善,义务教育均等化程度不断提高。国家不断加大财政投入力度,继续推进对家庭经济困难学生资助工作。九年义务教育经费支出12 412亿元,比上年增长7.7%,九年义务教育生师比15.4,巩固率达93.4%,大力提升基层医疗卫生服务能力,地区间基本医疗卫生服务不断趋向均衡发展,用于公共卫生服务费用支出1 692亿元,基层医疗卫生机构经费支出1 211亿元,分别比上年增长9.2%和9.8%。基本公共文化体育服务水平不断提高,地区差距不断缩小。

全国公共图书馆3 153个,文化馆(站)44 497个,分别比上年增加14个和206个。全国农村电影放映746万场,观众84 800万人次;建成地面卫星接收站210个。全国广播节目和电视节目综合人口覆盖率分别达98.4%和98.9%,均比上年有所提高。大力推进专业化残疾人康复设施建设,全年投入使用的残疾人综合服务设施504.7万平方米,累计建设残疾人扶贫基地7 111个,扶贫安置残疾人就业11.6万人。创业服务规模快速提升,全国接受创业服务409.8万人,比上年增长12.3%。社区和行政村劳动就业和社会保障服务窗口覆盖率73.1%,比上年增加1.0个百分点。

(四)基本住房保障进程加快

国家加快保障性安居工程建设,切实解决城镇居民基本住房问题和农村困难群众住房安全问题。国家财政基本住房保障经费6 776亿元,增长16.9%,占全部财政预算支出3.6%,高于2015年的3.3%。实际开工各类棚户区改造住房606万套,棚户区改造和公租房基本建成658万套。全年全国农村地区建档立卡贫困户危房改造158万户;农村危房改造331万户,年度竣工率超过100%。1 126万户家庭住进了公租房,城镇低保、低收入住房困难家庭基本实现了应保尽保。

(五)社会保障水平稳步提高

基本社会保险覆盖率进一步提升,城乡居民基本养老保险参保人数5.1亿人,比上年增长0.7%,城镇职工基本养老保险参保人数3.8亿人,增长7.3%。10.1亿人持有全国统一的社会保障卡,社会保障卡普及率73.2%,比上年提高近9.0个百分点。养老服务水平改善,基本社会服务规模持续扩大,全国各类养老床位数701.7万张,每千老年人口(60岁及以上)养老床位数31.6张,分别增长4.3%和4.4%。

八、推进政府建设和治理创新,社会保持和谐稳定

国务院提请全国人大常委会审议法律议案13件,制定修订行政法规8件。完善公共决策吸纳民意机制,认真办理人大代表建议和政协委员提案。推进政务公开,省级政府部门权力和责任清单全面公布。加大督查问责力度,组织开展第三次国务院大督查,对去产能、民间投资等政策落实情况进行专项督查和第三方评估,严肃查处一些地区违规新建钢铁项目、生产销售“地条钢”等行为。加强安全生产工作,事故总量和重特大事故数量继续下降。强化社会治安综合治理,依法打击违法犯罪,有力维护了国家安全和公共安全。扎实开展“两学一做”学习教育,认真落实党中央八项规定精神,坚决纠正“四风”,严格执行国务院“约法三章”。依法惩处一批腐败分子,反腐败斗争形成压倒性态势。中国特色大国外交卓有成效,同周边国家全面合作持续推进,同发展中国家友好合作不断深化,同联合国等国际组织联系更加密切。

2016 年国民经济运行态势综述

国家发展和改革委员会经济运行调节局

2016 年是“十三五”规划的开局之年，也是供给侧结构性改革的攻坚之年。这一年，面对错综复杂的国内外环境，党中央、国务院坚持稳中求进工作总基调，牢固树立和贯彻落实新发展理念，统筹推进“五位一体”总体布局和协调推进“四个全面”战略布局，以推进供给侧结构性改革为主线，主动适应、把握、引领经济发展新常态，确保经济社会平稳健康发展，实现了“十三五”良好开局。

一、经济运行总体平稳

2016 年，经济运行保持在合理区间，延续总体平稳、稳中有进的发展态势。

一季度，国家适应把握引领经济发展新常态，科学统筹稳增长、调结构、惠民生、防风险，深入推进结构调整，主要指标出现积极变化，国民经济开局良好。据国家统计局统计，一季度实现国内生产总值 158 526 亿元，按可比价格计算，同比增长 6. 7% 。

二季度，国家认真贯彻落实新发展理念，在适度扩大总需求的同时，加快推进供给侧结构性改革，大力推动大众创业、万众创新，主要指标运行在合理区间，经济企稳的态势非常明显。据国家统计局统计，二季度经济同比增长 6. 7% ，增幅与一季度持平，呈现出阶段性企稳的态势。上半年累计实现国内生产总值 340 637 亿元，按可比价格计算，同比增长 6. 7% 。

三季度，国家积极适应把握引领发展新常态，坚定不移地推进供给侧结构性改革，推动大众创业、万众创新，加快培育新动能，国民经济运行稳中有进、稳中提质。据国家统计局统计，三季度经济同比增长 6. 7% ，增幅与二季度持平。前三季度累计实现国内生产总值 529 971 亿元，按可比价格计算，同比增长 6. 7% 。

四季度，国家继续坚持稳中求进的工作总基调，紧紧抓住和用好重要战略机遇期，创新和改善宏观调控，科学统筹稳增长、促改革、调结构、惠民生、防风险，经济持续健康发展。据国家统计局统计，四季度经济同比增长 6. 8% ，增幅比三季度提高 0. 1 个百分点。

各季度经济增长速度始终处于 6. 5% ~7. 0% 的预期区间，处于合理运行区间，特别是四季度增长 6. 8% ，是近年来首次走出一条略微上扬的微笑曲线。据国家统计局统计，全年国内生产总值 744 127 亿元，按可比价格计算，比上年增长 6. 7% ，增幅比上年回落 0. 2 个百分点。

二、结构调整稳中有进

2016 年，按照适应把握引领经济发展新常态的要求，国家大力优化产业结构，不断改善需求结构，着力推进供给侧结构性改革，经济结构调整加快，转型升级成效明显，经济发展向中高端水平不断迈进。

产业结构持续优化。2016 年，第一产业增加值 63 671 亿元，比上年增长 3. 3% ，增幅比上年回落 0. 6 个百分点；占国内生产总值的 8. 6% ，对经济增长的贡献率为 4. 4% ，拉动经济增长 0. 3 个百分点。第二产业增加值 296 236 亿元，比上年增长 6. 1% ，增幅比上年回落 0. 1 个百分点；占国内生产总值的 39. 8% ，对经济增长的贡献率为 37. 4% ，拉动经济增长 2. 5 个百分点。第三产业增加值 384 221 亿元，比上年增长 7. 8% ，增幅比上年回落 0. 4 个百分点，占国内生产总值的 51. 6% ，比上年提高 1. 4 个百分点；对经济增长的贡献率为 58. 2% ，拉动经济增长 3. 9 个百分点。

工业结构持续优化。据国家统计局统计，2016 年全部工业增加值 247 860. 1 亿元，比上年增长

6.0%，占第二产业增加值的83.7%。《中国制造2025》加快实施，工业化和信息化深度融合，装备制造业和高技术产业增长明显快于传统产业。规模以上工业中，装备制造业和高技术产业分别比上年增长9.5%和10.8%，增速分别高于整个规模以上工业3.5和4.8个百分点，较上年分别加快2.7和0.6个百分点。

服务业持续较快发展，对经济社会发展的支撑带动作用与日俱增。2016年，服务业同比增长7.8%，在三次产业中继续领跑，增速比第二产业高出1.7个百分点。在国内生产总值中的比重上升到51.6%，比上年提高1.4个百分点，比第二产业高出11.8个百分点。对国民经济增长的贡献率为58.2%，比上年提高5.3个百分点，比第二产业高出20.8个百分点。服务业主体地位进一步巩固，对国民经济增长的贡献率稳步提高，成为国民经济发展的“稳定器”和“助推器”。

三、农业稳中调优，粮食再获丰收

2016年，国家积极推进农业供给侧结构性改革，农业农村经济保持平稳发展态势。

保障粮食等重要农产品的基本供给，始终是农业农村工作的首要任务，是治国理政的头等大事。国家认真贯彻落实各项强农惠民政策，大力推进农业调结构转方式，积极推进农业供给侧结构性改革和农村重点领域改革，农业生产发展总体平稳，基础设施建设持续加强，农村产业融合势头良好，农民收入继续保持增长，农村改革创新稳步推进，为“十三五”期间农村经济发展开好局、起好步奠定了较好基础。2016年国家实施农业供给侧结构性改革，主动调减玉米播种面积，全国粮食总产量比上年虽有下降，但仍是历史第二高产年份。据国家统计局统计，2016年全国粮食总产量达到61 625万吨，比上年减少519万吨，连续10年稳定在10 000亿斤以上，年均增长1.1%。

粮食减产的因素来自于两个方面：一是播种面积减少，据国家统计局对全国31个省(自治区、直辖市)农业生产经营户的抽样调查和农业生产经营单位的全面统计，全年全国粮食播种面积为113 028.2千公顷(169 542.3万亩)，比上年减少314.7千公顷(472.1万亩)，减少0.3%。二是单位面积产量下降，据国家统计局统计，全年粮食单位面积产量为5 452.1公斤/公顷(363.5公斤/亩)，比上年减少30.7公斤/公顷(2.0公斤/亩)，减少0.6%；因粮食单产减少，减产粮食约70亿斤，对粮食减产的贡献率为66.8%。

2016年农业气象灾害较上年偏重，部分地区受灾较重。夏粮、早稻因灾减产。秋粮生长前期，南方多地遭受强降水，湖北、安徽等地受灾较重，部分农田反复受淹，作物倒伏严重。下半年，南方一些地区又遭遇持续高温天气，导致水稻空壳率增加；东北、西北部分地区出现不同程度旱情，对玉米后期生产和灌浆不利。据国家统计局统计，2016年全国农作物受灾面积2 622万公顷，比上年同期增加445万公顷；成灾面积1 367万公顷，增加129万公顷。

主要经济作物产量总体仍保持较高水平。油料、蔬菜、水果和茶叶产量增加。2016年，油料产量3 629.5万吨，比上年增产2.2%。茶叶产量240.5万吨，增长7.4%。水产品产量6 901.3万吨，增长3.0%。棉花产量530万吨，减产4.6%。糖料产量12 340.7万吨，减产1.6%。肉类产量8 537.8万吨，下降1.0%。木材产量7 776万立方米，下降7.0%。

四、内需拉动经济增长的力度继续加大

2016年，消费成为经济增长主要推动力。随着中国城镇化步伐加快、消费需求持续增长以及城乡居民消费能力稳步提升，消费品市场继续保持平稳较快增长，消费对经济的拉动效应进一步显现。消费品市场结构持续优化，网络零售等新兴业态快速增长，品质消费、绿色消费、时尚消费等亮点频现。据国家统计局统计，全年社会消费品零售总额332 316亿元，比上年增长10.4%，扣除价格因素，实际增长9.6%，市场销售平稳较快增长。按经营单位所在地分，城镇消费品零售额285 814亿元，增长10.4%；乡村消费品零售额46 503亿元，增长10.9%。两者分别占社会消费品零售总额的86.0%和14.0%。按消费类型统计，商品零售额296 518

亿元,增长10.4%;餐饮收入额35 799亿元,增长10.8%。全年全国网上零售额51 556亿元,增长26.2%。其中,实物商品网上零售额41 945亿元,增长25.6%。在网上商品零售额中,吃、穿、用类商品零售额分别增长28.5%、18.1%和28.8%。全年全社会固定资产投资606 466亿元,比上年增长7.9%,扣除价格因素,实际增长8.6%。其中,固定资产投资(不含农户)596 501亿元,增长8.1%。房地产开发投资102 581亿元,增长6.9%,增速比上年提高5.9个百分点。住宅投资68 704亿元,增长6.4%,提高6.0个百分点。全年实现货物进出口总额243 386亿元,比上年下降0.9%。其中,出口138 455亿元,下降1.9%;进口104 932亿元,增长0.6%。贸易顺差33 523亿元,比上年减少3 308亿元。

按支出法计算,2016年经济增长中,最终消费支出的贡献率为64.6%,拉动经济增长4.3个百分点;资本形成总额的贡献率为42.2%,拉动经济增长2.8个百分点;货物和服务净出口的贡献率为-6.8%,拉动经济增长-0.4个百分点。内需的增长,有力的弥补了外需不足的不利影响。

五、新型城镇化扎实推进

2016年,国家着力深化户籍制度改革,全面推进居住证制度,农业转移人口市民化进程加快。2016年城镇外来人口落户1 600万人。2016年年底,中国户籍人口城镇化率为41.2%,比2012年年底提高6.2个百分点,与常住人口城镇化率的差距为16.1个百分点,缩小1.4个百分点。农业转移人口市民化更加便利,全年落户约1 600万人。编制实施城市群规划,有序推进美丽特色小(城)镇建设,新增长极和增长点加快形成。城市功能逐步提升,城市可持续能力不断增强;新型城镇化综合试点深入推进,示范效应逐步显现。积极开展城镇化国际交流,务实合作不断深化。

农民工融入城镇的政策不断完善,各地区积极推进户籍制度改革和居住证制度的双落地,所有省(自治区、直辖市)及新疆生产建设兵团均已出台户籍制度改革方案或意见,25个省(自治区、直辖市)已出台居住证制度实施办法,"人钱挂钩""人地挂钩""三权分置"等关键性配套政策出台。农业转移人口享有城镇基本公共服务。全国在公办学校就读随迁子女比例达到80.0%,11.8万名随迁子女在当地参加高考,1 800多个市县将进城落户居民和稳定就业农民工纳入公租房保障,全年完成农民工职业技能培训2 100万人次以上。

城镇化水平和质量不断提高。据国家统计局统计,2016年年底城镇常住人口79 298万人,比上年增加2 182万人;乡村常住人口58 973万人,减少1 373万人。城镇化率达到57.4%,比上年提高1.3个百分点。全国城市人口密度持续上升,建成区绿地率提高至36.4%。

六、绿色发展取得新进展

2016年,国家继续加大对传统重化工业落后产能的淘汰力度,去产能推进有力。据国家统计局统计,规模以上工业六大高耗能行业增加值比上年增长5.2%,低于全部规模以上工业0.8个百分点,增速较上年回落1.1个百分点,其中钢铁行业增加值下降1.7%,上年为增长5.4%;六大高耗能行业投资比上年增长3.1%,占全部投资比重比2012年回落2.1个百分点,其中2016年黑色金属冶炼和压延加工业投资比上年下降2.2%,有色金属冶炼和压延加工业投资下降5.8%。运用市场化、法治化手段化解过剩产能,严控新增产能,加快低端、落后产能出清。2016年,钢铁、煤炭分别退出6 500万吨以上和2.9亿吨以上,超额完成目标任务。

制定出台了实施生态文明建设目标评价考核办法等一系列政策措施,加大大气、水、土壤等污染治理。以控制燃煤排放和机动车排放为重点,强化大气污染治理。推动煤炭清洁高效利用,全年煤炭消费比重比上年下降1.7个百分点,清洁能源消耗比重提高1.7个百分点。淘汰黄标车和老旧车404万辆。2016年,二氧化硫、氮氧化物排放量比上年分别下降5.6%和4.0%。在监测的338个城市中,细颗粒物($PM_{2.5}$)未达标地级及以上城市年平均浓度52微克/立方米,比上年下降8.8%。74个重点城市细颗粒物($PM_{2.5}$)年均浓度比上年下降9.1%。推进水污染防治,完成11省(直辖市)126个地级以上城市全部319个集中式饮用水水源保护区划定。出台土壤污染防治行动计划,启动6个土壤污染综合防治先行区建设,以及第二批土壤污染治理与修复试点项目。开展中央环境保护督查,严肃查处一批环境违法案件。生态环境有所好转。

节能减排和环境治理取得新进展。据国家统计局统计,全年全国能源消费总量为43.6吨标准煤,比上年增长1.4%。其中,煤炭消费量下降4.7%,原油消费量增长5.5%,电力消费量增长5.0%,天然气消费量增长8.0%。煤炭消费量占能源消费总量的62.0%,水电、风电、核电、天然气等清洁能源消费量占能源消费总量的19.7%。全国万元国内生产总值能耗比上年下降5.0%。工业企业吨粗铜综合能耗下降9.5%,吨钢综合能耗下降0.08%,单位烧碱综合能耗下降2.08%,吨水泥综合能耗下降1.8%,每千瓦时火力发电标准煤耗下降0.97%。

七、人民生活持续改善

2016年,国家坚持以人民为中心的发展思想,在财政收入增长放缓的情况下,优先加大民生资金投入,着力推进以保障和改善民生为重点的社会建设,实施了一批惠民生、解民忧、暖民心的政策和项目,切实增进民生福祉,人民群众有了更多获得感。

就业保持总体稳定。国家坚持把就业工作摆在首位,实施就业优先战略和更加积极的就业政策,重点群体就业平稳推进,创新带动就业成效明显,公共就业服务体系进一步健全,保持了就业局势的总体稳定。2016年年底,全国就业人员77 603万人,其中城镇就业人员41 428万人。全年城镇新增就业1 314万人,超额完成全年目标任务,连续4年超过1 300万人。年底城镇登记失业率为4.0%,低于4.5%的年度调控目标,处于近年来较低水平。全国农民工总量为28 171万人,比上年增长1.5%。其中,外出农民工16 934万人,增长0.3%;本地农民工11 237万人,增长3.4%。

城乡差距保持缩小趋势。据国家统计局对全国16万个城乡居民家庭的抽样调查,2016年全国居民人均可支配收入23 821元,比上年增长8.4%,扣除价格因素,实际增长6.3%。按常住地分,城镇居民人均可支配收入33 616元,比上年增长7.8%,扣除价格因素,实际增长5.6%;城镇居民人均可支配收入中位数为31 554元,增长8.3%。农村居民人均可支配收入12 363元,比上年增长8.2%,扣除价格因素,实际增长6.2%;农村居民人均可支配收入中位数为11 149元,增长8.3%。城乡居民人均收入倍差2.72,比上年缩小0.01。2016年基尼系数为0.465,总体下降趋势保持不变。

居民消费价格温和上涨。据国家统计局统计,全年居民消费价格总水平比上年上涨2.0%。分类别看,城市上涨2.1%,农村上涨1.9%;食品价格上涨4.6%,非食品价格上涨1.4%;消费品价格上涨1.9%,服务价格上涨2.2%。

社会保障体系不断健全。2016年,国家围绕织密织牢社会保障安全网的目标,深入推进社会保障制度改革,覆盖城乡、更加公平、更加持续的社会保障体系建设取得了积极进展。据国家统计局统计,2016年年底全国参加城镇职工基本养老保险人数37 862万人,比上年增加2 501万人。参加城乡居民基本养老保险人数50 847万人,增加375万人。参加基本医疗保险人数74 839万人,增加8 257万人。其中,参加职工基本医疗保险人数29 524万人,增加631万人;参加居民基本医疗保险人数45 315万人,增加230万人。按照年人均收入2 300元(2010年不变价)的农村扶贫标准计算,全年农村贫困人口为4 335万人,比上年减少1 240万人。农村贫困人口减少1 240万人,异地扶贫搬迁人口超过240万人。棚户区住房改造600多万套,农村危房改造380多万户。

八、深入实施区域发展总体战略

2016年,国家深入实施"一带一路"建设、京津冀协同发展、长江经济带发展三大战略,启动建设一批重点项目。编制西部大开发"十三五"规划,实施新一轮东北振兴战略,推动中西部地区崛起,支持东部地区率先发展,发展的协同叠加效应不断显现,区域协调发展的新格局加快形成。

2016年,三大战略实施进展顺利。"一带一路"建设进度和成果超出预期,区域开放开发步伐加快;

京津冀协同发展有序推进，区域协调打开新空间。长江经济带发展进展顺利，生态环保和经济辐射力增强。重庆、广州、成都、武汉、郑州等一批国家和区域中心城市快速发展，新的增长极、增长带逐步形成。西部大开发迈上新台阶、新一轮东北振兴战略全面实施、中部崛起向纵深推进、东部继续成为全国经济发展的压舱石和先行者，“四大板块”协同发展进入新阶段。中西部地区后发优势继续发挥，主要发展指标增速明显快于全国。2013—2016 年，中部和西部地区生产总值年均分别增长 8.6% 和 9.1%，分别快于全国 1.4 和 1.9 个百分点。东部地区转型升级、开放创新走在前列，区域发展新动能新亮点不断涌现，对全国发展的支撑引领作用日益突出。

2016 年，国民经济运行保持在合理区间，发展的质量和效益提高。同时应看到，国际国内经济环境依然错综复杂，稳中向好的基础尚不牢固。下一步，我们要更加紧密地团结在以习近平同志为核心的党中央周围，认真贯彻落实党中央、国务院决策部署和中央经济工作会议精神，坚持稳中求进工作总基调，坚持以提高发展质量和效益为中心，坚持宏观政策要稳、产业政策要准、微观政策要活、改革政策要实、社会政策要托底的政策思路，坚持以推进供给侧结构性改革为主线，适度扩大总需求，加强预期引导，深化创新驱动，全面做好稳增长、促改革、调结构、惠民生、防风险各项工作，促进经济平稳健康和社会和谐稳定。

（撰稿：曹　樱）

2016 年产业布局与结构调整情况综述

工业和信息化部产业政策司

2016 年是“十三五”的开局之年。面对复杂多变的国际环境和国内繁重艰巨的改革发展稳定任务，各地区各部门认真贯彻落实党中央、国务院决策部署，统筹推进“五位一体”总体布局和协调推进“四个全面”战略布局，坚持稳中求进工作总基调，坚持新发展理念，以推进供给侧结构性改革为主线，大力推进产业结构优化升级，中国产业布局和结构调整取得了新的成绩。

一、去产能任务提前超额完成

2016 年是推进供给侧结构性改革的重要一年，主要任务是去产能、去库存、去杠杆、降成本、补短板。去产能是重中之重。钢铁、煤炭是 2016 年去产能的重点行业。2 月，国务院出台了《关于钢铁行业化解过剩产能实现脱困发展的意见》《关于煤炭行业化解过剩产能实现脱困发展的意见》，部署钢铁、煤炭行业化解过剩产能工作，要求钢铁行业在近年来淘汰落后产能的基础上，从 2016 年开始，用 5 年时间再压减粗钢产能 1 亿～1.5 亿吨；煤炭行业，要求用 3～5 年时间，再退出煤炭产能 5 亿吨左右、减量重组 5 亿吨左右。为切实做好去产能工作，有关部门认真开展了淘汰落后专项行动、违法违规项目清理专项行动和联合执法专项行动。为加大对钢铁煤炭去产能工作的政策扶持力度，强化政策引导，财政部、人力资源社会保障部、国土资源部等部门，研究制定了奖补资金、财税支持、金融支持、职工安置、国土、环保、质量、安全等 8 个专项配套政策文件。

为加大对去产能工作的协调力度，协调解决相关问题，加强部门之间与各地之间的沟通与联系，国家发改委、工业和信息化部等单位成立了钢铁煤炭行业化解过剩产能和脱困发展工作部际联席会议，多次召开会议进行部署。各地区认真分解和落实去产能任务，积极安排职工就业。为严肃党纪国法，确保中央政令畅通、令行禁止，党中央、国务院决定针对调查发现的江苏华达钢铁有限公司生产销售“地条钢”、河北安丰钢铁有限公司未批先建边批边建钢铁项目两起事件，进行严肃处理和严厉问责。通过对这两起事件的查处，发挥了负面典型警示教育作用，确保了去产能和淘汰落后产能工作顺利推进。在各地区、各有关部门和相关企业的共同努力下，2016年供给侧结构性改革深入推进，钢铁煤炭行业化解过剩产能和实现脱困发展各项工作取得积极进展，超额保质完成了全年目标任务。全年退出钢铁产能超过6 500万吨、超额完成化解4 500万吨粗钢产能的目标任务，退出煤炭产能超过2.9亿吨，超额完成全年退出2.5亿吨的煤炭去产能的任务。分流职工得到较好安置。市场供求关系得到改善，行业经济运行状况明显好转。2016年随着钢铁去产能工作的推进和市场需求的回升，钢材价格震荡上涨，钢铁行业实现扭亏为盈。重点统计钢铁企业实现销售收入28 000亿元，同比下降1.8%；累计盈利303.8亿元，上年同期为亏损779.4亿元，利润增长超过1 000亿元。

二、产业结构优化升级稳步推进

2016年，国家深入推进“互联网+”行动和国家大数据战略，全面实施《中国制造2025》，落实和完善“双创”政策措施，促进产业结构优化升级。全年国内生产总值744 127亿元，比上年增长6.7%。其中，第一产业增加值增长3.3%；第二产业增加值增长6.1%；第三产业增加值增长7.8%，继续保持较快增长。第一产业增加值占国内生产总值的比重为8.6%，第二产业增加值占国内生产总值的比重为39.8%，第三产业增加值占国内生产总值的比重为51.6%，比上年提高1.4个百分点，高于第二产业11.8个百分点。在规模以上工业中，产业结构持续优化，在产能过剩行业和高耗能行业缓慢增长的同时，国家鼓励发展的高技术产业和装备制造业保持较快增长，支撑经济增长的新旧动能转换较为明显。其中，专用设备制造业增长6.7%，汽车制造业增长15.5%，电气机械和器材制造业增长8.5%，计算机、通信和其他电子设备制造业增长10.0%，电力、热力生产和供应业增长4.8%。工业领域战略性新兴产业增加值增长10.5%，增速比规模以上工业高4.5个百分点。高技术制造业增加值增长10.8%，占规模以上工业增加值的比重为12.4%。装备制造业增加值增长9.5%，占规模以上工业增加值的比重为32.9%。在钢铁去产能和抑制高能耗产业增长的政策作用下，黑色金属冶炼和压延加工业下降1.7%，六大高耗能行业增加值增长5.2%，占规模以上工业增加值的比重为28.1%。

2016年，国家强化创新引领，发展壮大新动能。部署启动面向2030年的科技创新重大项目，支持北京、上海建设具有全球影响力的科技创新中心，新设6个国家自主创新示范区。全社会研发经费支出与国内生产总值之比达到2.1%。国内有效发明专利拥有量突破100万件，技术交易额超过10 000亿元。科技进步贡献率上升到56.2%，创新对发展的支撑作用明显增强。大众创业万众创新扎实推进，全国新登记企业553万户，比上年增长24.5%，平均每天新登记企业1.5万户。工业小微企业景气回升，1～4季度景气指数分别为87.2、90.6、92.0、93.3。航天空间站、飞船火箭、量子通信、高速计算、对天观测、大飞机等领域一批科技成果不断涌现。产业结构调整和创新驱动提高了发展质量，降低了能源资源消耗。全国万元国内生产总值能耗下降5.0%。工业企业吨粗铜综合能耗下降9.5%，吨钢综合能耗下降0.1%，单位烧碱综合能耗下降2.1%，吨水泥综合能耗下降1.8%，每千瓦时火力发电标准煤耗下降1.0%。

三、区域经济协调发展

2016年各地区各部门认真贯彻实施“一带一路”建设、京津冀协同发展、长江经济带建设等战略，落实《国家新型城镇化规划（2014－2020年）》和《全国主体功能区规划》相关要求，促进区域经济协调发展。有关部门和地区积极引导产业合理有序转移，不断优化产业布局，推动形成分工合理、特色鲜明、优势互补的现代产业体系。2016年11月7日，由工业和信息化部、中国工程院，河南、河北、山西、内蒙古、安徽、江西、湖北、湖南、陕西等9省（自治区）人民政府共同主办的“2016中国（郑州）产业转移系列对接活动”开幕式暨产业转移系列合作签约仪式在河南省郑州市举行。此次对接活动签约项目达553项，总投资2 347亿元。签约项目呈现龙头型项目多、基地型项目多、转型升级项目多的特点。6 年来，中国（郑州）产业转移系列对接活动从“一部一省”办会，逐步发展为“一部一院九省区”的办会机制，社会关注度、参与度、影响力明显提升。九省区资源丰富，人口众多，禀赋各异，优势互补，有着很好的合作条件和基础，发展潜力巨大。通过举办产业对接活动，有利于实现优势互补、互利共赢，共同谱写东中西部产业合作协同发展的新篇章。

2016 年，城市群发展格局取得新进展，传统的省域经济和行政区经济逐步向城市群经济过渡，城市的集聚效应日益凸显。京津冀、长江三角洲、珠江三角洲三大城市群成为带动中国经济快速增长和参与国际经济合作与竞争的主要平台。东部地区的山东半岛城市群、海峡西岸城市群，中部地区的中原城市群、长江中游城市群，西部地区的成渝城市群、关中城市群、北部湾城市群，东北地区的哈长城市群、辽中南城市群等都保持较快发展，对加快新型城镇化进程和促进区域经济协调发展起到巨大的推动作用。

在各项政策的扶持下，2016 年区域经济协调发展取得新成绩，亮点增多。GDP 增速排名前十的省（自治区）是：重庆、贵州、西藏、江西、天津、安徽、云南、福建、河南、湖北等。其中，东部省份 2 个，中部省份 4 个，西部省份 4 个。经济增长最快的 3 个省份均来自西部。其中，重庆 GDP 增速为 10.7%，排名第一，其次是贵州，GDP 增速 10.1%，西藏自治区 GDP 增速为 10.0%，排名第三。中部省份的表现也可圈可点。比如，江西 9.0%，排名第四；安徽 8.7%，排名第六；河南 8.1%，排名第九；湖北 8.1%，排名第十。中西部之所以表现抢眼，主要是经过实施西部大开发和中部崛起战略，使得中国的区域格局已经发生了积极的重大变化。GDP 增速比较靠后的有辽宁、山西、黑龙江、北京、上海。辽宁 2016 年 GDP 实际增速为 -2.5%，也是全国唯一负增长的省份，排名倒数第一。而在 2015 年，辽宁的 GDP 增速为 3.0%，一年时间下滑了 5.5%。因此，促进东三省经济增长新旧动能转换，实现结构优化升级，完成振兴东北老工业基地的任务依然十分艰巨。

四、企业兼并重组取得新进展

2016 年，各地区各部门认真贯彻《国务院关于进一步优化企业兼并重组市场环境的意见》（国发〔2014〕14 号）和国家关于调整产业结构与改善产业组织结构的部署，在税收、金融、土地、职工安置、行政审批等方面出台了约 60 个相关配套政策，制约企业兼并重组的税负重、审批难、资本市场支持不够等问题得到缓解，企业兼并重组市场环境明显优化。据有关机构统计，全国 31 个省（自治区、直辖市）中已有 2/3 以上的地区发布了实施方案或办法，并建立了协调机制，促进企业兼并重组。为了总结各地企业兼并重组工作成果，分析存在的问题，促进企业兼并重组工作顺利推进，4 月 21 日，工业和信息化部召开了部分省市企业兼并重组工作座谈会，要求在新形势下要更加重视企业兼并重组工作，把企业兼并重组与近期中央部署的重点行业化解过剩产能、处置僵尸企业统筹考虑，坚持市场化、法治化原则，积极推进产业组织结构调整优化，提升企业竞争力，坚持一业一策、一地一策、一企一策，做深入细致的工作。为规范上市公司并购重组，抑制盲目跨界重组，引导上市公司专注主业，防止资金脱实向虚，2016 年 9 月份，中国证监会发布《上市公司重大资产重组管理办法》。

有关机构数据显示，2016 年全年中国并购市场共完成并购案例 3 105 起，同比增长 15.3%，并购金额的规模为 18 400 亿元，同比增长 76.6%。据证监会统计，2014—2016 年，中国上市公司兼并重组交易金额年均增长 28.4%。2016 年，一些重点行业企业特别是中央企业积极推进兼并重组。宝钢、武钢重组成立了宝武集团，钢铁行业产业集中度有所提高，扭转了产业集中度连年下降的趋势，CR10 上升为 35.9%，同比增加 1.7 个百分点；CR4 上升为 21.7%，同比增加 3.1 个百分点，但行业集中度依然较低，仍处于近十年来的低位水平，由此引起的行业恶性竞争在一定程度上依然存在。在建材行业，中建材、中材两个央企实现合并。金隅和冀东、拉法基和华新水泥、昆钢嘉华和华润分别完成战略重组，河南、内蒙古、辽宁等省（自治区）开始组建水泥集团。据有关机构统计，2016 年全国前

10家水泥及熟料产业集中度分别为44.0%和58.0%，比上年分别提高5.0和7.0个百分点。建材行业在兼并重组的同时，积极调整产品结构，建材行业正由传统产业单项支撑向传统产业和新兴产业双支撑转变，2016年建材加工制品业主营业务收入同比增长7.1%，增速比整个行业高1.8个百分点，主营业务收入占整个建材行业比重同比提高1.0个百分点，为全行业稳增长提供了重要支撑。

（撰稿：辛仁周）

2016年大企业发展综述

中国企业联合会　中国企业家协会　课题组

2016年8月，中国企业联合会、中国企业家协会参照国际通行做法，连续第15年发布中国企业500强，连续第12年发布中国制造业企业500强和中国服务业企业500强，并在此基础上连续第6年发布中国跨国公司100大。“三个500强”榜单涵盖了中国不同产业、不同地区共计1 082家大企业；其中制造业企业500强和服务业企业500强分别有261家和157家入围中国企业500强。

2015年，全球经济复苏乏力，贸易投资增长低迷，对中外大企业的发展产生了巨大影响。受国际国内多种因素影响，中国企业500强营业收入首次出现微弱下降，经济效益保持增长，企业盈利能力分化加剧。同期，世界和美国500强营业收入和效益双双大幅下滑，中国企业与之相比的差距有所缩小。内地入围世界500强的企业增加到99家，连续10年保持增加势头，在世界大企业群体中的地位继续提升。需要看到，大企业发展面临着错综复杂和严峻的形势，“转方式、调结构、转型升级、提质增效”的要求更加紧迫。面向“十三五”，中国大企业要勇于面对挑战，抓住时代机遇，加强自身变革，加快实现从规模扩张型向质量效益型、创新发展型转变，为实现全面建成小康社会奋斗目标贡献力量。

一、2016中国大企业发展的趋势与特征

2016年，中国企业500强规模扩张速度继续放缓，但增速高于世界和美国企业500强，同时展现出越来越明显的深化结构调整、转换发展动力、推进转型升级的发展态势，反映出中国大企业积极适应经济发展新常态，在做强做优方面迈出扎实步伐。

（一）规模扩张明显放缓，增长质量有待提高

1. 中国企业500强营业收入首次出现负增长，中国服务业企业500强营业收入依然较快增长。2016中国企业500强的营业收入总额为594 600亿元，同口径相比下降了1.0%；与2015中国企业500强相比，下降了0.07%，首次出现营收规模负增长现象。自2011年以来，中国企业500强营业收入增速总体上一直处于下降通道，2002—2015年中国企业500强营业收入年均增长19.2%，国际金融危机爆发以来的2009—2015年中国企业500强营业收入年均增长14.8%；2016中国企业500强营业收入的负增长显然偏离了正常增长轨道。2016中国企业500强的营业收入总额相当于2015年中国国内生产总值（676 700亿元）的87.9%，与上年相比，降低了将近6.0个百分点，该项比值已经连续两年下降。

2016中国服务业企业500强的营业收入依然较快增长，营业收入总额为271 000亿元，较上年增长7.4%，增速提升0.2个百分点。2016中国制造业企业500强营业收入总额为265 200亿元，较上年下降1.5%，增速下降4.8个百分点。服务业企业500强营业收入增幅已经连续多年高于制造业企业500强，并且在营业收入总额上首次超过制造业企业500强。

“三个500强”入围门槛有升有降。中国企业500强和服务业企业500强入围门槛继续上升，制造

业企业500强入围门槛下降。2016中国企业500强的入围门槛为243.5亿元，较上年提高7.4亿元。2016年中国制造业企业500强入围门槛为65.4亿元，较上年降低2.7亿元；2016中国服务业企业500强入围门槛为290 200万元，较上年提高9 700万元。

2. 资产资本规模增长较快，负债率稳中有降但仍处于高位。国际金融危机爆发以来，中国企业500强的资产资本增幅总体呈现下滑态势，但仍维持着两位数的较快增长。2016中国企业500强资产总额为2 232 700亿元，较上年增长13.0%。高负债经营特征的银行和保险企业资产合计为1 385 700亿元，占62.1%，非金融企业资产总额约占1/3强。2016中国企业500强归属母公司的净资产为285 400亿元，较上年增长16.1%。2016中国制造业企业500强资产总额为291 400亿元，较上年增长13.5%；2016中国服务业企业500强资产总额为1 894 400亿元，较上年增长14.9%。

2016中国企业500强2 232 700亿元资产中，全部所有者权益为353 400亿元，负债总额为1 879 300亿元，总体资产负债率为84.2%。与上年相比，小幅降低了0.2个百分点，比2014年降低了0.6个百分点。近三年来，中国企业500强的资产负债率都维持在84.0%以上的较高水平，但略微有所下降。其中非金融企业资产总额847 000亿元，负债588 600亿元，资产负债率为69.5%，总体上十分接近70.0%的资产负债警戒水平。电力、煤炭、有色、建筑业等13个行业大企业的资产负债率都在70.0%以上，其中电力生产业的资产负债率为79.5%，商务服务业更是高达85.0%，需要引起高度重视。

3. 净资产利润率连续四年走低，企业亏损面持续扩大。中国企业500强净利润增速持续下降，制造业企业500强净利润负增长，服务业企业500强净利润增速回升。2016中国企业500强的净利润（归属母公司净利润，下同）总额为27 400亿元，同口径同比增长3.5%，较上年500强增长了6.3%，增速回落0.9个百分点，这是自2014中国企业500强以来连续两年下降。不过与2016世界500强、美国500强净利润双双下降11.0%以上相比，这样的成绩已经非常不容易。2016中国制造业企业500强实现净利润56 910 300万元，较上年下降0.8%，增幅落回3.1个百分点。2016中国服务业企业500强实现净利润22 034亿元，增长12.6%，增幅提高将近3.0个百分点。

2016中国企业500强、制造业企业500强、服务业企业500强净资产利润率都呈现下降趋势。2016中国企业500强净资产利润率为9.6%，较上年降低0.9个百分点，这已经是连续第4年下降。自2012中国企业500强以来，500强企业净资产利润率一直都在下降，资产运营能力持续弱化。但2016中国企业500强的营业收入利润率为4.6%，与上年相比提高0.3个百分点。2016中国制造业企业500强净资产利润率为2.6%，比上年大幅降低6.0个百分点。2016中国服务业企业500强净资产利润率为11.2%，与上年相比下降了0.9个百分点。

亏损面连续3年扩大，亏损额大幅增加。2016中国企业500强中有72家企业出现亏损，比上年增加15家，亏损面为14.4%。72家企业合计亏损14 871 300万元，较上年增亏683亿元。从长期趋势看，中国企业500强亏损面近三年来呈现出逐年扩大的趋势，反映出当前大企业遭遇了经营困境。2016中国制造业企业500强有66家企业亏损，比上年多20家，亏损额1 184.1亿元，比上年增亏143.0%。2016中国服务业企业500强有37家企业亏损，合计亏损250.3亿元，增亏44.7%。这同时也反映出企业盈利的分化呈现加大趋势。

4. 纳税总额增长但占比稳中有降，人均营业收入有所下降。2016中国企业500强纳税总额为40 400亿元，比上年增长1.5%，占2015年全国税收收入（124 900亿元）的32.4%，占比连续第5年下降。2016中国制造业企业500强纳税总额为17 800亿元，比上年增长4.7%。2016中国服务业企业500强纳税总额为15 900亿元，比上年增长6.2%。

2016中国企业500强雇员总数为3 175.9万人，比上年增长2.1%；人均营业收入为186.1万元，比上年减少了4.6万元。2016中国制造业企业500强人均营业收入为202万元，比上年下降了3.8%。2016中国服务业企业500强人均营业收入为201.8万元，比上年增长3.0%。

5. 中西部地区企业数量增加,东北地区数量持续减少。2016 中国企业 500 强总部分布在除西藏自治区以外的 30 个省(自治区、直辖市)。东部地区有 365 家企业,增加了 1 家;中部地区有 58 家,增加了 2 家;西部地区有 63 家,增加了 2 家;东北地区有 14 家企业,减少了 5 家。从经济带分布来看,环渤海地区上榜企业 191 家,长三角区域上榜企业 115 家,分别比上年减少了 5 家、2 家。从省级区域看,北京上榜企业数量最多,有 101 家,增加了 3 家;其次是山东,有 49 家,减少了 2 家;然后是广东,有 48 家,增加了 7 家;浙江、江苏各有 44 家,并列第 4 位。

2016 中国制造业企业 500 强总部分布在 29 个省(自治区、直辖市),西藏自治区和海南省没有企业入围。这 500 家企业在各个地区的分布同往年一样,呈现出不均衡性。其中东部地区有 346 家企业,与上年持平,占 69.2%;中部地区有 69 家企业,比上年增加 5 家,占 13.8%;西部地区有 63 家企业,比上年减少 2 家,占 12.6%;东北地区有 22 家企业,比上年少 3 家,占 4.4%。总体上看,东部地区企业数量没有变化,中部地区企业有所增加,西部、东北地区企业数量都在减少。

2016 中国服务业企业 500 强总部分布在 28 个省(自治区、直辖市),除贵州省、西藏自治区、甘肃省,其他省(自治区、直辖市)均有企业入围。西部地区上榜企业持续增加,而东北地区上榜企业数量则持续减少:东部有 350 家,较上年增加 1 家;中部有 65 家,较上年增加 1 家;西部有 70 家,较上年增加 1 家;东北部有 15 家,较上年减少 3 家。排名前三位的地区分别为广东省、浙江省、北京市,拥有企业数量分别为 78 家、63 家和 51 家,相比于上年,北京市减少了 9 家,浙江省减少了 2 家,而广东省增加了 15 家,成为入围服务业 500 强最多的省份。

(二)并购重组保持活跃,产业结构优化呈现良好势头

1. 千亿级企业继续扩容,兼并重组保持活跃。2016 中国企业 500 强中,营业收入超过 1 000 亿元的共有 151 家,比上年净增 7 家;千亿企业俱乐部持续保持较快扩容趋势。其中包括 4 家超过 10 000 亿元的大企业:国家电网公司、中国石油天然气集团、中国石油化工集团、中国工商银行。新增企业表现最抢眼的是保险公司和互联网公司,它们不但营收大幅增长,利润也大幅增长。从所有制角度看,151 家千亿元企业中,国有企业有 119 家,比上年增加 1 家;民营企业为 32 家,比上年增加 6 家,民营企业成为千亿企业扩容的主要力量。

2015 年,中国企业 500 强的并购重组趋于稳定,制造业企业并购重组最为活跃。2016 中国企业 500 强已经是一个包括 50 100 家控股子公司、10 300 家参股子公司、12 600 家分公司的企业群体,在经济社会发展中发挥着重要作用。与 2015 中国企业 500 强相比,控股子公司、分公司数量分别增加了 5 340 家、1 942 万家,参股子公司减少了 164 家。从并购数据看,2015 年 500 强企业中有 135 家企业发生了并购重组行为,共报告兼并重组事项 688 项,参与并购的企业数量比上年减少了 3 家,但并购企业数量与上年持平;单位企业平均实施了 5.1 次并购重组活动,比上年多 0.14 项。

2. 重化工特征持续减弱,产业结构趋于优化。中国企业 500 强的重化工特征持续减弱,而现代服务业加快发展。2016 中国企业 500 强中有服务业企业 157 家,比上年增加了 6 家;制造业企业为 261 家,比上年减少了 5 家。服务业营业收入占比上升至 40.5%,制造业营业收入占比下降至 39.2%,服务业营业收入占比首次超过制造业,这与国民经济中服务业超越第二产业成为中国第一大产业的总体特征相吻合。

传统产业企业继续减少,现代服务业和装备制造业企业继续增加。2016 中国企业 500 强中,金属冶炼、煤炭采掘、石化炼焦企业在上年合计减少 9 家之后又减少了 8 家;金融企业增加了 4 家,证券、保险企业分别增加了 3 家、2 家;航空航天核工业与兵器制造、船舶制造、汽车及零配件制造、计算机及零部件制造各有 1 家企业新进入,而且上述行业营业收入与利润均实现了 20.0% 以上的增长。

3. 央企主要经济指标仍占半壁江山,民营企业持续发展。中央企业主要经济指标在中国企业 500 强中仍占半壁江山,地位特殊,贡献突出。2016 中国企业 500 强中,国有企业从上年的 297 家减至 295 家,营业收入占比 75.9%,净利润占比 76.7%,居于主导地位；其中有84家中央企业上榜，包括69家国务院国资委监管的中央企业。84家中央企业营业收入占500强营业收入的48.1%，资产占69.9%，净利润占61.3%，所有者权益占65.9%，纳税额占59.2%，职工人数占52.4%，除营业收入外，其他各项占比都在50.0%以上。有211家地方国有企业上榜，营业收入总额占500强的27.8%，净利润总额占15.5%，资产总额占19.9%，纳税总额占29.3%，员工数量占28.3%。

2016中国企业500强中民营企业从上年的203家增加至205家，营业收入占比24.1%，净利润占比23.2%；虽然民营企业营业收入、利润占比仍明显低于数量占比，但已经连续多年保持了提升态势，在500强中的地位与贡献持续增强。其中营业收入超过1 000亿元的有32家；进入2016世界500强的民营企业达到16家，比上年增加5家，分别是万科企业股份有限公司、京东集团、大连万达集团、美的集团股份有限公司、恒大集团。

（三）研发投入稳步增长，创新积累成效显现

1.研发投入高于收入与效益增速，研发强度有所提升。2015年，中国企业500强共投入研发资金7 060.4亿元，同比增长了7.4%，研发投入增速较上年有所下降，但远高于企业自身营业收入与利润增速，且总体上看仍处于较高水平，维持了连续多年来的研发投入稳步增长态势。2015年，500强企业投入研发经费总额占全国研发支出总额的49.7%，是中国研发投入最为关键的主体。

500强企业研发强度明显提升，创下近十年来的新高。2016中国企业500强平均研发强度为1.5%，与上年相比提高了0.2个百分点，提升较为明显；这已经是500强企业研发强度连续两年实现提升。从更长时间看，2016中国企业500强研发强度，已经创下了近十年来的新高，也是自2005中国企业500强发布研发强度数据以来的第二高，仅次于2007中国企业500强1.6%的研发强度。2016中国企业500强中，研发强度超过10.0%的有5家公司，分别为百度（15.9%）、华为公司（15.1%）、中兴通讯（12.2%）、中国航天科工（11.9%）、阿里巴巴集团（10.5%）。这些企业在电信设备制造、航天科技、军工、电子商务等领域保持着领先地位，他们是中国创新型大企业的代表。

2.专利拥有数量持续增长，国际标准主导权增强。2016中国企业500强科技创新成果继续快速增长。2016中国企业500强有384家企业（与上年持平）提供了专利数据，共拥有专利64.4万件，增长21.2%；其中发明专利19万件，增长32.5%。500强企业的发明专利占比为29.5%，提高2.5个百分点，呈连续提升态势，表明企业专利的质量水平持续改善。国家电网公司拥有的专利数量最多，为40 646项，其中发明专利6 080项。拥有发明专利数最多的是中兴通讯股份有限公司，发明专利为19 800项，发明专利占全部专利的比重为90.0%。据科技部数据，2015年全年受理境内外专利申请279.9万件，授予专利权171.8万件；截至年底，有效专利547.8万件，其中境内有效发明专利87.2万件，每万人口发明专利拥有量6.3件，发明专利占全部有效专利的15.9%。2016中国企业500强发明专利占比远高于社会平均水平，500强企业专利拥有总量占全社会有效专利总量的11.8%，500强企业发明专利拥有量占全社会有效发明专利的21.9%。

500强企业的标准话语权快速提升。从创新活动的标准制定看，2016中国企业500强中有333家企业提供了标准数据，企业数量与上年持平；它们共参与制定标准数45 323项，比上年快速增长了50.3%，增长十分显著。其中参与制定国内标准38 033个，比上年增长了36.8%；参与制定国际标准1 621个，比上年增长了12.4%。其中，中国机械工业集团有限公司等8家企业参与制定标准数量超过1 000项，中国中车参与了56项国际标准的制定。

（四）入围世界500强近百家，跨国经营取得新进展

1. 入围世界500强数量连续10年增长。中国上榜世界500强的企业继续保持增长态势，2016年达到110家，比上年度增加4家。这已经是自2006世界500强以来中国企业数量连续第10年增长。110家上榜企业中，内地企业为99家，台湾地区7家，香港地区4家；内地企业比上年增加5家，台湾地区减少1家，香港地区与上年持平。

中美两国企业已经占世界500强将近一半。世界500强企业中各国入围企业数量的变化，有效反映了世界经济格局与重心的变迁。2016世界500强中中国企业数量继续位居世界第二，但与美国上榜企业数量的差距与上年相比有所扩大。2016世界500强中美国企业有134家，比上年增加了6家，这也是自2007世界500强以来美国企业数量首次出现增加。美中两国企业数量合计为244家，占全部500强的48.8%。日本上榜企业数量自2010世界500强以来呈持续减少趋势，2016世界500强中只有52家，比上年减少了2家。法国有29家企业进入2016世界500强，比上年减少2家；德国有28家企业进入2016世界500强，与上年持平；英国有25家企业进入2016世界500强，比上年减少3家；法德英3国共有82家企业进入2016世界500强，比上年合计数减少了5家，与中国企业的差距进一步扩大。如果将欧洲作为一个整体，一共有125家企业进入2016世界500强，也只比中国多15家。

2016世界500强共有33家公司首次上榜或重新上榜，换榜企业数量比上年增加了10家，其中13家中国公司再次或首次上榜，12家来自中国内地，1家来自香港地区；包括电子商务公司京东、家电巨头美的集团、食品企业万洲国际，以及三大房地产公司：万科、大连万达、恒大，中国公司占新进榜企业数量的39.4%。中国大企业已经连续多年成为世界500强新进企业最重要的培育摇篮。

2.在世界500强中的排名总体上明显提升。2015年国家电网实现营业收入3 296亿美元，跻身2016世界500强榜单第2位，仅次于跨国零售巨头沃尔玛，成为中国营业收入最多的企业。中国石油、中国石化2015年营业收入分别为2 993亿美元、2 943亿美元，分居2016世界500强第3位、第4位。这也是世界500强中首次有3家中国企业进入前五名，也是中国石油、中国石化连续第三年共同跻身世界500强前五。2016世界500强榜单中前50强的中国企业共有12家，比上一年增加了3家，其中内地企业11家。中国内地企业进入前50和前100强的数量再次创下了最好入围成绩。110家上榜中国企业中，除13家新进榜企业外，有73家中国企业排名上升，平均上升了43.1个名次；只有24家企业排名下降，平均下降48.2个名次；上榜中国企业中排名上升的企业明显多于排名下降的企业。97家连续上榜企业的上年排名均值为253位，2016年排名均值为233位，上升了20位。升幅榜方面，中粮集团由2015年的第272位大幅上升至121位，提升了151位；华信能源、海航集团、光大集团排名上升超过100位，华为由228位上升至129位。

3.跨国经营水平进一步提高。2016中国跨国公司100大的平均跨国指数为14.4%，提高0.7个百分点；海外资产70 900亿元，比上年提高25.8%；占全部资产的15.6%，提高0.6个百分点。海外收入47 300亿元，比上年下降8.61%；占全部收入的20.0%，下降0.8个百分点。海外员工101.2万人，比上年提高34.1%；占全部员工的7.6%，提高2.0个百分点。海外资产和员工占比的持续提高，是推动跨国指数提高的主要因素。浙江吉利控股集团有限公司的跨国指数连续高居首位，为68.9%，比上年提高1.3个百分点。

从增长率来看，这100家跨国公司拥有的海外资产和海外员工分别提高了25.8%和34.1%，而海外收入下降了8.6%。这也说明，尽管国际贸易萎缩导致中国企业出口下降，但更多企业加大了海外投资和并购力度，积极整合国际资源，并取得显著进展。在2011—2016年间，中国企业海外并购市场的规模迅速放大，年复合增长率为16.7%，交易数量的年复合增长率为12.2%。2015年中国跨境并购的次数为348起，金额437亿美元。2015年全球10亿美元以上的并购为230起，涉及金额8 411亿美元，其中中国大陆为11起，占4.8%；涉及金额为163亿美元，占1.9%。普华永道8月10号发布的《2016年上半年中国企业并购年中回顾与前瞻》显示，2016上半年中国海外并购总金额达1 340亿美元，同比增长3.5倍，已经超过2014年、2015年两个全年的交易金额总和。

二、2016中国大企业发展中存在的主要问题

尽管中国大企业在过去的一年取得了较好成效，确实有了显著进步，但发展中存在的问题也不应忽视。整体上看，中国大企业仍处于追赶欧美优秀

跨国公司的阶段,尤其与美国大企业相比在诸多方面仍存在较大差距。

(一)企业特别是实体企业盈利水平偏低

2016 中国企业 500 强中有 72 家企业出现亏损,比上年增加了 15 家,亏损面为 14.4%;其中钢铁 21 家、有色金属 11 家、煤炭领域 15 家,传统领域成为中国大企业亏损的主阵地。中国企业 500 强亏损企业数量比同期美国 500 强多 17 家,亏损面比美国 500 强大 3.4 个百分点。72 家中国企业合计亏损金额 1 487.1 亿元,约为 239.8 亿美元,增亏 82.5%。

2016 中国 500 强营业收入利润率、净资产利润率分别为 4.6% 和 9.6%;2016 美国 500 强营业收入利润率、净资产利润率分别为 7.0% 和 12.7%;中国 500 强与美国 500 强之间还存在很大距离。

在中国企业盈利构成中,长期以来都存在实体企业盈利水平偏低,金融等虚拟部门盈利水平畸高的问题。这一现象与欧美发达国家之间存在明显差异,也在很大程度上反映了银行等金融机构对实体经济的支持不够,甚至在很大程度上存在银行侵蚀实体经济利润的问题。

中国企业 500 强、美国企业 500 强、世界企业 500 强中实体企业与金融企业之间的利润率对比,可以直观反映实体企业与金融企业之间利润的合理化程度。中国企业 500 强中金融企业的营业收入利润率比世界 500 强金融企业高 7.0 个百分点,比美国 500 强中金融企业高 5.7 个百分点;资产利润率分别比世界 500 强、美国 500 强金融企业高 0.4 个百分点和 0.2 个百分点;净资产利润率分别比世界 500 强、美国 500 强金融企业高 4.8 个百分点和 5.5 个百分点。从金融企业与非金融企业关系看,2016 中国 500 强中金融企业与非金融企业之间的利润更加不平衡。2016 中国 500 强中 469 家非金融企业,其营业收入利润率仅仅只有 2.5%,远低于金融企业,更低于银行;与世界 500 强、美国 500 强中的非金融企业相比,这一营收利润率也明显处于劣势;比世界 500 强非金融企业低 1.7 个百分点,比美国 500 强中非金融企业低 3.8 个百分点。

(二)减员增效压力较大

2016 中国 500 强人均净利润只有 1.4 万美元,而同期美国 500 强人均净利润高达 30 200 美元,世界 500 强人均净利润也有 22 400 美元。2016 世界 500 强中 99 家中国内地企业的人均营业收入为 318 500美元,比 500 强的总体水平低 100 200 美元,只相当于总体人均营业收入的 76.1%;与美日法德英等主要经济体相比,人均营业收入也明显偏低,只相当于美国企业的 63.5%、日本企业的 66.7%、法国企业的 91.6%、德国企业 84.4%、英国企业的 72.6%。中国内地企业人均利润为 17 300 美元,低于 500 强总体水平的 22 400 美元,更加远低于美国企业的 40 400 美元,也低于日本企业的 18 900 美元,但高于法德英三国企业人均利润。改善中国企业的盈利水平,必须在供给侧加快改革步伐,提高供给侧包括劳动力在内的全要素生产率;但从当前企业过高的人员压力看,中国内地企业,尤其是国有企业的减员增效压力较为突出。

(三)国际化经营水平仍然较低

中国跨国公司 100 大的平均跨国指数仍远低于 2016 世界 100 大跨国公司的 61.0%,也远低于 2015 发展中国家 100 大跨国公司的 38.3%。2016 中国 100 大跨国公司中达到 2016 世界 100 大跨国公司平均跨国指数的只有 3 家,达到 2015 发展中经济体 100 大跨国公司平均跨国指数的也只有 10 家,跨国指数在 30.0% 以上的只有 19 家。2016 世界 100 大跨国公司的平均海外资产比例高达 62.0%,2015 发展中经济体 100 大跨国公司的平均海外资产比例也有 29.1%,而 2016 中国跨国公司 100 大的平均海外资产比例只有 15.6%。2016 世界 100 大跨国公司的平均海外营业收入比例高达 64.2%,2015 发展中经济体 100 大跨国公司的平均海外营业收入比例也为 49.7%,而 2016 中国跨国公司 100 大的平均海外营业收入比例只有 19.7%。无论是海外资产还是海外收入,中国企业国际化比例均明显偏低,中国跨国公司 100 大的跨国指数各项指标的比例都亟须提高,海外经营业绩也亟待改善。

三、中国大企业当前面临的主要挑战

对中国大企业来说,虽然发展的政策机遇、科技机遇很多，但眼前面临的挑战是严峻的。它们过去长期赖以生存和发展的经营模式正在面临着再造和大幅度调整，未来该如何"转方式、调结构、转型升级、提质增效"，是迫切需要解决的难题。"十三五"既蕴藏着转型升级、提质增效发展的巨大机遇，也面临着经济增速继续下行、体制机制与供给侧改革进展慢于预期、企业自身管理水平欠缺等方面的严峻挑战。

（一）未来中国经济中长期可能面临复杂增长态势

近几年，中国经济增速不断下行，对于企业发展产生巨大影响。中国经济为什么持续下行特别是未来会怎么走，是企业家们最为关切的问题。对此，2016 年 5 月《人民日报》发表对权威人士专访指出："综合判断，中国经济运行不可能是 U 型，更不可能是 V 型，而是 L 型的走势；这个 L 型是一个阶段，不是一两年能过去的"。这种长期趋势判断对于国内产能过剩行业的企业消除"观望等待"心理、倒逼转型升级起到促进作用。但未来的 L 型是怎样一种 L 型，还需要进一步回答。对此，李克强总理在 2016 年 4 月在北京大学与林毅夫教授交流时谈到管理学、经济学中的"S 型曲线"表示，中国经济增长的传统动能已经走向 S 型曲线的天花板，中国经济面临转型的转折点，如果此时再依靠"强刺激"来维持经济高速成长，只会导致投资效益递减，并造成更多僵尸企业、产能过剩、技术退步等现象，而在旧动能增长乏力的时候，新的动能异军突起，就能够支撑起新的发展。在这种新旧动力转换过程中，必须要认识到两个方面的问题，一是新旧动力转换必然有一个"衔接期"，衔接得好，新经济动力会弥补旧经济下行的缺口，否则国民经济就可能"断档"失速。作为政府政策来讲，一方面要尽快促进新经济、新动能形成和"接班"，另一方面更要防止经济失速，努力使经济平稳运行；二是新旧动力转换完成后，国民经济增长速度肯定不会像过去和现在这么高，创新型经济体如果能保持 5.0% 的经济增长速度，一定属于高增长。对于中国大企业来说，必须认清一个现实，那就是国民经济像过去那样高达 10.0% 的增长速度以及所谓"V 型""U 型"反转以后不大可能出现了，或者说高增长速度阶段已经结束。大企业必须改变自己长期以来适应于经济高增长速度条件下的经营模式，思考形成适应新条件和新环境的经营战略和经营模式。这当然是个长期任务，但无论如何，必须进行改变了。

（二）体制环境仍处于深度优化调整阶段

无论是国有大企业还是民营大企业的发展，都深受体制改革进展的影响。众所周知，改革开放以来中国企业面临的体制环境不断调整优化，束缚企业发展的体制机制因素越来越少，企业经营的制度环境总体上越来越好。党的十八大以来，中国推进"四个全面建设"，旨在"推动生产关系同生产力、上层建筑同经济基础相适应"，进一步"解放和发展社会生产力、解放和增强社会活力"，努力在 2020 年实现全面建成小康社会，跨越中等收入陷阱，进入中等发达国家阶段。为此，中国正在实施大规模的供给侧结构性改革，希望解决经济运行中的供给侧、结构性、体制性问题。对于中国大企业来说，有几个方面的体制改革仍然在不断探索推动和优化调整。第一，国有企业体制改革问题。国有企业是 500 强企业的主体，其行为和绩效都直接受到国资国企体制影响。中央对于这一轮国企改革高度重视，连续出台了多项政策文件，提出国资管理体制、混合所有制改革等重大任务要求，希望推动国有企业做强做优做大。但另一方面，国有企业面临的体制环境更加复杂，承担的任务更加多重，约束条件却更多，未来如何深化改革特别是如何发挥国有企业内部的资源优势、人才优势仍然是一个可以讨论的重大命题。第二，民营经济发展和"亲、清"的政商关系处理问题。2016 年 5 月人民日报专访权威人士指出："企业家是优化资源配置、提高供给体系适应能力的主导力量。推进供给侧结构性改革，亟须发挥企业家的创新精神，包括面广量大的民营企业家。现在最关键的是通过保护产权、知识产权，使企业家既有'恒产'又有'恒心'。要建立'亲'和'清'的新型政商关系，把企业家当作自己人，让他们充分体会到权利平等、机会平等、规则平等。在一些具体政策执行上，不要盲目翻旧账，使创业者有安全感。"这段话切中目前民营大企业发展的核心问题所在。现在中国企业 500 强里能有 4 成民营企业存在，主要得益于改革开放的伟大事业使蕴藏在中国人民头脑中的聪明才智和勤劳能干品质发挥了出来，但现在民营大企业的确面临未来如何发展的重大问题，大企业的"亲、清"的政商关系该如何建立以及如何在法律框架下运行，未来制度的定型必将深刻影响民营大企业的成长和发展。

（三）供给侧结构性改革任务十分繁重

在经济增速连续阶梯式下行背景下，中国经济出现了诸多工业行业产能过剩、金融杠杆率过高、房地产业高库存、企业各项成本居高不下等突出问题和深层次矛盾。推进供给侧结构性改革，实施"去产能、去库存、去杠杆、降成本、补短板"（简称"三去一降一补"），是党中央、国务院综合研判世界经济形势和中国经济发展新常态作出的重大决策，被认为是解决中国经济结构性矛盾的治本之策。实事求是地说，"三去一降一补"与中国企业500强大企业的生存发展和转型升级密切相关。第一，500强企业中相当一部分重化工企业存在严峻的"去产能"问题。中国企业500强里，钢铁、有色、黄金、煤炭、石油石化、化工、建材、船舶制造等重化工行业企业占有突出地位，这些行业都出现严重的产能过剩、产品价格大幅下跌以及全行业性亏损现象。按照"十三五"规划，中国将压减钢铁产能1亿～1.5亿吨，煤炭化解过剩产能5亿吨，减量重组5亿吨，其他行业也有不等的去产能任务。"去产能"直接与上述行业大企业的利益相关，如何做好这个减法，处理好严重亏损和企业发展的关系，是个很大的挑战。第二，房地产业大企业面临"去库存"问题。2015年年底中国商品房待售总面积达7.2亿平方米。要化解这个库存，不是一件容易的事情。第三，非金融企业面临高杠杆、高负债和"去杠杆"问题。据中国社科院原副院长李扬主持的国家资产负债表研究测算，非金融企业杠杆率2008年到2014年持续上升，处于较高水平，值得警惕。杠杆一旦使用过度，必然带来高风险。但高杠杆不是一天加上去的，也不可能一夜之间去掉。特别是如果操作过程中方式方法不当，可能会带来不可意料的严重后果。第四，大企业特别是国有大企业面临严峻的"降成本"问题，包括企业内部冗员多、大量退休职工没有社会化、原来"企业办社会"遗留下"三供一业"和厂办大集体等问题，这些问题都耗费企业大量资源。第五，大企业也要做"加法"，改造提升传统产业，培育新产业新优势。供给侧结构性改革事关中国经济发展问题，更事关中国500强大企业当前和未来的生存发展和转型升级。

（四）并购后内部整合及资源配置能力亟须提高

并购重组是大企业成长的主要途径。中国大企业的并购主要分为两种：市场力量推动型和行政力量推动型。市场推动型并购是由企业根据自身发展战略需要从事的市场行为，比如联想集团收购IBM的PC部门，吉利控股收购沃尔沃轿车公司等，主导并购的大企业通常都十分注重并购后整合问题，希望能够通过并表整合、业务联整合、管理及业务的深入融合来提高企业集团的内部资源配置能力。行政力量推动型并购是中国500强企业规模扩张的突出途径，国资部门、地方政府根据国家或地方战略规划目标，对实施出资人职能的企业进行合并重组。比如经过十多年的合并重组，国务院国资委所属中央企业已经从196家减少到100余家，2016中国企业500强中的69家中央企业几乎都经历过同行业合并重组；地方政府对于辖区内国有企业合并也着力很多。然而在经济增速下行过程中，行政力量推动的企业合并也暴露一些问题，主要就是资源错配、"合并而不整合""夹生饭"，实现了"做大"而难以实现"做强做优"。2016财富世界500强中，有几个通过行政力量合并重组的大企业就退出了，有企业甚至再次拆分解散。完整的并购是包括并购后整合在内的一系列过程，行政力量推动的并购重组"重合并而轻整合""重做大而轻做优做强"，尤其是并购后整合是包括从战略至资本、从文化到团队、从技术到供应链、从产品线到营销的各种深度整合，如果无法实现深度融合，那么合并可能会产生"1+1<2"的效果。当前，中央企业正在进行新一轮大规模的横向合并，但央企内部利益主体多，遍布区域广，层级结构多，企业总部和子孙公司相互脱节。如果并购后整合和内部资源配置能力没有有效提高，那么企业内部就容易出现军心涣散、离心离德、跑冒滴漏等负面结果，市场竞争力则弱。这是当前和今后大企业合并重组需要切实面临和解决的问题。

（五）技术创新能力有待加强

习近平总书记指出："我们必须把创新作为引领发展的第一动力，把创新摆在国家发展全局的核心位置，不断推进理论创新、制度创新、科技创新、文化创新等各方面创新，让创新贯穿党和国家一切工作，让创新在全社会蔚然成风。"正因如此，创新在五大发展理念中排第1位，国家"十三五"规划的第二篇就是"实施创新驱动发展战略"，将创新放在优先重要位置，目标是努力在2020年初步跨入创新型国家之列。建设创新型国家需要政府财政、科技部门、教育部门、科研院所、企业、民间创新力量协同联动，共同努力，但最主要的是要强化企业在创新活动中的主体地位和主导作用，形成一批具有国际竞争力的创新型领军企业。这是建设创新型国家、实施创新驱动发展战略的必然要求。近十多年来，中国创新型企业也取得很大进步，在中国企业500强中就有若干创新型企业，比如华为、中兴、京东方、航天科技、航天科工等。然而对于中国企业500强的大企业群体而言，这个群体的创新能力并不很高，其研发投入力度甚至与国家整体水平都有很大差距。

中国关键技术、核心技术受制于人的局面仍没有发生实质性改变。缺乏原始创新和集成创新为一体的自主创新能力和研发体系，是中国制造业面临的最大问题。中国企业急需在核心技术方面取得突破性进展，但由于高端技术创新人才、技能型人才的缺乏，核心技术、关键技术的突破并不明显。中国大企业在创新方面的主要问题是绝大多数企业并没有形成适合社会主义市场经济条件下的企业研发管理体制和成熟模式。多数科技型国有大企业下面都有一定规模的科研院所，"拥有"若干科学家、工程师和青年博士，但企业研发管理体制总体是计划经济模式下的举国体制，科研管理"重物而轻人"，对人才的市场化激励机制严重不足，在国际化的人才竞争之间天然地处于劣势，尤其在集团工资总额控制条件下，人才流失问题突出；企业集团内部各科研机构条块分割，难以形成合力，如何能够发挥国有科技型大企业内部的资源、人才优势，集中力量干大事，才是新条件下国有科技型大企业应该探索的。民营大企业除了少数技术类企业的技术创新和研发管理有所突破，其他大多数企业的技术创新和研发管理模式都在探索之中，特别是中央研究院该如何管理考核，科学家、工程师和青年科技人员如何激励约束考核，如何加强与国外人才的合作与交流，等等。如果不能形成市场经济条件下特别是国际竞争条件下的技术创新模式和科研管理体制，那么中国大企业的技术创新必然还有很长的路要走。

（六）产业转型升级任重道远

从2016世界500强上榜企业行业结构看，中美两国行业结构存在显著差异。美国134家企业涉及46个行业大类，且主要集中在金融保险、医疗保健与制药、食品生产与销售、高端制造等领域；中国内地99家企业涉及30个行业大类，主要集中在银行、采矿与原油、工程建筑、车辆与零部件、金属产品领域。目前国内煤炭、钢铁、房地产等产业都面临着巨大的转型升级压力，中国经济的可持续发展也因此面临着严峻的产业转型升级的挑战。近年来，中国煤炭钢铁领域整体处于亏损或微利状态，这在很大程度上拉低了中国企业在世界500强中的盈利表现。食品行业、医疗保健行业未来市场巨大，但中国来自这些领域的企业只有万洲国际和中国医药集团，而美国上榜企业中有12家企业与食品行业相关，有8家来自医疗保健行业，5家来自制药业。

整体上看，中国500强依然是一个以建筑地产、钢铁煤炭、有色金属产业占据十分突出地位的大企业集群。虽然与上年相比，黑色冶金及压延加工业、建筑业、煤炭采掘及采选业、一般有色冶金及压延加工业上榜企业分别减少了2家、1家、1家、2家，但从总量上看，建筑地产、钢铁煤炭、有色金属产业领域的企业数量仍高达154家，占500强的30.8%。世界500强中虽然仍有大量炼油、采矿与原油生产企业，但银行与保险等现代服务业的地位也十分突出，呈现出产业结构调整的过渡性特征；在2016世界500强的榜单中，炼油、采矿与原油生产企业均减少了6家，世界500强企业群的重化工特征有进一步弱化趋势。2016美国500强企业数量排行前10的产业结构则表现出典型的服务化特征，上榜企业数量排在前5位的行业都是服务性行业，而且主要都是金融性行业。

（七）制造服务化趋势对服务业企业提出了更高要求

从世界经济发展的趋势来看，越来越多的生产企业从提供产品到提供产品和服务再向提供服务解决方案转变，服务化已成为制造业发展的重要方向，制造产业呈现出“服务为主导”的发展趋势。而在ICT（信息、通信和技术）和人工智能第四代工业革命技术的推动下，制造业还将呈现出智能化和服务化并重的局面，这将会对服务企业提供服务的方式和内容产生重大影响。制造业企业和服务业企业的关系发展也会从产业链中的“买卖”关系或者服务和被服务的关系发展成为一种更加紧密、高质量的融合和共生关系，这对服务业企业而言，既是机遇，也是挑战。

目前，制造业企业的转变趋势表现为三个方面：第一，制造业价值链中生产服务的绩效在增加。自20世纪后期，许多传统制造企业，从销售产品到销售服务，服务成为创造差异化优势的工具，而且对销售额和利润的贡献比重越来越高。第二，制造企业进行“外包”或“服务剥离”，这其中既有制造环节也有服务环节，从而使得企业聚焦于核心业务，并获得外包公司提供的更加专业和优良的服务。如Nike公司，集中于新产品的研发和市场营销，并生产其中最为关键的耐克鞋的气垫系统，而其他的生产环节、人力资源、管理咨询、金融支持、物流服务、营销和售后服务全部进行外包。第三，越来越多优秀的生产企业从“生产为中心”向“以服务为中心”过渡，从重视产品转向产品的整个生命周期。尤其是在工业4.0时代，不仅能够实现全工厂的互相连通、互相协作，形成全流程效率最大化的智能制造，也可以通过互联网连接供应商、客户等外部资源实现“云制造”，更改变了制造企业的存在模式，制造业企业将从提供传统产品向提供产品与服务整体解决方案转变，生产、制造与研发、设计、售后的边界会越来越模糊。制造企业的盈利模式，将由单一的制造——销售产品，转向消费者驱动、服务附加值份额的提升和工业数据价值的变现。

在这些转变和未来的趋势中，服务业企业如何融入其中，帮助制造业企业提升解决问题的能力，并在产业链重构中寻求成长的机会和空间值得关注。当制造业企业更加聚焦主业，服务业企业能否承接从制造业剥离出来、且对制造业朝高端化迈进极为重要的服务需求至关重要。在智能制造和制造服务化即将全面开花的时候，服务业企业如何通过对供应链的管理和对网络链的构建为制造业企业提供一体化的解决方案，这对服务业企业的成长是巨大的挑战。当然，抓住机会，也是服务业企业做大做强做优的有效途径。

2016年国有经济与中央企业经济运行情况综述

国务院国有资产监督管理委员会综合局

2016年，国有企业（包括国务院国资委监管的中央企业和各地方国资委监管企业，分别简称“中央企业、地方国企”）认真贯彻落实党中央、国务院决策部署，坚持稳中求进的工作总基调，以推进供给侧结构性改革为主线，以提高质量效益为中心，统筹推进稳增长、调结构、促改革、强管理、防风险等各项工作，取得了明显成效，实现了“十三五”良好开局。

一、国有经济保持平稳增长

（一）国有经济规模继续扩大

截至2016年年底，国有企业资产总额1 465 000亿元，同比增长22.2%；负债总额为1 003 000亿元，同比增长25.3%；所有者权益总额462 000亿元，同比增长16.0%，其中，归属于母公司所有者权益

357 000亿元，同比增长 17.2%，少数股东权益105 000亿元，同比增长 11.8%；合并国有资产总量318 000 亿元，同比增长 6.3%；年末从业人员3 048.9万人，同比下降1.5%，职工人数2 815 万人，同比增长0.9%。

（二）经济运行稳中向好

2016 年，国有企业积极应对错综复杂的国内外环境，始终把稳增长作为全年工作的重中之重，迎难而上、主动作为，采取多种措施开源节流、降本增效，取得了积极成效。2016 年，国有企业实现营业总收入 437 000 亿元，同比增长 5.0%；营业总成本428 000亿元，同比增长 4.4%；利润总额 24 000 亿元，同比增长 14.8%；净利润 17 000 亿元，同比增长16.6%；上交税费 32 000 亿元，同比增长 2.5%，约占全国税收收入的 27.6%。

（三）结构调整扎实推进

2016 年，国有企业围绕深化供给侧结构性改革，扎实落实“三去一降一补”五大任务，深入开展瘦身健体提质增效工作，加快转方式调结构，持续提升国有经济的活力和竞争力。加快推进企业重组整合，国务院国资委完成5 对10 家中央企业重组，成立了中国航空发动机集团有限公司，监管企业户数减至102 家，北京、重庆、广东等10 个省（直辖市）制定了相关实施意见或方案；大力化解过剩产能，加快“僵尸企业”处置，深入推进企业压缩管理层级、减少法人户数，管理效能不断提升；加快解决历史遗留问题，国有企业“三供一业”分离移交工作在10 个试点省（直辖市）取得积极进展，已在全国推开；稳步实施“走出去”和品牌竞争战略，积极参与“一带一路”建设和国际产能装备制造合作，国际化经营水平不断提高。

（四）转型发展步伐加快

2016 年，国有企业坚持创新驱动发展、安全绿色发展，不断加强科技创新、安全生产、节能减排、环境保护和生态文明建设，取得了显著成效。截至 2016 年年底，国有企业拥有自主知识产权专利 70.9 万项，其中，2016 年新增专利 14.4 万项；科技资金支出合计 7 018.9 亿元，同比增长 6.8%，其中，研究开发费用支出 5 147.1 亿元，同比增长 3.8%；安全生产费用支出 1 438.3 亿元，节能减排费用支出 355.2 亿元，环境保护及生态恢复费用支出 544.1 亿元。

二、中央企业实现恢复性增长目标

2016 年，中央企业坚决贯彻落实党中央、国务院决策部署和国务院国资委工作要求，多措并举、攻坚克难，全力以赴打好瘦身健体提质增效攻坚战，为国民经济持续健康增长做出积极贡献，全年营业收入同比增长 2.1%，利润总额同比增长 0.7%，圆满完成了效益恢复性增长的目标。

（一）中央企业基本情况

截至 2016 年年底，中央企业共计 102 家，因合并重组比上年减少 4 家；资产总额 505 000 亿元，比上年增加 29 000 亿元，增长 6.1%；所有者权益 168 000 亿元，比上年增加 10 000 亿元，增长 6.1%，其中归属于母公司的所有者权益 114 000 亿元，同比增长4.3%；合并国有资产总量 112 000 亿元，比上年增加2 942.2 亿元，增长 2.7%；年末职工人数 1 294.7 万人，比上年减少 5.6 万人，下降 0.4%。

2016 年，中央企业累计实现营业收入 233 000 亿元，比上年增加 5 000 亿元，增长 2.1%；实现利润总额 12 000 亿元，比上年增加 90.4 亿元，增长0.7%；实现净利润 8 773.4 亿元，比上年减少 151.3 亿元，下降 1.7%，其中归属于母公司所有者利润4 645.6亿元，比上年减少 721.6 亿元，下降 13.4%。

截至 2016 年年底，86 家中央企业纳入合并范围的上市公司 393 户，比上年净增加 5 户，其中：境内上市公司 263 户，境内外同时上市公司 29 户，纯境外上市公司 101 户；上市公司资产总额 321 000 亿元，占中央企业的 63.7%，同比增长 10.3%；所有者权益总额 102 000 亿元，占中央企业的 60.8%，同比增长 7.6%；实现营业收入 148 000 亿元，占中央企业的 63.5%，同比增长 3.3%；实现利润总额 11 000 亿元，占中央企业的 85.2%，同比增长 12.6%；实现净利润 8 049.7 亿元，同比增长 14.1%。

（二）中央企业经济运行的主要亮点

1. 重点行业稳产稳销。重点监测的中央企业 26

项生产经营指标中，有16项实现同比增长，较上年增加1项。能源供给基本稳定，2016年中央企业原油产量3.1亿吨，同比下降5.6%；成品油产量2.7亿吨，同比下降1.4%；天然气产量1 783.1亿立方米，同比增长3.6%；原煤产量7.4亿吨，同比下降4.9%；发电量37 000亿千瓦时，同比增长6.4%。原材料供需有所回暖，钢材产量9 825.8万吨，同比下降0.1%；钢材销售量9 626.1万吨，同比下降1.7%；水泥产量3.2亿吨，同比下降0.9%；氧化铝产量1 754.8吨，同比增长0.8%；电解铝产量528.7万吨，同比下降13.4%。航空、水运运量稳定增长，航空运输总周转量677.9亿吨公里，同比增长9.3%，其中，客运总周转量同比增长10.6%，货物运输总周转量同比增长5.8%；水运企业运输总周转量38 000亿吨海里，同比增长5.9%。汽车产销保持快速增长，汽车产量1 050.2万辆，同比增长11.2%；汽车销量1 048.4万辆，同比增长10.0%。建筑、房地产企业保持快速增长势头，建筑企业新签合同额68 000亿元，同比增长25.3%；房地产签约销售面积7 160.3万平方米，同比增长33.0%，房地产签约销售额10 000亿元，同比增长48.2%。

2. 经济效益稳中向好。2016年，在经济下行压力较大、市场价格低迷、减利因素增多的情况下，中央企业抢抓市场机遇、开源增收，深入挖潜、降本增效，经济效益实现平稳增长。102家中央企业中有97家企业实现盈利，较上年增加4家；76家企业同比增利，41家企业效益增幅超过10.0%。矿业、商贸、建筑行业企业是稳效益的主力，同比分别增利312.9亿元、115.6亿元、114.6亿元，同比分别增长271.8%、53.0%和9.1%。

3. 运行质量持续改善。2016年，中央企业营业总成本226 000亿元，同比增长1.9%，低于营业总收入增速0.2个百分点，百元收入负担的成本费用同比下降0.5元；资产负债率66.7%，同比基本持平；带息负债比率40.5%，同比下降0.7个百分点；利息支出5 008.6亿元，同比下降2.3%；经营活动产生的现金流量净额26 000亿元，同比增长0.7%；存货增长率5.5%，增速同比回落3.5个百分点；全员劳动生产率44.6万元/人，同比提高4.4万元/人。

4. 结构调整步伐加快。2016年中央企业扎实推进供给侧结构性改革各项措施，认真落实“三去一降一补”五大任务，大力转方式调结构，取得重要进展。一是大力化解过剩产能，提前完成年度目标。2016年中央企业化解钢铁过剩产能1 019万吨，分流安置职工3.3万人；化解煤炭过剩产能3 497万吨，分流安置职工4.2万人。二是率先开展“僵尸企业”处置和特困企业专项治理工作。2016年下半年完成420户“僵尸企业”和特困企业处置治理工作，安置富余人员12万人，减亏512亿元，较好地发挥了中央企业的表率作用。三是大力压缩管理层级、减少法人户数，不断提升管理效能。2016年中央企业累计减少法人2 730户，93家企业法人总户数下降，“压减”经济成效明显，共减亏43.9亿元。

5. 创新能力显著提升。中央企业加快实施创新发展战略，加大科技投入力度和体制机制创新，科技成果不断涌现。2016年国家科技奖励中，共有40家中央企业获得78个奖项，占获奖项目总数的33.0%。“神州十一号”载人飞船成功对接“天宫二号”，首次实现航天员中期在轨驻留，掌握了一批核心关键技术。400万吨煤制油示范项目一次试车成功，标志着中国在能源战略储备方面迈出实质性步伐。“第四代移动通信系统（TD－LTE）关键技术与应用”获得2016年度国家科技进步特等奖。直－15直升机首飞成功，水陆两栖飞机AG600总装下线，填补了中国该领域空白。ARJ21－700国产支线飞机完成首次商业飞行，运－20顺利交付使用，中低速磁浮列车正式投入运营，全球首台AP1000核电机组正式进入性能测试的最后阶段，重大科技创新项目进展顺利。

6. 海外经营成果丰硕。2016年，中央企业把“一带一路”建设作为国际化经营的重点，充分运用技术、人才、资金等方面优势，积极参与“一带一路”建设，在基础设施互联互通、能源资源合作开发、国际产能合作等领域发挥了引领示范作用。截至2016年年底，已有47家中央企业在“一带一路”沿线国家投资建设了1 676个合作项目，在铁路、电力、通信、机械装备制造等领域建设了一批重大项目和标志性工程。在基础设施领域，中央企业积极参与综合走廊和国际骨干通道建设，承担项目占50.0%，承包工程合同额占70.0%；在能源资源合作方面，中央企业与20多个国家执行了60多个油气合作项目，承建中巴经济走廊重点电力项目等；在国际产能合作领域,中央企业实施了近300个钢铁、机械制造等项目。2016年,中央企业境外单位资产总额和营业收入分别占全部中央企业的12.1%和15.4%。

7. 社会贡献更加突出。2016年,中央企业坚决落实国家宏观调控政策,充分发挥骨干作用,为稳税收、稳投资、降成本做贡献。一是2016年中央企业上交税费19 000亿元,是当期利润总额的1.6倍,其中,建筑、航空企业税费同比分别增长12.2%、5.2%。二是加大基础性、战略性投资力度,重点投向新能源、先进制造、基础设施、现代服务和民生保障领域,2016年电网、装备制造、服务业、军工企业投资同比分别增长9.8%、8.6%、5.3%和2.1%,有力支撑了全国固定资产投资稳定增长。三是电力、石油石化、电信企业执行电价下调、天然气价格下调和提速降费政策,全年合计让利1 967亿元,有力降低了全社会经济运行成本。

(撰稿:王　艳)

2016年国有大型企业改革重组情况综述

国务院国有资产监督管理委员会企业改革局

2016年是"十三五"的开局之年。在党中央、国务院的坚强领导下,国务院国资委全面贯彻落实党的十八大和十八届三中、四中、五中、六中全会精神,深入学习贯彻习近平总书记系列重要讲话和治国理政新理念、新思想、新战略,牢固树立新发展理念,以提高质量和效益为中心,以推进供给侧结构性改革为主线,持续加强对国企改革的组织领导和统筹协调,各项工作扎实推进,取得了明显成效。

一、企业运行企稳向好,质量效益逐步改善

国务院国资委始终将稳增长作为全年工作的重点,通过加强组织领导、落实目标责任、大力开拓市场、狠抓降本增效、妥善应对风险挑战、加强协同合作等一系列措施,成功扭转了收入利润双下降的局面。2016年,国资监管系统企业累计实现营业收入约436 000亿元,同比增长4.0%;实现增加值约104 000亿元,同比增长7.4%;实现利润总额约23 000亿元,同比增长6.3%;上交税费总额约33 000亿元,同比增长4.8%。其中,中央企业累计实现营业收入约234 000亿元,同比增长2.6%;实现增加值约61 000亿元,同比增长5.2%;实现利润总额约12 300亿元,同比增长0.5%,扣除政策性降价减利因素外同比增长16.5%,盈利企业达到96家;上交税费总额约21 000亿元,同比增长3.0%。圆满实现了年初预定的效益恢复性增长目标。

二、各项措施逐步落地,改革成效不断显现

(一)准确界定企业功能,分类改革扎实推进

制定印发国有企业功能界定与分类指导意见,国务院国资委监管的中央企业功能界定与分类工作已经完成,分类的考核分配政策正在逐步落地。各地国资委普遍开展了企业功能界定与分类,31个省(自治区、直辖市)国资委出台了分类的实施意见并完成监管企业分类。

(二)改组组建国有资本投资运营公司,推进步伐不断加快

中央企业国有资本投资、运营公司增点扩面,合计试点企业已达10家。向首批国有资本投资公司试点企业下放、授予了战略发展、产权管理、考核分配等18项权利,同时指导试点企业调整总部职能、充分授权经营、加强资产监督。中粮集团以"管资本"为核心打造四大专业化经营平台,国投多措并举推动子企业成为市场化投资主体,初步形成"小总部、大产业"格局;指导国有资本运营公司试点企业加快构建资本运作平台,发起3 500亿元的中国国有企业结构调整基金和2 000亿元

的中国国有资本风险投资基金。35 个地方国资委已完成改组组建 52 家国有资本投资、运营公司。

（三）稳步推动混合所有制改革，试点工作取得积极进展

明确首批重点领域混合所有制改革试点企业，中国建材和国药集团混合所有制改革试点取得阶段性成果。国有资产有序流转，2016 年以来，中央企业通过股票市场、产权市场处置企业产股权和资产回收资金 700 多亿元，市场配置资源作用得到充分发挥；印发《关于国有控股混合所有制企业开展员工持股试点的意见》，确定了 10 户中央企业子企业为首批员工持股试点企业。各省市不断深化混合所有制改革。黑龙江省推进 8 户企业实现混合所有制，上海市竞争类企业中 2/3 已经实现整体或核心资产上市，河南省确定的 17 户混合所有制试点企业中已有 14 户实现股权多元化，四川省发布了 336 个鼓励和引导社会资本投资的重大项目，总投资额达 9 000 亿元。

（四）加快解决历史遗留问题，重点难点问题取得突破性进展

国务院国资委起草并报请国务院印发了《国务院关于加快剥离国有企业办社会职能和解决历史遗留问题工作方案的通知》（国发〔2016〕19 号），明确了工作的施工图、时间表。国有企业“三供一业”分离移交工作在 10 个试点省（直辖市）取得积极进展的基础上，已在全国全面推开，分离移交总体进度达到 1/3 左右；企业办市政社区分离移交、消防机构分类处理、医疗教育机构深化改革等工作平稳有序推进。重庆市国资委高度重视剥离企业办社会职能，出台“1 +4”实施方案，完成280 户市属国企“三供”分离；启动 98 户企业厂办大集体改革，分流安置员工 1 450 人；黑龙江省国资委大力推进厂办大集体改革，移交龙煤集团“两供一业”，减少员工 3 637人，每年减亏 37 500 万元。

三、布局结构调整成效显著，供给侧结构性改革步伐加快

（一）加快推进重组整合，布局结构不断优化

2016 年完成中储粮与中储棉、港中旅与国旅、中粮与中纺、中国建材与中材集团、宝钢与武钢等 5 对 10 家中央企业重组，成立了中国航发集团，监管企业户数减少到 102 家。重组效果逐步显现，中国中车集团 2016 年获得美国芝加哥地铁 846 辆、伊朗地铁 1 008 辆等出口大单，宝武集团、中国远洋海运等实现利润大幅增长。重组整合方式不断创新，专业化整合取得新进展，中国航材、三大航空公司、中国国新成立航材保障共享平台公司，中国国新、诚通集团、中煤集团、神华集团组建中央企业煤炭资产管理平台公司，中航工业将房地产业务整体剥离重组到保利集团，中央航运企业与货主企业签署 17 项战略合作协议。中央企业间共同设立基金、联合投资、交叉持股等资本合作方式持续增多。各地国资委加快推进监管企业重组整合，北京、重庆、广东等 10 个省（直辖市）制定了相关实施意见或方案。

（二）深入推进压缩管理层级、减少法人户数工作

“压减”从试点先行进入普遍推开、全面深化的阶段，2016 年中央企业累计减少法人企业 2 730 户，93 家企业法人总户数下降。国家电网、中国远洋海运、中航工业等企业法人户数净减少超过 120 户，国投、航天科技、中国航发等企业净压减比例超过 8.0%。“压减”经济成效明显，共减亏 438 700 万元，减少管理费用 491 100 万元，减少人工成本 764 500万元。中铝公司清理所属企业 48 户，减少亏损 155 100 万元；兵器工业集团清理所属企业 41 户，节约成本费用 61 400 万元。各地国资委把“压减”作为瘦身健体的重要措施，重庆市将 17 家企业 260 户子企业纳入压减范围，已完成压减 136 户。

（三）大力化解过剩产能和处置“僵尸企业”，提前完成年度目标

2016 年中央企业化解钢铁过剩产能 1 019 万吨，完成率 141.7%，分流安置职工 33 126 人；化解煤炭过剩产能 3 497 万吨，完成率 109.9%，分流安置职工 41 945 人。宝武集团、鞍钢、神华集团、中煤集团等多家企业提前超额完成任务。积极稳妥开展“僵尸企业”处置和特困企业专项治理工作，确定了 2 041 户“僵尸企业”及特困企业名单，2016 年完成 398 户处置和治理工作，安置富余人员 11 万人，较好

地发挥了中央企业的表率作用。各地国资委积极推动去产能工作，甘肃酒钢集团化解100万吨产能和140万吨钢产能，分流安置人员3 506人。

四、体制机制改革持续深化，现代企业制度不断完善

（一）公司制股份制改革步伐加快

中央企业总体改制面超过90.0%，子企业层面改制面达到92.0%，混合所有制企业户数占比达到68.0%。中央企业主要业务、资产基本实现改制上市，上市公司的资产、营业收入和利润总额在中央企业"总盘子"中的占比分别达到61.3%、62.8%和76.2%。

（二）加强规范董事会建设

102家中央企业中建立规范董事会的达到83家，并在4家中央企业开展了落实董事会职权试点。各中央企业将建设规范董事会的经验做法引入所出资企业，不断提高公司治理水平。中国一汽在22家子公司开展规范董事会建设工作，国投建立专职股权董事队伍。各地国资委积极推动体制机制改革，省（自治区、直辖市）国资委所监管一级企业中有88.0%建立了董事会，北京、山东等近20个省（自治区、直辖市）推行了外部董事制度。

（三）企业内部三项制度改革进一步深化

国有企业负责人薪酬、履职待遇、业务支出管理进一步规范，考核与薪酬挂钩的激励约束机制不断强化。市场化用工机制逐步形成，市场化选聘经营管理者范围不断扩大，推动国有企业建立灵活高效市场化机制迈出新的步伐。中化、中粮、国投、华润等中央企业在所属公司积极开展职业经理人制度试点，22个省（自治区、直辖市）开展了经理层市场化选聘工作。

五、自身职能进一步转变，国有资产监管有效强化

（一）推进国资监管机构职能转变

研究制订出资人监管权力和责任清单，将精简监管事项与完善企业法人治理结构相结合，突出管资本重点职能，强化出资人监督，共精简43项国资监管事项。根据职能转变要求，对国资委内设机构进行优化调整，改组组建三个监督局，与监事会形成"一前一后"互相配合的关系，形成监督工作完整闭环。山东、河北、陕西等9个省印发了完善国有资产管理体制的意见，广东、黑龙江等35个地方国资委研究制定了监管权力和责任清单。

（二）大力优化国资监管方式

出台了分类考核实施方案和分类管理工资总额等政策措施，建立预算考核分配联动机制，强化企业运行监测分析和重大事项提示预警。开展委派总会计师试点，进一步加强出资人财务监督，目前已向20家中央企业委派了总会计师。各地国资委不断完善监管方式方法，内蒙古、吉林、青海等31个地方国资委建立了监督工作内部协调机制，广西、海南等25个地方国资委建立了国有资产信息公开制度，山西、安徽等17个地方国资委建立了国有企业信息公开制度。

（三）建立健全国有企业违规经营投资责任追究机制

对一批企业重大资产损失开展专项调查和责任认定，对相关企业领导人员作出免职处理并由纪检监察机构立案调查。各地国资委进一步强化依法监管、阳光监管，江苏、浙江等6个地方国资委专门出台了投资经营责任、资产损失责任追究办法，严防国有资产流失。

六、落实全面从严治党要求，中央企业党建有力加强

深入学习党的十八届六中全会和全国国有企业党建工作会议精神，全面从严加强国有企业党的建设。认真开展"两学一做"学习教育，突出抓好各个环节重点工作，认真查摆问题与不足，坚持边学边改、立行立改，进一步增强企业领导人员"四个意识"特别是核心意识、看齐意识，自觉在思想上政治上行动上同以习近平同志为核心的党中央保持高度一

致。逐级落实党建责任，建立中央企业党组(党委)向国资委党委报告年度党建工作制度、央企党组织负责人向国资委党委述职制度，全面开展央企二级单位党组织书记抓党建述职评议考核。积极推进党建工作总体要求进章程工作，中央企业全部开展章程修订，明确企业党组织的机构设置、职责权限、运行机制、基础保障等，强化党组织在法人治理结构中的法定地位，解决企业党的建设弱化、淡化、虚化、边缘化的问题。全面推行董事长、党委书记"一肩挑"，建立董事会的83家中央企业全部实现"一肩挑"。充实党务工作力量，配齐专职党委(党组)副书记。加强党风廉洁建设和反腐败工作，严格落实中央八项规定精神，坚决纠正"四风"，一些群众反映强烈的突出问题得到及时解决。把握运用"四种形态"，严肃查处违纪案件，"不敢腐"的震慑作用逐步增强，"不能腐"的制度机制更加健全。

(撰稿:黄　磊)

2016年中小企业和非公有制经济发展综述

工业和信息化部中小企业局

一、中国中小企业的基本情况

中小企业是中国企业中数量最大、最具创新活力的企业群体，是推进大众创业、万众创新的基础，在增加就业、促进经济增长、科技创新与社会和谐稳定等方面具有不可替代的作用，对国民经济和社会发展具有重要的战略意义。据国家工商总局数据显示，截至2016年年底，中国实有企业2 596万户，个体工商户5 930万户。根据中小企业划型标准和第三次经济普查数据测算，以工业为例，从企业占比上来看，大型企业占全部工业企业数量的0.4%，中型企业占2.4%，小型企业占33.1%，微型企业占64.2%，中小微企业数量合计占99.7%。从就业分布来看，大型企业就业人数占工业企业全部就业人数的24.5%，中型企业占22.5%，小型企业占41.1%，微型企业占11.9%，中小微企业合计超过75.0%。

二、中小企业在经济社会发展中的重要作用

(一)中小企业是"大众创业、万众创新"的重要基础

在中国经济进入新时期、新阶段、新常态的大背景下，国家实施"创新驱动发展战略"，深入推进"大众创业、万众创新"，中小企业是实施"双创"的重要基础，是推动"双创"发展的重要力量。随着企业"五证合一"、电子注册等商事制度改革的深入推进，市场准入环境持续改善，市场准入便捷性不断提高，市场主体保持快速增长，企业创立呈爆发式增长。根据国家工商总局数据显示，2016年全国新设企业552.8万户，同比增长24.5%，日均新设企业达1.5万户，创历年新高。截至2016年年底，中国实有企业2 596万户，比2012年增加1 229万户，年均增长17.4%；个体工商户5 930万户，比2012年增加1 871万户，年均增长9.9%。

(二)中小企业已成为最具活力的经济增长点

随着供给侧结构性改革的不断深入和一系列稳增长、调结构、惠民生政策的作用下，中小企业数量不断扩大，实力不断增强，已成为经济平稳发展的重要增长点。中小企业数量占全部企业数量的90.0%以上，中小企业创造的最终产品和服务价值已占到国内生产总值的60.0%，纳税约为国家税收总额的50.0%。另据国家统计局数据显示，截至2016年年底，全国规模以上中小工业企业达到37万家，比2012年年底新增4.5万家。2016年，全国规模以上中小工业企业实现主营业务收入722 000亿元、利润43 000亿元，比2012年分别增长32.2%和26.5%。

(三)中小企业是吸纳就业的主渠道

中小企业量大面广、提供就业岗位多,吸纳就业人员多,这对缓解就业压力具有非常重要的作用。在中国,中小企业提供了80.0%以上的城镇就业岗位,大量农民工在中小企业务工,不少高校毕业生也把中小企业作为就业的主要选择,相当数量的军队转业人员在中小企业实现就业。另外,国家工商总局数据显示,全国私营企业从业人员数量从2012年年底的11 296万人增加到2016年年底的17 997万人,年平均增长12.3%。大企业随着自动化程度越来越高,在提高生产效率和增加财政收入方面作用突出,但在解决就业方面作用却逐渐减小,所以缓解就业压力,就要大力发展中小企业,中小企业发展的好,老百姓的收入就能提高,社会就更加和谐稳定。

(四)中小企业是推动创新和转变发展方式的关键

中国65.0%以上的发明专利、75.0%以上的新产品开发都是由中小企业完成的。当前,中小企业创新活动更加活跃,创新领域更加宽泛,不仅在原有的传统产业中保持旺盛活力,而且在信息、生物、新材料、工业设计、现代物流、电子商务等新技术、新产业、新业态、新模式的"四新"领域迅速崛起。2016年全国网络零售交易额达51 600亿元,同比增长26.2%,是2012年的3.9倍,绝大部分是中小企业贡献的。"十二五"期间,全国32个中小企业知识产权战略推进工程试点城市的中小企业集聚区专利申请量年均增长53.0%,专利授权增速超过30.0%。中小企业在产业链和创新链中的作用日益凸显,产业集群取得了快速发展,据不完全统计,中国已形成销售收入超过20亿元的产业集群2 530个,拥有企业95万户,吸纳就业5 257万人,销售收入480 000亿元。同时,专精特新中小企业发展迅速,各地共培育认定专精特新中小企业14 000多家。

(五)中小企业已成为"走出去"的主要力量

随着中国改革开放的不断深入和"一带一路"倡议的逐步实施,越来越多的中小企业将经营战略着眼于国内外两个市场,以全球视野来谋划企业的长远发展,跨国经营步伐明显加快,成为国内企业"走出去"的重要力量。海关总署数据显示,2016年,中国民营企业进出口总值92 800亿元,占中国外贸总值的38.1%,比2012年提高6.5个百分点。近年来,由于全球贸易延续放缓态势,中国出口形势严峻,但中小企业机制灵活,创新能力强,把握住了新兴市场快速崛起的商机,依然保持较平稳的发展。海关总署数据显示,2016年,民营企业出口下降0.2%,而同期全国货物出口下降2.0%,外商投资企业下降2.2%,国有企业下降5.6%。

三、中小企业发展面临的主要困难和问题

2016年,中国中小企业经济运行总体呈现缓中趋稳、稳中向好的走势,主要经济指标出现积极变化,国家统计局数据显示,2016年,全国规模以上中小工业企业主营业务收入、利润总额同比分别增长6.0%和6.2%,分别比上年同期提高2.5、2.0个百分点,工业和信息化部中小企业局问卷调查显示(简称"问卷调查"),2016年12月,25.4%的中小企业认为经营状况较好,连续4个月上升,比上年同期提高3.2个百分点。但税费负担重、市场需求低迷等问题依然制约着中小企业特别是小微企业的发展。

(一)税费负担重,企业压力大

小微企业本小利薄,对各种税费负担的承受能力较差。虽然目前国家对部分小微企业实行了税费优惠政策,但符合优惠条件的企业有限,优惠力度较弱。部分地方中小企业主管部门反映,在经济下行税收减少的压力下,税收刚性加大,企业实际税负未见明显减轻。

(二)市场低迷,竞争激烈

问卷调查显示,2016年12月,中小企业国内、外订单指数分别为47.7%和47.0%,仍处于收缩区间。其中,反映国内外订单减少的企业比例较反映订单增加的企业比例分别高4.7个和6.0个百分点。2016年12月,小型企业PMI为47.2%,连续29个月处于收缩区间。

（三）原材料价格上涨速度快于PPI，企业生产成本增加

钢材、铝材、玻璃、煤炭、石油等原辅材料和能源价格上涨较快。问卷调查显示，2016年12月，中小企业原材料购进价格指数为59.4%，比上年同期提高9.4个百分点，连续12个月上升；能源购入价格指数为56.7%，比上年同期提高6.2个百分点，连续4个月上升。

（四）用工成本持续上升，社保负担偏重

近年来，各地最低工资持续上调，企业的用工成本随着上涨，社保基数也水涨船高。虽然国家降低了部分险种的比例，但幅度较小，且是小险种，效果尚不明显。特别是小微企业工资普遍低于社会平均工资水平，但需按社会平均工资缴纳社保费用，小微企业负担较重。

（五）中小企业融资难问题依然突出

问卷调查显示，2016年有融资需求的中小企业中，38.8%的企业反映融资需求不能满足，较上年降低0.3个百分点，没有明显改善。银行惜贷、压贷、抽贷、断贷现象时有发生，银行对中小企业的贷款利率普遍上浮30.0%以上。

此外，中小企业销售回款难、人才缺乏、环保约束加大、创新转型难、制度性交易成本高、政府公共服务有待进一步优化等问题，也都影响着中小企业的发展和企业家的信心，投资意愿总体偏弱。

四、2016年促进中小企业发展工作进展情况

2016年以来，在错综复杂的国内外形势下，工业和信息化部会同国务院促进中小企业发展工作领导小组（简称“领导小组”）各成员单位认真贯彻党中央、国务院的决策部署，主动适应经济发展新常态，坚持稳中求进工作总基调，更加注重推进供给侧结构性改革和民生改善，认真落实促进小微企业发展的政策措施，着力优化发展环境、加大财税扶持、拓宽融资渠道、推动创业创新、完善公共服务，各项工作取得积极成效。

（一）发展环境进一步优化

一是充分发挥领导小组办公室协调机制作用，明确了会议、联络、督办等工作制度，牵头制定各成员单位年度工作要点，涉及18个部门71项工作任务，并加强工作督促。二是完善支持中小企业发展的法律体系。《中小企业促进法（修改草案）》（送审稿）已经全国人大财经委审议通过，并于2016年11月经全国人大常委会第一次审议，正在按程序加快修订。三是编制发布“十三五”中小企业发展促进规划。2016年，工业和信息化部印发了《促进中小企业发展规划（2016—2020年）》（简称《规划》），并加大《规划》宣传力度，推动各地聚焦重点领域，加强对中小企业的资金支持、基金引导和政策服务，认真贯彻落实。另外，国家着力推进“放管服”，近几年，国务院分9批审议通过取消和下放共618项行政审批事项，取消了非行政许可事项，工商登记前置审批精简85.0%，全面实施“五证合一、一照一码”，极大地激发了小微企业的双创活力。同时，工业和信息化部与发展改革委等部门共同推进了东北地区民营经济发展改革工作。与民建中央、河南省人民政府在郑州联合主办2016中国（河南）非公有制经济发展论坛。与中央统战部等14部门联合印发《关于加强和改进非公有制经济代表人士综合评价工作的意见》，促进非公有制经济人士健康成长。

（二）财税支持进一步加大

一是加快国家中小企业发展基金设立运行。在五部门的共同努力下，截至2016年年底，国家中小企业发展基金4只直投子基金均已完成注册设立工作，首期出资已全部实缴到位并正式启动运营，投向首批种子期、初创期成长型中小企业项目。二是继续开展小微企业创业创新基地城市示范工作。2016年，财政部、工业和信息化部等5部门开展第二批“两创示范”。通过公开竞争选拔，西安等15个城市纳入示范范围，中央财政安排资金76.65亿元支持两批示范城市开展创业创新活动。三是进一步推动小微企业减税降费。全面推进营改增后，为保证原兼营增值税业务和营业税业务的小微企业享受优惠力度不变，国家明确增值税小规模纳税人分别核算

原增值税业务销售额和营改增试点业务销售服务、无形资产销售额的，可分别享受营业额不超过3万元暂免征收增值税优惠政策。另外，国家规定将免征教育费附加、地方教育附加、水利建设基金的范围，由现行按月纳税的月销售额或营业额不超过3万元扩大到不超过10万元（按季度纳税的季度销售额或营业额由不超过9万元扩大到不超过30万元），进一步扩大小微企业免征政府性基金范围。国家还规定从2016年5月起两年内，阶段性降低养老保险单位缴费比例、企业保险费率和住房公积金缴存比例，进一步减轻企业负担。

（三）融资难融资贵进一步改善

一是人民银行运用定向降准、差别化存款准备金、支小再贷款等货币政策工具支持小微企业发展，拓宽小微企业资金来源。截至2016年年底，66家银行发行小微企业金融债5 840亿元，发行首单微小企业贷款资产支持证券规模5.3亿元，发行以不良小微企业贷款为基础资产的不良资产证券化产品9.3亿元。二是加大信贷支持力度。小微企业信贷总量稳步攀升。人民银行数据显示，截至2016年年底，全国小微企业贷款余额208 000亿元，同比增长16.0%，占全部企业贷款余额的32.1%，占比较上年同期水平高1.6个百分点。三是拓宽直接融资渠道。支持符合条件的中小企业上市融资，大幅简化发行条件，优化创业板首发财务准入指标。2016年，中小板新增上市公司和再融资共186家，合计募集资金2 534.8亿元；创业板新增上市公司和再融资145家，合计募集资金1 110.5亿元；共有9 618家中小微企业在新三板挂牌，合计融资近1 010.3亿元。2016年，国家发改委共核准17只小微企业增信集合债168.8亿元。四是开展应收账款融资工作。工业和信息化部会同人民银行研究通过应收账款、存货及仓单等动产质押融资模式改进和完善小微企业金融服务。人民银行统计，2016年，应收账款融资服务平台促成应收账款融资金额26 000亿元，同比增长89.7%。截至2016年年底，应收账款融资服务平台累计帮助中小型政府采购供应商融资640.9亿元。五是促进融资担保机构发展。融资性担保业务监管部际联席会议印发文件督促引导融资担保为小微企业服务，降低融资成本，将服务小微企业户数、担保贷款规模、担保收费优惠等作为考核政府性融资担保机构的要素。六是加强信用体系建设。截至2016年年底，全国累计为261.1万户小微企业建立信用档案，为47.2万户中小企业获得银行贷款。另外，税务总局和银监会深化银税互动机制，进一步将受惠群体由A级纳税人拓展至B级，通过推广“出口信用贷”、搭建“线上”服务平台等，帮助小微企业融资。

（四）创业创新活力进一步激发

一是鼓励小微企业创业兴业。推进商事制度改革，2016年，全国日均新登记企业约1.5万户，其中大多数是小微企业。人力资源社会保障部通过创业担保贷款及贴息、创业培训和服务等措施，鼓励创办小微企业。工业和信息化部继续开展国家小微企业创业创新示范基地培育和认定，联合国家发改委、财政部、国土资源部、国家税务总局印发《关于推动小型微型企业创业创新基地发展的指导意见》，加强工作指导。科技部深化专业化众创空间，提出首批17家国家示范性专业化众创空间。二是促进小微企业创新发展。工业和信息化部开展“互联网+”小微企业创业创新培育行动，召开2016年中小企业信息化服务信息发布会，支持大型信息化服务商面向中小企业开展研发设计、经营管理等系列服务，印发《关于进一步推进中小企业信息化的指导意见》。会同知识产权局继续实施中小企业知识产权战略推进工程。加快实施国家科技成果转化引导基金，支持科技成果转化，2016年设立了6只子基金。

（五）公共服务水平进一步提高

工业和信息化部推动中小企业公共服务平台网络建设，做好平台网络建设和服务信息报送工作。加强示范平台动态管理，完成第二批国家中小企业公共服务示范平台的复核工作，190家平台通过复核。主办首届“创客中国”创新创业大赛，全国共有3 189个项目通过“创客中国”平台报名参赛，大赛活动营造了良好的双创氛围。继续完善中小企业管理咨询专家信息库，目前已有六批入库专家570名。加强中小企业和非公有制经济运行监测和分析研判工作，印发了《关于进一步做好中小企业运行监测工作的通知》。继续实施企业经营管理人才素质提升工程和中小企业银河培训工程，全年完成对50万中小企业经营管理者和1 000名中小企业领军人才的培训。继续与教育部联合举办全国中小企业网上百日招聘高校毕业生活动，新注册高校毕业生达33万余人。另外，工商总局持续推进小微企业名录工作，全年累计访问量已达到531万人次。商务部、农业部、文化部等部门继续加大中小商贸流通企业、中小文化企业和农产品加工企业的公共服务力度。海关总署构建海关关企合作平台，便利中小出口企业网上办理海关业务、问题咨询、信息查询等，完善监管通关机制，促进通关便利化。质检总局搭建检验检测公共技术服务平台，加强国家产业计量测试中心建设，提升为中小企业提供技术支撑服务的能力。

（六）推动中小企业交流合作与市场开拓

工业和信息化部召开第五次中德中小企业政策磋商会、第三次中美中小企业政策对话会、第七次中欧中小企业政策对话会，参加第23次APEC中小企业部长会议、中欧工业对话磋商机制会议、第12次金砖国家经贸联络组会、第2次金砖国家中小微企业圆桌会，做好第五期德国中小企业经理人来华交流班，深化与有关经济体在中小企业领域的交流合作。成功举办第9届APEC中小企业技术交流暨展览会和第13届中国国际中小企业博览会。推进中外中小企业合作区建设，正式批复设立中欧（江门）、中德（芜湖）、中德（蒲江）中小企业合作区。举办第二届中德中小企业合作交流会。与中国银行印发《促进中小企业国际化发展五年行动计划（2016—2020年）》，推动搭建中小企业市场开拓经贸合作平台。

（撰稿：高银阁）

2016年民营企业发展综述

中国民营经济研究会

2016年以来，按照中央提出的“稳增长、促改革、调结构、惠民生、防风险”的要求，中国经济保持平稳健康发展良好态势。但由于当前中国经济发展进入新常态，正在经受一系列不容忽视的新挑战，民营企业生产经营普遍面临市场需求不旺、生产要素成本上升过快、融资难融资贵、税费负担重、制度性交易成本高等困难和问题，特别是民间投资普遍出现投资方向不明、投资意愿不强、投资动力不足的问题。许多民营企业家反映，生产经营越来越艰难，竞争越来越激烈，市场空间越来越狭窄，利润越来越单薄。要针对当前企业家缺乏稳定的发展预期和信心，进一步引导他们认识新常态、抓住新机遇，勇于迎接挑战，坚持走创新驱动的转型发展之路。同时，进一步全面深化改革，转变政府职能，充分释放“体制红利”，营造良好发展环境，促进民营经济健康发展。

一、民营经济持续健康发展

2016年中国民营经济继续保持生机和活力，保持了较快的发展速度和较高的发展质量。

民营经济数量规模继续扩大。截至2016年年底，全国登记注册的私营企业达到2 309.2万户，个体工商户达到5 929.9万户，比上年分别增长21.0%和9.6%（见表1、图1）。私营企业注册资金1 305 000亿元，户均注册资金达到565.1万元，比上年分别增长44.1%和19.0%。个体工商户注册资金达44 000亿元，户均注册资金达到7.5万元，比上年分别增长20.2%和13.3%。见表2、图2。

表1　2006—2016 年个体、私营企业户数及增长率情况

年份	私营企业户数（万户）	增长率（%）	个体工商户户数（万户）	增长率（%）
2006	544.1	15.3	2 595.6	5.3
2007	603.1	10.8	2 741.5	5.6
2008	657.4	9.0	2 917.3	6.4
2009	740.2	12.6	3 197.4	9.6
2010	845.2	14.2	3 452.9	8.0
2011	967.7	14.5	3 756.5	8.8
2012	1 085.7	12.2	4 059.3	8.1
2013	1 253.9	15.5	4 436.3	9.3
2014	1 546.4	23.4	4 984.1	12.3
2015	1 908.4	27.2	5 408.1	8.5
2016	2 309.2	21.0	5 929.9	9.6

注：1. 表中历年私营企业户数均包含分支机构数量；
　　2. 数据来源：国家工商总局。

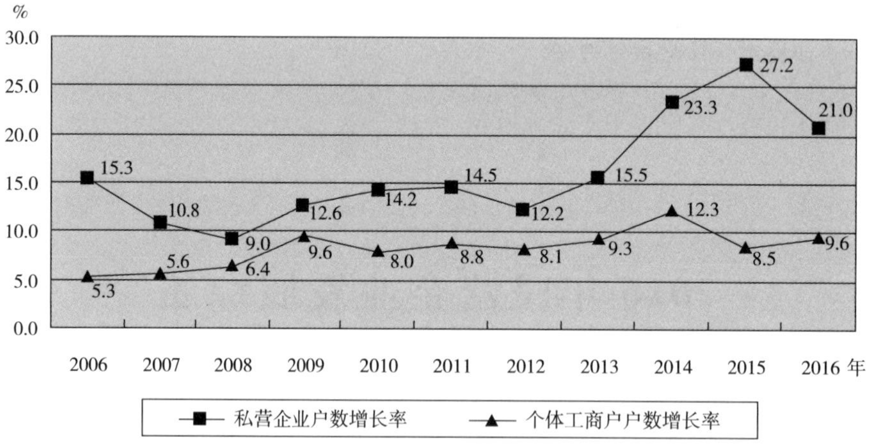

图1　2006—2016 年个体私营企业户数增长率变化情况

表2　2006—2016 个体私营企业注册资金数额及增长率情况

年　份	私营企业注册资金（亿元）	增长率（%）	户　均注册资金（万元）	个体工商户注册资金（万元）	增长率（%）	户　均注册资金（亿元）
2006	76 000	23.9	139.7	6 468.8	11.4	2.5
2007	94 000	23.5	155.7	7 350.8	13.6	2.7
2008	117 000	25.0	178.6	9 006.0	22.5	3.1
2009	146 000	24.8	197.8	10 856.6	20.5	3.4
2010	192 000	31.1	227.1	13 387.6	23.3	3.9
2011	258 000	34.3	266.5	16 177.6	20.8	4.3
2012	311 000	20.6	286.5	19 766.7	22.2	4.9
2013	393 000	26.4	313.4	24 300.0	23.1	5.5
2014	592 000	50.6	382.8	29 300.0	20.6	5.8
2015	906 000	53.0	474.7	36 938.0	34.5	6.5
2016	1 305 000	44.1	565.1	44 400.0	20.2	7.5

注：1. 表中历年私营企业户数均包含分支机构数量；
　　2. 数据来源：国家工商总局。

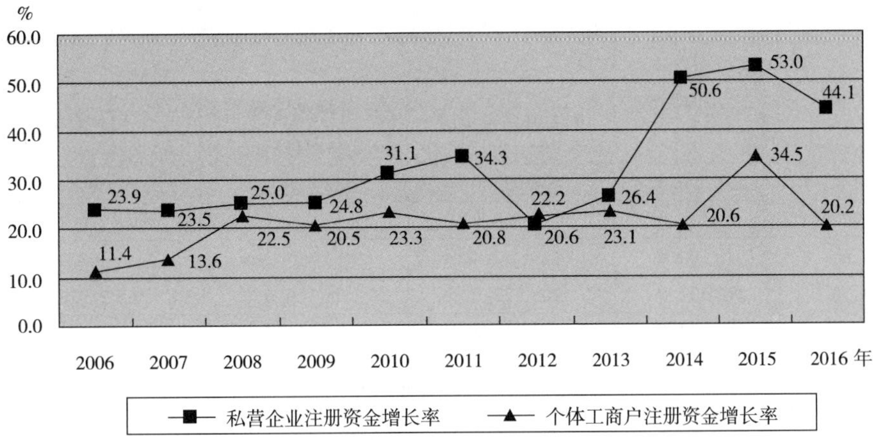

图 2　2006—2016 年个体私营企业注册资金数额增长率变化情况

(一)民间投资所占比重有所下降

截至 2016 年年底,内资民营经济城镇固定资产投资共完成约 365 000 亿元,同比增长 3. 2% ,占全国城镇固定资产投资的比重达到 61. 2% 。与上年同期相比下降 2. 2 个百分点;其中私营企业累计完成约252 000亿元,同比增长 20. 5% ,占比达到 42. 2% ,其增速明显高于全国、国有及国有控股以及外商和港澳台商投资企业(见表 3)。但我们也应该看到,内资民营经济的增速较上年下降明显,但其投资比重仍占全部城镇固定资产投资总额的 61. 2% ,充分显示了民间投资的活跃程度依然不减,迸发出更大的投资活力。

表 3　2009—2015 年按经济类型分城镇固定资产投资变化情况

单位:亿元、%

年　份	指　标	全国总计	国有及国有控股	外商及港澳台商投资	内资民营经济	
						私营企业
2009	绝对值	194 139. 0	86 536. 0	14 111. 0	93 492. 0	33 610. 0
	增长率	30. 5	35. 2	-0. 5	32. 5	34. 9
	比　重	100. 0	44. 6	7. 3	48. 2	17. 3
2010	绝对值	241 414. 9	102 129. 7	15 832. 9	123 452. 3	49 910. 6
	增长率	24. 5	18. 0	12. 2	32. 0	32. 2
	比　重	100. 0	42. 3	6. 6	51. 1	20. 7
2011	绝对值	301 932. 8	107 485. 8	18 798. 1	175 648. 9	71 838. 8
	增长率	23. 8	11. 1	18. 7	42. 3	32. 9
	比　重	100. 0	35. 6	6. 2	58. 2	23. 8
2012	绝对值	364 835. 1	123 693. 5	20 814. 2	220 327. 1	92 939. 5
	增长率	20. 6	14. 7	10. 7	25. 4	30. 3
	比　重	100. 0	33. 9	5. 7	60. 4	25. 5
2013	绝对值	436 528. 0	144 056. 0	22 017. 0	270 455. 0	114 408. 5
	增长率	19. 6	16. 5	5. 8	22. 8	23. 1
	比　重	100. 0	33. 0	5. 0	62. 0	26. 2
2014	绝对值	502 004. 9	161 629. 0	23 076. 0	321 576. 0	150 425. 9
	增长率	15. 7	13. 0	4. 8	18. 9	31. 5
	比　重	100. 0	32. 1	4. 5	63. 4	29. 9

续表

年份	指标	全国总计	国有及国有控股	外商及港澳台商投资	内资民营经济	
						私营企业
2015	绝对值	551 590.0	178 933.0	22 676.0	34 9981	209 092.0
	增长率	10.0	10.9	-1.7	10.1	39.0
	比重	100.0	32.4	4.2	63.4	37.9
2016	绝对值	596 501.0	205 122.0	26 160.0	365 219.0	251 955.9
	增长率	8.1	14.6	15.4	3.2	20.5
	比重	100.0	34.4	4.4	61.2	42.2

说明:1. 根据2009—2016年《中国统计年鉴》、国家统计局;
2. 内资民营投资总量=全社会城镇固定资产投资-国有及国有控股企业投资-外资及港澳台商企业投资。

(二)民营工业拉动实体经济发展

2016年私营企业工业增加值累计增速为7.5%,较之2015年出现了较大幅度的回落,但仍高于国有及国有控股企业的2.0%、股份制企业的6.9%、外商及港澳台投资企业的4.5%及全部工业企业6.0%的平均水平(见表4、图3)。可见,民营企业在不断夯实实体经济基础的过程中,工业企业贡献突出。

(三)民营经济对外贸易增长势头放缓

2016年,中国外贸发展面临的形势严峻复杂,国际市场需求疲弱,国内综合成本不断上升,不确定、不稳定因素增多,下行压力加大。党中央、国务院高度重视外贸工作,及时出台促进外贸回稳向好、促进加工贸易创新发展等一系列支持政策,相关部门和各地区积极细化落实政策,为广大企业尤其是民营企业减负助力。一大批进出口企业从供给侧发力,加快转型升级,开展技术创新、产品创新、商业模式创新,国际竞争力进一步提升。在各方面共同努力下,中国外贸实现回稳向好目标,进出口降幅收窄,结构优化,效益提升,新的发展动能不断积聚,成绩来之不易。2016年,外商企业出口9 836亿美元,同比下降2.1%;国有企业出口2 288.3亿美元,同比下降5.6%;与此相比,2016年,民营企业出口10 274.4亿美元,同比下降0.2%,占比45.9%。见表5。

表4 2007—2016年工业增加值增长速度情况

单位:%

年份	工业增加值				
		国有及国有控股企业	私营企业	股份制企业	外商及港澳台投资企业
2007	18.5	13.8	26.7	20.6	17.5
2008	12.9	9.1	20.4	15.0	9.9
2009	11.0	6.9	18.7	13.3	6.2
2010	15.7	13.6	20.0	16.8	14.5
2011	13.9	9.9	19.5	15.8	10.4
2012	10.0	6.4	14.6	11.8	6.3
2013	9.7	8.3	11.4	10.8	8.9
2014	8.3	4.9	10.2	9.7	6.3
2015	5.9	1.4	8.6	7.3	3.7
2016	6.0	2.0	7.5	6.9	4.5

数据来源:国家统计局。

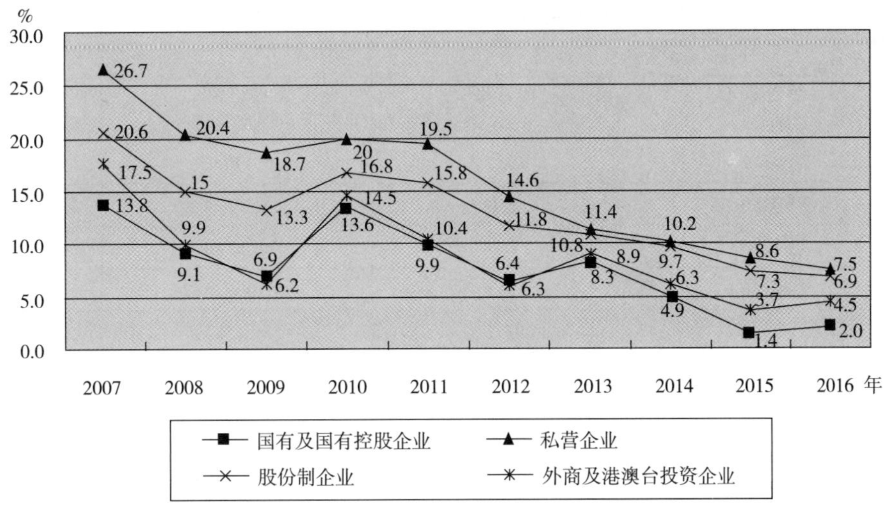

图 3　2007—2016 年按类型分工业增加值增速情况

表 5　2008—2016 年各类企业出口情况

单位:亿美元、%

年　份	总　值	同比增长	国有企业			外资企业			民营企业		
			金额	比重	同比增长	金额	比重	同比增长	金额	比重	同比增长
2008	14 285.5	17.3	2 572.3	18.0	14.4	7 906.2	55.3	13.7	3 807.0	26.6	27.9
2009	12 016.6	-15.9	1 909.9	15.9	-25.7	6 722.3	55.9	-15.0	3 384.4	28.2	-11.1
2010	15 779.3	31.3	2 343.6	14.9	22.7	8 623.1	54.6	28.3	4 812.7	30.5	42.2
2011	18 986.0	20.3	2 672.2	14.1	14.1	9 954.7	52.4	15.4	6 352.9	33.5	32.0
2012	20 484.2	7.9	2 564.2	12.5	-4.0	10 233.6	50.0	2.8	7 686.4	37.5	21.0
2013	22 100.0	7.9	2 356.8	10.6	-8.1	10 442.7	47.3	2.1	9 300.5	42.1	23.1
2014	23 427.6	6.0	2 342.6	10.0	-6.0	10 526.2	44.9	0.8	12 665.8	54.1	36.2
2015	22 800.0	-2.8	2 424.0	10.6	-5.5	10 047.0	44.2	-6.5	10 295.0	45.2	1.8
2016	22 366.8	-1.9	2 288.3	10.2	-5.6	9 836.0	43.9	-2.1	10 274.4	45.9	-0.2

资料来源:商务部。

(四)民营经济持续创造就业岗位,大量吸纳新增劳动力就业

个体私营经济、小微企业成为上年经济发展领域的亮点。截至 2016 年年底,全国个体私营经济从业人员实有 3.1 亿人,比 2015 年增加 2 782.1 万人。第三产业个体私营经济从业人员最多,实有 2.3 亿人。小微企业活跃度不断提升,带动就业作用愈加显著,初次创业小微企业占新设小微企业的 85.8%,新设小微企业周年开业率达 70.8%,近八成开业企业实现营业收入。其中私营企业从业人员达到 18 200万人,个体工商户从业人员达到 12 800 万人,分别较 2013 年年底增长了 11.0% 和 9.4%(见表 6、图 4)。民营经济特别是中小企业的快速发展,为大量城镇无业人员、农村剩余劳动力、高校毕业生、国企分流人员等群体创造了众多就业岗位,已经成为吸纳社会就业、增加城乡居民工资性收入、不断改善人民生活的主要来源。

表6　2007—2016年全国个体私营企业就业基本情况

年　份	私营企业		个体工商户	
	绝对值（万人）	增长率（%）	绝对值（万人）	增长率（%）
2007	7 253.1	10.1	5 496.2	6.5
2008	7 904.0	9.0	5 776.4	5.1
2009	8 607.0	8.9	6 585.4	14.0
2010	9 407.6	9.3	7 007.6	6.4
2011	10 353.6	10.1	7 945.3	13.4
2012	11 296.1	9.1	8 628.3	8.6
2013	12 500.0	10.9	9 300.0	8.2
2014	14 136.2	13.1	10 863.8	16.8
2015	16 400.0	16.0	11 700.0	7.7
2016	18 200.0	11.0	12 800.0	9.4

资料来源：国家工商总局。

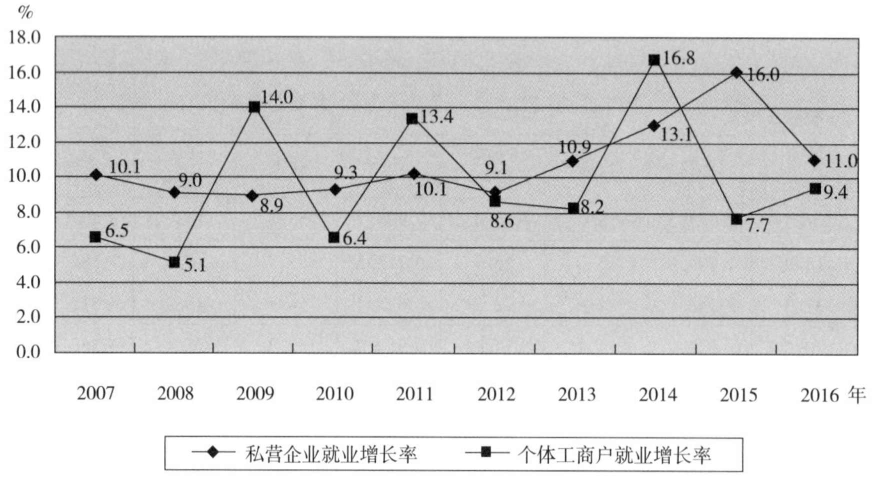

图4　2007—2016年私营企业、个体工商户就业增长率变化情况

新动能对经济社会发展贡献明显，互联网进一步向各领域渗透，创业创新活跃。

针对经济社会发展传统动能减弱，新动能亟须培育推动的形势，党中央、国务院积极实施创新驱动发展战略以促进创新有序健康发展，大力推动大众创业万众创新以调动微观主体积极性，不断深化“放管服”改革以激发经济活力，新的力量新的动能不断发力，对经济社会发展的贡献不断提高。

一是互联网经济继续快速发展。2016年互联网普及率达到53.2%，其中农村地区普及率达到33.1%；移动互联网接入量93.6亿G，比上年增长123.7%；互联网上网人数7.3亿人，增加4 299万人。互联网进一步向经济社会各个领域渗透，对生产和流通方式等产生了重大影响，为经济社会发展注入了新的动能，使一些传统行业焕发了青春。2016年网上零售额比上年增长26.2%，比社会消费品零售额增长快15.8个百分点；快递业务量达312.8亿件。

二是新产业新产品快速成长。2016年，工业战略性新兴产业和高技术制造业增加值分别比上年增长10.5%和10.8%，增速分别比规模以上工业快4.5和4.8个百分点；运动型多用途乘用车（SUV）产量增长51.8%，新能源汽车增长40.0%，工业机器人增长30.4%，集成电路增长21.2%，智能电视增长11.1%，智能手机增长9.9%。

三是创业创新发展势头良好。2016年全国新登记企业553万户,比上年增长24.5%,平均每天新登记企业1.5万户,明显高于前两年,掀起了商事制度改革以来的新高潮。一批具有标志性意义的重大科技成果涌现,不少达到国际先进水平,为新经济成长提供了强大技术支撑。全年授予境内发明专利权29.5万件,比上年增长15.0%,境内有效发明专利拥有量突破100万件。全年签订技术合同成交金额11 407亿元,比上年增长16.0%。"神舟十一号"载人飞船与"天宫二号"空间试验室成功交会对接,世界最大单口径射电望远镜建成使用,使用中国自主研发芯片的超级计算机"神威·太湖之光"再次刷新世界纪录。科技创新促进了劳动生产率的提高。

二、要正确认识民营企业发展机遇

对于经济新常态下民营经济发展面临的困难,我们既要看到目前经济增速放缓,是中国正处在增长速度换档期和结构调整阵痛期的一种客观反映,与我们主动加大淘汰落后产能和治理污染力度有直接关系。民营经济面临重大发展机遇主要有:

(一)中国发展仍处于重要战略机遇期

党中央一再强调,目前中国发展仍处于可以大有作为的重要战略机遇期。2016年,中国GDP总量为744 000亿元人民币,增长速度虽然只有6.7%,但比起全球平均2.3%来说,高出将近三倍(印度6.6%,美国和欧盟为1.5%),比发达国家高出更多,中国对世界经济的贡献率高达33.2%。中国每年经济的增加值超过了一个中等国家的国民生产总值(2015年中国GDP110 000亿美元)。习近平总书记出席2015年亚太经合组织工商领导人峰会时指出:"总的看,中国经济发展长期向好的基本面没有变,经济韧性好、潜力足、回旋余地大的基本特征没有变,经济持续增长的良好支撑基础和条件没有变,经济结构调整优化的前进态势没有变。"

(二)党中央高度重视和支持非公有制经济发展

党的十八大以来,党中央对非公有制经济作出一系列重要论述,提出"公有制经济和非公有制经济都是社会主义市场经济的重要组成部分,都是经济社会发展的重要基础"。"两个都是"第一次将非公有制经济与公有制经济置于同等重要的地位,不再分老大老二,不再是出水莲花有高低,表明我们党对非公有制经济的认识达到一个新的高度。前一段,不少非公有制经济人士对人身财产安全十分忧虑,"不挣钱心慌,挣钱也心慌,钱挣得越多心越慌","小富即安、大富不安"情绪蔓延。中央提出,"公有制经济财产权不可侵犯,非公有制经济财产权同样不可侵犯","两个不可侵犯"的提出,给民营企业发展吃了"定心丸"。强调"坚持权利平等、机会平等、规则平等"。"三个平等"的提出,给民营经济发展确立了基调,彰显了党和国家下决心破除垄断,建设统一开放、竞争有序市场体系和公平开放透明市场规则的信心和魄力。2016年3月4日习近平总书记在参加全国政协十二届四次会议民建、工商联界委员联组会时指出:"非公有制经济在我国经济社会发展中的地位和作用没有变,我们毫不动摇鼓励、支持、引导非公有制经济发展的方针政策没有变,我们致力于为非公有制经济发展营造良好环境和提供更多机会的方针政策没有变……'十三五'时期,中国经济发展的显著特征就是进入新常态。新常态既是挑战,也是机遇,关键看怎样认识和把握,认识到位、把握得好、工作得力,就能把挑战变成机遇……中国仍然是全球投资机会最好的国家,非公有制经济发展、非公有制经济人士施展才华面临的空间更加广阔、机遇更加充分、前景更加美好,完全可以有更大作为。"

(三)全面深化改革充分为释放民营经济发展活力创造了条件

近几年以来,国务院加快行政体制改革步伐,一再强调要用三份清单来约束公权力,一是"权力清单",政府法无授权不可为;二是"负面清单",企业法无禁止皆可为;三是"责任清单"明确政府不可回避的责任问题。当前,按照中央提出的关于全面深化改革工作的路线图、时间表和任务书,各方面改革正在有序推进。习近平总书记亲自担任中央改革领导小组组长,先后召开30多次全面深化改革会议,提出了1 400多项改革措施。简政放权一直是李克强总理最关心的事情,本届政府承诺的精简1/3行政审批事项的任务已经提前完成，其中，商事制度的“放管服”改革成效显著，继“三证合一”之后实现了“五证合一”，并正在推进“多证合一”、证照分离、变行政审批制为承诺制以及企业名录、简易注销试点等工作，商事制度改革以来，仅2014年增加市场主体365万个，2015年新增市场主体444万个，2016年新增553万个。过去的准入监管、审批监管已转向事中事后监管，并初步建成了国家企业信用信息公示系统，规范了银行贷款、项目投标等的信用约束。在经济上，民营企业家的获得感不仅强烈，而且实在。简政放权，民营企业获得的是政策红利，减税降负，获得的则是红包。2016年以来，政府先后减少了各种审批和资格认证、各项政府基金、各种名目的收费，推出了营改增、所得税减半征收等政策。今后，将把减半征收所得税的优惠范围扩大到年应纳税所得额50万元以下的小微企业。小微企业的贷款难也有了明显缓解，企业贷款余额中，大型企业、中型企业和小微企业已经三分天下。科技型中小企业研发费用加计扣除比例将由50.0%提高到75.0%，中小企业更多的研发费用可以在税前扣除，由此可以让它们获得更强的科技创新能力。2016年，由于实行全面营改增试点，减轻企业负担5 700多亿元，2017年还将把增值税税率由原来的四档简并至三档，营造更加公平的税收环境，减轻企业负担。全年将再减少企业税负3 800亿元左右、涉企收费约2 000亿元。

三、营造良好环境振兴民营经济

党中央、国务院发出“大众创业、万众创新”号召两年多来，全国各地掀起了“大众创业”“草根创业”的新浪潮（第四次创业潮）。2016年，党中央提出“双创”活动，就是要通过“双创”这一结构性改革激发全社会创造力，打造发展新引擎，使各种要素更加公平、自由、快捷地进行有效配置，促进经济保持中高速增长。要以大众创业万众创新培育新产业、新业态，着力把一批新兴产业培育成主导产业，促进移动互联网、云计算、大数据、物联网等与现代制造业融合，推动经济迈向中高端水平。要以大众创业万众创新催生新职业、新岗位，实现更加充分更高质量的就业，让更多的人富起来。

（一）营造“双创”良好环境，必须激发企业家精神

党的十八大以来，“发挥企业家作用”“弘扬企业家精神”“保护和激励企业家队伍”等内容经常出现在各类文件和政策法规中，特别是习近平总书记和李克强总理近两年来一再强调，充分激发社会活力和创造力，必须激发企业家精神，充分发挥企业家才能。2016年中央经济工作会议指出，要“保护企业家精神，支持企业家专心创新创业。”2017年的《政府工作报告》特别强调，“激发和保护企业家精神，使企业家安心经营、放心投资”。

改革开放以来，中国民营企业家作为市场经济主体和社会财富的创造者，在一大批企业家身上集中体现着敬业、创新、执着、冒险、责任的精神。正是这种可贵的企业家精神，激励他们攻坚克难、创新发展，用40.0%的社会资源，创造了中国60.0%以上的GDP，为社会提供了80.0%以上的就业岗位（目前在民营企业和个体工商户就业人数达3.1亿人），对中国经济社会发展做出了突出贡献。

企业家是资本所有者、资源组织者、企业经营者、创新实践者，是社会的宝贵资源和稀缺资源，是市场经济的活力之源。中国著名经济学家厉以宁教授说，企业家就是创新者、要素组合者和要素重新组合者。企业家要具备三个条件，一是有市场眼光，能够在纷繁复杂的市场中发现别人不能发现的潜力和利润，如网购可以扩大销路、增加就业，仅2016年快递业一年增加500万人。二是有胆量，能够冒风险，发现机遇敢作敢为，面对挑战能够迎难而上，积极化解各种风险。三是有组织资源要素能力，把资源配置到最佳效率。

企业家按照市场和产业发展方向，配置资源、组织生产、开拓市场、推进技术进步和产业升级，不断提升企业的核心竞争力，进而推动经济社会发展。一个优秀的企业家可以影响一个行业的创新发展，一个企业能够安置成百上千、几万甚至十几万人就业，为社会创造大量财富，为民生改善提供坚实基础。从某种意义上说，一个国家企业家的综合素质，反映了该国生产力和社会创新创富的水平（乔布斯1997年回归苹果公司时，市值不过40亿美元，十几

年来，市值不断攀升，多年位居全球首位，巅峰时达到6 240亿美元。将苹果公司看作一个国家的话，它的GDP位列全球第20位上下，超越澳大利亚、西亚石油王国沙特阿拉伯以及欧洲富国瑞士。马云在中国开创了电子商务的模式，改变了亿万人的生活方式，公司只有25 000名员工，但在淘宝开网店的就有几十万家，集团2016年合计纳税238亿元，带动平台纳税至少2 000亿元，相当于4 000家大型商场的销售体量，创造了超过3 000万个就业机会。任正非创立的华为集团，自1987年成立以来，长期致力于研发投入，持续构建产品和解决方案的竞争优势，先后在全球建立了100多个分支机构，在美国、法国、印度等地建立了16个研发中心，在17万名员工中有3万多人为外籍员工，本土化率超过80.0%，正是依托不断领先的技术优势，华为成为全球领先的信息和通信解决方案供应商。今天，中国的企业家不是多了，而是少了，如果每个省都有几个马云、马化腾和任正非等这样的企业家，中国经济就会有更大的发展）。

（二）营造“双创”良好环境，必须完善和落实产权保护制度

“双创”需要好的法治环境氛围。推动“双创”活动的深入开展，前提是要创业创新者感到安心放心。2016年11月27日，《中共中央国务院关于完善产权保护制度依法保护产权的意见》（简称《意见》）正式公布，《意见》从11个方面对完善产权保护制度、推进产权保护法治化进行了全面部署。这是第一次以中共中央国务院最高形式的文件提出，要按照平等保护的原则，解决非公有产权保护弱于国有产权保护的问题；按照有错必纠的原则，抓紧甄别纠正一批社会反映强烈的产权纠纷申诉案件；遵循法不溯及既往、罪刑法定、在新旧法之间从旧兼从轻等原则，以发展眼光客观看待和依法妥善处理改革开放以来民营企业经营过程中存在的不规范问题等，解决了创业创新者财产安全预期的心头之忧。李克强总理在政府工作报告中提出，保护产权就是保护劳动、保护发明创造、保护和发展生产力。

《意见》的出台让创业创新者更加感到来自法律保护，实实在在地回应了民营企业的关切和企盼。当前，民营企业家有“三心”问题亟待解决，即有没有信心、能不能安心、会不会专心。“三心”直接影响到民营经济的健康发展。现在有一个现象非常值得关注：其实企业家有“小富即安，大富不安”的情绪，甚至认为“不挣钱心慌，挣钱也心慌，挣得越多心越慌”。这背后其实有深层的隐忧。

改革开放30多年来，民营经济从无到有，从小到大，在稳定增长、促进创新、增加就业、改善民生等方面发挥了重要作用。但是，在整个非公有制经济发展的过程中，关于民营企业“第一桶金”的争论，反腐过程中的民企负面内容、社会中的“仇富”现象等引发的各种声音不绝于耳，对于民营企业本身，这些声音很容易造成他们的困惑、迷茫和疑虑。

我们知道，有恒产者有恒心。产权是公民、法人等主体最为重要的一项权利。对于人身安全以及财产权的保护，是民营企业家最为关心的问题之一。例如，一直以来都存在的一些民营企业家移民带走资金的现象，忧虑自己的人身与财产安全是其中的一大原因。再如，在市场竞争机制下，作为以创新为己任的企业家，寻求法律保护创新的需求是多层次的，法律法规不完善或滞后，直接影响民营企业投资的信心。

2015年下半年以来，民间投资持续低迷的问题，引起各方高度关注。国务院曾为此专门派出9个督查组，赴18个省份督查。如何解决民间投资下滑的问题，多次成为社会关注的热点问题。民间投资意愿不强的原因是多方面的，而重要的原因之一便是民营企业家信心不足，“不愿投，也不敢投”。在经济下行压力加大的前提下，提振创业创新者的信心尤为重要，而完善产权保护制度，强化对民营企业家私有财产的保护，就是创造良好预期、增强社会信心的现实需要。

多年以来，从《物权法》的修改到党的十八届四中全会提出要“健全以公平为核心原则的产权保护制度，加强对各种所有制经济组织和自然人财产权的保护，清理有违公平的法律法规条款”，直至《意见》的出台，让需要“三心”的民企实实在在地吃到了“定心丸”。保护好产权，创业创新者才能安心做实体经济，搞创业创新才有更强的安全感。我们要推进产权保护法制化，坚持以公平为核心的原则，保证各种所有制经济依法平等使用各类生产要素、同等受到法律保护，保证法人和自然人的财产权、境内与境外产权主体的财产权同等受到法律保护。要完善政府守信践诺机制，维护政策的连贯性和确定性，增强政府的规范性和公信力，营造安全放心的投资环境，增强创业创新者的“安全感”。

（三）营造“双创”良好环境，必须构建新型政商关系

政商关系是一个十分复杂的社会关系，涉及政治、经济、文化和社会等方面，对于营造良好的政治生态、经济生态和社会生态，对于促进民营经济健康发展和民营企业家健康成长，具有重大和深远的意义。改革开放以来，随着各项改革措施的不断推进，特别是政府与市场关系的不断理顺，中国的政商关系总体上处于良性互动的状态。但党的十八大以前，在一些地方、一些行业、一些领域不同程度存在着官商勾结、权钱交易等不健康不正常政商关系。党的十八大以来，党中央加大反腐败力度，查处了一批腐败分子和不法商人，官商勾结现象有所收敛，但同时又出现了“谈商色变、为官不为”的新问题。在一些党政干部中出现了不敢担当、不愿与企业家联系交往的现象，过去的“勾肩搭背”变成了现在的“背对着背”。有的党政干部见到企业家“躲着走”，采取“不接电话、不批文件、不办事情”等“三不”原则。有的党政干部对企业家采取“软拒绝”，见了企业家满脸堆笑、客客气气，但就是不拍板、不办事。有的党政干部办事“踢皮球”“打太极”，推诿扯皮，为了避责而不作为。因此，如何处理好政商关系，成为困惑不少党政干部和民营企业家普遍面临的一道难题，也成为社会普遍关注的一个热点问题。

2016 年 3 月 4 日，习近平总书记在全国政协民建、工商联界委员联组会上发表重要讲话，把构建新型政商关系精辟而深刻地概括为“亲”“清”两方面，强调各级党政领导干部要积极作为、靠前服务，帮助企业解决实际困难，真心实意支持民营经济发展。但同民营企业家的关系要清白、纯洁，不能以权谋私，不能搞权钱交易。总书记讲话一年来，各地党委政府认真学习贯彻习总书记构建新型政商关系讲话精神，采取各种措施积极推动构建新型政商关系，“清”的理念不断深入人心，“亲”的氛围不断增强，政商交往的新风尚、新气象正在形成，绝大多数党政干部与企业家打交道能够做到讲分寸、守规矩。广大民营企业家积极响应总书记号召，努力践行“亲”“清”要求，自觉增强守法诚信意识，积极参与地方经济社会建设。可以说，当前的政商关系正在发生积极的变化，朝着健康方向不断发展。但由于受体制机制、发展程度、能力素质、思想观念等因素影响，不少地区政商关系仍存在一些问题。主要表现为：一是不作为不会为成为民营企业的一大“痛点”。部分党政干部责任担当不足，存在“为了不出事，宁可不做事”和“多做多错不如不做”的心态。很多企业反映，当前不作为和不会为现象突出主要有：患上反腐恐惧症、谈商色变不作为；把守规矩和干事创业对立起来，因为行为受限而不作为；考核、监督制度不健全，没有硬约束而不作为；以权寻租恶习未改，仍然无利不起早而不作为；怕担责任、怕得罪人而不敢为；对新领域、新知识不熟悉、不了解，有心无力而不会为。二是企业认为办事难、办事繁，管的多、服务少，“看得见的手”对市场还是干预太多、管得太宽。三是政企交往规定不细、渠道不畅，政商双方不知道该如何正常交往。四是政商关系中权钱交易的现象依然存在，主要风险点仍在行政审批、行政执法、招投标、财政资金扶持等环节，以及土地资源开发、城市规划、工程项目等审批多、涉及资金量大的领域。“吃拿卡要”问题在基层依然存在，“科所队站”苍蝇多的问题，反映最为突出。五是有些企业家仍信权、信钱不信法，守法诚信意识淡薄，仍把权钱交易当作实现经济利益和政治安排的捷径，留恋并继续利用潜规则。

我们认为，要深入贯彻落实习近平总书记重要讲话精神，构建起“交往规范、渠道畅通、服务主动、行为廉洁”的新型政商关系。一是要把构建新型政商关系作为推进国家治理体系和治理能力现代化的重要方面，作为各级党政干部加强党风廉政建设的重要内容，作为勤政为民、清廉为官的行为准则，并在全社会营造亲商安商富商的良好氛围。二是要正确处理市场和政府的关系，政府掌握着权力，市场主体拥有资本。事实表明，越是行政干预多、改革滞后的领域，政商关系就越容易被扭曲。由于深化改革不到位，有些领域政府和市场的关系没有理顺，职能权限界定不清晰，常常发生越位、错位、缺位等现象，为少数党政干部以权谋利和少数企业出资人用资本获取非法利益提供了温床，必须继续在简政放权、投融资体制、财税体制、社会管理体制和权力监督方面全面深化改革，真正发挥市场在资源配置中的决定性作用和更好发挥政府作用。三是要进一步完善和落实法律法规，规范行政、执法、司法等领域公权力，营造公平正义的法治环境，确保政商关系健康发展。四是要探索建立党委政府与商会、企业沟通联系机制，健全企业诉求的收集、处理、督办、反馈制度，使民营企业特别是中小微企业反映问题、解决困难有途径，让沟通平台在构建新型政商关系中发挥“黏合剂”和“隔离带”作用，消除党政干部与企业家正常交往的顾虑。五是要在广大民营企业家中开展政商关系反面案例剖析和警示教育，引导他们自觉抵制官商勾结、权钱交易。引导企业坚定发展信心，加快技术、产品、管理、商业模式等创新，实现转型升级，培育以创新驱动为核心的竞争新优势，由靠关系转为靠实力发展，为中国经济社会发展做出新贡献。

（撰稿：朱小群）

2016 年吸收外商直接投资综述

商务部国际贸易经济合作研究院

一、2016 年中国外商投资宏观政策导向和重点目标

2016 年政府工作报告对外资工作的着眼点是“提高利用外资水平”，继续放宽投资准入，扩大服务业和一般制造业开放，简化外商投资企业设立程序，加大招商引资力度。创新内陆和沿边开放模式，打造新的外向型产业集群，引导外资更多投向中西部地区。营造更加公平、更为透明、更可预期的投资环境。扩大自贸试验区试点。创新开发区体制机制。

（一）外资政策的宏观政策导向

根据 2016 年国务院发布的涉及外资的政策文件，中国外商投资宏观政策变化主要包括以下几点：

1. 区域层面上扩大对外资的开放。包括边疆边境地区的开发开放试验区、口岸、城市、合作区等。另外是通过泛珠三角九省与港澳地区之间的区域合作，扩大对外开放。

2. 行业领域扩大对外资的开放。扩大金融、文化、电信、互联网、商贸物流等服务领域开放，进一步开放制造业。另外在电信、航运、中外合作办学、娱乐、对外经济技术展会、航空服务等领域，特别扩大对港澳服务业从业者的开放。

3. 外商投资管理体制的改革创新。其一，把自贸试验区在投资、贸易、金融、事中事后监管的创新在全国进行推广复制。其二，在自由贸易试验区暂时调整《中华人民共和国外资企业法实施细则》等 18 部行政法规、《国务院关于投资体制改革的决定》等 4 件国务院文件、《外商投资产业指导目录（2015 年修订）》等 4 件经国务院批准的部门规章的有关规定。其三，外商投资由审批制改为备案制为主。见表 1。

（二）对外资具体措施及其实施情况

1. 外商投资审批改为备案。2016 年 9 月 3 日，第十二届全国人民代表大会常务委员会第二十二次会议审议通过《关于修改〈中华人民共和国外资企业法〉等四部法律的决定》，将不涉及国家规定实施准入特别管理措施的外商投资企业设立及变更，由审批改为备案管理。经国务院批准，外商投资准入特

别管理措施范围按《外商投资产业指导目录(2015年修订)》中限制类和禁止类,以及鼓励类中有股权要求、高管要求的有关规定执行。涉及外资并购设立企业及变更的,按现行有关规定执行。

表1　2016年国务院发布的涉及外商投资的相关政策文件

政策文件	发布日期	主要内容
《国务院关于支持沿边重点地区开发开放若干政策措施的意见》	2016年1月7日	促进沿边开发开放试验区、沿边国家级口岸、边境城市、边境经济合作区和跨境经济合作区的简政放权、贸易投资便利化、人员往来便利化和特色优势产业的发展
《国务院关于深化泛珠三角区域合作的指导意见》	2016年3月15日	泛珠三角区域包括福建、江西、湖南、广东、广西、海南、四川、贵州、云南等九省(自治区)(简称"内地九省区")和香港、澳门特别行政区,加强区域合作,共同培育对外开放新优势
国务院批转国家发改委《关于2016年深化经济体制改革重点工作意见》的通知	2016年3月31日	深化外商投资体制改革,推进负面清单管理模式改革,扩大金融、文化、电信、互联网、商贸物流等服务领域开放,进一步开放制造业。简化外商投资企业设立程序。创新开发区体制机制
《国务院关于在内地对香港、澳门服务提供者暂时调整有关行政审批和准入特别管理措施的决定》	2016年6月1日	在电信、航运、中外合作办学、娱乐、对外经济技术展会、航空服务等方面扩大对港澳服务业从业者的开放
《国务院关于在自由贸易试验区暂时调整有关行政法规、国务院文件和经国务院批准的部门规章规定的决定》	2016年7月19日	在自由贸易试验区暂时调整《中华人民共和国外资企业法实施细则》等18部行政法规、《国务院关于投资体制改革的决定》等4件国务院文件、《外商投资产业指导目录(2015年修订)》等4件经国务院批准的部门规章的有关规定
《国务院关于做好自由贸易试验区新一批改革试点经验复制推广工作的通知》	2016年11月10日	以制度创新为核心,简政放权、放管结合、优化服务,自贸试验区在投资、贸易、金融、事中事后监管等形成了新一批改革创新成果,在全国推广复制
《国务院关于发布政府核准的投资项目目录(2016年本)的通知》	2016年12月20日	《外商投资产业指导目录》中总投资(含增资)3亿美元及以上限制类项目,由国务院投资主管部门核准,其中总投资(含增资)20亿美元及以上项目报国务院备案。《外商投资产业指导目录》中总投资(含增资)3亿美元以下限制类项目,由省级政府核准

资料来源:根据中国政府网站整理。

从2016年10月起,外商投资企业审批改为备案制后,95.3%的外商投资企业设立与变更事项通过备案完成,外商投资便利度大幅提升。

2. 自贸试验区经验的复制推广。2015年4月,中国(广东)自由贸易试验区、中国(天津)自由贸易试验区、中国(福建)自由贸易试验区以及中国(上海)自由贸易试验区扩展区域运行。4省(直辖市)和有关部门按照党中央、国务院部署,以制度创新为核心,简政放权、放管结合、优化服务,推动自贸试验区在投资、贸易、金融、事中事后监管等多个方面进行了大胆探索,形成了新一批改革创新成果。2016年11月,经党中央、国务院批准,自贸试验区可复制、可推广的新一批改革试点经验将在全国范围内复制推广。

(1)投资管理领域。"负面清单以外领域外商投资企业设立及变更审批改革""税控发票领用网上申请""企业简易注销"等3项。

(2)贸易便利化领域。"依托电子口岸公共平台建设国际贸易单一窗口,推进单一窗口免费申报机制""国际海关经认证的经营者(AEO)互认制度""出境加工监管""企业协调员制度""原产地签证管理改革创新""国际航行船舶检疫监管新模式""免除低风险动植物检疫证书清单制度"等7项。

(3)事中事后监管措施。"引入中介机构开展保税核查、核销和企业稽查""海关企业进出口信用信息公示制度"等2项。

(4)在海关特殊监管区域复制推广的改革事项。包括:"入境维修产品监管新模式""一次备案,多次使用""委内加工监管""仓储货物按状态分类监管""大宗商品现货保税交易""保税展示交易货物分线监管、预检验和登记核销管理模式""海关特殊监管区域间保税货物流转监管模式"等7项。

二、2016 年中国吸收外资的基本情况

(一)吸收外商直接投资的总体规模特征

1. 中国与全球吸引外资排名靠前的美国英国相比有较大差距。2016 年美国仍然是外国直接投资的最大接收国,吸引了 3 910 亿美元资金流入(比上年增长 12.0%),其次是大不列颠及北爱尔兰联合王国,获得了 2 540 亿美元,从 2015 年的第 14 位飙升至第 2 位,主要得益于大型跨境并购交易。中国处于第 3 位,流入量为 1 340 亿美元,同比小幅下滑 1.0%。中国非金融服务行业的流入量持续增长,而制造业的外国直接投资则转向高端。

2. 中国实际使用外资按照美元计算呈现轻微下降趋势。据商务部统计,2016 年 1—12 月,全国新设立外商投资企业 27 900 家,同比增长 5.0%;实际使用外资金额 8 132.2 亿元人民币(未含银行、证券、保险领域数据)。按照美元计算折合 1 260 亿美元,则轻微下降 0.2%。见下图。

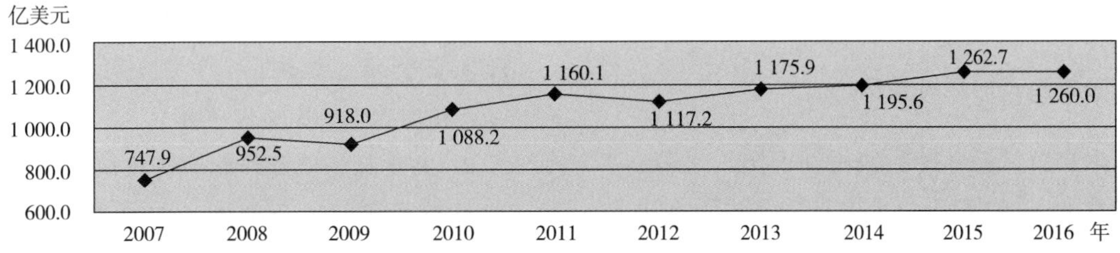

图 2007—2016 年中国实际使用外资额情况

数据来源:根据商务部历年公布数据制作。

(二)吸收外资的行业情况

1. 服务业实际使用外资占比 70.3%。服务业实际使用外资金额 5 715.8 亿元人民币,同比增长 8.3%,占外资总量的 70.3%。其中,信息、咨询服务业,计算机应用服务业,综合技术服务业,分销服务,零售业实际使用外资同比分别增长 59.8%、112.8%、66.4%、42.9% 和 83.1%。高技术服务业实际使用外资 955.6 亿元人民币,同比增长 86.1%。

2. 医药为代表的高端制造业实际使用外资增速较快。制造业中,医药制造业、医疗仪器设备及仪器仪表制造业实际使用外资同比分别增长 55.8% 和 95.0%。高技术制造业实际使用外资 598.1 亿元人民币,同比增长 2.5%。

(三)吸收外资的方式情况

1. 吸收外资主要集中在外商独资企业和中外合资企业。2016 年无论从外资企业数量还是实际使用外资看,最多集中在外商独资企业和中外合资企业,其中外商独资企业有 21 024 家,较上年同比增长 3.1%,中外合资企业 6 662 家,较上年同比增长 11.2%。外商独资企业实际使用外资金额最多,为 861.3 亿美元,但是较上年同比下降 9.6%。中外合资企业实际使用外资金额排第 2 位,为 3 020 400 万美元,较上年同比增长 16.7%。见表 2。

表 2 外商直接投资的方式

单位:亿美元、%

利用外资方式	新设外商投资企业数			实际使用外资金额		
	本年累计	上年同期	比上年%	本年累计	上年同期	比上年%
总　计	27 900	26 575	5.0	1 260.1	1 262.7	-0.2
中外合资企业	6 662	5 989	11.2	302.0	258.9	16.7
中外合作企业	126	110	14.6	8.3	18.5	-55.0
外商独资企业	21 024	20 398	3.1	861.3	952.9	-9.6
外商投资股份制	86	78	10.3	88.4	32.5	172.0

续表

利用外资方式	新设外商投资企业数			实际使用外资金额		
	本年累计	上年同期	比上年%	本年累计	上年同期	比上年%
合作开发	—	—	—	—	—	—
其　他	2	—	—	—	—	—

资料来源：中国投资指南。
注：上述数据未包括银行、保险、证券等行业领域吸收外资数据。

2. 新设立及增资的大型企业数量较多。新设立投资总额1亿美元以上的大型外商投资企业超过840家，增资1亿美元以上的外商投资企业超过450家。所投资行业覆盖众多新兴产业、高科技行业及高端服务业，表明跨国公司对华投资仍充满信心。

（四）吸收外资的区域情况

1. 四个自贸试验区实际使用外资增长显著。上海、广东、天津、福建等四个自贸试验区实际使用外资达879.6亿元人民币，同比增长81.3%，以5/100 000的国土面积占全国实际使用外资的10.8%。

2. 北京市服务业试点改革效果显著。2015年5月5日，北京市获批全球首个服务业扩大开放综合试点城市，与现有的自贸试验区、粤港澳服务贸易自由化共同成为国家构建开放型经济新体制的重要探索。北京市服务业扩大开放综合试点改革成效显著，2016年全市服务业实际使用外资占全国比重为13.0%。

3. 西部地区吸收外资小幅增长，东部地区保持稳定增长。2016年西部地区实际使用外资金额626.9亿元人民币，同比增长1.6%。其中，农、林、牧、渔业，制造业，电力、燃气及水的生产和供应业，信息传输、计算机服务和软件业，租赁和商业服务业实际使用外资同比分别增长457.7%、11.3%、30.6%、115.6%和24.9%。农、林、牧、渔业，制造业和服务业的外资比重为7.6%、34.3%和58.0%。东部地区实际使用外资金额7 047亿元人民币，同比增长7.6%。长江经济带区域新设立外商投资企业11 677家，同比下降2.5%，实际使用外资610.6亿美元，同比下降1.5%。

（五）主要国家/地区在华（内地/大陆）投资情况

1. 主要国家/地区对华（内地/大陆）投资总体保持稳定。1—12月，前10位国家/地区（以实际投入外资金额计）实际投入外资总额1 184.6亿美元，占全国实际使用外资金额的94.0%，同比增长0.4%。对华（内地/大陆）投资前10位国家/地区依次为：中国香港（871.8亿美元）、新加坡（61.8亿美元）、韩国（47.5亿美元）、美国（38.3亿美元）、中国台湾（36.2亿美元）、中国澳门（34.8亿美元）、日本（31.1亿美元）、德国（27.1亿美元）、英国（22.1亿美元）和卢森堡（13.9亿美元）。

2. 美欧对华投资继续保持较快增长势头。美国对华实际投资同比分别增长52.6%。欧盟28国对华投资新设立企业1 741家，同比下降1.8%，实际投入外资金额96.6亿美元，同比增长35.9%。欧盟28国中，英国、德国、卢森堡、瑞典对华实际投资同比分别增长113.9%、80.9%、125.0%和43.8%。

3. 中国澳门特别行政区和韩国保持较高增速，日本对华投资止跌回稳。亚洲投资来源地中，中国澳门特别行政区和韩国实际投入金额同比分别增长290.3%和23.8%；日本全年实际投资同比增长1.7%，逆转了连续两年大幅下跌态势（上述国家/地区对华〔内地/大陆〕投资数据包括这些国家/地区通过英属维尔京、开曼群岛及萨摩亚、毛里求斯和巴巴多斯等自由港对华投资）。

4. 东盟和“一带一路”国家新设企业数量增长但是实际投入外资下降。2016年1—12月，东盟对华投资新设立企业1 160家，同比增长0.5%，实际投入外资金额67.3亿美元，同比下降14.3%。“一带一路”沿线国家对华投资新设立企业2 905家，同比增长34.1%，实际投入外资金额70.6亿美元，同比下降16.5%。

三、外资工作存在的问题和挑战及改进的方向

（一）外部环境带来的压力和挑战

1. 全球经济增长乏力，全球资本流动不活跃，根据联合国贸易和发展会议发布的《2017年世界投资

报告》，由于全球经济增长乏力，同时经济政策及地缘政治存在风险，全球外国直接投资（FDI）为17 500亿美元，较2015年小幅下降2.0%，发展中国家的吸引外国直接投资受到重创。全球资本流动性不活跃，除了中国之外，世界主要经济体对外投资基本都增长缓慢，有的还在持续下降。

2. 世界各国吸引外资竞争加剧，发达国家制造业回归政策效果显现。当前吸引外资竞争加剧，美国贸易保护以及大规模的减税等措施对于全球投资吸引力趋于增强，发达国家促进制造业回归的政策效果开始显现，而一般制造业又面临一些成本更低的周边国家和地区竞争。

（二）国内环境存在的问题和调整的方向

1. 在引进外资方面需要转变传统招商引资观念。要改变过去引进一般制造业的思路，传统招商引资的“老办法”已经不适用了。土地、税收等优惠很难起到有效作用，关键要看法律、规则、管理体制能否跟得上国际化、法制化营商环境的要求，加快建立顺应服务业开放的体制机制，将是未来上海吸引外资的核心突破口。

2. 对外资开放的力度及努力方向。鉴于《国务院关于清理规范税收优惠政策的通知》（国发〔2014〕62号），针对地方违规优惠税收政策进行统一清理，以及《国务院关于税收等优惠政策相关事项的通知》（国发〔2015〕25号），对此前关于清理违规税收优惠政策的补充和缓冲。这两项政策发布表明中国在招商引资中政策的重大调整和摇摆，对外资工作造成了一些负面影响。而2016年中国的外资开放政策，在实际执行中存在“玻璃门现象”。在自贸试验区中对外资新开放的行业领域可以获得营业执照，但是具体的行业准入和执业执照需要商务部之外的卫计委、教育部等其他部委另行准入。未来政策需在行业开放领域和准入门槛、外资股比限制、外资高管、外籍人才长期居留等方面更好地发力，切实解决外资关注的问题。

3. 营商环境还需要继续改善。世界银行发布的《营商环境报告》中，衡量影响营商难易程度排名涵盖了10个领域：开办企业、办理许可、获得电力、财产注册、获得贷款、保护少数投资者、纳税、跨境贸易、执行合同和办理破产。《2017营商环境报告：人人机会平等》报告衡量全球范围190个经济体，记录了283项商业改革。

2016年，从营商效率看排名靠前的有新西兰、新加坡、丹麦、中国香港、韩国、挪威、英国、美国、瑞典等，而中国排名第78位；开办企业排名第127位；办理施工许可证排名第177位；获得电力排名第97位；登记财产第42位。因此中国的营商环境还需要改善的空间较大。

（撰稿：张　菲）

2016年企业境外投资与境外企业发展综述

商务部国际贸易经济合作研究院

对外直接投资

2016年，世界经济增长乏力，全球外国直接投资复苏之路崎岖。根据联合国贸发会议（UNCTAD）发布的《2017世界投资报告》，2016年全球FDI流量下降2.0%，降至17 500亿美元。其中，发展中经济体FDI流量下降严重，降至6 460亿美元。降幅达14.0%；发达经济体FDI流量继续增长，达10 000亿美元，增幅为5.0%，在全球FDI流量占比近六成。随着中国政府积极推进“一带一路”建设，稳步开展国际产能合作，中国企业主动融入经济全球化进程加快。商务部、国家统计局、国家外汇管理局发布的《2016年度中国对外直接投资统计公报》数据显示，2016年，中国对外直接投资创下1 961.5亿美元的历史最高值，蝉联全球第2位。

一、2016 年中国对外直接投资的特点

2016 年，中国对外投资快速增长，对外直接投资金额分别占全球当年流量、存量的 13.5% 和 5.2%，占比均较上年有所提升，流量继续位列全球国家（地区）排名的第 2 位，存量由上年的第 8 位提升至第 6 位。

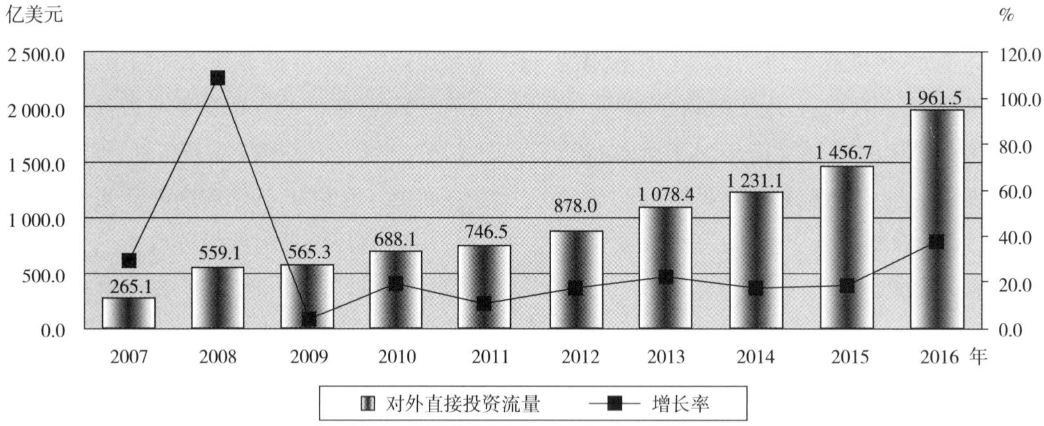

图 1　2007—2016 年中国对外直接投资流量情况

（一）对外直接投资规模稳步扩大

在对外直接投资流量方面，2016 年，中国对外直接投资流量 1 961.5 亿美元，同比增长 34.7%，较上年提高 16.4 个百分点。对外直接投资流量是 2007 年的 7.4 倍，2007—2016 年年均增长率达 24.9%。自 2003 年有关部门权威发布年度数据以来，中国对外直接投资实现 14 年连增，2016 年流量是 2002 年的 72.6 倍。2016 年中国对外直接投资再次超过吸引外资，连续两年实现双向直接投资项下的资本净输出。见图 1。

在对外直接投资存量方面，2016 年年底，中国对外直接投资存量达 13 573.9 亿美元，是 2007 年年底存量的 11.5 倍，在全球外国直接投资流出存量的排名由 2007 年的第 22 位上升至第 6 位。中国对外直接投资存量规模与美国相比仍有很大差距，但与其他国家（地区）相比差距在逐步缩小。2016 年年底，全球对外直接投资存量前五位的国家和地区依次为：美国（63 800 亿美元）、中国香港（15 300 亿美元）、英国（14 400 亿美元）、日本（14 000 亿美元）、德国（13 700 亿美元）。见图 2。

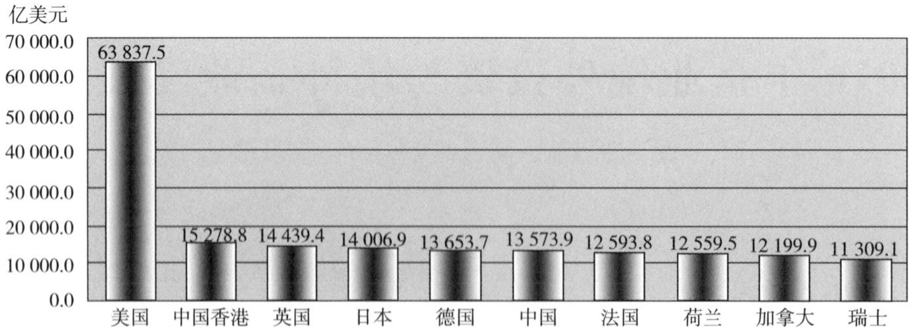

图 2　2016 年年底全球对外直接投资存量前 10 位的国家和地区

（二）中国企业对外投资并购活跃

根据《2016 年度中国对外直接投资统计公报》，2016 年，中国企业海外并购项目 765 起，交易总额 1 353.3亿美元，涉及 74 个国家和地区。其中，对“一带一路”沿线国家并购项目 115 起，并购金额 66.4 亿美元，占并购总额的 4.9%。中国企业对外投资并购分布在 74 个国家和地区，位列前 10 位的

国家和地区依次为：美国、中国香港、开曼群岛、巴西、德国、芬兰、英属维尔京群岛、澳大利亚、法国和英国。2016年中国对外投资并购涉及制造业、信息传输/软件和信息技术服务业、交通运输/仓储和邮政业、电力/热力/燃气及水的生产和供应业、金融业等18个行业领域。前五个行业并购金额合计913.1亿美元，约占并购交易总额的七成。中国信达资产管理股份有限公司88.8亿美元收购南洋商业银行是2016年中国企业实施的最大海外并购项目。此外，主要并购大项目还包括：青岛海尔股份有限公司55.8亿美元收购美国通用电气公司家电业务，腾讯控股有限公司等41亿美元收购芬兰Supercell公司84.3%股权，天津天海物流投资管理有限公司60.1亿美元收购美国英迈国际公司等。

（三）制造业投资大幅增长

2016年，中国对外直接投资覆盖18个行业领域。对制造业投资流量首次上升至第2位，同比增长45.3%，占当年流量总额的14.8%。其中，流向装备制造业的投资142.5亿美元，同比增长41.4%，占制造业投资的近五成。中国对外直接投资的6个行业流量金额上百亿美元，依次为：租赁和商务服务业（657.8亿美元）、制造业（290.5亿美元）、批发和零售业（208.9亿美元）、信息传输/软件和信息技术服务业（186.7亿美元）、房地产业（152.5亿美元）、金融业（149.2亿美元）。以上行业投资额合计占当年中国对外投资流量的83.9%。

（四）欧美发达经济体成投资热点

2016年，中国对外直接投资流向发达经济体的投资为368.4亿美元，较上年增长94.0%，发达经济体成为中国企业对外投资热点国家和地区。中国对欧盟、美国、澳大利亚的投资均创历史最高值。其中，对欧盟直接投资99.9亿美元，同比增长82.4%；对美国直接投资169.8亿美元，同比增长111.5%；对澳大利亚投资41.9亿美元，同比增长23.1%。

（五）超八成投资来自地方企业

2016年，地方非金融类对外直接投资流量1 505.1亿美元，同比增长60.8%，占非金融类对外直接投资流量总额的83.0%，较上年比重增加6.0个百分点。排名前三位的省（直辖市）分别为上海、广东、天津，对外直接投资流量分别为239.7亿美元、229.6亿美元、179.4亿美元，以上三省（直辖市）占地方对外非金融类直接投资流量的43.1%。从地区分布看，东部地区仍然是2016年地方对外直接投资的主要地区，在地区对外投资中所占比重达83.4%。见图3。

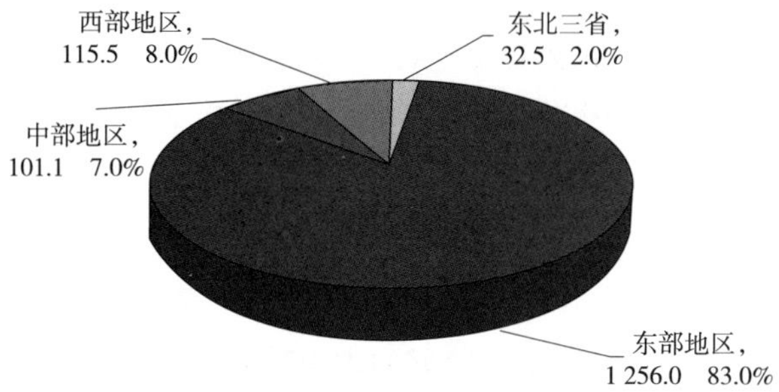

图3 2016年地方非金融类对外直接流量区域分布情况

二、全球经济再平衡进程对中国对外直接投资的影响

2016年，全球经济在深度调整中寻求再平衡，处于缓慢复苏阶段。经济全球化双刃剑作用凸显，新一轮科技革命和产业变革正在孕育。

（一）全球经济稳健复苏，投资者信心增强

UNCTAD发布的《世界投资报告》显示，2017年全球外国直接投资将出现温和的恢复性增长。《2017全球经济展望》报告中，IMF将2017年和2018年全球经济增长预期分别提高至3.6%和3.7%。全球经济运行的不确定性降低，美国、欧盟、新兴市场等主要经济体步入上行通道，全球经济总体稳健复苏。美联储公布的2017年6月货币政策会议纪要显示，美国整体经济复苏，就业增长稳定，居民收入和财富稳步增长，消费信心保持强劲。欧盟统计局数据显示，2017年一季度欧盟GDP环比增长0.6%，同比增长2.1%。除希腊外，欧盟成员国均已连续三个季度保持经济正增长。根据欧委会最新预期，2017年和2018年欧盟GDP均增长1.9%。IMF预测，2017年中国和印度经济将分别增长6.7%和7.2%，增速继续在主要经济体中领先；受全球大宗商品价格回稳提振，俄罗斯和巴西经济将分别增长1.4%和0.2%。

(二)制造业助力对外投资,提振全球经济

国际金融危机以来,世界各国更加重视实体经济发展,将制造业作为政策施力点。美国倡导先进制造伙伴计划,积极推进"制造业回流",德国"工业4.0"战略推进制造业创新,"中国制造2025"从顶层设计中体现创新驱动的特点等。主要经济体制造业发展提速,推动企业增加投资,改善贸易形势。制造业增长主要依靠电气和电子产品、食品及烟草等行业的大宗跨国并购交易带动,高端生产、智能制造正在成为投资热点。随着中国经济从投资、出口驱动向消费驱动转型,对外投资从能源类投资向高端制造、品牌和技术类投资转换,提升企业知名度、深度参与全球产业链整合将成为主要投资动力。

(三)贸易保护主义抬头,威胁全球经济扩张

美国和欧洲国家贸易保护主义抬头,反全球化声浪日益高涨。特朗普当选美国总统以来,在产品进口、技术出口等方面采取更加严厉的措施,设置更高的门槛,建立更加严格的检查机制,加大了企业并购项目的国家安全审查力度。2017年9月,欧盟委员会发布欧盟外资审查法律框架草案,意图对外资并购欧盟企业进行更严格的审查。根据该草案,欧盟委员会将对成员国境内影响欧盟利益的外国投资,尤其是涉及重要研究领域、太空、运输、能源和电信的外资项目启动审查程序。审查标准包括外资并购是否会对关键基础设施、关键技术、关键原材料产品的供应安全造成影响,是否导致敏感信息泄露,以及外国投资者是否由政府控制等。欧美国家对企业并购项目的安全审查将对中资企业海外并购,尤其是技术类产业的并购产生较大影响。

对外承包工程

2016年,国际工程承包市场历经坎坷,市场格局正在发生深刻变化。全球经济放缓使大宗商品需求急剧减少,油价下跌导致大型石油项目锐减;非洲、拉美等资源型国家财政收入减少,基建投资增长乏力;部分地区政治和经济动荡给投资带来很大不确定性。在此背景下,中国对外承包工程企业攻坚克难,紧跟国家"一带一路"建设和国际产能合作指引,加大市场开拓力度,取得了难能可贵的成绩。

一、2016年中国对外承包工程的特点

(一)对外承包工程业务总体规模不断扩大

美国《工程新闻纪录》(ENR)2017年发布的全球最大250家国际承包商排名中,65家中国企业进入榜单,与上年总数持平。上榜中国企业的国际营业额合计达987.2亿美元,同比增长5.4%。9家中国企业进入前50强。中国交建稳居第3位,与排名第2位的德国豪赫蒂夫公司的差距由上年的52.5亿美元缩小至17亿美元;中国电力建设股份有限公司首次跻身前10名,位于国际营业额排名第10位。商务部统计数据显示,2016年中国对外承包工程完成营业额1 594.2亿美元,同比增长3.5%;新签合同额2 440.1亿美元,同比增长16.2%。截至2016年年底,中国对外承包工程累计完成营业额12 000亿美元,新签合同额17 000亿美元。见图4。

(二)对外承包工程业务能力和水平不断提升

中国承包工程企业参与大型复杂化项目的竞争力显著提升。2016年,中国对外承包工程新签合同额20亿美元以上大型项目8个,较上年增加4个;新签合同额10亿美元以上项目33个,较上年增加6个。新签合同额5 000万美元和1亿美元以上项目的数量和占比均逐年提升。越来越多的中国企业采用PPP等模式参与项目,加大对基础设施投资的开发力度,业务模式不断升级。2016年10月,中非"三网一化"的标志性工程——亚吉铁路正式通车运营,成为中国企业在海外实施完成的第一个集设计、采购、施工、融资、监理、运营管理为一体的全产业链铁路项目。并购和战略投资成为企业开拓发达国家市场、优化市场布局和业务结构的重要方式。2016年,中国企业苏交科集团先后收购美国最大的环境监测公司TestAmerica以及西班牙EPTISA工程公司90.0%股权。

(三)城市化进程助推相关行业发展

城市化进程给国际承包工程市场带来新机遇。人口增长、城市化,以及全球普遍存在的对基础设施建设或升级的需求,持续在全球范围内创造一系列机

会。2016 年,中国对外承包工程按照新签合同额主要集中在交通运输(占 22.8%)、电力工程(占 22.0%)、一般建筑(占 18.9%)、石油化工(占 13.6%)、通讯工程(占 8.3%)等业务领域。以上行业领域占新签合同总额的 85.6%。交通运输建设是 2016 年新签合同额最高的行业领域(557.4 亿美元),其中,亚洲市场交通运输建设领域新签合同额同比增长达 47.0%。电力工程领域稳步发展,新签合同额 535.9 亿美元,实现 17.3% 的增长。其中,火电厂建设业务同比增长 40.0%,项目主要集中在孟加拉国、印度尼西亚、蒙古、埃及等"一带一路"沿线国家。风力发电和太阳能发电合计新签合同额54.3 亿美元,较上年增长 150.0%。

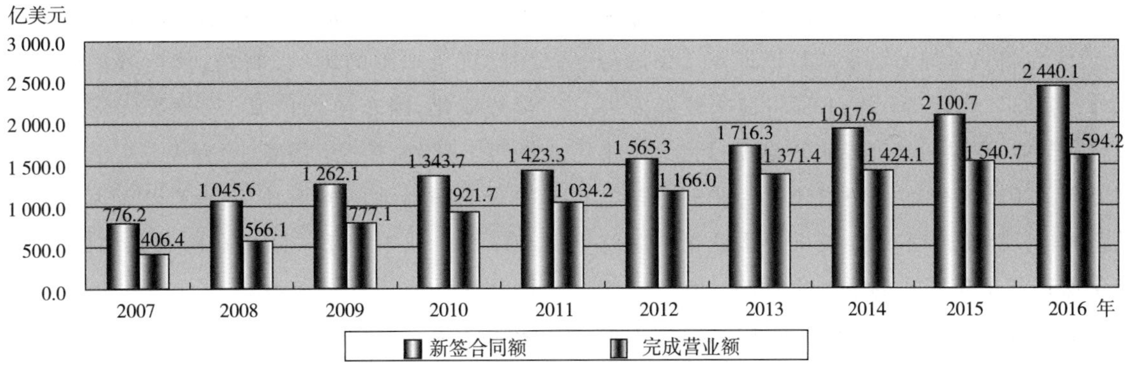

图 4　2007—2016 年中国对外承包工程新签合同额和完成营业额情况

(四)"一带一路"沿线国家业务快速增长

2016 年,中国承包工程企业在"一带一路"沿线国家市场新签合同额 1 260 亿美元,同比增长 36.0%,占总额比重超五成;完成营业额 760 亿美元,同比增长 9.7%,占比 47.7%。对"一带一路"沿线国家业务已经占据中国对外承包工程业务的半壁江山。新签合同额位列前十的国家和地区中,"一带一路"沿线国家有 5 个。其中,巴基斯坦、马来西亚和印度尼西亚新签合同额超过 100 亿美元,伊朗、孟加拉国、老挝、伊拉克、阿拉伯联合酋长国、沙特阿拉伯等国家超过 50 亿美元。受经济低迷、建设资金缺乏等影响,中国承包工程企业在非洲、拉美及其他市场业务增速有所放缓,安哥拉、莫桑比克、阿尔及利亚等国家基建市场疲软,在建项目亦出现停建、缓建、工程款支付延迟等情况。非洲市场完成营业额近 10 年来首次出现负增长,同比下降 4.8%;拉美市场完成营业额同比下降 2.3%。中国企业在欧美澳等发达市场主要以投资并购业务为主,承包工程市场规模相对较小。

(五)地方业务所占比重略有下降

地方企业新签合同额和完成营业额在总额中所占比重均略有下降,但仍占据重要位置。2016 年,地方对外承包工程企业新签合同额 1 248.1 亿美元,所占比重为 51.1%,较上年下降 3.9 个百分点;完成营业额合计 1 005.2 亿美元,所占比重为 63.1%,较上年下降 4.2 个百分点。2016 年,新签合同额排名前 5 位的省(直辖市)分别为广东、山东、湖北、上海和四川等,占地方新签合同额的 55.4%;完成营业额排名前 5 位的省(直辖市)依次为广东、山东、江苏、浙江和上海等,在地方完成营业额占比为 51.3%。

二、全球经济再平衡进程对中国对外承包工程的影响

全球经济深度调整时期,各国对基础设施建设和资金的需求越来越大。国际市场互联互通建设、工业化与产能合作、城市化与智慧城市建设成为承包工程行业发展的强劲动力。中国承包工程行业正处于难得的历史机遇期,也面临着国际市场变化和企业转型升级的挑战。

(一)"一带一路"倡议助推国际承包工程业务发展

中国"一带一路"倡议的推进,给国际承包工程市

场带来更多发展机遇。在2017年5月的“一带一路”高峰论坛上，形成了一系列深化项目合作、扩大产业投资、加强金融合作等重要成果，为沿线国家提供了增长点和驱动力。互联互通仍将各国基础设施建设的重点，公路、铁路、航运、港口、机场等建设需求巨大。亚洲国家的人口增长和城市化建设，增加了对相关基础设施建设和互联互通的需求，给国际承包工程企业带来长期的市场机遇。普华永道相关报告估计，亚太市场在2025年将占全球基础设施投资近60.0%的份额。此外，房地产、市政等民生工程将迎来较好发展机遇，绿色、节能、环保的基础设施建设项目将是未来的发展方向。2016年10月，中国建设的非洲首条电气化铁路亚吉铁路正式通车，这是非洲大陆第一条跨国电气化铁路和最长距离的电气化铁路。亚吉铁路对当地和整个非洲产生了良好的示范效应，对中国铁路标准“走出去”具有重要意义。

（二）中国企业亟须转型升级适应国际高端市场需求

国际工程承包市场正在朝着大型化、复杂化的方向发展，业主越来越希望由一家大型承包企业或者联合体来承担设计、采购和施工的全部责任。对于大型、复杂的国际工程项目，工程建设可能涉及很多国家和利益相关方，随着越来越多的投行、私募基金等参与到国际工程业务中，业主结构发生重大变化，给中国企业海外承包工程方式提出更高的要求。国际承包的法律关系更为复杂和难以处理，工程项目的跨文化管理难度不断加大。近几年，随着业务规模的不断提升，中国对外承包工程业务模式创新成效明显，从最初的土建施工发展到工程总承包、项目融资、设计咨询、运营维护管理等高附加领域拓展，在印度、巴基斯坦、牙买加都有项目成功启动和运作。然而，BOT、PPP等方式在中国工程企业国际业务中所占比重仍较低，多数承包工程企业尚未形成投资、建设、运营为一体的服务发展理念，迫切需要适应国际高端市场需求，加强自我发展，延伸业务链，推进“投建营一体化”。

（三）国际承包工程市场环境愈加错综复杂

国际市场正在发生深刻变化，市场竞争不断加剧，经济、政治、安全等各类风险问题仍然突出，企业在开展业务时面临的不确定性增加。一方面，国际承包工程建设周期长、涉及领域广、可变因素多，承包工程企业面临融资、货币种类和支付风险、劳工问题、妥善处理业务领域利益相关方等问题。除工程本身的合同权利和义务外，国际工程项目也受日益复杂的国际政治、经济、文化等因素的影响。如东道国实行国别或地区的限制或歧视性政策，对国际资金来源的制约，制裁、禁运等国际政治经济形势变化，因东道国内乱、战争等问题导致工程中断等。此外，疟疾、伤寒、登革热、艾滋病等疾病也给企业在当地的安全施工带来很大风险。中国承包工程企业须密切关注所在国及其周围地区，乃至国际大环境的变化和影响，采取必要的防范和应变措施。

对外劳务合作

随着国际市场深度调整，外派劳务供需的结构性矛盾更加凸显。中国对外劳务合作业务处于调整结构、转变发展方式的关键时期，在复杂的世界经济形势影响下，中国对外劳务合作业务发展承受一定压力，外派劳务规模略有下降。

一、2016年中国对外劳务合作的特点

（一）外派人数和期末在外人数均有不同程度下降

商务部统计数据显示，2016年，中国对外劳务合作派出各类劳务人员共计49.4万人，较上年减少3.6万人。其中，承包工程项下派出劳务人员23万人，劳务合作项下派出26.4万人。2016年年底在外各类劳务人员96.9万人，较上年减少5.8万人，首次出现下降。究其原因，主要是受安哥拉、阿尔及利亚等部分承包工程市场和日本等劳务市场各方面因素的影响。从长期发展来看，2007—2016年，中国对外劳务合作业务年末在外人数除2011年和2016年略有下滑外，整体基本保持稳中有升的发展态势。其中，对外承包工程项下年底在外人数所占比重相对增加，从2007年的占比31.8%升至2016年的38.5%；对外劳务合作年底在外人数占比则相对减少。见图5。

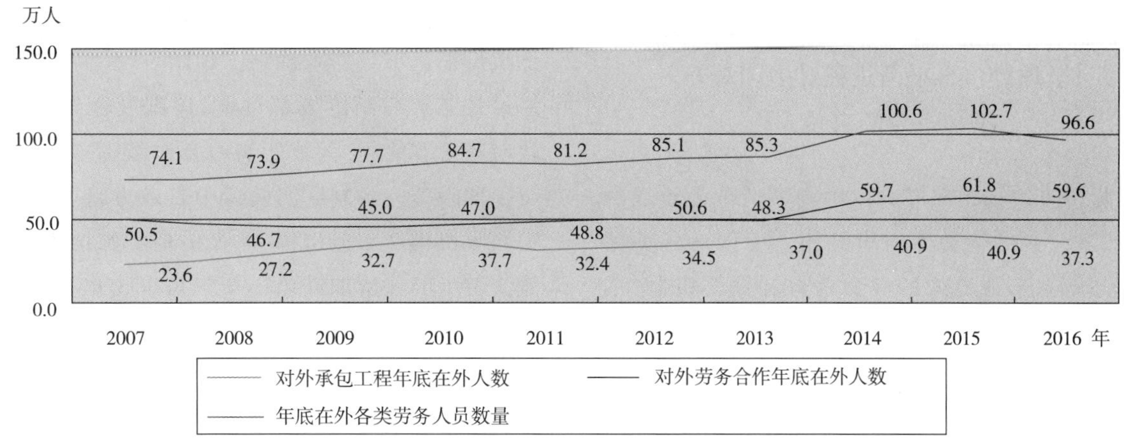

图 5　2007—2016 年年底中国在外各类劳务人员数量情况

（二）亚非仍是主要市场，非洲规模略有下降

亚洲和非洲仍然是中国对外劳务合作的主要市场，占比超九成。商务部统计数据显示，2016 年年底在外各类劳务人员数量按国际市场区域分布依次为：亚洲 64. 4 万人，非洲 23. 3 万人，拉丁美洲 4. 6 万人，欧洲 2. 9 万人，大洋洲 1. 3 万人，北美洲 0. 4 万人。除大洋洲和北美洲外，其他各地区年底在外人数较上年均有下降。从外派人数上看，2016 年，亚洲外派劳务人员 34. 9 万人，同比持平；非洲外派人数 9. 2 万人，减少 3. 2 万人；此外，欧洲减少 0. 4 万人，拉丁美洲减少 0. 3 万人，大洋洲增加 0. 2 万人，北美洲增加 700 人。外派劳务人数和年底在外人数位居前列的国家和地区主要包括：中国澳门、香港，新加坡、日本、阿尔及利亚、沙特阿拉伯、巴拿马、马来西亚、伊拉克、巴基斯坦、印度尼西亚等，在外派人员和年底在外人员数量中均超六成。见图 6。

从派出人员类型上看，除非洲外，其他各地区劳务合作项下外派人员占比均超过一半以上。2016 年年底，中国在非洲各类劳务人员中，承包工程项下在外人员占比为 70. 8%；中国在亚洲各类劳务人员中，劳务合作项下在外人员占比达 73. 0%。

（三）三大行业领域业务占比超七成

从年底在外人员行业分布上看，2016 年年底，中国对外劳务合作业务主要分布在建筑业、制造业、交通运输业三大行业领域，所占比重达 72. 9%，年底在外各类劳务人员分别为 45. 1 万人、15. 3 万人和 10. 5 万人。与上年相比，除住宿和餐饮业、科教文卫体业年底在外人员有所增加外，其他行业人员均有不同程度的下降。见图 7。

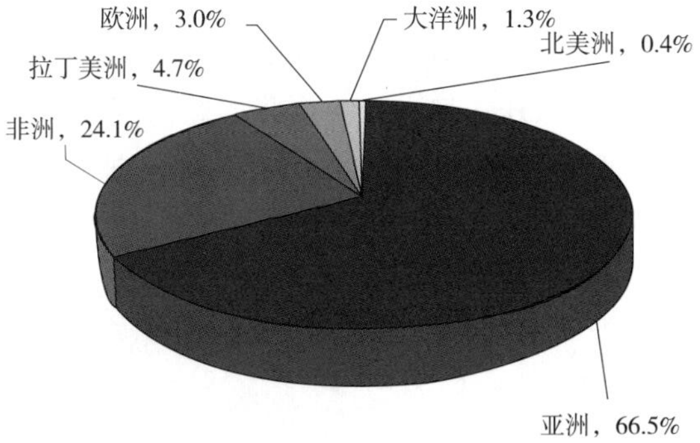

图 6　2016 年年底中国对外劳务合作各类人员区域分布情况

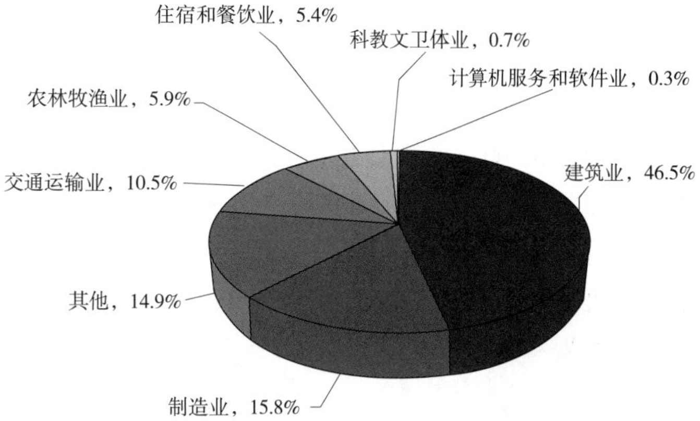

图 7　2016 年年底中国对外劳务合作各类人员行业分布情况

二、全球经济再平衡进程对中国对外劳务合作的影响

国际劳务市场正在形成以中高端劳务为重点的多层次、多行业的劳动力需求结构。中国对外劳务合作业务尚未形成有效的资源培育和储备机制，不能满足向技能型、知识型中高端劳务市场拓展的需要。

（一）全球高端劳务市场保持旺盛需求

国际劳务市场正在逐步形成以高端技能型、知识型劳务为重点的多层次、多行业劳务市场需求结构。国际移民组织预测，2016—2030 年全球劳动力市场将增加 4.7 亿个新工作机会。德国、英国、澳大利亚、新西兰等发达国家对技术工人的需求缺口较大，特别是护士护理、熟练技工等高端劳务市场保持旺盛需求。韩国、新加坡、以色列、沙特、阿联酋等国家对护士、熟练技术工人、项目经理、建筑工人、中文教师、办公文员、免税店销售员等需求较大。中国企业逐步改变以往对高端劳务市场开拓的畏难情绪，积极拓展新的国别市场和行业领域，出现了平台进校园，企业进平台，校企合作等多种中高端劳务培育形式。未来几年，在巩固传统劳务市场的基础上，中国对外劳务合作在中高端市场有望得到进一步发展。

（二）双边劳务合作协议给对外劳务合作带来新机遇

在中国政府的积极努力下，中以建筑劳务、中奥厨师劳务以及中日技能实习合作都取得了不同程度的进展，给中国对外劳务合作带来新机遇。中以建筑劳务合作于 2017 年上半年启动。试点阶段中国向以色列派遣 6 000 名建筑劳务工人，根据试点阶段执行情况，在 1 ~ 2 年内，派遣规模将会扩大，拓展建筑行业以外的其他合作领域。日本技能合作市场是中国对外劳务合作的重点市场。2016 年 11 月，中国与奥地利签署专业厨师劳务合作的谅解备忘录。根据备忘录，中奥两国专业厨师可赴对方国家工作，具体数量根据市场需求确定。2016 年 11 月，日本政府通过技能实习制度改革法案，该制度框架下将强化政府监管职能，扩大技能实习合作范围，延长技能实习生期限等。新制度实施后中日双方将共同认定优秀接收机构和派遣机构，扩大护理工等接收工种，技能实习生的在留期间由 3 年延长至 5 年。根据技能实习生本人的意愿，将有可能变换工种和工作岗位等。

（三）部分国家外籍劳务政策收紧或出台限制措施

受经济危机和失业率升高的影响，一些国家收紧雇用外籍劳务政策，或出台更多限制措施，给中国对外劳务合作业务带来影响。澳大利亚联邦政府收紧雇佣外籍劳工政策，该政策改革在 2016 年 11 月 19 日生效，规定持有 457 签证的人失去工作而又未能找到新的雇主，必须在 60 天内离开澳大利亚，而原本的规定期限是 90 天。2017 年 4 月，澳大利亚总理特恩布尔表示将取消 457 工作签证项目，代之以一个新的临时签证项目，要求申请者具备更好的英语水平和工作技能，更好地保障本地人的就业优先权。为了履行"美国优先"的竞选承诺，美国总统特朗普 2017 年 4 月签署"买美国货雇美国人"行政命令，要求相关联邦机构提出 H－1B 改革建议，确保引进高技能或高薪的外籍劳工，不会损及美国本土劳工利益。美国于 4 月关闭 H－1B 加速审理通过，8 月底扩大签证申请面试范围；随后，特朗普政府将废除 H－1B 签证持有者的配偶（H－4 签证）在美国的工作许可。沙特劳工部 2015 年 8 月发布公告，针对 19 个工种停止发放永久性、临时性或季节性工作签证。2015 年 10 月 18 日，沙特实施新修订的劳工法。新法重点打击企业私下出售工作签证配额获利问题。根据新法，违法雇主或中介将面临高额罚款，私下出售工作签证配额的企业一经发现将被列入黑名单。

（撰稿：辛　灵）

D

行业发展概述

中国企业年鉴

China Enterprise Yearbook 2017

2016 年电力行业发展综述

中国电力企业联合会

2016 年,电力行业深入贯彻落实党中央、国务院决策部署和能源“四个革命、一个合作”发展战略,以五大发展理念为指引,大力转变发展方式,积极推进供给侧结构性改革,加快推动电力改革,加大科技进步和环保工作力度,持续扩大国际合作和“走出去”广度和深度,电力行业改革发展取得新成绩,有效保障了电力系统安全稳定运行和可靠供应,为经济社会发展和能源转型升级做出了积极贡献。

一、2016 年电力基本建设

(一)电力投资

2016 年,全国电力工程建设完成投资 8 840 亿元,比上年增长 3.1%。其中,电源投资 3 408 亿元,比上年下降 13.4%;电网投资 5 431 亿元,比上年增长 17.1%;配电网和特高压项目成为投资重点,全年分别完成投资 3 117 亿元和 870 亿元、分别比上年增长 32.8% 和 87.5%;新一轮农网升级改造工程全面启动,总投资约 1 900 亿元,惠及 2 416 个县、8.5 万个小城镇和中心村,覆盖 150 万个机井、2.1 亿亩农田,改造后农村用电保障能力将大幅提高。在电源投资中,除太阳能发电增长 10.1% 外,水电、火电、核电、风电均为负增长;国家严控煤电投资建设取得明显效果,常规煤电完成投资 973 亿元,比上年下降 8.3%。见图 1、图 2。

(二)电源建设

2016 年,全国基建新增发电生产能力 12 143 万千瓦,比上年少投产 1 041 万千瓦。其中,水电新增 1 179 万千瓦(含抽水蓄能 366 万千瓦),比上年少投产 196 万千瓦,已经连续三年投产规模缩小,仅为 2013 年投产规模的 38.1%,新投产大型水电项目主要有四川大渡河猴子岩 1 台 42.5 万千瓦、云南金沙江观音岩 1 台 60 万千瓦和云南金沙江梨园 2 台合计 120 万千瓦机组,投产的抽水蓄能电站包括浙江仙居 4 台合计 150 万千瓦、江西洪屏 4 台合计 120 万千瓦、广东清远 3 台合计 96 万千瓦机组;火电新增 5 048万千瓦,比上年少投产 1 630 万千瓦(其中常规煤电 3 834 万千瓦,比上年少投产 1 568 万千瓦),全年新投产 100 万千瓦机组包括:国电江苏泰州 1 台、

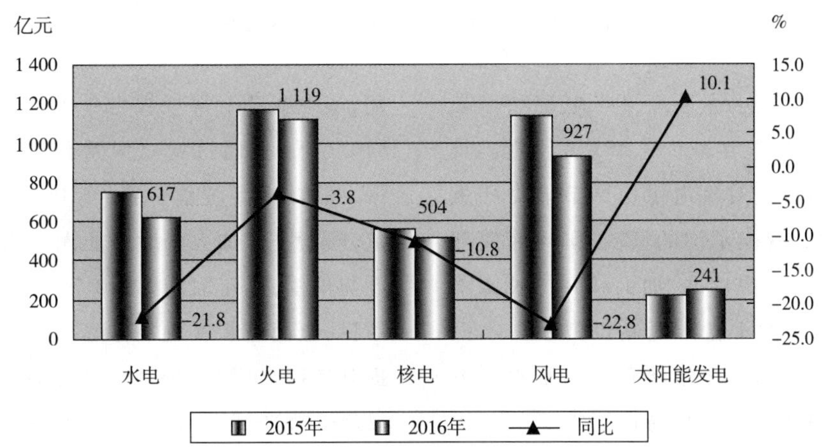

图 1 2015—2016 年分类型电源工程建设完成投资情况

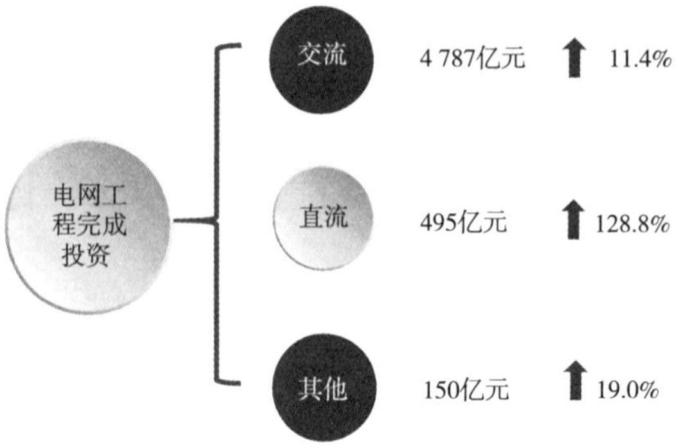

图 2　2016 年分类型电网工程完成投资情况

国投新集电力 2 台、大唐江西抚州 1 台、神华山东寿光 2 台、华能山东莱芜 1 台、国电湖北汉川三期 1 台、国投广西钦州二期 2 台共计 10 台；核电新投产 7 台机组合计 720 万千瓦，分别为辽宁红沿河一期、福建宁德一期、福建福清一期、海南昌江、广东阳江各 1 台以及广西防城港 2 台机组；新增并网风电 2 024 万千瓦，项目地区布局进一步优化；加速发展分布式光伏发电，全面启动光伏领跑者计划、光伏扶贫计划和分布式光伏，积极发展光伏 + 特色产业，启动太阳能热发电第一批示范项目，中国首座规模化储能光热电站—青海德令哈 10 兆瓦塔式熔盐储能光热电站并网发电，全年新增并网太阳能发电 3 171 万千瓦（其中分布式光伏 424 万千瓦），创年度新增最高规模。在新增发电装机容量中，非化石能源发电装机占比为 59. 2%，比上年提高 9. 5 个百分点。全年退役、关停火电机组容量 571 万千瓦。见图 3。

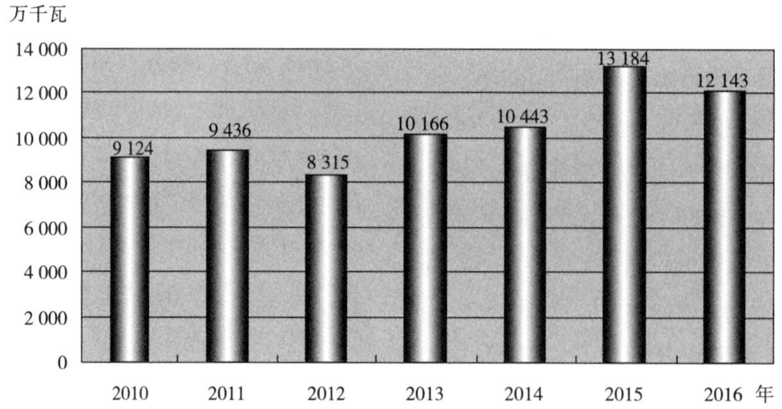

图 3　2010—2016 年全国新增发电装机情况

2016 年，全国主要发电企业新开工电源项目装机容量 8 082 万千瓦，比上年减少 1 253 万千瓦。其中，水电 2 443 万千瓦；针对发电供应调节能力严重不足、影响新能源更大规模消纳的情况，国家有关部门加快调峰能力建设，加快核准、加大新开工抽水蓄能电站规模，连续两年抽水蓄能电站投资额占水电投资比重达到 13. 5% 左右，全年新开工抽水蓄能电站容量达到 715 万千瓦，主要布局在辽宁、江苏、福建、陕西、新疆等核电、火电、新能源发电比重较高地区。火电新开工 3 919 万千瓦、比上年减少 537 万千瓦，其中新开工常规煤电 3 081 万千瓦、比上年减少 840 万千瓦；通过建立风险预警机制，采取“取消一批、缓核一批、缓建一批”等措施，严控项目建设，规范开工秩序，加大落后产能淘汰力度，有效控制煤电产能规模，全年取消 1 240 万千瓦不具备核准条件的项目；全面组织实施“三北”地区煤电机组调峰能力提升工程，组织开展热电机组储热改造和纯凝机组灵活性改造试点示范，部分项目已经投运，调峰效果有所显现，部分地区冬季风电消纳有所改观。

截至 2016 年年底，全国电源工程在建项目装机容量20 757万千瓦，比上年增加2 482万千瓦。其中，水电在建规模7 433万千瓦（其中抽水蓄能2 805万千瓦），主要集中在四川和云南；火电在建容量9 129万千瓦，其中燃煤机组在建规模7 716万千瓦。

（三）电网建设

2016年，全国新增交流110千伏及以上输电线路长度和变电设备容量56 679千米和34 585万千伏安，分别比上年下降0.8%和增长17.5%；新增直流输电线路长度和换流容量分别为3 391千米和3 240万千瓦。其中，1 000千伏和110千伏交流输电线路长度分别比上年多投产4 247和1 208千米、变电容量多投产5 100和2 661万千伏安，±800千伏直流线路长度和换流容量分别多投产1 720千米和1 350万千瓦，而220～750千伏各电压等级的交流输电项目投产规模较上年缩小。2016年投产的电网项目主要有1 000千伏交流蒙西—天津南、±800千伏灵绍直流、±500千伏金中直流和±500千伏永仁—富宁直流等输变电工程。

二、电力供应与需求

（一）电力供应与输送能力

发电装机增速有所趋缓，非化石能源装机比重持续提高。截至2016年年底，全国全口径发电装机容量165 051万千瓦，比上年增长8.2%，增速比上年降低2.4个百分点。其中，水电33 207万千瓦（其中抽水蓄能2 669万千瓦、增长15.8%），增长3.9%；火电106 094万千瓦，增长5.5%（其中煤电装机容量94 624万千瓦、增长5.1%，燃气7 011万千瓦、增长6.2%）；核电3 364万千瓦，增长23.8%；并网风电14 747万千瓦，增长12.8%；并网太阳能发电7 631万千瓦（其中分布式光伏发电1 032万千瓦），增长80.9%。非化石能源发电装机容量占全国总装机容量的36.6%，分别比上年和2010年提高1.7个和9.5个百分点；全国人均装机规模1.2千瓦/人，比上年增加0.08千瓦/人。对全国100 885万千瓦火电机组统计调查显示：火电机组平均单机容量13.2万千瓦/台，比上年增加0.3万千瓦/台；火电大容量高参数高效机组比重继续提高，全国100万千瓦级火电机组达到96台，60万千瓦及以上火电机组容量所占比重达到43.4%，比上年提高0.5个百分点。见图4。

电网跨省区输送能力和中低压配电能力进一步提升。截至2016年年底，全国电网35千伏及以上输电线路回路长度175.6万千米、比上年增长3.5%，变电设备容量63亿千伏安，比上年增长10.5%。其中，220千伏及以上线路长度64.5万千米、增长5.9%，变电设备容量36.9亿千伏安、增长9.7%；全年新增跨区输电能力800万千瓦，全国跨区输电能力达到8 095万千瓦。其中，交直流联网跨区输电能力6 751万千瓦，跨区点对网送电能力1 344万千瓦。特高压线路回路长度和变电设备容量分别比上年增长42.7%和66.5%，35～110千伏电压等级的配电设备容量比上年增长11.8%，均远高于高压和超高压电网增速。

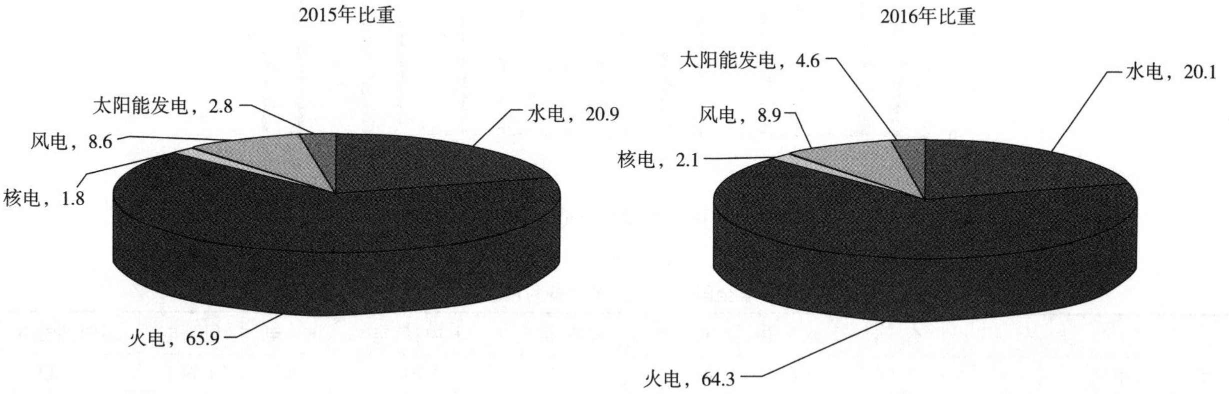

图4　2015年与2016年全国发电装机结构状况

电力供应情况

非化石能源发电量高速增长，比重进一步提高。全国全口径发电量60 228亿千瓦时，比上年增长4.9%，增速比上年提高3.9个百分点。其中，水电11 748亿千瓦时、增长5.6%，火电42 273亿千瓦时、增长2.3%（增速提高4.0个百分点），核电2 132亿千瓦时、增长24.4%，并网风电2 409亿千瓦时、增长29.8%，并网太阳能发电665亿千瓦时、增长68.5%。2016年，水电、核电、并网风电和并网太阳能发电等非化石能源发电量合计比上年增长12.3%，增速比上年提高2.1个百分点；非化石能源发电量占全口径发电量的比重为29.3%，比重比上年提高2.1个百分点。见图5。

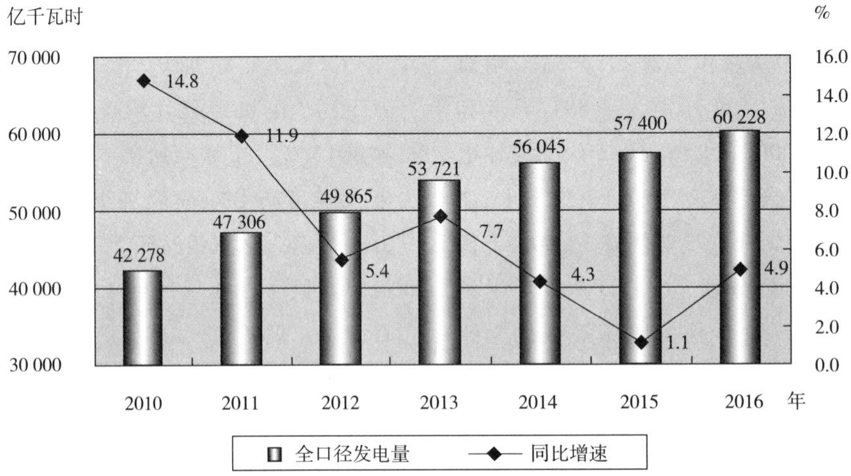

图5 2010—2016年全口径发电量及同比增速情况

火电、核电设备利用小时大幅下降。全国6 000千瓦及以上电厂发电设备利用小时3 797小时，比上年降低191小时，自2011年以来持续下降。其中，水电3 619小时，比上年增加29小时；火电4 186小时，比上年降低179小时，为1964年以来的年度最低值；核电7 060小时，比上年降低343小时；风电1 745小时，比上年增加20小时；太阳能发电1 129小时，比上年降低96小时。见图6、表1。

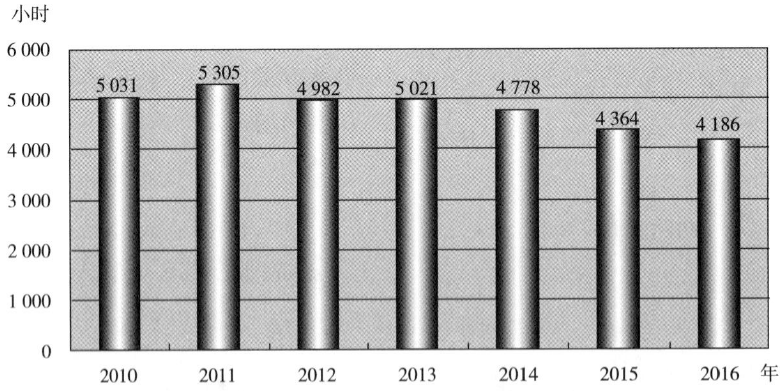

图6 2010—2016年全国火电平均利用小时变化情况

表1 2016年全国分类型发电设备利用小时及变化情况

分　类	合　计	水　电	火　电	其中:煤电	其中:气电	核　电	风　电	太阳能发电
发电利用小时	3 797	3 619	4 186	4 275	2 701	7 060	1 745	1 129
与上年同比变化小时	−191	29	−179	−193	−20	−343	20	−96

2016 年,全国 6 000 千瓦及以上电厂发电和供热消耗标煤量 12.8 亿吨,同比下降 1.1%,增速低于火电发电量增速。电煤库存总体先降后升,迎峰度夏期间,煤炭消耗明显增加,多地煤矿处于零库存状态,港口库存及电厂库存均出现了明显下降;9 月份后,随着电煤需求下降、国家启动稳定煤炭供应相应预案并加大冬储煤力度,电煤库存逐步上升,12 月底重点发电企业存煤为 6 545 万吨,可用 16 天。电煤价格大幅上涨,主要受限产减产政策影响,6 月份以后陕西、山西等主要产地以及沿海港口煤价均呈现出大幅上涨态势,也带动了国际煤价大涨。秦皇岛 5 500大卡市场动力煤价格从 6 月底的 400 元/吨,快速上涨至 11 月上旬的 700 元/吨,短短 4 个多月时间内累计上涨 300 元/吨、涨幅达到 75.0%;在国家采取多种措施后,11 月中旬以后电煤价格高位有所回稳,但 2016 年年底价格仍然处于 635 元/吨左右的高位,比年初累计上涨 265 元/吨、涨幅达到 71.6%。

电煤供需形势偏紧。2016 年全国煤炭消费同比下降 4.7%,降幅为煤炭产量降幅一半左右(相差 4.4 个百分点),加之迎峰度夏期间煤炭运输环节受阻,部分中间商囤货惜售,导致煤炭库存持续下降,煤价快速拉升,电煤供需失衡,主要产区煤炭处于供不应求状态,全国电煤供需形势从宽松逐步转为偏紧,华北、东北、华中等地区度夏期间形势尤为突出。迎峰度夏结束后,国家有关部门及企业加大协调力度,提前准备冬储煤工作,电煤供需形势有所缓和,但贵州、吉林、重庆等部分地区形势仍偏紧。

电力消费情况

电力消费需求增速回升。受工业生产恢复、夏季高温天气和上年同期低基数等因素影响,全国全社会用电量 59 747 亿千瓦时,比上年增长 4.9%,增速比上年提高 4.0 个百分点,但增速仍连续 3 年低于 5.0%。第一产业用电量 1 092 亿千瓦时,比上年增长 5.0%;第二产业用电量 42 615 亿千瓦时,比上年增长 2.8%,增速比上年提高 3.6 个百分点,下半年二产用电恢复、分别拉动三、四季度全社会用电量 3.3 和 3.9 个百分点,拉动全年全社会用电量 2.1 个百分点,是全社会用电量增速提高的最主要动力。其中,黑色金属冶炼及压延加工业、有色金属冶炼及压延加工业、非金属矿物制品业和化学原料及化学制品业四大高耗能行业合计用电量与上年持平,而装备制造、新兴技术和大众消费品业增长势头良好,反映出制造业产业结构调整和转型升级效果继续显现;第三产业用电量 7 970 亿千瓦时、增长 11.2%(其中信息传输、计算机服务和软件业增长 15.1%),城乡居民生活用电量 8 071 亿千瓦时、增长 10.8%,均拉动全社会用电量 1.4 个百分点,服务业和居民消费对用电增长的稳定作用更加突出。2016 年,全国人均用电量和人均生活用电量为 4 334 千瓦时/人和 586 千瓦时/人,分别比上年增加 182 千瓦时/人和 54 千瓦时/人。见图 7。

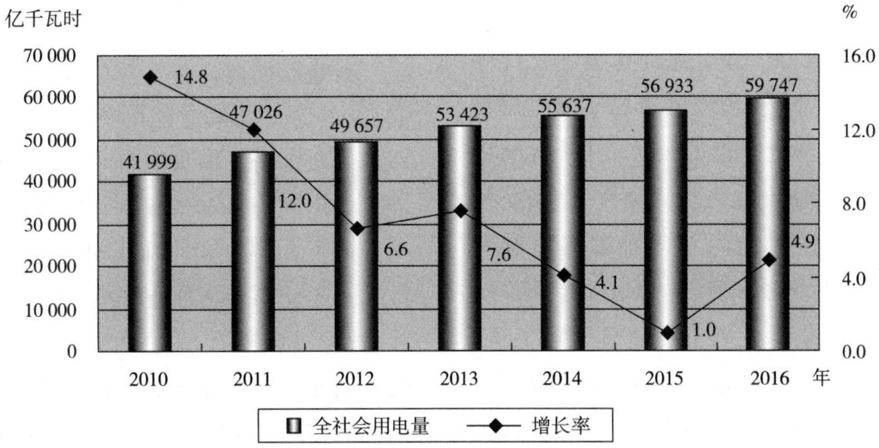

图 7　2010—2016 年全社会用电量及其增速情况

一、二、三产业和城乡居民生活用电量占全社会用电量的比重分别为 1.8%、71.3%、13.3% 和 13.5%。与上年相比，第三产业和城乡居民生活用电量占比分别比上年提高 0.8 和 0.7 个百分点；第二产业用电量占比降低 1.5 个百分点，其中四大高能行业用电占比降低 1.5 个百分点。见图 8。

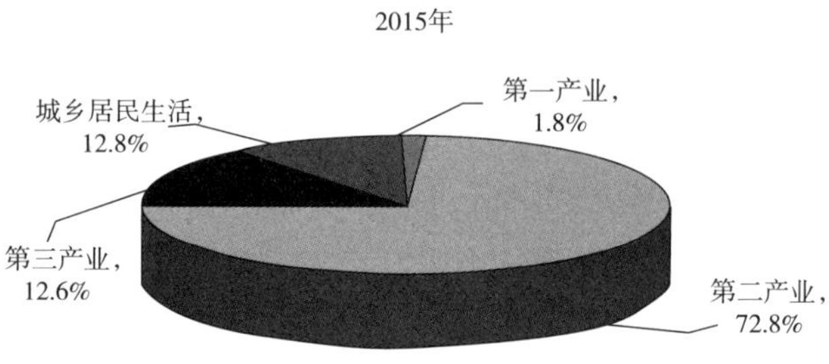

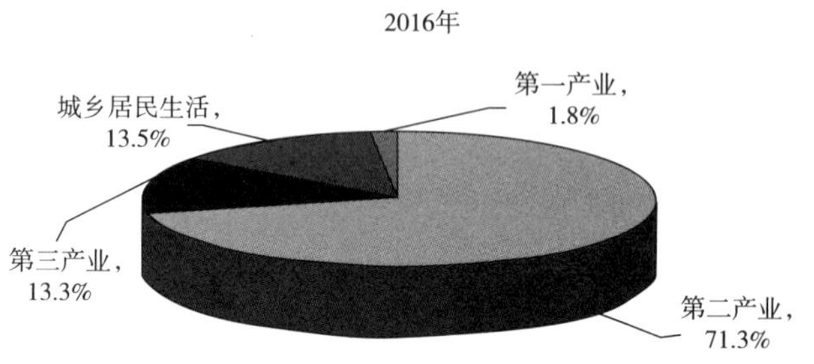

图 8　2015 年与 2016 年全国电力消费结构对比情况

（二）电力供需平衡情况

2016 年，受持续装机增长快于用电增长影响，全国电力供需形势进一步宽松，部分地区相对过剩，仅局部地区在部分时段有少量错峰。分区域看，华北区域电力供需总体平衡，其中蒙西和山西电力供应能力富余，迎峰度夏期间高峰时段山东、河北均出现电力缺口（最大电力缺口分别为 203、50 万千瓦）；华东、华中、南方区域电力供需总体宽松；东北、西北区域电力供应能力富余较多。

三、电力体制改革

（一）积极推动电力市场体系和试点建设

2016 年，在《关于进一步深化电力体制改革的若干意见》（中发〔2015〕9 号）文件及相关配套文件的基础上，国家发展改革委、国家能源局又制定出台了一系列有关电力市场化建设的政策文件，有序推进电力市场建设规范，加大电力交易规模、增加交易品种，加快推进输配电价改革，引导加强售电侧管理，推动增量配电试点业务开展，有力地支持和推动了电力市场化体系构建和电力市场交易试点工作。各省级政府主管部门结合各地实际，研究制定电力改革试点方案，重点推进电力改革相关工作，取得了较大成效；截至 2016 年年底，已有 21 个省份获批电力改革综合试点，9 个省份获批售电侧改革试点，1 个区域电网和全部 32 个省级电网获批输配电价改革试点，开展首批增量配电业务试点 105 项，东北区域还开展了电力辅助服务市场专项改革试点。

（二）市场交易中心相继组建，市场化交易在探索中前行

2016 年 3 月，北京、广州两大电力交易中心成立，标志着电力市场建设迈出关键一步。截至 2016 年年底，中国已挂牌成立 31 家省级电力交易中心，仅海南省尚未组建电力交易中心。在中央和地方共同推动下，发用电计划加快放开，发售电企业和电力用户积极参与，各省级市场化电力交易陆续启动，初步统计全年市场化交易电量约 1 万亿千瓦时，比上年增长超过 1 倍，占全国全社会用电量的比重达到 19.0% 左右。

（三）积极发挥电价调控作用

为降低社会企业生产成本，自 2016 年 1 月 1 日起，全国燃煤发电上网电价平均下调 3 分/千瓦时，全国一般工商业销售电价平均下调约 3 分/千瓦时，大工业用电价格不作调整。调整了两部制电价用户基本电价计费方式。加大可再生能源支持力度，提高可再生能源基金征收标准，自 2016 年 1 月 1 日起，各省（除新疆维吾尔自治区、西藏自治区外）居民生活和农业生产以外全部销售电量的基金征收标准由 1.5 分/千瓦时提高到 1.9 分/千瓦时。核定全国统一的太阳能热发电标杆上网电价为 1.15 元/千瓦时（含税）。降低 2017 年 1 月 1 日后新建光伏发电和 2018 年 1 月 1 日后新核准建设的陆上风电标杆电

价;对非招标的海上风电项目,区分近海风电和潮间带风电两种类型确定上网电价。电价在降成本、调结构、促减排中的调控作用更加突出。

四、电力企业生产经营情况

(一)电网企业资产增长快于主业收入及利润增长

截至2016年年底,国家电网、南方电网、内蒙古电力、陕西地电资产总额合计42 100亿元,比上年增长9.4%,主要是受电网投资规模扩大(投资5 930亿元、增长11.2%)因素影响;但售电量仅增长2.7%,主要是受用电低速增长、市场交易电量比重快速增加、自备电厂快速扩张挤占市场份额等因素影响,加之售电价格下降,导致主营业务收入仅增长1.0%,全年实现主营业务利润1 380亿元,比上年增长4.9%;企业资产负债率56.8%,比上年提高0.5个百分点。

(二)发电企业资产增速回落,火电利润大幅下降

截至2016年年底,中国华能集团公司(简称"华能集团")等五大发电集团资产总额合计41 600亿元,比上年增长3.5%,主要受电源投资负增长影响,资产增速逐年回落。受上游电煤价格迅猛上涨、环保投入持续增加,以及上网标杆电价连续下调、市场交易电量比重快速增加且交易电价大幅下降等多重不利因素交织作用,火电生产经营形势急剧恶化,五大发电集团电力业务尤其是火电业务利润出现"断崖式"下降。2016年,五大发电集团综合业务收入合计9 693亿元、比上年下降4.6%,其中电力业务收入7 558亿元、比上年下降7.3%;全年综合利润总额641亿元、比上年下降41.7%。其中,电力业务利润总额701亿元、同比下降42.6%(主要是火电业务利润总额为367亿元,创4年来最低,比上年下降58.4%);企业资产负债率82.0%,仍处于高位;参与市场交易电量6 374亿千瓦时,比上年增长69.6%,占同口径总发电量的比重为25.6%,比上年提高10.3个百分点。另据对多家其他大型发电企业调查报告显示,2016年底电力业务合计实现利润同比下降,但下降幅度低于五大发电集团;合计参与市场交易电量比上年增长41.7%,占同口径总发电量的比重为11.7%,比上年提高2.5个百分点。

五、电力节能环保

2016年,全国6 000千瓦及以上火电机组平均供电标准煤耗312克/千瓦时,比上年降低3克/千瓦时,煤电机组供电煤耗继续居世界先进水平。全国发电厂用电率为4.77%,比上年下降0.33个百分点。其中,水电0.29%,比上年下降0.02个百分点;火电6.01%,比上年下降0.03个百分点。电网线路损失率为6.49%,比上年下降0.15个百分点。

2016年,全国电力烟尘、二氧化硫和氮氧化物排放量分别约为35、170和155万吨、分别比上年下降12.5%、15.0%和13.9%;单位火电发电量烟尘排放量、二氧化硫排放量和氮氧化物排放量分别为0.08、0.40和0.36克/千瓦时,比上年分别下降0.01、0.07和0.07克/千瓦时;单位火电发电量二氧化碳排放约822克/千瓦时,比2005年下降21.6%。截至2016年年底,全国已投运火电厂烟气脱硫机组容量约8.8亿千瓦,占全国煤电机组容量的93.0%,如果考虑具有脱硫作用的循环流化床锅炉,全国脱硫机组占煤电机组比例接近100%;已投运火电厂烟气脱硝机组容量约9.1亿千瓦,占全国火电机组容量85.8%。全国火电厂单位发电量耗水量1.3千克/千瓦时,比上年下降0.1千克/千瓦时;单位发电量废水排放量0.06千克/千瓦时,比上年下降0.01千克/千瓦时。全国燃煤电厂产生粉煤灰约5亿吨,与上年持平,综合利用率约为72.0%,比上年提高1.0个百分点。

六、电力安全与可靠性

电力系统安全稳定运行和电力可靠供应能力进一步增强。全国没有发生重大电力安全事故,没有发生较大电力设备事故,没有发生电力系统水电站大坝垮坝、漫坝以及对社会造成重大影响的事件,发生电力建设特别重大事故1起,死亡73人。见表2。

表 2　2015—2016 年全国电力安全情况统计表

类　型		事故状况	2016 年	2015 年	同比(%)
人身伤亡事故	电力生产	事故起数	41	31	32.3
		死亡人数	48	40	20.0
	电力建设	事故起数	13	5	160.0
		死亡人数	93	9	933.3

数据来源:国家能源局。

2016 年,全国 10 万千瓦及以上燃煤发电机组等效可用系数为 92.8%、比上年提高 0.2 个百分点,4 万千瓦及以上水电机组等效可用系数为 92.4%、提高 0.4 个百分点,核电机组等效可用系数为 88.8%、降低 0.3 个百分点。架空线路、变压器、断路器三类主要设施的可用系数分别为 99.57%、99.867%、99.958%,变压器、架空线路可用系数分别比上年下降 0.02、0.03 个百分点,断路器上升 0.005 个百分点。直流输电系统合计能量可用率、能量利用率分别为 94.7%、54.2%,能量可用率比上年下降 0.6 个百分点、能量利用率提高 3.6 个百分点;总计强迫停运 40.5 次,比上年增加 12.5 次。

全国 10(6、20)千伏供电系统用户平均供电可靠率 RS1 为 99.805%、比上年下降 0.075 个百分点,用户平均停电时间 17.1 小时/户、增加 6.6 小时/户,用户平均停电次数 3.57 次/户、增加 1.05 次/户。

七、问题与挑战

2016 年,全国电力行业改革发展面临严峻形势和诸多挑战。

(一)电力系统安全面临挑战

电源、电网没有统一规划,各类电源建设发展缺乏统筹,新能源机组大规模集中并网带来一系列安全问题,而灵活调峰电源比重严重不足;交直流电网发展不协调,"强直弱交"安全风险加大,部分地区主网架、配电网建设滞后,电网运行过度依赖安全控制装置,生产运行中安全隐患较大;电力建设方面的安全风险也开始逐步显现,必须警钟长鸣、高度重视。

(二)清洁能源发展任务艰巨面临挑战

近年来,全国清洁能源发展取得显著成效,但也带来大量清洁能源无法消纳的问题,2016 年,全国弃水弃风弃光电量高达 1 000 亿千瓦时。为实现全国碳排放对外承诺目标,未来较长时期内清洁能源需要保持较快增长;而全国水能、风能、太阳能发电大基地与用电负荷地区逆向分布的特点决定了清洁能源资源富集地区的大规模开发需要在全国范围配置消纳,必须尽快扭转当前重开发轻消纳、源网不协调、大范围配置能力不强的局面,才能够实现清洁能源的可持续发展。

(三)电力产能过剩问题日益显现,电力企业经营面临挑战

随着中国经济发展进入新常态,电力需求增速明显回落,而发电装机容量仍快速增长,导致电力产能过剩问题日益凸显,加之受煤价上涨、发用电计划放开、宏观经济等多种因素影响,电力行业特别是火电企业经营压力增大。另外,受常规电源建设项目减少影响,电力建设企业、常规电力装备企业国内市场竞争压力持续加大。

(四)推进改革进入深水区

目前,电力体制改革取得阶段性成果,但在改革过程中也暴露出很多问题和矛盾,市场交易存在区域壁垒、行政壁垒,市场化定价面临行政强行干预,以改革名义违规建设专用供电线路情况加重;市场化消纳可再生能源机制和手段亟须建设;公共电厂与自备电厂不对等的市场定位与责任,影响了全局性系统运行效益;政府对市场监管缺乏有效途径和手段。这些问题都在影响行业可持续发展。

(撰稿:侯　勇)

2016 年煤炭工业发展综述

中国煤炭工业协会

2016 年是煤炭工业改革与发展史上非常重要的一年。全行业认真贯彻落实党中央、国务院各项方针政策，大力推进供给侧结构性改革，坚持把中央经济工作会议确定的“三去一补一降”政策与贯彻落实国务院《关于煤炭行业化解过剩产能实现脱困发展的意见》（国发〔2016〕7 号）文件精神有机结合起来，采取综合施策、积极应对措施，使得煤炭经济运行在连续三年下行的基础上，下半年出现了重大转机，煤炭市场转暖、价格回升，为煤炭行业继续深入推进转型升级赢来宝贵的重大转机和新的发展机遇。

一、2016 年主要指标完成情况

（一）主要指标完成情况

1. 原煤产量。根据国家统计局发布，2016 年全国煤炭产量 34.1 亿吨，比上年下降 9.0%。原煤产量前 10 的省（自治区）分别是：内蒙古（83 828 万吨，同比下降 8.1%）；山西（81 642 万吨，同比下降 14.4%）；陕西（51 151 万吨，同比下降 2.8%）；贵州（16 662 万吨，同比下降 2.3%）；新疆（15 834 万吨，同比增长 1.2%）；山东（12 813 万吨，同比下降 9.6%）；安徽（12 236 万吨，同比下降 8.7%）；河南（11 905 万吨，同比下降 12.1%）；宁夏（6 728 万吨，同比下降 10.7%）；河北（6 484 万吨，同比下降 12.5%）。另据中国煤炭工业协会统计，原煤产量前 10 家企业分别是：神华集团公司（43 149 万吨，同比下降 0.4%）；中煤能源集团公司（13 323 万吨，同比下降 7.3%）；山东能源集团公司（13 050 万吨，同比下降 2.4%）；陕西煤化集团公司（12 593 万吨，同比下降 0.9%）；大同煤矿集团公司（11 786 万吨，同比下降 32.1%）；兖矿集团公司（11 415 万吨，同比增长 4.7%）；山西焦煤集团公司（9 150 万吨，同比下降 13.1%）；冀中能源集团公司（8 010 万吨，同比下降 21.3%）、潞安矿业集团公司（7 433 万吨，同比下降 14%）；晋能集团公司（7 136 万吨，同比增长 1.4%）。

2. 煤炭运输量。全国铁路发运煤炭 19 亿吨，同比下降 4.7%；主要港口发运煤炭 6.4 亿吨，同比基本持平。

3. 煤炭进出口。根据国家统计局发布，全年共进口煤炭 25 600 万吨，同比增长 25.2%。出口煤炭量 878 万吨，同比增长 64.5%。全年净进口煤炭 24 700万吨，同比增加 4 800 万吨，增长 24.2%。

4. 煤炭价格。2016 年年底，中国煤炭价格指数 160 点，比年初回升 44.2 点，增幅 38.1%。秦皇岛港 5 500 大卡市场动力煤平仓均价 639 元/吨，比年初回升 269 元/吨，增长 72.7%。山西炼焦精煤综合售价 1 489 元/吨，比年初回升约 920 元/吨。

5. 经济效益。全年全国规模以上煤炭企业（指同时具备从业人数 2 000 人及以上、销售额 3 亿元及以上、资产总额 4 亿元及以上的企业）主营业务收入 23 000 亿元，同比下降 1.6%；利润额 1 090.9 亿元，同比增长 223.6%。

6. 安全生产。全年全国煤矿事故死亡 538 人，同比下降 5.0%。煤炭生产百万吨死亡率 0.156，同比下降 3.7%。创中国煤炭工业安全历史最好水平。

（二）行业发展特点

1. 供给侧结构性改革得到贯彻落实，“三去一补一降”取得重要进展。中央经济工作会议提出，2016 年经济工作着力推进供给侧结构性改革，其重点任务是 2016 年及今后一个时期，要在适度扩大总需求的同时，着力加强供给侧结构性改革，其重点任务是要抓好“去产能、去库存、去杠杆、降成本、补短板”即“三去一补一降”五大任务。具体说就是：一是积极稳妥化解产能过剩；二是帮助企业降低成本；三是化解房地产库存；四是扩大有效供给；五是防范化解金融风险。

2016 年 2 月，国务院印发了《国务院关于煤炭行业化解过剩产能实现脱困发展的意见》（国发〔2016〕7 号），进一步要求推动煤炭行业供给侧结构性改革，坚持市场倒逼、企业主体，地方组织、中央支持，综合施策、标本兼治，因地制宜、分类处置，将积极稳妥化解过剩产能与结构调整、转型升级相结合，实现煤炭行业扭亏脱困升级和健康发展。一是坚持市场倒逼与政府支持相结合原则，充分发挥市场机制作用和更好发挥政府引导作用，用法治化和市场化手段化解过剩产能。企业承担化解过剩产能的主体责任，地方政府负责制定落实方案并组织实施，中央给予资金奖补和政策支持；二是坚持化解产能与转型升级相结合原则，严格控制新增产能，切实淘汰落后产能，有序退出过剩产能，探索保留产能与退出产能适度挂钩。通过化解过剩产能，促进企业优化组织结构、技术结构、产品结构，创新体制机制，提升综合竞争力，推动煤炭行业转型升级。

一年来，在各项宏观政策共同推动和各主要产煤省（自治区）地方政府以及煤炭企业的共同努力下，煤炭行业供给侧结构性改革得到很好的贯彻落实，“三去一补一降”特别是化解过剩产能取得重要进展。据国家安监总局发布，2016 年全国共关闭退出煤矿 1 900 多处，其中，重庆市 346 处、湖南省 315 处、江西省 229 处、四川省 169 处、云南省 125 处、湖北省 124 处、贵州省 121 处、河南省 100 处，江苏省关闭所有高瓦斯、突出矿井。超额完成全年去产能 2.5 亿吨的任务。另据中国煤炭工业协会调查统计表明，大型煤炭基地已经成为煤炭供应主体，14 个大型煤炭生产基地产量占全国的 92.7%；全国煤炭产量超过亿吨的省（自治区）8 个、产量合计 28.6 亿吨、占全国总产量的 82.9%。大型现代化煤矿已经成为全国煤炭生产主力军。大型煤炭企业、大型现代化煤矿建设稳步推进，全国煤矿数量由 2005 年的 24 800处减至目前的 9 000 处左右，平均单矿（井）规模由不足 10 万吨/年提高到 50 万吨/年以上。建成千万吨级的特大型现代化煤矿 59 处，总产能达 8 亿吨以上。

2. 市场供求关系得到一定程度改善，煤炭价格和行业经济效益有所回升。自 2012 年 5 月以来，受市场供大于求影响，煤炭市场持续低迷，煤炭价格连续下跌，行业亏损面不断加大，全行业重新陷入总体亏损状态。党中央、国务院高度重视煤炭工业健康发展，近年来针对煤炭行业发展中的突出问题，做出了一系列决策部署。2013 年，国家取消重点电煤合同价格双轨制，建成多个区域性煤炭交易中心，初步形成了以全国煤炭价格指数为主体，环渤海、太原、西安、鄂尔多斯等区域价格指数为补充，综合指数与区域指数相衔接的煤炭价格指数体系。反映煤炭品种稀缺程度、一定供求关系的煤炭市场价格形成机制初步建立。特别是 2015 年以来，以改善供求关系为核心，以严格控制违法违规煤矿建设和生产、严格治理超能力生产、严格治理不安全生产、严格治理劣质煤生产消费等“四个严格”为重点的政策措施，对促进煤炭市场供求关系的改善发挥了重要的主导作用。煤炭企业加强自律，积极应对市场挑战，主动减产停产，降本增效，努力克服市场下行带来的不利影响。经过多方努力，违法违规煤矿建设生产得到了遏制，产量盲目增长和劣质煤进口得到了控制，煤炭价格和企业经济效益都得到缓慢回升，特别是下半年，复苏较为明显。2016 年，全国规模以上煤炭企业主营业务收入 23 000 亿元，同比下降 1.6%。利润总额 1 090.9 亿元，同比增长 223.6%。煤炭市场景气指数。2016 年 12 月全国煤炭市场景气指数为 -7.8点，景气程度总体处于正常偏淡区间。

3. 科技创新体制机制及创新能力进一步增强，在克服经济困难的情况下取得一批丰硕成果。全行业共建成国家重点实验室、国家工程技术研究中心 22 个，国家工程实验室、国家工程研究中心 15 个，国家级企业技术中心 27 个。全行业共培育国家级创新中心 1 个、行业级创新中心 2 个和省级协同创新中心 14 个。

煤炭行业来自神华集团、中煤科工集团、中国矿业大学（北京）、冀中能源峰峰集团等单位的 5 项成果获得国家科学技术进步二等奖。神华集团《智能煤矿建设关键技术与示范工程》成果实现了三个层次的智能化，首创无人操作的智能采煤工作面，创建了一体化控制智能矿井，创建了亿吨级协同控制智能矿井群。经与国内外同类先进指标对比，该成果在工作面智能控制精度、矿井和矿井群百万吨死亡率及全员工效等方面处于国际领先水平。为解决中国煤矿用人多、事故多发、效益差的问题将起到良好的示范作用,并有效推动了“两化”融合,引领了智能煤矿建设的发展方向。

煤炭科技创新示范工程建设取得新的突破。神华宁煤煤制油示范项目是继兖矿集团陕西未来能源化工有限公司100万吨煤炭间接制油示范项目2015年9月18日建成投产并生产出合格油品后,第二套投产的煤炭间接液化示范项目。兖矿、神华作为中国科技研发与应用能力最强的两大煤炭企业,为中国能源安全高效清洁低碳发展作出了创造性的探索。2016年12月28日,中共中央总书记、国家主席习近平对神华宁煤煤制油示范项目建成投产做出重要指示,代表党中央对项目建成投产表示热烈的祝贺并指出,这一重大项目建成投产,对中国增强能源自主保障能力、推动煤炭清洁高效利用、促进民族地区发展具有重大意义,是对能源安全高效清洁低碳发展方式的有益探索,是实施创新驱动发展战略的重要成果。这充分说明,转变经济发展方式、调整经济结构,推进供给侧结构性改革、构建现代产业体系,必须大力推进科技创新,加快推动科技成果向现实生产力转化。

4. 安全高效开采技术与管理日臻成熟,煤炭清洁高效综合利用水平不断提高。以8米以上特厚煤层一次采全高为先导的综采技术先后在神华神东及兖矿鄂尔多斯分公司的应用,标志着中国长壁综采工作面开采技术,已经远远领先于世界主要产煤国家。全行业已经建成高产高效煤矿763处、产煤近20亿吨,占全国总产量的50.0%以上,主要经济技术指标达到或超过世界先进水平,有效保障了全国煤矿安全生产的持续稳定好转。

在国家有关部委发布《工业领域煤炭清洁高效利用行动计划》《关于促进煤炭工业科学发展的指导意见》(国能煤炭〔2015〕37号)、《煤炭清洁高效利用行动计划(2015—2020年)》,等多项政策的共同推动下,2016年全年原煤入选量达到26.8亿吨,原煤入选率68.9%,煤矸石综合利用率达到64.8%,矿井抽采瓦斯利用率达到48.0%,土地复垦率达到47.0%。大中型煤矿原煤生产综合能耗、生产电耗均有一定程度下降。同煤塔山煤矿循环经济、神华宁东煤化工产业等一大批循环经济园区相继建成,初步形成了资源环境和区域经济协调发展的产业新格局。

(三)几点建议

1. 进一步推进煤炭行业供给侧结构性改革。2016年煤炭行业在推进供给侧结构性改革虽然取得一定成效,超额完成全年去产能任务,但是煤炭工业总体上产能过剩尚未得到根本上转变。尽管下半年开始,煤炭经济运行形势有所好转,但是行业职工收入、企业盈利水平、安全投入等方面改善缓慢。2017年、2018年是国务院确定的三年去产能任务的攻坚阶段,必须得到不折不扣地落实。

建议政府部门进一步加大执法监督检查力度,落实各项奖补政策,在国家财政允许的情况下,适当提高奖补水平,确保小煤矿分布密集地区地方财政稳定运行。

2. 进一步增强去产能政策的灵活性和针对性。淘汰落后产能推进煤炭工业转型升级是一项长期而又艰巨的任务,中国国土面积大,煤炭资源分布规律差别很大,老少边穷地区完全依靠电能替代煤炭短期也不太现实,因此需要不同省份差别化管理。

建议政府部门进一步增强去产能政策的灵活性和针对性,允许部分省份保留一定数量的小煤矿,维持本地煤炭供需平衡,以解燃眉之急,避免当地群众上山砍树,破坏生态环境。

3. 进一步落实去产能煤矿的债务处置政策。2016年关闭退出的煤矿,累计了大量的银行贷款或民间借贷。据了解,国有煤矿的贷款,一般都有上级主管部门担保或集团公司名义借贷,债务处置需要国家出台具体的配套政策。市场化债转股,目前操作难度大,资本方对股权回报要求太高,企业难以承受。

建议政府部门出台行政化与市场化相结合的政策,调动有关各方的积极性。及时发布债务处置典型案例和操作流程,供各地区、各部门学习借鉴。

4. 进一步推动科技创新和转型升级。众所周知,煤炭是高风险行业,全行业从业人员多达300余万人,未来随着中国第一个百年奋斗目标的实现,招工难的问题将长期困扰煤炭企业的正常运行,毋庸置疑煤炭已经进入高成本和人力资源短缺时代。

建议政府部门大力推进煤炭科技协同创新,充分发挥企业主体作用和重点企业的示范作用,通过多种途径组成科技创新联合体，着力解决煤矿安全高效开采向绿色、无害化、自动化开采发展中的关键技术问题。严格控制因采矿引起的地表沉陷和给生态环境带来的不利影响，要把东部地区深部开采和西部地区水资源破坏开采作为一条“红线”，任何单位、任何人、任何时候不得逾越，确保美丽中国目标实现。

（撰稿：汤家轩）

2016 年机械工业发展综述

中国机械工业联合会

2016 年是中国实施国民经济“十三五”规划的开局之年，机械工业认真贯彻落实党中央、国务院的战略部署，积极探索行业发展的新路径。在《中国制造 2025》及相关政策的引领下，发展态势总体平稳，主要经济指标增速回升超出预期，工业增加值增速由上年低于全国工业增速重回高于全国工业平均增速的态势。

与此同时，随着结构调整的深入推进，行业发展面对的市场环境依然严峻，受相关行业实施去产能、去库存调整的影响，机械工业分行业间发展分化加剧，深层次的矛盾愈加突出，产业转型升级的任务更加繁重。

一、2016 年主要经济指标完成情况

据国家统计局快报统计，截至 2016 年年底，机械工业规模以上企业达到 86 046 家，资产总额 211 000亿元，全年实现主营业务收入 245 500 亿元，实现利润总额 16 900 亿元。

（一）与全国工业比较

1. 增加值增速高于全国工业和制造业的平均水平。自 5 月份开始机械工业增加值增速从上年低于工业和制造业重回高于的状态，至 2016 年年底机械工业增加值同比增长 9.6%，高于机械工业 2015 年增速（5.5%）4.1 个百分点，高于同期全国工业平均增速（6.0%）3.6 个百分点，高于制造业（6.8%）2.8 个百分点。

2. 主要指标占全国工业比重有升有降。规模以上企业数占比 22.7%，比上年降低 0.1 个百分点；资产总额占比 19.8%，比上年提高 0.5 个百分点；主营业务收入占比 21.3%，比上年提高 0.5 个百分点；利润总额占比 24.5%，比上年降低 0.7 个百分点。见表 1。

表 1　2016 年机械工业基本情况

指　标	计算单位	绝对值		累计增长（%）		占工业比重（%）
		工　业	机械工业	工　业	机械工业	
企业数	个	379 142	86 046	—	—	22.69
其中：亏损数	个	45 008	10 250	0.18	3.59	22.77
亏损额	亿　元	8 174	1 331	-9.21	6.25	16.28
主营业务收入	亿　元	1 151 618	245 518	4.91	7.44	21.32
利润总额	亿　元	68 803	16 860	8.48	5.54	24.51
资产总额	亿　元	1 068 297	211 009	7.14	9.55	19.75

3. 亏损额增幅大大高于全国工业。截至 2016 年年底，机械工业规模以上企业中，亏损企业数量占全国工业亏损企业总数的 22.8%，比上年上升 0.5 个百分点；亏损企业亏损额同比增长 6.3%，虽然比

上年有较大幅度的回落，但与全国工业降幅9.2%相比，高出15.5个点，和2015年形成反差。

（二）机械工业经济运行简要情况

1. 主营业务收入。2016年机械工业规模以上企业实现主营业务收入达245 500亿元，同比增长7.4%，占全国工业主营业务收入的21.3%，占比比上年同期（20.8%）提升0.5个百分点。

2. 利润总额。2016年机械工业累计实现利润总额16 860.4亿元，自2010年起连续7年超过万亿元，同比增长5.5%，占全国工业利润总额的24.5%，占比比上年同期下降0.7个百分点。

3. 实现增长的产品品种比上年明显增加。2016年机械工业重点监测的119种主要产品中，产量累计同比增长的品种数为76种，比2015年增加38种，占比为63.9%，其中以两位数增长的品种为30种，比上年增加20种；同比下降的品种数为43种，占比为36.1%。见表2。

表2 2016年机械工业119种主要产品产量月度变化情况

月份	同比增长品种数（种）	占比（%）	其中：以两位数增长（种）	占比（%）	同比下降品种数（种）	占比（%）
1—2月	48	40.34	26	21.85	71	59.66
1—3月	57	47.90	18	15.13	62	52.10
1—4月	58	48.74	16	13.46	61	51.26
1—5月	61	51.26	16	13.46	58	48.74
1—6月	60	50.42	20	16.81	59	49.58
1—7月	62	52.10	19	15.97	57	47.90
1—8月	60	50.42	18	15.13	59	49.58
1—9月	65	54.62	25	21.00	54	45.38
1—10月	71	59.66	27	22.69	48	40.34
1—11月	73	61.34	31	26.05	46	38.66
1—12月	76	63.87	30	25.21	43	36.13

部分代表性产品发展情况：

农业机械：近年来在国家优惠政策的支持下，中国农业机械化水平持续提升，由此带动农业机械产销经历了快速增长的黄金时期。但随着农机保有量的提升，前期产销高速增长的部分产品产量出现下滑。

2016年农机行业代表性产品大中型拖拉机全年累计生产约63万台，其中大型拖拉机6.3万台，中型拖拉机约57万台，同比均为负增长；小型拖拉机生产135.5万台，产量同比也为下降。但据中国农机协会统计，虽然产量下降，但产品结构调整的步伐仍在继续，马力段进一步上升，增长最快的依然是大马力拖拉机。2016年150马力段的大型拖拉机增速最快，为农业生产方式转变提供强有力的支持。

机床：2016年机床行业经济运行虽未出现明显改善，但整体技术水平持续提高。在04专项的支持下，成功开发出一批国家急需、长期依靠进口、受制于国外的高档数控机床与基础制造装备。2016年全年生产金切机床78.3万台，同比增长2.3%，其中数控金切机床产量25万台，同比增长5.1%。数控机床自6月份开始逐月高于金切机床增速，数控机床占金切机床的比重比上年同期继续提高0.8个百分点。

发电设备：2016年全国发电设备累计产量11 500万千瓦，同比增长8.4%，产量稳居世界第1位。在发电设备产品中，火电机组产量8 384.6万千瓦，同比增长14.4%，占发电设备总产量的比重仍在首位，达73.2%，比上年提高6.8个百分点。

清洁能源发电机组中，风电机组占清洁能源发电机组比重继续保持首位，完成产量1 861.6万千瓦，同比下降9.3%，占发电设备总产量的16.3%；水电机组完成产量867.5万千瓦，同比下降19.4%，比上年同期降幅收窄13.2个百分点，占发电设备总产量的7.6%，占比较上年同期下降6.4个百分点；核电机组完成产量340万千瓦，同比大幅增长214.8%，占发电设备总产量的比重为2.9%，占比较上年提高1.9个百分点。

综合看，在火电项目审批权下放地方政府的政策调整下，各地建设小型火电项目呈现明显的增长态势，由此改变了前些年火电机组在发电设备总量中占比下滑的态势。而随着各地“弃风弃水”现象的增加，风电、水电机组的产量和占比均明显下降。

汽车：2016 年中国汽车产业在消费激励政策的带动下，延续了良好的增长态势，全年汽车产销量双双突破 2 800 万辆，分别为 2 811.9 万辆和 2 802.8 万辆，同比分别增长 14.5% 和 13.7%，产量再创历史新高，已连续 8 年蝉联全球第一，增速比上年分别提高 11.2 和 9.0 个百分点。其中轿车产销连续 6 年双双超过 1 000 万辆，2016 年产销量分别为 1 211.1 万辆和 1 215 万辆，同比分别增长 3.9% 和 3.4%。从各月增速看，轿车增长均低于汽车总量的增长幅度。轿车占汽车总量的比重从 2012 年的 55.9% 降至 2016 年的 43.1%，下降 12.8 个百分点。

4. 代表产品价格水平持续低位运行。2016 年机械工业价格指数延续了近几年来持续低迷的态势，当月价格指数已连续 61 个月在 100% 以下。从趋势看，进入 2016 年以来，机械工业价格指数降幅呈现逐月收窄态势。但与全国工业品出厂价格指数相比，机械工业价格指数的波动幅度小于全国工业价格指数的波动幅度，特别是 2016 年 8 月开始工业生产者价格指数、原材料价格指数回升加快，截至 2016 年年底，工业生产者出厂价格指数上涨 5.5%，生产资料价格同比上涨 7.2%，其中原材料上涨 9.8%，而机械工业价格指数则为同比下降 0.2%，远不及工业和原材料的涨幅。

5. 固定资产投资增速回落加快。2016 年机械工业固定资产投资延续了近年来增速持续回落的态势，且从下半年开始回落速度明显加快。从投资额看，机械工业完成投资 50 132.1 亿元，比 2015 年增加 868.6 亿元，较上年增量减少 3 976.3 亿元。从投资增速看，机械工业增速高开低走，从头两月 10.0% 以上，到 1—10 月全年最低点 0.7%，此后两月虽略有回升年末达到 1.7%，但较 2015 年仍回落 8.0 个百分点。

6. 外贸进出口继续负增长。2016 年机械工业实现进出口总额 6 474.6 亿美元，同比下降 2.9%，但幅度小于全国外贸进出口总额降幅。其中出口 3 747.7亿美元，同比下降 3.6%，连续两年出现负增长；进口 2 726.9 亿美元，同比下降 1.8%。全年累计实现贸易顺差 1 020.8 亿美元。

二、2016 年机械行业运行的主要特点

（一）主营业务收入及利润增速均高于全国工业平均水平

1. 主营业务收入。2016 年机械工业实现主营业务收入 245 517.8 亿元，同比增长 7.4%，增速比上年同期（3.3%）提高 4.1 个百分点，高于同期全国工业增速（4.9%）2.5 个百分点，占全国工业的比重为 21.3%。从累计增速看，自 3 月份开始各月高于上年同期水平。分行业看，实现主营业务收入中，汽车行业新增主营业务收入占机械工业新增主营业务收入的 59.6%；电工电器行业占机械工业新增主营业务收入的 18.2%；而扣除汽车和电工电器行业外，其他机械行业仅占机械工业新增主营业务总收入的 21.2%。2016 年机械工业 146 个小行业中，主营业务收入实现增长的 112 个，同比下降 34 个。其中同比增长的行业中以两位数增长的 29 个，10.0% 以下增长的 83 个。

2. 主要小行业对利润增长拉动明显。2016 年机械工业实现利润总额增速在上年低基数的基础上回升明显，各月利润增速均超过上年水平。2016 年累计实现利润总额 16 860.4 亿元，同比增长 5.5%。利润增幅比上年同期回升 3.1 个百分点，但利润回升速度低于主营业务收入回升幅度。分行业看，汽车、电工电器行业对利润增速回升的带动作用显著。实现利润中，汽车行业新增利润占机械工业新增利润的 74.9%；电工电器行业占机械工业新增利润的 19.4%；而扣除汽车和电工电器行业外，其他机械行业仅占机械工业新增利润总额的 5.7%。其中，石化通用、重型机械行业利润出现多年少有的同比下降。利润总额实现增长的有 96 个小行业，同比下降的有 50 个小行业。其中同比增长的行业中以两位数增长的有 44 个小行业，10.0% 以下增长的有 52 个小行业。

3. 经济效益指标同比回落。2016 年机械工业资本保值增值率为 109.5%，比上年（109.7%）回落 0.2 个百分点，比同期全国工业（108.2%）高 1.4 个百分点；资产负债率为 53.8%，比上年回落 0.01 个百分点，比同期全国工业负债率低 2.0 个百分点；成本费用利润率为 7.4%，比上年同期回落 0.1 个百分

点，比同期全国工业高 1.0 个百分点；主营业务收入利润率为 6.9%，比上年同期回落 0.1 个百分点，比同期全国工业高 0.9 个百分点；总资产的利润率为 7.1%，比上年同期低 .17.0 个百分点；流动资产周转率 1.95 次，低于全国工业 0.37 次。

（二）行业发展继续分化，汽车行业是亮点

2016 年机械工业主要分行业增长中汽车行业是机械工业增长的重要支撑。汽车行业收入及利润增长分别高于行业平均水平 6.4 个、5.1 个百分点，分别拉动机械工业增长 4.4 个、4.2 个百分点。从各分行业 2016 年利润总额增长变化情况看，其中回升幅度最大的是工程行业回升 46.7 个百分点，文办行业回升 11.3 个百分点，汽车行业回升 8.9 个百分点，机床行业回升 5.5 个百分点，通用基础件行业回升 4.8 个百分点，仪器仪表行业回升 2.9 个百分点，石化通用行业回升 2.5 个百分点。6 个行业利润增速比上年同期增速回落。回落幅度最大的是重型机械行业回落 25.6 个百分点，农机行业回落 8.6 个百分点，电工电气行业回落 6.9 个百分点，内燃机行业回落 3.3 个百分点，食品包装机械行业回落 2.9 个百分点，其他民用机械行业回落 0.7 个百分点。

农机工业增速低于预期。2016 年规模以上农机企业主营业务收入 4 745 亿元，同期增长 5.2%，比机械行业收入增速低 2.2 个百分点；实现利润总额 261 亿元，同比仅增长 0.6%，低于机械工业平均增速 5.0 个百分点。农机工业收入和利润增速均呈现回落态势，为近 10 年来的最低点。农机产品和前些年比较增长快的产品产量出现回调。据国家统计局统计，全年生产大中小型拖拉机均出现同比下降，收获机械同比下降。但粮食烘干机、压捆机、青贮饲料收获机等增长比较快。主要原因：一是轮式谷物收获机产业集中度非常高，产品结构的调整成效大；二是 7 千克的小麦机产品升级工作扎实，投入市场就受到用户的欢迎，迅速成为麦收的主力机型。此外，水田机械产量有比较明显的增长。2016 年骨干企业生产履带式水稻收获机 10.6 万台，增长 29.6%，其中适应南方丘陵山区的小型水稻收获机出现比较快的增长。由于水稻秸秆处理的需求和用户的变化，2016 年半喂入式水稻收获机也有明显的增长，产量同比增长了 79.8%。水稻插秧机生产 6 万台，比上一年增长了 11.0%。总体而言，新产品销售发力对稳定农机行业增长发挥了积极的作用。

工程机械行业转型升级持续推进。2016 年行业主营业务收入 5 310 亿元，增长 1.7%，利润增长 7.1%。经历了近 5 年的调整，工程机械行业的转型升级成效逐步显现。行业企业加快创新驱动步伐，在高端产品及关键配套件的核心技术研发、应用等方面取得突破。步履式液压挖掘机、环保高效干式道路清扫车、高性能全液压推土机等 20 项产品和技术荣膺 2016 年度中国机械工业科学技术奖。同时各企业强化供给侧结构性改革，加快向服务型制造转型，针对不同用户提供定制化的价值增值服务与解决方案。

内燃机行业收入和利润增幅由负变正。2016 年内燃机行业收入增长 6.5%，利润增长 5.9%，在汽车行业的带动下，行业运行逐月向好。结构调整出现积极变化：一是排放标准升级倒逼企业产品升级。2016 年内燃机销售数量同比一度下降，但总功率保持增长，说明产品结构调整取得进展。随着道路与非道路排放标准的不断升级，各企业面对困难，纷纷发力加大投入，研发、生产高端轻型柴油机。同时通过开展合作与协同攻关，突破了一批核心技术，比如高压共轨燃油喷射系统已经在技术上取得重要突破，部分关键元器件的研发和生产制造以及工艺水平得到了有效改善，实现了批量生产和销售，有效地支撑了整机产品的技术升级。二是内燃机行业产品发展趋于更加理性环保的模式。

仪器仪表行业产销增幅高于机械工业平均水平。2016 年在整个需求市场不旺的情况下，仪器仪表行业运行基本平稳，利润增幅仍保持适度增长。全年行业主营业务收入和利润总额增速分别高于机械工业平均水平 1.8 个、3.0 个百分点。其中占比最大的工业自动化控制系统主营业务收入同比增长 8.6%，利润同比增长 6.7%，均高于上年水平。

石化通用设备行业低位运行。2016 年石化通用机械行业虽主营业务收入同比略有增长，但利润不佳，基本与上年持平，且重点小行业除泵行业外多为不同程度利润负增长或持平，造成行业亏损企业数量加大，全行业亏损面 12.9%，亏损额同比增长 53.0%。同时小行业发展不均衡，泵行业运行态势好于上年，但压缩机行业处继续下行趋势，风机行业主营收入有所增长，但利润下滑幅度较大。但是行业重大技术装备水平有所提升，在大型火电、煤化工、油气长输管道、核电等能源领域，泵、阀门、压缩机组、空分装置等国产化取得新的成效。

重型机械行业下行压力仍然较大。2016 年重型机械行业受矿山开采、钢铁冶炼等行业需求趋缓的影响，下行压力依然较大，全年主营业务收入增长 1.7%，而利润同比下降 13.1%。同时，固定资产投资紧缩、出口下滑严重的问题依然存在。企业发展不平衡、经营生产冷热不均的问题更为突出，大型骨干企业生产基本吃不饱，货款回升困难。

机床行业运行出现止跌趋稳的势头。自 2011 年下半年中国机床工具行业进入了延续 6 年之久的下行通道，2016 年行业主营业务收入和利润增幅均超过 6.0%。当年机床工具行业出现积极变化：生产出现恢复性增长，消费市场出现趋稳迹象，行业景气指数回升加快。但具体看，企业间的分化更为显著。有部分企业出现经营困难、破产重组等现象，但有不少企业则逆势而上，转型升级成果显著，并且在汽车、航空航天等重点领域取得了突破，在一定程度上实现了进口替代。

电工电器行业较上年有所回落。2016 年电工电器行业经济运行基本平稳。实现主营业务收入和利润总额增速分别较上年同期水平回落 0.06 个、6.9 个百分点。产品产量增减不一，在统计的 14 种主要产品中 10 种保持增长；外贸进出口同比双双下降，降幅逐月收窄；固定资产投资增速逐月回落。虽然行业总体运行平稳，但发展中仍存在诸多问题及困难，后劲不足的问题愈发突出，主要集中在：一是发电设备进口配套件的国产化应用停滞；二是内需市场不足与产能过剩矛盾凸显，已经成为困扰电工行业发展的一个亟待解决的突出矛盾和问题；三是应收账款居高不下，企业资金使用效率下降。

汽车产销再创新高。2016 年汽车行业加大供给侧改革力度，产品结构调整和更新步伐持续加快，产销增速呈逐月增高态势。受购置税优惠政策影响，乘用车产销再创历史新高。其快速增长对于汽车产销增长贡献度分别达到 92.3% 和 94.1%。1.6 升及以下乘用车销售占乘用车销量比重为 72.2%，比上年同期提高 3.6 个百分点。对乘用车销量的贡献度为 97.9%。中国品牌乘用车占有率连续两年呈增长态势。货车拉动商用车增长；新能源汽车继续高速增长。但汽车进出口不如往年，摩托车出口下降，汽车出口同比降幅逐月收窄。

（三）机械工业稳中有进，为全国工业“稳增长”做出新贡献

机械工业的发展与国民经济和全国工业的发展密切相关。作为支柱产业，近年来机械工业在全国工业中的比重始终排在前列，为全国工业“稳增长”做贡献。

1. 机械工业增加值增速回升超预期。2016 年机械工业增加值增速呈现逐月回升态势，全年累计增速为 9.6%，高于上年同期 4.1 个百分点，高于全国工业 6.0% 的平均增速，高于 GDP 的增速。见图 1。

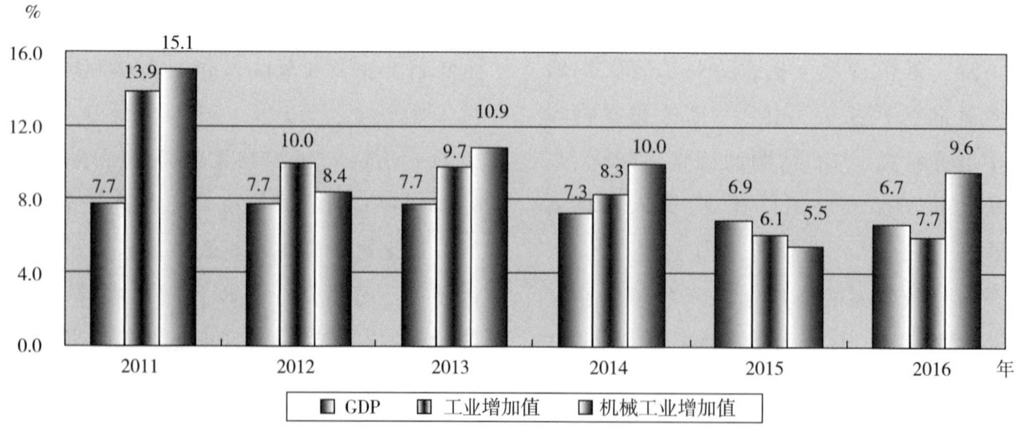

图 1 2011—2016 年全国 GDP、工业增加值和机械工业增加值增减情况

2. 增加值增速排在工业部分中第3位。在工业12个分行业中，机械工业增速已从上年位列第8位，回升至第3位，仅低于医药(10.6%)、电子(10.0%)行业。见图2。

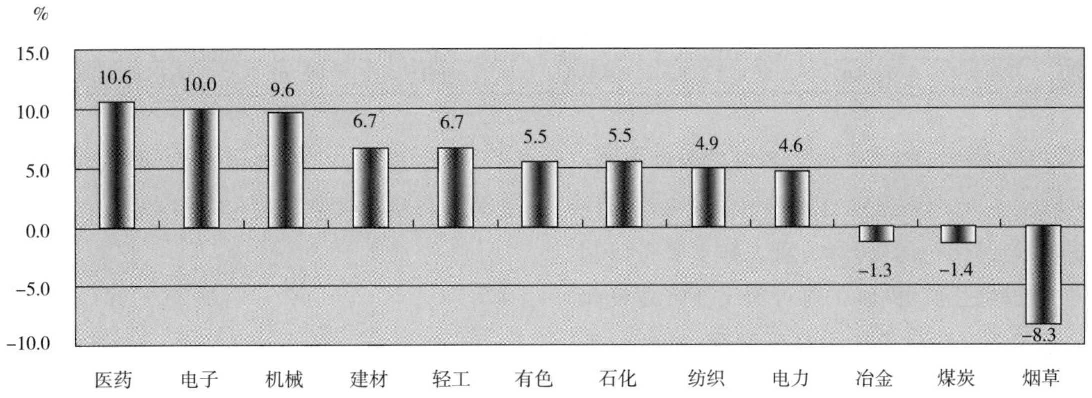

图2　2016年机械工业增加值在全国工业行业中增速比较情况

3. 机械工业主要经济指标占全国工业的比重位居前列。2016年机械工业共有规模以上企业8.6万余家，占全国工业的22.7%，实现主营业务收入连续4年超过200 000亿元，占全国工业主营业务收入总额的21.3%；实现利润总额16 900亿元，占全国工业的比重1/4左右，达24.5%；机械工业主要经济指标占全国工业的比重位居前列。见表3。

表3　2016年机械工业在全国工业中的地位

分　类	企业数		主营业务收入		利润总额	
	绝对量(个)	占工业比重(%)	绝对量(亿元)	占工业比重(%)	绝对量(亿元)	占工业比重(%)
全　国	379 142	100.00	1 151 618	100.00	68 803.0	100.00
煤　炭	5 610	1.48	23 189	2.01	1 091.6	1.59
石　化	28 239	7.45	128 892	11.19	6 271.2	9.11
电　力	5 741	1.51	52 410	4.55	3 844.8	5.59
冶　金	10 246	2.70	72 274	6.28	2 013.5	2.93
有色金属	8 973	2.37	60 391	5.24	2 430.3	3.53
建　材	43 558	11.49	76 396	6.63	4 907.0	7.13
机　械	86 046	22.69	245 518	21.32	16 860.4	24.51
其中:汽车	14 133	3.73	80 186	6.96	6 677.4	9.71
电　子	14 686	3.87	98 366	8.54	4 775.3	6.94
纺　织	37 803	9.97	72 138	6.26	3 925.2	5.70
轻　工	113 044	29.82	246 204	21.38	16 066.4	23.35
烟　草	129	0.03	8 692	0.75	1 037.5	1.51
医　药	8 759	2.31	30 828	2.68	3 321.4	4.83

4. 机械工业为全国工业稳增长做出贡献。2016年，在全国工业主营业务收入增长4.9%中，机械工业对全国工业新增主营业务收入的贡献率达31.6%，由机械工业拉动工业增长1.6个百分点。在全国工业利润增长中，整个工业利润同比增长8.5%，机械工业增长5.5%，机械工业对工业利润贡献率16.4%，拉动全国工业利润增长1.4个百分点。机械工业为全国工业的稳增长发挥重要作用。见表4。

表4　2016年机械工业对全国工业发展的贡献情况

分　类	全国工业		机械工业		机械工业占全国工业比重（%）	对同期工业发展的贡献率（%）	拉动工业增长（百分点）
	指标值（亿元）	同比速度（%）	指标值（亿元）	同比速度（%）			
主营业务收入	1 151 618	4.9	245 517.81	7.44	21.32	31.62	1.55
利润总额	68 803	8.5	16 860.42	5.54	24.51	16.41	1.39

5. 国民经济建设所需机械装备自给程度提高。近年来机械工业生产能力迅猛发展，结构调整的成果逐步显现，产品结构优化升级，重大技术装备研制领域取得突破性进展。机械工业对国民经济建设和国防建设所需装备的供给能力显著增强，机械设备自给率稳步上升，2006年为77.3%，2016年机械工业装备自给率继续超过85.0%以上。

（撰稿：赵新敏）

2016年钢铁行业运行情况综述

中国钢铁工业协会

2016年在中国钢铁工业发展进程中是极不平凡的一年。全行业在产能严重过剩，钢材价格持续下跌，企业严重亏损的情况下步入2016年，为此，全行业做好了积极应对更加严峻挑战的准备。党中央、国务院审时度势，把化解钢铁、煤炭过剩产能作为积极推进供给侧结构性改革的重要突破口，为中国钢铁工业结构调整，实现脱困发展带来难得的历史机遇。钢铁行业完全拥护并坚决落实党中央、国务院的决策部署，广大钢铁企业顺势而为，按照年初理事大会“去产能、控产量、降成本、防风险、增效益”工作要求，理性应对市场变化，积极采取有效措施降成本，多措并举增效益，从而扭转了全行业深度亏损的局面，实现扭亏为盈。与此同时，结构调整、转型升级步伐明显加快，技术创新能力进一步增强，兼并重组取得重要进展。

一、钢材市场需求有所好转，企业效益明显回升

（一）粗钢产量恢复性增长

2016年，全国生产生铁70 073.6万吨，比上年增长0.7%，2015年为下降3.5%；生产粗钢80 836.6万吨，增长1.2%，2015年下降2.3%；生产钢材（含重复材）113 801.2万吨，增长2.3%，增幅提高1.7个百分点；生产焦炭44 911.5万吨，增长0.6%，2015年下降6.5%；生产铁矿石原矿128 089.3万吨，下降3.0%，降幅比2015年收窄4.7个百分点；生产铁合金3 558.8万吨，下降2.8%，降幅扩大0.2个百分点。主要钢铁产品产量情况见表1。

表1　2015—2016年主要钢铁产品产量情况

种　类	2016年（万吨）	2015年（万吨）	增减量（万吨）	增减幅（%）
生　铁	70 073.6	69 557.4	516.2	0.7
粗　钢	80 836.6	79 845.8	990.8	1.2
钢　材	113 801.2	111 244.0	2 557.2	2.3
焦　炭	44 911.5	44 650.9	260.6	0.6
铁矿石	128 089.3	132 060.5	-3 971.2	-3.0
铁合金	3 558.8	3 661.0	-102.3	-2.8

数据来源：《中国钢铁工业统计月报》（2016年12月）。

2016年,世界66个主要产钢国家和地区共生产粗钢160 400万吨,同比增长0.7%。扣除中国内地后的世界粗钢产量79 600万吨,同比增加160.8万吨,增长0.2%。中国钢产量占世界总量的50.4%,比2015年提高0.3个百分点,仍然是世界上产钢最多的国家。2016年全球前十大产钢国家产量情况见表2。

表2 2016年全球产钢前10位国家粗钢产量及增长率

排名	国家	产量(百万吨)	增长率(%)
1	中国	808.4	1.2
2	日本	104.8	-0.3
3	印度	95.6	7.4
4	美国	78.6	-0.3
5	俄罗斯	70.8	-0.1
6	韩国	68.6	-1.6
7	德国	42.1	-1.4
8	土耳其	33.2	5.2
9	巴西	30.2	-9.2
10	乌克兰	24.2	5.5

数据来源:《中国钢铁工业统计月报》(2016年12月)。

2016年,全国粗钢日产量高位波动,6月份平均日产量最高,达到231.6万吨/日,相当于年产84 500万吨的水平;最低为1—2月份201.8万吨/日,相当于年产73 600万吨的水平。整体来看,下半年粗钢日产水平低于上半年,下半年钢铁生产有所放缓。见图1。

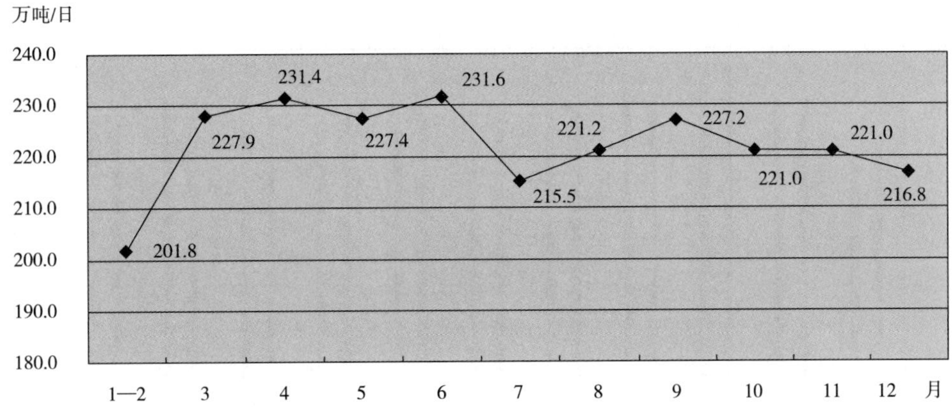

图1 2016年月平均粗钢日产量情况

(二)全国粗钢表观消费量小幅增长

2016年,全国粗钢表观消费量70 981.6万吨,这是粗钢表观消费量连续两年下降后的首次回升。从各月情况看,6月、7月、11月粗钢表观消费量较低,均低于6 000万吨,5月份表观消费量6 187.2万吨,为全年最高月份。从同比增长率情况看,2016年前三季度以下降月份居多,直到9月累计粗钢表观消费量转为增长状态。从人均粗钢表观消费量角度看,2016年人均粗钢表观消费量513.4千克,比2015年增加4.4千克,2016年和近5年粗钢表观消费量及增速见图2、表3。

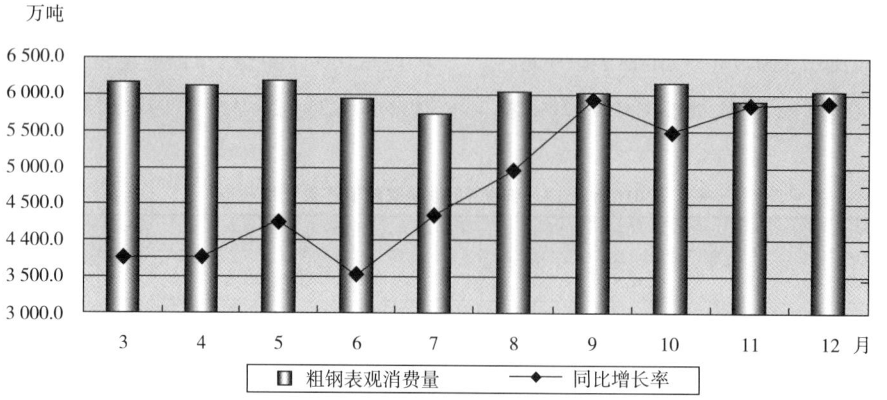

图 2　2016 年粗钢表观消费量及同比增长率情况

表 3　2012—2016 年全国粗钢表观消费量

单位：万吨、千克/人·年

种　类	2012 年	2013 年	2014 年	2015 年	2016 年
总消费量	68 761.0	76 575.0	74 038.0	70 035.0	70 981.6
人均消费量	507.3	562.0	540.6	509.0	513.4

数据来源：2012—2015 年数据来源于《中国钢铁统计》(2016)，2016 年数据根据《中国钢铁工业统计月报》(2016 年 12 月)与《2016 年国民经济和社会发展统计公报》数据计算得出。

2016 年，5 种钢材社会库存整体处于近几年较低水平，3 月是全年库存最高点，为 946 万吨，随后有所下降，12 月社会库存下降到 753 万吨，比 3 月下降 20.4%；从社会库存各月情况看，各月库存均低于上年同期水平，见图 3。

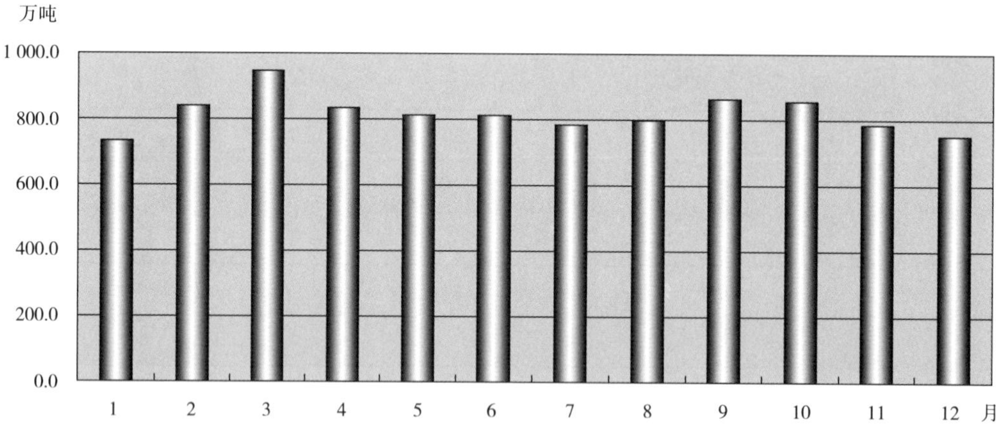

图 3　2016 年 5 种钢材社会库存情况

2016 年年底，5 种钢材社会库存中，螺纹钢库存 324.5 万吨，同比增长 13.4%；中厚板库存 95.8 万吨，同比下降 5.8%；热轧卷板库存 128.9 万吨，同比下降 15.6%；冷轧产品 121.6 万吨，同比下降 26.1%；线材库存 82.7 万吨，同比增长 8.1%。板材产品库存大幅下降，线材螺纹钢产品库存有所增长。

2016 年，重点统计钢铁企业库存成波动下降趋势，2 月底达到年中高点 1 465 万吨，比年初增加 47 万吨，增长 3.3%，比上年同期减少 340 万吨，下降 18.8%，之后波动下降，到年底库存降至 1 276 万吨，比年初下降 10.0%(见图 4)。从整体情况看，2016 年钢铁企业库存低于上年同期。

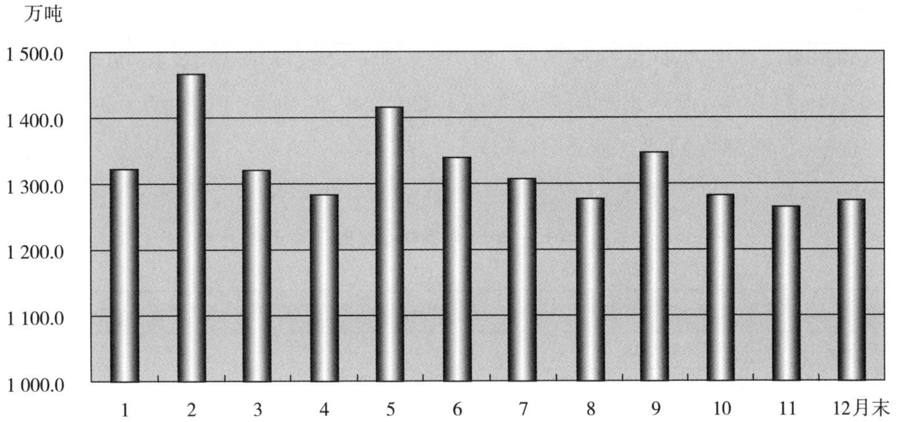

图4 2016年钢铁企业库存情况

(三)钢材出口有所下降，铁矿石进口持续增长

2016年，全年出口钢材10 849.2万吨，同比下降3.5%，进口钢材1 321.4万吨，同比增长3.4%；钢材净出口9 527.7万吨，折合粗钢净出口9 858万吨，同比下降4.4%，净出口量占全国粗钢产量的12.2%。2016年进口铁矿石102 412.4万吨，同比增长7.5%。

进出口价格方面，2016年，进口钢材均价995美元/吨，比2015年进口均价下降126美元/吨；出口均价502美元/吨，比2015年出口均价下降57美元/吨。铁矿石进口平均价格为56.3美元/吨，比2015年进口均价下跌4.2美元/吨。

进出口区域方面，2016年，中国进口钢材主要来源于日本、韩国和中国台湾地区，三地合计占钢材进口总量的87.1%，其中从韩国进口量比上年增长10.3%，从日本进口量比上年增长0.9%，从中国台湾地区进口量比上年下降0.5%。中国出口钢材主要区域为东盟、中东地区和韩国，出口量占总出口量的63.7%，占比比上年增长5.7个百分点；2016年，向欧盟、印度、土耳其出口量大幅下降，比上年分别下降24.7%、30.4%、31.3%。

进出口钢材品种方面，进口钢材以板材为主，全年板材进口量占钢材总进口量的83.9%；进口量增速较高的品种有特厚板同比增长81.1%、厚钢板同比增长14.7%、冷轧薄板同比增长15.4%、热轧薄宽钢带同比增长21.0%；进口量下降明显的品种主要有铁道用材同比下降17.3%、钢筋同比下降18.7%、热轧薄板同比下降27.7%、彩涂板同比下降22.2%、热轧窄钢带同比下降9.8%。出口方面，板带材出口量占钢材出口总量的44.3%；长材占42.7%；管材占8.9%。

钢铁产品进出口情况见图5。

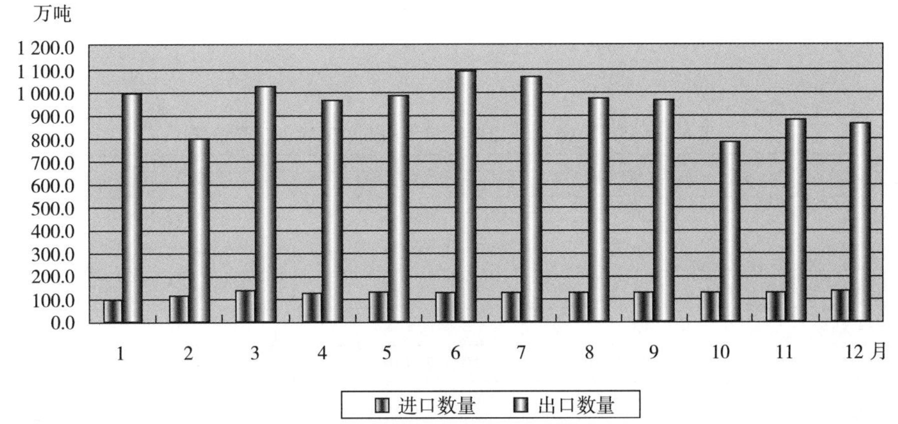

图5 2016年钢材进口、出口情况

分品种看，2016年，棒线材出口同比下降6.0%，高于整体出口降幅，其中主要是棒材出口下降3.9%、线材出口下降11.4%；板材出口同比下降0.9%，增长较快的品种为特厚板同比增长60.0%，热轧薄宽钢带同比增长25.5%，镀层板（带）同比增长10.6%，下降较多的品种为冷轧薄宽带下降33.0%，厚钢板下降27.0%，中板下降8.9%。见表4。

表4 2015—2016年钢材品种出口情况

单位：万吨、%

种 类	2016年	2015年	增减量	增减幅
钢材合计	10 849.15	11 239.93	-390.78	-3.5
棒线材	4 125.82	4 389.08	-263.26	-6.0
角型材	502.16	524.24	-22.08	-4.2
板 材	4 802.80	4 846.12	-43.32	-0.9
管 材	967.12	997.86	-30.74	-3.1
铁道用材	51.29	80.31	-29.02	-36.1
其他钢材	399.96	402.31	-2.35	-0.6

数据来源：《中国钢铁工业统计月报》（2016年12月）。

2016年，出口量及增幅较大的5个钢材品种分别是热轧不锈中厚宽钢带增长22.0%、镀铝板增长20.1%、镀锡板增长15.0%、冷轧不锈薄板增长10.5%、镀锌板增长9.1%，5个品种合计出口钢材1 480.5万吨，同比增加155.7万吨，增长11.7%。见表5。

表5 2015—2016年出口增幅较大的五种钢材出口量情况

种 类	2016年（吨）	2015年（吨）	增减量（吨）	增减幅（%）
热轧不锈中厚宽钢带	143.6	117.7	25.9	22.0
镀铝板	134.0	111.6	22.4	20.1
镀锡板	117.7	102.4	15.3	15.0
冷轧不锈薄板	111.5	100.9	10.6	10.5
镀锌板（带）	973.7	892.2	81.4	9.1
合 计	1 480.5	1 324.9	155.7	11.7

数据来源：《中国钢铁工业统计月报》（2016年12月）。

2016年，出口量及降幅较大的5个钢材品种分别是钢轨下降39.2%、冷轧薄宽带下降33.0%、热轧合金钢盘条下降11.3%、热轧中板下降9.0%、石油天然气道无缝管下降7.4%，5种钢材出口合计2 316.7万吨，同比减少402.5万吨，下降14.8%。见表6。

表6 2015—2016年出口降幅较大的五种钢材出口量情况

种 类	2016年（吨）	2015年（吨）	增减量（吨）	增减幅（%）
冷轧薄宽带	309.7	462.5	-152.8	-33.0
热轧合金钢盘条	1 076.6	1 214.4	-137.8	-11.3
热轧中板	678.5	745.8	-67.3	-9.0
钢 轨	43.6	71.7	-28.1	-39.2
石油天然气道无缝管	208.3	224.9	-16.6	-7.4
合 计	2 316.7	2 719.2	-402.5	-14.8

数据来源：《中国钢铁工业统计月报》（2016年12月）。

(四)钢材价格波动回升,原燃料价格大幅上涨

2016 年,钢材价格在经历连续四年下跌后波动回升,整体高于 2015 年水平。2016 年年底国内钢材综合价格指数回升到 99.5 点,同比上涨 43.1 点,涨幅 76.5%。长材价格指数和板材价格指数涨跌趋势与钢材综合价格指数基本一致,2016 年年度长材价格指数 97.6 点,同比上涨 40.7 点,涨幅 71.5%;板材价格指数 104.6 点,同比 47.8 点,涨幅 84.2%。

2016 年钢材综合价格指数呈现波动回升走势,波动幅度较大。2016 年钢材价格指数见图 6。

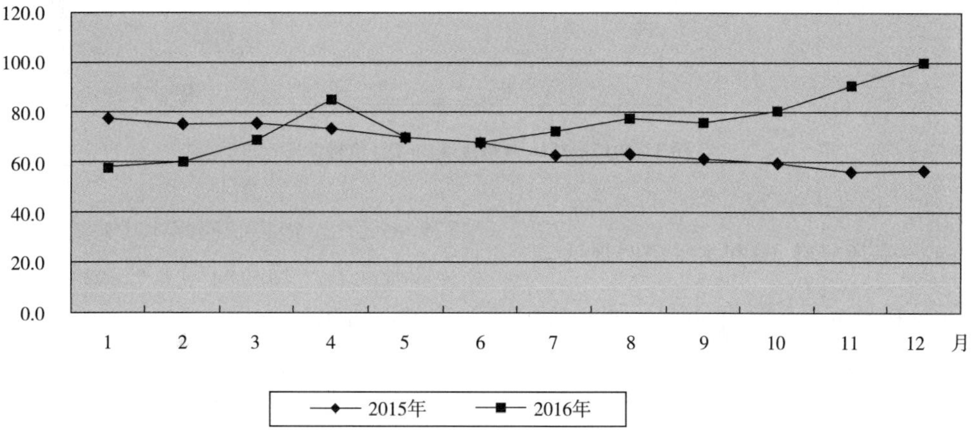

图 6　2015—2016 年国内钢材价格指数情况

2016 年,中国进口铁矿石全年平均价格为 56.3 美元/吨,同比下跌 4.24 美元/吨,降幅 7.0%。分月看,全年铁矿石价格呈波动上涨走势。1—3 月,进口铁矿石平均价格仍然在 50 美元/吨以下,4 月、5 月快速上涨,12 月份平均价格达到 68.14 美元/吨。见图 7。

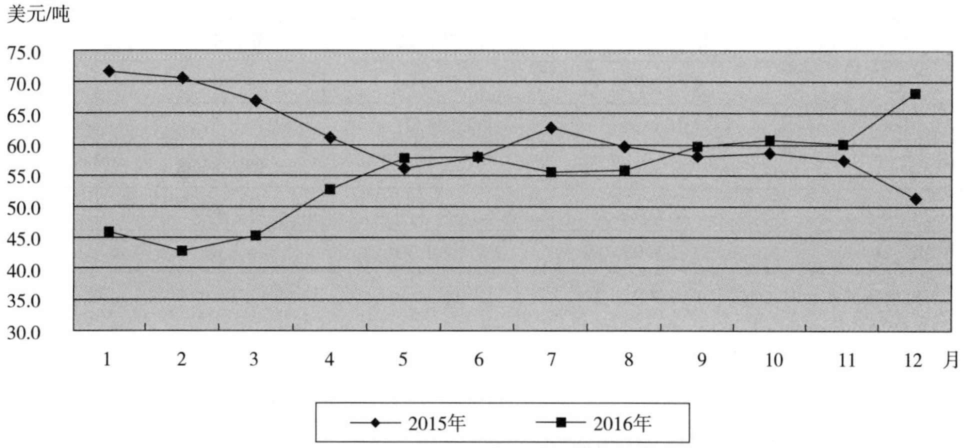

图 7　2015—2016 年进口铁矿石价格情况

2016 年,大中型钢铁企业炼焦煤(十级)各月平均采购价格逐月上涨,全涨幅较大。12 月底平均价格涨至 1 565 元/吨,比 1 月底上涨 151.2%。见图 8。

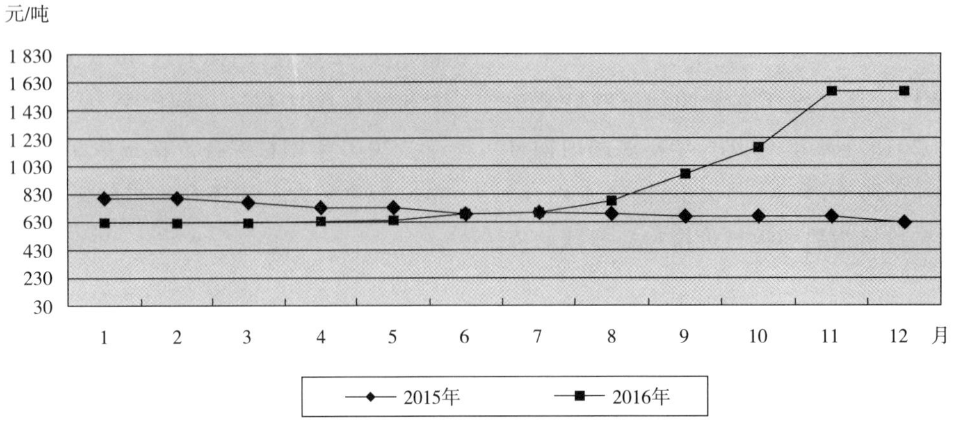

图 8　2015—2016 年炼焦煤(十级)价格情况

(五)经济效益有所好转,盈利水平仍然很低

2016 年,钢铁协会重点统计的 99 户大中型钢铁企业实现工业总产值(现价)约 23 557 亿元,比 2015 年增加 144.5 亿元,增长 0.6%;实现销售收入 28 021.8 亿元,比 2015 年减少 517.1 亿元,下降 1.8%;实现利润总额 303.8 亿元,2015 年为亏损 779.4 亿元。销售利润率 1.1%,仍然远低于规模以上工业企业平均利润率水平;全年亏损企业 20 户,比 2015 年减少 30 户,亏损面 20.0%;亏损企业亏损总额超过 278 亿元,比 2015 年减少 669.8 亿元。2016 年重点统计钢铁企业经济效益有所好转,但只是走出了低谷,还没有完全走出困境。见表 7。

表 7　2016 年重点统计钢铁企业经济效益指标

指　标	2016 年(亿元)	2015 年(亿元)	增减量(亿元)	增减幅(%)
工业总产值(现价)	23 556.95	23 412.47	144.48	0.62
产品销售收入	28 021.81	28 538.92	-517.12	-1.81
产品销售成本	25 558.75	27 261.22	-1 702.47	-6.25
期间费用	2 529.05	2 572.04	-43.00	-1.67
实现利税	1 168.26	-153.27	1 321.53	-862.22
利润总额	303.78	-779.38	1 083.16	扭亏为盈
亏损企业亏损额	278.01	947.84	-669.83	-70.67
销售利润率(%)	1.08	-2.73	+3.81 个百分点	—

数据来源:《中国钢铁工业统计月报》(2016 年 12 月)。

二、转型升级,淘汰落后,节能减排取得新成果

2016 年,钢铁行业总体实现扭亏为盈,钢铁企业加大了节能减排的工作力度,节能减排管理及相关技术进步取得较大提高,各项节能减排指标持续改善,节能降耗为钢铁企业系统降本做出了贡献。

(一)节能情况

1. 总能耗、吨钢综合能耗同比略有增长,吨钢可比能耗、吨钢耗电同比下降。2016 年,重点统计钢铁企业总能耗累计 27 535.1 万吨标准煤,同比增长 1.1%。见图 9。

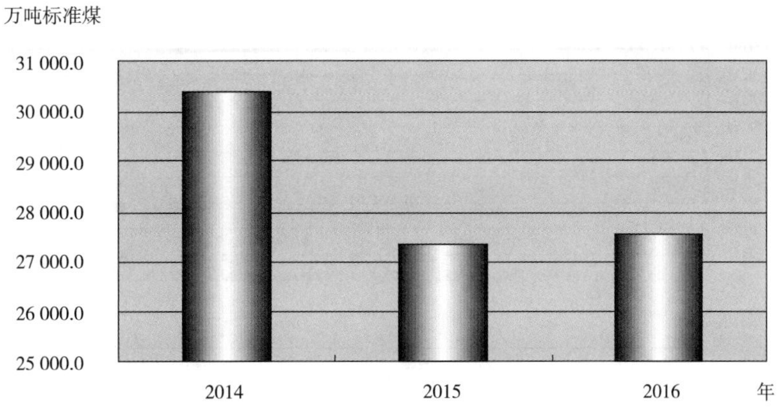

图9　2014—2016 年重点统计钢铁企业总能耗情况

数据来源:《中国钢铁工业环境保护统计月报》。

吨钢综合能耗累计 585. 7 千克标准煤/吨,同比增长 2. 1%;吨钢可比能耗累计 535. 8 千克标准煤/吨,同比下降 0. 6%;吨钢耗电 467. 7 千瓦时/吨,同比下降 1. 3%,见图 10。

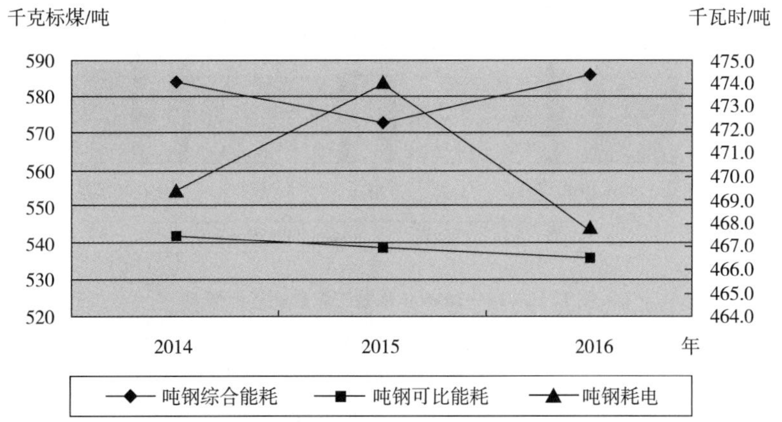

图10　2014—2016 年综合能耗指标情况

数据来源:《中国钢铁工业环境保护统计月报》。

2. 烧结工序能耗同比上升,球团、焦化工序能耗同比下降。2016 年,烧结、球团、焦化工序能耗分别为 48. 4 千克标煤/吨、26. 8 千克标煤/吨和 96. 9 千克标煤/吨,分别同比增加 0. 5 千克标煤/吨、减少 0. 5 千克标煤/吨、减少 2. 8 千克标煤/吨,烧结工序能耗同比增长 1. 0%、球团、焦化工序分别同比下降 1. 9%和 2. 8%,见图 11。

与 2014 年相比,烧结、球团、焦化工序能耗分别降低 0. 09 千克标煤/吨、0. 48 千克标煤/吨和 1. 01 千克标煤/吨,同比分别下降 0. 2%、1. 8%和 1. 0%。

焦炉煤气放散量 36 402 万立方米,同比增加 21 483万立方米,同比增长 1. 1%,放散率 1. 05%,较上年上升了 0. 01 个百分点。

3. 炼铁工序能耗有所增长。2016 年全年,炼铁工序能耗达到 391. 5 千克标煤/吨,同比增加 3. 5 千克标煤/吨,增长 0. 9%。高炉煤气放散量累计 640 695万立方米,同比减少 125 962 万立方米,降幅 16. 4%。高炉煤气放散率下降到 1. 1%,同比下降 0. 2 个百分点,见图 12。

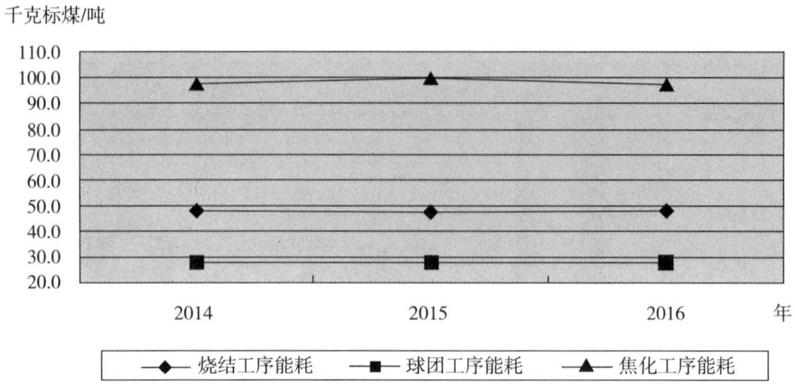

图 11　2014—2016 年铁前工序能耗指标情况

数据来源:《中国钢铁工业环境保护统计月报》。

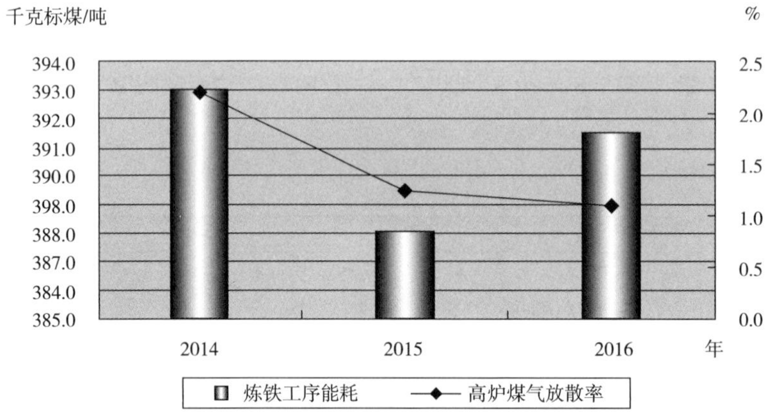

图 12　2014—2016 年炼铁工序能耗指标情况

数据来源:《中国钢铁工业环境保护统计月报》。

与 2014 年相比,炼铁工序能耗下降了 1.5 千克标煤/吨,降幅 0.4%,高炉煤气放散量减少 820 358 万立方米,降幅 56.2%,放散率比 2014 年降低 1.2 个百分点。

4. 炼钢工序能耗继续下降。2016 年全年,转炉工序能耗 -13.2 千克标煤/吨,同比下降 1.6 千克标煤/吨,其中铁水预处理能耗 0.4 千克标煤/吨,同比下降 9.8%;转炉冶炼能耗 -19.5 千克标煤/吨,同比减少了 2.9 千克标煤/吨;转炉二次冶金能耗 7.8 千克标煤/吨,同比增长 12.0%;转炉连铸能耗 6.8 千克标煤/吨,同比下降 10.0%。

转炉煤气回收量和转炉煤气吨钢回收量同比增加。2016 年重点统计钢铁企业回收量达到 4 664 160万立方米,同比增长 3.4%,比 2014 年增长了 4.4%;转炉煤气吨钢回收量 114 立方米/吨,同比增长 6.5%,比 2014 年增长了 7.6%。

2016 年,电炉工序能耗为 52.7 千克标煤/吨,同比下降 12.8%(与 2014 年相比下降了 10.0%),其中电炉冶炼能耗 41.5 千克标煤/吨,同比下降 16.9%;电炉二次冶金能耗 12.1 千克标煤/吨,同比下降 1.8%;电炉连铸能耗 15.1 千克标煤/吨,同比下降 6.5%。

电炉冶炼电耗 195.1 千瓦时/吨,同比增长 8.3%;电炉二次冶金电耗 86.9 千瓦时/吨,同比增长 1.2%。

5. 钢加工工序能耗同比下降。2016 年钢加工工序能耗为 56.1 千克标煤/吨,同比下降 3.5%,其中热轧工序能耗 48.4 千克标煤/吨,同比下降 3.9%;冷轧工序能耗 66.3 千克标煤/吨,同比下降 1.9%,见图 13。

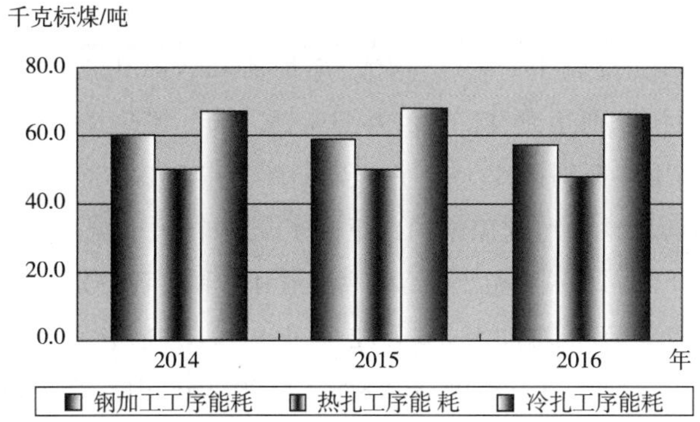

图 13　2014—2016 年钢加工工序能耗情况

数据来源:《中国钢铁工业环境保护统计月报》。

热轧工序能耗中,大型、中型、小型轧机能耗、线材轧机、中厚板轧机、热轧宽带钢轧机、热轧窄带钢轧机、热轧无缝管轧机能耗均呈现同比下降态势,同比降幅最大的是热轧窄带钢轧机能耗,同比下降13.0%。冷轧工序中,冷轧宽带钢轧机能耗和涂层工序能耗分别同比下降 2.2% 和 13.8%,冷轧窄带钢轧机能耗和镀层工序能耗分别同比上升 8.8% 和 3.7%。

(二)减排情况

1. 用水总量、取新水量同比下降,水重复利用率持续升高。2016 年,重点统计钢铁企业用水总量累计 788.3 亿立方米,同比下降 4.2%,其中:取新水量累计 18.1 亿立方米,同比减少 1 亿立方米,下降 5.0%;重复用水量累计 770.2 亿立方米,同比减少 33.3 亿立方米,下降 4.1%,见图 14。

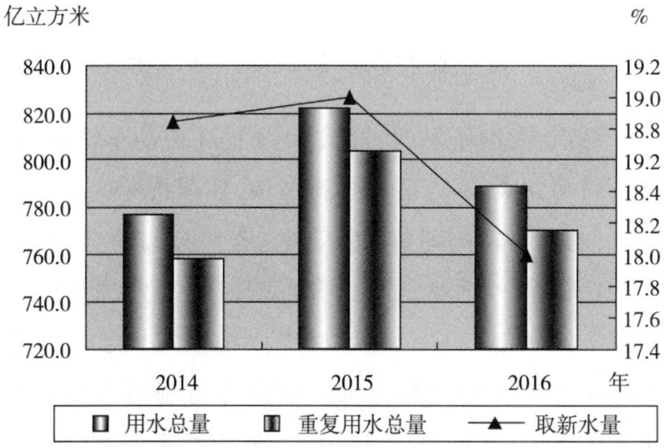

图 14　2014—2016 年用水总量、重复用水、取新水量情况

数据来源:《中国钢铁工业环境保护统计月报》。

2016 年全年中国钢铁工业协会重点统计企业水重复利用率达到 97.7%,比上年提高 0.02 个百分点。累计吨钢耗新水量下降到 3.175 立方米/吨,与上年相比减少 0.1 立方米/吨。

重点统计钢铁企业吨钢耗新水量在报告期内逐年下降,从 2014 年的 3.4 立方米/吨降到 2016 年的 3.2 立方米/吨,降幅 5.4%。水重复利用率呈现上升趋势,从 2014 年的 97.6% 上升到 2016 年的 97.7%,提高了 0.14 个百分点。

2. 废水及主要污染物排放同比下降。2016 年,重点统计钢铁企业外排废水量累计排放 47 744.5 万立方米,同比减少 236 万立方米,同比下降 0.5%,见图 15。

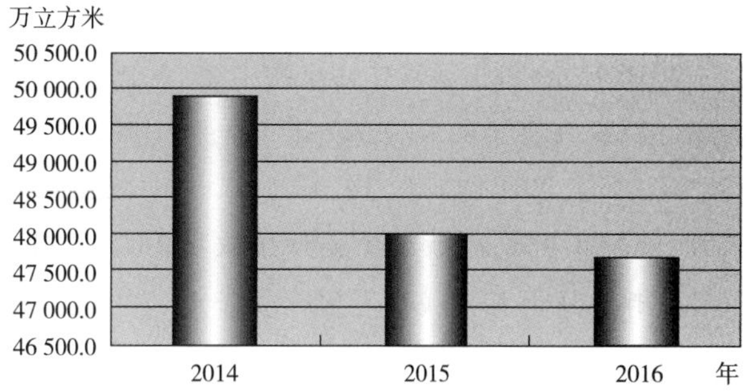

图 15　2014—2016 年外排废水量情况

数据来源:《中国钢铁工业环境保护统计月报》。

近三年来,重点统计钢铁企业外排废水量呈逐年下降趋势,从 2014 年全年 49 899.1 万立方米下降到 2016 年 47 744.5 万立方米,下降了 4.3%,相对于 2007 年则下降了 63.5%。

2016 年全年外排废水中,各项指标同比下降明显,其中化学需氧量累计 11 962 吨,同比下降 17.7%;氨氮累计 1 082.5 吨,同比下降 4.0%;挥发酚累计 10.5 吨,同比下降 14.6%;氰化物累计 11.1 吨,同比下降 32.1%;悬浮物累计 7 653.9 吨,同比下降 16.6%;石油类累计 313.7 吨,同比下降 12.2%。

近三年来,各项污染物累计排放量呈现逐年递减趋势。2016 年全年,钢铁行业化学需氧量、氨氮、挥发酚、氰化物、悬浮物、石油类累计排放量与 2014 年时相比,分别减排 6 738.5 吨、404.3 吨、5.4 吨、5.2 吨、5 398.3 吨和 197.9 吨,分别下降 36.0%、27.2%、34.0%、31.9%、41.4%、38.7%。

3. 废气排放量总体上升,主要污染物呈下降趋势。2016 年全年，重点统计钢铁企业废气累计排放量 131 645.7 亿标准立方米，同比增加 5 474.9 亿标准立方米，增幅 4.3%，见图 16。

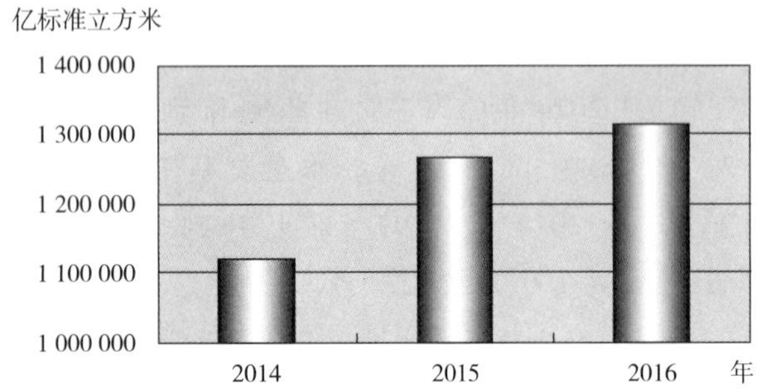

图 16　2014—2016 年废气排放量情况

数据来源：《中国钢铁工业环境保护统计月报》。

2016 年全年，主要气体污染物中，二氧化硫累计排放量 39.4 万吨，同比减排 11.4 万吨，降幅 22.5%；烟尘累计排放量 14.4 万吨，同比减排 1.3 万吨，降幅 8.4%；工业粉尘累计排放量 28.1 万吨，同比减排 4.4 万吨，降幅 13.6%，见图 17。

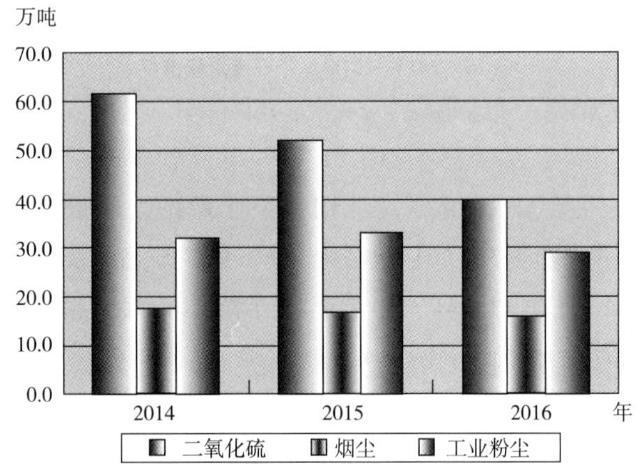

图 17　2014—2016 年二氧化硫、烟粉尘、工业粉尘排放量情况

数据来源：《中国钢铁工业环境保护统计月报》。

近三年来，主要污染物气体排放量总体呈现下降趋势。与 2014 年相比，二氧化硫、烟尘、工业粉尘排放量分别减排 23 万吨、减排 1.6 万吨、减排 2.9 万吨，降幅分别为 36.7%、10.0%、9.2%。

4. 固体废弃物产生量同比有增有降。2016 年全年，重点统计钢铁企业钢渣、高炉渣和含铁尘泥累计产生量分别为 6 992.3 万吨、20 180.8 万吨和 3 359.1 万吨，同比分别减少 53.1 万吨（降幅 0.8%）、增加 371.7 万吨（增幅 1.9%）、减少 45.4 万吨（降幅 1.3%）。钢渣、高炉渣和含铁尘泥的利用率分别达到 97.6%、98.3%、9.5%，钢渣、高炉渣利用率分别同比上升了 1.6 个百分点和 0.1 个百分点，含铁尘泥利用率同比下降了 0.3 个百分点。

与 2014 年相比，钢渣、高炉渣和含铁尘泥分别减少 157.9 万吨、增加 584.6 万吨、减少 97.2 万吨，分别下降 2.2%、增长 3.0%，下降 2.8%。与 2014 年相比，钢渣利用率提高了 0.9 个百分点，高炉渣、含铁尘泥利用率分别下降 0.2 个百分点和下降 0.3 个百分点。

5. 可燃气体产生量及利用率同比有增有降。2016 年全年，重点统计钢铁企业高炉煤气、转炉煤气和焦炉煤气累计产生量分别为 8 577.5 亿立方米、577.5 亿立方米和 473 亿立方米，其中高炉煤气同比减少 144.7 亿立方米（降幅 1.7%），转炉煤气同比增加 7.2 亿立方米（增幅 1.3%）、焦炉煤气同比减少 18.8 亿立方米（降幅 3.8%）。高炉煤气、转炉煤气、焦炉煤气利用率分别为 98.3%、97.7%、98.6%，高炉煤气、转炉煤气利用率分别同比提高 1.1 个百分点和 0.4 个百分点，焦炉煤气利用率同比下降 0.1 个百分点。

三、积极调整产品结构，适应市场需求

优化供给端产品结构是实现供给侧结构性改革的重要任务之一，随着改革的推进，钢铁企业不断强化产品创新与升级，在满足高端产品市场需求，替代产品进口方面取得新进展，促使中国钢铁产品品种结构更加合理，适应国际国内市场需求的能力进一步提升。

（一）一批企业在新产品研发方面取得突破

马钢、太钢研发的时速 350 公里高速动车组轮、轴材料顺利完成 60 万公里运行考核，各项指标达到技术要求，通过了转产评审，进入到正常生产订货阶段，为高铁轮轴国产化奠定基础。首钢研制开发的高强度易焊接特厚钢板与配套焊材焊接技术实现了大型水电站压力钢管用钢新突破。宝钢等研制的大型轻量化液压支架，实现减重 14.0%，满足了液压支架向大采高、大阻力、轻量化发展要求。鞍钢打破国内双相不锈钢板宽幅极限，实现中国核电关键设备与材料国产化、自主化的重大突破，结束了该品种依赖进口的局

面。太钢针对高强钢的稳定控制、载货车轻量化设计、车辆成型加工等问题开展研究，目前已完成原型车的设计制造，减重可达15.0%。兴澄特钢采用连铸工艺生产出高质量曲轴、齿条、凸轮等汽车用钢产品；研发的250毫米厚度EH36钢板，成功应用于中国“海洋石油162”首座移动式试采平台，一举打破国外垄断。龙凤山铸业在原有高纯生铁技术的基础上成功研发出应用于核电、风电、高速列车等高端铸件的超高纯生铁，为中国装备制造业提供更优质的原材料。

（二）板带材比重上升，长材和管材比重略有下降

2016年，全国生产长材48 106.5万吨，比2015年下降0.4%，其中钢筋和线材和中小型型钢产量下降，棒材和大型型钢产品有所增长。生产板带材51 885.7万吨，比2015年增长6.1%；增长以薄板带为主，其中热轧薄板增长21.8%，冷轧薄宽钢带增长17.1%，镀金板（带）增长13.4%，涂层板（带）增长10.5%；而中厚板产量均有所下降，其中特厚板下降0.4%，厚钢板下降0.4%，中板下降5.5%。生产管材9 759.8万吨，比2015年下降0.4%，其中焊接钢管增长1.1%，无缝钢管下降4.2%。生产铁道用钢材457.6万吨，比2015年下降4.0%，其中重轨下降2.8%，轻轨下降11.7%。2016年品种大类生产情况见表8、表9、表10。

表8　2015—2016年全国钢材分品种产量情况

种　类	2016年		2015年		同比增长率（%）	增减百分点（%）
	产量（万吨）	占比（%）	产量（万吨）	占比（%）		
钢材合计	113 801.24	100.00	111 244.01	100.00	2.30	—
铁道用材	457.64	0.40	476.70	0.43	-4.00	-0.03
长　材	48 106.52	42.27	48 318.08	43.43	-0.44	-1.16
板带材	51 885.71	45.59	48 921.91	43.98	6.06	1.62
管　材	9 759.83	8.58	9 801.82	8.81	-0.43	-0.23
其他钢材	3 591.54	3.16	3 725.50	3.35	-3.60	-0.19

数据来源：《中国钢铁工业统计月报》（2016年12月）。

表9　2015—2016年产量增幅前五种钢材产量情况

种　类	2016年（万吨）	2015年（万吨）	增减量（万吨）	增减幅（%）
热轧薄板	1 140.62	936.80	203.82	21.76
冷轧薄宽钢带	5 378.66	4 593.53	785.13	17.09
镀层板（带）	5 936.01	5 236.33	699.68	13.36
涂层板（带）	870.96	788.59	82.37	10.45
中厚宽钢带	13 188.47	12 388.59	799.88	6.46

数据来源：《中国钢铁工业统计月报》（2016年12月）。

表10　2015—2016年产量降幅前五种钢材产量情况

种　类	2016年（万吨）	2015年（万吨）	增减量（万吨）	增减幅（%）
轻　轨	72.86	82.56	-9.7	-11.75
中　板	3 598.66	3 807.35	-208.69	-5.48
无缝钢管	2 743.43	2 862.23	-118.80	-4.15
重　轨	348.56	358.58	-10.02	-2.79
线　材	14 218.77	14 573.09	-354.32	-2.43

数据来源：《中国钢铁工业统计月报》（2016年12月）。

2016年，长材和管材生产增速低于板带材增速，在板材的带动下，板管带比进一步提高。见表11。

表 11　2012—2016 年板管带比情况

种　类	2012 年(%)	2013 年(%)	2014 年(%)	2015 年(%)	2016 年(%)
板管带比	50.3	49.8	50.4	52.2	54.2

数据来源:2012—2015 年数据来源于《中国钢铁统计》(2016),2016 年数据根据《中国钢铁工业统计月报》(2016 年 12 月)计算得出。

四、化解过剩产能取得阶段性成果

随着世界经济增长不确定因素增多以及中国经济进入新常态,钢铁行业产能过剩矛盾愈发突出。中国钢铁工业经过前些年的快速发展,无论是产能规模,还是装备水平都得到了长足发展。到 2015 年年底,中国钢铁冶炼装备数量趋于稳定并有所下降,产能数量趋于稳定。随着化解过剩产能以及淘汰落后产能工作的逐步推进,钢铁产能快速增长的势头得到遏制并将有所下降。2016 年化解过剩产能超过 6 500 万吨,取得了阶段性成果。

钢铁行业化解过剩产能工作是一个复杂的系统工程,受到党中央、国务院高度重视。2016 年 2 月,国务院印发《关于钢铁行业化解过剩产能实现脱困发展的意见》,明确用 5 年时间压减粗钢产能 1 亿~1.5 亿吨。及时建立了 25 个部门和单位组成的部际联席会议制度,制定出台了奖补资金、职工安置、财税、金融、国土、环保、质量、安全 8 个方面的配套文件及措施,保障了各项工作有序扎实推进。经过政府、行业和企业的不懈努力,主要取得了以下几方面成效。

(一)超额完成去产能任务目标

2016 年实际全年退出钢铁产能超过 6 500 万吨,远超计划压减 4 500 万吨的目标任务。在这 6 500万吨中,央企 1 020 万吨,地方国企 1 600 万吨,合计占 40.0%,宝钢关停 2 500 立方米高炉、包钢拆除 1 800 立方米高炉、天钢关停 110 吨电炉等,一大批特大型企业按要求提前完成任务,起到了带头引领示范作用。钢铁协会会员钢铁企业主动压减过剩产能,退出产能合计 4 900 万吨,占任务完成的 75.0%,这些企业无论是国有还是非国有的,都是实实在在的去产能,也确保了产能真去真退,为去产能工作扎实推进做出了积极贡献。

(二)优势产能利用率提升

2016 年,国内粗钢产量 8.1 亿吨,同比增长 1.2%;国内粗钢消费 7.1 亿吨,同比增长 2.1%。粗钢产量最高是 2014 年的 8.2 亿吨,消费最高是 2013 年的 7.6 亿吨。2016 年国内粗钢生产消费增长满足了中国经济增长 6.7% 的需求,但也只是恢复性增长,预计 2016 年中国钢铁产能利用率有望恢复到 74.0% 左右。正是由于去产能工作的推进,特别是退出相当一部分违法违规产能、落后产能,严禁了新增产能,才使优势产能得以发挥。这恰恰是中国在保持市场消费平稳的同时推进供给侧结构性改革成效的显现。

(三)行业经济效益明显好转

国内市场消费恢复性增加,钢材价格合理回归,中国钢材价格指数 2016 年年底上涨到 99.5 点,同比上涨 43.1 点,涨幅 76.5%。企业生产经营预期向好,通过加大内部挖潜、合理安排产销,提升了运营水平,2016 年钢协会员钢铁企业实现利润总额超过 300 亿元,与 2015 年亏损 800 亿元相比,实现了1 100亿元进步;销售收入利润率由 2015 年的 -2.7% 上升为 1.1%;资产负债率由 2015 年的 70.6% 下降为 69.6%。钢铁企业生产经营效率明显提升,有力地提振了行业士气和进行结构性改革的信心。

(四)职工妥善安置,确保了去产能顺利推进

妥善安置职工是去产能工作的重中之重,国家拨付专项奖补资金用于去产能过程中的职工分流安置,2016 年钢铁行业去产能涉及安置职工 20 万人左右。国家有关部门和各级地方政府千方百计为企业创造条件,制定职工培训计划,编制职工分流安置方案、风险防范预案,对就业困难人员通过发放社保补贴、安排公益性岗位进行托底帮扶,确保分流职工再就业、有收入。钢铁企业在职工安置方面充分发挥了主体作用,通过支持自主创业、劳务输出、内部退养和解除

劳动关系等渠道妥善安置职工，武钢、杭钢各自制订了12种渠道，基本保障了职工转岗不下岗、转业不失业，为维护职工权益和社会稳定做出了重大贡献。

（五）行业发展信心增强，结构调整步伐加快

随着钢铁去产能工作的推进落实，企业对国家政策效果、产业发展前景的信心明显增强，为推动钢铁产业结构调整、转型升级，提升钢铁企业整体素质、核心竞争力，创造了条件。宝钢湛江基地、山钢日照基地等一批涉及产业布局优化调整的重点项目加快了建设投产进度。企业重组抓住机遇加快推进，宝钢和武钢破局性重组，打造了中国的世界级钢铁航母；中信泰富与青岛特钢跨区域重组，构建了全球最大的专业化特钢企业集团。

五、钢铁行业固定资产投资完成额连续三年同比下降

（一）黑色金属冶炼及压延加工业固定资产投资额增速连续三年负增长

2016年年底，黑色金属矿采选业与黑色金属冶炼及压延加工业合计固定资产投资完成额5 139亿元，同比下降8.6%，降幅比2014年收窄4.6个百分点。其中黑色金属矿采选业累计978亿元，同比下降28.4%，降幅比上年扩大10.6个百分点；黑色金属冶炼及压延加工业累计4 161亿元，同比下降2.2%，降幅收窄8.8个百分点。

（二）重点统计钢铁企业固定资产投资力度及热情继续保持下降态势

2016年全年，重点统计钢铁企业自年初累计完成投资额4 870 400万元，同比下降31.4%，降幅扩大19.0个百分点，连续5年同比下降，新增固定资产103.1亿元（同比下降73.4%），施工项目639个（同比减少208个），其中本年新开工项目315个（同比减少9个），本年投产项目288个（同比减少108个）。本年实际到位资金合计456亿元，同比下降33.6%，其中国内贷款120.1亿元，同比下降39.7%；企业自有资金2 112 300元，同比下降28.6%，见表12。

表12　2012—2016年重点统计钢铁企业年度固定资产投资情况

指　标		2012年（亿元）	2013年（亿元）	2014年（亿元）	2015年（亿元）	2016年（亿元）
1. 自年初累计完成投资		1 182.15	1 006.69	811.14	710.12	487.04
2. 本年实际到位资金合计		1 207.46	1 041.94	879.60	686.94	455.98
其中：上年结余	（%）	20.75	29.21	19.52	52.17	40.67
3. 本年实际到位资金小计		1 186.71	1 012.74	860.08	634.77	415.31
（1）国家预算内资金	（%）	0.29	0.29	0.20	0.20	0.43
（2）国内贷款		154.32	107.18	45.30	199.12	120.06
（3）债　券	（%）	0.00	0.00	0.00	0.00	0.00
（4）利用外资	（%）	0.00	0.63	0.25	0.48	0.00
（5）自筹资金		1 018.53	893.01	808.45	431.06	287.26
其中：企事业单位自有资金		582.04	496.56	333.68	295.96	211.23
4. 其他资金来源	（%）	13.57	11.63	5.90	3.92	7.56

数据来源：《中国钢铁工业统计月报》（2016年12月）。

通过表12可以得知2016年重点统计钢铁企业固定资产投资方面出现了以下四个特点：第一，本年实际到位资金合计逐年下降，且达到近五年新低，仅为2012年的37.8%，表明5年来钢铁企业固定资产投资的资金逐步减少；第二，自年初累计完成投资额逐年降低，尤其是2016年，比上年减少近50.0%，一方面表明去产能各项措施抑制了固定资产投资的增长，另一方面表明金融机构对钢铁企业融资的条件越来越苛刻，导致融资环境并未得到改善；第三，国内贷款同比下降39.7%，国内贷款占本年实际到位

资金小计的28.9%，同比下降2.5个百分点，显示出国内融资环境并未得到实际改善；第四，自筹资金用于固定资产投资的额度达到近5年来最低值，但占本年实际到位资金小计比重上升了1.3个百分点，自有资金占比同比上升主要是国内贷款额同比降幅高于自有资金的同比降幅所致。

重点统计企业固定资产投资热情进一步遭到遏制，2012—2016年期间，重点统计钢铁企业自年初累计完成投资额呈逐年下降趋势，至2016年年底达到了新低（见图18），其同比增速连续5年呈现同比负增长。

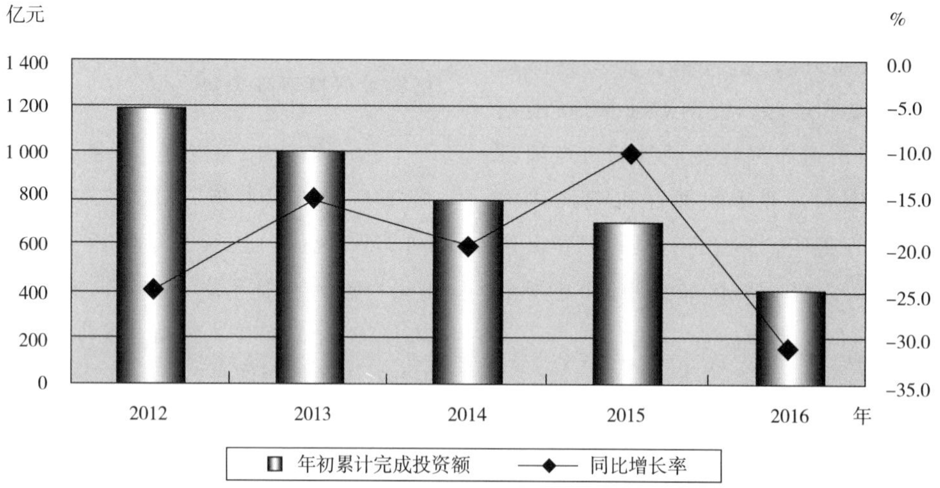

图18　2012—2016年重点统计钢铁企业自年初累计完成投资额及同比增长率情况

数据来源：《中国钢铁工业统计月报》（2016年12月）。

2016年，重点统计钢铁企业建设项目计划总投资3 069.6万元，同比下降46.1%，其中本年新开工项目投资额104.8亿元，同比下降53.8%，本年新开工项目投资额占建设项目计划总投资额的比重仅为3.4%，达到近五年最低值（见图19），表明重点统计钢铁企业新开工项目的热情持续下降。

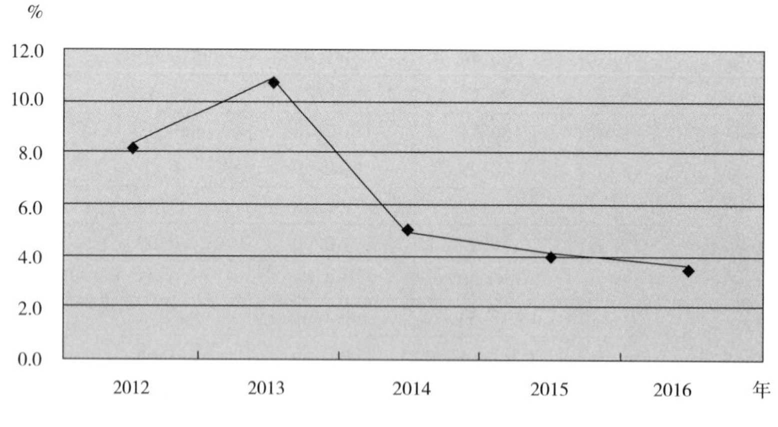

图19　2012—2016年重点统计钢铁企业本年新开工项目投资额占建设项目计划总投资额比重情况

数据来源：《中国钢铁工业统计月报》（2016年12月）。

（审稿：王德春
撰稿：王贺彬）

2016 年石油和化学工业发展综述

中国石油和化学工业联合会

2016 年,面对复杂严峻的宏观经济形势和行业发展中错综交织的深层次矛盾,石油和化工行业按照党中央、国务院决策部署,积极落实“五位一体”总体战略,坚持稳中求进的总基调,大力推进产业结构调整、创新驱动和化解产能过剩,行业经济运行稳中有进,稳中向好,实现了“十三五”良好开局。

一、2016 年行业经济运行基本情况

(一)石油和化学工业

2016 年,石油和化学工业规模以上企业29 624家,全行业增加值同比增长 7.0%;实现主营业务收入 132 853.1 亿元,增长 1.7%;利润总额 6 444.4亿元,与上年基本持平,分别占全国规模工业主营收入和利润总额的 11.5% 和 9.4%;完成固定资产投资 21 522.2 亿元,下降 5.9%,占全国工业投资总额的 9.4%;资产总计 125 400 亿元,增幅 3.9%,占全国规模工业总资产的 11.7%;进出口贸易总额 4 778.2 亿美元,下降 9.2%,占全国进出口贸易总额的 13.0%,其中出口 1 708.7 亿美元,降幅 6.1%,占全国出口贸易总额的 8.1%。见表 1。

表 1　2016 年石油和化工行业主要经济指标完成情况

项　目		1—3 月	1—6 月	1—9 月	1—12 月
增加值增幅	(%)	9.1	8.7	8.0	7.0
主营收入	(亿元)	29 984.4	62 295.8	95 440.0	132 853.1
同　比	(%)	-0.5	-1.1	-0.5	1.7
利润总额	(亿元)	1 165.4	2 887.0	4 374.9	6 444.4
同　比	(%)	5.1	-7.2	-3.1	0.0
投资总额	(亿元)	—	—	—	21 522.2
同　比	(%)	—	—	—	-5.9
进出口总额	(亿美元)	1 054.1	2 254.6	3 492.2	4 778.2
同　比	(%)	-17.8	-15.0	-13.0	-9.2

2016 年,石油和化工行业主营收入利润率为 4.9%,同比下降 0.08 点;每 100 元主营收入成本为 84.30 元,上升 0.25 元。全年产成品存货周转天数为 13.2 天;应收账款平均回收期 25 天;全行业亏损面 13.6%。

根据中国石油和化学工业联合会发布的景气指数显示,2016 年 12 月,中国化学工业景气指数为 92.4,较上月上升 1.5 点;油气行业景气指数为 94.1,较上月大幅上升 7.6 点。均创两年来新高。见图 1。

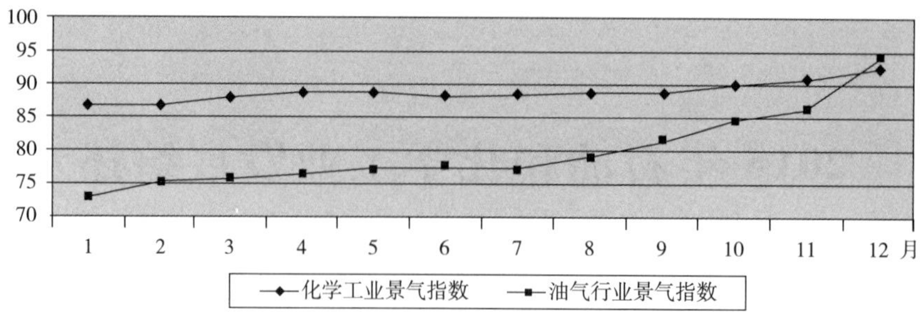

图 1　2016 年化学工业和油气行业景气指数变化情况

(二)石油和天然气开采业

2016 年,石油和天然气开采业规模以上企业 293 家,行业增加值同比下降 3.6%;实现主营收入 7 854.9 亿元,同比下降 17.3%;利润净亏损 543.6 亿元,上年为盈利 857.8 亿元;资产总计 22 600 亿元,下降 3.8%;完成固定资产投资 2 331 亿元,下降 31.9%。见表 2。

表 2　2016 年石油天然气开采业主要经济指标完成情况

项　目		1—3 月	1—6 月	1—9 月	1—12 月
增加值增幅	(%)	1.3	-2.0	-3.3	-3.6
主营收入	(亿元)	1 572.9	3 503.1	5 459.9	7 854.9
同　比	(%)	-28.8	-24.7	-22.6	-17.3
利润总额	(亿元)	-302.3	-412.6	-435.8	-543.6
同　比	(%)	—	—	—	—
投资总额	(亿元)	—	—	—	2 331.0
同　比	(%)	—	—	—	-31.9

2016 年,全国石油天然气总产量 3.3 亿吨(油当量),同比下降 3.0%。其中,原油产量 2 亿吨,下降 6.9%;天然气产量 1 368.3 亿立方米,增长 2.2%;液化天然气产量 695.3 万吨,增幅 29.9%。全年进口原油 3.8 亿吨,同比增长 13.6%;进口天然气 752.4 亿立方米,增长 22.0%。

石油天然气开采业主营收入利润率为 -6.9%,上年为 9.0%;每 100 元主营收入成本 87.9 元,同比增加 13.4 元。全年产成品存货周转天数为 5.7 天;应收账款平均回收期为 34.1 天;行业亏损面为 39.2%。

(三)石油加工业

2016 年,石油加工业规模以上企业 1 397 家,行业增加值同比增长 7.3%;实现主营收入 28 764.1 亿元,下降 2.0%;利润总额达 1 703.6 亿元,创历史纪录,增幅 120.4%;资产总计 17 900 亿元,增长 8.9%;完成固定资产投资 2 125.3 亿元,增长 7.3%。见表 3。

表 3　2016 年石油加工业主要经济指标完成情况

项　目		1—3 月	1—6 月	1—9 月	1—12 月
增加值增幅	(%)	11.3	9.4	8.1	7.3
主营收入	(亿元)	6 500.7	13 543.9	20 637.6	28 764.1
同　比	(%)	-3.1	-7.3	-5.8	-2.0
利润总额	(亿元)	406.6	878.6	1 203.1	1 703.6
同　比	(%)	—	177.3	202.6	120.4
投资总额	(亿元)	—	—	—	2 125.3
同　比	(%)	—	—	—	7.3

2016年,全国原油加工量5.4亿吨,同比增长2.8%;成品油产量(汽、煤、柴油合计,下同)3.5亿吨,增长2.5%,其中,柴油产量1.8亿吨,下降1.3%;汽油产量1.3亿吨,增长6.4%。全年出口成品油3 820.2万吨,增长50.2%;出口总额167.5亿美元,增幅11.6%。

石油加工业主营收入利润率为5.9%,同比上升3.3点;每100元主营收入成本75.1元,下降2.9元。全年产成品存货周转天数为11天;应收账款平均回收期为9.4天;行业亏损面为16.2%。

(四)化学工业

2016年,化学工业规模以上企业26 409家,行业增加值增幅8.0%;实现主营收入92 124.5亿元,同比增长5.3%;利润总额5 073.2亿元,增幅11.7%;完成固定资产投资16 148.5亿元,下降0.7%;资产总计80 400亿元,增长5.2%;出口贸易总额1 412.9亿美元,下降7.1%。见表4。

表4　2016年化学工业主要经济指标完成情况

项　目		1—3月	1—6月	1—9月	1—12月
增加值增幅	(%)	9.1	9.5	9.0	8.0
主营收入	(亿元)	19 999.7	43 298.2	66 451.5	92 124.5
同　比	(%)	3.6	3.7	3.8	5.3
利润总额	(亿元)	1 017.3	2 325.8	3 473.1	5 073.2
同　比	(%)	19.8	13.8	13.9	11.7
投资总额	(亿元)	—	—	—	16 148.5
同　比	(%)	—	—	—	-0.7
进出口总额	(亿美元)	326.4	694.8	1 164.7	1 412.9
同　比	(%)	-10.0	-8.1	-7.5	-7.1

2016年,全国主要化工产品总产量约56 900万吨,同比增幅2.0%。其中,化肥总产量(折纯)7 004.9万吨,下降4.8%;烧碱产量3 283.9万吨,增长8.8%;乙烯产量1 781.1万吨,增长3.9%;合成材料总产量14 200万吨,增长8.0%。全年轮胎外胎产量94 700万条,增幅8.6%。

2016年,国内橡胶制品出口总额443.5亿美元,占石油和化工行业出口总额的26.0%,同比下降8.1%;化肥出口量和出口额分别为2 786.4万吨(实物量)和66.3亿美元,下降21.5%和39.5%。

化学工业主营收入利润率为5.5%,同比上升0.3点;每100元主营收入成本86.7元,下降0.3元。全年产成品存货周转天数为13.9天;应收账款平均回收期为27天;行业亏损面为12.9%。

(五)专用设备制造业

2016年,专用设备制造业规模以上企业1 525家,实现主营收入4 109.7亿元,同比下降4.1%;利润总额211.2亿元,降幅23.5%;资产总计4 419.8亿元,增长3.6%;完成固定资产投资917.5亿元,下降23.9%。见表5。

表5　2016年专用设备制造业主要经济指标完成情况

项　目		1—3月	1—6月	1—9月	1—12月
主营收入	(亿元)	911.2	1 950.5	2 891.0	4 109.7
同　比	(%)	0.1	-1.3	-2.1	-4.1
利润总额	(亿元)	43.7	95.1	134.5	211.2
同　比	(%)	-16.4	-19.0	-19.6	-23.5
投资总额	(亿元)	—	—	—	917.5
同　比	(%)	—	—	—	-23.9

2016 年生产石油钻井设备 21.4 万台(套),同比下降 12.2%;生产炼化专用设备 186.7 万吨,下降 13.6%。

专用设备制造业主营收入利润率为 5.3%,同比下降 0.2 点;每 100 元主营收入成本 87.5 元,上升 1.4 元。全年产成品存货周转天数为 23.6 天;应收账款平均回收期为 72.8 天;行业亏损面为 17.8%。

二、行业经济运行的主要特点

(一)经济增长分化

2016 年,石油和化工行业经济增长显著分化。从增加值看,全行业增加值同比增长 7.0%,比上年回落 1.5 个百分点。其中,化学工业增长 8.0%,炼油业增长 7.3%,油气开采业下降 3.6%。化学工业中,专用化学品、农药和合成材料制造等增加值增速较高,分别为 10.8%、10.8% 和 10.0%。化肥制造和化学矿采选等增加值增速只有 3.6% 和 5.4%。

从主营收入情况看,三大板块中,油气开采业降幅较大,达 17.3%;石油加工业则小幅下降 2.0%。化学工业收入增长 5.3%,其中专用化学品和合成材料收入增长较快,均为 7.6%;基础化学原料制造增长次之,为 6.7%;而化肥行业则是下降 4.5%,橡胶制品业增速也只有 2.6%。

从主要产品产量看,原油产量降幅达 6.9%,2010 年以来首次下降。汽油、煤油产量增幅分别为 6.4% 和 8.9%,而柴油则下降 1.3%。主要化学品中,无机化学原料产量增幅仅为 2.2%,但有机化学原料和合成材料增幅分别为 5.7% 和 8.0%。见图 2、图 3。

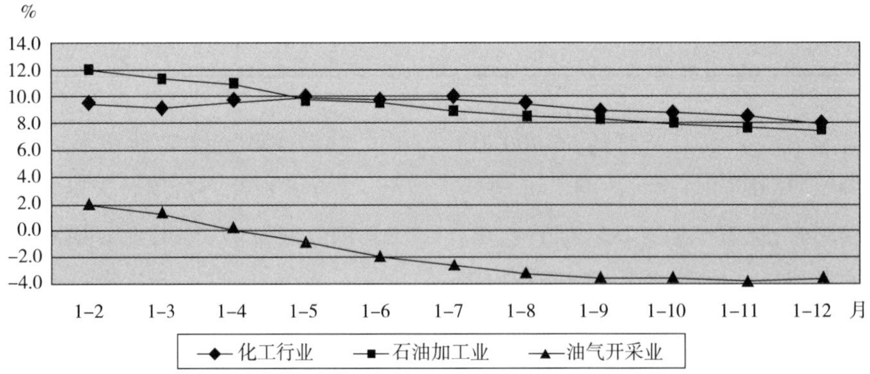

图 2 2016 年化学工业增加值累计增长情况

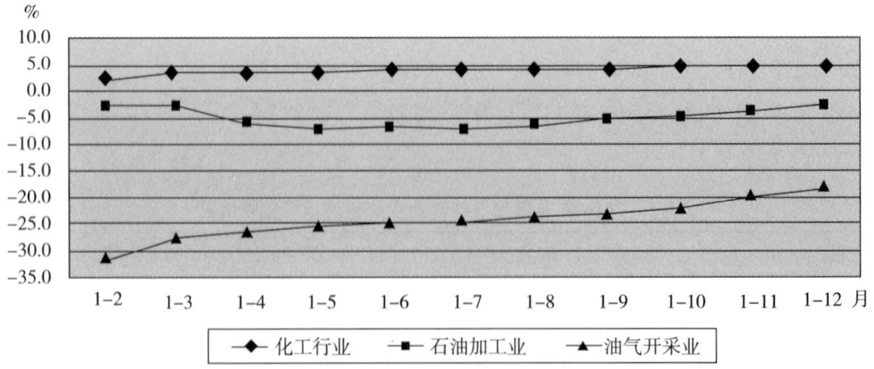

图 3 2016 年石油和化工行业主营收入累计增长情况

（二）结构调整加快推进

一是在政府引导下，行业和企业加大去产能的力度。如化工大省山东持续开展化工行业综合整治，加快企业搬迁改造和集聚发展；浙江大力处置“僵尸企业”，淘汰化工落后装置和工艺；江苏对全省石化产业布局重新界定，大调整、大优化。

二是产品结构加快调整。成品油质量升级，国四汽柴油标准在全国施行；水煤浆等先进煤气化技术在煤化工领域中的应用更加普遍，降低了企业的耗能和排放；缓控释肥、水溶肥、生物肥料等在化肥中的占比进一步提高；磷化工更多利用国内低品位磷矿资源，加强综合利用和循环经济；水性涂料在涂料行业企业生产中越来越成为趋势；一些大型炼化企业从原来单纯提供通用原料，通过更加重视研发，改进配方，增加牌号多样性等，向市场提供差异化、专用性、功能性的合成材料；轮胎行业质量水平继续提升，低滚阻力防滑绿色轮胎比重进一步提高，等等。产品结构的改善，对满足和带动下游升级需求，促进行业提质增效，推动长期可持续发展具有重大意义。

三是兼并重组增多，集中度提高。如佰利联并购四川龙蟒，跻身亚洲第一，成为全球第四大钛白粉生产企业；沙隆达并购农药巨头 ADAMA，一跃成为中国最大、世界领先的农化公司，成为中国农药行业的旗舰型企业等。

四是化工搬迁入园工作加快实施。随着 2015 年底工信部印发的《促进化工园区规范发展的指导意见》，化工企业向化工园区搬迁和发展成为重点，在政府、社会和企业的共同作用下，2016 年化工企业搬迁入园步伐明显加快。

五是企业在环保、安全、科技、智能制造方面的投入加大。2016 年，石化行业内企业投资的主要方向集中在技术改造、环保项目、科研创新、提升管理水平、智能制造、两化融合等，这也是改造和提升传统工业的有效投资方向，总体来看，行业内企业整体能力和发展能力有所提升。

（三）产业提质增效取得进展

2016 年炼油业产品结构调整继续加快，国 V 汽柴油升级改造全面完成，2017 年 1 月 1 日起，全国实行国 V 标准。由于成本下降和优质优价，2016 年炼油业效益持续高速增长，利润总额逾 1 700 亿元，创历史新高，增幅超过 120.0%。化学工业效益持续改善，利润也创历史纪录，增幅近 12.0%。特别是基础化学原料提质增效最为显著，利润增速达 38.1%，对化工行业利润贡献率达 70.0%；合成材料利润也呈现高速增长势头，增幅达 41.8%，位居化工各行业之首，贡献率超过 38.0%。石油和化工传统产业提质增效取得明显进展。

（四）价格触底回升

2016 年，石油和化工行业价格总水平连续第 5 年下降。但是，石油和主要化学品市场呈现触底回升走势，价格降幅不断收窄，特别是进入第 3 季度后，回升明显加快。价格指数显示，石油和天然气开采业全年价格总水平下降 16.4%，同比收窄约 21.0 个百分点，比上半年收窄 12.8 个百分点。化学原料和化学品制造业下降 2.8%，为 5 年来最低降幅，同比收窄 3.9 个百分点，比上半年收窄 2.8 个百分点。见图 4。

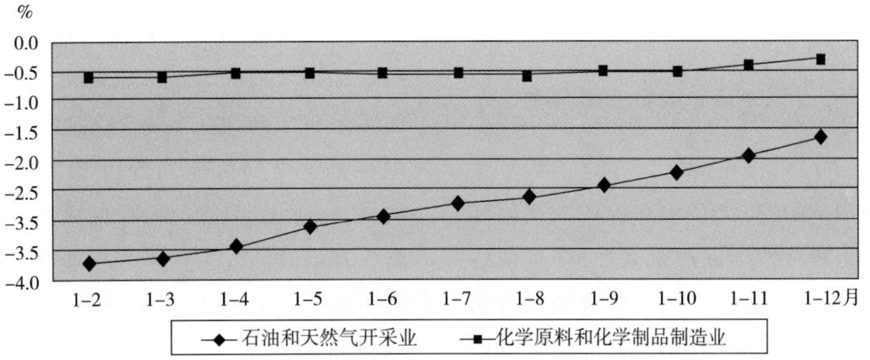

图 4　2016 年油气开采和化工行业生产者出厂价格走势

（五）出口贸易结构改善

2016 年，尽管出口总额连续第 2 年下降，但出口贸易结构有所改善。传统优势产品橡胶制品和化肥出口额占比下降，成品油、有机化学原料、合成树脂和专用设备等占比上升。数据显示，2016 年橡胶制品和化肥在出口额中的占比分别下降 0.5 和 2.1 个百分点；但是，成品油占比上升了 1.6 个百分点，有机化学原料和合成树脂分别上升 1.1 和 0.5 个百分点，专用设备上升 0.6 个百分点。

（六）能源效率继续提高

2016 年，行业总能耗增速继续放缓，能源效率继续提升。数据显示，全年石油和化工行业总能耗增长 1.3%，增速创历史新低，同比回落 1.6 个百分点。其中，化学工业总能耗增长 1.0%，同比回落 2.2 个百分点。石油和化工行业万元收入耗标煤同比下降 0.4%，近年来首次下降。其中，化学工业万元收入耗标煤同比下降 4.0%，是历史最好水平。

重点产品单位能耗多数继续下降。数据还显示，2016 年前三季度，中国吨油气产量综合能耗同比下降 9.3%，吨原油加工量综合能耗微幅增长 0.6%，吨乙烯产量综合能耗下降 1.9%，吨烧碱产量综合能耗下降 1.9%，吨纯碱产量综合能耗增长 2.0%，单位电石、黄磷和合成氨分别下降 2.4%、4.3% 和 0.6%。

三、行业经济运行存在的主要问题

虽然 2016 年经济运行实现稳中有进目标，但行业经济运行的基础仍不很稳定，下行压力依然较大，矛盾和问题还比较突出。

（一）产能结构性过剩矛盾和风险依然存在

在一些产能严重过剩行业，落后产能和“僵尸企业”仍没有完全退出，在价格低位和环保核查严格环境下，有些仅仅只是暂时性的歇产或减产，一旦价格回升或环保核查放松，有可能死灰复燃，重新对市场运行带来压力和困扰。同时，一些产能利用率较低的行业比如说炼油目前投资冲动仍很大，一些价格好转效益改善的行业如氯碱等投资冲动又开始显露苗头，值得关注。

（二）企业运营成本上升和投资环境亟待改善

一方面是企业成本上升的压力很大，煤炭、石油等原料成本在 2016 年价格上涨明显，企业用能成本上升，同时物流、融资和人工等成本总体仍在攀升，企业经营压力加大；另一方面是投资环境仍有改善的空间，如有些产业政策欠精准，有时“一家企业生病，全行业吃药”，企业投资无所适从；一些精细化工和专用化学品投资项目或技改项目只能按照大石化管理规范要求，虽监管方便同时也造成企业资源浪费；各地土地、环保、监管等政策不统一，导致不公平竞争，对企业投资决策带来困扰；一些企业小试中试项目审批手续繁杂，不利于企业投资创新等。

（三）油气开采业效益恶化

2016 年，油气开采业利润历史上首次出现净亏损，全年亏损额达 543.6 亿元，亏损情况持续加剧。收入也是深度下降，全年降幅达 17.3%，连续第 2 年下降。油气开采业效益长期恶化的直接原因是油价大幅下降。监测显示，尽管 2016 年国际油价震荡回升，但均价水平仍处于历史较低位，中国大庆原油（现货）年均价格 36.97 美元/桶，为 2004 年以来最低，同比跌幅 21.0%；胜利原油年均价格为 34.98 美元/桶，跌幅 25.4%。由于油气开采业效益严重恶化，导致石油和化工全行业经济回升显得乏力。

（四）行业投资总体疲软

2016 年，石油和化工行业固定资产投资连续第 2 年下降，且降幅较上年扩大 1.8 个百分点。其中，化学工业投资历史上首次出现下降，这与全国工业投资保持增长的局面形成鲜明反差。投资仍然是目前维系石油和化工行业经济增长的主要动力之一。国有企业受到目前油价以及采油成本相对较高影响，资本支出明显减少，对国内油气资源储量正常接替以及下游油气工程服务企业开工水平带来较大不利影响。民营企业受到成本上升以及投资环境影响，目前整体投资动力不足，特别是在新兴领域的投资动力缺乏，不利于化工新兴产业的培育和壮大。

特别值得警惕的是，石油天然气勘探开发投资持续大幅下降，有可能对中国未来能源安全产生不利影响。

（五）国际化工市场压力增大

一方面国际贸易保护主义抬头，贸易摩擦继续高发，根据商务部最新数据显示，2016 年中国共遭遇 27 个国家和地区发起的 119 起贸易救济调查案件，涉案金额 143.4 亿美元，案件数量和涉案金额同比分别上升了 36.8% 和 76.0%，其中化工产品占比较大，美国在上年刚对中国乘用胎发起双方调查后，2016 年再次对客货商用车胎双反。另一方面，受中东、韩国等新增产能装置投产加快的影响，国外化工产品对国内市场的冲击加大。海关数据显示，2016 年，中国有机化学原料进口持续高速增长，进口量达到 5 854.1 万吨，同比增幅 26.0%，净进口 4 565.7 万吨，增幅达 33.1%。其中，混合芳烃进口达 1 170.1 万吨，增长 81.2%；甲醇进口 880.3 万吨，增幅 58.9%。2016 年中国合成材料进口也是处于高位，进口量 4 498.4 万吨，小幅下降 1.4%；净进口量 3 585.3 万吨。其中，合成橡胶进口量增幅达 64.1%。一些大宗化工产品进口持续快速增长，加剧了国内市场无序竞争，伤害了中国相关企业的利益。

2016 年，化工行业出口总额同比下降 6.1%，连续 20 个月累计下降。目前外需市场依然不振，出口压力还在增大。

（六）行业安全环保问题仍较突出

2016 年，石油和化工行业安全爆炸事故偏多，环保不达标情况仍不少存在，对行业平稳健康运行带来较大干扰。一批涉化工业园区离规划先行、管理规范、绿色发展还有不小的差距；同时，环境保护，绿色发展中石化企业面临的挑战和任务都很艰巨，行业“三废”（废水、废气、废固）问题如何努力解决，这对行业企业的绿色发展和可持续发展将产生深远影响。

（审稿：李寿生
撰稿：赵志平）

2016 年轻工业发展综述

中国轻工业联合会政策法规部

一、行业运行情况

2016 年，轻工行业坚持新发展理念，坚持稳中求进工作总基调，主动适应经济发展新常态，以推进供给侧结构性改革为主线，推动贯彻落实《关于开展消费品工业“三品”专项行动营造良好市场环境的若干意见》（简称“三品战略”）、《轻工业发展规划（2016—2020）》，加大推动科技创新、品牌建设等工作力度，促进结构调整和转型升级，轻工行业地位得到提升，反映诉求受到重视。

行业运行总体平稳、亮点呈现，实现了“十三五”良好开局，为国民经济健康发展做出了重要贡献。2016 年轻工行业规模以上工业企业数占全国工业的 29.6%；主营业务收入占全国工业的 21.4%；资产总额占全国工业的 15.1%；利润总额占全国工业的 23.5%。轻工行业出口总额占全国出口总额的 26.3%，在国民经济各行业中位居首位，轻工业实现贸易顺差占全国贸易顺差的 83.0%。

轻工行业全部工业企业 75 万个，其中规模以上轻工企业 112 042 个。轻工行业全部工业企业累计实现主营业务收入 302 000 亿元。其中规模以上工业企业累计实现主营业务收入 247 000 亿元，比上年增长 6.4%，增速高于全国工业增速 1.5 个百分点，在全国工业中排名第 1 位。

轻工行业全部工业企业累计实现利润 21 000 亿元。其中规模以上工业企业累计实现利润 16 000 亿元，利润增幅低于全国工业 0.9 个百分点，比上年增长7.6%。

轻工行业进出口贸易总额为6 792亿美元,比上年下降6.6%。其中:出口总额5 512.7亿美元,比上年下降7.9%;进口总额1 279.4亿美元,比上年下降0.8%;轻工行业贸易顺差4 233.3亿美元。

内需市场平稳,轻工主要消费品零售增长速度与全国走势基本一致,成为行业经济稳定发展的重要支撑。国内市场稳中有进,出现一些亮点。一是各项改革持续推进,扶持政策实施效果进一步显现。如彩妆类化妆品消费税调整,带动生产、消费的增长。二是新业态异彩纷呈,如全国共享单车呈现爆发式增长。三是消费升级促进轻工产品逐渐由产品制造向产品、品牌、服务型制造转变。四是智能制造促进产品升级换代。

主要产品产量有增有减见下表。

表　2016年全国轻工行业主要产品产量

产品名称	单　位	产　量
原　盐	万　吨	6 309.52
精制食用植物油	万　吨	6 907.54
成品糖	万　吨	1 433.18
糖　果	万　吨	351.85
速冻米面食品	万　吨	566.05
方便面	万　吨	1 103.89
乳制品	万　吨	2 993.23
其中:液体乳	万　吨	2 737.17
乳　粉	万　吨	139.02
罐　头	万　吨	1 281.99
酱　油	万　吨	991.43
冷冻饮品	万　吨	331.51
食品添加剂	万　吨	851.75
发酵酒精(折96度,商品量)	万千升	952.10
饮料酒	万千升	6 274.20
其中:白　酒(折65度,商品量)	万千升	1 358.36
啤　酒	万千升	4 506.44
葡萄酒	万千升	113.74
软饮料	万　吨	18 345.24
其中:碳酸饮料类	万　吨	1 752.24
包装饮用水类	万　吨	9 458.52
果汁和蔬菜饮料类	万　吨	2 404.88
精制茶	万　吨	258.76
羽绒服	万　件	33 357.52
轻　革	万平方米	73 480.62
皮革服装	万　件	9 190.60
天然毛皮服装	万　件	444.30
皮革鞋靴	亿　双	46.18
家　具	万　件	79 464.15
其中:木质家具	万　件	26 051.66
金属家具	万　件	39 000.50
软体家具	万　件	5 849.84
纸浆(原生浆及废纸浆)	万　吨	1 611.95
机制纸及纸板(外购原纸加工纸除外)	万　吨	12 319.22

续表

产品名称	单　位	产　量
其中:未涂布印刷书写纸	万　吨	723.61
其中:新闻纸	万　吨	291.90
涂布类印刷用纸	万　吨	690.27
卫生用纸原纸	万　吨	409.23
箱板纸	万　吨	1 095.28
纸制品	万　吨	7 190.28
其中:瓦楞纸箱	万　吨	4 027.58
合成洗涤剂	万　吨	1 299.14
其中:合成洗衣粉	万　吨	446.28
塑料制品	万　吨	7 717.19
其中:塑料薄膜	万　吨	1 419.51
其中:农用薄膜	万　吨	241.86
泡沫塑料	万　吨	249.38
塑料人造革、合成革	万　吨	331.48
日用塑料制品	万　吨	634.26
日用玻璃制品	万　吨	899.37
玻璃保温容器	万　个	39 443.75
卫生陶瓷制品	万　件	20 844.62
不锈钢日用制品	万　吨	216.09
衡器(秤)	万　台	5 800.35
两轮脚踏自行车	万　辆	5 303.26
电动自行车	万　辆	3 214.98
锂离子电池	万只(自然只)	784 158.08
铅酸蓄电池	万千伏安时	20 513.37
碱性蓄电池	万只(自然只)	85 599.79
家用电冰箱	万　台	9 238.33
家用冷柜(家用冷冻箱)	万　台	2 147.97
房间空气调节器	万　台	16 049.35
家用电风扇	万　台	16 339.71
家用吸排油烟机	万　台	3 005.42
电饭锅	万　个	34 595.71
家用电热烘烤器具	万　个	16 509.81
电冷热饮水机	万　台	2 594.08
微波炉	万　台	10 325.85
家用洗衣机	万　台	7 620.85
家用电热水器	万　台	3 909.66
家用吸尘器	万　台	8 765.79
家用燃气灶具	万　台	4 224.06
家用燃气热水器	万　台	1 782.57
电光源	亿　只	230.85
其中:白炽灯泡	亿　只	39.85
荧光灯	亿　只	40.23
灯具及照明装置	万套(台、个)	379 448.85
钟	万　只	13 538.07
表	万　只	17 865.74
眼镜成镜	万　副	59 998.48

二、参与制定规划，反映行业诉求

参与国务院办公厅“关于开展消费品工业‘三品’专项行动营造良好市场环境的若干意见”、《消费品标准和质量提升规划（2016—2020年）》、国家发改委《“十三五”国际产能合作规划》《贯彻实施质量发展纲要2016年行动计划》《轻工业发展规划（2016—2020年）》《智能制造发展规划2016—2020》《产业技术创新规划（2016—2020年）》《工业节水“十三五”行动计划》《重点行业挥发性有机物削减行动计划》《关于积极发挥新消费引领作用，加快形成新供给、新动力的指导意见》《“十二五”产业技术创新规划评估报告》等重大行业发展规划的制定。参与工业和信息化部《长江经济带产业转移指南》轻工行业目录的编制和修改工作；组织洗涤、陶瓷、塑料、电池和发酵等重点行业落实发改委新材料规划项目，并提出对《新材料产业发展规划（2016—2020）》的修改意见。

反映行业情况与企业诉求，得到积极反响。通过信息直报系统向国家部委报送行业信息507篇，向工信部报送信息专报48篇。参加国家发改委、工业和信息化部、商务部等部委有关经济运行、产业安全等会议38次，提供会议材料55份。上报信息涉及供给侧改革、经济运行、进出口贸易、转型升级、节能环保、市场管理等多方面。开展行业运行调研，形成调研报告和政策建议，并将建议通过专题报送、经济运行分析上报稿等形式将行业呼声反映给国家发改委、工业和信息化部等政府有关部门。向商务部报送行业信息33条，涉及行业数据、行业动态、经济运行、效益分析、进出口情况等。向发改委提出关于白酒、牙膏等产业政策调整的建议。向工信部月报300家直报企业经济数据，工信部授予中轻联经济运行分析工作先进单位称号。

三、推动科技创新

参与国家重点研发计划相关轻工项目的实施方案编制、指南编制、项目推荐工作。参与《工业企业技术改造升级投资指南》编写及发布工作。参与编制“重点基础材料技术提升与产业化”重点专项2016年和2017年度项目申报指南。完成工程院轻工制造业强基战略研究课题报告，组织《中国制造2025轻工业企业投资方向》之2016年度轻工业技术改造和强基项目研究课题。参与中国工程院《开展“制造业服务化发展战略研究”课题》。参与国家发改委“十三五”食品工业发展规划课题及指导意见编写。承担国家发改委委托的“轻工业关键共性技术研究”课题。

向科技部推荐2016年重点研发计划项目，其中“塑料制品的短流程与精细加工技术及应用示范”和“制笔新型环保材料”2个项目获得立项。推荐2017年重点研发计划“基于造纸过程的纤维原料高效利用技术及纸基复合材料”等5个项目研究任务，推荐生态皮革关键材料及高效制备技术13个项目。组织开展4个国家科技支撑计划项目实施和中期检查工作。组织国家科技支撑计划“制笔行业关键材料及制备技术研发与产业化”项目成果参加“十二五”科技成果展。

召开全国轻工业科技大会，制定、发布《轻工业技术进步“十三五”发展指导意见》《轻工装备技术进步“十三五”发展指导意见》《食品工业技术进步“十三五”指导意见》。明确了今后一个时期轻工科技创新的6项重点任务。组织开展2016年度中国轻工业联合会科学技术奖励工作及推荐国家科技奖项目。在全国轻工科技大会上对129家“十二五”轻工业科技创新先进集体和150名先进个人进行表彰。在中轻联理事会上对2015年度中国轻工业联合会科学技术奖144项获奖项目进行了表彰。召开第一届中国轻工业优秀设计奖励表彰大会暨中国轻工业工业设计中心授牌仪式。开展第二届中国轻工业优秀设计奖励申报工作。经中轻联推荐的“重要脂溶性营养素超微化制造关键技术创新及产业化”“木质纤维生物质多级资源化利用关键技术及应用”项目获国家科技发明二等奖，“金枪鱼质量保真与精深加工关键技术及产业化”“中国葡萄酒产业链关键技术创新与应用”项目获国家科技进步二等奖。推荐1人获2016年度何梁何利基金科学与技术产业创新奖。推荐中青年科技创新领军人才3人，科技创新创业人才3人。推荐的3个项目获得第十八届中国专利优秀奖。向中华科学技术基金会推荐了15名同志为“杰出工程师”候选人，3人获得杰出工程师奖，3人获得杰出工程师鼓励奖。组织开展2016年轻工行业企业管理现代化创新成果申报工作，共有19项成果被评为“轻工企业管理现代化创新成果”。向国家标准委办公室推荐的《家用卫生杀虫用品安全通用技术条件》（GB24330—2009）获2016年中国标准创新贡献奖（项目奖）三等奖。组织“中国轻工业行业十强企业”“2015年度中国轻工业百强企业”评价。召开“第五届中国轻工业企业家高峰论坛暨百强企业颁奖盛典”。

四、积极推进绿色制造

向国家发改委推荐《国家鼓励发展的节水产品（设备）目录（2016年版）》备选产品（设备）等11项，国家重点推广的节能技术9项，国家重点推广的低碳技术16项。推荐轻工业环保所为第一批工信部工业节能与绿色发展评价中心并获批。向全国工业绿色产品推进联盟提出轻工行业绿色设计产品标准需求17项，已制定发布9项。

对废电池污染防治技术政策、国家危险废物名录（修订版）、行业能效标准及标杆指标、《排污单位自行监测技术指南造纸工业》、节能节水专用设备企业所得税优惠目录（2008年版）和环境保护专用设备企业所得税优惠目录（2008年版）、绿色工厂评价通则、电器电子产品有害物质使用办法等文件征求意见稿反馈行业意见。对环保部、工信部等部门制定的《环境污染强制责任保险改革》《电器电子产品有害物质限制使用管理办法》等政策文件提出行业意见。受环境规划院委托，编制提交第二次污染源普查轻工行业产排污系数更新方案，第二次全国污染源普查产排污系数评估报告。对《环境污染强制责任保险制度方案》《白酒制造业污染防治技术政策》等4项技术政策等（征求意见稿）反馈行业意见。参与科技部绿色制造专项、智能一代专项前期调研及报告编制工作。

受工信部委托，开展2012版国家鼓励的有毒有害原料（产品）替代品目录实施效果调查，并补充2016年版目录内容。提供轻工重点行业长江经济带工业企业污染防治有关情况报告。完成《食品、造纸、皮革、家电行业绿色制造体系建设实施方案》等工作方案的编制。编制完成《工业绿色发展报告》轻工行业部分内容。受科技部委托，开展“十三五”新材料科技创新规划研究报告轻工部分编制工作。配合工信部制定《绿色制造工程实施指南（2016—2020年）》《工业绿色发展规划（2016—2020年）》，参与制定《重点行业挥发性有机物削减行动计划》《重点行业水污染防治清洁生产技术推行方案》。组织合成革、塑料彩色印刷、制鞋、木制家具、油墨等行业制定VOC削减路线图，提出家用燃气灶具等17个绿色设计产品标准制订计划。

五、加强品牌培育和质量工作

向工信部推荐2016年度轻工制造业单项冠军示范（培育）企业56家，涉及15个行业，其中示范企业36家，培育企业20家。山东西王糖业有限公司、河南宝视达眼镜（连锁）有限公司等7家公司作为工信部品牌培育示点企业。

开展品牌培育先进企业和竞争力优势品牌评选表彰活动。授予康奈集团有限公司等50家企业为2015年轻工品牌培育管理体系先进企业，北京星海钢琴集团有限公司生产的“星海”牌钢琴凯旋系列等111个品牌产品为2015年轻工品牌竞争力优势产品。在酒水饮料、食品加工制造领域开展2016年轻工行业品牌价值评价征集工作，申报8家企业参与品牌价值评价工作，涉及饮料、制糖、焙烤、罐头、发酵等5个行业，上报企业的品牌价值已由中国品牌建设促进会发布。

六、标准制（修）订工作

全年轻工行业共申报计划项目318项（国家标准申报计划119项，行业标准申报计划199项），正式批准立项标准共198项（国家标准32项，行业标准166项），完成标准编写并报批标准372项（国家标准119项，行业标准253项），正式批准发布186项（国家标准36项，行业标准150项）。向工业和信息化部申请国际标准补助7项，随着政府对国际标准化工作的重视，相关标委会在逐步推进并日益重视国际标准化工作。

开展轻工强制性标准整合精简工作。对涉及轻工35个领域的689项强制性标准和标准制(修)订计划进行逐项梳理、评估，提出精简方案。其中强制性国家标准345项、强制性国家标准计划175项、强制性行业标准168项、强制性行业标准计划1项。同时完成了轻工强制性标准体系框架和强制性标准体系表的构建和编制工作。

组织香化、塑料、羽绒、洗涤协会以及皮革院等5家开展2016年单耗标准和课题研究工作。组织有关单位申报2017年度加工贸易单耗标准制修订及课题研究项目。组织家电、羽绒等单位完成冷藏冷冻机加工贸易单耗审定方法等3个课题及标准的函审、修改工作。

开展推荐性标准集中复审工作，对现有推荐标准逐一进行复审，提出复审结论。轻工行业共复审推荐性国家标准行业标准5 219项，最终复审结论继续有效3 658项，需修订的1 164项，需转化为其他类型标准的78项，废止295项，需与其他标准协调的24项。

完成钟表、酿酒、缝制机械、衡器、地毯、制糖、五金、口腔护理用品等8家标委会和建筑五金、日用五金、眼镜、牙膏、中草药牙膏等5家分委会的换届工作并获得国家标准委批准；完成地毯标委会和建筑五金分委会秘书处调整工作并获得国家标准委批准；完成自行车标委会和牙刷分委会秘书处调整组织工作并上报国家标准委，完成表面活性剂和洗涤用品、家用电器等2家标委会和皮革机械、牙刷、表面活性剂、洗涤用品、制酒饮料机械等5家分委会的换届组织工作；完成造纸、香化、家用卫生杀虫用品、制鞋、制笔、制伞、饮料、油墨、玩具、烟花爆竹、钟表等11家标委会和香料香精、化妆品、皮鞋、灯具、电光源及附件、塑料管材等6家分委会的委员调整工作；完成家具标委会和电光源及其附件分委会委员调整组织工作。

根据《团体标准应用示范项目管理实施细则》的相关要求，组织相关协会开展团体标准应用示范项目的申报工作，推荐五金、玩具和婴童用品、发酵、羽绒、罐头、酒业、缝制机械等7家协会的14项团体标准参评工业和通信业团体标准应用示范项目。

全年共完成15家轻工检测机构资质认定到期复评审，以及19家轻工检测机构迁址、检测能力扩项评审工作。完成轻工检测机构14次人员变更备案、20次标准(方法)变更备案。组织完成80多家轻工检验检测机构开展2016年度资质认定监督检查工作。组织完成80多家轻工检验检测机构开展2015年度检测数据统计工作。对第一批工业产品质量控制和技术评价实验室到期复核进行了初审，有4家实验室通过初审。向国家认监委推荐4家轻工食品检测机构申请食品复检测机构，其中3家获得批准。受质检总局监督司委托，完成轻工2017年产品质量国家监督计划建议征集工作。组织轻工技术机构开展2016年行业计量技术规范申报工作，完成家电、造纸、自行车领域共16项行业计量技术规范制修订计划项目申报工作并全部获得工信部批准立项。

七、产业集群建设

继续开展轻工业特色区域和产业集群共建工作。中轻联、行业协会与地方政府共建轻工业特色区域和产业集群共257个。2016年新共建特色区域和产业集群8个，对14个特色区域和产业集群进行了复评、认定。

研究制定深化轻工行业特色区域和产业集群共建服务的工作方案。组织“中国轻工业特色区域和产业集群共建管理办法”的修改工作，组织行业协会编写特色区域和产业集群“十二五”发展报告。

组织与地方产业合作对接活动，参与组织工业和信息化部2016中国(郑州)产业转移系列对接活动和国际产能和装备制造合作专题活动，积极推动中国轻工业联合会及行业协会与上海市人民政府共建上海国际设计之都、时尚之都、品牌之都战略合作框架协议。

八、拓展国内外市场

成立轻工业国际产能合作领导小组，积极推进轻工国际产能合作工作，组织制定“推进轻工业国际产能合作方案”，与有关公司和国外商协会组织保持沟通与交流，密切关注“一带一路”沿线国家展会以及部分经贸合作区和产业新城的建设情况，组织有关轻工企业和单位参加了7场贸易投资促进和交流活动。

2016年中轻联系统出国（境）团组95批次，684人次，审核并签发1 406份外国人来华签证邀请函，协学会在华举办专业国际会议4个。接待来访团组8个。配合商务部征集第27届中美商贸联委会中方关注议题。密切跟踪轻工产品贸易救济案件立案、复审、终审等有关情况。承担“国家世贸组织贸易政策审议部际成员单位部际工作组络点”的日常工作，在贸易政策审议工作中，得到了商务部的表扬。

中轻联代管协学会及展览中心举办各种展览45个，比上年增长9.8%，展出面积240万平方米，按可比口径与上年持平。组团参加境外展览30多个，遍及美国等10个国家。成功举办2016第六届中国国际轻工消费品展览会，展会面积近3万平方米，参展企业500多家。大连、哈尔滨、长春3个啤酒节广场面积90万平方米，比上年增长12.0%，其中大连中国国际啤酒节博览会2016年参节的中外啤酒企业近30家，现场共展售了400余种啤酒品牌，接待中外游客约150万人次，啤酒销量达900多吨。“中国·哈尔滨国际啤酒节”已连续举办八届，“长春国际消夏啤酒节”已连续举办四届。召开第九次轻工专业市场建设座谈会。

九、人才队伍建设

研究启动制定工业设计职业能力评价认定标准，为开展对工业设计从业人员职业能力评价工作做好准备。策划主办中国消费品工业设计创新创业大赛。筹备组建中国轻工业职业能力评价认证中心，为推动轻工业行业职业能力评价认定工作做好准备。

鉴定核发各等级证书75 000余人，督导员培训150余人，考评员培训800余人。举办了皮革、自行车、品酒、焙烤、陶瓷和钢琴调律师等6个行业职业技能大赛，产生了一批全国技术能手。召开了全国轻工职业教育教学指导委员会工作会议，部署开展评选轻工职业教育教学优秀教学成果和教学名师工作。

（撰稿：李培松）

2016年纺织工业经济运行综述

中国纺织工业联合会

2016年，国际形势复杂多变，国内改革任务繁重，纺织行业积极推进供给侧结构性改革，落实“三品战略”，努力适应国际国内市场变化，行业运行态势基本平稳，行业发展质量稳步提高，转型升级显现成效。但是，逆全球化风潮渐起、国际需求不足、国内消费升级、综合成本上升等外部挑战仍然存在，行业规模增长指标趋于放缓。2016年，纺织行业经济运行特点具体表现为：

一、2016年经济运行情况

（一）生产增速逐渐放缓，原料端减速更为显著

2016年，纺织行业生产增速呈现逐渐趋缓态势。根据国家统计局数据，全国38 480户规模以上企业工业增加值同比增长4.9%，低于上年同期增速1.4个百分点，分别低于二季度和三季度增速1.6和0.7个百分点。根据支出法计算工业增加值，内销、投资和出口增速较2015年同期均不同程度放缓，其中内销和投资增速均低于全国工业增速，2016年纺织行业工业增加值增速低于全国工业增加值增速1.1个百分点。根据收入法计算，劳动者报酬和利润总额增速也较2015年同期有所下降。从产业链看，原料端放缓更为显著。受棉花放储进度不及预期等因素影响，棉花价格大幅上涨，下游需求不旺难以跟涨，棉纺行业利润空间挤压，棉纺织及印染精加工增加值增速较2015年同期降低2.7个百分点；由于化纤

产品结构性问题以及原油价格上涨等因素，化学纤维制造业增加值增速较2015年同期降低5.1个百分点。见表1。

表1　2016年全国工业及纺织行业工业增加值情况

行业名称	工业增加值增速（%）	较上年增减（百分点）
全国工业	6.0	-0.1
纺织行业	4.9	-1.4
纺织业	5.5	-1.5
棉纺织及印染精加工	5.4	-2.7
家用纺织制成品制造	4.3	2.1
非家用纺织制成品制造	9.1	-3.3
纺织服装、服饰业	3.8	-0.6
化学纤维制造业	6.1	-5.1

资料来源：国家统计局。

根据国家统计局数据，主要大类产品中，纱产量增速有所加快，2016年规模以上企业纱产量同比增长5.5%，增速较2015年同期提高0.8个百分点。化纤和布产量增速有所放缓，2016年产量分别增长2.3%和2.7%，增速分别低于2015年同期10.2、0.4个百分点；服装产量同比下降1.6%，低于2015年同期增速3.6个百分点。见表2。

表2　2016年纺织行业主要大类产品产量情况

产品名称	单　位	产　量	同　比（%）	产品名称	单　位	产　量	同　比（%）
化学纤维	万　吨	4 943.7	2.3	苎麻布	亿　米	5.5	-1.3
纱	万　吨	3 732.6	5.5	亚麻布	亿　米	2.8	-6.4
布	亿　米	714.5	2.7	蚕　丝	万　吨	15.8	0.5
印染布	亿　米	533.7	3.3	无纺布	万　吨	578.4	6.8
毛机织物	亿　米	5.9	-7.2	服　装	亿　件	314.5	-1.6

资料来源：国家统计局。

（二）投资增速回落较大，新疆增长较为显著

纺织行业固定资产投资增长明显放缓，2016年全行业500万元以上项目投资完成额为12 838.7亿元，同比增长7.8%，增速较上年同期降低7.2个百分点。其中，新疆维吾尔自治区产业政策效应显现，棉纺纱和棉织造行业投资贡献率最大，拉动投资增长4.2个百分点；由于环保压力加大，印染项目环评备案困难，棉印染及化纤织物印染行业投资仅拉动投资增长0.1个百分点；终端行业贴近市场，精益发展的特征更为显著，服装、家纺、产业用行业利润增长尚好，但合计仅拉动行业投资增长2.1个百分点。见表3。

表3　2016年纺织行业及主要子行业投资增长情况

行　业	同比增长（%）	拉动行业投资增长（百分点）	贡献率（%）
纺织行业	7.8	7.8	100.0
纺织业	10.7	5.4	69.3
棉纺织及印染精加工	18.2	4.5	57.7
棉纺纱加工	19.2	3.1	40.5

续表

行　业	同比增长（%）	拉动行业投资增长（百分点）	贡献率（%）
棉织造加工	21.1	1.1	14.5
棉印染加工	7.2	0.2	2.7
家用纺织制成品制造	-5.2	-0.3	-4.4
非家用纺织制成品制造	4.5	0.3	3.2
纺织服装、服饰业	5.6	2.1	27.3
化学纤维制造业	0.3	0.0	0.4
纺织专用设备制造业	10.5	0.2	3.1

资料来源：国家统计局。

地区投资结构继续调整。2016年，中西部地区投资额占全国40.8%，所占比重较2015年提高0.9个百分点。中部6省中，江西、河南承接转移后续发展较好，投资增长较快，合计对行业增长贡献率为25.8%；西部12省中，新疆维吾尔自治区在产业政策利好带动下，投资同比增长50.0%，对行业增长贡献率为17.3%；东部10省投资比重仍保持在57.3%，山东、广东、河北投资增长较快，合计对行业投资增长贡献率为44.7%。见图1。

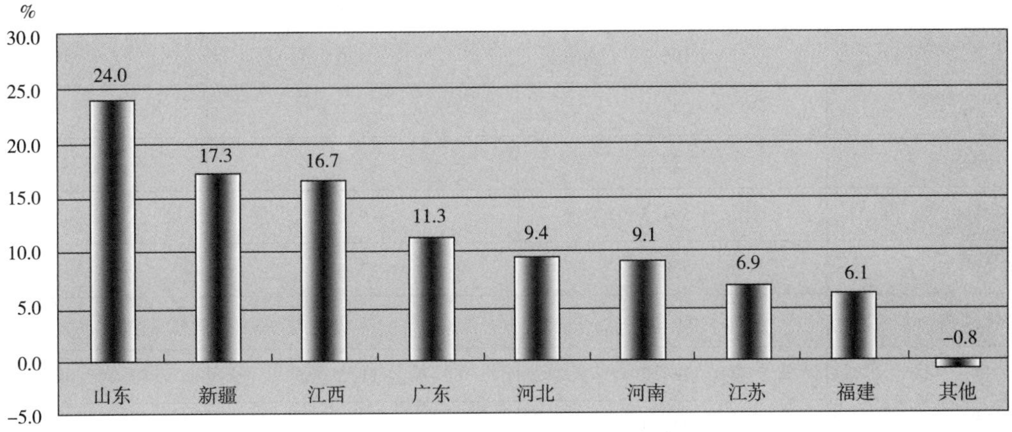

图1　2016年纺织行业分省市投资增长贡献率情况

资料来源：国家统计局。

（三）出口规模持续萎缩，价格下降更为明显

2016年，纺织行业出口压力继续加深。根据中国海关数据，行业累计出口纺织品服装2 701.2亿美元，同比下降7.2%，降幅较2015年加深2.4个百分点。其中，出口纺织品1 106.7亿美元，同比下降4%，出口服装及衣着附件1 594.5亿美元，同比下降9.4%。若以人民币计价，中国纺织品服装出口同比下降1.7%。在主要出口市场中，对美国出口增速降幅较大，2016年出口美国纺织品服装金额增速较2015年下降10.6个百分点，其中出口数量同比减少0.5%；对欧盟、非洲、东盟出口金额分别减少41.4亿美元、31.6亿美元和30.5亿美元。纺织行业参与国际市场竞争的压力仍然突出，2016年中国出口的纺织品服装在美国、欧盟和日本市场所占比重分别下滑1.8、2.1和2.6个百分点。见图2。

分产品来看，纺织品价跌量增，出口价格同比降低，出口数量同比增长；服装量价齐跌，出口价格和数量同比分别减少6.5%和3.0%，其中，针织服装及附件出口金额同比下降，化纤制服装及附件出口金额同比下降，降幅在同类中最大。见表4。

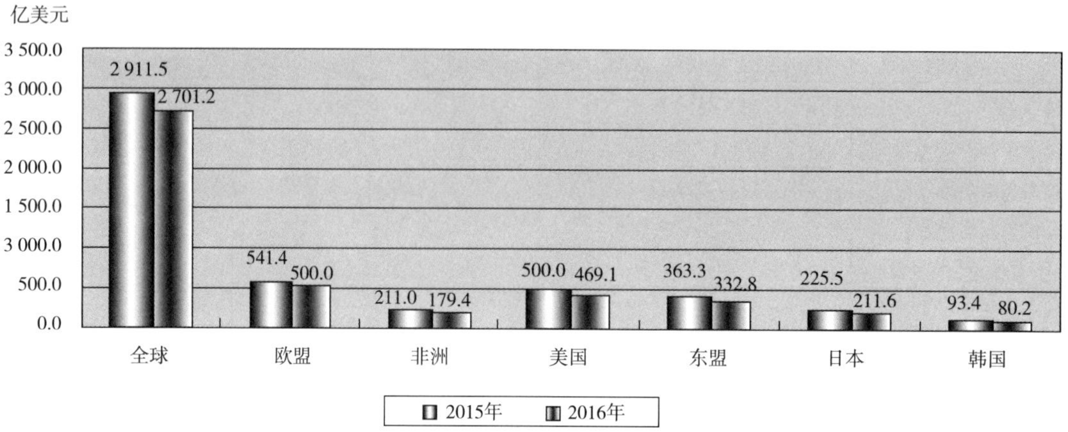

图 2　2015—2016 年中国纺织品服装主要出口市场出口额

资料来源:中国海关。

表 4　2016 年中国纺织品服装分产品出口情况

主要出口产品	出口额(亿美元)	同比(%)	增速比上年增减(百分点)
纺织品服装	2 701.2	-7.2	-2.4
纺织品	1 106.7	-4.0	-1.7
其中:棉　制	243.9	-4.6	1.7
化纤制	623.2	-2.5	-1.0
服装及衣着附件	1 594.5	-9.4	-3.0
其中:棉　制	579.5	-7.5	1.2
化纤制	663.5	-11.7	-6.4
针　织	744.2	-11.2	-2.3
梭　织	721.4	-8.1	-4.5

资料来源:中国海关。

(四)内销增速缓中趋稳,消费升级特征显著

与投资和出口相比,纺织行业内销增长相对稳定,对行业平稳运行发挥重要的支撑作用。根据国家统计局数据,2016 年全国限额以上服装鞋帽针纺织品零售额达到 14 433 亿元,占限额以上单位商品零售额的 10.0%。但是受宏观经济放缓、内需升级等因素影响,中国纺织服装商品限上零售额同比仅增长 7.0%,较上年同期放缓 2.8 个百分点。网上零售交易额实现较快增长,但增速也有所放缓,2016 年全国网上穿着类商品零售额同比增长 18.1%,较 2015 年下降 3.3 个百分点。见图 3。

纺织服装商品价格增幅放缓。2016 年,服装鞋帽类商品零售价格同比增长 1.3%,纺织品类商品零售价格同比增长 0.5%,较 2015 年增幅略有下降,而金银珠宝类、中西药品保健类、燃料类、建筑材料及五金电料类商品零售价格增幅较 2015 年不同程度提高,从侧面反映出居民消费结构正在升级,娱乐型、享受型消费需求增长较为显著,纺织品服装类商品需求增长速度有所放缓。见图 4。

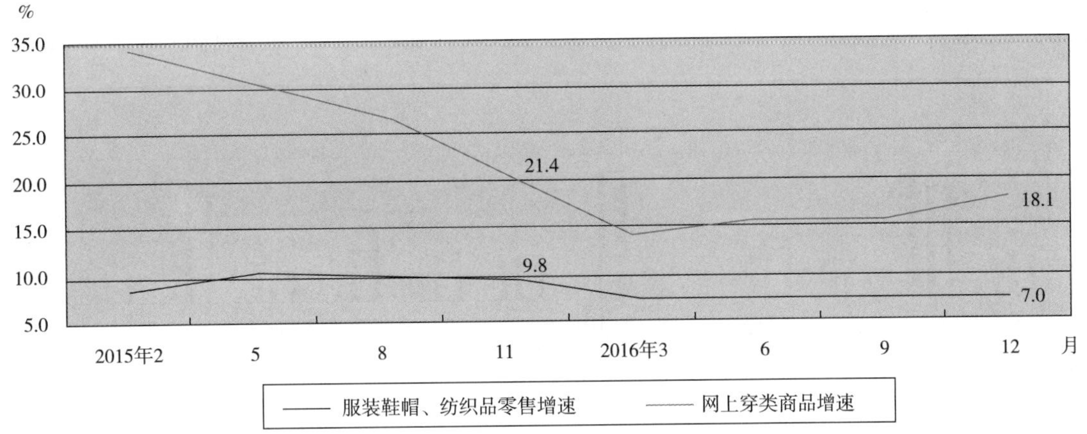

图3　2015—2016年纺织行业内销情况

资料来源:国家统计局。

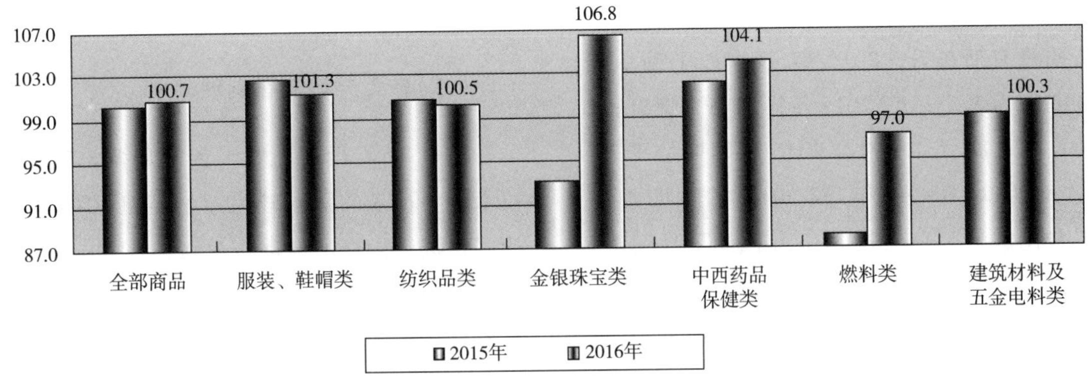

图4　2015—2016年纺织服装等产品商品零售价格指数(上年同期=100)

资料来源:国家统计局。

(五)转型升级显现成效,运行质量有所提升

纺织企业效益增长情况相对平稳。2016年,规模以上纺织企业实现主营业务收入73 302.3亿元,同比增长4.1%,由于市场需求及价格增长缺乏支撑,增速较2015年同期放缓0.9个百分点。其中,纺织业和服装贡献率较高,分别为54.0%和36.3%。见表5。

表5　2016年纺织主要子行业主营业务收入情况

行　业	增速(%)	贡献率(%)	行　业	增速(%)	贡献率(%)
纺织行业	4.1	100.0	非家用纺织制成品制造	5.8	5.9
纺织业	3.9	54.0	纺织服装、服饰业	4.6	36.3
棉纺织及印染精加工	3.7	32.9	化学纤维制造业	3.7	9.5
家用纺织制成品制造	3.2	2.9	纺织专用设备制造	0.5	0.2

资料来源:国家统计局。

2016年,纺织行业实现利润总额4 003.6亿元,同比增长4.5%,增速较2015年同期放缓0.9个百分点。其中,化纤、家纺和纺机行业利润同比分别增长19.9%、5.5%和8.7%,分别较2015年提高4.7、1.7和7.4个百分点,其余行业利润增速较2015年都有所下降。见图5。

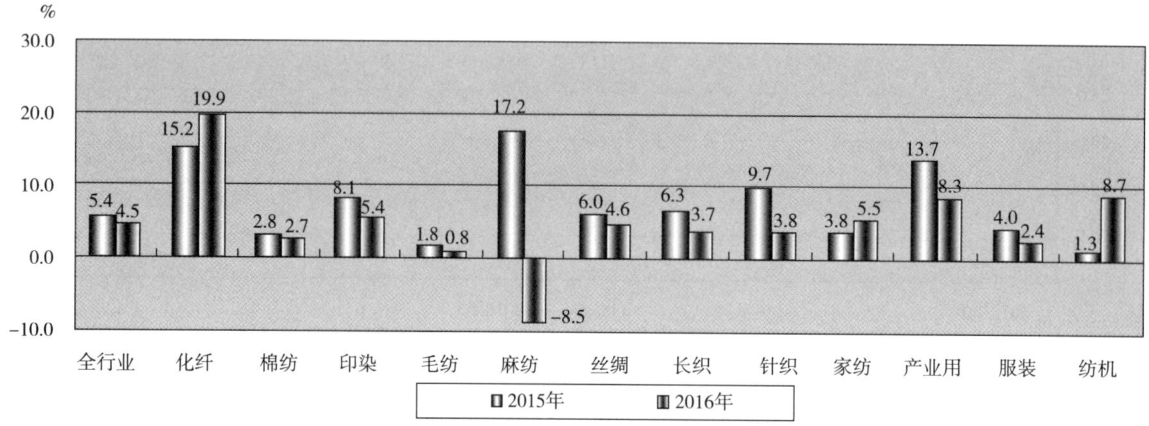

图 5 2015—2016 年纺织行业规模以上企业利润增速情况

资料来源:国家统计局。

运行质量有所提升。2016 年,规模以上纺织企业销售利润率为 5.5%,较 2015 年同期略有提升;总资产周转率 1.6 次/年,基本与 2015 年同期持平;产成品周转率为 21.98 次/年,较 2015 年同期加快 4.4%;三费比例为 6.1%,较 2015 年同期下降近 0.1 个百分点;行业企业结构积极调整,虽然亏损企业数同比增加 6.7%,但亏损企业亏损额同比下降 6.7%;资产负债率为 51.3%,较 2015 年下降 0.8 个百分点,反映出行业企业经营风险有所降低。

产业链终端转型升级效果更加显著。2016 年,产业用纺织品行业工业增加值、利润总额同比分别增长 9.1% 和 8.3%,销售利润率为 6.2%,均显著高于行业平均水平,继续发挥产业链新增长点作用。服装、家纺行业品质提升与品牌建设工作取得成效,2016 年销售利润率分别达 5.8% 和 6.2%,好于全行业水平。

二、2016 年运行中存在的主要问题

(一)棉花供需仍存矛盾

2016 年,国家继续实施棉花直补政策,并于 5 月开始轮出储备棉,对于补充国内棉花供给起到积极作用,但是由于投放量不及预期以及棉花出库效率较低等原因,棉价大幅波动使纺纱企业生产和利润受到影响。储备棉品质较为低下,不仅影响纺纱产品质量,而且也直接增加了纺纱成本,不利于提高高附加值的棉制纺织品的出口竞争力。

(二)转型升级存在制约因素

当前,纺织行业正处于转型升级关键时期,加大技术装备投入的需求较为迫切。但 2016 年以来,行业固定资产投资增速逐步放缓,行业扩大投资、推进升级面临制约因素。

2016 年,国家出台了很多减税降费的政策,但是劳动力、能源和融资成本负担并未减轻,融资难、融资贵问题始终未能有效解决,银行惜贷、利息上浮、收取贷款服务费、要求定期转贷等问题仍然存在。2016 年纺织行业除贷款利息以外的财务费用同比增加 11.8%。

环保监管措施有待完善。有些地方环保部门为完成减排任务,不允许印染项目进行环评,或者设置过于烦琐的环评手续,致使企业无法进行技术、装备升级投资。中国印染废水排放标准对苯胺、锑、可吸附有机卤素等非特征性污染物设置严格的限制标准或要求不得检出,而美、欧、日等发达国家对此均不做强制要求,由于行业中缺少可行的针对性处理技术,纺织企业无从应对。

(三)内外需求增长缺乏动力支撑

2016 年以来,国际市场需求仍然低迷。欧盟、美国、日本等传统消费市场进口纺织品服装规模均不同程度缩减,2016 年美国自世界进口纺织品服装同比减少 6.4%,比 2015 年增速下降了 10.6 个百分点,从全球进口规模下降到 2013 年水平;2016 年日本从全球

进口纺织品服装同比减少 11.9%，较 2015 年增速下降了 16.6 个百分点，从全球进口规模甚至低于 2013 年水平；2016 年欧盟从全球进口纺织品服装同比减少 0.1%，较 2015 年增速下降了 10.1 个百分点。

内需市场增速自 2016 年以来大幅下降，传统渠道下降更为明显。主要是由于宏观经济以及居民收入增长有所放缓，消费情绪偏冷；消费结构升级特点显著，体育娱乐用品类、中西药品类、通信器材类消费增长较快；新零售模式时代，互联网移动消费挤占传统渠道。

三、2016 年技术进步情况

（一）提升行业创新能力

2016 年，纺织行业认真落实《纺织工业发展规划（2016—2020）》和《中国制造 2025》，重视行业科技创新能力建设。

愉悦家纺、鲁丰织染两家企业已经通过第 23 批国家企业技术中心的公示，已公布的省市中全国纺织行业新增 37 家省级企业技术中心。“管外降膜式液相增黏反应器创制及熔体直纺涤纶工业丝新技术”1 项成果获得国家技术发明奖二等奖，“支持工业互联网的全自动电脑针织横机装备关键技术及产业化”“苎麻生态高效纺织加工关键技术”“干法纺聚酰亚胺纤维制备关键技术及产业化”3 项成果获得国家科学技术进步奖二等奖。“纺织之光”2016 年度中国纺织工业联合会科技进步奖共评出 114 项获奖项目，其中一等奖 12 项、二等奖 46 项、三等奖 56 项，同时 2016 年“纺织之光”基金支持了 40 项技术成果推广活动。

2016 年，纺机行业共组织科技成果鉴定 15 次，鉴定新型纺织机械产品 26 项，其中 7 项产品的成果被评为国际领先，15 项产品为国际先进。化纤行业继续推进化纤产业战略创新联盟工作，正式启动国家“重点基础材料技术提升与产业化”项目——“高品质原液着色纤维开发及应用”；推动国家生物基材料重大创新发展工程的实施，重点推动生物基纤维在服装、家纺、卫生材料、特种工装领域的应用；开展“高性能纤维生产及应用公共服务平台”建设。产业用纺织品行业有 10 多家企业和院校参加科技部重点研发计划中的“重点基础材料技术提升与产业化”课题，为“十三五”期间实现行业关键共性技术突破打下了坚实基础；《新型高速纺熔复合非织造布生产线及工艺技术》《聚内烯纺粘针刺土工布生产线及产品研发》《新型 SMS 医用防护材料的研究与开发》等科技指导项目立项，为完成智能化非织造布生产线目标打下了坚实基础。“中国服装智能制造技术创新战略联盟”的成立，优化完善了服装智能制造科技创新体系。

（二）发展新型制造业

《国民经济和社会发展第十三个五年规划纲要》提出“加快发展新型制造业”，包括智能制造、“中国制造 + 互联网”、服务型制造等内容，《纺织规划》也在重点任务中明确了具体方向和内容，纺织全行业以提高劳动生产率、提高产品质量、提高供应链效率等为目标，积极发展新型制造业。

数字化、智能化设备的应用比例不断提高。高速、高精度和多技术结合的国产高端装备取得喜人成果，推出世界首台圆网印花和数码喷墨印花两种工艺无缝连接的全新印花机型；半自动转杯纺纱机最高转速达到 105 000 转/分，突破中国该类高端设备的制造瓶颈；数码喷墨印花机最高喷印精度达到 1 800dpi（每英寸喷印点数），图案更加精细；宽幅高速针刺非织造土工布生产线，针刺频率达到 1 500 次/分钟，满足土建工程对宽幅材料的大量需求。

纺织行业六个方面的数字化、智能化工厂（车间）示范工程积极推进。“环锭纺纱智能化关键技术开发和集成”获得本年度“纺织之光”科学技术一等奖，数字化棉纺成套设备即“棉纺数字化车间”实现一年的稳定运行，为下一步成套纺纱装备的智能化升级打下良好基础。化纤行业按照智能制造工程部署，推进涤纶、锦纶的数字化示范工厂，实现原料和产品的全程可追溯性。产业用纺织品智能化生产线相关基础工作已经积极展开。具有高控制精度的针织横机电脑控制系统通过科技成果鉴定，数字化、智能化针织车间工程开始推进。服装智能制造工程建设力度加大，以衬衣、西服、西裤、牛仔裤和针织 T 恤为试点，加快服装缝制前、缝制中和缝制后全流程装备的智能化开发和产业化应用。

信息化技术和纺织工业深入融合。棉纺行业应用数字化生产设备和信息系统维护的投入大幅提高，包括从产品设计、生产、管理、营销各环节均大量使用信息技术改造提升，电子商务应用和行业指数建设等行业公共信息服务水平不断提高。服装行业提升三维人体测量、服装3D可视化及模拟技术的准确性和实用性，积极运用服装消费大数据影响企业运行。家纺行业最大的会展——2016年中国国际家用纺织品及辅料（秋冬）博览会引进阿里巴巴拓展线上渠道，实现了线上线下家纺展会信息同步，"互联网+家纺产业"阿里巴巴海门叠石桥产业园正式落成。

纺织行业服务型制造创新发展。服装行业大规模个性化定制迅速发展，红领、报喜鸟、慈星等企业入选工业和信息化部"互联网与工业融合创新试点企业"。

（审稿：孙淮滨
撰稿：张　倩）

2016年建材工业发展综述

中国建筑材料联合会

2016年建材行业经济运行总体处于中低位运行区间，全年呈现"前抑后稳"的运行态势，下半年开始趋于稳定并呈现向好。初步判断，全年建材行业经济运行处于2015年以来下行周期的"谷底"波动阶段。但由于外部运行环境仍未有根本好转，面临的压力依然较大，行业"稳增长"基础仍较脆弱。

一、2016年建材行业经济运行概况

（一）建材行业顺利实现"稳增长"年度目标

2016年，在市场需求有所好转与行业自律共同作用下，建材行业总体实现恢复性增长，基本达到2014年水平。从2016年5月份开始规模以上建材行业主营业务收入增速开始企稳，下半年出现回升，利润总额从负增长转为正增长，增速逐渐加快（见图1）。全年规模以上建材行业主营业务收入52 639.9亿元，比上年增长5.5%，利润总额3 434.8亿元，比上年增长11.7%。其中规模以上水泥行业全年主营业务收入8 764.3亿元，增长1.2%，利润总额518.5亿元，比上年增长55.6%；平板玻璃行业主营业务收入682.1亿元，比上年增长16.1%，利润总额57.9亿元，比上年增长284.3%；混凝土与水泥制品业、建筑卫生陶瓷制造业、建筑与技术玻璃制造业、黏土砂石、石棉云母等非金属矿采选业规模以上企业主营业务收入增速均高于2015年，其中混凝土与水泥制品业实现主营业务收入11 905.1亿元，位居建材行业首位；建筑用石业、玻璃纤维及复合材料制造业、新型墙体材料等行业规模以上企业主营业务收入增速较2015年出现下滑，见表1。

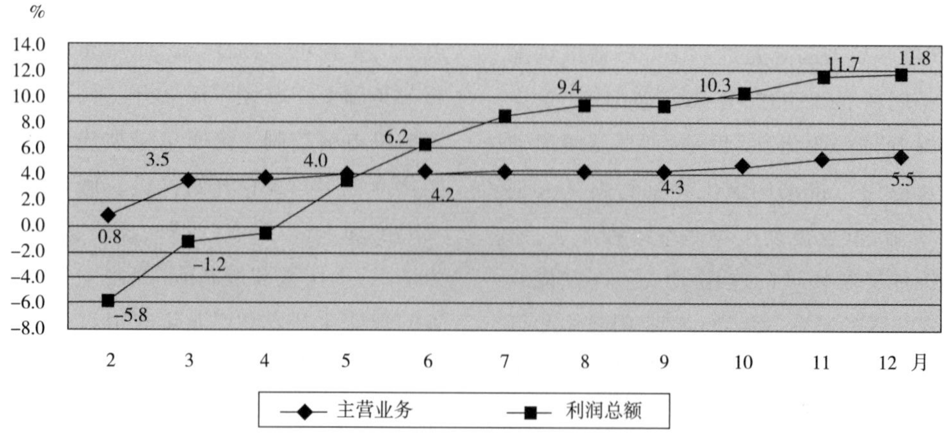

图1　2016年规模以上建材行业主营业务收入及利润总额月累计增长速度

表1　2015—2016年规模以上建材行业主要产业主营业务收入增长速度对比

行业名称	2016年(%)	2015年(%)	行业名称	2016年(%)	2015年(%)
石灰石、石膏开采	-5.0	2.9	砖瓦及建筑砌块制造	6.6	8.8
建筑装饰用石开采	-2.3	12.2	建筑陶瓷制品制造	3.3	2.9
黏土及其他土砂石开采	8.9	4.1	建筑用石加工	7.5	11.4
石棉、云母矿采选	7.4	3.2	防水建筑材料制造	5.2	5.8
石墨、滑石采选	0.6	5.5	隔热和隔音材料制造	4.0	11.5
宝石、玉石开采	18.6	-29.7	其他建筑材料制造	8.5	5.7
其他非金属矿采选	-3.7	-5.2	平板玻璃制造	16.1	-14.3
水泥制造	1.2	-9.4	技术玻璃制造	6.1	5.5
石灰和石膏制造	5.6	5.1	其他建筑技术玻璃制造	5.6	7.3
水泥制品制造	7.4	3.2	玻璃纤维及制品制造	6.6	9.7
砼结构构件制造	11.5	6.8	玻璃纤维增强塑料制品制造	10.5	10.7
石棉水泥制品制造	-13.4	-1.6	卫生陶瓷制品制造	15.0	10.1
轻质建筑材料制造	2.6	4.5	石棉制品制造	5.7	8.8
其他水泥制品制造	13.5	3.6	云母制品制造	1.9	3.4

资料来源：国家统计局。

(二)建材主要产品生产实现中低速增长

2016年，全国水泥产量24.1亿吨，比上年增长2.3%，平板玻璃产量7.7亿重量箱，比上年增长5.8%，卫生陶瓷制品2.1亿件，比上年增长5.1%，均扭转了2015年产量下降态势；商品混凝土、水泥混凝土制品、石膏板、瓷质与陶质砖、钢化玻璃、玻璃纤维塑料制品等产品产量增速均高于2015年，但增幅有所不同，如2016年规模以上商品混凝土产量17.9亿吨，比上年增长7.4%，增幅高于2015年5.3个百分点，瓷质与陶质砖产量110.8亿平方米，比上年增长1.8%，增幅比2015年高1.1个百分点，钢化玻璃产量5.3亿平方米，比上年增长13.5%，增幅比2015年高6.0个百分点；天然大理石、花岗石建筑板材、夹层玻璃、玻璃纤维纱等产品产量增速较2015年出现下降；中空玻璃产量延续2015年下降态势，2016年比上年下降18.1%(见表2)。总体上，2016年建材主要产品产量基本稳定在中低速增长区间。

表2　2015—2016年建材主要产品产量增长速度对比

产品名称	2016年(%)	2015年(%)	产品名称	2016年(%)	2015年(%)
石灰石	1.5	-3.7	瓷质与陶质砖	1.8	0.8
水　泥	2.3	-5.3	大理石与花岗石板材	4.9	9.7
商品混凝土	7.4	2.1	沥青和改性沥青防水卷材	3.0	0.8
水泥混凝土排水管	14.4	6.3	平板玻璃	5.8	-8.7
水泥混凝土压力管	-2.6	-5.3	钢化玻璃	13.5	7.5
水泥混凝土电杆	12.4	0.8	夹层玻璃	2.3	6.1
预应力混凝土桩	5.8	-8.8	中空玻璃	-18.1	-4.9
石膏板	13.3	3.7	玻璃纤维纱	8.9	9.0
砖	4.4	6.2	纤维增强塑料制品	6.0	2.0
瓦	7.2	-8.8	卫生陶瓷制品	5.1	-0.2

资料来源：国家统计局。

（三）建材产品平均出厂价格稳定回升

建材产品平均出厂价格于2016年3月份筑底回升，扭转了自2014年年底以来的下滑态势（见图2），从二季度开始稳定上涨，10月份平均出厂价格已高于上年同月（见图3），但全年平均出厂价格仍低于上年1.4%。其中，水泥平均出厂价格在2月份触底后波动上涨，下半年上涨速度加快，年末比年初上涨50.0元/吨，涨幅19.8%，年底回归300元/吨以上，但全年平均出厂价格仍比上年下降2.3%；平板玻璃出厂价格上涨明显，自3月份触底后开始回升，全年全国平板玻璃平均出厂价格累计上涨6.6元/重量箱，涨幅10.4%，回到70.0元每重量箱以上水平，其中平板玻璃原片平均出厂价格全年累计上涨17.4%。

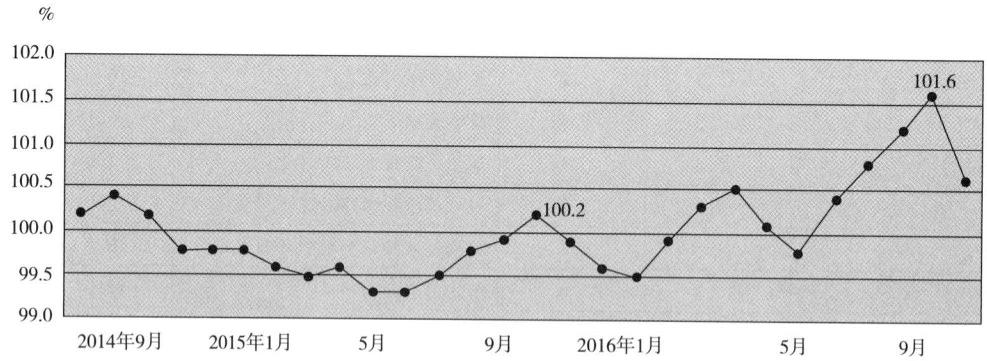

图2　自2014年四季度以来建材行业平均出厂价格指数（上月=100）

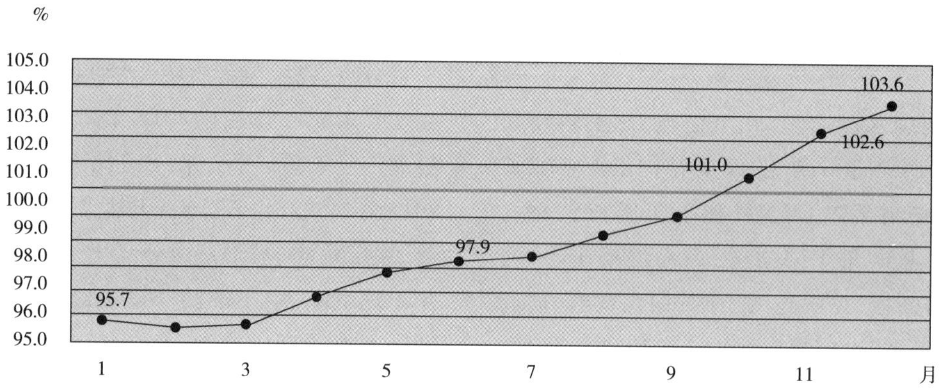

图3　2016年建材行业平均出厂价格指数（上年同月=100）

（四）建材行业固定资产投资微幅增长

自2015年，建材行业限额以上固定资产投资增速出现持续下滑，2016年5月份建材行业限额以上累计固定资产投资与上年同期持平，从6月份开始连续6个月出现下降，至年底恢复微幅增长。2016年建材行业完成限额以上固定资产投资16 000亿元，比上年增长0.9%，为2000年以来的最低增幅。其中建材非金属矿采选业限额以上固定资产投资比上年增长1.5%，非金属矿制品业比上年增长0.7%。

（五）建材及非金属矿商品出口出现大幅下降

2016年，国际建材市场整体仍较为低迷，同时受汇率波动影响，建材及非金属矿商品平均离岸价格比上年大幅下降16.1%，主要建材出口产品均不同程度出现“量价齐跌”，全年出口总额310.4亿美元，同比下降19.0%。其中，建筑卫生陶瓷产品出口1 898.4万吨，比上年下降6.6%，平均离岸价格比上年下降25.6%，出口金额比上年下降33.4%；建筑用石出口1 153.4万吨，比上年下降10.6%，平均离岸价格比上年下降7.3%，出口金额比上年下降17.5%；其他主要出口商品中，除建筑技术玻璃类产品出口金额、数量实现增长外，其他商品出口额比上年均有所下降，见表3。

表3 2016年建材及非金属矿商品出口情况

分类和商品名称	出口数量增长率(%)	平均离岸价格(上年同期=100)	出口金额增长率(%)
出口总计	—	83.9	-19.0
建筑卫生陶瓷	-6.6	74.4	-33.4
建筑用石	-10.6	92.7	-17.5
建筑与技术玻璃	9.7	94.1	4.0
玻璃纤维及制品	3.7	97.2	-0.6
水泥制品	10.0	72.4	-23.0
水泥和水泥熟料	12.9	80.4	-11.7
石膏制品和保温材料	4.8	77.1	-18.0
石棉和石棉制品	-14.4	102.3	-6.1

资料来源：国家统计局。

二、2016年建材行业运行特征

（一）全行业已进入筑底企稳回升波动阶段

自国民经济进入“新常态”以来，受宏观运行环境变化影响，建材行业经济运行出现回落，2015年建材主要产品产量或出现下降或增速下滑，建材产品平均出厂价格大幅回落，行业经济效益明显下降。2016年受宏观需求市场企稳及行业内积极因素影响，建材行业经济运行出现积极变化，主要产品产量或恢复增长或保持稳定的增长速度，平均出厂价格出现较大幅度回升，行业经济效益明显增长。同时规模以上企业产成品库存比上年增长小于2.0%，应收账款净额增长5.8%，均低于2014和2015年增速水平，表明市场环境呈现良性变化，企业生产经营更加理性。全行业运行态势呈现平稳波动缓慢回升特征。

（二）产业结构调整和动力转换持续推进

近年来，受产业发展规律及市场、政策等环境因素影响，建材行业产业结构调整持续进行，即使在行业经济运行下行时期仍未停止推进。到2016年，建材行业增长基本实现了由传统产业单项支撑向传统产业和加工制品业“双引擎”驱动转变。2016年，规模以上建材基础材料产业 主营业务收入增长4.4%，占规模以上建材行业总收入比重49.0%，为建材行业主营业务收入增长贡献2.2个百分点；规模以上建材加工制品业主营业务收入同比增长7.1%，为规模以上建材行业增长贡献3.2个百分点，占规模以上建材行业主营业务收入比重为45.1%，比2015年提高0.7个百分点，成为建材行业增长的重要动力，与建材基础材料产业共同支撑了建材行业稳定运行。建材行业产业结构调整和动力转换仍在继续进行。

（三）水泥产能继续缩减，产能利用率有所提升

产能过剩一直是近些年建材行业，尤其是建材传统产业存在的根本矛盾，直接影响了建材行业的结构调整和经济效益提升。近年来，建材行业“去产能”工作不断加强，尤其是在党中央提出将“去产能”作为2016年社会工作首要任务以及国办发〔2016〕34号文出台之后，各地“去产能”工作力度和效率再次加大和提升。近几年，水泥行业“去产能”工作颇有成效，2015年全国水泥产能缩减3 000万吨，2016年在全国水泥市场有所回升的情况下，水泥产能继续缩减2 000万吨。截至2016年年底，水泥产能已由2014年34.7亿吨的峰值减少到34.2亿吨。受产能总量下降以及产量增长影响，2016年水泥产能利用率达到70.0%，比2015年提高0.6个百分点，见图4。

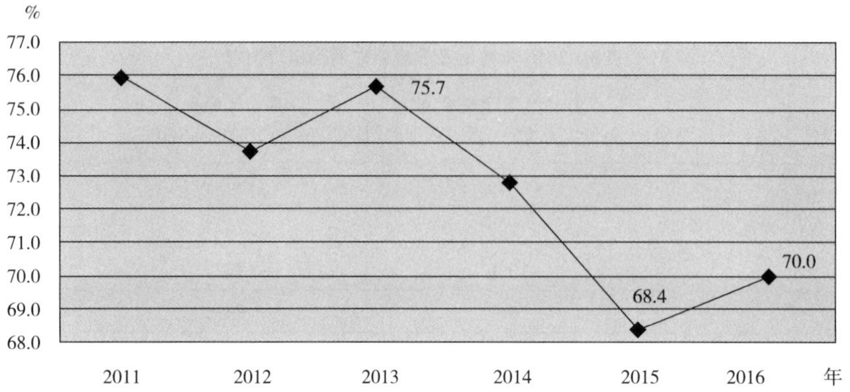

图4　2011—2016年水泥产能利用率变化情况

数据来源:国家统计局。

(四)行业兼并重组推进有力,市场格局加速重构

为应对近年来严峻的行业发展形势,水泥企业采取多种形式加快兼并重组,以重构市场格局,增强市场应变能力。2016年,金隅集团完成对冀东水泥在资产和股权双层面的重组,彻底改变京津冀市场格局,进而对华北市场产生深度影响;中国建筑材料集团和中国中材集团合并重组,新组建的中国建材集团市场范围遍布全国各大水泥产区,对全国主要区域市场竞争格局均会产生重要影响;拉法基中国和华新水泥产能整合以及华润水泥对昆钢嘉华的战略重组将重构西南、华中水泥市场等等。2016年水泥企业兼并重组涉及的资产规模和对产业结构影响都较往年有所扩大,通过兼并重组全国水泥产业集中度提高5.0个百分点,达到43.6%,水泥熟料集中度提高7.0个百分点,达到58.4%。

三、建材行业经济运行面临的突出问题

(一)市场需求低位波动,行业运行压力仍处高位

2016年全国固定资产投资(不含农户)同比增长8.1%,比2015年回落1.9个百分点,其中建筑安装工程同比增长9.3%,比2015年回落2.0个百分点,建材产品市场需求仍然处于低位。从相关指标看,2016年规模以上建材行业产成品库存、应收账款、流动资产周转率均较低,市场宏观环境仍然偏紧。中国国民经济当前以及今后一段时间均处于“三期叠加”发展阶段,“新常态”下市场需求低位波动特征将长期存在,建材行业面临的宏观市场下滑风险仍然较大,行业经济运行依然面临巨大压力。

(二)建材行业固定投资增速过低,将影响行业后续发展动力

2016年建材行业限额以上固定资产投资增速降至近20年来的最低点。水泥、平板玻璃等建材传统产业投资仍在下降,加工制品业投资增速出现明显回落,新兴产业投资增速虽仍保持较好水平,但投资规模较小,短期内难以对建材行业发展形成支撑。而目前,建材传统产业转型升级任务艰巨、产业链延伸不足,加工制品业大部分仍处于产业化和规模化发展阶段,建材行业动力转换仍未完成,均需要大量的投资支持。而建材固定资产投资增速的大幅下滑将会影响建材行业发展后续动力,一定程度上阻碍行业转型升级和动力转换速度,也会使行业运行情况面临更多困难,影响行业稳定增长。

(三)融资困难,企业面临较大资金压力

当前,建材企业正处于产业结构调整关键期,产业链延伸、节能减排技术提升和设备升级均需要大量的资金支持,但由于建材行业经济运行正处低位,行业经济效益有所下滑,企业面临的融资、信贷环境持续收紧,尤其是产能过剩的建材传统产业,融资、

信贷尤为困难，即使是行业内的优质企业也被“一刀切”而进入限贷范围。2015 年建材行业国内贷款金额下降 12.8%，2016 年继续下降。当前企业融资困难带来的资金压力已成为企业技术提升、转型升级和产业链延伸的重要掣肘。

（四）生产要素价格传导机制尚未有效形成

2016 年年底水泥出厂价格比年初上涨近 20.0%，但大幅上涨的价格并未全部化转为利润。虽然在市场需求稳定和企业“竞合”意识增强的双重任用下，价格保持上涨趋势，但生产资料价格上涨，尤其是煤炭价格突涨导致的生产成本增加占据了水泥价格上涨的 80.0% 空间，也大量挤占利润空间，2016 年行业销售利润率仅为 5.9%。

（五）环境约束不断收紧

建材传统产业一直被认为是能源消耗和大气污染物排放主要产业，近年来为减少大气污染，同时缓解供需矛盾，水泥行业“限产”“停产”呈现常态化。仅以北京为例，2016 年北京空气质量达标天数仅为 198 天，发生重污染 39 天，也就是说 2016 年水泥等制造业企业受限生产天数高达 168 天。而随着国家环境保护治理工作的不断深入和雾霾等极端天气频现，水泥等传统产业在环保治理中首当其冲，其发展面临的环境约束日趋紧张。

（审稿：孙星寿
撰稿：冯　帅）

2016 年有色金属工业运行状况综述

中国有色金属工业协会

2016 年，面对复杂的国内外经济环境，有色金属行业积极推进供给侧改革，去库存、去杠杆、降成本取得成效，有色金属企业效益明显好于预期，产业总体呈平稳运行势头。2016 年有色金属工业运行的主要特点：一是生产平稳运行，二是需求保持增长，三是价格明显回升，四是效益好于预期，五是有效投资不足，六是进出口额下降。2016 年，规模以上有色金属企业工业增加值比上年增长 6.0%；10 种有色金属产量 5 350.9 万吨，比上年增长 3.8%；精炼铜消费量 1 050 万吨，比上年增长 6.6%，原铝消费量 3 250万吨，比上年增长 10.2%；国内市场年均铜价降幅比上年收窄 9.9 个百分点，铝价比上年增长 3.0%；规模以上有色金属企业年末资产总额 41 957.7亿元，比上年增长 7.1%；规模以上有色金属工业企业实现利润总额 2 128.3 亿元，比上年增长 40.7%；完成固定资产投资额 6 228 亿元，比上年下降 7.3%；有色金属进出口贸易总额 1 171.4 亿美元，比上年下降 10.4%。

一、2016 年有色金属工业运行情况及主要特点

（一）生产平稳运行

2016 年，规模以上有色金属企业工业增加值增长 6.0%，比上年增幅回落 3.5 个百分点；10 种有色金属产量为 5 350.9 万吨，比上年增长 3.8%，增幅比上年收窄了 3.4 个百分点。其中，精炼铜产量 845.4 万吨，比上年增长 6.1%；原铝产量 3 269.8 万吨，比上年增长 3.7%，原铝产量占当年 10 种有色金属产量的比重为 61.0%；精铅产量 460.4 万吨，比上年增长 4.1%；锌产量 619.6 万吨，比上年增长 1.3%。6 种精矿金属量 920.4 万吨，比上年增长 1.3%。其中，铜精矿金属量 185.1 万吨，比上年增长 11.0%；铅精矿金属量 233.7 万吨，比上年增长 0.1%；锌精矿金属量 471.1 万吨，比上年下降 0.8%。氧化铝产量 6 103.4 万吨，比上年增长 3.5%。铜材（含企业间重复统计）产量 1 772.4 万吨，比上年增长 9.5%；铝材（含企业间重复统计）产量 4 851.5 万吨，比

上年增长 9.6%。见图 1、图 2。

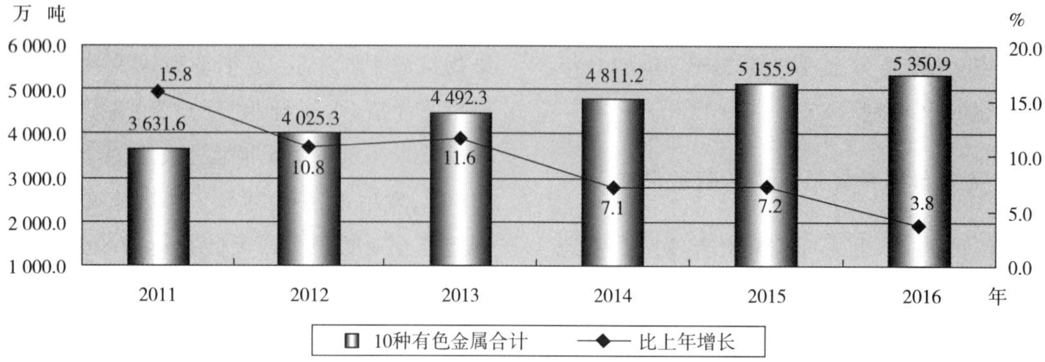

图 1 2011—2016 年 10 种有色金属产量增长趋势情况

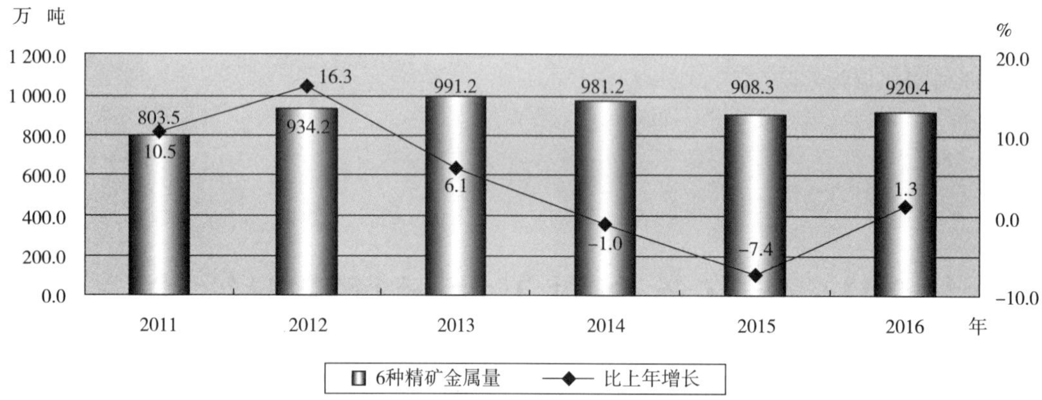

图 2 2011—2016 年 6 种精矿金属量变化趋势情况

有色金属产品生产的特点是，10 种有色金属冶炼产品产量增幅平稳，6 种矿山产品及氧化铝产量恢复小幅增长，铜、铝材等贴近消费的深加工产品增幅接近 10.0%。

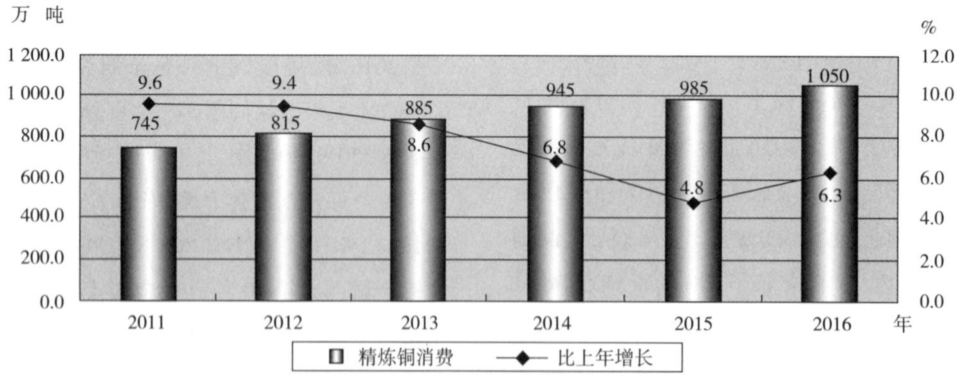

图 3 2011—2016 年精炼铜消费增长趋势情况

（二）需求保持增长

2016 年，中国精炼铜消费量达到 1 050 万吨，比上年增长 6.3%；原铝消费量达到 3 250 万吨，比上年增长 10.2%。见图 3、图 4。

2016 年，中国全铜人均年消费量 8.6 千克/人，比上年增长 6.0%；全铝人均年消费量达到 25.1 千克/人，比上年增长 8.7%。见图 5、图 6。

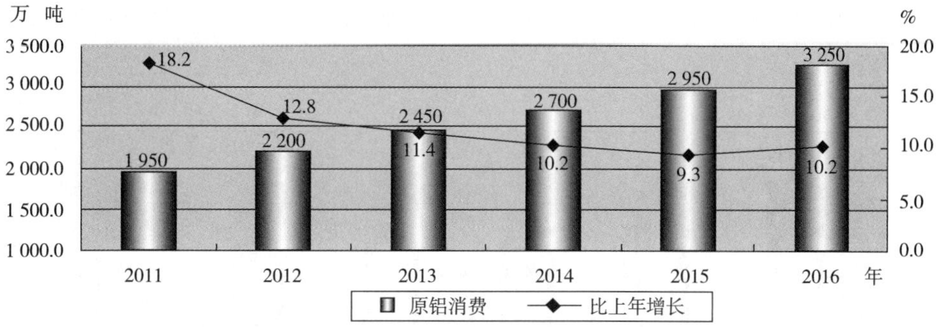

图 4　2011—2016 年原铝消费增长趋势情况

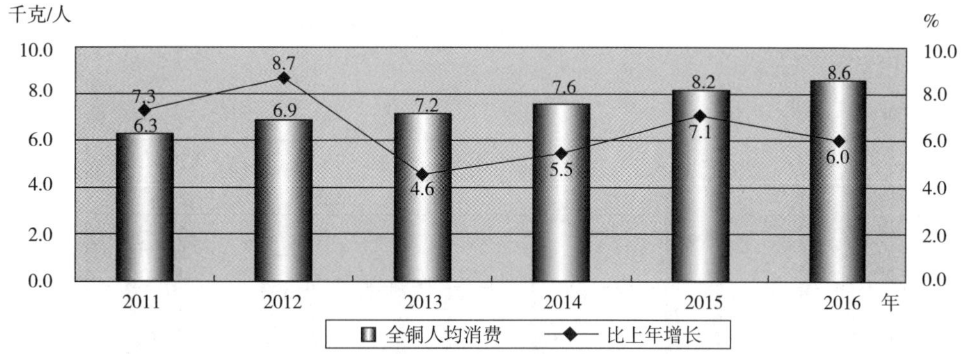

图 5　2011—2016 年全铜人均消费增长趋势情况

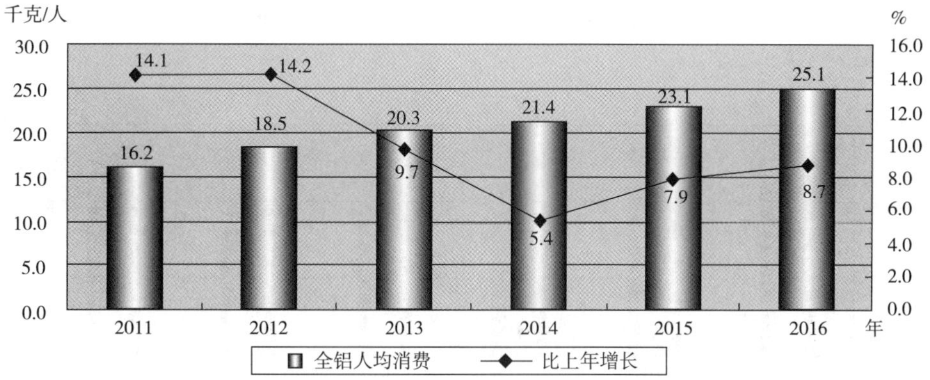

图 6　2011—2016 年全铝人均消费增长趋势情况

（三）价格明显回升

2016 年，国内市场四种基本金属年均价格，与上年比铝、铅、锌价明显回升，铜价降幅大幅度收窄。

1. 上海有色金属交易所 6 种金属三月期收盘价比上年末收盘价均上升。2016 年年底，上海有色金属交易所三月期铜收盘价格 45 500 元/吨，比上年年底收盘价 36 560 元/吨上升 24.5%；三月期铝收盘价格 12 840 元/吨，比上年年底收盘价 10 820 元/吨上升 18.7%；三月期铅收盘价格 17 565 元/吨，比上年年底收盘价 13 075 元/吨上升 34.3%；三月期锌收盘价格 21 045 元/吨，比上年年底收盘价 13 440 元/吨上升 56.6%；三月期镍收盘价格 85 480 元/吨，比上年年底收盘价格 69 630 元/吨上升 22.8%；三月期锡收盘价格 138 440 元/吨，比上年年底收盘价格 93 710 元/吨上升 44.7%。

2. 国内市场 4 种金属现货年均价三涨一降。2016 年，国内市场铜现货平均价为 38 126 元/吨，同比下降 6.9%，但降幅比上年收窄 9.9 个百分点；铝现货平均价为 12 529 元/吨，同比增长 3.0%；铅现货平均价为

14 571元/吨,同比上升11.3%;锌现货平均价为16 866元/吨,同比增长9.0%。见图7、图8、图9、图10。

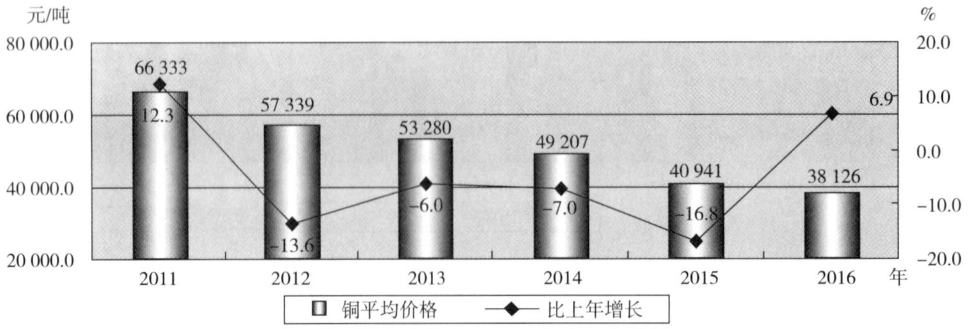

图7 2011—2016年国内市场铜价格变化趋势情况

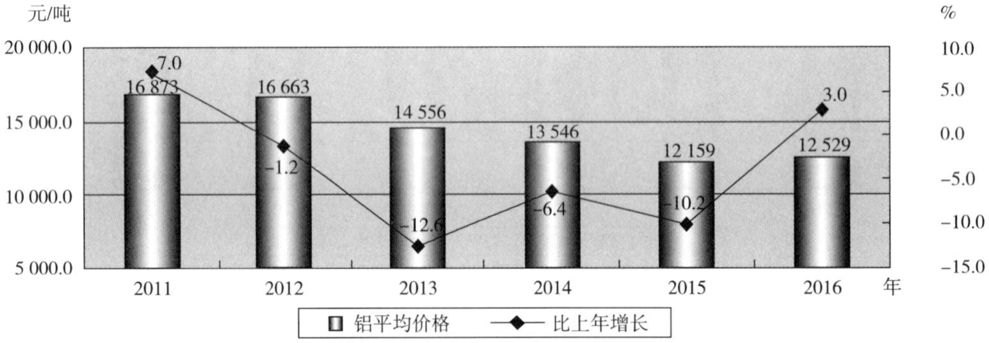

图8 2011—2016年国内市场铝价格变化趋势情况

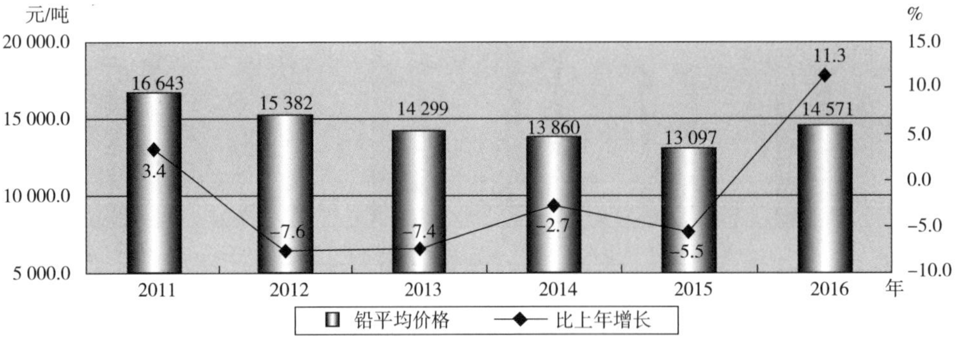

图9 2011—2016年国内市场铅价格变化趋势情况

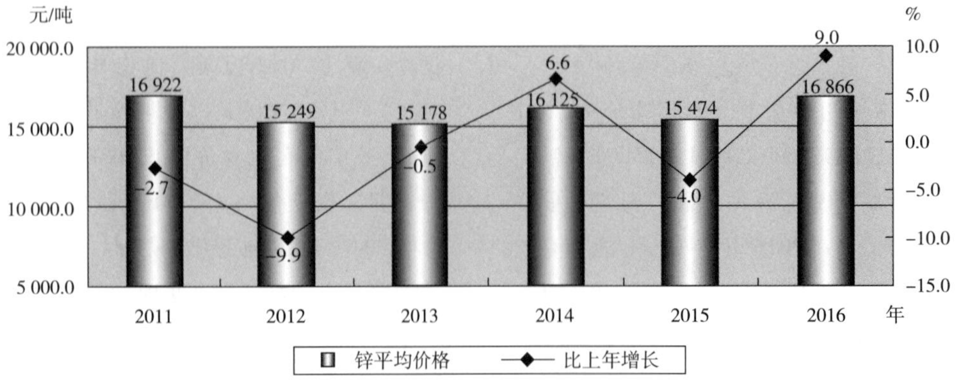

图10 2011—2016年国内市场锌价格变化趋势情况

(四)效益好于预期

2016 年,有色金属工业面对复杂的国内外经济环境,积极推进供给侧改革,去库存、去杠杆、降成本取得积极成效,规模以上有色金属企业效益明显好于预期。值得注意的是企业实现利润增长仍依赖于价格上涨,提质增效的内功尚需进一步加强。

1. 主营盈利能力回升。初步统计(下同),2016 年,8 972 家规模以上有色金属工业企业(包括独立黄金企业)实现主营业务收入 60 388.2 亿元,同比增长 5.6%;实现利润 2 430.3 亿元,同比增长 34.8%。

2016 年,8 381 家规模以上有色金属工业企业(不包括独立黄金企业,下同)实现主营业务收入 55 138.4亿元,同比增长 5.0%,增幅比上年扩大了 5.1 个百分点。实现利润总额 2 128.3 亿元,同比增长 40.7%,实现利润由连续下降转为大幅度增长。其中,独立矿山企业实现利润 247.4 亿元,同比增长 9.4%;冶炼企业实现利润 605.9 亿元,同比增长 186.2%,冶炼企业利润增加拉动有色金属工业企业实现利润增长 26.1 个百分点,贡献率为 64.0%;加工企业实现利润 1 275 亿元,同比增长 18.7%。2016 年,规模以上有色金属工业企业主营活动利润为 2 184.4 亿元,同比增长 43.1%,主营活动利润比利润总额多 56.1 亿元,主营活动利润增幅比利润总额增幅高 2.4 个百分点。见图 11、图 12。

2. 亏损面收窄,亏损额下降。2016 年,8 381 家规模以上有色金属工业企业中亏损企业为 1 397 家,亏损面为 16.7%,比上年收窄 4.6 个百分点;亏损企业亏损额 268.8 亿元,比上年减亏 50.2%。

3. 主营业务收入利润率、资产利润率有所回升,但依然偏低。2016 年,规模以上有色金属工业企业主营业务收入利润率为 3.9%,比上年回升近 1.0 个百分点,仍比全国平均水平低 2.1 个百分点;资产利润率为 5.1%,比上年回升 1.2 个百分点,仍明显低于银行公布的一般平均贷款利率 5.4%。

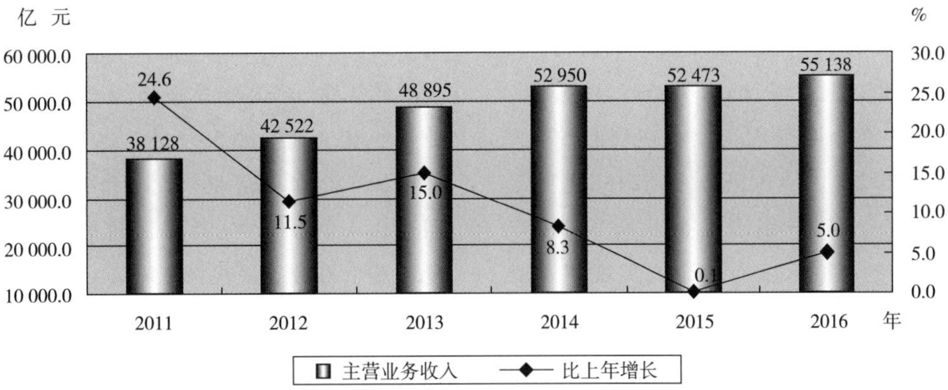

图 11 2011—2016 年规模以上企业主营业务收入增长趋势情况

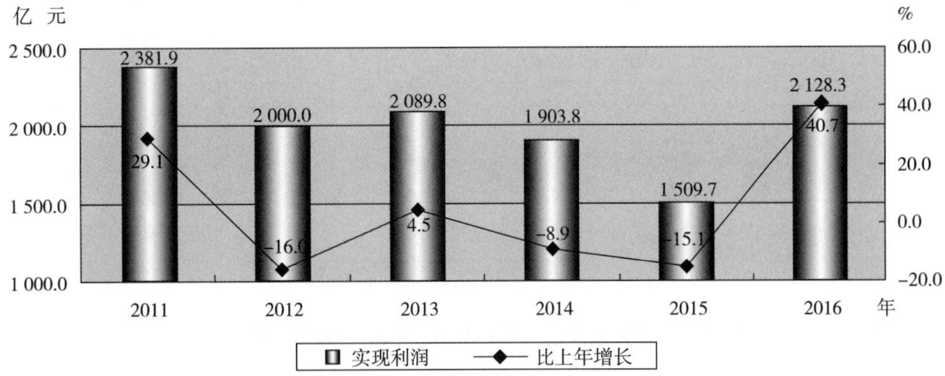

图 12 2011—2016 年规模以上企业利润总额变化趋势情况

4. 资产总额持续增长，资产负债率略有下降。2016年年底，规模以上有色金属工业企业资产总额达到41 957.7亿元，比上年增长7.1%；负债合计26 474.7亿元，比上年增长6.6%；资产负债率为63.1%，比上年收窄0.3个多百分点。见图13。

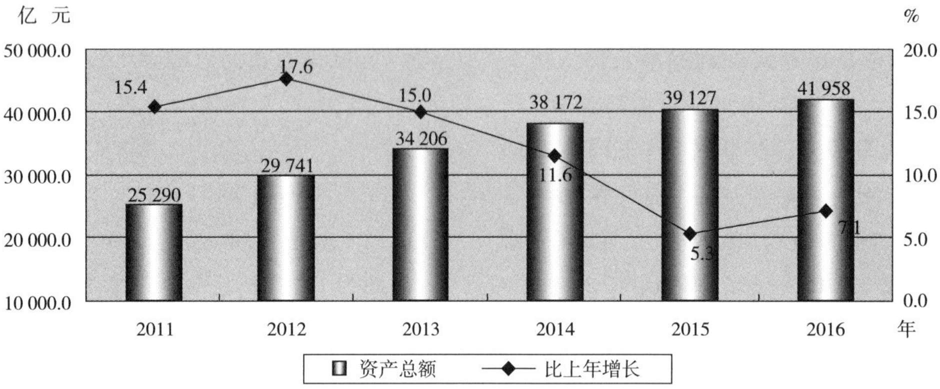

图13 2011—2016年规模以上有色企业资产总额变化趋势情况

5. 实现利润矿山、冶炼企业由降转增，加工企业增幅扩大。2016年，1 380家规模以上有色金属独立矿山企业实现利润247.7亿元，由上年下降26.3%转为增长9.4%，占规模以上有色金属企业实现利润的11.6%。规模以上有色金属独立矿山企业主营业务收入利润率为6.9%，比上年回升0.5个百分点；资产利润率为6.4%，比上年回升0.6个百分点。1 797家规模以上有色金属冶炼企业实现利润605.9亿元，同比增长186.2%。冶炼企业实现利润比上年增加利润394.2亿元，其中铝冶炼企业增加210.7亿元。冶炼企业拉动规模以上有色企业实现利润增长26.1个百分点，其中铝冶炼企业拉动规模以上有色企业实现利润增长13.9个百分点。规模以上有色金属冶炼企业主营业务收入利润率为2.7%，比上年回升1.7个百分点；资产利润率为3.0%，比上年回升1.9个百分点。5 204家规模以上有色金属加工企业实现利润1 275亿元，同比增长18.7%，增幅比上年扩大16.2个百分点，占规模以上有色金属工业企业实现利润的59.9%。2016年，规模以上有色金属加工企业主营业务收入利润率为4.5%，比上年回升0.4个百分点；资产利润率为7.1%，比上年回升0.6个百分点。见图14、图15。

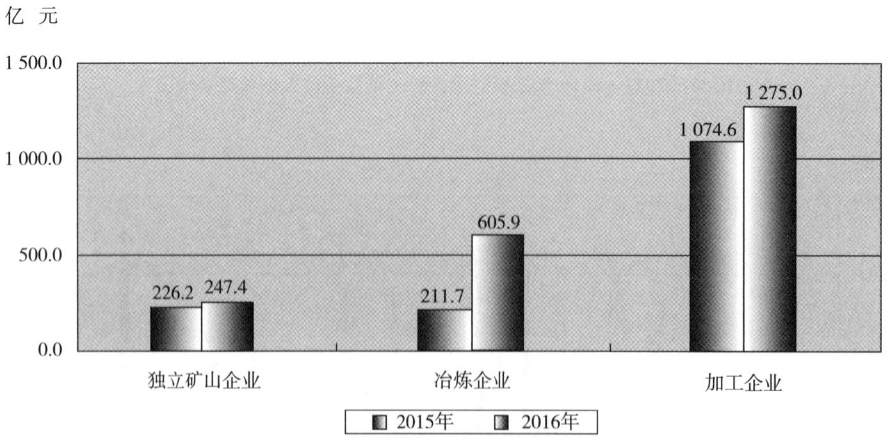

图14 2015—2016年独立矿山、冶炼、加工企业利润总额变化情况

2016年有色金属工业企业运营的特点：一是去库存、去杠杆、降成本取得积极成效，规模以上有色

金属企业效益明显好于预期；二是有色金属工业企业主营活动利润大于利润总额，主营活动盈利能力有所回升；三是分金属品种看，铜、铝、铅锌、银、钨钼、稀土、锑及镁冶炼等行业实现利润均明显增长，镍钴、锡行业大幅度减亏。

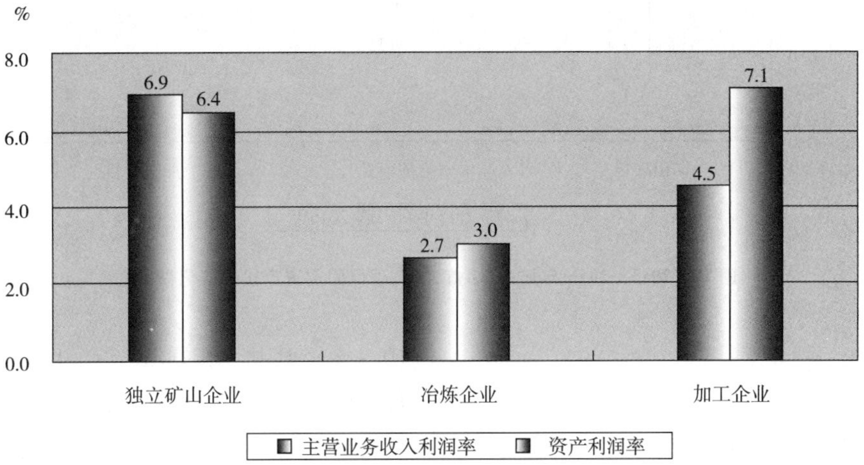

图 15　2016 年从生产环节看销售利润率、资产利润率情况

（五）有效投资不足

2016 年，中国有色金属工业（包括独立黄金企业）完成固定资产投资额 6 687. 3 亿元，同比下降 6. 7%。其中，民间项目投资 5 469 亿元，同比下降 6. 3%，所占行业投资比重为 81. 8%。

2016 年，中国有色金属工业（不包括独立黄金企业，下同）完成固定资产投资额 6 228 亿元，同比下降 7. 3%，降幅比上年扩大了 4. 0 个百分点。其中，有色金属矿采选完成固定资产投资 1 042. 3 亿元，下降 11. 8%，所占比重为 16. 7%；有色金属冶炼完成固定资产投资 1 744 亿元，下降 3. 3%，所占比重为 28. 0%；有色金属压延加工完成固定资产投资 3 441. 7亿元，下降 7. 8%，所占比重达 55. 3%。其中，国有企业投资 926. 8 亿元，同比增长 0. 3%，所占比重为 14. 9%；私人项目投资 4 176. 6 亿元，同比下降 11. 4%，所占比重为 67. 1%，降幅比有色行业投资降幅大 4. 1 个百分点。

有色金属工业完成固定资产投资特点，一是有色金属矿山、冶炼及压延加工项目完成固定资产投资均出现下降；二是私人投资持续大幅下降；三是产业转型升级、新动能转换的投资不足。见图 16、图 17。

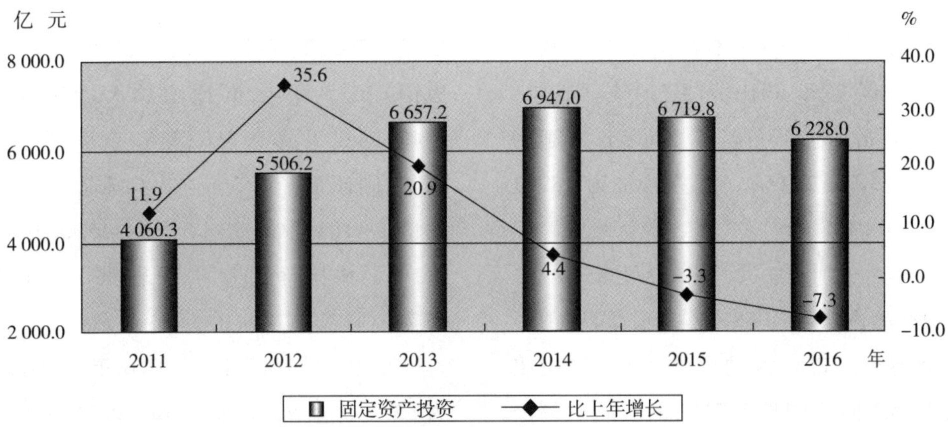

图 16　2011—2016 年有色金属工业完成固定资产投资变化趋势情况

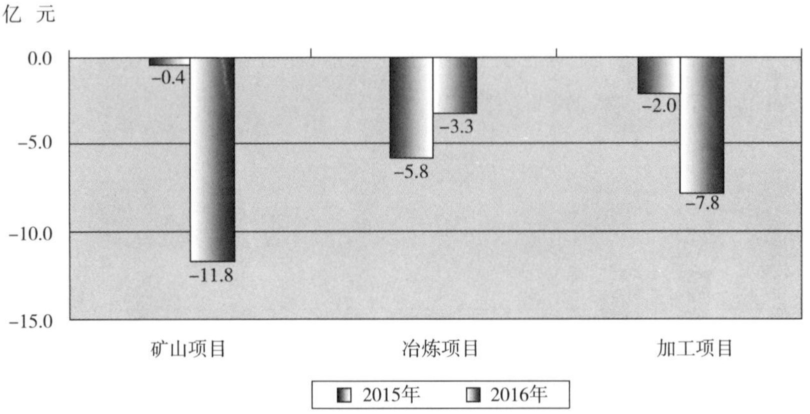

图 17　2015—2016 年矿山、冶炼、加工项目固定资产投资变化情况

(六)进出口额下降

2016 年,中国有色金属进出口贸易总额(含黄金首饰及零件贸易额)1 171.4 亿美元,同比下降 10.4%。其中:进口额 771.1 亿美元,同比下降 10.4%;出口额为 400.3 亿美元,同比下降 10.3%。其中黄金首饰及零件出口贸易额 121.2 亿美元,同比下降 29.9%。见图 18。

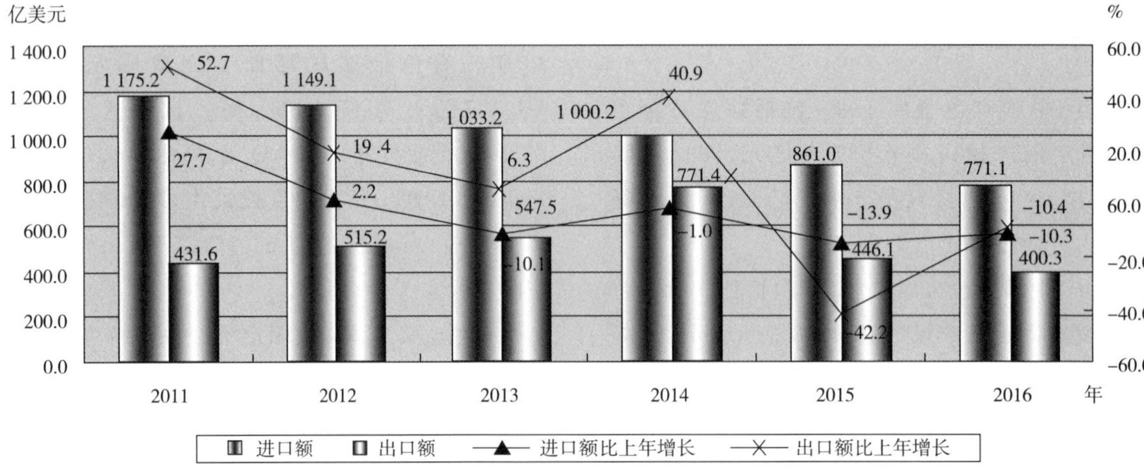

图 18　2011—2016 年有色金属进出口额变化趋势情况

有色金属进出口贸易总额(不含黄金首饰及零件贸易额)1 045.3 亿美元,同比下降 7.4%。其中:进口额 766.2 亿美元,同比下降 10.5%;出口额为 279.1 亿美元,同比增长 2.1%。贸易逆差为 487.1 亿美元,同比下降 16.4%。

1. 进口铜精矿增加,净进口未锻轧铜减少。2016 年,中国铜产品进口额为 531 亿美元,同比下降 7.0%,占有色金属产品进口额的比重为 69.3%;出口额为 51.8 亿美元,同比增长 6.7%;铜产品贸易逆差 479.2 亿美元,同比下降 8.2%。2016 年,进口未锻轧铜 367.8 万吨,同比下降 1.1%;进口铜精矿实物量 1 705.2 万吨,同比增长 28.0%;进口粗铜(阳极铜)70.7 万吨,同比增长 33.4%;进口铜材 56.2 万吨,同比下降 0.3%;进口铜废碎料实物量 334.8 万吨,同比下降 8.5%。出口未锻轧铜 42.6 万吨,同比增长 101.2%;出口铜材 45.6 万吨,同比下降 2.1%。中国净进口未锻轧铜 325.1 万吨,同比下降 7.3%。

2. 出口铝材下降。2016 年,中国铝产品进口额为 85.8 亿美元,同比下降 20.3%;出口额为 126.1 亿美元,同比下降 13.1%。2016 年,进口未锻轧铝 25.6 万吨,同比增长 14.6%;进口铝材 39.1 万吨,同比下降17.5%；进口铝土矿5 205.3万吨，同比下降7.2%；进口铝废料实物量191.7万吨，同比下降8.1%；进口氧化铝302.6万吨，同比下降35.0%。出口未锻轧铝51.1万吨，同比下降9.5%；出口铝材407.9万吨，同比下降3.4%。中国净出口铝材368.8万吨，同比下降1.7%。

3. 进口铅精矿下降。2016年，中国铅产品进口额为15.2亿美元，同比下降28.7%；出口额为6 700万美元，同比下降56.0%。进口未锻轧铅2.2万吨，同比增长22.1%；进口铅精矿实物量142万吨，同比下降25.4%。出口未锻轧铅1.7万吨，同比下降67.4%。

4. 进口锌精矿、未锻轧锌均减少。2016年，中国锌产品进口额为24.1亿美元，同比下降30.1%；出口额为2.3亿美元，同比下降38.5%。2016年，进口未锻轧锌52.5万吨，同比下降19.5%；进口锌精矿实物量200.7万吨，同比下降38.1%；出口未锻轧锌2.3万吨，同比下降76.6%；出口立德粉1.8万吨，同比下降9.1%；出口氧化锌1.6万吨，同比增长22.5%。净进口未锻轧锌50.2万吨，同比下降9.5%。

5. 稀土产品出口"量增额降"。2016年，中国稀土产品进口额为2.9亿美元，同比下降10.4%；出口额为16.1亿美元，同比下降3.9%；进出口贸易顺差为13.2亿美元，同比下降2.3%。出口稀土金属3329吨，同比增长8.3%；出口稀土合金1 839吨，同比下降22.7%；出口稀土氧化物32 699吨，同比增长19.8%；出口稀土永磁体26 944吨，同比增长15.6%。

（七）四种单位产品能耗三降一增

2016年，原铝综合交流电耗为13 600千瓦时/吨，同比增加了38千瓦时/吨；铜冶炼综合能耗下降到269.4千克标准煤/吨，同比减少了28.3千克标准煤/吨；铅冶炼综合能耗下降到386.4千克标准煤/吨，同比减少13.6千克标准煤/吨；电解锌冶炼综合能耗下降到839.7千克标准煤/吨，同比减少42.6千克标准煤/吨。见图19。

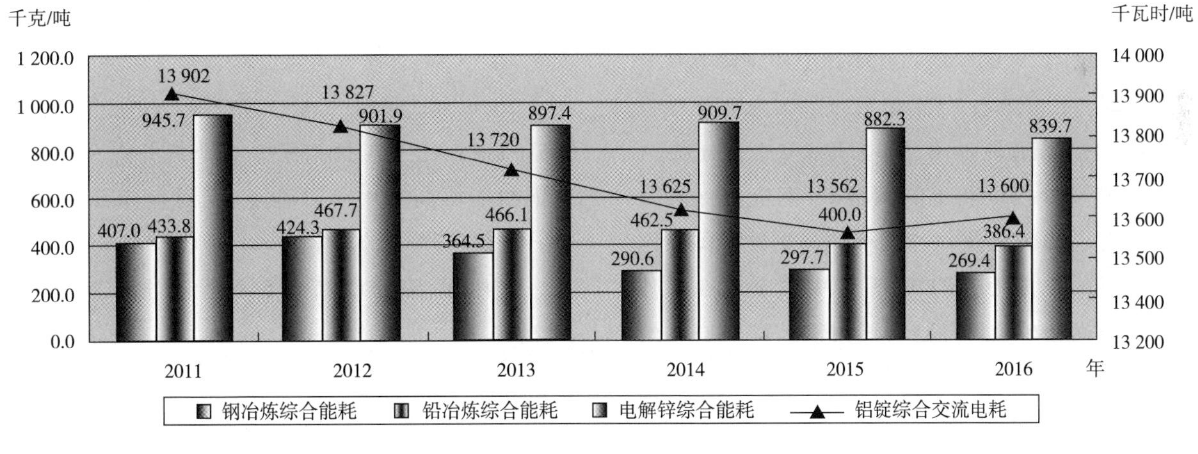

图19 2011—2016年主要产品单位能耗变化趋势情况

二、有色金属工业运行情况分析

（一）有色金属产业运行环境

2016年有色金属产业运行环境复杂，不确定性因素较多。从国际经济环境看，2016年全球经济增长率仅有2.5%左右，持续多年低迷发展。发达国家低增长、发展中国家增幅放缓的态势未变。国际投资贸易低迷，全球化遭遇逆风。全球金融市场在波动中上行，英国脱欧、美国大选等事件推升了波动率。特别是政经事件的不确定性和美联储加快升息步伐，是市场动荡之源。从国内经济运行情况看，受稳增长政策累积效应释放、房地产市场持续升温和大宗商品价格走高等因素影响，中国经济保持平稳增长，下行压力有所缓解，呈现稳中有进特征。全年GDP增长6.7%，在政府确定的目标区间之内。尽管中国经济出现了企稳趋势,但由于不确定性增加,经济减速压力依然存在。宏观政策需要特别关注稳增长、抑泡沫和防风险三大重点。财政政策应保持积极取向,力度有望进一步加大;货币政策将保持中性适度,大幅放松或收紧的可能性均不大;供给侧改革在推进"三去一降一补"过程中将更加注重引导产业转型升级,更加注重政策间的协调与配合;房地产调控将更加强调控房价、去库存和建机制。

(二)国内矿山资源保障力有所提升

1. 国内铅资源保障力有所提升。2016 年进口铅精矿金属量占供应量的比重为 29.3%,所占比重比上年下降 5.3 个百分点;国产铅精矿金属量占供应量的比重为 70.7%,所占比重比上年提高 5.3 个百分点。

2. 国内锌资源保障力有所提升。2016 年进口锌精矿金属量占供应量的比重为 17.2%,所占比重比上年下降 8.2 个百分点;国产锌精矿金属量占供应量的比重为 82.8%,所占比重比上年提高 8.2 个百分点。

3. 国内铝土矿保障力有所提升。2016 年,进口铝土矿生产氧化铝和进口的氧化铝,两项合计约占国内氧化铝供应量的 39.0%,所占比重比上年下降 6.0 个百分点。国产铝土矿生产氧化铝约占国内氧化铝供应量的 61.0%,所占比重比上年上升 6.0 个百分点。

4. 包括境外投资获得的铜精矿,铜资源保障力也有所提升。2016 年进口的铜精矿金属量占国内铜精矿供应量的比重为 72.1%,其中中国企业在海外投资获得的铜精矿金属量已占国内铜精矿供应量的比重为 7.5%;国产铜精矿金属量占国产供应量的比重为 27.9%。若考虑中国企业在境外投资获得的铜精矿金属量在内,铜矿产资源保障力也有所提升。

(三)国内再生资源供应量明显提升

1. 国内再生铜供应量明显提升。2016 年中国再生铜供应量为 300 万吨(其中再生精炼铜 221 万吨,直接使用的再生铜 79 万吨),所占供应量的比重为 24.0%。其中国内回收再生铜原料约 183 万吨,占再生铜供应量的 61.0%,所占比重比 2010 年上升了 24.7 个百分点。

2. 国内再生铝供应量明显提升。2016 年中国再生铝供应量 630 万吨,占 16.5%,所占供应量比重比上年提高了 1.0 个百分点。其中国内再生铝资源为 477 万吨,占再生铝供应量的 75.7% 左右,所占比重比 2010 年提高 29.1 个百分点。

3. 再生铅供应量有所提高。2016 年再生铅供应量 166.3 万吨,所占供应量比重为 35.6%,所占比重比 2010 年提高了 2.8 个百分点。

(四)铜、铝材等贴近消费的深加工产品增幅明显大于铜、铝冶炼产品的增幅

2016 年,铜材产量 1 772.4 万吨,同比增长 9.5%,增幅比上年扩大了 2.4 个百分点,比当年精炼铜的增幅高 3.4 个百分点;铝材产量 4 851.5 万吨,同比增长 9.6%,增幅比上年收窄了 0.7 个百分点,比当年原铝的增幅高 5.9 个百分点。见图 20、图 21。

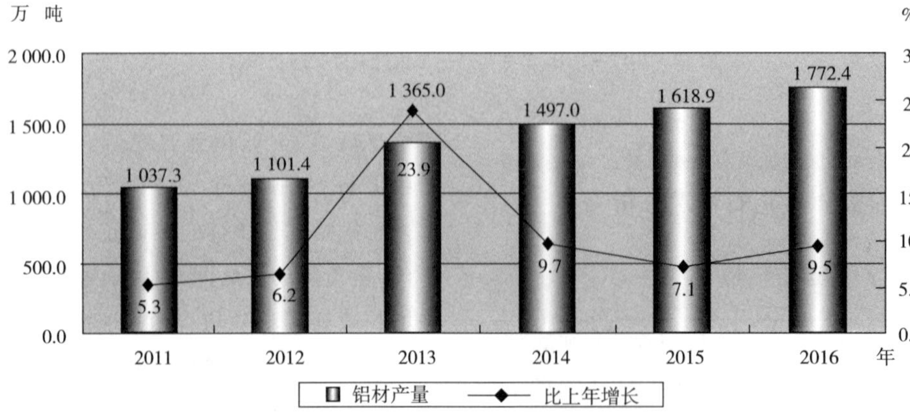

图 20 2011—2016 年铜材产量增长趋势情况

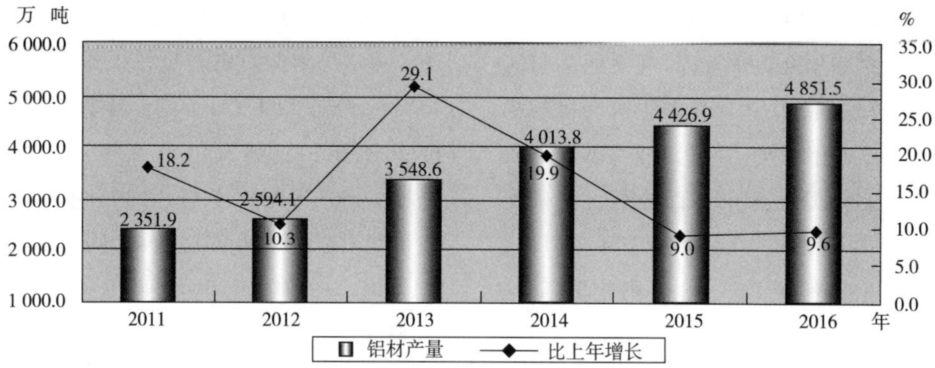

图 21　2011—2016 年铝材产量增长趋势情况

(五)去库存、去杠杆、降成本取得积极成效

1. 去库存效果显现。2016 年年底,规模以上有色金属工业企业产成品库存货款为 1 736.1 亿元,同比下降 1.0%。产成品库存周转天数为 12.5 天,比上年加快 0.2 天,比全国平均水平快 1.3 天。

2. 去杠杆积极推进。2016 年,规模以上有色金属工业企业应收账款周转天数 19.4 天,比上年加快 0.3 天。2016 年年底,规模以上有色金属工业企业资产负债率为 63.1%,比上年收窄 0.3 个多百分点。

3. 降成本取得成效。2016 年,规模以上有色金属工业企业每百元主营业务收入中的成本为 92.04 元,比上年减少 0.91 元。2016 年,规模以上有色金属工业企业营业总成本为 52 953.9 亿元,同比增长 3.9%,增幅比主营业务收入增幅低 1.1 个百分点。其中,主营业务成本 50 751.4 亿元,同比增长 4.0%,增幅比主营业务收入增幅低 1.0 个百分点;三项费用小计 2 202.6 亿元,同比增长 0.9%,增幅比主营业务收入增幅低 4.1 个百分点。其中,财务费用为 704.4 亿元,同比下降 8.1%。

(撰稿:王华俊)

2016 年电信业发展综述

工业和信息化部信息中心

2016 年,中国电信业认真贯彻落实中央各项政策措施,围绕实施网络强国战略,推动网络提速降费,提升 4G 网络和宽带基础设施水平,积极发展移动互联网、IPTV 等新型业务,全面服务国民经济和社会发展,全行业保持健康发展。

一、总体情况

2016 年,全国电信业务总量完成 15 617 亿元,同比增长 33.9%①,电信业务收入累计完成 12 001.5 亿元,同比增长 5.4%,完成固定资产投资 3 739.1 亿元,同比下降 17.4%。

全年净增加电话用户 2 616.5 万户,总数增至 15.3 亿户。其中,移动电话用户净增加 5 053.7 万户,总数达到 13.2 亿户,普及率为 95.6② 部/百人;移动宽带(3G/4G)用户净增 23 464.3 万户,总规模达到 9.4 亿户,在移动电话用户总体中的渗透率达 71.2%。固定电话用户累计减少 2 437.2 万户,总数

① 按照 2015 年不变单价测算,下同。
② 人口数采用 2016 年底国家统计局发布的常住人口数。

降至2.1亿户，普及率为14.9部/百人。

互联网网民数量净增4 299万人，规模达73 100万人，互联网普及率达到50.3%，其中手机网民规模达到69 500万人，比上年增加7 550万人，占到网民总数的95.1%，比上年提高5.0个百分点。基础电信企业互联网宽带接入用户全年净增3 774.1万户，总数达3.0亿户，8Mbps及以上宽带用户比重达到91.0%。

全国光缆线路长度增加555.8万公里，达到3 042.1万公里。局用交换机容量比上年大幅下降，全年下降15.1%，降至22 441.6万门。移动电话交换机容量增加6 726.1万户，达到218 540万户。互联网宽带接入端口增加13 567.5万个，累计达到7.1亿个。国际互联网出口带宽增至到6 640 291Mbps[①]，同比增长23.1%。

2012—2016年电信业主要指标发展情况见下表。

表　2012—2016年电信业主要指标发展情况

指标名称	单　位	2011年	2012年	2013年	2014年	2015年	平均增长率(%)
一、综合指标							
电信业务总量	亿　元	11 725.8	12 982.4	15 707.2	18 138.3	23 346.3	14.8
电信业务收入	亿　元	9 880.4	10 758.3	11 668.7	11 908.0	11 665.2	3.4
电信固定资产投资	亿　元	3 382.2	3 616.2	3 742.6	4 006.2	4 524.8	6.0
二、电信用户							
固定电话用户	万　户	28 509.8	27 815.3	26 698.5	24 943.0	23 099.6	-4.1
移动电话用户	万　户	98 625.3	111 215.5	122 911.3	128 609.3	127 139.7	5.2
互联网宽带接入用户	万　户	15 000.1	17 518.3	18 890.9	20 048.3	25 946.6	11.6
互联网网民人数	万　人	51 300.0	56 400.0	61 758.0	64 875.0	68 826.0	6.1
三、电信业务使用情况							
固定本地电话通话时长	亿分钟	4 227.4	3 577.7	3 023.1	2 613.9	2 251.1	-11.8
固定长途电话通话时长	亿分钟	856.9	700.7	590.6	530.1	472.6	-11.2
移动电话通话时长	亿分钟	50 472.6	55 444.9	58 229.7	59 012.7	57 648.9	2.7
移动短信业务量	亿　条	8 790.0	8 973.1	8 921.0	7 674.2	6 991.8	-4.5
移动互联网接入流量	万GB	54 083.1	87 926.1	126 715.7	206 193.6	418 753.3	50.6
四、通信能力							
光缆线路长度	万公里	1 211.9	1 479.3	1 745.4	2 061.3	2 486.3	15.5
局用交换机容量	万　门	43 428.4	43 749.3	41 089.3	40 517.1	26 446.5	-9.4
移动电话交换机容量	万　户	171 636.0	184 023.8	196 557.3	205 024.9	218 150.0	4.9
移动电话基站数	万　个	175.2	206.6	241.0	350.8	465.6	21.6
互联网宽带接入端口	万　个	23 239.4	32 108.4	35 945.3	40 546.1	57 709.4	20.0
互联网国际出口带宽	Mbps	1 389 529.0	1 899 792.0	3 406 824.0	4 118 663.0	5 392 116.0	31.2
五、通信服务水平							
固定电话普及率	部/百人	21.3	20.6	19.6	18.2	16.8	—
移动电话普及率	部/百人	73.6	82.5	90.3	94.0	92.5	—
互联网普及率	%	38.3	42.1	45.8	47.9	50.3	—

注：1. 2012年之前（含2012年）的电信业务总量按照2010年不变单价测算，2014年以后电信业务总量按照2013年微调后的2010年不变单价测算。

2. 财务指标的增长率为可比口径比较，其中收入指标的增长率为未扣除营改增影响。

① 数据来源：中国互联网络发展状况统计报告（2016.1），CNNIC。

二、行业发展特点

（一）行业收入平稳降速，业务发展加快由话音业务向数据业务转型

1. 行业收入保持低速增长，电信行业日益成熟。2016 年，全国完成电信业务收入 12 001.5 亿元，同比增加 5.4%（未考虑营改增政策影响），和上年同期相比上升 7.4 个百分点。2016 年中国电信业务增速相对 2015 年有了显著提升，提速降费的收入红利逐步得到释放。2014 年行业收入增速若扣除营改增的政策影响，预计增速在 3.0% ~4.0%，说明电信业务收入的增速已由前 10 年的中高速增长换挡至低速增长。预计随着中国电信行业的日益成熟，未来中国电信行业收入增速将长期低于 GDP 增长速度。见图 1。

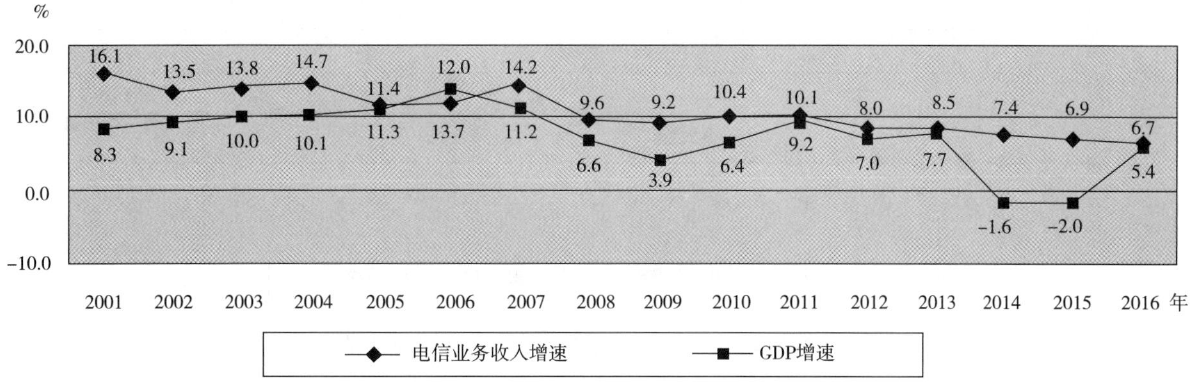

图 1　2001—2016 年全行业电信业务收入与国内生产总值（GDP）发展情况

2. 行业转型步伐加快推进，移动数据及互联网业务蝉联收入增长第一引擎。2016 年，行业发展对话音业务的依赖继续大幅减弱，非话音业务收入占比由上年的 69.5% 提高至 75.2%；移动数据及互联网业务第一增长引擎作用日益凸显，收入同比增长 38.3%，对收入增长拉动 10.5 个百分点，保持全行业收入增长的第一动力，占电信业务收入的比重从上年的 26.9% 提高至 36.1%。固定数据及互联网业务收入增长贡献有所升高，对收入增长拉动 1.2 个百分点，比上年同期增长 7.4 个百分点。移动话音业务收入加速下滑，对行业电信业务收入增长负向拉动 4.7 个百分点。见图 2。

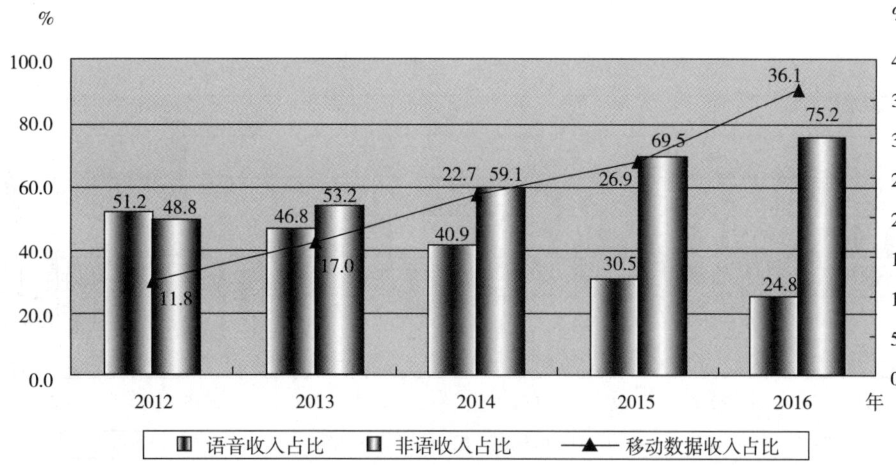

图 2　2012—2016 年全行业话音业务和非话音业务收入占比变化情况

（二）移动电话用户“天花板”效应凸显，用户结构加速优化

1. 移动电话用户低速增长，移动电话普及率稳步提升。2016 年，全国电话用户净增加 2 616.5 万户，总数达到 15.3 亿户。其中，移动电话用户净增加 5 053.7 万户，总数达 13.2 亿户，移动电话用户普及率达 95.6 部/百人，比上年增加 3.1 部/百人。固定电话用户总数 2.1 亿户，比上年减少 2 437.2 万户，普及率下降至 14.9 部/百人。见图 3。

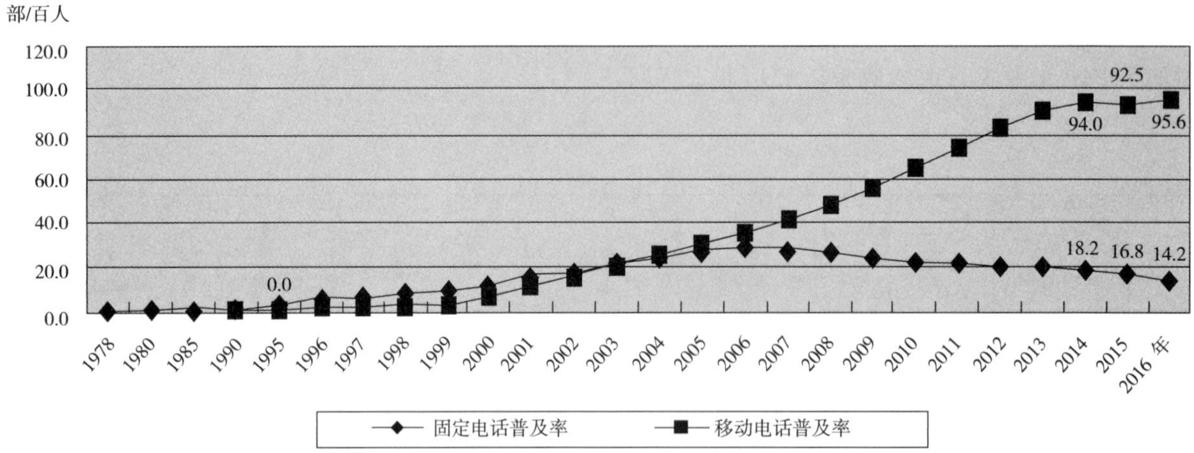

图 3　1978—2016 年全行业固定电话、移动电话用户发展情况

2. 移动电话用户结构加速优化，移动宽带（3G/4G）用户占比突破 70.0%。2016 年，全行业移动电话用户加速向移动宽带（3G/4G）用户迁移，2G 移动电话用户大幅减少。此外，移动宽带用户内部结构也发生了较大变化，3G 用户数迅速下落，向 4G 用户迁移。3G 移动电话用户减少 10 493 万户，总数降至 1.7 亿户，减少 38.1%，占移动电话用户的比重降至 12.9%，比上年同期下降 8.8 个百分点。4G 用户发展速度持续走高，4G 用户数量在 4G 业务发展第二年就已超过了 3G 用户，全年增长 33 957 万户，达到 76 994.9 万户，增长 78.9%。移动宽带（3G/4G）用户总数占比达到 71.2%。2G 移动电话用户减少18 411万户，是上年净减数的 1.3 倍，占移动电话用户的比重由上年的 44.5% 下降至 28.8%。见图 4。

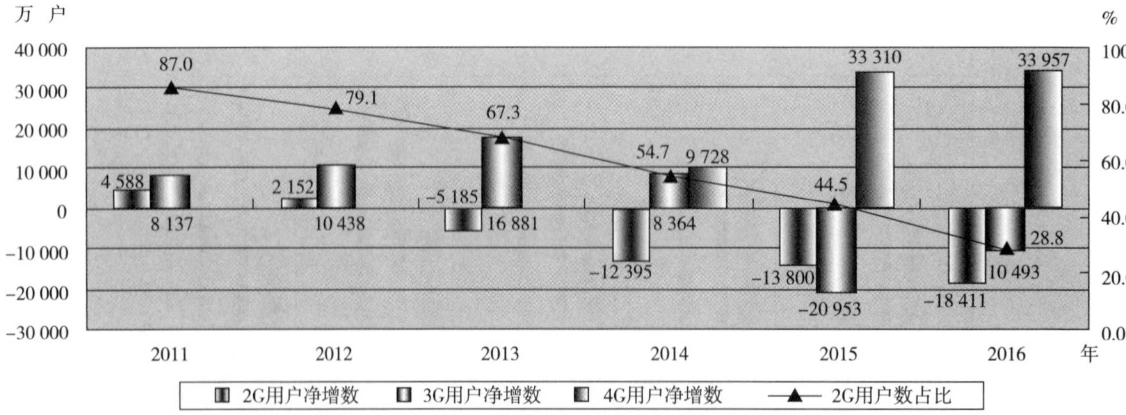

图 4　2011—2016 年全行业各制式移动电话用户发展情况

（三）固定宽带用户提速升级，移动互联网用户规模持续扩大

1. 固定宽带用户增长规模大幅回升，移动互联网用户快速增长。2016年，全国基础电信企业固定互联网宽带接入用户新增3 774.1万户，比上年减少2 123.9万户，总数达到3亿户，继上年增长规模的大幅回升之后，增长速度趋缓。城乡宽带用户发展差距有所缓和，城市宽带用户净增2 719.5万户，是农村宽带用户净增数的2.6倍，相比上年的2.9倍略有下降。移动互联网用户新增12 947.9万户，总数达到109 400万户，在移动电话用户的渗透率达到82.8%，比上年同期提高6.9个百分点。固定宽带用户发展日益趋缓，移动互联网用户发展迅速，用户上网习惯已逐步从传统互联网过渡到移动互联网。见图5。

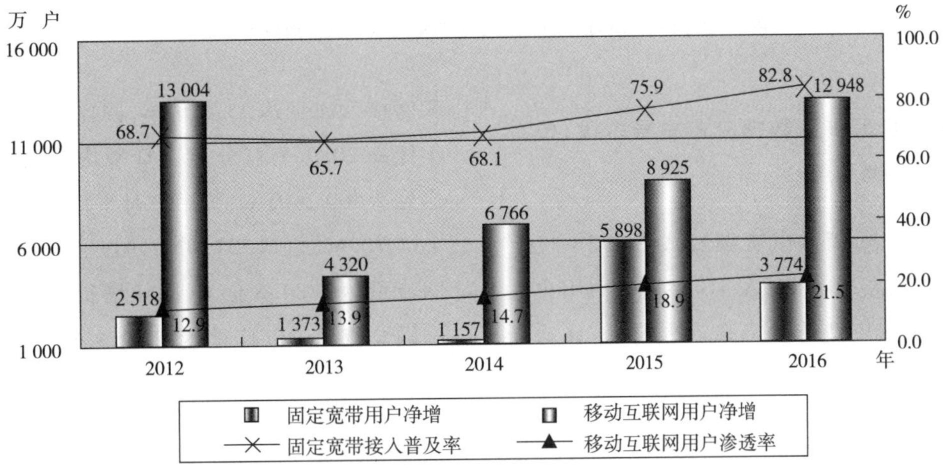

图5 2012—2016年基础电信企业固定宽带用户和移动互联网用户发展情况

2. 光纤接入FTTH/O用户高速增长，8M及以上宽带用户占比突破90.0%。2016年，宽带城市建设继续推动光纤接入的普及，光纤接入（FTTH/O）用户净增7 932万户，同比增长53.5%，总数达22 765.6万户，占宽带用户总数的比重比上年提高19.4个百分点，达到76.6%。传统的xDSL用户和Lan用户占比由上年末的20.2%和21.6%，分别变化到6.7%和15.9%。随着“宽带中国”战略的加速推进，宽带提速效果显著，高速率宽带占比快速提升。8M以上、20M以上宽带用户总数占宽带用户总数的比重分别达91.0%、77.8%，比上年提高21.3个和46.6个百分点。见图6、图7。

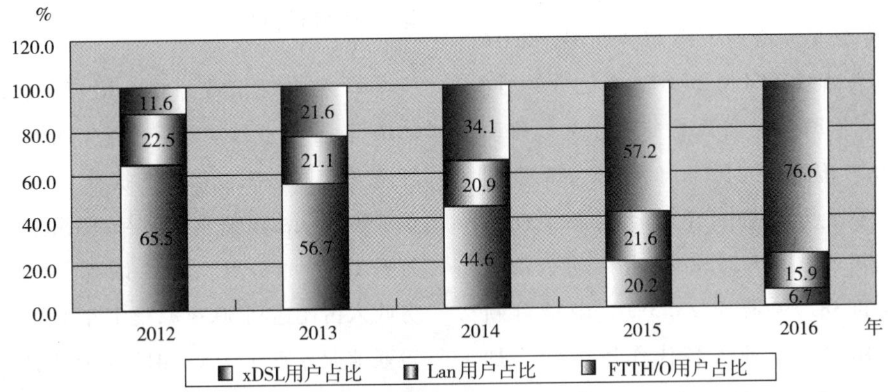

图6 2012—2016年基础电信企业各接入方式固定宽带用户占比情况

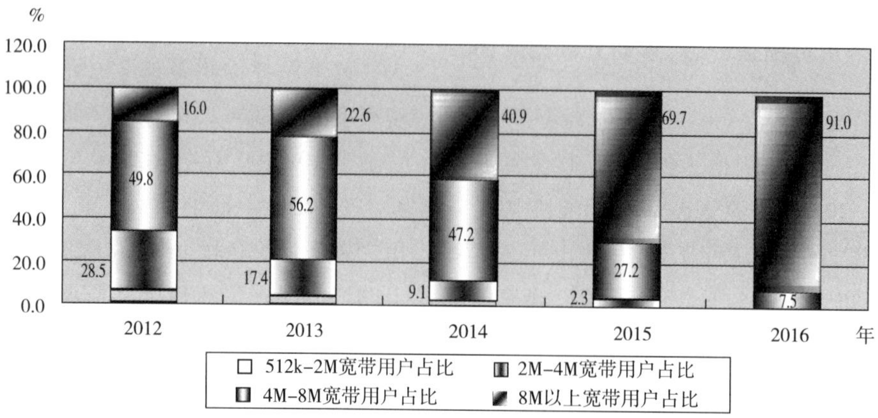

图7 2012—2016 年基础电信企业各接入速率宽带用户占比情况

(四)电信业全面步入数据流量主导阶段，传统话音和短信消费加速萎缩

1. 移动数据流量消费呈现爆发式增长，手机上网流量贡献近9成。2016 年，在4G 移动电话用户大幅增长、套餐中流量资费持续下降等影响下，移动互联网接入流量达 93.8 亿 G，同比增长 124.0%，比上年提高 20.9 个百分点。日平均消费移动数据流量达到 2 569.5 万 G，每用户月平均使用移动数据流量突破 700M，达到 731.6M，同比增长 88.1%。手机上网流量达到 84.3 亿 G，同比增长 124.3%，在移动互联网总流量中的比重达到 89.9%。见图 8。

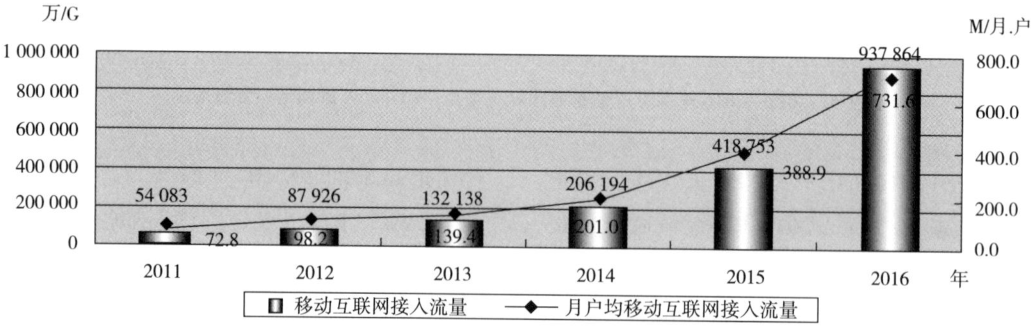

图8 2011—2016 年全行业移动互联网流量发展情况

2. 移动话音、短信等传统业务消费加速萎缩。受到数据流量业务快速增长替代的影响，传统电信业务特别是移动传统业务增速下滑态势明显。2016 年，全国移动电话去话通话时长 28 072.8 亿分钟，同比下降 1.5%，比上年增速提高 1.1 个百分点。移动短信业务量 6 670.7 亿条，同比下降 4.6%，降幅同比缩小了 4.3 个百分点。其中，由移动用户主动发起的点对点短信量同比下降 29.8%，占移动短信业务量比重由上年的 38.7% 降至 28.5%。微信等新型即时消息类应用对彩信业务替代作用进一步加强，彩信业务量只有 556.7 亿条，同比下降 9.8%。见图 9。

(五)收入结构呈现移动化和数据化，移动数据增长贡献居首位

1. 移动通信业务收入增长放缓，占比小幅提升。2016 年，全行业移动通信业务实现收入 8 583.5 亿元，同比上升 5.2%，比上年同期提升 8.9 个百分点。移动通信业务收入占电信业务收入的比重达到 71.5%，比上年提升 1.1 个百分点。其中，话音业务收入在移动通信业务收入占比达到 30.4%，比上年下降 7.6 个百分点。固定通信业务实现收入 3 418 亿元，同比增长 6.1%，其中固定话音业务收入在固定通信业务收入占比达到 10.6%，比上年下降 1.3 个百分点。见图 10。

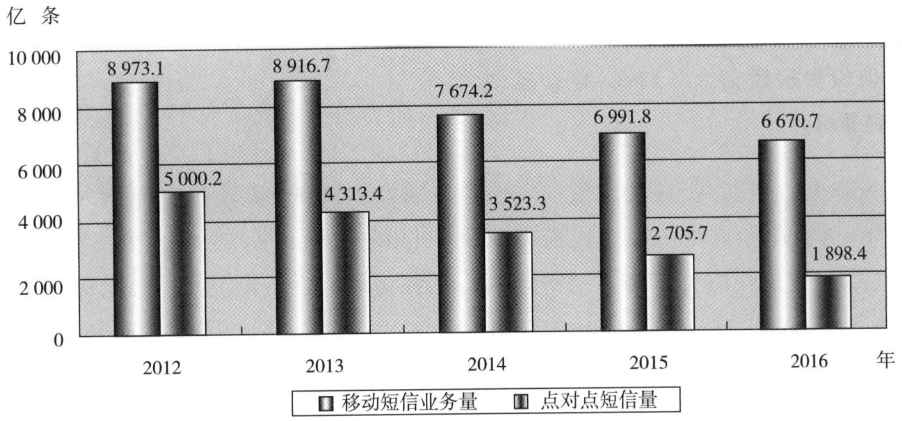

图9　2011—2015 年全行业移动短信量和点对点短信量情况

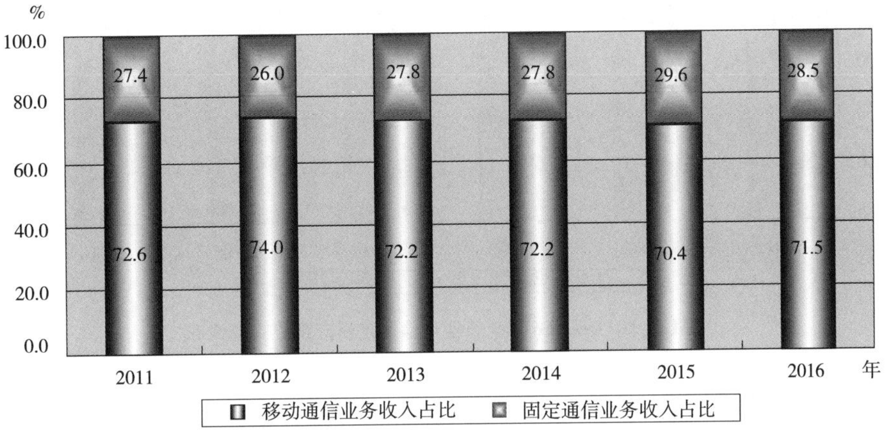

图10　2011—2016 年全行业电信业务收入结构(固定和移动)情况

2. 数据业务收入增长整体放缓,移动数据业务增长贡献突出。2016 年,固定数据及互联网业务收入完成 1 983. 4 亿元,同比增长 7. 4%,比上年增长 4. 8 个百分点。受增值电信企业大力发展宽带接入业务带来的市场竞争以及用户基数不断扩大的影响,三家基础电信企业宽带接入用户增长乏力,导致互联网宽带接入业务收入增长趋缓。移动数据及互联网业务收入完成 4 332. 8 亿元,同比增长 38. 3%,比上年提升 11. 1 个百分点。移动数据及互联网业务收入在电信业务收入中占比达到 36. 1%,比上年提高 9. 2 个百分点,拉动电信业务收入增长 10. 5 个百分点,有效弥补了话音业务收入的增速下滑。见图 11。

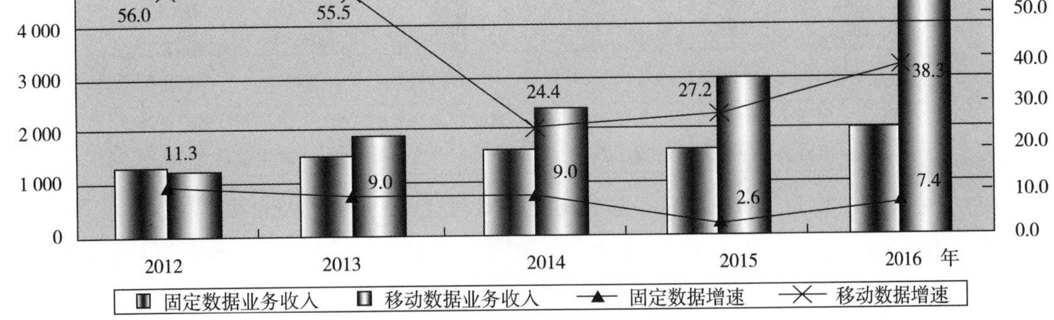

图11　2012—2016 年全行业固定与移动数据业务收入发展情况

（六）基础电信投资规模创六年新高，移动基站和宽带设施能力明显增强

1. 固定资产投资创六年新高，移动通信投资占比超四成。2016 年，全行业固定资产投资规模完成 3 739. 1 亿元，比上年投资规模略有下降。投资完成额比上年减少 785. 5 元，同比下降 17. 4%，比上年增速降低 30. 4 个百分点。移动通信投资比重略微减少但仍然是电信投资的重点，完成投资 1 592. 2 亿元，同比降低 22. 6%，占全部投资的比重达 42. 6%，比上年降低 2. 9 个百分点。传输投资比重也略微降低，传输投资完成 593. 4 亿元，同比降低 41. 0%，占比达到 15. 9%。互联网及数据通信投资规模与占比有所增长，完成 809. 3 亿元，同比增长 13. 0%，占比由上年的 15. 8% 上升至 21. 6%。见图 12、图 13。

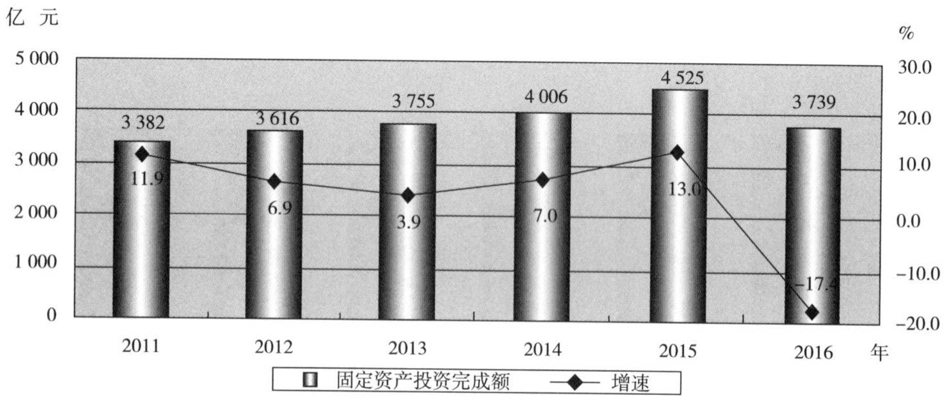

图 12　2011—2016 年全行业电信固定资产投资完成情况

2. 宽带基础设施日益完善，光纤宽带端口占比大幅提升。2016 年，全国基础电信企业互联网宽带接入端口数量突破 7 亿个，比上年净增 13 567. 5 万个，同比增长 23. 5%。互联网宽带接入端口“光进铜退”趋势更加明显，xDSL 端口比上年减少 6 147. 1万个，总数达到 3 886. 8 万个，占互联网接入端口的比重由上年的 17. 4% 下降至 5. 5%。光纤接入比上年净增19 583. 7万个，达到 53 800 万个，占互联网接入端口的比重由上年的 59. 3% 提升至 75. 5%。见图 14、图 15。

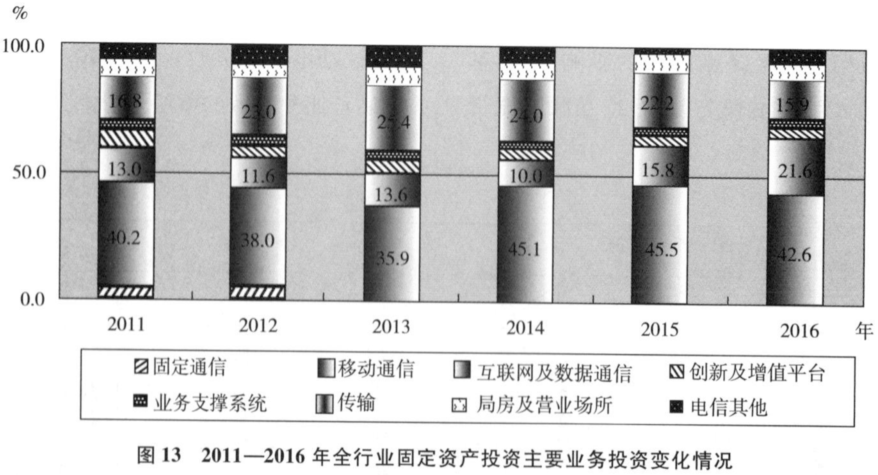

图 13　2011—2016 年全行业固定资产投资主要业务投资变化情况

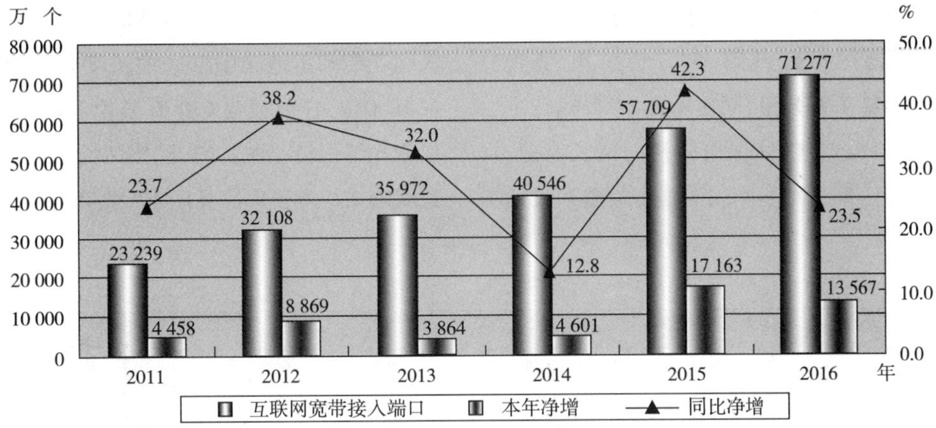

图 14　2011—2016 年全行业固定互联网宽带接入端口发展情况

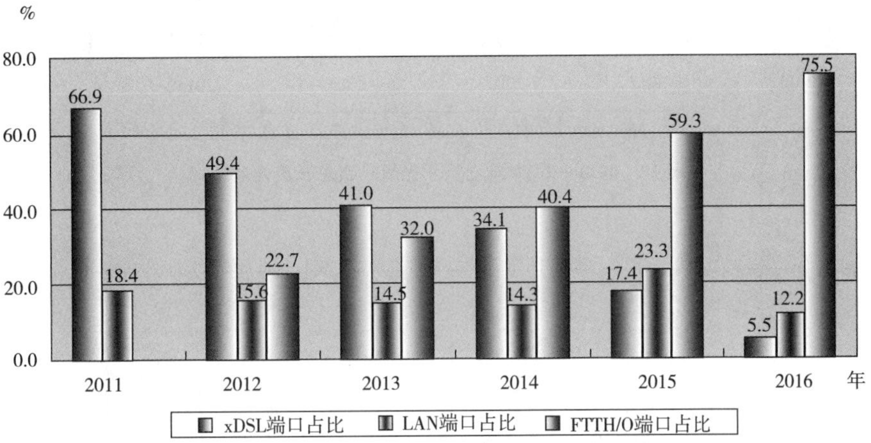

图 15　2011—2016 年全行业固定互联网宽带接入端口按技术类型占比情况

3. 移动通信设施建设步伐加快，移动通信基站规模创新高。2016 年，随着 4G 业务的发展，基础电信企业加快了移动网络建设，新增移动通信基站 93.8 万个，比上年同期减少 21 万个，总数达 559.4 万个。其中 3G 基站减少 1.4 万个，总数达到 141.4 万个，但 4G 基站增加 85.8 万个，总数达到 263.2 万个，移动网络服务质量和覆盖范围继续提升。WLAN 网络热点覆盖有所下落，WLAN 公共运营接入点（AP）减少 16.9 万个，总数降至 579.2 万个。见图 16。

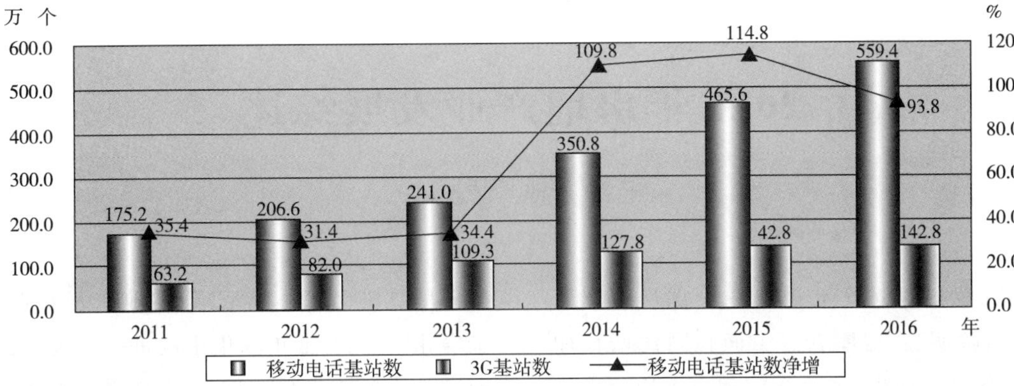

图 16　2011—2016 年全行业移动电话基站发展情况

4. 传输网设施不断完善，接入网光缆规模与增长居首。2016 年，全国新建光缆线路 555.7 万公里，光缆线路总长度达到 3 042.1 万公里，同比增长 22.4%，比上年同期上升 1.8 个百分点，整体保持较快的增长态势。全国新建光缆中，接入网光缆、本地网中继光缆和长途光缆线路所占比重分别为 62.4%、34.3% 和 3.3%。接入网光缆和本地网中继光缆长度同比增长 54.5% 和减少 10.0%，分别新建 670 万公里和拆除 117.1 万公里；长途光缆保持小幅扩容，同比增长 3.0%，新建长途光缆长度达 2.9 万公里。见图 17、图 18。

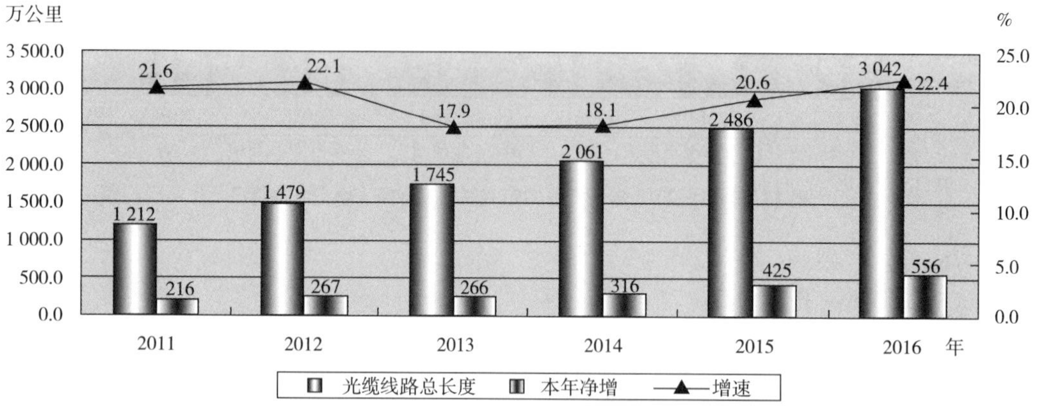

图 17 2011—2016 年全行业光缆线路总长度发展情况

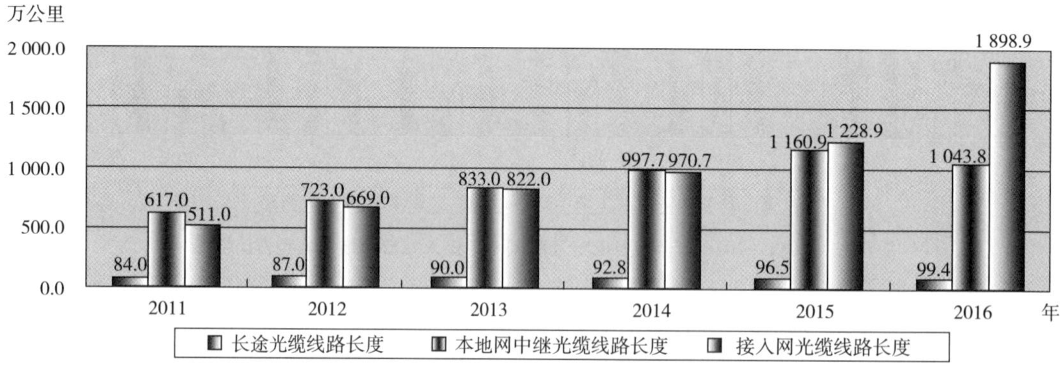

图 18 2011—2016 年全行业各种光缆线路长度对比情况

（审稿：孙蔚敏
撰稿：张明钟）

2016 年房地产业发展综述

中国房地产业协会

2016 年在宽松的货币环境之下，全国房地产开发投资同比增幅明显；房屋新开工面积同比增长加速；全国商品房销售面积、销售金额和销售均价再创历史新高；房地产开发企业土地购置面积缓步下行；商品房待售面积小幅下降；房地产开发企业到位资金增速明显，行业市场集中度进一步提升；大型房企通过并购加速获取资源，中小型房企则加速转型，房地产开发企业分化进一步加剧。

一、房地产投资增幅明显

2016 年全国房地产开发投资 102 581 亿元，同比增长 6.9%。其中，住宅投资 68 704 亿元，增长 6.4%；办公楼投资 6 533 亿元，同比增长 5.2%；商业营业用房 15 838 亿元，同比增长 8.4%。住宅投资占房地产开发投资的比重为 67.0%。房地产投资对全社会固定资产投资的稳定起到了重要支撑作用。见图 1。

二、各地区房地产投资比较和结构情况

全国房地产开发投资总量的一半以上在东部地区，东部地区继续保持领先中西部的投资态势。东、中、西部房地产开发投资继续保持稳定和平衡协调的发展态势。见表 1、表 2。

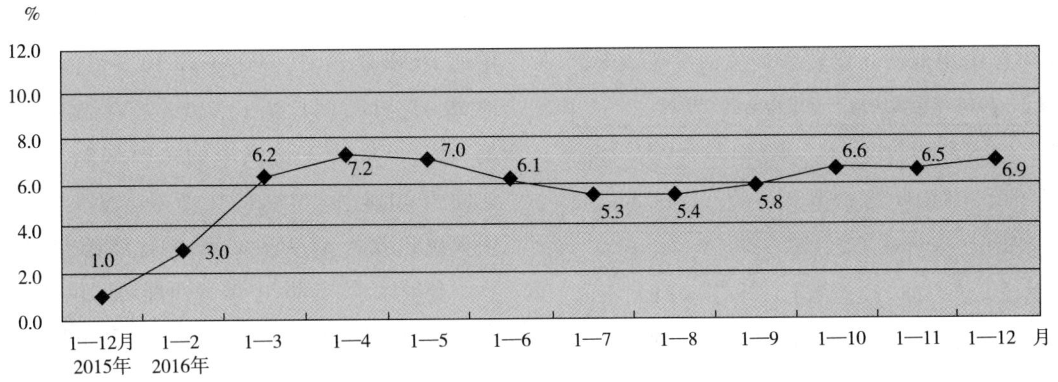

图 1　2015—2016 年房地产开发投资增速情况

数据来源：国家统计局。

表 1　2016 年全国房地产开发投资地区情况

地　区	金　额(亿元)	地　区	金　额(亿元)	地　区	金　额(亿元)
总　计	56 233.43	总　计	23 286.01	总　计	23 061.17
北　京	4 000.57	山　西	1 597.35	内蒙古	1 133.48
天　津	2 300.01	吉　林	1 016.76	广　西	2 397.99
河　北	4 695.63	黑龙江	864.84	重　庆	3 725.95
辽　宁	2 094.85	安　徽	4 603.56	四　川	5 282.64
上　海	3 709.03	江　西	1 770.94	贵　州	2 148.96
江　苏	8 956.37	河　南	6 179.13	云　南	2 688.34
浙　江	7 469.37	湖　北	4 296.38	西　藏	48.54
福　建	4 588.83	湖　南	2 957.04	陕　西	2 736.75
山　东	6 323.38			甘　肃	850.03
广　东	10 307.80			青　海	396.92
海　南	1 787.60			宁　夏	728.16
				新　疆	923.40

表 2　2016 年全国房地产开发投资地区情况

单位:亿元、%

同　比	完成投资	比　重	同　比	住宅投资	比　重	同　比	土　地	购置费	比　重
东部地区	56 233	54.8	5.6	37 891	55.2	6.3	5 763.04	63.1	27.6
中部地区	23 286	22.7	10.7	16 208	23.6	9.9	1 938.27	21.2	23.4
西部地区	23 061	22.5	6.2	14 605	21.2	2.9	1 428.00	15.6	-7.0

以上数据来源:国家统计局。

三、开发资金中定金及预收款、个人按揭贷款大幅增长

2016 年全国房地产开发资金到位情况见表 3。

表 3　2016 年全国房地产开发资金到位情况

种　类	数量(亿元)	比　重	同比(%)
本年实际到位资金小计	144 214	0.0	15.2
#国内贷款	21 512	14.9	6.4
#利用外资	140	0.1	-52.6
#自筹资金	49 133	34.1	0.2
#其他资金来源	73 428	50.9	31.9
其中:定金及预收款	41 952	0.0	29.0
个人按揭贷款	24 403	0.0	46.5

数据来源:国家统计局。

四、土地供应总量缩减

截至 2016 年年底,全国耕地面积为 13 495.7 万公顷(202 400 万亩);全国建设用地总面积为 3 906.8万公顷,新增建设用地 52 万公顷;全国国有建设用地供应 51.8 万公顷,同比下降 2.9%。其中,工矿仓储用地 12.1 万公顷,同比下降 3.2%;房地产用地 10.8 万公顷,同比下降 10.3%;基础设施等用地 29 万公顷,同比增长 0.2%。存量建设用地供应超六成,已成为土地供应的主要来源。全国土地出让面积 20.8 万公顷,同比下降 5.9%。全国土地使用权出让收入 37 457 亿元,同比增长 15.1%。

分地区看,东部、中部和西部地区供地面积分别占全国供地总量的 37.4%、27.2%和 35.4%,占比较上年分别增加 3.9 个、减少 0.2 个和减少 3.8 个百分点。

全年出让国有建设用地 20.8 万公顷,出让合同价款 35 600 亿元,同比分别下降 5.9%和增长 19.3%。

2016 年四季度末,全国 105 个主要监测城市综合地价、商服地价、住宅地价和工业地价分别为 3 826 元/平方米、6 937 元/平方米、5 918 元/平方米和 782 元/平方米,环比增速分别为 1.4%、1.0%、2.2%和 0.6%。见表 4。

表 4　2012—2016 年中国建设用地供应情况

单位:万公顷

分　类	2012 年	2013 年	2014 年	2015 年	2016 年
批准建设用地面积	61.5	53.4	40.4	39.5	51.8
国有建设用地供应面积	71.1	73.1	61.0	53.4	51.8
#住宅用地	11.5	13.8	10.2	8.3	7.3
#商服用地	5.1	6.5	4.9	3.7	3.5
#工矿仓储用地	20.7	21.0	14.7	12.5	12.1
#基础设施用地	33.9	31.7	31.1	28.9	29.0
国有建设用地出让面积	32.3	36.7	27.2	22.1	20.8
#招拍挂	29.3	33.9	25.2	20.4	—

数据来源:国土资源部。

五、土地成交面积下降但成交价款继续上升

2016 年,房地产开发企业土地购置面积 22 025 万平方米,比上年下降 3.4%;土地成交价款 9 129 亿元,增长 19.8%。年内土地购置面积下降但成交价款大幅上升,表明地价上涨明显,开发企业拿地成本明显上升。这与企业集中热点地区拿地有关,市场分化趋势仍在延续。热点城市楼市销售向好,开发企业集中拿地,“增加土地供应”“优化土地供应结构”成为这些城市的重点调控方向;而部分三四线城市则继续推进去库存,落实“暂停或减少土地供应”等政策。见图 2。

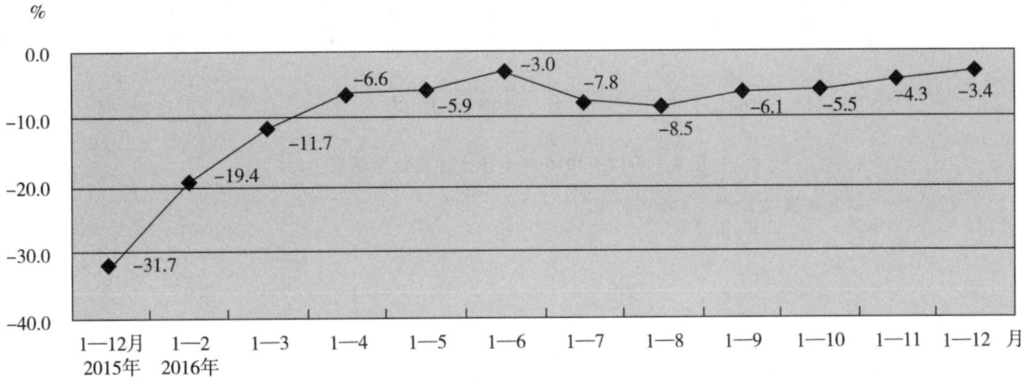

图 2　2015—2016 年全国房地产企业土地购置面积增速情况

数据来源:国家统计局。

六、土地出让金同比增幅两成

2016 年房地产企业所得税 3 641 亿元,房地产相关税收 15 018 亿元,土地出让金 37 457 亿元,再加上营业税、增值税和个人所得税的 10.0%,计 6 230亿元,总额达到 62 346 亿元。较 2015 年增加了 7 007 亿元,占年度财政总收入(206 171 亿元)的比值为 30.2%。见图 3、图 4。

七、施工、新开工和竣工面积均呈正增长态势

2016 年房地产开发企业房屋施工面积 758 975 万平方米,比上年增长 3.2%。其中住宅施工面积 521 310 万平方米,增长 1.9%;房屋新开工面积 166 928万平方米,增长 8.1%。其中住宅新开工面积 115 911 万平方米,增长 8.7%;房屋竣工面积 106 128万平方米,增长 6.1%。其中,住宅竣工面积 77 185 万平方米,增长 4.6%。见图 5。

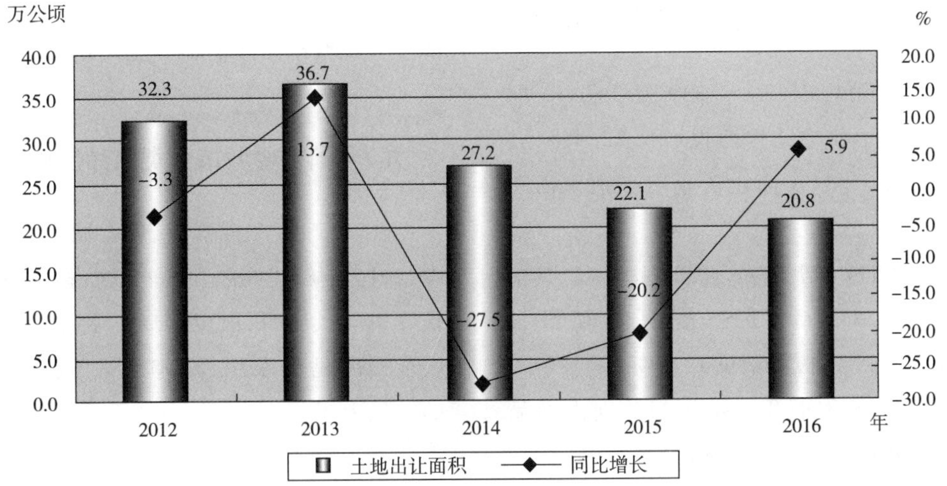

图 3　2012—2016 年全国土地出让面积情况

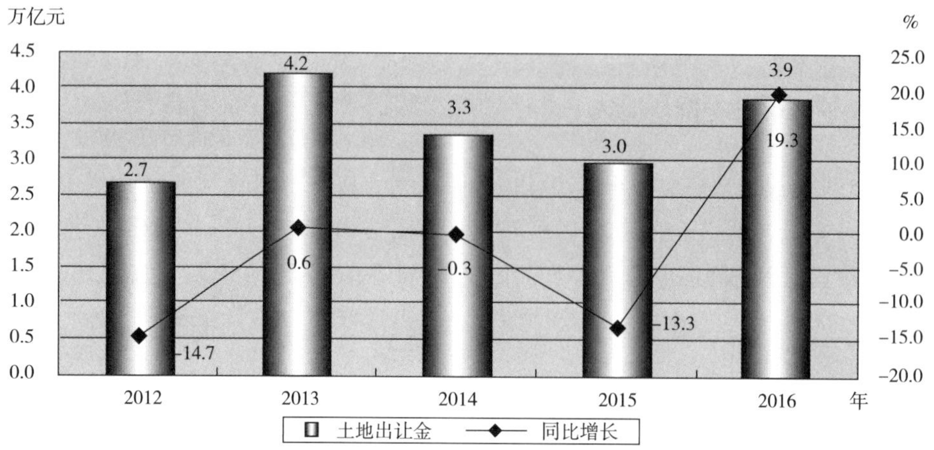

图 4 2012—2016 年全国土地出让金情况

数据来源:以上根据国土资源部数据整理。

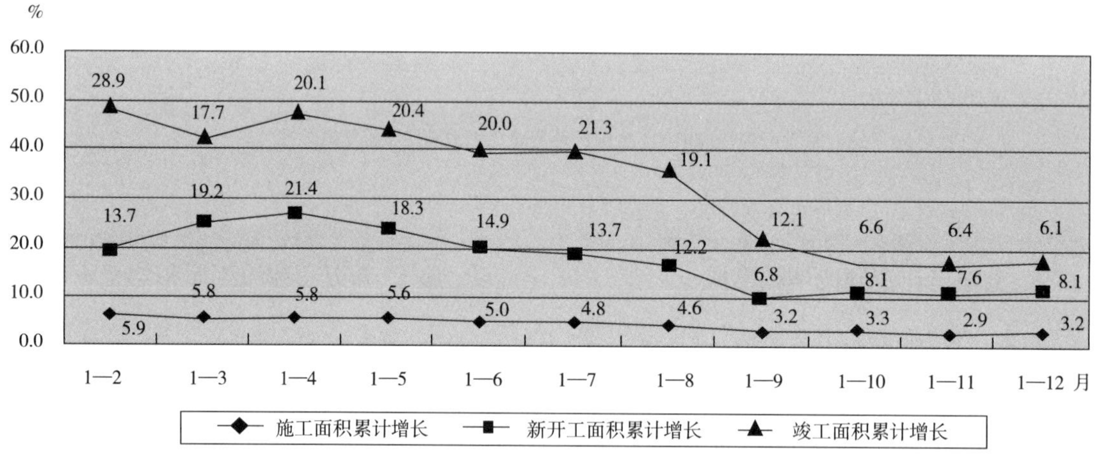

图 5 2016 年施工、开工、竣工面积增长趋势

数据来源:国家统计局。

八、商品房销售面积和销售金额再创历史新高

2016 年商品房销售面积 157 349 万平方米,同比增长 22.5%。其中住宅销售面积增长 22.4%,办公楼销售面积增长 31.4%,商业营业用房销售面积增长 16.8%。

商品房销售额 117 627 亿元,增长 34.8%。其中住宅销售额增长 36.1%,办公楼销售额增长 45.8%,商业营业用房销售额增长 19.5%。

其中,商品住宅销售面积和销售额分别占商品房销售面积和销售额的 87.4% 和 84.2%。

从不同能级城市的销售情况来看,不论是销售面积还是销售金额,以热点二线城市表现最为强势,部分三线城市回暖明显。见图 6、表 6、表 7。

九、全国主要城市分类商品房均价总体上升

在全国 40 个直辖市、省会城市和计划单列城市中,2016 年新建商品住宅平均价格下滑的有石家庄、长春、福州、昆明、银川和乌鲁木齐 6 个城市,下滑幅度最大的是石家庄为 -5.7%,其他城市都是上涨的。见表 8。

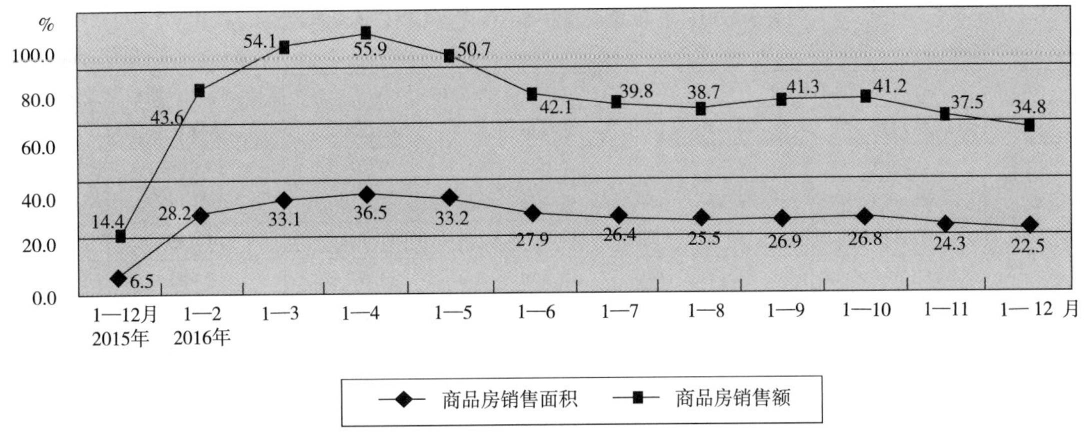

图 6　2015—2016 年全国商品房销售面积及销售额增速情况

数据来源：国家统计局。

表 6　2016 年中国商品房销售面积和销售金额十大省(直辖市)情况

排　名	省　份	销售面积(万平方米)	排　名	省　份	销售金额(亿元)	销售均价(元/平方米)
1	广　东	14 612	1	广　东	16 215	11 097
2	江　苏	13 962	2	江　苏	12 293	8 805
3	山　东	11 789	3	浙　江	9 615	11 132
4	河　南	11 306	4	山　东	6 903	5 855
5	四　川	9 300	5	上　海	6 696	24 745
6	浙　江	8 637	6	河　南	5 612	4 964
7	安　徽	8 500	7	四　川	5 359	5 762
8	湖　南	8 085	8	安　徽	5 036	5 925
9	湖　北	7 427	9	湖　北	4 994	6 724
10	河　北	6 682	10	北　京	4 562	27 498

数据来源：根据国家统计局数据整理。

表 7　2016 中国商品房销售面积和销售金额十大城市情况

排　名	城　市	销售面积(万平方米)	排　名	城　市	销售金额(亿元)
1	重　庆	6 257. 15	1	上　海	6 695. 85
2	成　都	3 928. 77	2	北　京	4 561. 60
3	武　汉	3 255. 66	3	杭　州	3 666. 98
4	郑　州	2 859. 18	4	天　津	3 478. 22
5	天　津	2 711. 08	5	重　庆	3 432. 00
6	上　海	2 705. 69	6	深　圳	3 323. 64
7	长　沙	2 613. 26	7	苏　州	3 322. 54
8	苏　州	2 494. 05	8	武　汉	3 271. 20
9	杭　州	2 327. 86	9	广　州	3 193. 33
10	合　肥	2 098. 34	10	成　都	2 948. 07

数据来源：国家统计局。

表8　2016年40重点城市商品房分类平均价格水平

单位:元/平方米,%

城　市	商品住宅		办公楼		商业营业用房	
	绝对值	同　比	绝对值	同　比	绝对值	同　比
合　计	10 635	12.4	16 686	9.3	13 266	4.1
北　京	28 489	27.8	30 491	5.4	29 928	9.6
天　津	12 870	30.4	14 395	-7.2	14 435	10.0
石家庄	7 354	-5.7	12 759	23.9	12 423	13.7
太　原	7 348	0.6	9 550	-15.4	14 816	16.2
呼和浩特	5 196	5.0	7 278	-19.5	12 268	75.2
沈　阳	6 838	6.6	27 317	142.0	9 885	-12.5
大　连	9 119	4.7	16 249	27.2	13 344	9.6
长　春	6 018	-5.6	7 738	2.2	9 958	-4.8
哈尔滨	6 338	3.5	9 107	11.9	8 788	-15.1
上　海	25 910	20.5	29 477	19.1	22 854	14.0
南　京	17 884	58.8	16 359	-0.7	17 920	19.3
无　锡	8 571	13.1	7 549	-28.0	11 228	14.9
苏　州	13 596	31.6	9 895	6.5	12 072	7.2
杭　州	16 211	9.9	14 243	-0.2	18 001	18.5
宁　波	11 738	6.5	9 024	1.3	10 247	-4.5
温　州	14 152	12.0	8 707	-20.1	12 336	-12.8
合　肥	9 312	24.0	9 054	2.4	12 405	35.2
福　州	11 058	-2.4	15 297	11.4	13 254	-22.0
厦　门	25 251	33.4	14 093	-9.1	24 909	4.6
南　昌	7 707	10.8	8 494	21.0	14 038	40.3
济　南	8 405	11.7	9 627	3.6	10 911	0.6
青　岛	8 997	6.6	12 572	-13.4	13 761	12.3
郑　州	8 093	12.0	10 267	5.6	8 531	-22.4
武　汉	9 819	16.8	12 629	21.1	14 660	3.3
长　沙	6 160	11.1	9 688	2.1	11 175	6.5
广　州	16 346	16.1	17 390	1.1	17 324	-8.6
深　圳	45 498	35.2	45 313	16.6	35 436	8.0
南　宁	6 767	8.6	11 281	-12.0	12 767	-31.1
北　海	4 709	3.1	6 087	-17.8	7 104	-23.3
海　口	8 868	16.1	13 902	9.3	14 079	25.3
三　亚	18 126	0.7	14 379	-12.0	28 484	59.0
重　庆	5 162	3.0	9 240	-9.3	8 884	-14.9
成　都	7 377	12.0	8 721	13.2	12 801	-1.2
贵　阳	5 392	8.6	8 179	5.1	10 912	-22.4
昆　明	6 851	-4.6	8 186	-32.0	10 916	12.2
西　安	6 385	2.6	8 587	-11.9	10 813	3.5
兰　州	6 162	1.2	10 359	-27.2	9 142	-17.0
西　宁	5 007	8.8	6 851	-29.6	14 175	-13.1
银　川	4 448	-1.1	8 012	1.4	8 038	-4.9
乌鲁木齐	5 829	-5.1	8 921	-12.0	13 556	-8.1

注:各城市房价=(2016年1—12月累计销售金额/累计销售面积10 000)。
数据来源:根据国家和各地统计局数据整理。

2016年全国商品房市场价格变化主要有下列特点:深、沪、京在限购政策环境下领涨并影响全国;涨幅一线快于二线，二线城市强于三、四线城市；城市间分化，大部分涨，小部分跌，是大涨小跌；下半年是主涨期。

根据国家统计局公告显示，2016 年 12 月全国 70 个大中城市中，新建商品住宅价格环比上涨的城市有 46 个，比 9 月份减少 17 个，其中 53 个城市涨幅较 9 月份收窄或跌幅扩大；价格同比上涨的城市有 65 个，比 9 月份增加 1 个。二手住宅价格环比上涨的城市有 45 个，比 9 月份减少 15 个，其中 48 个城市涨幅较 9 月份收窄或跌幅扩大；价格同比上涨的城市有 61 个，比 9 月份增加 4 个。

十、存量房商品房市场交易快速增长

2016 年 60 个城市存量商品房交易面积见表 9。

表 9　2016 年 60 个城市存量商品房交易面积

城　市	存量房（万平方米）	存量住宅（万平方米）	城　市	存量房（万平方米）	存量住宅（万平方米）
北　京	2 804.0	2 476.6	昆　明	510.6	448.1
天　津	1 701.2	1 542.0	西　安	497.1	456.7
石家庄	613.6	552.2	兰　州	184.9	166.8
太　原	268.9	252.5	西　宁	80.2	77.8
呼和浩特	182.5	174.0	银　川	184.2	156.2
沈　阳	1 018.7	846.1	乌鲁木齐	416.4	394.4
大　连	537.2	492.7	唐　山	208.1	168.2
长　春	657.4	610.6	秦皇岛	134.3	127.5
哈尔滨	812.5	728.0	包　头	278.2	200.0
上　海	3 525.9	3 131.2	锦　州	117.0	108.8
南　京	1 393.9	1 364.8	吉　林	348.0	297.3
苏　州	2 156.3	1 835.1	牡丹江	110.6	90.5
杭　州	1 274.4	1 132.9	无　锡	793.3	692.5
宁　波	1 476.8	915.1	扬　州	328.6	294.5
合　肥	816.4	768.3	徐　州	332.1	312.2
福　州	658.2	557.8	温　州	749.1	547.3
厦　门	810.1	646.9	金　华	480.9	389.8
南　昌	498.4	444.9	蚌　埠	136.8	98.9
济　南	544.7	495.1	泉　州	319.0	243.4
青　岛	886.9	803.9	九　江	128.9	114.9
郑　州	902.1	884.0	赣　州	251.1	212.5
武　汉	856.9	812.1	烟　台	252.7	205.2
长　沙	475.3	453.0	洛　阳	188.4	178.0
广　州	2 182.7	1 961.1	宜　昌	168.6	152.1
深　圳	930.3	786.6	岳　阳	121.6	104.9
南　宁	300.0	285.2	惠　州	519.2	444.6
海　口	61.4	61.4	韶　关	110.9	89.2
重　庆	2 242.3	2 008.2	桂　林	101.6	93.5
成　都	2 054.6	1 822.1	北　海	98.0	94.8
贵　阳	228.8	217.1	三　亚	46.7	30.2

数据来源：克而瑞研究中心搜集整理。

十一、商品房待售面积持续增加

2016年年底，商品房待售面积69 539万平方米。其中，住宅待售面积减少200万平方米，办公楼待售面积增加195万平方米，商业营业用房待售面积增加234万平方米。见表10。

十二、企业市场集中度进一步提高

房地产开发企业销售面积和销售金额TOP20见表11。

表10　2012—2016年年底待售商品房情况

分　类	2012年	2013年	2014年	2015年	2016年
全国商品房待售面积　（万平方米）	36 460.0	49 295.0	62 169.0	71 853.0	69 539.0
#住　宅	23 619.0	32 403.0	40 684.0	45 248.0	40 257.0
#办公楼	1 555.0	1 954.0	2 627.0	3 276.0	3 631.0
#商业营业用房	7 130.0	9 345.0	11 773.0	14 664.0	15 838.0
商品房待售面积同比　（%）	27.0	35.2	26.1	15.6	-3.2
#住宅同比	30.6	37.2	25.6	11.2	-11.0
#办公楼同比	23.0	25.7	34.4	24.7	10.8
#商业营业用房同比	17.0	31.1	26.0	24.6	8.0
商品房待售面积占比　（%）	100.0	100.0	100.0	100.0	100.0
#住宅占比	64.8	65.7	65.4	63.0	57.9
#办公楼占比	4.3	4.0	4.2	4.6	5.2
#商业营业用房占比	19.6	19.0	18.9	20.4	22.8

数据来源：国家统计局。

表11　房地产开发企业销售面积和销售金额TOP20情况

排　名	公司名称	销售面积（万平方米）	排　名	公司名称	销售金额（亿元）
1	恒大地产	4 467.6	1	恒大地产	3 731.5
2	碧 桂 园	3 782.7	2	万科地产	3 622.0
3	万科地产	2 756.0	3	碧 桂 园	3 090.3
4	绿地集团	2 015.4	4	绿地集团	2 513.1
5	保利地产	1 664.6	5	保利地产	2 203.2
6	中海地产	1 335.8	6	中海地产	1 925.1
7	万达集团	1 221.0	7	融创中国	1 500.3
8	华夏幸福	975.2	8	华夏幸福	1 200.1
9	华润置地	780.6	9	绿城中国	1 136.1
10	融创中国	726.7	10	万达集团	1 100.2
11	金科集团	694.9	11	华润置地	1 080.1
12	金地集团	665.9	12	金地集团	1 006.3
13	绿城中国	624.5	13	龙湖地产	858.1
14	荣盛发展	606.7	14	招商蛇口	735.2
15	新城控股	594.9	15	新城控股	685.2
16	龙湖地产	594.2	16	世茂房地产	681.1
17	雅 居 乐	540.7	17	首开股份	654.1
18	富力地产	491.7	18	旭辉集团	653.2
19	世茂房地产	491.6	19	富力地产	651.3
20	鲁能集团	475.0	20	鲁能集团	646.7

数据来源：CRIC测评中心。

2016年规模房企扩张迅速,销售门槛提升明显。从金额门槛来看TOP20提升最快,由2015年的358亿元跨越至647亿元,同比大幅提升了81.0%。入榜房企的市场集中度越来越高。

十三、房地产贷款规模大幅上升

2016年全年,中国房地产贷款增量占比近半。截至12月底,人民币房地产贷款余额266 800亿元,同比增长27.0%;全年增加56 700亿元,同比多增20 800亿元,增量占同期各项贷款增量的44.8%;个人购房贷款余额191 400亿元,同比增长35.0%;全年增加49 600亿元,同比多增23 100亿元;房产开发贷款余额56 600亿元,同比增长12.2%,其中保障性住房开发贷款余额25 200亿元,同比增长38.3%;地产开发贷款余额14 500亿元,同比下降4.9%。

十四、公积金缴存、使用正常

2016年住房公积金缴存情况见表12、表13。

表12 2016年住房公积金缴存情况

地区	实缴单位(万个)	实缴职工(万人)	缴存额(亿元)	缴存总额(亿元)	缴存余额(亿元)
全国	237.70	13 040.44	16 722.56	105 727.20	45 482.55
北京	13.83	695.74	1 502.17	9 404.68	3 269.69
天津	5.05	246.37	410.84	3 045.13	1 158.71
河北	5.98	494.64	493.28	3 308.14	1 544.21
山西	4.59	370.67	269.26	2 008.95	696.50
内蒙古	3.71	221.99	288.86	1 957.62	1 059.29
辽宁	7.93	473.85	673.38	4 988.75	2 068.44
吉林	3.43	228.46	272.64	1 865.49	916.78
黑龙江	3.74	277.77	349.51	2 459.38	1 152.99
上海	31.39	764.74	1 018.58	7 115.14	3 181.79
江苏	22.87	1 162.79	1 416.24	8 450.73	3 439.29
浙江	16.82	650.53	916.95	6 679.00	2 577.62
安徽	5.36	382.22	542.06	3 640.98	1 408.67
福建	9.21	341.60	463.42	3 007.05	1 217.83
江西	4.44	244.48	302.90	1 624.71	893.39
山东	11.74	872.24	914.94	5 815.74	2 770.03
河南	7.00	643.05	612.05	3 257.03	1 636.97
湖北	6.43	436.27	548.74	3 274.03	1 711.56
湖南	6.02	375.51	458.30	2 664.00	1 405.59
广东	27.35	1 634.74	1 935.23	10 785.94	4 043.19
广西	5.01	265.77	337.49	2 125.53	878.40
海南	2.13	100.89	103.09	594.09	312.22
重庆	3.03	237.71	309.71	1 765.66	787.19
四川	9.54	557.96	768.66	4 539.74	2 109.39
贵州	3.53	216.56	273.29	1 379.16	724.52
云南	4.29	241.12	372.89	2 481.92	1 128.07
西藏	0.37	25.96	71.93	333.62	189.00
陕西	4.91	401.79	354.27	2 370.78	963.84
甘肃	3.02	178.69	228.12	1 436.35	783.67
青海	0.83	46.96	82.10	561.51	262.91
宁夏	0.89	55.49	85.26	593.72	243.86
新疆	2.93	164.23	314.56	2 015.38	848.45
建设兵团	0.33	29.66	31.86	177.27	98.51

数据来源:《全国住房公积金2016年年度报告》。

表 13 2016 年住房公积金个人住房贷款情况

地 区	放贷笔数（万笔）	贷款发放额（亿元）	累计放贷笔数（万笔）	贷款总额（亿元）	贷款余额（亿元）	个贷率（%）
全 国	329.76	12 705.96	2 816.45	65 866.54	40 421.84	88.87
北 京	11.44	1 073.41	96.99	4 991.54	3 233.44	98.89
天 津	11.14	546.35	91.88	2 723.95	1 424.10	122.90
河 北	10.97	368.99	85.85	1 842.99	1 246.83	80.74
山 西	7.06	236.30	43.41	796.70	545.83	78.37
内蒙古	8.24	264.48	87.87	1 405.74	759.73	71.72
辽 宁	12.26	409.72	144.23	2 962.80	1 763.26	85.25
吉 林	6.75	218.30	56.90	1 123.56	736.69	80.36
黑龙江	7.24	240.65	72.35	1 369.97	745.97	64.70
上 海	18.30	1 184.59	233.81	6 472.82	3 257.77	102.39
江 苏	28.00	1 000.75	257.88	6 206.41	3 529.11	102.61
浙 江	13.17	619.89	149.86	4 367.53	2 586.32	100.34
安 徽	13.87	438.09	106.59	2 198.45	1 449.81	102.92
福 建	8.17	370.15	84.94	2 060.32	1 288.24	105.78
江 西	8.49	319.31	61.50	1 319.16	903.77	101.16
山 东	21.92	746.24	164.89	3 571.54	2 242.86	80.97
河 南	17.32	490.28	98.94	2 049.69	1 390.91	84.97
湖 北	13.11	421.11	98.65	2 240.85	1 444.55	84.40
湖 南	11.63	354.01	103.03	1 834.89	1 184.29	84.26
广 东	23.39	945.22	143.71	4 568.83	3 089.96	76.42
广 西	6.67	211.52	54.98	1 055.59	726.54	82.71
海 南	1.97	74.63	13.22	323.75	251.29	80.48
重 庆	6.76	228.05	42.96	1 036.44	752.74	95.62
四 川	16.95	550.59	121.20	2 615.31	1 830.14	86.76
贵 州	7.57	216.17	52.89	1 034.47	724.75	100.03
云 南	9.69	323.61	101.82	1 681.99	933.18	82.72
西 藏	1.13	51.33	6.05	169.62	100.66	53.26
陕 西	7.89	245.85	55.31	1 039.35	713.33	71.01
甘 肃	7.37	230.60	61.10	905.21	565.69	72.18
青 海	1.48	55.49	21.41	308.14	130.10	49.49
宁 夏	2.07	64.63	22.66	383.75	180.65	74.08
新 疆	7.28	194.76	75.37	1 146.70	658.86	77.66
建设兵团	0.44	10.90	4.19	58.45	30.47	30.93

数据来源：《全国住房公积金 2016 年年度报告》。

十五、房地产开发景气指数回落

2016 年房地产开发景气指数见图 7。

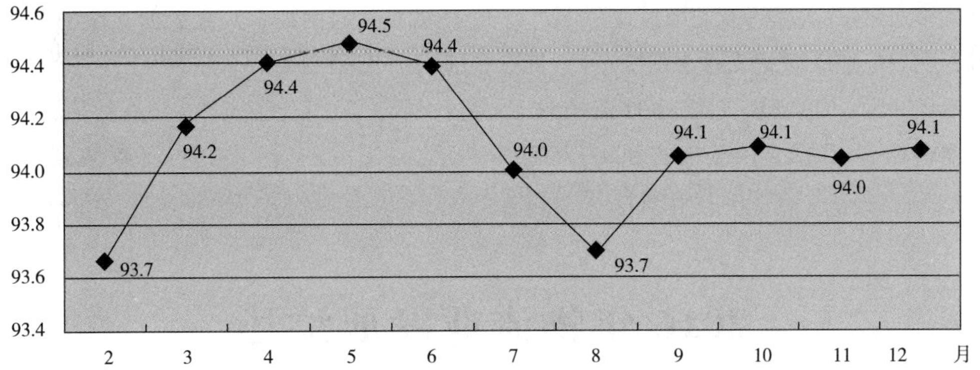

图 7　2016 年房地产开发景气指数走势

房地产开发景气指数持续走高，于 6—8 月间有一探底走势，最低值为 93.7，随后在销售的持续释放及开发投资降幅收窄有所企稳回升。

十六、全国保障房建设

全年全国城镇棚户区住房改造开工 606 万套，棚户区改造和公租房基本建成 658 万套。全年全国农村危房改造 380 多万户，其中建档立卡贫困户危房改造 158 万户。

截至 2016 年年底，全国保障性住房开发贷款余额为 25 000 亿元，同比增长 38.3%；全年新增 6 972.2亿元，占同期房产开发贷款增量的 113.5%。利用住房公积金贷款支持保障性住房建设试点工作稳步推进，截至 2016 年年底，已有 85 个城市的 373 个保障房建设项目通过贷款审批，并按进度发放 862 亿元，收回贷款本金 736 亿元。

十七、房地产开发企业发展有新特点

2016 年中国房地产市场突飞猛进，量价齐升，而规模房企凭借自身品牌优势、产品优势、融资优势以及城市布局的先发优势，紧扣市场脉搏，销售突飞猛进，同时还通过收并购，品牌输出等方式，大幅提升规模，行业集中度进一步提升。

1. 房企强者恒强，两极分化进一步加剧。从发展潜力看，房企强者恒强的情况不仅是在大房企和小房企中比较明显，在百强企业当中也是比较明显的。从城市看，两极分化的程度进一步地加深，龙头城市、一线和热点二线城市大家都愿意进入，一般的二线、三线城市热情明显下滑。从房企的集中度看，集中度增长的趋势不仅没有停止，还在进一步地增长，目前中国房企的前十强整体对市场的影响越来越大。

2. 合作拿地分散风险，兼并收购资源整合。在地价高企而房价不断上涨的情况下，并购项目公司已经成为替代高价拿地、快速扩张规模的一种方式，使得房企更快地获得优质土地资源。房企通过资产包收购的方式来获取项目能比较好的控制拿项目的时机和成本，周转速度快速提升。

3. 前瞻性布局受益，聚焦已进入城市。受益于政策面的利好，2016 年大部分城市市场向好，除了北上广深等一线城市外，南京、杭州、合肥、武汉、郑州等二线城市市场也纷纷点燃。对于房地产开发企业而言，抓住这些城市机会便可顺势推高业绩，尤其是这些热点城市已经是其聚焦已久的熟悉市场，持续深耕，抓住行情，实现业绩突围。

4. 上市房企不断布局，优化产品创新。房企除了住宅方面战略发展之外，还在其他各个条线进行了布局，比较多的在房地产有金融、文化、教育等等各方面的，基本上每一家上市公司都有新的动作，还有部分上市公司掀起了一股改名潮，如恒大地产改名叫恒大集团，雅居乐地产改名雅居乐集团，他们希望从一家单一的房企变成多元化的集团公司。

5. 净利提升策略分化，重点布局突破瓶颈。以资源优势为基础实现良好的净利水平的企业，大多为标杆企业或区域性标杆企业，且多数在近几年内通过并购实现了具有成本优势的土地资源的整合。而具有稀缺开发模式的企业则多在细分领域竞争优势明显。

6. 智能时代营销创新，数据支撑全新变革。“互联网+”“房地产+”时代，场景营销、事件营销、社群营销、自媒体营销、大数据营销等方式频出，其实质就是互联网技术及大数据支撑的营销创新引领的房地产营销变革。

（撰稿：李战军　周业勤）

2016 年物流业发展综述

中国物流与采购联合会

2016 年，中国物流业全面贯彻党中央、国务院决策部署，坚持新发展理念，以推进供给侧结构性改革为主线，总体运行缓中趋稳、稳中向好，各方面呈现一系列新特点，实现了“十三五”良好开局。

一、物流运行情况

社会物流需求稳中有升。2016 年，全国社会物流总额 2 297 000 亿元，按可比价格计算，比上年增长 6.1%，增速比上年提高 0.3 个百分点。分季度看，一季度 507 000 亿元，上半年 1 070 000 亿元，前三季度 1 674 000 亿元，比上年同期分别增长 6.0%、6.2%、6.1%，增速比上年同期分别提高 0.4 个、0.5 个、0.3 个百分点。

社会物流费用保持低速增长。2016 年，社会物流总费用 111 000 亿元，比上年增长 2.9%，增速虽比上年提高 0.1 个百分点，但明显低于 GDP 增速。其中，运输费用 60 000 亿元，增长 3.3%，增速比上年提高 0.2 个百分点；保管费用 37 000 亿元，增长 1.3%，回落 0.3 个百分点；管理费用 14 000 亿元，增长 5.6%，提高 0.6 个百分点。

社会物流运行质量稳步提升。2016 年社会物流总费用与 GDP 的比率为 14.9%，比上年下降 1.1 个百分点。表明每万元 GDP 所消耗的社会物流总费用为 1 490 元，比上年下降 6.9%。

物流市场收入规模稳步扩大。2016 年物流业总收入 79 000 亿元，比上年增长 4.6%。

基础设施投资增速有所放缓。2016 年，交通运输、仓储和邮政业固定资产投资 54 000 亿元，同比增长 9.5%，增幅较上年降低 4.8 个百分点。

货运总体规模扩大。2016 年，全年货物运输总量 440 亿吨，比上年增长 5.7%。货物运输周转量 185 295 亿吨公里，增长 4.0%。其中货运量四个季度增速分别为 2.2%、3.8%、5.1%、10.7%，呈现逐季加快的态势。

二、物流市场经营情况

物流企业规模化发展。根据国家发展改革委、中国物流与采购联合会《社会物流统计核算与报表制度》的要求，中国物流与采购联合会组织实施了重点物流企业统计调查，根据调查结果，提出了中国物流企业 50 强排名。2015 年 50 强物流企业物流业务收入共达 8 400 亿元，比上年增长 5.9%，收入规模总体有所增加；物流企业 50 强门槛达到 22.5 亿元，比上年增加 2.1 亿元。

兼并重组、联盟合作增多。中国远洋运输总公司与中国海运总公司重组成立中国远洋海运集团有限公司，实现船队综合运力、干散货自有船队运力、油轮运力、杂货特种船队运力等多项世界第一。战略联盟、加盟合作走向深化，铁路总公司与海尔集团战略合作，开行海尔电器特需专列。货运市场加盟模式加快推进，德邦物流签约加盟事业部合伙人突破 5 000 家。

跨界融合、平台整合，经营模式不断创新。快递、快运、整车等细分物流市场互相渗透，市场边界渐趋模糊。物流园区从物业管理走向仓干配市场运营，传化物流、林安物流相继推出相关货运产品。远成物流进入快递快运、冷链、供应链、地产等领域。各类企业深入推进平台战略，平台型企业整合提升，自营类企业向社会开放仓配网络。一批互联网平台企业加快商业模式迭代，积极向线下延伸，强化货源组织和服务体验，线上线下深度融合。

供应链全链条服务升级。一批物流企业融入制造、商贸企业供应链，开展供应商管理库存、物流仓配一体化、供应链金融等业务，优化供应链协作关系。招商局物流集团计划投资6亿元在无锡建设物流供应链集成服务项目。日日顺物流发布大件物流解决方案，提供仓储配送安装全程无断点服务，制定供应链服务新标杆。

物流企业结缘资本市场。长久物流、宝湾物流、圆通速递、申通快递等一批快递、物流企业相继登陆A股市场；德利得物流、亚风快运、易流科技、安捷供应链等一批创新企业跻身"新三板"；卡行天下、运满满、货车帮、天地汇等一批新兴企业吸引新一轮融资，各类资本加快进入物流市场。

"互联网+"高效物流深入推进。7月份，国务院总理李克强主持召开国务院常务会议，部署推进"互联网+"高效物流。一年来，以"互联网+"高效物流为标志的"智慧物流"加速起步。在物流市场上出现了一批像互联网+车货匹配、互联网+货运经纪、互联网+甩挂运输、互联网+合同物流等的"互联网+"创新模式，涌现了一批像运满满、货车帮、卡行天下等"互联网+"代表性企业。传统企业积极触网，如，传化物流打造"物流+互联网+金融"的方式，构建中国智能公路物流网络运营系统。

三、企业物流情况

工业制造业物流需求增速平稳。2016年，工业品物流总额按可比价格计算，比上年增长6.0%，增速比上年回落0.1个百分点，呈现缓中趋稳的发展态势。工业品物流需求持续优化。采矿业、高耗能行业物流需求增速回落。装备制造业、高技术产业物流需求增速持续加快，分别比上年增长9.5%和10.8%，增速分别高于整个工业物流需求3.5和4.8个百分点。

制造业物流助力去产能工作。2016年，受去产能影响，制造业库存水平持续降低，原材料和产成品库存降低带动物流成本降低。预计工业企业物流费用率为8.5%左右，继续保持逐步下降态势。工业企业购销比率（企业购进总额与销售总额的比率）预计为70.0%左右。采购环节更为合理，物流管理水平有所提升。

制造业和物流业深化联动融合。2016年，制造业与物流业两业联动发展出现新局面，在联动范围、联动关系和联动模式上都呈现出新的特点。联动开始由原来单一业务外包开始转向供应链合作。制造企业开始寻求供应链服务的总包商，如华为将整条供应链都外包给DHL和中外运。制造企业和物流企业由原来的契约关系转为战略合作关系。供应链逐步实现全程透明化。

商贸物流需求保持快速增长。2016年，单位与居民物品物流总额同比增长42.8%，增速比上年提高7.3个百分点，高于社会物流总额增长36.7个百分点。电商、冷链等新业态物流需求持续高速增长。据国家邮政局数据显示，11月份快递业务量完成37.6亿件，日均快递业务量超过1.25亿件，是上年同期的1.4倍。

商贸物流运行效率有所提升。近年来，商贸企业物流费用率呈下降趋势，2016年中国批发零售企业物流费用率预计为7.5%左右。受益于统一配送、共同配送等新模式发展，大型连锁企业物流成本持续降低，配送效率不断提升。2011—2015年，规模以上连锁超市商品统一配送率由63.4%提高到76.6%。适应连锁经营发展需要，形成了供应商直接配送、连锁企业自营配送、社会化配送及共同配送等物流配送模式。

商贸物流服务水平稳步提高。商贸物流服务能力不断增强，"及时送""定时达"等个性化服务以及"门到门"等一站式服务更加普及，满足居民消费日益增长的消费物流需求。服务网络加快向中小城市延伸，向农村乡镇下沉，向居民社区拓展。例如，苏宁云商加快物流配送中心建设进度，合计投入运营7个自动化拣选中心、32个区域配送中心。

四、行业细分市场

（一）电商物流

电商物流市场保持快速增长。2016年，全国电子商务交易额达到261 000亿元,比上年增长19.8%;网上零售额51 556亿元,较上年增长26.2%,其中,实物商品网上零售额比上年增长25.6%,比社会消费品零售总额增速高出15.2个百分点,实物商品网上零售额占社会消费品零售总额的比重为12.6%。

电商物流实现高速增长。电商物流跟随电商市场的快速发展保持较高的增长速度,中国物流与采购联合会发布的中国电商物流运行指数显示,2016年总业务量指数平均达到156.1点,反映出全年电商物流业务量增速超过50.0%。

电商物流服务能力稳步提升。电商物流和快递企业物流时效、履约水平和运作效率都有明显提高。2016年中国电商物流运行指数中,物流时效指数平均为114.8点,比2015年提升16.7点,物流送达时效提高17.0%,反映出物流时效性明显增强。电商物流服务能力得到了消费者的充分认可,2016年电商物流满意度指数为100.7点,保持100点以上的较高水平。

开放共享成为电商物流发展常态。随着成本的上升和个性化物流需求的增长,资源共建共享以及整合协同将是电商物流发展的基本趋势。2016年,菜鸟网络联合快递企业成立菜鸟联盟,用打造生态的方式形成物流生态平台。

物流供应链服务能力全面提升。电商企业加强全产业链的掌控和服务能力凸显电商物流服务价值。京东物流向社会推出了仓、配、客、售后全供应链一体化服务,为京东平台商家、品牌商、垂直平台等提供线上线下、全渠道的供应链整体解决方案,优化整个供应链效率。

(二)冷链物流

冷链物流市场需求进一步扩大。据中物联冷链委统计预测,2016年全国冷链物流市场需求将达到2 200亿元,同比增长22.3%,继续保持较快增长。

企业自建冷链物流逐步走向开放。2016年全国冷库预计新增305万吨,总量达到4 015万吨(折合10 037万立方米),同比增长8.2%。冷库市场结构趋于合理,冷库扎堆建设情况有所改善。很多商贸企业的内部冷链物流部门被逐步剥离出来成为单独企业,内外服务比例开始倾斜。

行业竞争加剧企业抱团发展。一方面因为行业竞争越来越激烈,另一方面客户需求正在发生变化,客户从单一的服务需求上升到全面的需求,从区域的需求发展到全国性的需求。海航冷链产业基金,以及全可冷链,都是抱团发展方面的实践者。

传统企业跨界冷链物流市场。近几年,顺丰、圆通、中国邮政、中远等相继进入冷链物流市场,铁总和各地铁路局开通多条线路的冷链班列,未来将有更多的传统物流企业分羹冷链市场,必将对冷链物流市场格局产生重要影响。

(三)医药物流

医药物流市场需求平稳增长。2016年,预计全年医药商品零售总额为18 000亿元,医药流通直报企业主营业务收入为14 000亿元,保持平稳增长态势。

医药企业向医药物流服务商转型。中国药品流通行业纷纷采用现代化物流设备和先进集成管理系统,实现药品物流信息化、智能化管理,并通过供应链集成、物流延伸项目等,为医药工业企业、医疗机构提供优化库存、规范管理、自动补货一系列增值服务。

第三方医药物流逐步放开。2016年2月,国务院取消从事第三方药品物流业务的行政审批,鼓励拥有完整质量体系的大型医药商业流通企业向供应链各方开放其物流资源,提高医药物流效率。九州通等大型医药流通企业积极开展第三方医药物流业务。同时,社会化第三方物流企业进入医药物流领域的窗口期已经到来。

院内物流外包和供应链管理成为趋势。随着行业的摸索,医院物流外包模式越来越多的得到行业认同。据不完全统计,大型药品流通企业已为1 000多家医疗机构搭建院内药品物流信息管理平台,实现药品、耗材、医疗器械等医疗机构日常用品采购、配送、调配、科室使用全程智能化。

(四)汽车物流

汽车物流市场保持高速增长。2016年,中国汽车行业产销量均保持了高速增长态势。据中国汽车工业协会统计数据，2016 年，汽车产销分别为2 811.9万辆和2 802.8 万辆，同比分别增长 14.5%和 13.7%，直接影响了汽车物流的快速发展。

整车物流行业逐渐规范运行。2016 年 8 月 18 日，交通运输部等五部门联合印发了《车辆运输车治理工作方案》（交办运〔2016〕107 号），方案中明确了车辆运输车的治理思路、目标及路径，计划利用 1 年 9 个月的时间逐步淘汰不合规的车辆。自 2016 年 9 月 21 日治超以来，杜绝了“双排车”上路运行，车辆运输装备加快替换，运输组织效率有所提升，运输价格实现合理回归。

汽车物流综合运输体系更加深化。随着治超工作的顺利进行，综合运输体系建设发展迅速。铁路运输在中长距离运输商具有较大优势。2016 年中铁特货完成汽车整车运输量 291 万辆，较上年增长 55.0%，增加 3 000 辆铁路商品车运输专用车辆。汽车水路运输主要采用滚装运输的模式。2016 年，中国滚装运量约为 250 万辆，汽车滚装运输占比较上年上涨 3.0%。

汽车零部件物流市场备受关注。目前全球排名前 100 名零部件供应商中 80.0% 都选择在国内开展业务，对中国零部件产业发展起到利好作用，零部件供应商物流需求十分巨大。随着汽车保有量的不断增加，带来汽车后市场服务需求进一步提升。以售后服务备件物流为核心的汽车后市场物流具有巨大的发展潜力。

（五）危化品物流

危化品物流市场增速放缓。预计 2016 年，中国石油和化工行业产值将达到 166 500 亿元，比上年增长至少在 7.5% 以上。石油和化学工业规模以上企业 29 624 家，实现主营业务收入 132 900 亿元，增长 1.7%。

化工园区推进产业集中。随着 2015 年年底工信部印发的《促进化工园区规范发展的指导意见》，化工企业向化工园区搬迁和发展成为重点。据统计，中国目前已建成国家级、省级大型化工园区就达 200 多个，各类危险化学品生产、储存、运输、使用、废弃处置企业已达 30 多万家。据中国仓储协会危险品仓储分会对 7 家国家级化工园区调查统计，化工园区危化品仓储物流企业占入驻企业总量 12.0% 以上。

危化品物流运输稳步发展。目前，中国危化品公路运输仍是主要方式。从事危化品货物公路运输的企业已超过 1 万家，预计到 2016 年年底，运输车辆将超过 36 万辆。全国危险货物运输驾驶员、押运员和装卸管理员数量分别为 641 700 人、592 300 人和 82 300 人，共约 130 万人。中国从事道路危险货物运输业的户数共计约 11 600 户。

危化品仓储市场缺口较大。目前，中国约有各种类型的危化品仓储企业共 5 000 家，危化品仓储面积在 1 亿平方米的规模，危化品仓储需求在 1.3 亿平方米左右，供需缺口大约在 30.0% 以上，部分区域甚至更高，高端仓储的需求缺口更大。从仓储能力分布看，中国东南沿海、长三角、珠三角、环渤海湾地区占中国危化学仓储业的 70.0% 以上，中西部地区不足 30.0%，且大多分布在大中城市和能源产地，地域性集中分布的特点非常明显。

安全和环保要求不断升级。近年来，危化品行业安全和环保发展越来越受到政府重视，多次进行专项整治。交通运输部加大危化品物流安全监管。自 2001 年全国危险货物道路运输专项整治以来，中国危险货物道路运输企业日益朝着规模化、专业化和集约化方向发展。环保部对危化品仓储企业的环保条件提出了高标准、严要求，已成为危化品仓储企业准入门槛和运营许可的硬道理。

（六）钢铁物流

钢铁物流需求小幅上升。2016 年中国钢铁产量呈现小幅上升局面。据国家统计局数据，2016 年 1—12 月，中国粗钢累计产量 80 837 万吨，同比增长 1.2%；钢材累计产量 113 801 万吨，同比增长 2.3%。钢铁产量小幅上升带动钢铁物流需求稳步增长。

钢铁运输成本出现上涨。2016 年 9 月 21 日起交通运输部、公安部在全国范围内重点开展三个“专项行动”。通过实施新的运输标准，运输车辆最大载重均有不同程度的下调，直接影响钢铁物流运输的效率，增加运输成本。新的运输标准的实施使得钢铁行业物流运输成本增加 30.0% 以上。

钢铁企业向物流领域拓展延伸。钢铁企业纷纷向上下游拓展和延伸，建立自己的物流产业链，发展现代钢铁物流。一方面是钢铁企业新型营销模式服务定位向加工、配送转化，另一方面是钢铁企业新型采购模式向外围资源基地延伸，采购、仓储、运输，三位一体。钢铁企业重视与终端用户企业建立战略伙伴关系，建立具有针对性的加工配送中心，加强增值服务。

钢铁物流园区功能拓展。钢铁物流园区通过对钢铁物流的统一规划，多元化服务手段等优势，成为钢铁产业链上、下游之间的桥梁和纽带。在交易方面，通过全方位打造电子商务平台，实现网上选货、网上交易和网上支付，实现钢铁交易的业态升级。像华南物流钢铁交易中心发展的钢铁供应商网络现货资源遍布全国各地，利用其现货交易平台，客户就可以享受现货查询、钢铁超市、竞卖竞买等服务，并能够在国内任何仓库实现货物的交收。

（七）连锁零售物流

连锁零售物流需求小幅下滑。据中国商业联合会、中华全国商业信息中心统计，2016 年，全国百家重点大型零售企业零售额同比下降 0.5%，降幅相比上年扩大 0.4 个百分点。

零售门店布局加速分化。百货店闭店潮仍在延续。2016 年关店数量有所增加，关店主要集中在一、二线城市，并且出现向三、四线城市扩散的趋势。连锁超市加快门店结构调整。沃尔玛 2016 年新开门店 24 家，关店 13 家，测试新卖场形态。高鑫零售新开 38 家综合性大卖场，其中欧尚新开门店 5 家，大润发新开 33 家，关店 1 家。家乐福在中国大陆共关闭 3 家门店，并计划开设 40 家小型便利店“Easy 家乐福”。

物流配送投入继续加大。截至 2016 年年底，沃尔玛已经在中国开设了 8 家干仓配送中心和 11 家鲜食配送中心。2016 年，沃尔玛深圳配送中心二期项目正式启用，为广东、福建、云南等地约 110 家门店提供配送服务。近年来，商务部在 22 个城市开展了共同配送试点。随着电商和“互联网 +”的快速发展，连锁零售门店、百货店、品牌店的“商圈配送”、O2O 统一配送、零担货物集货与末端配送、各类批发市场等，都将是共同配送的重点领域。

线上线下加快深度融合。2016 年，沃尔玛增持京东，入股新达达，合作开展 O2O 业务，将沃尔玛线下需求导入京东平台。京东物流将为沃尔玛山姆会员店提供仓配一体化物流服务。京东入股永辉超市，加大物流末端网点建设。苏宁布局建设改造一批新门店，提升实体门店的休闲、购物、售后、物流等线下综合服务能力，促进苏宁易购与实体门店的虚实互补、虚实结合。

五、基础设施建设

物流园区节点加快建设。在公路港方面，通过构建生产生活综合配套、线上线下协同联动的新模式，推进物流业与商贸、金融、互联网多业态融合发展，实现公路港转型升级。2016 年，传化物流实现运营公路港 26 个，在建公路港 14 个，全国布局 92 个项目，计划到 2022 年形成 10 枢纽以及 160 基地的全网布局，打造“全国化实体公路港平台网络”。在铁路物流园方面，中国铁路总公司于 2015 年组织研究编制《铁路物流基地布局规划及 2015—2017 年建设计划》，初步完成铁路物流节点网络规划顶层设计。2016 年各路局积极推进铁路物流中心建设工作，年底前 33 个一级铁路物流中心已全部基本建成投产；二级铁路物流中心基本建成 98 个，占比 56.0%；三级铁路物流中心基本建成约 50.0%。在物流地产商方面，截至 2016 年年底，普洛斯在中国已运营园区数量达到 242 个，面积达到 2 772 万平方米，继续保持高速的增长。

综合运输体系逐步完善。2016 年年底全国公路总里程 4 696 300 公里，比上年增加 119 000 公里。公路密度 48.9 公里/百平方公里，增加 1.2 公里/百平方公里。2016 年，年末全国铁路营业里程达到 124 000 公里，比上年增长 2.5%，其中高铁营业里程超过 22 000 公里。全国铁路路网密度 129.2 公里/万平方公里，增加 3.2 公里/万平方公里。2016 年，年末全国内河航道通航里程 127 100 公里，比上年增加 100 公里。等级航道 66 400 公里，占总里程 52.3%，提高 0.1 个百分点。2016 年，年末全国港口拥有生产用码头泊位 30 388 个，比上年减少 871 个。全国港口拥有万吨级及以上泊位 2 317 个，比上年增加96个。2016年，年末共有颁证民用航空机场218个，比上年增加8个，其中定期航班通航机场216个，定期航班通航城市214个。

六、行业基础工作

2016年，根据《物流企业分类与评估指标》国家标准，中国物流与采购联合会全年新评出A级物流企业649家，复核744家，A级物流企业总数达到3968家。根据《担保存货第三方管理规范》国家标准和《质押监管企业评估指标》行业标准，完成24家担保存货及质押监管企业评估。目前，已评出93家质押监管企业。根据《物流企业冷链服务要求与能力评估指标》国家标准，完成15家冷链物流企业星级评估。2016年，中国物流与采购联合会开展了第18批、第19批物流企业信用评价工作，评出A级信用企业66家。中国物流与采购联合会共评出中国物流示范基地、中国物流实验基地9家。中国物流与采购联合会进一步完善现行统计调查制度和指数服务体系。在保持原有的PMI、物流景气指数、公路物流运价指数等指数之外，相继发布了中国仓储指数和中国电商物流运行指数。2016年，全国物流标准化技术委员会申请立项国家标准11项、行业标准3项。完成报批行业标准6项，批准发布5项。2016年，中国物流与采购联合会将原物流师、采购师职业资格认证，调整转换为物流、采购从业人员职业能力等级认证。同时，国际注册采购经理（C. P. M.）认证升级为国际注册供应管理专家（CPSM）。

七、物流行业政策环境

2016年，国务院及有关部门贯彻落实《物流业发展中长期规划（2014—2020）》，就交通物流融合发展、互联网+高效物流、多式联运、电子商务物流、服务型制造、节能环保、物流业补短板和降本增效等出台了一系列政策措施，各地政府部门贯彻落实国家政策，出台相关配套政策措施。全年对行业影响较大的政策包括："营改增"试点全面扩围，无运输工具承运业务和道路通行服务开票资格获得承认。车型标准化工作有序推进，为期一年的新一轮治超工作开展，车辆运输车治理取得成效。无车承运人试点启动，一批试点企业名单发布。商贸物流标准化试点推进，标准化托盘扩大使用范围。快递市场清理整顿工作开展，寄递物流渠道安全要求升级。全国现代物流工作部际联席会议积极发挥协调作用，支持物流业发展的部门间合力有所加强，物流业政策环境持续改善。

（审稿：贺登才
撰稿：周志成）

2016年交通运输业发展综述

中国交通运输协会

2016年，面对复杂严峻的国内外经济环境和艰巨繁重的改革发展稳定任务，中国交通运输行业稳中求进，推进供给侧结构性改革，创新前行，实现"十三五"良好开局。货物运输总量440亿吨，比上年增长5.7%；货物运输周转量185 295亿吨公里，增长4.0%。全年规模以上港口完成货物吞吐量118.3亿吨，比上年增长3.2%。

交通运输经济运行总体平稳、稳中向好，客运结构持续优化，货运量、港口吞吐量主要指标走势"前低后高"，固定资产投资持续高位运行，全年交通固定资产投资完成28 500亿元。

铁路客运保持较快增长，全年完成客运量28.1亿人次，增速11.0%；公路客运完成营业性客运量156.3亿人次，同比下降3.5%，但私家车出行快速增长，联网收费数据显示，高速公路7座及以下小客车流量同比增长16.5%；水路完成客运量2.7亿人次，与上年基本持平；民航客运持续快速增长，完成客运量4.9亿人次，增速11.8%。铁路、民航客运量占比提高分别达到14.7%和2.5%，比上年分别提高1.6个和0.3个百分点，调结构效果彰显。

货运增速逐季加快。全年全社会完成营业性货运量433亿吨，同比增长5.7%，与宏观经济走势基本一致。公路货运量同比增长6.8%，水路货运量同比增长3.7%，民航货运量同比增长6.0%，增速均有不同程度回升或加快。快递业保持高速增长，完成快递业务量313.5亿件，业务量增速51.7%。

港口生产呈现“前低后高”。全年规模以上港口完成货物吞吐量118亿吨，同比增长3.2%，增速较上年回升1.3个百分点。前三季度增速保持在2.3%左右，第四季度增速明显提高5.8%。全年完成集装箱吞吐量2.2亿标箱，同比增长3.6%，见表1。

表1 2016年各种运输方式完成货物运输量及其增长速度

指 标	单 位	绝对数	比上年增长(%)
货物运输总量	亿 吨	440.4	5.7
铁 路	亿 吨	33.3	-0.8
公 路	亿 吨	336.3	6.8
水 运	亿 吨	63.6	3.7
民 航	万 吨	666.9	6.0
管 道	亿 吨	7.0	5.3
货物运输周转量	亿吨公里	185 294.9	4.0
铁 路	亿吨公里	23 792.3	0.2
公 路	亿吨公里	61 211.0	5.6
水 运	亿吨公里	95 399.9	4.0
民 航	亿吨公里	221.1	6.3
管 道	亿吨公里	4 670.6	5.7

全年旅客运输总量192亿人次，比上年下降1.2%；旅客运输周转量31 306亿人公里，增长4.1%。见表2。

表2 2016年各种运输方式完成旅客运输量及其增长速度

指 标	单 位	绝对数	比上年增长(%)
旅客运输总量	亿人次	192.0	-1.2
铁 路	亿人次	28.1	11.0
公 路	亿人次	156.3	-3.5
水 运	亿人次	2.7	0.1
民 航	亿人次	4.9	11.8
旅客运输周转量	亿人公里	31 305.7	4.1
铁 路	亿人公里	12 579.3	5.2
公 路	亿人公里	10 294.8	-4.2
水 运	亿人公里	72.0	-1.4
民 航	亿人公里	8 359.5	14.8

截至2016年年底，全国民用汽车保有量19 440万辆(包括三轮汽车、低速货车881万辆)，比上年底增长12.8%。民用轿车保有量10 876万辆，增长14.4%。

全年完成邮电业务总量43 344亿元，比上年增长52.7%。邮政业全年完成邮政函件业务36.2亿件，包裹业务0.3亿件，快递业务量312.8亿件；快递业务收入3 974亿元。电信业全年新增移动电话交换机容量7 318万户，达到218 384万户。截至2016年年底，全国电话用户总数152 856万户。移动电话普及率上升至96.2部/百人。固定互联网宽带接入用户29 721万户,比上年增加3 774万户。移动互联网接入流量93.6亿G,比上年增长123.7%。互联网上网人数73 100万人,增加4 299万人。互联网普及率53.2%。软件和信息技术服务业完成软件业务收入48 511亿元,比上年增长14.9%。

铁路运输

2016年,全国铁路主动适应经济发展新常态,深化铁路供给侧结构性改革,铁路安全、建设发展、客货运输、科技创新取得新成绩。

一、运输生产

(一)旅客运输

全国铁路旅客发送量281 400万人,比上年增加27 900万人,增长11.0%,其中:国家铁路277 301万人,比上年增长11.1%。全国铁路旅客周转量完成125 792 900万人公里,比上年增加6 186 900万人公里,增长5.2%,其中:国家铁路125 278 800万人公里,同比增长5.2%。见表3。

表3　2016年国家铁路主要指标完成情况

指　标	单　位	本年累计完成	上年同期完成	比上年同期增减	比上年同比增减(%)
一、铁路运输					
1. 国家铁路旅客发送量	万　人	277 301	249 558	27 743	11.1
2. 国家铁路旅客周转量	万人公里	125 278 800	119 073 600	6 205 100	5.2
3. 货运总发送量	万　吨	265 206	271 387	-6 181	-2.3
4. 货运总周转量	万吨公里	212 732 100	215 983 700	-3 251 600	-1.5
5. 总换算周转量	万吨公里	338 010 800	335 057 400	2 953 500	0.9
二、全国铁路固定资产投资	万　元	80 151 600	82 382 100	-2 230 500	-2.7
其中:国家铁路固定资产投资	万　元	76 769 300	76 817 100	-47 700	-0.1

注:1. 含控股合资公司。
2. 统计范围不含港澳台。
3. 除注明外,国家铁路含控股合资铁路。
资料来源:中国铁路总公司计划统计部。

(二)货物运输

全国铁路货运总发送量完成333 200万吨,比上年减少2 600万吨,下降0.8%。其中:国家铁路265 200万吨,比上年下降2.3%。全国铁路货运总周转量237 922 600万吨公里,比上年增加379 500万吨公里,增长0.2%。其中:国家铁路212 732 100万吨公里,比上年下降1.5%。集装箱、商品汽车、散货快运量比上年分别增长40.0%、53.0%、25.0%。

(三)换算周转量

全国铁路总换算周转量完成363 715 600万吨公里,比上年增加6 566 500万吨公里,增长1.8%,其中:国家铁路338 010 800万吨公里,比上年增长0.9%。

(四)运输安全

全年未发生特别重大、重大铁路交通事故,铁路交通事故死亡人数比上年下降10.1%。

二、铁路建设

全国铁路固定资产投资完成8 015亿元,投产新线3 281公里,其中:高速铁路1 903公里。

(一)路网规模

全国铁路营业里程12.4万公里,比上年增长

2.5%。全国铁路路网密度129.2公里/万平方公里，比上年增加3.2公里/万平方公里。其中：复线里程6.8万公里，比上年增长5.2%，复线率54.9%，比上年提高1.4个百分点；电气化里程8万公里，比上年增长7.4%，电化率64.8%，比上年提高3.0个百分点。西部地区铁路营业里程5万公里，比上年增加2 230.9公里，增长4.6%。见图1。

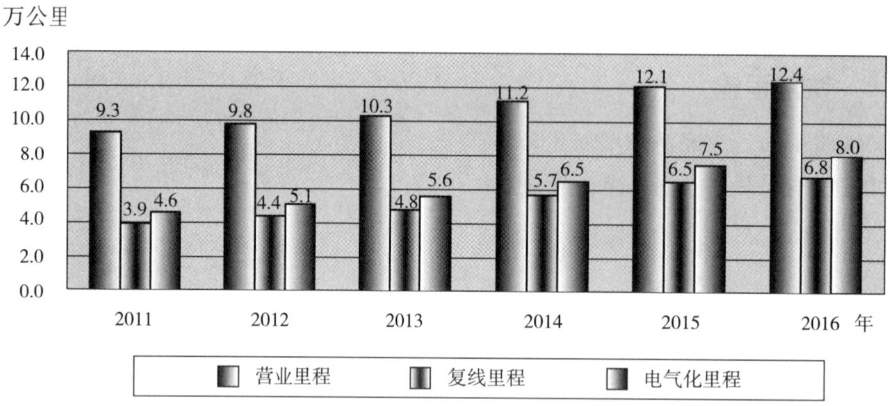

图1　中国铁路营业里程情况

（二）移动装备

全国铁路机车拥有量2.1万台，比上年增加87台。其中：内燃机车占41.8%，比上年下降0.9个百分点；电力机车占58.1%，比上年提高0.9个百分点。全国铁路客车拥有量7.1万辆，比上年增加0.3万辆，其中：动车组2 586标准组20 688辆，比上年增加380标准组3 040辆。全国铁路货车拥有量76.4万辆。

三、标准和科技创新

（一）重要技术标准制定

发布《铁路列车荷载图式》《动车组车体结构强度设计及试验》《列控中心技术条件》等116项铁路技术标准；发布《铁路隧道设计规范》《铁路通信设计规范》《铁路动车组设备设计规范》等11项铁路工程建设标准。

（二）知识产权及获奖成果

铁路行业《高速铁路标准梁桥技术与应用》《基于耦合动力学的高速铁路接触网/受电弓系统技术创新及应用》《跨江越海大断面暗挖隧道修建关键技术与应用》等3项科技成果获2016年度国家科学技术进步二等奖；《高速铁路轨道平顺性保持技术》获2016年度国家技术发明二等奖；铁路行业“双阀双布袋袖阀管注浆方法”“一种正线道岔稳定车及其作业方法”“接触网悬挂状态监测系统”“一种长距离大坡度斜井全断面岩石掘进机”“一种高速铁路无砟轨道自充填混凝土专用改性剂”“铁路铺轨机的导轨自动化回送系统”等获第十八届中国专利优秀奖。

四、节能减排

（一）综合能耗

国家铁路能源消耗折算标准煤1 591.6万吨，比上年增加14.3万吨，增长0.9%。单位运输工作量综合能耗4.7吨标准煤/百万换算吨公里，与上年持平。单位运输工作量主营综合能耗4.2吨标准煤/百万换算吨公里，比上年增加0.08吨标准煤/百万换算吨公里，增长2.0%。见图2。

（二）主要污染物排放量

国家铁路化学需氧量排放量1 965吨，比上年减排41吨，降低2.0%；二氧化硫排放量23 924吨，比上年减排3 851吨，降低13.9%。见图3。

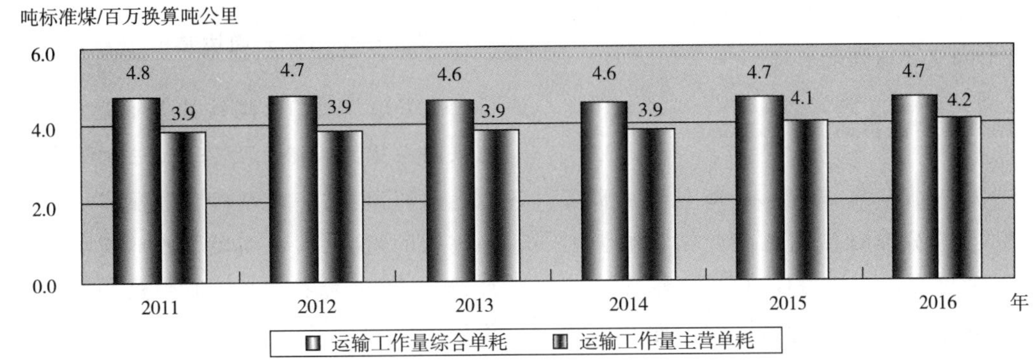

图 2　中国铁路运输工作量综合单耗、主营单耗情况

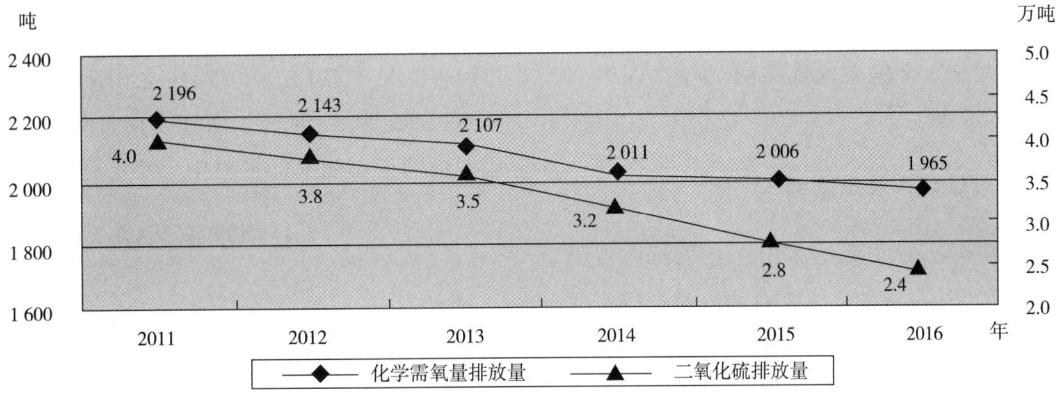

图 3　中国铁路需氧量、二氧化硫排放量情况

五、铁路事业发展十大亮点

2016 年，中国铁路事业无论是“硬件”还是“软件”，都实现跨越式发展，重要事件冲击世人眼球，也提高了乘客的获得感。梳理精彩大事，可以深切感受中国铁路的飞速发展。

（一）中国标准动车组首秀

中国自行设计、拥有全面自主知识产权的中国标准动车组 8 月首次载客运行。铁路升级发展步伐明显加快。7 月 15 日，“金凤凰”“海豚蓝”在郑徐高铁上，分别以 420 公里的速度交会而行，这是中国拥有完全知识产权的标准动车组。中国标准动车组的成功研制，对中国高铁可持续发展和“走出去”具有十分重要的战略性意义，也表明中国全面系统掌握了高速动车组的核心技术。

（二）“互联网＋铁路”更加密切

春运网络售票占总售票量的 70.0% 以上，其中手机 app 抢票受到人们青睐，“网络”春运在人们的心中生根发芽。“互联网＋铁路”不仅为旅客提供便利，还为铁路实现了社会效益与经济效益的双赢。

（三）铁路投资多元化

国家发改委 6 月 6 日出台《关于进一步鼓励和扩大社会资本投资建设铁路的实施意见》，指出铁路建设必须实现投资主体多元化，广泛吸引社会资本参与。12 月底，杭绍台铁路九龙山隧道施工，这条铁路成为第一条民资控股的高速铁路。

（四）川藏铁路成雅段动工

12 月 2 日，川藏铁路成雅段庙子沟大桥首片 T 梁成功架设，实现川藏铁路建设从线下工程到线上工程的转变。作为进藏大通道，川藏铁路将把西藏自治区连入长江经济带，并形成中国通往南亚的便捷陆路通道。

（五）铁路餐车饮食改革

从 5 月 15 号起，铁路总公司首次推出自主品牌的“中国铁路餐饮”系列产品，这是铁路在“客运服务质量年”里做出的又一项新的举措。

(六)沪昆高铁全线贯通

12 月 28 日 11 时 20 分，首趟 G4135 列车从贵阳北站发车，13 时 45 分准时抵达昆明南站。被誉为“最美高铁”的沪昆高铁全线贯通，极大地缩短了云贵高原与长三角、泛珠三角等地区的时空距离。与此同时，中国“四纵四横”高铁网基本成型。随着沪昆高铁贵阳北—昆明南段、云桂铁路百色—昆明南段开通运营，上海—昆明、广州—昆明高铁通道全线贯通。云南正式接入全国高速铁路网，中国“四纵四横”高铁网基本成型。

(七)兰渝高铁岷广段正式通车

12 月 26 日 10 点，K2618 次驶出岷县站，标志着陇南山区不通火车的历史终结。未来兰渝铁路全线贯通后，兰州与重庆的铁路运输距离将缩短 40.0%，新、甘、宁、青省区到重庆的列车不再绕行陇海、襄渝铁路。

(八)中欧货运班列发挥品牌化优势

为加强对中欧班列的统筹协调，6 月初，国家发改委、铁路总公司正式启用“中欧班列”统一品牌。中欧班列发展日益活跃、运量大幅增长、货值显著提升，成为推进“一带一路”建设的重要平台和载体。

(九)郑徐高铁开通运营

9 月 11 日，郑徐高铁的开通运营，至此中国高速铁路总里程突破 2 万公里，占世界总里程 60.0% 以上，稳稳地站在世界高铁里程第一的位置上。郑徐高铁的运营，大大缩短了西部与中东部的时空距离，铁路将发挥推进“一带一路”建设的服务保障作用。

(十)昆玉铁路开通

12 月 15 日首趟列车，经新昆玉铁路驶往中越口岸河口。昆玉铁路是中越、中老国际铁路的共用部分，可联通越南、老挝等南亚东南亚国家，为云南建成面向南亚东南亚的辐射中心奠定基础。

公路水路运输

一、基础设施

(一)公路

截至 2016 年年底，全国公路总里程 469.6 万公里，比上年增加 11.9 万公里。公路密度 48.9 公里/百平方公里，增加 1.2 公里/百平方公里。公路养护里程 459 万公里，占公路总里程 97.7%。见图 4。

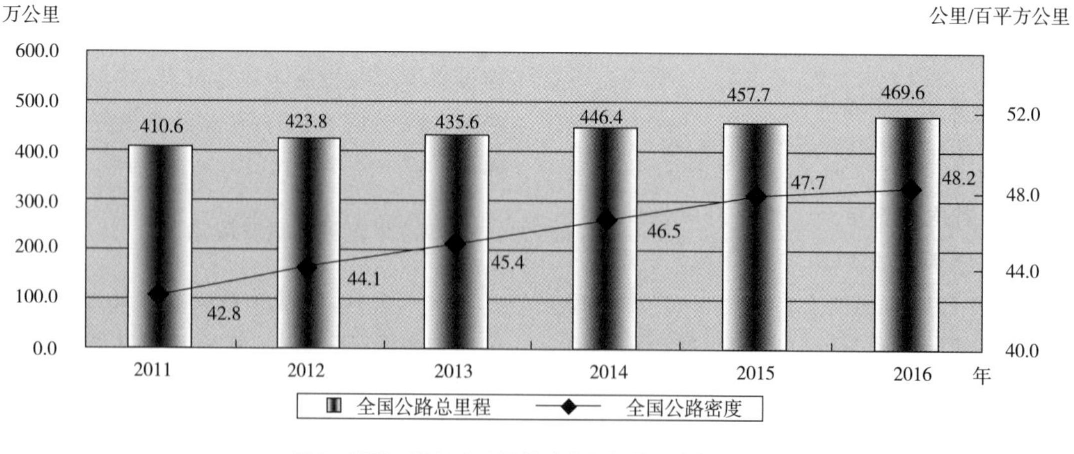

图 4　2011—2016 年全国公路总里程及公路密度情况

截至 2016 年年底，全国四级及以上等级公路里程 422.7 万公里，比上年增加 18.0 万公里，占公路总里程 90.0%，提高 1.6 个百分点；二级及以上等级公路里程 60.1 万公里，增加 2.6 万公里，占公路总里程12.8%，提高0.2个百分点；高速公路里程13.1万公里（增加7 400公里），高速公路车道里程58万公里（增加31 100公里），其中：国家高速公路9.9万公里，增加19 600公里。见图5。

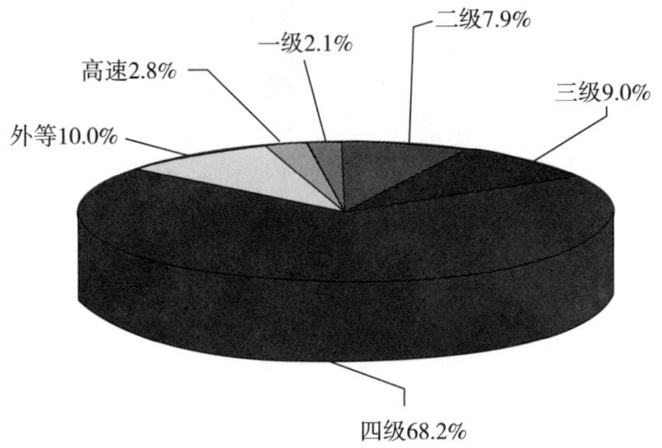

图5　2016年中国公路里程分技术等级构成情况

截至2016年年底，国道354 800公里，省道313 300公里。农村公路里程3 959 800公里，其中：县道562 100公里、乡道1 147 200公里、村道2 250 500公里。

截至2016年年底，全国通公路的乡（镇）占全国乡（镇）总数近100%，其中：通硬化路面的乡（镇）占全国乡（镇）总数99.0%，比上年提高0.4个百分点；通公路的建制村占全国建制村总数99.9%，其中：通硬化路面的建制村占全国建制村总数96.7%、提高2.2个百分点。

截至2016年年底，全国公路桥梁80.5万座4 917万米，比上年增加2.6万座324.2万米，其中：特大桥梁4 257座753.5万米，大桥86 178座2 251.5万米。全国公路隧道15 181处1 404万米，增加1 175处135.6万米，其中：特长隧道815处362.3万米、长隧道3 520处604.6万米。见表4。

表4　2015—2016年高速公路通车里程6 000公里以上排名情况

序　号	2016年通车里程		序　号	2015年通车里程*	
	地　区	公　里		地　区	公　里
1	广　东	7 673	1	广　东	7 018
2	四　川	6 516	2	河　北	6 333
3	河　北	6 500	3	河　南	6 305
4	河　南	6 476	4	湖　北	6 204
5	湖　北	6 295	5	四　川	6 016
6	湖　南	6 081*			
7	江　西	6 000			

注：1. 2016年中，湖南省（通车6 078公里、新开联络线2.3公里建成暂未通车）。

2. 2015年中，5 000公里以上的地区有8个：湖南5 649公里、山东5 425公里、贵州5 128公里、陕西5 093公里、江西5 088公里、山西5 028公里、福建5 002公里、内蒙古自治区5 000公里。

（二）水路

1. 内河航道。至2016年年底，全国内河航道通航里程12.71万公里，比上年增加0.01万公里。等级航道6.64万公里，占总里程52.3%，提高0.1个百分点。其中：三级及以上航道1.21万公里，占总里程9.5%，提高0.4个百分点。见图6。

（三）港口

截至2016年年底，全国港口拥有生产用码头泊位30 388个，比上年减少871个。其中：沿海港口生产用码头泊位5 887个，减少12个；内河港口生产用码头泊位24 501个，减少859个。

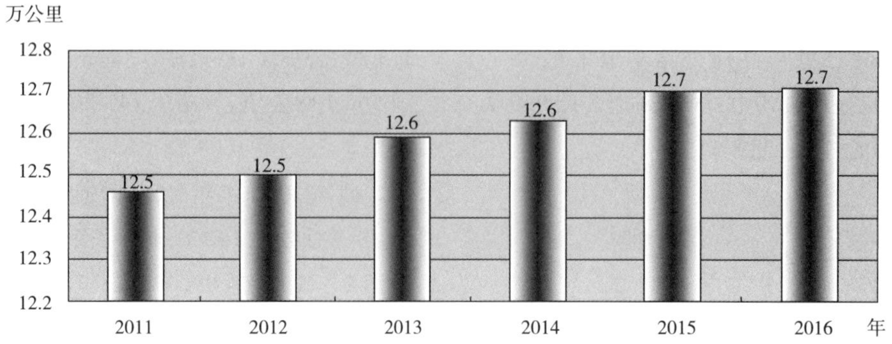

图6　2011—2016 年中国内河航道通航里程情况

截至 2016 年年底,全国港口拥有万吨级及以上泊位 2 317 个,比上年增加 96 个。其中:沿海港口万吨级及以上泊位 1 894 个,增加 87 个;内河港口万吨级及以上泊位 423 个,增加 9 个。

全国万吨级及以上泊位中,专业化泊位 1 223 个,比上年增加 50 个;通用散货泊位 506 个,增加 33 个;通用件杂货泊位 381 个,增加 10 个。

二、公路水路交通流量

(一)国家干线公路交通流量

全国国道观测里程 12.9 万公里,机动车年平均日交通量 16 090 辆,比上年增长 4.7%,年平均日行驶量为 207 141 万车公里,增长 1.4%。其中:国家高速公路年平均日交通量 24 468 辆,增长 5.0%,年平均日行驶量 109 261 万车公里,增长 1.9%;普通国道年平均日交通量 11 637 辆,增长 4.3%,年平均日行驶量 97 872 万车公里,增长 0.9%。

(二)长江干线航道流量

长江干线航道设有 27 个水上交通流量观测断面,年平均日船舶流量 662.6 艘,比上年增长 2.3%。其中:上游航道年平均日船舶流量 213.6 艘,增长 6.0%;中游航道年平均日船舶流量 290.8 艘,增长 7.1%;下游航道年平均日船舶流量 874.2 艘,增长 1.8%。

三、运输装备

(一)公路营运汽车

截至 2016 年年底,全国拥有公路营运汽车 1 435.8万辆,比上年减少 2.5%。

拥有载客汽车 84 万辆,比上年增长 0.1%,2 140.3万客位,减少 0.4%。其中:大型客车 30.6 万辆,增长 0.2%,1 332.6 万客位,增长 0.6%。见图 7。

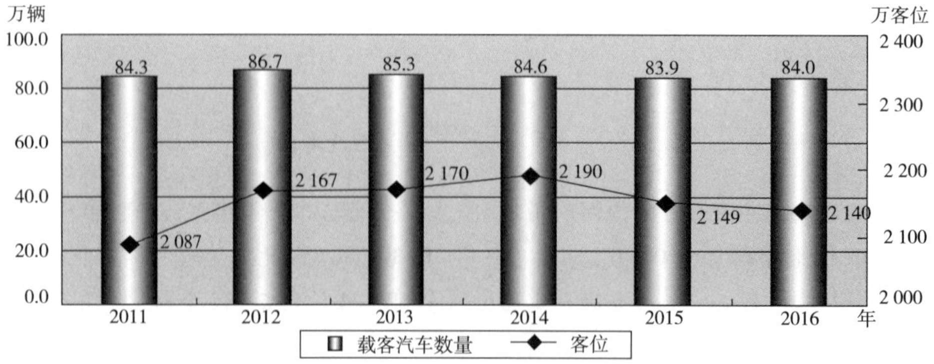

图7　2011—2016 年中国载客汽车拥有量情况

截至2016年年底，拥有载货汽车1 351.8万辆，比上年减少2.7%，10 826.8万吨位，增长4.4%。其中：普通货车946万辆，减少6.5%，4 843.8万吨位，减少2.8%；专用货车47.6万辆，减少1.7%，527.6万吨位，增长4.9%。见图8。

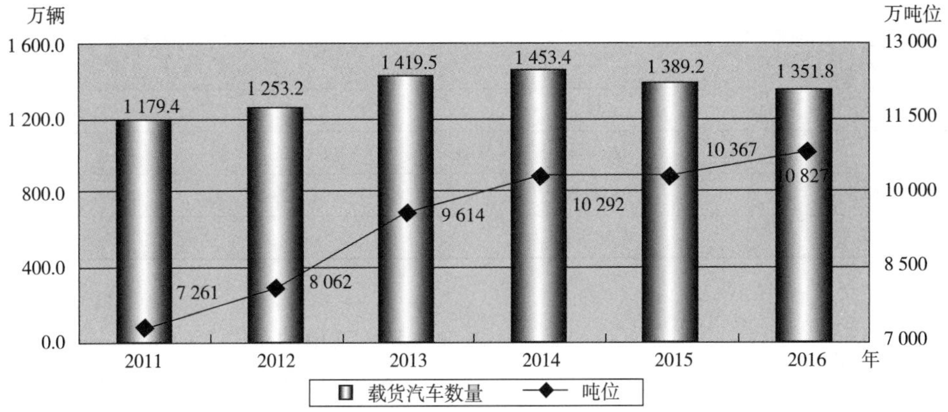

图8　2011—2016年中国载货汽车拥有量情况

（二）水路运输船舶

截至2016年年底，全国拥有水上运输船舶16万艘，比上年减少3.5%；净载重量26 622.7万吨，减少2.3%；载客量100.2万客位，减少1.5%；集装箱箱位191万标准箱，减少26.6%。见图9、表5。

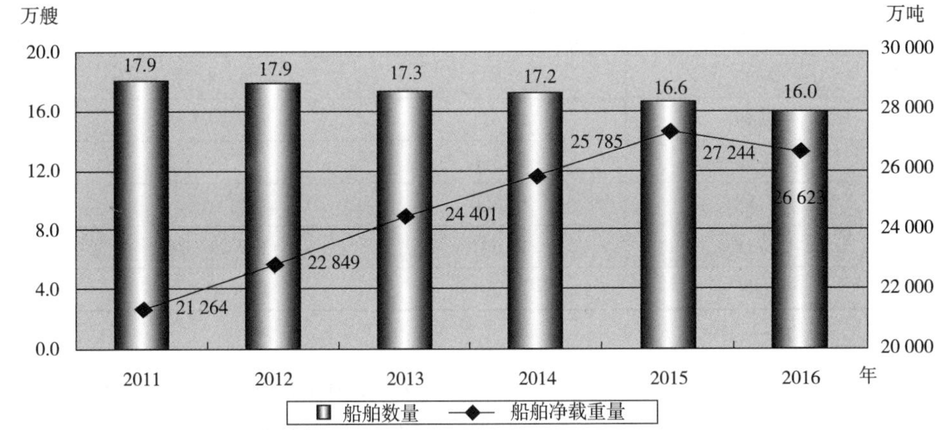

图9　2011—2016年中国水上运输船舶拥有量情况

表5　2016年中国水上运输船舶构成情况（按航行区域分）

指　标	计量单位	实　绩	比上年增长（%）
内河运输船舶：			
运输船舶数量	万　艘	14.72	-3.5
净载重量	万　吨	13 360.81	6.9
载客量	万客位	77.44	-1.1
集装箱箱位	万标准箱	29.72	9.9
沿海运输船舶：			
运输船舶数量	艘	10 513.00	-1.9

续表

指　标	计量单位	实　绩	比上年增长(%)
净载重量	万　吨	6 739.15	-1.7
载客量	万客位	20.36	-2.6
集装箱箱位	万标准箱	41.91	-21.4
远洋运输船舶:			
运输船舶数量	艘	2 409.00	-10.4
净载重量	万　吨	6 522.76	-17.4
载客量	万客位	2.42	-5.4
集装箱箱位	万标准箱	119.42	-33.7

(三)城市客运车辆

截至2016年年底,全国拥有公共汽电车608 600辆,比上年增长8.3%,其中:BRT车辆7 689辆,增长24.8%。按车辆燃料类型分,柴油车占37.2%、天然气车占30.5%、汽油车占1.4%、混合动力车占11.5%、纯电动车占15.6%。

全国有30个城市开通了轨道交通,2016年新开通4个。拥有轨道交通车站2 468个,增加376个;运营车辆23 791辆,增长19.3%。

拥有巡游出租车140.4万辆,增长0.8%;拥有城市客运轮渡282艘,减少9.0%。见表6。

表6　2011—2016年全国城市客运装备拥有量情况

年　份	公共汽电车(万辆)	轨道交通运营车辆(辆)	巡游出租车(万辆)	城市客运轮渡(艘)
2011	45.33	9 945	126.38	1 061
2012	47.49	12 611	129.97	590
2013	50.96	14 366	134.00	422
2014	52.88	17 300	137.01	329
2015	56.18	19 941	139.25	310
2016	60.86	23 791	140.40	282

四、运输服务

全社会完成营业性客运量1 900 200万人,比上年下降2.2%,旅客周转量31 239.9亿人公里,增长3.9%,货运量4 313 400万吨,增长5.2%,货物周转量182 432.3亿吨公里,增长5.0%。

(一)公路运输

全年完成营业性客运量154.3亿人,比上年下降4.7%,旅客周转量10 228.7亿人公里,下降4.8%。完成货运量3 341 300万吨,增长6.1%,货物周转量61 080.1亿吨公里,增长5.4%。

截至2016年年底,全国开通客运线路的乡镇比例为99.0%,开通客运线路的建制村比例为95.4%,建制村通车率比上年提高1.1个百分点。

(二)水路运输

全年完成客运量27 200万人,比上年增长0.6%,旅客周转量723 300万人公里,减少1.0%。完成货运量63.8亿吨,增长4.0%,货物周转量97 338.8亿吨公里,增长6.1%。其中,内河运输完成货运量35.7亿吨、货物周转量14 091.7亿吨公里;沿海运输完成货运量20.1亿吨、货物周转量25 172.5亿吨公里;远洋运输完成货运量79 800万吨、货物周转量58 074.6亿吨公里。

全国港口完成旅客吞吐量18 500万人,比上年下降0.3%。其中:沿海港口完成8 200万人,增长0.5%;内河港口完成10 300万人,减少0.9%。全年全国港口共接待国际邮轮旅客218万人,增长79.0%。

全国港口完成货物吞吐量132.0亿吨,比上年增长3.5%。其中:沿海港口完成84.6亿吨,增长3.8%;内河港口完成47.5亿吨,增长3.1%。见图10。

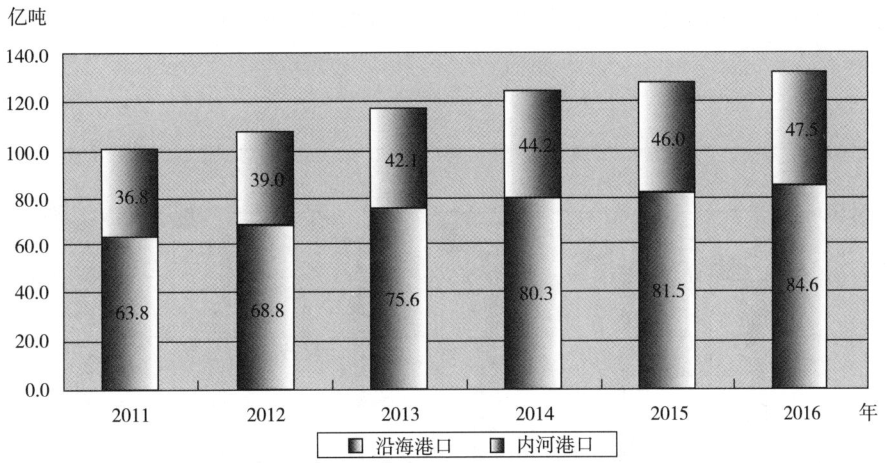

图10　2011—2016年中国港口货物吞吐量情况

全国港口完成外贸货物吞吐量38.5亿吨,比上年增长5.1%。其中:沿海港口完成34.5亿吨,增长4.6%;内河港口完成39 800万吨,增长9.7%。见图11。

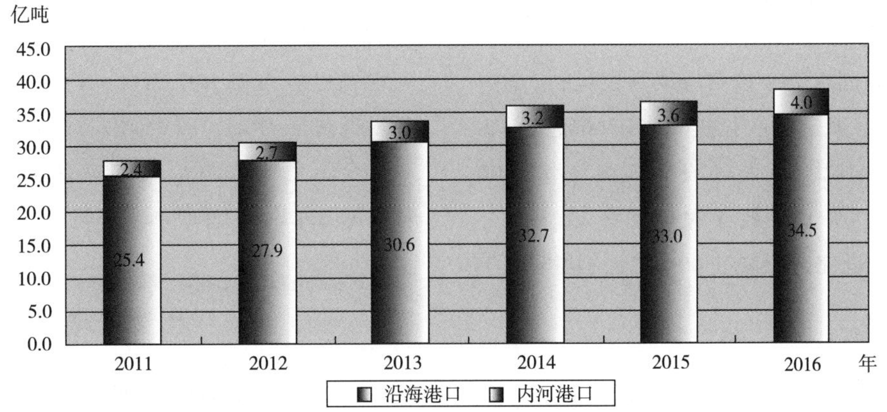

图11　2011—2016年中国港口外贸货物吞吐量情况

全国港口完成集装箱吞吐量2.2亿标准箱,比上年增长4.0%。其中:沿海港口完成19 600万标准箱,增长3.6%;内河港口完成2 415万标准箱,增长7.4%。见图12。

全国规模以上港口完成货物吞吐量118.9亿吨,比上年增长3.7%。其中:完成煤炭及制品吞吐量21.5亿吨,增长3.8%;石油、天然气及制品吞吐量9.3亿吨,增长9.0%;金属矿石吞吐量19.1亿吨,增长4.7%。

(三)城市客运

截至2016年年底,全国拥有公共汽电车运营线路52 789条,比上年增加3 884条,运营线路总长度98.1万公里,增加8.7万公里。其中:公交专用车道9 777.8公里,增加1 208.7公里;BRT线路长度3 433.5公里,增加352.3公里。轨道交通运营线路124条,增加19条,运营线路总长度3 727.5公里,增加532.1公里,其中:地铁线路103条3 269.7公里、轻轨线路9条298.8公里。城市客运轮渡运营航线112条，减少11条，运营航线总长度505公里，减少63.9公里。全年完成城市客运量1 285.2亿人，比上年下降1.4%。其中：公共汽电车完成745.4亿人（下降2.6%），公共汽电车运营里程358.3亿公里（增长1.7%）；轨道交通完成161.5亿人（增长15.4%），运营里程4.3亿公里（增长15.7%）；巡游出租车完成377.4亿人（下降4.9%），运营里程1 552.5亿公里（下降3.1%）；客运轮渡完成9 400万人（下降7.2%）。

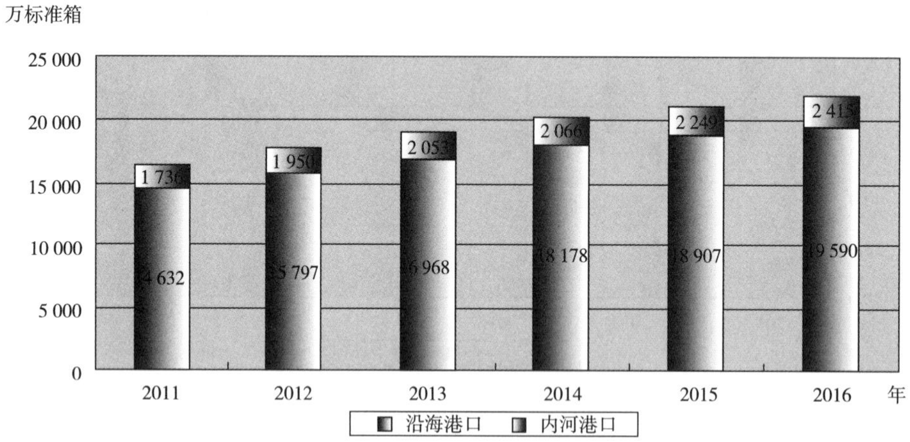

图12　2011—2016年中国港口集装箱吞吐量情况

五、固定资产投资

2016年，交通固定资产投资持续高位运行，全国完成铁路公路水路固定资产投资27 902.6亿元，比上年增长4.7%。其中：公路建设完成投资17 800亿元（同比增长7.7%），新改建农村公路29.3万公里；水运及其他建设完成投资1 894亿元，均与上年基本持平。

（一）公路建设

全年完成公路建设投资17 975.8亿元，比上年增长8.9%。其中：高速公路建设完成投资8 235.3亿元，增长3.6%；普通国省道建设完成投资6 081.3亿元，增长14.0%；农村公路建设完成投资3 659.2亿元，增长13.4%。见图13。

（二）水路建设

全年完成水运建设投资1 417.4亿元，比上年下降2.7%。其中：内河建设完成投资552.2亿元，增长1.0%，内河港口新建及改（扩）建码头泊位173个，新增通过能力13 335万吨（万吨级及以上泊位新增通过能力3 989万吨），全年新增及改善内河航道里程750公里；沿海建设完成投资865.2亿元，下降5.0%，沿海港口新建及改（扩）建码头泊位171个，新增通过能力22 487万吨，其中：万吨级及以上泊位新增通过能力21 019万吨。

全年完成公路水路支持系统及其他建设投资494.5亿元，比上年增长9.8%。

六、生产安全

全年发生运输船舶水上交通事故196件，比上年下降7.8%，死亡失踪203人（下降8.6%），沉船82艘（下降14.6%）。

公路水路交通运输建设领域发生生产安全事故39起，比上年增长11.4%，死亡67人（增长36.7%）；未发生重特大事故。

七、能源消耗与环境保护

（一）能源消耗

全年监测公路水路运输企业125家。监测的城市公交企业每万人次单耗1.6吨标准煤，比上年增长5.9%，百车公里单耗48.5千克标准煤，下降0.9%；公路班线客运企业每千人公里单耗14.5千克标准煤，增长9.6%，百车公里单耗29.7千克标准煤，下降1.5%；公路专业货运企业每百吨公里单耗1.8千克标准煤，下降4.0%；远洋和沿海货运企业每千吨海里单耗5千克标准煤，下降4.9%；港口企业每万吨单耗2.5吨标准煤，下降3.0%。

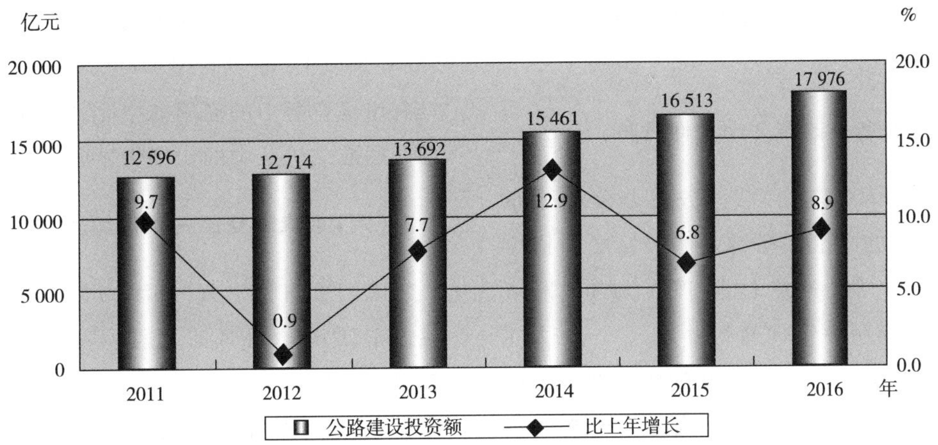

图13　2011—2016年公路建设投资额及增长速度情况

(二)公路水路环境保护投入

全年公路水路交通运输行业环境保护投入218.6亿元。其中：公路环境保护投入163.6亿元；水路环境保护投入55亿元。公路环境保护投入中，生态保护措施投入111.5亿元、污染防治设施投入23.9亿元；水路环境保护投入中，生态保护措施投入7.2亿元、污染防治设施投入37.7亿元。

八、科技与人才队伍建设

全年公路水路交通运输科研基础条件建设完成投资近15亿元。截至2016年年底，交通运输行业50个行业重点实验室、18个行业研发中心、19个协同创新平台。

全年获得团中央、交通运输部等部门联合表彰的全国青年文明号116个。获得交通运输部表彰的全国交通运输行业文明单位188个、文明示范窗口205个、文明职工标兵189人、精神文明建设先进工作者89人。全年获得“全国技术能手”称号13人、“全国交通技术能手”称号38人，全年共培养“交通青年科技英才”142人。

九、公路水路运输及综合交通亮点

(一)紧紧抓住交通运输发展黄金时期

9月，习近平总书记对交通运输工作作出新的重要指示，特别是对“十三五”是交通运输基础设施发展、服务水平提高和转型发展的黄金时期的重大判断，科学定位交通运输发展阶段，深刻把握交通运输发展形势任务，饱含着党中央对交通运输发展的亲切关怀和殷切期望。新的重要指示概括“七个重点、四项要求”。七个重点是：紧紧抓住交通运输黄金时期，建好“四好农村路”，促进物流业“降本增效”，积极服务“三大战略”，创新发展综合交通运输，大力弘扬“两路”精神，全面加强党的建设；四项要求是：把握机遇，加快发展；真抓实干，久久为功；组织创新，管理创新。找准位置，履职尽责。

(二)交通运输发展白皮书全面展示综合运输成果

12月29日，国务院新闻办公室召开新闻发布会，发布《中国交通运输发展》白皮书，全面展示了综合交通运输体系建设的现状：多节点、网格状、全覆盖的综合交通运输网络初步形成，“五纵五横”综合运输大通道基本贯通;《"十三五"现代综合交通运输体系发展规划》编制完成,印发了公路、水运等14个专项规划,基本形成较为完整的"十三五"综合交通运输规划体系,大部制改革进一步突破;高速公路总里程突破13万公里,高速铁路里程突破2万公里,千万级机场28家,内河航道通航里程世界第一,快递年业务量居世界第一。

(三)出租汽车行业改革2个文件发布

7月28日,经国务院同意,国务院办公厅公布《关于深化改革推进出租汽车行业健康发展的指导意见》,交通运输部等国务院七部门联合颁布《网络预约出租汽车经营服务管理暂行办法》。2个文件从国家层面促进出租汽车行业持续健康发展。出租汽车特别是网约车管理为世界性难题。2个文件明确提出,要充分发挥市场机制作用和政府引导作用,坚持优先发展公共交通、适度发展出租汽车的基本思路,按照"坚持乘客为本、坚持改革创新、坚持统筹兼顾、坚持依法规范、坚持属地管理"的基本原则,推进出租汽车行业结构改革。截至12月下旬,包括京津沪在内的36个城市公布了网约车管理细则,140多个城市完成了征求意见。

(四)交通运输扶贫攻坚取得新成效

新增通硬化路建制村超过1.3万个、通客车建制村5 500个,建制村通客车率达95.0%。"交通运输+特色产业"等扶贫新模式探索推进。交通运输部与24个省份签订交通扶贫部省共建协议,形成部省联动、多方协作、合力攻坚的交通扶贫新局面。根据《"十三五"交通扶贫规划》,"十三五"期间,交通运输部进一步扩大交通扶贫范围,除了继续支持集中连片特困地区680个县以外,把其余国家扶贫工作重点县、革命老区县、少数民族地区县和边境县都纳入《"十三五"交通扶贫规划》,支持范围扩展到1 177个县(市、区)。

(五)国务院发布通用航空发展指导意见

5月17日,国务院办公厅发布《关于促进通用航空业发展的指导意见》,对进一步促进通用航空业发展作出部署,让中国民用航空"两翼"齐飞。2016年,新增通用航空企业27家。到2020年,通用航空业经济规模将超过10 000亿元,初步形成安全、有序、协调的发展格局;中国将建成500个以上通用机场,基本实现地级以上城市拥有通用机场或兼顾通用航空服务的运输机场,覆盖农产品主产区、主要林区、50.0%以上的5A级旅游景区。通用航空器达到5 000架以上,年飞行量200万小时以上,培育一批具有市场竞争力的通用航空企业。国产通用航空器在通用航空机队中的比例明显提高。

(六)京津冀交通一体化加速

12月6日,密(云)—涿(州)高速公路河北段建成通车,北京大外环河北段(替代路线)全线贯通;9日,(北)京—台(北)高速公路北京段通车,成为北京去往天津方向的第3条通道和北京新机场东部的集散通道;23日,延(庆)—崇(礼)高速公路控制性工程开工,这是2022年北京冬奥会交通保障重点项目,等等,标志京津冀交通运输一体化加速。京津冀客运班线公交化改造有序实施,道路客运联网售票、一卡通互联互通深入推进。三地交通行政执法、联合治超、海事统一监管等机制初步形成。《推进京津冀民航协同发展实施意见》提出,围绕打造"轨道上的京津冀",推进以机场为核心的综合交通枢纽之间的互联互通,促进京津冀民航协同发展,到2030年京津冀地区将基本实现空域一体化。

(七)长航管理体制改革深化

4月15日,深化长江航运行政管理体制改革进入正式实施阶段,建立与长江经济带发展相适应的新型管理体制。交通运输部在长江航运管理方面的事务归口长江航务管理局统一管理,长江干线海事、航道实现集中统一管理,长江航道局实现政事企分开,水上综合执法全面实施。

(八)"互联网+交通运输"蓬勃发展

11月17日,在由交通运输部主办的世界互联网大会"互联网+出行"分论坛上,"综合交通出行大数据开放云平台"正式上线,行业数据资源开放共享迈出坚实步伐。全国15个省份接入平台,实现近100项动态、静态数据的汇集和不同程度的开放使用。

“互联网+交通运输”发展迅速，高速公路电子不停车收费系统（ETC）用户突破4 300万人，无车承运、网约车、分时租赁等新业态蓬勃兴起。12月12日，2016中国（小谷围）“互联网+交通运输”创新创业大赛落幕，直接参与大赛活动的单位超过3 000家；大赛由广东省交通运输厅、中国交通报社、广州市番禺区政府联合主办，已成为新思想、新理念交流互动，新技术、新模式展示合作的桥梁和纽带。

民航运输

2016年，全行业落实中央领导批示精神和《国务院关于促进民航业发展的若干意见》，坚持安全第一，稳中求进，深化改革，实现“十三五”的良好开局。

一、运输航空

在世界经济和贸易增速处于7年来最低水平，国内经济下行压力加大的情况下，民航主要运输指标继续保持平稳较快增长。

（一）运输周转量

全行业完成运输总周转量962.5亿吨公里，比上年增长13.0%。国内航线完成运输总周转量621.9亿吨公里，比上年增长11.2%。其中：港澳台航线完成15.4亿吨公里，比上年下降4.9%；国际航线完成运输总周转量340.6亿吨公里，比上年增长16.4%。

全行业完成旅客周转量8 378.1亿人公里，比上年增长15.0%。国内航线完成旅客周转量6 217.8亿人公里，比上年增长11.7%。其中：港澳台航线完成144.1亿人公里，比上年下降5.1%；国际航线完成旅客周转量2 160.4亿人公里，比上年增长25.8%。

全行业完成货邮周转量222.5亿吨公里，比上年增长6.9%。国内航线完成货邮周转量72.1亿吨公里，比上年增长7.7%。其中：港澳台航线完成2.8亿吨公里，比上年下降3.4%；国际航线完成货邮周转量150.3亿吨公里，比上年增长6.5%。

（二）旅客运输量

全行业完成旅客运输量48 796万人次，比上年增长11.9%。国内航线完成旅客运输量43 634万人次，比上年增长10.7%。其中：港澳台航线完成985万人次，比上年下降3.4%；国际航线完成旅客运输量5 162万人次，比上年增长22.7%。

（三）货邮运输量

全行业完成货邮运输量668万吨，比上年增长6.2%。国内航线完成货邮运输量474.8万吨，比上年增长7.3%。其中：港澳台航线完成22万吨，比上年下降0.6%；国际航线完成货邮运输量193.2万吨，比上年增长3.4%。

（四）机场业务量

全国民航运输机场完成旅客吞吐量101 600万人次，比上年增长11.1%。其中：2016年东部地区（北京、上海、山东、江苏、天津、浙江、海南、河北、福建、广东）完成旅客吞吐量55 100万人次，东北地区（黑龙江、辽宁、吉林）完成旅客吞吐量6 200万人次，中部地区（江西、湖北、湖南、河南、安徽、山西）完成旅客吞吐量10 200万人次，西部地区（宁夏回族自治区、陕西、云南、内蒙古自治区、广西壮族自治区、甘肃、贵州、西藏自治区、新疆维吾尔自治区、重庆、青海、四川）完成旅客吞吐量30 100万人次。

全国民航运输机场完成货邮吞吐量1 510.4万吨，比上年年增长7.2%。其中：东部地区完成货邮吞吐量1 131.4万吨；东北地区完成货邮吞吐量53.1万吨；中部地区完成货邮吞吐量95.5万吨；西部地区完成货邮吞吐量230.5万吨。

全国民航运输机场完成起降架次923.8万架次，比上年增长7.9%。

年旅客吞吐量100万人次以上的运输机场77个，其中：北京、上海和广州三大城市机场旅客吞吐量占全部境内机场旅客吞吐量的26.2%。

北京首都机场完成旅客吞吐量9 400万人次，连续7年位居世界第2位；上海浦东机场完成货邮吞吐量344万吨，连续九年位居世界第3位。

（五）运输机队

截至2016年年底，民航全行业运输飞机期末在册架数2 950架，比上年底增加300架。

(六)机场数量

截至2016年年底,中国颁证运输机场218个,比上年增加8个。2016年新增机场分别为山西临汾机场、湖北十堰机场、福建三明机场、海南琼海机场、青海果洛机场、内蒙古乌兰察布机场、内蒙古扎兰屯机场、海南三沙机场、云南沧源机场。另外,完成了河北秦皇岛机场、新疆且末机场迁建。陕西安康机场停航,江西九江机场注销(2016年5月)。

(七)航线网络

截至2016年年底,中国定期航班航线3 794条,按重复距离计算的航线里程919.3万公里,按不重复距离计算的航线里程634.8万公里。定期航班国内通航城市214个(不含香港、澳门、台湾)。中国航空公司国际定期航班通航56个国家的145个城市,国内航空公司定期航班从38个内地城市通航香港,从10个内地城市通航澳门,大陆航空公司从48个大陆城市通航台湾地区。

(八)对外关系

截至2016年年底,中国与其他国家或地区签订双边航空运输协定120个,比上年底增加2个(萨摩亚、巴布亚新几内亚),其中亚洲44个(含东盟)、非洲有24个、欧洲有36个、美洲有9个、大洋洲有7个。

(九)运输航空(集团)公司生产

截至2016年年底,中国运输航空公司59家,比上年增加4家。按不同所有制类别划分:国有控股公司44家、民营和民营控股公司15家;全部运输航空公司中:全货运航空公司8家、中外合资航空公司11家、上市公司7家。

中航集团(国航、国货航、深航、山东航、昆明航、西藏航)完成飞行小时237.4万小时,完成运输总周转量261.7亿吨公里,比上年增长10.1%,完成旅客运输量11 500万人次,比上年增长9.3%,完成货邮运输量191.6万吨,比上年增长7.0%。

东航集团(东航、中货航、上航,东航江苏、中联航、东航武汉、幸福航空)完成飞行小时197.3万小时,完成运输总周转量197.3亿吨公里,比上年增长10.6%,完成旅客运输量10 200万人次,比上年增长8.6%,完成货邮运输量139.5万吨,比上年下降0.3%。

南航集团(南航、厦航、贵州航空、汕头航空、重庆航空、河北航空、珠海航空)完成飞行小时237.5万小时,完成运输总周转量243.9亿吨公里,比上年增长8.9%,完成旅客运输量11 500万人次,比上年增长4.8%,完成货邮运输量161.3万吨,比上年增长6.7%。

海航集团(海南航空、首都航、天津航、扬子江快运、新华航空、祥鹏航空、西部航空、长安航空、福州航空、乌鲁木齐航空、北部湾航空、桂林航空、新华航空控股有限公司)完成飞行小时139.5万小时,完成运输总周转量142.1亿吨公里,比上年增长22.9%,完成旅客运输量8 300万人次,比上年增长22.4%,完成货邮运输量78.4万吨,比上年增长0.8%。

其他航空公司共完成飞行小时137.7万小时,完成运输总周转量117.5亿吨公里,比上年增长22.4%,完成旅客运输量7 300万人次,比上年增长22.7%,完成货邮运输量97.3万吨,比上年增长19.6%。

二、通用航空

(一)飞行小时

全行业完成通用航空生产飞行764 700小时,比上年下降1.9%。其中:工业航空作业完成82 900小时,比上年下降3.0%;农林业航空作业完成5.1万小时,比上年增长21.3%;其他通用航空飞行63.1万小时,比上年下降3.2%。

(二)通用航空企业

截至2016年年底,获通用航空(通用航空企业地区分布按民航各地区管理局所辖区域划分)经营许可证的通用航空企业320家,其中华北地区79家、中南地区65家、华东地区66家、东北地区31家、西南地区43家、西北地区29家、新疆地区7家。

(三)机队规模

截至2016年年底,通用航空企业在册航空器总数2 096架，其中教学训练用飞机621架。

三、运输效率与经济效益

（一）运输效率

全行业在册运输飞机平均日利用率9.41小时，比上年减少0.08小时。其中：大中型飞机（座级在100座以上的运输飞机）平均日利用率9.57小时，比上年减少0.09小时；小型飞机（座级在100座以下的运输飞机）平均日利用率6.64小时，比上年增加0.06小时。2016年，正班客座率平均82.6%，比上年提高0.5个百分点；正班载运率平均72.7%，比上年提高0.5个百分点。

（二）经济效益

全行业累计实现营业收入6 393亿元，比上年增长6.3%，利润总额568.4亿元，比上年增加81.7亿元。其中：航空公司实现营业收入4 694.7亿元，比上年增长8.2%，利润总额364.8亿元，比上年增加37.9亿元；机场实现营业收入832.5亿元，比上年增长7.2%，利润总额117.7亿元，比上年增加17.1亿元；保障企业实现营业收入865.8亿元，比上年下降3.5%，利润总额85.9亿元，比上年增加26.7亿元。

全行业运输收入水平为4.51元/吨公里，比上年下降0.28元/吨公里。其中：客运收入水平5.50元/吨公里，比上年下降0.42元/吨公里；货邮运输收入水平1.30元/吨公里，比上年下降0.09元/吨公里。

四、航空安全与服务质量

（一）航空安全

全行业未发生运输航空事故，运输航空百万小时重大事故率10年滚动值为0.016（世界平均水平为0.217）。发生通用航空事故10起，死亡19人。自2010年8月25日至2016年年底，运输航空连续安全飞行76个月，累计安全飞行4 623万小时。

全年发生运输航空事故征候519起，其中：运输航空严重事故征候18起。严重事故征候和人为责任原因事故征候万时率分别为0.019和0.039，各项指标均控制在年度安全目标范围内。全行业有37家运输航空公司未发生责任事故征候。

（二）航空安全

全国民航安检部门共检查旅客51 500万人次，检查旅客托运行李29 200万件次，检查航空货物（不含邮件、快件）38 900万件次，检查邮件、快件15 600万件次，处置违规和不文明旅客行为14 740起，处置编造虚假恐怖威胁信息非法干扰事件75起。

（三）航班正常率

全国客运航空公司共执行航班367.9万班次，其中正常航班282.4万班次，平均航班正常率76.8%。全国客运航班平均延误时间16分钟，同比减少5分钟。

（四）旅客投诉情况

民航局、各地区管理局、民航局消费者事务中心和中国航空运输协会共受理航空消费者投诉19 952件。全年受理投诉总量比上年增加10 849件，增长84.0%。

五、固定资产投资

民航固定资产投资总额1 700亿元，其中：民航基本建设和技术改造投资782.4亿元，比上年增长1.7%。基本建设和技术改造投资按系统划分：

1. 机场系统。完成固定资产投资总额660亿元，比上年增长0.6%。

2. 空管系统。完成固定资产投资24.2亿元，比上年增加65 200万元。

3. 其他系统。完成固定资产投资总额982 400万元，比上年增加27 400万元（民航信息系统建设投资118 300万元、民航科研和教育系统投资58 700万元、民航安全保卫系统投资30 200万元、民航机务维修系统投资23 300万元、运输服务系统投资147 700万元、公共设施系统投资111 300万元、其他系统投资492 900万元）。

六、节能减排

中国民航吨公里油 0.293 千克，比上年（行业节能减排目标基年）下降 13.8%；机场每客能耗较“十二五”末（2013—2015 年）均值下降 8.4%。

推动全行业采取行动，控制和减少能源消耗及排放，对行业内符合《民航节能减排专项资金项目指南》要求的 67 个项目提供支持。截至 2016 年年底，全国年旅客吞吐量 500 万人次以上机场中 90.0% 以上的单位完成 APU 替代设备安装并投入使用。全年 32.6 万架次航班使用临时航路，缩短飞行距离 979 万公里，节省燃油消耗 5.3 万吨，减少二氧化碳排放约 16.6 万吨。

七、教育与科技

民航直属院校共招收学生 20 633 人，其中：研究生 970 人、普通本专科生 17 948 人、成人招生1 715人。

民航直属院校在校生数 71 078 人，其中：研究生 3 435人、普通本专科生 60 598 人、成人在校生7 045人。

民航直属院校共毕业学生 16 843 人，其中：硕士研究生 919 人、普通本专科 14 006 人、成人学生 1 918人。

民航验收科技成果 28 项，评选民航协会科学技术奖 26 项。

八、飞行员数量

截至 2016 年年底，全行业取得驾驶执照飞行员 50 504 人，比上年底增加 4 981 人。

九、工会工作

经中国民航工会申报，民航系统 2 个先进单位被授予“全国五一劳动奖状”、5 名先进个人被授予“全国五一劳动奖章”、10 个先进班组被授予“全国工人先锋号”荣誉称号。

在全行业安全生产荣誉奖杯——“安康杯”竞赛活动中，411 个单位、26 632 个班组、547 899 名职工参加。在评选 2014—2015 年度“安康杯”竞赛活动奖项中，135 个先进集体、44 名先进个人受到表彰。

十、民航年度七大亮点

（一）创新谋篇布局思路

制定《中国民用航空发展第十三个五年规划》及 9 个专业规划，形成民航“十三五”时期总体工作思路。制定《关于进一步深化民航改革工作的意见》，各专项改革工作组向中国民用航空局党组提交 13 个专项改革实施意见和工作方案。各项改革任务按照计划有序推进，安全监管能力提升改革、京津冀民航协同发展、国家空管调整改革、军民航深度融合发展、民航空管系统体制机制改革、投融资制度改革、运输价格改革、深化机场公安体制改革、行政能力提升改革、科教支撑能力改革等一系列改革取得积极进展。

（二）创新安全管控举措

民航局坚守飞行安全底线，坚持严在治标、重在治本，强调肯管、敢管、会管、严管，深化基层、基础、基本功建设，提升安全管控能力。针对苗头性问题，及时预警，采取有力措施防止小概率事件形成趋势性倾向。4 月以后，及时组织开展安全大检查，对发现的 128 个问题，紧盯不放，整改到位；10 月以来，按照习近平总书记“对安全隐患零容忍”重要批示要求，开展安全隐患深入排查。坚持“宁当恶人，不当罪人”，依法依规依程序严肃处理违规违章行为，对“5 · 1”“10 · 11”事件中的有关责任人，做出近年来最严厉的问责处罚，处罚结果通过媒体对社会公布。开发“安全监管工具箱”，原创一套安全管理和经济管理协同、行政约见和纪律惩戒并重、行业管理和社会监督兼备的“组合拳”。行政约见 80 次；首次公布安全管理失信“黑名单”；对千万级以上运输机场的运行安全保障能力进行量化评价，并将评价结果同机场容量调整及财政补贴等挂钩；与证监会、保监会、银监会等部门探索建立联合惩戒机制。实现中国民航客机全球追踪监控。

全年安全形势总体平稳，没有发生运输飞行事故和空防事故，全行业实现连续安全飞行 76 个月。

（三）着力调整结构

行业保持快速发展态势，上海虹桥、浦东机场旅客吞吐量突破1亿人次大关，首都机场突破9 000万人次，全国千万级机场数量28家。航空市场出现可喜变化，北京、上海、广州、昆明、乌鲁木齐等机场枢纽功能提升。资源保障能力增强，推进京广、沪昆空中大通道建设，完善全国主干航路布局，航线航路总里程新增5 896公里；中南地区空域资源精细化管理改革试点成效显著，广州、深圳机场实现航班起降架次和正常率双增长。科教支撑能力增强，全国所有航路航线实现PBN运行，全国95.0%以上的运输机场具备PBN飞行程序，21个协调机场每周新释放航班时刻2 380个；ARJ21飞机投入商业运行，C919飞机型号审定工作有序推进；航材共享平台公司成立；中航信客票交易系统实现国产化；新增飞行员4 890名、机务人员2 393名，管制人员423名，签派人员567名。落实国务院《关于促进通用航空业发展的指导意见》，实施新的通用航空经营许可管理规定，全年新增通用航空运输企业27家，新增通用航空器182架。

（四）真情服务旅客

坚守真情服务底线，坚持抓"痛点"、补"短板"，针对旅客反映强烈的航班正常、行李托运、票务代理、机上餐食品质等问题，开展"民航服务质量提升"专项行动。航班正常率76.5%，同比提高9.2个百分点，在构成航班延误的各类因素比重中，天气因素由2015年的29.5%上升到56.8%，成为影响航班正常的主要原因。规范互联网机票销售平台经营行为，处罚违规代理企业91家、下线严重违规代理企业39家。出台《航班正常管理规定》《公共航空运输服务消费者投诉管理办法》，维护消费者正当权益，保障正常航空运输秩序。对26家千万级机场开展机场服务质量评价。厦门航空荣获第二届中国质量奖，成为中国服务业首家获此殊荣的企业。推出特殊旅客运输服务、人体捐献器官转运绿色通道等民航特色服务工作，增强了旅客对民航真情服务的获得感。

（五）拓展国际合作

中国民航对外交往务实推进，全年举行多边、双边会谈20次，与中国签署航空运输协定的国家或地区120个。在国际民航组织第39届大会上，妥善处理涉台问题和涉南海问题；达成国际航空减排市场措施决议，维护了发展中国家的长远利益；再次高票当选一类理事国，展现了日益强盛的大国形象和国家实力。中英航权谈判取得突破性进展，中澳达成高水平航空运输安排。启动中国民航对中亚合作平台，印发《民航推进"一带一路"建设行动计划》，通航中国的"一带一路"沿线国家43个。中非区域航空合作计划顺利推进，中非民航学院建设取得阶段性成果，中方承建的多哥国际机场航站楼正式投入使用。中加双边适航协议顺利签署，中欧适航合作进一步加强，国产运12F型飞机获得美国联邦航空局（FAA）型号认可，国产新舟60飞机在汤加和布隆迪运行工作取得突破性进展。

（六）提升依法行政能力

法治型政府建设取得进步，出台行业第一个"五年立法规划"；修订《中华人民共和国民用航空法》并向全社会征求意见；明确大部制下民航法制建设程序，由交通运输部重新审查颁布43部规章；新发布行业标准27部。服务型政府取得进步，扎实推进"放管服"，取消国内通用航空企业赴境外开展业务审批、放开800公里以下航线以及800公里以上与高铁等形成竞争航线旅客运输票价，放开特定市场航权申请，市场管理类的审批事项仅占审批总数的22.0%；取消12个行政审批事项的29项申报材料，占材料总数的37.2%；民航局行政审批服务大厅和网上预受理系统投入运行，实现线下、线上"一个窗口"受理行政审批事项；正式启用飞行员电子执照，为执照持有人提供更加便捷、高效的服务；民航政府网站完成改版升级，实现中文版、英文版、移动客户端全覆盖，政府网站发布政务信息7 155条；民航办理"两会"议案提案情况通过媒体主动向社会公开。效能型政府建设取得进步，完成适航审定中心筹建，实现适航审定中心垂直管理；建立机关公务员考核系统，完善机关公务员考核办法。

（七）从严治党见成效

坚守廉政安全底线，成立民航局党建工作领导小组、党风廉政建设领导小组和巡视工作领导小组，推进全面从严治党。深入贯彻十八届六中全会精神，增强"四个意识"，特别是核心意识、看齐意识，坚决与以习近平同志为核心的党中央保持高度一致。认真开展“两学一做”学习教育。严格选人用人标准和程序。推进中央巡视反馈意见整改落实，85 项整改事项完成 74 项，其余 11 项中长期整改任务取得阶段性进展。在直属单位开展派驻纪检组试点。出台《关于加强和改进民航局党校工作的意见》。弘扬和践行“忠诚担当的政治品格、严谨科学的专业精神、团结协作的工作作风、敬业奉献的职业操守”这一当代民航精神，涌现出郦云平等一批先进典型。

邮政服务

一、邮政总量

全年完成邮政行业业务总量 7 397.2 亿元，比上年增长 45.7%。

二、普遍服务

邮政普遍服务完成函件业务 361 900 万件，比上年下降 21.0%；包裹业务完成 2 794 万件，下降 34.2%；报纸业务完成 178.7 亿份，下降 5.0%；杂志业务完成 84 400 万份，下降 15.6%；汇兑业务完成 5 804.4万笔，下降 29.6%。

三、快递业务

截至 2016 年年底，快递业务量完成 3 128 300 万件，比上年增长 51.4%。快递服务企业业务收入完成 39 743 600 万元，增长 43.5%，快递业务收入占邮政行业业务收入的 73.9%，提高 5.3 个百分点。快递业务量突破 300 亿件。至 2016 年 12 月 20 日，中国快递业务量突破 300 亿件，继续稳居世界第一。2016 年第 300 亿件快件产生于贵州省遵义市湄潭县，是当地一位茶农通过中通快递遵义湄潭网点寄出的茶叶。近年来，得益于快递“向西”“向下”工程的实施，中国乡镇快递网点覆盖率提升至 80.0%，每年带动农副产品进城和工业品下乡数千亿元。仅 2016 年前 10 个月，就支撑全国农产品网销额超过 1 000亿元，邮政业在助力广大农民利用网络打开市场、增加收入等方面发挥了积极作用。中国快递业延续“十二五”期高速发展的势头，并呈现稳中有进、进中向好的趋势。

四、邮路建设

截至 2016 年年底，邮政邮路条数 2.6 万条，比上年增长 4.2%，邮政邮路总长度(单程)658.5 万公里，增加 20.9 万公里。农村投递线路条数 9 万条，减少 0.7%，农村投递线路长度(单程)376.8 万公里，增长 0.3%；城市投递线路条数 6 万条，增长 7.3%，城市投递线路长度(单程)147.5 万公里，增长 7.6%。

五、两大亮点

1. 快递年业务量突破 300 亿件。12 月 20 日，中国快递业务量突破 300 亿件，继续稳居世界第一，“十三五”期快递业发展取得“开门红”。其中：11 月快递业务量完成 37.6 亿件，日均快递业务量超过12 500件，是上年同期的 1.4 倍，成为史上“最忙快递月”。

2. 邮政供给侧结构性改革有序推进，邮政企业实力显著增强，多家快递企业实现改制上市。

注：

1. 香港、澳门特别行政区及台湾省统计数据未包括在本文内。

2. 按照《国家公路网规划(2013—2030 年)》，结合各省(自治区、直辖市)路网调整情况，本文对国道、省道、县道、乡道、村道里程的统计口径作了部分调整。

3. 文中全社会营业性旅客运输量为铁路、公路、水路、民航完成数，不包括城市客运量；全社会货物运输量为铁路、公路、水路、民航完成数，不包括管道运输数据。

4. 公路环保投入统计范围为高速公路及普通国省道公路，水路环保投入统计范围为规模以上港口、干线航道及直属海事系统。

5. 本文数据来自交通运输部、国家铁路局、中国民用航空局和国家邮政局。

(撰稿：肖春华、文　胜)

企业管理综述

中国企业年鉴

China Enterprise Yearbook 2017

2016 年企业管理创新综述

中国企业联合会企业创新工作部

2016 年审定发布的第二十二届全国企业管理现代化创新成果共有 243 项，其中一等建议成果 30 项、二等建议成果 213 项，反映了近期中国企业管理的新趋势，具体可以概括为以下几个方面：

一、适应经济新常态，依靠创新推动降本增效

当前，中国经济发展进入新常态，严峻的经营环境和市场压力，迫切要求企业创新管理、降本增效，有效控制成本，提高生产效率，提升技术、质量和服务水平，拓展发展空间，提升竞争能力。

在本届成果中，很多企业对此进行了有益探索，全方位改进管理机制、技术工艺，精耕细作挖潜增效。例如，大庆炼化坚持特色发展方向，以可持续发展为目标，以市场和客户需求为导向，大力实施以全面创新、全过程控制和全员参与为重点的全方位降本增效管理，通过体制机制创新增强降本增效的活力；通过技术创新、产品创新优化调整产品结构，增强产品附加价值；通过优化生产管理、优化生产装置、优化物资管理、开展全过程成本控制，挖掘降本增效潜力；推进全员培训、全员成本管理和全员绩效考核，增强全员降本增效的意识和自觉性，实现了企业扭亏增盈，提高了企业市场竞争力和管理水平。

徐工挖机围绕发展战略，按照长期战略与短期目标相结合、创新管理与夯实基础相结合、目标导向与过程控制相结合的“三结合”原则，全面导入精益理念，构建以价值链协同为导向的精益生产管理体系，通过价值流分析对整个价值链进行诊断，明确价值链增值环节与非增值环节，通过战略协同方法和机制，系统梳理生产运作流程，在高度信息化和智能化条件下，针对流动生产能力、质量管理水平、设备运行效率、改善文化推广等方面进行改善变革，不断优化内部价值链，提升以低成本快速满足客户日益个性化需求的能力，获得专业化优势，同时深化与价值链上、下游协同关系，整体快速响应市场，提高产业链的运作效率，打造成本领先、品质卓越、目标集聚的价值链竞争优势，提高公司整体精益运营水平和综合效益。

二、深化战略性重组，推进产业结构调整升级

中国经济正从高速增长转向中高速增长，经济发展方式正从规模速度型粗放增长转向质量效率型集约增长，经济结构正从增量扩能为主转向调整存量、做优增量并存的深度调整，经济发展动力正从传统增长点转向新的增长点。要求企业调整自身的发展战略，整合优化内部资源，挖掘、培育、提升企业核心能力，推进业务创新与升级，适应经济环境的重大变化，寻求质量效益型发展。

近些年来，受全球经济减速、钢铁行业深度调整，以及前几年盲目兼并重组企业等诸多因素影响，中冶集团跌入低谷。为此，中冶集团依托自身在冶金工程技术领域的核心技术优势和独特的全产业链系统集成能力，以争做世界第一冶金建设运营服务“国家队”为目标，大力推进“聚焦主业、做优做强、适度多元、稳健发展”发展战略。剥离非主业，将业务领域归核为相互支持、相互渗透的工程承包、房地产开发、装备制造及资源开发四大主业，适度拓展与主业相关的新业务领域，突出节能环保、污水处理、垃圾焚烧等战略性新兴产业的发展，着力抓好降本增效、风险防控、优化资源配置、市场开拓和科技创新等工作，形成打造“四梁八柱”业务体系，实现快速扭亏增盈。

中电熊猫由南京地区 7 个原部属电子企业重组而成，肩负“振兴南京老工业基地，复兴熊猫民族品牌”的历史重任。按照业务重组专业化、资产重组证

券化、债务重组集团化、人员重组市场化、文化重组现代化“五化原则”，聚合产业资源，重点发展新型显示、电子装备和现代服务业，加大科研投入，积极推进产业结构转型升级，形成“一个集团、三大业务板块、二十家专业公司”的体制构架，重塑企业核心竞争力，实现了跨越式发展，液晶显示、通信、雷达、电子对抗、城市轨道交通系统及数字家电等领域拥有了核心技术，形成了一批国内领先的科研成果，关键技术得到升级换代，带动了南京电子信息产业的快速发展。

三、持续深入推进国际化经营，探索建立适宜的全球化经营管理体系

联合国贸易和发展会议的统计显示，全球经济的重大发展趋势之一，即曾经是跨国公司大量投资和希望收获快速增长利润的新兴经济体，转而成为一个投资资金的来源地，在对外投资方面成为美国和欧洲的竞争对手。据统计，新兴经济体对外投资猛增几乎完全是由亚洲投资者推动的，我国企业融入国际经济体系的步伐进一步加快。

面对经济全球化的国际趋势和电力行业国际竞争的行业态势，为了抢抓发达国家电力设施更新换代和发展中国家新建基础设施的机遇，国网公司依托特高压、智能电网核心技术和公司管理优势，以“三电一资”为重点，发挥集团优势，突出核心业务，优化国际业务布局，健全组织体系和管理制度，打造一体化、全产业链综合优势，强化风险控制，积极、稳健、安全拓展境外市场。

中兴通讯作为全球化的综合通信解决方案提供商，基于对全球财务管理职能的分析，搭建由战略财务、业务财务、财务共享和专家团队构成的财务管理体系，实现财务对于公司战略决策和业务价值链的支持作用。其中，战略财务“集权－网状辐射”组织架构，总体职能分为预算管理、成本管理、绩效管理等七个子职能模块，享有资源配置与协调权、政策制定权、业绩考核权，使战略财务意识渗透到基层业务单元。业务财务深度参与价值链各个环节，分布在全球各子经营体中，作为其经营决策团队的重要成员，提供全价值链业务财务管理，同时落实战略财务的政策意图，并将基层需求反馈给战略财务。共享服务以全球统一的会计政策、会计科目、核算流程、信息系统和数据标准，集中进行全球的交易处理。专家团队采用虚拟运作的方式，从战略财务、业务财务和共享服务专家领域挑选核心关键人才，集中精力研究和突破财经管理重大专项问题，对实践工作提供专业的指导意见。

四、完善绩效薪酬制度，促进创新、创业

薪酬分配改革是深化国有企业改革的重要内容之一。许多国有企业已经结合自身的战略目标与发展实际，推进绩效薪酬变革，以期激发员工创造性与主动性，推动企业创新、创业，共享发展成果。

中国电科适应体制机制变革和技术创新体系重构的要求，以薪酬分配激励与公平的协调统一为核心诉求，遵循薪酬确定的传统原则和现代原则，重点关注人力资本提升要素的战略性、统一性、竞争性、经济性、激励性、公平性六大属性，一体化设计中国电科薪酬管理体系，分别从组织架构、薪酬结构、薪酬水平、总额调控、利益共享、分类考核等六个方面规范中国电科的薪酬管理。最终形成规划引领、指标完备、全员覆盖的分类考核机制；形成结构优化、竞争有力、激励有效的收入分配机制；形成科学合理、增长有序、调控有度的工资总额调控机制。推动从各自为政、松散型薪酬管理向相对统一、集约型薪酬管理转变；推动从单纯的业绩考核向全面经营管理绩效考核转变；推动从绩效薪酬“两张皮”的管理状态向绩效薪酬一体化的管理模式转变，充分调动各类人员的积极性和创造性，实现事业与员工和谐发展。

兵装集团紧密围绕发展战略和特种装备、汽车、摩托车等主业特征，聚焦国资委、总装备部和国防科工局新要求和集团战略，突出价值创造，注重发展质量效益；强化分类和短板考核，提高绩效考核的精准性；强化对标考核，促进企业超越领先、争创一流。分类确定基本年薪，提高基薪的保障功能，打破高管横向流动壁垒；加大绩效年薪与考核结果的挂钩力度，实现“业绩升薪酬升、业绩降薪酬降”；强化监督，规范管理，实现良性循环。进而激发了高管干事创

业的强大动力，有力促进兵装集团转型升级、做强做优。

航天三部牢牢把握国家创新体系建设要求和三部转型升级的发展需求，聚焦“一主两翼”战略目标，以创新创业任务落实和绩效提升为主线，构建以组织绩效为牵引、以部门绩效为主体、以员工绩效为根基的三级绩效评价体系，借助管理信息系统改造升级，持续开展创新创业活动测量分析与改进，推动主业战略地位不断巩固、两翼发展实力持续提升、创新创业活动蓬勃开展，为达成“国际领先的飞航装备和体系解决方案提供商”发展愿景提供有力支撑。

五、开展产业链协同创新，合作推进技术、工艺创新

整合产业链资源，开展协同创新，共同推进关键技术、核心工艺技术攻关，推动产品快速研发与产业化制造应用。

中国核电工程有限公司为适应国家产业政策和国内外核电形势，结合自身技术能力和条件，根据国际先进三代核电技术的发展趋势，确定三代核电技术的总体技术方案，明确自主化研发技术路线，加强科技创新体系建设，完善项目管理组织机构及技术分层决策体系，建立知识产权专员研发设计全过程跟踪工作体系，搭建协同创新平台，创新“互联网＋三维协同”的协作方式，成功研发出具有自主知识产权的三代核电型号“华龙一号”，推动核能行业创新水平的提升，带动全产业链的持续发展，为中国核电自主发展及核电走出去奠定了基础。

中航工业第一飞机设计研究院针对大型运输机跨地域、多企业、多专业联合研制的新模式，按照大型运输机研制全生命周期每个阶段核心业务需求，建立协同研制 IT 架构，突破传统的“一厂一所”的协作模式，从研制链纵向协同和专业内部横向协同出发，将 MBD 标准、工程项目管控协同、总体方案设计协同、全机关联设计协同、设计制造研制协同、设计试飞验证协同和综合保障服务协同等管理创新方法纳入大型运输机的研制链中，形成支撑大型运输机研制的“一个基础，六个协同”，成功研制出中国历史上吨位最大、最先进的大型运输机，使中国跻身世界上少数可以自主研发 200 吨级大型运输飞机的国家之列。

东风日产乘用车公司为推进整车自主开发，系统构建“入门控制、同步提升、开发保证和深化合作”四阶段的供应商管理，培养供应商同步开发能力，成功开发企业自主品牌——启辰，并获得市场成功。与此同时，供应商整体水平稳步上升，东风日产利用自身合资公司平台优势，将在自主开发体系中表现优异的本土供应商推选到全球开发平台，为供应商的发展创造更大的空间。

六、“大云物移”技术与经营管理深度融合，打造“互联网＋”企业

大数据、云计算、物联网与移动互联网技术有机融入企业经营管理，变革管理工具，创新管理机制，探索“互联网＋”企业的新模式。

海尔集团为满足互联网时代用户个性化、多样化、高品质的最佳体验，对内改造建立互联工厂，将产品改造为网器，从传统的大规模制造转变成大规模定制，实现人机互联，用户全流程参与，形成用户圈；对外通过海尔生态圈平台，吸引攸关各方共同创造用户价值，由提供单一硬件产品到提供整套智慧生活场景解决方案，实现从卖产品到智能服务转型，与利益相关方共创共赢，形成一个以用户最佳体验为核心的生态圈。

中国石油化工集团公司围绕公司资源、市场、一体化、国际化等发展战略，以提质增效为目标，以两化融合为抓手，以发展智能制造、打造“互联网＋”新业态为主线，推动组织管理架构、体制机制变革，构建两化融合管理体系和运行机制，利用新一代信息技术改造提升传统动能、培育发展新动能，促进管理模式、生产模式和服务模式的创新，提高企业管理现代化水平，提升集团核心竞争力，推动中国石化由产品制造商向“产品＋服务”综合服务商转变，加快实现“建成世界一流能源化工公司”的企业愿景。

中车南京浦镇车辆有限公司为满足轨道车辆工位制节拍化流水线生产组织的需要，以现场精益制造需求为中心，以配合性、准时性、准确性、经济性为目标，运用信息化、智能化的技术，再造、优化并固化

物流管理的主流程，推行储运一体化模式，实施物流全过程动态管控，推行从供应商到主产品生产线的准时配送，建立“手到手”的物流配送新模式，有效降低供应链成本，提高供应效率，建立适应轨道交通装备行业特点，以工位制为基础精益制造框架下的智能化物流管理系统。

七、创新驱动，多层次打造创新型企业

践行创新驱动战略，多层次、全方位开展创新活动，在调动企业内部资源、能力，优化、改进、变革企业内部业务与职能管理的同时，通过开放创新模式，联合企业外部优质资源，协同开展创新创业活动。

中国大唐集团公司确立“价值思维、效益导向”核心价值理念，围绕提升发展质量效益主题，聚焦制约经营发展的关键问题，以战略变革为引领、以企业核心价值链条（投资、建设、运营）为主线，系统推进投资管控、项目建设、生产运行、科技研发、集团管控等方面的全面创新，加快业务科学布局、统筹发展结构优化、加强技术装备改造升级、推进生产运行全面优化、充分发挥科技在引领发展和支撑管理中的作用、提升集团管控能力，有效破解积累的问题矛盾，推动企业从规模速度型向质量效益型转变、从外延式增长向内涵式增长转变、从松散型管理向精益集约管理转变，加快实现国际一流能源集团的战略目标。

中国电信集团公司构建以孵化中心、产品基地、研发机构和基层创业平台为主体的“四位一体”创新体系，以体制机制创新为保障、产业和业务创新为支撑，内外部协同，打造业务生态与孵化资本双轮驱动的发展态势。2012 年，中国电信建立天翼创投公司，并先后在上海、广州、北京成立创新孵化基地，为内外部创业团队提供资金、场地、服务等全方位支持。创投公司与孵化基地面向企业内外部开展创新项目的筛选与孵化，将内外部团队开发的产品原型集中进行技术和商业培育，加速推动产品从原型走向市场。到 2015 年，形成由一个创投平台、三大孵化基地、多家实体孵化器构成的企业孵化格局。产业基地作为企业创新产品开发、运营并推进产品与市场对接的主体，从 2011 年起逐步建立，已建立包括面向公众的视讯、游戏等 8 大互联网产品基地，面向政企客户的医疗、教育等 16 个行业应用基地。研发机构是创新体系的基础，以北京、上海、广州三大研究院为核心，主要承担企业基础技术研究、产品研发和运营支撑等职责。基层创业平台是企业创新产品规模拓展的承担主体，2011 年起，中国电信参照小微组织的运行模式，在基层单元引入民营机制，推行“划小承包”，打造员工内部创业平台，激发企业末梢活力。此外，打造“互联网 + ”能力开发平台，打造开放式的双创服务平台，组建四大关键服务联盟，确保内外部创新创业顺利开展。

八、加强产业生态圈合作，谋求共同发展

转变经营理念，将产业链乃至生态圈相关企业视为合作伙伴，加强协作，整合优势资源，共同开发新机遇，谋求新发展。

北京新能源汽车股份有限公司坚持全球化发展思路，逐渐融合全球优质产业链资源，构建适宜新能源汽车产业发展的生态圈，涵盖创新链、产业链、市场链、服务链五个圈层，实现了从概念设计、研发创新、生产制造、营销推广到租赁服务全价值链的联盟化布局，极大地提升了北汽新能源的可持续竞争优势，快速推进了新能源汽车的开发及市场推广，2014 年、2015 年取得并保持国内纯电动汽车市场产销第 1 名。在创新链层面，融合全球优质新能源汽车产学研资源，打造支撑技术进步和产品开发的创新发展平台，形成全球化立体研发体系；产业链层面，通过资本投资及战略伙伴的发展模式，整合国际优质的核心部件供应商资源，搭建完整的新能源汽车产业链；市场链层面，通过跨业态融合发展模式，形成新能源汽车推广运营三大发展联盟，分别为出租与分时租赁联盟、物流联盟和电商联盟；服务链层面，通过联合建设、资本投资及战略协同等模式，打造全方位的“智 · 慧”管家服务品牌，为消费者提供实时全面的服务保障；资本链层面，通过混合所有制改革及银行授信等，打通直接融资及间接融资渠道。

北京三聚环保新材料股份有限公司，作为一家为基础能源工业的产品情节化、产品质量提升及生产过程的环境友好提供产品、技术及服务的综合性能源服务公司，突破传统煤化工、石油化工企业自成

体系的发展路径，依托自身技术优势，推动建立涵盖煤化工、石油炼制、石油化工企业的产业联盟，依托产业链上下游互补性，开展多层次立体化的技术创新和服务模式创新，对联盟企业实施个性化定制服务，推动现代煤化工与石油化工融合发展，促进联盟内企业向低碳环保新能源转型，有力提升了联盟内企业的经济效益和竞争力，提升企业自身的创新能力和服务能力。

中铁第四勘查设计院集团有限公司，基于协同和动态设计的理念，以“设计数据”和“施工过程数据”为核心，建立“一体化协同管理平台”，对高铁设计方案进行动态调整，消除误差累积，实时监控施工质量和精度，实现轨道工程质量的预警预报和质量监控，形成设计、制造、施工的过程、组织和信息的全方位协同；同时以技术为支撑，制定系列一体化协同管理的规章制度和操作手册，全面实施设计建造全过程中各工序、工艺的精细化管理，从而达到提升轨道工程的建设效率和质量、保证高铁安全运营。

重庆长安汽车股份有限公司以双向协同、共赢发展为理念，以诚信经营、合规合法为基石，开展供应商战略伙伴关系管理。一方面，对供应商能力、绩效等方面开展正向评价，制订并实施精细化的供应商管理策略，提升供应体系能力；另一方面，组织供应商对长安自身管理能力等方面进行反向评价，识别供应管理存在的问题，实施改进，提升长安汽车管理能力和双方合作效率。

（撰稿：周　蕊）

2016 年企业社会责任与诚信建设综述

中国企业联合会雇主工作部

2016 年，是“十三五”的开局之年，联合国 2030 可持续发展议程不断落地，“一带一路”倡议不断落地深化，中国供给侧改革持续深入，社会责任标准化和刚性约束趋势明朗。中国有关部门不断加强推动企业社会责任和诚信建设工作，有关机构和行业组织不断推进。社会责任报告发布数持续增长，报告质量明显提升，行业性和专业性类社会责任报告成为亮点。但是中国企业履行社会责任仍面临诸多挑战和新问题，存在薄弱环节。中国企业需要不断加强沟通交流，增强运营透明度，持续改进提升，夯实社会责任管理，重视海外社会责任，做“走出去”的社会责任典范。

一、中国企业诚信和社会责任的新进展

（一）政府部门高度重视企业社会责任和诚信建设工作

国家领导人高度重视企业社会责任和企业诚信建设议题。2016 年 4 月 19 日，中共中央总书记习近平主持召开网络安全和信息化工作座谈会并发表重要讲话指出，只有富有爱心的财富才是真正有意义的财富，只有积极承担社会责任的企业才是最有竞争力和生命力的企业。一个企业既有经济责任、法律责任，也有社会责任、道德责任。企业做得越大，社会责任、道德责任就越大，公众对企业这方面的要求也就越高。9 月 19 日，国务院总理李克强在纽约联合国总部主持 2030 年可持续发展议程主题座谈会时，发布了中国政府制定的《中国落实 2030 年可持续发展议程国别方案》。该方案由 5 部分组成，包括中国在落实千年发展目标方面取得的成果和经验，落实可持续发展目标的挑战与机遇、指导原则、路线图和具体方案。

中国社会信用体系建设作为基本社会制度的重要性不断凸显，各方面法规制度建设不断加强。2016 年 6 月 27 日，中央全面深化改革领导小组第二十五次会议审议通过了《关于加快推进失信被执行人信用监督、警示和惩戒机制建设的意见》，会议强调，加快推进对失信被执行人信用监督、警示和惩戒

建设，有利于促使被执行人自觉履行生效文书决定的义务，提升司法公信力，推进社会诚信体系建设。要建立健全跨部门协同监管和联合惩戒机制，明确限制项目内容，加强信息公开与共享，提高执行查控能力建设，完善失信被执行人名单制度，构建“一处失信、处处受限”的信用惩戒大格局，让失信者寸步难行。2016 年 11 月 1 日，中共中央总书记习近平主持召开中央全面深化改革领导小组第二十九次会议并发表重要讲话。会议审议通过了《关于加强政务诚信建设的指导意见》《关于加强个人诚信体系建设的指导意见》《关于全面加强电子商务领域诚信建设的指导意见》。2016 年，国家发改委、人民银行牵头社会信用体系建设部际联席会议各成员单位，会同各地区、各部门凝心聚力，扎实推进社会信用体系建设，取得积极进展和阶段性成果。

社会责任相关制度也不断加强。2016 年 3 月 1 日，由国家发改委等 10 个部门制定的《关于促进绿色消费的指导意见》对外发布。《意见》在对绿色产品消费、绿色服务供给、金融扶持等进行部署的同时提出：支持发展共享经济，基本形成勤俭节约、绿色低碳、文明健康的生活方式和消费模式。7 月 1 日，国务院国资委印发《关于国有企业更好履行社会责任的指导意见》。《意见》指出，国有企业履行社会责任要重点把握好的三个原则：坚持以可持续发展为核心；坚持社会责任与企业改革发展相结合；坚持社会责任与企业运营相融合。这是促进国有企业履行社会责任的又一里程碑文献。《意见》指导范围更大、指导方向更高远、指导思想更深化、指导目标更具体、指导内容更系统、指导方式更加兼容，在事实上为国有企业提升责任竞争力、实现可持续发展提供了现实的路径选择，势必将在深化国有企业改革、服务国有企业走出去、促进“一带一路”倡议落实等方面发挥重要作用。它将有助于以中央企业为代表的国有企业抢占全球企业管理和发展的制高点，增强具有中国特色的国有企业的道路自信、理论自信和制度自信。

（二）有关机构和行业组织深入推进企业社会责任工作

2016 年，社会组织和行业组织的平台和示范作用日益凸显，成为推动企业社会责任和诚信建设的有力推动者。

6 月 26 日，由中国工经联主办的“责任引领创新，管理推动发展——2016 中国工业行业企业社会责任报告发布会”在北京召开。会议发布了《2016 中国工业行业企业社会责任报告综合评估报告》。本届发布会通过推荐、在线注册、填报、提交、审阅、评估等环节，100 家企业集中发布社会责任报告。发布企业来自 16 个省（自治区、直辖市），涉及 19 个行业。其中中央企业 29 家、地方国有企业 37 家、民营企业 25 家、外资企业 9 家，20 家企业为 2015 年世界 500 强企业。

7 月 26 日，国家网信办网络社会工作局、工业和信息化部信息通信管理局指导，中国互联网协会主办的 2016（第三届）中国互联网企业社会责任论坛在北京召开。论坛的主题是“责任与使命”，主旨是倡导互联网企业学习贯彻中共中央总书记习近平“4·19”重要讲话精神，积极履行社会责任，共建网络强国。

8 月 23 日，由全球契约中国网络主办的“点亮美好未来——2016 实现可持续发展目标中国峰会”在北京举行。峰会由国家发改委、中国企业联合会等作为支持单位，旨在通过主旨演讲、主题论坛、专题展台、先锋企业表彰等方式，展现中国企业积极响应联合国可持续发展目标，在发展经济、服务社会、保护环境等方面做出的贡献。

11 月 23 日，由中国新闻社、中国新闻周刊主办，工信部、国家工商总局、国家质检总局、国家安监总局、国务院侨办、中华全国总工会指导的第十二届中国·企业社会责任国际论坛暨 2016 责任中国荣誉盛典在北京钓鱼台国宾馆举行。论坛以“致善意：找寻责任原力”为主题，汇聚来自政府、企业、公益组织及学术界的数百位嘉宾，共同探讨中国经济低位运行态势下，社会责任的坚守与可持续发展。

11 月 26 日，由中国轻工业联合会食品综合部、中国副食流通协会、中国保护消费者基金会、中国搜索及中国食品报社主办的以“责任、驱动、成长”为主题的第二届中国食品企业社会责任年会暨首届中国食品学院联盟高峰论坛在京召开。大会发布了 2016 中国食品行业社会责任报告。报告以社会责任国家标准和食品安全法为依据，对200家优秀企业在2015—2016履行社会责任情况进行了深入分析，发布“2016中国食品企业社会责任优秀案例”及“2016中国食品企业社会责任百强企业”，表彰“2016年度中国食品企业社会责任榜样”，百强名单已在网上公布。

12月2日，由新华网、中国社科院企业社会责任研究中心等单位联合主办，国家开发银行、国家电网、完美、金正大等协办的“2016中国社会责任公益盛典暨第九届企业社会责任峰会”在北京钓鱼台国宾馆隆重举行。来自国家多个部委的有关领导、专家学者、国内外近百家知名企业负责人出席会议，共襄责任盛举。

（三）社会责任报告发布数持续增长，报告质量明显提升

2016年，企业社会责任报告的总体质量提升进入平稳期，高质量报告数量逐年增长，而增强企业社会责任信息披露也成为全球的不可逆趋势。据不完全统计，中国社科院发布的《中国企业社会责任报告（2016）》显示，截至2016年11月，共收集到1 710份企业社会责任报告。中国企业社会责任报告评级专家委员会选择其中1 183份报告为评级对象，得出上述研究成果。从数量上看，2016年企业社会责任报告与2015年基本持平，增速有所放缓。不过，10年来，中国企业社会责任报告数量持续增长，相比2006年的32份，增长了53倍。

从企业性质看，2016年国有企业发布682份报告，占报告总数的57.6%。从上市情况看，发布报告的企业中共有851家为上市公司，占报告总数的71.9%，上市公司构成中国企业社会责任报告发布的主力军。继2008年发布《关于中央企业履行社会责任的指导意见》之后，2016年7月国务院国资委发布了《关于国有企业更好履行社会责任的指导意见》，明确要求国有企业加强社会责任沟通。报告认为，中国企业社会责任报告数量将稳步上升，国有企业有望成为新的增长点。以中肯、客观的原则披露企业在报告期内的正面和负面信息，对增强报告的可信度有重要作用。然而，2016年，仅575份报告披露了负面数据，占比不到50.0%。此外，仅54家企业在对负面数据进行披露的同时，对报告期内企业发生的一些负面事件的原因、经过、处理及预防措施进行了较为详细的阐述。这些负面事件主要涉及安全生产事故、问题产品召回、客户投诉等议题。

中国社会科学院经济学部企业社会责任研究中心指导、中国社会责任百人论坛发布的《企业社会责任蓝皮书：中国企业社会责任研究报告（2016）》报告显示，2016年中国企业300强社会责任发展指数为35.1分，同比提高0.7分；自2009年至今，中国企业社会责任发展指数持续增长，但增速呈进一步下降的趋势。国企100强，尤其是中央企业社会责任发展指数持续领先于民企100强、外企100强，并呈不断扩大趋势。与2015年相比，民营企业和外资企业社会责任发展指数均出现不同程度的下降，分别为2.7分和0.1分。在华外资企业社会责任指数存在较大差异，东亚地区企业表现相对较好，欧美地区企业表现相对较差。报告认为，目前中国企业的责任管理继续领先于责任实践。2016年中国企业300强责任管理指数为36.4分，责任实践指数为34.5分。自2010年以来，中国企业责任管理指数和责任实践指数呈上升趋势，但责任管理指数出现了近6年来的首次下降。报告分析，在企业运营压力日益增加的背景下，企业对社会责任管理这种长期综合管理模式的重视程度可能有所减弱。

报告首次发布了“中国省域国有企业社会责任发展指数”，选取了中国内地除西藏自治区外的30个省（自治区、直辖市）的300家地方国有企业开展评价。从不同省域国有企业社会责任发展指数得分来看，山西省得分最高，为43.5分；而新疆维吾尔自治区和内蒙古自治区相对较差，不足10分。这为地方政府制定相应政策、省域国有企业加强社会责任管理提供了可供参考的现实依据。

（四）行业性和专业性类社会责任报告成为亮点

中国社科院经济学部企业社会责任研究中心研究的《汽车企业社会责任蓝皮书（2016）》首次在京发布。该报告显示，2016年，中国汽车企业社会责任发展指数为22.1分，整体处于起步者阶段。100家车企中，5星级企业仅有3家，90.0%的企业得分低于60分，处于三星级及以下水平，70.0%的企业为一星级，仍在“旁观”。有 3 家企业（占 3.0%）的社会责任指数达五星级水平，处于卓越者阶段；有 7 家企业（占 7.0%）社会责任指数达到四星级水平，处于领先者阶段；有 10 家企业（占 10.0%）社会责任指数达到三星级，处于追赶者阶段；社会责任指数为二星级水平、处于起步者阶段的企业有 10 家（占 10.0%）；社会责任指数为一星级水平、处于旁观者阶段的企业数量最多，有 70 家（占 70.0%），其中有 1 家企业（占 1.0%）的社会责任发展指数得分为零，未主动披露任何社会责任相关信息。

国有车企社会责任发展指数领先于民营车企、外资/合资车企。2016 年，国企、民营和外资/合资三类车企社会责任发展指数存在一定程度的差异性，国有车企社会责任发展指数最高（25.1 分），外资/合资车企其次（21.1 分），民营车企最低（19.7 分）。不同性质的车企在社会责任管理及社会责任信息披露等存在一定的差异性。外资/合资车企社会责任指数存在较大差异，韩资车企表现最好，为 30.2 分，而欧美地区（美国、法国、瑞典、英国、意大利）企业表现相对较差，低于 20 分，仅为一星级水平。从汽车企业品牌所属地看，不同国家的车企社会责任发展指数存在一定差异。总体看，东亚地区车企的社会责任发展水平高于欧美地区车企的社会责任发展水平。其中，韩资车企的社会责任发展指数最高，为 30.2 分，处于起步者阶段，意大利品牌的车企社会责任发展指数最低，仅为 8.6 分，与美国、法国、瑞典、英国品牌的车企同处于旁观者阶段。中国品牌的车企社会责任发展指数为 23.5 分，整体表现一般。

5 月 12 日，中国煤炭工业协会在北京京西宾馆组织召开 2017 年煤炭行业企业社会责任报告发布会。神华集团有限责任公司、伊泰集团等 17 家煤炭企业发布了社会责任报告。2016 年，煤炭企业贯彻落实中央关于去产能的决策部署，把去产能作为应对市场变化的重要举措，圆满完成了年度目标任务。同时，煤炭企业通过科学组织生产，加快优化产品结构，精耕市场，在去产能和减量化的背景下，实现了企业效益的持续改善。

二、当前中国企业社会责任面临的新情况和问题

当前，企业履行社会责任和加强诚信建设方面，还存在一些突出问题和新挑战，已成急需应对的重大挑战。

（一）中国企业履行社会责任仍存在薄弱环节

中国企业管理研究会社会责任专业委员会发布《中国上市公司社会责任能力成熟度报告（2016）》蓝皮书正式发布，报告指出，中国上市公司社会责任能力建设水平低下，高达 98.0% 的公司社会责任能力成熟度得分低于 60 分，整体处于弱能级。上市公司的经济价值创造能力普遍突出，社会责任推进管理严重不足，环境价值创造能力和社会价值创造能力都亟待提升。该报告首次以沪深 A 股全部上市公司为样本进行了评价分析，结果显示，2015 年中国上市公司社会责任能力成熟度平均得分仅为 33.01 分，整体处于弱能级。在 2 584 家上市公司中，高达 98.0% 的公司得分低于 60 分，超过 60 分的公司仅有 54 家。样本中得分最高的公司是中国神华（74.38 分），得分最低的公司是易世达（11.89 分）。这表明中国上市公司社会责任能力建设水平正处在启蒙跟随阶段，大多数上市公司正在为履行社会责任打造基础，尚不具备足以实现企业社会责任目标的知识和能力，履责意愿也相对较低。评价显示，2015 年中国制造业上市公司绿色发展能力成熟度平均得分仅为 18.65 分，整体处于无能级。在 1 628 家制造业上市公司中，有 1 227 家公司的绿色发展能力成熟度平均得分低于 30 分，处于无能级；仅有 2.0% 的公司（35 家）绿色发展能力成熟度平均得分高于 60 分，达到本能级；没有任何一家上市公司得分高于 80 分，进入强能级或超能级。这表明，当前中国制造业上市公司的绿色发展能力严重偏低。

（二）中国海外社会责任发展指数整体处于起步者阶段

由中国社会科学院企业社会责任研究中心发布的《企业社会责任蓝皮书：中资企业海外社会责任研究报告（2016—2017）》蓝皮书发现，中资企业海外社会责任发展指数为 25.67 分，整体处于“起步者”阶段。具体来看，有 7 家企业（占 7.0%）的海外社会责任指数超过 80 分，处于“卓越者”阶段；有 8 家企业（占 8.0%）的海外社会责任指数在 60 到 80 分之间，

处于“领先者”阶段；有9家企业（占9.0%）海外社会责任指数在40～60分之间，处于“追赶者”阶段；有16家企业（占16.0%）海外社会责任指数在20～40分之间，处于“起步者”阶段；海外社会责任指数低于20分，处于“旁观者”阶段的企业数量最多，有60家（占60.0%），其中有26家企业（占26.0%）的海外社会责任发展指数得分为零，未主动披露任何海外社会责任信息。

研究发现，仅有少数企业能较为全面的披露海外社会责任信息，大多数中资企业社会责任信息披露水平不足，且处于较低的发展阶段。一方面反映出海外社会责任理念未能在“走出去”的中资企业中形成广泛的传播和认同，多数企业并没有将海外社会责任纳入日常工作和经营管理，另一方面也反映出中资企业未能建立有效全面的海外社会责任管理和信息披露机制，信息披露不及时、不主动，与利益相关方缺乏及时有效的沟通。

蓝皮书指出，中央企业、其他国有企业和民营企业三类中资企业社会责任发展指数存在一定程度的差异性，中央企业海外社会责任发展指数最高（42.77分），民营企业其次（20.93分），其他国有企业最低（7.90分）。相对来说，中央企业在海外开展业务时间更久，经验更加丰富，履行社会责任的意识更强；而民营企业海外社会责任的得分存在非常严重的不均衡，少数民营企业的海外社会责任表现优秀，在100家企业中名列前茅，但绝大部分民营企业的海外社会责任仍然处于“旁观”或“起步”阶段；在三类企业中，其他国有企业的海外社会责任发展水平最低，近90.0%处于“旁观”阶段，仍未采取任何方式披露社会责任信息。

蓝皮书发现，从中资企业所属行业看，不同行业的中资企业海外社会责任发展指数存在一定差异。总体看，建筑行业、交通运输服务业的海外社会责任发展水平高于其他行业的海外社会责任发展水平，其社会责任发展指数分别为49.92分和42分，处于追赶者阶段，矿业（38.13分）、电力行业（32.60分）、制造业（23.07分）、信息传输和技术服务业（22.65分）的海外社会责任处于“起步者”阶段，房地产业（14.47分）、混业（14.06分）、其他服务业（2.43分）以及批发贸易业（0分）的海外社会责任发展水平处于“旁观者”水平。

蓝皮书认为，海外企业社会责任包括责任管理和责任实践两大板块。2016年中资企业责任海外社会责任管理指数得分为30分，处于起步者阶段，责任实践指数得分为24.59分，处于起步者阶段，责任管理略微高于责任实践。其中，中央企业的责任管理指数（44.64分）高于民营企业（29.17分）和其他国有企业（12.50分）；中央企业的责任实践指数（42.30分）高于民营企业（18.87分）和其他国有企业（6.75分）。

三、企业社会责任和诚信建设的对策建议

（一）加强企业诚信建设，促进企业可持续发展

社会信用体系是经济社会发展的重要基础。企业要把诚信建设纳入重要工作内容，强化企业诚信自律，建立企业不诚信记录，推进行业企业履行经济、社会、环境各方面的社会责任。企业应将社会责任与实际运营相结合，不断提升综合价值创造能力。充分发挥社会公众和舆论监督的作用，营造有利于企业履行社会责任的舆论导向和氛围。各个利益相关方之间进一步加强互动和合作，形成多元力量协同推进企业履行社会责任的格局。

（二）加强沟通交流，增强企业运营透明度

企业要加强与利益相关方沟通、推动利益相关方参与是企业社会责任管理的重要内容。要准确识别利益相关方关注的重要议题，紧密结合国情、行业特性和企业业务特点，把与企业运营活动最为相关、对利益相关方具有重大或潜在影响的议题作为企业履责和沟通的重点。要努力做好与利益相关方的沟通交流，广泛运用新媒体等渠道和方式，加强社会责任信息披露，健全社会责任重大事项和突发事件披露机制，积极推广优秀社会责任实践，不断增进社会各界对企业的了解。搭建利益相关方参与平台，完善利益相关方参与机制，推动利益相关方参与企业相关决策，促进企业管理运营水平提升。

（三）持续改进提升，夯实社会责任管理工作基础

近年来，中国企业在社会责任组织、制度、能力

建设等方面做了很多工作，特别是通过管理提升活动，社会责任管理水平有了明显提高，下一步要在持续改进、提升管理价值上下工夫。要完善组织体系，进一步规范社会责任工作领导机构、归口管理部门设置和职责划分，积极推动下属子企业全面建立社会责任工作领导机构和管理部门，建立自上而下运行顺畅的社会责任管理组织体系，实现层层推进。要健全社会责任报告发布制度，坚持定期编制发布社会责任报告，不断提升报告质量，有条件的企业可探索发布国别报告和专项报告。鼓励有条件的企业整合社会责任管理职能，设置社会责任专职部门。要加快社会责任管理制度建设，进一步固化社会责任管理规范、流程和职责，用社会责任理念优化和完善企业相关制度，形成有效的社会责任工作专项制度，构建确保企业负责任运营的制度体系。要创新社会责任推进模式，用创新性、特色性思维打造企业社会责任推进模式，找准社会责任工作与现有业务的结合点和切入点，积极策划实施一批有示范效应的重点项目，以点带面，全面推进社会责任工作。

（四）重视海外社会责任，做“走出去”的社会责任典范

“一带一路”倡议致力于加强沿线各国互联互通伙伴关系，实现沿线各国多元、自主、平衡、可持续的发展。它不仅有利于增强中国的经济发展和软实力，也是助推实现联合国2030年可持续发展目标的重要途径，也为“走出去”中国企业的业务发展带来新机遇。随着“一带一路”倡议的不断深入和落地，中资在外投资企业要不断加强社会责任意识提升、社会责任能力建设、搭建多方沟通参与平台和开展企业社会责任评估等四方面具体行动。企业必须考虑安全局势、法律和监管、政治稳定性等运营风险和主权、货币、银行业等信贷风险，这使得企业开展社会责任管理的外部环境更加复杂。要加强海外社会责任履行，坚持诚信经营，尊重所在国习俗，保护当地环境，维护当地员工权益，提高本土化率，积极参与社区建设，力所能及地支持所在国公益慈善事业，更好地融入当地社会，树立中国企业负责任的国际形象。要积极参与国际标准和规则的制定，熟练掌握和运用国际社会责任方法与规则，广泛利用多种平台，加强与有关国际组织的沟通交流，不断增强话语权，提升国际影响力。

当前，企业要不断加强社会责任和诚信体系建设，增强社会沟通实践，以可持续发展为核心，进一步强化社会责任理念，加强社会责任管理，实现社会责任融入，不断提升企业竞争能力，促进经济、社会、环境的全面协调可持续发展。

（撰稿：马　超）

2016年企业家成长与发展调查报告

中国企业家调查系统

中国企业家调查系统2015开始依据国内外企业创新研究的经典理论框架，构建了“中国企业创新动向指数”，并于2016年首次发布。在此基础上，我们继续推出“中国企业创新动向指数2017年报告”。

本次调查是由中国企业家调查系统组织的第24次全国性企业家年度跟踪调查，与前23次年度跟踪调查一样，本次调查以企业法人代表为主的企业家群体为调查对象，参考中国经济结构，按行业进行分层随机抽样。本次调查共回收问卷2 062份，其中有效问卷1 960份。通过部分未填写问卷与填写问卷企业的对比分析，未发现存在系统偏差。为使调查分析更为全面和深入，本报告还采用了中国企业家调查系统以往的调查结果。调查涉及具体情况见表1、表2。

表1　调查样本基本情况

分　类		占　比（%）	分　类		占　比（%）
行业	农林牧渔业	2.4	经济类型	国有企业	3.7
	采矿业	0.7		集体企业	0.8
	制造业	62.0		私营企业	26.9
	电力、热力、燃气及水的生产和供应业	0.9		股份合作企业	4.2
	建筑业	5.1		股份有限公司	17.6
	交通运输、仓储和邮政业	1.8		有限责任公司	42.5
	信息传输、软件和信息技术服务业	1.8		其他内资企业	0.6
	批发和零售业	8.8		外商及港澳台投资企业	3.7
	住宿和餐饮业	2.5		民营企业	75.2
	房地产业	2.9			
	租赁和商务服务业	3.1	盈亏	盈利企业	51.1
	其他行业	8.0		持平企业	23.3
地区	东部地区企业	57.9		亏损企业	25.6
	中部地区企业	23.2			
	西部地区企业	18.9	生产状况	超负荷生产企业	2.1
规模	大型企业	9.2		正常运作企业	74.3
	中型企业	24.8		半停产企业	22.8
	小型企业	66.0		停产企业	0.8

注：1. 其他行业包括：金融业，科学研究和技术服务业，水利、环境和公共设施管理业，居民服务、修理和其他服务业，教育，卫生和社会工作，文化、体育和娱乐业等行业。

2. 东部地区包括：京、津、冀、辽、沪、苏、浙、闽、鲁、粤、桂、琼12省（自治区、直辖市）；中部地区包括：晋、内蒙古、吉、黑、皖、赣、豫、鄂、湘9省（自治区）；西部地区包括：渝、蜀、黔、滇、藏、陕、甘、宁、青、新10省（自治区、直辖市）。

表2　调查对象基本情况

分　类		占　比（%）	分　类		占　比（%）
性别	男	91.6	文化程度	初中或以下	4.1
	女	8.4		中专、高中	14.1
年龄	44岁及以下	21.2		大　专	36.7
	45～49岁	15.7		大学本科	32.1
	50～54岁	19.6		硕　士	12.0
	55岁及以上	43.5		博　士	1.0
	平均年龄（岁）	52.9			
所学专业	文史哲法律	6.5	现任职务	董事长	58.7
	经　济	18.8		总经理	46.1
	管　理	41.5		厂　长	4.6
	理工农医	20.5		党委书记	11.0
	其　他	12.7		其　他	9.2

注：由于存在职务兼任情况，因此现任职务比例合计大于100%。

调查表明：①当前企业创新动向指数呈上升态势，企业已持续进入创新活跃期。主要表现在：一是企业家创新投入意愿持续增强，企业创新在提高质量等方面取得了较为明显的成效，拥有专利企业比例明显上升，新产品销售比重增幅有所回升；二是激烈的市场竞争成为推动企业创新的主要动力，企业同业合作创新形成明显趋势，开发新产品成为主要创新途径，民营企业表现相对突出；三是消费结构升级与技术变革成为推动企业创新的“双引擎”等方面。②企业创新仍存在诸多问题、风险与挑战。包括：创新人才不足严重制约企业创新，短期行为导向和创新环境约束，宽容失败的创新文化氛围有所下降，过度创新及知识产权保护不力，企业间创新投入意愿进一步分化，亟须加强组织能力建设以提升企业创新潜力等。

一、创新动向指数呈上升态势，企业已持续进入创新活跃期

2016 年“中国企业创新动向指数”平均得分 57.58 分，比 2015 年指数平均得分高 2.63 分，表明中国企业已持续、稳步进入创新活跃期①见表 3。

表 3 创新动向指数总体情况

分类	创新动向指数		创新环境		创新潜力		创新投入		创新战略		创新效果	
	2016	2015	2016	2015	2016	2015	2016	2015	2016	2015	2016	2015
总体	**57.58**	**54.95**	**45.28**	**45.33**	**63.18**	**64.68**	**69.32**	**67.83**	**46.99**	**38.60**	**63.13**	**58.33**
国有企业	58.41	57.19	45.59	46.61	63.93	65.25	73.89	71.90	44.58	43.89	64.06	58.30
非国有企业	57.24	54.41	45.14	45.06	62.96	64.38	68.56	67.26	46.61	37.29	62.95	58.04
大型企业	62.97	61.10	46.42	46.34	68.11	69.10	77.28	74.21	54.85	50.29	68.20	65.54
中小型企业	57.09	54.30	45.16	45.21	62.69	64.21	68.60	67.17	46.30	37.37	62.68	57.55
创业成长期企业	59.84	57.03	45.02	45.45	65.75	66.70	74.32	71.43	48.92	40.99	65.16	60.60
成熟期企业	57.13	54.83	45.63	45.22	62.76	64.67	67.07	66.60	46.91	38.98	63.28	58.69
滞缓期企业	50.73	47.38	45.55	45.44	55.16	57.28	58.55	57.20	39.53	28.30	54.86	48.67
资源密集型行业	57.98	54.97	44.73	45.05	63.19	65.43	70.33	66.27	46.30	38.59	65.34	59.52
劳动密集型行业	56.08	53.49	45.88	45.58	62.54	64.10	65.66	66.54	45.09	35.28	61.24	55.94
技术密集型行业	59.06	56.63	45.57	45.72	63.78	64.86	72.48	70.56	50.25	42.42	63.23	59.57

（一）较高的创新投入提升了企业创新潜力和成效，创新环境亟须改善，创新战略仍处于相对较低水平

对 2016 年创新动向指数的具体分析表明，企业创新投入得分较高，为 69.32，企业创新潜力和创新效果方面次之，分别为 63.18 和 63.13，创新战略和创新环境的得分较低，分别为 46.99 和 45.28。

通过分析我们发现：国有企业的创新动向指数(58.41)高于非国有企业(57.24)，两者的差距较为明显地体现在创新潜力、创新投入和创新效果三个方面，在创新战略方面，非国有企业的表现要好于国有企业；大型企业的创新动向指数(62.97)明显高于中小型企业(57.09)，中小型企业与大型企业的主要差距在于创新战略、创新投入、创新潜力和创新效果，其中创新潜力差距最为明显；创业成长期和成熟期企业在综合指数上显著好于滞缓期企业，各发展阶段企业的创新环境差距不大，但企业创新潜力、创新投入和创新战略差距明显；技术密集型行业企业创新动向指数略高于资源密集型行业企业，劳动密集型行业企业创新动向指数相对较低，三类行业的差异主要体现在创新投入和创新战略上；与 2015 年相比，2016 年“中国企业创新动向指数”中的创新战略和创新效果有显著提升。

与 2015 年相比，国有企业的创新动向指数虽然仍高于非国有企业，但是两者的差距在逐渐缩小（从相差 2.78 下降到 1.17）；大型企业的创新动向指数仍明显高于中小型企业，但两者的差距也呈逐渐缩小趋势（从相差 6.80 下降到 5.88）；创业成长期和成熟期企业在创新动向指数上仍显著好于滞缓期企业，并且创业成长期的增长速度要显著强于成熟期和滞缓期企业，而且创业成长期企业与成熟期企业创新动向指数的差距正在逐渐加大；从纵向发展来看，技术密集型行业企业创新动向指数继续领跑，但与资源密集型行

① 参照世界知识产权组织关于全球创新指数的构建，我们利用阈值法构建无量纲创新动向指数各指标。由于企业家对每道问题的打分在 1～5 之间，创新动向指数的临界值为 50 分，即：(3－1)/(5－1)×100。我们认为，创新活跃期的判断标准可以以创新动向指数得分 50 分为界线，大于 50 分表明企业进入创新活跃期。具体指标计算见附录。

业及劳动密集型行业企业的差距有逐渐缩小的趋势。

（二）国有大型企业创新效果显著，非国有大型企业创新战略显著提升

对企业经济类型与规模的交叉分析表明，大型国有企业的创新动向指数平均得分较高（63.04），大型非国有企业的创新动向指数平均得分次之（62.49），而中小型国有企业创新动向指数较低，得分为56.39。与2015年相比，2016年中小型非国有企业创新动向指数明显提高，见表4。

表4 创新动向指数交叉分析

分类		创新动向指数		创新环境		创新潜力		创新投入		创新战略		创新效果	
		2016	2015	2016	2015	2016	2015	2016	2015	2016	2015	2016	2015
国有企业	大型	63.04	61.46	45.52	46.11	67.93	69.08	79.98	75.00	52.68	53.26	69.07	63.88
	中小型	56.39	54.95	45.66	46.90	61.98	63.23	71.23	70.21	41.14	38.97	61.96	55.45
非国有企业	大型	62.49	60.34	46.50	45.85	68.27	69.08	75.71	73.52	54.58	47.44	67.41	65.83
	中小型	56.88	53.95	45.05	44.99	62.57	64.01	68.08	66.80	46.08	36.52	62.65	57.43

二、创新人才不足严重制约创新，创新文化环境下降值得重视

创新环境指标由制度环境、市场环境、文化环境和人才环境四个二级指标构成，每个指标又都包含若干个题目。相比于2015年，中国企业创新动向指数创新环境指标平均得分基本没有发生变化，得分是45.28，表明企业所处的创新环境仍处于中等水平，需要花大力气改善创新环境。从四个三级指标来看，发生较大变动的是创新文化环境，相比于2015年得分下降1.37，值得未来给予充分关注。而人才环境指标得分仍是最低，仅为27.43，反映出创新人才的可获得性是外部创新环境的短板。

（一）研发费用税收减免、土地优惠、产学研结合等创新政策落实情况有所改善，但仍需大力提高

与2015年相比，2016年的创新支持政策的落实情况有所改善，评价值从3.01（5分制）升到了3.19。分区域看，中西部地区企业家认为研发费用税收减免政策落实情况"较好"和"很好"的比例相对于2015年有一定增加，尤其是中部地区企业评价"较差"的比例下降最大（11.57%），同时评价"较好"的比例上升最大（13.28%），见表5。

表5 企业家对所在地研发费用税收减免政策落实情况的判断

单位：%

分类		很差	较差	较好	很好	评价值
总体	**2016年**	**7.32**	**34.98**	**53.34**	**4.36**	**3.19**
	2015年	11.50	39.20	46.10	3.20	3.01
东部地区企业	2016年	6.92	36.07	53.14	3.87	3.18
	2015年	11.00	37.40	48.10	3.50	3.05
中部地区企业	2016年	6.47	32.33	56.58	4.62	3.24
	2015年	10.30	43.90	43.30	2.50	2.98
西部地区企业	2016年	9.68	34.90	49.85	5.57	3.14
	2015年	15.00	39.20	42.60	3.20	2.93

注：评价值是由（"很好"×4+"较好"×3+"较差"×2+"很差"）/100×1.25计算得出的。最高为5分，最低为1分，分值越高，表示该项活动越多，反之则越少。以下同。

对企业所在地提供土地使用等政策优惠落实情况的调查表明：总体上来说，2016 年与 2015 年的情况基本一致，认为所在地土地使用优惠政策落实情况“很差”的企业家占 12.13%，“较差”的占 40.96%，较好的占 43.69%，“很好”的仅占 3.22%。从区域上看，东部地区企业家认为土地使用税收减免政策落实情况“较差”的比例相对较高，而中西部地区企业家认为落实情况“较好”和“很好”的比例较高，并且相较于 2015 年，中部地区企业家认为落实情况“较好”的比例有明显增加(6.61%)。

总体上，认为区域产学研相关支持政策落实情况“很差”的企业家占 6.66%，“较差”的占 38.49%，“较好”的占 50.08%，“很好”的占 4.76%。相比于 2015 年，评价值从 3.00 升到了 3.16。从区域上看，企业家都普遍给出了“较好”或“很好”。相较于 2015 年，西部地区企业评价“很差”和“较差”的比例下降的最多(两部分合计比重下降了 13.71%)，同时评价“较好”和“很好”的比例增加的最多。

总体上，近六成企业家认为区域人才政策落实“较好”或“很好”，认为区域人才政策落实情况“较差”的占 35.45%，而“很差”的仅占 7.11%。从区域上看，中西部地区企业认为区域人才政策落实情况“较差”和“很差”的比例相对较高，而东部地区企业认为落实情况“较好”的比例较高。

(二)短期行为导向和创新环境约束，是抑制企业创新最主要因素

大多数企业家认为“创新人才缺乏”是抑制企业创新的最重要因素，这一结果与 2000 年、2014 年的调查结果一致；近八成企业家认为“市场竞争秩序混乱”对企业创新具有“较强”或“很强”抑制作用；与之前的创新环境结论一致，近七成的企业家认为“急功近利和短期行为的文化氛围”，“创新失败的风险过大”以及“知识产权保护不力”等排在抑制企业创新关键要素的第 3 位。近六成的企业家认为“国企占较大市场份额”和“政策变化大难把握”会抑制企业创新；评价值在 3 分以上的因素还包括“缺乏对创新的信心”“创新投融资机制不健全”以及“财务管理制度过严”，而超七成的企业家认为“民企/外企占较大市场份额”对企业创新的抑制作用“很弱”甚至“没影响”。见表 6。

表 6　抑制创新的企业内外部因素

分　类	很　弱	较　弱	没影响	较　强	很　强	评价值
缺乏创新人才	1.81	7.63	9.07	55.89	25.60	3.96
市场竞争秩序混乱	1.39	9.38	9.81	57.14	22.28	3.90
急功近利和短期行为的文化氛围	2.71	12.03	17.67	46.02	21.57	3.72
创新失败的风险过大	1.24	11.85	19.72	50.65	16.54	3.69
知识产权保护不力	1.96	11.85	19.57	51.03	15.60	3.66
国企占较大市场份额	2.56	9.64	30.70	35.66	21.45	3.64
政策变化大难把握	1.62	12.93	24.89	46.92	13.64	3.58
缺乏对创新的信心	2.38	16.47	23.67	47.40	10.08	3.46
创新投融资机制不健全	5.05	17.67	15.64	51.54	10.10	3.44
财务管理制度过严	2.69	16.11	48.81	27.86	4.53	3.15
民企/外企占较大市场份额	6.91	21.74	43.36	24.78	3.21	2.96

注：评价值是由(“很强”×5＋“较强”×4＋“没影响”×3＋“较弱”×2＋“很弱”)/100 计算得出的，最高为 5 分，最低为 1 分，分值越高，表示该项活动越多，反之则越少，以下同。

对抑制企业创新的关键要素进行因子分析表明，样本数据可以清晰地提取两类因子：其一为短期行为导向，包括“缺乏对创新的信心”“急功近利和短期行为的文化氛围”“政策变化大难把握”以及“创新失败的风险过大”等；其二为创新综合环境，包括“创新投融资机制不健全”“市场竞争秩序混乱”“缺乏创新人才”以及“知识产权保护不力”等。企业家认为，短期行为导向与创新环境约束都处于抑制企业创新的较严重水平，得分分别为3.62与3.74，高于平均分3.0。东部地区企业、大型企业以及外资企业认为两类因素抑制企业创新的程度较高。

（三）宽容失败的创新文化氛围有所下降，东部地区尤为明显

全国总体上对创新失败的容忍度，相较于2015年的调查结果有明显下降。具体而言，认为企业所在地对创新失败的容忍度"很低"的企业家占6.45%，"较低"的占49.53%，"较高"的占38.89%，"很高"的占5.14%；东部地区表示对创新失败的容忍度"较低"的企业比例上升最多（12.43%），而中部地区表示对创新失败的容忍度"较低"的企业比例相较于东部、西部地区呈明显下降趋势。

调查表明：认为企业所在地对鼓励冒险、开拓进取的程度"很低"的企业家占5.43%，"较低"的占33.42%，"较高"的占54.05%，"很高"的占7.10%。总体而言，相比较于2015年，2016年社会对冒险精神和开拓进取的鼓励程度呈显著增长态势，东中西部指标评价值比较均衡，但增长呈明显差异：中部地区对冒险精神和开拓进取的鼓励程度增长较快。认为当地对"山寨"产品的接受程度"很低"的企业家占18.10%，"较低"的占44.40%，"较高"的占34.51%，"很高"的占3.00%，相较于2015年调查结果，呈现出微弱改善趋势；东部地区对"山寨"产品的接受程度相对较低，而西部地区改善最为明显。认为企业间产品模仿程度"很普遍"的企业家占17.40%，"较普遍"的占60.92%，"较少见"的占19.54%，"很少见"的占2.14%，相较于2015年没有显著改善。

（四）知识产权保护法规亟须完善，执行情况仍需加强

调查结果显示，认为企业所在地知识产权保护法规"比较完善"的占46.92%，"十分完善"的占0.73%，"不够完善"的占46.76%，"很不完善"的占5.6%，相比于2015年的调查结果基本没有变化。中西部地区企业认为"不够完善"的比重相对较高，东部地区企业认为"比较完善"的比重相对较高，这一结论在2015年和2016年保持一定的稳定性。见表7。

调查表明，企业家认为所在地知识产权保护法规的执行"比较严格"的占42.54%，"十分严格"的占1.57%，"不够严格"的占49.87%，"很不严格"的占6.02%，相比于2015年调查结果，没有显著改善。其中，中西部地区企业家认为"不够严格"的比重仍相对较高（54.07%、50.28%），东部地区企业家认为"比较严格"的比重相对较高（42.54%）。

（五）消费结构升级与技术变革成为推动企业创新的"双引擎"

平均而言，逾七成企业家认为与5年前相比企业客户的消费结构发生"较大"或"很大"变化。变化最大的是"服务要求的提升""环保要求的提升"以及"个性化需求的提升"。进一步分析表明，消费结构升级与企业计划未来一年创新投入之间存在显著的正相关关系（在0.001水平上显著）。见表8。

表7　企业家对所在地知识产权保护完善程度的判断

分地区	年　份（年）	十分完善（%）	比较完善（%）	不够完善（%）	很不完善（%）	评价值（%）
总　体	**2016**	**0.73**	**46.92**	**46.76**	**5.60**	**3.22**
	2015	1.40	47.20	46.90	4.50	3.18
东部地区企业	2016	0.62	49.69	44.34	5.35	3.18
	2015	1.50	48.70	45.20	4.60	3.16
中部地区企业	2016	1.34	42.51	51.68	4.47	3.24
	2015	1.20	45.30	49.00	4.50	3.21
西部地区企业	2016	0.28	43.89	48.06	7.78	3.29
	2015	1.70	44.10	49.70	4.50	3.21

表8　与5年前相比企业主要客户的变化情况

分　类	很　小（%）	较　小（%）	没变化（%）	较　大（%）	很　大（%）	与企业计划未来一年创新投入相关性		
						总体创新投入	研发投入	人员培训投入
需求偏好的变化	4.45	19.78	20.31	48.62	6.84	0.12***	0.09***	0.09***
服务要求的提升	0.63	4.41	11.66	66.75	16.54	0.19***	0.15***	0.18***
健康要求的提升	1.46	4.70	25.46	54.92	13.46	0.16***	0.13***	0.18***
环保要求的提升	0.96	3.79	18.28	58.58	18.39	0.15***	0.13***	0.17***
品牌关注度的提升	0.90	4.68	19.05	58.54	16.82	0.13***	0.10***	0.14***
个性化需求的提升	1.06	5.62	17.70	55.75	19.87	0.17***	0.17***	0.20***

注：表中数据基于2016年企业家年度跟踪调查问卷；第2～6列数据为选择相应答案的比重（%），表中第7～9列数据为相关系数，***代表P≤0.01；**代表P≤0.05；*代表P≤0.10。

调查显示近六成企业家认为“技术变化是影响企业发展的重要因素”（66.24%）。进一步分析表明，技术变化与企业计划未来一年创新投入之间存在显著的正相关关系（在0.001水平上显著），这一数据说明我国企业同时存在技术推动型创新动力需求。调查表明，政府营造良好创新环境与企业总体创新投入存在显著相关关系（在0.05水平上显著），与企业研发投入之间不存在相关关系，而与人员培训投入存有显著相关关系（在0.01水平上显著），这一结果表明，“需求驱动”与“技术驱动”的“双引擎”力量更能促使企业创新。

由于本报告第一次考察消费结构这一环境要素，分析结果表明：民营企业、中部地区企业以及大型企业的消费结构变化评价值得分较高，说明这些企业的主要客户在消费结构上变化较大。

三、加强组织能力建设对整体提升企业创新潜力十分重要

创新潜力指标由企业家精神、高管团队创新管理以及企业创新组织能力组成。企业创新潜力指标平均得分是63.18，表明企业具有较高的创新潜力，相比于2015年略有下降，主要是由于企业组织能力的得分下降相对较大，得分从49.43下降到44.93。得益于较高水平的组织能力，国有企业创新潜力得分略高于非国有企业；大型企业创新潜力显著优于中小型企业；创业成长期企业创新潜力显著优于成熟期和滞缓期企业，这一趋势与2015年的调查结论保持一致。见表9。

表9　企业“创新潜力”指数得分情况

分　类		创新潜力	企业家精神	高管团队创新管理	企业创新组织能力
总　体	**2016年**	**63.18**	**73.51**	**71.11**	**44.93**
	2015年	64.68	73.51	71.11	49.43
经济类型	国有企业	63.93	74.49	70.12	47.18
	非国有企业	62.96	73.14	70.97	44.78
企业规模	大型企业	68.11	77.85	74.66	51.83
	中小型企业	62.69	73.04	70.70	44.32
企业发展	创业成长期企业	65.75	75.98	73.31	47.98
	成熟期企业	62.76	72.93	70.93	44.43
	滞缓期企业	55.16	65.97	63.72	35.78
行业类型	资源密集型行业	63.19	74.18	72.26	43.14
	劳动密集型行业	62.54	71.86	70.80	44.96
	技术密集型行业	63.78	74.63	70.42	46.27

四、创新投入意愿持续增强,但企业间进一步分化

创新投入指标主要包括人才投入、资金投入等涉及企业创新的相关投入。对创新投入各指标得分的分析发现,企业创新投入意愿整体较高,平均得分为69.32,相比于2015年继续增加并维持高位水平,表明企业创新进一步活跃。

(一)企业间创新投入意愿进一步分化

国有企业创新投入意愿仍高于非国有企业,并且两者的差距不断拉大,得分从相差4.64扩大到5.33;大型企业创新投入意愿仍明显高于中小型企业,两者的差距也在不断扩大,得分从相差7.04扩大到8.68;创业成长期企业创新投入意愿仍高于成熟期企业,并且两者的差距不断拉大,得分从相差4.83扩大到7.25。

(二)企业创新意愿持续增强

企业计划未来一年在"总体创新投入"方面增加的占56.35%,计划保持不变的占35.77%,计划削减投入的企业仅占7.88%。与2015年相比,企业总体创新投入意愿持续增强,这一趋势在西部地区企业上体现得较为明显;中型企业在总体创新投入意愿略有下降;国有企业计划未来一年总体创新投入大幅增加的比重较高。见表10。

表10　企业计划未来一年"总体创新投入"的增减情况

分类		大幅减弱(%)	小幅减弱(%)	不　变(%)	小幅增强(%)	大幅增强(%)	评价值(%)
总　体	**2016年**	**2.94**	**4.94**	**35.77**	**26.79**	**29.56**	**3.75**
	2015年	2.20	2.90	39.80	28.40	26.70	3.74
东部地区企业	2016年	2.44	4.98	37.12	25.94	29.51	3.75
	2015年	1.80	2.50	41.10	25.60	29.00	3.78
中部地区企业	2016年	3.41	3.89	37.47	24.33	30.90	3.75
	2015年	2.40	2.40	39.20	31.60	24.40	3.73
西部地区企业	2016年	3.96	6.10	29.27	32.62	28.05	3.75
	2015年	3.20	5.00	36.00	33.90	21.90	3.66
大型企业	2016年	1.02	3.01	24.10	25.30	46.39	4.13
	2015年	0.00	2.00	31.80	32.60	33.10	3.96
中型企业	2016年	3.08	4.85	34.58	23.79	33.70	3.80
	2015年	1.20	1.90	37.00	31.90	28.00	3.84
小型企业	2016年	3.13	5.25	37.82	28.17	25.63	3.68
	2015年	2.90	3.30	42.20	26.40	25.20	3.68
国有及国有控股	2016年	1.39	4.17	37.50	25.00	31.94	3.82
	2015年	2.90	3.30	42.20	26.40	25.20	3.68
外资企业	2016年	1.43	1.43	41.43	27.14	28.57	3.80
	2015年	0.00	2.90	45.70	27.60	23.80	3.72
民营企业	2016年	3.15	5.18	36.13	27.17	28.36	3.72
	2015年	2.40	2.50	40.70	28.90	25.50	3.73

从研发投入占销售收入比重的增减情况看:计划未来一年"大幅增加"这一比重的企业占23.52%,"小幅增加"的占29.79%,"不变"的占39.98%,"小幅削减"或"大幅削减"的仅占6.72%,这些数据表明,与2015年相比,企业在研发投入上持续增长;东部地区、大型企业、国有企业、外商及港澳台企业计划未来一

年研发投入占比大幅增加的比重相对较高。

从未来一年企业新产品开发方式的计划来看，企业内部研发仍是企业的首选，计划未来一年在新产品开发方面全部靠内部研发的企业家占 38.51%，内部研发和外部购买同时进行的占 53.47%，其中内部研发比例超过五成的企业占 52.15%。与 2015 年相比，企业创新投入将更加倾向于内部；东部地区企业、小型企业和外资企业更加重视内部研发。

五、创新战略仍呈内部研发为主、合作研发与外部采购为辅的格局

企业创新战略整体水平呈显著上升态势，从 2015 年的 38.60 显著上升到 2016 年的 46.99。其中，内部研发战略指数相对较高(60.52)，而外部采购战略指数和合作研发战略指数较低，分别为 37.97 和 42.49，但每个维度都有显著的增长，尤其是合作研发部分增长比例较大。非国有企业的各个创新战略指数高于国有企业，大型企业的各个创新战略指数均相对较高；创业成长期企业的各个创新战略指数均明显高于成熟期和滞缓期企业，技术密集型行业的内部研发及合作研发战略指数明显高于资源密集型行业和劳动密集型行业。

进一步调查表明，认为本企业近一年内内部研发“非常多”或“比较多”的企业家占 56.72%，总体评价值为 3.4，排在所有研发方式的第一位，相对于 2015 年的评价值 3.11 有所上升。排在第二位的是“购买先进仪器或设备”(评价值为 3.23)，随后是“专门为研发进行人员培训”(评价值为 3.08)以及“与客户合作研发”(评价值为 2.92)。

(一)激烈市场竞争成为推动企业创新的主要动力

对企业创新压力来源的调查表明，91.46% 的企业家认为，创新的主要压力来源于竞争，其次是提高企业在供应链中的地位(评价值为 4.19，5 分制)，再次是客户(4.02)和员工(3.51)，最后是投资者(2.97)和政府(2.51)。

对企业家的时间分配调查表明，82.29% 的企业家表示他们在过去一年中花费在企业内部与创新有关的活动低于其总时间的 25.0%，只有 1.22% 的企业家表示其超过 75.0% 的时间都集中在创新活动上。另一方面，占据企业家最多时间的是“企业内部综合管理”与“企业客户交流、采购、投资等活动”。这表明企业家注意力的分配还有很大提升空间。

(二)拥有专利企业比例明显上升

参与本次调查的企业中，有 10.91% 的企业拥有自主研发的专利，1.4% 的企业通过合作研发的方式获得专利，而只有 0.33% 企业通过购买获得专利；另一方面，有 18.90% 的样本企业拥有国内专利，而 0.85% 的企业拥有国际专利。与 2015 年比较来看，无论是国内专利还是国际专利，样本企业的专利数量均提高了约 1.6 倍。

除了“购买专利”这项指标外，东部地区企业得分均为较高，中部地区企业次之，而西部地区企业较低。相较于 2015 年，东部地区企业的增速较快；大型企业具有自主研发、国内专利以及国际专利的绝对领先优势，相较于 2015 年，大型企业的增速较快；外资企业在“自主研发”和“国际专利”两项指标上均高于民营企业和国有及国有控股公司，国有企业在“国内专利”上具有优势，而民营企业更多的是“合作研发”与“购买专利”。

(三)突破式创新温和提升，民营企业表现相对突出

对不同类型产品或服务的销售贡献调查显示，总体上，传统产品或服务的销售贡献仍然最高，贡献率为 54.11%，相比于 2015 年略有下降。改良产品或服务以及近 5 年新创产品或服务的销售贡献率分别为 22.98% 和 29.19%，表明中国企业创新正在朝着突破式创新的方向发展。

各个区域的创新产品销售贡献率占比比较均衡，与 2015 年对比，中部地区的增长最为明显，提高 2.25%；西部地区企业的增长次之，提高了 1.95%；东部地区企业增长较慢。大型企业的近 5 年新产品或服务的销售贡献率增长速度较快(比 2015 年的调查结果增长 3.98%)，而小型企业的近 5 年新产品或服务销售占比相对较高(29.67%)。民营企业近 5 年新产品或服务的销售贡献率较高(29.24%)，并且增速较快(1.54%)。见表 11。

表11 企业销售中各类产品或服务占比情况

单位:%

分 类	传统产品或服务		改良产品或服务		近5年新创产品或服务	
	2016	2015	2016	2015	2016	2015
总 体	**54.11**	**56.2**	**22.98**	**22.8**	**29.19**	**28.0**
东部地区企业	53.75	55.5	23.08	22.7	29.24	28.7
中部地区企业	54.00	55.3	23.75	24.3	29.85	27.6
西部地区企业	55.45	60.1	21.72	21.5	28.25	26.3
大型企业	55.77	59.7	21.92	20.5	29.48	25.5
中型企业	54.04	55.8	22.57	23.2	27.82	27.7
小型企业	53.92	55.9	23.29	23.0	29.67	28.5
国有及国有控股公司	63.21	62.1	21.54	21.5	23.72	23.9
外资企业	52.91	58.4	23.50	23.1	27.46	27.5
民营企业	54.19	56.3	23.06	23.0	29.24	27.7

调查结果显示,高管团队使用最多的三种创新管理方法包括:“培育很好的员工信任关系”(以5分制计算,评价值为4.00)、“建立良好的员工团队关系”(评价值为3.97)和“对员工创新表现进行积极反馈”(评价值为3.92),表明企业高管团队更善于通过营造创新氛围来促进企业创新。见表12。

表12 企业高层管理团队对创新活动的管理情况

单位:%

明 细	很不符合	较不符合	中 立	较符合	很符合	评价值
培育很好的员工信任关系	0.6	2.6	15.5	58.3	23.0	4.00
建立良好的员工团队关系	0.5	3.0	16.7	58.4	21.4	3.97
对员工创新表现进行积极反馈	1.1	3.2	15.4	62.8	17.5	3.92
采取措施充分鼓励员工积极创新	1.3	5.1	21.7	58.9	13.0	3.77
营造以创新为目标的氛围	0.8	5.6	26.0	53.5	14.1	3.75
对员工创新提出了明确的要求	1.0	7.5	29.1	51.5	10.9	3.64

(四)企业同业合作创新形成明显趋势

对企业竞合创新战略情况的调查结果表明,近3/4的企业与同行业竞争企业形成合作联盟(73.34%),远超过2015年的48.4%;企业竞合的目的主要是为开发新产品或市场(74.31%),同时兼顾提高效率或降低成本(71.06%)。

中部地区有较高比例的企业与同行业竞争企业形成合作联盟,为提高效率或降低成本而联盟的较多,而东部地区企业主要是为开发新产品或市场而形成联盟;大型和小型企业更倾向于与同行业竞争企业形成合作联盟,更多是为开发新产品或市场。与2015年的调查结果不同,民营企业更倾向于与同行业竞争企业形成合作联盟,国有企业次之,两者主要为开发新产品或市场;外资企业的竞合联盟主要为了提高效率或降低成本。

(五)企业创新的差异化战略与成本领先战略难分伯仲

对企业战略定位的调查结果表明,认为本企业战略定位是“提供有别于其他企业的产品/服务”的企业家占73.52%,总体评价值为3.91,排在战略定位的第一位。其次是“强调生产运营低成本”(3.84分)、“注意控制用工费用”(3.75分)以及“制造高端产品”(3.70分)。最后是“人力构成以中高端人才为主”(3.46分)与“产品价格低于同类企业”(2.96)。见表13。

表 13　对企业战略定位有关描述的认同程度

单位:%

分　类	很不同意	较不同意	中立	较同意	很同意	评价值
提供有别于其他企业的产品/服务	1.31	4.04	21.14	49.43	24.09	3.91
制造高端产品	2.70	7.78	28.26	39.79	21.47	3.70
人力构成以中高端人才为主	1.99	11.58	36.73	37.89	11.80	3.46
强调生产运营低成本	0.71	5.64	23.17	50.16	20.32	3.84
产品价格低于同类企业	6.62	25.92	37.67	24.16	5.63	2.96
注意控制用工费用	0.71	6.42	25.18	52.69	15.01	3.75

(六)过度创新及知识产权保护不力为创新主要风险

调查结果显示:“过度创新,资金链跟不上”(评价值为 3.61)、“知识产权不能得到有效保护”(3.35)和“竞争对手优先创新成功”(3.31)是企业创新面临的三个首要风险,随后是“辅助性技术或配套系统的缺乏”“市场尚未成熟,‘先驱成先烈’”与“政策变化难以把握”。

为了应对创新风险,企业有多种选择:规避创新风险,较多的企业选择“尽可能搜集相关创新信息”,占样本总数的 55.57%;其次是“与其他企业/机构合作研发”,占比 53.38%;随后是“申请自有专利保护”(占比 45.58%)、“建立独立创新单位”(占比 32.21%)、“购买已有技术”(占比 27.46%);最后是“模仿已有技术”(占比 25.22%)。

(七)企业高管、客户及网络信息成企业创新信息的主要来源

对企业获得创新信息渠道的调查结果表明:“董事长或 CEO”(评价值为 3.91)、“客户或顾客”(评价值为 3.71)和“互联网”(评价值为 3.68)是三个最重要的渠道。相比于 2015 年,互联网的重要性显著上升,而“一线员工”的重要性进一步下降。在对于企业创新的组织工作上,97.14% 的企业有专人或部门负责创新工作。其中,48.11% 的企业由“董事长/CEO”直接负责,48.11% 的企业中其他“高管”也参与负责创新工作,企业高层直接负责创新工作的比例相较于 2015 年有所下降。对比不同地区和经济类型企业,东中部地区企业、大型企业群体中“董事长/CEO”直接负责创新工作的比重相对较高。见表 14。

表 14　企业中负责创新工作的人员/部门情况

分　类		董事长/CEO (%)	高　管 (%)	专职部门 (%)	专职人员 (%)	没　有 (%)
总　体	**2016 年**	**48.11**	**48.11**	**44.39**	**38.67**	**2.86**
	2015 年	54.60	51.50	40.00	33.30	3.20
东部地区企业	2016 年	50.35	48.41	48.41	40.04	2.03
	2015 年	56.20	51.40	41.40	31.90	2.70
中部地区企业	2016 年	50.99	47.47	41.32	38.90	2.42
	2015 年	52.30	50.40	38.10	37.70	2.50
西部地区企业	2016 年	37.84	48.11	35.95	34.32	5.95
	2015 年	52.00	53.20	38.00	32.60	5.90
大型企业	2016 年	56.65	72.25	68.21	45.66	0.00
	2015 年	55.00	62.80	51.70	33.10	0.80
中型企业	2016 年	51.42	58.21	51.42	41.14	1.53
	2015 年	55.60	60.20	44.40	33.30	1.80
小型企业	2016 年	51.42	58.21	51.42	41.14	1.53
	2015 年	54.30	46.00	36.50	33.50	4.20

续表

分类		董事长/CEO（%）	高管（%）	专职部门（%）	专职人员（%）	没有（%）
国有及国有控股	2016年	51.42	58.21	51.42	41.14	1.53
	2015年	45.20	65.60	48.90	38.20	3.80
外资企业	2016年	51.75	49.28	46.60	42.42	3.36
	2015年	42.20	58.70	43.10	22.90	3.70
民营企业	2016年	42.03	52.17	52.17	37.68	1.45
	2015年	57.50	49.50	39.90	34.10	2.80

六、企业创新效果进一步强化，民营企业尤为明显

（一）企业创新在开拓新市场、降低成本、提高质量、改善环境等成效方面均有提升

创新效果指标主要是由新市场开拓效果、产品质量提升效果、成本降低效果以及环境和安全改善效果四方面组成。中国企业创新效果较好，平均得分为63.13，相比于2015年呈良好发展态势。具体而言，创新的效果在四个主要方面都有显著提升：改善环境和生产安全方面（64.47）、提升产品质量上（66.57），企业新市场开拓（63.09）以及降低成本方面（58.38）。企业创新在降低成本和提升质量方面表现尤为突出。

2016年国有企业的创新效果指数较好，在创新效果的各个维度上，大型企业的规模优势明显；处于创业成长期和成熟期的企业创新效果指数显著好于处于滞缓期的企业，这一差别在新市场开拓方面表现得尤其明显；技术密集型企业和资源密集型企业的创新效果略好于劳动密集型企业，对于技术密集型企业而言，创新对于新市场开拓和产品质量提升两个方面效果显著，而对于资源密集型企业来说，创新对于提升产品质量以及保护环境两个方面效果较好。

（二）企业创新在提升质量方面成效较为明显

对创新效果的具体分析发现，企业家认为创新对于企业8个方面的作用都较为显著，认为创新对于企业“提高了产品或服务质量”和“提高了对健康和安全的影响”方面的作用最为显著，评价值分别为3.46和3.29，其次是“提高了生产或服务在业务流程上的灵活性”“进入了新市场或提高了市场份额”“扩大了产品或服务的类别”，其他依次是“降低了对环境的负面影响”“降低了单位产出的材料和能源的消耗”和“降低了单位产出的劳动力成本”。相比较于过去一年，企业创新实效更多体现在提高产品或服务质量等方面，而较少体现在降低成本、提高效率等方面，说明企业创新的成效结构正在逐渐优化。见表15。

表15　2016年创新在企业以下各方面表现起到的作用

分类	没有作用（%）	作用较小（%）	中等（%）	作用较大（%）	作用很大（%）	评价值（%）
提高了产品或服务质量	1.22	4.56	23.89	56.83	13.50	3.46
提高了对健康和安全的影响	2.73	6.40	31.40	43.99	15.48	3.29
提高了生产或服务在业务流程上的灵活性	1.69	7.15	38.38	44.01	8.78	3.14
进入了新市场或提高了市场份额	2.56	11.06	30.74	45.69	9.95	3.11
扩大了产品或服务的类别	2.61	10.59	32.78	45.42	8.60	3.09
降低了对环境的负面影响	3.19	10.25	36.02	39.16	11.37	3.06
降低了单位产出的材料和能源的消耗	2.92	15.06	38.88	35.67	7.47	2.88
降低了单位产出的劳动力成本	2.86	16.18	37.74	35.78	7.45	2.86

（三）新产品销售比重增幅有所回升

调查结果显示，认为2016年新产品销售比重“增加”的企业家占31.34%，“持平”的占46.81%，“减少”的占21.84%，“增加”的比“减少”的多9.5个百分点。其中，东部地区新产品比重增加的企业比减少的企业多12.66%，中部地区企业增速较快，而西部地区企业表现较差，新产品比重减少的企业多于增加的企业；大型企业在新产品销售占比方面表现最好，小型企业新产品销售占比增加的企业比例最少；外资企业新产品销售占比增幅最小，说明其创新增长趋缓态势。与上一年相比，民营企业新产品销售增长显著。

2016年全国企业文化示范基地综述

中国企业联合会企业文化建设委员会

党的十九大报告指出：“文化是一个国家、一个民族的灵魂。要坚持中国特色社会主义文化发展道路，激发全民族文化创新创造活力，建设社会主义文化强国。文化自信是一个国家、一个民族发展中更基本、更深沉、更持久的力量。”新时代中国特色社会主义文化建设新思想，为新时代加强中国企业文化建设提供了根本遵循，进一步指明了方向、明确了任务。企业文化作为中国特色社会主义文化的重要组成部分，肩负着建设社会主义文化强国，实现中华文明复兴的时代使命，是企业实现持续健康可持续发展的重要保障。随着中国社会主义市场经济体制的不断完善和改革开放的不断深入，中国企业坚持道路自信、理论自信、制度自信、文化自信，牢固树立和贯彻落实新发展理念，坚持以社会主义先进文化引领企业发展方向，积极推进社会主义先进企业文化建设，逐渐形成了具有自身特色的企业文化建设理论与方法，取得了显著成绩，在企业发展壮大中发挥了重要作用。自2005年起，中国企业联合会率先在全国开展创建全国企业文化示范基地活动，坚持“优中选优，宁缺毋滥，成熟一家，推出一家”的原则，每年从两年评选一次的“全国企业文化优秀成果”中，选出一批健康向上、独具特色、具有代表性、借鉴性、示范性的优秀企业文化典型作为“全国企业文化示范基地”，通过召开现场会，组织广大企业现场观摩、研讨交流、学习体验，不断拓展视野、丰富认知、完善提升。以此引导广大企业学习“示范基地”企业文化建设的经验和方法，从而进一步深化和提高中国企业文化建设的理论和实践发展水平。截至2016年年底，一共有49家企业被授予“全国企业文化示范基地”，其中，2016年先后有东方雨虹、古井集团、华能珞璜发电3家企业被授予“全国企业文化示范基地”。这3家企业牢牢把握社会主义先进文化方向，坚持以社会主义核心价值观为引领，围绕加快转变经济发展方式这一主线，围绕企业改革发展的中心工作，着力建设具有时代特征、企业特点和中国特色的企业文化体系，在实践中形成了许多富有成效的新经验、新方法、新思路。

一、坚持理念引领，增强文化自信

当前，文化自觉、文化自信、文化自强成为中华民族伟大复兴时代文化建设的强音，文化自信，是一个民族、一个国家以及一个政党对自身禀赋和拥有的文化价值的充分肯定和积极践行，并对其文化生命力保持坚定的信心和发展的希望。企业文化自信，是企业对自身价值追求的准确把握和执着坚守。培育和完善先进的文化理念是企业基业长青的必然要求，决定着企业战略发展，甚至兴衰成败。一个拥有文化自信的企业，必将建立先进的文化理念，指导企业选择正确的发展模式，形成不断成熟有效的管理制度。“示范基地”企业向来高度重视理念的引领作用，在发展的每一个阶段，都旗帜鲜明地提出企业的理想追求、核心价值观与经营管理理念，并坚持在实践中不断传承创新、丰富发展，逐渐确立了独具特色的核心指导思想、价值判断标准、工作行为规范等。这些积极健康向上的企业核心价值理念融合了民族优秀传统文化和现代工业文明理念，蕴含着对自身创业实践的思考感悟和规律总结，具有鲜活的生命力和强大的自我完善能力，对促进企业科学发展起着重要的指导和引领作用。东方雨虹在"产业报国、服务利民"的指导思想下，坚持"以文化凝聚人心、以战略引领发展"的管理理念，遵循"为国家、为社会、为客户、为员工、为股东"的"五为宗旨"，通过开展企业文化全方位传播、构建双向沟通机制、完善夯实制度体系、创建丰富多样的文化活动与文化载体，教育引导员工做到真学真懂真信真用，构建了"真、善、美"的企业文化，并成为全体雨虹人的统一意志和集体信仰，树立起高度的文化自信，取得了令人瞩目的成绩；古井集团坚持对完美品质的不懈追求，坚守和传承工匠精神，确立了"贡献美酒，乐享生活"的企业使命，"做中国最受欢迎、最受尊重的白酒企业"的愿景，大力建设以"做真人，酿美酒，善其身，济天下"为核心价值观的"贡献文化"，彰显了古井人诚信、品质、自律、责任的价值追求，焕发了古井员工的精神面貌，增强了企业凝聚力和向心力；珞璜电厂以华能集团"三色文化"为基石，不断丰富和发展"三色文化"内涵，培育形成了符合企业实际、富有地域特色和具有鲜明个性的"三为文化"体系（为社会增添动力的能源企业，为股东创造价值的一流企业，为员工谋取幸福的和谐企业），彰显了珞璜人的历史使命和责任担当。正是秉持这些科学先进的文化理念，"示范基地"企业无论面临多么严峻的市场环境和多大的生产经营压力，都能从容应对，始终坚定文化自信，凝聚文化力量，敢于担当、积极作为，砥砺前行，抢抓改革新机遇，谋求发展新突破，从而使企业始终保持与时俱进的良性发展状态。

二、强化责任导向，筑牢发展根基

企业不仅具有追求利润的一般属性，而且还在促进社会进步、增进民生福祉、建设生态文明等方面发挥着关键作用。这就意味着，企业的经济效益是和使命担当紧密地联系在一起，既要有"独善其身"的职业操守，更要有"兼善天下"的家国情怀，在诚信经营、节能减排、安全生产、权益保护等方面，自觉自愿担负起应有的责任。这不仅是企业理性发展和走向成熟的重要标志，也是全球化时代企业持续健康发展的内在需要和社会对企业的普遍期望。"示范基地"企业以高度的责任感为驱动，确立了清晰的使命与价值追求，着眼于所有利益相关方，积极践行企业责任，勇敢担当肩负的使命，自觉置身于国内国际发展的大舞台，注重把履行社会责任转化为企业进一步发展的机会，培育优势产品，提供优质服务，不断追求卓越，带动提升企业整体运行质量和效率。东方雨虹创立时，坚持以文化为魂，责任为本，怀着"让老百姓住上不漏水的房子"这一朴实追求，将质量管理、绿色发展、人文关怀作为20年如一日的责任追求，在东方雨虹的"五为宗旨"中，把"为员工"作为企业价值的核心之一，开展清洁生产改造和绿色技术研发，不管市场环境如何变化，都从不动摇，以实实在在的行动践行了对国家和社会的责任承诺；古井集团的贡献文化，以贡献天下为责任担当，以"做真人"理念为指导建立了企业诚信管理体系，"济天下"是古井人的崇高追求，体现了企业责任和担当，包括回报股东价值，与用户、员工、各利益相关方共享利益。2013年古井集团上缴税收16.1亿元，2014年上缴税收近18.1亿元，2015年上缴税收近20.1亿元，树立了勇于承担责任的良好形象；珞璜电厂在发展中，秉承国家利益至上的理念和价值追求，始终不忘国有企业承载着落实国家战略和政策、提供公共产品等特殊责任的"初心"，致力于为社会增添动力，为股东创造价值，为员工谋取幸福，切实履行国有企业责任担当。站在政治全局和国家战略的高度，勇敢担当肩负的神圣使命，面对艰苦创业、环保改造、支持新农村建设、援藏建设、保供电、保民生等重大考验，都展现出饱满的工作热情和无私的奉献精神，提出"供应洁净电力，守护蔚蓝天空"的文化理念，第一个建成了川渝地区60万千瓦级燃煤发电机组，在全市率先实施在役机组烟气脱硝改造、率先实施超净排放改造，在环保投入方面不遗余力，平均每年用于环保设施运行和检修维护费用超过2亿元，"十二五"期间用于环保改造资金达到7.2亿元。

珞璜电厂用无言的行动、真诚的付出，诠释了心中这份最真挚的情感和最坚定的信念，开创了中国火电厂大气治理、环保发展的先河。“示范基地”企业把自觉履行责任和主动担当使命，看作是企业发展内在要求和重要动力，将企业的社会责任融汇于企业经营活动中，将企业自身发展与履行社会责任和谐统一，建立自己的社会责任体系，在履行社会责任、促进社会治理、保护生态环境，发展绿色经济、关爱员工、参与公益事业、推动社会进步等方面发挥了重要作用，取得了显著成就，用忠诚和责任打造了有责任、有担当、有爱心、有社会奉献的企业，有效提升了企业的社会知名度和品牌影响力。

三、践行工匠精神，培育工匠文化

工匠精神是一种严谨认真、精益求精、专注专业，不忘初心，爱岗敬业，勇于创新的精神理念与工作伦理品质，以追求至善至美为价值导向，是企业精神的一种重要表现形式，是工匠文化的核心。践行工匠精神和培育工匠文化是中国企业迈向制造强国和实现品质革命的现实要求，是中国企业实现健康可持续发展的有效路径。东方雨虹构建了“真、善、美”为主要内容的企业文化，体现了传统文化的精髓和底蕴，自创业以来，20 年如一日始终不忘创业初心，实施全球最严苛的质量和施工标准，决不生产一平方米非标产品，倡导“不是最好的产品，东方雨虹不做也不销售；不是第一名的施工，东方雨虹不提供；有瑕疵的产品就是废品，不满意的服务就等于是没有服务”的质量观念，做每一件事都是力求做到最好，向精益生产模式学习，采取多种形式培养高级技工和高素质人才，形成了一支技艺高超的匠人队伍，确保企业产品的高质量、高品位，用工匠精神赢得了行业的尊严；古井集团始终把“酿美酒”作为立身之本，在酿酒的每道工序、每个细节都追求卓越、不遗余力，始终坚守“三个坚决反对”，不来半点虚假，即坚决反对任何大糠大水，坚决反对任何添加剂，坚决反对任何假数据，实施独具特色的“135 精益质量”管理模式，该模式以卓越绩效管理为统领，以质量、食品安全、诚信三大体系为载体，以基于 PDCA 循环的“精益质量”五项行动（“扫雷行动”“雨润行动”“红签行动”“精准行动”“敏捷行动”）为保障。确保了生产最好的让消费者称道的产品，不断精益求精出精品的理念和规则成为古井集团的风气和习惯，成为“酿美酒”的持续发展力量；珞璜电厂致力于建设国内一流、国际先进、绿色环保的火力发电厂，倡导务实创新，责任担当的敬业精神，通过文化引导和制度保障，将工匠精神的践行落实到每个员工的行动上，为工匠精神厚植土壤，造就了一批具有工匠精神的全国技术能手，将工匠精神融入到生产管理实践中，建设精品工程和努力提升服务品质，赢得了客户和社会的信任。“示范基地”企业将工匠精神融入企业文化建设，把工匠文化厚植人心，把敬业执着、精益求精作为企业价值追求，坚持严谨细致的工作态度，坚守专注的意志品质，自我否定的创新精神以及精益求精的工作品质，建立了科学的工匠培养机制，坚持不遗余力地优化产品、优化服务，始终把出精品看做是企业的兴业之道，增强了企业创新力和竞争力，在促进中国企业发展进入高质量时代发挥了重要作用。

四、创新企业文化，增强发展动力

创新是一个民族进步的灵魂，是一个国家兴旺发达的不竭动力，是提升企业有效供给能力的根本方法，创新已经成为广大企业努力实现转型升级、提质增效、赢得竞争的必然途径。创新文化是孕育企业创新活动的土壤，也是创造力最持久的内在源泉。“示范基地”企业以创新文化为引领，不断丰富和发展企业文化内容，并赋予新的内涵，使之与社会主义核心价值观要求相符合，与企业发展战略相适应，具有企业自身特点的核心价值体系，并自觉地贯穿到企业的战略、生产、经营、管理等各个方面，推进了企业健康持续发展。东方雨虹企业文化的形成和发展，继承了传统文化的精华，在新时期获得了创新发展，多年来，始终保持强烈的市场危机感，并将其转化成巨大的创新动能，着力培育创新理念、构建创新机制、营造创新氛围，综合运用管理和技术创新手段，深度融入技术革新、品牌运营、质量管理、团队建设各方面、全过程，引导员工真正把谋事创业的积极态度融入到血液里、体现在行动上，不断释放企业发展的创造潜力；古井集团在其发展历程中，依据不同的企业战略目标，不断创新发展理念，从“擦擦汗、拨拨灯，超额任务上北京”到“团结创业，求真务实，敢为人先，奉献进取”再到“诚实守信、关爱分享、创新卓越”，直至到新时期的“做真人，酿美酒，善其身，济天下”核心价值理念，呈现出在不同环境中文化主导、文化驱动的力量，并在核心价值理念的引导下，不失时机地吸纳新技术、新模式，在互联网技术基础上，建立新的经营模式和经营机制，推进企业进入“白酒＋互联网”的互联互通的新时代，开辟新的关系、新的规则、新的模式，使企业文化更加丰富，更加具有适应性；珞璜电厂在企业文化建设过程中，着力以传承和创新增强企业文化的生命力，秉承华能集团的文化基因，构建了彰显企业特色“三为文化”，既是对华能集团“三色文化”的传承与落地，也是对“三色文化”的创新与发扬。不断创新丰富企业文化内涵，创新并形成了党的建设与企业文化建设、母文化与子文化、企业文化建设与员工的职业规划等联动机制，不断创新发展企业文化宣贯手段，有效促进了“三色文化”的落地，形成了企业创新发展的强大推动力。“示范基地”企业紧扣时代发展主题，把创新文化作为新时期企业文化建设的重点，努力为企业创新提供适应的环境和土壤，为企业发展和创新提供了强劲而不竭的动力，提高了企业可持续发展的能力和竞争力。

“示范基地”企业的文化建设，为中国企业创新企业文化理念、提升企业文化管理水平提供了典型示范和宝贵经验，在增强企业发展动力和创新活力、培育优秀品牌、自觉履行社会责任等方面发挥了重要作用，企业文化软实力和企业发展质量得到显著提高。“示范基地”企业的发展经验对中国企业在深刻把握新时代新要求，主动适应、把握和引领经济发展新常态，深入推进供给侧结构性改革和加快建设现代化经济体系过程中有着重要的启示意义。

（撰稿：王吉伟）

2016年企业信息化建设综述

赛迪顾问企业信息化研究中心　吴英豪

一、中国企业信息化发展环境

（一）推进企业信息化的战略政策密集发布

2016年，国家相关部门密集出台多项信息化相关政策，为信息化创新发展注入强大活力。3月，商务部办公厅印发《2016年电子商务和信息化工作要点》，要求贯彻落实《国务院办公厅关于推进线上线下互动加快商贸流通创新发展转型升级的意见》（国办发〔2015〕72号），深入推进“互联网＋流通”行动计划。7月，中共中央办公厅、国务院办公厅印发《国家信息化发展战略纲要》，要求到2020年，信息产业国际竞争力大幅提升，信息化成为驱动现代化建设的先导力量。10月，工信部印发《信息化和工业化融合发展规划（2016－2020年）》，要求到2020年，信息化和工业化融合发展水平进一步提高，提升制造业创新发展能力的“双创”体系更加健全，支撑融合发展的基础设施和产业生态日趋完善，制造业数字化、网络化、智能化取得明显进展。11月，全国人大发布《中华人民共和国网络安全法》，这是中国第一部全面规范网络空间安全管理方面问题的基础性法律，是中国网络空间法治建设的重要里程碑。12月，国务院印发《“十三五”国家信息化规划》，提出全面增强信息化发展能力，着力发挥信息化对经济社会发展的驱动引领作用，全面提升信息化应用水平。

（二）信息基础设施建设取得实质进展

信息化基础设施加速向高速化、泛在化、智能化方向发展，进入宽带提速的新时期，“宽带中国”战略进一步落实,三大电信运营商加快网络光纤化改造和新增区域覆盖,加大4G移动通信网络建设力度,物联网、云计算、大数据、工业互联网等应用基础设施加速推进。

中国信息基础设施建设成效显著。宽带基础设施日益完善,截至2016年年底,互联网宽带接入端口数量达到6.9亿个,比上年净增11 400万个,同比增长19.8%。互联网宽带接入端口"光进铜退"趋势更加明显,xDSL端口比上年减少6 259万个,总数降至3 733万个,占互联网接入端口的比重由上年的17.3%下降至5.4%。光纤接入(FTTH/0)端口比上年净增18 100万个,达到52 200万个,占互联网接入端口的比重由上年的59.3%提升至75.6%。新增移动通信基站92.6万个,总数达559万个。其中4G基站新增86.1万个,总数达到263万个,移动网络覆盖范围和服务能力继续提升。全国新建光缆线路554万公里,光缆线路总长度3 041万公里,同比增长22.3%,整体保持较快增长态势。

(三)信息技术应用的体系化创新特征明显

新一轮科技革命和产业变革正在兴起,这将大大推进信息技术创新应用快速深化,信息化加速向互联网化、移动化、智慧化方向演进,"信息化+"和"互联网+"引发经济社会结构、组织形式、生产生活方式发生重大变革,以信息经济、智能工业、网络社会等为主要特征的高度信息化社会将引领中国迈入转型发展新时代。集成电路、基础软件、计算机、通信网络、互联网应用、信息处理等原有技术架构和发展模式不断被打破,创新周期不断缩短,主要环节步入代际跃迁的关键时期。信息领域技术创新交叉融合、群体突破、系统集成特征更加突出,从传统的单点、单环节创新向芯片、软件、系统、网络、内容和服务等多要素集成创新、协同创新、系统性创新转变,单一产品优势加速向产业体系优势转化。

二、大型央企信息化建设进展

当前,云计算、物联网、大数据等信息技术创新活跃,互联网、移动互联网加速与传统产业渗透,信息化对经济发展的作用日益显现。2016年,信息消费促进经济社会新发展,中国制造迈向智能制造时代。同时,互联网经济正在颠覆传统产业的商业模式,中央企业借助信息化手段催生出来的各种商业模式创新成为市场竞争的热点。

(一)行业概况

2016年,中央企业继续实施信息化"登高计划"、实现所有层级和主要业务的全覆盖,系统集成、共享、协同性得到进一步提高,资源配置得到进一步优化,信息化与业务深度融合,应用实效明显提高,基础设施进一步加强,安全保障能力进一步提高,信息化达到或接近国际同行业先进水平,利用信息化手段助推管理方式由粗放型向集约型、精细化转变。见图1。

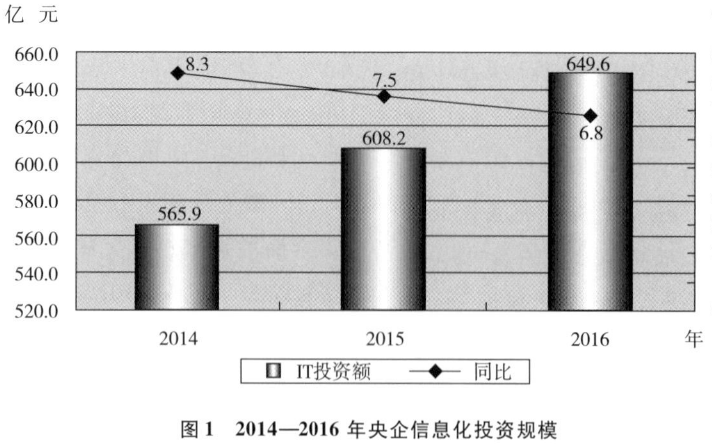

图1 2014—2016年央企信息化投资规模

数据来源:赛迪顾问2017年2月。

2016年，中央企业信息化投资为649.6亿元，其中硬件231.2亿元，占总投资35.6%；软件193.6亿元，占总投资29.8%；IT服务224.8亿元，占总投资34.6%。央企基础设施投资比率有所下降，其投资主要集中在硬件的升级改造和云数据中心的建设上。见图2。

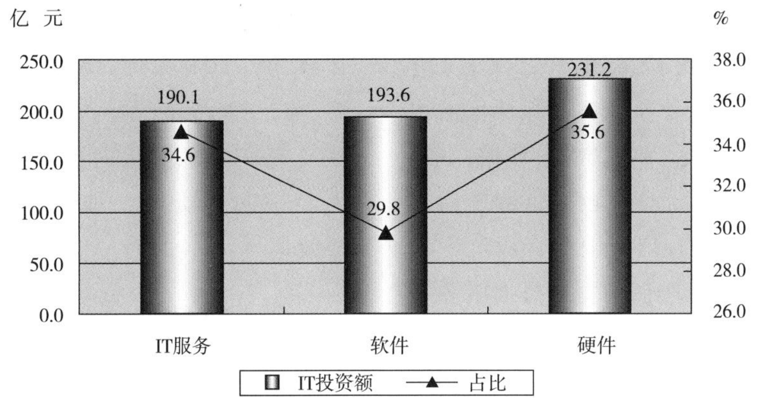

图2 2016年央企信息化投资结构

数据来源：赛迪顾问2017年2月。

2016年，在信息化应用方面，ERP、BI、电子商务依然是中央企业信息化应用的重点，分别占据29.1%、16.4%和11.3%，其他的如项目管理系统、资金管理系统、协同办公系统以及PLM系统也都占据了比较大的比重。总体来看，信息化对推动央企的创新、转型升级和可持续发展都起到了明显而积极的作用。

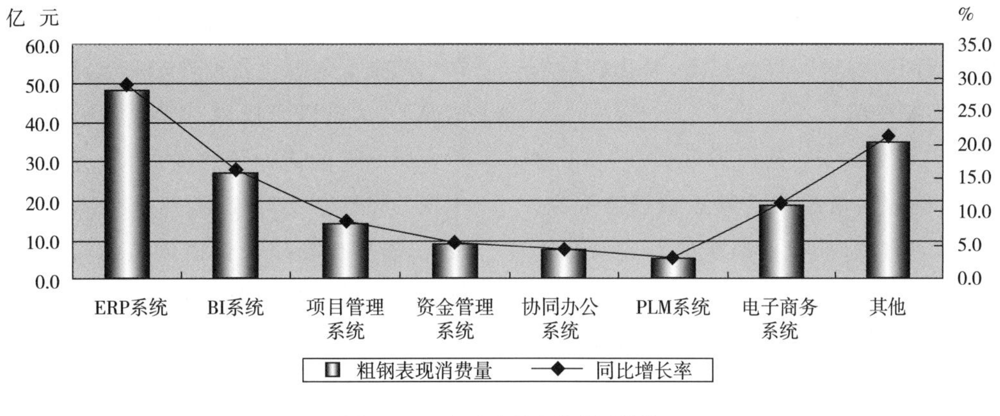

图3 2016年央企信息化应用结构

数据来源：赛迪顾问2017年2月。

（二）发展特点

1. 应用平台：构建平台化应用体系，支撑央企做强做优做大。各中央企业从集团战略决策、集团管控、业务协同等不同维度分析现存的问题以及面临的挑战，总结提炼出集团信息化应用需求，构建央企集团信息化建设平台化战略适合各自的发展战略。平台化战略将影响集团企业的价值导向，在信息技术的支撑下，企业只有着力构建平台化的应用系统才能整合内外部资源，使企业外部低成本创造增量资源成为可能，实现“产融价值链、产业价值链、生态价值链与企业制造价值链”融合，构建一个多主体共享的商业生态体系并且产生网络效应实现商业共赢，支撑央企做强做优做大。

2. 信息资源:构建完善的数据治理,促进央企大数据融合。中央企业中的部分企业的数据资源分散在各地分公司或部门的业务系统中,总部不能有效地对各地数据进行集中管理,缺乏对业务各类数据资源统一分析的手段。造成总部不能及时、准确、全面了解各地区、各部门的业务信息,也不能对业务进行有效的纵向管控。因此中央企业在加强数据治理建设,以数据资产目录为核心,将元数据、数据标准、主数据、数据质量、数据生命周期、数据轮廓等信息在逻辑层面关联起来,在管理层面上整合成统一的整体,构建起数据治理体系,全面的支持数据服务等具体应用,促进央企大数据融合。

3. 基础设施:推进新信息技术应用,促进央企转型变革。当前,学科交叉融合加速,新兴学科不断涌现,前沿领域不断延伸。以机器人、大数据、3D 打印为代表的新一轮信息技术革命已成为全球关注重点。新一代信息技术创新异常活跃,技术融合步伐不断加快,催生出一系列新产品、新应用和新模式,极大地推动了新兴产业的发展壮大,进而加快了产业结构调整,促进了产业转型升级,改变了传统经济发展方式。为适应央企信息化发展战略的要求,支撑集团核心业务协同发展的战略布局,央企信息化建设通过引入云计算、物联网等新技术,深化新技术应用,促进央企转型变革。

4. 信息安全:以数据安全建设为重点,提升信息安全水平。随着国家对信息安全的重视程度提高,中央企业面临着来自政府、行业组织以及自身战略的合规性要求越来越多,信息安全环境与信息技术突破带来信息安全架构设计理念的变革,目前一些具有创新意识的用户已经着手规划"数据安全体系",作为信息安全体系中的新重点来进行建设,这一行动也将有利于解决云计算、移动互联网带来的系统边界模糊化导致的安全防护难题。而行业在数据安全表现上,发展初期阶段的主导者主要由具备自主知识产权保护需求的研发制造型企业为主,但随着"棱镜门"事件继续发酵,个人隐私意识和企业数据安全意识的双重提升,国家相关监管政策的出台,预计央企将迈入数据安全建设的高峰期。

5. IT 管理:推动 IT 治理体系建设,保障 IT 管理科学高效。中央企业通过引入 IT 管理体系及系统,制订符合成员单位特点的技术标准;加快信息代码、数据源定义、应用平台和业务流程等标准化建设;推进信息系统开发的标准化,确立统一的系统设计、程序开发和项目管理规范;推进系统间信息交换接口的标准化,实现系统集成;建立健全信息化管理规范体系,确立工作管理、规划计划、项目招投标、项目实施、项目验收、系统运行维护、安全和标准等管理办法及实施细则;加大对技术标准和管理规范的执行力度,通过推动 IT 治理体系建设,保障 IT 管理科学高效。

(三)发展趋势

1. 信息化应用呈现移动化、集成化、智能化。云计算、移动互联、物联网和社交网络技术的蓬勃发展,正推动央企信息化进入一个全新的阶段。总体来说,"十三五"期间央企信息化应用将呈现出移动化、集成化、智能化的趋势。在央企信息化领域,借助于移动信息化模块,实现通过手机等智能终端对诸多业务的移动管理,正成为一个显著趋势。云计算和移动信息化的结合,使管理者突破过去办公场所、上网条件等限制,让管理随时随地触手可及。

2. 信息资源规划成为信息化规划的有效延伸。在当前企业信息化各种理论和实施方法层出不穷的情况下,信息资源规划对于目前中央企业信息化过程中所面临的诸如信息孤岛、系统集成等问题具有很强的指导和实际作用,可有效满足集团企业业务变化、管理创新以及价值创造的需要。信息资源规划就是通过实现对整个企业价值链的有效管理,提升企业的全面竞争优势,适应企业在知识经济时代市场竞争的需要。它利用先进的信息技术和管理理念,可有效推进企业资源的整合,促进企业的管理创新,是中央企业从业务开发阶段发展到系统集成阶段、应用整合阶段及价值创造阶段的良好选择。

3. "大云平移"助力央企全面推进信息化进程。随着以"大(数据)云(计算)平(台)移(动互联网)"为核心的现代信息技术、通信技术的不断深入应用,企业自身条件和外部环境都在发生深刻变化,零部件标准化、产品模块化、高度分工的产业集群和开放式供应链将成为未来产业结构升级的方向。同时,网络经济正在颠覆传统产业的商业模式,企业借助电子商务手段催生出来的各种商业模式创新成为市场竞争的热点。特别是当前以互联网金融、O2O、P2P等为主要形式的网络经济对传统经济冲击越来越大,这就要求处在结构调整关键时期的中央企业,必须高度重视和尽快融入信息化带来的第三次工业革命浪潮之中。

4. 加强信息安全体系建设以应对新的安全形势。近年来,随着移动互联网、物联网、大数据等新技术的普及和应用深化,信息安全不再局限于传统的安全范畴,泛安全的生态逐渐形成。"斯诺登事件"爆发后,中国政府对信息安全的重视不断提高,中央成立网络安全和信息化领导小组,将信息安全提升到国家层面。中央企业网络与信息安全事关企业生产业务安全、国家经济安全和政治安全,中央企业网络与信息安全工作是国家网络与信息安全保障工作的重要内容,必定促使企业站在发展战略的高度更加重视自身的信息安全,确保信息系统建设既满足发展需求,又保证信息安全可靠。

5."互联网+"正成为央企业务模型创新的新方向。在央企近年频繁的大动作中,互联网+正成为央企业务模型创新的新方向。能源领域,国家电网公司的智能电网正在加快推进;中国石油要推进物联网、云技术平台、"大数据"建设;东方航空物流的"东航产地直达";南方航空货运在货运信息化方面的尝试;华侨城依托大数据构筑智慧营销体系中广核、武钢等央企也纷纷进入互联网金融领域。

三、中小企业信息化建设进展

随着云计算、物联网、大数据以及移动互联网等新一代信息技术应用的不断普及,中小企业信息化发展不断取得新的突破,信息化作为促进中小企业转变经济增长方式、加速转型升级的重要发展方向。

(一)发展现状

2016年,18家大型电信运营商、信息化服务商和专业服务机构围绕国家"互联网+"行动、《中国制造2025》、大众创业万众创新等重要部署,实施"互联网+中小企业"专项行动,积极探索推进中小企业信息化的新思路、新做法和新模式,完善中小企业信息化服务体系,不断提高信息化服务能力,积极开展中小企业信息化服务活动。

1. 实施"互联网+"中小企业专项行动,推动中小企业与大企业协同创业创新。中国电信建立的大型央企第一家孵化机构和第一家孵化平台,面向企业内外部开展创新项目孵化。已基本形成包括一个平台、三大基地、多家实体孵化器的创孵格局,共征集1 897个内部创新项目,近200个项目成功入孵,其中20个项目实现公司化运作,投资总额近5 000万元。中国联通聚焦云计算、物联网、移动互联网、企业SAAS服务等热点领域,围绕"众创、众包、众筹、众服"建设平台,通过整合物联网、云计算、大数据、系统集成、基地和创业投资公司等内部资源,整合战略合作伙伴、SI合作伙伴等外部资源,逐步构建完善的双创支撑体系,为孵化器、众创空间等双创平台以及企业提供优惠的宽带、云计算、物联网、大数据等服务。2016年重点建设了北京、江苏两个双创孵化基地,并开展了"沃创客"内部双创活动。中小企业协会首创"虚拟产业园"创业创新平台,以"小微企业工商注册"为基础,为中小企业提供创办、管理、市场开拓、融资和培训等一站式线上线下服务。开展了小微企业集聚化、经营集约化、服务集群化为主要技术的研究;提供工商注册、税务代理、代理记账、信用评价、知识产权等入园基础服务,增强中小微企业的创新能力和核心竞争力。

2. 信息化服务平台助力中小企业核心业务发展。大型信息化服务商、专业服务机构运用互联网、移动互联网、物联网、云计算、大数据、企业SAAS等技术,建设了一批拥有自主知识产权、辐射带动作用强、服务内容中小企业急需、服务覆盖面广的信息化服务平台,推广适合中小企业需求的信息化产品和服务,初步形成了满足中小企业核心业务发展的信息化服务网络,促进互联网和信息技术在企业生产制造、经营管理、市场营销各个环节中的应用,支持中小企业通过信息化提高效率和效益。中国移动基于物联网产业特点自主打造专业级物联网生态环境——OneNET开放平台,通过适配各种网络环境和协议类型,支持各类传感器和智能硬件的快速接入和大数据服务,并通过丰富的API和应用模板支持各类智能硬件和行业应用的开发,有效降低各类物联网应用开发和部署成本，满足物联网领域设备连接、协议适配、数据存储、数据安全、大数据分析等平台级服务需求。截至2016年年底，OneNET平台连接数已超过500万个，广泛应用于工业监控、交通物流、移动支付、能源抄表、智能穿戴、智慧医疗、智能安防等领域。

3. 信息化支撑中小企业经营管理，解决融资难问题。敦煌网利用来自商户、制造企业、买家、研究机构等数据建立海外市场信息大数据库，通过分析询盘情况、订单指数、行业热度及关键词等数据，洞悉各阶段各类型数据的变化趋势，及时判断海外市场形势，使卖家及时了解最新海外信息，合理调整经营规划。2016年，其根据在其交易平台留存的交易数据、信用数据、在线物流数据、订单数据等，开发了满足外商客户换汇需求的结汇宝产品；中小企业订单完成发货后即可选择对订单申请提前放款的回款宝产品；为中小电商解决融资难题的大数据金融服务综合平台——敦煌电商数据贷。借助其自有大数据，进行互联网金融产品创新，帮助中小企业克服汇率波动风险以及融资难问题。铭万公司组织推广的“中国B2B联盟”以大力发展中国垂直类行业网站为切入点，精准定位在B2B综合门户、机械设备、五金工具、建筑建材、农林牧副渔、家居用品这6大热门重点行业，打造百强和优秀网站，在原基础之上新增大量百强或优秀网站，目前，联盟的百强及优秀行业网站已达到200余家。2016年，中国B2B联盟全新升级，新增40多家知名百强及优秀行业网站，给用户提供了一个专业、精准、权威的宣传通道，为数万家企业带来了品牌传播的机会，推动了B2B行业的转型升级。

4. 信息化服务促进区域经济发展。信息化服务商与地方政府、中小企业主管部门、产业集群、工业园区和行业协会等开展合作，逐步构建与完善信息服务网络，促进区域经济发展。工信部信息中心推出产业小镇行动计划，已与温州瓯海建立了时尚智造小镇，与乌兰察布建立了大数据服务小镇，与顺德建立碧桂园科技小镇。所有的小镇计划都将依托“创客中国”平台展开，建立地方分平台，开展特色服务，实现项目落地。中国电信先后建立了上海视讯产品基地、南京游戏产品基地、杭州阅读产品基地、厦门动漫产品基地等8个面向公众的移动互联网产品基地，以及兰州教育行业应用基地、杭州政务行业应用基地、上海医疗行业应用基地、南京交通行业应用基地等16个面向政府和企业的行业应用产品基地，培育了翼支付、易信、天翼视讯、爱游戏、天翼云、天翼高清、翼校通、号码百事通等诸多业界知名的新兴业务，并在政务、教育、医卫等8个重点行业初步完成互联网+能力布局，构建完善互联网、云计算、大数据、物联网、人工智能等智能综合信息基础能力和资源，为信息化带动工业化、推进传统产业转型升级打下坚实基础。网库集团利用技术和资源优势，依托在全国175个城市、120个县域设立的分公司及基地(电商谷)，与各地市、区县政府，以及电商产业园区共同构建电商产业基地。运用现代服务业、云计算、大数据、移动互联网等前沿技术，以全国各地地标性产业和地方特色实体企业为主要服务对象，着力推进各地中小企业电子商务发展和结构调整，取得了阶段性成绩。

5. 信息化培训和推广活动普及深入。各类中小企业信息化辅导站、培训基地、体验中心等联合信息化服务厂商，深入产业集群和工业园区，通过培训、应用体验、跟踪服务、专家对话等多种方式，广泛开展信息化普及教育、宣传培训和应用推广活动，针对性地解决中小企业在信息化建设方面的突出问题。中国中小企业信息网的“创新中国行”信息化宣传培训活动在全国20个地市开展了20场免费培训活动，共培训中小企业3 240户，培训人数为5 120人。与此同时，“创新中国行”活动进行了形式创新，以“寻找创新创业之星”为主题，面向小微企业和创客开展了创新创业大赛，发起成立了“中国中小微创新创业服务联盟”，在全国设7个赛区，征集近200个创新创业项目。该系列活动受到了众多投资机构、优秀双创项目企业或团队、创客的支持与积极参与，不仅整合了服务资源，促进了资本对接，也推动了中小企业创业创新。

(二)发展趋势

1. 信息技术创新和应用将不断深化。2016年，信息技术创新步伐不断加快，创新成果的应用不断深化，云计算、物联网、人工智能、移动互联网等新一代信息技术创新取得重大突破并加速向纵深发展。

物联网的广泛应用使信息采集量爆发式增长。大数据技术通过对大容量、多类型的数据进行挖掘和系统分析处理，从而发现新知识、产生新模式、创造新价值。云计算中心成为在空间上集中分布、集成功能超强、存储空间超大、技术能力超高的基础设施，中小企业用户纷纷采用云计算平台的模式，根据IDC预测，到2020年，云计算业务将占所有IT系统的27.0%。信息技术与生物技术、新能源技术、新一代材料技术等交叉融合，孕育了工业互联网、能源互联网等新产品、新业态。

2. 互联网成为中小企业创新发展的先导力量。在云计算、大数据及物联网等信息技术应用的带动下，互联网创新从波浪式向常态化转变，成为新经济的强大引擎。

云计算成为创业创新基础平台。云计算通过互联网提供低成本、高弹性、高可用、高可靠的计算资源和服务，正从一种IT技术工具演变成“互联网+”时代行业、企业、个人创业创新的重要基础平台。各类云平台开放技术资源、数据资源、用户资源、服务资源，大大降低中小企业进入市场的门槛，提高了创业创新的成功率。

大数据孕育创业创新新源泉。信息技术与经济社会的交汇融合引发了数据迅猛增长，以大数据为基础的新产品、新服务、新模式不断涌现，大规模生产、分享和应用数据成为新时期激发创业创新活力的重要源泉。例如，中国工商银行的“逸贷”信贷产品以工行信用卡和借记卡为媒介，精准定位中小企业的消费轨迹、融资需求和信用状况，有效将客户消费需求转化为消费信贷需求。

3. 电子商务成为中小企业发展新动力。2016年，中国电子商务发展显现出巨大活力，在拉动消费、带动就业、促进产业转型升级等发挥了重要作用，成为经济发展新的原动力。

电子商务在经济新常态中异军突起，成为中国国民经济的重要增长点。2016年全国电子商务交易额达到261 000亿元，同比增长19.8%，交易额约占全球电子商务零售市场的39.2%，其中电子商务服务业市场规模达到24 500亿元，同比增长23.7%。中国网络零售市场的国际影响力不断增强，连续多年成为全球规模最大的网络零售市场。

电子商务的发展大大开辟了就业新渠道。随着越来越多的传统企业通过电子商务实现互联网化，以及围绕着电商产业链延伸出来的大量新兴业态和服务，推动了新增诸多的岗位需求和就业机会，直接促进了行业直接从业及间接从业人员需求的增长。据中国电子商务研究中心数据显示，截至2016年中国电子商务服务企业直接从业人员超过305万人，由电子商务间接带动的就业人数，已超过2 240万人。

四、企业信息化存在的问题

（一）缺乏统一的规划管理

很多企业在开展信息化工作的时候，尽管投入了大量的人力、物力、财力等，但收效达不到预期。究其原因，是由于缺乏足够的经验，企业信息化发展到一定阶段后就暴露出了各种各样的问题，“信息化黑洞”“信息孤岛”“信息化无效”成为许多企业棘手和头痛的问题。公司各部门分别建立自己的信息系统，但是没有站在战略的高度开展信息化工作，缺乏统一规划和管理，以及合理总体开发策略，信息管理机构不健全。各部门之间各自为政，重复建设，信息及系统没有集成，无法实现资源共享和信息的及时传递，形成一个个信息孤岛，系统中的业务流程以及相应的信息流存在断层现象，尤其是在营销、物流、物资、工程、生产和财务等业务关联较密切的各环节。各部门之间的信息不能实时沟通，下级信息不能及时反馈给上级。

（二）信息化认识不足，人才匮乏

企业的相关人员对信息化的认识不足，对企业信息化的内涵理解上有一定的片面性，重视硬件的配置而忽视软件的开发。集团公司所属分子公司自硬件的购置上投入了大量财力，但对软件的投入明显不足，导致了硬件资源的浪费。

在企业信息化建设当中，关键需要人才的支持。企业信息化建设少不了一些能够应用与研究信息技术，促进企业信息化建设，以及具备实践能力与创新意识的复合型人才。然而，在实施企业信息化建设的时候，一部分企业存在“轻人才、轻管理、重技术”的倾向，缺少有效的人才激励政策，严重地缺少复合型的人才。这使得一方面企业的复合型人才严重地流失;另一方面较难将优秀的信息化人才吸引进来。这些都阻碍了企业信息化建设的正常进行。

(三)企业信息化过程中的管理重组落后

信息化建设的实质是为了提高企业竞争力而进行的更高层次上的管理重组,中国大多数企业投入较多资金进行信息化建设,更多的是注重设备上的投资和技术上的更新,而忽视了与此相应的管理模式方式上的转变,因而,造成了信息系统的应用与组织的管理战略之间出现诸多不协调的发展,产生单项应用多,而缺乏整体效益。虽然在计算机管理信息系统开发和应用实施方面做了大量工作,花费了大量的资金,在单项应用上取得了一定成效,但没有产生应有的经济效益,相反地构筑了无数个"信息孤岛",没有实现信息的交流和共享,产生的却是巨大的负效益,使组织承受高额的风险代价。

五、促进企业信息化发展的建设

(一)适应市场环境实施信息化总体规划设计

一是央企的战略发展以及国家化目标的实现,离不开全面的信息化总体规划设计。在企业内部应成立专门的信息化领导机构,组织信息化部门、各业务部门,特别是邀请有经验的专业咨询机构,针对信息化进行系统、科学的规划。同时,在制定总体规划时,应充分考虑跨国企业发展趋势和国内市场发展趋势可能对未来央企管理所带来的冲击与影响,让央企的信息化建设具有一定的前瞻性、适应性、开放性和兼容性。

二是积极引入第三方咨询机构。对于有信息化需求的企业,不论是实施成熟软件系统还是新开发自用系统或者是安排IT投资,都需要抽象需求、规范业务流程与控制,很有必要引入第三方咨询。第三方咨询是中立的第三方,既是参谋也是医生。他们参与企业项目组一起对企业进行诊断和分析,可以为中央企业开出性价比比较高的"药方",对中央企业未来的发展以及项目的实施都是最为有利的。

(二)积极推动中央企业管理和业务模式创新

一是应广泛应用新技术提升企业核心竞争力。当前,以机器人、大数据、3D打印为代表的新一轮信息技术革命已成为全球关注重点,催生出一系列新产品、新应用和新模式,极大地推动了新兴产业的发展壮大,进而加快了产业结构调整,促进了产业转型升级,改变了传统经济发展方式。中央企业要把握定位、明确标准、规范程序、优化流程、提高效率,用新一代信息技术手段巩固管理提升活动成果,做到既要有效监管、又要优质服务,推动中央企业进一步做强做优、科学发展。

二是中央企业在坚持对基础管理常抓不懈,主线不偏、力度不减的同时,要着力推进转型升级。企业的创新不仅包括产品的创新,还应包括管理的创新和业务模式的创新。尤其在全球金融危机加剧的情况下,提升央企产品创新能力、协同管理能力,依托信息化着力进行业务模式创新与过程重组,整合企业现有资源,保障企业现有的投资,对提升企业核心竞争力显得尤为重要。通过改善创新能力、提高研发效率;增强管理协同能力,提升管理效率;整合资源,保障现有系统集成与企业竞争能力的全面提升。

(三)以规模效应推动信息化平台特色化发展

一是充分发挥中小企业信息化服务平台集聚服务商的规模效应。通过统一规划、鼓励信息化服务平台将同类型专业的信息化服务商整合在一起,发挥大型信息化服务提供商共同集聚中小企业信息化平台后产生的规模效应,增强不同服务商信息化模块彼此间的互补性,提升平台信息化服务应用的低成本和便捷化,显著提升中小企业信息化服务平台服务的专业水平,低成本、高效率地解决中小企业信息化应用问题。

二是为特定地域的中小企业集群提供信息化服务共享平台。依托园区、产业集群窗口,打造服务特定地域的中小企业信息化服务平台,结合区域产业特征,帮助中小企业筛选信誉良好的信息化服务提供商,为中小企业提供共性信息化技术和服务,引导中小企业更广泛地采用信息化服务,促进各类信息化应用在本地区中小企业集聚区迅速推广。

(四)加大宣传培训提升中小企业信息化意识

一是要加大中小企业发展信息化的宣传力度。推动中小企业提高对信息化的认识,以中小企业信息化推进工程为载体,依托信息化服务提供商组织中小企业信息化应用宣传活动，鼓励信息化服务提供商培育树立一批中小企业信息化应用典型案例，通过实际成功案例宣传，组织企业实地参观等形式，强化示范效应，加速信息化应用模式在广大中小企业中的普及，推动中小企业接受云计算等信息化服务新业态的进程加速，营造良好的中小企业信息化应用氛围，解决中小企业在“互联网+”形势下对各类信息化新应用了解不足、信任度不高的问题。

二是要加强中小企业信息化专项培训。一方面对企业的培训重点要从帮助中小企业了解传统信息化模式转到促进中小企业在“互联网+”新形势下充分利用信息化实现创新发展，推动中小企业发展电子商务，通过云计算等模式采纳各类信息化应用改进传统业务流程和客户管理服务，要把云计算的实际应用放到突出位置。另一方面，需进一步加强对政府职能部门在信息化领域的培训，从而使中小企业相关主管部门更深刻地理解当前中小企业信息化发展的新趋势，以便职能部门更好地落实中小企业信息化方面的相关政策。

2016年企业劳动关系状况综述

中国企业联合会雇主工作部

“2016年，面对复杂多变的国际环境和国内繁重艰巨的改革发展稳定任务，在以习近平同志为核心的党中央坚强领导下，各地区各部门全面贯彻党的十八大和十八届三中、四中、五中、六中全会精神，认真落实党中央、国务院决策部署，统筹推进‘五位一体’总体布局和协调推进‘四个全面’战略布局，坚持稳中求进工作总基调，坚持新发展理念，以推进供给侧结构性改革为主线，适度扩大总需求，坚定推进改革，妥善应对风险挑战，引导形成良好社会预期，经济社会保持平稳健康发展，实现了‘十三五’良好开局。”①受宏观经济影响，中国劳动关系中的稳定基础持续加固。但供给侧结构性改革带来的职工分流和安置问题，产业结构转型升级带来的劳动力结构性矛盾，新型用工形式对传统劳动关系协调机制的冲击，也为劳动关系的和谐稳定带来一定隐患，同时，也对协调劳动关系工作和相关机制的完善提出更多挑战。

一、劳动关系法律体系持续完善

2016年，一系列宏观经济政策保障促进了经济的平稳转型和提质增效，带动劳动就业市场的有序发展，相关劳动立法与政策进一步维护了劳动关系的稳定和谐。

去产能相关劳动与社会保险政策方面，受国际金融危机的深层次影响，当前很长一段时间内国际市场持续低迷，国内需求增速趋缓，部分产业供过于求矛盾日益凸显，传统制造业产能普遍过剩，特别是钢铁、水泥、电解铝等高消耗、高排放行业尤为突出。为此，国家和地方在2016年出台了一系列去产能和调整产业结构的政策。因去产能的行动会对企业用工、企业负担和劳动者就业带来重大影响，因此去产能相关政策中有不少与劳动关系及社会保险政策相关的措施。

2016年4月7日，人力资源和社会保障部与国家发改委、工信部、财政部、民政部、国务院国资委和全国总工会等七部门共同发布了《关于在化解钢铁煤炭行业过剩产能实现脱困发展过程中做好职工安置工作的意见》（人社部发〔2016〕32号）（简称《意见》）。《意见》要求在去产能过程中，要“坚持企业主体、地方组织、依法依规，更多运用市场办法，因地制宜、分类有序、积极稳妥地做好职工安置工作，维护好职工和企业双方的合法权益，促进失业人员平稳转岗就业，兜牢民生底线，为推进结构性改革营造和谐稳定的社会

① 《中华人民共和国2016年国民经济和社会发展统计公报》中华人民共和国国家统计局(2017年2月28日)。

环境。"《意见》对多渠道分流安置职工、妥善处理劳动关系、加强社会保障衔接等主要问题进行了明确的指导和规范。

为了贯彻上述《意见》以及《国务院关于钢铁行业化解过剩产能实现脱困发展的意见》(国发〔2016〕6号)、《国务院关于煤炭行业化解过剩产能实现脱困发展的意见》(国发〔2016〕7号),人力资源和社会保障部于2016年6月15日制订发布了《化解过剩产能企业职工特别职业培训计划》,决定从2016—2020年,利用5年时间,结合地方政府化解过剩产能工作的总体安排,组织化解过剩产能中企业失业人员和转岗职工参加培训,探索职工培训新模式,完善政策措施和培训服务体系,力争使有培训愿望和需求的企业失业人员和转岗职工都能接受一次相应的政府补贴性职业培训。

2008年1月1日《劳动合同法》正式实施以来,在规范劳动用工行为、保护劳动者合法权益,促进劳动关系和谐问题方面发挥了积极作用,但也因为对合同解除和终止的多方限制,乃至一系列补偿金、赔偿金条款的规定引起了有关劳动力市场灵活性和劳动用工成本的争议。而2012年全国人大常委会对《劳动合同法》的第一次修订集中在对劳务派遣的严格规范上,与社会上愈来愈强的加强劳动力市场灵活性的呼声其实是反向的。受国际金融危机深度发酵的影响,国内经济下行压力越来越大,国有企业普遍面临去产能和结构调整的任务,而许多民营企业则陷入经营困难之中,对用工灵活性和成本的敏感度越来越强,于是"修法"的呼声从企业到学者,最终集于政府人士。前财政部部长楼继伟,曾多次表示需要修改该法律以增强中国劳动力市场的灵活性。2016年3月举行的十二届全国人大四次会议上,多名人大代表提交了10件《关于修改劳动合同法的议案》。11月7日,十二届全国人大常委会第二十四次会议将《劳动合同法》的再次修订提上议程。负责再次修订前期工作的人社部表示,劳动合同法实施中围绕立法宗旨、无固定期限劳动合同、经济补偿金等内容存在一些争议,下一步将就无固定期限劳动合同等内容进行全面评估,在调研评估的基础上提出修改劳动合同法的建议。

其他劳动关系立法与政策方面,为规范人力资源市场活动,促进人力资源合理流动和优化配置,根据《中华人民共和国就业促进法》等法律,人力资源和社会保障部在广泛征求有关部门和地方意见的基础上,又多次召开由专家学者、地方人社部门负责同志、人力资源服务机构有关人员参加的座谈会、论证会,并赴北京、江苏等地进行了专题调研,在此基础上,经过反复研究、修改,研究起草了《人力资源市场条例(征求意见稿)》,并于2016年8月向社会公开征求意见。

拖欠农民工工资多年来是劳动关系领域的一个老大难问题,虽历经治理,但仍未得到根本解决,部分行业特别是工程建设领域拖欠工资问题仍较突出,一些政府投资工程项目不同程度存在拖欠农民工工资问题,严重侵害了农民工合法权益,由此引发的群体性事件时有发生,影响社会稳定。为全面治理拖欠农民工工资问题,国务院办公厅于2016年1月17日发布了《关于全面治理拖欠农民工工资问题的意见》(国办发〔2016〕1号)。

2016年9月1日,为贯彻落实《中共中央国务院关于构建和谐劳动关系的意见》和上面提到的国办发的全面治理拖欠农民工工资的《意见》要求,加强对重大劳动保障违法行为的惩戒,强化社会舆论监督,促进用人单位遵守劳动保障法律、法规和规章,人社部以"部令29号"的形式颁布了《重大劳动保障违法行为社会公布办法》(简称《办法》)。该《办法》共13条,自2017年1月1日起施行。

二、劳动力市场总体保持平稳

整体来看,2016年劳动力市场供不应求,就业形势稳中向好,但结构性矛盾突出。国内劳动力市场需求略大于劳动力供给,但从区域劳动力竞争程度来看,存在"东紧西松"的用工差异,西部用人缺口扩大。分区域来看,西部地区用工需求最大、招工难度有所增加,东、中部地区求职竞争程度在增加。新一线及以下城市用人需求涨幅明显,一线城市人才市场饱和,竞争更趋激烈。分行业来看,传统制造业、服务行业用人需求高,科技及金融行业人才相对紧缺。同时,对具有技术等级和专业技术职称的人才需求增加明显。

(一)劳动市场需求略大于供给,用人需求和求职人数实现"双增长"

2016年第四季度,劳动市场需求略大于供给,与上年同期和上季度相比，市场供求人数同比和环比均有所减少。从供求对比看，用人单位通过公共就业服务机构招聘各类人员约433.5万人，进入市场的求职者约384.5万人，岗位空缺与求职人数的比率约为1.13，比上年同期和上季度均上升0.03，市场需求略大于供给。从供求总量看，与上年同期相比，本季度的需求人数和求职人数分别减少了17.2万人和27.5万人，各下降了4.0%和7.1%。与上季度相比，本季度的需求人数和求职人数分别减少了43.6万人和46.6万人，各下降了9.6%和11.3%。

从劳动市场岗位供求比变化趋势看，2015年以来，岗位空缺与求职人数比率总体呈现波动式变化。从2016年二季度以来，岗位空缺与求职人数比率呈现明显上升态势，反映出国内就业形势整体趋好。

（二）东、中、西三大区域市场岗位供求比依次递增，西部用人缺口扩大

从岗位供求比来看，东、中、西三大区域市场需求均略大于供给。与上年同期相比，中部地区市场供求人数有所增长，东、西部地区市场的供求人数均有所下降。与上季度相比，东、中、西三大区域市场供求人数均呈下降趋势。东、中、西部市场岗位空缺与求职人数的比率分别为1.09、1.15、1.21。与上年同期相比，东部地区市场用人需求和求职人数分别减少了19.7万人和21.6万人，各下降了7.8%和9.2%；中部地区市场用人需求和求职人数分别增加了11万人和5.3万人，各增长了12.2%和6.7%；西部地区市场用人需求和求职人数分别减少了8.5万人和11.2万人，各下降了10.1%和15.1%。与上季度相比，东部地区市场需求人数和求职人数分别减少了16.9万人和18.2万人，各下降了6.9%和8.0%；中部地区市场需求人数和求职人数分别减少了11.5万人和14.7万人，各下降了9.2%和13.1%；西部地区市场需求人数和求职人数分别减少了15.2万人和13.7万人，各下降了18.0%和19.2%。

（三）制造业、住宿和餐饮业、批发和零售业、居民服务和其他服务业、租赁和商务服务业等行业的用人需求减少较多

从行业需求看，82.1%的企业用人需求集中在制造业（33.2%）、批发和零售业（13.0%）、住宿和餐饮业（9.9%）、居民服务和其他服务业（9.9%）、租赁和商务服务业（7.0%）、信息传输计算机服务和软件业（4.9%）、建筑业（4.2%）等行业。

与上年同期相比，金融业（32.4%）、农林牧渔业（27.2%）、文化体育和娱乐业（23.2%）、电力煤气及水的生产和供应业（19.9%）、建筑业（7.8%）等行业的用人需求有所增长；交通运输仓储和邮政业（－15.4%）、住宿和餐饮业（－12.2%）、批发和零售业（－11.1%）、房地产业（－9.1%）、居民服务和其他服务业（－8.0%）、租赁和商务服务业（－5.2%）、制造业（－5.1%）等行业的用人需求有所减少。

与上季度相比，除了金融业、公共管理与社会组织、科学研究、技术服务和地质勘查业、国际组织等行业的用人需求略有增长外，其他行业的用人需求均有所减少。其中，减少人数较多的行业有住宿和餐饮业（－15.4%）、批发和零售业（－14.7%）、建筑业（－11.5%）、居民服务和其他服务业（－10.3%）、制造业（－9.2%）、信息传输计算机服务和软件业（－8.4%）、租赁和商务服务业（－3.6%）。

（四）市场对具有技术等级和专业技术职称劳动者的需求均大于供给

与上年同期相比，对高级技师、高级技能的用人需求有所增长，对其他各类技术等级和专业技术职务的用人需求均有所减少；与上季度相比，对各类技术等级和专业技术职务的用人需求均有所减少。

从需求看，54.2%的市场用人需求对劳动者的技术等级或专业技术职称有明确要求。其中，对技术等级有要求的占34.5%，对专业技术职称有要求的占19.7%。从求职看，54.0%的市场求职者都具有一定技术等级或专业技术职称。其中，具有一定技术等级的占35.7%，具有一定专业技术职称的占18.3%。从供求状况对比看，各技术等级和专业技术职称的岗位空缺与求职人数的比率均大于1。其中，高级工程师、高级技能、高级技师岗位空缺与求职人数的比率较大，分别为2.27、2.02、1.95。

与上年同期相比，从技术等级看，除对高级技师（6.1%）、高级技能（5.5%）的用人需求有所增长外，对其他技术等级的用人需求均有所减少。从专业技术职称看，对初级（-15.0%）、中级（-10.4%）、高级（-17.7%）专业技术职称的用人需求均有所减少。

与上季度相比，从技术等级看，对各类技术等级人员的需求均有所减少，其中，对高级技师（-12.5%）、技师（-11.4%）的用人需求下降幅度较大。从专业技术职称看，对初级（-9.7%）、中级（-10.9%）、高级（-15.2%）专业技术职称的用人需求均有所减少。

（五）劳动力人口目前充裕但呈现下降趋势

2016年年底，全国总人口达138 271万人，比上年增加809万人。值得注意的是，在中国人口总量逐年平稳增长的同时，中国劳动年龄人口数量、劳动年龄人口占总人口比重均出现连年下滑。根据国家统计局发布数据，2012年中国15～59岁人口占总人口的比重为69.2%，比上一年减少345万人，下降0.6%，系中国劳动年龄人口数量首次出现下降。2016年全国劳动年龄人口下降至90 747万人，占总人口的比重为65.6%，中国劳动市场上的人口红利正在逐渐减少。

与劳动年龄人口减少并存的，是老龄化程度的持续加深。根据国家统计局数据统计，2016年60周岁及以上人口为23 086万人，占总人口的16.7%，比上年提高了0.6个百分点；65周岁及以上人口为15 003万人，占总人口的10.8%，比上年提高0.3个百分点。

总体上看，未来劳动力量将逐步减少。虽然目前中国劳动力供给并没有减少，劳动力数量仍然充裕，但是未来供给总量会有减少趋势，将对劳动力市场造成深远影响。

三、企业劳动用工管理日益规范

2016年，相关劳动用工管理政策和法律不断完善，劳动协调机制更为健全，企业劳动用工管理更为规范，劳动保障不断完善，新的用工形式层出不穷，灵活用工发展迅速，部分地区推动“机器换人”，员工流动性有所增强。

（一）相关政策法律不断完善，劳动合同签订率逐步提高

中国企业用工管理在政策法律上不断规范，企业用工行为进一步规范，制度建设取得积极效果，劳动关系法律体系进一步健全。人力资源和社会保障部于2016年9月1日发布的《重大劳动保障违法行为社会公布办法》于2017年1月1日开始施行，加强对重大劳动保障违法行为的惩戒，强化社会舆论监督，促进用人单位遵守劳动保障法律、法规和规章。各地相继出台了关于进一步构建和谐劳动关系的意见：浙江等地对拖欠劳动者工资行为进行了曝光并出台了相关治理措施；河北、山西等地出台去产能企业职工安置相关政策，保障相关职工的权益；浙江、江西等多地出台《女职工劳动保护特别规定》，确保女职工在劳动过程中的安全与健康。中央和地方还积极推进劳动合同签订和履行、集体合同制度，2017年1月1日起施行的《重庆市集体合同条例》更是引入了第三方协调机制，完善了集体协商的配套制度。各项法律法规和政策的出台保障了职工的合法权益。

劳动合同签订率和履行质量不断提高，集体合同制度稳步推进。根据国家统计局数据显示，2016年，各类企业就业人员劳动合同签订率保持基本稳定，合同签订率达90.0%以上，其中签订无固定期（长期）劳动合同比重达到了26.8%，比2012年提高3.5个百分点。在集体合同签订上，截至2016年年底，全国经人力资源和社会保障部门审查并在有效期内的集体合同累计为191万份、覆盖企业341万户、在职员工近1.8亿人。根据各地目前已公布的数据来看，2017年上半年北京、河北、云南、吉林、广西、河南等省（自治区、直辖市）劳动合同签订率皆在90.0%以上，其中河北省同比增长4.0个百分点，云南省同比增长8.6个百分点，吉林、宁夏等省（自治区）集体合同签订率也维持在高位水平。

（二）民主管理更加健全，劳动保障不断完善

2016年中华全国总工会发布《关于深入推进非公有制企业民主管理工作的意见》。推动全国非公有制企业建立健全以职工代表大会（或职工大会，简称职代会）为基本形式的民主管理制度，大力推进非公有制企业民主管理制度化、规范化建设，不断丰富非公有制企业民主管理工作内容，切实提高非公有制企业民主管理工作实效，进一步促进非公有制经

济健康发展、构建中国特色和谐劳动关系。目前全国已建基层工会 282.9 万个，覆盖职工会员约 3.0 亿人，其中农民工会员近 1.4 亿人。已有 515.4 万家企事业单位健全以职代会为基本形式的民主管理制度，覆盖 2.5 亿名职工；17 万家企业建立职工董事制度，16.5 万家企业建立职工监事制度。各地还积极探索民主管理的新模式，如上海浦东新区总工会下发了《关于推进浦东新区非公有制企业民主管理工作的若干意见》，探索群团组织联动，以“工会 + 商会”的形式携手推进非公企业民主管理，提出到 2019 年实现工商联会员企业职代会建制率达 90.0% 以上。此外，已就业进城农民工加入工会组织的占比提高，但入会比例仍较低。《2016 年农民工监测调查报告》显示，到 2016 年年底，加入工会的进城农民工占已就业的进城农民工的比重为 11.2%，比上年提高 1.3 个百分点。但在加入工会的农民工中，经常参加工会活动的占 21.3%，比上年下降 1.0 个百分点；偶尔参加的占 62.1%，比上年提高 0.4 个百分点；没参加过的占 16.6%，比上年提高 0.6 个百分点。

（三）“互联网 + 新业态”推动就业和用工形态多样化，灵活用工发展迅速

在国内经济增长回落、部分企业发展乏力的当下，企业越来越倾向增加灵活用工数量，通过商业意外险来降低企业的用工风险和用工成本。同时，国内用工环境也更趋市场化，伴随“互联网 + ”战略的推动，新技术、新产业、新业态、新模式蓬勃发展，以滴滴为代表的互联网共享经济模式开始在餐饮、家装、洗车、美甲、代驾、零售等行业复制，创造了大量的就业岗位，产生了网络主播、网约车司机等新型劳动关系，劳动关系也更为多样自由。此外，《劳务派遣暂行规定》于 2016 年结束两年过渡期，《规定》要求企业使用的被派遣劳动者数量不得超过用工总量的 10.0%，劳务派遣被限制，客观上推动了业务外包、非全日制用工等企业弹性用工需求服务兴起。灵活用工包括劳务外包、临时性用工和项目制用工等非全日制合同用工。据有关调查显示，中国社会中基层就业人群中有 55.0% 的人更喜欢临时性的工作，越来越多的年轻人选择灵活就业，灵活用工就业群体基本上为社会的中基层人士，以青壮年、低收入群体为主，以兼职、临工实现创收。根据相关统计，目前中国灵活用工人员比例仅为 1.0%，但增长迅速，2012—2016 年中国灵活用工市场年均复合增长率约为 16.0%，2016 年市场规模达到约 260.5 亿元人民币，预计 2017 年市场规模将达到 318.5 亿元人民币。

同时，工业机器人在企业控制人工成本中发挥越来越重要的作用，机器人市场发展迅速。随着中国产业结构深刻调整、人口红利的消失，企业用工成本不断上升，加上大数据、人工智能的快速崛起，推动了一些地区生产线以“机器换人”来控制人工成本、提高效率，生产的高度自动化和智能化带来企业用工的深刻变革。生产的高度自动化和智能化直接带来用人数量的下降。2014—2016 年，东莞实施“机器换人”三年行动计划，自 2014 年 9 月至今，相对减少用工近 20 万人，单位产品成本平均下降 9.4%。富士康也拟通过三阶段实现其在中国工厂的完全自动化生产，完成人不愿做或较危险的工作，未来仅需要少数工作人员处理物流、质检等工作。

四、企业职工工资水平保持稳定增长

工资收入分配制度更趋完善，社会保障制度取得突破性进展，但工资与福利的地域、行业及岗位差距仍然较大。

（一）工资持续提高，东部地区仍然领先，东西部增速最快，行业差距仍然明显

2016 年全国城镇非私营单位就业人员年平均工资为 67 569 元，与 2015 年的 62 029 元相比，增加了 5 540 元，同比名义增长 8.9%，增速比 2015 年回落 1.2 个百分点。扣除物价因素，2016 年全国城镇非私营单位就业人员年平均工资实际增长 6.7%。

分四大区域看，2016 年城镇非私营单位就业人员年平均工资由高到低依次是东部、西部、中部和东北地区，分别为 77 013 元、62 453 元、55 299 元和 54 872 元，同比名义增长率由高到低依次为东部 9.1%、西部 9.0%、中部 8.8% 和东北地区 7.5%。最高和最低区域的平均工资之比为 1.4，比上年扩大 0.01。

分行业门类看，年平均工资最高的三个行业分别是信息传输、软件和信息技术服务业 122 478 元，金融业 117 418 元，科学研究和技术服务业 96 638 元，分别为全国平均水平的 1.8 倍、1.7 倍和 1.4 倍。年平均工资最低的三个行业分别是农林牧渔业 33 612元，住宿和餐饮业 43 382 元，居民服务、修理和其他服务业 47 577 元，分别为全国平均水平的 50.0%、64.0% 和 70.0%。最高与最低行业平均工资之比为 3.64，与 2015 年的 3.59 相比，差距略有扩大。

从平均工资的增长速度来看，增速最高的三个行业依次为公共管理社会保障和社会组织、教育以及卫生和社会工作，增长率分别为 13.9%、11.9% 和 11.7%。增速最低的三个行业依次为采矿业、金融业以及农林牧渔业，增长率分别为 1.9%、2.3% 和 5.2%。全部 19 个行业门类中，有 6 个行业的平均工资增速高于全国平均水平。

分登记注册类型看，年平均工资最高的三个企业类型分别是外商投资企业 82 902 元，股份有限公司 78 285 元，国有企业 72 538 元，分别为全国平均水平的 1.23 倍、1.16 倍和 1.07 倍。年平均工资最低的是其他内资企业 49 759 元，为全国平均水平的 74.0%。

从平均工资的增长速度来看，国有企业增速最高，同比增长 11.1%。联营企业增速最低，同比增长 5.4%。除国有、股份合作以及港澳台商投资企业以外，其余类型企业的平均工资增速均低于全国平均水平。

（二）各地最低工资调整逐渐回归理性，全年仅有 9 地区调整了最低工资标准

中国经济进入新常态，人工成本上涨较快，企业压力加大，再加上最近几年各地最低工资提升幅度比较大，频率也比较快，物价水平也保持低位运行，因此，2016 年各地对合理调整最低工资标准的呼声越来越多。人社部公布的数据显示，2016 年全国有 9 个地区调整了最低工资标准。调整之后，上海月最低工资标准达 2 190 元，为全国最高。小时最低工资标准最高的为北京，达 21 元。

各地的最低工资分为不同的档位，其中，北京市、天津市、上海市、深圳市、西藏自治区的最低工资均为同一档，而黑龙江省的最低工资分的档位最多，共分为 5 档，第一档为 1 480 元，第五档为 1 030 元。

（三）19 省份公布了工资指导线，注重引导低收入群体的工资水平

截至 2016 年年底，19 个省（自治区、直辖市）2016 年企业工资指导线已经出炉，分别是海南、贵州、天津、北京、上海、内蒙古、甘肃、河北、四川、山东、云南、广西、福建、新疆、江西、宁夏、青海、山西及陕西。从基准线来看，海南省的企业工资增长基准线为 10.4%，居 19 个省份之首；贵州省次之，企业工资增长的基准线为 10.0%；其后为天津、北京、上海等（直辖市），企业工资增长的基准线均为 9.0%。从基准线变动看，19 个省（自治区、直辖市）中，宁夏回族自治区工资增长基准线下调最多，达 5.0%，2016 年工资指导线的下限为零增长。除此之外，新疆维吾尔自治区及江西省下调幅度均为 4.0%。从上线来看，江西省、宁夏回族自治区企业工资增长不设上线，参考国家统计局此前公布的 2016 年三季度城镇居民收入水平，两者城镇人均收入分别为20 848 元、19 334 元。城镇人均收入近 3 万元的天津市，2016 年工资增长上线为 16.0%。此外，贵州省及北京市上线均为 15.0%。从下线来看，宁夏回族自治区以“零增长”，列 19 个省份中下线之最（低）；福建省次之，下线为 2.0%。此外，包括天津市、内蒙古自治区、山东省、四川省在内的 11 个省份下线为 3.0%。

（四）行业集体协商力度加大，集体协商指导员队伍建设不断加强

截至 2016 年年底，全国签订集体合同 242.2 万份，覆盖企业 679.4 万家，覆盖职工 2.9 亿人。与此同时，集体协商内容也日渐丰富完善，既协商工资增幅、最低工资、工种指导价等基本内容，又涵盖劳动条件、用工管理、后勤福利等拓展内容。30 个省级工会和新疆生产建设兵团工会已建工会企业集体协商建制率均达到 80.0% 以上，百人以上建会企业建制率均达到 90.0% 以上。各地在推动健全完善职工工资决定和正常增长机制，促进职工工资正常增长的同时，根据职工群众的需求变化，努力拓展集体协商范围和内容。截至2016年年底，全国共签订行业集体合同25.7万份，覆盖企业134.8万家，覆盖职工4 328.9万人。行业集体协商的覆盖面不断拓展，从原来较为集中的餐饮、建材、机械等传统行业，逐步向电子信息、教育医疗、银行金融等行业延伸。20个省（自治区、直辖市）将集体协商工作纳入地方党政目标考核体系，31个省级协调劳动关系三方实现了“联合行动”。全国已有29个省（自治区、直辖市）人大或政府出台了40部集体协商地方性法规或政府规章，15个省（自治区、直辖市）颁布了工资集体协商条例或政府规章。截至2016年年底，全国共有集体协商指导员15万人，其中专职指导员5 464人，省、市、县（区）三级集体协商指导员体系已经基本建成。

（五）农民工权益保障仍有待加强，被拖欠工资的农民工比重有所下降

针对农民工权益保障问题，主要有以下特点：一是超时劳动情况有所改善。农民工年从业时间平均为10个月，月从业时间平均为24.9天，日从业时间平均为8.5个小时，均与上年持平。日从业时间超过8小时的农民工占64.4%，周从业时间超过44小时的农民工占78.4%，分别比上年下降0.4和1.0个百分点。其中，外出农民工日工作超过8小时和周工作超过44小时的比重比上年分别下降1.8和0.6个百分点，超时劳动情况改善比较明显。二是签订劳动合同的农民工比重下降。2016年与雇主或单位签订了劳动合同的农民工比重为35.1%，比上年下降1.1个百分点。其中，外出农民工与雇主或单位签订劳动合同的比重为38.2%，比上年下降1.5个百分点；本地农民工与雇主或单位签订劳动合同的比重为31.4%，比上年下降0.3个百分点。三是被拖欠工资的农民工比重下降。2016年被拖欠工资的农民工人数为236.9万人，比上年减少38.9万人，下降14.1%。被拖欠工资的农民工比重为0.84%，比上年下降0.15个百分点。2013年以来，被拖欠工资的农民工比重均在1.0%以下，但是年度之间有波动。2013—2015年被拖欠工资的农民工比重分别为1.0%、0.76%和0.99%。其中，2015年农民工工资拖欠的情况反弹，被拖欠工资的农民工比重比2014年提高0.23个百分点。2016年，被拖欠工资的农民工人均拖欠11 433元，比上年增加1 645元，增长16.8%。其中，被拖欠工资的外出农民工人均拖欠11 941元，比上年增加1 249元，增长11.7%；被拖欠工资的本地农民工人均拖欠10 518元，比上年增加1 851元，增长21.4%。2016年被拖欠的工资总额为270.9亿元，比上年增加0.9亿元，增长0.3%；与2015年被拖欠的工资总额增长35.8%相比，拖欠情况出现好转。从农民工比较集中的几个行业看，2016年制造业、建筑业、批发和零售业、交通运输仓储和邮政业被拖欠工资的农民工比重分别为0.6%、1.8%、0.2%和0.4%，分别比上年下降0.2、0.2、0.1和0.3个百分点。居民服务、修理和其他服务业被拖欠工资的农民工比重有所上升，2016年为0.6%，较上年上升0.3个百分点。

五、劳动争议处理难度加大

通过对全国劳动争议案件数量、行业分布、审理程序、员工人数、争议类型、裁判结果等不同方面进行分析研究，中国2016年劳动争议具有三个主要特点：

（一）劳动争议数量增加与争议处理难度加大，仲裁机构与基层法院工作负荷加重

首先，近年来，劳动争议数量不断增加，并且受行业景气状况影响仍有上升趋势。劳动人事争议主要集中于制造业、建筑业、采矿业和房地产业等劳动密集型行业。这些行业多数是当前发展不景气、或是处于调控转型期的行业。行业不景气导致企业压力大、生产经营困难，进而引发劳动合同解除或经济性裁员。当涉及补偿方案和补偿标准时，极易发生争议。其次，在所涉13 414份判决文书中，一审案件8 527件；基层法院审结8 578件，占比63.95%。这表明有近四成案件在一审程序中不能结案，需要进行二审甚至再审程序。可见，劳动争议案件涉及的劳动矛盾激烈、调解难度大，基层法院案件审判的工作压力繁重。

（二）农民工群体面临劳动争议时权益保障存在不足

劳动人事争议案件中，农民工诉讼主体占比较少，仅为3.4%。虽说有立法保护，但是由于各方面因素的影响，作为劳动市场中的弱势群体，农民工合法权益得不到保障主要受两个方面影响：一方面，农民工所学知识有限，生活相对闭塞，维权意识和能力较差。当个人合法权益被侵犯时，没有意识或能力寻求劳动争议仲裁或诉讼途径来解决问题；另一方面，农民工劳动合同签订率低，易陷入维权困境。由于法律观念淡漠，农民工很少主动和用人单位签订劳动合同，也存在用人单位不签劳动合同的现象。此外，中国实行“一调、一裁、两审”的劳动争议处理机制，一个劳动争议案件可能需要一年多的处理时间，农民工无论是时间、费用、精力上，都很难完成这漫长的维权之路。另外，《劳动法》第82条规定，提出仲裁要求的一方应当自劳动争议发生之日起60日内向劳动争议仲裁委员会提出书面申请。现实中大量的农民工未能及时认识到自己的权益遭到侵犯，导致超过了仲裁时效而无法申请维权。

（三）新兴行业劳动争议处理面临挑战

近年来，一些“互联网+”相关行业劳动争议开始出现，并且增长迅速。主要原因在于：一是新兴行业发展快、人员流入多，客观上造成劳动争议数量增多；二是“互联网+”从业人员多数工作场所不固定，人员更迭频繁，劳动关系错综复杂，极易引发劳动人事争议；三是企业用工管理不规范、规章制度可能存在缺失、管理水平跟不上新兴行业的发展步伐。新兴行业劳动争议处理工作面临着劳动关系认定难、证据认定难等困境。一方面，不少新兴行业利用互联网信息平台将社会闲置的人力资源调动起来为社会提供服务，其从业人员和用人主体之间的关系松散、相关的社会保险等权益缺乏保障。新兴行业从业人员签订劳动合同的意识差，加大了劳动关系的认定难度。在发生劳动争议时，职工举证困难，常因证据不足而处于不利位置；另一方面，新兴行业从业人员多数通过互联网开展业务，没有固定的工作场所，单位无法对其进行直接监管。一旦职工发生违纪行为，单位只能提供电子证据，而电子证据可信度差，认定职工违纪事实的难度大。劳动仲裁庭在认定这些证据的时候也有难度。

六、协调劳动关系三方机制逐步健全

2016年，国家协调劳动关系三方会议全面贯彻党的十八大和十八届三中、四中、五中、六中全会精神，深入贯彻习近平总书记系列重要讲话精神和中央、国务院关于构建和谐劳动关系的一系列部署，加强成员单位间的沟通合作，充分发挥各自职能作用，稳妥做好供给侧结构性改革中的劳动关系处理工作，积极预防和化解劳动关系领域的突出矛盾，加快构建中国特色和谐劳动关系体制机制，总体保持了劳动关系和谐稳定。

（一）全面贯彻落实《关于构建和谐劳动关系的意见》

指导和推动各地出台实施意见并做好贯彻落实工作。目前，31个省份和新疆生产建设兵团全部出台贯彻落实文件。组成联合调研组赴5个省份对地方贯彻落实中央文件情况开展调研督导。及时总结地方的创新做法和典型经验，通过《三方信息交流》以及各成员单位的报纸、网站等予以宣传推广。按照中央文件的分工方案，督促中央有关部门和单位抓紧贯彻落实，并及时报送工作进展情况。

（二）稳妥做好化解过剩产能中劳动关系处理工作

下发《人力资源社会保障部关于在化解钢铁煤炭行业过剩产能实现脱困发展过程中做好职工安置工作的意见》《人力资源社会保障部办公厅关于印发化解过剩产能职工安置工作中突发事件预防和应急处置预案的通知》。指导各地认真落实化解钢铁、煤炭行业过剩产能过程中做好职工安置工作的有关文件，完善分类处理劳动关系的政策措施，强化思想引领，做好政策宣讲，督促企业依法妥善处理职工劳动关系，健全应急处置工作机制，预防和妥善应对职工分流安置过程中出现的突发性事件。同时，密切关注其他行业劳动关系矛盾和风险隐患，加强劳动关系形势动态监测，健全成员单位间劳动关系信息共享机制，召开办公室主任会议每半年对劳动关系形势进行分析研判。

（三）继续加强劳动关系立法和劳动关系问题研究

深入开展增强劳动力市场灵活性相关研究，对劳动合同法实施情况进行全面评估，为适时修改劳动合同法做好基础性工作。对婚丧假调整有关问题进行研究，提出上报国务院的意见。出台了《重大劳动保障违法行为社会公布办法》，研究修订《劳动人事争议仲裁办案规则》和《劳动人事争议仲裁组织规则》，起草《关于进一步加强劳动人事争议调解仲裁完善多元处理机制的意见》。推进劳动定额定员标准化研究，制定煤矿井下作业人员工作时间消耗与分类指导标准（试行）。各成员单位积极开展平台经济对劳动关系的影响、中国劳动力成本状况、最低工资标准调整、深化国有企业改革有关问题、财贸轻纺烟草行业劳动关系状况、工会法若干理论问题研究等课题研究。

（四）深入推进集体合同制度实施

继续指导各地深入推进实施集体合同制度攻坚计划，通过推动各地将集体协商纳入党政工作考核体系，加强集体协商立法，开展要约行动，建立集体协商指导员队伍，开展行业集体协商，积极培育典型等，不断巩固和提高集体合同签订率，提升集体协商质量，增强集体协商实效。举办集体协商培训班，编印《集体协商典型案例分析（2016）》等，加强经验交流和典型示范，组成联合调研组加强调研督导，及时对攻坚计划完成情况进行总结评估。2016 年，全国经人力资源社会保障部门审核备案的集体合同 191 万份，涉及职工约 1.8 亿人。

（五）进一步完善企业工资分配宏观指导调控体系

指导各地充分发挥三方机制在调整最低工资标准中的作用，稳慎做好最低工资标准调整工作。2016 年，全国共有 9 个地区调整了最低工资标准，平均增幅 10.7%，比上年同期 20 个地区 13.0% 的增幅降低了 2.3 个百分点。健全企业工资指导线制度，共有 20 个省份发布了工资指导线，基准线在 8.0% 左右。

（六）不断加大劳动关系矛盾调处力度

指导各地贯彻落实《关于加强专业性劳动争议调解工作的意见》，加强调解组织、制度、队伍和基础保健建设。完善企业劳动争议调解制度，总结验收第二批国有企业劳动争议预防调解示范工作，启动第二批非公有制企业劳动争议预防调解示范工作。加强调解员和仲裁员队伍建设，举办非公有制企业劳动争议预防调解师资培训班、工会劳动人事争议调解员兼仲裁员培训班等。指导各级劳动人事争议调解仲裁机构加大案件处理力度。2016 年，全国各地劳动人事争议仲裁机构立案受理劳动人事争议案件 82.9 万件，同比增长 1.8%。密切关注沃尔玛（中国）实行人力资源管理制度改革等引发的集体停工和群体性事件，指导各级三方及时采取有效措施，予以妥善处置。切实做好 2016 年元旦、春节前保障农民工工资支付工作。

（七）逐步健全协调劳动关系三方机制

通过召开座谈会、调研等方式，开展健全中国特色协调劳动关系三方机制研究。指导 11 个省份建立协调劳动关系三方委员会，由省级政府领导担任主任，进一步加强了组织领导。推动各地继续探索完善三方机制的运行机制和职能，充分发挥三方机制在构建和谐劳动关系中的作用。指导各地继续深入开展和谐劳动关系创建活动，11 个省份已将和谐创建表彰纳入省级表彰目录。同时，国家协调劳动关系三方会议继续加强自身建设。三方办公室根据 2016 年工作要点制定重点工作调度表，分解工作任务，明确时间进度安排。召开 2 次办公室主任会议，加强工作调度，交流信息，分析研判形势，研究解决劳动关系有关问题。健全成员单位间信息交流和课题研究成果共享机制。加强对地方工作的指导，编写 10 期信息交流。

此外，国家协调劳动关系三方加大在开展劳动关系法律普法宣传、推动法律落实、推进劳动合同制度实施、加强女职工劳动保护以及夏季高温天气劳动保护、落实带薪年休假制度等方面的工作力度，加强与国际劳工组织等多、双边交流合作，取得明显成效。

（撰稿：周　欣）

2016 年人力资源和社会保障工作综述

国家人力资源和社会保障部政策研究室

2016 年是党和国家各项事业开创新局面的重要一年。面对错综复杂的国际环境和艰巨繁重的国内改革发展稳定任务，全国人力资源社会保障系统认真贯彻党中央、国务院决策部署，履职尽责，勇于担当，改革创新，主动作为，各项工作都取得了新的进展。

一、就业形势保持总体稳定

（一）就业目标全面完成

在经济下行压力加大、化解过剩产能任务艰巨、城镇新成长劳动力增多的情况下，始终将保持就业形势稳定作为头等大事，深入实施就业优先战略和更加积极的就业政策，加强工作调度和督促检查，稳住了就业基本盘。2016 年全国城镇新增就业达到 1 314万人，年末城镇登记失业率 4.0%，全面完成城镇新增就业 1 000 万人以上、城镇登记失业率控制在 4.5% 以内的目标。

（二）高校毕业生等重点群体就业工作取得新进展

人力资源和社会保障部、教育部印发了《关于实施高校毕业生就业创业促进计划的通知》（人社部发〔2016〕100 号），加强部门协同、信息共享、工作对接，把有就业创业意愿的毕业生全部纳入就业创业促进计划。中共中央办公厅、国务院办公厅印发《关于进一步引导和鼓励高校毕业生到基层工作的意见的通知》（中办发〔2016〕79 号），中央组织部、人力资源和社会保障部等九部门印发《关于实施第三轮高校毕业生“三支一扶”计划的通知》（人社部发〔2016〕41 号），进一步加大了为基层输送和培养青年人才的力度。通过综合施策，基本实现应届高校毕业生就业水平不降低的目标。人力资源和社会保障部、国家发改委等七部门印发了《关于在化解钢铁煤炭行业过剩产能实现脱困发展过程中做好职工安置工作的意见》（人社部发〔2016〕32 号），明确了企业内部挖潜、转岗就业创业、允许内部退养、公益性岗位兜底等职工安置渠道，扎实做好建立工作机制、摸清底数、强化服务、加强分类指导、预防和处置突发事件等工作，职工安置工作平稳有序。加强就业援助，确保零就业家庭实现动态清零。深入实施《鼓励农民工等人员返乡创业三年行动计划纲要（2015—2017 年）》，促进更多农民工返乡就业创业。人力资源和社会保障部、财政部、扶贫办印发了《关于切实做好就业扶贫工作的指导意见》（人社部发〔2016〕119 号），通过开发岗位、劳务协作、技能培训、就业服务、权益维护等措施，扎实做好农村贫困劳动力转移就业工作。

（三）加大职业培训工作力度

人力资源和社会保障部印发了《关于实施化解过剩产能企业职工特别职业培训计划的通知》（人社部发〔2016〕52 号），组织转岗职工参加有针对性的职业培训，帮助其提高转岗就业创业能力。人力资源和社会保障部、农业部等五部门联合印发了《关于实施农民工等人员返乡创业培训五年行动计划（2016—2020 年）的通知》（人社厅发〔2016〕90 号），进一步推动农民工、建档立卡贫困人口、大学生和退役士兵等人员返乡创业培训工作。经过努力，全年完成政府补贴性职业培训约 2 000 万人次，其中农民工培训 800 万人次。

（四）强化公共就业服务

人力资源和社会保障部印发了《关于加快推进公共就业服务信息化建设和应用工作的指导意见》（人社厅发〔2016〕159 号），将就业创业工作的新目标、服务对象的新需求和信息技术的新发展深度融合，不断提升就业服务和管理能力。开展就业援助月、春风行动、民营企业招聘周、高校毕业生就业服务月、大中城市联合招聘等专项活动，有针对性地为各类群体和用人单位提供就业服务。举办双创活动周、“中国创翼”青年创业创新大赛等活动，在全社会营造良好创业创新氛围。人力资源和社会保障部印发了《关于“先照后证”改革后加强人力资源市场事中事后监管的意见》（人社部发〔2016〕49 号），进一步发挥市场在促进就业中的作用。

二、社会保障体系建设取得新进展

（一）社会保障制度建设加快推进

全面实施机关事业单位养老保险制度。国务院印发了《关于整合城乡居民基本医疗保险制度的意见》（国发〔2016〕3 号），30 个省份和新疆生产建设兵团出台整合制度相关文件，积极推动“六个统一”和管理体制整合，制度运行总体平稳。认真落实全国卫生与健康大会精神，人力资源和社会保障部印发了《关于积极推动医疗、医保、医药联动改革的指导意见》（人社部发〔2016〕56 号），进一步推动“三医联动”，探索深化医保支付方式改革，更好发挥医保在深化医药卫生体制改革中的基础性作用。研究制订生育保险和医疗保险合并实施的办法。人力资源和社会保障部印发了《关于开展长期护理保险制度试点的指导意见》（人社厅发〔2016〕80 号），在部分城市开展长期护理保险制度试点。

（二）完成社会保险扩面征缴任务

深入实施全民参保计划，积极开展扩面征缴工作，截至 2016 年年底，基本养老、城镇基本医疗、失业、工伤、生育保险参保人数分别达到 8.9 亿人、7.4 亿人、1.8 亿人、2.2 亿人、1.8 亿人，同比分别增加 2 943万人、7 810 万人、763 万人、457 万人、680 万人。社会保险基金收支总体平衡，2016 年全国五项社会保险基金总收入为 53 000 亿元，总支出为 47 000亿元，分别比 2015 年年底增加 7 551 亿元、7 900亿元。社会保障卡持卡人数超过 9.6 亿人。中国在覆盖城乡社会保障体系建设中取得的成就获得国际社会充分肯定和高度评价，国际社会保障协会授予中国政府“社会保障杰出成就奖”。

（三）社会保险费率适当降低、待遇水平稳步提高

围绕促进实体经济发展、帮助企业降低成本，在 2015 年降低失业、工伤、生育保险费率的基础上，经国务院常务会议审议通过，人力资源和社会保障部、财政部印发了《关于阶段性降低社会保险费率的通知》（人社部发〔2016〕36 号），再次阶段性降低养老保险单位缴费费率和失业保险费率。按照国务院部署，第一次实现企业和机关事业单位退休人员养老金待遇同步调整，1 亿多退休人员受益。城乡居民医保政府补助水平由 2015 年的年人均 380 元提高到 420 元。推进大病保险全覆盖，积极缓解困难群体的大额医疗费用负担。

（四）基金监督管理和经办管理服务进一步加强

人力资源和社会保障部、财政部印发了《职业年金基金管理暂行办法》（人社部发〔2016〕92 号），对管理职责、基金投资、收益分配及费用、计划管理及信息披露、监督检查等作出明确规定，进一步规范职业年金基金管理。推进基金监督行政执法与刑事司法衔接，加大对社保领域违法犯罪行为惩处力度。基本养老保险基金投资管理正式启动，截至 2016 年年底，6 个省份委托社保基金理事会对基本养老保险基金开展投资运营。社会保险经办管理服务水平不断提高，医保异地就医结算加快推进，截至 2016 年年底，30 个省份实现了省内异地就医持卡结算，全国跨省异地就医直接结算工作取得积极进展。

三、人才队伍建设进一步加强

（一）进一步完善人才体制机制

中共中央办公厅、国务院办公厅印发了《关于深化职称制度改革的意见》，多年来困扰人才工作的评价机制不科学、用人主体自主权落实不够等问题将得到有效化解。人力资源和社会保障部印发了《关于加强基层专业技术人才队伍建设的意见》（人社部发〔2016〕57 号），拓展了基层专业技术人才职业发展空间。按照转变政府职能、推进“放管服”改革要求，继续大幅削减职业资格许可和认定事项，国务院 2016 年取消了 162 项职业资格许可和认定事项，各地也取消

了一批自行设置的职业资格,持续降低人才负担和制度性成本。经国务院批准,人力资源和社会保障部印发了《进一步减少和规范职业资格许可和认定事项改革方案》(人社部发〔2017〕2 号),明确了相关工作任务。正在研究制定国家职业资格目录清单管理制度,职业资格规范化管理将进一步加强。

(二)专业技术人才队伍建设稳步推进

做好政府特殊津贴和国家百千万人才工程人选选拔工作,深入推动万名专家服务基层行动计划,积极开展海外留学人才项目,组织实施专业技术人才知识更新工程,全年完成急需紧缺人才培养和岗位培训 127 万人次,新建 20 个国家级专业技术人员继续教育基地。

(三)技能人才队伍建设进一步加强

实施国家高技能人才振兴计划,开展国家高技能人才培训基地、国家级技能大师工作室和技师培训项目建设。大力弘扬"工匠精神",人力资源和社会保障部隆重表彰了 30 名中华技能大奖获得者和 299 名全国技术能手,国务院领导同志与获奖的技能人才代表进行座谈,听取做好高技能人才工作的意见建议,突出宣传了一批优秀技能人才的典型。首次制定实施技工教育"十三五"规划,技工院校改革发展推向深入,企业新型学徒制试点工作取得积极成效。全年新增高技能人才 290 万人左右。

(四)引进外国人才和智力工作取得新进展

党中央、国务院对加强新形势下引进外国人才工作作出部署,为引才引智改革发展作出顶层设计。启动实施外国人来华工作许可制度(即将"外国人入境就业许可"和"外国专家来华工作许可"整合为"外国人来华工作许可")试点工作。大力实施国家"千人计划"外专项目和高端外国专家项目,完善外国专家管理及留学人员回国服务体系,取得良好效果。

四、人事制度改革进一步深化

(一)公务员队伍建设不断加强

公务员分类管理取得突破,中共中央办公厅、国务院办公厅印发了《专业技术类公务员管理规定(试行)》和《行政执法类公务员管理规定(试行)》,为专业技术类和行政执法类公务员分别建立单独的职务序列和管理制度。研究制定建立公务员职务与职级并行制度的试点意见,这将有效拓宽公务员职业发展空间,进一步调动公务员的积极性主动性。国务院办公厅印发了《关于转发人力资源和社会保障部、国家公务员局"十三五"行政机关公务员培训纲要的通知》(国办发〔2016〕92 号),推进"十三五"行政机关公务员培训工作。中央组织部、人力资源和社会保障部、公务员局印发了《关于推进公务员职业道德建设工程的意见》(人社部发〔2016〕54 号),明确了公务员职业道德的主要内容,进一步规范公务员职业行为。2016 年,全国共招录公务员 19.5 万人。同时,公安机关人民警察招录培养制度改革和公务员聘任制试点稳步推进,公务员考录、公开遴选、平时考核、表彰奖励、培训等工作取得新进展。

(二)事业单位人事管理不断规范

中央组织部、人力资源和社会保障部印发了《关于进一步做好艰苦边远地区县乡事业单位公开招聘工作的通知》(人社部规〔2016〕3 号),着力解决艰苦边远地区吸引留住人才难的问题。经国务院批准,人力资源和社会保障部、中央组织部、中央编办、财政部印发了《关于建立机关事业单位防治"吃空饷"问题长效机制的指导意见》(人社部规〔2016〕6 号),在全国部署建立防治"吃空饷"问题的长效机制。

(三)军转安置任务顺利完成

各地认真贯彻落实中央决策部署,拓宽安置渠道,改进安置办法,确保计划分配军队转业干部安置任务圆满完成。创新军转培训方式,进一步加强自主择业军转干部管理服务工作,大力扶持自主择业干部就业创业,全面完成军转安置工作各项任务。

五、工资收入分配制度改革进一步推进

(一)机关事业单位工资制度改革深入推进

积极稳慎推进机关事业单位收入分配制度改

革，进一步完善机关事业单位工资结构，建立健全基本工资标准正常调整机制。人力资源和社会保障部、财政部完善了艰苦边远地区津贴增长机制，调整了艰苦边远地区津贴标准，进一步提高了艰苦边远地区工资待遇水平。经国务院批准，组织中央有关事业单位实施绩效工资工作。

（二）企业工资管理工作进一步加强

深化国有企业负责人薪酬制度改革工作取得积极进展，中央企业已按照新的制度规定执行，地方国有企业改革稳步推进。国务院办公厅印发了《关于全面治理拖欠农民工工资问题的意见》（国办发〔2016〕1号），加强源头治理，开展专项行动，保障农民工工资支付的长效机制逐步健全。各地根据实际情况稳慎调整最低工资标准。积极开展企业薪酬试调查工作，为正式建立薪酬调查和信息发布制度奠定了基础。

六、劳动关系总体和谐稳定

（一）劳动关系协调工作取得积极进展

深入贯彻落实中央关于构建和谐劳动关系的意见，31个省份和新疆生产建设兵团出台了实施意见。指导去产能企业依法妥善处理分流职工的劳动关系。深入开展增强劳动力市场灵活性相关研究。进一步健全协调劳动关系三方机制，深入推进集体合同制度实施攻坚计划。以农民工、小企业为重点，督促企业和职工依法签订劳动合同。

（二）劳动人事争议调解仲裁工作持续加强

修订《劳动人事争议仲裁办案规则》和《劳动人事争议仲裁组织规则》，进一步规范仲裁办案程序，加强仲裁机构和队伍建设。总结验收第二批国有企业劳动争议预防调解示范工作，将预防调解示范工作由国有企业扩大到非公有制企业，调解仲裁效能进一步增强。

（三）劳动保障监察执法力度不断加大

人力资源和社会保障部印发了《企业劳动保障守法诚信等级评价办法》（人社部规〔2016〕1号），将劳动用工、工资支付情况作为评价的重要依据，根据企业诚信实行分级分类动态监管。印发了《重大劳动保障违法行为社会公布办法》（人力资源和社会保障部令第29号），定期向社会公布重大违法行为，加大对违法行为监督和惩戒力度。推动建立“双随机一公开”监管机制，劳动保障监察执法成效明显。

（四）为农民工服务工作取得新成效

国务院农民工工作领导小组办公室会同有关部门围绕有序推进农民工市民化，积极研究配套政策，为农民工落户城镇创造条件，推动农民工逐步平等享受城镇基本公共服务。开展中心城市家庭服务体系建设，积极推广经验，鼓励家庭服务进社区。积极推进家庭服务业规范化职业化建设，深化千户百强家庭服务企业（单位）创建工作。

企业论坛

重 点 企 业 风 采

（排序不分先后）

- ❖国家电网公司
- ❖中国国电集团公司
- ❖中国建材集团有限公司
- ❖海信集团有限公司
- ❖中国华融资产管理股份有限公司
- ❖中国华信能源有限公司
- ❖联想控股股份有限公司

杭州钱江新城夜景

国家电网公司
STATE GRID
CORPORATION OF CHINA

国家电网公司以建设运营电网为核心业务，是关系国民经济命脉和国家能源安全的特大型国有重点骨干企业。公司按集团公司模式运作，注册资金5 363亿元，用工总量超过186万人。公司经营区域覆盖26个省（自治区、直辖市），覆盖国土面积的88.0%以上，供电人口超过11亿人。公司稳健运营在菲律宾、巴西、葡萄牙、澳大利亚、意大利、希腊等国家的海外资产。

国家电网公司成立于2002年12月29日，是经国务院同意进行国家授权投资的机构和国家控股公司的试点单位。目前，已连续12年、4个任期被评为中央企业业绩考核A级企业。连续12年名列中国服务业企业500强榜首。《财富》世界企业500强排名第2位，是全球最大的公用事业企业。

电力员工高空作业

高空精灵

新安江水力发电厂

高原马帮

责任根植——出工路上

巡检水上光伏——江苏泰州

国电龙源江苏如东海上风电场

提质增效 创新发展

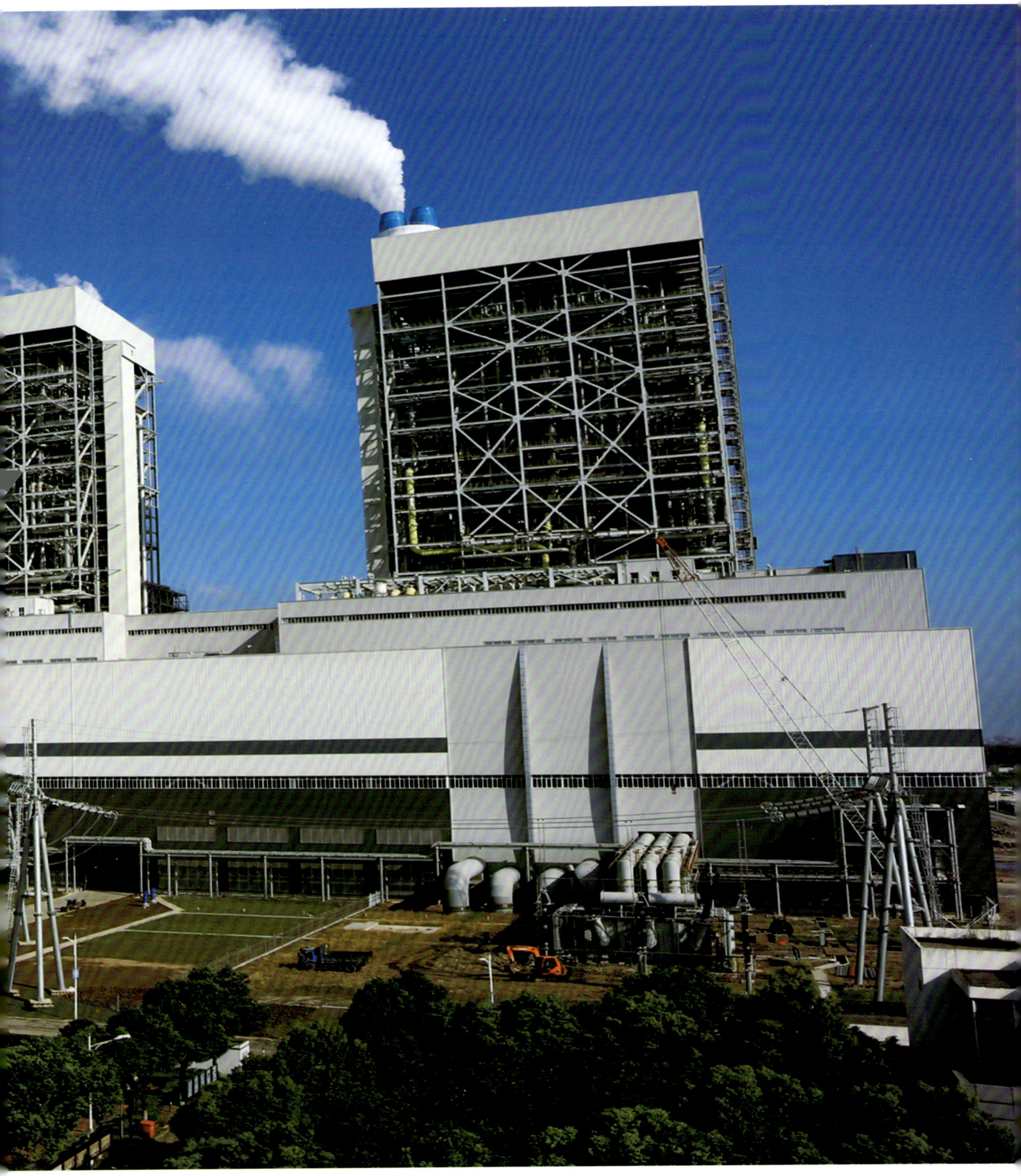

国电泰州发电有限公司二期工程外景

中国建材集团有限公司
China National Building Material Group Co.,Ltd.

联合创造价值 协同产生增量

打造世界一流建材制造商，

为股东创造优异回报

Hisense 海信大厦

to Be with you
智惠健康

多年来，海信致力推进从“家电公司”到“科技公司”的升级转变。

近年，以智能交通、光通信、智能商用和海信医疗为代表的海信科技板块业务，是海信转型发展的亮点。其中，海信主推的医疗显示和海信CAS（计算机辅助手术系统）已达世界水准，智能交通市场占有率连续7年居国内市场首位，宽带接入网光模块市场占有率连续6年居全球市场首位，POS机市场占有率连续12年居中国首位。

科技板块业务的表现，显示出海信已经不是常规意义的“家电公司”，而是创新驱动的科技公司。

理者
融服务商
扫一扫 添加关注
微信号：chinahuarong

CHINA CEFC ENERGY COMPANY LIMITED
CEFC
中国华信
CEFC CHINA

CEFC China is following Belt and Road Initiative, experienced at exploring overseas energy resources, promoting global cooperation on production capacity, and building new cooperation model on common market zone development. CEFC China rands at 222 on Fortune500.

中国华信能源有限公司紧随国家战略，立足欧洲，控股哈萨克斯坦国家石油国际公司，加快建立油气终端产业布局，依托终端获取稳定的上游油气资源，为能源产业体系打下坚实基础。

CEFC China has established its foothold in Europe through the acquisition of a controlling stake in KazMunayGas International N.V. (KMGI) to accelerate its indus-trial deployment of oil and gas terminalls as a base for providing stable upstream oil and gas resources, thus laying a solid foundation for the its energy industry system.

联想控股股份有限公司

联想控股股份有限公司（简称“ 联想控股 ”）于 1984 年由中国科学院计算技术研究所投资，柳传志等 11 名科研人员创办。从 IT 行业起步，经过 30 多年的发展，现已成为中国领先的多元化投资控股公司，创造了“ 战略投资 + 财务投资 ”双轮驱动的独特业务模式，通过价值创造和价值发现，购建并管控优秀且有高潜力的投资组合，推动公司价值的持续增长。

在以创始人、董事长柳传志，总裁朱立南带领的管理团队领导下，联想控股基于对经济与企业的深刻理解，总结并形成了颇具特色的投资理念与管理体系；通过前瞻性布局、灵活的投资策略以及持续的增值服务，联想控股在若干领域打造了一批有影响力的优秀企业；同时，联想控股高度重视并充分发挥人的作用，在多个行业发现并培养领军人物，为员工创造事业舞台，激发企业的发展活力。

公司于 2015 年 6 月 29 日在香港交易所主板上市（HK：03396)。截至 2016 年 12 月 31 日，联想控股综合营业额约 3 070 亿元，综合总资产约 3 223 亿元。

1. 2001 年，联想控股旗下专事风险投资的“ 联想投资 ”成立（后更名为君联资本）。
2. 2003 年，联想控股旗下专事私募股权投资与管理的弘毅投资成立。
3. 2008 年，联想控股旗下专事天使投资的联想之星成立。
4. 2004 年，联想控股旗下联想集团（lenovo）并购 IBM 全球 PC 业务。
5. 2015 年 6 月 29 日，联想控股于香港联交所主板成功上市。

1984年，柳传志等11位科研人员
在一间不足20平米的小平房
（中科院计算所的传达室）
中创办了联想

联想控股坐落于北京中关村。从IT行业起步，经过30多年的发展，现已成为中国领先的多元化投资控股公司

中国企业年鉴
SDIC 国家开发投资公司
STATE DEVELOPMENT & INVESTMENT CORP.
开发价值 投资未来
基础产业 · 前瞻性战略性产业 · 金融及服务业 · 国际业务
改革激发活力 创新引领发展
国有资本投资运营的探路者和先行者

中国黄金集团　做“一带一路”建设的先行者

中国黄金集团公司董事长　党委书记　宋　鑫

2017年5月14日，习近平主席在“一带一路”国际合作高峰论坛开幕式上发表主旨演讲时指出，4年来，全球100多个国家和国际组织积极支持和参与“一带一路”建设，联合国大会、联合国安理会等重要决议也纳入“一带一路”建设内容。“一带一路”建设逐渐从理念转化为行动，从愿景转化为现实，建设成果丰硕。实践表明，“一带一路”建设已成为新时期实现各国多元、可持续发展的重要举措。

作为我国黄金行业唯一一家中央企业，中国黄金集团公司将深入贯彻习近平主席在“一带一路”国际合作高峰论坛上的重要讲话精神，传承以和平合作、开放包容、互学互鉴、互利共赢为核心的丝路精神，积极参与“一带一路”建设，努力做“一带一路”建设的先行者，为“一带一路”建设添砖加瓦。

一、黄金产业可作为“一带一路”建设的先行产业

“一带一路”沿线国家集聚了全球80.0%左右的新兴发展中国家，人均GDP低于国际平均水平，“一带一路”沿线国家因其矿产资源丰富，而使其矿业在国家经济发展中占有重要地位，有些国家矿业还是该国经济发展的支柱产业。在矿产资源相对丰富的中亚、南亚、东南亚、北亚共18个国家中，矿业产值占GDP比例超过10.0%以上的有8个国家，其中占比超过20.0%的有4个国家。

在黄金资源方面，“一带一路”沿线的资源优势则更加明显。据不完全统计，“一带一路”沿线国家和地区的黄金资源储量23 600多吨，约占世界黄金资源储量的42.0%，其中俄罗斯黄金储量居全球第3位，哈萨克斯坦拥有黄金储量居全球第8位；乌兹别克斯坦黄金资源丰富，被称为“黄金之国”。“一带一路”沿线国家黄金产量1 150多吨，占全球黄金产量的36.0%。全球十大黄金矿山中，有7座在“一带一路”沿线国家，其中乌兹别克斯坦的穆龙套金矿和印度尼西亚的格拉斯伯格金矿，以61吨和42吨的年产量位列全球前两位。可以说，“一带一路”也是一条“黄金之路”。

黄金产业在“一带一路”建设中具有先行优势和作用。黄金矿业开发所需要的基础配套条件较低，不需要建设大型的港口、码头、铁路；同时由于开发黄金资源见效快，产品易于变现，可以短时间内拉动当地居民就业，贡献税收，有利于“一带一路”倡议的尽快落地。

我国黄金行业拥有技术优势，尤其是在难选冶金矿资源的处理方面，生物氧化、原矿焙烧、加压预氧化等世界先进提金工艺均已实现工业化，技术指标也都处于国际领先水平，这为黄金企业“走出去”，特别是参与开发“一带一路”沿线国家和地区的难处理黄金资源创造了有利的条件。

我国黄金矿山小而散，大型、特大型黄金矿山较少，而“一带一路”沿线国家和地区不仅黄金资源丰富，而且资源禀赋更好。由于经济水平有限，大多国家和地区的矿业发展水平较低，出口的矿产品仍以原材料为主，在“一带一路”倡议下，进行矿业开发，有利于充分形成沿线黄金资源和我国黄金产业资金与技术上的互补，进而加快当地基础设施建设以及互联互通，推动“一带一路”沿线国家共同发展。

二、“一带一路”倡议有助于推动沿线国家黄金行业转型升级

“一带一路”沿线国家和地区的黄金资源丰富，黄金需求也很大。黄金产业作为“一带一路”建设的先行产业，不仅有助于我国黄金行业的发展，同时对于推动“一带一路”沿线国家和地区的经济发展也将发挥重要作用。

第一,"一带一路"倡议有助于我国黄金行业创新发展,推动转型升级。黄金资源的勘探和开发是技术密集型、资金密集型行业,开发风险高、资本回收周期长。但是经过30多年的技术创新,我国黄金行业已经具备采矿的全尾砂高浓度胶结充填技术、难选冶矿石的处理技术、低品位金矿的堆浸技术、尾矿浓缩膏体排放技术和低氰提金技术等五大优势。近些年,我国黄金行业经过与国内大型矿业设备制造企业密切合作,高端技术装备和大型设备的制造水平也迈上了新台阶,大型化、自动化、智能化水平越来越高。

同时,随着产业的发展,我国黄金产量连续10年位居全球第一,消费量连续4年位居全球第一;国内查明黄金资源储量跃升至全球第2位;有3家黄金企业集团进入全球黄金企业20强;黄金交易总量位居全球前三,中国已经由全球黄金行业的追随者变成引领者。在此背景下,随着"一带一路"建设的推进,中国的资本与技术完全有条件与沿线国家和地区的资源和产业发展进行有效对接,实现双方的互惠共赢、共同发展的目标。

虽然我国黄金行业近些年取得了长足发展,但是黄金行业也面临着金价大幅震荡、成本逐年上升、开采难度加大等严峻的形势,数字化程度、智能化水平还有待提高,对创新发展,推动转型升级的要求越来越迫切。参与"一带一路"建设,不仅能促进我国黄金行业成熟的技术和大型设备输出,给企业带来更多的经济价值,还能在我国黄金行业与国外企业合作过程中,按国际先进标准和理念实施黄金矿山建设,推动双方的交流与合作,提高我国黄金企业的自动化和智能化水平。

第二,"一带一路"倡议有利于我国黄金企业"走出去",打造世界一流矿业企业。2014—2016年,中国同"一带一路"沿线国家贸易总额超过30 000亿美元。中国对"一带一路"沿线国家投资累计超过500亿美元。中国企业已经在20多个国家建设56个经贸合作区,为有关国家创造近11亿美元税收和18万个就业岗位。其中,2015—2016年上半年,中国对"一带一路"相关国家投资前十大项目中,按投资金额算,矿产所占比例为10.9%,十分巨大。

"走出去"一直是我国黄金企业的战略目标,而"一带一路"倡议则是重要历史机遇。虽然截至2015年我国查明黄金资源储量达11 563.5吨,仅次于南非,居全球第2位,但资源禀赋较差,开发难度大。随着我国经济进入新常态,资源开发标准日益提高,目前国内黄金企业面临环保、资源、可持续发展等各方面压力,想要做强做优做大,就必须积极"走出去"。在"一带一路"建设中,我国黄金企业通过矿业开发与合作,尤其是通过与国际一流矿业企业的合作,积累先进的国际化管理经验,为以后进入全球黄金行业提供基础。

第三,"一带一路"倡议有助于推动沿线国家黄金市场发展。"一带一路"沿线国家大多为新兴经济体和发展中国家,"一带一路"倡议对于推动沿线国家黄金市场的合作发展,具有良好的基础和优势。"一带一路"沿线国家和地区的黄金市场发展潜力十分巨大,受传统文化的影响,"一带一路"沿线国家有着广泛的黄金需求,尤其是印度、土耳其及中亚、西亚的一些国家。我国黄金产量和加工能力全球第一,"一带一路"倡议给我国黄金珠宝业扩大国际合作带来新的重大机遇。另一方面,智能制造、3D打印等先进制造技术,通过扩大国际合作和文化交流可给我国黄金珠宝制造工艺带来重大变革,有助于我国黄金珠宝业的发展与壮大。

"一带一路"沿线国家和地区的实物黄金投资需求也很大,年需求在730吨以上,占全球的72.0%以上。全球十大黄金交易市场占6个,其中,上海、印度和迪拜3家黄金交易所期货交易量占全球的15.0%。随着上海黄金交易所国际板和"上海金"的推出,上海黄金交易所的国际市场定位进一步确立,目前上海黄金交易所国际板会员已达到68家。"一带一路"倡议不仅有利于打开我国黄金市场发展空间,同时对于建立与繁荣"一带一路"地区黄金交易市场,推动沿线国家的经济发展起到重要作用。

三、中国黄金集团积极参与"一带一路"建设

中国黄金集团近几年在国际化方面,已经取得了长足的进步,尤其是在"一带一路"沿线国家,中国黄金集团更是积极参与矿业开发与合作,用实际行动践行"一带一路"倡议。

中国黄金集团海外资源并购以“立足周边，进入矿业发达国家、参与非洲与拉美”为基本思路，首要投资目标是我国周边国家，如泰国、蒙古、老挝、越南、印度尼西亚、巴布亚新几内亚、俄罗斯和中亚五国，而非洲也是中国黄金集团进行境外矿产资源并购的重点地区之一。

2015 年 5 月，在习近平主席与俄罗斯总统普京的见证下，中国黄金集团与俄罗斯极地黄金公司签署了有关合作开发黄金及有色金属资源的合作框架协议。在非洲刚果（布）建设了索瑞米铜铅锌矿，已经投产运营；在吉尔吉斯斯坦有两个大型矿山项目，分别是铜金矿和金矿；2016 年又收购了加拿大埃尔拉多黄金公司贵州锦丰金矿 82.0% 的股份。同时，中国黄金集团还在跟踪一批矿产资源项目，进一步加大参与“一带一路”建设的力度。此外，中金建设承担了刚果（布）、吉尔吉斯斯坦、厄立特里亚等海外矿山建设项目；中金贸易开辟了金精矿进口的新渠道，并以铁路班列的形式向俄罗斯出口大型黄金生产设备；长春黄金设计院承担了坦桑尼亚有关设计项目；长春黄金研究院主动引入国际黄金标准。

为了更好地践行“一带一路”倡议，积极“走出去”，中国黄金集团组建了一支国际化人才队伍，以了解海外的矿业市场、资本市场、法律、金融等。通过与国际矿业市场、资本市场的磨合，建立了自己的项目信息库。同时，中国黄金集团维持着非常好的国际形象，在国际市场的评级中获得 BBB 等级。刚果（布）总统萨苏曾高度评价中国黄金集团在刚果（布）的开发项目。他表示，中国黄金集团帮助刚果（布）人民开发矿业、增加就业机会、发展经济，是实实在在的帮助。在吉尔吉斯斯坦，中国黄金集团严格遵守当地法律法规，注重与当地社区的关系，积极参与慈善事业，广受好评。吉尔吉斯斯坦国家工业能源矿产管理委员会主席表示，中国黄金集团是一家有实力、有技术、负责任的大企业，是一家良心企业。

为了提高核心竞争力，增强在黄金行业的影响力，参与“一带一路”建设，中国黄金集团大力推进战略转型，着力做实做优，大力实施全过程成本管控。三年来，通过大力实施全过程成本管控，累计挖潜增效高达 10.9 亿多元；通过严格落实“建设不完、优化不止”的理念，合计优化减少投资近 56.3 亿元，这些举措有效应对了主要矿产品价格下降的风险，显著增强了抗风险能力，经济效益增加明显。中国黄金集团坚持现金为王的财务管理理念，加快推进产融结合，多渠道融资能力进一步提升。近几年先后组建财务公司和租赁公司，标志着中国黄金在转型发展中进军金融服务领域的步伐进一步迈开，为全集团拓展市场化金融业务增添了新的动力。

科技创新是中国黄金集团成为“一带一路”先行者的重要筹码，作为中国黄金协会的会长单位和行业引领者，中国黄金集团始终把科技创新作为应对市场挑战的战略支点，不断打造科技创新基地和高端人才培养平台，持续不断增加科技投入，大力实施科技攻关，目前已经自主研发了世界领先的生物氧化和原矿烘焙烧技术，在低氰提金技术方面也取得了重大突破。中国黄金集团拥有长春黄金研究院和长春黄金设计院两家具有近 60 年历史的国家级科研设计单位，拥有国家级创新平台 7 个，省部级创新平台 5 个，院士专家工作站 2 个，劳模工作室 45 个，高新技术企业 11 家；拥有“千人计划”2 人、“万人计划”1 人，全国技术能手 1 人、享受国务院特殊津贴专家 11 人；累计研制技术标准 86 项，颁布标准 68 项，占我国黄金行业总数的 95.0% 以上；拥有有效专利 536 项，获奖专利首次进入中央企业前 80 名；制定了 8 项促进科技创新的制度和管理办法；建设了黄金集团科技成果信息共享平台；正在筹建中国黄金集团中央研究院和创新基地；“十二五”时期，获得了省部级以上科技奖励 224 项，授权专利 424 项，颁布标准 42 项，科技成果数量高速增长，分别是“十一五”时期的 3.2 倍、6.1 倍和 1.2 倍；联合 25 家黄金企业组建了黄金产业技术创新联盟，引领中国黄金工业技术迈向世界领先行列。

四、黄金资源开发要积极践行“五大发展理念”

虽然中国与“一带一路”沿线国家矿产资源合作前景广阔，但也面临不少挑战。作为“一带一路”倡议先行产业的黄金产业，在“一带一路”建设中，中国黄金集团不断加深对“一带一路”倡议的理解，牢固树立习近平主席提出的“创新、协调、绿色、开放、共享”五大发展理念。

一是创新发展，积极转型。天下黄金是一家，我国黄金企业要充分发挥黄金产业技术创新联盟的作用，加强对行业的难题技术攻关，为黄金企业向多金属多元化进行转型，向黄金的精深加工和智能制造等领域延伸，为“一带一路”建设提供技术支撑。同时，积极推进商业模式创新，把握“互联网+”新机遇，充分发挥大规模定制、个性化需求对黄金珠宝首饰加工的有力牵引作用，大力实施数字化产品和高新技术产品战略，探索企业发展的新模式新业态。

二是协调发展，质效统一。在“一带一路”沿线国家进行资源开发时，要在注重发展速度的同时，更加注重发展的质量和效益，要实现有质量、有内生的发展；要协调好矿业和非矿业的关系，大型黄金企业在“一带一路”建设时要进行分类发展，对非矿板块要加快战略协同，防止出现投资分散和精力过度分散化，实现共赢；要协调好整体效益和职工收入的关系，黄金产业之所以能成为“一带一路”倡议的先行产业，就是因为矿业开发能够带动当地就业，推动当地经济发展，黄金企业在参与“一带一路”建设时，要让广大职工，尤其是当地职工共享矿业开发带来的利益。

三是绿色发展，履行责任。参与“一带一路”建设，进行黄金资源开发，就要加快可持续发展的步伐，严抓安全生产，发展绿色经济，采用绿色提金工艺和矿山开发方式，履行社会责任，这关系到黄金企业在“一带一路”沿线国家和地区进行矿业开发的前途和命运。“一带一路”沿线国家和地区的政治、文化、宗教、意识形态等比较复杂，在资源开发过程中，要遵守当地的法律法规，尊重当地的社会习俗，与各相关方均保持良好的关系，加强与民间团体、普通民众等的沟通交流，为矿业投资赢得更好的外部环境。同时，积极探索国际矿山开发建设的新思路，用绿色发展的思路统领黄金行业发展的全过程。

四是开放发展，合作共赢。践行“一带一路”倡议，中国的黄金企业要加大“走出去”力度，充分发挥黄金的先行产业优势，充分利用亚洲基础设施投资银行和丝路基金等投资平台，与“一带一路”相关国家和地区共同合作搭建矿产资源投资的资金平台，共同投资、共同受益。同时，中国黄金企业还要联合“走出去”，积极跟中央企业、国有企业，已“走出去”的民营企业，以及外国企业实现强强联合，增强“走出去”的实力。中国黄金集团依托中金国际，以资源为基础，吸收国际资本，提升了项目的国际化运营水平，也推动了中国黄金集团的快速发展。

五是共享发展，优势互补。习近平主席在“一带一路”国际合作高峰论坛开幕式上表示，“一带一路”建设不是另起炉灶、推倒重来，而是实现战略对接、优势互补。中国黄金集团在“一带一路”沿线国家进行投资建设时，大多是与东道国进行合资合作，形成了互利双赢的共同开发模式。同时，博采众长，积极吸收国外矿业企业的先进经验，并加强黄金行业与有色、煤炭、钢铁、非金属矿业等行业的互相交流学习，借鉴经验，实现优势互补，促进黄金行业的发展。

在开幕式上，习近平主席引用谚语说：“中国有句古语：‘不积跬步，无以至千里。’阿拉伯谚语说，‘金字塔是一块块石头垒成的。’欧洲也有句话：‘伟业非一日之功’。‘一带一路’建设是伟大的事业，需要伟大的实践。”中国黄金集团将用实际行动践行“五大发展理念”，积极参与“一带一路”建设，以开放包容的姿态，与沿线国家和地区合作共赢，共同发展。

建设美好中国 岭南与你同行

岭南园林股份有限公司

“良好的生态环境是最公平的公共产品，是最普惠的民生福祉。”习近平总书记关于生态文明建设的重大战略思想，不仅极大地推动了生态行业的迅猛发展，更指明了建设生态文明和美丽中国的重大而深远的意义。

岭南园林股份有限公司（简称“岭南园林”），怀抱着建设“美丽家园”的愿望出发，经过近20年的耕耘，现已发展成为集生态环境与园林建设、文化与旅游、投资与运营为一体的全国性集团公司。目前公司拥有3个总部，6大区域运营中心，8家子公司，25家分公司，并投资参股十多家生态及文化旅游公司。

岭南园林在实现一次次跨越式发展的同时，始终坚持“品质先行”，积极推进生态文明建设，同时将社会责任融入企业战略，把实现经济效益和社会效益统一起来，全面履行对环境、经济和社会的责任。

一、不忘初心，持续推进生态建设

近年来，在城市化进程不断推进的背景下，“美丽中国”正推动着生态产业的蓬勃发展。作为行业先行者，岭南园林已从过去植树造林、栽花造园转变为“中国生态环境建设领跑者”，稳步推进城市园林绿化建设、生态环境综合治理，为建设美好中国贡献该有的力量。

生态行业本身具有较强的公益性。城市园林绿化与城市建筑、自然景观相融合，一草一木、一石一水为人们提供惬意的生活、工作的环境，具有很高的社会效益。

岭南园林董事长尹洪卫说：“面对资源约束趋紧、环境污染严重、生态系统退化的严峻形势，作为园林龙头企业，岭南园林肩负着改善人类生活环境和提升人们生活质量的重要社会责任。”

“珠曲登村变得更美了，这要感谢岭南园林的高水准规划设计。”巴宜区委副书记、常务副区长孙世宏说。接受第7批东莞援藏工作组的邀请之后，岭南园林设计团队围绕珠曲登村的村容村貌进行规划设计，依托当地自然资源，通过新建景观平台、溪流改造等工程，重点打造工布民俗人文风情村寨，为该村发展生态旅游业奠定了坚实基础。

珠曲登村只是岭南园林在藏的一个项目。近年来，东莞援藏干部积极扶持和带动巴宜区的村庄和旅游景点改善基础设施，经过岭南园林精心规划设计，涌现出了“嘎拉桃花村”“鲁朗国际旅游小镇”“珠曲登村”等一批优秀旅游项目。

自创立以来，岭南园林一直致力于树立良好的企业品牌价值与力量，注重工程作品的品质，先后参建了四川自贡釜溪河复合绿道、东莞中心广场南片区、东莞东城文化中心公园、安徽太和沙颍河国家湿地公园等市政景观绿化工程项目，在多个城市生态环境建设和创建“国家园林城市”过程中做出了积极的贡献，获得了国家级、省市级各类大奖金奖40余项，更是获得了业主和市民的广泛好评，使得岭南园林的品牌逐步享誉全国。

二、转型升级　创新突破引领前行

行业在转型，产业在拓展延伸。面对越来越多的行业挑战，岭南园林夯实了基础，围绕如何创新驱动，与时俱进谋求新发展，回报社会，成为了当前公司不断思量的重要议题。

上市后，岭南园林提出“二次创业”战略思想，将触角伸至生态环保、金融投资、文化旅游等领域，积极拓展新产业，完善大生态的产业链，同时谋求岭南园林自主品牌在消费潜力更为巨大的终端消费市场的价值变现，实现了岭南园林多方面的创新突破。

实现管理模式的突破。岭南园林2014年上市以后，逐渐获得更多市场机会，为了长远发展考虑，2015年推行区域化建设，深耕国内市场，通过改革放权、扁平化管理，从根本上鼓励和支持区域发展，形成全国性业务布局，逐渐完成了从施工型企业到管理型企业的突破转型。

上半年，岭南园林提出从管理型企业到平台型企业的转变。在原有的东莞总部、北京总部的基础上，设立上海总部，作为金融资源、人才资源的对接；形成“区域、子公司、分公司、事业发展中心”四种模式以及对应的六种形态，深化扁平化发展，整合资源，发挥平台型企业的优势，让优质资源和高精尖人才在岭南这个平台里充分发挥所长。

实现产业升级转型。岭南园林提出“二次创业”后，确定了“美丽生活创造者——生态环境与文化旅游运营商”的企业战略定位，做好城市综合服务商、全域旅游综合服务商。在深耕传统生态园林主营业务的基础上，大力发展文化与旅游等新产业。

一方面，从传统的园林景观建设向生态环境综合整治升级转型，更加侧重生态环境的整治与修复、城市水生态及河道综合治理。2017年推进收购北京新港永豪水务工程有限公司，进一步夯实了岭南园林大生态产业链。

另一方面，岭南园林积极寻求新的业务增长点，拓展文化旅游新产业，充分借助资本的力量，通过投资孵化、收购等方式，拓展和布局公司新业务板块的上下游产业链。2015年，岭南园林以5.5亿元现金收购恒润科技100%股份，正式涉足文化旅游产业。2016年，又以37 500万元发行股份及支付现金收购德马吉100%股份。同时投资参股十余家生态及文化旅游公司。据岭南园林2017上半年年报，文化与旅游板块营收35 700万元，占比集团21.3%，同期增长167.9%，文旅板块利润占比37.8%，逐步构建了新产业的竞争力和盈利能力。

实现资金瓶颈的突破。园林行业是资金密集型，面对大量的工程垫资，使得公司的发展受到掣肘。上市以后，充分借助资本市场的平台，整合外部资源，运用多种融资手段和方式，极大地改善了岭南园林发展中对资金需求的瓶颈。

2015年岭南园林发行了公司债2.5亿元和非公开发行股票募集资金10.5亿元；与清科集团共同成立5.5亿元的产业并购基金；2016年12月参与发起设立喜康人寿保险股份有限公司；2017年4月与前海赢方共同设立岭南粤信产业投资基金15亿元；6月与东莞农商行设立粤财信托—岭南园林产业基金集合资金信托计划15亿元。这些融资渠道和方式的增加为公司实现战略转型和快速发展提供了多方面的资金保障。

实现人才结构的创新。岭南园林始终秉承着海纳百川，唯才是举的人才价值观，构建完善的机制体系，持续保持企业战斗力。企业可持续发展的核心问题，终归是人才与团队。岭南园林地处广州与深圳之间的东莞，未上市前制约岭南园林快速发展的最主要的问题就是缺人才。上市以后，在市场竞争力、品牌影响力方面大幅提升，通过创造性的提出事业合伙人制度，以及优化和创新激励机制体系，吸引了越来越多、各行各业的高端人才，不断优化岭南园林的人才结构。

在人才管理方面，公司岭南园林提出公司不让雷锋吃亏，通过推出了一系列的激励制度措施，及借助资本市场推出股票期权激励及员工持股计划，深度黏合核心骨干，切实体现共赢价值观，多方面调动员工积极性，持续激发团队战斗力。

岭南园林目前以“大生态+泛游乐”双产业发展的战略方针，本着既仰望星空、又脚踏实地的发展思路，持续秉承“厚德、务实、创新、共赢”的核心价值观创新前行。

三、科研创新　推动行业健康发展

企业的健康发展离不开行业发展。作为园林行业的领先者，岭南园林在业内技术创新、标准制定等方面承担着义不容辞的社会责任。

岭南园林以科学研究院为依托，先后成立园林科学研究院和南疆生态科学研究院，承担着公司内部科技攻关项目和各级政府科研部门下达的科研项目研究工作，在大树移植、园林植物选育及引种驯化、水生态治理修复、污染土壤修复、湿地生态修复等多个领域展开研究，并取得了一定的成果。目前公司在科学研究方面共获得授权专利52项，其中发明专利18项，实用新型专利34项；拥有“广东省博士后创新实践基地”“广东省科协项目——广东园林学会科技服务站”等多个获批项目。

岭南园林不仅通过自身力量坚持科研创新，而且注重作为园林行业中坚力量的示范作用。早在2013年11月，岭南园林牵头筹建了中国生态园林产业技术创新战略联盟，组织全国同行中的优秀企业、高校和科研院校等35家联盟成员共同参与产学研的创新合作，建立以企业为主体、市场为导向、产学研相结合的技术创新体系，以提升我国生态园林产业的核心竞争力，共同致力于生态环境的规划、营建、修复、改良、治理及环境资源的保护与利用研究，推动我国生态园林产业健康、高效、稳步、快速发展。

2012—2015年，岭南园林在《广东园林》刊物上发表了《从方塔园看园林风格的塑造》《新型城镇化视角下的节约型园林建设导向体系的探索——以自贡市釜溪河复合绿道建设为例》《有机覆盖物及其在美国城市园林中的应用概况》等专业论文共12篇，倾力支持行业刊物的出版，汇聚专业能力，推动行业发展。

四、热心公益　播撒岭南乐善精神

多年来，岭南园林在为绿色事业拼搏奋斗的同时，更是长久关注社会公益事业。回顾公司近20年的发展路，是一条不断履行社会责任、播散爱心的公益之路。

人才是第一发展力，而提高人才素质的关键在于教育。支持教育事业，一直是岭南公益的重点。2011年起，分别向华南农业大学、仲恺农业工程学院、华南师范大学生命科学学院捐赠助学金近60万元；2016年，向东城街道捐资50万元，助推该区教育事业发展；2016年，向东莞理工学院捐赠500万元，助力东莞理工高水平建设……奖教助学，旨在帮助贫寒学子延续梦想，为社会培养更多高素质人才，并鼓励他们继续传递爱心，为社会建设贡献力量，让岭南精神播撒各地。

“企业做公益，除了在公司层面不断推动各项公益事业外，还把公益责任的理念润物无声地渗透到员工的心灵和血液，把整个企业打造成一支爱心团队。”公司内部设立了“岭南基金”，款项来源为公司专项拨款和员工自愿捐款，针对家庭困难员工及在校贫困学生等对象进行捐赠，增加全体员工的合作性、互动性，创造了“和谐、愉快”的企业文化。自2011年设立爱心基金以来，该基金已经成功资助了19名贵州清镇市一中的学生，其中9人以优异的成绩考上了大学。在志愿服务方面，公司设立“岭南园林志愿服务队”，组织岭南人积极开展生态公益、社区服务等活动，如在“三八”妇女节，前往医院看望生病女患者；参加义务植树活动；到特殊儿童机构为孩子送上真诚祝福……通过开展形式多样的主题志愿活动，提高员工和企业的社会责任感，让爱与希望延续。

一直以来，岭南园林矢志不渝地支持着公益事业的发展，其坚持不懈的公益行动树立了岭南园林在公众眼中良好的企业形象，日益积累的奖项与荣誉让岭南园林肩膀上的责任增添了不少。据统计，岭南园林在教育事业、助残扶老等方面捐赠超2 000万元，先后获得“2016年东城街道捐资助学爱心人士”“2016年东莞市企业社会责任卓越奖”“爱心企业（东莞市妇女联合会、东莞市妇女儿童福利会）”等荣誉。

五、设立慈善基金　岭南公益全新出发

公益是每个有社会责任感、有良心的企业都在做的事业。岭南园林以实际行动支持公益的同时，一直在探索一种可持续、精准、有效的公益模式。

9月，“东莞市慈善会岭南园林慈善基金”正式揭幕，岭南园林公益之路开启新起点。基金首次运作期限3年，规模1 000万元，主要用于开展环境保护、捐资助学、赈灾扶贫等慈善公益项目。岭南园林希望能将公益力量从分散到集中，整合资源，投放到最需要的地方，发挥更大的效用，能够长期、持续、深入地推动社会变化。设立该基金，只是岭南园林公益事业的一个新起点——岭南园林计划到2024年，上市10周年之际，公司在履行社会责任方面的总投入累计将不低于1亿元。

岭南园林经过近20年的磨砺与积累，已经步入快速发展通道。未来，岭南园林将继续加快资本运作步伐，将岭南园林的事业做强做实，继续推动行业健康发展；努力承担起更多的社会责任，推进公益事业的可持续发展，让社会责任落实到行动上。为成就美好中国汇集点滴责任，在传承与践行社会责任的路上，岭南园林与你同行。

古井贡稳健发展背后的“大营销”思维

安徽古井集团有限责任公司

“2017年中央电视台春节联欢晚会由古井贡酒年份原浆特约播出。”虽然2017年春节已经远去，但古井贡酒特约2017年央视春晚的广告还是随处可见。古井贡酒继2016年后再次特约央视春晚，无疑

大大提升了老八大名酒品牌的影响力和美誉度，打响了2017年古井冲击百亿目标的第一炮。

据行业媒体报道，古井贡酒在春节期间再度实现爆发式增长，提前吹响了2017年进军百亿的号角。综合近几年古井贡酒年报可以发现，即使在白酒行业低迷的情况下，古井贡酒依然连续十年保持双位数增长，稳居安徽酒企第一。这不仅与两次特约央视春晚有关，更重要的还是发展背后的"大营销"思维。

一、大营销："卖"自己的不同

"喜怒哀乐都是酒，白酒做好了永远都是朝阳产业。"早在2014年，刚刚接任古井集团党委书记、董事长的梁金辉在第一季度运营分析会上阐述自己对白酒行业无比的自信和热爱。

在梁金辉看来，营销就是"卖"不同。也是在这次会议上，梁金辉阐述了古井贡酒无可比拟的独特优势。千年贡酒的历史不能复制，老八大名酒不能复制，四处国家级文物保护单位更不能复制，这是古井的独特所在。基于此，中国白酒历史上第一个用黑色瓶子的古井贡酒年份原浆不能复制，其"色清如水晶、香醇似幽兰、入口甘美醇和、回味经久不息"的独特风格更不能复制。

也正是年份原浆的独特和不同，造就了古井贡酒连年的稳健增长。从相关报道可以看出，2017年春节期间，年份原浆受到广大消费者青睐，部分市场出现缺货现象。《中泰证券》指出，以年古8为代表的年份原浆系列产品结构持续升级，春节旺销超出市场预期。

在2月15日举行的2016年度古井营销颁奖盛典上，古井贡酒对年份原浆高端产品实行产品配额制。

业内人士表示，古井贡酒保持稳定的增长态势，在徽酒市场具有品牌优势和市场话语权，对年份原浆实行以产定销的策略有助于把控市场，激发产品市场活力。而古井贡酒年份原浆实行年份化定价，有利于产品价格及存货价值的提升，提振经销商的信心，同时满足市场消费升级需求。

正如《中泰证券》所言，年份原浆核心单品价格梯次全面，春节产品结构上移继续验证我们看好公司产品成长的核心路径。

古井贡酒并没有因为年份原浆的成功而停止脚步。在2016年成都糖酒会上，古井贡酒推出健康白酒37℃毫菊酒。

从相关资料可以看出，37℃毫菊酒是继古井贡酒·年份原浆后古井集团的又一力作。该酒在继承"九酝酒法"古法工艺的基础上，创新酿造工艺，以千年古井"无极之水"为水源，选取宜观宜饮、香气浓郁的菊中珍品——亳菊入酒，饮用口感舒适，低而不淡。

有分析认为，以古井贡酒为代表的传统酒企能够厚积薄发，以低度健康白酒细分市场切入，势必给白酒市场的整体格局带来改变，未来以古井贡酒37℃亳菊为引领的低度健康白酒，将如春风般沁润白酒市场。

37℃亳菊酒的成功，再次证明古井贡酒"卖"不同的大营销智慧。

二、大营销：做有温度的企业公民

2017年央视鸡年春晚再次引起人们对古井、对亳州的关注。"中央电视台春节联欢晚会，由古井贡酒年份原浆特约播出。古井贡酒，安徽亳（bó）州。"同时"古井员工大拜年"让企业生产销售等一线员工再次走到央视镜头前面，更诠释了古井集团"做真人，酿美酒，善其身，济天下"的核心价值观，体现了企业对家乡的无限热爱。

早在2015年，古井就推出"读亳有奖"的活动，截止目前参与人数突破100万人次，引起线上和线下广泛互动。该活动将亳州的历史文化与古井酒文化充分结合，把品牌传播与地域文化传播融合在一起，这种形式也开创了国内白酒企业品牌传播的先河。

《国家名酒评论》认为，"读亳有奖"这个创意点并不大，却足以体现出古井尊重员工、热爱家乡的企业品格。而究其根源，其实还在于古井对"一个群体、一方百姓、一个国家"的博爱情怀。如果不是"对这片土地爱得深沉"，企业不会做出这种极具人情味的举动，也正是因为这些举动，古井才赢得了故乡人的“心动”。

《酒食汇》指出，2016年古井集团品牌价值4 925 900万元，是因为销量与品质，也是源于品牌传递出深厚的文化底蕴，和真、善、美的精神气度。从酒文化、家文化、地域文化到国文化，中华传统文化被古井集团层层递进地链接在一起，在新的时期赋予品牌更多新的内涵。

从一次性拿出500万元，对古井镇大塘小学及幼儿园的校舍进行改造到特约播出中央电视台春节联欢晚会、元宵节晚会、安徽电视台春节联欢晚会，从连续四届携手世博会到中国酒文化全球巡礼，不论是家国情怀，还是品牌形象，古井贡酒已经逾越“企业+产品”的品牌高度，摒弃了为做品牌而做品牌的理念，达到了一个新的高度。

企业的价值取向决定着企业的命运，古井“做真人，酿美酒，善其身，济天下”的核心价值观对企业的引领作用是非常显著的。它包含了人类对于真善美与天人合一的永恒追求，是中国传统“修齐治平”的现代创新，是对“文明经济学”的有益探索，更是对社会主义核心价值观的深入践行。

正如梁金辉所言，古井集团未来要冲刺100亿元，进入白酒行业前三甲，在中国乃至世界有话语权，不仅仅是靠产品、工艺、营销，一定要靠文化。

一系列“亳”文化传播和古井品牌推广的背后，是古井对贡献文化的深入践行，折射出的是古井企业管理者的战略视野与营销格局。

三、大营销：打造营销铁军

员工贡献企业，企业贡献社会。在企业的发展历程中，最大的贡献者和主人公是这个企业的基层员工。他们创造一个企业，也繁荣一个企业。

优秀的产品是优秀的人创造出来的。做出好产品不容易，塑造真善美和铁军般的员工难度更大。

人好酒自然飘香，这句话如今已成为古井集团众多基层职工朋友圈的个性签名。就在2017年3月3日古井集团职工民主协商沟通会上，古井集团掌门人梁金辉阐述了古井这些年稳健发展的哲学，“古井之美，实则古井人之美；古井人之美，实则内心之美！美在忠诚、美在友善、美在自信、美在责任……”

《国家名酒评论》认为，古井人所有的“奋进、拼搏、激情、进取”精神，都能在“做真人、酿美酒、善其身、济天下”的十二字核心价值观里找到源头。“真、善、美”也已成为推动古井酿造极致、再铸辉煌的本源力量。

思想决定行为，行为形成习惯。在核心价值观影响下，以“人人是古井品牌，人人是古井形象，人人是古井榜样”的“三个人人”服务力不断提升。同时，以“首战有我，有我必胜，敢于亮剑，勇争第一”为排头兵的营销铁军风范，也在古井企业范围内逐渐形成。

古井铁军的担当就体现在“有我必胜”上。多年的铁规坚守和精细化的“三通工程”运作，给古井贡带来累累硕果。就在今年春节期间，古井贡酒的营销铁军通过一系列战略与战术，在安徽市场实现了“五个第一”：品牌忠诚度第一、产品覆盖率第一、产品推荐率第一、指名购买率第一、产品销量第一，徽酒龙头当之无愧。

企业经营的成功，必须依靠团队的力量。外界认为，现在古井铁军已经触及各个部门，人人都在争做古井的行动英雄，一支“招之即来、来之能战、战之能胜”的古井铁军队伍正在逐渐形成。

“东不入皖，西不入川”，徽酒军团本就是营销创新的能手。作为徽酒老大，古井贡酒自然对市场营销掌控得炉火纯青，再加之这样一群“铁一般的信仰、铁一般的信念、铁一般的纪律、铁一般的担当”的虎狼之师，百亿目标已是势不可挡。

四、大营销：“九板理论”稳根基

“2017年古井集团将不拼销量拼质量，不拼资源拼人员，不拼绩效拼实力。”在2016年度古井营销颁奖盛典上，古井集团向全体经销商阐述了古井追求用户利益价值的市场理念。

市场是先导，质量是核心。作为徽酒的龙头，古井贡酒早就把“质量”当作神明一样悬在头上。梁金辉认为，营销仅仅解决前三板，质量是后三板，管理是中三板。这九板中，质量后三板至关重要，是首位。如果产品质量不好，营销能力再强，也会造成资源浪费，推动企业加速死亡。

在质量投入与技术研发上，古井贡酒从不逊色。2014年梁金辉接任古井集团董事长之后，提出“向生产要质量，向质量要口感，向口感要风格，向风格要不同”的生产理念。同年7月20日，古井贡酒聘请高景炎、孙宝国、徐岩等10位行业内最顶尖级的专家担任古井贡酒技术顾问，堪称中国酒业“最牛顾问团”。同日，安徽省白酒行业第一家院士、博士后工作站落户古井，企业“产学研一体化”逐渐完善。古井贡酒先后获得“全国工业企业质量标杆”“安徽省政府质量奖”等殊荣。值得一提的是，“全国工业企业质量标杆”在安徽省本土企业仅此一家，也是白酒业质量管理方向唯一一家获奖企业。

能够拿下国家级的至高荣誉，是因为在古井人的内心“做真人，酿美酒”是基本的道德。而在市场和消费者眼里，企业酿出了美酒，就是“真人”，就是道德，就是做到了企业层面的“真善美”。

酒好不好，消费者说了算。中国当代著名作家艾克拜尔·米吉提表示，古井严谨的生产态度，科学的生产方式，严苛的质量把关，才使得古井贡酒让消费者从心底信服，让古井贡酒成为众多爱酒者的选择。

在“九板理论”中，中三板的管理从未被古井忽视。鲜花和荣誉都是暂时的，做企业永远在路上，管理永远无小事。古井集团《2017年新年献辞》指出，古井要全面落实“毛细血管”管理，通过简政放权、责权对等，深化内部市场化、独立法人，全面激发员工的积极性和创造性，向着“双品牌、双百亿”迈出坚实的步伐。

企业是一个机器，需要不断“体检”才能确保高速运转。据了解，古井审计例会每季度召开一次。“审计全覆盖，沟通无死角”的古井特色审计文化体系逐渐形成，提升了企业的执行力和运营效力，释放着发展动能。

凭借着“九板理论”，古井在白酒行业发展的低潮，仍然实现了小步快跑，一个激浊扬清、风清气正的白酒名企，正以不可阻挡之势在行业内冉冉升起，徽酒龙头地位愈加稳固。

五、大营销：战略5.0初见成效

市场的高度认同需要一系列的营销创新。2016年10月31日，“苏宁云商·古井贡酒战略合作发布会”的召开，吸引了社会各界的广泛关注。

作为电商和白酒行业的优秀企业，苏宁与古井贡酒将推进白酒行业互联网转型和产业合作升级。有媒体表示，白酒行业将全面进入以用户体验为核心，线下线上融合的全渠道运营的新模式时代。

苏宁控股集团董事长张近东对这次合作给予高度评价。在他看来，古井贡酒与苏宁云商的战略合作，是中国互联网环境下一次品质商品和品质渠道的共享共赢，也是一次产品和营销的创新实践。

《酒说》认为，古井贡酒联手苏宁易购电商平台，正是古井加速推进其战略5.0发展战略的具体举措和重要步骤。战略5.0是什么？从古井集团掌门人梁金辉撰写的《互联网+白酒=5.0时代——试论中国白酒新时代》一文中，能够找到很多答案。

战略5.0是古井集团于2015年提出的经营战略，指的是白酒行业将以用户为中心，利用互联网等科技手段，建立用户与产品以及产业链之间互联互通互动的系统，满足各类个性化需求，为用户带来健康、舒适、可持续的消费及购买体验。

战略5.0就是建立前端引流、中端体验、末端结算的新模式。当然，古井战略5.0不是白酒主业的“单打独斗”，而是对集团产业进行一体化整合，彻底走向以白酒主业为核心、以终端用户为中心的新时代。

战略5.0要建立四大平台，即以白酒为主业的制造业平台，以房产、商旅、农产品深加工为主的实业平台，以旗下汇信金融集团为主的金融平台，以酒文化、酒生态、酒旅游为核心的文旅平台；建立呼叫中心、采购中心、物流中心和数据中心为“四大中心”。古井5.0时代，将以古井贡酒全球呼叫中心为前端，整合“四大平台”及其他三个中心作为中端和末端，彻底打通古井全产业链，真正实现与消费者的互联互通互动。

互联互通互动，是战略5.0的重要标志。企业要做到互联互通互动，就要及时解决用户个性化需求，做到极致服务。城市之家、君莱酒店以“酒店+白酒”的模式拓展了120多家；与酒仙网合作开发的“桃花春曲”，首发八小时内突破百万；与苏宁云商达成战略合作；北京、深圳、杭州、南京、郑州、合肥等古井贡酒品牌体验中心开馆，5.0时代桥头堡不断筑牢；中华酒谷景区的建设，为用户带来健康、舒适、可持续的消费及购买体验。主业白酒和其他产业相辅相成，都是战略5.0的一部分。白酒主业的发展带动古井旗下各子公司都以营销为龙头"动"了起来，各个产业互联互动互通，不断稳健发展，战略5.0初见成效。

外界认为，品牌提升、渠道创新、九板理论、铁军队伍，2017年将是古井贡酒的爆发年，也是古井贡酒"大营销"思维的成果展示，而古井集团多年来坚持创新，敢为人先，尤其是其对战略5.0的实践，为中国白酒的发展探索了一条新路向。

调结构 促改革 谋创新 全力实现北汽集团"十三五"战略转型的成功开局

北京汽车集团有限公司

北京汽车集团有限公司（简称"北汽集团"），成立于1958年，是中国主要的汽车集团之一，在国内汽车行业排名第五位。经过50多年的发展，北汽集团已拥有"北京""绅宝""昌河""福田"等自主品牌，先后引进"现代""梅赛德斯·奔驰""铃木"等国际品牌，汽车整车产品覆盖轿车、越野车、商用车和新能源汽车各个门类。北汽集团拥有包括乘用车、越野车、商用车、新能源汽车和动力总成技术的专业研发机构，建立了涵盖汽车零部件、汽车服务贸易、进出口和汽车金融的完整产业链，实现了产业向通用航空等领域的战略延伸，目前已发展成为涵盖整车（包括新能源汽车）研发与制造、汽车零部件制造、汽车服务贸易、通用航空产业、金融等业务的国有大型汽车企业集团。

2016年是"十三五"开局之年，也是充满了不确定性的一年：全球经济在"后危机时代"彷徨，中国经济在"新常态"中寻底，中国汽车工业在低增长周期中调整。面对不确定性增加、风险加大的外部环境，面对行业年初低开的不利局面，北汽集团紧紧围绕"供给侧结构性改革"这一主线，以经济效益为中心，调结构、促改革、提质量、谋创新，主要指标再创历史新高，在战略发展、自主品牌建设、新能源汽车、合资合作、管理创新、党的建设等方面都取得了斐然的成绩，为"十三五"实现战略转型和跨越式发展奠定了重要基础。

（一）发展质量持续改善

2016年，北汽集团实现整车销量284.7万辆，同比增长15.0%；实现营业收入4 061亿元，同比增长17.9%；实现经营利润231.3亿元，同比增长19.0%，经营质量明显改善，盈利能力切实增强。在2016年《财富》全球500强中，北汽集团比上年提升47位，排名第160位，出色的经营业绩和良好的管理水平得到了社会各界的高度认可。年内，徐和谊董事长荣获2016中国汽车年度盛典"年度人物"奖，北汽绅宝荣获2016中国汽车年度盛典"年度市场表现奖"。

（二）战略转型逐步深入

2016年，北汽集团更加明确了"差异化、电动化、智能化、网联化、国际化和服务化"六大发展路径，以"调结构、求创新、聚资源、强协同、抓项目、建生态、促改革、兴文化"八大举措着手推进转型战略顺利落地。年内，北汽集团的业务结构不断优化，制造服务业支撑不断加码，新的增长点不断涌现。新能源汽车、通用航空和国际业务作为北汽集团的战略新兴产业，业绩持续改善；零部件和服务贸易业务延续了一贯的稳健表现，海纳川和鹏龙平台均实现利润的大幅增长；金融业务保持着良好的发展势头，成功入股九江银行，为汽车金融及汽车和通航融资租赁业务的开展奠定了坚实的基础。

(三)自主品牌提质增效

发展自主品牌是中国汽车企业打造核心竞争力的集中体现。2016 年,北汽集团自主品牌整车(含乘用车与商用车)总销量达到 137.5 万辆,占集团整车销量的 48.3%。北汽股份公司踏准了 SUV 市场快速增长的节奏,绅宝 X25、X35 连续产销过万,市场占比节节攀升,全年实现自主品牌整车销售 42.1 万辆,同比增长 34.1%,产品结构得到优化,提质增效效果显著。整车事业本部完成销量 43.1 万辆,同比增长 11.1%,其中,昌河汽车借助新产品上市,完成主力产品转型,实现销量 11 万辆,同比分别增长 9.9%;北汽银翔完成系列新产品上市,在 SUV 和 MPV 系列产品良好市场表现的拉动下,实现销量 30.3 万辆,同比增长 5.2%。商用车龙头企业北汽福田克服了经济增速放缓和商用车市场低迷的双重影响,持续加大产品创造投入和产品结构调整力度,中高端产品比重由 2011 年的不足 20% 提升至 64.0%,全年销量、营业收入分别达到 50.1 万辆和 722 亿元,同比分别增长 2.3% 和 24.2%,经营状况向好。已连续多年占据国内商用车第一的位置。年内,北汽福田先后发布了奥铃纯电动、图雅诺纯电动、风景 G9 纯电动等纯电动车型;获得了全球最大批量的 100 辆氢燃料电动客车采购大单,拉开了中国氢燃料电动汽车产业化序幕;福田康明斯发动机业务实现高速增长,成为新的利润增长点。

(四)新能源汽车保持领先

近两年新能源政策利好不断叠加,新能源汽车市场已经强势启动。2016 年,北汽集团最重要的战略业务新能源汽车取得了新的重大突破。北汽新能源公司延续行业领跑位置,全年实现销售 5.2 万辆,同比增长 1.6 倍,主打产品 EU260 在 10 月份获得月度销量全球冠军。年内,北汽新能源公司取得国内首个新能源汽车生产资质,纯电动 SUV EX 系列成功上市,正向开发的"国民车"EC180 顺利下线,产品型谱进一步完善。北汽福田积极寻求合作,取得多笔租赁及公交客运系统大订单,实现销量 6 602 辆,同比增长 77.3%,其中纯电动汽车销售 4 767 辆,同比增长 56.3%;插电混合动力汽车销售 1 835 辆,同比增长 1.7 倍,新能源客车销量占大中型客车整体销量的比重已经接近 70.0%。

(五)开放合作持续深化

开放发展是北汽集团建设世界级汽车企业的必由之路。2016 年,北京现代和北京奔驰作为北汽集团的合资板块,作为发展的中坚力量,在深化国际合作、为集团发展提供战略支撑上发挥了重要的作用。北京现代面对诸多不利因素,审时度势,顶住压力,迅速调整经营策略,完成了中韩双方合作诉求的重新对焦,全年实现销量 114.2 万辆,实现营业收入 1 154.2亿元,产品结构进一步优化,更加聚焦 SUV 车型的销售,"D + S"车型销售比例在上年突破 50.0% 的基础上继续提升至 51.0%,保证了公司全年的收益水平。两款紧凑型重磅新车领动和悦纳均取得了成功上市。其中,领动首月销量达 1.1 万台,悦纳上市次月销量既突破 1 万台,均成功跻身细分市场主流车型,行业排名依然保持第四,并跻身合资品牌 SUV 销量冠军,客户保有量累计突破 800 万大关。年内,北京现代沧州、重庆工厂建设顺利推进,其中沧州工厂于 10 月 18 日竣工投产;重庆工厂年底完成设备安装,进入设备试运转阶段。在客户满意度和产品品质方面,北京现代继续保持行业领先的地位,年度 SSI、CSI、IQS、VDS 行业排名均名列前茅。北京奔驰全新换代产品全面发力,生产运营能力大幅度攀升,产销数据爆发式增长,连续 44 个月保持同比销量两位数增长,全年实现销量 31.7 万辆,同比增长 26.7%,实现营业收入 904.8 亿元。6 月 16 日,北京奔驰迄今为止智能化程度最高的量产车型——全新梅赛德斯 - 奔驰长轴距 E 级车正式下线;11 月 17 日,北京奔驰第一百万辆整车下线,这是中德股东双方高瞻远瞩实施战略布局与精诚合作的成果,也是全体员工以工匠精神在平台化与序列化发展上精耕细作的成果,标志着北京奔驰不仅在规模化上实现了量的突破,而且在质量、工艺、技术、采购等各个领域的体系化建设上实现了质的飞跃。年内,北京奔驰 NGCC 和发动机两大工厂以联合参选的形式,在"2016 年度全球卓越运营最佳工厂"评选中,从来自全球 13 个国家的优秀参评企业中脱颖而出,一举荣获"2016 年度全球卓越运营最佳工厂——

最佳大规模制造厂商”奖项，成为中国首家荣获这一奖项的整车制造企业。此外，北汽集团还通过产权关系的纽带，不断整合外部资源为我所用，合资合作亮点不断，产业布局更趋完善。年内，北汽股份公司收购了福建奔驰35.0%的股权，实现了对福建奔驰经营权的接管，在高端商用车市场有了崭新的布局。北汽新能源公司引入了产业链、市场链、创新链、资本链环节的22家投资者，实现了从国有股份制企业向混合所有制企业的转型。北通航公司正式完成了对山东通航的股权重组工作，作为北京通航的运营平台，山东通航在银川全国跳伞冠军赛、常州首架机下线仪式、珠海航展等重大活动中，发挥了重要作用。北汽国际公司南非工厂项目顺利开工，瑞丽基地正式投产，北汽集团的国际化之路，正从简单的服务贸易模式迈向产品、技术、管理、品牌全方位资源输出的更高阶段。

（六）企业管理锐意创新

集团化是北汽近年来大发展的重要法宝，也是我们进行管理创新的灵感之源。2016年，北汽集团围绕发挥集团化优势，企业管理锐意创新，软实力建设获得认可。国企改革方面，北汽集团积极推进董事会改革试点工作，国企改革取得了新进展；业务协同方面，先后在大宗商品采购、产品平台化及新能源共平台协调机制等方面开展了跨部门、跨业务平台的战略协同，形成了强有力的工作机制，有效地促进了资源共享，实现了全集团的降本增效；对标管理方面，北汽集团向行业内外的先进企业学习，在战略管控、投资管控、技术与产品管控、生产质量管控、成本管控等方面建章立制，成效显著。年内，北汽集团董事长徐和谊先生先后被国际质量组织授予“石川馨－狩野奖”，被中国企业联合会授予“袁宝华管理奖”金奖等殊荣，这是国内外权威专业机构对北汽集团经营管理工作的高度认可。

（七）红色动力引领发展

在改革攻坚，环境剧变的新形势下，党的领导核心和组织保障尤为重要。党的建设必须积极发挥党的领导作用和全局观，紧密结合企业的发展实际，以坚持全面从严治党的新常态，引领企业提质增效的新常态，营造人人参与、人人尽力、人人享有的良好环境，凝聚发展伟力、提升发展境界，为实现战略转型提供坚强保障。2016年，北汽集团高度重视党群工作，形成了“大北汽、大党建”格局，集团党委充分发挥了“引领、助推、凝聚、服务”的作用。北汽集团坚持党建带工建、党建带团建，发挥党和群众的桥梁纽带作用，有效团结并汇聚了全体北汽人共创共享北汽事业的激情和智慧。12月，北汽集团第二次党代会隆重召开，选举了新一届党委班子和纪委班子，并明确了“十三五”期间党建工作与生产经营工作的八个结合点，为未来五年北汽集团实现战略转型和“由大到强”提供了强大的精神动力和组织保障。

2017年，宏观经济形势更加错综复杂。首先，“新常态”仍然是我国经济整体面临的大环境。2016年，我国第三产业对经济增长贡献率接近60.0%，消费需求对经济增长贡献度达到70.0%，战略新兴产业，高技术产业以10.0%以上的增速持续向前。2017年，这些结构性、动力性趋势仍将持续，经济整体仍然处于“新常态”的阶段没有变。其次，从速度看，汽车行业的增速并没有发生实质性变化。2016年的汽车行业高增速主要来自政策驱动，不同类型乘用车增速冰火两重天的状况，充分体现了2016年汽车行业的高增长的政策驱动特征。2017年，随着政策的退坡，预计汽车总体产销增速将下滑到6.0%。而如果刺激政策完全取消，汽车总体的自然产销量将只能达到2.0%。由此可见，汽车行业中低速增长的发展趋势并未因2016年政策市的出现而发生本质的改变，汽车行业的竞争态势仍然是存量竞争的激烈格局。再次，从消费看，汽车消费升级速度加快，智能网联等新技术成消费热点。随着居民收入水平不断增高，汽车行业出现了两个非常明显的消费特征：一是汽车正在从一种奢侈性、财产性消费，变为普通的生活消费，消费门槛极大地下移，消费群体极大地增加，四五线城市及农村市场成为新兴增量市场；二是消费者对汽车产品本身的要求极大提升，有品牌力、有技术含量、有很强差异性的精品车才能真正打开市场。可以说，2017年全球汽车行业向智能网联等科技化、服务化方向发展的步伐已经由过去的摇旗呐喊阶段全面进入了加紧落实的阶段。

2017年，北汽集团将深入贯彻党的十八大历次全会精神，认真落实中央经济工作会议精神，积极把握和引领汽车行业发展新常态，以提质增效为中心，以战略转型为主线，以供给侧结构性改革为引领，紧紧围绕自主品牌、新能源汽车、国际化、国企改革等重点任务，着力推动北汽集团的技术进化、产品进化、品牌进化、产业进化，持续增强开放合作能力、治理管控能力和党建创新能力，聚焦发力供给侧，精准施策补短板，不断提升北汽集团“十三五”发展的核心竞争力，持续开创北汽集团创新发展新局面。

（撰稿：张　健）

2016 年度东风汽车公司概况综述

东风汽车公司

2016 年是“十三五”开局之年，东风汽车公司深入学习贯彻党的十八届三中、四中、五中、六中全会精神，认真学习贯彻习近平总书记系列重要讲话精神和治国理政新理念新思想新战略，按照统筹推进“五位一体”总体布局和协调推进“四个全面”战略布局要求，深入贯彻落实新发展理念、供给侧结构性改革要求、“三去一降一补”五大任务及党中央关于国有企业改革发展和党的建设的一系列重大决策部署，全面推进事业发展、党的建设、深化改革等各项工作，经营高质量跨越 420 万辆，全面从严治党向纵深推进，深化改革迈出坚实步伐，实现了“十三五”良好开局。

公司按照“十三五”战略规划加强党建、深化改革、发展事业、合规运营的工作部署，以“详对标、补短板，强改革、抓机遇，提质量、增效益，起好步、开好局”为工作主线，深入市场实际，聚焦客户价值，精准商品企划，提升网络能力；深化国际协同，集成发展资源；深化改革，完善管理，激发活力，努力突破体制机制瓶颈。

截至 2016 年年底，公司有从业人员 16.6 万人，资产总额 2 958 亿元，位居《财富》世界 500 强第 81 位，中国企业 500 强第 16 位，中国制造企业 500 强第 3 位。

（一）经营高质量跨越 420 万辆

2016 年，公司汽车销量突破 420 万辆，达到 427.7 万辆，同比增长 10.4%。销量规模居行业第 2 位。其中，乘用车销售 378.5 万辆，同比增长 10.6%；商用车销售 49.2 万辆，同比增长 9.1%。公司终端零售量达到 431.4 万辆，同比增长 13.0%，零售量高于批发量，库存数量和结构得到优化。

经营质量持续提高。实现销售收入、利润、上缴税费为 5 717.6 亿元、383.4 亿元和 536.6 亿元，同比分别增长 9.9%、7.4% 和 12.4%。国务院国资委考核指标较好达成，利润总额、成本费用占比、EVA 和流动资产周转率均保持在较好水平，高质量完成稳增长目标。

旗下各业务单元表现突出。其中，东风乘用车公司销量突破 15 万辆，同比增长 50.5%；东风商用车公司销量 13.3 万辆，同比增长 12.3%；东风小康销量达到 37.7 万辆，增速跑赢大市；东风日产销量突破 111 万辆；东风本田完成销量 57 万辆，同比增长 40.0%，在品牌建设、规模扩大、收益改善等方面都有较大提升；东风柳汽实现销量 30.3 万辆，商用车实现大幅增长；东风特商实现销量 47 500 辆，同比增长 22.0%。

（二）科学谋定公司“十三五”规划

先后两次召开大型战略研讨会，分别就公司“十三五”规划及重大课题进行研讨。公司转型发展的战略定位更加清晰，确定了到“十三五”末经营规模跨越 560 万辆、挑战 600 万辆的目标。技术与商品、产品平台、关键总成、新能源汽车、智能网联、水平事业、国际化发展等领域的战略布局加快展开，公司

“十三五”发展格局基本确定。

（三）自主发展能力持续增强

加快实施科技强企战略，发布实施《“十三五”科技规划发展纲要》。大力推进产品及动力总成研发，产品平台建设取得新的进步，投放了东风A9、东风风神AX5、东风风度MX5、东风风行SX6、景逸S500、东风风光580、东风商用车国五车型等一系列新车型。全年自主品牌累计销售137.7万辆，同比增长13.0%，其中，自主品牌乘用车累计销售89.6万辆，同比增长14.7%；自主品牌商用车累计销售48.1万辆，同比增长10.0%。与央视携手打造《加油！向未来》大型科学挑战节目，进一步提升了东风品牌的知名度。

（四）新能源汽车保持较快发展

发布实施新能源汽车“583”计划，进一步明晰了新能源发展路线图。调整了新能源事业管理体系，关键技术及商品研发取得新的进展，与国航等单位开展了合作。全年纯电动汽车销售25 200辆，同比增长66.6%，纯电动乘用车销售7 312辆，同比增长近3倍。公司新能源事业整体实现盈利。

（五）开放合作不断深化

积极利用好与法国PSA的战略联盟关系，进一步强化了在商品与技术、国际业务、制造与供应链、人才培养等方面的合作和协同。东风雷诺汽车公司建成投产，科雷傲、科雷嘉等两款SUV产品成功投放市场。在前期已获国家批准基础上，启动了东风本田汽车公司第三工厂的建设。东风格特拉克汽车变速箱公司双离合自动变速箱量产投放。

（六）深化改革积极稳妥推进

深入学习中央精神，把握改革方向，制定了《东风公司全面深化改革纲要》，明确了七个方面的重点任务。落实中央瘦身健体、提质增效要求，有序推进“压减”工作，2016年压减7户，调整16户企业管理层级，计划3年内法人户数净减20.0%，管理层级控制在四级以内。因企施策制定了18家“僵尸企业”、特困企业处置方案。稳步推进社会职能移交、辅业改革、集体企业改制，东风医疗集团整体划转国药集团，东风实业公司改制进入实质性推进阶段。

（七）人才队伍建设不断加强

制定实施“十百千”重点人才工程。创新人才激励机制，人才队伍竞争力不断提升。与PSA开展人力资源战略合作，实施赴雷诺日产挂职学习，2016年选拔61名青年人才到海外培训。拓展引才渠道，海外高层次人才队伍不断充实。公司先后有108人获评享受国务院政府津贴专家，9人入选国家“千人计划”，1人入选国家百千万人才工程，3人获中华技能大奖，20人获评全国技术能手，建立国家级技能大师工作室4个，160余人获得省部级和行业级专家称号。

（八）安全生产与节能减排形势保持平稳

认真贯彻落实“发展决不能以牺牲生命为代价”重要指示，坚决履行主体责任，进一步健全体系，夯实基础，把压力传递到班组，全年安全形势保持平稳。始终把节能减排工作放在极端重要的位置，深入践行“绿色”发展理念，发布了节能环保“十三五”规划和中期事业计划，全面达成节能减排考核目标，2016年7月获得“2013—2015年任期中央企业节能减排优秀企业”，公司连续两个任期获评该称号。

（九）积极履行社会责任

发布实施《东风社会责任“润”计划2.0》。扎实推进援藏、援疆、援桂、润楚工程等精准扶贫项目，向对口帮扶的西藏贡觉县、江达县投入资金1 500万元，帮助新疆柯坪县玉尔其乡、盖孜力镇105户贫困户建设庭院经济项目。积极参与抗灾救灾，向湖北省洪涝灾区捐赠2 000万元，向盐城灾区捐赠600万元。公司荣获第九届中华慈善奖、中国社会责任精准扶贫奖和中国社会责任杰出企业奖。

（十）扎实开展“两学一做”学习教育

在中央统一部署下，公司27家直属党委和127家基层党委同步展开“两学一做”学习教育。夯实“学”的基础，通过“六个课堂”抓学习研讨，加强党员理论武装，抓住“做”的关键，引导广大党员践行

“三先三最”,争做合格党员。注重把学习教育与促进事业发展、深化改革等紧密结合起来,进一步调动了广大党员干部干事创业积极性。通过“两学一做”学习教育,推进了全体党员的教育从集中性向经常性延伸,推动了全面从严治党向基层延伸,达到了预期目标。

(十一)深入推进全面从严治党

深入组织学习习近平总书记系列重要讲话精神,教育引导各级领导班子和广大党员干部不断增强“四个意识”,在思想上政治上行动上与以习近平同志为核心的党中央保持高度一致。召开了公司党的建设工作会,发布了党建“十三五”规划。把抓党建工作情况纳入各级领导班子、领导干部年度考核内容,推进各级党委落实党建“责任清单”。深入开展了“党组织关系排查,党费收缴管理专项检查,基层党组织按期换届专项检查,党代会、人大、政协代表和违纪党员排查”等“四查”工作。2016 年下半年以来,组织开展了中央专项巡视整改“回头看”,巩固了巡视整改效果。全面加强干部队伍建设,选人用人导向更加鲜明、风气更加清新,进一步交流、调整、补充了部分业务单元和职能部门的领导班子。

全面激发国企活力　东风柳汽开启 2.0 时代新增长

东风柳州汽车有限公司

东风柳州汽车有限公司(简称“东风柳汽”)是广西汽车工业的龙头企业,有着 60 余载光辉历史。2016 年,东风柳汽整车销量突破 30 万辆,同比增长 7.3%,连续 9 年保持稳增长;年度销售收入连续第三年超过 200 亿元。在全面践行“中国梦”的新时代,东风柳汽以更坚定的决心、更严格的标准、更扎实的举措,深入学习贯彻习近平总书记重要讲话和指示批示精神,在 2017 年掀起了向 2.0 时代转型升级的新高潮。

当前,东风柳汽旗下乘龙商用车已经完成重型、准重型、中型三大平台布局,正全力打造乘龙 H7、乘龙 T7、乘龙 H5、新乘龙 M3 和乘龙 L3 五大系列产品。并且,产品中引入了以车载智能终端、智能服务系统和智能运营中心为基础“3”位一体的乘龙 V + 智能车联网系统,围绕着“安全、效率、成本”三大核心问题为用户提供系统化的车联网增值服务,实现了“互联网 + ”时代车队管理的精细化、智能化、透明化,构建出乘龙商用车的强劲竞争力。旗下东风风行乘用车推出的“舒适派高质感 SUV”全新景逸 X5、“新生代悦享中级车”全新景逸 S50 等 2.0 时代精品均已上市热销,整车感官质量综合评价得分进入自主品牌领先行列;8 年或 16 万公里超长质保服务口碑满满,销售满意度、售后服务满意度双双跻身高满意度阵营;高颜值、高品质、高可靠的“三高”精品研发体系初步成型……通过向 2.0 时代全面转型升级,东风柳汽即将步入新一轮稳增长通道。

已走过一个甲子的东风柳汽,不仅丝毫没有老态龙钟的暮年状,反而在新时代下焕发出年轻活力,向着百年品牌、基业长青的更高目标迈出了转型升级的新步伐。“问渠哪得清如许?为有源头活水来。”如果把国企比作参天大树,那么,东风柳汽认为,党建好比树根,对标机制好比主干,提高研发水平如同光合作用,发挥人才主观能动性是生命源泉,建设智慧工厂是土壤。正是全员、全体系的“撸起袖子加油干”,东风柳汽全面激发出国企活力,让企业始终充满着勃勃生机。

一、加强党建工作,让党员发挥更大作用

习近平同志在全国国有企业党的建设工作会议上强调,坚持党的领导、加强党的建设,是我国国有企业的光荣传统,是国有企业的“根”和“魂”,是我国国有企业的独特优势。必须坚持党对国有企业的领导不动摇,发挥企业党组织的领导核心和政治核

心作用，保证党和国家方针政策、重大部署在国有企业贯彻执行。

东风柳汽作为国有企业，在生产经营中，始终按照党中央号召的方向去加强自己的修养，加强学习，加强组织纪律性，加强看齐意识，真正做到总书记期待的有办法、有干劲、廉洁自律，同时又有强大的执行力和组织性，形成了东风柳汽企业内在的机制，为东风柳汽事业目标的实现夯实了基础。并且，在企业转型升级的新形势下，东风柳汽对党建工作提出了更高的要求。通过加强特色党建工作，东风柳汽促使党员队伍发挥更大的作用。

例如，东风柳汽围绕“五星级”党委的愿景，通过“十三五”规划指引，逐年、逐层制定党建工作计划。2017 年，东风柳汽的党建工作聚焦群体典型，通过对技能/研发/制造/销售四大板块典型案例梳理与挖掘，凸显党员在重点项目中“攻坚克难，勇于担当”的独特气质，将原来分支部找特色变更为公司层面找特色，从而使党建工作与公司生产经营相结合，有效发挥了思想上的引领作用。

二、建立对标机制，持续引领企业转型升级

“对标”（Benchmarking & Benchmarks）一词来自国外的企业实践，翻译为“对标”或“对标管理”。概括来说，对标就是通过比较，不断发现企业内外、行业内外的最佳理念或实践，不断解析卓越绩效产生的重要因子，将本企业结果指标、过程指标，与最佳部门、竞争对手或者行业内外的一流企业，持续进行对照分析、寻找差距、改进提高的过程。

企业的目标和重点工作会随着企业的不断发展、市场的不断变化而进行经常性调整，而对标的标准是企业做出调整决策的重要参考。所以，建立常态化对标机制，将对标工作推至日常化，是开展对标管理的一项重要目标。另一方面，我国国有企业的基础管理水平与发达国家企业的管理水平还有差距，对标管理的差距更大，靠一两次动员大会或运动式冲刺都是难以实现的，也必须建立常态化对标机制，不断提高对标的标准，才能持续引领企业的转型升级。东风柳汽向 2.0 时代的转型升级，正是常态对标机制下实施的一次对标标准的升级。

特别是，中国将在 2020 年全面进入小康社会，实现国内生产总值和城乡居民人均收入比 2010 年翻一番的目标。这意味着，中国汽车消费正逐步进入大幅度升级阶段。东风柳汽必须与时俱进，加快转型升级。在 2.0 时代，我们的对标工作必须要提到一个更高标准上，即主流合资水准，才能在未来竞争中不致落败。东风柳汽必须将“寻找标杆，树立标杆，超越标杆”延伸到所有部门、所有岗位中，构建起岗位的管理曲线或数据曲线，在岗位工作中不断追求进步，保证每项工作都能达到较高水平，最大限度追求完美。

三、提高研发水平，为转型升级注入不竭动力

研发体系之于汽车企业，好比光合作用之于植物的成长。在日趋激烈的竞争中，一款车在市场上的生命周期越来越短，只有通过研发体系的创新，不断推动产品升级换代，才能有效实现企业的持续稳增长。不管企业发展顺风顺水还是限于瓶颈，东风柳汽每年对研发的投入都超过销售额的 3.0%，并坚持至今，为企业的转型升级注入不竭动力。

有了研发投入的保障，东风柳汽在自主研发的过程中始终秉承开放合作的态度。因为在研发过程中需要大量的资源，光靠东风柳汽显然是不够的，需要跟国际的大公司合作、跟高校合作，把他们的力量和专业知识结合起来。目前，通过与国内外著名高校、科研机构、一流供应商达成战略合作，东风柳汽已建立战略性的技术创新平台和产学研联盟。

为推动 2.0 时代的转型升级，东风柳汽的研发体系对标主流合资水准，启动了全新的体系化升级工作。不仅为高颜值、高品质、高可靠的“三高”精品研发设定了对标体系，更围绕用户需求，基于可持续的精品升级，建立了三大体系：首先，建立从客户感知角度出发的指标评价体系，包括外观造型、做工的精致性，以及搭接、圆角等细节工艺；第二是建立基于客户体验的测试体系，包括操控性、NVH 隔音降噪、动力、加速、制动、转向等诸多方面，确保消费者在购车使用过程中不出现质量问题；第三，着眼长期发展，建立产品可靠性的支撑体系，即采购平台、技术研发、生产工艺、销售渠道、售后服务等各环节，全

体系加强品质管控。通过研发体系的全面升级，东风柳汽的转型升级将步入持续上行轨道。

四、完善人才机制，充分调动人才的主观能动性

无论是提高研发水平，还是提高企业运营效率，关键都还在于人。正如东风柳汽一如既往的经营理念："企业发展，员工幸福"。谁拥有一流的创新人才，谁充分调动了人才的主观能动性，谁就拥有了科技创新的优势和市场竞争的主导权。十年树木，百年树人，完善人才机制是国企的生命源泉。东风柳汽虽是国企，但从某种程度上看，人才机制比外企、民企还要灵活。东风柳汽必须在人才机制上做得更到位，才能发掘、培养起一支优秀的人才队伍。

东风柳汽调动人才主观能动性的机制主要是为员工建立个人事业发展空间、营造浓浓的大家庭氛围，也就是通常所说的事业留人、感情留人。无论是对员工的晋级，还是管理层的晋级，东风柳汽都采取公开透明的机制，特设一个定期发布的内部岗位竞聘平台。假设某位员工被分配在销售部门，如果他在工作一段时间后觉得不适合做销售工作，那就可以通过竞聘转到设计、工艺、生产等其他岗位上。

作为国企，东风柳汽更有大家庭的感情氛围，并且通过践行"企业发展，员工幸福"的经营理念，更进一步增强了员工的向心力和归属感。例如，东风柳汽工会定期开展"夏送清凉""冬送温暖"活动，公司会及时购买粮油等物品慰问一线生产员工。东风柳汽团委开展系列安全知识竞赛活动，通过"彩虹跑"运动会、优秀青年座谈会等活动丰富青年文化生活，还每两年组织集体婚礼，加深企业和员工之间的感情。

五、打造智慧工厂，为转型升级描绘壮阔蓝图

成长为国内主流的商用车和乘用车制造商，是东风柳汽的愿景。在东风柳汽的转型升级规划中，达到世界先进水平，是全体员工的"中国梦"。为了加速践行企业愿景，实现"中国梦"，东风柳汽规划建设了具有国内先进水平的现代化新基地——东风柳汽柳东基地。该建设项目是根据自治区、东风公司的规划部署以及公司自身发展需要而启动建设的。项目内容包括：乘用车整车基地、商用车整车基地、研发中心、发动机项目等，共占地约 5 300 亩。项目计划总投资 60 亿元，整体规划 40 万辆乘用车、10 万辆商用车的年产能。

目前，商用车基地正加紧建设，一期工程预计 2018 年建成投产；乘用车基地二期工程已竣工投产。乘用车基地冲压车间采用 6 轴\7 轴机器人自动冲压，将尺寸误差降到最低。焊接车间大量采用机器人自动焊接，焊接质量高。应用于车顶、侧围和后盖处的激光拼焊工艺，焊缝成形美观，焊后仅需简单处理甚至无需处理，提高车身的抗疲劳性、抗冲击性以及抗腐蚀性能，也使零部件贴合精度控制到 2 毫米以内，车身尺寸精度达到 97.0%。涂装车间采用 ABB 自动化涂装机器人，并使用无毒无污染的水性环保漆。喷涂后的漆层晶莹透亮、柔韧性好，具有耐水、耐磨、耐老化、耐黄变等优点。总装车间采用 KIT 物流模式，实现 100% 集配，物料输送采用自动小车集配指示系统，自动化程度高。

东风柳汽发动机项目已实现初步量产，技术源自 PSA，成熟可靠。在此基础上，东风柳汽正加速自主开发 1.0TD、1.2TD、1.6TD 等多款全新涡轮增压发动机，最终将总体形成与整车相配套的 40 万台年产能，提高东风风行乘用车产品竞争力，逐步突破在动力总成核心技术方面的短板。在新能源布局方面，东风柳汽也取得初步成果，将推出纯电动的家用轿车、家用 MPV 和商用 MPV 共三款产品。混合动力与纯电动 SUV 的研发正顺利推进。

更具前景的是，在工业 4.0 与"中国制造 2025"推动下，东风柳汽正全力打造智慧工厂，以柳东新基地建设为契机，构建数字化工厂平台，提高生产过程的数字化率。2020 年，东风柳汽将基本实现产品造型、设计、分析、试验试制、生产准备等全过程的数字化、虚拟化应用。这意味着，东风柳汽的转型升级将迈上一个更高发展阶段，开启全新发展里程。

"十三五"时期是我国全面建成小康社会的决胜阶段，是东风柳汽践行"成长为国内主流的商用车及乘用车制造商"企业愿景的攻坚阶段。东风柳汽将继续全面激发企业活力，坚定信心，勇于担当，勇于变革，勇于创新，为促进新一轮快速发展而努力奋斗。

2016 年度中国航空工业集团公司发展综述

中国航空工业集团公司

一、集团基本情况

中国航空工业集团公司(简称“航空工业”)是由中央管理的国有大型企业,是国家授权投资的机构,于 2008 年 11 月 6 日由原中国航空工业第一、二集团公司重组整合而成立。集团公司设有航空武器装备、军用运输类飞机、直升机、机载系统与汽车零部件、通用航空、航空研究、飞行试验、航空供应链与军贸、资产管理、金融、工程建设、汽车等产业,下辖 100 余家成员单位。拥有 27 家上市公司,其中 A 股 19 家,香港 H 股 5 家,德国、新加坡、奥地利上市公司各 1 家。员工逾 45 万人,其中两院院士 12 人,享受政府津贴专家近 3 000 人。

截至 2016 年年底,航空工业资产总额约 8 679.3 亿元,实现营业收入 3 712 亿元;利润总额 167.8 亿元。航空工业自 2009 年起跻身《财富》世界 500 强企业,排名保持持续增长的势头,2017 年的入榜名次为第 162 位,比 2009 年首次入选前进 264 位;在 2017 年世界 500 强“航天与防务行业”分榜单的 15 家上榜企业中,航空工业排名第六,利润和利润率居国内上榜企业前列。

二、经营范围和发展状况

航空工业是我国航空武器装备的主承制商,为国防安全提供先进航空武器装备。航空工业系列发展歼击机、歼击轰炸机、轰炸机、运输机、教练机、侦察机、直升机、强击机、通用飞机、无人机等飞行器,全面研发空空、空面、地空导弹,强力塑造运 - 20“鲲鹏”大型运输机、“鹘鹰”战斗机、“飞鲨”舰载战斗机、歼 10 系列飞机、歼 11 系列飞机、“霹雳火”直 - 10 武装直升机、“黑旋风”直 19 武装直升机、轰 - 6 系列轰炸机、空警 200 和空警 2000 等系列预警机、“飞豹”歼击轰炸机、“枭龙”飞机、“翼龙”系列无人机、“猎鹰”和“山鹰”高级教练机、“霹雳”系列和“闪电”系列导弹等品牌,使我国跻身于能够自主研发生产具有国际水平的、体系化的航空装备的国家之列。

秉承“寓军于民、军民融合”发展原则,为交通运输提供先进民用航空装备。航空工业大力发展民用飞机,自主研制 AC600 大型水陆两栖飞机,系列发展新舟 60、新舟 600、新舟 700 等“新舟”系列支线飞机,AC311、AC312、AC313、AC322、AC352 等 AC 系列民用直升机,大力发展 AG50、AG100 教练机、AG300 等 AG 系列,运 - 12 系列、小鹰 500、海鸥 300、SF50 轻型公务机、西锐系列通用飞机和“鹞鹰”民用无人机,全力支持 C919 大型客机、ARJ21 新支线飞机发展,承接国际航空转包生产任务并成为优秀供应商,为国内外客户提供优质、可靠的民用航空产品。同时以通航运营发展为推手,以商业成功为目的,努力成为国内通航产业系统解决方案实践者、通航产业链健康快速发展的推动者、国家通航产业战略目标实现的贡献者。

秉承技术同源、产业同根、价值同向的军民融合式发展理念,航空工业为先进制造提供高端装备和创新动力,积极探索制造业转型之路,深入推进工业化和信息化“两化融合”和智能制造。将航空高技术融入民用领域,大力发展汽车零部件、液晶显示、电线电缆、印刷线路板、光电连接器、锂离子动力电池、智能装备等产品,并协调发展金融投资、工程建设、航空创意经济等现代服务业。

作为中国科技发展的领军者之一,航空工业建立起了拥有由中国航空研究院和近 30 个科研院所组成的高水平科研体系;拥有一大批院士和国家级专家;拥有一批达到亚洲一流或国际领先水平的国家重点实验室和重大科研试验设施;拥有金航网联通国内所属成员单位，具备异地协同设计制造能力和现代化信息传输能力；推动我国航空科技实力上实现了对世界强者从望尘莫及到望其项背，再到同台竞技的跨越，正向着并驾齐驱的目标奋进。

顺应世界经济发展的大趋势，航空工业加快融入世界航空产业链，广泛参与世界航空工业分工合作，"枭龙"、K－8、强五、MA60、MA600、运12等飞机飞出国门，使我国成为少数几个能出口飞机整机和生产线的国家。同时积极参与国际重大航空项目的开发，与国外对等合作了EC－175直升机以及合资合作大量的机载设备，与波音、空客等国际航空企业巨头广泛开展航空转包生产业务。

把握国内经济发展机遇，航空工业加快融入区域经济发展圈，先后与北京、天津、上海、广东、湖南、四川、贵州、陕西、辽宁等20多个省市签订了战略合作协议，设立了北京航空科技产业基地、天津直升机产业基地、珠海通用飞机产业基地、沈阳航高基地、南京金城航空科技园、成都空天高技术产业基地、长沙航空产业园和南昌航空城等产业园，加快航空工业发展，服务地方经济建设。

三、集团管理与文化

中国航空工业集团公司秉承"航空报国、强军富民"的宗旨，践行"敬业诚信、创新超越"的理念，提出了"两融、三新、五化、万亿"的发展战略。"两融"是树立开放合作的观念，融入世界航空产业链，融入区域发展经济圈；"三新"是集团的核心竞争力由传统的"资本、管理、技术"三位一体，逐步转型升级为"品牌价值、商业模式、集成网络"新的三位一体；"五化"是推进市场化改革、专业化整合、资本化运作、国际化开拓、产业化发展；"万亿"是最终实现经济规模挑战一万亿的目标。

航空工业构建了基于战略管控的母子公司组织模式作为落实发展战略的有力举措。集团公司层面负责总体战略和相应的职能战略，总体战略主要致力于把握大局和方向，关注集团公司的定位和长远发展，对内协调业务选择，合理配置资源，形成协同效应，对外做好外部利益相关者的沟通和整体价值创造。在战略的执行上以五年规划为主要抓手落实集团战略。每年通过年度计划的形式，将规划转化为下属单位可执行的经营计划和考核指标。在规划执行中期进行评估和调整，在规划期结束时进行评估并成为下一期规划制定的依据。同时，全面应用综合平衡计分卡战略管理工具推进战略落地。

大力加强预算管理，逐步构建以EVA为导向的全价值链战略预算管理体系。突出重点，管出实效，客观分析当前与未来经济形势，合理确定年度预算目标；将成本费用预算控制作为重中之重，认真分析本单位成本费用开支结构，合理确定成本费用压缩的项目、目标和措施。加强现金流管控，防范企业风险；加快预算进度，提高预算质量，进一步推进全面预算管理工作，落实加快发展、增收节支、降本增效等方面的预算安排，强化预算执行情况的监控和分析，充分发挥预算管理在应对金融危机中的作用，不断提升预算管理水平，促进企业发展。

加强集团公司投融资管理。积极推进投融资与重组改制，通过资产划转、投资和长期股权变动、投资企业的清理和相关资产处置等工作。开展产权转让和结构调整工作，对一系列项目实施主辅分离副业改制。

积极开拓航空产品外贸市场，民机销售迎难而上，国际合作与转包生产进展顺利。在"只有合作伙伴，没有竞争对手"的理念指引下，紧紧抓住重点项目和重点合作伙伴，梳理集团公司的对外合作关系，大力推进集团公司与波音、空客、庞巴迪、巴西航空工业公司、GE等国际大公司的高层联系，通过一系列活动，使得航空工业与世界航空业界的合作伙伴关系更加紧密，同时也向合作伙伴们传达了新集团的组织架构、发展战略等信息，开创了集团公司在民用航空业务的多个领域对外合作的全新局面。集团公司成立以来，与世界上主要的航空企业在多个领域开展了重大合作项目，通过这些项目的成功实施，可以实现集团公司国际合作战略的价值，逐步实现融入世界航空产业链的目标。

狠抓重大科研项目进度和航空产品生产交付、改善和加强经济运行质量管理等，实现经济规模和效益双增长。通过航空产业园区建设、战略投资者引进和航空产品市场开拓，积极落实"两融"战略。积极争取和落实国家财经政策支持，狠抓技改、科研项目管理和经费的落实，加强税收政策的协调。与各大商业银行和保险公司建立全面战略合作关系，同时充分利用债券市场，并大力推进资金集中管理工作，创新性拓宽融资渠道，推动产融结合进入新时期。综合协同创新管理，优化经济运行内部环境和机制。

坚持改革创新，把人才强国战略作为一项重大而紧迫的任务，以高层次人才为重点，统筹抓好各类人才队伍建设。大力加强经营管理人才队伍建设，围绕经营管理人才队伍建设，着重开展领导班子集中考核、干部交流、干部年轻化等工作。有效推进专业技术和技能人才队伍建设。以高层次人才为重点，全力培养科技工作带头人，积极推进“长、家、匠”分离，加强科技人才职业生涯管理，疏通科技人员成长渠道。通过开展技能大赛和技能鉴定工作，推动了技能人才培养，激励广大航空工人努力学习，岗位成才。探索创新人才工作体制机制。人才资源是第一资源的观念已深入人心，人才发展战略更加统筹协调，一支规模大、素质高、结构合理的人才队伍基本形成。

业绩考核管理方面，在全集团开展以 EVA 为核心的绩效管理。根据国家宏观经济形势和所属单位具体情况，在考核办法中针对短板设置指标，通过考核引导各单位将业绩考核与解决“短板”结合起来，促进各单位稳健、持续经营，持续改善薄弱环节。同时强化集团内部“对标”考核，将各单位的考核目标值与集团内同行业企业平均水平进行比较，引导下属企业逐步赶超集团内先进单位，收到较好成效。此外，加强考核的过程评价监督，促进经营计划的完成。

着力提升创新能力。一是技术创新方面，形成并发展“一个核心、两类主体、三大平台、四种伙伴”新型科技创新体系，集中管理、分层实施，不断完善科技创新组织机构，大力开展技术创新项目研发，全面提升集团科技创新能力；二是管理创新方面，系统工程、组织架构、流程管理、精益六西格玛、项目管理、综合平衡计分卡、EVA 等先进管理工具和方法得到广泛应用，逐步构建与市场和国际接轨的 AOS 流程体系，实现了管理的规范化、科学化，有力促进了改革发展，全面提升了企业竞争力。

企业文化建设成效显著。以“航空工业英模”罗阳同志等为代表的 40 多万名航空人，长期以来自力更生、艰苦奋斗、爱党爱国、无私奉献、开拓创新、锐意变革、不畏艰难、勇于攻关、低调做人、埋头做事，形成了个性鲜明、魅力突出的航空工业文化。近年来，航空工业在抗震救灾、奥运安保、亚丁湾护航、国庆阅兵等国家重大任务中发挥了不可替代的作用。

中国航空工业集团公司将秉承“航空报国、强军富民”宗旨，弘扬“敬业诚信、创新超越”理念，积极推进“两融、三新、五化、万亿”的发展战略，励志成为国家综合国力、部队作战能力、国家运输能力、国家科技实力及大众时尚消费品的提供商，以豪迈的步伐向具有国际影响力的跨国大集团迈进。

开启中国特色先进兵器工业新征程

中国兵器工业集团公司

中国兵器工业集团公司（简称“兵器工业集团”）是中央管理的国有重要骨干企业，于 1999 年 7 月在原中国兵器工业总公司所属部分企事业单位基础上改组成立，是国家安全和三军装备发展的基础，是陆军装备研制生产的主体，是三军毁伤打击和信息化装备发展的骨干，是国家实施“走出去”战略的支撑，是国家推进军民融合深度发展的主力。

兵器工业集团总部位于北京，下设 51 家子集团和直管单位，主要分布在北京、内蒙古、陕西、山西、江苏、上海等 20 个省（自治区、直辖市），在全球建立了数十家海外分支机构。2016 年年底，兵器工业集团资产总额 3 621.6 亿元，人员总量 25.2 万人。集团公司连续 13 个年度和 4 个任期蝉联国务院国资委业绩考核 A 级，获“业绩优秀”“科技创新”“节能减排”三项任期特别奖，并获中组部、国资委党委中管企业领导班子2013—2015年任期综合考核评价优秀等级，在2016年《财富》杂志评选的世界500强企业中位列第134位。

一、积极推进军品科研生产，履行强军卫国核心使命

兵器工业集团始终坚持国家利益高于一切，大力弘扬人民兵工精神，将军品科研生产任务作为最重要的核心使命，全力以赴确保按时保质完成好。一是高质量完成了一系列重大军品科研生产任务。周密组织、精心调度，全面完成重点军品生产交付任务，大幅缩小了我国陆军主战装备技术性能与世界先进水平的差距。二是突破和掌握了一批具有自主知识产权的核心关键技术。在两栖突击、远程压制等技术领域跨入了世界先进行列，实现了兵器科技由战术层面向战略层面、由跟踪仿研到自主创新的重大跨越，步入了与发达国家同台竞技和局部领域领跑并存的新阶段。三是圆满完成一系列大型演习演练的现场保障任务。在举世瞩目的“9·3”阅兵中，圆满完成27个地面方队中11个方队共201台装备的保障任务，荣获“阅兵保障贡献突出奖”。在2015年我军赴俄罗斯国际军事比赛中，超前准备、随装跟保，确保参赛装备经受住了贴近实战的严苛考验，9型参赛装备获得了8项亚军的好成绩。

二、推进军民融合深度发展，服务国民经济发展

兵器工业集团始终坚持走技术相关、市场多元的军民融合式发展道路，着力推动军民技术的双向转移、良性互动，努力建立全要素、多领域、高效益的军民融合深度发展格局。一是积极推进军民融合产业发展。积极推进军工技术民用化、产业化，集中力量打造了汽车零部件、工程机械设备、铁路产品、石油化工、特种化工、民爆、光电信息、北斗产业、智能制造、应急产业等先进制造业板块和贸易流通、金融服务等现代服务业板块。人造金刚石、硝化棉产销量位居世界第一，矿用车、火车轴等产品产销量居国内第一；民爆、市政管道等产品结构和服务进一步优化和拓展；石油化工产业链条进一步完善；超重极限机床、电动轮非公路矿用自卸车、大功率变速器、高效高压永磁同步电动机等一批产品的技术和性能达到国际先进水平。二是积极推进北斗产业发展。由集团公司抓总建成了全球最大的国家北斗地基增强系统，在全国范围内提供亚米精度的实时动态定位导航服务。与阿里巴巴集团强强联合，组建了“千寻位置网络有限公司”，推进“北斗＋互联网”创新融合，北斗高精度位置服务在手机、车辆大众市场以及铁路、公路运输等行业和重点区域的综合应用正积极推进。三是统筹国际国内优质资源，全力打造行业领先者。对内积极推动优质军民品业务资产重组上市，成立产业投资基金撬动社会资源，共计完成资本市场融资187亿元，一机集团宏远电器、夜视集团奥雷德、中兵通信等3家企业顺利登陆新三板，北方股份、中南钻石两家企业成功入选全国首批60家单项冠军示范企业。对外积极重组并购国际优质产业资源，先后收购了德国凯毅德公司、德尔福汽车天线接收系统业务、德国瓦达沙夫公司，汽车零部件产业进入全球高端汽车配套体系。

三、坚持创新驱动，提高自主创新能力

兵器工业集团始终坚持创新是引领发展的第一动力、人才是支撑创新的第一资源，大力实施创新驱动发展战略。“十二五”期间，获得国家科学技术进步奖21项、国家技术发明奖1项，国家科技进步一等奖2项，国家科技进步二等奖2项；专利数量和质量同步增长，专利申请数年均增长30%，有效专利拥有量较“十一五”增长393.0%。一是构建开放式协同创新体系。坚持开放合作共赢，与中科院、清华大学、北理工等单位合作组建开放式协同创新联盟，通过联合攻关、科技合作、风险基金、协作配套等多种形式，全方位加大产、学、研、用合作力度，构建形成了“小核心、大协作、专业化、开放型”的兵器科技创新体系。二是大力加强创新平台建设。持续加大投入力度，引进社会资本成立创业风险投资基金，加强民用高技术产品开发中心建设，目前集团公司拥有企业国家重点实验室2个、国家工程实验室1个、国家企业技术中心12个、国家技术转移示范机构2

个、国家技术创新示范企业6个、国家地方联合工程研究中心2个、国防科技重点实验室7个、国防科技工业创新中心3个，形成了以国家重点实验室、国家级企业技术中心和国防重点实验室为核心、以省级企业技术中心和集团公司重点产品开发中心为骨干的技术创新平台体系，军民融合、开放协作的技术创新平台体系初步形成。三是实施领军人才培养和引进工程。加强院士、首席专家、科技带头人、总师后备人才队伍建设，形成了一支由院士7名、特聘院士28名、“千人计划”专家58名、兵器首席专家47名、兵器科技带头人412名组成的核心科技人才队伍，“千人计划”专家数量位居央企第一。

四、积极“走出去”，提升国际化经营水平

兵器工业集团坚持国际国内两个市场统筹发展，充分发挥军贸渠道优势，积极参与“一带一路”建设，国际化经营水平再上新台阶。一是军贸核心竞争力显著提升。近年来，积极推进军贸业务“三个转变”“三个升级”，即从跟踪市场向策划市场转变、从需求牵引向技术推动与需求牵引相结合转变、从军贸公司单打独斗向需研产销一体化运作的“大军贸”转变，从提供单一产品装备模式向提供成套成体系模式升级，向成建制、一揽子系统解决方案升级，向技术与战术深度融合、整合相关装备能力以生成整体作战能力升级，取得了显著成效，巩固了国内军贸行业领先者地位，有力促进了动态保军。二是海外战略资源开发取得新成果。充分发挥军贸溢出效应，加大海外油气资源和贵金属矿产资源的获取和开发，战略资源产业达到了千亿元级规模，成为集团公司经营业务结构的重要支撑。目前在海外拥有7个油气项目和4个矿产项目，海外石油资源地质储量12.9亿吨，海外石油储量位居国内企业第四，年作业量超过1 000万吨，年原油贸易量突破6 500万吨，年炼油能力达到830万吨；拥有海外铜资源量约900万吨、占国内已探明资源量的8.4%，钴资源量33万吨、占国内已探明资源量的61.0%，铂金资源量800吨、是国内已探明资源量的2.5倍，成为维护国家能源资源安全的一支重要力量。三是积极推动优势产品和产能“走出去”。“十二五”以来，在轨道交通、电力工程、矿山建设等国际工程承包领域，累计实现成交64.6亿美元、合同生效31亿美元。2015年4月习近平总书记访问巴基斯坦期间，在总书记的见证下，集团公司与巴基斯坦签署了总金额16.26亿美元的拉合尔轨道交通橙线项目，是“一带一路”构想框架下中巴经济走廊首个签约的基础设施项目。通过国际经济合作，带动集团内外优质装备产品出口。

五、全面深化改革，激发企业发展活力

认真贯彻落实《关于深化国有企业改革的指导意见》，坚持问题导向和市场导向，主动作为、扎实推进重要领域和关键环节的改革，努力破除制约发展的体制机制障碍，激发企业发展活力与内生动力。一是大力推进集团公司总部机构改革。2015年年初，按照市场化企业化法治化原则，实施了总部机构改革，职能分工和管理界面更加清晰，同步组织实施了总部简政放权改革，取消、下放和调整了115项集团审批事项，占所有审批事项的27.0%。二是有序推进混合所有制改革。积极稳妥地在7家企业开展混合所有制改革，一机集团列入军工企业混合所有制改革试点，在5家市场化程度较高、以民品为主的子集团板块开展职业经理人公开竞聘试点，对凌云股份董事、高管和骨干员工实施股权激励，在千寻公司、中兵康佳探索三级企业管理层股权期权激励。三是积极推进合资合作和资产重组上市。民品产业新组建中外合资合作公司6个，组建其他公司10个。东北工业集团顺利收购德尔福机电一体化项目。北方创业、江南红箭、北方国际重组方案获得证监会无条件通过，中兵通信登陆新三板。全年通过股权投资基金、结构化基金或信托模式募集社会资金176 300万元，实现资本市场融资595 500万元。四是精准推进“一企一策”改革。聚焦重点问题，逐户分析实际情况，个性化制订实施了二级成员单位的“一企一策”改革方案。对重点企业签订专项考核责任书并纳入任期考核，制定一企一策、一品一策的整治措施，严格落实领导班子扭亏减亏责任。五是统筹协调推进“三供一业”分离移交。19家子集团、37户三级及以下单位签订了105项移交协议，占全部“三供一业”移交项目的28.0%，协议金额

达45亿元。

六、持续推进精益管理，大力降本增效

兵器工业集团深入推进全价值链体系化精益管理战略，狠抓管理提升，促进降本增效。一是多措并举降低成本。2016年集团公司成功发行50亿元中票、降低利息支出3.6亿元，财务公司牵头设立"军工票"、与央企票据互认总额达到110亿元。二是开展安全和质量问题管理。坚持"全覆盖、零容忍、严执法、重实效"的要求，深入开展安全生产大检查，实施了危化品和易燃易爆物品专项整治，开展了"打非治违"专项行动，安全生产形势保持平稳。积极推进"精品工程"和"品牌建设"，质量管理水平不断提升。三是积极推进绿色发展。2016年，兵器工业集团通过加大节能环保产品研发力度、淘汰落后工艺设备、实施绿色照明系统改造等优化产业结构、改善用能结构，全力降耗增效，超额完成节能环保目标，未发生环境污染责任事故，集团公司社会责任报告连续五年获得五星级评级。

七、坚持全面从严治党，强化组织保障

党的十八大以来，集团公司党组认真贯彻习近平总书记关于全面从严治党的重要论述和中央的一系列决策部署，始终把党要管党、从严治党作为提升集团公司核心竞争力的重要组成部分，大力加强党的思想建设、组织建设、作风建设、反腐倡廉建设和制度建设，为履行好党和国家、军队赋予的核心使命提供了有力保证。一是落实全面从严治党的主体责任。强化"把抓好党建作为最大的政绩"的意识。实行"双向进入、交叉任职"，从领导体制上有效保证了党组织在公司法人治理结构中的政治核心地位。坚持"一岗双责"，实行"双纳入"，将领导干部党建履职情况纳入年度经营业绩考核、纳入领导干部选拔任用。二是加强领导班子建设。发挥好党组织在选人用人工作中的领导和把关作用，加强政治纪律、政治规矩教育，自觉在思想上政治上行动上同党中央保持高度一致。严格按照"兵器好干部"标准选人用人，优化领导班子专业结构和领导人员专业化水平，激发领导班子活力。三是加强基层党组织建设。进一步突出基层党组织的政治属性，强化其服务功能，在全集团开展"党员创新工程"和"党组织强基工程"，有效助推了企业改革发展。四是持续推进作风建设。扎实开展"两学一做"学习教育，集团公司党组成员带头到所在党支部讲党课，在全集团开展"我为什么要入党"为主题的微党课，组织全体党员深入学习习近平总书记系列重要讲话和党章党规，增强了践行"四个意识"特别是核心意识、看齐意识的思想自觉和行动自觉。全面开展"四风"问题整治工作"回头看"，严肃查处、认真整改违反中央八项规定的问题。剑指问题开展了3轮20家单位内部巡视，对"两个责任"不到位、落实党组决策不严不实、选人用人不规范等问题，逐项跟踪、狠抓整改。五是切实加强机制建设。制定了《关于加强党的建设推进全面从严治党的指导意见》《集团公司党组工作规则》《子集团和直管单位党委工作规则》等一系列制度办法和规范性文件，健全党建工作制度体系。

奋力开创转型升级　跨越发展的新时代

——山东临工工程机械有限公司

山东临工工程机械有限公司（简称"山东临工"），始建于1972年，是国家工程机械行业的大型骨干企业，中国机械工业100强，国家级高新技术企业。公司主要生产装载机、挖掘机、路面机械等三大类100多个品种，主导产品先后被评为"中国名牌产品""中国驰名商标"，2016年以第一名的成绩荣获第十六届"全国质量奖"，2017年荣获"亚洲质量卓越奖"。

经济新常态下，山东临工认真贯彻新发展理念，加快实施供给侧结构性改革，全力推动新旧动能转换，以“成为国际化的工程机械领先企业”为愿景，秉持“效率至上，科技领先”核心价值观，深入实施“集约发展，创新驱动”战略，聚焦“四新、四化”，通过有效破解束缚企业发展的传统机制障碍，激发创新活力，转变发展模式，使企业呈现出机制不断优化、质量持续提升、效益大幅增长的良好局面。

一、信息化平台打造科技创新优势

科技创新具有乘数效应，实施创新驱动发展战略，对打造核心竞争力、增强发展后劲具有重大战略意义。近年来，山东临工持续加大研发投入，加快国际化技术引进与合作，与国内外知名高校和科研院所建立了产学研合作平台，实现了集三维设计、运动学分析、有限元分析于一体的工程机械产品研发体系，打造了行业领先、国际一流的三大产品研发平台。

（一）数据采集分析平台

山东临工与清华大学、北京工业大学等全国19家单位共同发起创立了“北京工业大数据创新中心”，利用从大数据平台和公司信息化系统中采集的海量数据进行精准分析，建立了覆盖产品全生命周期的信息化体系，实现了数字化管理、数字化设计、数字化制造等一系列重大突破，特别是在产品全生命周期管理上的应用，使市场调研告别了巡回走访、电话回访等原始方式，极大提升了数据采集、分析、利用水平。

（二）虚拟设计平台

依托大数据和云计算平台，建立了疲劳分析模型、流体仿真模型、人机工程模型、虚拟装配模型等产品研发数据模型，提高了整机能效，增强了产品可靠性，提高了设计一次成功率，大幅降低了研发成本，显著提高了研发效率。

（三）试验验证平台

建成了新产品试制车间、产品中试基地，建立了桥箱、液压、电器等试验台，配置了IMC、LMS、Fluke等国际一流的工程机械测试设备，实时监控整机作业运行状态，通过远程传输，采集工况数据，统一分析处理，对产品的设计性能进行精准评价，具备了行业领先的整机试验和测试手段。

技术研发能力的进步使山东临工产品竞争力不断增强。公司先后承担了31项国家863计划及省市级重大科技项目，主持和参与制定国家和行业标准27项，获得国家授权专利455项，其中国家发明专利42项，荣获了“国家技术创新示范企业”称号。

二、推进传统制造向智能制造转型

为保证智能制造技术优势，公司成立了100多个项目组，涵盖装配、物料及焊接等制造领域，通过广泛应用自动控制技术，按照作业无人化、少人化理念，探索机器人自主设计制造技术，加快人机信息交互，实现信息互联互通。“气、电、液一体多功能全自动工作台”“I－DMS”系统、“AGV台套配送”等一大批自动化项目已在事业部落地生根。

目前，临工物流自动化、焊接自动化、装配自动化水平不断提升，正在向智能化生产线和智能车间升级；尤其是自主开发的物流自动化重要装备——AGV智能导航车，实现了复杂条件下重型物料跨车间自动转运，填补了业内空白，大大降低了生产成本，提高了物流效率。

我国工程机械高端液压件长期依赖进口，高昂的市场价格占去了大量利润，同时制约着我国工程机械行业整体竞争力的提升。为改变现状，山东临工启动了工程机械高端液压件生产基地建设项目，学习借鉴国外先进技术，在消化吸收的基础上自主创新，加工生产以主控阀等核心部件为主的各类高端液压产品。目前已实现批量生产和整机装配，并且质量稳定。这一成果打破了国外的技术垄断，标志着临工高端液压件自主加工制造能力走在行业前列并达到国际先进水平。

三、“三个颠覆”促进运营提质增效

山东临工以“质量效益”为引领，全面导入精益生产模式，在实践中形成了临工精益生产方式 LPS（Lingong Production System）。随着 LPS 的日臻成熟，山东临工通过机制变革，迅速颠覆了传统生产运营管理模式，对传统动能进行了改造提升。

（一）颠覆了传统生产管理模式

将过去的生产、质量、工艺、安全等相对独立的运营模块进行整合，形成以质量运营为主导的一元化运营体系。运营目标从过去的完成生产任务为主，变成主要控制质量、成本、时间和柔性。这一颠覆使制造系统的生产责任与质量责任并轨，彻底破解了生产与质量"双轨运行"、相互扯皮的管理难题。

（二）颠覆了传统分配模式

以"计件工资"为标志的"多劳多得"传统分配模式，已经与精益生产的要求不相适应。质量效益成为企业关注的焦点。临工建立了"以质取酬"的新分配模式，其中最富有成效的一项分配模式创新，是"记分式质量档案管理制度"。从记分和薪酬两个维度进行约束，促使操作者减少质量责任疏漏和违规行为。

（三）颠覆了传统质量控制模式

传统质量控制聚焦于事后检查和监管，这使得产品质量水平提升缓慢，且问题难以根治。临工按照"一开始就做对"的理念，重新梳理流程，落实"零缺陷"理念，充分发挥 SAP、LPS、JIT 等管理工具作用，应用自动化、信息化、智能化成果，大大提高了制造过程稳定性和质量一致性。

四、"一全二创三结合"推动新旧动能转换

面对新一轮的产业升级和行业竞争，山东临工果断转型，变外延扩张为内涵增长，聚焦于增强战略竞争力、提升创新驱动力的软性投资，投资更加集中于基础研究、自主研发、两化融合、智能化改造、技能人才培育、高端人才成长等软性领域。精准高效的软投入使企业发展后劲更足，创新能力更强，软投资结出的是硬成果。

聚焦于创新的内涵式发展，使临工的管理水平不断升级，并形成了独具特色的"一全二创三结合"创新管理模式。"一全"即全员参与，"二创"即管理创新与技术创新，"三结合"即管理人员、技术人员、生产工人相结合。管理人员掌握先进的理念、信息和资源，技术人员具备解决问题的工具和方法，一线人员最容易感知问题的症结要害。

临工按照"建制（健全创新制度）、搭台（搭建创新平台）、造氛围（营造创新氛围）"的思路，大力推进这一模式。公司全员积极参与技术和管理创新，公司每年的创新项目 1 000 余项，改善项目 2 万个以上，为企业创造巨大质量效益的同时，也大幅提高了生产效率。

山东临工以提升顾客满意度为重点，实施"建国际化临工，创可信赖品牌"战略，确立了"可靠"的品牌核心价值和"成为国际知名的工程机械领先品牌"的愿景，实施全面品牌管理，完善品牌建设体系，打造国际知名工程机械领先品牌。在世界品牌实验室发布的《2017 中国 500 最具价值品牌》榜中，山东临工居第 176 位，品牌价值 233.2 亿元，在工程机械行业中列第四位。

在国际化战略指引下，临工不断加强国际技术、管理、品牌的合作交流，"好司机"活动走出国门，成为临工品牌国际化进程中的重要举措。公司积极参与"一带一路"建设。2016 年，"一带一路"沿线国家市场销售额增长 60.0%，成为国内主要的工程机械出口企业之一。临工市场国际化的快速推进，大大增强了中国工程机械行业占据全球价值链有利位置的能力。

可靠承载重托，创新引领未来。山东临工积极贯彻落实党的十九大精神，按照国家关于供给侧结构性改革和新旧动能转换的方针政策，加快推进企业转型升级和创新发展的步伐，努力实现"成为国际化的工程机械领先企业"的愿景目标。转型升级、创新发展的强大动力，正推动着山东临工开启新时代，迈向新征程，创造新辉煌。

中联重科　全景化创新　培育“中国制造力量”

中联重科股份有限公司

中联重科是全球领先的集工程机械、农业机械、金融服务等多位一体的装备制造业龙头企业。近年来，在全球经济放缓，国内工程机械遭遇寒冬的形势下，中联重科致力全景化科技创新，深度布局“一带一路”市场，成功实现有质量的增长。

一、智能化产品与服务打造4.0产品

数据显示，中联重科在2017第一季度实现营业收入近52.8亿元，同比增长74.5%，其中，工程机械板块增幅超过100%。

装备制造业是科技密集型产业，对技术和智力要素要求极高。中联重科作为工程机械龙头企业，集中优势科研和制造力量，全力推出4.0产品，以创新精神继续领跑行业技术发展。

中联重科4.0产品核心为“模块化平台+智能化产品”，产品的各个子系统均以模块形式进行标准化的设计和生产。由于当前市场广泛存在的定制化服务需求，4.0产品的研发设计理念进行了有针对性的升级。对于当今“去产能”的产业大背景，中联重科通过在产品智能化、完善“产品+服务”体系化建设等方面的全面提升，提前进入工程机械制造的新时代，从而掌握产业发展的制高点，为未来的发展做好准备。

单纯的设备智能化已不能面对日益激烈的市场竞争，必须同时实现服务智能化。4.0产品已经脱离了旧有的仅仅拘泥于产品本身升级的模式，转而建立起智能化条件下的“产品+服务”的立体化新模式。中联重科建立了强大的物联网云平台ZoomCloud，为客户提供“实时、在线、主动”的服务，完成从“做设备”到“做设备、管设备、养设备”的全新转变，从而实现“产品在网上、数据在云上、服务在掌上”的构想。

2017年5月底，历时近70天，途径七个大区，覆盖全国34个省(自治区、直辖市)的“中联重科4.0产品全国巡展”落下帷幕。在巡展期间，中联重科首次提出以“共赢发展”为理念的“客户联盟计划”，邀约行业内优质的施工企业和租赁公司共同组建客户联盟，目的是促进联盟成员之间的合作、联系和交流，为联盟成员提供合作平台并创造商业机会，维护共同利益。中联重科通过智能化服务将客户和未来的市场紧紧与自身捆绑起来，提前布局市场的未来发展。

二、创新驱动农业机械迈向高端

进入2017年以来，农机行业的整体下滑幅度很大，农机市场出现阶段性深度调整。中联重科农业机械板块依靠科技创新实现逆势上扬。拖拉机、小麦收割机、水稻收割机等产品实现了全面升级，市场占有率进一步提高；烘干机销量则多年来始终保持领跑行业。

拖拉机在农业生产中有着广泛的应用，拖拉机正在向着节能、高效的大马力拖拉机趋势发展。目前国内大马力拖拉机生产基本被跨国公司所主导，中联重科作为国内大型农业装备企业，加大研发投入，开发出世界标准、行业领先的PL2304大马力拖拉机，实现了我国高端大马力拖拉机产品设计技术与产品制造技术的重大突破。

PL2304拖拉机在整体应用性、智能化创新和大马力三个方面，拥有突出优势。PL2304拖拉机采用整车CAN总线控制技术，大大提升了拖拉机智能化操作水平，整车实现全电液控制，拥有故障自诊断功能、定速巡航、自动驾驶等电子功能，配置动力发动机管理系统，可控制发动机多种工作模式，可节省燃油5.0%左右，动力强劲，扭矩储备达35.0%，可在

田间恶劣工作条件下运行无阻。它配置动力换挡变速箱，档位 40 + 40，适应不同作业需求，历经国内新疆、东北等地 2 000 小时、40 000 多亩无故障实地作业验证。

PL2304 大马力拖拉机的研制成功和上市，对于加快我国农机产业转型升级，提升国际竞争力具有重要意义。2017 年 5 月 8 日，在中联重科开封工业园，李克强总理亲自登上了 230 马力的拖拉机，这也是对中联重科农机方面创新的重大认可。

近年来，农作物秸秆成为农村面源污染的新源头。国家目前正在推动秸秆向农用为主、多元利用的方向发展。作为国内大型装备制造企业，中联重科充分依托装备制造技术优势，大力发展以秸秆资源化利用为基础的现代环保产业，推动秸秆资源多途径、多层级、高附加值利用。

2017 年以来，中联重科面向市场推出三十余款秸秆处理装备。设备针对秸秆“收获、打捆、运输、储藏、加工利用”等环节，一站式实现秸秆粉碎还田、秸秆收集离田、秸秆生物复合肥制备等各个领域的流程化、体系化操作。而太阳能热源系统、5LLS－45 生物质热风炉等热源装备，则为整体流程提供了优质稳定的全天候热源保障。目前，中联重科秸秆处理装备所粉碎后的秸秆，通过加料、杀菌、发酵等一系列流程，可做到直接还田，这使得秸秆处理进入了统筹使用的新时代。

近年来，国家对“镰刀弯”地区进行玉米种植结构调整，“粮改饲”成为重要举措。中联重科充分结合政策导向与用户需求，推出全新升级的 FL3000A 青贮机。该机型采用加长往复式割台和高强度对辊式籽粒破碎装置，达到国际先进水平。FL3000A 青贮机在增加农民收入的同时，同时兼顾生产和环保，保持可持续性的和谐、科学发展。

三、深入布局“一带一路”，借船出海走向国际化

自“一带一路”倡议提出以来，在国家各部委、湖南省市各级部门的支持下，中联重科积极行动，在央企的有力带动下，抱团出海，国际化布局加速完善。

一是在海外整体布局上，中联重科构建了“两横两纵”的大格局。中联重科分布于 70 多个国家地区的海外机构，从英国、法国、德国到俄罗斯贯穿欧亚大陆，从中东、中亚及印度到东南亚贯穿亚洲新兴市场，形成“两横”；从北美到巴西、智利贯穿南北美洲，从北非到南非贯穿非洲大陆，形成“两纵”。

二是在“一带一路”上，资源重点倾斜。沿着一带一路，中联重科已打造了 9 个生产基地、20 个贸易平台、10 个备件中心库，产品覆盖沿线 31 个国家。

三是在重点项目上，实现与当地企业协同。在白俄罗斯，中联重科与有 70 多年历史的老牌重卡企业 MAZ 集团成立合资公司，采用 MAZ 的底盘生产多类产品，借助 MAZ 的网络销售产品，实现了产品对整个俄语区及东欧区的辐射。

央企是“一带一路”建设的先行者和主力军，在资金、技术、管理等各方面有很强的优势，在担负国家使命上有高度的自觉。中联重科先后与中铁、中建、中水、中交建等多家央企在基础设施建设领域紧密合作，与进出口银行、国开行等多家金融机构在海外产融合作方面密切配合，在“一带一路”沿线上实现了重点突破，多方共赢。在央企和金融机构的带动下，中联重科国际化的路越走越宽。

在市场风云变幻的今天，中联重科时刻牢记以创新为基础，以创新的思路和技术，为自己增加更多的优势，锻造更显著的“长板”，创造更多的奇迹，实现“中国制造”“中国力量”在世界舞台上的全面崛起。

四十年来风兼雨　砥砺前行开新篇

——金澳科技(湖北)化工有限公司发展综述

金澳科技(湖北)化工有限公司

2016年是金澳科技(湖北)化工有限公司(简称“金澳科技”)始建40载、改制19周年的重要年份，也是金澳科技即将跨入第三个发展20年的关键之年。一年来，金澳科技适应新常态，创新新模式，迎接新挑战，谋划新发展，生产经营与项目建设并举，物质文明与精神文明并重，做出了新的业绩，续写了企业发展历史的新篇章。

40年来，企业面临许多艰难险阻，一直在夹缝中求存，在逆境中奋进，几代创业者英勇无畏，攻坚克难，永不气馁，从困境中一步步走出来，实现了企业由小变大、由弱变强的华丽转身，无论是生产经营和产业链延伸，都取得了突飞猛进的业绩。

在企业发展史上，第一个20年，是第一代创业者们通过装置升级、移址改造，完成了直馏作坊式车间向催化小炼油企业的转变，炼油年加工能力扩大了20多倍，年销售收入增长了70多倍。第二个20年，恰逢企业改制，公司通过对老企业的改造，带领第二代创业者抢抓机遇，开拓前进，历经国家清理整顿、产能提升、高新技术引进、产业升级等几个阶段，进行了6次大的技术改造，彻底甩掉了“小炼油”的帽子，实现了“小炼油”向现代化大中型石化企业集团的巨变。公司一次加工能力增长了110多倍；年销售收入增长了200多倍；上缴税金年年递增，员工收入稳步增长。特别是近3年，公司进入了发展快车道，面对国际国内经济下行趋势加剧的恶劣形势和市场环境新变化，公司生产经营逆势上行，销售收入连年增长翻番，企业继续保持了较好的增长。

当前，金澳科技即将进入企业发展的第三个20年，也是金澳科技进行第三次创业、向世界大企业奋斗的关键时期。金澳科技在跨入“中国企业500强”后，将以更好更快的发展实现千亿元企业目标，向“世界企业500强”进军。

2016年，金澳科技无论是精神文明文明方面，还是物质文明方面，都取得了可喜成绩。精神文明方面，七一期间公司党委被中共中央授予了“全国先进基层党组织”称号。在积极参政议政上，金澳科技有1名全国政协委员在“两会”期间提交提案近10件，并得到相关部办委局的回复和采纳。在本年市县党委、人大、政协换届中，还有5名同志进入市、县代表委员行列。物质文明方面，金澳科技在极其复杂的市场环境下，以高度的责任感和勇于担当的精神，一边狠抓生产经营，一边推进项目建设，尽力化解工作中的种种难题和矛盾，取得了优异成绩：营业额在上一年基础上再次实现翻番，突破了300亿元；柴油加氢改质、芳构化、汽油加氢等新建和大修项目顺利完工投产；金澳货运铁路专线行政审批等前期手续已完备，即将开工；进口原油使用资质申报工作进展顺利；油品升级深加工系列项目紧锣密鼓向前推进……在生产经营、企业发展和精神文明建设上，金澳科技主要取得了4个方面的成绩：

一、生产经营增量增效，销售收入同比再翻番

全年完成加工总量同比增幅117.0%；实现营业收入同比增幅109.6%；实现工业产值同比增幅104.7%；上缴税金同比增幅84.4%。在连续两年销售收入同比翻一番的基础上，2016年又一次同比翻番。生产经营方面的主要亮点有：

(一)生产水平进一步提高

随着柴油加氢改质及配套制氢、汽油加氢大修、芳构化等项目的顺利投产运行，整个生产系统前后配套得到了很大改善。全公司在加工量增大的同时，各项生产工艺指标明显优化。仅蜡油加氢系统

投运后,催化收率就提高了2.0个百分点。

(二)技术服务职能进一步增强

公司工程技术人员职称内部评聘制度效果初步显现,工程技术人员工作积极性、主动性高涨。工程技术人员在生产系统干部员工的配合下,集思广益,积极提合理化建议,合理改进工艺,优化流程和操作,解决工艺技术难题,提高公司效益。通过增加胺液净化系统,更换改质装置止回阀,升级油冷器设备材质等,解决了许多生产难点问题。通过优化流程和操作,增加丙烷气化器解决了丙烷销售问题,降低天然气消耗增收节支近60万元。通过提高各装置柴油干点,解决了柴油密度过低的问题,提高了柴油产量。一年来,技术力量服务于生产经营、服务于项目建设,取得了许多可圈可点的成绩。

(三)销售领域进一步扩张

2016年,销售公司改变原有销售模式,实行管理分片区、薪酬不保底的新模式,严考核、硬兑现,业务人员采取末位淘汰动态管理,调动了销售人员的积极性,提高了销售团队业务整体水平。在已与中石化湖北、湖南两家省级公司合作的基础上,2016年再增重庆、江西和四川3家省级公司,成为中石化系统最高配额的供应商。同时,与中石油湖北、湖南、重庆分公司的合作进一步加强,与中海油等大客户的合作进一步紧密。另外,通过加大贸易力度,拓展经营渠道,提高了企业经济效益。

(四)原料油供应进一步拓展

在原料采购方面,加大主渠道合作力度,重点发展与中石油等国有大企业的业务,压缩中间商和小户业务比例,实现了原油、原料油有计划平稳供应,采购性价比大幅提高,生产成本有一定幅度降低。与中石油湖北分公司、中燃油签订了三方战略合作协议,提高了资金利用率。同时,公司建立原料采购、财务、生产等部门的联席协调机制,采取将市场信息及时共享、采购前算账、扩大进口油采购品种等办法,实现了原料采购与生产的效益最大化。这些重要措施,对确保2016年生产平稳运行立下了汗马功劳。

(五)融资和财务管理进一步优化

通过加强内部管理、平衡产供销、加快资金周转、新增直接融资等措施,超额完成了年初制定的融资及增收节支计划,满足了企业的项目资金和流动资金需求,降低了财务费用。

二、新建项目建成投产,大修小改成绩斐然

2016年共有5个新建和大修项目建成投产,数个小修小改项目顺利完成。项目完成后,满足了柴油品质升级的需要;提高了汽油加氢效率,整个生产系统配套能力得到加强;为公司原料选择和工艺调整提供了更多的手段,保证了各装置的平衡生产;较好地利用了已有原材料和中间产品,提高了企业经济效益。

此外,公司还根据国家环保、安全、工艺优化等要求,进行了小修小改。小型优化改造项目罐区凝结水回收、酸性水汽提注碱渣、胺液净化、热煤水取暖等相继完成,投用后明显减少了乱排乱放,进一步完善了生产硬件系统,提高了经济效益。

三、员工工资福利持续增长,员工幸福指数不断提高

在企业快速发展的同时,金澳科技始终坚持将干部员工对美好生活的向往、干部员工的合理诉求,作为企业发展追求的目标,努力实践企业发展与员工福利同步。在近4年时间,公司调增工资福利总额、人均工资涨幅达87.6%的基础上,2016年公司在全国经济结构调整、进入转型期的背景下,不仅未减员减薪,反而调增倒班补贴近115万元、提高节假日加班费近70万元。2016年员工工资水平在2015年基础上人均涨幅达11.7%,践行了企业对社会、对员工的承诺。

四、企业文化影响力日益增强,精神文明建设向前推进

近年来,公司先后获得了国务院“全国就业先进

企业”“最具环保社会责任企业”等国家、省、市荣誉称号。2016年七一期间，在北京人民大会堂召开的“庆祝中国共产党成立95周年大会”上，公司党委被中共中央授予了全国先进基层党组织称号。

一年来，公司在精神文明建设方面做了一些新的工作和尝试。一是加强廉洁自律。175名党员和干部主动签订了《廉洁自律承诺书》。年中开展了干部德行考评。二是积极开展读书活动，进行正能量引导。公司党委组织全体党员干部学习习近平总书记系列讲话，开展《企业就是我的船》《业绩胜于资历》等读书、征文活动，在企业内进一步树立了正能量。三是创新评先表模形式。继续开展了“十佳班长”“创新能手”等评选活动，并重点改进了考核考评方法，保证了评选以实绩为主要依据，坚持按“能干会说”的标准评选。四是积极参与慈善活动，捐款近千万元。“湖北省慈善总会金澳爱心基金”在公司授牌，公司参加了省2016年“慈善之夜”电视晚会，捐赠爱心善款；参加“万众一心，风雨同行”抗洪赈灾新闻大直播，向灾区捐赠爱心善款；与潜江市义工联合会合作开展关爱“准孤儿”活动，并到乡村慰问“准孤儿”，赠送礼物和慰问金。五是组织义务献血，服务社会。多年来，公司每年都组织干部员工积极参与献血，2016年又组织符合献血条件的干部员工献血数万毫升。除了以上4个方面所取得的主要成绩外，2016年公司在财务管理、质量管理、技术管理、设备管理等企业内部管理各个方面，都取得了长足的进步。

北京牡丹电子集团的战略转型　创新发展的实践

北京牡丹电子集团有限责任公司总裁　党委书记　王家彬

北京牡丹电子集团有限责任公司(简称“牡丹集团”)的前身是北京电视机厂，成立于1973年，是一个有着多年彩色电视机研发与制造历史的国有大型企业，创造了家喻户晓的“中国之花”——牡丹品牌。作为传统的中国电视行业知名企业，牡丹集团在40多年的发展历程中，共有三次重大战略选择。在工业经济时代，主要从事电视工业制造，创造了家喻户晓的“牡丹”品牌；在服务经济时代，积极发展科技服务业，重点发展建设了北京的亮丽名片——“中关村数字电视产业园”；面向互联经济时代，将立足于工业互联网和智能制造服务领域，打造智能制造服务平台，应用于各类工业和科技园区的智慧化管理和服务上，致力于为众多的创业和创新型企业，提供“降低成本，提高效率”的应用服务和新的发展动力支持。

一、牡丹集团的三次重大战略选择

第一次战略选择，起始于20世纪70年代，是响应党和国家的号召，适应了中国经济社会发展的时代要求，牡丹人怀抱产业报国的崇高理想，开创了中国电视工业的新时代。无论是黑白电视，还是彩色电视，“牡丹”品牌都是电视行业当之无愧的王者，“牡丹”品牌不仅仅是一代人的梦想、一代人的记忆，还是一代中国人的骄傲。后来，牡丹集团的电视制造业，无可挽回地衰落了。牡丹当时退出电视制造领域，是经受从计划经济到市场经济洗礼的必然，是中国经济社会历史变迁的必然，也是中国大中型国有企业改革发展历程的真实写照。

第二次战略选择，也是第一次重大的战略转型，是从“十一五”中后期开始的。核心业务是从事科技和信息服务业，重点是沿着科研开发、产业孵化和平台建设“三位一体”的发展方向，重点打造数字电视战略性新兴产业策源地，就是现在的北京市的亮丽名片——中关村数字电视产业园。产业园定位于聚集数字电视龙头企业，全面推进地面数字广播、卫星广播、移动多媒体广播、有线电视及IPTV等DTMB标准领域成果转化，全力打造中国数字电视战略性新兴产业策源地和北京数字科技型文化创意产业聚集区。截至2016年6月底，产业园入驻企业162家，其中数字电视相关产业企业150家，创业板或主板上市企业7家；拥有国家级企业孵化基地2个，众创空间2个，获批北京市中小企业创业基地、海淀区文化创意产业聚集区、海淀园科技和文化产业融合示范区，产业园开展的企业服务获得海淀区或朝阳区、北京市科委、市经信委等政府的认可和支持。

第三次战略选择，也是第二次重大的战略调整，就是以科技和信息服务业为依托发展平台服务业，构建智能制造服务平台，打造智慧型科技园区，全面拥抱互联经济时代。如果说牡丹集团的第二次战略选择，是被动适应性的，那么第三次战略选择就已经是顺其自然的，是在科技和信息服务业发展到一定阶段的必然结果。这个第三次战略选择，就是在科技和信息服务业的基础上，向互联经济时代进军，发展以智慧园区为依托的平台服务业，进入工业互联网领域，着力构建智能制造服务平台，应用于各类科技和工业园区，为成长中的创新型企业，提供必要的服务支撑和源源不断的发展动力。

二、牡丹集团的战略转型的基本实践做法

(一)特别坚持党的领导的政治优势，履行国有企业的使命和责任

多年来，牡丹集团始终把全面加强党的领导放在各项工作的首位，始终坚持按党的路线、方针、政策来规范企业的经营行为，既强调企业参与市场竞争的主体作用，又特别强调国有企业履行社会责任的意识。在企业发展变化的每一个过程中，始终坚持党政工团同心合力，都特别重视党的建设和群众工作，充分发挥集团党委的保证监督作用，发挥基层党组织的战斗堡垒作用和党员的先锋模范作用，群众性的创新和文化活动也生机盎然。牡丹集团党委是北京电子工业系统的优秀党委，牡丹集团工会也是北京电子工业系统的先进工会，也涌现出一批全国总工会、国防工业工会和北京市国资系统以及北京电子工业系统的先进个人和集体，牡丹集团团委也是北京团市委命名的红旗团委。

(二)特别强调用技术进步带动产业发展的转型升级

通过多年坚持不懈的努力，牡丹集团目前已经拥有国家工程实验室1个、博士后科研工作站1个、产业联盟1个、“产学研”联合实验室14个、广播电视地面无线传输(DTMB)工程测试中心1个、数字音视频编解码技术(AVS)工程测试中心1个，拥有市级技术研发中心1个和工程创新中心1个，这些创新型机构的带动，涌现出了很多重大的科研创新成果。牡丹集团和清华大学、海尔集团等共同投资建设的数字电视国家工程实验(北京)的DTMB国标系统海外推广项目，在2016年国家科学技术奖励大会上获得了国家科学技术进步一等奖；构成牡丹IMS平台的DTMB多媒体电视台解决方案、数字多媒体播控平台、云视频会议系统等重大科研成果，都是通过“产学研”合作方式，在联合实验中诞生的。正是技术进步，推动和引领了牡丹产业发展的转型升级。

(三)特别重视标准在技术进步中的先导作用

牡丹集团始终提倡“创意技术化、技术标准化、标准产业化、产业服务化”，因此特别注重标准研发和应用。近年来，牡丹集团共诞生了40余项国际、国家和行业标准，有基础标准，也有应用标准，其中：《数字电视接收设备标准测试信号》曾经获得中关村十大创新标准。数字电视国家工程实验室主持制定的《数字电视地面广播传输系统－A》传输标准，被国际电联列为推荐标准，成为中国享誉世界的国际标准。

(四)特别重视商业模式创新

持续不断的技术进步，推动了牡丹商业模式的不断创新，基本方法就是通过技术进步不断构建新的生产函数，通过资源整合，创新商业模式。牡丹集团的总的发展定位是实施“多中心、分散式集团化”战略，持续构建“一体两翼、三个SBU”和四个实现途径(即：“1234”战略)的产业发展布局，定位于建设具有全国影响力的智能制造服务平台解决方案以及运营服务提供商。而在科技服务业上，主要是通过“TRIM(Technology、Real estate、Investment、Market)”投资模式，将科技、地产、投资和市场紧密相结合，构建“双创”基地和产业生态集聚空间；在信息产品和技术支撑上，着重是按“C－NET(Culture, Nature, Economy, Technology)”发展模式，以文化为先导、以技

术为手段、追求自然和经济的和谐统一；在信息服务业上，着力通过“云、网、端、智”构建云服务智能制造服务平台，按照“TOPS（Technology、Operation、Policy、System）”的运营模式，建立综合技术服务平台、综合经营服务平台、综合政策服务平台、综合系统服务平台，为创新创业型企业提供办公、生活和生产运营服务。这些商业模式构建的基础，有的是重资产综合经营，有的是轻资产专业经营，有的是虚拟资产平台经营；针对的市场，主要是公共产品市场、居民消费市场和虚拟市场。所有这些，构成了牡丹集团的发展模式，促成了今日牡丹集团向互联经济转型的发展态势。

（五）特别重视人才梯队建设

牡丹集团的人才队伍建设方法为：一是重点培养、挖掘使用内部人才，给所有人机会，并特别注重人才使用过程中的优胜劣汰；二是注重从外部引进战略发展需要的外部人才，为企业发展注入新鲜血液；三是特别重视发挥联合实验室合作人才的作用和贡献；四是通过产业事业部的业务合作，扩大自身的业务范围，扩大人才选择范围。正是多层次、多结构的人才梯队建设，才确保了牡丹在战略转型中的平稳过渡和走向成功。

（六）特别重视新型企业价值观的重塑和企业文化建设

牡丹集团在坚持不断地创新发展过程中，边实践、边总结，颁布了《牡丹宪章》，作为企业发展和员工队伍建设的价值规范、精神契约、道德准则和行动指南，对企业文化进行了全方位的市场化改造与变革，大力提倡变革、开放、包容、创新，大力提倡“风清气正、简单和谐、感恩尊重、充满活力”的发展氛围，聚集了人气，凝聚了人心，重新树立了牡丹人克服困难、敢于创业、勇于创新的勇气和信心，为企业健康成长建立起了一套正确的价值体系，提供了连绵不断的行为准则、精神动力和智力支持，为新时期新战略的制定和实施奠定了坚实的基础。多年来，牡丹集团也因此而获得了一个国家企业文化建设优秀成果奖，一个国家企业文化优秀案例奖，是国家级的企业文化示范基地。

联想控股　双轮驱动　产业报国

联想控股股份有限公司

一、联想控股概况

联想控股股份有限公司（简称“联想控股”）于1984年由中国科学院计算技术研究所投资，柳传志等11名科研人员创办。从IT行业起步，经过30多年的发展，现已成为中国领先的多元化投资控股公司，创造了“战略投资+财务投资”双轮驱动的独特业务模式，通过价值创造和价值发现，购建并管控优秀且有高潜力的投资组合，推动公司价值的持续增长。

公司于2015年6月29日在香港交易所主板上市（HK03396）。截至2016年12月31日，联想控股综合营业额约3 070亿元，综合总资产约3 223亿元。

在以创始人、董事长柳传志，总裁朱立南带领的管理团队的领导下，联想控股基于对经济与企业的深刻理解，总结并形成了颇具特色的投资理念与管理体系；通过前瞻性布局、灵活的投资策略以及持续的增值服务，联想控股在若干领域打造了一批有影响力的优秀企业；同时，联想控股高度重视并充分发挥人的作用，在多个行业发现并培养领军人物，为员工创造事业舞台，激发企业的发展活力。

二、独特的双轮驱动业务模式

联想控股采用母子公司组织架构，通过主动系统布局，形成独特的“战略投资＋财务投资”双轮驱动业务模式。战略投资以长期持有为目的，聚焦于战略方向购建和优化投资组合，打造支柱型业务；财务投资以财务回报为导向，选择合适的产品与标的组合投资。

战略投资和财务投资作为联想控股的业务主体，基于市场化原则在各自专长领域快速发展；与此同时，两者之间在业务联动、资金协同和资源共享等方面的紧密协同，能够帮助公司更好地应对市场波动、把握机遇，充分提升联想控股的价值创造能力。

通过战略投资业务，联想控股布局于潜力巨大的行业，投资并长期持有其中有价值的企业。目前，联想控股已涉足IT、金融服务、创新消费与服务、农业与食品以及新材料五大板块，旗下拥有20余家成员企业。

IT板块主要包括中国最大的个人电脑公司lenovo；

金融服务板块包括专注于为中小企业提供融资服务和从事创新金融业务的正奇金融、专门从事融资租赁及相关金融业务的君创租赁、国内领先的综合金融服务平台拉卡拉、以“服务地方经济、服务中小企业、服务城市市民”为市场定位的汉口银行、提供特色化信托产品和综合理财服务的苏州信托、为广大三农和小微企业主提供P2P借贷服务的信息平台翼龙贷、综合性大型金融保险服务集团联保投资、英国最大的养老保险公司之一英国养老保险（PIC）；

创新消费与服务板块包括中国领先的汽车租赁服务提供商神州租车、中国最大民营口腔服务连锁品牌拜博口腔、致力于冷链仓配一体化与跨境电商的综合提供商增益供应链、以临床脑科学为主的“强专科小综合”医院上海德济医院、中国最大的一站式互联网医疗服务平台寻医问药网、移动社交时代企业数字营销解决方案提供商时趣Social Touch、为全球客户提供全方位综合物流服务的东航物流、致力于幼儿教育的教育服务集团三育教育；

农业与食品板块主要包括全球化现代农业和食品产业投资平台佳沃集团；

新材料板块主要包括从事新材料产品的研发生产与销售的联泓新材料。

依托实业起家的独特背景，在熟知企业发展和管理规律的基础上，联想控股积极为所投企业提供有针对性的管理提升、品牌背书、金融支持和其他增值服务，使旗下成员企业快速发展，实现从优秀到卓越的跨越。

财务投资业务涉及天使投资、风险投资和私募股权投资等，覆盖企业成长的所有阶段，发现企业各个发展阶段的投资机遇，帮助所投企业实现价值成长，并为战略投资业务不断储备和提供项目资源。目前管理基金总规模超过1 000亿元人民币。

其中，联想之星是中国领先的天使投资机构，通过“创业培训、天使投资、开放平台”三位一体模式，解决创业公司所面临的资金、人才、资源等问题，积极推动科技成果产业化；君联资本和弘毅投资是中国最早进入风险投资和私募股权投资领域的企业之一，基于联想控股多年积累的对企业管理规律的深刻认识，以及品牌、资金、资源等方面的强有力支持，通过不断实践与创新，均已成为业内领先的投资公司。

通过30多年不断的实践、探索和总结，联想控股在四个方面取得了一定突破：

1. 率先走出了一条具有中国特色的科研院所高科技产业化道路，不论是联想集团的发展实践，还是联想控股后来开展的风险投资和创业培训与天使投资业务，都在积极推动中国科技企业的更大发展；

2. 立足中国本土市场，在与国际PC巨头的竞争中一举胜出，带动了一大批中国IT企业的发展。此后，联想集团国际化的成功，以及联想控股旗下其他成员企业的海外投资并购，都为中国企业“走出去”积累了宝贵经验；

3. 成功实施了国有高科技企业股份制改造，使员工成为企业的主人，为公司的长远发展奠定了坚实的基础，也为中国科研院所高科技企业的机制改革探索了一条道路；

4. 总结出了以“管理三要素”为核心的企业管理规律，以及“事为先、人为重”的投资理念，培养出一大批优秀的领军人物，形成了联想控股的核心竞争力，并在多个行业取得了领先地位。

三、联想控股的管理与文化

2001年，在中科院及有关政府部门的支持下，联想员工通过购买的方式，拥有了公司35.0%的股权；2009年，中国泛海控股集团有限公司入资联想控股，成为公司的第三大股东，使得公司治理结构进一步完善；2011年，公司进行职工持股会改制，并实施新一轮股权激励计划。

自1993年以来，联想在治理结构方面进行了漫长而不懈的努力，都是在创造机制，使员工更好地将个人的追求融入到企业的长远发展之中，实现个人与公司利益一致和共同发展，让企业拥有真正的主人，并将联想打造为一个“没有家族的家族企业”。

可以说联想对企业管理与文化的认识，是在发展过程中不断探索、实践和复盘逐步总结出来的，并在IT、投资、房地产等诸多领域得到验证。联想的管理和文化积淀，是企业的核心竞争力，是联想能够持续发展并不断制造卓越企业的重要基础。

联想的管理思想被高度浓缩为“管理三要素”——“建班子、定战略、带队伍”。“建班子”是“定战略”和“带队伍”的先决条件，领导班子通过“定战略”正确决策，通过“带队伍”有力执行，实现企业的稳健发展。“目的性极强、分阶段实现目标、复盘”是联想的方法论，是联想文化的重要组成部分。联想的方法论有其内在的逻辑。目的性极强是说凡事先厘清目的，保证做的是正确的事；然后，将目标进行分解，变得可执行，分阶段推进；在过程中，还要注意不断复盘，及时调整，并为更长远的发展积累经验，总结规律。

四、联想控股的社会责任

联想控股的企业愿景是以产业报国为己任，致力于成为一家值得信赖并受人尊重，在多个行业拥有领先企业，在世界范围内具有影响力的国际化投资控股公司。

联想控股致力于成为优秀的企业公民。企业愿景中的第一句话是“以产业报国为己任”。首先把企业自身办好，遵纪守法，照章纳税，解决就业，提供高质量的产品和服务，打造出一批卓越企业；同时，秉承“以人为本”的理念，关爱员工，高度重视人才的培养和激励，建立优秀的企业文化；通过自身的践行和努力，积极倡导良好的商业道德风尚，湿润社会空气；此外，利用多年积累的资源与经验，助力更多的中国企业成长壮大，贡献于中国经济。

30多年来，联想控股始终为成为一家“值得信赖并受人尊重”的企业而努力，将企业社会责任纳入公司战略的高度，力所能及地积极投身社会公益事业，重点在“扶助创业”“支持教育”“弘扬正气”等领域系统规划并长期投入。同时，联想控股积极鼓励和倡导员工参与社会公益活动，以实际行动履行社会责任，回报社会。

联想控股坚信，通过持之以恒的努力，“做好人、做好事、为社会做出好样子”的精神将在联想人中代代相传。

五、里程碑事件

1984年，柳传志等11名科研人员，以中国科学院计算技术研究的投资，创办联想，以贸易积累资金和办企业的经验，从第一个拳头产品联想汉卡，到成功推出自主品牌微机，进而保持高速成长，联想的发展几经坎坷。1997年，联想电脑市场占有率登上中国市场首位，2000年成为亚太（不含日本）之首，同时，联想的IT产品代理分销也占据着中国市场第一的位置。

与此同时，联想在实战中不断总结企业管理的基本规律，形成了以“建班子、定战略、带队伍”为核心的“管理三要素”；创造性地推进了企业的机制改革，使公司保持旺盛的活力；同时培养出以杨元庆、郭为、朱立南等为代表的领军人物和一批批优秀人才；通过探索和实践，走出了一条具有联想特色的“贸—工—技”高科技产业化道路。这些都为联想后来的发展奠定了坚实的基础，也为中国的高科技产业留下了宝贵的经验教训。

企业从小到大，不断追求更高目标，从单一IT领域，到多元化投资控股集团，历经三个跨越式成长阶段，目前处于第四阶段，见下表。

表　联想控股四个阶段发展历程

阶　段	时　间(年)	里程碑事件
第一阶段：1984—2000 年专注 IT 领域的发展	1984	柳传志等 11 位科研人员在一间不足 20 平方米的小平房(中科院计算所的传达室)中创办了联想
	1985	联想通过代理销售 IBM、AST、惠普等国际微机品牌，为推出自主品牌微机奠定了基础
	1988	香港联想成立，联想首次面向社会公开招聘
	1990	联想自有品牌微机在德国汉诺威电子技术交易会上大获成功，最终获得国家认可，取得 PC 生产许可证，在国内市场推出
	1994	公司调整组织结构，成立联想微机事业部，同年 2 月 14 日，联想在香港联交所上市，股票代码：HK0992
	1997	联想 PC 在中国市场的占有率首次位列榜首，并保持至今
	2000	联想电脑获亚太地区(不含日本)市场份额首位，并保持至今
第二阶段：2001—2009 年多元化发展	2001	公司分拆为从事自有品牌 PC 业务的联想集团(HK0992)和从事 IT 产品分销与系统集成业务的神州数码(HK0861)，2001 年 6 月 1 日，神州数码在香港联合交易所主板挂牌上市
		联想控股成功实施股份制改造
	2001 年 3 月 26 日	联想控股正式进军风险投资领域，成立了联想投资
	2001	联想控股基于自身多年科技园区、商业地产开发建设的实践经验，正式成立了从事房地产业务的独立子公司融科智地，专注于住宅开发和为企业客户服务(办公楼宇量身定制、产业园区等)两大业务领域
	2003	联想控股旗下专事私募股权投资与管理的弘毅投资成立
		由君联资本(原联想投资)与中科院北京星恒电源公司和深圳百利宏科技投资有限公司联合发起设立苏州星恒
	2004	联想集团双线作战，击败强劲对手，收购 IBM 全球 PC 业务
	2007	神州数码实施股权重组计划
	2009	联想控股成功引入新股东中国泛海，成为联想控股第三大股东
第三阶段：2010—2014 年投资集团	2010	联想控股制定中期发展战略，进一步拓展多元化业务，开始逐步进入消费和服务领域
	2012	联想控股注册成立联泓、佳沃、丰联、增益和正奇，分别从事化工与能源材料、农业与食品、白酒、物流和金融服务业务
	2013	联想集团个人电脑市场份额跃居全球第一，并保持至今
	2014	联想集团完成对摩托罗拉移动业务的收购
		神州租车于香港成功上市
		联想集团宣布完成收购 IBM x86 服务器业务
		联想控股战略投资翼龙贷
第四阶段：2015—2017 年上市公司	2015 年 6 月 29 日	联想控股股份有限公司于香港联交所主板成功上市，股票代码：HK 03396
	2015	联想控股战略投资时趣，领跑大数据移动营销
		联想控股成立君创租赁，布局融资租赁行业
		佳沃集团与鑫荣懋宣布战略合并，打造世界级水果企业
	2016	酒便利获联想控股数亿元战略投资，驶入发展快车道
		联想控股战略投资澳洲 KB Seafoods 公司，进军全球海鲜产业
		联想控股战略投资英国养老保险集团 PIC，进军英国保险市场
	2017	联想控股战略入股东航物流，参与央企混改试点

从"家电公司"到"高科技公司"　海信集团产业结构调整的探索和实践

海信集团有限公司

多年来,海信集团始终坚持"技术立企、稳健经营"的发展战略,并尤为看重制造业的发展,不断加快技术创新、不断提高产品质量、不断优化产品结构,在满足人民日益增长的美好生活需要的前提下,谋取企业健康持续的发展。

对于中国工业特别是家电产业来说,"十三五"的核心是转型升级,事实不断证明,产业结构调整正是海信持续制胜的法宝。经济步入新常态,面对全球市场的竞争博弈,海信先人一步布局落子。在保证彩电、冰箱等面向消费者的B2C产业始终处于行业前列的同时,海信早早发力智能交通、光通信、多联机商用空调、智能商用系统等B2B产业。如今,海信B2B产业规模达到30.0%,效益占到半壁江山,形成了B2B与B2C同步发展的良好态势。

从B2C向B2B的产业延伸,是海信找到的一条通向未来的发展新路。有评论认为,一手抓B2C,一手抓B2B,在中国的企业乃至信息与通信技术(ICT)企业中,海信的产业结构是最具特点的一个。新一轮科技革命和产业变革与我国加快转变经济发展方式形成历史性交汇,国际产业分工格局正在重塑。海信的产业升级与结构转型,是中国制造正经历重大历史转变的缩影,也正是在这一过程中,海信逐渐从"中国的海信"变成"世界的海信",由传统的"家电公司"转型为一家让人惊艳的"高科技公司",并以自身对科技和创新始终如一的坚守,向外界传递着持续的温暖和信赖。

一、B2C:适应需求创造需求

经济学家指出,过去中国制造业增长主要靠低成本的土地和劳动力要素,现在资本要素比重逐步增加,未来应主要靠技术进步要素,新技术、新业态、新模式将成为发展的新动能。另一方面,内需成为拉动经济增长的主引擎,但需求也在升级,与之匹配的供给水平也应尽快调整到位。

对于中国彩电业来说,整体正处在结构转型升级阶段,部分领先企业的持续发展,既来自"无中生有"的新技术、新业态、新模式,也来自"有中出新"的传统产业改造升级。

海信集团有限公司董事长周厚健分析认为,就产业宏观而言,产业结构调整就是向高附加值、高技术、高集约化、高深度化发展,这是企业谋取高利润率、高劳动生产率的价值所在。就企业的微观而言,必须打造符合消费与技术发展规律的产业结构。

"结构调整当前看是一碗饭,长远看就是一条命",这是海信人始终坚持的观点和准则。海信内部的产业调整从没有间断过,但这种调整是以市场的需求为契机的超前布局。可以说,持续不断地自主创新和适时产业结构调整是海信集团在激烈的竞争中依然能够取得良好业绩的原因所在。

以海信的当家产品海信电视为例,在遭遇互联网模式下智能电视的冲击之时,海信是转变比较迅速的一个,依靠本身的研发和技术上的积累,迅速释放在智能电视上的潜力。

从2014—2017年,海信ULED技术不断精进,所谓的天花板不断被捅破,ULED已发展到3.0版本,色域比OLED更广,对比度比OLED更高。2017年9月,海信推出的9系ULED电视旗舰新品,拥有1000 Zone的背光分区控制技术,每一个背光分区均可实现4096级精晰调光,呈现出丰富的表现层次、细节和景深感。

而且,海信坚定支持未来电视的方向之一就是激光电视，已经推出了第三代4K激光电视，2017年下半年又推出了双色4K激光电视，在蓝色激光模块基础上，增加了红色激光模块，让红色更鲜、绿色更亮，色域和亮度大幅提高，色彩更为纯净，其4K级别的画质，已经追上甚至超越了高端液晶电视，价格却远低于同尺寸液晶电视，正开辟着电视史上前所未有的激光电视时代。

在激光电视这个战略产品上，海信经历了近10年的持续研发投入，实现了从研发、设计到整机生产制造完全自主运营，截止目前已取得了200多项技术专利，激光光学引擎100%自主研发设计，70.0%的制造成本都能掌握在自己手中。激光技术是未来显示技术的重要发展方向，在第四代显示技术上，以海信为代表的中国品牌真正开始在全球范围内领跑。

根据中怡康的数据，2017年前8个月，海信ULED超画质电视的销量增幅高达110.0%，产品的高端化趋势凸显。海信激光电视在85英寸以上超大屏电视市场份额超50.0%，每售出两台85英寸以上的超大屏电视，就有一台来自海信。

在巨头林立的白电市场，用户需求不断更新和丰富，"高端化""智能化"成为高频词。海信坚定不移地推广高端产品，智能、变频在白电产品中的配比逐步提高。海信全系冰箱在国内市场占有率排名第二，空调市场占有率居中国第四。

总之，在直面家庭用户的电视、空调、冰箱、手机等B2C产业上，海信之所以优势明显，正是因为善于通过产业结构的升级，不断发掘新型产品，向高端产业延伸、拓展，不断用新的有效供应，适应需求、甚至创造需求。

数据更有说服力，也更能直观地看出市场对海信的认可。在2016年，中国市场彩色电视同比上升7.4%，销量约5 205万台，这其中海信整体占有量约为15.8%，稳居第一。

根据中怡康的数据，由于上游面板价格上涨，彩电需求疲软，2017年上半年，中国彩电市场出货量同比降10.8%；零售额同比微增0.8%，整体呈现出量降额增的态势。然而，海信电视却保持良性发展势头，实现逆势增长。海信电视国内市场销售额占有率持续提高，截至9月份，已超出第二名2.97个百分点，连续13年位居国内市场首位。同时，也分别在澳洲和南非市场登顶。这是海信在B2C业务新的收获。

二、B2B：全新的转型

凭借以图像和大数据处理为主体的技术体系，海信业已位列B2C第一军团。但不为人知的是，依靠这一核心技术的积累，海信在智能交通、光通信、医疗电子等领域放大与延伸，不断演绎着新兴领域的突破。

2016年10月25日，在一年一度的媒体开放日上，在来自全国各地的将近200家媒体的见证下，海信的"隐形产业"浮出水面——海信首次对外公布在B2B业务上的开疆拓土，外界为之震撼。

这些年来，海信一直在悄然进行着一场转型——变革的方向是从大众所熟知的家电产业转向了"冷僻"的光通信、智能交通和电子医疗为代表的科技业务，从面对千家万户（B2C）转向以企业、机构和政府为客户（B2B）的市场，从短周期、低货值、低利润的业务转战到长周期、高价值、高利润的产业。

事实上，十几年前，海信就先知先觉闯入了智慧城市领域。目前已形成数字医疗、智能交通、光通信等B2B业务格局，其产业转型正进入新的黄金期，十几年来持续转型形成的产业格局势能渐显。2016年，海信销售收入首次突破千亿大关，其中B2B业务板块，占整体销售收入的26.3%，利润贡献38.7%。新产业已经用强劲的利润贡献，实现着对海信的重塑。

在国内市场中，海信连续8年领跑中国智能交通领域、连续6年居中国光通信模块市场占有率第一。这些"家电"之外的成绩，有力地证明了海信在新动能的驱动下，能够继续屹立潮头，在时代、产业、技术潮流变革中激流勇进。

值得注意的是，从B2C到B2B，对于海信来说不是简单的产业转型，而是产业衍生，是基于稳定提升家电产业竞争力的同时，进行相关性行业发展和布局。以彩电为核心的既有产业，并不是要甩掉的"包袱"。通过技术升级，它们形成新的优势；新产业已经用强劲的利润贡献，实现着对海信的重塑。今天的海信,家电板块和科技板块相得益彰;通过互联网的应用,开创出新的服务模式和商业模式。用经济学家的话讲,是"在产业结构合理化基础上,实现'产业结构高级化'"。

(一)智能交通:行业领跑者

智能交通被认为是保障交通安全、缓解拥堵难题、减少交通事故的有效办法。"综合运输与智能交通"也是交通科技领域"十三五"规划布局的重点专项之一。党的十九大报告,更是提出了建设"交通强国"的新要求。

2016 年 8 月,在国务院的统一部署下,国家发改委和交通运输部联合发布了《推进"互联网 +"便捷交通促进智能交通发展的实施方案》,这是国家第一次就智能交通(its)发布总体框架和实施方案,被业内人士解读为标志着我国智能交通进入新阶段。

受益于相关鼓励政策的发布和落实,国内智能交通行业取得了快速的发展。数据显示,2016 年中国智能交通市场规模达到 414.4 亿元,增长率达到 33.5%,增长速度再创新高。

在中国智能交通解决方案的市场里,早早作出探索实践的海信是这个领域的"隐形冠军":在全国城市智能交通领域连续 8 年市场占有率第一的海信智能交通,技术已经服务于全国 100 多个城市,全国 39 个直辖市、省会城市和计划单列市中,其中 28 个城市都在应用海信解决方案,占比达 71.0%。

目前,海信在快速识别、智能调控、快速公交等领域技术达到了国际水平。速度上,面对海量过车记录的检索难题,海信已经实现 100 亿条过车记录,精确车牌检索 1 秒内完成,模糊车牌检索 3 秒内完成,是目前行业里最快的;效率上,行业首创的突发拥堵检测方案,将突发拥堵发现时间由 20 分钟缩减至 5 分钟,警情响应时间缩短 75.0%;应对社会犯罪方面,海信贵阳项目 10 000 多个摄像头组成的高清视频监控系统,一年里为警方提供破案线索 6 697 条,共帮助破获案件 2 554 起,处理交通违法 410 万条。2014 年,科技部依托海信网络科技组建了国家城市道路交通装备智能化工程技术研究中心实验室。这是唯一一家在智能交通领域依托企业建立的国家级工程技术研究中心。

凭借更加适合中国市场的智能交通系统,海信成功打破国际垄断,直接把相关产品的价格拉低 2/3。截至 2016 年年底,公司已获得 638 项专利和软件著作权,其中,发明专利 199 项,专利保有量在智能交通行业前三名企业中占到 70.0%。据《2016 年中国城市智能交通市场研究报告》显示,2015 年,海信的城市智能交通最终用户订单业绩排名第一,2011—2015 年城市智能交通企业业绩总排名第一。

(二)医疗电子:已达世界级水准

随着"健康中国"写入"十三五"规划并上升为国家战略,专家预测医疗电子行业将是一个 100 000 亿元的市场。

根据集团的战略,海信在十多年前就已进军医疗电子产业,在集团内部设置了医疗技术重点实验室,从事医疗诊断等相关先进技术的研发和储备。

目前,海信拥有完全自主知识产权和核心技术的计算机辅助手术系统(Computer Assisted Surgery,简称 CAS)被权威机构认定达到国际领先水平,并已拿到国家医疗器械产品认证证书和生产许可证。专家的评价是,这一系统彻底改写了外科医生手术的思维模式和方法,打破了中国高科技数字医疗设备完全依赖进口的窘境。

2014 年 3 月,青岛海信医疗设备有限公司正式注册成立。随着产业化推进的速度,海信已经获得了来自行业和医疗机构的认可。海信主推的医疗显示和海信 CAS(计算机辅助手术系统)已达世界级水准,成功进入了包括北京 301 医院、清华长庚医院、复旦大学附属儿科医院等在内的全国 30 多家三甲医院,挽救 1 700 余例疑难肝胆胰患者。

在这之前,外科医生实施手术,首先要拍 CT,但是 CT 临床影像系统都是二维成像,医生看到的是一张张平面截图,看不出来血管组织、病灶组织和器官组织这三种组织之间是什么关系,做手术时,只能在脑子里将二维"还原"成三维的肝脏,这种手术存在极大风险,导致很多手术没法做。有了海信医疗的 CAS 系统后,CT 影像数据可以通过海信 CAS 处理,还原三维立体肝脏,将病人的原始 CT 数据导入系统,三维重建数字肝脏,手术前,医生就能精确了解肝脏和肿瘤的各种复杂关系,甚至连一根微小的血管都能看清，医生就能精准评估和设计手术方案。而 SID 在医生手术中，通过手势控制旋转、移动三维画面，指导医生实施依托 CAS 设计好的手术方案，精准到不差毫厘。

海信数字化精准医疗的广泛应用，不仅直接改变了外科医生手术的思维模式和方法，也对医学科学起到了巨大的推动作用，改写了经典医学教科书中的“肝脏结构分区”理论，实现了从技术到科学的路径演进。

国内著名小儿肝胆外科专家、青大附院院长董蒨教授借助海信 CAS，发布了“董氏肝脏分段体系”，引起了世界顶级儿科专家关注，这也是首个以中国人的名字命名的器官分型体系。

另外，以医用显示器为例，普通显示器对灰阶的要求仅 256 阶，但医用显示器需要达到至少 1 024 阶，才能保证显示效果满足医生阅读 CT 影像的精确要求，目前海信医用显示器最高可达到 4 096 阶。在某医院项目中，院方因颗粒感大、不够细腻、“有黑斑”等“问题”质疑海信医用显示器。但经过科学客观的横评，最终推测“黑斑”的出现，是由于海信的显示能力较强，使得即使是细小的黑斑也能够清楚地显示。下一步，海信将探索 ULED、激光显示技术在医疗显示领域的应用。

（三）光通信：全球规模最大的接入网模块企业

2016 年 9 月，中国“天宫二号”空间实验室发射成功，人类航天探索再次进入“中国时刻”。备受舆论关注的是，“天宫二号”空间站首次以光通信代替传统电通信，解决了过去电传输速率有限，易受太空辐射影响等问题，提高了信息传输的质量与效率。

为“天宫二号”空间站提供光通信的正是海信。相比传统电通信，海信宇航用光模块可以快速实现数据、图像的光电转换，为空间站内的数据传输提供技术支持。这一技术手段在“天宫二号”上的成功应用，也标志着我国在光通信器件领域取得重要突破。

海信是在 2003 年光通信行业最不景气的时候，决策成立光通信公司正式涉足光通信行业。其实，在光通信领域，海信不仅是全球涉足此行业最早的，也是迄今为止，全球规模最大的接入网模块企业，还是世界唯一拥有光芯片设计、制造、加工、封装以及光器件、光模块、光终端完整产业链的企业。

2005 年，海信宽带推出全球首款光通信技术应用于接入网的 GPON 光模块产品，从而一举确立了海信在光通信器件领域 FTTH（光纤到户）的专家地位，并成为 Alcatel 的独家供货商。2007 年，全球首创 10G PON 高速突发模式光收发一体模块，大大加快了 10G PON 技术的商业化进程。如今，海信宽带多媒体公司在业内率先突破 100G EPON 光模块技术，开启了万兆超宽时代。

2012 年，青岛海信宽带多媒体技术有限公司和中航光电科技股份有限公司合资成立中航海信光电技术有限公司，致力于为客户定制特种光模块的研发、生产、销售与服务业务。结合海信在光通讯领域的优势，2015 年以来海信继续与中科院院空间应用中心合作承担空间工程中宇航用光模块的开发任务，为中国的航天事业贡献技术力量。

近年来，海信先后收购了光模块著名的代工厂商东莞新科、美国优秀的激光器芯片生产厂商 Muliplex 和巨康，进一步奠定了行业领导者的地位。

三、技术是根，人才是本

从 B2C 向 B2B 延伸，现在的海信已经不止是家电行业巨头。有评论写道：“看了海信的智能交通和光通信，你会发现，海信已经不是一家家电企业，而是名副其实的科技企业；看到‘聚好看’两千万级大屏幕用户后台，你会发现海信还是一家互联网企业；看到海信在医疗领域的计算机辅助手术系统，你会发现海信又是一家技术服务型公司。”

从外部看，海信的产业结构巨变。从内部看，技术驱动的基因一直没变。

海信始终坚信只有技术突破才是真正的竞争优势。多年来，海信始终坚持“技术立企、稳健经营”的发展战略，并在实际经营中切身体会到，技术创新是企业生存、发展以及国际化的必经之路。

过去，正是在芯片、显示模组上的技术突破，让海信占据了中国彩电的龙头。现在，无论是智能交通、医疗电子还是光通信，海信还是靠着自己的“笨办法”和“慢功夫”，在核心技术实现突破后才真正涉足，因而从一开始就站在了世界技术的最前沿。

近乎“执拗”的注重研发是海信不同于其他企业的独特气质。周厚健说，当时中国的智能交通完全是被国外企业垄断，在这种情况下，我们没有技术来源，完全依靠自主研发，设计出比国外好而且比国外便宜得多的系统，使得中国的智能交通建设投资减少了2/3。技术创新对产业结构的升级和调整以及经济转型都有非常大的影响。

技术没有捷径，唯有漫漫长路持续求索。直到目前，海信每年仍在拿出销售收入的5.0%投入技术研发。海信几乎所有新的产业领域都是先建立研究所，通过自主创新在研发上取得突破，当技术、产品有了突破以后，经过一段时间，再成立公司，再产品上市。因为有了技术的功底，企业就有了上升的空间，就会越发展越好。

在此轮产业结构调整中，海信成功转型还离不开另一个核心要素——人才。长久以来，海信都将“技术是根，人才是本，创新是魂”作为企业发展的信条。无论是内部讲话，还是接受采访，周厚健董事长不止一次强调人才的重要作用：“一定要好好重视人才、好好引进人才、好好激励人才。应当好好重视人才，他会帮你找到应该调整结构的方向。这一点在产业结构调整上，是非常清晰的。人力资源是企业的第一资源。”

当然，产业结构调整是一项长期战略任务，不可能一蹴而就，也不可能一劳永逸，而是要不断深化，积小胜为大胜。海信的思路是，在稳定发展B2C业务的同时，快速拓展B2B业务，使两个板块的发展相得益彰，再造一个千亿级企业。

对于B2B及B2C的未来，海信集团总裁刘洪新有着清晰的规划：“未来，海信的产业架构将由点到面，从家庭到社区再到城市，这是海信产业发展并最终合围的路径。以通讯产品和家庭智能终端为入口，海信将以技术联通社区，服务于整个智慧城市。”

国防工业科研院所打造创新链的技术秘密全生命期管理

中国航发北京航空材料研究院

技术秘密是企业自主创新的关键环节，探索技术秘密管理方法是推动技术创新、提升企业竞争优势的迫切要求，是促进科技成果转化、有效激发员工创新创造主动性的需要。

一、打造创新链的技术秘密全生命期管理的内涵

为适应企业创新驱动与可持续发展，“十二五”期间，航材院按照“激励创造、有效运用、依法保护、科学管理”的方针，确立了以创新战略和知识产权战略为引领，以促进自主创新发展为目的，运用系统工程理念与方法、技术成熟度工具以及PDCA循环质量控制等管理方法，通过系统策划，将技术秘密、科研体系、产品研发和知识产权管理有机结合，全方位、系统化地构建了技术秘密管理体系和技术秘密全生命期管理流程，实施过程的动态管控与精细化管理，同时，积极探索多种技术应用转化模式、搭建全员创新团队建设平台，有效调动了科研人员发明创造积极性，形成了科学规范、操作性强的长效管理机制和以技术秘密为核心的创新链。实现了“创造为核心、保护有机制、运用有突破、管理有流程”的知识产权工作规划总体目标。

二、打造创新链的技术秘密全生命期管理的主要做法

（一）以促进自主创新为目标，确立统筹策划技术秘密全生命期管理的基本思路

“十二五”期间，航材院围绕科技创新，确立“做强创新主体、做实成果转化、创新商业模式、优化管理平台”的科技创新发展四项战略目标，不断提升航空材料的自主创新能力和自主研发能力，构建以“创新平台、研究项目、研究团队、政策机制以及知识产

权战略”五要素为核心的创新生态系统，全面实施“科技创新行动计划”，大力推进科技创新体系建设。

经过梳理、总结、分析、提炼，明确自身的技术秘密定义和具体范围，从技术秘密获取、掌握、运用的主体上，进一步明确管理对象。通过对自身科技创新领域和产品的特点进行分析，结合知识产权发展战略要求，梳理并明确构建全生命期技术秘密管理体系的必备条件。在此基础上，确定了“创新管理模式，力求管理实效，实现量质并重，提升管理水平”的技术秘密管理总体工作思路。

（二）以落实知识产权战略为目标，建立健全技术秘密全生命期管理体系

通过对自身业务进行分析，增设管理机构，调整管理机构配置，健全完善航材院技术秘密管理组织体系。注重管理前端的输入与顶层策划，确保管理工作的完整性与全过程覆盖。结合自身研发和管理的特点，形成包括策划、产生、申报、评审、动态管控（滚动复评）、实施（转化）、撤销等环节技术秘密全生命期管理流程。运用 PDCA 循环改进提升的思想与方法，航材院进行有效的过程管理，以此建立持续改进机制，实现技术秘密管理水平周期内的迭代螺旋式上升。

（三）以技术秘密的科学管理为目标，开展技术秘密全生命期精细化管理

持续设置下达战略研究课题，引导科研人员充分利用文献信息，建立各技术领域信息数据库，跟踪竞争对手动态，提前策划以专利与技术秘密为核心的知识产权布局，制定知识产权实施方案，及时保护核心技术、占领技术竞争优势。

在全生命期的技术秘密管理流程中，航材院建立定期评审以及动态管理、滚动复评的评审模式，制定详细的技术秘密评审细则和审批程序。随时受理新项目申报，通过形审的新项目，进入每年定期组织的会议评审范围；在评审新申报项目的同时，对“确密”满三年的技术秘密进行重新复评，根据其发展和变化情况进行评审调整。

在具体内容上，强调对技术秘密真实性的要求。在技术秘密的评审细则、保密承诺、保密载体和编号方法等方面一一做出细化规定；如：设置复验环节；注重涉密载体的现场管理，规定工艺控制环节中涉及到的技术秘密文件记录等具体要求；既规避评审和工艺检查等管理中的泄密风险，也为确保技术秘密的可靠性提供支撑。

（四）以促进技术秘密转化为目标，挖掘知识产权的技术价值和商业价值

为突破科研院所技术秘密推广转化的瓶颈，充分发挥技术秘密的作用与价值，航材院首先把技术秘密等知识产权作为无形资产纳入资产管理的范畴。通过价值评估，正确认识与衡量技术秘密等知识产权的分量，有利于知识产权商业化运作，也为推广知识产权不断积累经验。

近年来，凭借拥有的技术秘密资源，航材院积极开展技术服务，不断扩大业务范围及规模，相继与行业内外数十家企事业单位签订技术开发合作等战略协议，充分发挥技术秘密等知识产权资源优势。同时，将研究产生的专利技术和工艺说明书、工艺规程等技术秘密许可或转让生产厂/所使用，或直接到一线，提供技术服务支持，解决众多研制生产的技术瓶颈难题，支撑行业发展，满足国防特色服务需求，为国防建设做出重要贡献，取得重大的社会效益。

（五）以激发自主创新积极性为目标，建立技术秘密考评机制和创新团队

为加强核心技术保护，航材院采取多种措施，有效鼓励发明创造，优化《专业技术职务任职资格评审条件》和《中航工业北京航空材料研究院科研岗位管理办法》等管理规定。在组织绩效管理方面，按学科和专业组建若干个科研团队，把技术秘密的任务指标落实到各单位、各科研团队和科研骨干的年度 KPI 考核中予以考核。在员工绩效管理方面，将技术秘密的产出纳入职称考评和科研岗级评聘的要求，明确技术秘密数量的要求，与员工职称和岗级评定直接挂钩。

航材院高度重视创新主体“人”的因素，关注以人为中心的创新环境、创新氛围与创新机制的构建。大力倡导“勤于钻研、发明创造、无私奉献”的科研精神、鼓励发明创造。营造风清气正的科研文化，激发团队的积极性和创造性：力戒学术浮躁，反对浮夸作风。通过采取多种方法和措施，不断激发科研人员自主创新的积极性，保护以专利和技术秘密为核心的知识产权，使知识产权创造氛围由自发/被动型向主动策划、及时申报型转变。

（六）以提升技术秘密管理效率为目标，构建信息化支撑平台

2012年，依托“科研项目管理信息化平台系统”建设，航材院自行开发技术秘密管理模块系统；2013年，全面投入上线运行。与技术秘密管理流程优化同步，在系统中增加分管副总师主审程序，实现技术秘密管理流程信息化，包括技术秘密在线申请、形审和主审以及信息数据统计和查询等功能。系统的运行，规范技术秘密管理，提升技术秘密管理信息化水平，提高技术秘密管理效率，为知识产权集成大数据奠定基础。

三、打造创新链的技术秘密全生命期管理的效果

通过优化流程、强化保护、精细管理，航材院形成了以技术秘密为核心的创新链模式，实现了技术秘密量质并进和核心技术领域主体布局。同时，积极开展技术秘密转化工作，支撑企业实现连年增效。提升了企业形象，发挥了行业示范作用。

如何进行有效的创新

中国建材集团有限公司董事长　党委书记　宋志平

李克强总理强调要把创新精神、企业家精神和工匠精神结合起来。其实创新也要有工匠精神，实现创新目标需要锲而不舍、精益求精、脚踏实地做事的精神。现在社会涌现出创新创业热潮，据有关媒体报道，我国每分钟有七个初创公司成立。大众对创新创业也有不同的顾虑，有人觉得创新很神秘，做起来不容易；也有人盲目创新，承担了不必要的风险。过去的企业家精神主要是指有创新精神和冒险精神，现在的企业家精神主要是指两种特质，即创新精神和捕捉机遇的能力。企业家还要学会评估风险、降低风险。下面，从四个方面阐述一下企业如何进行有效的创新。

一、如何降低风险

（一）要有目的地创新

谈到创新，多数人很有激情。其实真正开始创新前，必须要有细致的研究，认真分析创新的机遇、目标和路径。创新要有目的地去探索，而不是盲目进行。这些年中国建材做了很多创新，以碳纤维T800为例，飞机制造会使用大量的复合材料，像美国波音787、欧洲空客A380，70.0%的结构和部件要用T800碳纤维。过去美国和日本技术封锁，碳纤维T800在国内做不了，我们只能做T300、T400，用作钓鱼竿等生活用品。中国建材通过近十年的努力，现在可以批量生产碳纤维T700、T800，填补了我国碳纤维高端技术的空白。

还有电子显示玻璃，大家日常生活中手机、电视使用的玻璃，过去国内也做不了，技术被美国、日本等国垄断。中国建材以前的玻璃业务主要是建筑玻璃，近年来根据市场需求，攻克多项技术，迅速进入电子显示玻璃的高端领域。如今我国电子显示玻璃不再依赖美国和日本，中国建材在技术、市场方面发挥了重要作用。中国建材生产的0.15毫米厚的电子玻璃能弯曲，可以像纸一样卷起来，可以满足大型的弧形液晶电视的需求。中国建材在碳纤维、电子显示玻璃领域的创新都是先锁定目标、看准市场，进行有目的的创新。

（二）要在熟悉的领域创新

企业创新大多适合在熟悉的领域进行，相比而言企业在熟悉的领域创新比较容易成功。企业管理

者重要的一件事是为企业选择好的业务，而业务选好后可能需要一二十年或二三十年甚至更长时间企业才能做到一流。我在中国建材集团从事管理工作近四十年。十几年前我到中国建材集团上任时，企业营业收入只有20亿元左右，经过多年快速发展，已有2 500亿元。我同时担任国药集团董事长的五年间，国药集团营业收入从之前的360亿元增至超过2 000亿元。管理企业不是件容易的事，确定业务后要钻研很多年，创新也需要较长时间，需要我们有坚守的精神。

中国建材是全球最大的建材制造商，也是全球最大的水泥制造商。有些人可能认为水泥只是普通产品，但大家想一下没有水泥我们的城市和生活会是什么样子。水泥虽然已有180年的历史，但其实在这么多年的发展中一直在进行创新。过去我国的水泥是小立窑生产水泥，每条生产线日产规模约几百吨；之后是湿法水泥，每条生产线日产规模约1 000吨；现在是新型干法水泥，每条生产线日产规模可达万吨。水泥厂通过大量创新，成为智能化、洁净化的新型工厂，可谓花园中的工厂、森林中的工厂或者草原上的工厂。中国建材刚刚在蒙古国投资建设的水泥厂就是草原上的工厂，展现了现代工业和自然环境的完美融合。

（三）要有组织的创新

创新不能靠单打独斗，任何人、任何企业的创新都在一个系统组织中进行。大部分企业的创新是在市场的自组织系统中。现在我们讲述的创新组织模式是协同创新，是政府、企业、民间组织、个人一起协同创新。现阶段不少人热衷于动力电池，跃跃欲试都想投资，其实这样的做法并不合理，企业之间应该合作，推行协同创新。过去我国三大电信运营商每家单位都有自己的铁塔，现在新组建的铁塔公司把三家单位的铁塔统一集中起来运行，不但节省500亿元投资，还聚集了很多资源。

企业间有组织的创新有三种方式：

一是大企业创新可以外包给中小企业。大企业和中小企业可以在创新上进行协同，大企业创新不需要所有工作都自己做，可以技术外包给中小企业。全球最大的制药企业美国辉瑞公司，大部分创新都外包给中小企业，有的是夫妻店，有的是从网上下单，动员更多的人参与到大企业的创新平台。

二是大企业要搭建技术开放型平台。中国建材集团有13 000名科研设计人员，创新机构中国建材总院虽然做了大量科研创新工作，但还不够，需要开放建设更大的网络平台，让更多成员加入。每年有关建材行业的问题都可以在网络平台发布，让大家共同研发。上海的药明康德公司，全世界的大药厂几乎都让这家公司做外包，该公司创立于2001年，有14 000名研究人员集中研究技术创新，这就是很大的创新平台。华为的信息与通信技术在全球占领先地位，10 000多名年轻人参与创新工作，华为手机在国内销售排名第一，最大的优势也是创新。

过去30年，我国依靠廉价劳动力和低成本产品在世界经济舞台具有一定竞争力，但今后30年靠什么竞争？我们不能再简单地依靠廉价劳动力，因为我国劳动力成本现在并不低，低端劳动力成本比美国还要高。我国有13亿人口，其中1.1亿人接受了大学以上的教育，有的是从海外留学回国，具有全球视野。我国拥有世界强大的研发智力资源，关键是要把各种要素组织起来，这是我国在科技创新领域实现“弯道超车”的捷径。下一轮的竞争，企业要靠团队的智慧、创新能力以及搭建的开放型创新平台取胜。

三是中小企业要和大企业联合起来创新。中小企业和大企业通过什么方式合作值得探究。以前我在中关村讲过，中关村的科技企业都想上市，但企业上市后有大量工作要做，需要把技术转变成产品，生产出产品后又想扩大规模，最后变成了一个工业企业。其实中国的工业企业并不少，也并不缺少工业企业，缺的是技术企业、创新企业。科技企业应该定位为创新公司，可以给大企业提供技术，而不是把技术变成产品、变成工厂，那不是科技企业的长项，可以把生产产品交给擅长的企业去做。我去英国曼彻斯特大学，接触了石墨烯研究中心下面刚刚上市的公司，公司市值并不高，它们只做技术外包，希望和中国建材合作，提供印刷铜铟镓硒的技术。在创新方面，企业应该有效分工，在创新中扮演各自适合的角色。

创新不是一个人、一个企业的问题，而是一个系统的问题。企业家应多思考企业创新的目的是什么,在创新中的上下游是谁,是否熟悉这些领域,能否得到有力支持,从这些角度认真思考,就能在创新过程中降低风险。

二、创新最重要的是把握机遇

按经济学康德拉季耶夫周期理论分析,欧美经济从战后到1965年二十年间经历了繁荣发展,但1965—1985年处于经济结构调整期,欧洲经济开始衰退,美国也曾出现钢铁等制造业蓝领工人下岗的情形,但美国这段时间经济却出现了繁荣,新增就业岗位4 000万个,就业人数达1.1亿人。德鲁克分析美国经济衰退时期出现的繁荣发展,就是由于美国创新经济代替管理经济,他还认为创新可以解决结构调整的问题。当前我国经济进入新常态,由高速增长转为中高速增长,发展由中低端迈向中高端水平,我们要坚定不移推进结构性改革,把握创新的一些机遇。

(一)结构调整带来的创新机遇

经济新常态下,企业如果只看到经济下行的压力,而忽视面临的机遇,会错过很多发展机会。每次国家经济结构调整都有一些企业因为不适应变化而轰然倒下,但也有一些企业捕捉到创新的机遇,通过创新快速发展。中国建材集团属于传统基础的建材行业,水泥、玻璃业务规模位列全球第一,但同时中国建材集团在结构调整方面也做了大量工作,未来规划采用"三条曲线"的业务发展模式。第一条曲线是积极推动水泥、玻璃等传统业务的转型升级。第二条曲线是在新型建材、新型房屋、新材料等"三新"产业进行创新。2016年水泥价格下滑,中国建材的三新产业获得利润35亿元,成为集团利润来源的重要组成部分。第三条曲线是制造服务化、研发产业化。中国建材所属中国建材检测认证中心现在发展很快,是服务型行业。另外中国建材还有一项新业务是智慧工业,公司组建专业团队管理全世界的工厂。

(二)市场需求引发的创新机遇

市场的需求会产生很多创新机遇。中国建材所属企业不久前生产出一款新型折叠电动自行车,重量12公斤,根据个性化需求还可适当减轻重量。现在我国很多城市都有地铁,但有的地方乘客从出发地到地铁口、从地铁出口再到目的地往往还有一段距离,使用这种折叠电动自行车可以解决以上出行遇到的问题,非常便捷。自行车一块电池可供体重90公斤的人行驶30公里,每公里电费2分钱。这个例子说明市场需求是创新的来源之一,企业要把握机会。

人类现在面临严峻的问题是气候问题。全球气候大会2016年10月在巴黎召开,我作为中国企业代表在会上做了三场演讲,谈了关于中国企业应对气候变化的看法。随着经济快速发展,过去人类曾面临"增长极限"的压力,赖以生存的资源和能源面临挑战,可持续发展理念深入人心。但很快发现人类遇到不只是"增长极限"的问题,更严峻的是关乎人类"生存的极限"。1962年美国生物学家蕾切尔·卡逊所著的《寂静的春天》详述由于大量农药的滥用,虫子和鸟类都被杀死了,春天变得很安静,讲的就是关于生态的问题,自此环境问题进入人们视野,引起国际社会更多的关注。

现在全球气候问题日益严重,地球温度在升高,科学家预测为了人类的生存,从1750年工业革命到21世纪末2100年地球升温不得超过两度,到目前地球升温已超过一度。各国在巴黎大会签署了相关协议,提出未来不能使地球升温再超过1度,这意味着到2050年前人类要取缔50.0%至70.0%的化石能源,到2100年取缔所有的化石能源。这是人类发展史的重大事件,未来能源结构调整也会产生很多创新机会。现在人类使用的能源主要是煤炭,逐渐会过度到天然气,之后会靠核电,最后太阳能、水能、风电等替代核电,这是未来能源使用的路线图。参考这个路线图,我们的产业发展路径和创新方向就很清晰。中国建材大力发展薄膜太阳能电池产业就是认识到未来大量太阳能的需求。因此市场需求是企业创新的一个拉动力。

(三)新知识带来创新机遇

新知识、新技术推动企业去创新。互联网发展就是靠新知识、新技术带来的很多创新。在这方面我有两个体会：一是互联网创新一定要和实体经济结合；二是实体经济一定要主动融入互联网。实体经济如果不去拥抱互联网，再大的企业也会倒下。

有次问到马云，传统国企今后面临的最大挑战是什么？他认为国有企业过去的商业模式主要是B2C，生产出产品让消费者购买，而今后网络时代的商业模式是C2B，生产商需要考虑消费者的个性化需求进行生产。过去没有大数据，工厂一直沿用B2C的生产模式，比如做鞋、做衣服，工厂都是流水线统一标准生产产品，消费者再去选择适合自身的鞋子或衣服。现在有了大数据，工厂可以掌握消费者相关信息，通过智能化装备把消费者个性化的需求和大规模的生产结合起来。

以房屋为例，住房是全世界老百姓普遍关心的事情，需求和技术带来了新的创新。中国建材集团生产的加能源5.0新型房屋就是创新的典型。过去房屋是耗费能源的，北方地区的很多农民冬天为节省开支不愿意取暖，殊不知人在14度以下温度生活，身体容易发生器质性病变，以前农民的很多疾病和室内温度过低有关。加能源5.0房屋是具备地热、光热、光电、家庭风电、沼气等功能的新型房屋，原来一个家庭是一个耗能单位，现在成为生产能量的工厂。目前新型房屋已在国内大规模推广，全部是工厂智能化完成，有3 000多个房屋设计，消费者可以从计算机挑选，也可以有自己新的创意，只需输入点击确认下单，工厂就能生产出来。中国建材集团不仅在国内生产新型房屋，建设绿色小镇，还在英国、西班牙、智利、巴西等地大规模推广，当地人称之为"智慧房屋"。

（四）企业在市场竞争压力下产生重大创新

企业在市场竞争中重要的一项是降成本，其实企业有两种竞争方法：一是创新，做新产品；二是降成本，而降成本也需要创新，单靠减员是行不通的。面对市场竞争压力，企业更需要靠创新来解决各种问题，在市场中捷足先登。

中国建材所属中国巨石和北新建材两家上市公司旗下的工厂也是创新的典型。中国巨石是一家在上交所上市的优秀上市公司，上年税后净利润10亿元，主营业务是玻纤及其制品。现在玻纤产品每吨售价约5 000元，中国巨石通过创新研制了E6新配方，新产品使用E6配方每吨可节约成本500元。中国巨石在激烈的市场竞争中取胜，成为全球销售第一的玻纤企业，他们成功的经验就是通过技术创新实现了降成本，从而获得良好的经济效益。

北新建材是一家在深交所上市的优秀上市公司，每年税后利润10亿元，主要业务是石膏板。国内市场通常是跨国公司或中外合资企业产品的价格比国产的高，但北新建材生产的石膏板价格却远远高过跨国公司，龙牌石膏板作为知名品牌获得了行业和消费者的一致好评。北新建材通过创新，用发泡技术生产的石膏板，不但产品强度进一步增强，还年节约成本2亿元。

（五）时尚化带来创新机遇

时尚化也给创新带来一些机遇。苹果手机很受消费者青睐，然而它的创新秘诀究竟是什么？其中很大的因素是把时尚概念引入手机，符合市场流行趋势，满足年轻人的喜好。特斯拉汽车CEO马斯克设计的电动汽车广受欢迎，而他公布旨在向全世界提供电力的"特斯拉能源"计划也备受全球关注。马斯克改变了人们过去对蓄电池的认识，特斯拉把蓄电池做成流线型，外观美观时尚，可以像幅画一样挂在屋内，称为能量墙家用电池；他们还有一款能量包的产品，可以像小冰柜一样放在墙角，储存100度电，工艺很精致。现在特斯拉电池的订单已经订到2017年，市场供不应求，这确实引发我们很多思考。企业管理者不能简单把产品当成一般产品，应研究使产品融入更多时尚元素吸引广大消费者的关注，企业要善于捕捉这些创新机会。

三、两种重要的创新方法

创新有方法可探寻。当前很多企业、很多年轻人都想创新，但困惑于用什么合适的方法创新。过去常讲自主创新有三个方法，原始创新、引进消化吸收再创新和集成创新。原始创新是独立创新，并不容易，美国是国家大型的研究院和大学在研究原始创新。引进消化吸收再创新是过去三十年我们在改革开放实践中走出的创新道路，是一种模仿式创新。

其实模仿并不丢人,有些发达国家在技术创新中也模仿了其他国家的经验,节省了大量创新成本。全世界的创新都是互相借鉴、互为模仿的,前提是要严格遵守相关法律法规。

有两种重要而有效的创新方法:

1. 集成创新。我们要加大自主创新和集成创新的力度,把各种要素集合在一起。我国的经济增长目标已从过去的追赶型步入赶超型阶段,不能再沿用过去引进消化吸收再创新的方式,要改用集成创新的方法。集成创新理论最初也是外国人提出的,是把各种要素集合起来的创新。熊彼特创新理论讲的要素集合,其实也就是今天的集成创新。

中国建材这些年的创新成果并不都是关上门自己做的,大多是把国内国际各种要素结合起来完成的。以风电叶片为例,这项业务 2006 年在国内兴起,当时中国建材有玻璃纤维、复合材料等业务,但没有风电叶片技术,之后收购了德国的 SINOI 公司。SINOI 公司当时是欧洲第二大风电叶片公司,由于发展过快在经营过程中破产了。中国建材收购了 SINOI 公司的核心企业,有研发中心、测试中心、工厂,公司员工的职业化程度高,很快融入了中国建材的文化。收购完成后,中国建材成为国内最大的风电叶片企业。风电叶片通过空气动力学原理在空中运转,从远处望去似乎不大,其实每片叶片尺寸很大,有几十吨重,流线型设计,内部结构十分复杂。现在中国建材能制造全球最大的风电叶片,由德国研发中心设计,国内制造。

第二个案例是中国建材前年在德国收购 Avancis 公司。这家公司是先后由西门子、壳牌、圣戈班三家世界五百强公司管理的一家薄膜太阳能企业,主要做铜铟镓硒业务,在慕尼黑还有研究院。通过这项收购,中国建材在铜铟镓硒薄膜太阳能电池事业上领先一步,最近推出的太阳能电池板转化率为 17.9%,位列全球第一。

集成创新不一定都需要自己做,可以把别人的要素和自己的专长结合起来,或者把一些看似不相关的技术移植过来。把做面包的技术运用在做馒头上,这也是集成创新。过去国外人员来参观我们工厂时会问到设备是从哪里来的?我们会介绍设备的来源地。他们也会问到技术是从哪里来的?我们介绍技术是通过集成创新的。

2. 商业模式创新。很多创新来源于技术,但有的创新和技术也没有太大关系。德鲁克讲到创新不一定都靠高科技,中科技、低科技、零科技也可以创新。比如现在有些餐馆的筷子,前面部分是一次性筷子,后面部分是传统的筷子,一次性筷子用过后可以替换新的,这就是零科技的创新。中国每年会用掉 450 亿双一次性筷子,大约消耗 166 万立方米的木材,200 万平方米的森林,通过这项低科技或零科技的创新,减少了 2/3 的木材浪费,节约了资源。

再举生活中的一个例子,过去男士的三接头皮鞋都是系鞋带的,穿鞋时需弯腰去系鞋带,有时鞋带还容易被踩到。现在男士皮鞋外面看是三接头,其实里面是松紧口,不需要鞋带,这就是零科技的创新,满足了消费者的需求。刚才讲到 1965—1985 年期间美国安排 4 000 万个就业岗位中,高科技只占 600 万个,剩下的大部分是靠低科技、中科技创新和商业模式创新完成的。

淘宝网运作成功就是因为有技术、网络的支持,但更重要的是商业模式的创新。早在 2000 年,我就开始接触互联网业务,但那时缺少移动终端和网上支付两个关键环节,那个时期做电子商务成功的企业不多,现在很多技术问题都解决了。马云说过,其实他对计算机到现在也不懂多少,只是做了一个大平台,他拥有最大的财富是数据,核心专长是数据处理能力。滴滴打车也是通过创新,运用互联网技术,打造了交通运输行业新的商业模式。

四、工匠精神与创新精神

1. 创新需要工匠精神。创新并不容易,不是靠灵光一现。如果没有工匠精神,创新的很多想法无法实现,只能停留在创意层面。中国建材生产的折叠电动自行车颇受消费者喜爱,其中倾注了创新者张国良很多心思,半年多时间他做了几百次设计修改方案。爱迪生是位伟大的发明家,他发明了灯泡,其实在此之前别人已做完 90.0% 的工作,只不过很多人在过程中选择了放弃,而他坚持不懈历经 6 000 次实验直至成功。

讲到创新更多是指持续性创新。多数企业家认为十年之后企业90%的产品会改变，但据统计数据显示，十年之后很多企业90.0%的销售收入还是依靠已有产品，只不过是这些产品在不断更新换代。创新有时也指颠覆性创新，但真正做起来并不容易，一般企业还是适合在现有基础上进行持续性创新，深入挖掘，实现产业转型升级。转型不是都转行，行行都可以创新。天下没有不赚钱的行业，只有不赚钱的企业，关键是企业家要在行业和企业中寻求适合的创新点。

2. 创新的成功需要良好的管理。人们往往容易忽视管理在创新中的作用。中关村很多上三板的公司不太成功的原因，一方面是他们离开了创新为主技术服务的方向，盲目地去开工厂；另一方面是很多科学家并不擅长管理工厂。一些学校或研究院的上市公司运作成功的并不多。

爱迪生当年创建了六七家公司，很会引资也不缺资金。但爱迪生不相信管理，更不相信职业经理人，他认为企业就是技术加资本。由于企业管理不到位，他创立的通用电气被逼入破产境地，爱迪生不得不放弃对公司的掌控。这说明企业即便有再好的创新也不能忽视管理的作用，只有有效的管理才能产生有效的创新。

“华龙一号”研发管理及创新

中国核电工程有限公司

一、“华龙一号”研发管理创新背景

（一）实现核电自主化，促进我国由核电大国向核电强国转变

2011年3月日本福岛核电站反应堆冷却系统失控，导致大量放射性物质外泄。各国纷纷调整了核电政策，并对新建核电厂的核安全标准提出了更加严格的要求，第三代核电厂（或者先进核电厂）成为当今世界核电发展的主流技术。我国长期以来通过消化吸收再创新形成的二代改进型核电技术将逐步退出。同时由于我国核电技术是在引进基础上发展起来的技术，尚未能实现核电型号的整体创新并形成我国自主的核电产品，因此在国际核能合作领域及核电市场上话语权很小。为适应国内国际核电技术发展要求，推进我国核电技术的自主发展，开展三代核电技术的自主研发极为必要。

（二）支撑核电走出去，适应国家“一带一路”倡议要求

我国核电技术在起步阶段经历过了引进、消化及再创新的过程，并通过多项技术改进形成了二代改进型核电型号技术。但由于当初技术引进过程中外方施加了限制条件，尽管我国在二代改进型核电技术中做了重要的技术改进，但由于未能形成核电型号的整体创新，知识产权仍受外方限制，不能实现核电的自主出口。因此，要支撑“一带一路”倡议，实现核电走出去，必须要实现核电技术的自主化，只有具有自主知识产权的核电技术，才能顺利实现核电的整机出口，摆脱外方知识产权束缚，打破核技术大国的封锁，实现我国核电技术在国际市场上的可持续发展。

（三）带动行业技术发展的需要

核电行业由于对安全性要求高，其相应的核设施及核设备技术门槛高，随着核电技术的发展，可带动装备业水平和能力的进一步提升，促进产业升级及技术更新换代。发展自主三代核电技术，核电主要系统及设备在我国现有的成熟核电装备制造业体系进行升级改进，在三代核电项目国内建设及配合国家实施核电“走出去”的战略中，依托核电项目可有效消纳化解核电产业链过剩产能，带动相关产业优胜劣汰。

二、加强顶层策划，制定自主化研发技术路线

根据三代核电技术的发展要求及国内核电研究

技术基础，工程公司组织讨论确定“华龙一号”总体研发思路：在充分利用我国批量化压水堆设计、建造和运行经验的具有自主知识产权的成熟技术经验基础上，借鉴国际三代核电技术的设计理念，吸取福岛事故的经验反馈，开展进一步的自主研发，实现具有自主知识产权的三代核电型号的研制。

（一）顶层策划确定“华龙一号”总体技术特征，明确自主创新要求

为确保“华龙一号”型号技术的自主创新性，在顶层策划中，确定在总体设计、堆芯系统、结构设计、抗震技术、严重事故预防系统和应急能力等核电整体型号的核心领域采用自主技术，在满足三代核电技术指标要求的基础上，也突破外方知识产权限制，实现“华龙一号”整体型号技术知识产权的自主化。

（二）明确技术路线方案，指导项目实施

对于“华龙一号”新增的安全系统，确定由设计单位提出系统的设计要求或初步设计方案，联合国内具有技术优势的科研院所完成新增系统的研发和验证，如非能动安全壳热量排出系统（PCS）验证试验等，确保系统的工程可用性及知识产权的自主性。

对于核电型号中的核蒸汽供应主工艺系统，确定在国内已有成熟运行经验的三环路设计方案上进行优化。对于核电设计与分析软件的研发，在消化吸收国外分析软件的基础上开展自主创新，在统一的框架下开发具有自主知识产权的成套核电设计、分析、运行支持软件，形成自主的核电设计与分析软件。

三、建立项目管理组织模式，构建技术分层决策体系

（一）完善研发组织体系

在公司总体研发体系建设上，明确提出了职能部门服务业务板块的核心理念，各职能部门全力配合业务板块“华龙一号”的研发工作，进一步优化研发管理决策层、管理层和执行层合理分工和高效协同的组织架构，由相关职能部门牵头开展计划管理体系、质量管理体系、经费管理体系、知识产权管理体系、合同管理体系和信息化管理体系建设，建立起以公司科研管理为中心，以科研进度管理、经费管理、专利管理等一系列程序和细则为纽带的科研项目管理体系，为科研项目管理和实施的有序开展提供支撑。见图1。

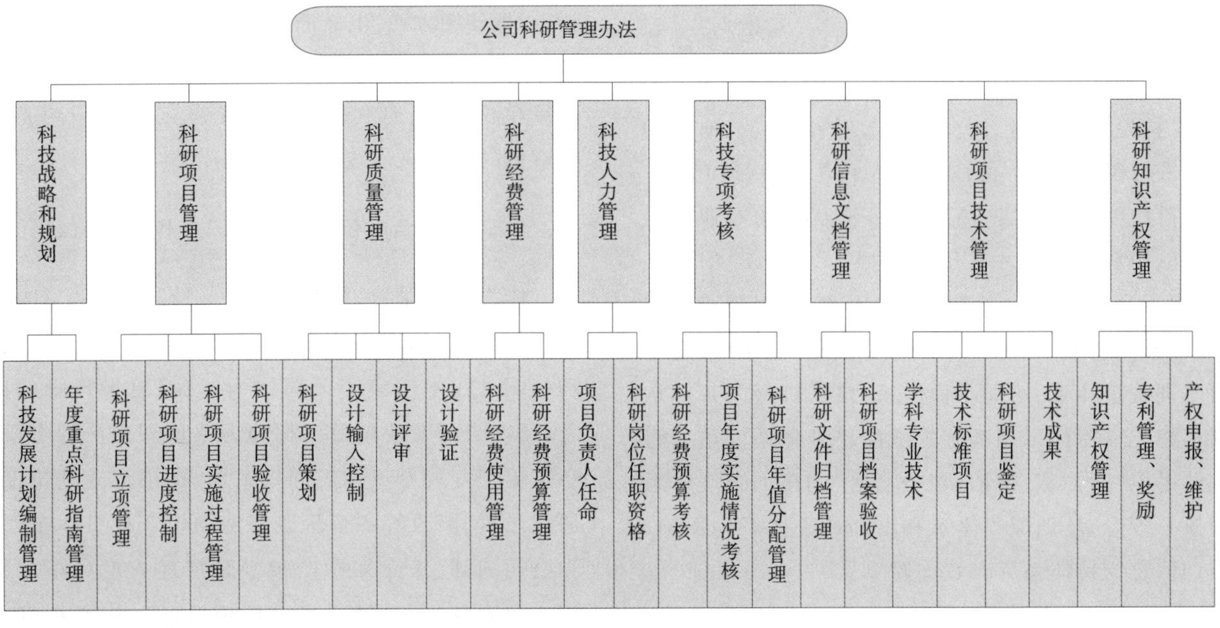

图1 “华龙一号”研发管理体系

（二）建立“华龙一号”项目技术分层决策体系，提高项目技术决策效率

完善“华龙一号”项目技术决策体系，解决一般科研项目实施技术决策效率低的问题，针对型号研发系统性强，专业交叉多，系统技术接口多的特点，在实践中逐步摸索并建立了“华龙一号”项目总设计师—型号总师—专业总设计师的技术分层决策体系，制定了《中国核电工程有限公司首席专家职位设置》《中国核电工程有限公司型号总设计师管理办法》和《中国核电工程有限公司“华龙一号”专业总设计师管理办法》。根据职责分工，各专业领域内技术问题及技术方案由各专业总设计师进行解决和决策；型号总师负责组织完成项目总体技术方案，并统筹协调多专业领域间的技术问题以及与参研单位之间的技术协调；总设计师负责提出项目总体技术路线，审查并确定项目总体技术方案，参与解决多系统的技术协调。与过去各类技术问题都需要总工程师/副总工程师决策解决的低效局面形成鲜明对比，提高了项目研发决策效率。

（三）完善激励机制，加强人才队伍建设

工程公司建立覆盖面广且重点突出的科技奖励机制，先后发布、升版一系列关于专利、科技成果和科技创新评价奖励的制度。工程公司设立科技创新奖励基金，通过对专利、计算机软件、技术标准、成果鉴定、科技论文等进行计分的形式，对参与科技研发的单位进行科技创新评价，对获奖单位予以表彰和奖励。

科技创新战略实施需要有一支优秀的专业技术管理队伍和技术人才队伍的支撑。为保障“华龙一号”型号研发所需的管理及技术人才，工程公司制定《中国核电工程有限公司培训体系管理办法》，建立由培训管理体系、培训课程体系、培训讲师体系和培训信息化支持体系四部分组成的培训体系。培训管理体系以“分层级、分阶段、分通道”的培训管理体系为核心理念，培训课程体系和培训核心体系为保障，培训信息支持体系为有效支撑。

四、加强知识产权策划和保护

中国核电走过了引进、消化吸收、再创新的历程。为防止中国核电企业成长并与其竞争，在签订技术引进协议时，西方核电公司作为技术许可方，以其掌握的知识产权，给中国核电企业设置了种种限制，尤其是限制中方引进的技术只能用于中国大陆地区，将中国核电出口之门封堵得严严实实。因此，自有知识产权积累不足，技术引进受限严重，成为中国核电“走出去”难以逾越的壁垒。尽管之前在知识产权方面开展过大量工作，但如何在核电技术创新过程中保护好自己的知识产权，避免侵犯他人知识产权，尤其是摆脱当年技术引进过程中的各种限制，使自己的研发成果走出国门，是“华龙一号”研发管理工作中面临的一项重大课题。

（一）明确知识产权管理的基本目标、基本原则

在项目总设计师的主持下，经各方充分讨论，确认“华龙一号”科研项目知识产权管理的基本目标是：保护自有创新成果，获取自主知识产权，防止侵犯他人合法权益，为研发成果走出国门提供保障。

在此基本目标下，确立一些基本原则：在对外合作工作中，本着“开放、包容、合作、共赢”的原则，“华龙一号”研发产生的知识产权，确保不影响后续自行使用，积极争取独享，与国内核电设备供应商协商处理设备国产化过程中的知识产权问题；对创新成果保护，根据使用方式、生命周期、保密难易程度等采取技术秘密 + 专利 + 著作权的多种知识产权保护方式；跟兄弟单位之间，专利申请要打破分工界限，只要是自己取得的发明构思，就应该及时申请专利。

（二）构建全方位参与的知识产权管理组织

作为组织保障，围绕“华龙一号”科研项目的知识产权管理，构建一套各方全面参与的知识产权管理组织。在中核集团公司层面，根据总设计师的推荐，任命公司专业副总工程师为项目知识产权专员，负责组织开展专项知识产权策划，在项目立项论证、研发过程、验收等各个阶段开展知识产权具体工作。在公司内部，任命知识产权专职管理人员为项目知识产权副专员，协助专员开展项目的知识产权管理工作。另外，设置知识产权兼职设总和各专业知识产权联络员。从而构建知识产权专员组织落实、知识产权专业机构介入服务和知识产权管理部门全程深入跟踪的“华龙一号”知识产权工作体系。

(三)与市场紧密结合,排查知识产权风险

联合知识产权专业机构对技术引进合同中制约核电“走出去”的限制条款进行分析,包括1986年《大亚湾核电站核岛技术许可协议》、1992年《秦山二期核岛技术咨询协议》、1995年《岭澳一期核岛技术许可协议》、1991年《大亚湾燃料组件技术转移协议(2G)》、1998年《燃料组件技术转移协议(3G)》,避免发生不遵守技术引进合同约定而引发合同纠纷,并为“华龙一号”开展自主创新提出目标和要求。

此外,针对目标出口国,组织相应的知识产权法律法规及法制环境调研,以防侵犯他人专利权,遭遇专利纠纷。

(四)积极申请知识产权

在“华龙一号”核电机组研发过程中,知识产权保护工作贯穿全过程,采用商业秘密、专利、商标和计算机软件等知识产权保护方式,构建完善的知识产权保护网。对于满足“新颖性”“创造性”“实用性”等相关要求且适用范围广、具备一定通用性的创新方案,如产品结构、配方、系统组成、施工调试工艺以及容易被加工制造厂商、与公司有竞争关系者知悉的创新技术方案,都通过申请专利的方式加以保护。对于市场周期短、仅被公司员工掌握的技术诀窍或仅在公司内部实施不易扩散的技术方案优先通过技术秘密的方式加以保护。对于新开发的计算机软件,及时申请著作权登记。为加强品牌建设和保护,在公司范围组织开展图形商标设计,并及时将“华龙一号”的中文(“华龙”“华龙一号”“华龙二号”)、英文(“HPR1000”“HUALONG1000”)和图形在中国和潜在海外市场开展商标注册。见图2。

图2 “华龙一号”图形商标

五、建立产学研用和国内外协同创新研发模式,搭建协同创新平台

“华龙一号”属于型号研发,涉及核电领域各专业,系统性强,在集中内部优势资源的基础上,广泛开展社会协作,利用各方科技人才、技术及研发设施资源,开展协同攻关,形成研发合力。

(一)集中中核集团内部优势资源开展专业攻关

为集中自身资源提升核心竞争力,工程公司联合中国核动力研究设计院以及中核武汉核电运行技术股份有限公司形成核心研发团队,集中优势力量重点在“华龙一号”型号研发的顶层设计与谋划、总体布置、燃料组件、堆芯系统等关键技术方面开展研究。

(二)积极开展社会化大协作,建立社会协作创新机制

创立以“以项目为载体,以技术为纽带,优势互补,共同攻关”科技创新合作模式,在明确研发总体技术方案的基础上,充分发挥全国科研院所、高校和企业以及国际合作科技资源,发挥产学研用的结合优势,集中力量开展科技攻关。在把自身有限资源投入到“小核心”的同时,充分吸纳国内外优质资源参与到“华龙一号”型号研发设计中来。

六、实行“互联网+三维协同”设计一体化,促进行业研发设计模式升级

在“互联网+”大力发展的今天,工程公司引入了“互联网+三维协同”的新设计思路。利用互联网广泛互联的特点将碎片化业务整合起来,为设计部门进行集中式的开发设计活动提供了统一平台,并与各行各业相结合,从而赋予后者新的力量。

(一)开发“互联网+三维协同”设计一体化工作平台

采用三维工厂设计系统PDMS(Plant Design Management System),基本涵盖工厂设计中的各个专

业，包括配管、设备、结构、暖通、电气、仪表、给排水等，各专业可在同一软件系统中实现协同设计，实时进行碰撞检查。形成以三维布置设计为主的多专业工作平台，精细化设计水平得到提高。在此基础上，与“互联网＋”相结合，形成“互联网＋三维协同”的独特设计方式，以此实现异地设计人员访问同一个三维模型，对其进行修改，并通过视频、语音的形式进行沟通。同时利用协调策略，对其中存在的冲突进行处理，进而保证异地协同设计工作能够高效开展。

（二）整合数据，协同作业，提高设计质量

“华龙一号”研发涉及70多个专业，有上千名来自各地的设计人员同步参与，利用互联网和图像数据同步重建技术，搭建起了三维综合设计平台。“‘华龙一号’三维综合设计平台”办公室一共有40多名工作人员。“华龙一号”在采用三维综合设计平台后，除包括中核工程公司、中核动力院协同设计外，还与核电业主、项目管理、工程采购、设备制造厂以及土建与安装施工等单位连接，提供相关设计数据支持，互联单位共约20家。同时三维设计平台可使分布在北京、上海、成都、福建、西安、石家庄、郑州等地单位相连，协同设计平台的终端数量达到500个，该平台还可以根据需要进行扩充。通过三维设计平台，设计人员随时可以了解相关信息与其他专业设计情况，随时协调设计接口；同时，平台提供了自动“碰撞检查”功能，快速准确，使“零碰撞”成为可能，从而大幅提升设计质量。

（三）开展可视化的工程进度管理

“互联网＋三维协同”模式的引入，增强了工程进度计划的可视化管理，在计算机中可以自由查看并调用可视化工程进度，并以此模型为各方交流的平台，提高了工程参与各方的沟通效率，以及管理工程施工进度的效率，同时，在计算机中可视化再现现场实际进度，给工程协调提供直观的信息，更可以及时地进行决策，使工程进度可以得到更有效的控制和监督，以最小的资源消耗，取得更大的经济效益。

平台公司之我见

中电建路桥集团有限公司董事长　党委副书记　汤　明

中国经济的未来趋势是平台经济和分享经济。与之相适应，中国的企业分为三个等级：三等企业做服务，二等企业做产品，一等企业做平台。平台化的本质就是给创造者提供创造价值的机会。当下，建筑业平台化管理已成常态，本文立足中电建路桥集团发展实际，对平台公司相关理论问题进行了初步界定与梳理，期与广大业界先进交流分享。

一、平台公司的定义

平台是一种交易的空间或场所，平台公司是随着市场规模的扩大及交易结构的日趋复杂应运而生的一种企业集团，可以存在于现实世界，也可以存在于虚拟空间，该平台引导或组织促成双方或多方客户之间的交易。平台公司是对产品品质负最终责任的经济体，它的利润来源于商业模式和承担的责任。沃尔玛销售所有与人们日常生活有关的产品，沃尔玛承担最终责任，既承担对客户的责任，也承担对进场产品品质的检验责任。波音公司对进入波音产品体系、为波音服务的企业承担责任，并最终对冠以波音品牌的产品承担责任。

我们正是按照对平台公司的理解，把路桥集团打造成了资源整合平台、模式创新平台、资本创新平台、业务协同平台，真正发挥了平台公司的应有作用，有力支撑了中国电建基础设施业务发展。目前，路桥集团已经发展成为中国电建最大、最具竞争力和成长力的平台公司之一。

二、平台公司的功能

(一)研究经济大势

平台公司的首要使命是研究世界经济和区域经济的走势,洞悉世界经济和区域经济的特征,发掘并把握新经济形势下蕴含的商机,找出适应自身生存和发展的商业模式。路桥公司的发展机遇是城镇化与国际化。城镇化的核心,就是让人类能够舒适地、诗意般地、有尊严地栖息在大地上,而作为世界500强的中国电建,本身就应该是国际化的企业,所以城镇化与国际化是我们的发展机遇。

多年以来,我们充分发挥中央企业的品牌和资源优势,以国内八大区域为重点,主动寻求与地方政府合作,积极参与国家城镇化进程,以BT、BOT、PPP等多种模式参与城市基础设施投资建设,已经初步彰显了品牌效应。国际经营方面,注册成立中国电建美国公司及中国电建澳洲公司,积极拓展高端海外市场。闻鸟鸣赴深山,观鱼游临深渊,整个建筑业未来面临产能过剩的外部环境,我们唯有到发达国家去,到收益可预期的地方去,到政治稳定的地方去,到资本、信息最先进的地方去,才能突破发展瓶颈,实现凤凰涅槃。

(二)创造和发现市场

创造和发现市场是平台公司的重要功能。一般的公司是做产品,而平台公司是做产业。以中国电建为例,如果传统工程局是在做产品,路桥集团则在做整个与建筑产业相关的事业,所以路桥集团的定位是城市/地区基础设施一体化服务商,是在产业链上发生作用。对于一个企业而言,模糊不清的前景和正在开放的产业领域更有发展的机会。形势完全明朗时,机会也随之丧失。如果产业完全开放,大量竞争者就会蜂拥而至。企业必须不断寻找在整个产业价值链中的位置,进而决定在哪一段赢利,像渔夫一样,只在最适合自己的河流段下网。如果企业只关注在原有市场的竞争力而不寻求新的市场,必定难以持续发展,因为这种竞争力只能保证其在原有市场的地位。

市场是企业的生命。路桥集团始终将创造和发现市场作为企业的生命线工程,为企业发展做好战略布局和顶层设计,为企业发展提供不竭动力。

产业链市场方面,我们重点关注产业链一体化业务发展,业务领域从传统的投资、设计、施工延伸至规划咨询、设计监理、技术研发等高附加值环节,逐步形成适合路桥集团发展需要的业务结构,各业务间协同效应明显。

目标市场方面,除了传统的公路、铁路、市政之外,我们正积极向环保产业进军。目前,路桥集团已成功实施一批有代表性意义的环保项目,并已成功注册中国电建环保公司,组建了专业团队,为以后更好地拓展环保业务提供了坚实的组织保障。另外,新型城市轨道交通、地下综合管廊、海绵城市、航空港、高速公路与桥梁保养与维护等新兴行业同样具有巨大市场空间,也是我们未来高度关注的重点。

区域市场方面,国内市场我们以八大区域为重点,坚持和有实力、有信誉的政府打交道,保证了项目的优质和风险的可控。国际市场方面,以已成立的中国电建美国公司和澳洲公司为依托,正在积极推动项目落地,力争早日实现我们“源于江河,融入世界”的企业愿景,到世界舞台上展示“中国电建路桥”的风采。

(三)组合发现资源

市场经济有三优原则:第一,优化资源配置;第二,优势互补;第三,优胜劣汰。所谓有效利用资源,是将一些看起来彼此不相关的事物加以组合,衍生出一种新生事物,进而使各种资源自身价值得到增值的过程。

平台公司不直接做产品。它的产品是产业链上众多要素资源组合的结果。最伟大的创新来自资源的组合。创新不同于创造发明,创新是把生产要素和生产条件重新组合引进到生产体系中,企业发展正是不断实现这种新的组合以最大限度提高竞争力,产生价值,创造利润。资源并不能自动产生竞争优势,要想让资源产生竞争优势,形成核心竞争力,必须对不同类型资源进行有效整合。“企业的成长就是不断挖掘未利用资源和对现有资源的重新整合”,企业家的核心职能是持续发现和实现有关资源的新的组合,带领企业走得更远。平台公司的本质属性就是组合现有资源和发现未被利用的资源。

我们在深入研究国家相关政策法规的基础上，积极探索创新投融资模式，整合各方资源，持续提升项目谈判议价能力。我们实施的很多项目均为平台公司资源整合、商业模式优化创新的典范。商业模式创新在促进路桥集团快速发展的同时，也为中国电建基础设施业务发展树立了良好的模板。

（四）产业链上执行力的监督者

平台公司的特点之一就是市场秩序的维护者，它监督和管理产业价值链上众多的生产者。它的利润在于责任，承担多大责任，就获得多大利润。平台公司组合众多资源，所以其重要功能之一就是监督进入平台公司所有产业链上的供应者和服务商的执行力，即履约能力。

数学上有个递减原理，五个 90.0% 相乘等于 59.0%。比如国资委的指示传达给了中国电建，继而又传达给了某成员企业，成员企业又传达给各下属单位，下属单位再传达下去，前面五个层级如果都只执行了上一级 90.0% 的指示，最后执行的效力就只有 59.0%，属于不及格的水平。为什么人会任人唯亲，实际上是为了提高竞争力，让每个层级的执行力提高到 95.0% 以上，这样才能确保不会不及格。我们在与成员企业合作过程中就要监督他们的执行力，这是路桥集团作为平台公司义不容辞的职责。

近年来，路桥集团每年为中国电建成员企业提供数百亿元的施工任务，促进了成员企业收入与效益双增长。路桥集团在各地项目多次对成员企业开展业务培训，在此基础上，按照差异化标准有意识地培养相关工程局在基础设施领域的特长。路桥集团还主动让出部分投资与施工收益，探索由成员企业在小规模合作项目中牵头担任控股股东，充分激发其管理积极性，有效提高了成员企业基础设施业务能力。

（五）防控风险的能力

现阶段的中国，注重实物的价值，不太注重知识的价值。路桥集团提倡尊重知识产权，尊重知识的产品，专业咨询机构出具的报告，还有相关的法律意见，我们不允许过分砍价，因为知识产品一分钱一分货，这些知识产品能够让我们有效防范风险，发挥的作用很难用金钱来衡量。我们和所有政府签的合同基本上都是高效的。我们深知，路桥集团就像一部跑车，发动机和刹车非常重要，风险防控就是我们的刹车系统。

风险防控是路桥集团一直高度重视并常抓不懈的工作，以回购工作为例，我们始终将回购作为企业"生命线"，不断强化全员回购责任意识，通过开展专项效能监察、加大考核奖惩力度、创新回购方式等多项举措，确保回购工作收到良好结果。截至目前，我们所有 BT 回购工作顺利，无一拖欠回购款，在此基础上，我们总结实践经验形成的研究课题《BT 项目回购方式创新问题研究》荣获"首届全国国有企业财务管理创新成果"一等奖第 1 名，为行业树立了标杆。

三、平台公司的创新

平台公司在知识、资本、人才方面要有所创新，才能够引领行业发展，肩负改革、转型、发展的使命。企业的竞争实际上是三个层面的竞争。朱熹有一句诗写得非常好"问渠那得清如许，为有源头活水来"，沟渠里面的水之所以这么清，是因为有源头的河水。

（一）物质层面

德鲁克先生所言"企业的竞争不是产品的竞争，而是赢利模式的竞争。"赢利模式和产品不一样，我们用什么样的商业模式去参加竞争，这是物质层面最关键的问题。有人将现代化定义为"全社会范围，一系列现代要素以及组合方式连续发生的由低级到高级的突破性的变化或变革的过程。"企业的现代化亦如此。物质层面实质上是资源组合方式的竞争。知识、资本、人才是这个层面上最核心的要素。

（二）制度层面

制度层面首先取决于对国家制度、国际规则的尊重，内部制度优的企业总是能够在市场竞争中胜出。一个企业要生存下去，一定要靠制度吸引人，留住人，培育人，激励人，让人高产，让人成就感和幸福感最大化。

（三）企业竞争的本质是企业家思想力的竞争

这个层面的竞争才真正决定一个企业是不是能够胜出。一个企业只能在企业家的思维空间之内成长，企业的成长被其经营者所能达到的思维空间和全体员工的执行力所限制。认识自己，我们从哪儿来，将向哪儿去？这是企业家必须思考的问题。一个企业家，带着一群狼的战斗模式是一种，如果把狼当成狮子的话，就会有不同的模式，所以企业家的作用非常重要，主要领导的作用非常重要。

作为平台公司，要在这三个层面上有所对应，并确保我们在企业竞争方面胜出。物质层面创造好的商业模式；制度层面建立科学规范的制度，让优秀的人脱颖而出；最重要的是企业家和高级管理者团队必须是学习型组织，进而确保在企业家思想力方面的取胜。

对于平台公司而言，人才的培养要放在更加突出的位置。市场没有发不了财的行业，只有不会发财的人。是不是能够看到市场机遇很重要，机遇只青睐做好准备的人。为适应平台公司的角色要求，我要求路桥集团中层以上干部要有使命感、责任感，要有担当精神，能够出人头地。同时，为更好地履行平台公司职能，路桥集团要重点培养一批能够发现市场和创造市场的人，培养一批能够组合中国电建资源的人，这些人将是支撑路桥集团未来发展的企业栋梁。

向着更高远的道路前行

深圳市奇信建设集团股份有限公司总裁　余少雄

一般来说，企业家一次创业成功以后，积累了一定的财富，所面临最大的障碍就是“小富即安”，贪图安逸享受，沉迷声色犬马，不想持续奋斗，身上有了各种光环舍不得放弃，不自觉地陷入企业家的“目标追求封顶”。企业家和高管团队“小富即安”，不愿意再持续奋斗，责任心、使命感自然就成为企业的“天花板”，则企业的成长就自然就到了“天花板”。我们很多企业发展到今天之所以走下坡路，甚至关张倒闭，主要原因就是企业家和企业的高管“目标追求封顶”，人生价值迷茫，缺乏理想和激情，导致整个企业没有激情，没有活力，最终导致失去竞争能力。企业要建立起自身发展的愿景，确立做时代企业的战略目标，就能引领企业迈向更高远的道路。

一、“小富即安”：民营企业众生相

清代孔尚任在《桃花扇》里说：“眼看他起朱楼，眼看他宴宾客，眼看他楼塌了”，《左传》亦有云：“其兴也勃焉，其亡也忽焉”，传神描绘了小富即安的民营企业众生相。这里剖析介绍几种典型：

（一）格局限制的企业

1999 年 2 月，牛根生对孙先红说：我给你 100 万元的宣传费，对谁也不要说。孙先红问：为什么不能说？牛说：现在总共筹到 300 万元，拿出 100 万元做广告，我怕大家知道后接受不了。我就要一个效果：一夜之间，让呼市人都知道。于是 1999 年 4 月 1 日早上，一觉醒来，人们突然发现道路两旁冒出了一溜溜的红色路牌广告，上面高书金色大字：蒙牛乳业，创内蒙古乳业第二品牌！

在现实商业生态中，许多企业挂着金字招牌，却做着“拉散客”和“大排档”生意，老板肩上扛着品牌大旗，心里打着小算盘，乐于小打小闹，希望以小的投入来获得大的回报，从没想过以大的投入来换取更大的回报。这实际上就是一种格局。格局小的老板，想的永远是自己，希望从一颗鸡蛋中吃出黄金；而格局大的老板，则能着眼于未来，在大环境中定义自己的事业。

（二）胸怀狭隘的企业

俗话说：善弈者谋势，不善弈者谋子。

许多企业之所以做不大，就在于只谋子不谋势。谋势就是定战略，有了战略，路再长，总有一天会到达；没有战略，走得越快，死得越早。置战略需求于不顾，希望用1分钱换来100元效果的主，很难走出穷的境界，因为占便宜本身就代表没有境界。死抠一城一池，是活三年的企业，因为它不抬头看天；东一榔头西一棒子的，是活三月的企业，因为它不低头看地。不看天，面临风雨浑然不觉，要被洪水淹死；不看地，悬崖陷阱盲目信步，要被群山淹没。

（三）鼠目寸光的企业

立竿见影、刀下见菜，是大多数老板的想法，当然这也没有错，因为解决目前的生存问题是第一位的。但是，生存问题属于战术问题，而发展问题属于战略问题，解决生存问题必须刀下见菜，但要搞定发展问题则需要细水长流最后水到渠成。现实中，很多老板都有短视心态，以为整一个亮点马上就能换回巨大的效益，于是一个活动搞下去或一期广告投下去看到没什么效果就马上停止。

其实这种想法并不正确，因为品牌对于企业而言是一个长期的系统工程，既要有独特的个性，又需要系统地提炼及提升；对于客户而言，品牌又是一种认知识别和体验识别，他们需要能记住你的特别理由，因此也就需要你在诉求点上要坚持深入。

（四）缺乏外脑的企业

曾有人说过这样一句话：在中国，资源第一位，机遇第二位，能力第三位，学历第四位。不少老板比别人做得成功，就在于他所拥有的社会资源为他创造了部分条件。而很多老板之所以做不大，原因就在于他缺少足够的社会资源，单打独斗当然也就孤掌难鸣。说到社会资源，很多人都会想到“领导支持”这个词语，其实这并不全面，向领导、职能部门传递企业的正面信息，获得政策范围内的支持，这只属于整合营销传播的一个方面。除了官方资源以外，能帮你快速解决一定融资困难的亲友资源，能为你迅速带来人才的人力推介资源，能为你出谋划策充当参谋的智力资源、信息资源等，这些资源都会对你的发展壮大起着重要的作用，这些都是企业的外脑。如华为公司长期聘请十几二十个国内外咨询机构，并拥有各种类型的顾问团队。

（五）内缺智囊的企业

一个好汉三个帮，如果没有一批能征善战的下属在一线冲锋陷阵，老板再厉害，也难以成事。许多企业就面临这样的问题：优秀的人招不来，有出息的人留不住，剩下的看谁谁不顺眼，为什么会这样呢？员工愿不愿加盟公司，能加盟多久，与薪酬福利、团队氛围、学习提升、办事机制、成就感、归属感、生活现状等各种因素紧密相连。目前，大多数的企业，薪酬福利都差不多，关键问题是：老板只看重经营管理与业绩，只关注你今天卖了多少、有没有迟到早退，至于思想管理、技能管理、状态管理与团队氛围管理，老板根本就没有这个意识，最后员工技能得不到提升，思想得不到引导，越干越没劲，只好走人了事。管理的表面化，最终导致员工素质同质化，做不大也就在情理之中了。柳传志曾说：“我要把联想办成一个长期企业，一个有规模的企业。为了达到这个目标，只有从制度化、从人才上、从班子上做准备。联想不是培养一个人，而是在培养一个团队。”

（六）小农意识的企业

从前有个小伙子，祖辈都是菜农。小伙子每天挑粪去菜地浇菜，从小习惯了这年复一年的活。一天，他去菜地的路上在一棵大树下歇脚，坐在挑粪扁担上，远眺村里大财主的那幢豪华楼房，心里突然有个梦想：有一天我要是像他那么有钱，我一定要打一副用金子做成的扁担挑粪。虽然有了财富有了金子，但是挑粪的思维还是没有改变，因为他已经习惯了那种操作手法。所以，很多企业看到别人有了驰名商标就马上去申请一个驰名商标，看到别人开了一个自助火锅生意不错，于是就立马也开一个。这种缺乏长远目光及战略思维的老板，是无法打造出优秀企业的。

（七）摆谱做秀的企业

中国很多小老板令人感动和尊敬，他们为社会提供了更多的就业岗位，贡献了更多的税收，开发了更多的技术。他们在资金与技术贫瘠的土壤中扎根，在不利政策环境中破土，在外资、合资品牌的丛林中成长，他们生命的顽强与坚韧让人感慨与惊叹。在没有实力之前很难享受政策优待，获得金融支持，干企业的人都深有体会，现实社会大多是锦上添花，很难有雪中送炭，而金融机构都是雨天收伞。民营企业可谓顽强地生存、野蛮地成长，在尊敬与感动之余，又难免让人唏嘘心酸。很多企业老板都患上了这样的毛病：事业不大架子大，老板不大脾气大，自以为是，傲气十足，动辄讲排场，摆阔气，热衷于声色犬马、附庸风雅，社会头衔一大堆。企业内部管理混乱，业绩平平，支付危机频发，经营举步维艰……结果丧失很多发展机会。

（八）外强中干的企业

大凡民营企业都有一部创业血泪史，或波澜壮阔，激动人心；或艰辛痛苦，让人心酸。规模小的时候妄想寻求捷径，打肿脸充胖子，一路充大头，一味追求炒作，虚张声势，吸引眼球，人力物力严重浪费。老板们习惯于江湖滚打，独行其是，养成唯我独尊的"土匪"习气，招不到人，留不住人，又不懂得培养人才。经营投机，管理随意。热衷花架子、吹牛皮，天上的事知道一半，地下的事全知道，逢人便说企业管理，坐下论道发展战略，就是不知道自己的企业怎么做；喜欢假大空，嗜好被吹捧，不善学习，自以为是；要不就是喜欢道听途说，社交中听到忽悠就云里雾里，自以为得到高人指点，回到公司鹦鹉学舌，现炒现卖把自己消化不良的东西灌输给部下，弄得团队丈二和尚跟着跑龙套。这样的企业不管怎样粉饰，还是"山间竹笋""墙上芦苇"，说到底还是"兄弟帮""个体户"，能活一天就算是多赚一天。

二、民营企业经营管理之"任督二脉"

民营企业经过30多年的改革和发展，克服了基础薄弱和先天不足等劣势，越来越凸显出重要的国民经济地位，成为国民经济中最为活跃的经济增长点。客观地说，民营企业正在适应新常态转型升级，在新一轮科技革命和产业变革中向着更合理、更科学的方向发展。其共同的特点是企业的所有权归一个或少数投资者所有，企业股份不断分散化、社会化。因此，从总体上看，虽然有其市场化程度高、经营灵活、社会负担轻等优势，但在企业发展战略定位、公司治理模式、经营管理和实际执行上，也不可避免地存在着"脉络"不通的问题。

（一）合伙经营：以江湖方式进入，以商人方式退出

合伙人模式，是世界比较通行的创业方法，可以有效地分散风险，并且可以利用合伙人之间在特长、专业领域和资源上的差异进行互补，以增强企业整体的竞争能力。对于"中国合伙人"而言，特别是第一代企业家群体中，对待企业运营的种种问题，并不是靠成熟的商业规则，而是凭着一股子江湖义气。行走江湖，最忌讳背信弃义。结拜之时，往往要纳了投名状。何谓投名状？就是结拜的人，都要去干一件违法的事情，结拜人之间都知道对方的违法之事，如果日后谁敢背叛，那就拿这把柄去官府举报。所以，很明显可以看出，对于传统江湖的那种聚义行为，并没有很明确的规则和制度来应对后期的一些突发状况。例如，WT公司在初创时，大家在界定合伙人利益这个问题上，就采用了梁山泊的模式——"座有序，利无别"，企业运营中取得的所有收益，均采用平均分配的模式，也导致了每个人说话的分量都是一样的；出于节省成本和主人翁精神，往往对每个人的权力和职责没有做很详细的规定，所以会容易形成"权力大锅饭"和"感情大锅饭"的局面，几个合伙人亲力亲为，又当爹又当妈，凭的是共同的理想和主人翁精神。

到了企业赚到了第一桶金，业务量扩大，组织规模也随之扩大时，开始吸收新人进来了，生人一出现，就出现了真正的上下级关系。按照公司创业初期的权力大锅饭模式，上面的人谁都能做决定，但也谁都拍不了板，这样就会发生"哪个上级能给我带来利益我就听哪个的"。因此派系产生了，这种派系和传统江湖中的派系非常类似，组织效率低下，派系会超越股权控制，成为真正控制公司的一种模式，在多种力量控制公司的局面下，会产生内耗，如果没有及时处理，就会导致企业的灭亡。

如何克服或者说是彻底改变这种情况呢？一句

话可以概括就是“以江湖方式进入，以商人方式退出”。上述所说的那种江湖模式，并不是没有规则，而是它的规则还是儒家的一种情感和伦理，儒家文化起源于农耕文明，适用于熟人社会。对于现代以陌生人为主的商业社会，并不适用。要打破这种模式，便要按照出资为话语权，并且借鉴西方较为成熟的合伙人退出机制。对于公司变革而言，要么是脱胎换骨，从此走向正规化、高水平的按程序、按法律运行的组织模式；要么就是陷入低水平的内耗和恶斗，直至企业的死亡。

对于合伙人模式的企业而言，最重要的是在公司控制权、利益分配和合伙人退出机制等重大问题上，建立清晰而专业的机制和制度安排，以此来应对日后可能出现的冲突事件。君子爱财，取之有道。什么叫“有道”？第一是指先人后已，这是人际交往最基本原则——我只有找到为你做贡献的机会，我才能从你那获取东西，这叫有道。第二，从创业到企业形成一个事业，依靠事业和模式挣钱，有一个完整的过程，在完整过程形成之前、事业未成功时，你是不能取只能投的。作为企业领导人、管理者，如果没有长期价值回归的思维，就难以建立起一种信用机制，保障企业的发展。

（二）规范化经营：制度规范人性，阳光祛除雾霾

“道可道，非常道”。就管理的本质来讲，还是要回归到科学的管理，中国企业发展到今天，最缺的还是科学管理。科学管理本质最核心就是四条：最优化、简单化、规范化、标准化。科学管理最终解决两个问题：第一，企业如何持续保持活力，如何去持续激活企业的价值创造要素；第二，如何提高效率。不管一个企业采用什么管理方式最终都是回归到如何提高员工的价值创造活力、如何提高一个组织的效率、管理者如何管理团队、管理者如何管理自我、如何进行有效的时间管理等问题上来。企业成长，一方面要引进一些先进的管理理念，另一方面，更要着重中国企业管理基本功的训练，应对变化要回归到管理的常识。

德鲁克将管理分为组织、计划、协调、控制，而冯仑从另一个维度，将其看成目标、组织和规则。现在市场充斥的管理书籍无非就是在讲这些东西，每年都会出现大量的管理书籍，自诩找到了管理的良方，但实际上对很多管理者而言，反而越来越困惑，越来越不知道如何管理。往往是，破产的企业越多，管理的问题就越多；问题越多，管理方面的书籍也越多。

管理和爱情类似，每个人都能说出个 123 出来，但是没有人能真正说清楚。说不清楚，就意味着含糊不清，就是模棱两可。管理上存在着许多的悖论，这些悖论都是讲不清楚的，例如：

1. 变革和稳定：一方面说组织要适用外部市场变化，不停地要变；一方面又说，组织只有在稳定的环境下才能不断地沉淀和积累，因此，要稳定。

2. 集权和分权：现在移动互联网的思维是去中心化，那很明显，现在的组织模式越来越往分权这种模式上靠，比如说美国的特种部队，就是一种典型的分权模式，以班、以战斗小组为作战单位，身后有着强大的后台服务系统。但到底是集权好还是分权好，也不能给出一个决断，只能看最后的绩效，或者说，集权和分权并不是需要明确分开的。

3. 个人价值和集体价值：个人要追求创新，追求发展的空间和自由；集体价值要讲求组织的目标，讲求在一定的规则之下行事，这样就必然会产生冲突。

4. 利润最大化和社会责任：企业是一个商业组织，追求利润最大化，这是无可厚非的。但是现在来说，环保问题、弱势群体问题等社会责任已经越来越考验一个优秀企业如何给自己的企业定位。

5. 破和立：卖掉还是留下？什么时候卖掉？是该坚守还是放弃？这更多是艺术问题，而不是管理问题了。

在阳光下工作，要保持工作与生活平衡。万科之所以成为世界级企业，是因为作为创始人的王石始终坚持建立阳光、明朗的体制，按规则治理企业，按职业化行为要求自己和职业经理人。万科的成功，应该是王石及其万科人所创造的治理企业规则的成功，是以机制和制度激发的组织能力的成功。王石最让中国其他企业家难以企及的是在成就企业的同时，也成就了个人精彩而丰富的人生，健康和快乐的生活。而二十多年来许多销声匿迹的中国创始企业家，由于企业没有组织规则和组织能力，要么企业做大了，人进了监狱，要么企业做大了，家庭和身

体做没了。王石能去爬山、航海、游学，也是靠企业建立起的机制与制度，才使他从日常事务中解脱出来，在更高层次上去思考企业生存和持续发展的方向与哲学命题。王石做到了事业和生活都精彩无限。

（三）堡垒容易从内部攻破：民营企业组织问题

对于民营企业而言，如何提升管理水平是根本要素。组织问题是最关键也是最重要的问题，很多的民营企业出资者和管理者不分，法人和股东不分，这都是组织问题。我们不可能像西方那样，一开始就分得那么清楚，因为西方商业组织是在比较成熟的商业环境下成长的。对于骨子里是儒家文化和现在仍不太健全的中国市场而言，一开始的模糊处理，是一种比较聪明的做法。但企业家们要认识到在不同的阶段要采取不同的组织形式。

现在很多优秀的企业准备 IPO，在这一过程中，首先都需要引入外部资本，其意义不仅在于融资，而在于通过引入外部股东，迫使自己对组织进行改造，对规则和目标进行改造，使公司健全内部控制体系，规范经营。

（四）企业的利他哲学

一个企业之所以能够长期存在下去，取决于企业的基本哲学，即“为自己还是为社会”，一个企业如果能够为社会的正常运行承担责任、施加影响，就有理由长期存在下去。

稻盛和夫说，我们的企业家先是意识到了这一点，经营并非单纯地在欲望的驱动下积累财富就可以，以正确生活态度为核心的哲学也不可或缺。即使是靠着利己的欲望取得了成功，日后也一定会被欲望蒙蔽双眼而失败。到了一定阶段后，必须要有利他精神，也就是厚待他人、爱护他人、帮助他人的精神，这样才能获得平衡。时下提倡的关注利益相关者共享共赢，就是利他哲学的体现。

李嘉诚叮嘱儿子：“你和别人合作，假如你拿七分合理，八分也可以，那我们李家拿六分就可以了。”原来这是一个最朴素的道理。正如李嘉诚曾经说的：“我对我的员工办法很简单：一是给他相当满意的薪金花红，二是你要想到他将来要有能力养育他的儿女，公司真心为员工着想。”

任正非在创立华为时已过了不惑之年。“不惑”，是几千年的封建社会，环境变动缓慢，等待人的心理成熟的一个尺度。任正非刚来深圳还准备从事技术工作，或者搞点科研的，如果他选择这条路，也许就没有今天的华为了。他明白，一个人不管如何努力，永远也赶不上时代的步伐，更何况在知识爆炸的时代。只有组织起数十人、数百人、数千人，甚至数万人、数十万人一同奋斗，你站在这上面，才把握得到时代的脚步。他去创建华为时，不再是自己去做专家，而是做组织者。

他当时设计了员工持股制度，通过利益分享，团结起员工，那时他还不懂期权制度，更不知道西方在这方面很发达，有多种形式的激励机制。仅凭自己过去的人生挫折，感悟到要与员工分担责任、分享利益。

华为作为一家成功企业，任正非认为华为的长处就是“傻”。“华为从上到下都是大傻瓜，为什么呢？好不好都在使劲干，因为人多了，自然就可以摸到这个方向，而且我们号召大家都要听听外面的声音，这个社会其实很可爱，这个社会不需要太多出名的人，如果满社会都是聪明的人，谁来种粮食啊，对吧，所以华为公司实际上还是草根起来的，只不过用的砖有相当多是美国砖，有一部分是秦砖汉瓦，有的是欧洲砖来砌的这个万里长城，因此它处于一种开放的状态。”在这种“傻”状态下，“大家都能努力，拼死命地努力，航空母舰其实也没有油，也没有核动力，就是靠 15 万支桨。”

（五）直挂云帆济沧海：正确处理政商关系

这里提到的政商关系，主要包含于体制环境、政治家、国有资本等三层关系。

1. 体制环境。在美国，叫“商政关系”，是由商人利益集团主导政府来制定政策法规，不像中国，是由政府来制定与市场有关的商业规则。在中国，商业集团在整个商业市场的运作机制和规则制定、运作方面，话语权很少，用一句“离不开，靠不住”来概括比较恰当。因此，在这种情况下，作为一家公司的决策者，需要特别审慎地处理跟政府机构的关系，尊重政府的管理和政策。要明白“县官不如现管”，要与当地政府保持沟通畅顺，取得充分理解和支持，保障在当地政策法律的保护下合法经营。

2. 企业与政治家的关系。这应该是当前最为敏感和最有故事可讲的问题，每当某政要官员落马，后面总会牵涉到一批企业家。在中国讲权钱交易，是不准确的，因为交易，意味着双方实际上是一种相对平等的地位。在中国，企业家与政治家之间，往往是通过政协、工商联这些组织作为渠道进行沟通和交流的，但就目前来说，这个渠道运行的不是很好，没有发挥它应有的正常作用。

3. 民营资本和国有资本的关系。国有资本是一种由政权支持和保护的特殊的资本形态，是受上层建筑意识形态保护以及在主流价值体系中具有优越感的资本形态，它与处于社会基层草民身份的民营资本存在着补充、依附、混合等关系。不管是哪种关系，实际上民营资本天然就处于弱势地位，双方的市场地位是不平等的。那么应对民营资本与国有资本的关系时，要么偏离国有资本的垄断领域，偏安一隅，做自己的小买卖；要么就选择和国有资本合资或合营，利用自己专业的管理能力使得国有资本增值的同时，让民营资本也能获得主流价值的认可。

三、民营企业家的人生道场

我们中国经济目前处于这样一个转型时期，在这样一个焦虑的时期，中国企业要突破雾霾，真正走向未来还必须回归到企业家精神。一是企业家的使命感，就是将持久经营企业作为自己的一种职业信仰，作为自己的毕生追求，不管遇到环境怎么样变化，能够有激情、有冲动去冲破成长过程当中各种瓶颈；二是创新与企业家自我变革的能力，三星、华为这些企业之所以能够不断发展，最关键是企业家具有批判精神、批判意识，以及积极主动地进行自我变革和创新。

（一）永久续航能力：民营企业家要持续学习

1. 保持谦卑心态。改革开放三十年来，出现了很多“问题富豪”，凡是那些出事的企业家，都是因为成功之后，过于张狂，自以为是，得意忘形，自我膨胀到目无政府和法规，厉害到只会批评人，不知自省。往往是自己自我陶醉、狂妄自大的时候，也就开始要谢幕下台了。上帝要让其亡，必先让其狂，就是这个道理。任何时候都保持谦卑的心态，保持永续的自我学习力，让个人的能量与外部之间保持代谢交换，适时补充能量。真正大成的人，一定是善于学习、终身学习、空杯心态的人。像柳传志、任正非、王石，他们谦虚的心态、不断学习的精神，成就他们成为中国顶尖的企业家。

2. 善于妥协与灰度。企业家要学习华为“灰度”的驾驭能力，在混沌中找到方向，在黑白之间找到平衡点，驾驭内外矛盾关系；同时还要有道德力量，有道德的修养，更加包容。

3. 坚定目标方向。当年在中关村有两个创业型企业，一个是柳传志领导的联想，另一个是万润南领导的四通，而联想为什么更为成功？柳传志之所以能够坚守企业的追求而放弃很多官场发展的机会，是他“知道自己这一辈子要什么，人生价值定位是什么，为企业而生，这一辈子就是干企业的，有了这个终极目标就可以放弃很多东西，就会执著如一”。企业家的使命就是将企业做大做强，如果要寻求政治家的感觉，就有可能使个人追求与企业目标难以契合，要么将组织引入陷阱，要么被组织抛弃。还有像张瑞敏搞自主经营体，一搞就是十年，相信他的执著能让他最终做成功。

4. 做自己的心理医生，有正能量。张瑞敏说企业家只能自己做自己的心理医生。企业家都是自己的心理医生，自己要有释放压力的能力，否则就会得抑郁症。任正非就得过一年的抑郁症。因此，企业家要具有感恩心态，正能量输出，不是天天对着员工发牢骚、抱怨，成为负能量场。人一辈子要和两类人打交道，一是与有能力的人，一是有正能量的人。天天抱怨怀才不遇的就会怀才不遇，天天和赌徒在一起就会成为赌徒。所谓“近朱者赤，近墨者黑”。

5. 乐于与高手过招。任正非经常“血洗”华为专家团队的知识，他的学习精神、融会贯通能力是很多人比不了的。他经常和世界级企业家交流，与高手过招。学习中很重要一条就是与高手过招，与比自己能干的人去交流。与比自己差的人在一起，只有输出没有输入，只有与高手过招才能发现自己的不足和差距,才会有危机感,才能成长。柳传志的中国企业家俱乐部,有46位企业家,最初他们的企业都是小企业,但是他们经常一起思考解决企业的问题,一起思想过招,相互追赶,最后这些企业都成为中国最大的企业,据说这46个企业所创造的财富超过几个省的GDP。

6. 重视分享与共赢。当下,我们是处于一个真正的人力资本优先发展、人力资本与货币资本"共治、共享、共赢"的时代。在基于互联网的知识经济时代,在企业价值的创造要素中,人力资本成为价值创造的主导要素,企业家必须比过去更加重视分享与共赢。像阿里巴巴、腾讯、百度、京东等企业能够如此快速的发展,正是得益于人力资本与货币资本对企业的共治、共享与共赢。

(二)有所为有所不为:企业家的底线思维

巴顿说过:"衡量一个人成功的标准,不是看他站在顶峰的时候,而是看这个人从顶峰跌落到低谷后的反弹。"

人生到底怎么过,是年轻人着急的事情。我们的社会很浮躁,造成我们不知道要什么。"我不知道我要什么,但我知道我不要什么"这一点非常好。在没确定之前,一定要把该做的事情做好,这做好本身就是一个积累,积累就是个加法过程,很多成功的企业家的经历就是这样。

什么叫"你知道不做什么"呢,比如说,王石是1983年到深圳创业,他的底线是绝不行贿。2000年黄铁鹰先生在光华管理学院讲中国企业案例课,把王石的"不行贿"讲了十年,虽然60.0%以上的学生不相信王石不行贿。"这就是我知道我不做什么。这是你的底线,而且不是说我成功了,我可以不做,而是说我如果不做这个不成功,那我宁可不做这个。"

对人生来讲,不要对自己过于苛刻,但你要有一些底线,尤其是在中国现在的社会。底线没有,就算你将来做了多大的事情,那又怎么样。人生如登山一样,只要坚持,终会成功。世界上没有什么诀窍,只不过是"坚持,再坚持一下"。柳传志曾说,"看油画的时候,退到更远的距离,才能看明白。离得很近,黑和白是什么意思分不清。退得远点,就能明白黑是为了衬托白,再远点,才能知道整幅画的意思。打这个比喻是为了时时提醒我们牢记目标,不至于做着做着就做糊涂了。"

企业应该以价值创造为本,享受竞争,我们很多企业做大了就麻木了。张瑞敏说,做企业要"战战兢兢如履薄冰",时刻关注外部的变化,时刻提高自己对外部环境的自适应能力。所谓时代企业,就是能够与时俱进的企业。企业漠视外部环境,企业家漠视外部环境,自我感觉太良好,也就意味着企业很快要出问题。第一,企业家要善于不断主动蜕皮,不要被动等外部环境扒皮;第二,就是要时刻保持危机意识,越是在成功的时候,越要主动变革;第三,要让企业的团队都具有危机意识,让全体员工明白真正能够竞争成功的人,是真正忘我去工作的人,他们"不知道自己企业是世界500强,而只知道每天进步一点点"。

(三)尊重他人亦是厚待自己

关于尊重。要想得到别人尊重,首先自己必须有道德有修养,并且学会尊重别人。怎样才算尊重别人呢?首先要尊重别人的环境;其次你要尊重别人的生活习惯;最后要尊重别人的文化,要了解不同的宗教信仰、不同的制度法规,避免在日常行为中构成挑衅或冒犯。顺丰创始人王卫说:"关于尊重,我还有一个自己的衡量标准,那就是要让为你提供服务的人也因为服务你而感到开心。去饭店吃饭,上至经理下至服务员,我都会主动跟他们打招呼,服务过我的服务员,也都很享受服务我用餐的工作过程,因为我会很礼貌很平和地去跟他交流,我要让这个服务员因为服务我而感到很开心,这叫尊重。相反,有些人一进到饭店就是一副不可一世的做派,对服务员呼呼喝喝,态度相当恶劣,这样的人是很难收获真正的尊重的。"

(四)敢当生前事,何计身后评:企业家的责任与使命

做企业非常不容易,施炜教授说:"做企业为什么难?有时要偏执(精神病),有时要回归平常(所谓常识),场景太多,难以转换。当学者,只要神经病;当官,只要平常心。所以,企业家最不易。"一个企业在承担经济责任的同时承担起社会责任,才能走得

足够远。但是,企业承担社会责任,是需要条件的,不是说能承担就能承担。“高尚道德,君子好逑”,但心有余而力不足,就只能是“求之不得,辗转反侧”了。理性地讲,一个人的余力,是他能够帮助别人的基础,同样,一个强大的、有竞争力的、财务成功的公司,才能真正担负起应有的社会责任。换句话说,一个能够充分承担起法律责任和经济责任的企业,才能更好地更长久地承担起社会责任。请注意,我们这里不是说企业有了钱才去承担社会责任,没钱就不承担社会责任,而是在强调企业要想稳定、持久地履行自己的社会责任,需要一定的条件。也就是说,一个连自己生存都保证不了的公司,是无法承担社会责任的。极端地说,一个已经严重污染环境又无力改进的公司,只能用关停倒闭来履行社会责任了。但同时,关停倒闭又会损害当地政府的财政收入和公司职工的生活。归根结底,由于管理问题造成的弱小、贫穷,才是企业不能承担社会责任的罪魁祸首。

民营企业不仅要活着,还要做大做强,更要活得有尊严、受人尊重。这是一个真正的企业家所追求的三个最基本的层次,是作为企业家所追求一种境界,也是企业未来发展的一种状态。

一个企业如果没有核心竞争能力去和别人谈合作,是没有条件的。越具有竞争能力,越具有与别人合作共建价值链的能力;一个企业只有具有持续的盈利能力,才能够加大对于人才和技术的投入。我们许多企业之所以技术创新上停滞不前,很关键的一点就是在于企业缺乏持续的盈利能力。很多企业由于缺乏持续盈利能力,在人才上、技术上不敢投入,最终形成恶性循环。这个意义上来讲,在互联网时代,企业要进行产业的升级、要进行战略的转型、要提升全球竞争能力,还是要回归到“如何打造我们的核心的竞争能力”“如何提升我们企业的持续盈利能力”上来。

企业管理者在承担社会责任过程中,必然会发生各种影响或作用。这种对社会的影响同样属于企业的责任范畴,包括对环境造成的污染,对社区生活品质的改善,以及对人文环境的影响等等,企业必须承担责任。如果一个拥有社会资源的企业,不能很好地承担起这样的责任,那么,在“机构化的社会”中,就不可能指望别的什么力量,去有效地消除企业不断带来的负面影响。

先人告诫我们利要取之有道,转换为现代的理解就是:所有利益的来源应该是人性的回归,即是深度的人性关怀。具体表现在企业经营实务中的,就是把实现社会期望价值转化为企业核心价值,如西安杨森公司的“献身科学、奉献健康”,联想集团的“解决问题”,华为公司:“以科技创新改善生活品质”等。中国企业的增长速度非常快,很多企业从一个小小的企业成长为规模超过十亿、百亿甚至千亿的公司,但是当我们总结30多年来的成长动力的时候,我们发现大部分的中国企业都是过度的资源投放,而不是真正的价值成长,这些企业透支了自然资源、劳动力资源,甚至是顾客资源。而在今天,经营环境和顾客的成长需要企业做出改变,如果不能够适时改变,转变成长方式,一定会被时代淘汰。

我们正处在一个伟大的时代,要更加注重发挥企业家才能,更加重视企业家作用,激发我们民营企业家创业创新的激情。企业家是社会的宝贵资源,是市场经济的活力之源。无数事实证明,一个国家如果没有众多的优秀企业作为经济支撑,就谈不上建设现代化强国,更谈不上综合国力了。优秀的企业不但创造了财富价值和就业机会,还可以为改善民生和综合国力提供坚实基础。当前,在新常态下实现调整结构,转变发展方式,提高经济发展质量和效益,企业家发挥着至关重要的作用。我们的民营企业家应该不辱这个时代的使命,发扬企业家精神,强化企业家精神,坚定发展信心,充分发挥自己的聪明才智,加快转型升级步伐,继续创业创新,不断创造物质财富,实现自己的精神追求和人生价值,为实现中华民族伟大复兴的中国梦,向着更高远的道路前行。

坚持改革创新 做强做优做大 加快建设“一强三优”现代公司

国家电网公司

国家电网公司以建设运营电网为核心业务，是关系国民经济命脉和国家能源安全的特大型国有重点骨干企业。公司按集团公司模式运作，注册资金5 363亿元，用工总量超过186万人。公司经营区域覆盖26个省（自治区、直辖市），覆盖国土面积的88.0%以上，供电人口超过11亿人。公司稳健运营在菲律宾、巴西、葡萄牙、澳大利亚、意大利、希腊等国家的海外资产。

国家电网公司成立于2002年12月29日，是经国务院同意进行国家授权投资的机构和国家控股公司的试点单位。目前，已连续12年、4个任期被评为中央企业业绩考核A级企业。连续12年名列中国服务业企业500强榜首。《财富》世界企业500强排名第2位，是全球最大的公用事业企业。

2016年，面对复杂严峻的经济形势和艰巨的改革发展任务，公司上下坚决贯彻党中央、国务院决策部署，全面落实三届一次职代会暨2016年工作会议精神，忠诚担当、履职尽责，迎难而上、奋力攻坚，推动“两个转变”取得新成效，实现了“十三五”良好开局。发展总投入5 908亿元，固定资产投资5 210亿元，电网投资4 977亿元，均创历史新高。110（66）千伏及以上线路开工5.3万公里、投产4.8万公里；变电（换流）容量开工3.1亿千伏安（千瓦）、投产3.1亿千伏安（千瓦）。完成售电量36 051亿千瓦时，同比增长4.5%。省间交易电量7 744亿千瓦时，同比增长7.2%。营业收入20 946亿元，同比增长1.1%。实现利润866亿元，同比增加82亿元，其中产业和金融单位实现利润352亿元。经济增加值116.2亿元，增加10.5亿元。资产总额33 898亿元，同比增加2 824亿元。资产负债率55.9%，同比上升0.6个百分点。全员劳动生产率70.9万元/人·年，同比增长8.6%。

一、安全保持良好局面

面对特高压电网“强直弱交”结构性风险加大、新能源大规模接入等挑战，严格落实各级安全责任，制定实施本质安全30条措施，组织开展“三查三强化”专项行动，确保了大电网安全稳定运行。华东电网频率协调控制系统投入运行。24个省级电网负荷创新高，夏季西南到华东三大特高压直流持续满功率运行，电网安全面临严峻考验，公司全面加强电网运行控制和设备运维，强化风险预警预控，保证了安全可靠供电。

针对南方暴雨洪涝灾害、特大龙卷风冰雹以及超强台风对电网的严重影响，公司各级领导靠前指挥，有关部门和单位迅速行动，全力抗灾保电，第一时间恢复受损电力设施，得到地方党委政府、社会各界的肯定和好评。圆满完成G20杭州峰会等重大保电任务。深刻吸取乌克兰电网遭黑客攻击导致大面积停电教训，及时堵塞漏洞，确保了网络信息安全。

二、电网发展全面提速

认真贯彻国家稳增长调结构惠民生、京津冀协同发展、振兴东北老工业基地等重大部署，优化“十三五”电网发展规划，制定了电网配套行动计划和实施方案。2016年是特高压电网投入最多、工程量最大的一年，投产“三交一直”工程，在建“三交六直”工程，在建在运线路长度、变电（换流）容量分别超过3万公里、3亿千伏安（千瓦）。渝鄂背靠背、川渝第三通道等工程加快建设。建成青海果洛750千伏输变电工程，结束了果洛藏族自治州三个县孤网运行历史。

新一轮农网改造升级投资1 718亿元，与22个省（自治区、直辖市）政府签署战略合作协议，完成3.6万个小城镇（中心村）电网改造、78.2万眼机井通电、2.2万个自然村新通及改造动力电任务，实现“两年攻坚战”阶段目标。2015年新增中西部、东部农网工程全面完成。陕西镇安等5个抽水蓄能电站和7个调相机工程开工建设。江西洪屏、浙江仙居抽水蓄能电站建成投产。

新装智能电能表7 476万只，基本实现用电信息自动采集全覆盖，“多表合一”信息采集累计接入163万户。加快建设电动汽车充换电设施，建成“六纵六横两环”高速公路快充网络。车联网平台接入公司4.4万个、社会6.3万个充电桩，成为国内覆盖面最广、接入数量最多的开放智能充换电服务平台。

积极服务新能源发展，累计并网风电装机13 200万千瓦、太阳能光伏发电装机7 200万千瓦。发挥特高压电网大范围配置资源优势，外送西南水电1 074亿千瓦时，同比增长7.4%，多措并举缓解“三北”新能源消纳矛盾。全年消纳清洁能源发电11 893亿千瓦时，同比增长15.2%。

三、各项改革加快落地

坚决贯彻中央改革部署，成立公司深化改革工作领导小组，研究制订实施方案，有序推进78项重点任务。规范董事会工作制度，进一步完善法人治理结构。深入研究改革重大问题，在输配电价改革、电力市场交易机构组建、售电侧和增量配电投资业务放开、《电力法》修订等方面促进形成重要共识。

安徽、湖北、宁夏等省级电网输配电价正式实施，北京、冀北等5个省级电网输配电价获得批复。国家级北京电力交易中心和26家省级电力交易中心建成并实现相对独立运作，新增注册市场主体超过5 000家，完成市场化交易电量7 907亿千瓦时，减少用户电费支出306亿元，有效释放了改革红利。

注销4个区域电网公司，总部分部一体化运作取得新进展。完成217家县公司“子改分”。国网河北、北京电力“两个集约”试点取得实效。国有企业“三供一业”分离移交改造接收232个小区、37.2万户。强化集体企业规范管理和重组整合，累计压减1 658户。

四、经营业绩稳健提升

认真贯彻国务院提质增效工作部署，积极应对量、价、费管理严峻形势和成本刚性增长压力，大力增收节支、挖潜增效，经营业绩位居央企前列。

推广电能替代项目4.1万个，替代电量1 030亿千瓦时。加大电费回收力度，收回陈欠电费15.4亿元。实现台区同期线损常态化监测全覆盖。拓展融资渠道，成功发行境内839亿元、境外10亿美元和10亿欧元债券，全年节约利息支出71亿元。深化电网设备成套化采购和整站招标，集中招标采购金额4 689亿元，节约资金449亿元。推进瘦身健体，压减各级法人企业404户，治理亏损企业173户、减亏34亿元，提前一年完成国务院国资委下达的治理目标。

落实中央打赢脱贫攻坚战部署，实施“国网阳光扶贫行动”，建成湖北第一批19.8兆瓦、青海玛多县10兆瓦扶贫光伏电站。坚持“你用电·我用心”，优化业务流程，高压业扩工程接电时间平均缩短10%，95598故障报修直派市县实现全覆盖。

加快居民缴费、能源B2B、互联网金融等业务发展，电子商务交易规模突破100亿元。产业和金融单位积极开拓市场、提质增效，利润占比超过1/3。加强资本运作，节能公司控股涪陵电力，平高电气完成股权融资。广宇发展资产重组方案获得国资委批复。大力开展人力资源、国际业务等专项审计，重点领域监督进一步加强。积极配合国务院派驻公司监事会开展监督检查，扎实做好25项专题分析和汇报，得到监事会的肯定。

五、国际业务再创佳绩

落实中央“一带一路”建设部署，成功中标希腊独立输电运营公司24.0%股权，签约收购巴西CPFL公司54.64%股权，中标特里斯皮尔斯水电送出二期项目，境外资产规模超过400亿美元，年均投资回报率超过10.0%。连续4年获得国际三大评级机构国家主权级信用评级。

首个海外大型绿地输电特许权项目——巴西特里斯皮尔斯水电送出一期顺利投运。巴西美丽山特高压直流输电一期、二期工程加快推进。埃塞俄比亚·肯尼亚±500千伏直流输电项目开工建设。巴基斯坦±660千伏直流输电项目签署协议。发起成立全球能源互联网发展合作组织，主办2016国际大会和高端论坛，全球能源互联网理念在世界范围形成广泛共识。

六、科技创新成果丰硕

贯彻全国科技创新大会精神，编制公司2030年中长期科技规划，发布公司技术标准战略纲要，实施十大科技创新工程。世界首个200千伏高压直流断路器投入工程应用。±500千伏柔性直流电网、500千伏统一潮流控制器、虚拟同步发电机等示范工程加快建设。一体化"国网云"试点投运，企业级大数据平台基本建成，ERP集中部署第一批推广单位上线应用。在央企率先建成信息安全主动防御体系。

"互联电网动态过程安全防御关键技术及应用"获国家科技进步奖一等奖，7项成果获二等奖；"±800千伏特高压直流输电换流阀关键技术及应用"获国家技术发明二等奖；张北国家风光储输示范工程获第四届中国工业大奖；向家坝—上海±800千伏特高压直流输电示范工程获全国质量奖卓越项目奖。新发布国际标准7项、国家标准60项、行业标准176项，3个项目获中国标准创新贡献奖一等奖。累计拥有专利62 036项，专利拥有量、发明专利申请量连续6年位居央企第一。开展青年创新创意大赛，涌现出一批先进实用成果，激发了"大众创业、万众创新"活力。

七、党的建设全面加强

深入学习党的十八届六中全会和全国国有企业党的建设工作会议精神，贯彻《关于新形势下党内政治生活的若干准则》《中国共产党党内监督条例》（简称《准则》《条例》），强化"两个责任"落实。扎实开展"两学一做"学习教育，在总部（分部）、各单位分别开展"讲规矩、转作风、作表率"和"三亮三比"主题活动，推动学习教育取得实效。

将党建工作要求纳入公司章程，明确了党组织在公司治理中的法定地位。建设学习型党组织，推进党委（党组）中心组学习规范化制度化，各级领导班子思想政治建设不断加强。扎实开展各单位党委（党组）书记抓党建述职评议考核。公司有关单位党组清理规范工作有序推进，16 500个基层党组织完成换届选举，党费收缴使用管理得到规范。落实公司党风廉政建设约谈和报告工作规定，对4家单位开展内部巡视，查处了一批违规违纪问题。扎实开展贯彻中央八项规定精神常态化监督检查和"四风"问题整治情况"回头看"。深入开展"电网先锋党支部"创建活动，基层党支部战斗堡垒作用进一步发挥。累计建立4 095支共产党员服务队，成为中央企业志愿服务品牌。

2016年，公司系统涌现出一批先进集体和个人。公司4个党组织荣获全国先进基层党组织，9个单位、24名个人荣获全国五一劳动奖状、奖章，56个集体荣获全国工人先锋号，2名职工获得中华技能大奖。公司评出特等劳模10名、"国网工匠"10名、劳模151名、先进集体100个，一流班组（工人先锋号）230个、优秀班组长200名。

八、品牌形象持续提升

创新开展宣传资源整合，大幅缩减公司系统报刊数量，改变"多、散、弱"的局面，着力做精做强《国家电网报》《国家电网》杂志等公司媒体，重点运营好"国网故事汇""电网头条""掌上电力"等微信公众号、APP，宣传资源更加集约，传播效果更加明显，实现了步调一致、声音一致。健全四级新闻发言人工作体系，定期开展新闻发布，较好应对重大突发事件，实现了公司与社会公众的良好互动。

围绕电力体制改革、安全生产、优质服务、特高压工程建设、构建全球能源互联网、科技创新、"电能替代""互联网+"营销、新一轮农网改造升级、国际化发展、推动"一带一路"建设等重点，开展系列主题传播，深入挖掘公司和电网发展的经济、社会、环境综合价值，提炼传播"两个转变"对国家和人民的巨大贡献。其中，组织召开2016'全球能源互联网大会，公司位居世界财富500强第2名，"走出去"成为央企"金色名片",境外投资项目全部盈利、做一个成一个等重要成就报道,成为中央企业理直气壮做强做优做大的典型案例。公司品牌传播的质和量,居于央企领先水平,公司高举改革旗帜、积极履行"三大责任"的行动和成效受到广泛好评;公司发展理念和工作价值赢得广泛认同。

公司连续12年在中央企业中率先发布年度社会责任报告。开展社会责任根植、示范基地建设标准、电网企业透明度和公益项目管理研究,组织编制《社会责任边界管理手册》《社会责任信息披露手册》《社会责任根植项目工作手册》,形成系列理论成果。加强"特高压电网奖学金"基金会建设,成立基金会党支部,强化对外捐赠决算预算和审计管理,颁发2016年度奖学金。作为首期发起人参与中央企业贫困地区产业投资基金,大力宣传"国网阳光扶贫行动"、电力定点扶贫和援疆援藏成效,持续打造"善小""电力爱心教室""小桔灯"等知名公益项目,彰显了公司"责任央企"良好品牌形象。公司连续三年获评国资委社会责任管理标杆企业、中国工业企业履行社会责任五星级企业和"社会责任报告长青奖"。

深化国家电网品牌理论体系研究,强化各单位展览展示、广告影视、标识管理,加大公司品牌标识维权保护力度,深化品牌建设"五位一体"应用,完成"公司创新成就展"等重要展览59项,传播公司价值。广泛传播"你用电 · 我用心"——国家电网在您身边。公司获"2016中国能源品牌价值杰出企业"奖、"能源行业最佳海外形象企业"称号,跃居"中国500最具价值品牌"榜首,品牌价值连续10年攀升。

坚持党的领导　提质增效升级　理直气壮做强做优做大国有企业

中国国电集团公司

一、坚决与以习近平同志为核心的党中央保持高度一致,坚决贯彻中央各项决策部署,圆满完成了"保A创优"目标和"保增长"任务

2016年,中国国电集团公司(简称"国电集团")在党中央、国务院的坚强领导下,认真落实国资委的各项工作部署,全面加强党对国有企业的领导,坚定不移实施"一五五"战略,建设一流综合性电力集团;做好"五篇文章"(即:做强主业,转型升级;深化改革,完善机制;强化管理,提质增效;优化资产,防范风险;加强党建,创建和谐);打造"五个国电"(即:效益国电、绿色国电、创新国电、廉洁国电、幸福国电)。深化提升管理、提升效益的"双提升"工作,全体干部职工团结一致,努力奋斗,有效应对政策市场环境变化的严峻挑战,生产经营、改革发展和党的建设取得明显成效。2016年,累计完成发电量5 052亿千瓦时,售热量21 636万吉焦,煤炭产量5 872万吨,可控装机容量达到14 300万千瓦,实现资产总额8 031亿元,营业收入1 828亿元,全面完成年度目标和"保增长"任务,为我国经济社会发展做出了积极贡献。

(一)深入学习贯彻党的十八届六中全会和全国国有企业党建工作会议精神,党的建设进一步加强

国电集团党组把学习贯彻会议精神,特别是习近平总书记重要讲话精神,作为重大的政治任务,连续召开党组会和党组扩大会,集中传达学习,制订工作方案,制定5个方面65条具体措施。国电集团把党建总体要求纳入公司章程,确立了党组织在公司治理中的法定地位。增设党组工作机构,成立党组办公室、党组组织部和党组宣传部,27家二级单位按规定完成了党组改党委工作。修订党建政工年度考核制度,修订党建述评考制度和经营业绩考核办法,把党建工作由"软指标"变成"硬约束",建立了国电特色的党建考核工作体系,经验做法在中央企业负

责人会议上交流。认真落实中央要求,扎实开展“两学一做”学习教育,联系实际,制定方案,精心组织,从“关键少数”向全体党员拓展。加强基层党组织建设,深入开展“立业‘一五五’、建功‘十三五’”等主题实践活动,深化创先争优,大同第二发电厂党委在建党95周年大会上,荣获中央颁发的“全国先进基层党组织”称号。

(二)深入贯彻“一五五”战略,坚定不移做强做优主业,发展质量和效益明显提升

2016年,国电集团保持战略定力,加强投资管控,着力优化布局结构,优质资源继续向主业集中。严控火电投资规模,坚决贯彻煤电“三个一批”等政策措施,停缓建项目10个1 180万千瓦。优化风电发展,全年投产300万千瓦,总装机达2 583万千瓦,继续保持世界第一。加快水电重点项目开发,金沙江上游旭龙、奔子栏项目取得重大进展,坚决退出效益不达标的水电项目。电源结构调整成效明显,清洁可再生能源占比达30.3%,60万千瓦及以上火电机组占比达50.4%。加快低效无效资产处置,完成处置18项。稳健实施“走出去”,加强国际交流合作,积极开展可再生能源与清洁能源领域的合作。

(三)深入推进“双提升”工作,提质增效攻坚战取得阶段性重大进展

在严峻复杂的经营形势下,国电集团认真落实国资委的工作要求,全力以赴开展提质增效工作,加强组织领导,制订工作方案,明确58条具体措施,强化工作推进。坚持以“双提升”为抓手,主动应对市场变化,持续深化对标,抓好关键指标管控,夯实生产运营基础,筑牢营销、燃料和成本资金“三条防线”,实施“新机生效、治亏见效、降本增效”经营策略,存量资产经营水平进一步提高。深入推进安全生产标准化建设,加强设备治理和节能环保改造,供电煤耗308.5克/千瓦时,同比降低1.9克/千瓦时,安全环保形势总体平稳,未发生较大及以上安全事故,279家发电企业连续安全生产1 000天以上,脱硫、脱硝机组比重都达到100%,超低排放机组超过50.0%,全面完成规划目标。加快综合产业瘦身健体和转型升级,煤炭产业着力稳产控亏,金融产业优化资金投向,科技环保产业加快推进业务整合,燃料、物资物流产业加快业务转型,服务发电主业,置业公司坚持服务集团,积极履行好行政后勤服务保障职能。实施创新驱动战略,获得中国电力科学技术奖7项,其中科技进步一等奖和技术发明一等奖各1项,电科院围绕发电主业,开展重大科研和技术难题攻关,扎实做好技术支持与服务工作。

(四)按照中央部署,稳妥有序推进改革工作,企业内生动力进一步增强

紧密跟踪国资国企“1+N”改革和电力体制改革动态,制定出台国电集团全面深化改革实施方案,统筹有序推进改革。积极争取董事会授权试点,进一步完善法人治理结构,更加注重发挥专业委员会的辅助决策作用。各位董事特别是外部董事勤勉尽责,依法履职,认真审核重大议案,加强沟通交流,深入基层调研,提出了很多宝贵的意见建议,董事会自身建设进一步加强,决策质量明显提升。认真贯彻中央企业监事会工作会议精神,落实“两个融入”和“五个必须”的工作要求,加强配合监事会工作组织和制度建设,切实抓好问题整改。认真落实国资委的工作部署,深入开展“压缩管理层级、减少法人户数”工作,集团所属五、六级企业全部撤销,管理层级控制在四级以内,减少法人户数27户。积极推动煤炭去产能工作,制定实施方案,扎实有序推进,关闭煤矿4座,涉及产能69万吨。制定“三供一业”移交方案。结合中央专项巡视整改,继续深入实施“四个集中管控”,优化管控流程,堵塞管理漏洞,防范国有资产流失。积极应对电力市场化改革,完善市场营销组织体系。加强后备干部队伍建设,实施“英才计划”,建立干部双向挂职交流机制,开展国电集团本部与基层、东部与中西部干部的交流挂职,着力加强青年干部培养,提升干部能力素质。

(五)严格落实“两个责任”,党风廉政建设和反腐败工作进一步加强

国电集团党组坚决贯彻中央纪委六次全会精神,认真履行主体责任,督促“两个责任”落实,制定印发《二级单位落实党风廉政建设“两个责任”考核评价办法》,听取二级单位落实主体责任专题汇报,取得良好效果。国电集团纪检组认真履行监督责任，完善纪检监察组织体系，建立以上级纪委为主的党风廉政建设工作考核评价机制，实现党风廉政建设考核与企业经营目标责任考核、领导班子和领导人员年度考核“双挂钩”。组织开展“一名党员一滴清水”教育活动，深入开展廉洁自律准则和党纪处分条例基层宣讲，积极运用“四种形态”，扎实开展内部巡视，强化监督执纪问责，持续保持反腐高压态势。完成三个批次 9 家二级单位的巡视，提出整改意见 74 条。高度重视审计工作，推进审计全覆盖，全年完成审计项目 1 846 个，2013 年以来累计取得直接经济效益 27 亿元，强化审计成果运用，注重源头整改，发挥了重要的监督作用。组织开展“四风”问题整治情况“回头看”，对 16 家分子公司和 24 个基层单位进行了重点检查，巩固了风清气正的良好政治生态。

（六）坚持全心全意依靠职工办企业的方针，努力创建和谐企业

加强企业民主管理，健全完善职代会制度，提高所属单位职代会的建制率和覆盖面。深化职工“首席制”建设，开展标准化班组建设和群众性创新创效活动，举办多工种、多岗位的技能竞赛，为广大职工的职业发展搭建了很好的平台，有效激发了一线职工技术成才、争当首席师的良好氛围。开展“国电楷模”选树活动，推进安全文化建设，有力促进了“家园文化”落地，深入实施“惠民工程”，加大困难帮扶力度，落实劳模待遇，开展丰富多彩的文体活动，职工幸福指数持续提升。加强共青团工作，围绕中心工作，结合青年特点，深入开展“青春建功‘一五五’”“青年争当首席师”等主题活动。坚决贯彻中央关于打好扶贫攻坚战的决策部署，制订“十三五”定点扶贫工作规划，设立专项扶贫基金，出资 3 亿元参与设立中央企业扶贫产业投资基金，大力推进内蒙古宁城县、青海曲麻莱县、山西右玉县定点扶贫工作。加强信访维稳和新闻宣传工作，认真履行社会责任，国电品牌价值和影响力进一步增强。

二、认真落实全面从严治党，旗帜鲜明地坚持党的领导，加强党的建设

学习贯彻好党的十八届六中全会和全国国有企业党建工作会议精神，是国电集团当前和今后一个时期的重大政治任务，国电集团各级党组织都要集中时间学习，深入领会精神实质，联系实际制定措施，发现问题及时整改。国电集团要切实增强政治意识、大局意识、核心意识、看齐意识，向以习近平同志为核心的党中央看齐，向党的理论和路线方针政策看齐，向党中央决策部署看齐，做到党中央提倡的坚决响应、党中央决定的坚决执行、党中央禁止的坚决不做。

第一，把责任扛起来。习近平总书记强调，要抓好国有企业党的建设，把党要管党、从严治党落到实处，国有企业党委（党组）要履行主体责任。工作中，各级党组织必须牢固树立抓好党建是最大政绩的理念，把主体责任扛起来，作为应尽之责、分内之事。一是要健全党建工作责任体系，严格落实党建工作责任制，党组织主要负责人要切实履行党建工作第一责任人的职责，其他党员领导干部要认真履行抓党建“一岗双责”责任清单，形成共同抓党建的合力。二是要建立定期研究党建工作的机制，把党建目标纳入企业年度目标，做到同部署、同检查、同考核、同奖惩。三是要建立定期听取汇报制度，加强督导，层层压实党建责任，层层传导工作压力。四是要建立严格的督导机制，层层落实“两个责任”，确保党建工作在全系统自上而下、一以贯之地执行。

第二，把旗帜竖起来。国电集团必须把党的旗帜“竖起来”，把党建工作“摆上位”，把党的领导作为“定海神针”。一是健全党建工作机构；二是修订公司章程；三是发挥党组在重大决策中的把关作用；四是坚持党管干部原则。

第三，把制度硬起来。党的十八大以来，总书记多次强调，制度问题更带有根本性、全局性、稳定性、长期性，要使制度成为硬约束而不是“橡皮筋”。中央企业推进全面从严治党，必须要建立刚性制度，推动党的建设制度化、常态化、经常化，解决好制度执行“宽松软”的问题。一是要完善党建和监督制度；二是要强化制度约束；三是要加大制度执行的考核和问责力度。

第四，把堡垒强起来。党建工作的基础在基层，活力来自基层，薄弱环节也在基层。作为中央企业，必须坚持把抓基层、强基础作为长期的工作，确保取得实效。一是要创新活动载体，找准结合点，加强基层党组织建设。二是要选好配强党支部书记，坚持

把最优秀的党员选拔到支部书记岗位。三是要总结固化“两学一做”学习教育的成功做法，把好的做法形成常态。

第五，把考核严起来。一是加强对二级单位党建责任考核；二是把党建“软指标”变成“硬约束”；三是进一步强化对基层企业党建党廉的考核。

三、深入实施“一五五”战略，全力以赴打好提质增效攻坚战，努力开创国电集团改革发展的新局面

国电集团2017年的总体目标是：全面从严治党，全力“争A创优”，力争国资委考核A级，争创行业优秀。效益方面，全年完成发电量5 070亿千瓦时，煤炭产量5 740万吨，供电煤耗降至307.2克/千瓦时，利用小时和标煤单价保持行业先进，利润完成国资委考核目标。发展方面，坚持质量效益导向，计划投资448亿元，新投电源项目485万千瓦，新开工470万千瓦。安全方面，确保不发生较大及以上安全生产事故，不发生影响国电集团形象的环保、违法、廉政和稳定事件。

以善服务国家战略　以信促进国际互通
中国华信致力打造具有国际影响力的民族品牌

中国华信能源有限公司

迈入新时代，面对前所未有的历史机遇，一批奋发有为的中国民企正趁势而上，充分发挥企业家精神，在国内外书写中国发展的新篇章。

中国华信能源有限公司（简称“中国华信”）是一家总部位于上海的集体制民营企业，主营能源和国际投行。近年来，得益于“一带一路”伟大倡议，中国华信在董事会主席叶简明的带领下顺势而为“走出去”，充分发挥战略资源优势、机制优势和品牌优势，以推动全球资源、技术整合为战略，通过发展国内外一体的多元化金融平台，快速形成了有组织的能源全产业链和国际投行布局，推动国内国外市场联动，取得显著成效。

中国华信连续第4年荣登《财富》世界500强榜单，位列第222位。中国华信正以实业服务国家战略，在求真务实、创新发展中，着力打造具有国际影响力和竞争力的民族品牌。

一、紧随“一带一路”，实施品牌战略

“中国开放的大门不会关闭，只会越开越大。”在叶简明主席带领下，中国华信将国家战略融入企业发展的血脉之中，致力服务国家能源安全和“一带一路”建设。

在中国原油对外依存度不断升高、国际油价又在低位徘徊的大背景下，中国华信敏锐地觉察机遇，积极拓展国际能源合作，获取海外油气资源及权益，与中亚、中东等区域的“一带一路”国家实现合作共赢。截至目前，中国华信已与俄罗斯、哈萨克斯坦、阿布扎比等国家的石油公司建立战略性合作，每年能够获得的稳定石油权益超过8 000万吨，实实在在地筑起了一道能源安全保障线。

结合“一带一路”跨区域合作特点，中国华信还加快探索可复制、可推广的经贸合作创新模式，先后在捷克和格鲁吉亚设立地区第二总部，发挥国内外市场互动连通的组织者角色，走出去、引进来，推动国际产能融合。最近，中国华信与格鲁吉亚政府签订了两项重要协议，双方将共同在波季自由工业区建设“新丝绸之路共同市场合作区”，建设区域商品贸易、出口加工、技术合作、仓储物流和跨境金融一

体化服务平台，积极推动中外企业优势技术的对接、优势产能的合作、优势产品的流通，打造新亚欧大陆桥、中国—中亚—西亚国际经济合作走廊。

以哈萨克斯坦为据点、捷克为支点、格鲁吉亚为纽带，中国华信已经成为中东欧地区最具影响力的中国企业之一，在“一带一路”沿线建立了广泛的国际品牌影响。在叶简明主席看来，中国华信海外实业布局的走畅走稳，一个重要原因在于不是与单一企业合作、做单个项目，而是重在产业链甚至价值链的战略规划，更多着眼于资源的组织和整合，大大增强与国内市场和产能的产业协同效应，从而全面助力供给侧结构性改革与中国经济转型升级。

二、坚持“文化自信”，构筑品牌文化

无论是企业品牌形象的塑造、品牌内涵的丰富，还是品牌品质的提升，都离不开文化的滋养。在中国华信，叶简明主席始终高度重视企业文化这个“软实力”的建设，将文化作为企业的灵魂，以文化构建企业的核心竞争力。叶简明主席说：“文化对一个企业太重要了，它解决了人的价值观，解决了人思想的问题。所有进到华信的人，都要找到自身的价值，在这个平台里干，最大的价值是服务国家战略。”不难发现，中国华信的企业文化是一种高起点、大格局、重长远的文化，是紧随国家战略、服务国家利益的文化，是不断积极探索、勇于实践、创新发展的文化。

在中国华信创立之初，叶简明主席就提出“由力而起，由善而达”的为商之道，坚持以人为本，确立干事创业和品德为先的标准，使中国华信成为真正服务国家、服务社会的企业。这一企业文化核心理念脱胎于传统中国善文化的精髓。宇宙之事皆由力起，由善摆脱，周而复始，生生不息。企业作为一个集体必须要有吸引力，能够汇聚力量，并能将汇聚的力量形成凝聚力、战斗力，最终成就善的事业。有了文化自觉，才能做到文化自强，最后达到文化自信，中国华信的企业文化就是一种用实际行动肩负起兼善天下的使命担当。

围绕“由力而起，由善而达”的核心价值观，中国华信全面构建了完整的企业文化体系，包括建立“一企两制”和商人经济、儒家主义和军事化管理三位一体的管理体系，发展“有组织的共同经济体”这一独特的商业发展模式，制定《中国华信商业基本准则》指导规范公司各级组织和个人行为，系统打造华信民族企业文化品牌，有效形成了多元结合的人才、制度联动机制。

“华夏魂，信用本”是中国华信打造品牌文化的核心内涵，叶简明主席经常告诫员工：信用的力量是可以无限放大的，中国华信要做中华民族信用的代表。在企业文化建设中，中国华信逐步构建起五个方面的品牌文化战略体系：紧随国家战略，构建具有国际竞争力的现代品牌；传承华夏文化，打造传播时代能量的文化品牌；创新用人之道，锤炼提升员工综合素质的人才品牌；拓展公共外交，铸造推动企业走向世界的外交品牌；发挥党群功能，建立凝聚关爱人心的暖心品牌。

这五个方面相辅相成，彰显了中国华信品牌文化的鲜明特色和目标激励，坚实了中国华信提质做强民族品牌之魂和基业长青之基。中国华信的企业文化充分践行着习近平总书记关于“文化自信”的战略思想，是与时俱进的文化，是与新时代、新时期同频共振的大局观文化，在一定程度上探索了一条以品牌文化支撑民企创新发展的新路子。

三、弘扬“力善之道”，传播品牌精神

中国华信以“由力而起，由善而达”构建企业文化核心价值体系，勇于担当企业社会责任，多年来坚持回馈社会、反哺社会，将企业文化、品牌精神积极践行于社会公益事业之中。

中国华信在北京、上海分别设立了公益慈善基金会，5 年多来累计捐赠公益款项超过 5 亿元人民币，主要用于精准帮扶、西部支教、公益抗震救灾等，尤其是中国华信组织开展的“萤光支教”教育帮扶项目，迄今已为甘肃、云南等地培训了 16 000 多名乡村教师，受益人数超 100 万人。该项目相继荣获中国“最佳公益项目奖”“最佳公益创新奖”等荣誉，中国华信也连续 6 年被评为“中国十大慈善企业”。

中国华信不仅以“善”的文化滋养心灵，更以“谦”的态度对待他人。这种普世价值理念在企业“走出去”的过程中也广为接受。中国华信在实践中清醒地意识到，中国品牌要屹立于世界必须要有自

己的“中国内核”,讲好中国故事,推动中华文化更好地传播出去,在构建“人类命运共同体”的伟大事业中贡献商业力量。

结合自身的商业定位——促进全球资源配置优化的探索实践者,中国华信在海外进行的多项产业投资,都是寻求与中国市场可以实现产能互补的项目。在“走出去”过程中,输出的不仅是资本,谋求的不仅是盈利,更重要的是强调战略协同、文化认同、价值趋同,以开放平等的心态,架起沟通之桥,跨越文化鸿沟,赢得海内外合作伙伴真心的认可。

此外,在国际舞台上,中国华信还致力民间公共外交,已具有联合国经社理事会特别咨商地位,并成为联合国契约组织成员单位,被联合国契约组织授予先锋企业。中国华信参与联合国“商业促和平”运动,在推动全球可持续发展、搭建国际沟通交流平台、传播中华传统文化等方面,都做出了可圈可点的成绩。

新思想引领新时代,新使命开启新征程。中国华信正不断提升作为国际一流品牌的竞争力与影响力,努力在“一带一路”建设中发挥示范效应,探索一条独具特色的中国企业国际化发展之路。

创电气民族品牌　树电气行业新标杆

中科电力装备集团有限公司

“我把事业看得比我的生命更重要,我要用我毕生的精力打造出一个国际化的民族品牌,要多为国家纳税、多解决就业,多承担社会责任,这样才能实现我的人生价值。”中科电力装备集团有限公司(简称“中科电力”)董事长王小飞这样说。

走进中科电力,一个巨大的屏幕高耸半空。电子屏幕震撼人心,中科人的光荣与梦想刻印其间——“做国际一流企业,创世界民族品牌”。

中科电力凭借志在千里、勇攀高峰的创业豪情,凭借独树一帜、锐意创新的发展理念,凭借坚守初心、砥砺奋进的拼搏精神,完成了一次次的华丽“蝶变”!

1999 年创业;

2009 年成立江苏生产基地;

2013 年 6 月,总占地 1 700 亩,总投资 52. 5 亿元的中科电力装备产业园项目落户蚌埠市国家级高新技术产业开发区,填补了安徽省在高端智能电器装备产业的空白;

2014 年 12 月,产业园一期工程竣工,实现当年建设、当年投产、当年利税。创造了令人瞩目的“中科速度”;

2015 年 10 月,中科电力装备集团与浙江大学签订战略合作协议,合作成立浙江大学中科电力装备研究院、院士工作站、博士后科研工作站、研究生实习基地。打造 EPC 服务模式,获得市场广泛认可,创下骄人业绩;

2016—2017 年,王小飞带领中科电力装备集团致力产业高端,打响“蚌埠制造”,为实现蚌埠重返全省第一方阵排头兵树立行业标杆,为蚌埠市经济腾飞贡献力量。中科电力连续两年跻身中国企业 500 强,中国制造业 500 强。“中科速度”如何造就?且看“解码”中科电力:

一、打造全产业链,缔造行业一枝独秀

随着我国基础设施建设和电力能源投入的不断增强,电气成套设备需求量逐年增加,凭借高性价比和服务优势,一大批国产品牌迅猛发展。然而,在全球电气行业前列排名中唯独缺少中国品牌。用毕生的精力打造出一个国际化的民族品牌,承担更多的社会责任,成为从业 28 年的中科电力装备集团董事长王小飞的人生价值追求,使得中科在创立之初,便肩负着“产业报国”的神圣使命。

然而激烈的市场竞争,对企业发展提出了严峻的挑战。中科电力唯有寻找到市场“蓝海”,才能实现跨越式发展,书写传奇,实现梦想。

通过十多年积累,中科电力拥有了国家电力工

程设计乙级资质和国家电力工程总承包二级资质，成为集专业设计、研发、生产、销售、安装、服务为一体的高端智能化电力装备制造企业。构建全产业链，为客户提供打包式服务和一站式解决方案，成为中科电力强有力的竞争方式。

二、抢抓机遇，服务“一带一路”建设

《中国制造2025安徽篇》，提出了电力装备发展重点：电力变压器、电抗器、换流变产品等输变电装备，智能变电站，输变配电监控系统；太阳能光伏发电装备、生物发电装备、核电装备、风电装备等新能源装备。“企业应该加快适应消费需求的变化，紧跟结构调整大潮，充分加大自身技术更新改造与产业发展方向调整力度，以此大幅提升创新能力和市场竞争力。”王小飞认为。

随着国家“一带一路”建设的不断推进，“十三五”期间，国家对电力装备投资达50 000亿元。中科电力仅仅抓住时不我待、千载难逢的发展机遇，在投产一年多的时间内，迅速成立了中科电力装备集团新疆有限公司和内蒙古有限公司。目前，已在新疆、内蒙古、青海等地区建设了11座110千伏变电站和5座220千伏变电站。如今，中科电力的触角已经延伸到了东南亚和南美洲国家。

三、坚持自主创新，持续书写“中科梦”

技术创新是高新技术企业的生命源泉。致力于打造国际一流企业、创世界民族品牌的中科电力同样离不开技术创新带来的巨大红利。

中科电力与浙江大学、南京理工大学、哈尔滨理工大学、上海交通大学、清华大学等院校进行了广泛的技术交流与合作。获批成立安徽省中科电力汪槱生院士工作站、安徽省博士后科研工作站、安徽省高压输配电装备工程技术研究中心，安徽省企业技术中心。多项产品荣获安徽省工业精品、安徽省名牌产品、安徽省新产品、安徽省科学技术研究成果、高新技术产品。王小飞董事长入选安徽省特支计划创业领军人才。目前，已取得国家专利160多项，产品检测认证80项和软件著作版权60项。

2017年，中科电力人又毅然投入到核电产品和充气式开关柜的研发生产中。自主研发了核电中压柜、海洋核电远程智能设备、干燥空气开关柜和氮气开关柜。其中核电中压柜，是核发电厂核反应炉专用设备，具有结构紧凑、互换性强、联锁可靠、使用寿命长等特点，填补了安徽省空白。

发展不忘回馈社会。中科电力还积极投身社会公益事业，百企帮百村、千企帮千村、金牌蓝领助学、捐助“救急难”基金会、资助贫困学生和残障学生、志愿者服务、慰问敬老院和学校……用点滴行动汇聚社会正能量，诠释着企业的社会责任。

在当今经济全球化的时代背景下，中科电力将沿着“国际化、规模化、产业化”的发展道路，跟上全球工业革命步伐，从“中国制造”走向“中国智造”，将“中科电力”品牌推向全球，努力实现“做国际一流企业，创世界民族品牌”的中科梦。

战略引领　二次创业　砥砺五年　光耀遂州

四川明星电力股份有限公司

四川明星电力股份有限公司由1926年的电灯公司，发展到今天以电水气公用事业为主，兼营多种产业的上市公司，创造了辉煌，也经历波折，尤其是明伦事件给公司带来巨大经济损失和生存危机。2006年，国网四川省电力公司入主。在省公司和地方党委政府的坚强领导和大力支持下，明星公司成功化解明伦风险，“活”了下来。但长期的历史欠账，致当时的明星公司已不足以支撑地方经济的高速增长。2012年，公司新一届董事会和领导班子在党的十八大指引下，带领全司干部员工坚持战略至上、发

展至上、管理至上、服务至上、和谐至上，朝着“一强三优”和“六型”上市公司目标戮力同心、后发提速、弯道赶超、砥砺奋进，再造了一个崭新“明星”，在实现企业自身质量、效益“双提升”的同时，为遂宁市全面建成小康社会的时代进程铺就了坚强的要素保障。

一、战略引领，企业健康可持续发展

2012 年 7 月，公司新一届董事会和领导班子履新，站在新起点，适应新常态，着眼长远，顶层发力，突出战略引领，提出“科技兴企、二次创业”战略，坚持“做强电水核心产业”总体思路，围绕在 2015 年达到省公司先进控股公司水平，2018 年达到省公司直供直管公司水平的“1518”阶段目标，坚持建设科学发展型、安全发展型、规范发展型、创新发展型、人才专业型、优质服务型的“六型”上市公司发展路径，朝着“电网坚强、资产优良、业绩优秀、服务优质”的目标砥砺前行。在战略目标指引下，实现了收入稳步增长，改革创新有效推进，电水核心业务更加突出，优势更加明显，2016 年，公司售电量同比增长 10.7%，比 2012 年增长 54.0%；售水量同比增长 5.9%，比 2012 年增长 42.4%；主营业务在营业收入中的占比逐年攀升到 2017 年的 98.3%；电水网建设、优质服务和经营管理跃上新台阶；员工幸福指数大幅提升；连年上缴利税超亿元，多年位居遂宁市纳税大户前列；再创了一个崭新的“责任明星”“服务明星”，成为股东信赖、党委政府放心、员工幸福、用户满意的公用事业类上市公司。

二、电水供应能力跨越提升，支撑经济社会发展能力持续增强

经济发展，电水先行。5 年来，公司围绕地方发展大局，发力电水网络建设，先后投资 13.4 亿元，新建变电站、开闭所，对主变进行增容改造等，建成了以 110LV 为骨架、35 千伏为补充的坚强电网，实现了电网主网架构坚强，配网协调发展，主变容量和下网能力大幅度增长，分别达 2012 年的 2.5 倍和 3.2 倍，彻底解决了引电瓶颈问题，结束拉闸限电历史，电网安全性、可靠性增强，运行方式更加灵活；投资 2.9 亿元，建成投运城南自来水厂一期，完成滨河水厂一期技改、二期扩能，日供水能力翻番；新建和改造加压站 3 座；新建主供水管网 7 万多米，水网“三纵四横”架构基本建成。实现了电、水要素保障相对地方经济发展的适度超前，企业战略定位和发展方向符合地方党委政府要求，保证了地方经济社会高速发展的需要，为遂宁市各项指标名列全省前茅，奋力实现遂宁新跨越提供了强有力的电水要素保障。

三、科技兴企，严管严控，“高龄”明星生机与活力迸发

5 年来，公司转换机制、优化管理模式，推进优化产业布局、产权级次压缩、化解资产经营风险。健全内控体系，完善制度流程，推进财务、物资集约化改革，创新财务管理模式，实现从“核算型”到“管理型”财务管理模式的转变。强化审计监督，规范证券事务管理，法人治理水平获各方高度肯定，信息披露工作连续两年获上交所考核 A 等，被授予全国“守合同重信用企业”称号。狠抓安全管理，重处重罚，严管严控，筑基础、重质量、贯标准、着力提升本质安全，有效遏制住 2012 年多起安全事件频发的破窗效应，连续 4 年实现安全生产零事故，多次获得“四川电力安全生产先进集体”。开展人力资源“三定”和全员绩效管理，强化队伍建设，多层面开展各类培训，推行“136”优秀人才工程，拓展员工成长成才渠道，人才当量密度由 2012 年的 0.621 提升到 0.8389。以科技求突破，提质增效，建成电网调度控制一体化和发电梯调集控系统，变电站、开闭所实现无人值班、集中监控，发电站实现无人值班、少人值守，实施配网自动化改造，投运智能光纤在线监测系统，建成自动检表和智能仓储系统，完成“电水气”三表合一试点，实现远程费控，建成智能化营业厅，开展无人机巡线，供水集中调度等，在网络建管、信息化建设、生产营运、党群建设等领域实现“八个零”的突破，取得十大发展成果，实现由劳动密集型向技术密集型的跨越转变，公司多项成果获市 3 个 10 万职工劳动竞赛一、二等奖。

四、服务至上、用心用情，群众满意度不断攀升

5年来，公司坚持“以客户体验为导向、以群众满意为标准”的工作要求，秉承“你用电用水，我用心用情”的服务理念，从体制和机制入手，持续改善，畅通服务群众“最后一公里”：建成电水营销一体化系统，建立智能化营业厅，设立营业厅母婴室，持续改善营业厅硬件环境、规范服务行为、简化营销流程；拓展多种缴费渠道，离柜缴费率达80.0%，建成城区“10分钟缴费圈”、农村缴费不出村；打造城区24小时“30分钟抢修圈”；推行带电检修、带电作业和“零点作业”；打造“962501服务热线”，热线工单受理、回复及满意率受市政府热线办通报表扬；推广用电信息采集及费控系统和智能电表改造；自主研发并投运“明星电力”APP服务平台；成立“共产党员服务队”，持续开展进社区、进场镇、进企业、进学校，送真情、送阳光“四进两送”服务活动；实施客户经理制，拓展服务深度，量身定制客户服务方案；开通门户网站、微信公众平台，提升企业软实力和社会影响力，实现服务品质和服务形象“双提升”，彰显了“明星”品牌形象，在2015—2016年度公用服务行业政风行风群众满意度测评中排名第一。

五、倾力打造“大和谐”，内外发展环境不断优化

5年来，公司提出并打造了企业和政府、企业和客户、企业和员工、企业和股东以及企业和社会“大和谐”的和谐文化，并以和谐文化为引领，培育形成了一系列符合时代要求、富有“明星”特色的特色文化，对内建立起了企业与员工间内在的文化纽带和情感纽带，实现了企业战略选择与员工价值追求同向，有效激活了企业发展的内生动力；对外将企业文化建设渗透到营销服务各个环节，塑造优秀的“明星”品牌，为企业创造良好的外部环境，取得显著经济和社会效益。响应地方党委政府扶贫工作部署，制定《“电力助推扶贫攻坚”七大行动计划》，明确了在2018年内完成供区内115个贫困村农网升级改造，在“十三五”内全面消除农村低电压问题的工作目标，从贫困村电网规划、电网升级改造、包片进村服务、农电管理水平提升、供电服务均等、贫困村定点帮扶、拓展电力自愿服务等七个方面进行精准帮扶，先后投入农网升级改造、定点帮扶资金近7亿元，有力助推了贫困地区脱贫；投入3 400余万元开展渠河病害整治；主动服务地方引资项目，与区县园区进行战略合作，与地方党政和广大用户共赢共生；长期坚持志愿者服务，开展社会弱势群体关爱活动、实施“爱心结对帮扶”工程、无偿献血、慈善捐助、抢险救灾、服务新农村建设等活动，用“明星”大爱回馈社会，彰显了明星国企大爱，获得社会各界和群众一致好评。

今日“明星”，以激情的拼搏、为民的情怀、无私的奉献、丰硕的成果，为服务地方经济发展、满足群众生产生活提供了坚强要素保障！

明日“明星”，将更加豪情满怀，在“科技兴企、二次创业”征途上，上下一心、团结一致，同下一盘棋、共筑一个梦，为把公司建成“一强三优”、股东依赖、党委政府放心、用户满意，员工幸福的“六型”上市公司而戮力同心，谱写更加辉煌的新篇章！

（撰稿：唐红萍）

拾级而上　砥砺前行　北京银行打造现代化一流上市银行

——北京银行上市十周年

北京银行党委书记　董事长　张东宁

近期，习近平总书记在全国金融工作会议上强调指出，要“推动国有大银行战略转型，发展中小银行和民营金融机构。”党的十八大以来，我国金融改革发展取得新的成就。特别是在金融改革发展的历

史洪流中,广大中小银行作为我国金融体系的重要组成部分,通过"鲶鱼效应"激发了金融体系的活力,提升了金融服务的质量,为服务实体经济、防控金融风险、深化金融改革做出了积极的探索和尝试。

作为一家在中国金融体制改革大潮中孕育而生的中小银行,北京银行的创新发展历程在中国金融改革进程中具有着重要的示范意义。

十载追梦而行。在市场化改革浪潮中应运而生的北京银行,不忘初心,砥砺前行,借助资本市场平台,加大改革转型创新力度,在服务实体经济、支持经济转型升级中高效推进市场化、国际化、多元化、集约化发展的探索,开辟了中小银行发展的经典模式。

十载春华秋实。北京银行脱胎换骨、华丽转身:总资产增长到近 30 000 亿元;净资产增长到超过1 500亿元,均较成立之初增长了 150 倍;品牌价值超过 365 亿元;一级资本在全球千家大银行中排名第 73 位,连续 4 年跻身全球百强银行,成长为人均创利能力最强、经营管理效率最高、资产质量最优的现代化上市银行。

正如知名金融专家评价的那样:"中国银行业有'三面旗帜'。"工商银行是我国国有大型银行的佼佼者,招商银行是全国股份制银行的领头羊,而北京银行则是我国众多中小银行的一面旗帜、一个标杆。

一、上市融资,资本扩张与品牌增值齐头并进

2007 年 9 月 19 日,北京银行首次公开发行 12 亿股,募集资金 150 亿元,发行市净率约为 3.2 倍,市盈率约为 36.4 倍,资本实力的增强为后续北京银行持续的高速发展奠定了坚实的基础。

以上市为起点,北京银行迈入良性快速发展的快车道,实现了规模、结构、质量、效益的均衡、快速增长,为我国中小银行创新发展开辟了新的路径。从 2007 年 9 月上市至今,北京银行资产规模从 3 500 亿元增长到近 30 000 亿元,净资产从当年的 260 亿元增长到了约 1 500 亿元,均较成立之初增长了 150 倍。

2017 年上半年,北京银行实现净利润 111.6 亿元。成本收入比 21.0%,不良贷款率 1.2%,拨备覆盖率为 237.0%,资本充足率 11.1%,各项经营指标保持上市银行优秀水平。目前,在全国 134 家城市商业银行中,北京银行资产总额和盈利能力优势明显,资产规模、盈利均占到全部城市商业银行的 1/10。

从 2004 年更名、2005 年引入外资、2006 年走出区域、2007 年发行上市,到 2008 年实现资本化运作、国际化发展,北京银行发展过程中的一系列战略突破,开创了中小银行创新发展的经典模式,被全国数百家中小银行纷纷效仿,迎来了中小银行创新发展的机遇期,也为金融体系注入了新的生机活力。

"在当前复杂多变的经济环境中,北京银行能够取得这样的业绩,在中国中小银行中可圈可点,可以说创造了中国城商行成长的奇迹。"经济学家宋清辉如此评价。宋清辉表示,北京银行上市后的发展之路,对其他中小银行及中小金融企业的成长、发展,有着积极的借鉴意义。

二、坚守本源,服务实体经济成就斐然

上市 10 年来,北京银行坚持党的领导,不忘初心,秉承"真诚,所以信赖"的核心理念,在金融领域广泛而深刻的变革中,用四个"全力"书写出中小银行倾力服务实体经济、服务国家战略的美丽篇章。

全力服务实体经济,始终将服务实体经济作为发展核心和立身之本。近年来不断推进顶层设计、组织架构、产品服务和商业模式创新,持续探索服务实体经济提质增效的有效路径。截至 6 月底,北京银行对实体经济发放贷款余额突破 10 000 亿元,达到 10 042 亿元,其中,小微企业贷款余额 3 661 亿元,持续满足"三个不低于"的监管要求。

全力服务国家战略,展现中小银行在国家战略中的责任与担当。在服务实体经济的过程中,北京银行紧密跟踪和服务"一带一路"建设、京津冀协同发展、长江经济带建设、城市副中心建设、自贸试验区改革创新等国家重大战略和《中国制造 2025》等重大决策实施进展,始终将自身发展和国民经济发展、国家产业政策相结合,不断优化发展战略、管理机制和业务模式,持续增强金融服务能力。截至 6 月底,支持"一带一路"建设、京津冀协同发展、长江经济带贷款余额 467 亿元,较年初增加 124 亿元。其中,支持"一带一路"建设贷款 189 亿元,较年初增加 83 亿元,增长 78.0%;支持京津冀协同发展贷款 198 亿元,较年初增

加19亿元，增长11.0%；支持长江经济带贷款80亿元，较年初增加23亿元，增长40.0%。

全力服务区域金融生态，圆满完成河北蠡县27家农信社重组任务。勇担国务院、人民银行重任，克服重重困难、付出巨大牺牲，圆满完成河北蠡县27家农信社重组任务，成功化解这一积累长达20年的重大区域金融风险，成功创立河北蠡州北银农商银行，实现各项业务健康发展。截至2017年一季度末，蠡州北银农商银行资产总额47.5亿元，较收购初期增长8.4亿元；资本充足率16.69%，贷款不良率0.49%，资产质量整体稳健。2016年全年累计纳税1 849.3万元，荣获蠡县政府部门颁发的“2015年度银行业服务地方经营特殊贡献奖”。

全力服务首都发展，紧紧围绕首都城市核心定位提供优质金融服务。累计向首都投入资金超过30 000亿元，累计向北京市缴纳税收近600亿元。服务首都10余万户中小微企业创新创业，带动就业人数达百万人。支持平安大街、两广路改造，四环路、京昌高速路、东直门交通枢纽、地铁九号线等一大批重点项目建设。城市副中心分行获得开业批复，成为中国银行业率先在城市副中心设立分行的银行，目前已为城市副中心建设重点项目投入资金超过60亿元，包括投资文旅区及环球主题公园配套基础设施建设项目50亿元、通州新城运河核心区基础设施项目6亿元、副中心水环境治理3.4亿元、“国际医疗服务区”建设1.1亿元。

依托国内、国际两大网络，北京银行积极为中资企业“走出去”提供金融支持和本地化服务。通过完善经营网络布局，北京银行持续提升国际化和本地化的服务能力，构筑起从境内到境外、从线下到线上多元化服务“一带一路”建设的金融大动脉。

目前，北京银行在全国已构架起覆盖京津冀、长三角、珠三角、中西部地区的服务网络。同时，已在中国香港、荷兰阿姆斯特丹设立代表处，并且与全球1 151家银行建立代理行关系，形成横跨世界五大洲、102个国家和地区的全球化金融服务网络。

三、先行先试，差异化定位打造五大特色品牌

以上市为起点，北京银行不断加大改革转型力度，高效推进资本化运作、多元化探索，在消费金融、保险、基金、金融租赁等领域积极布局，开创了国内银行业多项先河；抢抓历史机遇，积极迈向国际化发展舞台，与荷兰ING集团等国际知名金融机构合作，为中国银行业的创新发展注入新的活力；坚持差异化定位、特色化经营，打造“科技金融”“文化金融”“绿色金融”“惠民金融”等特色品牌，在服务中小企业和市民百姓同时开辟发展空间。

以“科技金融”品牌助推万众创新潮流。2009年，北京银行率先成立科技型中小企业特色支行；2011年，成立中关村分行；2015年，率先在中关村创业大街设立小微支行。目前累计为2万家科技型小微企业提供信贷资金超过3 000亿元，为北京市90.0%的创业板上市企业、83.0%的中小板上市企业、53.0%的“新三板”挂牌企业提供服务。截至6月底，科技企业贷款余额1 075亿元，较年初增加188亿元，增幅21.0%。

以“文化金融”品牌服务文化强国战略。北京银行在国内率先服务文化创意产业，并率先成立文化创意金融服务专营机构。创新推出“版权质押第一单”；率先主承销文化创意中小企业集合票据。在全国范围累计为近5 000户文创企业提供1 500亿元贷款。在北京地区累计为近3 000家文化创意企业提供超过900亿元资金支持。

以“绿色金融”品牌助推美丽中国建设。北京银行率先在节水领域与ifc开展合作，并率先与ifc合作创办绿色金融学院，在银行间债券市场率先发行水务类绿色债券，累计为3 000余家节能环保企业提供1 100亿元资金支持。2016年，该行进一步发布“绿融通”绿色金融行动计划，计划五年内投放绿色贷款不少于1 000亿元，撬动社会资金投入不少于5 000亿元。

以“惠民金融”品牌促进民生福祉改善。独家承办2 000万首都居民医保结算，累计发放社保卡1 905万张，发行“北京通 · 京医通”卡1 013万张，发行工会卡450万张、“残疾人服务一卡通”52万张，全方位服务北京市民百姓。

以“智慧金融”品牌实现转型弯道超车。北京银行率先在国内设立直销银行，推出“京彩e家”智能“轻”网点，携手腾讯公司推出“互联网+京医通”服务。

2016年，北京银行开启了“五五规划”。在

2016—2020年,北京银行将稳步推进"四化两型"战略,即品牌化经营、跨界化融合、数字化服务、国际化发展、并购型成长、资本节约型增长;以"四个全面"统领全局,以"创新、协调、绿色、开放、共享"为发展理念,以创新为动力,加快经营方式转变,加大传统业务升级,努力构建新业务成长所需的新环境和增长动力,形成业务结构优、资本占用少、经济效益好、发展质量高、可持续增长的绿色发展格局。

眺望未来,视野无疆。十年之前,北京银行傲立于资本市场前端,引领中小银行业的创新与变革。如今,中国银行业的发展依然如浪奔浪涌、波澜壮阔。面向未来,北京银行将以优异业绩奠定长青基业,坚定不移地实施品牌化发展、区域化布局、集约化经营、国际化合作、资本节约型的发展战略,全力打造标杆银行、特色银行和受人尊敬的银行,全面建设服务领先的国际一流现代商业银行。

开启新动能　迈向新征程

延边农村商业银行股份有限公司

"延边农商银行的成立,不仅是延边金融事业发展史上的一个重要里程碑,更是延边经济社会发展的一件盛事",6年前,在延边农商银行挂牌成立的历史性时刻,时任延边州一名主要领导就该行对地方经济发展的重要意义和影响做出了上述肯定。时间作证,这些"肯定"亦属"实至名归"。

6年来,延边农商银行累计发放涉农贷款126亿元,年均增幅14.7%,占全部贷款比重始终保持在80.0%以上;累计发放小微企业贷款98亿元,年均增幅19.9%。

一、风雨六年　光辉六年

6年的时光,见证了延边农商银行从"小而精"向"集团化"转型的睿智与魄力;记录了她一路完美蜕变、走向强劲崛起的坚实脚步,更见证了她作为地方金融主力军,以提升金融服务能力为抓手,在支农、支小、支持地方经济发展中迸发的"金融引擎"之力,以一个地方金融主力军的执著与担当,挑起了服务地方经济发展的金融重任。

二、合理让利　支农扶微

普惠金融不均衡是经济的短板。延边农商银行发挥自身优势,大力支持实体经济降成本。一是做"减法",降低客户资金成本。结合客户综合贡献度推行灵活的贷款利率定价机制,对综合贡献度高的客户主动降低利率上浮比例,并实行免评估、免保险优惠政策。2015年,该行累计向小微企业让利800多万元。二是做"加法",积极扩展电子渠道。目前,该行已累计发行银行卡60万张,布设ATM机120台,网银、移动支付累计签约20万户,短信银行、电话银行累计签约30万户,有效改善了农村用卡环境和支付环境。

一直以来,支农支小都是延边农商银行的重点信贷投向。在信贷支农方面,该行大胆尝试,积极引领区域农产品价值链、供应链的发展,以"公司+农户""家庭农场+农户""担保公司+专业合作社+农户"等有效信贷形式,支持地方特色产业做大做强。在扶持小微企业发展方面,我行坚持与小微企业共渡时艰,及时创新推出小微企业续贷及转贷通业务,助力小微企业缓解融资压力,近一年来,约有30户企业得到助力,节省资金1 200多万元。

近三年来,延边农商银行有效发挥金融机构的桥梁和纽带作用,主办召开政银企对接会11次,参会企业、部门431户,累计授信25亿元;协调民委和人民银行落实民族贸易贴息政策,落实民贸民品企业贷款贴息资金1 436万元;在精准扶贫方面,以国家级贫困县——吉林省龙井市为重点,扩大农户贷款覆盖面,降低贷款上浮比例,落实创业项目,关爱老弱病残贫困户生活；累计协调落实贫困户贷款、小微企业和下岗职工再就业等贷款贴息资金 1 600 多万元。

2016 年以来，延边农商银行抢抓龙井市被列入国家级农村金融综合改革试验区的良好发展机遇，以土地流转作为农村供给侧改革的着力点，为龙井市专业农场等新型农村经营主体发放土地收益保证贷款，不仅有效破解了农民贷款难、贷款贵难题，还逐步探索出一条金融支撑现代农业的转型之路。截至 2016 年 6 月，延边农商银行已发放土地收益保证贷款 5 800 余万元，帮助龙井市 197 家农场逐渐形成规模化发展。该行大力引进战略投资，化解了延河信用社不良资产，并改制为吉林省龙井农村商业银行。

三、创新服务　提高能力

服务管理是树立地方银行品牌形象的基础工作，更是提高金融服务水平的重点工作。延边农商银行创新服务管理手段，通过“三推进”把服务提升功课做足、做优。

推进物理网点转型升级。调整网点结构和定位。延边农商银行建立起前、中、后台相互分离的组织架构，重点将有“潜力”的支行网点改造成利润和营销中心，并积极着手建设适应市场竞争的二级支行，通过差别管理、授权经营和竞聘承包等方式，引进优秀管理和营销人才，激发优秀网点的创造力。紧跟时代趋势打造现代化银行网点。近三年来，该行新建或改造的网点，均在市场调研基础上，落实功能分区、客户分层、业务分流、产品分销概念指导下，进行精细设计和施工。例如，该行地处延吉市中心商业圈的友谊支行，在网点装修、布局方面保持了总行欧式风格的同时，对功能分区进行了细化，增加了开放式窗口、VIP 通道、客户休息区等特色分区，2016 年上半年客户量和营销额实现翻番。三是打造精品网点。

2016 年，延边农商银行以创建全国、省及省联社级文明规范网点为目标，在网点选址、设计方案、招标施工、设施完善等方面进行系统性规范，将低柜和适应性理财业务从现金窗口分离出来，在各分支行本部和精品网点实行大堂经理和理财经理双配，厅堂服务实现动态管理。同时，组织人员外出参观学习，借鉴优质服务工作经验，探索增加智能化设备服务和智慧型运营的方式方法，加快全行网点升级。

推进服务管理培训。延边农商银行持续每年组织开展服务管理培训，谋求在服务理念、营销方法和服务效能技能提升等方面转型升级。特别是 2016 年投入 30 多万元，通过培训机构组织国内高端师资进行专业化的培训，在团队领导力、小额信贷营销、综合营销和体验式营销实战等方面强化学习。同时，通过全行内训师组织开展全员集中培训，对文明规范服务手册进行讲解，组织员工开展服务技能大赛等活动，推动全行服务营销提质增效。通过多种方式和途径，向外界报刊等媒体进行正面宣传或公开报道全行服务管理情况，展示延边农商行员工的优质形象。

有效延伸向特殊群体的金融服务。为关爱特殊群体，履行社会责任，延边农商银行一方面主动延伸金融服务，对特殊人群推出“业务预约办理”服务，避免其业务高峰期的长时间等待；对支取大额现金的特殊人群进行安全提示，坚持厅堂全流程看护护送；对有金融服务需求的重度肢体障碍客户，在有效防范风险的情况下，提供上门服务。一方面，注重强化服务培训。该行组织相关专业人员利用班后时间开展银行常用手语培训，以满足特殊人群的需求。此外，不断完善金融服务设施。全行所辖营业网点均具备完善的无障碍通道、无障碍标识；营业柜台设立了“老年人、残障人士优先窗口”，配备老花镜、轮椅等多种便民设施；营业大厅内提供电子显示屏与语音叫号服务，设置了“爱心专座”，营造温馨、舒适、人性化的服务氛围。该行龙井支行以银行卡方式代发当地“重度残疾人护理补贴”，让龙井百姓享受到了用“芯”服务。

四、锤炼团队　提升素质

团队建设是商业银行经营的灵魂银行团队人员的业务素养，是外界辨识一家银行金融服务能力高低的最直接窗口。多年来，延边农商银行坚持从提升团队形象建设和服务品质入手，把服务质量管理和客户管理的主动权抓在手上。

推进服务质量管理。为提升员工整体服务水平，延边农商银行完善制定实施窗口人员形象服务浮动工资奖励和全员业务技能等级考评办法，并实施动态管理，以提高员工自觉提升业务素质的积极性和主动性。在服务考评上，设立浮动奖励工资，按照文明规范服务标准，以员工自主申报、基层审核、总行审定为主要形式，坚持常态化监控检查和考评，确保享受浮动工作人员长期达到规范要求；在业务技能等级考核方面，设置5个等级，以及对应的浮动工资，经按照其业务理论、上机操作和工作量的不同权重考核，评定其相应业务等级，并在年度集中考核时可申请升级。

推进客户服务管理。延边农商银行通过组织本行客户服务中心相关人员对历年百姓热线、96888客服平台受理投诉等情况进行分析，从典型案例中梳理出服务要点和风险点，积极查找存在的问题，从制度层面建立健全客户投诉处理管理办法，增强柜员服务客户的执行力。同时，在实际工作中，该行积极开展员工职业道德教育、操作技能培训，避免由于柜员态度不端、业务不熟导致客户投诉。并常年组织开展服务运行冲突解决预案演练，提高员工在不同争执环境下的处置能力，疏解客户不良情绪。总之，延边农商行的服务质量好，标准高，赢得了良好的社会美誉度。

五、打造文化　成就百年

先进企业文化是提升企业核心竞争力、引领企业改革与发展的强大内在动力。秉承着“责任、创新、绩效、人本”的核心价值观，延边农商银行历经多年锤炼的企业文化，已经成为该行经营发展的软实力支撑。

重德行，强化忠诚感恩，把奉献融入员工思想。多年来，延边农商银行始终将员工的品德培育放在管理首位，通过多样化的体验式活动，深化员工对工作岗位的认识，提升员工的道德品质和职业素养。例如，为提高员工的规范服务水平，该行组织柜员到商场体会站立营销微笑服务，以直观感受查找自身服务的不足，促使服务形象不断提升；通过感恩等思想教育活动，让员工爱行如家、珍视职业生涯，自觉维护农商行利益和形象。

重和谐，强化激励关爱，把温暖送到员工身旁。人是企业发展的根本。一直以来，该行将关爱员工作为管理重心，改善工作环境，打造温馨家园，为员工减压，让员工感受到大家庭的爱心和温暖，激发员工正能量。首先，工作上关心：持续开展“四个一”工程，即：高管层每月到基层网点进行一次调研、一次坐班，每年与所有员工谈一次心、请员工吃一顿饭，有效增强了企业的凝聚力和战斗力。第二，福利上给力：针对普通员工，除了连年增加薪酬外，还提供了包含衣、食、住、行在内的等全方位企业福利体系。第三，精神上关怀：注重员工兴趣爱好的培养，为员工搭建施展才华的平台，助其形成健康向上的生活习惯。

重团队，强化以人为本，把能力交到员工手上。人兴则家兴，人强则家强。在多年工作中，延边农商银行始终践行这一核心理念，强化队伍建设的基础工作。一是向军队学管理。将军事化管理思想移植到企业中，每年对全员进行30小时左右、覆盖面超过90.0%的军事化训练，形成了善于执行、甘于奉献、勇于拼搏的“家风”。英姿飒爽的女子仪仗队，既是我行军事化训练成果的集中体现，更是我行的一张靓丽名片。二是向人才要发展。该行对青年员工从入行开始就建立培养制度。通过综合培养和政策激励，打造人才均衡流动、梯次接续、竞相涌现的生动局面。为给青年后备人才实践锻炼机会，该行加长“板凳”，在支行设立了行长助理，在中层部门设置副职级岗位，所有职位晋升人员都从青年后备人才库中选拔，在实践中锻炼其组织协调能力和解决问题能力。

重规矩，强化责任担当，把约束立在员工心中。兴家立业，立好规矩是保障。为解决工作效率低的问题，我行在加强约束性文化建设上下功夫，助推全行企业管理走上正轨；持续推进细节化管理、客户认领制、终身雇员制等制度，不仅使员工的工作理念发生根本性转变，提高了工作效率，而且降低了经营成本，凝聚了人心，鼓舞了士气。

商业银行以客户需求为导向的移动金融支付系统建设与管理

贵阳银行股份有限公司

贵阳银行股份有限公司（简称“贵阳银行”）成立于1997年4月，是贵阳市委、市政府领导下的大型区域性股份制商业银行。历经17年长足发展，已成为贵州省最大的金融法人机构。近年来，贵阳银行围绕市场需求变化，充分利用日益发展的互联网技术，变革服务方式，提高服务水平，积极开展互联网金融和科技金融创新，设立了省内首家也是唯一一家由监管部门授牌的科技支行，发行了全国第一张符合金融IC卡标准和移动金融安全可信服务（MTPS）规范的移动金融SIM卡，有力促进企业转型发展，增值提效。截至2015年11月30日，贵阳银行总资产达2 193亿元，各项存款余额达1 727亿元，各项贷款达627.7亿元，存款增量位居全省第一，存款规模跃升至全市第一；2013年以来，累计实现净利润27亿元，累计上缴各项税收35亿元。在2013年、2014年“中国商业银行竞争力评价报告”中，综合竞争力排名分别位居全国同等规模城市商业银行的第1位和第2位，并先后获得最佳风险管理城市商业银行、最值得百姓信赖的银行机构称号。荣获贵州省金融贡献奖、贵阳市银行业金融机构突出贡献奖、贵阳市银行业金融机构科技信贷支持奖。

一、商业银行基于“互联网+”的移动金融支付系统建设与管理的背景

（一）落实国家和地方加快推进“互联网+”建设要求的需要

近年来，“互联网+”已经成为我国企业发展的重要方向，国家和地方各有关方面都出台了一系列政策措施，鼓励金融企业开展“互联网+”普惠金融，要求金融企业探索推进互联网金融云服务平台建设，鼓励金融机构利用互联网拓宽服务覆盖面，充分利用云计算、移动互联网、大数据等技术手段，加快金融产品和服务创新，提供便利的存贷款、支付结算、信用中介平台等金融服务，拓宽普惠金融服务范围，为实体经济发展提供有效支撑；要求商业银行积极推动开展移动金融创新应用，促进移动金融在电子商务、公共服务等领域的规模应用。贵阳银行作为全省最大的金融企业，应该顺应时代发展潮流，积极发展“互联网+金融”，加快移动金融支付系统建设，创造新的消费需求，为大众创业、万众创新提供新空间。

（二）适应互联网金融企业激烈竞争的需要

进入21世纪，我国信息科技发展迅猛，以互联化、数字化、智能化为标志的信息技术创新呈现出深度融合、广泛应用和快速变化的特征，物联网、社交网络、移动互联、云计算等新技术的应用，深刻地影响了人们的生活形态和行为方式，也同步改变甚至颠覆了传统的商业模式。2011年，中国金融企业在移动支付市场上发展迅速，年交易额规模达到700多亿元，年均增长达60.0%以上；移动支付用户数同比增长26.4%至18 700万户。一些专家和机构预计未来3年移动支付市场将保持快速发展，2014年交易规模达到3 850亿元，用户数将达到38 700万户。与此同时，各类商业银行纷纷入驻贵阳，2011年已有花旗银行、招商银行、浦发银行、兴业银行、重庆银行、中信银行、光大银行、南充市商业银行、民生银行等20多家外地金融机构入驻贵阳，加之我国五大银行（工、农、中、建、交）都在贵阳有分行，其他的还有：邮政储蓄银行、遵义市商业银行贵阳分行、六盘水市商业银行贵阳分行、安顺市商业银行贵阳分行、

贵阳银行。另外还有一些农村信用社、农村合作银行、农村商业银行。一时间,贵阳金融市场竞争的氛围空前浓厚。为开拓市场,它们在互联网金融上加大投入,构建各自的战略地图,一系列互联网金融产品不断吸引客户眼球和体验,如:招商银行推出基于手机的直销银行等。山雨欲来风满楼,贵阳银行面临不拥抱互联网就可能会失去客户、失去地位和利润的竞争和挑战。

(三)提升贵阳银行竞争能力的需要

2012 年以前,贵阳银行主要是以网点柜面的方式向客户提供银行服务,面对互联网金融带来的挑战和冲击,这种传统的服务方式日益不能满足客户与日俱增的需求,如何发挥自身优势,快速学习互联网最新技术、经验,通过渠道、产品、流程机制、文化等整合,促进经营转型,提高竞争力成为贵阳银行做大做强的主要议题。一方面,商业银行必须积极利用互联网技术,积极主动推出网上银行、电子银行乃至电子商务平台,涉入网购、直销银行、移动支付等非传统银行业务领域,并以此为基础提供全方位的金融服务,才能从源头抓住客户,掀起渠道的电子化革命。另一方面,商业银行获得更好的发展关键在于必须具备互联网思维,转变经营方式,用互联网思维来做金融,深化电子银行创新、有效结合和运用互联网进行金融的边界和市场拓展,提高用户体验来激发和拓展用户需求,通过与互联网企业加深合作,才能不断提高对客户的服务手段和能力,从而提升企业竞争能力。另一方面,“互联网 +”时代的到来将带来商业银行服务方式、营销方式的变革,也是对银行科技支撑能力、产品创新能力的考验。在互联网无处不在的时代,管理创新、技术创新、产品创新服务手段创新,才是银行真正的核心竞争力。为此贵阳银行从 2012 年开始启动“互联网 +”移动金融支付系统建设,一次应对市场挑战,提升企业核心竞争能力。

二、商业银行基于“互联网 +”的移动金融支付系统建设与管理的内涵和做法

贵阳银行移动金融支付系统建设与管理的内涵是:以国务院、中国人民银行、工信部有关移动金融支付、电子商务有关管理要求为指导,以互联网技术为载体,以转变服务方式服务手段,以再造商业银行新运营模式、提升企业竞争能力为目标;通过加强组织领导,反复周密调查研究,分析客户与时俱进的变化需求,制定系统建设内容和实施规划,调动行内外智库策划开发用户适用新产品,多方式引导客户体验,多渠道开拓市场营销,强化项目团队专业培训,完善系统管理标准流程,为客户提供与时俱进的、更加人性化的、智能化的服务;通过加强技术安全建设,提高网络安全管理和硬件软件管理,建立强大的风控体系,形成让消费者相信、安心、系统稳定安全运行的移动支付平台。其主要做法有:

(一)深入分析移动金融市场需求,做好系统建设前期工作

1. 组织开展调研,明确系统建设需求。一是贵阳银行管理层由一把手主持召开专题会议,邀请行内外专家和学者对互联网金融行业的发展进行充分剖析,制定贵阳银行互联网银行发展规划,高度统一行内全员发展互联网银行的思想,配置行内优质资源,完善团队建设。二是分管行领导多次组织技术与业务部门相关工作人员,对优秀的互联网金融产品进行集中研究,积极向具有先进经验的单位如中国银联、南京银行、第三方互联网公司等进行考察与学习,总结传统业务在市场的高速变化中的不足。并将会议结果与相关材料进行归纳、整理,编写《系统总体规划》。三是分管行领导多次组织行内相关工作人员对互联网金融发展的政策法规和行业规范进行研究,积极向中国人民银行、中国银行业监督管理委员会等监管部门请示关于互联网金融发展的会议精神,努力探索、不断创新,争取政策支持,编写《系统建设需求规格说明书》。四是明确系统建设的关键环节。总体设计的好坏直接关系到系统是否更适合银行的需求,是否能够减轻硬件、软件的维护支持工作。技术部门与业务部门领导组织技术能手与业务能手,按照《系统总体规划》与《系统建设需求规格说明书》,以“合理创新、高效运行、持续发展”的宗旨对系统进行科学设计,在形成系统建设初稿后由行领导组织有关专家与工作人员召开专题会议进

行总体评审，在多轮评审与修改后，将最终的设计方案形成《系统总体设计说明书》在上述基础上，确定了贵阳银行金融支付系统建设的原则和目标要求。

2. 确立系统建设原则。一是规范性原则，即系统建设应遵循中国人民银行《网上银行系统信息安全通用规范》《中国人民银行关于手机支付业务发展的指导意见》及行业其他相关业务和技术规范。二是统一性原则，即立足全行角度，在系统和业务方面符合总行整体规划。三是集中性原则，即建立集中的总行级移动支付应用系统，实现对移动支付业务的集中统一管理。

3. 明确系统建设目标。一是通过“互联网 + 组织”，形成高效扁平的管理架构。目前，贵阳银行组织架构属于总分支垂直联动架构。“互联网 + ”时代下，贵阳银行需面对瞬息万变的市场格局和稍纵即逝的市场机遇，灵活适应外部市场环境的变化，传统的组织架构难以为继，需构建能高效响应客户需求、及时提供解决方案的组织架构。因此，贵阳银行以市场化和集约化思维推进组织架构变革，强化板块之间的资源整合，提高运营效率，增强战略执行力和市场响应能力。二是通过“互联网 + 产品”，明确需求导向的创新路径。要在激烈的竞争环境中占有一席之地，贵阳银行就一定要有自己的业务特色，即对特定的客户群体提供有特色的产品和服务。为此，贵阳银行决定通过移动金融支付系统的建设，推动互联网支付、P2P、非 P2P 网络贷款、众筹融资、金融机构互联网平台和互联网基金直销平台等多种业态和多种金融产品，改变过去传统金融企业的经营业态，引导市场新需求。三是通过“互联网 + 渠道”，实现离柜银行非现金业务。贵阳银行的所有网点面临着重新定位和转型，必须通过互联网技术，持续提升网点智能化水平，实现物理网点到智能网点的全面升级，锻造“互联网 + ”时代下的线下优势。必须主动构建或合作共建“互联网 + ”时代下的线上平台，形成线上线下立体化网络，才能进一步掌握提供金融服务的主动权和前端话语权，提升贵阳银行的竞争能力。四是通过“互联网 + 服务”，实现 IC 卡近场支付业务。服务是贵阳银行的天职和本质特征。服务的好坏，影响着贵阳银行的客户关系质量。在“互联网 + ”时代，服务的内涵发生了深刻变化，服务的选择更加多种多样，服务的方式更加立体多元，服务的体验更加极致便捷。贵阳银行原来服务模式，很难再赢得客户青睐，因此需要深植深化互联网思维，秉承“客户至上、极致体验”的服务理念，为客户提供更加人性化、友好型、智能化的服务，实现 IC 卡近场支付业务，让客户收获更多的满意和惊喜，持续增强客户粘着度，夯实商业客户基础。五是通过“互联网 + 机制”，打造数据驱动的运营模式。贵阳银行互联网化过程的核心是数据化。所有的经营行为、管理行为都以数据形式记录下来，形成“大数据”。通过数据化，能够实现一切业务都可以被分析。一方面，管理模式可实现从“经验依赖”到“数据依据”的转化。在深入了解和把握银行自身乃至市场状况的基础上，更加科学地评价经营业绩、评估业务风险、配置全行资源，整合多方的商圈资源，引导银行业务科学健康发展。另一方面，营销模式可实现从“粗放营销”向“精准营销”的转化。在综合分析客户行为数据的基础上，推荐更加符合客户喜好的个性化产品，提升客户消费频次。通过数据化，真正让“数据发声”、让“数据说话”，锻造支撑未来发展的“最强大脑”。

（二）加强项目组织领导，成立高效能实施团队

1. 成立项目团队，开发符合贵阳银行发展需求的移动支付系统。成员由技术人员、业务人员、市场人员组成，定期请行业内专家对团队进行培训，熟练地掌握了银行卡等银行业相关金融 IT 技术，增强了与各方沟通的技巧，提升了团队技术水平与业务素质。在项目实施与管理的过程中，项目团队充分熟悉各项银行业务，积极发掘行业发展方向，结合自身情况不断进行创新，将日常生活作为金融创新方向，针对不同客户群体，通过与中国移动、中国联通、大学校园、小区物管等单位的合作，开发出适用于各类手机的安全、快捷、高效的可用于近场、远程、商圈的移动支付应用产品，扩大了创新的基本面。形成了一套从业务设想、可行性评估、项目实施到企业文化建设、人才培养等整套项目管理运行体系。

2. 重构组织架构，支撑互联网金融的发展。一是成立金融事业部和开发部。按照贵州省委省政府、贵阳市委市政府关于发展互联网金融的总体要求和部署，贵阳银行确立了互联网金融发展的企业规划，在省内率先建立了银行系统的互联网金融事

业部，旨在应对互联网金融创新业务。并多次考察北京银行、互联网公司等其他在行业内比较领先的单位的先进经验，制定了符合贵阳银行自身发展与行业发展的考核制度。同时在信息科技部下建立了专门的互联网渠道开发部，用于互联网金融业务的技术支撑。二是构建营销团队，各分支机构成立以分管行长为领导，选取行内业务能力较强的员工组成专门营销团队，向辖内的企事业单位营销贵阳银行互联网金融产品。三是建立业务培训团队，由总行业务部门牵头，建立业务和技术的培训团队，有计划并高效率的对全行各部门、各分支机构进行互联网金融产品的业务培训，并进行考核。快速地将产品推向全行，便于营销工作。四是完善激励机制，建立"金融科技发展奖"等奖励制度，旨在表彰在贵阳银行互联网金融发展方面有突出表现的员工，充分调动全行员工的积极性。

（三）精心设计系统平台，开发用户需求产品

1. 构建贵阳银行移动支付系统平台。该平台包括应用管理、客户端管理等五个子系统，到安全连接银行离柜业务前置管理，再到网银/离线业务接口多个关键环节，为业务创新扩展提供了有力支持见下图。

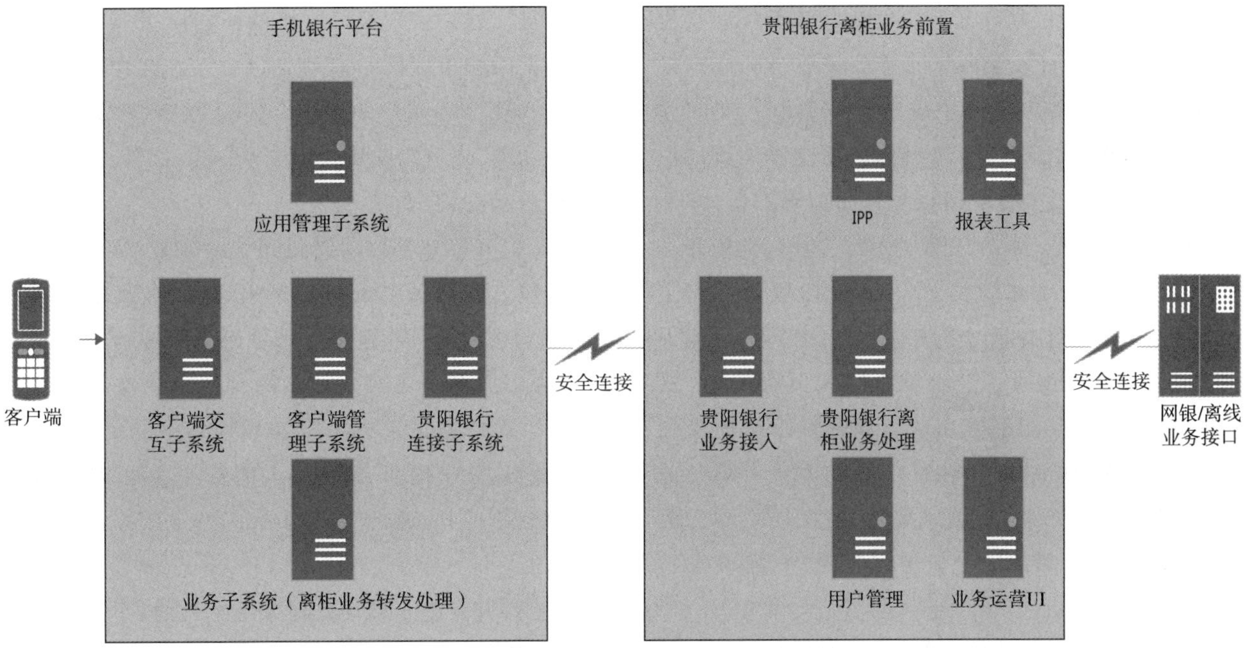

图　贵阳银行移动支付系统平台

该平台其主要特点：一是可灵活配置，可以通过灵活配置，调整业务处理流程，以适应业务需求的变化；也可以通过配置组合已有的业务实现过程，完成新提出的业务请求的处理。二是便于扩展，系统提供的灵活方便的扩展接口，以便将来实现新的业务请求处理。对系统的扩展应尽可能的减小代码开发量。三是对外接口统一，设计和建立统一的账务数据接口、披露数据接口、报表数据接口。四是技术上开放、标准，客户端中间件建立在开放的 APP 标准之上，如：HTML5、Java、ObjectiveC 等。使得客户端开发极为简单，针对不同操作系统做到一次编写，各处运行。五是性能上稳定、可靠、高效，系统通过建立 Oracle 数据库分布式数据库进行实时的集群，使用 VMESX 的虚拟机技术和 VMware Data Recovery 进行系统级的备份，保证了系统能够实时交易和批量大数据处理同时处理，同时保证 7×24×365 不间断高效运转。六是负载均衡，采用多台应用服务器通过负载均衡技术共同提供服务，从系统结构和应用服务器的角度提供了系统的高可用性，也从业务系统内部支持它，如不同应用服务器间的数据的同步，应用动态数据的同步等。

2. 实施项目科学管理，分阶段完成既定目标。为加快平台建设进展，贵阳银行加强项目科学管理，抽调精兵强将，制定了分阶段、高效率进行科技开

发,在最短时间内完成既定目标的要求。具体做法是:

(1)需求分析和概要设计阶段。2012年3月—2012年6月,主要完成了调查、收集相关需求、组织安排调研时间、场地、交流人员,进行归纳、整理,编写《系统总体规划》《需求规格说明书》。

(2)系统详细设计阶段。2013年6月—2013年7月,系统设计是系统建设的关键环节。总体设计的好坏直接关系到系统是否更适合银行的需求,是否能够减轻硬件、软件的维护支持工作。其间主要负责系统的分析、设计工作,编写《系统总体设计说明书》。

(3)系统编码、测试和上线准备阶段。2012年7月—2012年10月,软件开发主要完成基于移动支付应用系统的二次开发及调试工作。完成合同规定模块的开发,并将各应用模块进行集成调试。期间主要负责系统的详细设计工作,编写《系统详细设计说明书》。完成移动支付应用系统程序编码工作,掌握开发进度和情况,协调工程进度。2012年9月—2012年11月,进入系统测试阶段,此阶段的工作主要由科技人员、相关部门业务人员以及中项目组人员组成的测试小组承担。测试小组人员将使用"白盒测试法"等标准测试方法对软件开发小组提交的程序进行严格测试,确保软件产品的质量。测试前编写《系统测试方案》及测试案例,此文档将作为测试工作的依据。测试通过后编写《系统测试报告》,完成上线准备。

(4)试点行上线阶段。此阶段起始时间为2012年11月—2012年12月,系统上线主要依据《系统需求规格说明书》和《系统测试报告》对系统的实现功能和性能指标进行验收,验收通过后系统上线。并组织对员工系统的、集中的应用培训。以全行人员为试点进行系统上线,并根据试点上线运行的情况,为推广实施提出了优化需求。

系统上线前项目组应提交下列文档:《系统总体规划》《系统需求规格说明书》《系统总体设计说明书》《系统详细设计说明书》《系统测试方案》《系统测试报告》《系统上线方案》《系统培训方案》《系统使用手册》《系统维护手册》等相关资料。

(5)推广实施阶段。项目实施严格按照总行项目管理相关制度,从计划、质量、财务等多方面进行规范化管理,项目最终如期完成。至2013年1月底,全面投产上线。系统全面实施后对系统应用的效果进行评估,检验系统的应用达到了预定目标。验收的通过标志着软件项目实施的圆满成功。系统验收应由各方面专家组成评审验收小组并负责执行,验收结束后评审验收小组应提交《系统验收报告》。

3. 开发功能完善产品,创新服务用户手段。按照市场业务需求,精心设计开发了四大功能,为客户提供完善互联网金融体验,受到用户欢迎。2014年,产品用户达近30万户。

(1)开发基于移动支付系统平台的"黔e通"手机银行。这是贵阳银行推出的面向广大客户的一款手机金融超市性质的移动支付产品。客户通过手机可以实现银行账户的查询、转账、缴费、购买理财产品等功能,还可以购物、购买火车票、彩票、电影票等多种移动支付功能。

(2)开发基于移动支付系统平台的"黔e付"手机钱包。这是贵阳银行与贵州移动、贵州银联联合发行,主要面向移动客户,将手机卡与银行卡进行融合,为用户提供随时、随地、随身的手机支付方式和体验。客户通过手机可以实现银行账户的查询、转账、缴费、公交拍卡、商场拍卡消费等功能,还可以做为学校的一卡通校园卡和小区门禁卡等多种移动支付功能。

(3)开发基于移动支付系统平台的"手机直销银行"。这是利用互联网开放性特征、没有营业网点、不发放实体银行卡,面向零售客户,提供网上安全、便捷的储蓄、消费、支付、信贷、投资理财等全方位金融服务,有效满足客户多元化的互联网金融服务需求。

(4)开发基于移动支付系统平台的手机支持NFC功能。近场支付与远程支付、"金电手机钱包""TSM移动和包"是基于"一卡多应用"技术建立的一套完整的空中发卡和应用管理体系,可以分别向SIM卡以及SD卡等集成SE安全芯片的手机终端、安全、高效地将贵阳银行金融IC卡信息写入手机SE芯片上,既方便用户携带、使用,又便于自身发卡和管理,实现近场支付和远程支付的融合。使用该产品的客户既可以享受传统金融服务如转账、申请小微贷款、购买理财产品和生活便民缴费，也可以在POS终端、公交、自助售货机等场景进行手机闪付消费。

依附在这些产品之上，贵阳银行还与中国银联合作研发出具有自身特点的明星产品——“超级转账”。实现银行卡转银行卡、信用卡、存折、公司账号等多种创新转账形式，为客户提供一种安全、便捷、实惠的手机转账体验。

（四）多方式引导客户体验，多渠道开拓市场营销

1. 制定行内员工营销制度，通过考核调动行内员工积极性。一是建立全天候电话快速服务通道。互联网金融业务具有快速的迭代性，为使客户更方便快捷的体验贵阳银行互联网金融服务，业务部门建立了专门的24小时电话快速服务通道，通过客服人员的耐心引导，使得客户可以更加快速、直接的接受贵阳银行互联网金融服务，减小学习成本。二是制定考核制度，向各分支行制定互联网金融产品营销任务，并按季对营销结果进行全行通报，纳入员工的绩效考核。三是制定奖励制度，鼓励全行员工共同营销贵阳银行互联网金融产品，实行分层次奖励，即未完成任务的扣除相应绩效，超额完成任务的按照超额比例实施奖励。

2. 通过与第三方合作，以资源互补的方式提高营销效率。一是与中国移动与中国联通等运营商合作，通过推出话费套餐、运营商网点驻场营销等方式向市民营销贵阳银行互联网金融产品，依托运营商的辐射面，极大提高了营销效率。二是抓住互联网金融产品新颖、迭代快速的特点，与贵阳学院等高校积极合作，在学校食堂、超市、学费缴纳等场景推广使用贵阳银行手机支付等互联网金融产品，使得学生在生活中能够方便的享受金融服务的同时，也极大地宣传了贵阳银行互联网金融产品。三是与贵阳市内比较有规模的如保利云山小区等生活小区积极合作，为小区内住户提供在互联网上的物管费缴纳，停车费缴纳。同时提供手机门禁、手机支付购物等，并将此模式快速地向其他生活区进行复制。保利云山小区因此获得了全国“移动金融示范点”称号。四是与公交部门积极合作，推出使用贵阳银行手机支付乘公交、打出租享受打折优惠的服务，快速地向市民营销贵阳银行产品。

3. 开展用户亲身体验活动。在贵阳银行总部营业部、金阳互联网金融大厦设立“贵阳银行互联网金融展区”，以客户可以亲身体验的方式，直观的感受贵阳银行互联网金融产品能给客户带来的包括转账、查询、理财、乘公交、门禁卡、生活缴费等一系列方便的服务。

4. 扩展省内外营销。积极参加国家级金融展览，向区域外客户营销贵阳银行互联网金融产品。

贵阳银行用互联网金融的思想和大数据的方法进行业务、管理、产品、营销模式的创新，突破地域和时间的限制，为更多的中小微企业提供高效、快捷、优质的金融服务。例如与中国银联贵州分公司合作开发的“互联网银企服务平台”，在四川成都省外建设分支机构，受到广大客户欢迎；在贵州省内的毕节、遵义、凯里、都匀、铜仁、安顺等6个地区拥有分支机构，满足企业和个人需求。

（五）完善各项标准流程，保障系统安全可靠持续运行

移动金融创新模式在带来业务活动多元化和便捷性的同时，也带来了一定的风险。为此公司坚持审慎原则，将信息安全和客户权益保护始终作为创新的前提和底线，借助移动互联网和移动智能终端具有的影像记录、地理定位、生物识别等的技术优势，与运营商、商户、客户等移动支付链条上的各环节建立联动防控机制，拓展安全边界，创新安全模式，从而使移动金融业务既能发挥其固有的便利性特点，又安全可靠，风险可控，达到创新与安全的和谐统一。

1. 加强业务风险防控力度，切实保护客户权益。在网络金融服务安全领域，贵阳银行已经形成了较为严密的业务安全体系。一方面严格遵循监管要求，遵照国家标准设计产品，采用动态数据认证方式，有效防范脱机交易过程中可能出现的信息窃取风险，严密保护客户信息安全。同时始终本着IT建设与管理并重、开发运行与安全维护并重的原则，不断改进应急预案的有效性和可操作性、应急演练的真实性，持续提升应急处置能力。另一方面，对圈存交易审慎设定交易限额，并严控电子现金圈提，防范

资金窃取和套现风险，降低资金风险。此外，在手机银行支付业务方面，贵阳银行还建立了双因素认证体系，并严把客户支付权限准入关口，从多维度严控盗刷风险，通过一系列的安全防线和风险管控措施，确保业务合法、合规、安全可靠，充分保护客户权益。互联网金融企业品牌在塑造中，如何提高公信力，让消费者相信、安心，是品牌塑造的焦点。首先，要加强技术安全建设，互联网金融基础是互联网，网络安全，硬件软件管理很关键，建立强大的风控体系，可以提高企业品牌的公信力。

2. 不断提高精细化管理水平，提升系统安全稳定运行可靠性。为提升自主可控能力和应急处置能力，为移动金融业务发展提供坚实的科技保障，围绕"技术支撑业务、业务与技术相融合"的金融科技发展趋势，贵阳银行要求科技部门牵头与业务部门协同建立信息安全保障体系，共同提高业务连续性，从全面风险管理的高度部署信息安全工作。

一是长期致力于稳步推进核心关键领域软硬件国产化，不断强化灾备体系建设，为此，贵阳银行建立了"两地三中心"灾备机房，实现业务系统在同一时间的"双活"，可保障某个系统在出现问题的情况下的业务不间断。

二是以技术支撑保密和安全。贵阳银行的手机银行前置系统的拓扑设计采用双层防火墙的架构，将应用服务器、应用管理服务器和安全代理服务器放置于 DMZ 区域。防火墙和网络设备利用银行现有设备。行内服务器群与银联手机支付的链接通道采用专线加密机保证数据安全稳定传输。贵阳银行的手机银行前置系统的拓扑设计遵循双层防火墙的架构，将应用服务器、应用管理服务器和安全代理服务器放置于 DMZ 区域。防火墙和网络设备利用银行现有设备。行内服务器群与银联手机支付的链接通道采用专线加密机保证数据安全稳定传输。在服务器角色和承担功能上：应用服务器主要完成手机银行业务的各项功能；应用管理服务器提供终端和应用管理、商户管理等服务；安全代理服务器与客户端配合提供端到端的安全；数据库服务器负责存储手机银行相关的用户、商户、交易等数据。在软件的安全技术上使用非对称加密技术，对敏感数据进行加密，配合短信验证码等辅助功能，为手机银行业务提供安全保障。

3. 加强系统维护监控管理，保障系统安全稳定运行。为了提高平台的平均无故障时间（MTBF），制定运行维护手册，加强对平台进行定期巡检和实时监控，将预期的故障消除在萌芽状态，并且建立巡检记录表，对监控峰值进行记录分析。加强操作人员对整个系统平台的培训学习，提高对系统的理解，当故障发生时，能快速高效处理故障。

4. 制定风险防范应急处理办法，保障系统安全运行。根据互联网产品的线上交易特性，技术部门对手机银行、直销银行、网上银行等产品建立了 24 小时不间断的交易监控系统，通过设置风险模型、实施声光警示、系统异常短信警示等手段对风险易发交易进行严密监控，并建立《系统风险应急处理办法》。如果发现在互联网上出现通过 IP 攻击的方式对贵阳银行的直销银行进行短时间内的恶意攻击，系统监控在恶意交易发生后立即发出声光警示，当班监控人员即刻查明警示原因并向部门领导汇报事件情况，同时通知相关工作人员采取风险防范应急措施，及时有效避免因恶意攻击可能造成的系统瘫痪。如：2014 年 4 月，系统维护人员收到系统警示短信，通过监控模型发现有大量同一 IP 发出的注册交易，维护人员根据《系统风险处理办法》进行处理，及时采取应急措施，成功避免了可能发生的业务风险。

三、商业银行基于"互联网+"的移动金融支付系统建设与管理的效果

（一）建立了一套稳定运行的移动支付平台

通过加强技术安全建设，提高网络安全管理和硬件软件管理，建立强大的风控体系，形成让消费者相信、安心、系统稳定安全运行的移动支付平台。在这个平台上，所有消费者消除了距离和地域的限制，随时随地获取所需要的服务、应用和信息。在这个平台上，用户可随时对账户进行查询、转账或进行购物消费，不受时间地点的限制，个人和企业金融信息获取更为及时。在这个平台上，基于先进的移动通信技术和简易的手机操作界面，用户可定制自己的消费方式和个性化服务，账户交易更加简单方便。新城贵阳银行对特定的客户群体提供有特色的产品

和服务的业务特色。

（二）有效开拓了市场

针对不同客户群体需求，推出了基于SD卡的“黔e通”手机银行和“金电手机钱包”、基于手机SIM卡的“黔e付”手机银行和带NFC功能的“TSM移动和包”以及无卡模式的“手机直销银行”五种移动支付应用产品。随着业务的飞速发展，截至2014年8月底，全行累计移动支付用户共计100 692户，其中上半年新增44 266户，同比增长561.0%。上半年累计交易196.53万笔，同比增长757.8%，其中远程支付183.8万笔，同比增长706.9%，交易金额158.6亿元，同比增长693.5%，近场支付12.8万笔。

从2015年7月—2015年11月，贵阳银行推出的互联网理财产品“爽得宝”实现累计申购超过300亿元，其中80.0%为省外客户，这标志着贵阳银行互联网金融业务实现从无到有跨越式的发展，打破了地域的限制，为全国客户带来的方便、快捷的互联网金融服务，同时为打造具有特色的移动互联网金融业务平台夯实了基础。

（三）提升了企业竞争能力

经过三年建设，到2015年，贵阳银行基于SD卡的“黔e通”手机银行和“金电手机钱包”、基于手机SIM卡的“黔e付”手机银行和带NFC功能的“TSM移动和包”以及无卡模式的“手机直销银行”五种移动支付应用产品成为企业移动支付平台上的主打产品，有力促进贵阳银行业务向着电子化、互联网化的方向转型。

在人民银行贵阳中心支行的指导下，贵阳银行TSM平台完成与金电TSM平台的对接，发行了通过人总行MTPS认证的SD电子现金卡，实现了与人总行MTPS的间接连接。同时，贵阳银行作为贵州地区首家完成自建TSM系统的城商行，成为贵州地区与人总行MTPS直接连接的唯一单位，有力推动贵阳打造西部科技金融创新城市和西部互联网金融创新城市。

在2015年中国银行业协会首次发布的商业银行稳健发展能力“陀螺评价体系”中，贵阳银行在资产规模大于1 500亿元的地方性法人银行中多项指标排名位居全国前十。在《亚洲银行家》英文版2015年十月第136期杂志发布“2015亚洲银行500强”榜单，贵阳银行“实力排名”位居第32位，居中国入选银行第8位；“资产排名”位居第206位，较上年提升47位；“资本回报率”排名位居第8位，有效提升了企业竞争能力。

广州农商银行香港成功上市　首份“上市成绩单”亮眼

广州农村商业银行股份有限公司

以IPO上市为契机，广州农商行将打造全牌照跨区跨业金融集团，实现从传统商业银行向综合金融服务商的嬗变，为广州区域金融中心、“三中心一体系”建设以及实体企业发展与经济转型升级提供更加充裕有力的资金支持与优质多元的金融服务。“未来我们发展的战略愿景是打造全牌照跨区跨业金融集团，成为牌照齐全、跨区跨业、具有竞争力和影响力的综合金融控股集团。”广州农商银行董事长王继康这样展望。

一、登陆资本市场具里程碑意义

2017年6月20日，广州农商银行在香港联交所敲锣开市。

一座国家重点城市，也是全国经济重镇，2016年广州名义GDP总量达19 600亿元，位列全国主要城市第3位，金融业增加值1 800亿元，在GDP占比近10.0%。但相比北京、上海，资本市场尤其是主板市场上很少见到广州金融机构的身影。

不过，这种局面随着广州农商行IPO上市而改变。拥有60余年历史的广州农商行成功登陆香港资本市场，在香港联合交易所主板上市，成为广州首家上市的银行机构。

近年来，广州农商行业务持续快速增长。总资产自2014年12月31日的4 666亿元增加至2016年的6 610亿元，实现复合年增长率约19.0%。截至2016年12月31日，该行各项存款在广州市所有商业银行中位列第3位，市场占有率为10.0%；各项贷款在广州市所有商业银行中位列第7位，市场占有率为7.2%。广州农商银行的成功上市对广州区域金融中心、“三中心一体系”建设和实体经济转型升级都有着积极的意义。

登陆资本市场，也将加快广州农商银行的发展步伐。通过上市，广州农商行资本充足率及核心资本充足率得以提高，有力支持其各项业务持续稳健发展，为该行跨区跨业战略和综合化金融战略的实施提供持续有力的资金支持。同时，也将大幅提升该行的抗风险能力，更好地应对日益复杂严峻的经营形势与竞争环境。在上市的过程中引进国内外优质投资者，吸纳境内外监管规定与先进理念，也将全面更新广州农商行的公司治理、经营管理技术和手段，对广州农商行的公司治理架构与管理体制进行标准化再造。推动该行以更先进的理念、更高效的路径、更稳健的方式实现“综合金融控股集团”的战略目标。

“我一贯认为只有在国际通行标准下才有可能打造出真正具有竞争实力、市场基因的银行，而上市为我们提供了锻造自我、完善自我、超越自我的全新平台与绝佳机会。从社会效应来讲，广州农商行作为广州乃至广东首家上市的地方性银行机构，对广州做优做强法人金融机构总部、强化区域金融中心建设等都具有良好的示范效应与积极意义。”广州农商行董事长王继康这样说。

二、65年磨炼连获业界齐点赞

广州农商行的历史可以追溯到1952年成立的广州市第一家农村信用合作社。2009年12月，该行成功改制，成为广东省内首家改制开业的农村商业银行。

改制后，广州农商行以“服务三农、服务中小微企业、服务地方经济发展”为宗旨，持续健全业务结构与产品体系，先后推进以“固农进城”“内涵集约”为核心的两次业务转型，并于2010年组建首批村镇银行“走出去”，2014年全资设立本土首家金融租赁公司，在全国农商行中首家取得证券投资基金托管资格，并发行全国首单中小企信贷资产证券化产品，服务范围与服务能力显著提升。

值得注意的是，在业务快速发展的同时，广州农商行坚持稳健经营并严控风险。截至2016年12月31日，不良贷款率为1.8%，低于全国农村商业银行近2.5%的平均值。

显著的区位优势、健全的业务体系、完善的渠道网络为广州农商行的健康持续发展奠定了坚实的基础。截至2016年12月31日，该行总资产和净资产分别达到6 610亿元和378亿元，位列广东省所有城商行和农商行第1位。如果按年度总资产、净资产、营业收入和净利润计算，广州农商行成为中国领先、广东第一的农村商业银行。

根据英国《银行家》公布的2016年度“全球银行1 000强”的排名，按一级资本计算，该行位居全球商业银行第203位、中国商业银行第30位以及中国农村商业银行第4位。而根据中国企业联合会和中国企业家协会发布的“2016中国企业500强”，广州农商行营业收入位列中国企业第441位，比2015年排名上升32位，是唯一一家连续两年入选的农村商业银行，在“2016中国服务业企业500强”中列第147位。

三、披露年度中报，亮首份“上市成绩单”

2017年8月，广州农商银行披露2017年上半年经营业绩，向投资者和社会各界交出了首份“上市成绩单”。数据显示，广州农商银行资产质量稳步提升，经营业绩稳健发展，主要经营指标位居全国同类机构前列。该行净利润、资产总额分别增长了21.8%和2.9%，不良贷款率下跌0.08个百分点，至1.7%。

资产质量提升,净利润增速喜人。作为首家在香港主板上市的广东地区法人银行,广州农商银行加大服务实体经济力度,积极响应并支持供给侧结构性改革,实现了资产结构优化、资产质量稳定、经营效益平稳的经营目标。

半年报数据显示,广州农商银行上半年实现营业收入624 200万元,实现归属股东的净利润262 200万元,同比增长21.8%。在沪港深三地38家上市银行中,增速居于前列。截至6月底,广州农商行资产总额较年初增长2.9%至6 800.5亿元,其中贷款总额较年初增加304.4亿元,增幅12.4%。

数据显示,广州农商银行资产结构有所改善,不良贷款压力缓解。资产质量方面,各项资产质量前瞻性指标全面向好,资产质量压力减小。其中,逾期贷款总额和占比均较年初明显下降,关注类贷款余额和占比也较年初下降,不良认定标准则进一步趋严。资本充足率方面,拨备覆盖率为182.2%;一级资本充足比率按年上升0.3个百分点,至10.3%;核心一级资本充足率为10.2%。

转型升级,"输血"实体经济。围绕服务实体经济、服务三农、服务小微企业,广州农商银行坚持践行普惠金融,在服务地域经济,增加普惠金融产品供给,改善金融服务水平等方面不断发力。

数据显示,广州农商银行贷款总额较年初增加304.4亿元,增幅12.4%,对实体经济发展的"输血"能力不断增强。作为深耕广州区域的本土银行,该行充分发挥贴近市场、贴近客户的优势,塑造独具地方经济特色的农业金融生态圈,积极拓展农业龙头企业,授信支持重点行业和领域,根据行业特性匹配针对性的融资模式及风险控制模式,设计推出了一揽子的对公、零售金融产品与服务,推出"农业链""村民e贷",整合优化"村民致富贷""粤富宝"等产品,是广州地区涉农贷款余额、占比最大的银行机构之一。

四、打造全牌照跨区跨业金融集团

从2009年在省内农信社中首家改制成为农商银行,到2017年在省内地方性银行中首家上市成为公众银行,广州农商银行取得快速发展的秘诀是管理和服务的提升。

广州农商行拥有全广州最多的营业网点与ATM自助设备,在广东省内设立了5家异地分行,在全国9省市发起设立了24家村镇银行,同时构建了覆盖移动银行、网上银行、微信银行、电话银行、短信银行的7×24小时全天候、全渠道服务网络。

根植三农,客户至上。在长期服务三农、服务中小微企业、服务地方经济发展的过程中,广州农商行服务的客户数量与客户忠诚度、贡献度不断提升。

广州农商银行的发展之路上,经历过三次战略转型。第一次转型是以"固农进城"为主题的一次变革,广州农商银行在巩固传统农村市场并满足新"三农"金融需求的同时,开始向城市经济进军,围绕新型市场主体的需求创新推出了一系列能与同业比肩的业务产品,以差异化的策略捕捉市场机会,寻求城乡业务的均衡发展。第二次转型是广州农商银行基于市场逻辑重新界定发展模式,以"内涵集约"为主题,推进业务结构从单一重公司业务向中间业务和零售业务并重转变,客户结构从注重大客户向注重中小微客户转变,收入结构从单一靠息差收入向多元提升中间业务收入转变,市场结构从单一注重本地市场向全国市场布局转变。面对银行业新常态,2014年,广州农商银行启动了第三次战略转型,以"四大战略"布局综合金融。第三次转型突出"综合金融、协同服务",就是要在银行层面强化业务条线之间的联动服务和交叉销售,全面介入客户的生态圈,并协同利用银行、租赁、基金、信托、保险等多种金融工具与产品,为客户提供一站式、综合化金融服务。

"得广州、望全国",在巩固本土本色优势的基础上,广州农商银行综合化经营的蓝图已经徐徐展开,"云山峰高无惧路遥先奋步上辽京登天府逐鹿中原问鼎齐鲁苏沪赣湘能立足,珠水潮急不可待风正直扬帆下村社涉商圈支持实业服务人民工农中建试比肩。"广州农商银行董事长王继康曾写下这样一副对联。对联充满创业的豪情,也描绘着综合化经营的发展新途。

综合化经营蓝图的探索之路已经铺开,"星火"开始"燎原"。2010年,广州农商银行在河南发起成立珠江村镇银行,踏出了异地经营的坚实脚步。2014年,广州农商银行独资的珠江金融租赁公司在南沙正式开业,吹响了广州农商银行跨业经营的号角。2015年,广州农商银行成功取得信贷资产证券化业务资格，打开了资产证券化探索的破冰之旅。未来，广州农商银行将以银行业务为核心，逐步打造集租赁、基金、证券、保险、信托等机构为一体的门类齐全、功能完善、具有显著影响力和竞争力的综合金融控股集团。推进部分业务条线子公司制运营，设立消费金融公司、信用卡公司、专营农贷机构、小微金融机构、资产管理公司等。

在创新中发展，在改革中奋进。广州农商银行以智慧和勇气描绘了综合化经营的版图，珠江系金融集团隐隐浮现。

中国华融以“创新＋稳健”为引领　持续做强做优做大

中国华融资产管理股份有限公司

2016 年是国家“十三五规划”的开局之年，也是中国华融资产管理股份有限公司（简称“中国华融”）在港上市后第一个完整会计年度。这一年，中国华融在圆满完成“五年三步走”发展战略的基础上，拉开了回归 A 股的序幕，启动新五年创新转型发展战略。这一年，中国华融坚持“创新＋稳健”，不断“做强做优做大”，成功入选“2016 中国企业 500 强”“2016 中国服务业企业 500 强”“《财富》中国 500 强”。这一年，中国华融经营业绩持续、稳健、快速增长，总资产、净资产、净利润再创历史新高。继续保持中国“资产规模最大、盈利能力最强、实现利润最多、股权回报良好、金融牌照齐全、品牌价值响亮”的大型国有金融资产管理公司地位。

（一）经营业绩再创新高，盈利能力、创利规模持续大幅领先同业，继续保持中国资产规模最大金融管理公司地位

截至 2016 年 12 月 31 日，中国华融集团总资产突破 14 000 亿元，达到人民币 14 119.7 亿元，较年初增长 62.9%，比 2008 年年底增长近 43 倍，保持中国资产规模最大金融资产管理公司地位。净资产突破 1 500 亿元，较年初增长 26.3%，比 2008 年年底增长近 10 倍，每股净资产 2.95 元。净利润保持高速增长，全年实现净利润达人民币 231.1 亿元，较上年增长 36.3%，比 2008 年年底增长近 68 倍，其中归属于本公司股东净利润 196.1 亿元，较上年增长 35.4%；平均股权回报率 18.4%，股东回报良好。

（二）不良资产经营主业突出，三大业务板块协同发展，有力支持国家供给侧结构性改革和实体经济转型升级

中国华融牢牢把握市场供给增加的有利机遇，强化突出主业，积极推进“大客户战略”，“不良资产经营、金融服务、资产管理和投资”三大业务板块协调发展，集团“一体两翼”协同效应明显提升。不良资产经营主业保持同业领先，收购处置类业务新增规模 1 066.8 亿元，较上年增长 83.8%，收购重组类业务新增收购规模 2 413.5 亿元，较上年增长 45.1%。

（三）公司治理结构不断完善，风险防范、内部控制和合规管理水平显著提升，各项指标符合监管要求

中国华融不断完善公司治理结构，公司治理水平持续提升，董事会、监事会换届顺利完成，新一届董事会、监事会正式履职。回归 A 股取得重大实质性进展，A 股发行申请材料获得证监会正式受理。把防控风险放在更加重要的位置，践行“五早、五防、五用、五治、五讲”“五五”风险管控方法论，构建起坚实有效的风险管控“防火墙”“安全网”和“隔离带”。拨备比及拨备覆盖率分别达 8.8% 及 444.4%，流动性充足，管理有效，业务经营平稳运行，各项风险指标符合监管要求。

（四）公司品牌价值和国际国内影响力显著提升

2016 年，中国华融成功入选“2016 中国企业 500

强”，《财富》（中文版）中国500强。中国华融（2799. HK）股票入选“富时中国50”、恒生中国H股金融行业和“MSCI中国”三大重要指数，公司荣获中国证券金紫荆奖“最佳上市公司”称号、中国金融机构金牌榜“年度最佳资产管理公司”等荣誉称号，公司价值得到投资者广泛认同。公司党委书记、董事长获得“中国金融行业最具社会责任企业家”、中国证券金紫荆奖“最具影响力上市公司领袖”“2016中国品牌人物”、第十一届“亚洲品牌十大杰出领袖”“深港十大创新金融人物”等荣誉称号。

（五）境内外发债力度加大，打造债券型资产管理公司成效明显

中国华融以入选国家发改委2016年度外债规模管理改革试点单位为契机，持续加大境内外发债力度，推动发债融资市场化、常态化和专业化。2016年，中国华融实现境内发债350亿元人民币、境外发债60亿美元，获得投资者超额认购和积极评价，充分表明国际金融市场对中国经济发展充满信心、对中国经济政策充满信心、对中国华融作为金融央企的品牌实力充满信心。

（六）实施大客户战略成效显著，越来越多的客户与中国华融实现“资源共享、优势互补、风险共担、利益均沾、互惠双赢、合作发展”

2016年全年中国华融新签战略合作协议15个，新增客户3 212家，截至2016年年底，客户总量达9 430家，客户总量和大客户收入贡献稳健增长，客户结构进一步优化。以推进“大客户战略”为契机，加快搭建新战略平台，2016年以来成立华融消费金融、华融晋商资产管理、华融昆仑青海资产管理、华融资本管理、华融福建自贸区投资、华融澳门国际等多个创新业务平台，公司金融服务体系、手段和功能更加完善。

（七）积极履行央企社会责任，坚持发展成果与社会共享，为国家、社会、股东、客户、企业、员工创造更多价值

2016年，中国华融总资产、净资产、净利润、缴纳税费能力大幅增长，为国有资产保值增值作出积极贡献。注重股东回报，2016年度每股收益0.5元，计划派息58.8亿元，派息比例远高于招股书承诺，为广大股东创造更大价值。落实中央“精准扶贫”要求，履行社会责任，2016年新增定点扶贫资金600万元，累计在定点扶贫地区宣汉县投入定点扶贫资金2 880.4万元，捐助钱物1 100多万元，并设立“中国华融（抚州）教育基金”“中国华融赣南老区红军后代教育基金”等，行善积德。公司获评“2016企业扶贫优秀案例”，入选中国扶贫基金会、中国社会科学院“企业扶贫蓝皮书”。

总结过去，成效显著；展望未来，任重道远。中国华融将继续以习近平总书记系列重要讲话精神为指引，“撸起袖子加油干”，增强“业绩自信、理念自信、道路自信、文化自信”的“华融自信”，努力“做强主业、做大利润、做实风控、做响品牌，不断提高中国华融核心竞争力和国际影响力”，致力打造“治理科学、管控有序、主业突出、综合经营、业绩优良”的一流资产管理公司，推动中国华融不断做强做优做大，以更良好的经营业绩和更优质的金融服务，有效支持实体经济发展，为国家、社会、股东、客户、企业、员工创造稳定可持续增长的价值。

海纳百川　投创未来

——中国电建集团海外投资有限公司成立五周年纪实

中国电建集团海外投资有限公司

自2012年7月1日成立以来，电建海投公司应势而变、顺势勇为，在老挝、柬埔寨、尼泊尔等10多个国家和地区，拥有7个投产项目、3个在建项目、10多个前期项目，在建及运营电力项目总装机达300

万千瓦。营业收入、利润总额、资产总额分别是成立之初的13.1倍、15.2倍、4.3倍,主要经济指标连年实现两位数以上增长,成为中国电建调结构、促转型、产业链价值链一体化、国际业务优先发展的重要载体和运作平台。

五年只争朝夕,五年春华秋实。电建海投公司坚持"全球绿色清洁能源的优质开发者,项目属地经济社会的责任分担者,中外多元文化整合的积极推动者"的企业定位,贯彻"五大坚持"的管理思想,正阔步奋进在"一带一路"上,努力打造海外投资升级版。

一、战略引领发展,布局"一带一路"市场

中国电建集团董事长晏志勇表示,中国电建与"一带一路"有着三大"高度契合",即国际优先发展战略与"一带一路"战略思路高度契合,能源和基础设计建设主业与"一带一路"业务高度契合,海外业务布局与"一带一路"覆盖区域高度契合。而"懂水熟电,擅规划设计,长施工建造,能投资运营",则成为中国电建"走出去",践行"一带一路"倡议的核心优势。

正是这种高度契合与核心优势下,电建海投公司提出了"打造电建集团4大海外平台、布局全球8+10+12国别市场、建设6种核心能力、实现1221发展目标"的总体战略,牢固坚持"战略契合、能力可及、风险可控、效益可期"的"四项原则",不断推进中国电建海外投资业务做实、做优、做强。

看着世界地图走出去,沿着"一带一路"拓市场。5年来,电建海投公司紧紧抓住"一带一路"所带来的发展机遇,遵循"水火并进"的市场开发思路,坚持区域化、属地化、专业化发展,把公司主营业务发展、核心优势发挥与"一带一路"沿线国家发展战略、发展需求紧密结合,其中8个一类核心国别市场全部围绕"一带一路"布局,形成了战略契合、需求融合、优势互补、合作共赢的局面。

在巴基斯坦第二大港口卡西姆港,一座现代化的发电厂正在这片阿拉伯海滩涂上拔地而起。这是"中巴经济走廊"首个落地项目、中国电建最大的海外投资项目、首个混合所有制经济投资项目。电建海投公司全面负责该项目的商务运作、可行性研究、环境评估、协议谈判、税务筹划、风险管控和融资保险等工作。并协同集团内部规划设计、建设施工、设备修造、监理监测、维护管理等优势资源,实现了集团以海外投资为龙头,带动集团业务全产业链一体化模式"走出去"的战略意图。

在柬埔寨,作为中国电建第一个以BOT方式投资开发的境外水电项目,甘再水电站已稳定运营了5年,被誉为柬埔寨的"三峡工程";在尼泊尔,上马相迪A水电站是中资企业在尼泊尔投资第一个水电站,建设过程中完美展现了"中国电建"时速,投产后已累计发电超过1亿千瓦时,为尼泊尔增添5.7%的优质电能。

目前,柬埔寨甘再水电站,老挝南俄5水电站、上马相迪A水电站、南欧江一期、水泥厂和刚果(金)铜钴矿等投产项目稳健运营;老挝南欧江二期,巴基斯坦卡西姆港燃煤电站,印度尼西亚明古鲁燃煤电站等在建项目进展顺利;蒙古国布罗巨特煤电项目,印度尼西亚拉苏洛水电站,孟加拉国拉贾汉燃煤电站等10余个前期项目有序推进。在建项目履约有序受控,运营项目效益稳步增长,为电建海投公司快速发展提供坚强支撑。

二、点燃创新引擎,打造海外投资升级版

"在加强企业管理、推行战略落地中要贯彻'五大坚持':即坚持战略引领,坚持问题导向,坚持底线思维,坚持复盘理念,坚持管理创新。"海投公司贯彻落实"五大坚持",搭建管理创新机制,重视工作管理方法的创新,通过复盘管理、头脑风暴、精细化等管理工具,总结提炼形成公司管理创新成果,并予以大力宣传、推广和应用,进而有效提升管理水平,为打造海外投资升级版提供了有力支撑。

6月1日,在电建海投公司召开的第一届管理创新论文大赛颁奖大会上,62篇各类管理技术论文。这些课题论文涵盖投资项目市场开发、建设运营管理、财务资金管理、安全管理、机电物资管理、信息化管理、廉政监督管理等诸多方面。既有公司领导层对企业发展战略的思考研究和对策探索,也有生产经营一线员工基于本职工作的可贵思考和经验

总结。

惟改革者进，惟创新者强，惟改革创新者胜。在创新管理的旗帜下，一套套全新管理模式与体系，应运而生，密集出台。

——面对资金短缺、海外融资困难，跳出传统解决模式，结合自身特点和外部形势，搭建海外融资平台，成立中国水电（香港）控股有限公司，并以此为依托，先后两次成功发行人民币债和美元高级永续债，开创了中资企业海外融资的新渠道。

——在开发老挝南欧江流域梯级水电站过程中，首次推行全产业链一体化管理模式，打通从投资、融资、建设管理到资产运营的整条产业链，实现对项目全生命周期的有效掌控，引领中国电建电力建设业务向产业链的高附加值环节转移升级。

——建立实施“平衡计分卡绩效考核体系”，通过定性与定量相结合，将战略目标任务细化分解为可操作的衡量指标和区间目标值，在决策层、管理层、执行层间搭建新型绩效管理体系。将公司战略、年度目标、员工成长具体分解到岗到人，为培育总部核心能力和推动战略落地提供了有力支持。

——通过投保海外投资保险、完善自身投资评价及决策体系、采用多元化股权投资形式、争取两国政府的政策支持、构建风险预警系统、重视风险教育与培训等六大举措，实现对海外投资业务的全方位、全周期的风险管控，筑牢“铜墙铁壁”，提供可靠保障。

三、传承丝路精神，树立责任央企形象

“国之交在于民相亲，民相亲在于心相通。”电建海投公司投资建设与运营管理的项目，大部分位于经济社会发展相对落后的国家，搭乘中国“快车”，共享发展红利，以项目建设带动当地经济发展，以履行责任赢得民众认可。

5 年来，电建海投公司始终秉承“绿色发展，科学开发”的理念，坚持“本土化战略”，培养吸纳大批外籍员工，拉动当地就业，高质量建设移民村，高标准修建道路、桥梁、学校、寺庙、医疗所等公共设施，注重绿色环保，履行社会责任，关注民生，融入当地，赢得属地各界的广泛赞誉。

坐落于青山绿水间的柬埔寨甘再水电站，通过与当地环保、渔业等相关职能部门合作，广泛开展环保、渔业、森林保护等宣传活动，建设珍贵树木苗圃，投放鱼苗、虾苗，让大自然的馈赠，转化为当地民众的幸福生活，多次受到柬埔寨环保部门及所在地政府的表扬，绿色环保已成为一张拿得出、叫得响的名片。

在老挝的南欧江畔，帕景村村长苏玛尼向每位来访者讲述着搬迁新居的喜悦。“中国企业修建水电站之后，村里的交通、住房、办公、学校、市场、卫生健康中心等条件都有了很大改善，并为孩子们捐赠了课桌、椅凳、档案柜等教学用具，还专门修建了寺庙和焚化台。原来靠船运的，现在有了笔直平坦的公路，村村互通，村民住进了移民安置房，也告别了‘屋外大雨、屋里小雨’的尴尬。”

在高山之国尼泊尔，当地震来袭，上马相迪项目公司立即组织发放专项赈灾款和募集善款，提供救灾车辆及价值 70 万卢比的各类物资，第一时间协助当地政府投入抗震救灾。国会议员贾明德拉先生代表尼泊尔国会、兰姆郡地区向项目公司在遭受大灾大难之际，给予当地灾民的支持和援助表示感谢，盛赞电建海投是负责任、勇担当的公司。

在“本土化战略”下，越来越多的外国朋友加入到中国电建这个大家庭中来，无数人的命运得以改变，实现了人生的华丽转身。据不完全统计，电建海投公司境外项目公司人员本土化率已达 40.0% ~70.0%。

四、党建强“根”固“魂”，实现和谐健康发展

5 年来，电建海投公司积极探索创新海外党建工作体制机制，坚持抓基层、打基础，把海外党建工作，融入公司拓展市场、建设运营、风险管控等各个环节，把党的组织资源转换为发展资源，将政治优势转化为发展优势，推动公司实现更高层次、更高质量的发展。

目前，电建海投公司进一步明确海外党建“三结合、三促进、五确保”的工作定位，已设立党组织 17 个，其中驻外党组织 12 个，实现了国内国外党组织体系的全覆盖。2016 年 4 月 29 日，中国电建首个涵盖了投融资、设计、监理、施工、运营等集团多家参建

单位的海外项目联合党工委,在巴基斯坦卡西姆电站项目正式成立,12 月 30 日,又在老挝南欧江项目,成立了第二个海外项目联合党工委,有力地促进了集团业务链向价值链的转变。为指导引领海外党建工作开展,电建海投公司编制出台了《公司党群工作手册》《海外基层党组织实务手册》,形成流程健全、制度闭合、高效运行的管理体系。

5 年来,电建海投公司精心培育特色"海"文化,通过顶层设计、建好载体、开展活动、丰富内涵,致力于建设效益型、品质型、活力型"三型海投",打造出"海、暖、新、益"元素在内的"1 + N"海文化体系,得到广大员工的充分认同和积极响应。春风化雨,成风化人。其中的"海投语录",深入员工心田,成为指导员工工作和生活的理念和准则。

海纳百川,投创未来,是企业精神;天道酬勤,行稳致远,是做人做事的境界追求;专业的人做专业事,是识才、用才、任才的基本原则;管理就是聚合能力和放大能力,道出了团队协作对于企业发展、个人成长的重要作用;风险管控永远是第一位的,则让风险意识成为每名海投员工心中紧绷的弦。电建海投公司搭设的立体媒介平台,打造的外宣工作机制,更是把企业品牌打磨的熠熠生辉,让海投故事,声动长城内外,画传五洲四海。5 年来,电建海投公司陆续推出了《电建海投》内刊、《公司成立四周年纪念文集》、项目纪录片"三部曲"等一大批文化产品、传播载体。一系列大专题、大文章、大作品在国内外主流媒体陆续刊发,重锤响鼓,声名远播。

5 年来,电建海投公司正是以逐梦者、赶超者的姿态,自信笃定,勇于担当,在不断奋进前行中,成就一段不凡传奇,书写一份亮丽答卷。

创新发展　引领市场新格局

鹏润控股有限公司

鹏润控股集团成立于 1996 年,以房地产、投资、互联网金融为主营业务。地产涵盖商业、产业、住宅地产,投资涉及股权、并购、定增、不良资产收购与处置,互联网金融布局商业保理、基金代销、保险、小额贷款、资产交易。鹏润控股依托品牌优势,通过三业创新并进,普惠大众、助力产业,实现企业社会价值和商业价值。

鹏润控股及国美控股是集团同气连枝的双品牌,秉承"一切从客户需求出发,矢志服务于客户"的企业战略,鹏润控股全面优化配置、立体整合资源,确保"5 年内实现资产管理 5 000 亿元,年均销售额超过 1 000 亿元"的目标实现。

现任鹏润控股集团董事长兼国美控股集团总裁黄秀虹,同时担任中国企业联合会副会长、中国企业家协会副会长、中国商业联合会副会长、中国经营连锁协会理事;北京奥运会火炬手;曾获得"中国最具影响力的商界女性""中国年度关注人物"等奖项。

集团董事长黄秀虹 1991 年加入国美电器,17 年间历任财务主管、北京国美总经理、国美电器总部采购中心总监、国美上海大区总经理等集团要职。2009 年临危受命站在国美集团的最高舞台,出任国美控股集团总裁,带领国美控股集团 30 万名员工不断创新奋斗,使国美控股逐步发展为年营业额近 2 000亿元、市值近 700 亿元的多元化大型企业集团。见业务导航图。

一、鹏润地产

鹏润地产集团成立于 1996 年,2007 年跻身全国房地产行业百强。鹏润地产以产业地产、商业地产和住宅地产三大板块为核心,业务范围涉及项目投资、开发、运营、销售及物业管理。集团已开发项目建筑面积超 1 000 万平方米,目前在建面积超 300 万平方米,主要分布在北京、上海、广州、重庆、西安等地。2007 年鹏润地产已跻身全国房地产行业百强,所筹建项目曾获"亚洲单体面积最大的独立写字楼""北京市十大明星楼盘"等业内殊荣。

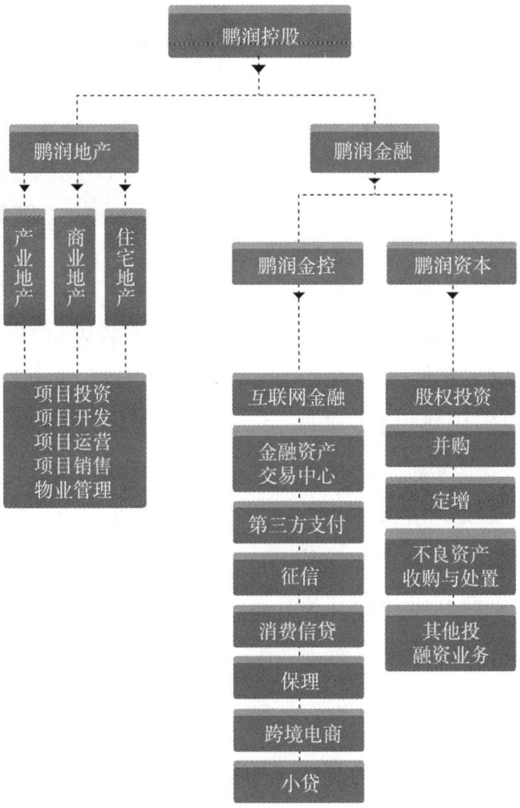

图　鹏润控股集团业务导航图

鹏润地产重点的住宅项目有北京鹏润家园、北京国美第一城、上海鹏润伊顿公馆、重庆鹏润蓝海、重庆鹏润半山华府、重庆悦秀上东等。商业地产项目有西安悦秀城、北京悦秀城、广州悦秀城、重庆悦秀城、北京鹏润大厦等。

2016 年 8 月，鹏润地产集团以近 9.9 亿元成功拍下广州市琶洲电商总部区最后一宗商业用地，加上此前 10.6 亿元拿下毗邻区域的另一块地，在这个未来国家创新中心城市的创新中心，鹏润形成了强势布局的态势。

二、鹏润金融

鹏润金融下辖金控及资本业务板块。金控集团是从事金融发展与投资业务的战略管控平台，致力于建设“维护投资者资金本息安全，满足个人消费信贷、理财，供应链企业融资的多样性金融需求”的“一站式”金融服务平台。作为鹏润控股旗下的资产管理平台，鹏润资本主要业务涵盖股权投资、并购、定增、不良资产的收购与处置，及其他投融资业务。

鹏润资本是鹏润金控旗下资产管理平台，主要业务包括：资产保值增值、并购、定增、不良资产的收购与处置及其他投融资业务。

鹏润金控是以金融服务为基础，以个人理财业务为起点，不断扩展金融服务的边界，实现金融与电商、社交、文化的各产业融合发展。目前已全面布局互联网金融、商业保理、基金代销、小额贷款、资产交易平台等业务，致力构建一个全方位的金融、生活服务平台。据企业内部三年规划得知，3～5 年内，鹏润集团将以金控为核心平台，创造市值 500 亿元互联网金融服务集团。以下是鹏润金控下辖的业务线具体介绍。

1. 鹏润金服在线立足打造“互联网＋”产业链金融生态圈平台，结合品牌、资产和创新方面的优势，以健全的风险管控体系为基础，为消费者、小微企业及投资者提供安全、便捷的线上服务。其中美美理财是鹏润金服推出的移动端理财平台，提供全面安全的本金保证。超低投资门槛，不同期限产品自由选择，适合各种投资需求，让投资者享受方便快捷的个性化理财服务。

2. 福金金融资产交易中心：借力福建平台自贸区的区域经济优势，以互联网＋金融资产交易平台打破金融交易的区域和行业壁垒，为市场提供更为丰富、安全的金融资产交易信息和特色、快捷的金融服务。

3. 鹏润美分：是为用户提供消费信贷服务，利用大数据技术实现普惠大众，让用户体验先享受后还款的便利。为企业提升销售，同时实现双赢。

4. 美美付（筹）：是鹏润控股旗下第三方支付公司，依托于国美资源及跨境平台地理优势，为客户提供安全、便捷的支付服务，构建支付场景。支持线上、线下O2O支付模式，形成各行业支付解决方案。

5. 鹏信征信：通过建立信用大数据，对企业的信用状况。进行风险预警。通过大数据判定风险级别高低，并为守信企业提供可以用信用交易的资本平台。

6. 消费信贷：为用户提供消费信贷服务，利用大数据技术实现普惠大众，让用户体验先享受后还款的便利。同时为企业提升销售，实现双赢。

7. 鹏信保理：以风控为核心，以业务为导向，为广大的中、小、微企业提供保理融资服务，解决企业在发展过程中所需的流动资金需求，优化运营资金，大幅减小融资成本，发掘企业核心价值，提高核心竞争力。

8. 跨境电商：通过电子商务平台达成交易、进行支付结算，并通过跨境物流送达商品、完成交易。跨境电商构建的开放、多维、立体的多边经贸合作模式，极大地拓宽了进入国际市场的路径，大大促进了多边资源的优化配置与企业间的互利共赢。

9. 小贷公司：为广大小微企业主、个体工商户及工薪阶层，提供最快捷便利的微金融产品，实现"草根金融、高端服务"的体验。

三、"创新"的业务发展原则

"创新"一直是鹏润控股集团秉承的原则，在集团董事长黄秀虹的带领下不断践行企业创新的理念，在"互联网＋"的风口中率先站在了行业制高点。

鹏润地产集团在2017年8月份拿下的广州市琶洲电商总部区的最后一宗商业用地，就是位于国家创新中心城市的创新中心，鹏润地产将在琶洲探索和实践新型商业模式，推动电商＋实体店的O2O模式更加成熟完善。

而鹏润金融集团的规划，也是以"实业＋金融"模式，围绕生活消费、企业融资、个人理财、资产管理等服务，致力于打造一个多元化、创新的金融服务集团。其中，鹏润金融的先锋业务"美美理财"近来更是因各种"创新"动作引起了业内高度关注，如布局"互联网金融＋社交"的创新模式并成功上线"美美群"交流社区、与中国电信开创了跨界合作3.0时代引领市场格局等一系列动作，都是与整个鹏润控股集团的"创新"的发展路线密不可分。

伴随着行业及自身的不断成长，鹏润控股依托品牌优势，通过"实业＋金融"的模式多业并举、不断创新，普惠大众、助力产业，实现鹏润的社会价值和商业价值。

深化改革谋发展　创新转型谱新篇

——无锡市国联发展（集团）有限公司改革发展情况

无锡市国联发展（集团）有限公司

无锡市国联发展（集团）有限公司（简称"国联集团"）成立于1999年，为无锡市属国有独资企业集团，注册资本80亿元。近年来，国联集团认真贯彻落实无锡市委、市政府决策部署，牢固确立"创新、转型、开放、跨越"发展理念，积极实施"市场化、证券化、国际化和走出去"发展战略，依靠金融和实业双轮驱动，着力“做优做强金融、做大做强实业”，综合竞争力不断提升。2016年，国联集团完成营业收入127.1亿元、实现利润18.5亿元，上缴各项税收近16亿元。截至2016年年底，国联集团总资产780亿元、净资产近300亿元，位列“2016中国服务业企业500强”第247位。

一、完善公司治理，提升内部管理水平

国联集团按照现代企业制度要求，不断完善集团治理架构与体系，加强规范运作，提高管理水平。完善公司治理。推进董事局战略规划、投资评审、薪酬考核、风险管控和审计监察五个专门委员会规范化、常态化运作，有效发挥决策参谋作用。调整优化集团部门设置，推行事业部制管理，成立金融投管部和实业投管部，统筹推进和协调管理金融、实业两大板块业务发展。推进下属金融与实业企业股权的归集调整，形成“四级架构、三级管理”。加强集团委派到被投资企业董事、监事的履职管理，实现集团与被投资企业在管理上的有效协调。提升内部管理。强化制度建设，近两年来不断修订完善各项管理制度，并推动贯彻实施，有效提升集团管理规范化、制度化水平。建立完善了投资、风控、财务、法务、审计监察等条线工作体系，形成较为科学合理、有效制衡的内部管理机制。规范完善投资评审制度和流程，强化投后评价和管理，形成从项目立项到投后管理与考核的全过程管理体系。完善风控管理体系，建立两级风控委员会架构与工作机制，优化风控委成员组成并推动有效运作，实施首席风险官制度，提高风险管控水平。完善法务工作网络，主要子企业委派法务负责人，各子企业都设立法务专岗，成立江苏省内首家公司律师事务部，建立集团及子企业市场化的外包法律服务公开选聘机制，实现集团范围内法律顾问全覆盖。加强采购招标监督管理，集团范围内物资采购统一公开招标，做好内部审计与效能监察，保障规范健康发展。推进财务全面预算管理，做好集团资金统筹，持续开展降本增效活动，提高综合效益。坚持“五统一”招聘管理，做好重点业务领域和关键岗位专业化人才、国际化人才等的培养和储备，搭建“国联尚学堂”移动互联学习平台，提升人才素质。

二、加快创新转型，增强主业核心竞争力

国联集团贯彻落实无锡“产业强市”战略部署，积极调整产业投资导向，聚焦主业发展，加快创新转型，不断提升产业发展层次和水平。着力发展综合金融。积极应对金融混业经营、同业竞争态势，创新思路与经营管理模式，发挥金融牌照齐全优势，确立综合金融发展战略并积极推进实施。开发建立国联综合金融信息系统平台，并不断优化完善，初步形成了客户服务、业务协同、管理协调三大模块，为综合金融发展提供了平台和技术支撑；整合营业网点资源，推进南京、无锡等重点地区综合金融运营中心建设，提升服务和功能，发挥好窗口作用；启用国联金融统一客服热线95570，统一产品和服务手册，做好统一形象设计，打造“国联金融”品牌；整合资源，研究建立国联综合金融研究院，加强综合金融产品开发和人才培养，提升国联金融综合竞争力。加快实业转型升级。按照“智能化、绿色化、服务化、高端化”和“提质、增量、增效”要求，国联集团重点围绕环保、新能源及装备制造、高档纺织、现代物流等产业领域，加快转型升级步伐。打造集团统一产业投资平台，发起设立国联产业投资母基金，强化集团范围内投资的资源集聚和业务协同，积极开展投资运作，提高产业投资成效。推进国联环保与华光股份重组与一体化管理，收购无锡市政设计院，并与上海现代设计院达成战略合作，设立环保科技、华光环保等平台，拓展市政污泥处置、烟气治理等专业市场，打造市政环保产业板块。组建一棉纺织集团，推进智能化改造升级，积极探索走出去发展，实现产能转移提升，不断做大企业规模。与央企中设股份合作拓展分布式光伏电站开发建设市场，打造新能源平台，累计建成并网分布式光伏电站近200兆瓦。与上市公司科陆电子合作，在无锡地区开展充电桩建设与电动汽车租赁业务，实现良好起步。推进中民养老无锡服务中心项目建设，加强养老运营管理、文化旅游、健康体检等方面的国际合作，拓展产业发展空间。

三、探索推进改革，激发企业发展活力

国联集团围绕打造国有资本投资运营平台的目标，在企业改革方面做了积极探索。发展混合所有制。加快推动所属企业的股份制改造和上市工作，2015 年国联证券在香港联交所上市，正加快推进 A 股上市进程；2016 年启动华光股份重组，实现国联环保整体上市，成为省内首家既实现整体上市又实施员工持股计划的国有控股上市公司，目前集团资产证券化率超过 40.0%。在保持控制力的前提下，推动子企业引进有资源、有品牌、有实力的战略合作者，提升企业发展水平。同时，在子企业中开展试点，探索管理层、技术骨干、业务骨干和员工持股，建立资本所有者和劳动者利益共同体。创新绩效考核办法。根据集团子企业之间行业、规模、发展水平等差别大的实际情况，实施"一企一表"考核办法，提高了考核评价的针对性和有效性。建立子企业考核分配"以丰补歉"机制，实施子企业主要负责人年度绩效奖励延期支付制度，将绩效考核与企业发展和风险管控挂钩，建立长效激励约束机制。改革选人用人机制。探索推进集团本部中层管理人员及一级子企业经营管理层的公开招聘，实施员工行政和专业技术序列"双通道"管理，通过职务晋升与技术职称两条路径，提升职业发展空间。

四、履行国企责任，服务地方经济社会发展

国联集团加快业务发展同时，切实履行社会责任，服务无锡经济社会发展，树立良好的企业形象。依托综合金融平台，为无锡城市建设、产业发展、创新创业、社会民生提供了优质高效的综合金融服务支持。出资参与无锡太湖新城、地铁、机场等城市基础设施建设，支持无锡太湖饭店、灵山景区、文旅集团等文化旅游服务业发展，为提升无锡城市形象和影响力做出了积极贡献。关闭协联、双河尖两家燃煤热电厂，并建设替代供热工程，投资无锡第一家投产的天然气热电项目—蓝天燃机热电，全力保障了下属垃圾发电厂稳定运行，推进节能减排。

五、落实从严治党要求，提升党建工作水平

国联集团党委认真贯彻落实从严治党要求，加强企业党的建设，为集团持续健康发展提供有效保障。完善党建工作制度和体系。完善党建工作制度，优化调整基层党组织，形成"1 + 5 + 1"党委工作体系，实现了集团基层党委全覆盖；深入推进"一党委一品牌、一支部一特色"创建工作，加强二级党委的有效管理运作，提高基层组织建设标准化水平。加强干部队伍建设。围绕"优化结构、形成梯队"目标，建立三级后备干部库，不断提高优秀年轻干部的选拔、任用比重，逐步优化集团干部队伍年龄结构。加大干部双向交流、轮岗锻炼力度，建立综合评价体系，强化干部履职能力考核，不断提升干部队伍素质。加强党风和廉洁自律工作。认真履行党委主体责任和纪委监督责任，制定"五张责任清单"，层层签订廉洁经营责任状，强化廉洁自律责任制落实。建立完善职务权力公开运行监督管理、领导干部履职待遇、招投标管理等制度，推行公务卡管理，筑牢拒腐防变的制度防线。加强廉洁教育和监督检查，与"一企一表"挂钩，严格考核，增强干部廉洁从业自觉性。加强企业文化建设。实施为职工办实事项目，改造职工餐厅和职工活动中心，设立读书屋、母婴室、医务室等，举办形式多样的文体活动，丰富职工生活。完善爱心基金管理，实现集团与子企业全覆盖，不断扩大基金规模和帮扶范围，提高补助标准，关心帮助困难职工，营造团结和谐良好氛围。加大宣传工作力度，建立集团展示厅，办好国联集团报，建立集团统一形象标识，提升集团整体形象和影响力。

践行和灵文化　激发企业动力

远东控股集团有限公司

一、企业概况

远东控股集团有限公司（简称“远东控股集团”）创建于1985年，前身为宜兴市范道仪表仪器厂，现为全球投资管理专家、“亚洲品牌500强”“中国企业500强”“中国民营企业500强”“中国最佳雇主企业”。目前年营业收入近500亿元，品牌价值457.92亿元，员工11 000人。

远东控股集团坚持“主业＋投资”的战略。旗下远东智慧能源股份有限公司（简称“智慧能源”股票代码600869），主营智慧能源和智慧城市技术、产品与服务及其互联网、物联网应用的研发、制造与销售；智慧能源和智慧城市项目规划设计、投资建设及能效管理与服务；智慧能源和智慧城市工程总承包等领域，致力成为全球领先的智慧能源、智慧城市系统服务商；远东控股对外投资屡创佳绩，整体投资成果优异。截至2017年9月30日，总投资企业数量达到339家，累计实现上市96家（其中新三板28家），预披露12家。

远东控股集团自成立以来，坚持创新、发展的原则，在32年的创业实践和总结思考基础上，打造了远东企业文化的核心和精髓——“和”与“灵”，形成了“永不满足、追求卓越”的企业精神，“以品绩兼优者为本”“以科技为动力”“以创新为灵魂”“以质量为生命”“以品牌为目标”“以市场为导向”“以资本为手段”“以效益为中心”“以管理为保证”的经营理念和“备受员工自豪、备受社会尊敬”的企业理想为核心的文化理念。经过近几年的发展，远东步入到一个全新的发展阶段。新时期、新形势、新条件，与之相适应的企业文化必须要有新发展、新高度，赋予新的时代特点和新的内涵。远东控股集团相继举办“和灵再深化”“和灵再解读”“和灵再传承”等一系列活动，不断深入阐释“和灵”，传承“和灵”。特别是坚持把文化引领作为加强企业文化建设的重要着力点，形成了具有鲜明特色的和灵文化，也成为了企业发展中的强大推动力。

二、强化协同，文化制度齐头并进

随着公司的发展，集团系不断壮大，必将存在不同公司间文化、理念、制度的差异；面对这种情况，既要在观念上对远东的和灵文化、制度文化有充分自信，更要在实践中积极宣贯，强化认同，协同发展。

以制度、文化促协同。按照“先固化、后优化”的理念，集团系间的制度、文化协同不断加深。远东集团系各职能条线走进所有控股子公司，共叙和灵文化，行对接制度与OA，打造统一的高效办公与沟通平台，交流品牌与文化打造，通过增进制度认同，促进文化认同。

以协同增价值。协同的根本目的在于创造价值，远东以共同的价值理念为指导，充分深挖集团系大平台的技术、资金、人才、客户等优势资源，协同增效。通过流程创建、营销制度对接和宣贯，实现综合产品的销售和EPC项目的落地，协同营销效果显现；智慧能源优化平台及线下业务成立培训小组并下沉到营销片区进行面对面业务培训，业绩稳定提升；统筹集团系的资金，显著降低资金成本。

三、培育人才，厚积薄发积蓄后劲

任何事业的成就，人才是关键。因此，远东审时度势地将人才理念由“以人为本”转变为“以品绩兼优者为本”，将公司的资源和平台向品绩兼优者进一步倾斜，进一步促进员工良性竞争，激发员工的工作热情，形成良好的内部竞争环境、优化公司内部资源配置。在远东,优秀员工的选拔重点考察两个特质"品"和"绩","品"指的是品德和价值观,员工需要认同并模范践行企业文化,"绩"指的是业绩和能力,员工的业绩指标需要有效承接公司战略并出色完成。

制度流程顶层设计,明确资源分配导向。为确保"以品绩兼优者为本"的理念落地,集团和智慧能源着重修订了涉及薪酬、干部晋升晋级、职称评聘、员工聘用、购房、核心员工持股等共 11 份制度文件,通过制度的顶层设计,明确了品绩兼优员工在资源分配上的优先权,激励优秀员工。

以品绩兼优者为本,构建卓越人才队伍。坚持以"找、用、育、留、汰"为抓手,对中高层管理人员和关键技术岗位,尤其是世界 500 强、中国 500 强、上市公司及行业内优秀人才,主动找寻,逐步提升学历层次和能力层次;要求中高层管理人员将不少于 1/3 的时间和精力用在人才引进和培养上;严格按照 361 绩效考评法则,逐步淘汰无成就、无责任、无追求和负能量的员工。

四、铸就品牌,价值影响持续提升

远东作为行业领军企业,自建立之初就着手落实品牌文化建设工作。远东制定了品牌战略实施方案,规划全面品牌实施战略,开展重点品牌宣传工作,形成了从规划、执行、提升的品牌实施体系和评价体系,实现品牌文化中心主实施、各职能部门配合实施的执行模式。确立"为全球电力传输提供优质服务"的使命,"成为世界电缆业的领导者"的愿景,"诚信务实,创新创优,和灵共赢"的价值观。远东以市场为导向,以质量为生命,以科技为动力,以服务促发展,全力打造"远东线缆"品牌,走品牌占领市场的品牌竞争之路。3 ~ 5 年里,品牌价值每年增加 5 亿元人民币,知名度、美誉度、满意度每年上升 1.0 个百分点,品牌忠诚度达 99.0% 以上。

品牌价值和影响力不断提升。远东控股集团连续六次入围"亚洲品牌 500 强";品牌价值增至 457.92 亿元,同比增长 30.0%;2017 年荣列"中国企业 500 强"榜单第 433 位;位居"中国制造业企业 500 强"榜单第 206 位。智慧能源多年荣获"中国上市公司创新品牌 100 强"。

借力品牌影响力,增强营销服务。协助控股子公司做好官网及官微建设、百度官网认证,打造统一品牌形象,其中,智慧能源 APP 上线,极大地促进智慧能源系列产品及服务的知名度;电缆网和买卖宝粉丝量累计超过 10 万人;与头条、网易、搜狐、新浪等门户网络媒体平台合作,促进品牌的营销推广;持续关注、管理好负面舆情,助力公司价值提升;开展两次"和灵再传承"大型活动,推动和灵文化、以品绩兼优者为本的文化理念深入人心。

五、五元营销,品牌推广模式创新

远东创新形成了"团队 + 电商 + 宣传 + 专卖店 + 技术"的五元营销模式,并延伸出"基于五元营销(F - east)的品牌推广模式"。

(一)团队营销聚合力

远东拥有一支 1 200 余人的营销团队,在国内分区域建立了 820 个销售网点,配备了"首席运营官——营销分管——市场总监——营销经理"四级营销管理人员,设开发服务部、产品调配部、技术服务部 3 个部门,建立了一支专业技术服务工程师团队负责对用户的全寿命集成服务。同时,为推广远东品牌,特设首席品牌官、品牌管理委员会和品牌文化中心。

(二)技术营销创口碑

坚持以创新为驱动,把产学研相联合,不断进行技术创新并推出具有自主知识产权的新产品,科技含量高、附加值大。

(三)电商模式拓新路

借助互联网平台于 2011 年成立了买卖宝,实现了"线下 + 线上"全覆盖,解决了买家与卖家信息不对称问题。同时,在天猫、京东开设远东电缆专卖店,实现线上有效宣传和营销。

(四)宣传方式多维度

创立了书、报、网、视、会等多种品牌传播方式,摆脱了传统的打广告式的宣传方式，以低成本达到最大宣传效果。

（五）专卖店营销扩张力

远东在行业内率先推行专卖店建设，迄今为止在全国各地相继开设174家电缆专卖店，为行业首创。

基于远东五元营销模式，远东电缆的营销能力得到较大提升，不仅在电网、电力建设等领域继续保持国内领先地位，而且多次参与国内重大基础设施建设项目、重大电网工程建设及改造项目。从长江三峡输电工程，到上海世博工程、上海环球金融中心，再到“天宫二号”“神舟十一号”航空项目、港珠澳大桥、中国尊、“华龙一号”核电工程……远东智慧能源传导着强劲的智慧动力，服务国家精品工程、铸造民族品牌形象。

六、勇立潮头，践行社会责任

引领责任，行业带动。远东被称为中国电缆行业的“黄埔军校”，为电缆行业培养了大批人才。电缆行业的许多企业都是“远东人”创办，对此，远东也深为自豪，董事局主席蒋锡培曾说：“不管是在远东，还是远西、远南、远北，都是在为中国电缆行业做贡献”。

为了推广远东管理经验，公司与“浙江万马、亨通集团、新疆特变电工、重庆科宝电缆、宝胜、中天科技”等建立对标学习机制，形成既竞争又合作的关系，其中公司与亨通集团、浙江万马等建立高层领导互访机制。

2014年，公司还与哈尔滨理工大学合作，在远东大学开展“电缆本科班”和“工程硕士班”，为行业培养技术人才。到目前为止，电缆本科班已组织两届，培养人才120余名；工程硕士班培养人才32人。

心系家乡，共同发展。远东在自身发展的同时，仍然坚持与地方特色的相关企业、上下游企业协同发展，打造出了连续十多年蝉联中国线缆行业第一的以远东为核心的“中国电缆城”，形成了具有地方特色的经济模式，为提高宜兴在全国的知名度、美誉度及综合地位、在安置当地居民就业等方面做出了贡献。

远东心系青少年的健康成长，主动承担社会责任，热心于教育事业，特设立教师发展奖励基金及学生素质发展奖学金。2010年起，远东慈善基金会助力范道教育事业发展，迄今已发放奖学金、奖教金总额近200万元；自2017年起，远东慈善基金会“远东奖学金”“远东奖教金”将进一步向宜兴市所有中小学覆盖，首期20年，每年将拿出约600万元共计1.2亿元的善款对全市中小学优秀学生、优秀教师给予奖励，以促进全市整体教学水平的进步，稳定家乡教育优秀的师资力量，提升家乡教育水平。

慈以济世，善暖人心。远东始终践行“授人以鱼不如授人以渔”的慈善理念，2007年成立了“远东慈善基金会”，以“慈以济世·善暖人心”理念为公益志业，将特有的“五创”（创业、创新、创优、创富、创福）慈善密码注入慈善事业，将远东慈善打造成“暖心平台”，开创新型帮扶模式，凝心聚力，帮助自强不息、怀揣梦想的人们推开创业之门、创新之门、创优之门、创富之门和创福之门。自创建以来，远东累计向社会捐款捐物超过3亿元。

远东坚持不懈致力于帮扶身障人与社会弱势群体，经历了从起初简单的捐款捐物——身障人就业岗前培训——安置身障人就业——帮扶身障人创业的发展历程，不断地探索和创新中走出了一条远东特色的慈善公益新路子，多次开创国内慈善公益事业的先河。远东曾荣获“中华慈善奖”“环球慈善企业奖”“亚太最具社会责任感大奖”“江苏慈善奖”“社会福利企业”（行业唯一）等荣誉称号，2016年在中国第三届公益节中获“2016年公益先进集体”称号；董事长蒋锡培先生也荣获了“慈善企业家”“亚太最具社会责任感华商领袖”“中国关爱民生公益模范人物”“中国最受尊敬的民营企业家”等诸多荣誉。

让保险姓保　把实业做实

——阳光保险坚持12年聚焦主业

阳光保险集团股份有限公司

服务实体经济，在全国金融工作会议提出的金融工作三大任务中位列首位。会议提出，“金融要把为实体经济服务作为出发点和落脚点，全面提升服务效率和水平，把更多金融资源配置到经济社会发展的重点领域和薄弱环节，更好满足人民群众和实体经济多样化的金融需求。”保险业对实体经济发挥的作用不言而喻，秉承“打造符合人性与最具活力的金融保险服务集团”的阳光保险，始终践行“让人们拥有更多的阳光”的使命和“一切为了客户”“创造价值，共同成长”目标的企业核心价值观，在支持实体经济发展中实现了自身快速成长。

“我们在加大基础设施投资、促进医疗供给侧改革、助力中小企业融资、支持金融扶贫等方面积极布局，让保险支持实体经济更快发展。”这是阳光保险正在进行的。

一、服务国家重大发展战略

成立于2005年7月的阳光保险集团，从零起步，在短短12年间，由一家单一的财产保险公司，成长为一家综合保险集团公司。

目前，阳光保险集团已成为国内七大保险集团之一，旗下拥有财产保险、人寿保险、信用保证保险、资产管理、医疗健康、互联网金融等多家专业子公司。

阳光保险集团自成立以来，累计为2.7亿名客户提供保险保障，累计支付各类赔款近1 000亿元，在助力实体经济发展、脱贫攻坚战略、保障改善民生等方面发挥了积极作用。

作为中国500强企业，阳光保险坚持聚焦主业，服务国家战略，在服务实体经济中做大做强。

阳光保险认购36亿元“中保投—招商局轮船股份股权投资计划”份额，该项目资金将主要投资交通基础设施建设“走出去”的重大项目；阳光保险参与了长江电力定增项目，规模达到96亿元，可进一步提升长江电力的发展潜力；此外，在服务京津冀协同发展上，阳光保险重点参与了河北产业转移配套基础设施建设项目。

为支持我国绿色金融发展，阳光保险还积极参与国家绿色能源领域基础设施计划产品的投资，以水电、风电、新能源等项目为主进行重点投资。目前阳光保险已投资华能澜沧江债权投资计划、二滩水电债权投资计划等，投资金额超过18亿元，有力保障了项目运营和建设。

二、瞄准社会痛点创新业务

“看病难、看病贵”一直是老百姓关注的焦点，也是医疗改革的难题，阳光保险能否发挥自己的优势，为这个问题的化解助一臂之力？

2014年，经批准，阳光保险投资在山东省潍坊市建立阳光融和医院，这是中国保险业投资设立的第一家大型综合医院。阳光保险创新设计了“保险＋医疗”模式，根据医院的特色科室和服务等级，按照不同人群健康需求，创新开发专属健康保险产品，大幅降低患者治疗的经济负担，有力补充了基本医保的不足。

开诊一年多，阳光融和医院门急诊总量达30万人次，住院病人突破3万人次，完成手术7 000多台次，其中代表医院技术水平、学科水平、技术含量难度的三、四级手术达到40.0%以上。一期展开床位使用率超出100%，没有发生一起医疗事故。

与此同时，作为国内首家由保险机构和地方政府合作兴办的股份制医院，阳光融和医院建立政府、市场、个人共同分担的新型医疗保障体系，以扩大医疗保障范围，推动医药体制和医疗保障制度的改革。在保险责任范围内，客户在基本医疗范围内可报销100%，医保范围外报销比例最高也可达100%；推出“直赔式”服务，患者和医院实行实时报销结算，省去了繁琐的手续，让患者轻松就医。

近年来，阳光保险对北京、苏州、长春、成都、武汉、广州、南昌等26个城市共60条地铁提供风险保障逾550亿元。而其承保的高速公路、铁路工程项目，已覆盖全国32个省份，每年提供风险保障金额超过400亿元。截至目前，建设工程合同履约保证保险已累计提供风险保障约16亿元。

三、积极履责推进金融扶贫

金融精准扶贫是发展普惠金融的重要内容，在打赢脱贫攻坚战中，不断创新金融扶贫产品具有重要意义。

在国家贫困县，阳光保险积极开发并推广贫困户主要劳动力意外伤害、疾病和医疗等扶贫小额人身保险产品，为贫困家庭提供更全面的风险保障。同时，制定“千县崛起”行动方案，为广大抗风险能力弱的乡村农民提供保险保障，进一步为广大县域地区的人民群众保驾护航。

值得一提的是，在中国保险行业协会发布第二期保险扶贫先锋榜中，阳光产险“湖南郴州坳上镇黄泥坳村驻点全方位帮扶项目”在众多的参评项目中脱颖而出，入选“保险扶贫帮扶先锋榜”。这是继西藏定点帮扶项目后，阳光产险第二次荣登“保险扶贫先锋榜”。

自2013年起，阳光产险湖南分公司联合郴州市中级人民法院共同组建帮扶工作队，入驻郴州苏仙区坳上镇黄泥坳村，针对当地教学设施简陋、居住环境差、经济发展乏力、医疗资源缺乏等问题，采取多种举措开展新农村建设全方位帮扶工作，使黄泥坳村“旧貌换新颜”。

此外，阳光保险还积极贯彻国家“精准扶贫”的大政方针，落实保监会“做好保险业助推脱贫攻坚工作”的政策精神，于2017年1月参与中保投基金发起的中国保险业产业扶贫投资基金（第一期）。

“未来，阳光保险将继续根据国家战略方针，认真贯彻落实保监会关于金融扶贫相关决策部署，主动参与中保投基金成立发起的其他扶贫产业基金。”阳光保险负责人这么说。

四、坚持保险主业做优做强

做好保险业务是保险公司的本分和天职，成立12年来，阳光保险始终聚焦主业发展，以优质保险产品奉献社会，做优主业，做精专业。

个人所得税优惠型健康险是国家近年来大力推广的金融惠民项目，以税收减免支持商业保险为居民提供健康保障。阳光保险作为首批试点企业，积极推动税优健康险扩围试点。浙江宁波的胡女士被确诊为肝癌后住院治疗，其间共计花费门诊、住院费用53万余元。其中医保报销13万余元，需自己支付的医疗费用金额近40万元。幸运的是，胡女士是阳光人寿的税优健康险客户，阳光人寿第一时间开展理赔流程，最终按照阳光税优健康险年度保额上限，共计赔付医疗费用保险金25万元整。据了解，25万元的赔付金额是行业税优健康险的最高赔付金额。

近年来，阳光人寿积极发挥保险功能作用，针对不同行业、不同风险类别、不同领域的中小微企业，提供团体意外险、短期健康险、长期健康险等三大类险种、上千款保险产品和服务，为中小微企业的发展保驾护航，也为实体经济提供了丰富的风险保障和风险管理工具。

第五次全国金融工作会议召开后，阳光保险贯彻会议精神，继续坚持把握金融本质，实现价值发展，围绕经济发展和社会需求开展业务，在推动经济社会追求的同时，让发展更加稳健扎实。此外，公司将继续以“农民心态、工匠精神”，脚踏实地、俯身前行，使产品回归金融本源、用服务支撑实体经济，突出保险产业在社会风险管理体系中的核心金融职责。

改革创新　砥砺前行　打造国有咨询投资主力军

中国通用咨询投资有限公司

中国通用咨询投资有限公司（下称“公司”），成立于2007年，原名通用技术咨询顾问有限责任公司，是“全球500强企业”、重要骨干中央企业——中国通用技术集团的全资子公司。公司最初主要从事水务咨询，进而拓展至环境产业咨询领域。2012年，公司名称变更为现名，注册（实收）资本增至5亿元。

过去的5年，公司坚定绿色发展战略方向，坚持“巩固、发展、创新”经营理念不动摇、不松动，发扬钉钉子的精神，确保一张蓝图干到底。公司聚焦节能环保产业、基础设施建设领域以及国家重点工程和重大项目，以咨询业务、商务服务、项目管理和投融资管理等智力和资金支持，为客户提供绿色发展整体解决方案，大力加强企业党建工作，有力推动公司转型创新，实现企业发展和社会效益双丰收。

一、巩固创新发展招标业务

公司所属三家招标公司是我国最早与世界银行、亚洲开发银行等国际金融组织合作将国际通行的招标采购规则和做法引进国内的企业，其中，中技国际招标有限公司成立于1984年，是经原外经贸部批准成立的中国第一家专业招标公司；中机国际招标有限公司、中仪国际招标有限公司同样也是国内最早从事国际招标采购业务的专业公司。三家招标公司经营业绩优良，在招标采购代理行业内树立起较高的品牌知名度，是业内公认的国有领军企业。

伴随中国经济的快速发展，公司经营环境也发生了很大变化：公司以往优势业务——国际金融组织和外国政府贷款的规模不断波动、呈下滑态势；招标代理机构经营资质逐步取消，服务渐趋标准化和同质化；业内企业数量急剧增加，全国达两万余家，实力良莠不齐，竞争日趋白热化，低价竞争、无序竞争趋势蔓延，企业盈利水平显著下降；地方保护主义增强，不利于中央企业在地方拓展业务；电子招标快速发展，招标电子化成为大势所趋。招标业务发展面临战略抉择，转型创新迫在眉睫。

公司探索“互联网+招标采购”模式，推动招标服务创新发展。在集团的大力支持下，公司多年前已开始布局建设电子招标平台——中国通用招标网。通过不断建设，现已经打造成为符合国家标准、功能齐全、业界领先的电子招标交易平台，在提高工作效率、提升管理水平、实现“阳光采购”，以及开展深层次的大数据挖掘利用等方面具备显著优势，在众多重大招标采购项目上得到成功应用，受到了广大用户、投标商、评标专家及监管机构等各方的充分认可。如以该平台为技术载体，公司承揽了中盐总公司总部及其分布在各省市的二级企业的招标采购业务，通过平台规范操作流程，提高采购效率，项目成果受到了国务院国资委领导的多次表彰，“中盐模式”成为国务院国资委推行的中央企业集中采购管理提升的一大亮点。2015年该平台入选国家发改委首批招标代理机构和第三方交易平台试点单位。

2016年公司电子招标平台上线新增1 070个项目，中标金额约26亿元人民币，通过审核的注册供应商新增3 988家。平台已实现与国家公共服务平台的数据对接，通过了国家信息安全等级保护二级认证，目前已开始二期建设。

公司不断加强能力建设，切实向着产业链的前后端延伸，向规划、设计、可研、造价、监理等环节延伸，成功实现业务转型升级。

二、积极拓展咨询投资业务

党的十八大以来，生态文明建设、绿色可持续发展上升为国家战略，以环境保护、节能减排、生态建设等为代表的绿色产业发展方兴未艾，蕴含无限商机。公司多年经营积累了广阔的市场资源，与众多的地方政府、大型企业、行业协会、专业机构都建立了良好的关系，自身也具备了在商务、工程、技术、财务、法律方面的专业团队。与此同时，来自地方政府、产业园区、各类企业等不同客户的价值需求也日趋多元化，这为公司拓展服务空间、提供整体解决方案提供了广泛的市场机会。不断把握客户需求，敏锐捕捉商机，在业务类型上不断开拓创新，公司逐步形成了聚焦环境保护和市政基础设施行业，特色鲜明的咨询业务，包括战略咨询、规划咨询、政策咨询、产业园区及生态园区咨询、跨国商务咨询、跨国并购咨询等，服务的客户遍及各级地方政府、产业园区、大型企业以及外国政府和企业，为地方经济发展和企业绿色可持续发展做出了贡献，在市政基础设施、环境保护等咨询领域的品牌形象迅速提升。

公司领导身先士卒，带领团队持续滚动开发市场。携手国内外重要客户深入开展合作，累计签署战略合作协议超过200份，其中与各级政府部门签署协议比例约占15.0%。重点聚焦轨道交通、市政环保、医疗健康三个重要领域，市场开拓取得显著成果。

2014年以来，国家大力推广政府与社会资本合作(PPP)模式，公司利用长期涉足市场基础设施特许经营咨询业务的先发优势，敏锐捕捉商机，积极拓展PPP咨询业务。公司已成功入围全国47个省、市、地区的PPP咨询服务机构名录，业务范围遍布全国70.0%以上地区；10个项目上榜财政部第二、三批PPP示范项目；受行业协会委托，为国家发改委法规司编译欧盟PPP政策与指令文件，提升了行业品牌形象；应邀为多个地方政府举办PPP培训讲座；承揽了包括水务、固废处理、轨道交通等多个领域的近百个PPP咨询项目，成为活跃在PPP咨询领域的国有主力军。2016年新签合同额同比增长258.0%。

在园区产业规划咨询方面，公司基于在口岸经济领域的知识积累和研究成果，积极关注、研究并推动跨境经济合作区、自贸区、海关特殊监管区等重点地区的发展实践。近年承办二连浩特国家重点开发开放实验区总体规划咨询以及宁波中意生态园、中德重庆沙坪坝工业园等一批园区规划类咨询项目。

在投融资业务方面，公司依托集团和自身资源，先后以自有资金投资了若干优质企业，其中多家企业已在上海A股和香港H股成功上市或准备上市，已形成或预期产生丰厚的回报。通用基金管理公司联合地方政府和相关机构，聚焦节能环保、医疗健康、轨道交通等领域，发起设立了多只基金。目前在已完成两只产业基金所投项目管理及退出工作基础上，向集团核心主业聚焦，主动服务集团主业发展。

三、加强党建凝聚企业向心力

公司高度重视加强党建工作，突出咨询投资企业特点，大力推进公司党建工作与业务工作的深入融合，把党建工作的落脚点放在促进公司发展质量的提高、效益的增长和员工幸福感提升上。公司党委倡导、要求公司全体党员：改革发展有党员领着，提质增效有党员带着，经营指标有党员扛着，关键岗位有党员盯着。党委参与公司重大决策，党建经营齐抓共管。

公司充分发挥央企特色、政治优势，严格落实党建工作责任制，狠抓反腐倡廉，继续深入落实中央八项规定、新修订后的实施细则，严格执行公司规章制度。个性化定制支部党建工作目标责任书；形成严肃规范的党内政治生活氛围，坚持民主生活会制度，公司领导班子定期召开民主生活会，并坚持支部组织生活会制度。创新编制“两学一做”应知应会，将“两学一做”学习教育深入支部，以思想建党力促政治工作新常态，以创新激发党组织活力；坚持开展支部“三会一课”，做好党员自选动作，立足岗位作贡献；努力打造集团领导信任、职工群众认可、有使命、有担当、干净、廉洁的各级干部队伍。

以党建带团建，培育坚强的党的后备力量，公司党委领导与团干部进行交流座谈；公司团委开展“两会期间”西客站地区学雷锋志愿服务活动、青年篮球友谊赛等一系列特色活动，员工积极参加集团组织的无偿献血活动。公司每年召开年度表彰联欢会，评选最美通用咨询人；积极组织庆“三八”女职工环湖走比赛等丰富多彩的职工文化生活；通过加强宣传思想工作，营造向先进学习氛围，凝聚青年人力量。

四、稳健经营行业地位获认可

公司经营收入持续稳定增长，2016年完成集团下达的全年预算的 146.0%，利润总额完成预算的 104.0%，新签合同额创新高，完成年度预算的 135.0%，其中，咨询业务新签合同额同比增长 91.0%，各业务单元均实现增长，创新业务跨越式增长。

近年来，公司先后荣获"中国 PPP 项目咨询服务机构十大顶级品牌""中国 PPP 项目咨询服务机构百强"第 5 名、"优秀 PPP 咨询机构"等奖项。公司当选为中国招标投标协会副会长单位、中国节能协会节能服务产业委员会常务委员单位，获"中国最具竞争力招标咨询机构""全国文明单位"等称号。公司所属三家招标机构均名列"招标代理机构十大品牌"，分获"中国招标代理行业华表奖""中招协信用评价 AAA 等级"，同为中国招标投标协会常务理事单位、"中国招标代理行业 35 年 35 家标杆企业""全国政府采购十佳代理机构"。公司团委连获 2014 年"中央企业五四红旗团委"、2015—2016 年度"全国青年文明号"等荣誉称号。

在党中央、国务院国资委和中国通用技术集团的正确领导下，公司上下一心，充分发挥党支部的战斗堡垒作用和党员的"八个"作用，不忘初心，稳步前进，无愧于党中央对央企的信任和重托，以实际行动贯彻落实党的十九大精神，为国民经济提升和全面建成小康社会的目标贡献力量，为把集团建设成世界一流企业而不懈奋斗，奋力开启公司发展新征程！

砥砺奋进的安徽省旅游集团

安徽省旅游集团有限责任公司

安徽省旅游集团有限责任公司是经安徽省人民政府批准，由安徽省国资委出资而设立的以旅游及地产，粮食及商贸为主业的省属国有独资企业，目前是安徽省属企业中唯一一家从事旅游产业经营的综合型旅游企业集团，也是一家产业化经营、多元化发展、专业化协作的大型现代服务类企业。现拥有国家 5A 级旅游景区 2 个（六安天堂寨、黄山唐模），正在创建的 5A 级旅游景区 2 个（宣城桃花潭、淮北隋唐运河古镇），3A 级旅游景区 1 个（泾县江南第一漂）；标准五星级的酒店 2 家（安徽饭店、天堂寨国际度假山庄）、四星级酒店 2 家（安徽齐云山庄、芜湖中央城大饭店）、商旅精品酒店 2 家（唐模法国家庭旅馆、华侨商务连锁酒店）；全资质综合性旅行社 1 家（安徽海外旅游公司），包括所属旅游规划设计院、太阳湾养生养老等相关企业，综合实力稳居安徽省前列。连年荣登"中国旅游集团 20 强""中国服务业 500 强""安徽省百强企业""安徽省服务业 100 强企业"榜单，获得"中国旅游投资企业百强""享誉中国的 100 个安徽品牌""中国旅游投资金奖"等诸多荣誉称号。

近年来，安徽省旅游集团围绕"转型升级，融合发展"，主要狠抓了以下工作：

一、大力推动旅游产业优先发展，不断创新旅游产品和经营业态

当下，安徽省旅游集团坚持以项目建设为抓手，积极扩大有效投入，加速拓展旅游业发展空间，历经十余年的发展，调结构转方式促升级步伐明显加快，"从无到有、从有到优"打造了一批具有鲜明特色的旅游产品和品牌。

（一）旅游主业和核心企业上市工作全面启动

为早日实现旅游主业上市的目标，安徽省旅游集团成立了"旅游主业上市工作领导小组"，专门制定了《安徽省旅游集团旅游主业上市工作方案》。按照国内证券市场上市的规范要求，会同主办券商、律师事务所、会计师事务所等专业机构，拟定了旅游主业上市资源整合方案，并选择在国内主板挂牌上市，目前已经进入整改规范阶段。同时，安徽省城建设计研究总院股改上市工作也取得积极进展，完成了从有限责任公司到股份有限公司的蜕变。

(二)重点项目建设和合作投资取得积极进展

一是淮北隋唐运河古镇项目扎实推进。按照“用好世遗资源、做活运河文章、开发影视基地、打造5A景区”的总体定位,淮北隋唐运河古镇项目文化、旅游、影视、商业等各项建设任务正有序落地,目前“五凤三阁”标志性景观工程已正式对游客开放,其他各项工程的策划、实施正在有序开展。二是天堂寨景区索道改造项目全面开工。改造后的天堂寨索道全长2 300米,设计运力为2 500人/小时,采用目前国际最先进的单线循环脱挂抱索器8人吊厢式索道,将有效提升景区的游览体验度、游客运载能力和综合经济效益,预计2018年初将正式投入运营。三是桃花潭景区5A创建稳步开展。省旅游集团着力抓好硬件标准化和软件规范化的建设,成立了桃花潭项目部,完成了350亩建设用地拆迁及平整工作,桃花潭游客服务中心、桃花书院(精品民宿)、自驾游房车营地等重点项目的前期工作业已准备完毕,龙舟文化展示广场、南阳门楼广场、游步道提升续建等工程均已进入施工阶段。

(三)旅游产品和营销创新不断延伸拓展

一是积极推动“旅游+”融合发展,进一步延伸旅游产业链条,提高旅游产品附加值。如桃花潭风景区充分结合景区优势,积极运作“龙舟国际大赛”“油菜花马拉松”等大型体育赛事,唐模景区精心策划推出宣纸制作、戏曲学习、国学讲堂等多种研学旅游产品,有力促进了旅游+研学的深度融合。天堂寨景区连续四年举办“天贶文化旅游节”,融民俗表演、地方美食、天堂盛景于一体,成功打造了具有竞争力的旅游+文化品牌等。二是旅游营销宣传手段不断丰富。积极加强与电视台、网媒等新闻媒体的合作,通过纪录片拍摄、综艺节目植入、网络直播等多种渠道,拓宽宣传平台,创新宣传方式。同时强化景区联动,积极探索区域资源整合,结合所属景区特点,针对不同人群精心策划老年休闲游、三月桃花游、皖南山水游、精品研学游多种丰富多彩的旅游线路。

(四)旅游要素企业经营模式和竞争能力持续提升

安徽省旅游集团着力促进旅游产品向精品化、智慧化、多样化方向发展,初步形成了观光旅游和休闲度假旅游并重、传统业态和新型业态齐升的新格局。所属安徽饭店以创建旅游标准化饭店为抓手,餐饮上座率、客房出租率已超过合肥五星级酒店的平均水平,荣获“安徽酒店业十大酒店品牌”称号,荣登“2016年中国饭店品质榜100强”排行榜。唐模法国家庭旅馆融合徽派建筑风格、文化特色和法国行业标准,汇集休闲、度假、住宿、餐饮、体验、养生于一体,荣膺“中国十佳特色民宿”称号。安徽海外旅游公司积极打造品质旅游,推出休闲化、高端化、定制化的旅游产品,实现了入境游、出境游、国内游的同步快速增长,荣获“安徽入境游10强旅行社”称号。友谊外汽公司主动顺应旅游客运市场的变化,持续推进旅游包车、通勤班车、汽车客运业务的优化和升级,被评定为“安徽省二星级旅游汽车公司”,首批通过合肥市旅游企业标准化工作验收。安徽省旅游规划设计研究院承接了全省一系列旅游策划、规划项目,得到了市场的广泛认可。

二、稳妥推进粮食业务延伸拓展,持续提升粮食板块综合竞争能力

近年来,安徽省旅游集团紧紧抓住中央持续实施“保障粮食安全战略”带来的机遇,按照“做好政策性收储,加快市场化转型升级,开辟多元化发展路径”的总体思路,积极创新粮食经营模式,加大粮食板块投入,充分发挥粮食及商贸主业的整体优势和协同效应。一是完成省粮食集团复牌运营,确立了以“整合粮食板块资源,做强做大粮食板块业务,打造成为全国有影响力的省级粮食集团”为核心的改革目标,经过半年时间的有序推进,2016年10月16日完成了新的粮食集团的复牌运营。二是合肥新桥粮食产业园项目全面交付使用。与中储粮总公司合作投资、占地200亩的合肥新桥粮食产业园项目,于2017年3月全部交付省粮食集团运营,形成了16万吨仓库、5万吨油罐及7 000平方米综合办公楼的建设规模。三是粮食仓储规模和承储能力稳步提升。相继合作扩建了滁州华源、全椒华丰、宿州刘圩、宣城景丰、涡阳富杰等15个粮油储备库,目前经中储粮安徽分公司批准承担政策性收储的库点达到98

个，总仓容达到322万吨，初步建立起了覆盖全省各地的粮食收储体系。四是粮油经营量和库存量不断发展。以政策托市为抓手，以市场贸易为基础，在按时完成储备粮轮换、移库和调运任务的同时，扎实开展午季小麦、秋季稻谷托市收购，集团所属粮食企业库存不断开创历史新高。五是粮食产业链条得到延伸。全椒华丰公司年产20万吨饲料厂、30万吨精米加工项目以及阜阳玉米深加工项目全面开建，有效加快集团在加工业方面的推进步伐，将为粮食集团粮食产业链延伸、补齐粮食短板打牢基础。

三、致力促进房地产业务转型发展，全力打好房地产去库存攻坚战

安徽省旅游集团深入研究国家出台的基础性、长效性的房地产调控新政，着眼旅游文化、养老养生、休闲度假地产的融合转型发展，不断加大企业发展路径、项目开发模式和主导产品的创新力度，着力促进传统房地产开发业务向开发建设"大文化、大健康"旅游项目转型。狠抓芜湖学府壹号、六安安兴正和城、合肥太阳湾养生公馆、淮北运河人家等在建房地产项目管控和建设，在加大宣传推介力度、创新营销推盘方式、完善项目配套等方面全面发力，地产去化销售取得了显著成效。同时，明思路、促转型，在地产融合发展方面取得有效进展。"十三五"以来，省旅游集团着眼旅游文化、养老养生、休闲度假地产的融合转型发展，着力促进传统房地产开发业务向开发建设"大文化旅游"项目转型，合肥水源故里、淮北隋唐运河古镇、桃花潭旅游养生度假村、天堂寨天定风情小镇等一批旅游文化地产项目前期规划建设正在有序推进中。

当下，安徽省旅游集团正站在扬帆"十三五"、启航新征程的重要历史节点上，面对新形势、新要求、新任务，安徽省旅游集团将持续奋发有为，顽强拼搏，攻坚克难，真抓实干，以新的更大作为实现新常态下的新发展。

国民经济和社会发展统计资料

中国企业年鉴

China Enterprise Yearbook 2017

中华人民共和国2016年国民经济和社会发展统计公报[1]

中华人民共和国国家统计局

2017年2月28日

2016年,面对复杂多变的国际环境和国内繁重艰巨的改革发展稳定任务,在以习近平同志为核心的党中央坚强领导下,各地区各部门全面贯彻党的十八大和十八届三中、四中、五中、六中全会精神,认真落实党中央、国务院决策部署,统筹推进"五位一体"总体布局和协调推进"四个全面"战略布局,坚持稳中求进工作总基调,坚持新发展理念,以推进供给侧结构性改革为主线,适度扩大总需求,坚定推进改革,妥善应对风险挑战,引导形成良好社会预期,经济社会保持平稳健康发展,实现了"十三五"良好开局。

一、综　合

初步核算,全年国内生产总值[2]744 127亿元,比上年增长6.7%。其中,第一产业增加值63 671亿元,比上年增长3.3%;第二产业增加值296 236亿元,比上年增长6.1%;第三产业增加值384 221亿元,比上年增长7.8%。第一产业增加值占国内生产总值的比重为8.6%,第二产业增加值比重为39.8%,第三产业增加值比重为51.6%,比上年提高1.4个百分点。全年人均国内生产总值53 980元,比上年增长6.1%。全年国民总收入[3]742 352亿元,比上年增长6.9%。见图1、图2。

年底全国大陆总人口138 271万人,比上年底增加809万人,其中城镇常住人口79 298万人,占总人口比重(常住人口城镇化率)为57.35%,比上年底提高1.3个百分点。户籍人口城镇化率为41.2%,比上年底提高1.3个百分点。全年出生人口1 786万人,出生率为12.95‰;死亡人口977万人,死亡率为7.09‰;自然增长率为5.86‰。全国人户分离的人口[4]2.92亿人,其中流动人口[5]2.45亿人。见表1。

年底全国就业人员77 603万人,其中城镇就业人员41 428万人。全年城镇新增就业1 314万人。年底城镇登记失业率为4.02%。全国农民工[7]总量28 171万人,比上年增长1.5%。其中,外出农民工16 934万人,增长0.3%;本地农民工11 237万人,增长3.4%。见图3。

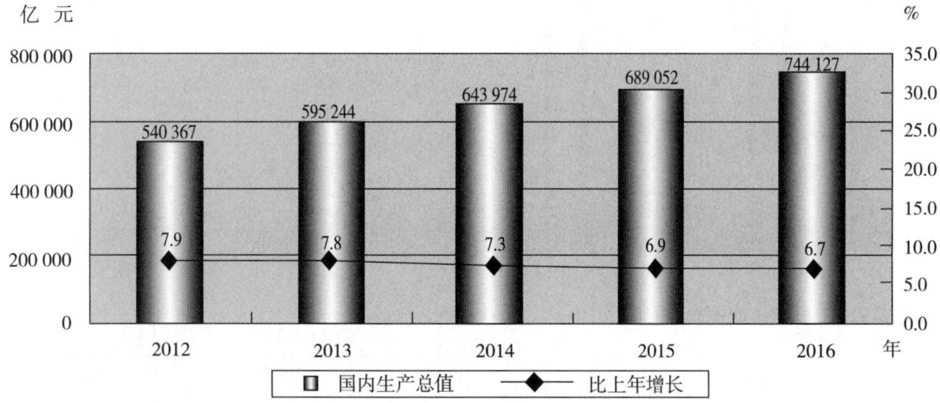

图1　2012—2016年国内生产总值及其增长速度

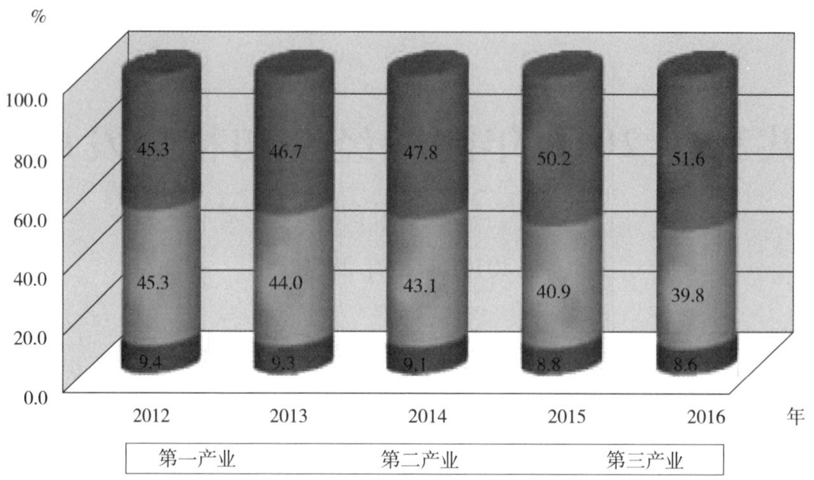

图2　2012—2016年三次产业增加值占国内生产总值比重

表1　2016年年底人口数及其构成

指　标	年底数（万人）	比　重（%）
全国总人口	**138 271**	**100.0**
其中：城　镇	79 298	57.4
乡　村	58 973	42.7
其中：男　性	70 815	51.2
女　性	67 456	48.8
其中：0～15岁（含不满16周岁）[6]	24 438	17.7
16～59岁（含不满60周岁）	90 747	65.6
60周岁及以上	23 086	16.7
其中：65周岁及以上	15 003	10.8

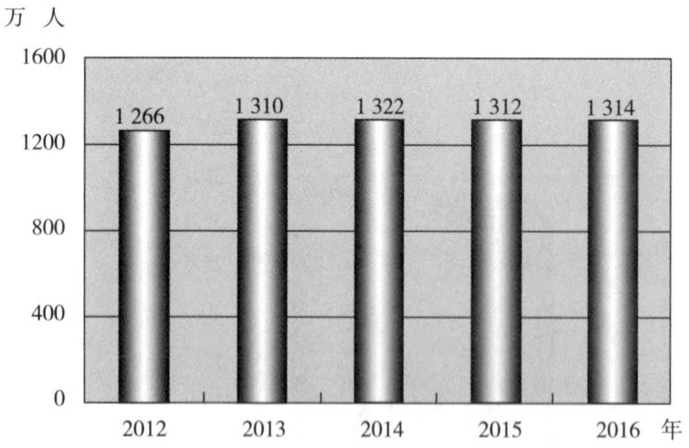

图3　2012—2016年城镇新增就业人数

全年全员劳动生产率[8]为94 825元/人，比上年提高6.4%。见图4。

全年居民消费价格比上年上涨2.0%。工业生产者出厂价格下降1.4%。工业生产者购进价格下降2.0%。固定资产投资价格下降0.6%。农产品生产者价格[9]上涨3.4%。见表2、图5。

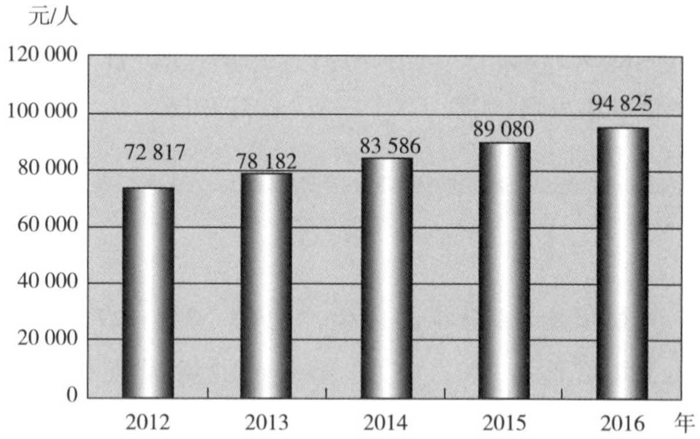

图4　2012—2016年全员劳动生产率情况

表2　2016年居民消费价格比上年涨跌幅度

指　标	全　国（%）	城　市（%）	农　村（%）
居民消费价格	2.0	2.1	1.9
其中：食品烟酒	3.8	3.7	4.0
衣　着	1.4	1.5	1.3
居　住[10]	1.6	1.9	0.6
生活用品及服务	0.5	0.5	0.2
交通和通信	-1.3	-1.4	-1.1
教育文化和娱乐	1.6	1.5	1.9
医疗保健	3.8	4.4	2.5
其他用品和服务	2.8	2.9	2.2

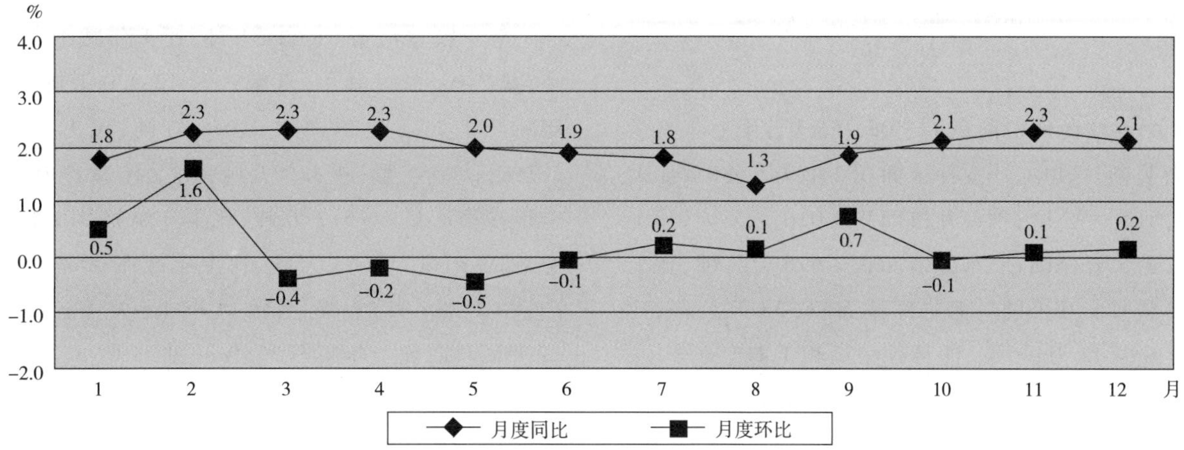

图 5　2016 年居民消费价格月度涨跌幅度

12 月份 70 个大中城市新建商品住宅销售价格月同比上涨的城市个数为 65 个，下降的为 5 个；月环比上涨的城市个数为 46 个，比年内高点减少 19 个，持平的为 4 个，下降的为 20 个。见图 6。

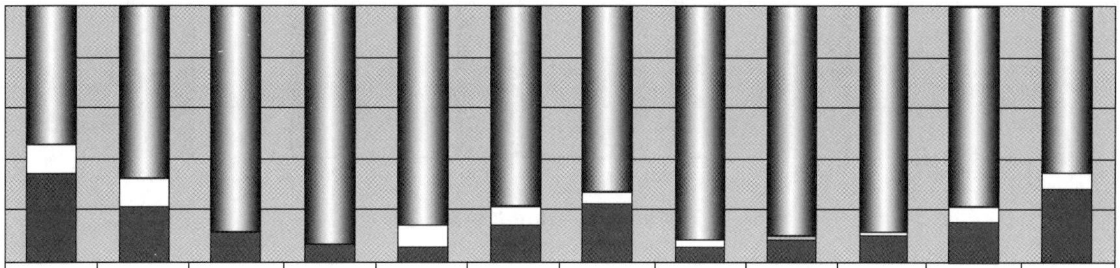

	1	2	3	4	5	6	7	8	9	10	11	12 月
上涨	38	47	62	65	60	55	51	64	63	62	55	46
持平	8	8	0	0	6	5	3	2	1	1	4	4
下降	24	15	8	5	4	10	16	4	6	7	11	20

图 6　2016 年新建商品住宅月环比价格上涨、持平、下降城市个数变化情况

全年全国一般公共预算收入 159 552 亿元，比上年同口径[11]增加 6 828 亿元，增长 4.5%，其中税收收入 130 354 亿元，增加 5 432 亿元，增长 4.3%。见图 7。

年底国家外汇储备 30 105 亿美元，比上年底减少 3 198 亿美元。全年人民币平均汇率为 1 美元兑 6.6423 元人民币，比上年贬值 6.2%。见图 8。

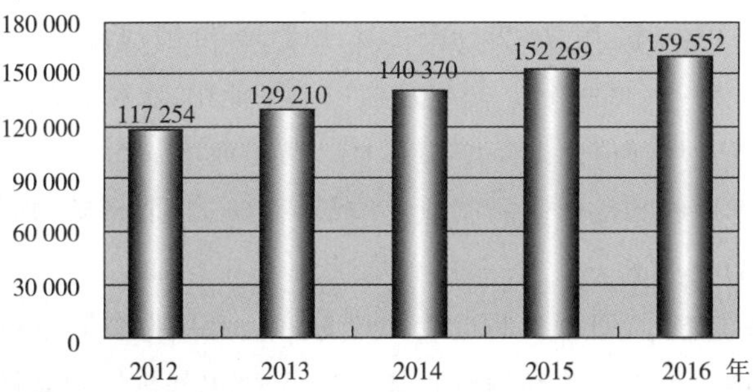

图 7　2012—2016 年全国一般公共预算收入

注：图中 2012—2015 年数据为全国一般公共预算收入决算数，2016 年为执行数。

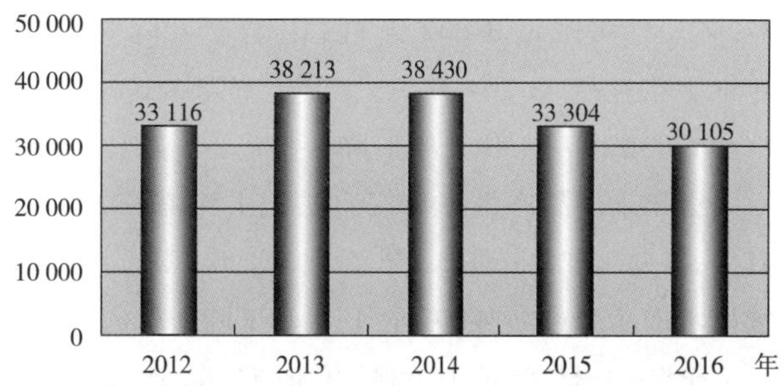

图 8　2012—2016 年年底国家外汇储备情况

二、农　业

全年粮食种植面积11 303万公顷，比上年减少31万公顷。其中，小麦种植面积2 419万公顷，比上年增加5万公顷；稻谷种植面积3 016万公顷，比上年减少5万公顷；玉米种植面积3 676万公顷，比上年减少136万公顷。棉花种植面积338万公顷，比上年减少42万公顷。油料种植面积1 412万公顷，比上年增加8万公顷。糖料种植面积168万公顷，比上年减少6万公顷。

全年粮食产量61 624万吨，比上年减少520万吨，减产0.8%。其中，夏粮产量13 920万吨，比上年减产1.2%；早稻产量3 278万吨，比上年减产2.7%；秋粮产量44 426万吨，比上年减产0.6%。全年谷物产量56 517万吨，比上年减产1.2%。其中，稻谷产量20 693万吨，比上年减产0.6%；小麦产量12 885万吨，比上年减产1.0%；玉米产量21 955万吨，比上年减产2.3%。见图9。

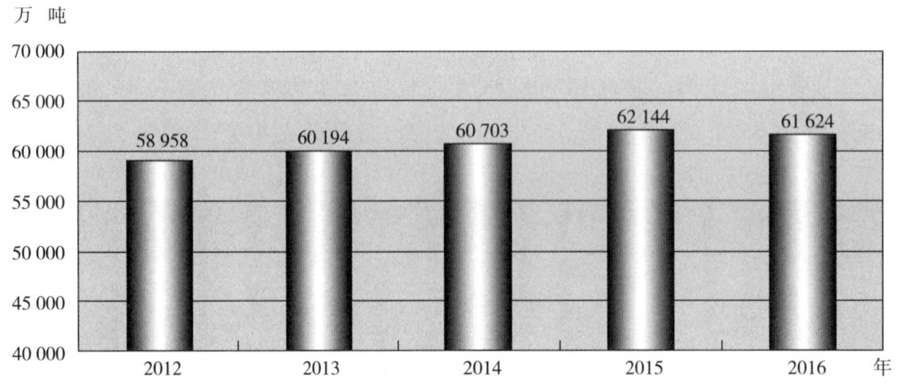

图9　2012—2016年粮食产量情况

全年棉花产量534万吨，比上年减产4.6%。油料产量3 613万吨，比上年增产2.2%。糖料产量12 299万吨，比上年减产1.6%。茶叶产量241万吨，比上年增产7.4%。

全年肉类总产量8 540万吨，比上年下降1.0%。其中，猪肉产量5 299万吨，比上年下降3.4%；牛肉产量717万吨，比上年增长2.4%；羊肉产量459万吨，比上年增长4.2%；禽肉产量1 888万吨，比上年增长3.4%。禽蛋产量3 095万吨，比上年增长3.2%。牛奶产量3 602万吨，比上年下降4.1%。年末生猪存栏43 504万头，比上年下降3.6%；生猪出栏68 502万头，比上年下降3.3%。

全年水产品产量6 900万吨，比上年增长3.0%。其中，养殖水产品产量5 156万吨比上年，增长4.4%；捕捞水产品产量1 744万吨，比上年下降1.0%。

全年木材产量6 683万立方米，比上年下降7.0%。

全年新增耕地灌溉面积118万公顷，新增节水灌溉面积211万公顷。

三、工业和建筑业

全年全部工业增加值247 860亿元，比上年增长6.0%。规模以上工业增加值增长6.0%。在规模以上工业中，分经济类型看，国有控股企业增长2.0%；集体企业下降1.3%，股份制企业增长6.9%，外商及港澳台商投资企业增长4.5%；私营企业增长7.5%。分门类看，采矿业下降1.0%，制造业增长6.8%，电力、热力、燃气及水生产和供应业增长5.5%。见图10。全年规模以上工业中，农副食品加工业增加值比上年增长6.1%，纺织业增长5.5%，化学原料和化学制品制造业增长7.7%，非金属矿物制品业增长6.5%，黑色金属冶炼和压延加工业下降1.7%，通用设备制造业增长5.9%，专用设备制造业增长6.7%，汽车制造业增长15.5%，电气机械和器材制造业增长8.5%，计算机、通信和其他电子设备制造业增长10.0%，电力、热力生产和供应业增长4.8%。

工业战略性新兴产业[12]增加值增长10.5%。高技术制造业[13]增加值增长10.8%，占规模以上工业增加值的比重为12.4%。装备制造业[14]增加值增长9.5%，占规模以上工业增加值的比重为32.9%。六大高耗能行业[15]增加值增长5.2%，占规模以上工业增加值的比重为28.1%。见表3。

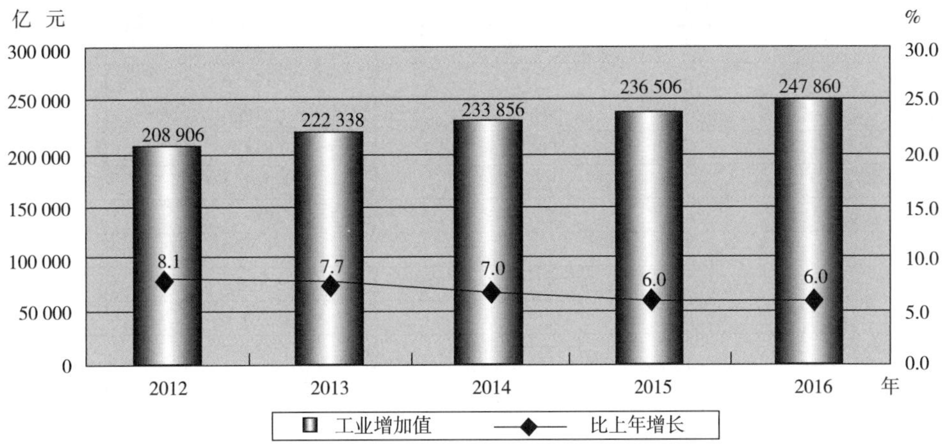

图10　2012—2016年全部工业增加值及增长速度

表3　2016年主要工业产品产量及其增长速度

产品名称	单　位	产　量	比上年增长(%)
纱	万　吨	3 732.6	5.5
布	亿　米	906.8	1.6
化学纤维	万　吨	4 943.7	2.3
成品糖	万　吨	1 443.3	-2.1
卷　烟	亿　支	23 825.8	-8.0
彩色电视机	万　台	15 769.6	8.9
其中:液晶电视机	万　台	15 713.6	9.2
其中:智能电视	万　台	9 310.1	11.1
家用电冰箱	万　台	8 481.6	6.1
房间空气调节器	万　台	14 342.4	1.0
一次能源生产总量	亿吨标准煤	34.6	-4.2
原　煤	亿　吨	34.1	-9.0
原　油	亿　吨	19 968.5	-6.9
天然气	亿立方米	1 368.7	1.7
发电量	亿千瓦小时	61 424.9	5.6
其中:火　电[16]	亿千瓦小时	44 370.7	3.6
水　电	亿千瓦小时	11 933.7	5.6
核　电	亿千瓦小时	2 132.9	24.9
粗　钢	万　吨	80 836.6	0.6
钢　材[17]	万　吨	113 801.2	1.3
十种有色金属	万　吨	5 310.3	3.0
其中:精炼铜(电解铜)	万　吨	843.6	6.0
原　铝(电解铝)	万　吨	3 187.3	1.5

续表

产品名称	单　位	产　量	比上年增长(%)
水　泥	亿　吨	24.1	2.3
硫　酸(折100%)	万　吨	8 889.1	-1.0
烧　碱(折100%)	万　吨	3 283.9	8.7
乙　烯	万　吨	1 781.1	3.9
化　肥(折100%)	万　吨	7 128.6	-4.1
发电机组(发电设备)	万千瓦	13 218.4	6.3
汽　车	万　辆	2 811.9	14.8
其中:基本型乘用车(轿车)	万　辆	1 211.1	4.1
运动型多用途乘用车(SUV)	万　辆	914.4	51.8
其中:新能源汽车	万　辆	45.9	40.0
大中型拖拉机	万　台	63.0	-8.5
集成电路	亿　块	1 318.0	21.2
程控交换机	万　线	1 457.7	-22.5
移动通信手持机	万　台	205 819.3	13.6
其中:智能手机	万　台	153 764.1	9.9
微型计算机设备	万　台	29 008.5	-7.7
工业机器人	台(套)	72 426.0	30.4

年底全国发电装机容量164 575万千瓦,比上年末增长8.2%。其中[18],火电装机容量105 388万千瓦,比上年增长5.3%;水电装机容量33 211万千瓦,比上年增长3.9%;核电装机容量3 364万千瓦,比上年增长23.8%;并网风电装机容量14 864万千瓦,比上年增长13.2%;并网太阳能发电装机容量7 742万千瓦,比上年增长81.6%。

全年规模以上工业企业实现利润68 803亿元,比上年增长8.5%。分经济类型看,国有控股企业实现利润11 751亿元,比上年增长6.7%;集体企业477亿元,比上年下降4.2%,股份制企业47 197亿元,比上年增长8.3%,外商及港澳台商投资企业17 352亿元,比上年增长12.1%;私营企业24 325亿元,比上年增长4.8%。分门类看,采矿业实现利润1 825亿元,比上年下降27.5%;制造业62 398亿元,比上年增长12.3%;电力、热力、燃气及水生产和供应业4 580亿元,比上年下降14.3%。全年规模以上工业企业每百元主营业务收入中的成本为85.52元,比上年下降0.1元。年末规模以上工业企业资产负债率为55.8%,比上年底下降0.4个百分点。

全年全社会建筑业增加值49 522亿元,比上年增长6.6%。全国具有资质等级的总承包和专业承包建筑业企业实现利润6 745亿元,增长4.6%。其中,国有控股企业1 879亿元,增长6.8%。见图11。

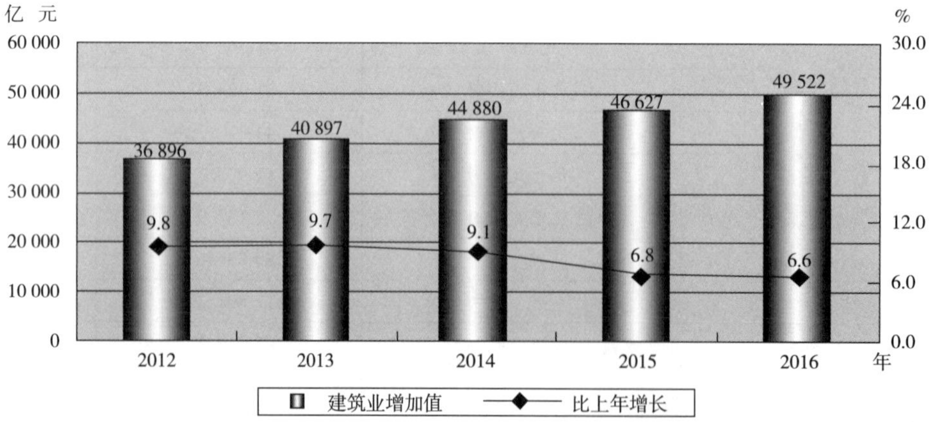

图11　2012—2016年建筑业增加值及增长速度

四、固定资产投资

全年全社会固定资产投资606 466亿元,比上年增长7.9%,扣除价格因素,实际增长8.6%。其中,固定资产投资(不含农户)596 501亿元,比上年增长8.1%。分区域看[19],东部地区投资249 665亿元,比上年增长9.1%;中部地区投资156 762亿元,比上年增长12.0%;西部地区投资154 054亿元,比上年增长12.2%;东北地区投资30 642亿元,比上年下降23.5%。见图12。

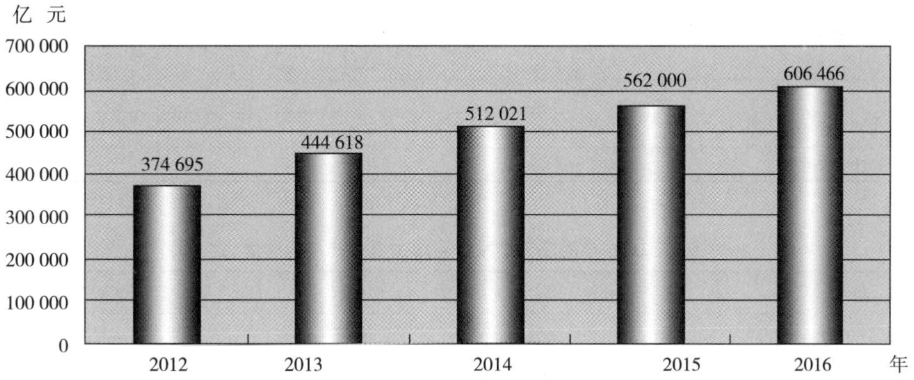

图12 2012—2016年全社会固定资产投资情况

在固定资产投资(不含农户)中,第一产业投资18 838亿元,比上年增长21.1%;第二产业投资231 826亿元,比上年增长3.5%;第三产业投资345 837亿元,比上年增长10.9%。基础设施投资[20]118 878亿元,比上年增长17.4%,占固定资产投资(不含农户)的比重为19.9%。民间固定资产投资[21]365 219亿元,比上年增长3.2%,占固定资产投资(不含农户)的比重为61.2%。高技术产业投资[22]37 747亿元,增长15.8%,占固定资产投资(不含农户)的比重为6.3%。六大高耗能行业投资66 376亿元,增长3.1%,占固定资产投资(不含农户)的比重为11.1%。农林牧渔业、水利、环境保护等短板领域投资快速增长。见图13、表4、表5。

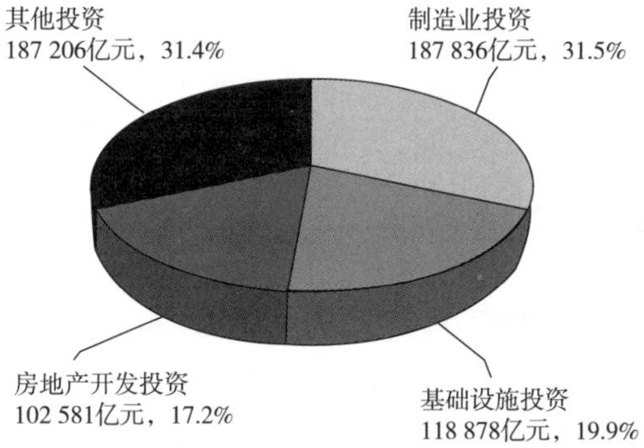

图13 2016年按领域分固定资产投资(不含农户)及占比

表4 2016年分行业固定资产投资(不含农户)及增长速度

行 业	投资额(亿元)	比上年增长(%)
总 计	**596 501**	**8.1**
农、林、牧、渔业	22 774	19.5
采矿业	10 320	-20.4
制造业	187 836	4.2
电力、热力、燃气及水生产和供应业	29 736	11.3
建筑业	4 577	-6.5
批发和零售业	17 939	-4.0
交通运输、仓储和邮政业	53 628	9.5
住宿和餐饮业	5 947	-8.6

续表

行　业	投资额(亿元)	比上年增长(%)
信息传输、软件和信息技术服务业	6 319	14.5
金融业	1 310	-4.2
房地产业[23]	135 284	6.8
租赁和商务服务业	12 316	30.5
科学研究和技术服务业	5 568	17.2
水利、环境和公共设施管理业	68 647	23.3
居民服务、修理和其他服务业	2 677	1.8
教　育	9 324	20.7
卫生和社会工作	6 282	21.4
文化、体育和娱乐业	7 830	16.4
公共管理、社会保障和社会组织	8 188	4.3

表5　2016年固定资产投资新增主要生产与运营能力

指　标	单　位	绝对数
新增220千伏及以上变电设备	万千伏安	24 336
新建铁路投产里程	公　里	3 281
其中:高速铁路[24]	公　里	1 903
增、新建铁路复线投产里程	公　里	3 612
电气化铁路投产里程	公　里	5 899
新建公路里程	公　里	324 898
其中:高速公路	公　里	6 745
港口万吨级码头泊位新增吞吐能力	万　吨	32 436
新增民用运输机场	个	8
新增光缆线路长度	万公里	554

全年房地产开发投资102 581亿元,比上年增长6.9%。其中,住宅投资68 704亿元,比上年增长6.4%;办公楼投资6 533亿元,比上年增长5.2%;商业营业用房投资15 838亿元,比上年增长8.4%。年底商品房待售面积69 539万平方米,比上年底减少2 314万平方米。年末商品住宅待售面积40 257万平方米,比上年底减少4 991万平方米。

全年全国城镇棚户区住房改造开工606万套,棚户区改造和公租房基本建成658万套。全年全国农村地区建档立卡贫困户危房改造158万户[25]。见表6。

表6　2016年房地产开发和销售主要指标完成情况及增长速度

指　标	单　位	绝对数	比上年增长(%)
投资额	亿　元	102 581	6.9
其中:住　宅	亿　元	68 704	6.4
其中:90平方米及以下	亿　元	24 772	0.5
房屋施工面积	万平方米	758 975	3.2
其中:住　宅	万平方米	521 310	1.9
房屋新开工面积	万平方米	166 928	8.1
其中:住　宅	万平方米	115 911	8.7
房屋竣工面积	万平方米	106 128	6.1
其中:住　宅	万平方米	77 185	4.6
商品房销售面积	万平方米	157 349	22.5

续表

指　标	单　位	绝对数	比上年增长(%)
其中:住　宅	万平方米	137 540	22.4
本年到位资金	亿　元	144 214	15.2
其中:国内贷款	亿　元	21 512	6.4
其中:个人按揭贷款	亿　元	24 403	46.5

五、国内贸易

全年社会消费品零售总额332 316亿元,比上年增长10.4%,扣除价格因素,实际增长9.6%。按经营地统计,城镇消费品零售额285 814亿元,增长10.4%;乡村消费品零售额46 503亿元,增长10.9%。按消费类型统计,商品零售额296 518亿元,增长10.4%;餐饮收入额35 799亿元,增长10.8%。见图14。

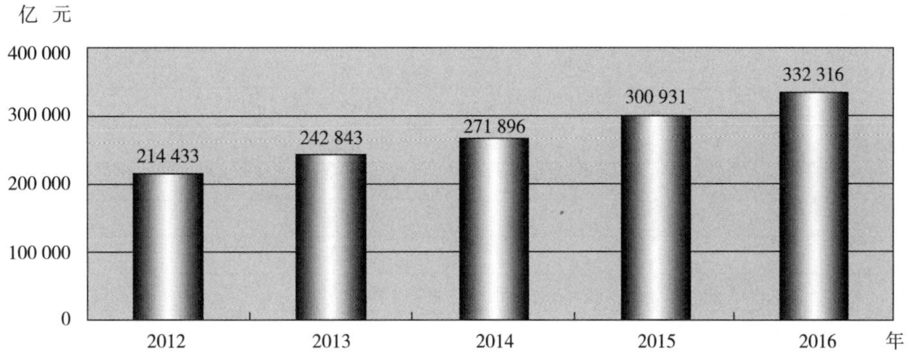

图14　2012—2016年社会消费品零售总额情况

在限额以上企业商品零售额中,粮油、食品、饮料、烟酒类零售额比上年增长10.5%,服装、鞋帽、针纺织品类比上年增长7.0%,化妆品类比上年增长8.3%,金银珠宝类与上年持平,日用品类比上年增长11.4%,家用电器和音像器材类比上年增长8.7%,中西药品类比上年增长12.0%,文化办公用品类比上年增长11.2%,家具类比上年增长12.7%,通信器材类比上年增长11.9%,建筑及装潢材料类比上年增长14.0%,汽车类比上年增长10.1%,石油及制品类比上年增长1.2%。

全年网上零售额[26] 51 556亿元,比上年增长26.2%。其中网上商品零售额41 944亿元,比上年增长25.6%,占社会消费品零售总额的比重为12.6%。在网上商品零售额中,吃类商品比上年增长28.5%,穿类商品比上年增长18.1%,用类商品比上年增长28.8%。

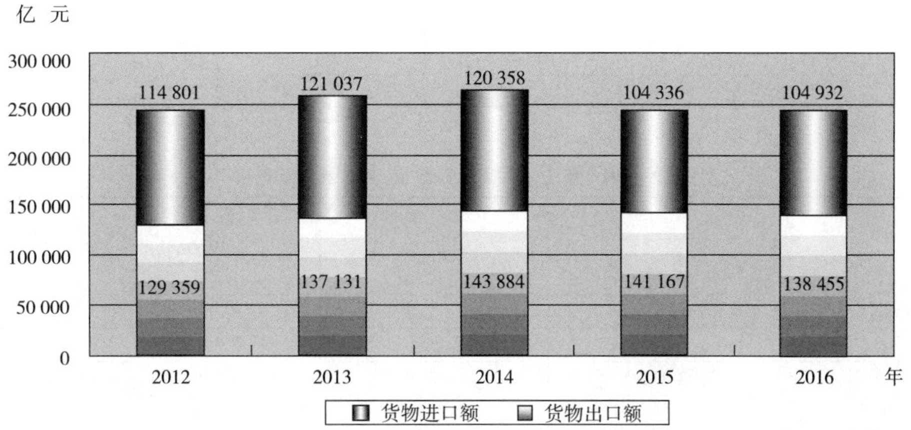

图15　2012—2016年货物进出口总额情况

六、对外经济[27]

全年货物进出口总额243 386亿元，比上年下降0.9%。其中，出口138 455亿元，比上年下降1.9%；进口104 932亿元，比上年增长0.6%。货物进出口差额（出口减进口）33 523亿元，比上年减少3 308亿元。对“一带一路”[28]沿线国家进出口总额62 517亿元，比上年增长0.5%。其中，出口38 319亿元，比上年增长0.5%；进口24 198亿元，比上年增长0.4%。见图15、表7、表8、表9、表10。

表7 2016年货物进出口总额及增长速度

指 标	金 额（亿美元）	比上年增长（%）
货物进出口总额	243 386	-0.9
货物出口额	138 455	-1.9
其中：一般贸易	74 601	-1.1
加工贸易	47 237	-4.6
其中：机电产品	79 820	-1.9
高新技术产品	39 876	-2.1
货物进口额	104 932	0.6
其中：一般贸易	59 398	3.7
加工贸易	26 223	-5.5
其中：机电产品	50 985	1.9
高新技术产品	34 618	1.8
进出口差额（出口减进口）	33 523	—

表8 2016年主要商品出口数量、金额及增长速度

商品名称	单 位	数 量	比上年增长（%）	金 额（亿美元）	比上年增长（%）
煤（包括褐煤）	万 吨	879	64.6	46	48.0
钢 材	万 吨	10 849	-3.5	3 587	-7.8
纺织纱线、织物及制品	—	—	—	6 925	1.9
服装及衣着附件	—	—	—	10 413	-3.7
鞋 类	万 吨	422	-5.6	3 113	-6.2
家具及零件	—	—	—	3 151	-3.8
自动数据处理设备及部件	万 台	159 257	-7.1	9 068	-4.1
手持或车载无线电话	万 台	127 192	-5.3	7 643	-0.9
集装箱	万 个	199	-26.7	279	-41.2
液晶显示板	万 个	190 569	-16.9	1 700	-11.6
汽 车	万 辆	79	9.4	709	1.8

表9 2016年主要商品进口数量、金额及增长速度

商品名称	数 量（万吨）	比上年增长（%）	金 额（亿美元）	比上年增长（%）
谷物及谷物粉	2 199	-32.8	375	-35.5
大 豆	8 391	2.7	2 247	4.1
食用植物油	553	-18.3	276	-11.5
铁矿砂及精矿	102 412	7.5	3 809	7.0
氧化铝	303	-35.0	58	-43.1
煤（包括褐煤）	25 551	25.2	938	25.1

续表

商品名称	数量（万吨）	比上年增长（%）	金额（亿美元）	比上年增长（%）
原　油	38 101	13.6	7 698	-7.5
成品油	2 784	-6.5	735	-16.6
初级形状的塑料	2 570	-1.5	2 731	-2.2
纸　浆	2 106	6.2	808	2.1
钢　材	1 321	3.4	869	-2.3
未锻造的铜及铜材	495	2.9	1 741	-3.3
汽　车　（万辆）	107	-2.4	2 942	6.1

表10　2016年对主要国家和地区货物进出口额及增长速度

国家和地区	出口额（亿美元）	比上年增长（%）	占我全部出口比重（%）	进口额（亿美元）	比上年增长（%）	占我全部进口比重（%）
欧　盟	22 369	1.3	16.2	13 747	5.9	13.1
美　国	25 415	0.0	18.4	8 887	-3.2	8.5
东　盟	16 894	-1.9	12.2	12 978	7.4	12.4
中国香港	19 009	-7.6	13.7	1 107	39.2	1.1
日　本	8 529	1.3	6.2	9 626	8.4	9.2
韩　国	6 185	-1.7	4.5	10 496	-3.2	10.0
中国台湾	2 665	-4.3	1.9	9 203	3.4	8.8
印　度	3 850	6.6	2.8	777	-6.4	0.7
俄罗斯	2 466	14.2	1.8	2 128	3.1	2.0

全年服务进出口[29]总额53 484亿元，比上年增长14.2%。其中，服务出口18 193亿元，增长2.3%；服务进口35 291亿元，增长21.5%。服务进出口逆差17 097亿元。

全年吸收外商直接投资（不含银行、证券、保险）新设立企业27 900家，比上年增长5.0%。实际使用外商直接投资金额8 132亿元（折1 260亿美元），增长4.1%。其中"一带一路"沿线国家对华直接投资新设立企业2 905家，增长34.1%；对华直接投资金额458亿元（折71亿美元）。见表11。

表11　2016年外商直接投资（不含银行、证券、保险）及增长速度

行　业	企业数（家）	比上年增长（%）	实际使用金额（亿美元）	比上年增长（%）
总　计	**27 900**	**5.0**	**8 132.2**	**4.1**
其中：农、林、牧、渔业	558	-8.4	123.2	30.0
制造业	4 013	-11.0	2 303.0	-6.1
电力、燃气及水生产和供应业	311	18.0	139.8	0.3
交通运输、仓储和邮政业	425	-5.4	329.2	26.7
信息传输、计算机服务和软件业	1 463	11.6	540.4	128.0
批发和零售业	9 399	2.7	1 011.1	36.0
房地产业	378	-2.3	1 264.4	-29.4
租赁和商务服务业	4 631	3.7	1 045.9	67.8
居民服务和其他服务业	245	13.0	33.0	-25.8

全年对外直接投资额(不含银行、证券、保险)11 299亿元,按美元计价为1 701亿美元,比上年增长44.1%。其中,对"一带一路"沿线国家直接投资额145亿美元。见表12。

全年对外承包工程业务完成营业额10 589亿元,按美元计价为1 594亿美元,比上年增长3.5%。其中,对"一带一路"沿线国家完成营业额760亿美元,增长9.7%,占对外承包工程业务完成营业额比重为47.7%。对外劳务合作派出各类劳务人员49万人,下降6.8%。

表12 2016年对外直接投资额(不含银行、证券、保险)及增长速度

行 业	对外直接投资金额(亿美元)	比上年增长(%)
总 计	**1 701.1**	**44.1**
其中:农、林、牧、渔业	29.7	45.0
采矿业	86.7	-20.1
制造业	310.6	116.7
电力、热力、燃气及水生产和供应业	25.3	-9.2
建筑业	53.1	18.0
批发和零售业	275.6	72.0
交通运输、仓储和邮政业	36.2	17.1
信息传输、软件和信息技术服务业	203.6	252.2
房地产业	106.4	17.4
租赁和商务服务业	422.7	1.4

七、交通、邮电和旅游

全年货物运输总量440亿吨,比上年增长5.7%。货物运输周转量185 295亿吨公里,比上年增长4.0%。全年规模以上港口完成货物吞吐量118.3亿吨,比上年增长3.2%,其中外贸货物吞吐量37.6亿吨,比上年增长4.1%。规模以上港口集装箱吞吐量21 798万标准箱,比上年增长3.6%。见表13。

表13 2016年各种运输方式完成货物运输量及增长速度

指 标	单 位	绝对数	比上年增长(%)
货物运输总量	亿 吨	440.4	5.7
铁 路	亿 吨	33.3	-0.8
公 路	亿 吨	336.3	6.8
水 运	亿 吨	63.6	3.7
民 航	万 吨	666.9	6.0
管 道	亿 吨	7.0	5.3
货物运输周转量	亿吨公里	185 294.9	4.0
铁 路	亿吨公里	23 792.3	0.2
公 路	亿吨公里	61 211.0	5.6
水 运	亿吨公里	95 399.9	4.0
民 航	亿吨公里	221.1	6.3
管 道	亿吨公里	4 670.6	5.7

全年旅客运输总量192亿人次,比上年下降1.2%。旅客运输周转量31 306亿人公里,增长4.1%。见表14。

年底全国民用汽车保有量19 440万辆(包括三

轮汽车和低速货车881万辆),比上年末增长12.8%,其中私人汽车保有量16 559万辆,增长15.0%。民用轿车保有量10 876万辆,增长14.4%,其中私人轿车10 152万辆,增长15.5%。

表14 2016年各种运输方式完成旅客运输量及增长速度

指　标	单　位	绝对数	比上年增长(%)
旅客运输总量	亿人次	192.0	-1.2
铁　路	亿人次	28.1	11.0
公　路	亿人次	156.3	-3.5
水　运	亿人次	2.7	0.1
民　航	亿人次	4.9	11.8
旅客运输周转量	亿人公里	31 305.7	4.1
铁　路	亿人公里	12 579.3	5.2
公　路	亿人公里	10 294.8	-4.2
水　运	亿人公里	72.0	-1.4
民　航	亿人公里	8 359.5	14.8

全年完成邮电业务总量[30]43 344亿元,比上年增长52.7%。其中,邮政行业业务总量7 397亿元,比上年增长45.7%;电信业务总量35 948亿元,比上年增长54.2%。邮政业全年完成邮政函件业务36.2亿件,包裹业务0.3亿件,快递业务量312.8亿件;快递业务收入3 974亿元。电信业全年新增移动电话交换机容量[31]7 318万户,达到218 384万户。年底全国电话用户总数152 856万户,其中移动电话用户132 193万户。移动电话普及率上升至96.2部/百人。固定互联网宽带接入用户[32]29 721万户,比上年增加3 774万户,其中固定互联网光纤宽带接入用户[33]22 766万户,比上年增加7 941万户;移动宽带用户[34]94 075万户,比上年增加23 464万户。移动互联网接入流量93.6亿G,比上年增长123.7%。互联网上网人数73 100万人,比上年增加4 299万人,其中手机上网人数[35]69 500万人,比上年增加7 550万人。互联网普及率达到53.2%,其中农村地区互联网普及率达到33.1%。软件和信息技术服务业[36]完成软件业务收入48 511亿元,比上年增长14.9%。见图16、图17。

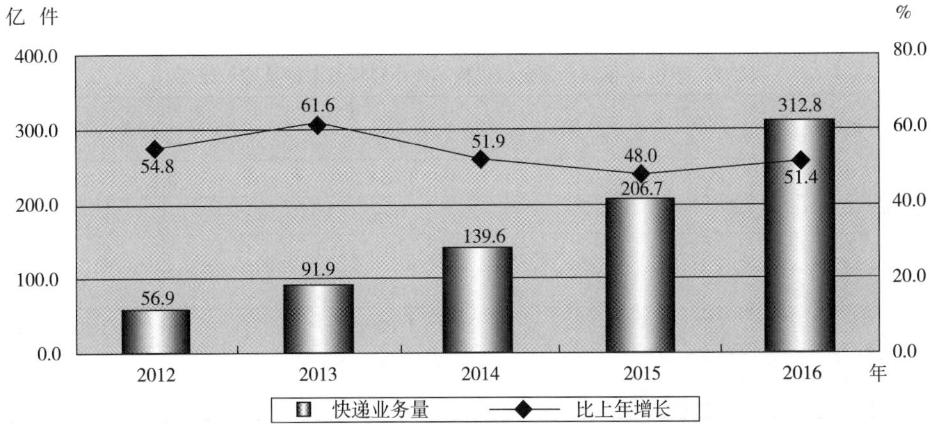

图16 2012—2016年年底快递业务量及增长速度

全年国内游客44亿人次,比上年增长11.2%,国内旅游收入39 390亿元,比上年增长15.2%。入境游客13 844万人次,比上年增长3.5%。其中,外国人2 813万人次,比上年增长8.3%;香港、澳门和台湾同胞11 031万人次，比上年增长2.3%。在入境游客中，过夜游客5 927万人次，比上年增长4.2%。国际旅游收入1 200亿美元，比上年增长5.6%。国内居民出境13 513万人次，比上年增长5.7%。其中因私出境12 850万人次，比上年增长5.6%；赴港澳台出境8 395万人次，比上年下降2.2%。

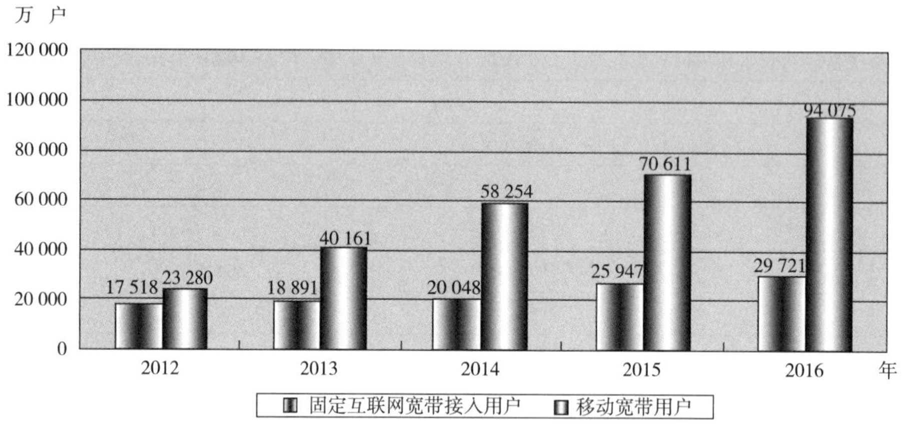

图17　2012—2016年年底固定互联网宽带接入用户和移动宽带用户数

八、金　融

年底广义货币供应量(M_2)余额1 550 000亿元，比上年底增长11.3%；狭义货币供应量(M_1)余额487 000亿元，比上年增长21.4%；流通中货币(M_0)余额68 000亿元，比上年增长8.1%。

全年社会融资规模增量[37]178 000亿元，比上年增加24 000亿元。年底全部金融机构本外币各项存款余额1 555 000亿元，比年初增加157 000亿元，其中人民币各项存款余额1 506 000亿元，比上年增加149 000亿元。全部金融机构本外币各项贷款余额1 121 000亿元，比上年增加127 000亿元，其中人民币各项贷款余额1 066 000亿元，比上年增加126 000亿元。见表15。

年底主要农村金融机构(农村信用社、农村合作银行、农村商业银行)人民币贷款余额134 219亿元，比年初增加13 895亿元。金融机构境内住户人民币消费贷款余额250 472亿元，比上年增加60 998亿元。其中，短期消费贷款余额49 313亿元，比上年增加8 347亿元；中长期消费贷款余额201 159亿元，比上年增加52 651亿元。

表15　2016年年底全部金融机构本外币存贷款余额及增长速度

指　标	年底数 (亿元)	比上年底增长 (%)
各项存款余额	1 555 247	11.3
其中：境内住户存款	606 522	9.9
其中：人民币	597 751	9.5
境内非金融企业存款	530 895	16.6
各项贷款余额	1 120 552	12.8
其中：境内短期贷款	380 020	3.6
境内中长期贷款	635 052	17.8

全年上市公司通过境内市场累计筹资23 342亿元，比上年增加5 088亿元。其中，首次公开发行A股248只，筹资1 634亿元；A股现金再融资(包括公开增发、定向增发[38]、配股、优先股)13 387亿元，比上年增加4 618亿元；上市公司通过沪深交易所发行公司债、可转债筹资8 321亿元，比上年增加414亿

元。全年全国中小企业股份转让系统[39]新增挂牌公司5 034家，筹资1 391亿元，比上年增长14.4%。

全年发行公司信用类债券[40]82 200亿元，比上年增加15 000亿元。

全年保险公司原保险保费收入[41]30 959亿元，比上年增长27.5%。其中，寿险业务原保险保费收入17 442亿元，健康险和意外伤害险业务原保险保费收入4 792亿元，财产险业务原保险保费收入8 725亿元。支付各类赔款及给付10 513亿元。其中，寿险业务给付4 603亿元，健康险和意外伤害险赔款及给付1 184亿元，财产险业务赔款4 726亿元。

九、人民生活和社会保障

全年全国居民人均可支配收入[42]23 821元，比上年增长8.4%，扣除价格因素，实际增长6.3%；全国居民人均可支配收入中位数[43]20 883元，比上年增长8.3%。按常住地分，城镇居民人均可支配收入33 616元，比上年增长7.8%，扣除价格因素，实际增长5.6%；城镇居民人均可支配收入中位数31 554元，比上年增长8.3%。农村居民人均可支配收入12 363元，比上年增长8.2%，扣除价格因素，实际增长6.2%；农村居民人均可支配收入中位数11 149元，比上年增长8.3%。按全国居民五等份收入分组[44]，低收入组人均可支配收入5 529元，中等偏下收入组人均可支配收入12 899元，中等收入组人均可支配收入20 924元，中等偏上收入组人均可支配收入31 990元，高收入组人均可支配收入59 259元。贫困地区[45]农村居民人均可支配收入8 452元，比上年增长10.4%，扣除价格因素，实际增长8.4%。全国农民工人均月收入3 275元，比上年增长6.6%。

全国居民人均消费支出17 111元，比上年增长8.9%，扣除价格因素，实际增长6.8%。按常住地分，城镇居民人均消费支出23 079元，比上年增长7.9%，扣除价格因素，实际增长5.7%；农村居民人均消费支出10 130元，比上年增长9.8%，扣除价格因素，实际增长7.8%。恩格尔系数为30.1%，比上年下降0.5个百分点，其中城镇为29.3%，农村为32.2%。见图18、图19。

年底全国参加城镇职工基本养老保险人数37 862万人，比上年增加2 501万人。参加城乡居民基本养老保险人数50 847万人，比上年增加375万人。参加城镇基本医疗保险人数74 839万人，比上年增加8 257万人。其中，参加职工基本医疗保险人数29 524万人，比上年增加631万人；参加城镇居民基本医疗保险人数45 315万人，比上年增加7 626万人。参加失业保险人数18 089万人，比上年增加763万人。年底全国领取失业保险金人数230万人。参加工伤保险人数21 887万人，比上年增加455万人，其中参加工伤保险的农民工7 510万人，比上年增加21万人。参加生育保险人数18 443万人，比上年增加672万人。年底全国共有1 479.9万人享受城市居民最低生活保障，4 576.5万人享受农村居民最低生活保障，496.9万人享受农村特困人员[46]救助供养。全年资助5 620.6万人参加基本医疗保险，医疗救助3 099.8万人次。国家抚恤、补助各类优抚对象877.2万人。按照每人每年2 300元(2010年不变价)的农村贫困标准计算，2016年农村贫困人口4 335万人，比上年减少1 240万人[47]。

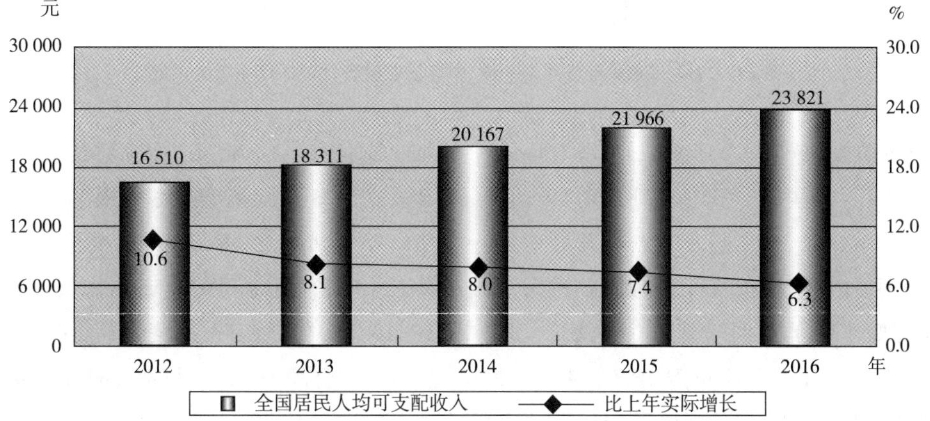

图18　2012—2016年全国居民人均可支配收入及增长速度

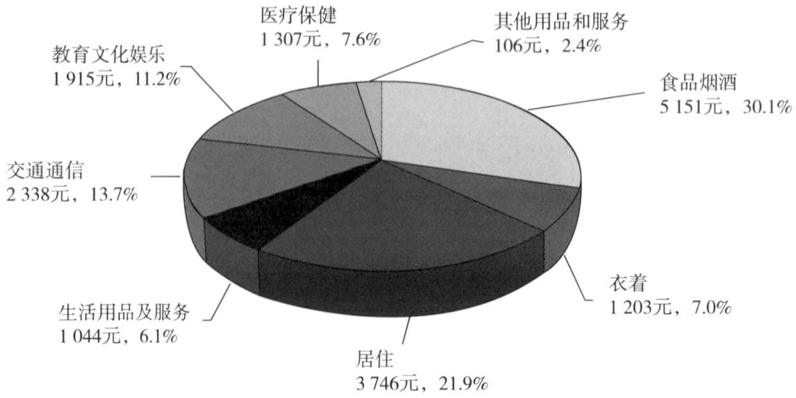

图19　2016年全国居民人均可消费支出及构成

十、教育、科学技术和文化

全年研究生教育招生66.7万人，在学研究生198.1万人，毕业生56.4万人。普通本专科招生748.6万人，在校生2 695.8万人，毕业生704.2万人。中等职业教育[48]招生593.3万人，在校生1 599.1万人，毕业生533.7万人。普通高中招生802.9万人，在校生2 366.6万人，毕业生792.4万人。初中招生1 487.2万人，在校生4 329.4万人，毕业生1 423.9万人。普通小学招生1 752.5万人，在校生9 913.0万人，毕业生1 507.4万人。特殊教育招生9.2万人，在校生49.2万人，毕业生5.9万人。学前教育在园幼儿4 413.9万人。九年义务教育巩固率为93.4%，高中阶段毛入学率为87.5%。见图20。

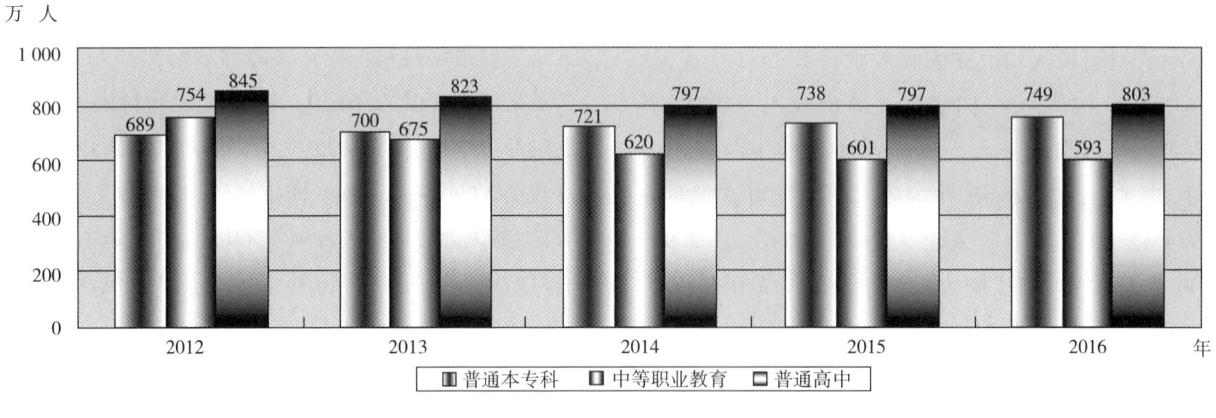

图20　2012—2016年普通本专科、中等职业教育及普通高中招生人数

全年研究与试验发展(R&D)经费支出15 500亿元，比上年增长9.4%，与国内生产总值之比为2.1%，其中基础研究经费798亿元。全年国家重点研发计划共安排42个重点专项1 163个科技项目，国家科技重大专项共安排224个课题，国家自然科学基金共资助41 184个项目。截至年底，累计建设国家重点实验室488个，国家工程研究中心131个，国家工程实验室194个，国家企业技术中心1 276家。国家科技成果转化引导基金累计设立9支子基金，资金总规模173.5亿元。全年受理境内外专利申请346.5万件，授予专利权175.4万件。截至年底，有效专利628.5万件，其中境内有效发明专利110.3万件，每万人口发明专利拥有量8件。全年共签订技术合同32万项，技术合同成交金额11 407亿元，比上年增长16.0%。见图21、表16。

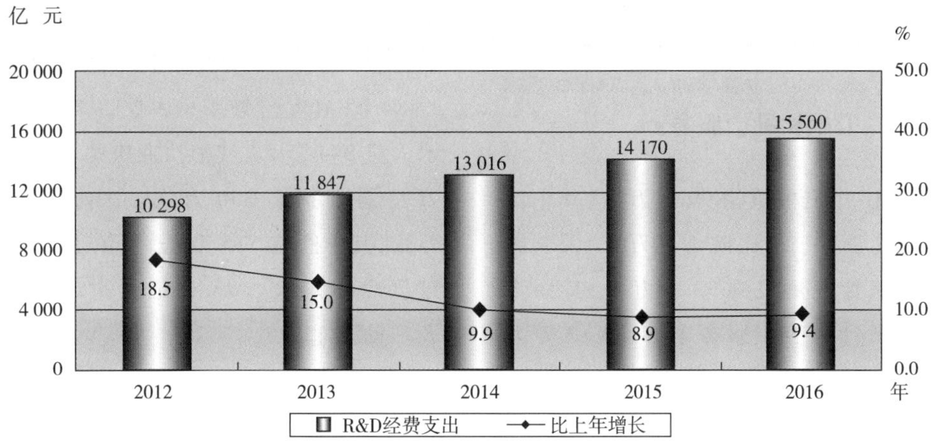

图 21　2012—2016 年研究与实验发展(R&D)经费支出及增长速度

表 16　2016 年专利申请受理、授权和有效专利情况

指　标	专利数 (万件)	比上年增长 (%)
专利申请受理数	346.5	23.8
其中:境内专利申请受理	328.1	25.4
其中:发明专利申请受理	133.9	21.5
其中:境内发明专利	119.3	24.7
专利申请授权数	175.4	2.1
其中:境内专利授权	161.2	2.1
其中:发明专利授权	40.4	12.5
其中:境内发明专利	29.5	15.0
年末有效专利数	628.5	14.7
其中:境内有效专利	540.6	15.7
其中:有效发明专利	177.2	20.4
其中:境内有效发明专利	110.3	26.6

全年完成 22 次宇航发射。“长征五号”“长征七号”新一代运载火箭成功首飞;“天宫二号”空间实验室、“神舟十一号”载人飞船成功发射,航天员在轨驻留 30 天并安全返回;新一代静止轨道气象卫星“风云四号”、合成孔径雷达卫星“高分三号”、3 颗“北斗”导航卫星等成功发射。

年底全国共有产品检测实验室 34 487 个,其中国家检测中心 681 个。全国现有产品质量、体系认证机构 312 个,已累计完成对 152 525 个企业的产品认证。全国共有法定计量技术机构 3 933 个,全年强制检定计量器具 7 878 万台(件)。全年制定、修订国家标准 1 763 项,其中新制定 1 255 项。

年底全国文化系统共有艺术表演团体 2 046 个,博物馆 3 060 个。全国共有公共图书馆 3 172 个,总流通[49]64 781 万人次;文化馆 3 338 个。有线电视实际用户 22 300 万户,其中有线数字电视实际用户 19 700 万户。年末广播节目综合人口覆盖率为 98.4%,电视节目综合人口覆盖率为 98.9%。全年生产电视剧 330 部 14 768 集,电视动画片 119 895 分钟。全年生产故事影片 772 部,科教、纪录、动画和特种影片[50]172 部。出版各类报纸 394 亿份,各类期刊 27 亿册,图书 86 亿册(张),人均图书拥有量[51]6.27 册(张)。年底全国共有档案馆 4 193 个,已开放各类档案 13 388 万卷(件)。

全年中国运动员在 23 个运动大项中获得 107 个世界冠军,共创 9 项世界纪录。在里约奥运会上,中国运动员共获得 26 枚金牌,奖牌总数 70 枚,位列奥运会金牌榜第 3 位,奖牌榜第 2 位。全年中国残疾人运动员在 17 项国际赛事中获得 237 个世界冠军。在里约残奥会上,中国运动员共获得 107 枚金牌,蝉联金牌榜和奖牌榜第1位。

十一、卫生和社会服务

年底全国共有医疗卫生机构99.3万个，其中医院2.9万个，在医院中有公立医院1.3万个，民营医院1.6万个；基层医疗卫生机构93.1万个，其中乡镇卫生院3.7万个，社区卫生服务中心(站)3.5万个，门诊部(所)21.7万个，村卫生室64.2万个；专业公共卫生机构2.9万个，其中疾病预防控制中心3 484个，卫生监督所(中心)3 138个。年底卫生技术人员844万人，其中执业医师和执业助理医师317万人，注册护士350万人。医疗卫生机构床位747万张，其中医院575万张，乡镇卫生院123万张。全年总诊疗人次[52]78.0亿人次，出院人数[53]2.2亿人。见图22。

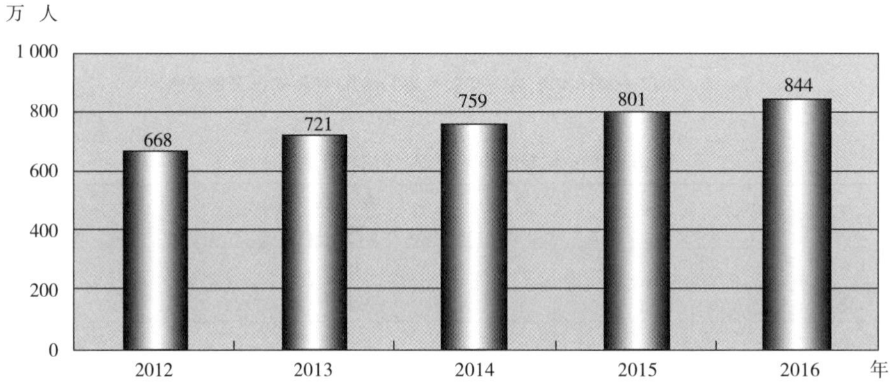

图22　2012—2016年卫生技术人员人数

年底全国共有各类提供住宿的社会服务机构3.1万个，其中养老服务机构2.8万个，儿童服务机构713个。社会服务床位[54]716.6万张，其中养老服务床位680万张，儿童服务床位10万张。年底共有社区服务中心2.4万个，社区服务站13万个。

十二、资源、环境和安全生产

全年全国国有建设用地供应总量[55]52万公顷，比上年下降2.9%。其中，工矿仓储用地12万公顷，下降3.2%；房地产用地[56]11万公顷，比上年下降10.3%；基础设施等用地29万公顷，比上年增长0.2%。

全年水资源总量30 150亿立方米。全年平均降水量730毫米。年底全国监测的614座大型水库蓄水总量3 409亿立方米，比上年底蓄水量略有减少。全年总用水量6 150亿立方米，比上年增长0.8%。其中，生活用水比上年增长2.7%，工业用水比上年减少0.4%，农业用水比上年增长0.7%，生态补水比上年增长1.9%。万元国内生产总值用水量[57]84立方米，比上年下降5.6%。万元工业增加值用水量53立方米，比上年下降6.0%。人均用水量446立方米，比上年增长0.2%。

全年完成造林面积679万公顷，其中人工造林面积381万公顷，占全部造林面积的56.1%。森林抚育面积837万公顷。截至年底，自然保护区达到2 750个，其中国家级自然保护区446个。新增水土流失治理面积5.4万平方公里，新增实施水土流失地区封育保护面积1.6万平方公里。

初步核算，全年能源消费总量43.6亿吨标准煤，比上年增长1.4%。煤炭消费量比上年下降4.7%，原油消费量比上年增长5.5%，天然气消费量比上年增长8.0%，电力消费量比上年增长5.0%。煤炭消费量占能源消费总量的62.0%，比上年下降2.0个百分点；水电、风电、核电、天然气等清洁能源消费量占能源消费总量的19.7%，比上年上升1.7个百分点。全国万元国内生产总值能耗比上年下降5.0%。工业企业吨粗铜综合能耗比上年下降9.5%，吨钢综合能耗比上年下降0.08%，单位烧碱综合能耗比上年下降2.1%，吨水泥综合能耗比上年下降1.8%，每千瓦时火力发电标准煤耗比上年下降近1.0%。见图23、图24。

近岸海域417个海水水质监测点中，达到国家一、二类海水水质标准的监测点占73.4%，三类海水占10.3%，四类、劣四类海水占16.3%。

在监测的338个城市中，城市空气质量达标的城市占24.9%，未达标的城市占75.1%。细颗粒物($PM_{2.5}$)未达标地级及以上城市年平均浓度52微克/立方米，比上年下降8.8%。

在监测的322个城市中，城市区域声环境质量好的城市占5.0%，较好的占68.3%，一般的占26.1%，较差的占0.6%。

全年平均气温为10.49℃，比上年下降0.13℃。共有8个台风登陆。

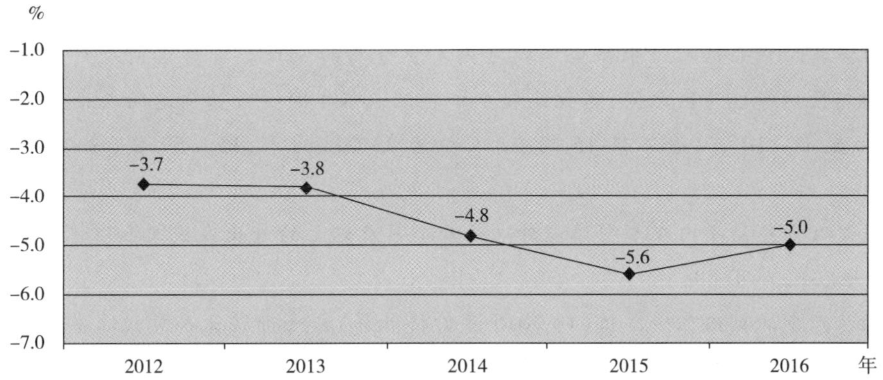

图23　2012—2016年万元国内生产总值能耗降低率情况

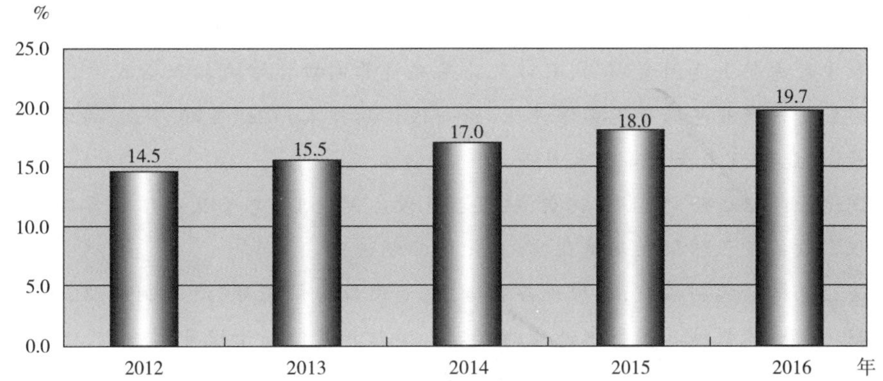

图24　2012—2016年清洁能源消费占能源消费总量的比重

年底城市污水处理厂日处理能力14 823万立方米，比上年增长5.6%；城市污水处理率为92.4%，比上年提高0.5个百分点。城市生活垃圾无害化处理率为95.0%，比上年提高0.9个百分点。城市集中供热面积70.7亿平方米，比上年增长5.2%。城市建成区绿地面积197.1万公顷，比上年增长3.3%；建成区绿地率为36.4%，比上年提高0.08个百分点；人均公园绿地面积13.5平方米，比上年增加0.1平方米。

全年农作物受灾面积2 622万公顷，其中绝收290万公顷。全年因洪涝和地质灾害造成直接经济损失3 134亿元，因旱灾造成直接经济损失418亿元，因低温冷冻和雪灾造成直接经济损失179亿元，因海洋灾害造成直接经济损失50亿元。全年大陆地区共发生5.0级以上地震18次，成灾16次，造成直接经济损失67亿元。全年共发生森林火灾2 034起，森林火灾受害森林面积0.6万公顷。

全年各类生产安全事故[58]共死亡43 062人。亿元国内生产总值生产安全事故死亡人数0.058人，按可比口径比上年下降10.8%；工矿商贸企业就业人员10万人生产安全事故死亡人数1.702人，按可比口径比上年下降2.3%；道路交通事故万车死亡人数2.1人，与上年持平；煤矿百万吨死亡人数0.156人，比上年下降3.7%。

注：

[1] 本公报中数据均为初步统计数。各项统计数据均未包括香港特别行政区、澳门特别行政区和台湾省。部分数据因四舍五入的原因，存在着与分项合计不等的情况。

[2] 国内生产总值、各产业增加值和人均国内生产总值绝对数按现价计算，增长速度按不变价格计算。

[3] 国民总收入，原称国民生产总值，是指一个国家或地区所有常住单位在一定时期内所获得的初次分配收入总额。它等于国内生产总值加上来自国外的净要素收入。

[4] 人户分离的人口是指居住地与户口登记地所在的乡镇街道不一致且离开户口登记地半年及以上的人口。

[5] 流动人口是指人户分离人口中扣除市辖区内人户分离的人口。市辖区内人户分离的人口是指一个直辖市或地级市所辖区内和区与区之间，居住地和户口登记地不在同一乡镇街道的人口。

[6] 2016 年年底，0 ~ 14 岁（含不满 15 周岁）人口为 23 008 万人，15 ~ 59 岁（含不满 60 周岁）人口为 92 177万人。

[7] 年度农民工数量包括年内在本乡镇以外从业 6 个月及以上的外出农民工和在本乡镇内从事非农产业 6 个月及以上的本地农民工两部分。

[8] 全员劳动生产率为国内生产总值（以 2015 年价格计算）与全部就业人员的比率。

[9] 农产品生产者价格是指农产品生产者直接出售其产品时的价格。

[10] 居住类价格包括租赁房房租、住房保养维修及管理、水电燃料等价格。

[11] 为推进财政资金统筹使用，2016 年起将政府住房基金等 5 个项目从政府性基金预算转列一般公共预算，将从国有资本经营预算调入一般公共预算的资金由直接列为一般公共预算收入调整列为财政调入资金。因此，上年基数中考虑了上述因素影响，并以此为基础计算同口径增减额和增减幅。

[12] 工业战略性新兴产业包括节能环保产业，新一代信息技术产业、生物产业、高端设备制造产业、新能源产业、新材料产业、新能源汽车产业等七大产业。

[13] 高技术制造业包括医药制造业，航空、航天器及设备制造业，电子及通信设备制造业，计算机及办公设备制造业，医疗仪器设备及仪器仪表制造业，信息化学品制造业。

[14] 装备制造业包括金属制品业，通用设备制造业，专用设备制造业，汽车制造业，铁路、船舶、航空航天和其他运输设备制造业，电气机械和器材制造业，计算机、通信和其他电子设备制造业，仪器仪表制造业。

[15] 六大高耗能行业包括石油加工、炼焦和核燃料加工业，化学原料和化学制品制造业，非金属矿物制品业，黑色金属冶炼和压延加工业，有色金属冶炼和压延加工业，电力、热力生产和供应业。

[16] 火电包括燃煤发电量，燃油发电量，燃气发电量，余热、余压、余气发电量，垃圾焚烧发电量，生物质发电量。

[17] 钢材产量数据中含企业之间重复加工钢材约 35 443 万吨。

[18] 少量发电装机容量（如地热等）公报中未列出。

[19] 固定资产投资按东部、中部、西部和东北地区计算的合计数据小于全国数据，是因为有部分跨地区的投资未计算在地区数据中。其中，东部地区是指北京、天津、河北、上海、江苏、浙江、福建、山东、广东和海南等 10 省（直辖市）；中部地区是指山西、安徽、江西、河南、湖北和湖南等 6 省；西部地区是指内蒙古、广西、重庆、四川、贵州、云南、西藏、陕西、甘肃、青海、宁夏和新疆等 12 省（自治区、直辖市）；东北地区是指辽宁、吉林和黑龙江等 3 省。

[20] 基础设施投资是指建造或购置为社会生产和生活提供基础性、大众性服务的工程和设施的支出。公报中的基础设施投资包括交通运输、邮政业，电信、广播电视和卫星传输服务业，互联网和相关服务业，水利、环境和公共设施管理业投资。

[21] 民间固定资产投资是指具有集体、私营、个人性质的内资企事业单位以及由其控股（包括绝对控股

和相对控股)的企业单位建造或购置固定资产的投资。

[22] 高技术产业投资包括医药制造、航空航天器及设备制造等六大类高技术制造业投资和信息服务、电子商务服务等九大类高技术服务业投资。

[23] 房地产业投资除房地产开发投资外,还包括建设单位自建房屋以及物业管理、中介服务和其他房地产投资。

[24] 高速铁路是指最高营运速度达到200公里/小时及以上的铁路。

[25] 数据来源为各省(自治区、直辖市)汇总上报截至2016年12月底建档立卡贫困户农村危房改造实际开工数。

[26] 网上零售额是指通过公共网络交易平台(包括自建网站和第三方平台)实现的商品和服务零售额。其中,网上零售额包括的服务,以及少部分用于生产经营用或被转卖的商品不统计在社会消费品零售总额中。

[27] 货物贸易、服务贸易、吸收外资采用人民币计价。对外投资和对外承包工程由于技术原因仍主要沿用美元计价。

[28] "一带一路"是指"丝绸之路经济带"和"21世纪海上丝绸之路"。

[29] 服务进出口按照《国际收支手册(第六版)》标准统计,不含政府服务,增速按可比口径计算。

[30] 邮电业务总量按2010年价格计算。

[31] 移动电话交换机容量是指移动电话交换机根据一定话务模型和交换机处理能力计算出来的最大同时服务用户的数量。

[32] 固定互联网宽带接入用户是指报告期末在电信企业登记注册,通过xDSL、FTTx+LAN、FTTH/0以及其他宽带接入方式和普通专线接入公众互联网的用户。

[33] 固定互联网光纤宽带接入用户是指报告期末在电信企业登记注册,通过FTTH或FTTO方式接入公众互联网的用户。

[34] 移动宽带用户是指报告期末在计费系统拥有使用信息,占用3G或4G网络资源的在网用户。

[35] 手机上网人数是指过去半年通过手机接入并使用互联网的6周岁及以上中国居民数量。

[36] 软件和信息技术服务业包括软件开发,信息系统集成服务,信息技术咨询服务,数据处理和存储服务,集成电路设计服务和其他信息技术服务等行业。

[37] 社会融资规模增量是指一定时期内实体经济从金融体系获得的资金总额。

[38] 定向增发不含资产认购部分。

[39] 全国中小企业股份转让系统又称"新三板",是2012年经国务院批准设立的全国性证券交易场所。

[40] 公司信用类债券包括非金融企业债务融资工具、企业债券以及公司债、可转债等。

[41] 原保险保费收入是指保险企业确认的原保险合同保费收入。

[42] 全国居民收入增速快于分城乡居民收入增速的原因是:在城镇化过程中,一部分在农村收入较高的人口进入城镇地区,但在城镇属于较低收入人群,他们的迁移对城乡居民收入均有拉低作用。但无论在城镇还是农村,其收入增长效应都会体现在全体居民收入增长中。

[43] 人均收入中位数是指将所有调查户按人均收入水平从低到高(或从高到低)顺序排列,处于最中间位置调查户的人均收入。

[44] 全国居民五等份收入分组是指将所有调查户按人均收入水平从低到高顺序排列,平均分为五个等份,处于最高20.0%的收入群体为高收入组,依此类推依次为中等偏上收入组、中等收入组、中等偏下收入组、低收入组。

[45] 贫困地区包括集中连片特困地区和片区外的国家扶贫开发工作重点县,共832个县,其中国家扶贫开发工作重点县共计592个。

[46] 农村特困人员是指无劳动能力,无生活来源,无法定赡养、抚养、扶养义务人或者其法定义务人无履

行义务能力的农村老年人、残疾人以及未满16周岁的未成年人。

[47] 减贫人口等于当年贫困人口减去上年贫困人口，也相当于当年脱贫人口减去当年返贫人口。

[48] 中等职业教育包括普通中专、成人中专、职业高中和技工学校。

[49] 总流通人次是指本年度内到图书馆场馆接受图书馆服务的总人次，包括借阅书刊、咨询问题以及参加各类读者活动等。

[50] 特种影片是指那些采用与常规影院放映在技术、设备、节目方面不同的电影展示方式，如巨幕电影、立体电影、立体特效(4D)电影、动感电影、球幕电影等。

[51] 人均图书拥有量是指在一年内全国平均每人能拥有的当年出版图书册数。

[52] 总诊疗人次指所有诊疗工作的总人次数，包括门诊、急诊、出诊、预约诊疗、单项健康检查、健康咨询指导(不含健康讲座)人次。

[53] 出院人数指报告期内所有住院后出院的人数，包括医嘱离院、医嘱转其他医疗机构、非医嘱离院、死亡及其他人数，不含家庭病床撤床人数。

[54] 社会服务床位数除收养性机构外，还包括救助类机构、社区类机构以及军休所、军供站等机构的床位。

[55] 国有建设用地供应总量是指报告期内市、县人民政府根据年度土地供应计划依法以出让、划拨、租赁等方式将土地使用权提供给单位或个人使用的国有建设用地总量。

[56] 房地产用地是指商服用地和住宅用地的总和。

[57] 万元国内生产总值用水量、万元工业增加值用水量和万元国内生产总值能耗按2015年价格计算。

[58] 2016年起，安全监管总局对生产安全事故统计制度进行改革，由于排除了非生产经营领域的事故，事故统计口径发生变化，数据同比按照可比口径计算。

资料来源：本公报中户籍人口城镇化率、民用汽车、交通事故数据来自公安部；城镇新增就业、登记失业率、社会保障、技工学校数据来自人力资源社会保障部；财政数据来自财政部；外汇储备、汇率、货币金融、公司信用类债券数据来自人民银行；水产品产量数据来自农业部；木材产量、林业、森林火灾数据来自林业局；灌溉面积、水资源数据来自水利部；发电装机容量、新增220千伏及以上变电设备数据来自中电联；新建铁路投产里程、增新建铁路复线投产里程、电气化铁路投产里程、铁路运输数据来自铁路总公司；新改建公路里程、港口万吨级码头泊位新增吞吐能力、公路运输、水运、港口货物吞吐量数据来自交通运输部；新增民用运输机场、民航数据来自民航局；新增光缆线路长度、电话交换机容量、电话用户、宽带用户、移动互联网接入流量、上网人数、互联网普及率、软件业务收入等数据来自工业和信息化部；农村地区互联网普及率数据来自中国互联网络信息中心；棚户区住房改造、农村地区建档立卡贫困户危房改造、城市污水处理、城市垃圾处理、城市集中供热面积、建成区绿地数据来自住房城乡建设部；货物进出口数据来自海关总署；服务进出口、外商直接投资、对外直接投资、对外承包工程、对外劳务合作等数据来自商务部；管道数据来自中石油、中石化、中海油；邮政业务数据来自邮政局；旅游数据来自旅游局、公安部；上市公司数据来自证监会；保险业数据来自保监会；城乡低保、农村特困人员救助供养、社会服务、农作物受灾面积、洪涝地质灾害造成直接经济损失、旱灾造成直接经济损失、低温冷冻和雪灾造成直接经济损失来自民政部；教育数据来自教育部；重点研发计划、科技重大专项、国家重点实验室、科技成果转化引导基金、技术合同等数据来自科技部；自然科学基金项目数据来自自然基金委；国家工程研究中心、企业技术中心等数据来自发展改革委；专利数据来自知识产权局；宇航发射数据来自国防科工局；质量检验、国家标准制定修订等数据来自质检总局；艺术表演团体、博物馆、公共图书馆、文化馆数据来自文化部；广播电视、电影、报纸、期刊、图书数据来自新闻出版广电总局；档案数据来自档案局；体育数据来自体育总局；残疾人运动员数据来自中国残联；卫生数据来自卫生计生委；国有建设用地供应数据来自国土资源部；自然保护区、环境监测数据来自环境保护部；平均气温、登陆台风数据来自气象局；海洋灾害造成直接经济损失数据来自海洋局；地震次数、地震灾害直接经济损失数据来自地震局；安全生产数据来自安全监管总局；其他数据均来自国家统计局。

国民经济和社会发展总量与速度指标

指　标	总量指标				指数(%)(2015 为以下各年)			平均增长速度(%)	
	1978 年	2000 年	2015 年	2016 年	1978 年	2000 年	2015 年	1979—2016 年	2001—2016 年
人口与就业									
人　口　(万人)									
总人口　(年末)	96 259.0	126 743.0	137 462.0	138 271.0	143.6	109.1	100.6	1.0	0.5
城镇人口	17 245.0	45 906.0	77 116.0	79 298.0	459.8	172.7	102.8	4.1	3.5
乡村人口	79 014.0	80 837.0	60 346.0	58 973.0	74.6	73.0	97.7	-0.8	-2.0
就　业　(万人)									
就业人员数	40 152.0	72 085.0	7 451.0	77 603.0	193.3	107.7	100.2	1.7	0.5
第一产业	28 318.0	36 043.0	21 919.0	21 496.0	75.9	59.6	98.1	-0.7	-3.2
第二产业	6 945.0	16 219.0	22 693.0	22 350.0	321.8	137.8	98.5	3.1	2.0
第三产业	4 890.0	19 823.0	32 839.0	33 757.0	690.3	170.3	102.8	5.2	3.4
城镇登记失业人数	530.0	595.0	966.0	982.0	185.3	165.0	101.7	1.6	3.2
宏观经济									
国民经济核算									
国民总收入　(亿元)	3 678.7	99 066.1	686 449.6	741 140.4	3 216.7	428.3	106.7	9.6	9.5
国内生产总值　(亿元)	3 678.7	100 280.1	689 052.1	744 127.2	3 229.7	424.8	106.7	9.6	9.5
第一产业	1 018.5	14 717.4	60 862.1	63 670.7	517.0	187.7	103.3	4.4	4.0
第二产业	1 755.2	45 664.8	282 040.3	296 236.0	5 015.1	467.6	106.1	10.9	10.1
第三产业	905.1	39 897.9	346 149.7	384 220.5	4 481.7	467.5	107.8	10.5	10.1
人均国内生产总值　(元)	385.0	7 942.0	50 251.0	53 980.0	2 240.2	389.1	106.1	8.5	8.9
人民生活									
全国居民人均可支配收入　(元)	—	—	21 966.0	23 821.0	—	—	108.4	—	—
城镇居民人均可支配收入	343.0	6 280.0	31 195.0	33 616.0	—	—	107.8	—	—
农村居民人均可支配收入	134.0	2 253.0	11 422.0	12 363.0	—	—	108.2	—	—
财　政　(亿元)									

续表

指　标	总量指标				指数(%)(2015为以下各年)			平均增长速度(%)	
	1978年	2000年	2015年	2016年	1978年	2000年	2015年	1979—2016年	2001—2016年
一般公共预算收入	1 132.3	13 395.2	152 269.2	159 605.0	14 096.1	1 191.5	104.8	13.9	16.7
一般公共预算支出	1 122.1	15 886.5	175 877.8	187 755.2	16 732.6	1 181.9	106.8	14.4	16.7
环境、灾害									
废水中化学需氧量排放量（万吨）	—	—	2 224.0	1 047.0	—	—	47.1	—	—
废气中二氧化硫排放量（万吨）	—	—	1 859.0	1 103.0	—	—	59.3	—	—
能　源（万吨标准煤）									
能源生产总量	62 770.0	138 570.0	361 476.0	346 000.0	551.2	249.7	95.7	4.6	5.9
能源消费总量	57 144.0	146 964.0	429 905.0	436 000.0	763.0	296.7	101.4	5.5	7.0
固定资产投资									
全社会固定资产投资总额（亿元）	—	32 917.7	561 999.8	606 465.7	—	—	107.9	—	21.6
#房地产开发	—	4 984.1	95 978.8	102 580.6	—	—	106.9	—	23.3
全社会住宅投资	—	7 594.1	80 247.7	83 660.2	—	—	—	—	—
全社会房屋施工面积（万平方米）	—	265 294.0	1 292 372.0	1 264 395.0	—	476.6	97.8	—	11.8
#住　宅	—	180 634.0	669 297.0	660 662.0	—	365.7	98.7	—	9.5
全社会房屋竣工面积（万平方米）	—	181 974.0	350 973.0	312 119.0	—	171.5	88.9	—	4.6
#住　宅	—	134 529.0	179 738.0	171 471.0	—	127.5	95.4	—	2.1
对外经济贸易（亿美元）									
货物进出口总额	206.4	4 743.0	39 530.3	36 855.6	17 856.4	777.1	93.2	14.6	13.7
出口额	97.5	2 492.0	22 734.7	20 976.3	21 514.2	841.7	92.3	15.2	14.2
进口额	108.9	2 250.9	16 795.6	15 879.3	14 581.5	705.5	94.5	14.0	13.0
外商直接投资	—	407.2	1 262.7	1 260.0	—	309.5	99.8	—	7.3
产　业									
农　业									
农林牧渔业总产值（亿元）	1 397.0	24 915.8	107 056.4	112 091.3	788.9	201.5	103.9	5.6	4.5
主要农产品产量（万吨）									
粮　食	30 476.5	46 217.5	62 143.9	61 625.0	202.2	133.3	99.2	1.9	1.8
棉　花	216.7	441.7	560.3	529.9	244.6	120.0	94.6	2.4	1.1

续表

指　标	总量指标				指数(%)(2015 为以下各年)			平均增长速度(%)	
	1978 年	2000 年	2015 年	2016 年	1978 年	2000 年	2015 年	1979—2016 年	2001—2016 年
油　料	521.8	2 954.8	3 537.0	3 629.5	695.6	122.8	102.6	5.2	1.3
肉　类	943.0	6 013.9	8 625.0	8 537.8	905.4	142.0	99.0	6.0	2.2
水产品	465.4	3 706.3	6 699.7	6 901.3	1 483.0	186.2	103.0	7.4	4.0
工　业									
主要工业产品产量									
原　煤　（亿吨）	6.2	13.8	37.5	34.1	551.9	246.4	91.0	4.6	5.8
原　油　（万吨）	10 405.0	16 300.0	21 455.6	19 968.5	191.9	122.5	93.1	1.7	1.3
天然气　（亿立方米）	137.3	272.0	1 346.1	1 368.7	996.8	503.2	101.7	6.2	10.6
水　泥　（亿吨）	6 524.0	59 700.0	235 918.8	241 031.0	3 694.5	403.7	102.2	10.0	9.1
粗　钢　（万吨）	3 178.0	12 850.0	80 382.5	80 760.9	2 541.3	628.5	100.5	8.9	12.2
钢　材　（万吨）	2 208.0	13 146.0	112 349.6	113 460.7	5 138.6	863.1	101.0	10.9	14.4
汽　车　（万辆）	14.9	207.0	2 450.4	2 811.9	18 859.2	1 358.4	114.8	14.8	17.7
发电机组　（万千瓦）	483.8	1 249.0	12 431.4	13 119.8	2 711.8	1 050.4	105.5	9.1	15.8
金属切削机床　（万台）	18.3	17.7	75.5	67.3	367.2	381.0	89.1	3.5	8.7
发电量　（亿千瓦小时）	2 566.0	13 556.0	58 145.7	61 424.9	2 393.8	453.1	105.6	8.7	9.9
规模以上工业企业主要指标　（亿元）									
资产总计	—	126 211.0	1 023 398.0	1 085 866.0	—	860.4	106.1	—	14.4
主营业务收入	—	84 151.8	1 109 853.0	1 158 998.5	—	1 377.3	104.4	—	17.8
利润总额	—	4 393.0	66 187.0	71 921.0	—	1 637.0	108.7	—	19.1
建筑业									
建筑业总产值　（亿元）	—	12 498.0	180 757.0	193 567.0	—	1 548.8	107.1	—	18.7
房地产业									
房地产企业房屋施工面积　（万平方米）	—	65 897.0	735 693.0	758 975.0	—	1 151.8	103.2	—	16.5
房地产企业房屋竣工面积　（万平方米）	—	25 105.0	100 039.0	106 128.0	—	422.7	106.1	—	9.4
房地产企业商品房销售面积（万平方米）	—	18 637.0	128 495.0	157 349.0	—	844.3	122.5	—	14.3
#住　宅	—	16 570.0	112 412.0	137 540.0	—	830.0	122.4	—	14.1
房地产企业商品房销售额　（亿元）	—	3 935.0	87 281.0	117 627.0	—	2 988.9	134.8	—	23.7

续表

指　标	总量指标				指数(%)(2015 为以下各年)			平均增长速度(%)	
	1978 年	2000 年	2015 年	2016 年	1978 年	2000 年	2015 年	1979—2016 年	2001—2016 年
#住　宅	—	3 229.0	72 770.0	99 064.0	—	3 068.3	136.1	—	23.9
批发、零售和旅游业									
社会消费品零售总额　(亿元)	1 559.0	39 106.0	300 931.0	332 316.0	21 321.5	849.8	110.4	15.2	14.3
外国入境旅客　(万人次)	23.0	1 016.0	2 599.0	2 815.0	12 260.5	277.1	108.3	13.5	6.6
国内旅客　(亿人次)	—	7.4	40.0	44.4	—	596.8	111.0	—	11.8
国际旅游收入　(亿美元)	2.6	162.2	1 136.5	1 200.0	45 627.4	739.6	105.6	17.5	13.3
国内旅游总花费　(亿元)	—	3 175.5	34 195.1	39 390.0	—	1 240.4	115.2	—	17.0
交通运输业									
客运量　(万人)	253 993.0	1 478 573.0	1 943 271.0	1900 194.0	748.1	128.5	97.8	5.4	1.6
铁　路	81 491.0	105 073.0	253 484.0	281 405.0	345.3	267.8	111.0	3.3	6.4
公　路	149 229.0	1 347 392.0	1 619 097.0	1542 759.0	1 033.8	114.5	95.3	6.3	0.8
水　运	23 042.0	19 386.0	27 072.0	27 234.0	118.2	140.5	100.6	0.4	2.1
民　航	231.0	6 722.0	43 618.0	48 796.0	21 123.8	725.9	111.9	15.1	13.2
货运量　(万吨)	319 431.0	1 358 682.0	4 175 886.0	4386 763.0	1 373.3	322.9	105.0	7.1	7.6
铁　路	110 119.0	178 581.0	335 801.0	333 186.0	302.6	186.6	99.2	3.0	4.0
公　路	151 602.0	1 038 813.0	3 150 019.0	3341 259.0	2 204.0	321.6	106.1	8.5	7.6
水　运	47 357.0	122 391.0	613 567.0	638 238.0	1 347.7	521.5	104.0	7.1	10.9
民　航	6.0	197.0	629.0	668.0	10 437.7	339.6	106.2	13.0	7.9
管　道	10 347.0	18 700.0	75 870.0	73 411.0	709.5	392.6	96.8	5.3	8.9
沿海规模以上港口货物吞吐量　(万吨)	19 834.0	125 603.0	784 578.0	810 933.0	4 088.6	645.6	103.4	10.3	12.4
民用汽车拥有量　(万辆)	135.8	1 608.9	16 284.5	18 574.5	13 673.8	1 154.5	114.1	13.8	16.5
#私人汽车	—	625.3	14 099.1	16 330.2	—	2 611.5	115.8	—	22.6
邮政、电信和信息软件业									
邮电业务总量　(亿元)	14.9	232.8	5 078.7	7 397.2	49 579.4	68 391.0	145.7	17.7	50.4
电信业务总量	19.2	4 559.9	23 346.3	15 617.0	81 465.6	68 392.0	66.9	19.3	50.4
移动电话年末用户　(万户)	—	8 453.3	127 139.7	132 193.4	—	1 563.8	104.0	—	18.8
固定电话年末用户　(万户)	192.5	14 482.9	23 099.6	20 662.4	10 731.3	142.7	89.4	13.1	2.2

续表

指　标		总量指标				指数(%)(2015为以下各年)			平均增长速度(%)	
		1978年	2000年	2015年	2016年	1978年	2000年	2015年	1979—2016年	2001—2016年
局用交换机容量	(万门)	405.9	17 825.6	26 446.5	22 441.6	5 529.1	125.9	84.9	11.1	1.4
互联网宽带接入用户	(万户)	—	—	25 946.6	29 720.7	—	—	114.5	—	—
软件业务收入	(亿元)	—	—	42 848.0	48 232.0	—	—	112.6	—	—
金融业										
社会融资规模增量	(万亿元)	—	—	15.4	17.8	—	—	—	—	—
货币和准货币(M_2)	(万亿元)	—	13.5	139.2	155.0	—	1 151.5	111.3	—	16.5
货　币(M_1)	(万亿元)	—	5.3	40.1	48.7	—	915.5	121.4	—	14.8
流通中现金(M_0)	(万亿元)	—	1.5	6.3	6.8	—	466.2	108.0	—	10.1
金融机构人民币各项存款余额	(万亿元)	0.1	12.4	135.7	150.6	130 376.7	1 216.3	111.0	20.8	16.9
金融机构人民币各项贷款余额	(万亿元)	0.2	9.9	94.0	106.6	56 391.7	1 072.8	113.5	18.1	16.0
股票筹资额	(亿元)	—	2 103.2	10 974.9	16 257.4	—	773.0	148.1	—	13.6
保险公司保费金额	(亿元)	—	1 598.0	24 282.5	30 904.2	—	1 933.9	127.3	—	20.3
保险公司赔款及给付金额	(亿元)	—	526.0	8 674.0	10 516.0	—	1 999.2	121.2	—	20.6
科技、教育、文化										
科学技术										
研究与试验发展经费支出	(亿元)	—	895.7	14 169.9	15 676.7	—	1 750.2	110.6	—	19.6
发明专利授权数	(万件)	—	1.3	35.9	40.4	—	3 109.3	112.5	—	24.0
技术市场成交额	(亿元)	—	650.8	9 836.0	11 407.0	—	1 752.8	116.0	—	19.6
教　育										
专任教师数	(万人)									
#普通高等学校		20.6	46.3	157.3	160.2	777.7	346.1	101.9	5.5	8.1
普通高中		74.1	75.7	169.5	173.3	233.9	229.0	102.2	2.3	5.3
初　中		244.1	328.7	347.6	348.8	142.9	106.1	100.3	0.9	0.4
普通小学		522.6	586.0	568.5	578.9	110.8	98.8	101.8	0.3	-0.1
在校学生数	(万人)									
#普通本专科		85.6	556.1	2 625.3	2 695.8	3 149.3	484.8	102.7	9.5	10.4
普通高中		1 553.1	1 201.3	2 374.4	2 366.6	152.4	197.0	99.7	1.1	4.3

续表

指标	总量指标				指数(%)(2015 为以下各年)			平均增长速度(%)	
	1978 年	2000 年	2015 年	2016 年	1978 年	2000 年	2015 年	1979—2016 年	2001—2016 年
普通初中	4 995.2	6 256.3	4 312.0	4 329.4	86.7	69.2	100.4	-0.4	-2.3
普通小学	14 624.0	13 013.3	9 692.2	9 913.0	67.8	76.2	102.3	-1.0	-1.7
教育经费支出 (亿元)	—	3 849.1	36 129.2	—	—	—	—	—	—
卫生									
医院 (个)	9 293.0	16 318.0	27 587.0	29 140.0	313.6	178.6	105.6	3.1	3.7
医院床位数 (万张)	110.0	216.7	533.1	568.9	517.2	262.6	106.7	4.4	6.2
执业(助理)医师 (万人)	97.8	207.6	303.9	319.1	326.2	153.7	105.0	3.2	2.7
卫生总费用 (亿元)	110.2	4 586.6	40 974.6	46 344.9	42 051.4	1 010.4	113.1	17.2	15.6
文化									
图书出版总印数 (亿册、亿张)	37.7	62.7	86.6	90.4	239.4	144.0	104.3	2.3	2.3
电视节目制作时间 (万小时)	—	58.5	352.0	350.7	—	599.5	99.6	—	11.8
故事影片产量 (部)	46.0	91.0	686.0	772.0	1 678.3	848.4	112.5	7.7	14.3
家庭生活									
社会保险									
社会保险基金收入 (亿元)	—	2 645.0	46 012.0	5 3563.0	—	2 025.1	116.4	—	20.7
社会保险基金支出 (亿元)	—	2 386.0	38 988.0	46 888.0	—	1 965.5	120.3	—	20.5
参加城镇职工基本养老保险人数(万人)	—	13 617.0	85 833.0	88 777.0	—	651.9	103.4	—	12.4
参加失业保险人数 (万人)	—	3 787.0	66 582.0	74 392.0	—	1 964.4	111.7	—	20.5
参加城镇职工基本医疗保险人数(万人)	—	10 408.0	17 326.0	18 089.0	—	173.8	104.4	—	3.5

注：1. 本表速度指标中，国民总收入、国内生产总值及三次产业增加值、农林牧渔业总产值和城乡居民收入指标均按可比价格计算。固定资产投资平均增长速度按累计法计算。

2. 农村居民人均可支配收入2000年以前为人均纯收入。

3. 2011年起，固定资产投资除房地产投资、农村个人投资外，统计起点由50万元提高至500万元，城镇固定资产投资数据发布口径改为固定资 产投资(不含农户)，即原口径的城镇固定资产投资加上农村企事业组织的项目投资。

东 中 西 东北地区主要经济指标

（2016 年）

指 标		全国总计	东部地区		中部地区		西部地区		东北地区	
			绝对数	占全国比重(%)	绝对数	占全国比重(%)	绝对数	占全国比重(%)	绝对数	占全国比重(%)
总人口(年末)	(万人)	138 271	52 951.0	38.4	36 709.0	26.6	37 414.0	27.1	10 910.0	7.9
国内(地区)生产总值	(亿元)	744 127	410 186.4	52.6	160 645.6	20.6	156 828.2	20.1	52 409.8	6.7
第一产业		63 671	21 929.7	34.4	16 780.9	26.4	18 612.8	29.2	6 342.0	10.0
第二产业		296 236	173 445.9	52.0	72 951.5	21.9	67 355.7	20.2	20 012.2	6.0
第三产业		384 221	214 810.9	56.1	70 913.2	18.5	70 859.6	18.5	26 055.6	6.8
居民人均可支配收入	(元)	23 821	30 654.7	—	20 006.2	—	18 406.8	—	22 351.5	—
城镇居民人均可支配收入		33 616	39 651.0	—	28 879.3	—	28 609.7	—	29 045.1	—
农村居民人均可支配收入		12 363	15 498.3	—	11 794.3	—	9 918.4	—	12 274.6	—
地方一般公共预算收入	(亿元)	159 605	50 026.8	57.3	15 334.7	17.6	17 265.2	19.8	4 612.7	5.3
地方一般公共预算支出	(亿元)	187 755	67 884.1	42.3	33 785.1	21.1	46 291.3	28.9	12 390.9	7.7
全社会固定资产投资额	(亿元)	606 466	252 922.8	42.1	159 705.6	26.6	157 195.4	26.2	31 263.8	5.2
房地产开发投资额	(亿元)	102 581	54 138.6	52.8	21 404.4	20.9	23 061.2	22.5	3 976.4	3.9
社会消费品零售总额	(亿元)	332 316	171 143.2	51.6	69 819.4	21.1	61 488.0	18.5	29 127.0	8.8
货物进出口总额	(亿元)	243 386	202 659.3	83.3	15 728.6	6.5	16 975.2	7.0	8 023.3	3.3
出 口		138 419	114 716.6	82.9	10 223.0	7.4	10 031.5	7.2	3 448.2	2.5
进 口		104 967	87 942.8	83.8	5 505.6	5.2	6 943.7	6.6	4 575.1	4.4
主要农产品产量										
粮 食	(万吨)	61 625	14 917.3	24.2	18 327.9	29.7	16 503.4	26.8	11 876.3	19.3
棉 花	(万吨)	530	96.2	18.2	67.7	12.8	366.0	69.1	—	0.0
油 料	(万吨)	3 630	802.9	22.1	1 544.0	42.5	1 097.0	30.2	185.6	5.1
主要工业产品产量										
原 煤	(亿吨)	34	2.2	6.6	11.2	32.9	19.5	57.1	1.2	3.4
原 油	(万吨)	19 969	7 872.7	39.4	373.8	1.9	6 437.9	32.2	5 284.0	26.5
天然气	(亿立方米)	1 369	137.3	10.0	51.4	3.8	1 116.5	81.6	63.3	4.6
水 泥	(万吨)	241 031	82 072.6	34.1	66 501.3	27.6	82 300.0	34.1	10 157.2	4.2
粗 钢	(万吨)	80 761	46 142.8	57.1	16 459.1	20.4	10 925.7	13.5	7 233.3	9.0
钢 材	(万吨)	113 461	71 088.4	62.7	19 979.7	17.6	15 192.2	13.4	7 200.5	6.3
汽 车	(万辆)	2 812	1 272.4	45.3	543.0	19.3	627.0	22.3	369.5	13.1
发电量	(亿千瓦小时)	61 425	24 284.9	39.5	12 389.9	20.2	21 310.6	34.7	3 439.4	5.6
铁路营业里程	(公里)	123 992	28 935.2	23.3	27 975.3	22.6	50 236.0	40.5	16 845.4	13.6
公路里程	(公里)	4 696 263	1 135 649.0	24.2	1 267 456.0	27.0	1 905 561.0	40.6	387 599.0	8.3
#高速公路		130 973	37 286.0	28.5	34 434.0	26.3	47 592.0	36.3	11 658.0	8.9
客运量	(万人)	1 900 194	642 980.3	34.7	515 633.6	27.9	544 856.9	29.4	147 927.5	8.0
货运量	(万吨)	4 386 763	1 582 139.9	36.8	1 244 833.8	29.0	1 165 232.1	27.1	305 692.8	7.1
邮政业务总量	(亿元)	7 397	5 653.0	76.4	900.8	12.2	626.8	8.5	216.2	2.9
电信业务总量	(亿元)	15 617	7 802.0	50.0	3 033.5	19.4	3 684.5	23.6	1 097.3	7.0
普通高等学校数	(个)	2 596	1 000.0	38.5	677.0	26.1	661.0	25.5	258.0	9.9
本专科在校学生数	(万人)	2 696	1 041.6	38.6	744.2	27.6	672.4	24.9	237.7	8.8
医院数	(个)	29 140	10 031.0	34.4	6 807.0	23.4	9 419.0	32.3	2 883.0	9.9
执业(助理)医师	(万人)	319	133.0	41.7	79.3	24.8	80.4	25.2	26.4	8.3
医院床位数	(万张)	569	209.4	36.8	145.0	25.5	159.9	28.1	54.6	9.6

注：东部 10 省(直辖市)、中部 6 省、西部 12 省(直辖市、自治区)和东北 3 省合计占全国的比重以全国各地区合计数为 100 计算。

国民总收入和国内生产总值

指标		2012 年	2013 年	2014 年	2015 年	2016 年
国民总收入	（亿元）	539 116.5	590 422.4	644 791.1	686 449.6	741 140.4
国内生产总值	（亿元）	540 367.4	595 244.4	643 974.0	689 052.1	744 127.2
第一产业		50 902.3	55 329.1	58 343.5	60 862.1	63 670.7
第二产业		244 643.3	261 956.1	277 571.8	282 040.3	296 236.0
第三产业		244 821.9	277 959.3	308 058.6	346 149.7	384 220.5
人均国内生产总值	（元）	40 007.0	43 852.0	47 203.0	50 251.0	53 980.0
国民总收入指数	（上年 = 100）	108.6	107.1	108.3	106.4	106.7
国内生产总值指数	（上年 = 100）	107.9	107.8	107.3	106.9	106.7
第一产业		104.5	103.8	104.1	103.9	103.3
第二产业		108.4	108.0	107.4	106.2	106.1
第三产业		108.0	108.3	107.8	108.2	107.8
人均国内生产总值指数	（上年 = 100）	107.3	107.2	106.8	106.4	106.1
国内生产总值构成	（%）	100.0	100.0	100.0	100.0	100.0
第一产业		9.4	9.3	9.1	8.8	8.6
第二产业		45.3	44.0	43.1	40.9	39.8
第三产业		45.3	46.7	47.8	50.2	51.6
支出法国内生产总值	（亿元）	540 989.0	596 963.0	647 182.0	699 109.0	746 315.0
最终消费支出		271 113.0	300 338.0	328 313.0	362 267.0	400 176.0
资本形成总额		255 240.0	282 073.0	302 717.0	312 836.0	329 727.0
货物和服务净出口		14 636.0	14 552.0	16 152.0	24 007.0	16 412.0

地区生产总值和指数

（2016年）

（本表绝对数按当年价格计算，指数按不变价格计算）

地区	地区生产总值（亿元）				人均地区生产总值（元）	指数（上年=100）				
		第一产业	第二产业	第三产业		地区生产总值	第一产业	第二产业	第三产业	人均地区生产总值
北京	25 669.13	129.79	4 944.44	20 594.90	118 198	106.8	91.3	106.3	107.0	106.3
天津	17 885.39	220.22	7 571.35	10 093.82	115 053	109.1	103.0	108.4	110.0	107.5
河北	32 070.45	3 492.81	15 256.93	13 320.71	43 062	106.8	103.5	104.9	109.9	106.1
山西	13 050.41	784.78	5 028.99	7 236.64	35 532	104.5	102.8	101.5	106.9	104.0
内蒙古	18 128.10	1 637.39	8 553.63	7 937.08	72 064	107.2	103.0	106.9	108.3	106.8
辽宁	22 246.90	2 173.06	8 606.54	11 467.30	50 791	97.5	95.4	92.3	102.5	97.7
吉林	14 776.80	1 498.52	7 004.95	6 273.33	53 868	106.9	103.9	106.2	108.8	107.3
黑龙江	15 386.09	2 670.46	4 400.69	8 314.94	40 432	106.1	105.3	102.6	108.5	106.5
上海	28 178.65	109.47	8 406.28	19 662.90	116 562	106.9	93.4	101.2	109.6	107.0
江苏	77 388.28	4 077.18	34 619.50	38 691.60	96 887	107.8	100.7	106.6	109.8	107.5
浙江	47 251.36	1 965.18	21 194.61	24 091.57	84 916	107.6	102.7	105.7	109.7	106.8
安徽	24 407.62	2 567.72	11 821.58	10 018.32	39 561	108.7	102.7	108.1	111.1	107.7
福建	28 810.58	2 363.22	14 093.47	12 353.89	74 707	108.4	103.6	106.8	111.4	107.5
江西	18 499.00	1 904.53	8 829.54	7 764.93	40 400	109.0	104.2	108.5	111.1	108.4
山东	68 024.49	4 929.13	31 343.67	31 751.69	68 733	107.6	103.9	106.6	109.3	106.7
河南	40 471.79	4 286.21	19 275.82	16 909.76	42 575	108.1	104.2	107.3	110.3	107.6
湖北	32 665.38	3 659.33	14 654.38	14 351.67	55 665	108.1	103.9	107.8	109.5	107.5
湖南	31 551.37	3 578.37	13 341.17	14 631.83	46 382	108.0	103.3	106.5	110.6	107.3
广东	80 854.91	3 694.37	35 109.66	42 050.88	74 016	107.5	103.1	106.1	109.2	106.2
广西	18 317.64	2 796.80	8 273.66	7 247.18	38 027	107.3	103.4	107.4	108.6	106.3
海南	4 053.20	948.35	905.95	2 198.90	44 347	107.5	104.0	104.7	110.2	106.7
重庆	17 740.59	1 303.24	7 898.92	8 538.43	58 502	110.7	104.6	111.3	111.0	109.6
四川	32 934.54	3 929.33	13 448.92	15 556.29	40 003	107.8	103.8	107.6	109.2	107.0
贵州	11 776.73	1 846.19	4 669.53	5 261.01	33 246	110.5	106.0	111.3	111.4	109.8
云南	14 788.42	2 195.11	5 690.16	6 903.15	31 093	108.7	105.6	108.9	109.5	108.0
西藏	1 151.41	115.78	429.17	606.46	35 184	110.1	104.5	112.2	109.6	107.9
陕西	19 399.59	1 693.85	9 490.72	8 215.02	51 015	107.6	104.0	107.3	108.8	107.1
甘肃	7 200.37	983.39	2 515.56	3 701.42	27 643	107.6	105.5	106.8	108.9	107.2
青海	2 572.49	221.19	1 249.98	1 101.32	43 531	108.0	105.4	108.5	108.0	107.1
宁夏	3 168.59	241.60	1 488.44	1 438.55	47 194	108.1	104.5	107.9	109.0	107.0
新疆	9 649.70	1 648.97	3 647.01	4 353.72	40 564	107.6	105.8	106.2	109.4	105.3

人口数及构成

单位:万人

年份	总人口（年末）	按性别分				按城乡分			
		男		女		城镇		乡村	
		人口数	比重（%）	人口数	比重（%）	人口数	比重（%）	人口数	比重（%）
1949	54 167	28 145	51.96	26 022	48.04	5 765	10.64	48 402	89.36
1950	55 196	28 669	51.94	26 527	48.06	6 169	11.18	49 027	88.82
1951	56 300	29 231	51.92	27 069	48.08	6 632	11.78	49 668	88.22
1955	61 465	31 809	51.75	29 656	48.25	8 285	13.48	53 180	86.52
1960	66 207	34 283	51.78	31 924	48.22	13 073	19.75	53 134	80.25
1965	72 538	37 128	51.18	35 410	48.82	13 045	17.98	59 493	82.02
1970	82 992	42 686	51.43	40 306	48.57	14 424	17.38	68 568	82.62
1971	85 229	43 819	51.41	41 410	48.59	14 711	17.26	70 518	82.74
1972	87 177	44 813	51.40	42 364	48.60	14 935	17.13	72 242	82.87
1973	89 211	45 876	51.42	43 335	48.58	15 345	17.20	73 866	82.80
1974	90 859	46 727	51.43	44 132	48.57	15 595	17.16	75 264	82.84
1975	92 420	47 564	51.47	44 856	48.53	16 030	17.34	76 390	82.66
1976	93 717	48 257	51.49	45 460	48.51	16 341	17.44	77 376	82.56
1977	94 974	48 908	51.50	46 066	48.50	16 669	17.55	78 305	82.45
1978	96 259	49 567	51.49	46 692	48.51	17 245	17.92	79 014	82.08
1979	97 542	50 192	51.46	47 350	48.54	18 495	18.96	79 047	81.04
1980	98 705	50 785	51.45	47 920	48.55	19 140	19.39	79 565	80.61
1981	100 072	51 519	51.48	48 553	48.52	20 171	20.16	79 901	79.84
1982	101 654	52 352	51.50	49 302	48.50	21 480	21.13	80 174	78.87
1983	103 008	53 152	51.60	49 856	48.40	22 274	21.62	80 734	78.38
1984	104 357	53 848	51.60	50 509	48.40	24 017	23.01	80 340	76.99
1985	105 851	54 725	51.70	51 126	48.30	25 094	23.71	80 757	76.29
1986	107 507	55 581	51.70	51 926	48.30	26 366	24.52	81 141	75.48
1987	109 300	56 290	51.50	53 010	48.50	27 674	25.32	81 626	74.68
1988	111 026	57 201	51.52	53 825	48.48	28 661	25.81	82 365	74.19
1989	112 704	58 099	51.55	54 605	48.45	29 540	26.21	83 164	73.79
1990	114 333	58 904	51.52	55 429	48.48	30 195	26.41	84 138	73.59
1991	115 823	59 466	51.34	56 357	48.66	31 203	26.94	84 620	73.06
1992	117 171	59 811	51.05	57 360	48.95	32 175	27.46	84 996	72.54
1993	118 517	60 472	51.02	58 045	48.98	33 173	27.99	85 344	72.01
1994	119 850	61 246	51.10	58 604	48.90	34 169	28.51	85 681	71.49
1995	121 121	61 808	51.03	59 313	48.97	35 174	29.04	85 947	70.96
1996	122 389	62 200	50.82	60 189	49.18	37 304	30.48	85 085	69.52
1997	123 626	63 131	51.07	60 495	48.93	39 449	31.91	84 177	68.09

续表

年　份	总人口（年末）	按性别分				按城乡分			
		男		女		城　镇		乡　村	
		人口数	比重（%）	人口数	比重（%）	人口数	比重（%）	人口数	比重（%）
1998	124 761	63 940	51.25	60 821	48.75	41 608	33.35	83 153	66.65
1999	125 786	64 692	51.43	61 094	48.57	43 748	34.78	82 038	65.22
2000	126 743	65 437	51.63	61 306	48.37	45 906	36.22	80 837	63.78
2001	127 627	65 672	51.46	61 955	48.54	48 064	37.66	79 563	62.34
2002	128 453	66 115	51.47	62 338	48.53	50 212	39.09	78 241	60.91
2003	129 227	66 556	51.50	62 671	48.50	52 376	40.53	76 851	59.47
2004	129 988	66 976	51.52	63 012	48.48	54 283	41.76	75 705	58.24
2005	130 756	67 375	51.53	63 381	48.47	56 212	42.99	74 544	57.01
2006	131 448	67 728	51.52	63 720	48.48	58 288	44.34	73 160	55.66
2007	132 129	68 048	51.50	64 081	48.50	60 633	45.89	71 496	54.11
2008	132 802	68 357	51.47	64 445	48.53	62 403	46.99	70 399	53.01
2009	133 450	68 647	51.44	64 803	48.56	64 512	48.34	68 938	51.66
2010	134 091	68 748	51.27	65 343	48.73	66 978	49.95	67 113	50.05
2011	134 735	69 068	51.26	65 667	48.74	69 079	51.27	65 656	48.73
2012	135 404	69 395	51.25	66 009	48.75	71 182	52.57	64 222	47.43
2013	136 072	69 728	51.24	66 344	48.76	73 111	53.73	62 961	46.27
2014	136 782	70 079	51.23	66 703	48.77	74 916	54.77	61 866	45.23
2015	137 462	70 414	51.22	67 048	48.78	77 116	56.10	60 346	43.90
2016	138 271	70 815	51.21	67 456	48.79	79 298	57.35	58 973	42.65

注：1. 1981 年及以前数据为户籍统计数；1982 年、1990 年、2000 年、2010 年数据为当年人口普查数据推算数；其余年份数据为年度人口抽样调查推算数据。

2. 总人口和按性别分人口中包括现役军人，按城乡分人口中现役军人计入城镇人口。

就业基本情况

项　目		2012 年	2013 年	2014 年	2015 年	2016 年
经济活动人口	**（万人）**	**78 894.0**	**79 300.0**	**79 690.0**	**80 091.0**	**80 694.0**
就业人员合计	**（万人）**	**76 704.0**	**76 977.0**	**77 253.0**	**77 451.0**	**77 603.0**
第一产业		25 773.0	24 171.0	22 790.0	21 919.0	21 496.0
第二产业		23 241.0	23 170.0	23 099.0	22 693.0	22 350.0
第三产业		27 690.0	29 636.0	31 364.0	32 839.0	33 757.0
就业人员构成(合计=100)						
第一产业		33.6	31.4	29.5	28.3	27.7
第二产业		30.3	30.1	29.9	29.3	28.8
第三产业		36.1	38.5	40.6	42.4	43.5
按城乡分就业人员	（万人）					
城镇就业人员		37 102.0	38 240.0	39 310.0	40 410.0	41 428.0
#国有单位		6 839.0	6 365.0	6 312.0	6 208.0	6 170.0
城镇集体单位		589.0	566.0	537.0	481.0	453.0
股份合作单位		149.0	108.0	103.0	92.0	86.0
联营单位		39.0	25.0	22.0	20.0	18.0
有限责任公司		3 787.0	6 069.0	6 315.0	6 389.0	6 381.0
股份有限公司		1 243.0	1 721.0	1 751.0	1 798.0	1 824.0
私营企业		7 557.0	8 242.0	9 857.0	11 180.0	12 083.0
港澳台商投资单位		969.0	1 397.0	1 393.0	1 344.0	1 305.0
外商投资单位		1 246.0	1 566.0	1 562.0	1 446.0	1 361.0
个　体		5 643.0	6 142.0	7 009.0	7 800.0	8 627.0
乡村就业人员		39 602.0	38 737.0	37 943.0	37 041.0	36 175.0
#私营企业		3 739.0	4 279.0	4 533.0	5 215.0	5 914.0
个　体		2 986.0	3 193.0	3 575.0	3 882.0	4 235.0
城镇登记失业人数	（万人）	917.0	926.0	952.0	966.0	982.0
城镇登记失业率	（%）	4.1	4.1	4.1	4.1	4.0

注：1. 全国就业人员1990年及以后的数据根据劳动力调查、人口普查推算（下表同）。

2. 2013年部分经济类型单位、部分行业就业人员数、工资总额变动较大，系将原属于乡镇企业的规模以上法人单位纳入劳动工资统计范围所致（以下相关表同）。

城镇单位就业人员工资总额和平均工资

项　目	2012 年	2013 年	2014 年	2015 年	2016 年
工资总额　　(亿元)					
合　计	70 914.2	93 064.3	102 817.2	112 007.8	120 074.8
国有单位	32 950.0	33 359.6	36 106.6	40 387.9	44 462.9
城镇集体单位	1 990.4	2 195.8	2 302.7	2 239.4	2 268.6
其他单位	35 973.8	57 508.9	64 408.0	69 380.5	73 343.3
指　数(上年=100)					
合　计	118.3	131.2	110.5	108.9	107.2
国有单位	113.8	101.2	108.2	111.9	110.1
城镇集体单位	114.6	110.3	104.9	97.3	101.3
其他单位	122.9	159.9	112.0	107.7	105.7
平均工资　　(元)					
合　计	46 769.0	51 483.0	56 360.0	62 029.0	67 569.0
#在岗职工	47 593.0	52 388.0	57 361.0	63 241.0	68 993.0
国有单位	48 357.0	52 657.0	57 296.0	65 296.0	72 538.0
城镇集体单位	33 784.0	38 905.0	42 742.0	46 607.0	50 527.0
其他单位	46 360.0	51 453.0	56 485.0	60 906.0	65 531.0
平均货币工资指数(上年=100)					
合　计	111.9	110.1	109.5	110.1	108.9
#在岗职工	112.1	110.1	109.5	110.3	109.1
国有单位	111.2	108.9	108.8	114.0	111.1
城镇集体单位	117.3	115.2	109.9	109.0	108.4
其他单位	112.2	111.0	109.8	107.8	107.6
平均实际工资指数(上年=100)					
合　计	109.0	107.3	107.2	108.5	106.7
#在岗职工	109.2	107.3	107.2	108.6	106.9
国有单位	108.3	106.1	106.6	112.3	108.8
城镇集体单位	114.3	112.2	107.6	107.4	106.2
其他单位	109.2	108.2	107.5	106.2	105.4

按登记注册类型和行业分城镇单位就业人员平均工资

（2016 年）

单位：元

项 目	合 计	国 有 单 位	城镇集体 单 位	其 他 单 位
全国总计	**67 569**	**72 538**	**50 527**	**65 531**
农、林、牧、渔业	33 612	33 069	41 121	39 606
采矿业	60 544	61 638	42 768	60 802
制造业	59 470	71 130	44 753	59 278
电力、热力、燃气及水生产和供应业	83 863	83 931	57 804	84 245
建筑业	52 082	52 551	41 141	52 725
批发和零售业	65 061	74 088	33 629	65 237
交通运输、仓储和邮政业	73 650	75 878	40 771	72 883
住宿和餐饮业	43 382	46 953	41 873	42 862
信息传输、软件和信息技术服务业	122 478	77 402	53 981	127 198
金融业	117 418	102 117	89 811	125 115
房地产业	65 497	62 560	47 305	66 112
租赁和商务服务业	76 782	58 828	45 810	85 638
科学研究和技术服务业	96 638	89 093	66 959	105 510
水利、环境和公共设施管理业	47 750	47 154	36 706	52 119
居民服务、修理和其他服务业	47 577	54 178	43 106	45 060
教 育	74 498	75 710	64 833	59 216
卫生和社会工作	80 026	82 522	63 920	63 362
文化、体育和娱乐业	79 875	79 538	56 222	81 552
公共管理、社会保障和社会组织	70 959	71 122	60 861	50 677

全社会固定资产投资

指　标		2015 年	2016 年	2016 年比上年增长(%)
投资总额	**(亿元)**	**561 999.8**	**606 465.7**	**7.9**
按构成分				
建筑安装工程		388 163.5	423 107.2	9.0
设备工具器具购置		111 110.2	113 389.0	2.1
其他费用		62 726.1	69 969.5	11.5
按三次产业分				
第一产业		17 542.1	20 917.6	19.2
第二产业		224 258.6	232 001.9	3.5
第三产业		320 199.1	353 546.2	10.4
本年实际到位资金小计	**(亿元)**	**584 198.8**	**616 933.5**	**5.6**
国家预算资金		30 924.3	36 211.7	17.1
国内贷款		61 054.0	67 200.3	10.1
利用外资		2 854.4	2 270.3	-20.5
自筹资金		414 802.4	413 828.6	-0.2
其他资金		74 563.6	97 422.6	30.7
房屋建筑面积	(万平方米)			
施工面积		1 292 371.7	1 264 395.3	-2.2
#住　宅		669 297.1	660 662.1	-1.3
竣工面积		350 973.0	312 119.0	-11.1
#住　宅		179 737.8	171 471.3	-4.6

注:1. 投资实际到位资金为财务拨款数,各项相加不等于投资总额。

2. 增长速度未扣除价格因素(以下各表同)。

3. 自 2013 年起,三产划分按《国家统计局关于印发〈三次产业划分规定〉的通知》(国统字〔2012〕108 号)执行,增速按可比口径计算。

4. 根据第三次经济普查结果,对 2013 年全社会固定资产投资数据进行了修订,增速按修订后数据计算。

分地区按登记注册类型分全社会固定资产投资

（2016 年）

单位:亿元

地区	总计	内资										港澳台商投资	外商投资
			国有	集体	股份合作	联营	有限责任公司	股份有限公司	私营	个体	其他		
全国总计	606 465.7	580 396.1	129 038.5	8 928.5	1 121.7	832.0	201 075.8	17 820.3	187 214.1	12 110.5	22 254.7	14 223.2	11 846.3
北京	7 943.9	7 303.1	1 422.1	61.7	1.7	0.1	5 117.9	251.6	370.8	55.2	22.1	337.7	303.1
天津	12 779.4	12 002.8	1 505.6	487.0	12.9	37.6	5 307.1	469.0	3 665.4	54.9	463.2	355.1	421.5
河北	31 750.0	30 921.2	4 286.2	174.7	46.5	12.1	10 154.9	1 074.7	13 446.6	509.9	1 215.6	373.1	455.7
山西	14 198.0	13 915.9	2 849.4	442.7	6.6	14.0	2 965.7	215.9	5 248.2	487.2	1 686.2	172.3	109.8
内蒙古	15 080.0	14 943.7	6 417.6	162.2	48.6	19.1	4 537.8	351.8	2 875.7	251.5	279.3	28.7	107.6
辽宁	6 692.2	5 956.1	895.9	19.2	6.5	7.6	2 126.9	232.6	2 338.3	260.7	68.5	332.6	403.6
吉林	13 923.2	13 666.7	2 422.9	78.3	11.2	22.3	4 536.6	664.1	5 175.0	259.5	496.7	95.3	161.2
黑龙江	10 648.3	10 521.5	2 506.0	66.3	46.7	5.8	3 179.2	199.7	3 113.8	344.1	1 059.9	53.4	73.4
上海	6 755.9	5 581.5	1 197.5	20.2	5.2	4.6	3 063.8	227.4	1 052.9	4.2	5.8	679.3	495.1
江苏	49 663.2	44 975.7	6 455.0	752.1	37.9	156.3	12 195.0	1 203.0	23 318.1	352.5	505.9	2 309.5	2 378.0
浙江	30 276.1	28 212.2	5 334.6	599.8	35.7	35.6	10 822.4	706.8	9 080.0	783.5	813.9	1 339.7	724.1
安徽	27 033.4	26 462.1	5 251.3	185.3	19.9	24.9	8 002.1	825.7	10 769.9	499.4	883.5	344.6	226.7
福建	23 237.4	22 011.3	4 174.2	945.3	10.4	43.0	8 583.5	552.9	6 367.7	424.5	909.7	885.2	340.8
江西	19 694.2	19 074.5	3 254.9	84.1	48.6	34.3	7 289.0	536.3	6 974.1	378.0	475.0	389.9	229.9
山东	53 322.9	50 908.4	6 385.0	1470.2	70.3	20.6	14 516.9	1 748.7	22 096.4	1 021.3	3 579.1	884.3	1 530.2
河南	40 415.1	39 670.1	4 620.4	361.7	69.4	23.7	19 202.5	1 494.1	10 616.9	765.4	2 516.0	507.6	237.3
湖北	30 011.7	29 224.2	6 447.3	358.3	299.7	80.3	10 230.3	984.8	9 322.1	534.6	966.8	443.7	343.8
湖南	28 353.3	27 869.6	6 491.5	301.8	64.0	39.6	8 239.4	736.3	10 254.7	774.7	967.5	279.9	203.8
广东	33 303.6	29 274.3	4 474.5	971.1	55.8	53.7	13 144.1	1 017.8	7 632.2	772.2	1 152.9	2 486.6	1 542.8

续表

地区	总计	内资										港澳台商投资	外商投资
			国有	集体	股份合作	联营	有限责任公司	股份有限公司	私营	个体	其他		
广西	18 236.8	17 727.6	3 846.1	162.4	52.3	45.1	5 012.8	409.9	6 233.4	738.1	1 227.5	295.7	213.4
海南	3 890.4	3 586.7	532.7	1.8	6.0	7.1	2 062.9	297.5	507.2	143.7	27.8	206.0	97.8
重庆	16 048.1	15 130.2	2 648.4	93.0	41.2	6.1	6 151.6	521.7	4 821.0	127.6	719.5	563.7	354.2
四川	28 812.0	28 119.9	8 546.8	110.4	32.1	24.7	10 729.3	893.0	6 468.0	652.4	663.3	347.0	345.1
贵州	13 204.0	13 054.4	3 379.3	49.2	16.6	21.0	6 019.3	144.2	2 973.5	299.9	151.4	122.3	27.2
云南	16 119.4	15 991.3	7 235.6	444.5	5.4	10.0	4 757.0	335.3	2 542.1	532.1	129.4	70.0	58.1
西藏	1 596.0	1 588.8	1 239.6	1.9	4.4	4.5	144.8	22.2	93.1	19.8	58.6	3.3	4.0
陕西	20 825.3	20 283.1	8 277.5	330.8	28.7	12.1	6 164.0	698.2	3 799.5	379.6	592.7	159.2	383.0
甘肃	9 664.0	9 631.7	4 235.9	159.9	6.7	30.1	2 163.2	279.1	2 256.2	154.3	346.4	18.7	13.6
青海	3 528.1	3 494.4	1 713.0	6.3	4.3	0.4	810.1	190.8	565.5	123.5	80.5	12.3	21.4
宁夏	3 794.2	3 686.8	996.3	0.1	0.7	29.4	1 079.0	77.2	1 347.6	86.5	70.0	96.7	10.8
新疆	10 287.5	10 228.2	4 697.5	26.1	25.8	6.4	2 686.6	458.2	1 888.1	319.4	120.0	29.9	29.4
不分地区	5 378.0	5 378.0	5 298.0	—	—	—	80.0	—	—	—	—	—	—

全社会固定资产投资

单位:亿元

年份 地区	全社会投资	城镇	
			#房地产开发
1995	20 019.3	15 643.7	3 149.0
2000	32 917.7	26 221.8	4 984.1
2005	88 773.6	75 095.1	15 909.2
2006	109 998.2	93 368.7	19 422.9
2007	137 323.9	117 464.5	25 288.8
2008	172 828.4	148 738.3	31 203.2
2009	224 598.8	193 920.4	36 241.8
2010	(278 121.9)	(241 430.9)	(48 259.4)
	251 683.8	243 797.8	48 259.4
2011	311 485.1	302 396.1	61 796.9
2012	374 694.7	364 854.1	71 803.8
2013	446 294.1	435 747.4	86 013.4
2014	512 020.7	501 264.9	95 035.6
2015	561 999.8	551 590.0	95 978.8
2016	606 465.7	596 500.8	102 580.6
北京	7 943.9	7 888.7	4 000.6
天津	12 779.4	12 756.4	2 300.0
河北	31 750.0	31 340.1	4 695.6
山西	14 198.0	13 859.4	1 597.4
内蒙古	15 080.0	14 894.0	1 133.5
辽宁	6 692.2	6 436.3	2 094.8
吉林	13 923.2	13 773.2	1 016.8
黑龙江	10 648.3	10 432.6	864.8
上海	6 755.9	6 751.7	3 709.0
江苏	49 663.2	49 370.9	8 956.4
浙江	30 276.1	29 571.0	7 469.4
安徽	27 033.4	26 577.4	4 603.6
福建	23 237.4	22 928.0	4 588.8
江西	19 694.2	19 378.7	1 770.9
山东	53 322.9	52 364.5	6 323.4
河南	40 415.1	39 753.9	6 179.1

续表

年份 地区	全社会投资	城镇	
			#房地产开发
湖北	30 011.7	29 503.9	4 296.4
湖南	28 353.3	27 688.4	2 957.0
广东	33 303.6	32 947.3	10 307.8
广西	18 236.8	17 652.9	2 398.0
海南	3 890.4	3 747.0	1 787.6
重庆	16 048.1	15 931.8	3 725.9
四川	28 812.0	28 229.8	5 282.6
贵州	13 204.0	12 929.2	2 149.0
云南	16 119.4	15 662.5	2 688.3
西藏	1 596.0	1 596.0	48.5
陕西	20 825.3	20 474.9	2 736.8
甘肃	9 664.0	9 534.1	850.0
青海	3 528.1	3 455.5	396.9
宁夏	3 794.2	3 709.0	728.2
新疆	10 287.5	9 983.9	923.4
不分地区	5 378.0	5 378.0	—

注:1. 1995—1996年,除房地产投资、农村集体投资、个人投资以外,投资统计的起点为5万元;自1997年起,除房地产投资、农村集体投资、个人投资以外,投资统计的起点由5万元提高到50万元;自2011年起,除房地产投资、农村个人投资外,固定资产投资的统计起点由50万元提高至500万元;城镇固定资产投资数据发布口径改为固定资产投资(不含农户),固定资产投资(不含农户)等于原口径的城镇固定资产投资加上农村企事业组织的项目投资(以下有关各表同)。

2. 为便于比较,对1996年、2010年的相应数据作了调整,这两年数据中括号内为原口径数,未加括号的为调整后的新口径数。新口径数据中,1996年为50万元起点以上数;2010年为500万元起点以上数,同时其中的城镇固定资产投资数据发布口径改为固定资产投资(不含农户)(以下有关各表同)。

全社会固定资产投资实际到位资金和按构成分固定资产投资

年份	实际到位资金				投资按构成分		
	国家预算内资金	国内贷款	利用外资	自筹和其他资金	建筑安装工程	设备工具器具购置	其他费用
总量（亿元）							
1981	269.8	122.0	36.4	532.9	689.8	223.6	47.5
1982	279.3	176.1	60.5	714.5	871.1	291.4	67.9
1983	339.7	175.5	66.6	848.3	993.3	358.3	78.4
1984	421.0	258.5	70.7	1 082.7	1 217.6	509.2	106.1
1985	407.8	510.3	91.5	1 533.6	1 655.5	718.1	169.7
1986	455.6	658.5	137.3	1 869.2	2 059.7	852.0	209.0
1987	496.6	872.0	182.0	2 241.1	2 475.7	1 038.8	277.3
1988	432.0	977.8	275.3	2 968.7	3 099.7	1 305.4	348.8
1989	366.1	763.0	291.1	2 990.3	2 994.6	1 115.8	300.0
1990	393.0	885.5	284.6	2 954.4	3 008.7	1 165.5	342.7
1991	380.4	1 314.7	318.9	3 580.4	3 647.7	1 460.2	486.6
1992	347.5	2 214.0	468.7	5 050.0	5 163.4	2 125.1	791.6
1993	483.7	3 072.0	954.3	8 562.4	8 201.2	3 315.9	1 555.2
1994	529.6	3 997.6	1 769.0	11 531.0	10 786.5	4 328.3	1 928.1
1995	621.1	4 198.7	2 295.9	13 409.2	13 173.3	4 262.5	2 583.5
1996	(629.7)	(4 576.5)	(2 747.4)	(15 465.4)	(15 153.4)	(4 940.8)	(2 879.8)
	625.9	4 573.7	2 746.6	15 412.4	15 109.3	4 926.0	2 878.3
1997	696.7	4 782.6	2 683.9	17 096.5	15 614.0	6 044.8	3 282.3
1998	1 197.4	5 542.9	2 617.0	19 359.6	17 874.5	6 528.5	4 003.1
1999	1 852.1	5 725.9	2 006.8	20 169.7	18 795.9	7 053.0	4 005.7
2000	2 109.5	6 727.3	1 696.3	22 577.4	20 536.3	7 785.6	4 595.9
2001	2 546.4	7 239.8	1 730.7	26 470.0	22 954.9	8 833.8	5 424.8
2002	3 161.0	8 859.1	2 085.0	30 941.9	26 578.9	9 884.5	7 036.6
2003	2 687.8	12 044.4	2 599.4	41 284.8	33 447.2	12 681.9	9 437.5
2004	3 254.9	13 788.0	3 285.7	54 236.3	42 803.6	16 527.0	11 146.8
2005	4 154.3	16 319.0	3 978.8	70 138.7	53 382.6	21 422.9	13 968.1
2006	4 672.0	19 590.5	4 334.3	90 360.2	66 775.8	25 563.9	17 658.4
2007	5 857.1	23 044.2	5 132.7	116 769.7	83 518.3	31 574.8	22 230.9
2008	7 954.8	26 443.7	5 311.9	143 204.9	104 958.9	40 594.1	27 275.5
2009	12 685.7	39 302.8	4 623.7	193 617.4	138 758.3	50 844.2	34 996.2
2010	(14 677.8)	(47 258.0)	(4 986.8)	(244 041.7)	(171 351.8)	(61 681.5)	(45 088.5)
	13 012.7	44 020.8	4 703.6	224 042.0	155 580.5	53 842.8	42 260.5

续表

年份	实际到位资金				投资按构成分		
	国家预算内资金	国内贷款	利用外资	自筹和其他资金	建筑安装工程	设备工具器具购置	其他费用
2011	14 843.3	46 344.5	5 062.0	279 734.4	200 195.7	65 152.3	46 137.1
2012	18 958.7	51 593.5	4 468.8	334 654.7	243 617.5	77 724.1	53 353.1
2013	22 305.3	59 442.0	4 319.4	405 545.8	298 424.2	91 074.4	56 795.5
2014	26 745.4	65 221.0	4 052.9	447 461.2	349 789.0	101 005.2	61 226.4
2015	30 924.3	61 054.0	2 854.4	489 366.0	388 163.5	111 110.2	62 726.1
2016	36 211.7	67 200.3	2 270.3	511 251.2	423 107.2	113 389.0	69 969.5
构成（%）							
1981	28.1	12.7	3.8	55.4	71.8	23.3	4.9
1982	22.7	14.3	4.9	58.1	70.8	23.7	5.5
1983	23.8	12.3	4.7	59.2	69.5	25.1	5.4
1984	23.0	14.1	3.9	59.0	66.4	27.8	5.8
1985	16.0	20.1	3.6	60.3	65.1	28.2	6.7
1986	14.6	21.1	4.4	59.9	66.0	27.3	6.7
1987	13.1	23.0	4.8	59.1	65.3	27.4	7.3
1988	9.3	21.0	5.9	63.8	65.2	27.5	7.3
1989	8.3	17.3	6.6	67.8	67.9	25.3	6.8
1990	8.7	19.6	6.3	65.4	66.6	25.8	7.6
1991	6.8	23.5	5.7	64.0	65.2	26.1	8.7
1992	4.3	27.4	5.8	62.5	63.9	26.3	9.8
1993	3.7	23.5	7.3	65.5	62.7	25.4	11.9
1994	3.0	22.4	9.9	64.7	63.3	25.4	11.3
1995	3.0	20.5	11.2	65.3	65.8	21.3	12.9
1996	2.7	19.6	11.8	66.0	66.0	21.5	12.5
1997	2.8	18.9	10.6	67.7	62.6	24.2	13.2
1998	4.2	19.3	9.1	67.4	62.9	23.0	14.1
1999	6.2	19.2	6.7	67.8	63.0	23.6	13.4
2000	6.4	20.3	5.1	68.2	62.4	23.7	13.9
2001	6.7	19.1	4.6	69.6	61.7	23.7	14.6
2002	7.0	19.7	4.6	68.7	61.1	22.7	16.2
2003	4.6	20.5	4.4	70.5	60.2	22.8	17.0
2004	4.4	18.5	4.4	72.7	60.7	23.5	15.8
2005	4.4	17.3	4.2	74.1	60.1	24.1	15.7
2006	3.9	16.5	3.6	76.0	60.7	23.2	16.1
2007	3.9	15.3	3.4	77.4	60.8	23.0	16.2
2008	4.3	14.5	2.9	78.3	60.7	23.5	15.8
2009	5.1	15.7	1.8	77.4	61.8	22.6	15.6
2010	4.7	15.2	1.6	78.5	61.6	22.2	16.2
2011	4.3	13.4	1.5	80.9	64.3	20.9	14.8
2012	4.6	12.6	1.1	81.7	65.0	20.7	14.2
2013	4.5	12.1	0.9	82.5	66.9	20.4	12.7
2014	4.9	12.0	0.7	82.3	68.3	19.7	12.0
2015	5.3	10.5	0.5	83.8	69.1	19.8	11.2
2016	5.9	10.9	0.4	82.9	69.8	18.7	11.5

固定资产投资实际到位资金和按隶属关系分固定资产投资

（不含农户）

单位：亿元

年份 地区	实际到位资金					投资按隶属关系分	
	国家预算内资金	国内贷款	利用外资	自筹资金	其他资金	中央项目	地方项目
1995	569.0	3 511.9	2 114.1	7 940.8	2 013.7	4 274.5	11 369.2
2000	1 795.0	6 245.8	1 526.2	11 227.5	5 620.0	6 275.6	19 946.2
2005	3 637.9	15 363.9	3 386.4	44 154.5	14 369.7	9 111.0	65 984.1
2006	4 438.7	18 814.8	3 811.0	56 547.5	18 147.0	10 856.5	82 512.2
2007	5 464.1	22 136.1	4 549.0	74 520.9	24 073.3	13 165.3	104 299.2
2008	7 377.0	25 466.0	4 695.8	97 846.5	23 194.4	17 172.5	131 565.8
2009	11 493.6	37 634.1	3 983.5	127 557.7	38 117.7	20 697.4	173 223.0
2010	13 104.7	45 104.7	4 339.6	165 752.0	44 823.6	22 790.6	218 640.2
2011	14 843.3	46 034.8	5 062.0	220 860.2	50 094.8	21 797.2	280 598.8
2012	18 958.7	51 292.4	4 468.8	268 560.2	56 555.0	23 763.8	341 090.4
2013	22 305.3	59 056.3	4 319.4	324 431.5	70 953.3	24 658.1	411 089.4
2014	26 745.4	64 512.2	4 052.9	369 964.7	67 449.6	26 448.6	474 816.2
2015	30 924.3	60 756.6	2 854.4	405 008.7	74 244.9	25 942.3	525 647.8
2016	36 211.7	66 767.1	2 270.3	404 766.8	96 952.7	26 727.9	569 772.9
北　京	1 080.8	2 656.0	13.0	3 640.4	4 210.5	843.4	7 045.3
天　津	232.2	2 414.2	122.1	8 680.0	2 740.4	539.0	12 217.4
河　北	1 260.4	1 768.6	31.6	25 168.4	2 300.0	847.2	30 492.8
山　西	707.8	666.4	5.6	9 205.5	1 014.6	538.1	13 321.2
内蒙古	1 094.3	1 739.6	1.5	10 146.4	966.5	894.2	13 999.7
辽　宁	276.4	1 030.1	113.8	4 539.4	1 390.8	355.1	6 081.3
吉　林	555.8	653.5	17.9	11 459.4	786.2	382.8	13 390.4
黑龙江	499.0	381.8	4.4	8 839.6	745.5	749.7	9 682.8
上　海	564.7	2 104.1	18.7	2 989.1	3 518.1	685.2	6 066.5
江　苏	990.4	5 778.2	599.9	36 252.0	10 845.4	933.4	48 437.5
浙　江	1 702.2	3 526.6	172.1	18 405.5	7 598.9	658.3	28 912.7
安　徽	1 384.0	1 699.5	82.4	18 926.3	4 559.1	443.6	26 133.8
福　建	1 901.7	2 225.8	55.5	14 587.4	3 915.1	716.3	22 211.7
江　西	1 160.6	1 521.1	43.0	14 529.4	2 147.1	242.5	19 136.2
山　东	1 073.3	5 184.3	234.9	40 797.2	5 672.8	1 233.3	51 131.2

续表

年份 地区	实际到位资金					投资按隶属关系分	
	国家预算内资金	国内贷款	利用外资	自筹资金	其他资金	中央项目	地方项目
河南	1 295.8	4 058.3	59.3	30 881.6	2 818.3	308.9	39 445.0
湖北	1 804.5	3 024.7	44.1	20 261.9	3 841.8	759.4	28 744.5
湖南	1 452.2	2 612.1	47.0	20 596.8	3 618.2	443.5	27 244.9
广东	1 980.0	5 021.8	263.7	20 681.9	11 561.1	1 758.3	31 189.0
广西	1 669.3	2 180.8	20.5	11 408.0	2 615.6	567.3	17 085.7
海南	351.0	693.8	2.2	2 045.9	1 117.8	214.4	3 532.6
重庆	942.1	2 309.3	57.8	10 200.0	3 392.9	718.4	15 213.4
四川	2 110.8	2 482.7	23.9	18 299.1	5 271.3	1 374.0	26 855.8
贵州	682.6	2 122.7	43.9	6 521.1	1 770.8	248.1	12 681.1
云南	1 772.9	2 306.2	5.5	6 089.3	2 443.8	1 281.6	14 380.9
西藏	1 153.8	78.5	—	366.0	76.9	148.3	1 447.7
陕西	1 632.5	1 872.5	137.9	13 841.0	1 722.7	943.3	19 531.5
甘肃	1 226.3	1 039.1	7.5	5 690.1	964.6	259.0	9 275.1
青海	837.8	730.1	19.0	1 445.9	357.3	327.7	3 127.8
宁夏	244.3	746.6	4.1	1 491.9	388.5	264.8	3 444.2
新疆	1 818.6	809.1	4.0	5 590.2	1 166.9	1 670.9	8 313.0
不分地区	753.7	1 329.1	13.7	1 190.1	1 413.3	5 378.0	—

注：表中2010年及以前年份数据统计口径为城镇固定资产投资。

规模以上工业企业主要经济指标

（2016 年）

项　目	企业单位数(个)	资产总计(亿元)	主营业务收入(亿元)	利润总额(亿元)
总　计	**378 599**	**1 085 866**	**1 158 999**	**71 921**
按工业门类分				
采矿业	12 546	95 769	48 078	1 802
制造业	355 518	835 603	1 047 711	65 281
电力、热力、燃气及水生产和供应业	10 535	154 494	63 210	4 839
按企业规模分				
大型企业	9 631	508 070	436 445	26 788
中型企业	52 681	258 989	286 490	19 405
小型企业	316 287	318 806	436 064	25 729
按登记注册类型分				
内资企业	329 045	873 122	908 606	54 324
国有企业	2 459	67 394	40 649	1 749
集体企业	2 092	4 923	5 920	433
股份合作企业	946	770	1 322	100
联营企业	110	109	227	12
国有联营企业	10	28	17	0
集体联营企业	49	32	73	5
国有与集体联营企业	22	17	20	0
其他联营企业	29	31	117	8
有限责任公司	96 240	405 783	344 805	18 747
国有独资公司	3 434	91 057	46 872	1 907
其他有限责任公司	92 806	314 726	297 933	16 840
股份有限公司	12 007	153 953	103 912	7 679
私营企业	214 309	239 543	410 188	25 495
私营独资企业	12 337	7 338	18 110	1 343
私营合伙企业	2 102	1 349	2 836	191
私营有限责任公司	190 690	207 198	359 306	21 813
私营股份有限公司	9 180	23 658	29 936	2 148
其他企业	882	647	1583	109
港、澳、台商投资企业	23 429	88 300	99 173	6 604
合资经营企业(港或澳、台资)	7 037	32 788	33 639	2 413
合作经营企业(港或澳、台资)	580	1 718	2 392	206
港、澳、台商独资经营企业	15 175	47 499	58 384	3 473
港、澳、台商投资股份有限公司	478	5 112	3 961	465
其他港、澳、台商投资企业	159	1 182	797	47
外商投资企业	26 125	124 444	151 220	10 993
中外合资经营企业	9 037	60 295	70 409	5 775
中外合作经营企业	540	2 107	2 454	193
外资企业	15 858	55 055	72 704	4 619
外商投资股份有限公司	454	6 322	4 873	382
其他外商投资企业	236	666	781	23

注：全国规模以上工业企业统计范围 1998—2006 年为全部国有及年主营业务收入在 500 万元及以上非国有工业企业；2007—2010 年为年主营业务收入在 500 万元及以上的工业企业；2011 年及以后年份为年主营业务收入在 2 000 万元及以上的工业企业（以下相关表均同）。

按行业分规模以上工业企业主要指标

（2016年）

单位：亿元

行　业	企　业 单位数（个）	资产总计	流动资产 合　计	应收账款	存　货	#产成品	负债合计
总　计	**378 599.00**	**1 085 865.94**	**500 852.80**	**126 847.19**	**106 962.71**	**40 492.79**	**606 641.53**
煤炭开采和洗选业	5 049.00	53 371.26	18 929.41	2 692.54	2 006.43	846.32	37 110.00
石油和天然气开采业	136.00	19 995.66	2 909.66	258.77	230.10	94.62	9 204.61
黑色金属矿采选业	1 878.00	9 674.29	3 483.81	623.07	386.60	201.87	5 467.77
有色金属矿采选业	1 655.00	5 884.61	2 090.49	266.38	449.30	202.11	3 140.91
非金属矿采选业	3 634.00	3 995.55	1 692.52	312.91	263.46	157.57	1 881.99
开采辅助活动	168.00	2 825.78	1 390.39	579.27	166.16	12.12	1 407.79
其他采矿业	26.00	22.03	8.10	2.57	1.65	0.55	9.61
农副食品加工业	26 011.00	33 924.50	17 230.77	2 826.78	4 968.92	2 156.74	16 672.25
食品制造业	9 043.00	15 496.83	7 475.01	1 700.35	1 552.12	715.69	6 830.50
酒、饮料和精制茶制造业	6 962.00	16 761.53	8 867.68	1 052.98	2 570.73	907.04	7 361.05
烟草制品业	128.00	10 210.17	7 156.67	843.86	4 578.94	281.02	2 625.08
纺织业	19 752.00	24 522.83	12 343.89	2 675.48	3 480.92	1 488.12	12 680.72
纺织服装、服饰业	15 445.00	13 748.08	7 696.88	1 984.10	1 996.30	1 033.55	6 334.57
皮革、毛皮、羽毛及其制品和制鞋业	8 727.00	7 396.26	4 292.60	1 179.55	1 080.39	429.83	3 327.29
木材加工和木、竹、藤、棕、草制品业	9 123.00	6 498.02	2 889.58	614.20	830.83	391.55	2 632.30
家具制造业	5 777.00	5 552.82	3 032.60	732.28	758.98	305.52	2 722.13
造纸和纸制品业	6 586.00	14 117.32	6 393.39	1 533.15	1 162.93	432.44	7 735.49
印刷和记录媒介复制业	5 578.00	5 941.04	3 003.29	929.09	580.22	239.31	2 553.04
文教、工美、体育和娱乐用品制造业	9 263.00	8 932.02	5 262.73	1 282.01	1 772.13	906.72	4 464.81
石油加工、炼焦和核燃料加工业	1 876.00	26 508.18	11 631.12	1 532.88	3 099.47	1 064.45	17 296.94
化学原料和化学制品制造业	24 583.00	76 073.78	31 939.51	6 699.73	6 356.76	2 772.20	42 165.23

续表

行业	企业单位数（个）	资产总计	流动资产合计	应收账款	存货	#产成品	负债合计
医药制造业	7 541.00	28 789.11	15 119.30	3 373.80	3 124.82	1 418.58	11 604.91
化学纤维制造业	1 820.00	7 148.68	3 336.88	465.12	771.40	343.70	4 073.37
橡胶和塑料制品业	18 298.00	22 633.58	11 825.35	3 500.73	2 551.16	1 202.42	10 601.71
非金属矿物制品业	35 026.00	50 865.83	23 290.97	7 016.13	4 176.07	1 989.32	25 923.82
黑色金属冶炼和压延加工业	8 498.00	63 537.39	24 691.76	3 219.64	6 854.13	2 461.06	42 176.72
有色金属冶炼和压延加工业	7 021.00	40 157.03	18 947.15	2 944.17	5 608.29	1 753.38	25 449.77
金属制品业	20 731.00	26 725.62	14 656.91	4 297.75	3 503.07	1 450.00	13 326.98
通用设备制造业	23 680.00	43 335.59	25 768.57	8 341.25	6 257.11	2 304.12	22 481.10
专用设备制造业	17 603.00	36 841.47	21 938.54	6 997.02	5 332.82	1 851.98	19 218.40
汽车制造业	14 493.00	68 536.75	39 853.53	11 336.50	6 297.16	3 013.71	39 986.24
铁路、船舶、航空航天和其他运输设备制造业	4 947.00	23 662.54	14 255.97	3 338.32	3 984.28	674.65	14 955.46
电气机械和器材制造业	23 605.00	63 139.09	40 030.68	13 864.48	6 944.72	3 110.04	35 099.69
计算机、通信和其他电子设备制造业	15 222.00	79 055.49	52 615.82	20 576.47	9 692.88	3 462.00	45 503.52
仪器仪表制造业	4 337.00	8 832.94	5 615.91	1 941.81	1 160.33	407.58	3 875.70
其他制造业	1 889.00	2 341.14	1 332.37	289.85	379.18	119.08	1 268.76
废弃资源综合利用业	1 582.00	2 119.25	1 117.51	263.04	235.68	114.37	1 288.78
金属制品、机械和设备修理业	371.00	2 198.00	1 269.53	535.47	193.35	23.17	1 456.10
电力、热力生产和供应业	7 280.00	134 531.39	19 338.62	3 567.79	1 296.84	92.41	83 572.31
燃气生产和供应业	1 501.00	8 287.77	2 589.09	340.74	204.40	51.18	4 623.02
水的生产和供应业	1 754.00	11 674.71	3 538.24	315.19	101.69	10.72	6 531.09

行业	主营业务收入	主营业务成本	销售费用	管理费用	财务费用	利润总额	平均用工人数（万人）
总　计	**1 158 998.52**	**984 668.37**	**31 174.87**	**45 490.74**	**12 650.57**	**71 921.43**	**9 475.57**
煤炭开采和洗选业	22 328.52	17 670.71	624.96	1 573.91	849.12	1 159.53	397.11
石油和天然气开采业	6 469.96	5 579.96	38.05	704.24	165.02	-567.05	70.50
黑色金属矿采选业	6 085.83	5 152.42	97.89	229.39	132.92	410.91	47.14
有色金属矿采选业	6 174.77	5 205.85	80.71	273.20	77.46	458.75	44.45
非金属矿采选业	5 435.47	4 407.50	214.91	252.19	56.48	405.70	53.12

续表

行　业	主营业务收入	主营业务成本	销售费用	管理费用	财务费用	利润总额	平均用工人数（万人）
开采辅助活动	1 552.68	1 564.78	5.44	80.70	-23.48	-67.84	29.27
其他采矿业	30.34	22.46	1.68	2.17	0.45	1.55	0.35
农副食品加工业	68 825.16	61 117.80	1 461.46	1 624.29	544.34	3 623.58	416.94
食品制造业	23 955.38	19 133.10	1 684.70	870.25	144.85	2 083.43	211.61
酒、饮料和精制茶制造业	18 538.03	13 886.78	1 404.18	822.31	133.30	1 908.52	162.61
烟草制品业	8 686.38	2 480.64	152.37	482.41	-19.17	1 038.05	21.44
纺织业	40 844.21	36 392.68	599.37	1 053.88	437.81	2 285.63	436.22
纺织服装、服饰业	23 741.36	20 371.43	769.25	937.41	161.91	1 428.29	430.49
皮革、毛皮、羽毛及其制品和制鞋业	15 163.04	13 071.44	345.64	541.12	97.02	988.07	274.64
木材加工和木、竹、藤、棕、草制品业	14 791.33	12 893.55	334.68	420.61	115.43	905.18	139.33
家具制造业	8 779.64	7 416.64	322.56	376.84	57.01	574.39	122.10
造纸和纸制品业	14 622.82	12 617.13	418.33	521.85	230.06	866.87	127.11
印刷和记录媒介复制业	8 057.87	6 808.69	204.57	401.02	55.53	575.22	98.71
文教、工美、体育和娱乐用品制造业	16 993.12	14 809.70	389.56	601.44	110.70	1 018.76	232.22
石油加工、炼焦和核燃料加工业	34 532.38	26 680.70	376.45	866.06	390.28	1 884.97	87.63
化学原料和化学制品制造业	87 293.98	74 454.83	2 596.26	3 240.35	1 175.96	5 180.30	480.59
医药制造业	28 206.11	19 773.72	3 323.95	1 775.31	238.51	3 114.99	235.92
化学纤维制造业	7 782.48	6 956.84	101.61	241.22	124.95	388.75	47.38
橡胶和塑料制品业	32 456.55	27 872.50	803.25	1 276.91	282.31	2 080.81	333.66
非金属矿物制品业	62 002.04	52 773.86	1 741.05	2 227.76	701.58	4 243.65	577.23
黑色金属冶炼和压延加工业	61 986.59	56 267.67	810.97	1 635.47	996.69	1 773.76	325.68
有色金属冶炼和压延加工业	53 393.18	48 839.63	425.64	961.23	675.18	1 991.69	195.44
金属制品业	39 917.07	34 709.35	819.90	1 489.80	300.13	2 392.88	364.60
通用设备制造业	48 200.40	40 593.57	1 398.30	2 498.28	376.61	3 178.66	449.34
专用设备制造业	37 414.51	31 360.52	1 177.79	2 016.29	360.56	2 280.04	342.44
汽车制造业	81 347.16	67 756.31	2 307.62	3 876.55	355.60	6 853.77	483.45
铁路、船舶、航空航天和其他运输设备制造业	19 324.92	16 487.78	331.22	1 061.29	130.86	1 175.70	181.82
电气机械和器材制造业	73 642.26	62 185.11	2 539.90	3 329.63	449.64	5 150.27	621.94

续表

行　业	主营业务收入	主营业务成本	销售费用	管理费用	财务费用	利润总额	平均用工人数（万人）
计算机、通信和其他电子设备制造业	99 629.48	87 279.81	2 380.14	4 932.56	305.23	5 070.17	890.26
仪器仪表制造业	9 536.29	7 726.09	356.89	642.59	47.24	820.70	104.45
其他制造业	2 792.50	2 395.38	66.82	137.20	17.55	176.33	41.69
废弃资源综合利用业	4 070.82	3 680.42	45.23	83.60	32.17	213.18	18.28
金属制品、机械和设备修理业	1 183.92	1 023.32	17.58	91.23	29.04	14.22	17.04
电力、热力生产和供应业	55 006.77	48 394.00	110.26	896.37	2 145.55	4 126.41	288.09
燃气生产和供应业	6 061.34	5 244.09	166.57	209.15	78.16	504.39	28.97
水的生产和供应业	2 141.88	1 609.66	127.16	232.67	109.97	208.26	44.31

分地区规模以上工业企业主要指标

（2016 年）

单位：亿元

地 区	企 业 单位数（个）	资产总计	流动资产 合 计	应收账款	存 货	#产成品	负债合计
全 国	**378 599**	**1 085 865.94**	**500 852.80**	**126 847.19**	**106 962.71**	**40 492.79**	**606 641.53**
北 京	3 340	43 093.68	16 643.16	4 392.53	2 349.50	800.82	19 798.13
天 津	5 203	25 075.09	12 253.46	3 095.32	2 736.33	1 064.61	15 385.02
河 北	14 764	44 562.88	17 327.05	3 529.43	3 997.11	1 450.62	24 449.56
山 西	3 548	33 621.95	13 290.44	2 326.54	1 926.98	739.89	25 579.36
内蒙古	4 289	30 900.83	9 876.95	1 877.54	1 522.42	580.37	19 445.75
辽 宁	8 025	36 106.92	17 310.89	3 797.47	4 233.23	1 292.28	23 272.90
吉 林	6 003	18 969.47	8 288.32	1 487.40	1 794.75	776.65	9 932.67
黑龙江	3 946	14 951.92	5 968.87	1 292.66	1 335.14	455.72	8 399.97
上 海	8 351	39 838.24	23 414.82	6 862.61	4 839.69	1 489.94	19 588.27
江 苏	47 900	114 536.32	59 354.58	19 022.03	12 526.29	4 787.06	59 466.56
浙 江	40 128	69 468.91	38 196.89	11 150.26	8 073.75	3 294.66	38 304.18
安 徽	19 838	33 563.37	15 615.35	4 505.02	3 426.21	1 370.62	19 039.87
福 建	17 262	32 081.30	16 286.10	4 382.23	3 732.34	1 502.75	16 779.94
江 西	10 931	21 811.92	9 053.18	2 158.05	2 104.03	892.76	10 549.25
山 东	39 567	105 046.32	47 511.50	8 980.82	10 709.76	4 576.06	56 837.87
河 南	23 679	60 454.73	27 043.59	5 871.90	4 537.07	1 758.07	28 805.88
湖 北	16 296	37 942.33	17 265.72	4 373.47	4 130.86	1 670.99	20 355.90
湖 南	14 386	25 518.07	11 064.34	3 219.31	2 843.06	958.42	13 343.81
广 东	42 688	105 604.17	61 612.78	18 722.41	13 393.09	4 982.36	59 318.72
广 西	5 464	16 023.46	7 449.36	1 515.85	1 771.01	793.39	9 825.40
海 南	337	2 764.18	999.55	196.49	186.53	78.51	1 538.21
重 庆	6 782	20 214.63	9 237.93	2 568.80	1 698.39	761.37	12 374.58
四 川	13 819	41 514.58	17 075.54	4 116.73	3 661.50	1 360.09	24 234.79
贵 州	5 123	14 319.98	5 933.96	1 014.13	1 296.29	336.03	9 074.84
云 南	4 194	19 474.18	6 700.95	1 150.41	2 220.37	540.81	12 431.16
西 藏	108	1 110.65	239.35	22.03	29.41	10.55	550.52
陕 西	5 862	30 828.91	11 198.33	2 375.28	2 323.04	886.25	17 380.70
甘 肃	2 105	12 263.36	843.68	4 322.62	1 369.92	464.03	8 076.14

续表

地　区	企　业 单位数（个）	资产总计	流动资产 合　计	应收账款	存　货		负债合计
						#产成品	
青　海	593	6 143.77	1 644.90	320.52	324.05	113.33	4 203.12
宁　夏	1 174	8 521.18	2 814.31	583.84	734.75	265.42	5 773.39
新　疆	2 894	19 538.65	5 858.03	1 102.38	1 125.86	438.37	12 525.08

地　区	主营业务 收入	主营业务 成本	销售费用	管理费用	财务费用	利润总额	平均用工人数 （万人）
全　国	**1 158 998.52**	**984 668.37**	**31 174.87**	**45 490.74**	**12 650.57**	**71 921.43**	**9 475.57**
北　京	19 746.96	16 395.61	1 025.00	1 044.41	215.38	1 608.26	104.45
天　津	25 888.20	21 780.75	673.42	894.88	170.39	2 046.69	146.98
河　北	47 318.60	41 042.99	874.75	1 346.48	535.17	2 815.11	367.32
山　西	14 226.45	11 915.83	494.79	787.12	609.69	294.78	190.72
内蒙古	20 056.67	16 611.56	481.47	722.02	426.33	1 344.41	120.71
辽　宁	22 038.95	18 553.13	689.18	1 157.77	493.80	575.39	228.05
吉　林	23 431.37	19 565.11	955.80	1 069.02	243.17	1 268.49	143.47
黑龙江	11 347.77	9 711.00	284.90	566.18	130.43	295.54	117.40
上　海	34 315.15	27 370.45	1 316.87	2 314.24	106.15	2 913.91	215.34
江　苏	156 591.04	134 083.08	3 901.02	5 833.08	1 220.37	10 574.40	1 111.84
浙　江	65 453.88	54 833.47	1 867.57	3 353.74	807.87	4 469.42	690.30
安　徽	42 190.46	36 471.84	1 049.68	1 469.05	425.32	2 242.26	330.49
福　建	42 537.24	36 204.57	1 068.95	1 572.72	389.26	2 889.26	421.66
江　西	35 961.32	31 474.76	619.26	833.24	208.00	2 443.93	269.13
山　东	150 641.21	132 154.88	3 088.26	3 920.82	1 586.10	8 820.02	905.76
河　南	79 657.15	69 652.46	1 498.86	1 824.73	804.81	5 240.61	724.19
湖　北	45 850.64	38 963.66	1 346.46	1 933.94	467.38	2 713.46	343.86
湖　南	39 134.64	32 024.84	1 208.14	1 792.75	430.13	2 028.59	336.31
广　东	129 151.31	108 582.42	4 472.71	6 545.21	660.83	8 383.04	1 435.86
广　西	22 231.30	18 773.30	518.31	878.19	218.55	1 393.35	174.62
海　南	1 668.92	1 306.37	71.08	66.67	40.30	101.87	10.87
重　庆	23 467.03	19 890.24	668.17	979.19	220.54	1 648.36	194.95
四　川	41 529.25	34 935.31	1 296.99	1 674.17	616.15	2 339.82	338.15
贵　州	11 172.44	8 855.99	378.52	514.46	228.70	847.02	103.41
云　南	10 149.03	7 908.07	280.90	460.75	317.93	334.98	90.18
西　藏	171.82	129.87	6.97	12.26	4.55	16.94	2.00
陕　西	21 027.90	17 014.27	544.33	972.06	341.49	1 589.00	175.01
甘　肃	7 850.29	6 869.23	129.20	269.97	211.30	72.68	59.71
青　海	2 244.47	1 870.95	61.25	91.12	109.78	80.02	20.13
宁　夏	3 646.10	3 062.10	77.81	144.86	138.27	143.23	31.12
新　疆	8 300.96	6 660.28	224.23	445.62	272.43	386.59	71.57

全国居民人均收支情况

单位:元

指　标	2013 年	2014 年	2015 年	2016 年
全国居民人均收入				
可支配收入	18 310.8	20 167.1	21 966.2	23 821.0
1. 工资性收入	10 410.8	11 420.6	12 459.0	13 455.2
2. 经营净收入	3 434.7	3 732.0	3 955.6	4 217.7
3. 财产净收入	1 423.3	1 587.8	1 739.6	1 889.0
4. 转移净收入	3 042.1	3 426.8	3 811.9	4 259.1
现金可支配收入	17 114.6	18 747.4	20 424.3	22 204.5
1. 工资性收入	10 348.6	11 352.7	12 386.2	13 379.0
2. 经营净收入	3 354.2	3 571.5	3 782.7	4 111.4
3. 财产净收入	526.6	621.8	689.5	739.8
4. 转移净收入	2 885.2	3 201.3	3 565.9	3 974.3
全国居民人均支出				
消费支出	13 220.4	14 491.4	15 712.4	17 110.7
1. 食品烟酒	4 126.7	4 493.9	4 814.0	5 151.0
2. 衣　着	1 027.1	1 099.3	1 164.1	1 202.7
3. 居　住	2 998.5	3 200.5	3 419.2	3 746.4
4. 生活用品及服务	806.5	889.7	951.4	1 043.7
5. 交通和通信	1 627.1	1 869.3	2 086.9	2 337.8
6. 教育、文化和娱乐	1 397.7	1 535.9	1 723.1	1 915.3
7. 医疗保健	912.1	1 044.8	1 164.5	1 307.5
8. 其他用品及服务	324.7	358.0	389.2	406.3
现金消费支出	10 917.4	11 975.7	12 988.7	14 142.0
1. 食品烟酒	3 822.8	4 185.6	4 505.0	4 846.7
2. 衣　着	1 025.7	1 098.6	1 163.5	1 202.2
3. 居　住	1 155.1	1 215.7	1 251.9	1 359.8
4. 生活用品及服务	801.8	882.6	943.8	1 036.1
5. 交通和通信	1 624.8	1 866.2	2 083.7	2 332.9
6. 教育、文化和娱乐	1 396.5	1 534.9	1 722.0	1 914.3
7. 医疗保健	772.1	838.3	933.3	1 048.5
8. 其他用品及服务	318.7	353.8	385.6	401.5

注:从 2013 年起,国家统计局开展了城乡一体化住户收支与生活状况调查,与 2012 年前的分城镇和农村住户调查的调查范围、调查方法、指标口径有所不同。

城镇居民人均收入与支出

指　标	2013 年	2014 年	2015 年	2016 年
城镇居民人均收入　（元）				
可支配收入	26 467.0	28 843.9	31 194.8	33 616.2
1. 工资性收入	16 617.4	17 936.8	19 337.1	20 665.0
2. 经营净收入	2 975.3	3 279.0	3 476.1	3 770.1
3. 财产净收入	2 551.5	2 812.1	3 041.9	3 271.3
4. 转移净收入	4 322.8	4 815.9	5 339.7	5 909.8
现金可支配收入	24 799.0	26 860.2	29 042.0	31 270.0
1. 工资性收入	16 509.9	17 821.3	19 214.8	20 541.7
2. 经营净收入	3 332.3	3 528.0	3 714.0	4 032.3
3. 财产净收入	831.8	977.8	1 072.8	1 139.6
4. 转移净收入	4 125.0	4 533.1	5 040.4	5 556.4
城镇居民人均支出　（元）				
消费支出	18 487.5	19 968.1	21 392.4	23 078.9
1. 食品烟酒	5 570.7	6 000.0	6 359.7	6 762.4
2. 衣　着	1 553.7	1 627.2	1 701.1	1 739.0
3. 居　住	4 301.4	4 489.6	4 726.0	5 113.7
4. 生活用品及服务	1 129.2	1 233.2	1 306.5	1 426.8
5. 交通通信	2 317.8	2 637.3	2 895.4	3 173.9
6. 文教文化娱乐	1 988.3	2 142.3	2 382.8	2 637.6
7. 医疗保健	1 136.1	1 305.6	1 443.4	1 630.8
8. 其他用品及服务	490.4	532.9	577.5	594.7
现金消费支出	15 453.0	16 690.6	17 887.0	19 284.1
1. 食品烟酒	5 461.2	5 874.9	6 224.8	6 627.7
2. 衣　着	1 551.5	1 626.6	1 700.5	1 738.4
3. 居　住	1 579.9	1 625.6	1 665.9	1 810.4
4. 生活用品及服务	1 124.0	1 225.6	1 298.7	1 417.8
5. 交通通信	2 313.6	2 631.5	2 889.8	3 166.5
6. 文教文化娱乐	1 986.3	2 140.7	2 381.0	2 636.3
7. 医疗保健	954.8	1 038.5	1 153.7	1 298.7
8. 其他用品及服务	481.7	527.1	572.6	588.3

农村居民人均收入与支出

指　标	2013 年	2014 年	2015 年	2016 年
农村居民人均收入　　（元）				
可支配收入	9 429.6	10 488.9	11 421.7	12 363.4
1. 工资性收入	3 652.5	4 152.2	4 600.3	5 021.8
2. 经营净收入	3 934.9	4 237.4	4 503.6	4 741.3
3. 财产净收入	194.7	222.1	251.5	272.1
4. 转移净收入	1 647.5	1 877.2	2 066.3	2 328.2
现金可支配收入	8 747.1	9 698.2	10 577.8	11 600.6
1. 工资性收入	3 639.7	4 137.5	4 583.9	5 000.8
2. 经营净收入	3 378.0	3 620.1	3 861.3	4 203.9
3. 财产净收入	194.2	224.7	251.5	272.1
4. 转移净收入	1 535.2	1 715.9	1 881.2	2 123.8
农村居民人均支出　　（元）				
消费支出	7 485.2	8 382.6	9 222.6	10 129.8
1. 食品烟酒	2 554.4	2 814.0	3 048.0	3 266.1
2. 衣　着	453.8	510.4	550.5	575.4
3. 居　住	1 579.8	1 762.7	1 926.2	2 147.1
4. 生活用品及服务	455.1	506.5	545.6	595.7
5. 交通通信	874.9	1 012.6	1 163.1	1 359.9
6. 文教文化娱乐	754.6	859.5	969.3	1 070.3
7. 医疗保健	668.2	753.9	846.0	929.2
8. 其他用品及服务	144.2	163.0	174.0	186.0
现金消费支出	5 978.8	6 716.7	7 392.1	8 127.3
1. 食品烟酒	2 038.8	2 301.3	2 540.0	2 763.4
2. 衣　着	453.1	509.7	549.9	575.0
3. 居　住	692.4	758.5	779.0	832.8
4. 生活用品及服务	451.0	500.1	538.3	589.7
5. 交通通信	874.7	1 012.5	1 162.6	1 357.8
6. 文教文化娱乐	754.4	859.2	969.0	1 069.9
7. 医疗保健	573.2	614.9	681.4	755.8
8. 其他用品及服务	141.2	160.5	172.0	183.0

对外经济贸易基本情况

指　标		2012 年	2013 年	2014 年	2015 年	2016 年
货物进出口总额	**（人民币亿元）**	**244 160.2**	**258 168.9**	**264 241.8**	**245 502.9**	**243 386.5**
出口总额		129 359.3	137 131.4	143 883.7	141 166.8	138 419.3
进口总额		114 801.0	121 037.5	120 358.0	104 336.1	104 967.2
进出口差额		14 558.3	16 094.0	23 525.7	36 830.7	33 452.1
货物进出口总额	（亿美元）	38 671.2	41 589.9	43 015.3	39 530.3	36 855.6
出口总额		20 487.1	22 090.0	23 422.9	22 734.7	20 976.3
初级产品		1 005.6	1 072.7	1 126.9	1 039.3	1 051.9
工业制成品		19 481.6	21 017.4	22 296.0	21 695.4	19 924.4
进口总额		18 184.1	19 499.9	19 592.3	16 795.6	15 879.3
初级产品		6 349.3	6 580.8	6 469.4	4 720.6	4 410.5
工业制成品		11 834.7	12 919.1	13 122.9	12 075.1	11 468.7
进出口差额		2 303.1	2 590.1	3 830.6	5 939.0	5 097.0
外商直接投资合同项目	（个）	24 925.0	22 773.0	23 778.0	26 575.0	27 900.0
实际使用外资额	（亿美元）	1 132.9	1 187.2	1 197.1	1 262.7	1 260.0
外商直接投资		1 117.2	1 175.9	1 195.6	1 262.7	1 260.0
外商其他投资		15.8	11.3	1.4	0.0	0.0
外资企业基本情况						
年底登记户数	（户）	440 609.0	445 962.0	460 699.0	481 179.0	505 151.0
投资总额	（亿美元）	32 610.5	35 176.1	37 977.3	45 390.2	51 240.1
注册资本	（亿美元）	18 814.1	20 280.3	21 835.1	26 681.6	31 243.4
#外　方		14 903.5	16 077.1	17 413.9	20 756.7	23 918.5
对外经济合作	（亿美元）					
合同金额						
#对外承包工程		1 565.3	1 716.3	1 917.6	2 100.7	2 440.1
完成营业额						
#对外承包工程		1 166.0	1 371.4	1 424.1	1 540.7	1 594.2

注：1. 外资企业基本情况数据来自国家工商总局，其年底登记户数自 2008 年起口径调整为企业加分支机构。
2. 自 2009 年起商务部将对外设计咨询纳入对外承包工程合并统计。
3. 自 2011 年起商务部不再公布对外劳务合作项下合同数、合同金额以及完成营业额数据。

证券市场基本情况

项　目	单　位	2014 年	2015 年	2016 年
境内上市公司数（A、B 股）	家	2 613.0	2 827.00	3 052.00
境内上市外资股公司数(B 股)	家	104.0	101.00	100.00
境外上市公司数（H 股）	家	205.0	229.00	241.00
股票总发行股本	亿　股	43 610.0	43 024.14	48 820.00
#流通股本	亿　股	39 104.0	37 043.37	41 139.00
股票市价总值	亿　元	372 547.0	531 462.70	507 685.00
#股票流通市值	亿　元	315 624.0	417 880.76	393 402.00
股票成交量	亿　股	73 753.0	171 039.47	94 691.00
股票成交金额	亿　元	743 913.0	2 550 541.31	1 273 846.00
上证综合指数	收　盘	3 234.7	3 539.18	3 103.64
深证综合指数	收　盘	1 415.2	2 308.91	1 969.11
股票有效账户数	万　户	14 215.0	21 477.00	11 741.00
平均市盈率	%			
上　海		16.0	18.94	18.03
深　圳		34.1	62.36	52.20
平均换手率	%			
上　海		173.8	489.63	220.89
深　圳		478.0	826.28	539.68
国债发行额	亿　元	21 120.6	54 908.00	29 457.69
公司信用类债券发行额	亿　元	51 172.9	67 704.24	36 668.36
债券成交额	亿　元	935 187.5	1 309 219.03	2 387 096.06
国债现货成交金额	亿　元	28 021.2	33 920.00	51 269.93
债券回购成交金额	亿　元	907 166.3	1 275 299.03	2 335 826.13
证券投资基金只数	只	1 899.0	2 723.00	3 873.00
证券投资基金规模	亿　份	42 033.0	76 674.13	88 428.32
证券投资基金成交金额	亿　元	19 904.6	44 251.69	26 240.65
期货总成交量	万　手	250 585.6	357 791.06	413 781.27
期货总成交额	亿　元	2 919 882.3	5 542 346.94	1 956 339.41

注:1. 股票总发行股本中含(A+H)股公司发行的 H 股。
2. 换手率=全年成交金额/[（本年末流通市值+上年末流通市值)/2]×100%。
3. 公司信用类债券包含非金融企业债务融资工具、企业债券以及公司债、可转债、可分离债、中小企业私募债。
4. 债券成交数据为交易所债券市场数据。

能源生产总量及构成

年份	能源生产总量（万吨标准煤）	占能源生产总量的比重（%）			
		原煤	原油	天然气	一次电力及其他能源
1978	62 770	70.3	23.7	2.9	3.1
1980	63 735	69.4	23.8	3.0	3.8
1985	85 546	72.8	20.9	2.0	4.3
1990	103 922	74.2	19.0	2.0	4.8
1991	104 844	74.1	19.2	2.0	4.7
1992	107 256	74.3	18.9	2.0	4.8
1993	111 059	74.0	18.7	2.0	5.3
1994	118 729	74.6	17.6	1.9	5.9
1995	129 034	75.3	16.6	1.9	6.2
1996	133 032	75.0	16.9	2.0	6.1
1997	133 460	74.3	17.2	2.1	6.5
1998	129 834	73.3	17.7	2.2	6.8
1999	131 935	73.9	17.3	2.5	6.3
2000	138 570	72.9	16.8	2.6	7.7
2001	147 425	72.6	15.9	2.7	8.8
2002	156 277	73.1	15.3	2.8	8.8
2003	178 299	75.7	13.6	2.6	8.1
2004	206 108	76.7	12.2	2.7	8.4
2005	229 037	77.4	11.3	2.9	8.4
2006	244 763	77.5	10.8	3.2	8.5
2007	264 173	77.8	10.1	3.5	8.6
2008	277 419	76.8	9.8	3.9	9.5
2009	286 092	76.8	9.4	4.0	9.8
2010	312 125	76.2	9.3	4.1	10.4
2011	340 178	77.8	8.5	4.1	9.6
2012	351 041	76.2	8.5	4.1	11.2
2013	358 784	75.4	8.4	4.4	11.8
2014	361 866	73.6	8.4	4.7	13.3
2015	361 476	72.2	8.5	4.8	14.5
2016	346 000	69.6	8.2	5.3	16.9

注：电力折算标准煤的系数根据当年平均发电煤耗计算（下表同）。

能源消费总量及构成

年　份	能源消费总量（万吨标准煤）	占能源消费总量的比重（%）			
		煤　炭	石　油	天然气	一次电力及其他能源
1978	57 144	70.7	22.7	3.2	3.4
1980	60 275	72.2	20.7	3.1	4.0
1985	76 682	75.8	17.1	2.2	4.9
1990	98 703	76.2	16.6	2.1	5.1
1991	103 783	76.1	17.1	2.0	4.8
1992	109 170	75.7	17.5	1.9	4.9
1993	115 993	74.7	18.2	1.9	5.2
1994	122 737	75.0	17.4	1.9	5.7
1995	131 176	74.6	17.5	1.8	6.1
1996	135 192	73.5	18.7	1.8	6.0
1997	135 909	71.4	20.4	1.8	6.4
1998	136 184	70.9	20.8	1.8	6.5
1999	140 569	70.6	21.5	2.0	5.9
2000	146 964	68.5	22.0	2.2	7.3
2001	155 547	68.0	21.2	2.4	8.4
2002	169 577	68.5	21.0	2.3	8.2
2003	197 083	70.2	20.1	2.3	7.4
2004	230 281	70.2	19.9	2.3	7.6
2005	261 369	72.4	17.8	2.4	7.4
2006	286 467	72.4	17.5	2.7	7.4
2007	311 442	72.5	17.0	3.0	7.5
2008	320 611	71.5	16.7	3.4	8.4
2009	336 126	71.6	16.4	3.5	8.5
2010	360 648	69.2	17.4	4.0	9.4
2011	387 043	70.2	16.8	4.6	8.4
2012	402 138	68.5	17.0	4.8	9.7
2013	416 913	67.4	17.1	5.3	10.2
2014	425 806	65.6	17.4	5.7	11.3
2015	429 905	63.7	18.3	6.4	12.1
2016	436 000	62.0	18.3	6.4	13.3

环境保护基本概况

项　目	单　位	2013 年	2014 年	2015 年	2016 年
水环境					
水资源总量	亿立方米	27 958.0	27 266.9	27 962.6	32 466
人均水资源量	立方米/人	2 059.7	1 998.6	2 039.0	2 355
用水总量	亿立方米	6 183.4	6 094.9	6 103.2	6 040
#农　业	亿立方米	3 921.5	3 869.0	3 851.5	3 768
工　业	亿立方米	1 406.4	1 356.1	1 334.8	1 308
生　活	亿立方米	750.1	766.6	794.2	822
生　态	亿立方米	105.4	103.2	122.7	143
化学需氧量排放量	万　吨	2 352.7	2 294.6	2 223.5	1 047
大气环境					
二氧化硫排放量	万　吨	2 043.9	1 974.4	1 859.1	1 103
固体废物					
一般工业固体废物综合利用量	万　吨	205 916.3	204 330.2	198 807.4	184 096
一般工业固体废物综合利用率	%	62.2	62.1	60.3	59
生态环境					
森林面积	万公顷	20 769.0	20 769.0	20 769.0	20 769
森林覆盖率	%	21.6	21.6	21.6	22
造林面积	万公顷	610.0	555.0	768.4	720
自然保护区数	个	2 697.0	2 729.0	2 740.0	2 750
#国家级	个	407.0	428.0	428.0	
自然保护区面积	万公顷	14 631.0	14 699.2	14 702.8	14 733
湿地面积	万公顷	5 360.0	5 360.0	5 360.0	5 360
自然灾害					
发生地质灾害数量	次	15 374.0	10 937.0	8 355.0	10 997
发生地震灾害次数	次	14.0	20.0	14.0	16
发生赤潮次数	次	46.0	56.0	35.0	68

注：1. 森林面积和森林覆盖率为第八次全国森林资源清查(2009—2013 年)资料，全国湿地面积为(2009—2013 年)调查资料。

2. 自 2015 年起造林面积包括人工造林、飞播造林、新封山育林、退化林修复和人工更新。

3. 2016 年环境保护部修订相关统计制度，2016 年主要污染物、一般工业固体废物、自然保护区等数据为初步数，且与以前年份不可比。

附录

2016年全国信用企业

（排名不分先后）

序号	企业名称	全国统一编号
一、AAA级信用企业		
1	山东玲珑轮胎股份有限公司	201704201110671
2	哈药集团股份有限公司	201704201110672
3	四川电器集团股份有限公司	201704201110673
4	重庆力帆控股有限公司	201704201110674
5	九三粮油工业集团有限公司	201704201110675
6	攀枝花市水务(集团)有限公司	201704201110676
7	中国石油集团川庆钻探工程有限公司	201704201110677
8	重庆凯泽科技股份有限公司	201704201110678
9	中国电信股份有限公司四川分公司	201704201110679
10	青岛胶城建设集团有限公司	201704201110680
11	天津市交通建筑设计院	201704201110681
12	四川公路桥梁建设集团有限公司	201704201110682
13	成都发动机(集团)有限公司	201704201110683
14	中冶赛迪集团有限公司	201704201110684
15	平高集团有限公司	201704201110685
16	华南物资集团有限公司	201704201110686
17	贵州机电(集团)有限公司	201704201110687
18	中国水利水电第七工程局有限公司	201704201110688
19	广东水电二局股份有限公司	201704201110689
20	太原千峰电器有限公司	201704201110690
21	中国电建集团贵阳勘测设计研究院有限公司	201704201110691
22	青岛交通工程监理咨询有限公司	201704201110692
23	重庆西南铝运输公司	201704201110693
24	国电大渡河流域水电开发有限公司	201704201110694
25	绵阳市商业银行股份有限公司	201704201110695
26	内江金鸿曲轴有限公司	201704201110696
27	重庆粮食集团有限责任公司	201704201110697
28	中国邮政储蓄银行股份有限公司黑龙江省分行	201704201110698
29	贵州省交通规划勘察设计研究院股份有限公司	201704201110699
30	冠县冠星纺织有限责任公司	201704201110700
31	山东新巨龙能源有限责任公司	201704201110701
32	吉林泷鑫电气设备有限公司	201704201110702
33	山东荣成农村商业银行股份有限公司	201704201110703
34	四川梓橦宫药业股份有限公司	201704201110704
35	中国人民解放军第五七一九工厂	201704201110705
36	黑龙江清河泉生物质能源热电有限公司	201704201110706
37	山东玉皇化工有限公司	201704201110707
38	黑龙江飞鹤乳业有限公司	201704201110708

续表

序　号	企业名称	全国统一编号
39	国泰租赁有限公司	201704201110709
40	新达泵阀股份有限公司	201704201110710
41	艾威梯科技(北京)有限公司	201704201110711
42	中铁五局集团成都工程有限责任公司	201704201110712
43	西昌邛海宾馆置业有限责任公司	201704201110713
44	中国移动通信集团四川有限公司凉山分公司	201704201110714
45	金科地产集团股份有限公司	201704201110715
46	四川通达化工有限责任公司	201704201110716
47	牡丹江热电有限公司	201704201110717
48	成都建工赛利混凝土有限公司	201704201110718
49	中铁五局集团第六工程有限责任公司	201704201110719
50	重庆市天友乳业股份有限公司	201704201110720
51	重庆新安洁景观园林环保股份有限公司	201704201110721
52	中冶赛迪工程技术股份有限公司	201704201110722
53	爹地宝贝股份有限公司	201704201110723
54	四川省汉源化工总厂	201704201110724
55	中粮建三江米业有限公司	201704201110725
56	四川美丰化工股份有限公司	201704201110726
57	中邮人寿保险股份有限公司四川分公司	201704201110727
58	黑龙江省北大荒米业集团有限公司	201704201110728
59	山东东方监理咨询有限公司	201704201110729
60	四川省烟草公司凉山州公司	201704201110730
61	山西味道园餐饮文化管理有限公司	201704201110731
62	黑龙江鸡西农村商业银行股份有限公司	201704201110732
63	广元市投资控股(集团)有限公司	201704201110733
64	飞鹤(甘南)乳品有限公司	201704201110734
65	吉林市凇泰化工有限责任公司	201704201110735
66	十九冶成都建设有限公司	201704201110736
67	四川峨眉山佛光水泥有限公司	201704201110737
68	中铁八局集团第四工程有限公司	201704201110738
二、AA 级信用企业		
1	黑龙江农垦华彬粮油经贸有限公司	201704200110739
2	黑龙江未名天人制药有限公司	201704200110740

资料来源：中国企业联合会、中国企业家协会。

2016年全国质量奖获奖企业

一、全国质量奖

序 号	企业名称	序 号	企业名称
	一、大中型企业		二、服务业
1	山东临工工程机械有限公司	1	中国航天科工集团第二研究院二〇六所
2	大亚湾核电运营管理有限责任公司	2	中国船舶重工集团公司第七一六研究所
3	中建海峡建设发展有限公司	3	中国人民解放军第四七二四工厂
4	马鞍山钢铁股份有限公司	4	中国航天科工集团第二研究院二〇六所

二、全国质量奖卓越项目奖

序 号	项 目	企业名称
1	月球探测二期工程组织实施	探月与航天工程中心
2	东方红四号卫星平台项目	中国空间技术研究院通信卫星事业部
3	向家坝—上海±800千伏特高压直流输电示范工程	国家电网公司
4	北京雁栖湖国际会都(核心岛)会议中心	中国建筑第八工程局有限公司

三、全国质量奖管理特色奖

序 号	企业名称	序 号	企业名称
1	杭州老板电器股份有限公司	2	交运集团青岛温馨巴士有限公司

资料来源:中国质量协会。

第二十三届国家级企业管理现代化创新成果名单

等级	成果名称	申报单位	主要创造人	参与创造人
一等	大型运输机全三维数字化网络协同研发管理	中航工业第一飞机设计研究院	李守泽 王球	刘看旺 王华友 董海锋 张永辉 韩自强 刘雅星 刘俊堂 孙敏 郑党党 董亮
一等	特大型电网企业追求卓越的“163”管理体系构建与实施	国家电网公司	刘振亚	李向荣 杜宝增 张宁 伍萱 朱峰 丁世龙 王宏志 冯来法 陈国平
一等	基于用户全流程最佳体验的互联工厂生态圈建设	海尔集团公司	梁海山 陈录城	张维杰 孙明 刘玉平 汪洪涛 赵建华 郑子辉 甘翔 刘伦明 王勇 王强
一等	新能源汽车制造企业基于组织创新力的生态化、数字化战略实施	北京新能源汽车股份有限公司	徐和谊 郑刚	张勇 原诚寅 王可峰 张青平 马仿列 梁国旗 夏立新 文霞 陈靖
一等	大型发电企业集团以战略为引领的全面创新管理	中国大唐集团公司	陈进行	邹嘉华 胡绳木 王森 全耀华 栗宝卿 刘传东 刘峰彪 李云峰 杨新林 陈武
一等	地方国有资本运营公司服务政府战略与市场化运作有机结合的转型发展	重庆渝富资产经营管理集团有限公司	李剑铭 何志明	崔树荃 朱旌 邓勇 乔昌志 杨雨松
一等	大型石化集团基于两化深度融合的新型能力建设	中国石油化工集团公司	李德芳 齐学忠	李剑峰 张朝俊 刘利君 陈锡坤 姜晓阳 宫向阳 贺宗江 王立东 沈青祁 王景涛
一等	特大型奥运场馆的市场化运营管理	国家体育场有限责任公司	李爱庆	李士林 徐和谊 陈代华 武晓南 吴竞军 肖蔚然 程磊 蒋超 陈绍枢 相军
一等	“一带一路”区域跨多国大型天然气管道运营管理	中石油中亚天然气管道有限公司	孟繁春 孟向东	张少峰 全庆国 张鹏 钟凡 李琳 冯丹 史云涛 李平 赵罡 宗红
一等	高科技企业煤化与石化产业融合联盟式服务管理	北京三聚环保新材料股份有限公司	刘雷 林科	张淑荣 王庆明 任相坤 曹华峰 蒲延芳 袁毅 王宁生 付兴国 孙艳红 赵正昌
一等	邮政企业支撑电商寄递业务发展的陆运网全面升级管理	中国邮政集团公司	康宁	杜福 张延军 薛志刚 吴志洲 任丽杰 秦昌凤 张琴生 边景春 何学军 詹蕾
一等	自主品牌汽车企业实现双向协同的供应商战略伙伴关系管理	重庆长安汽车股份有限公司	朱华荣 陈方	李新强 华騳骉 朱祥文 郝志梅 陈攀 潘申平 李强 袁丽萍 姚金荣 周茂强
一等	飞机制造企业提升航空结构件生产效能的专业化制造管理	成都飞机工业（集团）有限责任公司	隋少春 韩雄	代军 夏雪梅 曹文军 刘文博 崔雅文 陈学林 周航天 刘适 朱中奇 叶丽
一等	特大型油田基于“三线四区”效益评价的决策与运营管理	中国石油化工股份有限公司胜利油田分公司	孙焕泉 宋振国	解宝贵 张志友 王德宇 刘忠田 薄亮 鞠伟 胡宝明 段叶青
一等	轨道装备制造企业基于精益制造的智能化物流管理	中车南京浦镇车辆有限公司	李定南 李立	施青松 杨威 陶春松 陈长健 陈家产 郭凯 李峰 张振文 卢艳华 冯文套
一等	国防工业科研院所打造创新链的技术秘密全生命期管理	中国航空工业集团公司北京航空材料研究院	戴圣龙 李兴无	傅洋 申捷 张庆玲 张爱斌 熊艳才 张志国 于青 李小刚 国大鹏 宋炳豪

续表

等级	成果名称	申报单位	主要创造人	参与创造人
一等	支撑完全自主知识产权核电项目走出去的研发管理体系构建	中国核电工程有限公司	刘巍 邢继	温新利 荆春宁 袁坤 刘世光 李大波 刘立平 陈学营 苏罡 才宝利
一等	高铁轨道工程设计建造一体化的协同管理	中铁第四勘察设计院集团有限公司	黄正华 孙立	王森荣 胡晓兵 许国平 李秋义 江先冬 邓振林 郑洪 刘莉虹 孙智勇 刘博
一等	省级农村信用社以产品研发为核心的惠农金融服务管理	吉林省农村信用社联合社	唐忠民	李世杰 熊继洲 王艾君 张洪东 王长义 王亚清 王广平 孟军 崔军扬
一等	轨道交通装备制造企业推进战略实施的全面绩效管理	中车株洲电力机车有限公司	周清和 傅成骏	马克湘 罗崇甫 陈志新 董元彪 尹星亮 刘翔 方旭 张帮忠 李静静 熊卫宁
一等	工程装备制造企业再制造业务发展战略与实施	徐州徐工基础工程机械有限公司	李亚林 蒋明忠	孔庆华 张世伟 张锐 张丽娜 李怀刚 何经纬 张杰 贺向前 刘伟 黎川
一等	军工集团以领导人员、治理结构和管理制度为核心的企业治理能力建设	中国兵器工业集团公司	曹光祥 刘旭	彭心国 梁冰 高希 张晓华 陈波 秦垚 徐余庆 纪超 鞠小波 马骁
一等	纺织企业适应国际标准的产品生态安全管理	山东南山纺织服饰有限公司	曹贻儒 李世朋	赵亮 刘刚中 潘峰 孙友谊 邢富生 张国生 栾文辉 姚锡波 朱明广 王政委
一等	以扶贫开发为抓手的水电站企地和谐共建管理	华能澜沧江水电股份有限公司小湾水电站	鲁俊兵 张俊	张洪涛 邱小弟 李子光 李然 陈维东 阮跃红 彭建新 熊孝中 伍学雷 赵斌斌
一等	检验认证企业技术、资本双驱动的资源整合型发展	中国建材检验认证集团股份有限公司	姚燕	马振珠 张继军 石新勇 汤跃庆 刘元新 陈璐 黄丽华 邱晓 吴辉廷 夏娟
一等	地方建筑工程企业实现渐进式升级的差异化跨国经营	中鼎国际建设集团有限责任公司	胡立俭	金江涛 黄美丽 康小平 李妮雅 吴秉诚
一等	深度介入特高压工程建设全过程的生产准备管理	国网天津市电力公司	钱朝阳 闫卫国	么军 孙龙彪 王刚 曹士永 钱滨 单大鹏 周文涛 王永宁 赵晓鹏 孙成
一等	地方国有投资集团实现协同发展的综合金融管理	无锡市国联发展（集团）有限公司	高敏	华伟荣 杨静月 丁武斌 周波 陈琦 姚志勇 汤兴良 张锋 王震华
一等	电力集团公司集中精准采购管理	中国华能集团公司	孙智勇 陈书平	李春生 张又新 王绪繁 李应宽 陶俭 高宏伟 肖志刚 刘灵轩 刘宇 杜乾
一等	供电企业面向市场的一体化柔性运营管理	国网江苏省电力公司南京供电公司	李斌 高昇宇	王勇 倪炜 肖晶 汪超 栾宁 王璞 吴罡 李勇 马琎劼 金淋芳
二等	民营企业集团基于“两化融合”的标准化管理体系建设	杭州娃哈哈集团有限公司	宗庆后 江金彪	叶秀 徐俭 阮晶晶 田路 卫坤东
二等	煤矿企业基于生产、成本、销售体系化的合力经营管理	陕煤集团神木柠条塔矿业有限公司	张科利 吴群英	王建文 路根奎 贾小虎 闫敬旺 周兴利 樊甲 曹豪 张少龙
二等	铁路局以国际园区为载体的物流转型发展	呼和浩特铁路局	柴隋周 王利铭	李希顺 陈波 杨永 任巨龙 石三黑 赵俊杰 吴立宏 吉小龙 庞明 崔宇

续表

等级	成果名称	申报单位	主要创造人	参与创造人
二等	电网企业基于责任、标准、对标和考评“四大体系”的班组建设	国网山东省电力公司	杜军	刘玉树 宋士锋 张平 赵树生 郃淑杰 王均欣 姜志强 杨军 闫斌
二等	通信集团适应移动互联网的创新型企业建设	中国电信集团公司	杨杰 杨小伟	蒲德松 王国权 梁宝俊 李安民 张颉华 秦健 王磊 白云东 陈力 饶东
二等	家电制造企业基于大数据服务平台的产品生命周期管理	珠海格力电器股份有限公司	董明珠 谭建明	李绍斌 牟桂贤 申伟刚 谭泽汉 余祥 黄丽萍 甘俊源 林勤鑫 李石江 梁智将
二等	供电企业面向全寨老区光伏扶贫的全程式服务管理	国网安徽省电力公司六安供电公司	潘东 徐斌	徐木桂 曹俐 曾光 刘春阳 杨爱岭 陈青 段丽 马骏
二等	制造企业基于“互联网+”的智能化质量管理	杭州朝阳橡胶有限公司	蒋志强	高丽萍 郑励 廖发根 卢青 钱熠 张春波
二等	核燃料元件产品制造全过程质量可靠性管理	中核建中核燃料元件有限公司	丁建波 彭海青	任宇洪 张兵 吴平 何君 李羽 华月强 叶畹义 王刚
二等	制造企业增强活力与合力的经营机制再造	新兴铸管股份有限公司	李成章	程爱民 何齐书 左亚涛 钱守保 施力 宋珏遐 郭融
二等	基于BIM技术的水运工程单项目投标与施工管理	中交第一航务工程局有限公司	刘爱新	潘伟 李春元 卢晓晗 陈朝阳 刘振山 赫文 代浩 郝有新 亓进 陈冠宇
二等	钢铁企业以提质增效为目标的全方位结构调整	马钢(集团)控股有限公司	高海建 丁毅	钱海帆 蒋育翔 严华 陆克从 唐琪明 任天宝 高海潮 张文洋 袁中平 解珍健
二等	基于“整村推进”的农网升级改造项目精细化管理	国网青海省电力公司西宁供电公司	赵大光 冯学红	宋高宏 王宏波 潘兹勇 唐颖杰 祁连清 陈昀 李永斌 周炜 薛宏波 靳继勇
二等	军工企业以质量、成本、进度综合管理为牵引的项目经理人才队伍建设	中国电子科技集团公司第三十八研究所	吴剑旗 胡国良	姜恒 王茜 周英 王竞宇 胡友红 王新鸣 刘兵 王博 孔元 唐晓璐
二等	国有农业企业以健康、安全和可持续为目标的产业链构建与发展	重庆市农业投资集团有限公司	何勇 王千六	马晓玲 邓韬
二等	基于应对欧盟REACH法规的化学品国际贸易安全管理体系的构建与实施	中国石油天然气股份有限公司	沈殿成 胡杰	李振宇 杨延翔 李文乐 刘杰 司丙军 曲静波 陈超 王正元 陈曦 王震
二等	适应多基地核电厂运营要求的技术服务能力优化升级管理	苏州热工研究院有限公司	王安	周毅文 朱成虎 琚存有 刘金宏 金心明 郭娟彦 舒悦 万田 张丽英 汪小龙
二等	富油气区带开发中后期整体再评价创新体系的构建与实施	中国石油天然气股份有限公司勘探与生产分公司	王元基 尚尔杰	田军 郑兴范 邢厚松 熊铁 孙德君 孙世焕 吕传炳 孙岩 李东平 李正文
二等	钢铁企业适应新常态的全面管理变革	河钢股份有限公司承德分公司	魏洪如 耿立唐	郭晋宏 赵建东 国富兴 石小艳 丁艳丰 朴述银 张胜军 董东涛 孙伟 杨宝龙
二等	基于快速响应客户个性化需求的研发体系构建	湖南中车时代电动汽车股份有限公司	申宇翔 刘杨	唐明忠 杨学元 邓建军 陈龙富 周鲔伟 刘庚林 高飞 张晶蔚 宋庆红 孔祥慧
二等	供电企业基于“三本台账”的用户需求精准管理	国网四川省电力公司德阳供电公司	甘涛 胡朝华	唐勇 伍润泽 黄丹 肖丹雄 汪春虎 戴海宁 刘峰 张子啸 范雪芹 张羽歆

续表

等 级	成果名称	申报单位	主 要 创造人	参与创造人
二等	钢铁企业基于项目责任制的降本增效管理	江苏沙钢集团有限公司	沈 彬 龚 盛	施一新 蒋建平 孙海兵 高林全 魏红超 华德明
二等	航天军工企业基于协同机制的工艺优化管理	中国航天科工集团第六研究院三五九厂	赵 勇 侯仲军	郑兰兰 谢德有 赵立科 高红新 王淑芬 苏冬梅 徐玉荣 王良柱 朱 伟 郭瑞廷
二等	基于智能化平台的“多表合一”水电气公用服务体系建设	国网福建省电力有限公司厦门供电公司	丛 阳 许志永	童 刚 林炳东 杨志永 沈毅达 王来辉 刘 强 叶 强 沈晓秋 戴世峰 董 琳
二等	军工集团基于价值工程理念的民用产业管理提升	中国航天科工集团公司	马天晖 李曙春	程庆文 张丽宏 方 韬 王 飞 徐二阳 马驰原 侯云亮 徐坤耀 范炳健 丁 洁
二等	基于自主创新的高速铁路智能化精调管理	上海铁路局	郭竹学	张 杰 宋国亮 徐伟昌 许玉德 谭社会 毛晓君 罗 庄 王 胜 沈坚锋 陆志华
二等	航空制造企业提升效率和质量的生产现场自主管控体系构建	西安飞机工业(集团)有限责任公司	何胜强 于 萍	陈 胜 袁春衡 李振兴 王海宇 贾 敏 邓至均 李本巨 张秋芬 张文兵 邓 琛
二等	军工企业风险管理成熟度评价体系的构建与实施	中国航天科工集团第二研究院	符志民 王文松	丁继义 黄云海 唐 哲 陈旭萍 冯 琦 宋晓莹 张文来 刘 鑫
二等	建筑施工企业以提升施工能力为目标的蓝领队伍建设	中铁五局集团第四工程有限责任公司	钟勇奇 张习亭	彭小平 秦世祥 龚小标 张顺强 谭海军 熊锦阳
二等	铁路货车制造企业价值链战略联盟的构建与实施	中车齐齐哈尔交通装备有限公司	谷春阳 王晓峰	常文玉 刘明伟 张春辉 李广斌 周丽丽 华世举
二等	风光储输“四位一体”集成电站智能化生产管理	国网冀北电力有限公司	田 博 盛大凯	马 力 张宣江 黄 波 高 峰 郑宇清 梁立新 岳巍澎 王 铮 李惠涛 段宝升
二等	海外水电项目跨境融资租赁管理	云南澜沧江国际能源有限公司	何 敏	邓炳超 黄光明 李云汉 阎 锋 高立武 吴丹琦 贺文森 王维姣 普文荣 高 洋
二等	军工科研院所转型背景下的战略岗位分红权激励管理	中国电子科技集团公司第二十九研究所	毛嘉艺 向志军	臧维明 王步冉 王关林 余承龙 曹 阳 汪向阳 邹小虎 李 超 杨 英 张魏林
二等	服务于地方经济转型升级的省级电网投资决策管理	国网河南省电力公司	侯清国 周 凯	魏胜民 王正刚 王 磊 王 璟 白宏坤 张法荣 张竞超 王江波 杨 萌 刘永民
二等	基于成熟度评价的航天器跨领域产品集成管理	中国航天科技集团公司	刘庆华 邱家稳	李 罡 张也弛 李 昊 刘 欣 杨晓宁 王大勇 邱 亮 徐立宏
二等	原油开采企业基于单井效益评价的全生命周期降本增效管理	中国石油天然气股份有限公司辽河油田分公司	张 波 刘 斌	许林祥 许 艳 王文道 黄文强 雒桓晟 李川华 刘晶洁 于 晗 陈 镝 安 欣
二等	石油特色企业年金制度的创建与实施	石油人才交流中心	刘志华 陆 凌	徐新福 王 跃 任一村 施杰炎 滕 云 何少锋 史为军 李红娜 陈 昱 张金卉
二等	航空制造企业基于全生命周期的项目价值管理	江西洪都航空工业集团有限责任公司	陈逢春 胡焰辉	祝美霞 饶国辉 邱洪涛 王 訢 吴刚茂 魏红涛 陆怀华 李亚炜 喻怀仁 兰 洁
二等	大型石油集团国际业务综合一体化运营与管理	中国石油天然气集团公司	李越强 陆如泉	赵 林 郜 峰 杨 鹏 周敬成 常毓文 杨 涛 王瑞军 苏 敏 姚 睿 胡菁菁

续表

等　级	成果名称	申报单位	主　要创造人	参与创造人
二等	钢铁企业基于规模定制的服务化管理	南京钢铁股份有限公司	黄一新 祝瑞荣	姚永宽 费　焜 楚觉非 孙茂杰 王　芳 周　林 陶立春 杜　轶 李小亮 马征宇
二等	通信企业实现职能管理向经营服务转型的管理变革	中国联合网络通信有限公司辽宁省分公司	买彦州	慈家昆 赵　铭 付海威 王朝伟 贾新民 王冬梅 赵成波 潘　进
二等	电子信息企业社区式智慧型数字电视产业园的建设与管理	北京牡丹电子集团有限责任公司	王家彬 安　鹏	马宝龙 邹大新 刘　芸 靳家贵 王　娟 白　旭 王　静 徐　倩 赵德智 张　燕
二等	汽车制造企业柔性排班系统构建	东风汽车有限公司	周先鹏 王金宁	阳玉龙 殷洋武 杨耀辉 黄开勇 陈杰玺 马雪冬 魏雄武 陈　幸 钟亮彬 孟　丹
二等	通信企业基于运营大数据的业财融合型管理会计体系建设	中国移动通信集团广东有限公司	禄　杰 许　琦	黄邓秋 潘宇丽 谢　志 肖竞舸 殷起宏 胡　懿 高　磊
二等	上市银行风险防控与中长期激励有效结合的员工持股计划管理	重庆银行股份有限公司	甘为民 黄　宁	林　敏 李　聪 毛　溧 汪天宇 张　蕴
二等	基于核心芯片自主可控的微系统研发管理	中国航天科工集团第二研究院二十五所	董胜波 刘志哲	杨　刚 刘晓东 赵晨旭 马承光 曹玉雄 廉　杰 尚政国 程志宇 侯颖辉 黎　亮
二等	制药企业以精准高效为目标的精益六西格玛管理	上药东英(江苏)药业有限公司	张耀华 张　秋	汪晓铭 王　坚 王国良 平士观 李鑫华 蒋　鹏 陈　丽 甄国艳 姜允菊 彭小丹
二等	以大数据安全特区为主的安全管控体系构建	中国联合网络通信集团有限公司	范济安 刘险峰	王竑弢 杨永平 李莞菁 刘江林 曲　冬 王志山 贾晓菁 赵紫峰 靳淑娴 孟　磊
二等	供电企业服务于边疆生态建设的“电能替代”管理	国网吉林省电力有限公司延边供电公司	郭云峰 于　波	李青春 姚　强 宋京哲 宋春娟 陈永国 韩相武 孙伟崎 王　林 金成日 初晓光
二等	国有煤炭企业以“优轻新精”为核心的内涵式发展战略及实施	淄博矿业集团有限责任公司	孙中辉 侯宇刚	李海波 李景慧 刁兴建 王利民 朱敏峰 桂美胜 李　琦 陈亚洲
二等	邮政企业面向农村的供应链服务平台的建设与运营	中国邮政集团公司山东省分公司	马志民	徐光文 杨　煜 雷世波 纪　青 贯德峰 张世栋 袁　波 王延飞 李京帅 隋瑞升
二等	钢铁企业智慧生态物流系统的构建与实施	鞍山钢铁集团公司	姚　林 王义栋	李忠武 徐世帅 王延明 杜　民 王奇夫 王　锋 胡守良 刘长胜 侯海云 王丽薇
二等	电力企业基于大数据应用的“量价费损”在线监测管理	国网湖北省电力公司	尹正民 王晓希	夏怀民 周想凌 万　磊 林　光 詹智民 朱银军 马先俊 邱　丹 王　瑾 肖坚强
二等	设计引领的一体化智能船厂建设管理	南通中远川崎船舶工程有限公司	韩成敏	陈　弓 路跃新 徐文宇 许维明 莫中华 仇　挺 冯　涛
二等	基于成本最优理念的境外油气投资业务低成本战略实施	中国石油天然气股份有限公司海外勘探开发分公司	卢耀忠 李树峰	沈海东 高　伟 张红斌 曹　敏 李海鹏 宋晓威 钱　铮 白福高
二等	国有施工企业基于工作清单和责任矩阵的项目精细化管理	中铁上海工程局集团有限公司	孔　通	张贺华 张庆远 黄　新 陈正山 刘雪平 王春晖 李　猛 杨　昊
二等	装备制造集团以系统解决方案为载体的国际化管理	上海电气电站集团	曹　敏	郑晓虹 陈文倩 卫旭东 陈　力 金升龙 申善毅 郝　琳
二等	采油企业以依法治企为目标的合规管理	中国石油天然气股份有限公司华北油田分公司第四采油厂	于俊吉 赵　丽	张　宁 郑一坤 兰亚男 宋庆维 王　景 陈　超 张　鹏 麻素美 毕长清 方　群

续表

等 级	成果名称	申报单位	主 要 创造人	参与创造人
二等	提升企业风险防控水平的立体式合规管理	中国航空综合技术研究所	梁丽涛 陈晓东	石秀峰 陶海霞 兰小玮 陈玉梅 郝福乐 鄂天洁 魏 莱 禹宁祯 闫 敏
二等	数据通信企业基于阿米巴模式的经营创新与管理提升	锐捷网络股份有限公司	刘弘瑜 陈秋萍	曾清华 付 盛 张洪丹 赵 然
二等	基于岗位胜任力的人岗动态匹配管理	国网山东省电力公司济南供电公司	钱庆林 陈水军	薛 涛 崔晓青 王 璐 李恩亮
二等	特大城市多热源供热联网运行体系的构建与管理	天津能源投资集团有限公司	李庚生 赖振国	王 勇 裴连军 邓瑞华 朱咏梅 李春庆 冯 舸 付金栋 黄 骞 刘焕志 李甲年
二等	电子信息制造企业推动转型升级的资本运作	南京熊猫电子股份有限公司	徐国飞 夏德传	宋云峰 沈见龙 涂昌柏 杜贤铁 姜 红 袁 征 刘先芳 吴 斌 陶根宝
二等	国有企业构建利益共同体的员工持股管理	贵州天义电梯成套设备有限公司	余 霄 朱 洁	胡 明 张卫华 樊传池 高红林 李洪杰
二等	以燃烧优化为核心的燃料全过程管理	华能国际电力股份有限公司日照电厂	林兆灵 杨 铭	孙树华 张 涛 李玉平 冯玉民 张克伟 李新波 史宝东 苗维博 刘 玮 李玉军
二等	大型油气田勘探开发总承包项目“四个一体化”建设管理	中国石油集团川庆钻探工程有限公司；中国石油塔里木油田公司	王安平 刘建勋	骆发前 王治平 宋周成 陆灯云 熊方明 侯亚东 韩剑发 唐晓明 欧阳诚 彭景云
二等	移动终端企业基于大数据的实时动态运营管理	中国移动通信集团终端有限公司浙江分公司	虞 杲 林 涛	石思奇 张存伟 宋广卫 李灿斌 宋翠娥 程 俊 吴宇妍 刘魁武
二等	基于内外网协同的军工集团统一财务信息管控体系构建	中航飞机股份有限公司	贺 沂 王灿明	张慧峰 纪建强 张 宏 杨庆红 校春丽 王 瑾 王瑞秋 高 鑫 李西明
二等	电网企业重大活动供电保障体系建设	国网北京市电力公司怀柔供电公司	刘润生 郑广君	蔡小京 孙 白 刘 健 李自强 李清涛 茹立鹏 赵新历 汪 洋 胡 刚 范 帅
二等	基于数字化协同的IPT研制模式管理构建实施	北京宇航系统工程研究所	王小军 陈海东	张立洲 罗 军 聂蓉梅 皮 赞 刘 敏 李 莉 周 培 王 哲
二等	军工科研事业单位基于“三网融合”的共享型业财融合体系建设	中国船舶工业系统工程研究院	徐兴周	张 凯 李首雁 金 沂 赵莉娜 倪忠德 肖水江 曹新朝 聂 新 杜远胜 淮 斌
二等	省级电网基于大数据分析的调度控制一体化管理	国网重庆市电力公司	路书军 吕跃春	李洪兵 刘欣宇 陈宏胜 李文涛 周 宁 欧 睿 胡润滋 徐 健 毛新儒 周宇晴
二等	以提升精益管理水平为目标的烟草商业企业“标杆环”管理	山东济南烟草有限公司	宋洪润	高 萍 高中昌 范 聪 赵丛丛 王 昊 孙 艺 肖春峰 刘进磊 周国芳
二等	实现航天前沿技术跨越发展的创新管理	中国空间技术研究院	李 明 刘 群	徐立宏 帅 平 黄献龙 姜 军 李 虎 杨 哲 李向阳 张玉兔
二等	移动通信企业基于大数据“变现”的智能化业务支撑管理	中国移动通信集团福建有限公司	刘 坚 张 莉	首建国 魏建荣 尹壮志 彭家华 谢志崇 刘 杰 林超艺 李井生 黄庆荣 郑志欢
二等	基于ISO 31000标准的嵌入式风险管理	中国石油化工股份有限公司中原油田分公司	孔凡群 杜广义	唐立永 邹本国 王万平 张赞武 翟源泉 黎仕强 刘爱国 王燕丽 彭贺林 张争光
二等	国有企业基于卓越绩效模式的标杆管理再创新	铜陵有色金属集团控股有限公司	杨 军	张忠义 周龙兴 王思会 孙志炜 王永勤

续表

等级	成果名称	申报单位	主要创造人	参与创造人
二等	基于"智能数据分析"平台的汽车动力总成研发项目管理	宁波吉利罗佑发动机零部件有限公司	王瑞平 陈杰	杨万里 张振生 林辉友 王江 吴钱福 王鹏加 杨斌 张艳丽 洪海杉 周瑶
二等	高速公路建设工程 PPP 项目的前期运作	北京市首都公路发展集团有限公司	徐术通	赵威 巩衡 曹剑 杨毅 牛金贵 周华铮
二等	制冷企业以提升市场响应速度为目标的信息系统集成管理	大连冷冻机股份有限公司	纪志坚 刘凯	荣艳 张永明 张彬彬 王湘晖 侯昌海 张军 陈光年 隋宝庆 张广辉 丁毅
二等	商业银行基于"互联网＋"的移动金融支付系统建设与管理	贵阳银行股份有限公司	陈宗权 杨鑫	翟众 何欣 谭欣 陈贤 李杰 陈尚辉 伍文 蔡沙 袁锐
二等	施工企业战略导向下以"一体两翼"为核心的管理变革	中铁六局集团有限公司	马江黔	肖于太 杨振江 王东旭 王新华 王德志 李林杰 付晋德 井国彬 裴涛
二等	基于网络地理信息系统的养殖户个性化供电服务管理	国网浙江象山县供电公司	王伟福 周宏辉	夏泉海 王春娟 夏东晓 黄鸣俊 毛志超 吴胜连 黄文江 史焕弘 韩翊 钱忠敏
二等	以振兴民族药为己任的维药产业化管理	新疆银朵兰维药股份有限公司	李俊	黄磊 齐保才 陈菊 郭晓红 张军 杨晨光 牟秀梅 冷英莉 张晓娟 于朋
二等	以效率提升为核心的"七标一体"综合管理体系建设	国投钦州发电有限公司	朱逢民 孙超	毛茂祥 李洪庆 杜兴源 何耀鸿 佟伏生 姜永学 杨廷志 邓育宽 魏军 莫宇
二等	实现"五精三超越"的特高压大跨越施工管理	安徽送变电工程公司	姬书军 潘业斌	黄成云 张必余 李凯 刘刚 桂和怀 韩清江 朱冠旻 单长孝 金德磊 闫彬
二等	邮政企业基于三个紧密结合的农村电商综合服务体系建设	中国邮政集团公司浙江省分公司	陈清	瞿雷达 严明 吴斌 邢林杰 刘支宇 赵胜平 徐育麟 卢筱芳
二等	国有企业提升服务水平的退休职工集中管理	北京易亨电子集团有限责任公司	曹莉 马锐	韩燕强 陈兵慧 边丽冰 唐雅芬 李雅君 刘少华
二等	以实验室为平台的企业创新体系的构建与实施	上海卫星工程研究所	张伟 陈建新	周徐斌 王金华 彭仁军 路同山 党建成 曹建光 姚骏 沈春尧 方宝东 舒适
二等	基于集成供应链下的航空零部件制造工厂转型	中国航空工业集团公司金城南京机电液压工程研究中心	焦裕松 聂进方	何丽华 刘高群 润长生 席兵 刘保库 王伟 何明发 张文强 魏建顺 饶宇光
二等	石油上游企业以发展战略为导向的科技管理变革	中国石油天然气股份有限公司华北油田分公司	张以明 杨勇	王洪光 罗金洋 陈兴德 周宝银 李新霞 田炜 吴国栋 刘明生 翟金生 田杰
二等	以设计、生产与管理一体化集成为核心的智能船厂建设	浙江欧华造船股份有限公司	乔伟海	郭明 沈志华 马晓平 毕成钢 王传兴 朱芝君 吴仲芳 方智勇 于晓龙 章敏杰
二等	基于快速响应的农村供用电故障抢修服务管理	国网四川省电力公司遂宁供电公司	何永祥 苏旭燕	向建兵 姚晓峰 曾俊杰 李江 李忠林 王晓明 胡翠微 余东 赵琼 刘治名
二等	通信运营商基于全生命周期的网络资源精准管控与开发	中国联合网络通信有限公司北京市分公司	霍海峰 王传宝	杨力凡 赵静宜 邢志超 范利群 杜宇玲 李毅 张扬 李洋 齐海乐
二等	以市场为导向的铁路客运业务经营管理	北京铁路局	李冰久 李世忠	刘昕 陈立军 潘贺 李昊光 宋洁 王雅莉 周中锐 冯彦钧 范露端 许建英

续表

等 级	成果名称	申报单位	主 要 创造人	参与创造人
二等	新材料企业适应跨国经营要求的全球资金集中管理	株洲时代新材料科技股份有限公司	任云龙 王争献	陈 钰 凌 奕 何明昱 杨 文 姚松灵 徐忆帆 王 敏 李 莲 王朝晖 Christoph Krampe
二等	"华龙一号"土建工程总承包模式下业主管控体系建设	福建福清核电有限公司	徐利根 陈国才	薛俊峰 张 宇 肖 波 张国伟 杨 铭 林 红 邹 玮 曹晓芸 李 庭 敖泽闽
二等	电力海外投资企业造就复合型人才的员工培训管理	中国电建集团海外投资有限公司	盛玉明 卢吉波	丁新举 陈 萍 邱 清 杨 玲 孙艺玮
二等	煤炭企业基于精益生产的物资消耗成本动态管理	河南大有能源股份有限公司新安煤矿	李书文 郭 栋	刘建中 任树明 邢志丹 席战伟 郭 晓 杨伟锋 张正义 杨永春 刘 昱 刘娇伟
二等	以军民融合为核心的舰船总装建造质量管理	沪东中华造船(集团)有限公司	陈建良 金燕子	胡建耀 赵文裕 胡江平 李 华 杨苍满 乌晓红 周秀丽 凌伟兴 陈 欢 陈 光
二等	国有控股集团依法治企的制度体系建设	天津天保控股有限公司	薛晓芳	何 莹 杨 苹
二等	建筑施工现场农民工安全生产培训管理	中建三局集团有限公司	易文权 熊 涛	李 勇 陈绍业 彭 斌 胡国强 王洪永 陈金勇 方发齐 余金虎 王诠诠
二等	填补国内空白的高端药用辅料自主创新管理	悦康药业集团安徽天然制药有限公司	于素芹 张敬彬	王 献 李玉生 韩文杰 杨振翔 武 鹏 刘树峰 王 贺 张广永
二等	超特高压企业以提升效率效益为目标的一体化多层次标杆管理	国网山东省电力公司检修公司	李猷民 郁洪涛	李尚振 李 鹏 刘 裔 崔 好 徐 健 田智勇
二等	特高含水期油田精细注采管理新模式的创建与应用	大庆油田有限责任公司第四采油厂	孙 翠 王 玮	党洪艳 曹 阳 何熠昕 焦树景 闫 磊 朱有林 周云龙 杜冰鑫 孙洪珊 李春红
二等	大型炼化企业管理会计体系的构建与实施	中国石油四川石化有限责任公司	闫志民 齐宏宇	张鹏翔 卢琪云 李小刚 周吟秋 杨保龙 王光龙 上官同富 李 建 李 璺 李 伟
二等	汽车集团以提升零部件子公司运营水平为目标的共享型管理改善体系建设	江铃汽车集团公司	黄平辉 万建荣	艾国福 袁水根 苏 宇 姚益民 刘志农
二等	以实现整车自主开发为目标的供应商同步开发能力培养	东风汽车有限公司东风日产乘用车公司	徐建明	夏少荣 聂春飞 周皆龙 陈文进 舒先林 徐鸿铭 刘 淡 侯 建
二等	商用车企业面向研发全流程的知识服务管理	东风商用车有限公司	蒋 鸣 蒋学锋	邓耀文 黄强辉 孟 磊 雷春菊 李 堰 王 敏 陈 刚 王同忍 罗晓明 肖永安
二等	电力公司以防范和化解内部控制风险为导向的全面审计管理	国网内蒙古东部电力有限公司	赵洪伟 田桂申	刘恒林 林延平 刘 佳 宋 猛 田 博 李 琰 孙敬涛 张 涛
二等	化工企业全要素本质安全管理	襄阳泽东化工集团有限公司	宋开荣	尹芙蓉 李立新 孙 莹 王 翔 周厚鹏 张红胜 王 芳 梁立建 沈茂村 刘卫东
二等	国际工程公司基于共赢共享理念的协同发展	中国路桥工程有限责任公司	文 岗 杨永胜	卢 山 岳建新 张 健 刘英祥 孙立强 张晓元 邹泽西 夏 洁 李 菲
二等	通信企业基于"互联网+采购"的内部商城管理	联通系统集成有限公司	张俊南 孙世臻	王启明 黄 蔓 魏 源 谢继刚 张 军 刘 宏 尹立乾 罗织绮 潘 磊
二等	构建高精尖制造企业综合协同创新的运营管理体系	西安航空动力控制有限责任公司	刘 浩 宋文钢	齐国宁 屈佩明 杨义平 田宇明 钟继祥 罗 红 马伟华 杨 瑛 韩增伟 史振刚

续表

等级	成果名称	申报单位	主要创造人	参与创造人
二等	有色冶炼企业激发技术、技能人才创新潜力的“双首席师”制度的建立和实施	江西铜业股份有限公司贵溪冶炼厂	陈羽年 陈平华	吴军 汪飞虎 吴伟栋 赵向民 乐连辉 欧阳汝亮 郑林元 吴新明 邓志军 黄会丽
二等	内地资源型企业以沿海项目为支撑的国际化经营	金川集团股份有限公司	杨志强 王永前	包国忠 姚维信 万爱东 孙建国 衣淑立 张永武 田东晗 王宏林 巴连海 胡东明
二等	互联网＋小微企业信贷技术管理	齐商银行股份有限公司	邹倩	姚彬 扈健 段闻捷
二等	系统集成企业以信息技术服务标准为核心的运维能力建设	新疆信息产业有限责任公司	龚政 袁金丽	旷瑞明 席小刚 顾同江 梁军士 巩锐 邱蓓 邱龙骄 王晓春 安金鹏 陈梅
二等	中外合资公司以“10H”企业文化建设为引领的卓越绩效管理	南京国电南自自动化有限公司	杨刚	刘颖 董海燕 徐雷 陈亚强 詹智仪 陈锦艳 蒋衍君 乔学军 周子敏 许志刚
二等	航空院所以“分类评价协同改进”为核心的供应商管理	中国航空工业集团公司西安航空计算技术研究所	张亚棣 杨阵	单鹏 孙险峰 麻林夕 高鹏 宋琦 王俞心 翟平安 郭晶
二等	民营企业母子管控绩效考核体系建设	浙江荣盛控股集团有限公司	李水荣 俞传坤	郭成越 俞凤娣 寿柏春 李居兴 谢淳 刘亿平 朱太球 陈国刚 倪雪刚 李伟慧
二等	基于数据挖掘的质量管理决策支持系统的构建与实施	中国航天科工集团第九总体设计部	段祥军 曹晨	周元标 杨欣 吴明 马威 黄伟 黄巍 李文强 刘世龙 许亚南 李启帆
二等	依托传统军工企业基地的文化创意产业园区建设和管理	北京大华无线电仪器厂	叶枫	李德友 孙福清 东英华 韩进 马进 刘川川 吴冰清 杨雪梅
二等	粮食仓储物流企业基于两化融合的运营管理变革	深圳市粮食集团有限公司	祝俊明 黄明	曹学林 柯小平 陈伟宁 肖建文 戴斌 谢庆登 刘占占 黄文浩
二等	发电企业以超前预控为导向的安全生产管理	华能湖南岳阳发电有限责任公司	龚克 尹开颜	李海滨 胡跃平 李淑辉
二等	软件企业以提质增效为目标的运营管理	中国软件与技术服务股份有限公司	周进军 谢欣	汪洋 周美茹 张晓曦 张磊 赵宇飞 张少林 李桂龙 范世红 刘爽 胡爱萍
二等	航空装备 MRO 企业数字化修理平台建设	中国人民解放军第五七二〇工厂	袁先明	阚艳 周星 张明 费衡 贾会民 朱云暖 杨凌霞 韩文娟 赵倩 王宜忺
二等	轨道交通企业金鹰质量管理模式的创建	株洲中车时代电气股份有限公司	刘可安 刘大喜	彭森森 周异明 杨胜兰 许多 陈娟 李庆军 龙敏浩 杨晓芳 许波 谭冰
二等	基于自主知识产权的互联网＋产供销全流程协同管理	安徽合力股份有限公司	杨安国	张孟青 都云飞 陈先友 周峻 李永凯 张纪九 王宏宇 王海英 沈辉 洪涛
二等	高海拔复杂地质矿山数字化开采管理	西藏华泰龙矿业开发有限公司	关士良 杨桦	郭建伟 刘子龙 范冲 汪凤伟 翟雷 何广大 杨晗 王显财 焦海军 李琼
二等	通信企业面向移动通信转售业务的一体化运营体系	中国联合网络通信集团有限公司	李连祥	高峰 王颖楠 张东良 刘洋 陈毓 杨志涛 王海滨 张浥晨 王宪涛 李旗
二等	以提质增效为目标的电网关键业务贯通与优化管理	国网辽宁省电力有限公司大连供电公司	王如伟 唐如海	孔剑虹 宋文峰 司艳 李春平 杨万清 张葆刚 李君秋 王跃东 王长青 李若斌
二等	制药企业诚信文化管理体系的构建	湖南新汇制药股份有限公司	何述金 何承东	刘亦萍 周准 杨志镍

续表

等级	成果名称	申报单位	主要创造人	参与创造人
二等	化肥生产企业基于"N标一体化"的班组管理	国投新疆罗布泊钾盐有限责任公司	李守江 尹新斌	高志勇 姚莫白 王忠东 何勇锋 陈代金 马林 晏河新 何文江 陈万沧 沈华
二等	总承包模式下的地铁机电工程施工协同管理	南昌轨道交通集团有限公司；中铁建设投资集团有限公司	王朝华	刘为民 朱静谦 徐森林 王勇 左莹 舒雪松 舒伟明 周俊 杨涛 洪超
二等	航空制造企业融入国际产业链的研产能力提升	庆安集团有限公司	高阿明 冯夏艳	田超 罗鹭 权莉 李蕾 顾豪龙 骆卫东 高斌 杨利峰 李务永 汤善文
二等	基于"军工票"的产业链金融服务体系建设	兵工财务有限责任公司	史艳晓 张绛义	柳伟 吕哲龙 刘畅 胡敏 吕栋 林慧 王淑章 秦强 王宏力 邓琳玲
二等	多方参与决策的区域电网规划建设管理	广东电网有限责任公司东莞供电局	宋新明 黄伟杰	梁俭 马静勇 蔡志文 梁耀林 胡长明 丁奕
二等	供电企业基于中心城市不停电的替换式作业管理	国网宁夏电力公司银川供电公司	赵亮 房喜	张小牧 杨畅 宋永强 薛东 梅华 杨熠鑫 余英杰 张灏
二等	县级供电企业支撑世界级大会的多方协同长效供电服务管理	国网浙江省电力公司嘉兴供电公司	阙波 王炜	韩志军 王坚敏 张祖光 高小飞 冯华 俞成彪 吴志敏 潘杰 全国忠 吴志慧
二等	水电企业以关键业务流程再造和集成为核心的管理信息系统建设	贵州乌江水电开发有限责任公司东风发电厂	黄定奎 胡宏	吴成滨 罗勇 韦波 杨子佳 周欣宇 陈绍勇 吴凯 周怀念 戴元香 叶秋红
二等	战术武器市场化转型管理	中国运载火箭技术研究院	王洪波 戴育雷	李洪 张东 戴新进 吕薇 刘刚 杨博 荆泉 要炜
二等	基于胜任素质模型的物流企业管理系统的构建与实施	冀中能源国际物流集团有限公司	李建忠 张宏斌	李德库 张岳华 杜长飞 孟志强 高建朝 姚广达 江涛 赵文静 李静 张金佩
二等	供电企业基于云平台的电缆建设与运检管理	国网江苏省电力公司苏州供电公司	韩冰 张志昌	王纯林 文锐 马晓东 孙武斌 姚雷明 张俊 王辉 王作栋 邹莲 苏梦婷
二等	以提高经济效益为目标的服务合同项目管理	中国石油天然气集团公司中东公司	蔡勇	魏广庆 刘琼 王恒亮 韩凤君 韩涛 韩冰
二等	大规模、多元化电动汽车智能充换电网络建设与运营管理	国网安徽省电力公司	王文红 李惊涛	徐佳木 刘志祥 戴忠 陈伟 曹俐 陈全 高维信 李文芳 许竹发 陶远鹏
二等	建筑工程企业劳务队伍"五化"管理	中铁十二局集团有限公司	张凤华 常胜周	宋志宏 谭雷平 潘祥华 邵宝泉 廖文清 刘江涛 张福安 李怀珍 何英南 黎辉
二等	居家大件一体化物流服务平台	青岛日日顺物流有限公司	周云杰 冯贞远	王正刚 于贞超 任贤存 袁舰 蔡国良 赵建华 郑子辉 姚丙路
二等	有色金属企业价值引领生产经营目标管理	白银有色集团股份有限公司	廖明	张锦林 雷思维 吴贵毅 杨成渊 付庆义 朱银鸿 张得秀 赵三生 刘存骥 赵玉宗
二等	基于微信平台的成品油"互联网+"营销管理	中国石油天然气股份有限公司四川销售分公司	汤雪梅 张超男	付斌 田玉军 蒋胡民 陈清 吴明文 何凌 康泽 王琦 宛磊 吴进来
二等	煤炭企业"3450"安全管控体系建设	淮北矿业股份有限公司童亭煤矿	陈文新 韩昌伟	侯荣巧 张学功 谢法桐 胡珍玲 任强
二等	服务地方经济社会发展的区域配电网规划与实施管理	国网河北省电力公司石家庄供电分公司	朱薪志 刘国平	王勇 何银菊 王聪 赵杰 仇伟杰 董磊 李梁 王涛 齐鸿彬 董江涛

续表

等　级	成果名称	申报单位	主　要 创造人	参与创造人
二等	供电企业推动清洁能源发展的“两个替代”实施管理	国网新疆电力公司乌鲁木齐供电公司	刘劲松 叶　军	黄　震　向红伟　夏新茂　张　远 刘鹏涛　周　宜　程雪峰　顾　军 何　峰　孙　婷
二等	城市索道交通企业基于旅游资源优化的转型发展	重庆市客运索道有限公司	刘　勇 孔德兰	苏　渝　雷　伟　陶　强　陶　敏 谢　强　罗群华　张　建
二等	智能化燃气电厂的建设与运营管理	北京京能高安屯燃气热电有限责任公司	郭明星 关天罡	刘海峡　王永亮　梅东升　陈大宇 齐桐悦　姚传宝　陈晓萌　杨　鑫
二等	以组织变革为目标的多维创新体系建设	飞亚达（集团）股份有限公司	陈　卓 郭　璞	胡　椿　胡钰珊　宫敏燕　黄小燕 项明明
二等	基于营配调融合的供电服务集约管理	国网江西省电力公司	于金镒 杨又华	王志伟　叶爱民　余仁山　陈　霖 伍小生　毛　鹏　胡韶林　易文韬 李　霞　朱志杰
二等	大数据环境下电信行业审计全生命周期管理	中国移动通信集团北京有限公司	张　珂	周　毅　王文明　夏　军　屈　虹 戎　伟　顾怀恩　胡清源
二等	汽车零部件制造企业基于精益生产理念的新产品研发管理	湖北三环锻造有限公司	张运军	常继成　陈天赋　梁文奎　武建祥 黄明伟　晏　阳　许明坤　汪　峰
二等	复杂航空产品精益研发管理看板建设	中国航空工业集团公司成都飞机设计研究所	李晓光 许　泽	傅　刚　李　沛　许媛媛　周四磊 何　峰　陈裕兰　李嘉骏　何俊林 周　永　古志强
二等	“以提高核电接受度为目标”的公众沟通管理	中国核能电力股份有限公司	吴秀江 左　跃	陈　华　高　飞　叶小丹　汪志宇 罗路红　方路生　韩智文　赵武超
二等	石油钻探企业以创收增效为核心的商业模式管理	中国石油集团渤海钻探工程有限公司	秦文贵	周宝华　范先祥　李连锁　刘荣军 马　强　秦　超　宋春起　李新强 喇全战　姜庆超
二等	建筑企业集团基于电子商务的采购管理体系改革	中国中铁股份有限公司	杨　良	朱定法　黄怀朋　彭立军　高　峰 占小锁　易　钢　谢美珍　段永理 任　毅　李　根
二等	烟草商业企业基于信息化的精益供应链管理	安徽省烟草公司合肥市公司	张丙利 胡　毅	杨二宝　刘　玲　孙宗亚　吴志虎 周　艳　杨　毅　鲁小伟　夏　轶 金　晶
二等	化工企业提升综合效能的多套装置联动管理	重庆建峰工业集团有限公司	何　平	王爱民　吴　崎　蔡树杰
二等	铝土矿山综掘技术与工艺的开发管理	国家电投集团贵州遵义产业发展有限公司务川铝矿分公司	邵国君 刘立新	尹贵荣　赵　焰　朱绍纯　刘元兵 吴定洪　吴延平　向五星　韩大鹏 罗　磊　游明忠
二等	促进企业改革发展的薪酬分配体系建设	天生桥一级水电开发有限责任公司水力发电厂	肖克平 夏　清	周金相　杨为民　高尚政　宋淑宽 彭力上　鲁银中　邓必刚　李　刚 杨继蓉
二等	电力企业适应供应链要求的储备体系构建和实施	国网冀北电力有限公司物资分公司	张国英 运晓飞	张少军　李红武　陈绍鑫　许永超 薛　宏　陆　英　孔　星　刘　勇
二等	全面节能管理的构建与实施	中国海洋石油总公司	宋立崧 张俊峰	杨　勇　李　波　刘英凡　张亚西 刘艳武　张海滨　卢　迪
二等	采气企业提升职工技能的“星级员工”管理	中国石油天然气股份有限公司长庆油田分公司第一采气厂	张振文 张书成	郭　伟　张剑平　杨宝峰　耿金昌 李引贤　郭妮妮　张鉴滔　郑木雄 张晓春　胡　娜
二等	基于全国首家“云上三甲医院”的新型业务体系管理	中国联合网络通信有限公司广东省分公司	岳　强 张迎峰	闻　屏　陈海锋　高　伟　李世英 潘润铿　邓建科　姚均议　郑宇浩 黄　灏

续表

等级	成果名称	申报单位	主要创造人	参与创造人
二等	国有企业强化内部监督的公开民主评价管理	兖矿集团有限公司	李希勇	李　伟　岳宝德　顾士胜　康仕泉　薛忠勇　朱鹏东　尚玉峰　曹　炜　胡　晓　孔　军
二等	供电企业基于客户信用评价的欠费风险管理	广东电网有限责任公司中山供电局	欧安杰　邓智明	孙红岩　杨　蓉　黄超娣　周建伟　刘智强　李国春　王志喜　张春梅
二等	火电企业以提质增效为目标的电煤全流程数字化管理	大唐江苏发电有限公司	张勋奎	李　凯　柳增耀　李　杰　张剑峰　陈洪峰　乔　林　康铁山　席广辉　冯艳秋　薛　波
二等	基于价值创造的员工岗位绩效评估与动态管理	吉林电力股份有限公司白城发电公司	林　军　郑　林	朱景权　徐振军　赵晓慧　赵大朋　李学富　窦春刚　张　民　孙　婧　慕瑛琪
二等	全国首条地方控股高铁的投融资管理	山东铁路建设投资有限公司	孙　亮	徐军峰　李　立　赵春雷　刘志国　路征远　于立意　董　敏　左　龙　秦振海　张　静
二等	基于实时业务整合的企业运营管理	北新集团建材股份有限公司	郝晓东	郭建军　杜　军　马　烈　张海平　张兰英　刘彦章　王玉峰　吴铁成　李　艳
二等	军工企业深度整合管理	重庆建设工（集团）有限责任公司	车连夫　叶文华	刘榜劳　马　珏　雷千红　汪红川　潘锡睿　廖豫川　陈代奎　李　岩　王自勇　余　晖
二等	供电企业基于标准化规范化的电动汽车服务管理	国网湖南省电力公司长沙供电分公司	张孝军　车红卫	陈润颖　周　宁　秦筱瑶　刘浩梁　吴东朔　李　勇
二等	基于“FAST +”敏捷体系的 IT 能力提升	中国移动通信集团浙江有限公司	郑　杰　陶　晨	陈晓希　钟志平　王晓征　方　炜　李海传　谢贤娟　廖希密　罗　琼
二等	以“互联网 + 文化”为核心的民语言互联网应用产品开发与服务	中国电信股份有限公司新疆分公司	邵新华　耿家江	吉松坡　李复君　谢　磊　金宝鼎　玛尔哈巴·苏里坦　买尔旦·买合木提　阿力也·阿不都热合曼　鲜西努尔·亚生　毛吾兰·依明江　茹仙古丽·库尔班
二等	民营企业基于绿色发展理念的大数据存储与云服务管理	哈尔滨国裕数据技术服务有限公司	檀丽艳　齐跃亭	刘晓慧　高晓超　周　瑞　许子孟　赵文竹
二等	以技术创新为核心的“三个百万”发电机组建设项目管理	安徽淮南平圩发电有限责任公司	章义发　龚　和	方晓东　余伟龙　许仁发　熊　杰　孙承春　王长峰
二等	确保特高压输电线路安全稳定运行的智能化运维管理	国网重庆市电力公司检修分公司	赵晓勇　高家志	冉军德　王大彪　陈　杭　陈　俊　陈荣勇　程　臣　周双勇　徐　强　胡　飞　何易桓
二等	建筑施工企业基于信息技术的安全质量隐患排查管理	中铁四局集团有限公司	王传霖　李凤超	刘　勃　张　超　苏兆群　徐万春　杨家林　梁　超　张大勇　王洪江　舒　进　胡科敏
二等	炼化企业标准化管理体系的构建与实施	中国石油天然气股份有限公司兰州石化分公司	李家民	肖春景　张　旌　陈永生　瞿宾业　田　锋　张建军　陈爱忠　张盛彬　田宪忠　陈　勃
二等	化工企业以提高生产效率为目标的横大班管理	中煤陕西榆林能源化工有限公司	姜殿臣	周永涛　王小川　王春生　程　升　马春雷　王晓辉　金永文　宋学强　周　明　赵银菊
二等	基于互联网的营维流程再造	中国电信股份有限公司浙江分公司	卢耀辉　章晓钫	陈效忠　何　宏　曾　宇　王　丹　杨　庆　王小东　傅智毅　倪　力　杨旭平

续表

等级	成果名称	申报单位	主要创造人	参与创造人
二等	基于业务财务一体化的成本管控体系建设	河南五建建设集团有限公司	陈保国 李华军	郝艳举 郭文胜 吴春生 付颋 冯香兰 岳帮勋 赵锐锋 赵文涛 蔡妍 台瑞栋
二等	通信企业用户感知与风险管理并重的客户信用管理	中国电信股份有限公司	朱正武 胡静余	黄智勇 张国新 万鹏 张文苑 赵涤尘 邓煜熙 柯晓燕 徐静 荣蓉 何俊
二等	军工企业基于人才增值的“青年助理”岗位的建立和管理	中国航天科工集团第二研究院第二总体设计部	盛利 王朝阳	耿超 萧倩 齐先国 包云霞 王玫 彭靖 周江涛 王国龙 李冠礁 程毅
二等	地方银行培育竞争优势的服务能力建设	延边农村商业银行股份有限公司	孙庆良	李小明 崔慧艳 金哲 齐波 马春梅 王志国 韩立东 肖博兴 顾建军 姜春华
二等	军工基础元器件企业“三度一测”销售管理	中国电子科技集团公司第四十三研究所	吴向东 杜先进	吴玉 李健 范昶 杨扬 李圣斌 程琨 黄革 叶臻臻 韩艳 梅冰
二等	以提升竞争力为导向的航天信息技术人才发展体系建设	中国航天科工集团第三研究院第三〇四研究所	李艳志 刘光明	于会 王健 郑德利 陈晓威 沈云 谭婕 姚均荣 闫深
二等	“互联网＋销售”的智慧加油站建设与运营	中国石油天然气股份有限公司河北销售分公司	杜丽学	周德军 阮晓刚 官建武 高志国 张喜君 马阿丽 连会强 王文艳 李寒 江书程
二等	供电企业基于“三池”的重点任务全过程管理	国网山西省电力公司太原供电公司	贾俊国 郭振东	郭学英 张鹏宇 韩炜 王佳 郝祎
二等	经营性高速公路企业基于客户满意度的服务供给能力建设	山西中交翼侯高速公路有限公司	姜中石 刘学文	王兴国 石建刚 卫克艳 申红军 薛瑞华 王庆晖 王震 杨伟 白富强 栗海江
二等	建筑工程企业基于标准化的安全生产管理	郑州市第一建筑工程集团有限公司	段利民 李刚	江学成 雷霆 徐克强 孙建宇 金华坤 尚亚伟 王前林 江友彬 孙哲 盛东东
二等	促进并购后整合的会计核算集中管理	南方水泥有限公司	陈学安 赵旭飞	裴鸿雁 王俊 叶静 林剑 马彬 吕和义 史小鹏 余杨
二等	国有企业附属医院转制后的特色发展	四平市烧伤整形医院	程秀平	王国才 李笑丰 卫长荣 刘艳辉
二等	煤矿企业内部市场化运营管理	淮北矿业股份有限公司许疃煤矿	聂政	翟建廷 李运民 李全伟
二等	民族葡萄酒企业打造“中国味道”品牌的营销管理	通化通天酒业有限公司	王光远	张学鑫
二等	煤炭企业“五位一体”材料储备经济化管理	安徽省皖北煤电集团有限责任公司	颛孙祖田 万家思	龚乃勤 陈稼轩 胡兴权 张凤节
二等	钢铁企业支撑多品种小批量生产的信息系统架构再造	唐山钢铁集团有限责任公司	王兰玉 田欣	赵振锐 王亚光 刘景钧 倪振兴 何海明 孙双 孙雪娇 冷宝剑 张冲 范春迎
二等	钢铁铸造企业分类人员工资管控体系的构建与实施	黄石新兴管业有限公司	李成章	程爱民 郜文平 张祖国 杨岑 董永静 苗英振
二等	成品油销售企业个性化服务营销管理	中国石油天然气股份有限公司安徽销售分公司	肖宏伟 李向宇	王文伟 金水浚 章戈 宋山苍 王伟 张天文 李晓云 付亚永
二等	以构建加油站服务生态圈为目标的非油品营销管理	中国石化销售有限公司北京石油分公司	陈立国 翁亮然	赵亮 何红奎 高银舟 解光凤 孙豹 李林仙 冯竹 樊俊杰 肖肖 袁博
二等	以提质增效为目标的技术进步管理	沧州大化集团有限责任公司	谢华生	刘增 赵红星 赵林

续表

等 级	成果名称	申报单位	主 要 创造人	参与创造人
二等	百年国企以转型升级为目标的战略调整	中车石家庄车辆有限公司	赵维宗 王合法	贾海林 耿祥建 张建武 孙瑞林 陈伟京 王宏斌 唐绍明 郭宝健 温学春
二等	军工通信企业推动产品结构调整的技术创新管理	武汉中原电子集团有限公司	徐 刚 严 忠	曾庆友 黄华东 梅青文 彭大展 胡 斌 黄 祥 陆晓敏 刘森科 雷 霞
二等	民营食品企业阿米巴经营模式的构建	长春中之杰食品有限公司	王福胜	王克军 张英杰 郭 娜 孙宏宇 丁会霖 王 婧 魏玉玲
二等	价值链嵌入全过程的“三关两全”质量经营管理	广东坚美铝型材厂(集团)有限公司	刘建辉	曹湛斌 周玉焕 于志龙 阮涛涛 刘辉丽 徐龙辉 何俊明 张凤玲
二等	电网企业以“三项清单”为核心的办电服务管理	国网黑龙江省电力公司哈尔滨供电公司	朱玉库 汪卫东	杨晓宁 王泓泉 邹 毅 王国良 王 砚 曲 亮 熊家岩 陈劲松 张婉琳 刘冰岩

资料来源:全国企业管理现代化创新成果审定委员会。

2016 年度中国企业十大新闻

一、中国企业十大新闻

序号	入选理由	序号	入选理由
1	“十三五”规划实施企业迎来深度转型	6	全面营改增实施改善营商环境
2	国企党建会议开创国有企业党建新局面	7	众多企业产业转移推动京津冀协同发展
3	多家央企合并重组加速国资改革	8	军民融合顶层设计开启数个万亿产业
4	航空航天系列工程取得重大成果	9	网约车合法促进出租车行业“两化融合”
5	盐业体制改革方案出台市场全面放开	10	“宝万之争”扩大化引发“野蛮人”热议

二、中国最具影响力国有企业

序号	企业名称	序号	企业名称
1	国家电网公司	6	中国航空发动机集团有限公司
2	中国建材集团有限公司	7	中国西电集团公司
3	中国航天科工集团公司	8	中国盐业总公司
4	中国商用飞机有限责任公司	9	中国石化镇海炼化分公司
5	中国核工业集团公司	10	中国土木工程集团有限公司

三、中国最具影响力民营企业

序号	企业名称	序号	企业名称
1	华为技术有限公司	6	新希望集团有限公司
2	阿里巴巴集团	7	上海国烨跨境电子商务有限公司
3	腾讯计算机系统有限公司	8	滨化集团股份有限公司
4	中国平安保险(集团)股份有限公司	9	海澜集团有限公司
5	中国华信能源有限公司	10	汉富控股有限公司

四、中国国有企业十大人物

序号	姓名	企业名称及职务	序号	姓名	企业名称及职务
1	宁高宁	中国中化集团公司董事长	6	金壮龙	中国商用飞机有限责任公司董事长
2	宋志平	中国建材集团有限公司董事长	7	张玉卓	神华集团有限责任公司董事长
3	刘绍勇	中国东方航空集团公司董事长	8	任洪斌	中国机械工业集团有限公司董事长
4	雷凡培	中国航天科技集团公司董事长	9	汪建平	中国能源建设集团有限公司董事长
5	何文波	中国五矿集团公司董事长	10	杨　杰	中国电信集团公司董事长

五、中国民营企业十大人物

序号	姓名	企业名称及职务	序号	姓名	企业名称及职务
1	任正非	华为技术有限公司创始人、总裁	6	王传福	比亚迪股份有限公司董事长
2	马化腾	腾讯公司董事会主席兼首席执行官	7	张根发	上海联孚新能源科技集团有限公司董事长
3	曹德旺	福耀玻璃工业集团股份有限公司董事长	8	王　石	万科集团董事局主席
4	马　云	阿里巴巴集团董事局主席	9	柳　青	北京小桔科技有限公司总裁
5	徐文荣	横店集团控股有限公司创始人	10	马龙刚	山东顺和集团股份公司董事长

六、中国创新力百强企业

（排名不分先后）

序 号	企业名称	序 号	企业名称
1	北新集团建材股份有限公司	51	中海集装箱运输股份有限公司
2	珠海格力电器有限公司	52	圆通速递有限公司
3	东方电气股份有限公司	53	民航快递有限责任公司
4	许继电气股份有限公司	54	天津恒庆都供应链有限公司
5	福建龙溪轴承（集团）股份有限公司	55	中兴通讯股份有限公司
6	新松机器人股份有限公司	56	北控软件有限公司
7	天津中环电子信息集团有限公司	57	浪潮集团有限公司
8	大疆创新科技有限公司	58	航天信息股份有限公司
9	深圳蓝思科技股份有限公司	59	东软集团股份有限公司
10	哈尔滨博实自动化股份有限公司	60	同方股份有限公司
11	阳光资产管理股份有限公司	61	太极计算机股份有限公司
12	皖江金融租赁股份有限公司	62	神州数码集团股份有限公司
13	国泰君安证券股份有限公司	63	上海誉欣实业有限公司
14	奇瑞汽车控股有限公司	64	中国石油化工股份有限公司九江分公司
15	北京太尔时代科技有限公司	65	安徽启路达光电科技有限公司
16	中铁建设集团有限公司	66	上海复星医药（集团）股份有限公司
17	中国黄金集团投资有限公司	67	哈药集团三精制药股份有限公司
18	中国和平石油物资集团有限公司	68	马应龙药业集团股份有限公司
19	中国南通三建集团有限公司	69	北京博奥晶典生物技术有限公司
20	中国石化新星石油有限责任公司	70	同方健康科技（北京）有限公司
21	四川环能德美科技股份有限公司	71	北京嘉和鹏润食品有限公司
22	蓝德环保科技集团股份有限公司	72	北京喜开路健康管理有限公司
23	山东省能源环境交易中心	73	金色榜样（北京）文化传媒投资有限公司
24	中化集团盈创再生资源有限公司	74	上海中智应用科技有限公司
25	北京首创集团股份有限公司	75	杭萧钢构股份有限公司
26	北京碧水源科技股份有限公司	76	携程旅行网
27	保利协鑫集团控股有限公司	77	苏宁云商集团股份有限公司
28	华锐风电科技（集团）股份有限公司	78	安踏体育用品有限公司
29	上海凯泉泵业（集团）有限公司	79	美的集团有限公司
30	江苏天雨环保集团有限公司	80	全聚德（集团）股份有限公司
31	西安隆基硅材料股份有限公司	81	安徽应流机电集团股份有限公司
32	北京八亿时空液晶科技股份有限公司	82	大北农科技集团股份有限公司
33	天津力神电池股份有限公司	83	丽江玫瑰小镇旅游开发有限公司
34	宁波江丰电子材料股份有限公司	84	北京三元食品股份有限公司
35	中科合成油技术有限公司	85	如新（中国）日用保健品有限公司
36	上海科特新材料股份有限公司	86	黑龙江北大荒农业股份有限公司
37	有研粉末新材料（北京）有限公司	87	雏鹰农牧集团股份有限公司
38	江苏中鹏新材料股份有限公司	88	福建圣农实业有限公司
39	陕西天宏硅材料有限责任公司	89	山东丰之坊农业科技有限公司
40	天津膜天膜科技股份有限公司	90	北京决策信诚科技有限公司
41	洛阳中硅高科技有限公司	91	好贷天下信息技术（北京）有限公司
42	安徽大地熊新材料股份有限公司	92	大唐西市文化产业投资集团有限公司
43	四川朗峰电子材料有限公司	93	金星铜集团有限公司
44	菜鸟网络科技有限责任公司	94	东方地毯集团有限公司
45	苏宁物流集团	95	江苏华博创意产业有限公司
46	中铁快运股份有限公司	96	河南省华夏美术馆有限公司
47	嘉里大通物流有限公司	97	中天伟业（北京）建筑设计集团
48	中邮物流有限公司	98	河南中资文化产业有限公司
49	深圳怡亚通供应链股份有限公司	99	深圳华强方特文化科技集团股份有限公司
50	中国石油天然气运输公司	100	上海东方明珠新媒体股份有限公司

七、中国成长力百强企业

（排名不分先后）

序　号	企业名称	序　号	企业名称
1	特变电工股份有限公司	51	上海远成物流股份有限公司
2	郑州宇通客车股份有限公司	52	中开金（天津）实业有限公司
3	上海振华重工有限公司	53	上海郑明现代物流有限公司
4	中国第一重型机械集团公司	54	山东致坤煤炭有限公司
5	辽宁瑞丰专用车制造有限公司	55	学美教育资讯有限公司
6	新兴铸管股份有限公司	56	北京小米科技有限责任公司
7	安徽江淮汽车集团股份有限公司	57	北京奇虎科技有限公司
8	徐工集团工程机械有限公司	58	杭州海康威视数字技术股份有限公司
9	福田雷沃重工有限公司	59	浙江大华技术股份有限公司
10	万向集团公司	60	亚信科技（中国）有限公司
11	东营方圆有色金属有限公司	61	中国人寿电子商务有限公司
12	太原重型机械有限公司	62	中国平安财产保险有限公司
13	北汽新能源股份有限公司	63	江苏江阴农村商业银行股份有限公司
14	北京京城机电控股有限公司	64	上海银行股份有限公司
15	安徽合力股份有限公司	65	大唐电信科技股份有限公司
16	中海外能源有限公司	66	大族激光科技产业集团股份有限公司
17	北京仟亿达科技股份有限公司	67	科大讯飞股份有限公司
18	中农绿能科技集团有限公司	68	中海外智慧城市科技有限公司
19	中科鼎实环境工程有限公司	69	神州优车股份有限公司
20	安徽国祯环保节能科技股份有限公司	70	北京跨界通科技有限公司
21	桑德国际有限公司	71	启明信息技术股份有限公司
22	金山环保集团有限公司	72	北京盛世光明软件股份有限公司
23	新奥集团股份有限公司	73	北京和力记易科技有限公司
24	安徽仁创新能源有限公司	74	太极集团有限公司
25	北京诺远控股有限公司	75	北京贝德益健康有限公司
26	航星利华（北京）科技有限公司	76	扬子江药业集团有限公司
27	北京同益中特种纤维技术开发有限公司	77	华润双鹤药业股份有限公司
28	宁波英飞迈材料科技有限公司	78	华兰生物工程股份有限公司
29	陕西宝昱科技工业有限公司	79	东阿阿胶股份有限公司
30	北京英纳超导技术有限公司	80	中山大学达安基因股份有限公司
31	北京智博高科生物技术有限公司	81	广州启生信息技术有限公司
32	中奥汇成科技股份有限公司	82	超日马桶盖电子科技有限公司
33	北京瑞驰拓维科技有限公司	83	北京企办信息技术有限公司
34	湖北卓熙氟化股份有限公司	84	袁隆平农业高科技股份有限公司
35	浙江金瑞泓科技股份有限公司	85	山东登海种业股份有限公司
36	苏州金宏气体股份有限公司	86	内蒙古圣牧高科牧业有限公司
37	江苏广信感光新材料股份有限公司	87	北京顺鑫农业发展集团有限公司
38	北京鼎材科技有限公司	88	上海易果电子商务有限公司
39	金汇通（天津）电工材料交易市场有限公司	89	山东老刀网络科技有限公司
40	山东奥达集团	90	保利文化集团股份有限公司
41	贵州国际商品交易中心有限公司	91	宋城演艺发展股份有限公司
42	上海宇培集团公司	92	万达文化产业集团
43	北京京粮物流有限公司	93	同方知网数字出版集团
44	北京快行线冷链物流有限公司	94	安徽新华发行（集团）控股有限公司
45	锦程国际物流集团股份有限公司	95	上海华领企业管理（集团）有限公司
46	天津中汇同信进出口贸易有限公司	96	广东阳江长江集团有限公司
47	顺丰速运集团有限公司	97	华夏威阿科技股份有限公司
48	天地华宇物流集团有限公司	98	北京掌趣科技股份有限公司
49	安吉汽车物流有限公司	99	北京歌华文化发展集团
50	天津大田物流有限公司	100	功夫动漫（中国）有限公司

资料来源：中国企业联合会、中国企业家协会。

2016 中国 100 大跨国公司及跨国指数

序号	公司名称	海外资产（万元）	企业资产（万元）	海外收入（万元）	营业收入（万元）	海外员工（人）	企业员工（人）	跨国指数（%）
1	中国石油天然气集团公司	85 850 415	406 975 924	68 304 475	187 190 290	113 281	1 512 048	21.69
2	中国石油化工集团公司	58 697 151	215 939 145	51 849 469	196 921 982	50 235	713 288	20.18
3	中国海洋石油总公司	49 485 959	115 775 510	21 456 636	43 774 087	6 114	100 821	32.61
4	中国中信集团有限公司	49 485 037	652 044 382	4 832 084	35 111 397	19 437	201 263	10.34
5	中国远洋海运集团有限公司	33 357 334	65 875 709	10 223 694	19 759 362	9 981	106 478	37.25
6	海航集团有限公司	33 000 000	120 292 600	2 000 000	35 233 200	29 000	220 258	15.43
7	中国中化集团公司	31 599 622	39 948 441	31 552 362	39 549 504	9 894	59 803	58.47
8	中国五矿集团公司	24 385 471	75 981 820	9 000 191	43 545 005	37 219	212 406	23.43
9	中国化工集团公司	21 213 075	37 764 188	20 432 724	30 012 718	55 130	111 160	57.95
10	中国铝业公司	20 896 307	52 183 078	1 467 837	26 758 014	2 111	124 894	15.74
11	华为投资控股有限公司	19 963 530	44 363 400	31 294 440	52 157 400	55 800	180 000	45.33
12	广州越秀集团有限公司	19 739 692	37 394 918	266 040	3 412 214	1 826	14 538	24.38
13	中国交通建设集团有限公司	17 348 427	101 993 168	10 710 349	47 002 154	25 907	167 882	18.41
14	腾讯控股有限公司	14 937 415	29 339 002	652 419	10 149 082	15 600	30 641	36.08
15	国家电网公司	14 246 652	340 412 600	1 245 039	209 397 168	2 776	980 058	1.69
16	中国建筑股份有限公司	13 968 567	139 195 328	7 958 246	95 976 549	20 544	263 915	8.70
17	中国兵器工业集团公司	13 332 398	36 929 503	15 271 681	40 740 610	11 116	234 771	26.11
18	联想控股股份有限公司	13 125 278	30 624 289	20 922 675	30 594 847	33 615	75 000	52.02
19	浙江吉利控股集团有限公司	12 920 287	20 674 077	14 529 694	20 879 870	26 546	60 712	58.60
20	中国航空工业集团公司	11 897 367	86 793 318	6 001 546	37 119 722	24 988	495 775	11.64
21	复星国际有限公司	11 282 753	38 959 079	2 660 529	7 774 451	16 160	55 800	30.71
22	中国电力建设集团有限公司	10 455 227	60 243 116	7 425 307	32 465 182	106 848	187 813	32.37
23	大连万达集团股份有限公司	10 315 725	106 119 337	3 916 810	18 922 100	47 435	155 905	20.28
24	潍柴控股集团有限公司	9 546 519	17 993 137	4 632 984	10 068 582	33 401	79 038	47.11

续表

序号	公司名称	海外资产（万元）	企业资产（万元）	海外收入（万元）	营业收入（万元）	海外员工（人）	企业员工（人）	跨国指数（%）
25	海尔集团公司	9 000 000	17 568 507	5 538 455	20 160 868	25 792	73 065	38.00
26	兖矿集团有限公司	6 728 985	23 170 446	2 075 582	13 978 878	1 572	97 612	15.17
27	光明食品（集团）有限公司	6 720 655	24 192 979	4 839 447	15 585 452	25 521	148 813	25.33
28	绿地控股集团股份有限公司	6 606 226	73 313 796	297 300	24 716 022	237	26 686	3.70
29	北京首都创业集团有限公司	6 600 155	25 405 827	242 439	3 803 068	1 732	26 252	12.98
30	中粮集团有限公司	6 322 633	43 834 856	4 001 337	40 010 888	45 740	121 767	20.66
31	中国联合网络通信集团有限公司	6 200 335	66 284 164	296 648	27 573 518	614	273 951	3.55
32	中国铁道建筑总公司	5 862 452	76 422 213	3 322 665	63 029 681	9 016	336 872	5.21
33	中国华能集团公司	5 836 181	100 285 174	1 127 873	24 607 111	1 555	140 032	3.84
34	河钢集团有限公司	5 773 115	36 038 803	6 484 832	29 077 196	12 000	125 552	15.96
35	国家电力投资集团公司	5 642 128	87 610 712	202 504	19 593 468	421	127 343	2.60
36	中国铁路工程总公司	4 945 458	75 654 813	2 801 130	64 426 089	6 136	293 940	4.32
37	中国宝武钢铁集团有限公司	4 627 700	74 168 343	1 134 500	30 962 102	2 122	169 344	3.72
38	中国移动通信集团公司	4 531 399	171 267 353	1 342 991	71 161 106	7 439	463 712	2.05
39	中国有色矿业集团有限公司	4 457 136	11 962 401	3 638 875	14 095 403	10 509	55 609	27.32
40	TCL 集团股份有限公司	4 379 216	14 713 679	4 733 385	10 647 350	2 584	79 561	25.82
41	金川集团股份有限公司	3 754 918	12 594 538	3 576 485	19 313 227	2 123	32 991	18.26
42	中国船舶工业集团公司	3 599 013	28 335 396	3 100 093	19 848 192	416	68 025	9.64
43	中国通用技术（集团）控股有限责任公司	3 556 632	14 496 899	1 077 529	14 690 487	793	38 589	11.31
44	中兴通讯股份有限公司	3 532 748	14 164 091	4 268 310	10 123 318	6 197	81 468	24.90
45	美的集团股份有限公司	3 450 000	17 060 000	6 610 560	15 984 170	20 000	120 000	26.08
46	中国电子信息产业集团有限公司	3 330 594	25 417 702	7 339 125	19 936 460	8 587	149 019	18.56
47	中国中车股份有限公司	3 060 119	33 831 061	1 905 173	22 972 215	4 808	183 061	6.66
48	鞍钢集团公司	3 016 541	33 109 220	1 275 919	13 925 490	420	155 287	6.18
49	中国能源建设集团有限公司	2 970 168	30 703 366	3 300 765	22 540 735	6 862	149 055	9.64
50	中国旅游集团公司	2 917 318	14 370 004	1 396 985	6 036 399	6 576	46 937	19.15
51	国家开发投资公司	2 884 073	46 711 601	2 890 503	8 704 528	12 633	64 745	19.63

续表

序号	公司名称	海外资产（万元）	企业资产（万元）	海外收入（万元）	营业收入（万元）	海外员工（人）	企业员工（人）	跨国指数（%）
52	上海汽车集团股份有限公司	2 861 749	59 062 814	3 038 936	75 641 617	1 778	94 121	3.58
53	常州天合光能有限公司	2 797 139	3 643 636	2 929 062	3 291 603	2 172	13 270	60.71
54	济宁如意投资有限公司	2 753 325	5 276 326	2 383 581	5 192 988	8 103	30 132	41.66
55	神华集团有限责任公司	2 688 722	97 925 945	290 084	24 793 964	628	240 455	1.39
56	万向集团公司	2 539 454	8 406 613	2 202 606	11 071 835	15 262	28 150	34.77
57	中联重科股份有限公司	2 505 973	8 914 102	216 442	5 026 920	246	15 154	11.35
58	首钢总公司	2 459 582	44 610 873	2 412 516	13 487 099	4 649	112 323	9.18
59	广东省广晟资产经营有限公司	2 455 270	14 215 975	1 428 492	4 672 889	5 300	30 931	21.66
60	中国航空集团公司	2 400 441	23 695 440	4 313 150	11 588 474	2 760	93 802	16.76
61	中国黄金集团公司	2 377 872	10 312 239	254 211	10 788 422	3 087	48 749	10.58
62	海信集团有限公司	2 308 583	10 980 151	2 344 430	10 033 120	1 963	58 250	15.92
63	中国华电集团公司	2 248 944	77 914 529	250 510	18 737 087	1 044	107 100	1.73
64	北京汽车集团有限公司	2 131 074	40 156 360	1 826 448	40 610 384	6 846	131 256	5.01
65	紫金矿业集团股份有限公司	2 113 041	8 921 770	609 445	7 885 114	5 912	23 698	18.79
66	三一集团有限公司	2 100 000	10 483 746	1 091 000	6 375 794	526	19 922	13.26
67	中国华信能源有限公司	2 096 287	15 690 401	5 160 599	29 094 988	11 236	29 637	23.00
68	中国建材集团有限公司	2 094 772	56 446 466	2 618 324	26 123 339	2 645	228 448	4.96
69	雅戈尔集团股份有限公司	1 997 120	8 023 751	1 852 528	5 633 399	21 415	42 258	36.15
70	华侨城集团公司	1 879 901	17 407 226	446 102	5 425 604	314	41 832	6.59
71	中国机械工业集团有限公司	1 873 650	27 201 623	6 216 221	21 416 120	3 278	117 155	12.90
72	宁波均胜电子股份有限公司	1 737 466	3 723 257	1 248 660	1 855 241	17 766	24 075	62.59
73	中国电信集团公司	1 598 091	80 488 306	899 052	41 445 834	5 212	413 536	1.81
74	新华联集团有限公司	1 569 713	11 534 623	3 242 016	7 189 858	965	58 916	20.11
75	青建集团股份公司	1 531 777	6 421 859	1 259 516	5 072 174	1 137	13 986	18.94
76	江苏新潮科技集团有限公司	1 518 547	3 077 123	1 034 387	1 923 671	9 036	21 938	48.10
77	浙江龙盛控股有限公司	1 265 397	4 176 396	720 039	2 168 761	1 988	6 426	31.48
78	白银有色集团股份有限公司	1 198 858	4 442 132	208 360	5 594 960	2 300	16 268	14.95

续表

序号	公司名称	海外资产（万元）	企业资产（万元）	海外收入（万元）	营业收入（万元）	海外员工（人）	企业员工（人）	跨国指数（%）
79	北京控股集团有限公司	1 165 754	26 592 496	439 384	7 588 018	1 728	85 419	4.07
80	铜陵有色金属集团控股有限公司	1 161 929	8 352 027	678 867	14 955 342	1 669	26 146	8.28
81	上海建工集团股份有限公司	1 086 943	17 436 958	442 504	13 365 654	564	38 007	3.68
82	中国大唐集团公司	1 078 216	70 628 676	131 998	15 836 122	457	97 091	0.94
83	奇瑞汽车股份有限公司	1 048 237	7 790 968	242 585	3 296 370	265	15 527	7.51
84	北京建工集团有限责任公司	1 017 877	5 655 782	251 917	4 079 153	378	20 222	8.68
85	广东粤海控股集团有限公司	1 017 113	8 507 343	205 734	1 567 397	570	11 514	10.01
86	银亿集团有限公司	971 245	7 153 999	1 016 137	6 525 061	6 170	14 618	23.79
87	广东省航运集团有限公司	946 940	1 687 611	310 875	399 616	2 866	5 882	60.88
88	广东省广新控股集团有限公司	946 680	5 634 117	808 703	5 709 640	6 243	24 857	18.69
89	山东魏桥创业集团有限公司	887 347	21 988 813	616 145	37 318 332	4 906	135 393	3.10
90	新希望集团有限公司	852 280	11 453 150	546 206	6 855 885	3 172	65 407	6.75
91	晶科能源控股有限公司	848 579	2 609 064	1 315 160	2 235 000	4 227	16 920	38.78
92	中国恒天集团有限公司	817 794	8 290 206	487 553	4 345 555	2 832	43 085	9.22
93	正泰集团股份有限公司	771 277	4 973 648	631 025	5 104 068	633	30 010	9.99
94	徐州工程机械集团有限公司	736 321	9 048 526	1 013 274	7 711 016	3 356	24 283	11.70
95	陕西煤业化工集团有限责任公司	703 726	44 582 030	251 123	21 209 513	992	131 890	1.17
96	卧龙控股集团有限公司	702 642	2 560 416	1 071 433	3 024 640	4 083	16 183	29.37
97	中国重型汽车集团有限公司	700 181	12 272 753	777 095	7 002 988	253	36 176	5.83
98	安徽中鼎控股(集团)股份有限公司	651 586	1 472 406	489 416	1 354 673	3 650	13 928	35.53
99	天津泰达投资控股有限公司	644 689	30 452 748	102 169	5 103 810	401	19 065	2.07
100	安徽海螺集团有限责任公司	614 667	11 511 928	364 835	9 865 157	1 826	50 401	4.22
	合计数	807 830 877	5 050 312 360	4 900 119 496	2 508 613 200	1 166 176	12 977 367	14.85

资料来源：中国企业联合会、中国企业家协会。

2016 中国企业 500 强名单

2015 名次	2016 名次	企业名称	所在地	营业收入（万元）	净利润（万元）	资　产（万元）	所有者权益（万元）	从业人数（人）
1	1	国家电网公司	北　京	209 397 168	6 358 560	340 412 600	145 561 680	980 058
3	2	中国石油化工集团公司	北　京	196 921 982	835 693	215 939 145	74 027 943	713 288
2	3	中国石油天然气集团公司	北　京	187 190 290	1 240 662	406 975 924	209 800 561	1 512 048
4	4	中国工商银行股份有限公司	北　京	101 526 600	27 824 900	2 413 726 500	196 975 100	461 749
6	5	中国建筑股份有限公司	北　京	95 976 549	2 987 010	139 195 328	19 049 054	263 915
5	6	中国建设银行股份有限公司	北　京	84 805 200	23 146 000	2 096 370 500	157 650 000	362 482
7	7	中国农业银行股份有限公司	北　京	77 909 800	18 394 100	1 824 847 000	131 819 300	501 368
9	8	中国平安保险(集团)股份有限公司	广　东	77 448 800	6 239 400	557 690 300	38 344 900	1 400 000
11	9	上海汽车集团股份有限公司	上　海	75 641 617	3 200 861	59 062 814	19 192 098	94 121
8	10	中国银行股份有限公司	北　京	75 540 200	16 457 800	1 814 888 900	141 168 200	308 900
10	11	中国移动通信集团公司	北　京	71 161 106	6 387 079	171 267 353	90 662 594	463 712
12	12	中国人寿保险(集团)公司	北　京	69 634 318	107 934	335 679 202	9 783 945	161 530
13	13	中国铁路工程总公司	北　京	64 426 089	613 887	75 654 813	7 509 902	293 940
14	14	中国铁道建筑总公司	北　京	63 029 681	792 132	76 422 213	7 051 221	336 872
15	15	国家开发银行股份有限公司	北　京	58 875 467	10 904 632	1 434 049 981	114 154 783	10 020
16	16	东风汽车公司	湖　北	57 261 266	940 048	41 371 605	7 966 608	189 795
27	17	华为投资控股有限公司	广　东	52 157 400	3 706 600	44 363 400	14 009 400	180 000
17	18	华润(集团)有限公司	广　东	50 340 782	1 714 106	110 004 377	16 404 334	420 572
19	19	太平洋建设集团有限公司	江　苏	49 578 589	2 104 667	33 494 068	13 729 295	362 128
18	20	中国南方电网有限责任公司	广　东	47 328 148	1 547 784	68 929 796	26 674 892	300 144
20	21	中国兵器装备集团公司	北　京	47 267 719	385 537	36 038 210	5 217 855	232 817
23	22	中国交通建设集团有限公司	北　京	47 002 154	950 867	101 993 168	10 301 978	167 882
24	23	中国人民保险集团股份有限公司	北　京	44 332 300	1 424 500	93 214 900	12 610 100	853 364
22	24	中国海洋石油总公司	北　京	43 774 087	1 164 223	115 775 510	49 221 137	100 821
21	25	中国邮政集团公司	北　京	43 583 636	3 308 568	848 984 996	29 961 957	924 703
73	26	中国五矿集团公司	北　京	43 545 005	−296 753	75 981 820	3 218 445	212 406
28	27	中国第一汽车集团公司	吉　林	43 038 158	1 601 905	38 063 629	17 018 278	122 323
26	28	天津物产集团有限公司	天　津	42 068 435	94 107	24 123 770	2 407 972	17 353
29	29	中国电信集团公司	北　京	41 445 834	1 172 321	80 488 306	35 386 219	413 536
	30	安邦保险股份有限公司	北　京	41 397 026	2 580 239	298 856 457	14 157 537	40 707
35	31	苏宁控股集团有限公司	江　苏	41 295 073	68 825	27 523 408	6 537 538	180 000
30	32	中国兵器工业集团公司	北　京	40 740 610	566 689	36 929 503	9 312 836	234 771
25	33	中粮集团有限公司	北　京	40 700 647	135 825	50 086 334	7 664 839	101 708
36	34	北京汽车集团有限公司	北　京	40 610 384	837 478	40 156 360	5 585 251	131 256
31	35	中国中化集团公司	北　京	39 549 504	310 931	39 948 441	6 390 161	59 803
37	36	山东魏桥创业集团有限公司	山　东	37 318 332	808 644	21 988 813	6 558 731	135 393

续表

2015名次	2016名次	企业名称	所在地	营业收入（万元）	净利润（万元）	资　产（万元）	所有者权益（万元）	从业人数（人）
32	37	中国航空工业集团公司	北　京	37 119 722	308 352	86 793 318	16 918 731	495 775
85	38	海航集团有限公司	海　南	35 233 153	185 295	120 292 619	9 795 787	220 258
33	39	交通银行股份有限公司	上　海	35 119 183	6 720 959	840 316 551	62 814 170	92 556
34	40	中国中信集团有限公司	北　京	35 111 397	2 150 005	652 044 382	29 037 959	201 263
40	41	正威国际集团有限公司	广　东	33 001 920	797 135	12 790 482	6 952 628	17 852
43	42	中国电力建设集团有限公司	北　京	32 465 182	702 610	60 243 116	6 942 832	187 813
45	43	中国医药集团总公司	北　京	31 728 070	334 811	25 551 437	3 931 934	106 772
57	44	中国宝武钢铁集团有限公司	上　海	30 962 102	294 162	74 168 343	24 829 186	169 344
38	45	联想控股股份有限公司	北　京	30 695 285	485 892	32 225 883	5 226 616	69 324
51	46	中国化工集团公司	北　京	30 012 718	11 908	37 764 188	2 406 119	111 160
39	47	招商银行股份有限公司	广　东	29 756 000	6 238 000	594 231 100	—	70 461
50	48	中国华信能源有限公司	上　海	29 094 988	492 176	15 690 401	2 721 160	29 637
44	49	河钢集团有限公司	河　北	29 077 196	89 088	36 038 803	5 346 059	125 552
41	50	兴业银行股份有限公司	福　建	28 515 000	5 385 000	608 589 000	35 012 900	56 236
58	51	中国船舶重工集团公司	北　京	28 001 147	322 703	48 383 030	12 362 228	182 129
64	52	广州汽车工业集团有限公司	广　东	27 609 981	366 673	21 034 021	2 634 186	75 908
46	53	中国联合网络通信集团有限公司	北　京	27 573 518	-23 054	66 284 164	16 234 936	273 951
49	54	上海浦东发展银行股份有限公司	上　海	27 003 000	5 309 900	585 726 300	36 794 700	52 832
48	55	中国民生银行股份有限公司	北　京	26 845 000	4 784 300	589 587 700	35 202 700	58 720
54	56	中国铝业公司	北　京	26 758 014	-187 671	52 183 078	1 855 037	124 894
52	57	中国太平洋保险(集团)股份有限公司	上　海	26 701 400	1 205 700	102 069 200	13 176 400	97 032
74	58	中国建材集团有限公司	北　京	26 123 339	49 485	56 446 466	4 045 795	228 448
88	59	北京京东世纪贸易有限公司	北　京	26 012 165	-386 681	16 037 352	3 389 290	120 622
65	60	恒力集团有限公司	江　苏	25 164 763	545 907	9 255 649	3 715 737	61 400
56	61	神华集团有限责任公司	北　京	24 793 964	1 273 429	97 925 945	33 331 431	240 455
67	62	绿地控股集团股份有限公司	上　海	24 716 022	720 730	73 313 796	5 627 129	26 686
47	63	中国华能集团公司	北　京	24 607 111	-57 033	100 285 174	5 220 602	140 032
61	64	陕西延长石油(集团)有限责任公司	陕　西	23 529 219	-15 040	31 656 115	9 772 850	134 519
72	65	大商集团有限公司	辽　宁	23 525 202	116 478	2 916 082	867 350	182 586
53	66	中国中车股份有限公司	北　京	22 972 215	1 129 559	33 831 016	10 485 661	183 061
86	67	万科企业股份有限公司	广　东	22 891 600	2 102 261	83 067 421	11 344 477	58 280
66	68	中国能源建设集团有限公司	北　京	22 540 735	279 659	30 703 366	3 572 219	149 055
55	69	冀中能源集团有限责任公司	河　北	22 165 815	-102 266	21 417 360	1 419 037	133 934
70	70	新兴际华集团有限公司	北　京	22 038 469	297 748	12 999 010	3 186 134	65 539
68	71	中国光大集团股份有限公司	北　京	21 564 600	1 247 500	436 221 100	10 883 700	61 400
62	72	中国机械工业集团有限公司	北　京	21 416 120	333 515	27 201 623	6 206 173	117 155
80	73	中国航天科技集团公司	北　京	21 321 012	1 326 128	38 723 167	14 899 705	170 357
82	74	陕西煤业化工集团有限责任公司	陕　西	21 209 513	-168 992	44 582 030	4 009 320	131 890
113	75	恒大集团有限公司	广　东	21 144 400	1 761 700	135 086 800	19 253 200	89 000

续表

2015名次	2016名次	企业名称	所在地	营业收入（万元）	净利润（万元）	资 产（万元）	所有者权益（万元）	从业人数（人）
75	76	江西铜业集团公司	江 西	21 045 947	13 533	11 194 491	2 061 867	25 757
96	77	中国保利集团公司	北 京	20 932 035	494 345	66 477 088	5 334 738	76 425
99	78	浙江吉利控股集团有限公司	浙 江	20 879 870	840 872	20 674 077	4 097 082	60 712
87	79	物产中大集团股份有限公司	浙 江	20 689 887	215 432	7 657 118	2 015 658	18 150
91	80	中国航天科工集团公司	北 京	20 316 614	959 100	25 712 283	9 488 537	145 177
84	81	海尔集团公司	山 东	20 160 868	1 667 688	17 568 507	5 839 676	73 065
76	82	中国电子信息产业集团有限公司	北 京	19 936 460	213 860	25 417 702	3 357 157	149 019
83	83	中国船舶工业集团公司	北 京	19 848 192	244 195	28 335 396	6 368 577	68 025
69	84	江苏沙钢集团有限公司	江 苏	19 838 486	233 910	16 484 011	3 880 848	35 133
59	85	中国远洋海运集团有限公司	北 京	19 759 362	989 211	65 875 709	16 781 725	106 478
79	86	国家电力投资集团公司	北 京	19 593 468	290 076	87 610 712	5 891 180	127 343
103	87	山东能源集团有限公司	山 东	19 464 075	26 027	27 719 135	4 569 388	188 480
63	88	金川集团股份有限公司	甘 肃	19 313 227	-358 536	12 594 538	3 199 552	32 991
42	89	大连万达集团股份有限公司	辽 宁	18 922 100	—	106 119 337	—	155 905
77	90	中国华电集团公司	北 京	18 737 087	239 575	77 914 529	5 522 766	107 100
104	91	国美电器有限公司	北 京	18 243 000	79 631	6 203 079	2 256 653	40 202
98	92	中国电子科技集团公司	北 京	18 130 792	1 070 623	24 946 941	11 046 109	158 128
81	93	中国国电集团公司	北 京	17 852 815	178 502	79 648 754	5 209 499	119 268
100	94	华晨汽车集团控股有限公司	辽 宁	17 273 211	30 209	13 437 742	647 639	49 791
71	95	大同煤矿集团有限责任公司	山 西	17 014 230	-142 712	27 806 427	2 202 184	162 542
78	96	山西焦煤集团有限责任公司	山 西	16 689 711	-6 625	27 246 291	3 000 845	195 121
109	97	中国航空油料集团公司	北 京	16 334 734	212 555	4 234 102	1 572 551	11 739
94	98	开滦(集团)有限责任公司	河 北	16 277 729	-34 769	8 084 013	1 486 122	52 848
90	99	阳泉煤业(集团)有限责任公司	山 西	16 132 758	7 403	21 399 760	1 239 070	146 236
89	100	山西潞安矿业(集团)有限责任公司	山 西	16 002 002	-71 030	20 171 606	1 766 375	95 666
110	101	美的集团股份有限公司	广 东	15 984 170	1 470 000	17 060 000	6 110 000	120 000
97	102	中国大唐集团公司	北 京	15 836 122	162 001	70 628 676	5 122 716	97 091
148	103	阿里巴巴集团控股有限公司	浙 江	15 827 300	4 367 500	50 681 200	27 879 900	36 446
	104	阳光金融控股投资集团有限公司	福 建	15 716 144	105 793	16 839 506	1 337 719	10 234
	105	雪松控股集团有限公司	广 东	15 701 937	558 115	10 188 113	3 542 709	16 291
105	106	光明食品(集团)有限公司	上 海	15 585 452	115 802	24 192 979	5 336 148	148 813
	107	碧桂园控股有限公司	广 东	15 308 698	1 151 682	59 256 760	7 012 837	94 450
93	108	山西晋城无烟煤矿业集团有限责任公司	山 西	15 196 381	1 983	22 901 149	2 076 668	130 992
140	109	腾讯控股有限公司	广 东	15 193 800	4 109 600	39 589 900	17 462 400	38 775
108	110	海亮集团有限公司	浙 江	15 027 109	87 119	7 113 068	1 570 738	13 519
107	111	铜陵有色金属集团控股有限公司	安 徽	14 955 342	-30 062	8 352 027	1 020 518	26 146
117	112	厦门建发集团有限公司	福 建	14 711 701	186 149	15 100 406	2 769 672	17 476
92	113	中国通用技术(集团)控股有限责任公司	北 京	14 690 487	274 778	14 496 899	3 553 854	38 589

续表

2015名次	2016名次	企业名称	所在地	营业收入（万元）	净利润（万元）	资　产（万元）	所有者权益（万元）	从业人数（人）
102	114	新华人寿保险股份有限公司	北　京	14 617 300	494 200	69 918 100	5 911 800	54 378
141	115	厦门国贸控股有限公司	福　建	14 568 578	23 676	8 451 473	740 841	20 595
135	116	新疆广汇实业投资(集团)有限责任公司	新疆维吾尔自治区	14 561 731	167 267	22 208 370	3 171 285	75 840
111	117	万洲国际有限公司	河　南	14 305 682	549 401	9 458 964	4 389 304	104 000
95	118	中国有色矿业集团有限公司	北　京	14 095 403	-40 024	11 962 401	1 379 652	55 609
147	119	兖矿集团有限公司	山　东	13 978 878	7 079	23 170 446	1 150 601	97 612
118	120	鞍钢集团公司	辽　宁	13 925 490	-678 062	33 109 220	6 098 189	155 287
112	121	首钢总公司	北　京	13 487 099	-62 581	44 610 873	10 732 808	112 323
119	122	上海建工集团股份有限公司	上　海	13 365 654	209 550	17 436 958	2 307 036	38 007
	123	富德生命人寿保险股份有限公司	广　东	13 040 924	388 094	45 589 682	2 979 277	—
132	124	三胞集团有限公司	江　苏	13 008 768	205 137	12 297 659	3 218 680	99 820
122	125	上海东浩兰生国际服务贸易(集团)有限公司	上　海	12 966 972	75 349	3 419 080	1 047 168	5 910
129	126	中国太平保险集团有限责任公司	北　京	12 747 978	194 571	45 549 585	2 501 334	60 270
	127	泰康保险集团股份有限公司	北　京	12 510 381	841 125	62 943 105	4 171 730	48 352
124	128	陕西有色金属控股集团有限责任公司	陕　西	12 412 110	21 456	12 246 572	2 837 073	45 533
101	129	河南能源化工集团有限责任公司	河　南	12 405 083	-510 409	25 881 659	1 488 156	203 520
207	130	厦门象屿集团有限公司	福　建	12 393 844	72 628	7 296 376	947 889	7 500
106	131	中国平煤神马能源化工集团有限责任公司	河　南	12 285 986	-266 150	14 735 383	1 220 968	150 630
123	132	天津百利机械装备集团有限公司	天　津	12 236 453	72 519	7 773 026	680 299	66 612
116	133	黑龙江北大荒农垦集团总公司	黑龙江	12 144 748	-87 920	19 436 011	3 033 609	503 226
133	134	上海医药集团股份有限公司	上　海	12 076 466	319 639	8 274 272	3 162 255	40 852
166	135	广西投资集团有限公司	广西壮族自治区	11 698 660	12 109	31 116 170	1 914 133	26 810
128	136	中国航空集团公司	北　京	11 588 474	391 254	23 695 440	4 808 088	93 802
127	137	中国南方航空集团公司	广　东	11 545 291	275 742	20 922 849	2 733 230	108 147
138	138	天津渤海轻工投资集团有限公司	天　津	11 238 989	171 943	6 476 478	1 981 817	30 863
131	139	天津渤海化工集团有限责任公司	天　津	11 203 107	119 118	15 878 962	5 104 015	35 703
125	140	万向集团公司	浙　江	11 071 835	353 141	8 406 613	2 204 238	28 150
154	141	珠海格力电器股份有限公司	广　东	11 011 310	1 542 097	18 236 971	5 386 395	71 610
145	142	江苏悦达集团有限公司	江　苏	10 998 658	3 821	8 867 415	816 834	40 516
130	143	中国黄金集团公司	北　京	10 788 422	-44 937	10 312 239	1 465 747	48 749
176	144	协鑫集团有限公司	江　苏	10 740 792	374 106	15 827 086	3 274 015	29 800
136	145	TCL 集团股份有限公司	广　东	10 647 350	160 213	14 713 679	2 276 489	79 561
146	146	四川长虹电子控股集团有限公司	四　川	10 475 541	47 699	7 118 438	141 133	71 423
134	147	华夏银行股份有限公司	北　京	10 474 600	1 967 700	235 623 500	15 218 400	39 354
175	148	比亚迪股份有限公司	广　东	10 347 000	505 215	14 507 078	3 031 558	193 842

续表

2015名次	2016名次	企业名称	所在地	营业收入（万元）	净利润（万元）	资　产（万元）	所有者权益（万元）	从业人数（人）
164	149	青山控股集团有限公司	浙　江	10 286 156	183 134	3 280 440	903 270	16 380
143	150	山东钢铁集团有限公司	山　东	10 253 696	-447 322	26 588 307	1 378 024	91 275
155	151	中国东方航空集团公司	上　海	10 184 793	349 532	24 071 377	3 278 128	56 370
161	152	山东省商业集团有限公司	山　东	10 161 700	30 775	8 361 789	973 724	47 065
151	153	中天钢铁集团有限公司	江　苏	10 133 575	79 203	4 683 145	1 638 539	13 507
150	154	中兴通讯股份有限公司	广　东	10 123 318	-235 742	14 164 091	2 640 115	81 468
171	155	潍柴控股集团有限公司	山　东	10 068 582	42 384	17 993 137	405 170	79 038
153	156	海信集团有限公司	山　东	10 033 120	524 964	10 980 151	3 713 116	58 250
120	157	天津中环电子信息集团有限公司	天　津	10 008 770	383 680	8 659 253	4 344 080	52 067
157	158	安徽海螺集团有限责任公司	安　徽	9 865 157	305 230	11 511 928	2 794 124	50 401
183	159	长城汽车股份有限公司	河　北	9 861 570	1 055 116	9 230 916	4 729 480	71 617
156	160	上海电气（集团）总公司	上　海	9 780 429	125 493	22 223 353	3 292 784	47 630
182	161	东岭集团股份有限公司	陕　西	9 640 568	50 300	3 180 253	606 516	10 830
186	162	超威电源有限公司	浙　江	9 565 364	71 104	1 162 467	441 712	19 120
193	163	清华控股有限公司	北　京	9 563 322	148 778	35 279 579	1 758 229	124 000
184	164	中国华融资产管理股份有限公司	北　京	9 520 772	1 961 346	141 196 930	11 524 300	11 365
167	165	南山集团有限公司	山　东	9 361 599	523 017	11 327 614	4 890 360	46 471
202	166	海澜集团有限公司	江　苏	9 330 467	413 326	8 813 421	7 119 068	32 000
191	167	天能电池集团有限公司	浙　江	9 296 773	84 181	1 217 258	358 921	18 110
	168	中国信达资产管理股份有限公司	北　京	9 165 723	1 551 216	117 448 092	13 921 672	21 424
	169	山东东明石化集团有限公司	山　东	8 868 932	106 367	2 267 691	762 074	4 967
169	170	盛虹控股集团有限公司	江　苏	8 804 037	73 822	7 760 063	1 144 416	27 935
187	171	广州医药集团有限公司	广　东	8 782 570	77 912	4 396 455	492 487	36 899
367	172	浙江省交通投资集团有限公司	浙　江	8 753 526	173 139	28 235 549	6 744 722	25 889
159	173	武汉商联（集团）股份有限公司	湖　北	8 729 074	21 654	3 119 050	779 719	51 467
137	174	国家开发投资公司	北　京	8 704 528	579 149	46 711 601	6 236 723	64 745
162	175	北京银行	北　京	8 692 206	1 780 194	211 633 862	14 212 116	14 534
172	176	浙江荣盛控股集团有限公司	浙　江	8 687 536	123 995	6 408 806	1 341 540	8 923
205	177	上海均和集团有限公司	上　海	8 616 677	19 388	1 585 169	419 467	2 500
165	178	山西煤炭进出口集团有限公司	山　西	8 524 164	-38 058	8 335 518	544 519	15 558
121	179	百联集团有限公司	上　海	8 521 505	42 275	8 375 336	1 967 643	63 393
174	180	浙江省兴合集团有限责任公司	浙　江	8 508 877	14 995	4 088 965	371 674	17 728
204	181	湖南华菱钢铁集团有限责任公司	湖　南	8 367 017	60 658	13 023 921	2 124 251	32 131
213	182	阳光保险集团股份有限公司	北　京	8 262 632	272 267	24 634 769	3 820 142	229 788
298	183	云南省建设投资控股集团有限公司	云　南	8 209 341	153 119	23 429 926	4 381 703	37 540
173	184	北大方正集团有限公司	北　京	8 200 480	37 672	23 927 260	2 093 359	28 213
149	185	酒泉钢铁（集团）有限责任公司	甘　肃	8 131 043	126 837	10 991 611	2 215 196	33 185
152	186	大冶有色金属集团控股有限公司	湖　北	8 080 187	4 251	3 056 950	791 513	13 932
162	187	广厦控股集团有限公司	浙　江	8 053 913	108 657	3 873 391	1 043 384	112 520

续表

2015名次	2016名次	企业名称	所在地	营业收入（万元）	净利润（万元）	资　产（万元）	所有者权益（万元）	从业人数（人）
181	188	本钢集团有限公司	辽　宁	8 005 209	-9 442	14 298 768	3 017 750	72 830
206	189	腾邦集团有限公司	广　东	7 969 121	78 315	1 507 457	272 475	10 000
192	190	西安迈科金属国际集团有限公司	陕　西	7 917 063	20 169	2 038 255	425 156	300
195	191	广西建工集团有限责任公司	广西壮族自治区	7 906 651	71 929	5 232 942	568 222	248 948
188	192	紫金矿业集团股份有限公司	福　建	7 885 114	183 980	8 921 770	2 776 247	23 698
170	193	湖北宜化集团有限责任公司	湖　北	7 809 035	-4 155	7 056 822	937 155	38 433
196	194	南通三建控股有限公司	江　苏	7 792 830	324 087	4 857 281	1 542 147	113 986
168	195	中国中煤能源集团有限公司	北　京	7 773 753	-82 646	31 702 028	5 593 759	112 215
189	196	徐州工程机械集团有限公司	江　苏	7 711 016	6 707	9 048 526	1 382 902	24 283
199	197	陕西建工集团有限公司	陕　西	7 610 219	62 471	4 445 326	489 651	28 754
194	198	北京控股集团有限公司	北　京	7 588 018	57 243	26 592 496	2 967 432	85 419
240	199	远大物产集团有限公司	浙　江	7 574 966	54 329	1 183 763	268 815	850
177	200	浙江恒逸集团有限公司	浙　江	7 520 307	27 441	3 795 853	702 641	6 637
247	201	复星国际有限公司	上　海	7 396 656	1 026 819	48 677 948	12 287 383	53 000
251	202	山东晨鸣纸业集团股份有限公司	山　东	7 388 933	206 399	8 228 535	2 221 881	12 986
198	203	山东黄金集团有限公司	山　东	7 318 995	3 062	8 599 990	1 315 539	26 353
283	204	北京金隅集团有限责任公司	北　京	7 294 299	136 917	21 210 031	1 737 089	59 803
209	205	河北津西钢铁集团股份有限公司	河　北	7 282 800	127 892	3 730 050	1 228 537	11 158
238	206	湖南省建筑工程集团总公司	湖　南	7 248 377	46 084	2 171 793	602 163	25 416
235	207	杭州汽轮动力集团有限公司	浙　江	7 190 052	11 619	3 593 132	665 511	5 625
224	208	新华联集团有限公司	北　京	7 189 858	161 944	11 534 623	2 431 207	58 916
	209	中升集团控股有限公司	辽　宁	7 159 922	186 023	3 964 506	1 133 770	19 878
218	210	浪潮集团有限公司	山　东	7 102 513	198 309	2 876 334	933 046	27 205
180	211	晋能集团有限公司	山　西	7 101 355	-38 994	24 884 765	4 046 954	98 665
160	212	太原钢铁(集团)有限公司	山　西	7 060 767	88 369	12 972 509	3 314 043	41 689
212	213	百度网络技术有限公司	北　京	7 054 936	1 107 435	18 199 739	8 680 496	45 877
208	214	四川省宜宾五粮液集团有限公司	四　川	7 030 824	720 812	9 562 847	6 511 751	43 692
179	215	杭州钢铁集团公司	浙　江	7 019 038	72 338	5 894 626	1 096 401	14 254
200	216	河北新华联合冶金控股集团有限公司	河　北	7 007 209	284 948	5 690 849	2 557 810	13 601
222	217	中国重型汽车集团有限公司	山　东	7 002 988	186 472	12 272 753	3 320 943	36 176
	218	中国林业集团公司	北　京	6 984 539	17 119	5 048 676	425 500	4 509
	219	云南省投资控股集团有限公司	云　南	6 983 106	158 658	19 823 868	3 013 164	17 606
274	220	京东方科技集团股份有限公司	北　京	6 889 566	188 257	20 513 501	7 869 999	49 151
197	221	新希望集团有限公司	四　川	6 855 885	286 285	11 453 150	1 871 201	65 407
220	222	中天控股集团有限公司	浙　江	6 754 313	164 159	5 476 820	1 269 472	7 281
227	223	华泰集团有限公司	山　东	6 670 596	107 524	3 195 341	711 371	10 681
201	224	浙江省能源集团有限公司	浙　江	6 621 714	634 017	18 045 833	6 853 447	22 424
237	225	庞大汽贸集团股份有限公司	河　北	6 600 940	38 169	7 083 476	1 301 162	27 684

续表

2015名次	2016名次	企业名称	所在地	营业收入（万元）	净利润（万元）	资　产（万元）	所有者权益（万元）	从业人数（人）
261	226	中国广核集团有限公司	广　东	6 579 221	641 771	52 045 966	8 652 564	37 857
249	227	江铃汽车集团公司	江　西	6 533 798	129 195	5 257 932	847 514	38 640
230	228	山东大海集团有限公司	山　东	6 526 700	466 182	3 126 706	1 534 999	6 820
231	229	银亿集团有限公司	浙　江	6 525 061	154 936	7 153 999	1 308 398	14 618
	230	中融新大集团有限公司	山　东	6 511 716	4 695 334	14 026 915	6 520 873	11 000
248	231	中国国际技术智力合作公司	北　京	6 464 173	51 785	904 470	317 613	4 428
225	232	无锡产业发展集团有限公司	江　苏	6 435 255	21 612	5 948 116	547 612	25 132
239	233	万达控股集团有限公司	山　东	6 423 524	131 068	5 880 394	980 556	14 937
185	234	三一集团有限公司	湖　南	6 375 794	-165 726	10 483 746	2 328 743	19 922
286	235	科创控股集团有限公司	四　川	6 367 282	276 210	6 036 720	4 298 879	22 900
263	236	中南控股集团有限公司	江　苏	6 325 180	170 902	11 574 687	1 251 710	52 000
272	237	深圳市大生农业集团有限公司	广　东	6 252 486	29 975	2 029 734	831 152	3 600
254	238	正邦集团有限公司	江　西	6 201 286	129 460	1 401 500	537 562	39 350
233	239	云天化集团有限责任公司	云　南	6 198 203	-191 907	9 348 446	775 589	22 474
269	240	九州通医药集团股份有限公司	湖　北	6 155 684	87 674	3 872 854	1 127 804	18 344
203	241	北京建龙重工集团有限公司	北　京	6 133 018	33 321	8 856 343	1 662 314	37 959
229	242	奥克斯集团有限公司	浙　江	6 123 523	115 031	4 622 671	1 417 352	21 136
267	243	利华益集团股份有限公司	山　东	6 111 605	137 947	3 117 570	1 082 154	4 029
223	244	上海华谊(集团)公司	上　海	6 106 332	25 354	6 348 207	1 433 688	23 247
246	245	唐山瑞丰钢铁(集团)有限公司	河　北	6 105 549	89 889	1 346 775	539 872	12 388
226	246	内蒙古伊利实业集团股份有限公司	内蒙古自治区	6 060 922	566 181	3 926 227	2 308 177	54 983
258	247	天津一商集团有限公司	天　津	6 059 571	8 984	1 111 136	103 615	4 111
376	248	中国旅游集团公司	北　京	6 036 399	191 533	14 370 004	2 004 342	46 937
259	249	北京城建集团有限责任公司	北　京	6 020 951	101 203	13 289 883	1 052 419	20 128
313	250	云南省能源投资集团有限公司	云　南	6 010 634	466 644	8 440 335	2 604 212	9 275
349	251	宁夏天元锰业有限公司	宁夏回族自治区	6 001 122	246 124	5 413 204	1 460 772	20 062
217	252	内蒙古电力(集团)有限责任公司	内蒙古自治区	5 984 402	57 788	10 157 790	3 796 966	36 971
304	253	淮南矿业(集团)有限责任公司	安　徽	5 976 487	67 206	15 248 215	1 897 308	88 167
268	254	杭州锦江集团有限公司	浙　江	5 938 616	64 585	6 034 110	1 167 933	11 400
278	255	广东温氏食品集团股份有限公司	广　东	5 935 524	1 178 988	4 143 815	3 046 089	49 314
	256	世茂房地产控股有限公司	上　海	5 928 600	517 186	25 321 485	5 198 537	7 880
287	257	山东高速集团有限公司	山　东	5 893 622	167 272	45 818 260	5 034 536	27 154
234	258	河北敬业集团	河　北	5 866 736	101 788	2 723 645	1 148 164	22 500
228	259	北京能源集团有限责任公司	北　京	5 865 078	186 839	24 163 291	7 021 968	44 869
279	260	亨通集团有限公司	江　苏	5 863 268	41 489	4 502 151	851 322	17 097
330	261	深圳市怡亚通供应链股份有限公司	广　东	5 829 050	51 875	4 238 183	548 921	19 000
273	262	江阴澄星实业集团有限公司	江　苏	5 814 481	47 951	2 766 303	737 260	5 533

续表

2015名次	2016名次	企业名称	所在地	营业收入（万元）	净利润（万元）	资　产（万元）	所有者权益（万元）	从业人数（人）
241	263	天津荣程祥泰投资控股集团有限公司	天　津	5 800 017	39 147	1 352 260	688 458	6 339
244	264	浙江省建设投资集团股份有限公司	浙　江	5 765 646	45 832	4 467 434	231 144	232 895
	265	深圳顺丰泰森控股(集团)有限公司	广　东	5 748 270	418 043	4 406 361	1 971 177	124 405
	266	甘肃省公路航空旅游投资集团有限公司	甘　肃	5 716 848	143 044	28 509 967	9 807 597	17 884
210	267	广东省广新控股集团有限公司	广　东	5 709 640	18 640	5 634 117	813 764	24 857
242	268	上海城建(集团)公司	上　海	5 659 489	72 695	9 701 842	775 261	23 105
219	269	雅戈尔集团股份有限公司	浙　江	5 633 399	330 227	8 023 751	2 352 688	42 258
250	270	通威集团有限公司	四　川	5 617 826	115 379	2 951 853	1 161 686	24 216
245	271	白银有色集团股份有限公司	甘　肃	5 594 960	25 152	4 442 132	1 112 209	16 268
	272	金地(集团)股份有限公司	广　东	5 550 850	630 046	15 363 426	3 743 091	19 445
	273	龙湖地产有限公司	北　京	5 479 950	915 295	22 483 037	6 176 470	17 172
264	274	马钢(集团)控股有限公司	安　徽	5 441 197	16 675	8 594 298	1 461 546	45 123
260	275	华侨城集团公司	广　东	5 425 604	418 224	17 407 226	2 941 193	41 832
290	276	上海纺织(集团)有限公司	上　海	5 418 217	66 263	3 691 571	993 658	22 173
	277	华夏幸福基业股份有限公司	北　京	5 382 059	649 158	2 490 333	2 536 091	19 473
	278	广州富力地产股份有限公司	广　东	5 373 034	675 591	22 641 148	4 377 815	20 867
	279	唯品会(中国)有限公司	广　东	5 371 226	266 621	2 178 139	781 311	45 216
284	280	安徽江淮汽车集团控股有限公司	安　徽	5 316 976	35 994	5 176 726	401 798	36 366
266	281	山东京博控股股份有限公司	山　东	5 310 336	168 223	2 763 200	626 599	11 590
215	282	中国化学工程股份有限公司	北　京	5 307 460	177 038	8 388 420	2 747 100	43 929
257	283	盾安控股集团有限公司	浙　江	5 256 893	75 668	6 165 787	1 231 013	19 000
265	284	红豆集团有限公司	江　苏	5 252 176	107 259	3 780 255	1 517 822	20 069
281	285	深圳市飞马国际供应链股份有限公司	广　东	5 216 286	153 198	1 968 489	394 675	737
243	286	河北省物流产业集团有限公司	河　北	5 200 034	10 770	1 592 335	253 353	1 577
282	287	济宁如意投资有限公司	山　东	5 192 988	164 046	5 276 326	737 903	30 132
253	288	淮北矿业(集团)有限责任公司	安　徽	5 144 403	84 153	8 942 844	1 037 002	64 660
232	289	中国国际海运集装箱(集团)股份有限公司	广　东	5 111 165	53 966	12 461 475	2 928 597	51 299
326	290	正泰集团股份有限公司	浙　江	5 104 068	147 485	4 973 648	986 256	30 010
252	291	天津泰达投资控股有限公司	天　津	5 103 810	20 081	30 452 748	4 560 193	19 065
320	292	徐州矿务集团有限公司	江　苏	5 094 059	3 241	4 913 594	1 394 566	47 740
276	293	冀南钢铁集团有限公司	河　北	5 086 746	86 928	2 256 861	804 642	8 860
402	294	卓尔控股有限公司	湖　北	5 086 427	198 014	5 190 153	3 602 969	4 689
280	295	山东海科化工集团有限公司	山　东	5 083 216	81 115	2 108 905	314 999	3 433
294	296	江苏南通二建集团有限公司	江　苏	5 073 125	240 813	2 223 483	1 113 479	95 657
	297	青建集团股份公司	山　东	5 072 174	109 345	6 421 859	825 591	13 986
316	298	北京外企服务集团有限责任公司	北　京	5 063 212	23 085	630 225	142 689	29 461
302	299	稻花香集团	湖　北	5 056 186	19 477	2 265 126	208 818	19 098
308	300	甘肃省建设投资(控股)集团总公司	甘　肃	5 039 887	9 353	4 611 489	515 474	51 062

续表

2015名次	2016名次	企业名称	所在地	营业收入（万元）	净利润（万元）	资　产（万元）	所有者权益（万元）	从业人数（人）
256	301	四川华西集团有限公司	四　川	5 033 311	56 458	4 427 717	784 901	20 288
255	302	中联重科股份有限公司	湖　南	5 026 920	-93 370	8 914 102	3 681 356	15 154
295	303	南京钢铁集团有限公司	江　苏	5 019 681	61 071	4 299 718	1 045 199	11 423
277	304	新疆特变电工集团有限公司	新疆维吾尔自治区	5 011 487	238 056	9 421 611	2 927 787	21 208
291	305	山东招金集团有限公司	山　东	4 964 211	8 865	4 852 382	530 138	14 116
312	306	永辉超市股份有限公司	福　建	4 923 165	124 201	2 943 821	1 919 855	70 440
301	307	江苏三房巷集团有限公司	江　苏	4 887 241	20 723	2 226 599	918 051	7 859
366	308	昆明钢铁控股有限公司	云　南	4 841 481	-69 248	6 010 718	1 348 289	17 982
270	309	深圳市爱施德股份有限公司	广　东	4 833 328	18 775	989 484	527 099	2 619
293	310	上海永达控股(集团)有限公司	上　海	4 824 173	88 325	2 183 635	568 361	11 267
421	311	北京住总集团有限责任公司	北　京	4 821 560	30 991	7 987 583	482 675	11 347
262	312	重庆商社(集团)有限公司	重　庆	4 778 171	15 787	1 948 095	332 194	92 586
296	313	广西柳州钢铁集团有限公司	广西壮族自治区	4 777 764	59 730	4 044 355	964 549	17 212
297	314	亚邦投资控股集团有限公司	江　苏	4 736 603	173 712	2 903 410	1 275 772	19 165
355	315	南通四建集团有限公司	江　苏	4 722 598	244 246	1 216 767	710 698	81 595
314	316	云南锡业集团(控股)有限责任公司	云　南	4 716 186	-217 091	5 305 363	20 038	26 650
311	317	江苏省苏中建设集团股份有限公司	江　苏	4 698 991	87 814	1 841 387	408 891	95 086
322	318	宝塔石化集团有限公司	宁夏回族自治区	4 697 635	78 625	6 853 812	2 110 576	15 000
307	319	广东省广晟资产经营有限公司	广　东	4 672 889	13 755	14 215 975	2 583 619	30 931
321	320	广州轻工工贸集团有限公司	广　东	4 668 362	31 917	1 622 168	563 994	6 472
	321	雅居乐地产控股有限公司	广　东	4 667 887	228 364	13 172 490	3 530 960	12 468
303	322	德力西集团有限公司	浙　江	4 661 352	107 556	1 683 383	566 050	20 087
354	323	重庆市金科投资控股(集团)有限责任公司	重　庆	4 658 845	68 462	11 969 548	380 270	12 006
336	324	江苏华西集团有限公司	江　苏	4 621 086	15 195	5 330 053	1 341 819	20 300
300	325	山东科达集团有限公司	山　东	4 602 958	194 034	1 635 177	1 036 129	8 569
305	326	江苏国泰国际集团有限公司	江　苏	4 601 358	14 272	1 815 110	191 474	12 100
271	327	杭州娃哈哈集团有限公司	浙　江	4 559 165	542 137	3 232 224	2 294 091	26 442
310	328	宁波金田投资控股有限公司	浙　江	4 503 056	1 093	887 133	118 293	4 556
318	329	重庆龙湖企业拓展有限公司	重　庆	4 477 704	741 086	20 100 092	5 144 731	17 172
214	330	广东省广物控股集团有限公司	广　东	4 461 237	32 852	3 497 127	788 954	10 406
299	331	渤海银行股份有限公司	天　津	4 450 188	647 343	85 611 968	4 146 337	8 477
328	332	玖隆钢铁物流有限公司	江　苏	4 429 147	10 647	447 514	145 029	290
306	333	山东太阳控股集团有限公司	山　东	4 417 759	111 222	2 833 861	799 054	12 392
356	334	中国贵州茅台酒厂(集团)有限责任公司	贵　州	4 389 956	1 271 350	13 972 979	7 492 856	30 486
	335	前海人寿保险股份有限公司	广　东	4 367 512	404 481	24 410 633	2 145 339	3 189
339	336	北京首都旅游集团有限责任公司	北　京	4 366 100	40 870	7 296 176	1 226 383	43 474

续表

2015名次	2016名次	企业名称	所在地	营业收入（万元）	净利润（万元）	资产（万元）	所有者权益（万元）	从业人数（人）
288	337	重庆建工投资控股有限责任公司	重庆	4 359 414	30 375	6 796 765	413 278	14 077
323	338	中国恒天集团有限公司	北京	4 345 555	11 468	8 290 206	1 014 307	43 085
317	339	广东省交通集团有限公司	广东	4 327 330	305 822	35 980 249	7 493 995	58 438
325	340	四川省川威集团有限公司	四川	4 242 071	-90 888	4 081 909	182 985	13 191
	341	上海仪电（集团）有限公司	上海	4 220 131	94 777	9 492 146	997 190	13 841
	342	百丽国际控股有限公司	广东	4 170 650	240 340	3 174 500	2 647 410	116 810
331	343	合肥百货大楼集团股份有限公司	安徽	4 170 000	28 348	919 854	357 095	7 980
	344	中国核工业建设股份有限公司	北京	4 150 850	80 933	6 666 520	854 434	33 131
319	345	广州市建筑集团有限公司	广东	4 134 258	27 477	2 684 752	364 822	14 468
	346	上海钢联电子商务股份有限公司	上海	4 127 899	2 210	576 422	49 894	1 697
338	347	双胞胎（集团）股份有限公司	江西	4 127 454	10 345	843 832	103 451	7 100
396	348	内蒙古伊泰集团有限公司	内蒙古自治区	4 115 263	19 592	10 705 779	1 765 843	7 285
380	349	北京建工集团有限责任公司	北京	4 079 153	23 600	5 655 782	689 073	20 222
	350	神州数码集团股份有限公司	北京	4 053 112	40 380	1 703 717	264 816	4 217
324	351	四川宏达（集团）有限公司	四川	4 022 311	91 072	4 969 596	1 866 341	15 865
332	352	四川科伦实业集团有限公司	四川	4 017 468	95 772	2 707 004	1 174 246	23 046
363	353	重庆化医控股（集团）公司	重庆	4 013 423	6 036	7 669 895	1 065 284	29 050
285	354	广东省粤电集团有限公司	广东	4 003 371	201 421	12 693 021	4 682 166	14 934
347	355	浙江中成控股集团有限公司	浙江	3 989 194	76 340	1 583 013	635 118	52 135
	356	武汉金融控股（集团）有限公司	湖北	3 984 792	36 749	8 386 770	1 158 801	5 193
401	357	日照钢铁控股集团有限公司	山东	3 933 027	94 114	8 374 558	1 491 410	13 754
	358	深圳光汇石油集团股份有限公司	广东	3 923 023	16 941	3 454 434	1 428 826	1 273
337	359	天津纺织集团（控股）有限公司	天津	3 921 058	8 119	2 130 981	475 298	6 505
346	360	嘉晨集团有限公司	辽宁	3 918 000	93 523	3 087 707	2 221 977	11 061
	361	盛京银行股份有限公司	辽宁	3 915 974	686 452	90 548 265	4 579 423	4 677
345	362	浙江桐昆控股集团有限公司	浙江	3 913 421	53 631	2 372 475	385 573	14 840
358	363	隆鑫控股有限公司	重庆	3 912 830	60 390	6 488 717	1 005 287	20 875
359	364	长春欧亚集团股份有限公司	吉林	3 908 359	32 729	1 815 759	272 804	7 978
292	365	华勤橡胶工业集团有限公司	山东	3 892 165	52 304	1 621 624	670 453	8 150
394	366	河北建设集团股份有限公司	河北	3 883 456	60 449	2 105 775	287 844	6 098
377	367	四川蓝润实业集团有限公司	四川	3 868 581	321 671	5 467 526	3 069 560	4 800
335	368	中华联合保险控股股份有限公司	北京	3 854 574	79 513	6 430 712	1 385 664	40 215
352	369	安徽建工集团有限公司	安徽	3 831 366	40 295	4 756 514	244 468	14 332
	370	江苏南通六建建设集团有限公司	江苏	3 821 692	92 345	990 293	494 095	38 963
397	371	包头钢铁（集团）有限责任公司	内蒙古自治区	3 810 735	-438 635	16 671 069	602 300	52 703
360	372	杉杉控股有限公司	浙江	3 806 650	71 467	4 090 389	674 900	6 658
408	373	北京首都创业集团有限公司	北京	3 803 068	32 574	25 405 827	1 476 508	26 252
480	374	福佳集团有限公司	辽宁	3 800 989	152 120	5 513 301	2 750 847	3 340

续表

2015名次	2016名次	企业名称	所在地	营业收入（万元）	净利润（万元）	资产（万元）	所有者权益（万元）	从业人数（人）
370	375	人民电器集团有限公司	浙江	3 796 752	155 234	995 100	714 596	22 800
374	376	重庆力帆控股有限公司	重庆	3 788 098	72 724	5 831 442	1 320 822	16 026
390	377	太极集团有限公司	重庆	3 787 662	43 706	1 145 747	210 427	12 471
361	378	重庆市能源投资集团有限公司	重庆	3 777 731	8 455	10 362 727	1 996 139	48 588
342	379	郑州宇通集团有限公司	河南	3 768 502	268 750	4 826 731	1 027 906	18 952
381	380	浙江前程投资股份有限公司	浙江	3 740 500	2 218	678 301	90 753	377
350	381	安阳钢铁集团有限责任公司	河南	3 729 747	-2 736	4 262 042	376 891	24 737
383	382	山东金诚石化集团有限公司	山东	3 713 878	119 438	613 043	551 419	2 000
428	383	东营鲁方金属材料有限公司	山东	3 711 216	104 784	1 159 174	508 458	2 426
	384	中国东方电气集团有限公司	四川	3 703 684	-90 821	10 434 975	1 304 304	22 302
403	385	福建省能源集团有限责任公司	福建	3 698 045	133 289	6 880 362	1 933 279	30 904
369	386	山东金岭集团有限公司	山东	3 689 740	155 830	1 099 400	664 042	3 990
422	387	陕西汽车控股集团有限公司	陕西	3 681 227	- 684	4 731 175	351 182	25 385
	388	蓝思科技股份有限公司	湖南	3 678 231	132 784	4 594 395	2 061 922	74 174
371	389	山东胜通集团股份有限公司	山东	3 673 659	402 922	2 636 256	1 513 936	7 600
362	390	江西省建工集团有限责任公司	江西	3 657 856	47 326	2 995 443	196 089	3 264
364	391	江苏阳光集团有限公司	江苏	3 650 624	198 345	2 255 790	1 171 441	17 538
357	392	广西北部湾国际港务集团有限公司	广西壮族自治区	3 646 273	45 644	7 599 904	1 552 081	20 701
329	393	吉林亚泰（集团）股份有限公司	吉林	3 620 366	15 193	5 192 332	1 148 630	24 905
409	394	弘阳集团有限公司	江苏	3 594 460	183 176	4 643 061	1 357 644	3 119
389	395	山东玉皇化工有限公司	山东	3 572 264	92 849	2 449 581	908 181	5 322
395	396	三河汇福粮油集团有限公司	河北	3 568 714	55 156	1 495 250	317 601	3 000
372	397	山东时风（集团）有限责任公司	山东	3 557 631	120 116	998 081	751 717	19 192
388	398	西部矿业集团有限公司	青海	3 555 080	2 450	4 822 762	361 422	8 866
275	399	浙江省国际贸易集团有限公司	浙江	3 549 060	68 185	5 229 824	1 229 108	12 460
451	400	武安市明芳钢铁有限公司	河北	3 536 800	152 450	1 768 400	801 890	8 230
426	401	河北普阳钢铁有限公司	河北	3 535 037	126 469	1 391 494	785 031	7 016
386	402	深圳创维-RGB电子有限公司	广东	3 531 884	172 205	3 505 113	1 001 280	25 516
	403	北京江南投资集团有限公司	北京	3 530 568	531 800	12 210 152	1 067 329	350
351	404	重庆农村商业银行股份有限公司	重庆	3 524 429	794 475	80 315 773	5 259 322	16 245
373	405	山西建筑工程（集团）总公司	山西	3 509 212	10 256	4 543 724	97 571	24 457
400	406	天瑞集团股份有限公司	河南	3 500 265	116 963	7 235 002	3 578 752	16 830
365	407	老凤祥股份有限公司	上海	3 496 378	105 749	1 405 613	506 143	2 656
348	408	天津市医药集团有限公司	天津	3 486 658	157 407	7 695 478	3 115 407	20 486
	409	云南冶金集团股份有限公司	云南	3 485 323	-308 941	8 366 277	658 742	28 102
	410	四川省交通投资集团有限责任公司	四川	3 465 383	-41 662	28 143 201	7 203 368	24 000
	411	中天科技集团有限公司	江苏	3 450 692	57 900	2 200 049	494 410	12 318
393	412	申能（集团）有限公司	上海	3 440 452	401 064	15 349 329	8 229 198	10 899
492	413	旭阳控股有限公司	北京	3 426 205	42 543	3 000 403	472 784	5 474

续表

2015名次	2016名次	企业名称	所在地	营业收入（万元）	净利润（万元）	资　产（万元）	所有者权益（万元）	从业人数（人）
379	414	广州越秀集团有限公司	广　东	3 412 214	193 295	37 394 918	2 096 751	14 538
398	415	新奥能源控股有限公司	河　北	3 410 300	215 100	3 352 700	1 496 600	28 735
404	416	西王集团有限公司	山　东	3 402 859	34 351	4 700 503	1 199 755	16 000
	417	四川省能源投资集团有限责任公司	四　川	3 389 513	433 991	9 672 804	2 308 495	16 055
445	418	威高集团有限公司	山　东	3 361 631	345 309	3 325 962	2 178 061	20 000
391	419	四川德胜集团钒钛有限公司	四　川	3 356 070	2 658	2 637 067	834 471	10 042
387	420	天狮集团有限公司	天　津	3 354 195	301 878	1 539 817	1 282 035	4 872
309	421	天音通信有限公司	广　东	3 349 888	20 733	1 038 882	146 251	5 000
495	422	安徽新华发行(集团)控股有限公司	安　徽	3 337 697	80 648	2 697 307	756 706	5 759
392	423	石家庄北国人百集团有限责任公司	河　北	3 329 494	40 357	1 140 670	307 855	51 880
427	424	河北新金钢铁有限公司	河　北	3 322 398	80 769	1 206 564	538 680	5 444
453	425	哈尔滨电气集团公司	黑龙江	3 319 688	2 075	7 042 732	1 244 587	21 819
	426	传化集团有限公司	浙　江	3 304 487	49 445	4 001 107	955 083	13 528
440	427	晶龙实业集团有限公司	河　北	3 302 668	110 656	3 714 794	1 855 844	20 550
416	428	山东渤海实业股份有限公司	山　东	3 298 192	39 890	1 778 532	252 927	3 668
450	429	奇瑞汽车股份有限公司	安　徽	3 296 370	61 484	7 790 968	1 942 235	15 527
412	430	湖南博长控股集团有限公司	湖　南	3 293 320	23 410	1 004 695	184 640	7 528
	431	常州天合光能有限公司	江　苏	3 291 603	115 996	3 643 636	1 094 673	13 270
447	432	杭州华东医药集团有限公司	浙　江	3 276 899	251 337	2 260 105	1 234 331	10 836
431	433	远东控股集团有限公司	江　苏	3 272 223	31 318	2 276 948	365 514	10 098
378	434	江苏新长江实业集团有限公司	江　苏	3 272 177	88 122	2 595 446	865 769	8 460
496	435	富海集团有限公司	山　东	3 254 717	114 719	1 788 703	639 124	3 650
452	436	唐山港陆钢铁有限公司	河　北	3 251 190	66 137	1 582 078	650 809	7 540
417	437	维维集团股份有限公司	江　苏	3 250 593	172 710	2 136 545	1 539 229	20 235
406	438	浙江昆仑控股集团有限公司	浙　江	3 237 182	86 381	1 575 345	559 365	34 283
423	439	东营方圆有色金属有限公司	山　东	3 222 246	99 200	1 880 188	924 502	1 078
493	440	研祥高科技控股集团有限公司	广　东	3 220 692	277 378	2 829 941	1 661 230	5 000
429	441	广东省建筑工程集团有限公司	广　东	3 220 070	39 357	2 930 530	649 068	24 428
	442	北京首都开发控股(集团)有限公司	北　京	3 216 580	132 416	20 666 588	1 462 991	3 535
425	443	浙江宝业建设集团有限公司	浙　江	3 216 547	37 250	604 565	266 533	3 920
	444	河南豫联能源集团有限责任公司	河　南	3 214 676	-24 641	2 648 341	-705	13 357
407	445	步步高投资集团股份有限公司	湖　南	3 214 532	21 546	1 447 812	616 734	17 733
484	446	珠海华发集团有限公司	广　东	3 213 733	103 057	18 916 283	2 414 275	11 875
413	447	山河建设集团有限公司	湖　北	3 210 730	97 862	795 434	478 998	63 462
334	448	江苏汇鸿国际集团股份有限公司	江　苏	3 198 322	66 373	3 096 324	808 910	3 617
460	449	天元建设集团有限公司	山　东	3 175 732	60 408	2 310 039	582 441	9 415
435	450	安徽国贸集团控股有限公司	安　徽	3 168 778	4 682	3 496 418	329 940	7 123
384	451	大汉控股集团有限公司	湖　南	3 152 077	60 794	1 499 308	623 346	2 567
469	452	精功集团有限公司	浙　江	3 151 099	68 698	4 450 445	814 681	14 844

续表

2015名次	2016名次	企业名称	所在地	营业收入（万元）	净利润（万元）	资 产（万元）	所有者权益（万元）	从业人数（人）
405	453	沂州集团有限公司	山 东	3 150 593	5 712	1 128 447	357 427	4 763
	454	恒丰银行股份有限公司	山 东	3 138 489	911 704	120 851 943	6 270 738	10 855
375	455	广西玉柴机器集团有限公司	广西壮族自治区	3 137 203	60 995	3 442 348	1 181 086	19 465
432	456	上海国际港务(集团)股份有限公司	上 海	3 135 918	693 908	11 678 478	6 072 386	18 183
	457	上海找钢网信息科技股份有限公司	上 海	3 135 403	3 523	427 454	73 083	1 259
	458	天津能源投资集团有限公司	天 津	3 129 782	99 846	7 545 046	2 903 505	9 507
437	459	法尔胜泓昇集团有限公司	江 苏	3 127 327	53 672	1 936 334	542 292	9 159
418	460	宁波富邦控股集团有限公司	浙 江	3 126 715	39 696	4 157 684	531 673	8 503
	461	江苏华宏实业集团有限公司	江 苏	3 126 550	21 423	1 030 812	422 900	3 800
449	462	武安市文安钢铁有限公司	河 北	3 125 288	70 032	845 084	766 435	5 048
477	463	新余钢铁集团有限公司	江 西	3 118 939	17 547	3 214 515	558 331	24 414
443	464	华芳集团有限公司	江 苏	3 118 321	29 769	959 421	488 906	12 457
340	465	中基宁波集团股份有限公司	浙 江	3 113 666	7 474	888 807	64 268	1 577
415	466	金浦投资控股集团有限公司	江 苏	3 108 086	29 938	1 983 538	368 590	9 500
419	467	北京市政路桥集团有限公司	北 京	3 107 149	45 463	4 649 685	635 753	17 054
483	468	天津友发钢管集团股份有限公司	天 津	3 101 112	52 342	619 234	244 562	8 423
430	469	武安市裕华钢铁有限公司	河 北	3 096 007	164 570	1 865 265	1 019 570	10 893
	470	金澳科技(湖北)化工有限公司	湖 北	3 094 425	60 726	598 561	290 904	3 580
	471	河南森源集团有限公司	河 南	3 078 635	61 699	2 775 996	873 751	9 058
	472	通鼎集团有限公司	江 苏	3 063 395	117 257	1 354 563	411 487	11 226
444	473	洪业化工集团股份有限公司	山 东	3 061 252	172 315	2 482 588	1 038 105	8 900
436	474	波司登股份有限公司	江 苏	3 057 110	234 069	2 598 687	1 563 820	23 880
489	475	中科电力装备集团有限公司	安 徽	3 056 449	10 959	971 605	92 123	3 518
455	476	重庆机电控股(集团)公司	重 庆	3 052 260	69 600	4 131 343	1 046 272	28 777
424	477	双良集团有限公司	江 苏	3 034 234	27 515	2 833 676	749 777	5 009
	478	华仪集团有限公司	浙 江	3 028 480	77 408	2 120 372	434 428	13 474
482	479	北京二商集团有限责任公司	北 京	3 024 847	31 172	1 712 821	475 102	14 517
463	480	卧龙控股集团有限公司	浙 江	3 024 640	102 312	2 560 416	640 337	16 183
446	481	宜昌兴发集团有限责任公司	湖 北	3 023 534	2 787	2 948 195	351 432	9 557
462	482	河北建工集团有限责任公司	河 北	3 015 566	4 491	1 403 015	112 450	6 001
	483	山东创新金属科技有限公司	山 东	3 008 543	56 502	1 476 070	148 234	6 500
410	484	四川公路桥梁建设集团有限公司	四 川	2 988 629	113 945	6 055 037	894 490	10 357
499	485	福建省三钢(集团)有限责任公司	福 建	2 984 761	35 464	2 646 638	662 014	16 654
	486	中运富通控股集团有限公司	上 海	2 965 577	98 506	1 099 935	340 103	2 890
448	487	广州万宝集团有限公司	广 东	2 964 384	13 474	1 985 627	263 978	15 280
474	488	安徽省皖北煤电集团有限责任公司	安 徽	2 961 865	-2 451	5 266 493	306 692	39 874
382	489	世纪金源投资集团有限公司	北 京	2 961 734	335 850	10 487 578	3 334 368	15 800
456	490	河南豫光金铅集团有限责任公司	河 南	2 953 921	-728	1 844 154	105 125	6 095
	491	万通海欣控股股份有限公司	山 东	2 936 853	133 381	3 015 174	1 067 302	3 000

续表

2015名次	2016名次	企业名称	所在地	营业收入（万元）	净利润（万元）	资 产（万元）	所有者权益（万元）	从业人数（人）
434	492	金东纸业(江苏)股份有限公司	江 苏	2 902 996	130 870	6 362 560	1 840 377	8 509
478	493	重庆轻纺控股(集团)公司	重 庆	2 886 586	26 930	2 895 263	607 452	23 563
327	494	珠海振戎公司	北 京	2 886 116	11 780	157 129	101 742	118
465	495	澳洋集团有限公司	江 苏	2 881 541	47 867	1 538 801	324 252	11 066
457	496	龙信建设集团有限公司	江 苏	2 865 984	92 130	779 809	249 838	31 796
471	497	安徽省交通控股集团有限公司	安 徽	2 860 083	87 098	21 880 595	6 307 726	28 662
486	498	广西盛隆冶金有限公司	广西壮族自治区	2 859 460	70 214	1 823 683	697 126	8 000
	499	上海农村商业银行股份有限公司	上 海	2 843 186	590 249	71 088 056	4 622 292	7 468
	500	通州建总集团有限公司	江 苏	2 831 050	73 141	495 969	150 375	66 872
		合 计		**6 400 498 936**	**282 733 881**	**25 613 313 530**	**3 072 571 280**	**33 416 483**

说明：

1. 2016中国企业500强是中国企业联合会、中国企业家协会参照国际惯例，组织企业自愿申报，并经专家审定确认后产生的。申报企业包括在中国境内注册、2016年实现营业收入达到200亿元的企业(不包括行政性公司和资产经营公司，不包括在华外资、港澳台独资、控股企业，也不包括行政性公司、政企合一的单位以及各类资产经营公司、烟草公司，但包括在境外注册、投资主体为中国自然人或法人、主要业务在境内的企业)，都有资格申报参加排序。属于集团公司的控股子公司或相对控股子公司，由于其财务报表最后能被合并到集团母公司的财务会计报表中去，因此只允许其母公司申报。

2. 表中所列数据由企业自愿申报或属于上市公司公开数据、并经会计师事务所或审计师事务所等单位认可。

3. 营业收入是2016年不含增值税的收入，包括企业的所有收入，即主营业务和非主营业务、境内和境外的收入。商业银行的营业收入为2016年利息收入和非利息营业收入之和(不减掉对应的支出)。保险公司的营业收入是2016年保险费和年金收入扣除储蓄的资本收益或损失。净利润是2016年上交所得税的净利润扣除少数股东权益后的归属母公司所有者的净利润。资产是2016年年度末的资产总额。归属母公司所有者权益是2016年年底所有者权益总额扣除少数股东权益后的母公司所有者权益。研究开发费用是2016年企业投入研究开发的所有费用。从业人数是2016年年度的平均人数(含所有被合并报表企业的人数)。

4. 行业分类参照了国家统计局的分类方法，依据其主营业务收入所在行业来划分；地区分类是按企业总部所在地划分。

2016 中国制造业排序前 100 名企业

名 次	企业名称	所在地	营业收入（万元）	利 润（万元）	资 产（万元）	所有者权益（万元）	从业人数（人）
1	中国石油化工集团公司	北 京	196 921 982	835 693	215 939 145	74 027 943	713 288
2	上海汽车集团股份有限公司	上 海	75 641 617	3 200 861	59 062 814	19 192 098	94 121
3	东风汽车公司	湖 北	57 261 266	940 048	41 371 605	7 966 608	189 795
4	华为投资控股有限公司	广 东	52 157 400	3 706 600	44 363 400	14 009 400	180 000
5	中国兵器装备集团公司	北 京	47 267 719	385 537	36 038 210	5 217 855	232 817
6	中国五矿集团公司	北 京	43 545 005	-296 753	75 981 820	3 218 445	212 406
7	中国第一汽车集团公司	吉 林	43 038 158	1 601 905	38 063 629	17 018 278	122 323
8	中国兵器工业集团公司	北 京	40 740 610	566 689	36 929 503	9 312 836	234 771
9	北京汽车集团有限公司	北 京	40 610 384	837 478	40 156 360	5 585 251	131 256
10	山东魏桥创业集团有限公司	山 东	37 318 332	808 644	21 988 813	6 558 731	135 393
11	中国航空工业集团公司	北 京	37 119 722	308 352	86 793 318	16 918 731	495 775
12	正威国际集团有限公司	广 东	33 001 920	797 135	12 790 482	6 952 628	17 852
13	中国宝武钢铁集团有限公司	上 海	30 962 102	294 162	74 168 343	24 829 186	169 344
14	联想控股股份有限公司	北 京	30 695 285	485 892	32 225 883	5 226 616	69 324
15	中国化工集团公司	北 京	30 012 718	11 908	37 764 188	2 406 119	111 160
16	河钢集团有限公司	河 北	29 077 196	89 088	36 038 803	5 346 059	125 552
17	中国船舶重工集团公司	北 京	28 001 147	322 703	48 383 030	12 362 228	182 129
18	广州汽车工业集团有限公司	广 东	27 609 981	366 673	21 034 021	2 634 186	75 908
19	中国铝业公司	北 京	26 758 014	-187 671	52 183 078	1 855 037	124 894
20	中国建材集团有限公司	北 京	26 123 339	49 485	56 446 466	4 045 795	228 448
21	恒力集团有限公司	江 苏	25 164 763	545 907	9 255 649	3 715 737	61 400
22	中国中车股份有限公司	北 京	22 972 215	1129 559	33 831 061	10 485 661	183 061
23	新兴际华集团有限公司	北 京	22 038 469	297 748	12 999 010	3 186 134	65 539
24	中国航天科技集团公司	北 京	21 321 012	1 326 128	38 723 167	14 899 705	170 357
25	江西铜业集团公司	江 西	21 045 947	13 533	11 194 491	2 061 867	25 757
26	浙江吉利控股集团有限公司	浙 江	20 879 870	840 872	20 674 077	4 097 082	60 712
27	中国航天科工集团公司	北 京	20 316 614	959 100	25 712 283	9 488 537	145 177
28	海尔集团公司	山 东	20 160 868	1 667 688	17 568 507	5 839 676	73 065
29	中国电子信息产业集团有限公司	北 京	19 936 460	213 860	25 417 702	3 357 157	149 019
30	中国船舶工业集团公司	北 京	19 848 192	244 195	28 335 396	6 368 577	68 025
31	江苏沙钢集团有限公司	江 苏	19 838 486	233 910	16 484 011	3 880 848	35 133
32	金川集团股份有限公司	甘 肃	19 313 227	-358 536	12 594 538	3 199 552	32 991
33	中国电子科技集团公司	北 京	18 130 792	1 070 623	24 946 941	11 046 109	158 128
34	华晨汽车集团控股有限公司	辽 宁	17 273 211	30 209	13 437 742	647 639	49 791
35	美的集团股份有限公司	广 东	15 984 170	1 470 000	17 060 000	6 110 000	120 000
36	光明食品(集团)有限公司	上 海	15 585 452	115 802	24 192 979	5 336 148	148 813

续表

名次	企业名称	所在地	营业收入（万元）	利润（万元）	资产（万元）	所有者权益（万元）	从业人数（人）
37	海亮集团有限公司	浙江	15 027 109	87 119	7 113 068	1 570 738	13 519
38	铜陵有色金属集团控股有限公司	安徽	14 955 342	-30 062	8 352 027	1 020 518	26 146
39	万洲国际有限公司	河南	14 305 682	549 401	9 458 964	4 389 304	104 000
40	中国有色矿业集团有限公司	北京	14 095 403	-40 024	11 962 401	1 379 652	55 609
41	鞍钢集团公司	辽宁	13 925 490	-678 062	33 109 220	6 098 189	155 287
42	首钢总公司	北京	13 487 099	-62 581	44 610 873	10 732 808	112 323
43	陕西有色金属控股集团有限责任公司	陕西	12 412 110	21 456	12 246 572	2 837 073	45 533
44	天津百利机械装备集团有限公司	天津	12 236 453	72 519	7 773 026	680 299	66 612
45	上海医药集团股份有限公司	上海	12 076 466	319 639	8 274 272	3 162 255	40 852
46	天津渤海轻工投资集团有限公司	天津	11 238 989	171 943	6 476 478	1 981 817	30 863
47	天津渤海化工集团有限责任公司	天津	11 203 107	119 118	15 878 962	5 104 015	35 703
48	万向集团公司	浙江	11 071 835	353 141	8 406 613	2 204 238	28 150
49	珠海格力电器股份有限公司	广东	11 011 310	1 542 097	18 236 971	5 386 395	71 610
50	江苏悦达集团有限公司	江苏	10 998 658	3 821	8 867 415	816 834	40 516
51	中国黄金集团公司	北京	10 788 422	-44 937	10 312 239	1 465 747	48 749
52	协鑫集团有限公司	江苏	10 740 792	374 106	15 827 086	3 274 015	29 800
53	TCL 集团股份有限公司	广东	10 647 350	160 213	14 713 679	2 276 489	79 561
54	四川长虹电子控股集团有限公司	四川	10 475 541	47 699	7 118 438	141 133	71 423
55	比亚迪股份有限公司	广东	10 347 000	505 215	14 507 078	3 031 558	193 842
56	青山控股集团有限公司	浙江	10 286 156	183 134	3 280 440	903 270	16 380
57	山东钢铁集团有限公司	山东	10 253 696	-447 322	26 588 307	1 378 024	91 275
58	中天钢铁集团有限公司	江苏	10 133 575	79 203	4 683 145	1 638 539	13 507
59	中兴通讯股份有限公司	广东	10 123 318	-235 742	14 164 091	2 640 115	81 468
60	潍柴控股集团有限公司	山东	10 068 582	42 384	17 993 137	405 170	79 038
61	海信集团有限公司	山东	10 033 120	524 964	10 980 151	3 713 116	58 250
62	天津中环电子信息集团有限公司	天津	10 008 770	383 680	8 659 253	4 344 080	52 067
63	安徽海螺集团有限责任公司	安徽	9 865 157	305 230	11 511 928	2 794 124	50 401
64	长城汽车股份有限公司	河北	9 861 570	1 055 116	9 230 916	4 729 480	71 617
65	上海电气(集团)总公司	上海	9 780 429	125 493	22 223 353	3 292 784	47 630
66	东岭集团股份有限公司	陕西	9 640 568	50 300	3 180 253	606 516	10 830
67	超威电源有限公司	浙江	9 565 364	71 104	1 162 467	441 712	19 120
68	南山集团有限公司	山东	9 361 599	523 017	11 327 614	4 890 360	46 471
69	海澜集团有限公司	江苏	9 330 467	413 326	8 813 421	7 119 068	32 000
70	天能电池集团有限公司	浙江	9 296 773	84 181	1 217 258	358 921	18 110
71	山东东明石化集团有限公司	山东	8 868 932	106 367	2 267 691	762 074	4 967
72	盛虹控股集团有限公司	江苏	8 804 037	73 822	7 760 063	1 144 416	27 935
73	广州医药集团有限公司	广东	8 782 570	77 912	4 396 455	492 487	36 899
74	浙江荣盛控股集团有限公司	浙江	8 687 536	123 995	6 408 806	1 341 540	8 923
75	湖南华菱钢铁集团有限责任公司	湖南	8 367 017	60 658	13 023 921	2 124 251	32 131

续表

名 次	企业名称	所在地	营业收入（万元）	利 润（万元）	资 产（万元）	所有者权益（万元）	从业人数（人）
76	酒泉钢铁（集团）有限责任公司	甘 肃	8 131 043	126 837	10 991 611	2 215 196	33 185
77	大冶有色金属集团控股有限公司	湖 北	8 080 187	4 251	3 056 950	791 513	13 932
78	本钢集团有限公司	辽 宁	8 005 209	−9 442	14 298 768	3 017 750	72 830
79	紫金矿业集团股份有限公司	福 建	7 885 114	183 980	8 921 770	2 776 247	23 698
80	湖北宜化集团有限责任公司	湖 北	7 809 035	−4 155	7 056 822	937 155	38 433
81	徐州工程机械集团有限公司	江 苏	7 711 016	6 707	9 048 526	1 382 902	24 283
82	浙江恒逸集团有限公司	浙 江	7 520 307	27 441	3 795 853	702 641	6 637
83	复星国际有限公司	上 海	7 396 656	1 026 819	48 677 948	12 287 383	53 000
84	山东晨鸣纸业集团股份有限公司	山 东	7 388 933	206 399	8 228 535	2 221 881	12 986
85	山东黄金集团有限公司	山 东	7 318 995	3 062	8 599 990	1 315 539	26 353
86	北京金隅集团有限责任公司	北 京	7 294 299	136 917	21 210 031	1 737 089	59 803
87	河北津西钢铁集团股份有限公司	河 北	7 282 800	127 892	3 730 050	1 228 537	11 158
88	杭州汽轮动力集团有限公司	浙 江	7 190 052	11 619	3 593 132	665 511	5 625
89	新华联集团有限公司	北 京	7 189 858	161 944	11 534 623	2 431 207	58 916
90	太原钢铁（集团）有限公司	山 西	7 060 767	88 369	12 972 509	3 314 043	41 689
91	四川省宜宾五粮液集团有限公司	四 川	7 030 824	720 812	9 562 847	6 511 751	43 692
92	杭州钢铁集团公司	浙 江	7 019 038	72 338	5 894 626	1 096 401	14 254
93	河北新华联合冶金控股集团有限公司	河 北	7 007 209	284 948	5 690 849	2 557 810	13 601
94	中国重型汽车集团有限公司	山 东	7 002 988	186 472	12 272 753	3 320 943	36 176
95	京东方科技集团股份有限公司	北 京	6 889 566	188 257	20 513 501	7 869 999	49 151
96	新希望集团有限公司	四 川	6 855 885	286 285	11 453 150	1 871 201	65 407
97	华泰集团有限公司	山 东	6 670 596	107 524	3 195 341	711 371	10 681
98	江铃汽车集团公司	江 西	6 533 798	129 195	5 257 932	847 514	38 640
99	山东大海集团有限公司	山 东	6 526 700	466 182	3 126 706	1 534 999	6 820
100	中融新大集团有限公司	山 东	6 511 716	4 695 334	14 026 915	6 520 873	11 000

资料来源：中国企业联合会、中国企业家协会。

2016 中国服务业排序前 100 名企业

名次	企业名称	地区	营业收入（万元）	利润（万元）	资产（万元）	所有者权益（万元）	从业人数（人）
1	国家电网公司	北京	209 397 168	6 358 560	340 412 600	145 561 680	980 058
2	中国工商银行股份有限公司	北京	101 526 600	27 824 900	2 413 726 500	196 975 100	461 749
3	中国建设银行股份有限公司	北京	84 805 200	23 146 000	2 096 370 500	157 650 000	362 482
4	中国农业银行股份有限公司	北京	77 909 800	18 394 100	1 824 847 000	131 819 300	501 368
5	中国平安保险（集团）股份有限公司	广东	77 448 800	6 239 400	557 690 300	38 344 900	1400 000
6	中国银行股份有限公司	北京	75 540 200	16 457 800	1 814 888 900	141 168 200	308 900
7	中国移动通信集团公司	北京	71 161 106	6 387 079	171 267 353	90 662 594	463 712
8	中国人寿保险（集团）公司	北京	69 634 318	107 934	335 679 202	9 783 945	161 530
9	国家开发银行股份有限公司	北京	58 875 467	10 904 632	1 434 049 981	114 154 783	10 020
10	华润（集团）有限公司	广东	50 340 782	1 714 106	110 004 377	16 404 334	420 572
11	中国南方电网有限责任公司	广东	47 328 148	1 547 784	68 929 796	26 674 892	300 144
12	中国人民保险集团股份有限公司	北京	44 332 300	1 424 500	93 214 900	12 610 100	853 364
13	中国邮政集团公司	北京	43 583 636	3 308 568	848 984 996	29 961 957	924 703
14	天津物产集团有限公司	天津	42 068 435	94 107	24 123 770	2 407 972	17 353
15	中国电信集团公司	北京	41 445 834	1 172 321	80 488 306	35 386 219	413 536
16	安邦保险股份有限公司	北京	41 397 026	2 580 239	298 856 457	14 157 537	40 707
17	苏宁控股集团有限公司	江苏	41 295 073	68 825	27 523 408	6 537 538	180 000
18	中粮集团有限公司	北京	40 700 647	135 825	50 086 334	7 664 839	101 708
19	中国中化集团公司	北京	39 549 504	310 931	39 948 441	6 390 161	59 803
20	海航集团有限公司	海南	35 233 153	185 295	120 292 619	9 795 787	220 258
21	交通银行股份有限公司	上海	35 119 183	6 720 959	840 316 551	62 914 170	92 556
22	中国中信集团有限公司	北京	35 111 397	2 150 005	652 044 382	29 037 959	201 263
23	中国医药集团总公司	北京	31 728 070	334 811	25 551 437	3 931 934	106 772
24	招商银行股份有限公司	广东	29 756 000	6 238 000	594 231 100	—	70 461
25	中国华信能源有限公司	上海	29 094 988	492 176	15 690 401	2 721 160	29 637
26	兴业银行股份有限公司	福建	28 515 000	5 385 000	608 589 000	35 012 900	56 236
27	中国联合网络通信集团有限公司	北京	27 573 518	-23 054	66 284 164	16 234 936	273 951
28	上海浦东发展银行股份有限公司	上海	27 003 000	5 309 900	585 726 300	36 794 700	52 832
29	中国民生银行股份有限公司	北京	26 845 000	4 784 300	589 587 700	35 202 700	58 720
30	中国太平洋保险（集团）股份有限公司	北京	26 701 400	1 205 700	102 069 200	13 176 400	97 032
31	北京京东世纪贸易有限公司	北京	26 012 165	-386 681	16 037 352	3 389 290	120 622
32	绿地控股集团股份有限公司	上海	24 716 022	720 730	73 313 796	5 627 129	26 686
33	大商集团有限公司	辽宁	23 525 202	116 478	2 916 082	867 350	182 586
34	万科企业股份有限公司	广东	22 891 600	2 102 261	83 067 421	11 344 477	58 280
35	中国光大集团股份有限公司	北京	21 564 600	1 247 500	436 221 100	10 883 700	61 400
36	中国机械工业集团有限公司	北京	21 416 120	333 515	27 201 623	6 206 173	117 155

续表

名 次	企业名称	地 区	营业收入（万元）	利 润（万元）	资 产（万元）	所有者权益（万元）	从业人数（人）
37	恒大集团有限公司	广 东	21 144 400	1 761 700	135 086 800	19 253 200	89 000
38	中国保利集团公司	北 京	20 932 035	494 345	66 477 088	5 334 738	76 425
39	物产中大集团股份有限公司	浙 江	20 689 887	215 432	7 657 118	2 015 658	18 150
40	中国远洋海运集团有限公司	北 京	19 759 362	989 211	65 875 709	16 781 725	106 478
41	大连万达集团股份有限公司	辽 宁	18 922 100	—	106 119 337	—	155 905
42	国美电器有限公司	北 京	18 243 000	79 631	6 203 079	2 256 653	40 202
43	中国航空油料集团公司	北 京	16 334 734	212 555	4 234 102	1 572 551	11 739
44	阿里巴巴集团控股有限公司	浙 江	15 827 300	4 367 500	50 681 200	27 879 900	36 446
45	阳光金融控股投资集团有限公司	福 建	15 716 144	105 793	16 839 506	1 337 719	10 234
46	雪松控股集团有限公司	广 东	15 701 937	558 115	10 188 113	3 542 709	16 291
47	碧桂园控股有限公司	广 东	15 308 698	1 151 682	59 256 760	7 012 837	94 450
48	腾讯控股有限公司	广 东	15 193 800	4 109 600	39 589 900	17 462 400	38 775
49	厦门建发集团有限公司	福 建	14 711 701	186 149	15 100 406	2 769 672	17 476
50	中国通用技术（集团）控股有限责任公司	北 京	14 690 487	274 778	14 496 899	3 553 854	38 589
51	新华人寿保险股份有限公司	北 京	14 617 300	494 200	69 918 100	5 911 800	54 378
52	厦门国贸控股有限公司	福 建	14 568 578	23 676	8 451 473	740 841	20 595
53	新疆广汇实业投资（集团）有限责任公司	新疆维吾尔自治区	14 561 731	167 267	22 208 370	3 171 285	75 840
54	富德生命人寿保险股份有限公司	广 东	13 040 924	388 094	45 589 682	2 979 277	—
55	三胞集团有限公司	江 苏	13 008 768	205 137	12 297 659	3 218 680	99 820
56	上海东浩兰生国际服务贸易（集团）有限公司	上 海	12 966 972	75 349	3 419 080	1 047 168	5 910
57	中国太平保险集团有限责任公司	北 京	12 747 978	194 571	45 549 585	2 501 334	60 270
58	泰康保险集团股份有限公司	北 京	12 510 381	841 125	62 943 105	4 171 730	48 352
59	厦门象屿集团有限公司	福 建	12 393 844	72 628	7 296 376	947 889	7 500
60	广西投资集团有限公司	广西壮族自治区	11 698 600	12 109	31 116 170	1 914 133	26 810
61	中国航空集团公司	北 京	11 588 474	391 254	23 695 440	4 808 088	93 802
62	中国南方航空集团公司	广 东	11 545 291	275 742	20 922 849	2 733 230	108 147
63	华夏银行股份有限公司	北 京	10 474 600	1 967 700	235 623 500	15 218 400	39 354
64	中国东方航空集团公司	上 海	10 184 793	349 532	24 071 377	3 278 128	56 370
65	山东省商业集团有限公司	山 东	10 161 700	30 775	8 361 789	973 724	47 065
66	清华控股有限公司	北 京	9 563 322	148 778	35 279 579	1 758 229	124 000
67	中国华融资产管理股份有限公司	北 京	9 520 772	1 961 346	141 196 930	11 524 300	11 365
68	中国信达资产管理股份有限公司	北 京	9 165 723	1 551 216	117 448 092	13 921 672	21 424
69	浙江省交通投资集团有限公司	浙 江	8 753 526	173 139	28 235 549	6 744 722	25 889
70	武汉商联（集团）股份有限公司	湖 北	8 729 074	21 654	3 119 050	779 719	51 467
71	国家开发投资公司	北 京	8 704 528	579 149	46 711 601	6 236 723	64 745

续表

名次	企业名称	地区	营业收入（万元）	利润（万元）	资产（万元）	所有者权益（万元）	从业人数（人）
72	北京银行	北京	8 692 206	1 780 194	211 633 862	14 212 116	14 534
73	上海均和集团有限公司	上海	8 616 677	19 388	1 585 169	419 467	2 500
74	山西煤炭进出口集团有限公司	山西	8 524 164	-38 058	8 335 518	544 519	15 558
75	百联集团有限公司	上海	8 521 505	42 275	8 375 336	1 967 643	63 393
76	浙江省兴合集团有限责任公司	浙江	8 508 877	14 995	4 088 965	371 674	17 728
77	阳光保险集团股份有限公司	北京	8 262 632	272 267	24 634 769	3 820 142	229 788
78	云南省建设投资控股集团有限公司	云南	8 209 341	153 119	23 429 926	4 381 703	37 540
79	北大方正集团有限公司	北京	8 200 480	37 672	23 927 260	2 093 359	28 213
80	腾邦集团有限公司	广东	7 969 121	78 315	1 507 457	272 475	10 000
81	西安迈科金属国际集团有限公司	陕西	7 917 063	20 169	2 038 255	425 156	300
82	北京控股集团有限公司	北京	7 588 018	57 243	26 592 496	2 967 432	85 419
83	远大物产集团有限公司	浙江	7 574 966	54 329	1 183 763	268 815	850
84	中升集团控股有限公司	辽宁	7 159 922	186 023	3 964 506	1 133 770	19 878
85	浪潮集团有限公司	山东	7 102 513	198 309	2 876 334	933 046	27 205
86	晋能集团有限公司	山西	7 101 355	-38 994	24 884 765	4 046 954	98 665
87	百度网络技术有限公司	北京	7 054 936	1 107 435	18 199 739	8 680 496	45 877
88	云南省投资控股集团有限公司	云南	6 983 106	158 658	19 823 868	3 013 164	17 606
89	浙江省能源集团有限公司	浙江	6 621 714	634 017	18 045 833	6 853 447	22 424
90	庞大汽贸集团股份有限公司	河北	6 600 940	38 169	7 083 476	1 301 162	27 684
91	银亿集团有限公司	浙江	6 525 061	154 936	7 153 999	1 308 398	14 618
92	中国国际技术智力合作公司	北京	6 464 173	51 785	904 470	317 613	4 428
93	九州通医药集团股份有限公司	湖北	6 155 684	87 674	3 872 854	1 127 804	18 344
94	天津一商集团有限公司	天津	6 059 571	8 984	1 111 136	103 615	4 111
95	中国旅游集团公司	北京	6 036 399	191 533	14 370 004	2 004 342	46 937
96	云南省能源投资集团有限公司	云南	6 010 634	466 644	8 440 335	2 604 212	9 275
97	内蒙古电力(集团)有限责任公司	内蒙古自治区	5 984 402	57 788	10 157 790	3 796 966	36 971
98	世茂房地产控股有限公司	上海	5 928 600	517 186	25 321 485	5 198 537	7 880
99	山东高速集团有限公司	山东	5 893 622	167 272	45 818 260	5 034 536	27 154
100	北京能源集团有限责任公司	北京	5 865 078	186 839	24 163 291	7 021 968	44 869

资料来源：中国企业联合会、中国企业家协会。

2016 中国企业按净利润排序前 100 名企业

名次	企业名称	净利润（万元）	名次	企业名称	净利润（万元）
1	中国工商银行股份有限公司	27 824 900	51	复星国际有限公司	1 026 819
2	中国建设银行股份有限公司	23 146 000	52	中国远洋海运集团有限公司	989 211
3	中国农业银行股份有限公司	18 394 100	53	中国航天科工集团公司	959 100
4	中国银行股份有限公司	16 457 800	54	中国交通建设集团有限公司	950 867
5	国家开发银行股份有限公司	10 904 632	55	东风汽车公司	940 048
6	交通银行股份有限公司	6 720 959	56	龙湖地产有限公司	915 295
7	中国移动通信集团公司	6 387 079	57	恒丰银行股份有限公司	911 704
8	国家电网公司	6 358 560	58	泰康保险集团股份有限公司	841 125
9	中国平安保险(集团)股份有限公司	6 239 400	59	浙江吉利控股集团有限公司	840 872
10	招商银行股份有限公司	6 238 000	60	北京汽车集团有限公司	837 478
11	兴业银行股份有限公司	5 385 000	61	中国石油化工集团公司	835 693
12	上海浦东发展银行股份有限公司	5 309 900	62	山东魏桥创业集团有限公司	808 644
13	中国民生银行股份有限公司	4 784 300	63	正威国际集团有限公司	797 135
14	中融新大集团有限公司	4 695 334	64	重庆农村商业银行股份有限公司	794 475
15	阿里巴巴集团控股有限公司	4 367 500	65	中国铁道建筑总公司	792 132
16	腾讯控股有限公司	4 109 600	66	重庆龙湖企业拓展有限公司	741 086
17	华为投资控股有限公司	3 706 600	67	四川省宜宾五粮液集团有限公司	720 812
18	中国邮政集团公司	3 308 568	68	绿地控股集团股份有限公司	720 730
19	上海汽车集团股份有限公司	3 200 861	69	中国电力建设集团有限公司	702 610
20	中国建筑股份有限公司	2 987 010	70	上海国际港务(集团)股份有限公司	693 908
21	安邦保险股份有限公司	2 580 239	71	盛京银行股份有限公司	686 452
22	中国中信集团有限公司	2 150 005	72	广州富力地产股份有限公司	675 591
23	太平洋建设集团有限公司	2 104 667	73	华夏幸福基业股份有限公司	649 158
24	万科企业股份有限公司	2 102 261	74	渤海银行股份有限公司	647 343
25	华夏银行股份有限公司	1 967 700	75	中国广核集团有限公司	641 771
26	中国华融资产管理股份有限公司	1 961 346	76	浙江省能源集团有限公司	634 017
27	北京银行	1 780 194	77	金地(集团)股份有限公司	630 046
28	恒大集团有限公司	1 761 700	78	中国铁路工程总公司	613 887
29	华润(集团)有限公司	1 714 106	79	上海农村商业银行股份有限公司	590 249
30	海尔集团公司	1 667 688	80	国家开发投资公司	579 149
31	中国第一汽车集团公司	1 601 905	81	中国兵器工业集团公司	566 689
32	中国信达资产管理股份有限公司	1 551 216	82	内蒙古伊利实业集团股份有限公司	566 181
33	中国南方电网有限责任公司	1 547 784	83	雪松控股集团有限公司	558 115
34	珠海格力电器股份有限公司	1 542 097	84	万洲国际有限公司	549 401
35	美的集团股份有限公司	1 470 000	85	恒力集团有限公司	545 907
36	中国人民保险集团股份有限公司	1 424 500	86	杭州娃哈哈集团有限公司	542 137
37	中国航天科技集团公司	1 326 128	87	北京江南投资集团有限公司	531 800
38	神华集团有限责任公司	1 273 429	88	海信集团有限公司	524 964
39	中国贵州茅台酒厂(集团)有限责任公司	1 271 350	89	南山集团有限公司	523 017
40	中国光大集团股份有限公司	1 247 500	90	世茂房地产控股有限公司	517 186
41	中国石油天然气集团公司	1 240 662	91	比亚迪股份有限公司	505 215
42	中国太平洋保险(集团)股份有限公司	1 205 700	92	中国保利集团公司	494 345
43	广东温氏食品集团股份有限公司	1 178 988	93	新华人寿保险股份有限公司	494 200
44	中国电信集团公司	1 172 321	94	中国华信能源有限公司	492 176
45	中国海洋石油总公司	1 164 223	95	联想控股股份有限公司	485 892
46	碧桂园控股有限公司	1 151 682	96	云南省能源投资集团有限公司	466 644
47	中国中车股份有限公司	1 129 559	97	山东大海集团有限公司	466 182
48	百度网络技术有限公司	1 107 435	98	四川省能源投资集团有限责任公司	433 991
49	中国电子科技集团公司	1 070 623	99	华侨城集团公司	418 224
50	长城汽车股份有限公司	1 055 116	100	深圳顺丰泰森控股(集团)有限公司	418 043
中国企业500强平均数					566 601

资料来源：中国企业联合会、中国企业家协会。

2016 中国企业按收入利润率排序前 100 名企业

名次	企业名称	收入利润率(%)	名次	企业名称	收入利润率(%)
1	中融新大集团有限公司	72.11	51	世茂房地产控股有限公司	8.72
2	恒丰银行股份有限公司	29.05	52	研祥高科技控股集团有限公司	8.61
3	中国贵州茅台酒厂(集团)有限责任公司	28.96	53	恒大集团有限公司	8.33
4	阿里巴巴集团控股有限公司	27.59	54	四川蓝润实业集团有限公司	8.31
5	中国工商银行股份有限公司	27.41	55	海尔集团公司	8.27
6	中国建设银行股份有限公司	27.29	56	中国平安保险(集团)股份有限公司	8.06
7	腾讯控股有限公司	27.05	57	云南省能源投资集团有限公司	7.76
8	中国农业银行股份有限公司	23.61	58	华侨城集团公司	7.71
9	重庆农村商业银行股份有限公司	22.54	59	杭州华东医药集团有限公司	7.67
10	上海国际港务(集团)股份有限公司	22.13	60	波司登股份有限公司	7.66
11	中国银行股份有限公司	21.79	61	中国邮政集团公司	7.59
12	招商银行股份有限公司	20.96	62	碧桂园控股有限公司	7.52
13	上海农村商业银行股份有限公司	20.76	63	深圳顺丰泰森控股(集团)有限公司	7.27
14	中国华融资产管理股份有限公司	20.60	64	山东大海集团有限公司	7.14
15	北京银行	20.48	65	郑州宇通集团有限公司	7.13
16	广东温氏食品集团股份有限公司	19.86	66	华为投资控股有限公司	7.11
17	上海浦东发展银行股份有限公司	19.66	67	广东省交通集团有限公司	7.07
18	交通银行股份有限公司	19.14	68	泰康保险集团股份有限公司	6.72
19	兴业银行股份有限公司	18.88	69	国家开发投资公司	6.65
20	华夏银行股份有限公司	18.79	70	新奥能源控股有限公司	6.31
21	国家开发银行股份有限公司	18.52	71	安邦保险股份有限公司	6.23
22	中国民生银行股份有限公司	17.82	72	中国航天科技集团公司	6.22
23	盛京银行股份有限公司	17.53	73	中国中信集团有限公司	6.12
24	中国信达资产管理股份有限公司	16.92	74	中国电子科技集团公司	5.90
25	龙湖地产有限公司	16.70	75	雅戈尔集团股份有限公司	5.86
26	重庆龙湖企业拓展有限公司	16.55	76	中国光大集团股份有限公司	5.78
27	百度网络技术有限公司	15.70	77	百丽国际控股有限公司	5.76
28	北京江南投资集团有限公司	15.06	78	广州越秀集团有限公司	5.66
29	渤海银行股份有限公司	14.55	79	洪业化工集团股份有限公司	5.63
30	珠海格力电器股份有限公司	14.00	80	南山集团有限公司	5.59
31	复星国际有限公司	13.88	81	江苏阳光集团有限公司	5.43
32	四川省能源投资集团有限责任公司	12.80	82	武安市裕华钢铁有限公司	5.32
33	广州富力地产股份有限公司	12.57	83	维维集团股份有限公司	5.31
34	华夏幸福基业股份有限公司	12.06	84	海信集团有限公司	5.23
35	杭州娃哈哈集团有限公司	11.89	85	南通四建集团有限公司	5.17
36	申能(集团)有限公司	11.66	86	神华集团有限责任公司	5.14
37	金地(集团)股份有限公司	11.35	87	弘阳集团有限公司	5.10
38	世纪金源投资集团有限公司	11.34	88	广东省粤电集团有限公司	5.03
39	山东胜通集团股份有限公司	10.97	89	中国远洋海运集团有限公司	5.01
40	长城汽车股份有限公司	10.70	90	唯品会(中国)有限公司	4.96
41	威高集团有限公司	10.27	91	中国中车股份有限公司	4.92
42	四川省宜宾五粮液集团有限公司	10.25	92	雅居乐地产控股有限公司	4.89
43	中国广核集团有限公司	9.75	93	深圳创维－RGB 电子有限公司	4.88
44	浙江省能源集团有限公司	9.57	94	比亚迪股份有限公司	4.88
45	内蒙古伊利实业集团股份有限公司	9.34	95	江苏南通二建集团有限公司	4.75
46	前海人寿保险股份有限公司	9.26	96	新疆特变电工集团有限公司	4.75
47	美的集团股份有限公司	9.20	97	中国航天科工集团公司	4.72
48	万科企业股份有限公司	9.18	98	万通海欣控股股份有限公司	4.54
49	天狮集团有限公司	9.00	99	中国太平洋保险(集团)股份有限公司	4.52
50	中国移动通信集团公司	8.98	100	金东纸业(江苏)股份有限公司	4.51
	中国企业 500 强平均数				4.43

资料来源:中国企业联合会、中国企业家协会。

2016 中国企业按资产排序前 100 名企业

名次	企业名称	资产（万元）	名次	企业名称	资产（万元）
1	中国工商银行股份有限公司	2 413 726 500	51	上海农村商业银行股份有限公司	71 088 056
2	中国建设银行股份有限公司	2 096 370 500	52	中国大唐集团公司	70 628 676
3	中国农业银行股份有限公司	1 824 847 000	53	新华人寿保险股份有限公司	69 918 100
4	中国银行股份有限公司	1 814 888 900	54	中国南方电网有限责任公司	68 929 796
5	国家开发银行股份有限公司	1 434 049 981	55	中国保利集团公司	66 477 088
6	中国邮政集团公司	848 984 996	56	中国联合网络通信集团有限公司	66 284 164
7	交通银行股份有限公司	840 316 551	57	中国远洋海运集团有限公司	65 875 709
8	中国中信集团有限公司	652 044 382	58	泰康保险集团股份有限公司	62 943 105
9	兴业银行股份有限公司	608 589 000	59	中国电力建设集团有限公司	60 243 116
10	招商银行股份有限公司	594 231 100	60	碧桂园控股有限公司	59 256 760
11	中国民生银行股份有限公司	589 587 700	61	上海汽车集团股份有限公司	59 062 814
12	上海浦东发展银行股份有限公司	585 726 300	62	中国建材集团有限公司	56 446 466
13	中国平安保险(集团)股份有限公司	557 690 300	63	中国铝业公司	52 183 078
14	中国光大集团股份有限公司	436 221 100	64	中国广核集团有限公司	52 045 966
15	中国石油天然气集团公司	406 975 924	65	阿里巴巴集团控股有限公司	50 681 200
16	国家电网公司	340 412 600	66	中粮集团有限公司	50 086 334
17	中国人寿保险(集团)公司	335 679 202	67	复星国际有限公司	48 677 948
18	安邦保险股份有限公司	298 856 457	68	中国船舶重工集团公司	48 383 030
19	华夏银行股份有限公司	235 623 500	69	国家开发投资公司	46 711 601
20	中国石油化工集团公司	215 939 145	70	山东高速集团有限公司	45 818 260
21	北京银行	211 633 862	71	富德生命人寿保险股份有限公司	45 589 682
22	中国移动通信集团公司	171 267 353	72	中国太平保险集团有限责任公司	45 549 585
23	中国华融资产管理股份有限公司	141 196 930	73	首钢总公司	44 610 873
24	中国建筑股份有限公司	139 195 328	74	陕西煤业化工集团有限责任公司	44 582 030
25	恒大集团有限公司	135 086 800	75	华为投资控股有限公司	44 363 400
26	恒丰银行股份有限公司	120 851 943	76	东风汽车公司	41 371 605
27	海航集团有限公司	120 292 619	77	北京汽车集团有限公司	40 156 360
28	中国信达资产管理股份有限公司	117 448 092	78	中国中化集团公司	39 948 441
29	中国海洋石油总公司	115 775 510	79	腾讯控股有限公司	39 589 900
30	华润(集团)有限公司	110 004 377	80	中国航天科技集团公司	38 723 167
31	大连万达集团股份有限公司	106 119 337	81	中国第一汽车集团公司	38 063 629
32	中国太平洋保险(集团)股份有限公司	102 069 200	82	中国化工集团公司	37 764 188
33	中国交通建设集团有限公司	101 993 168	83	广州越秀集团有限公司	37 394 918
34	中国华能集团公司	100 285 174	84	中国兵器工业集团公司	36 929 503
35	神华集团有限责任公司	97 925 945	85	河钢集团有限公司	36 038 803
36	中国人民保险集团股份有限公司	93 214 900	86	中国兵器装备集团公司	36 038 210
37	盛京银行股份有限公司	90 548 265	87	广东省交通集团有限公司	35 980 249
38	国家电力投资集团公司	87 610 712	88	清华控股有限公司	35 279 579
39	中国航空工业集团公司	86 793 318	89	中国中车股份有限公司	33 831 061
40	渤海银行股份有限公司	85 611 968	90	太平洋建设集团有限公司	33 494 068
41	万科企业股份有限公司	83 067 421	91	鞍钢集团公司	33 109 220
42	中国电信集团公司	80 488 306	92	联想控股股份有限公司	32 225 883
43	重庆农村商业银行股份有限公司	80 315 773	93	中国中煤能源集团有限公司	31 702 028
44	中国国电集团公司	79 648 754	94	陕西延长石油(集团)有限责任公司	31 656 115
45	中国华电集团公司	77 914 529	95	广西投资集团有限公司	31 116 170
46	中国铁道建筑总公司	76 422 213	96	中国能源建设集团有限公司	30 703 366
47	中国五矿集团公司	75 981 820	97	天津泰达投资控股有限公司	30 452 748
48	中国铁路工程总公司	75 654 813	98	甘肃省公路航空旅游投资集团有限公司	28 509 967
49	中国宝武钢铁集团有限公司	74 168 343	99	中国船舶工业集团公司	28 335 396
50	绿地控股集团股份有限公司	73 313 796	100	浙江省交通投资集团有限公司	28 235 549
	中国企业500强平均数				51 226 627

资料来源：中国企业联合会、中国企业家协会。

2016 中国企业按资产利润率排序前 100 名企业

名次	企业名称	资产利润率（%）	名次	企业名称	资产利润率（%）
1	中融新大集团有限公司	33.47	51	洪业化工集团股份有限公司	6.94
2	广东温氏食品集团股份有限公司	28.45	52	天能电池集团有限公司	6.92
3	华夏幸福基业股份有限公司	26.07	53	浪潮集团有限公司	6.89
4	南通四建集团有限公司	20.07	54	河北新金钢铁有限公司	6.69
5	天狮集团有限公司	19.60	55	唐山瑞丰钢铁（集团）有限公司	6.67
6	山东金诚石化集团有限公司	19.48	56	南通三建控股有限公司	6.67
7	杭州娃哈哈集团有限公司	16.77	57	新奥能源控股有限公司	6.42
8	人民电器集团有限公司	15.60	58	富海集团有限公司	6.41
9	山东胜通集团股份有限公司	15.28	59	德力西集团有限公司	6.39
10	山东大海集团有限公司	14.91	60	太平洋建设集团有限公司	6.28
11	通州建总集团有限公司	14.75	61	正威国际集团有限公司	6.23
12	内蒙古伊利实业集团股份有限公司	14.42	62	浙江宝业建设集团有限公司	6.16
13	山东金岭集团有限公司	14.17	63	超威电源有限公司	6.12
14	山河建设集团有限公司	12.30	64	山东京博控股股份有限公司	6.09
15	唯品会（中国）有限公司	12.24	65	百度网络技术有限公司	6.08
16	山东时风（集团）有限责任公司	12.03	66	亚邦投资控股集团有限公司	5.98
17	山东科达集团有限公司	11.87	67	上海国际港务（集团）股份有限公司	5.94
18	龙信建设集团有限公司	11.81	68	恒力集团有限公司	5.90
19	长城汽车股份有限公司	11.43	69	四川蓝润实业集团有限公司	5.88
20	杭州华东医药集团有限公司	11.12	70	万洲国际有限公司	5.81
21	江苏南通二建集团有限公司	10.83	71	中国国际技术智力合作公司	5.73
22	腾讯控股有限公司	10.38	72	青山控股集团有限公司	5.58
23	威高集团有限公司	10.38	73	郑州宇通集团有限公司	5.57
24	金澳科技（湖北）化工有限公司	10.15	74	云南省能源投资集团有限公司	5.53
25	研祥高科技控股集团有限公司	9.80	75	雪松控股集团有限公司	5.48
26	深圳顺丰泰森控股（集团）有限公司	9.49	76	浙江昆仑控股集团有限公司	5.48
27	海尔集团公司	9.49	77	上海汽车集团股份有限公司	5.42
28	江苏南通六建建设集团有限公司	9.33	78	东营方圆有色金属有限公司	5.28
29	正邦集团有限公司	9.24	79	腾邦集团有限公司	5.20
30	中国贵州茅台酒厂（集团）有限责任公司	9.10	80	中国航空油料集团公司	5.02
31	河北普阳钢铁有限公司	9.09	81	河北新华联合冶金控股集团有限公司	5.01
32	东营鲁方金属材料有限公司	9.04	82	深圳创维 - RGB 电子有限公司	4.91
33	波司登股份有限公司	9.01	83	浙江中成控股集团有限公司	4.82
34	中运富通控股集团有限公司	8.96	84	海信集团有限公司	4.78
35	武安市裕华钢铁有限公司	8.82	85	江苏省苏中建设集团股份有限公司	4.77
36	江苏阳光集团有限公司	8.79	86	海澜集团有限公司	4.69
37	通鼎集团有限公司	8.66	87	中升集团控股有限公司	4.69
38	武安市明芳钢铁有限公司	8.62	88	山东东明石化集团有限公司	4.69
39	阿里巴巴集团控股有限公司	8.62	89	南山集团有限公司	4.62
40	美的集团股份有限公司	8.62	90	远大物产集团有限公司	4.59
41	珠海格力电器股份有限公司	8.46	91	科创控股集团有限公司	4.58
42	天津友发钢管集团股份有限公司	8.45	92	宁夏天元锰业有限公司	4.55
43	华为投资控股有限公司	8.36	93	四川省能源投资集团有限责任公司	4.49
44	武安市文安钢铁有限公司	8.29	94	天津中环电子信息集团有限公司	4.43
45	维维集团股份有限公司	8.08	95	利华益集团股份有限公司	4.42
46	深圳市飞马国际供应链股份有限公司	7.78	96	万通海欣控股股份有限公司	4.42
47	百丽国际控股有限公司	7.57	97	北京江南投资集团有限公司	4.36
48	四川省宜宾五粮液集团有限公司	7.54	98	中国电子科技集团公司	4.29
49	老凤祥股份有限公司	7.52	99	永辉超市股份有限公司	4.22
50	珠海振戎公司	7.50	100	中国第一汽车集团公司	4.21
	中国企业 500 强平均数				1.11

资料来源：中国企业联合会、中国企业家协会。

2016 中国企业按从业人数排序前 100 名企业

名次	企业名称	从业人数（人）	名次	企业名称	从业人数（人）
1	中国石油天然气集团公司	1 512 048	51	中国平煤神马能源化工集团有限责任公司	150 630
2	中国平安保险(集团)股份有限公司	1 400 000	52	中国能源建设集团有限公司	149 055
3	国家电网公司	980 058	53	中国电子信息产业集团有限公司	149 019
4	中国邮政集团公司	924 703	54	光明食品(集团)有限公司	148 813
5	中国人民保险集团股份有限公司	853 364	55	阳泉煤业(集团)有限责任公司	146 236
6	中国石油化工集团公司	713 288	56	中国航天科工集团公司	145 177
7	黑龙江北大荒农垦集团总公司	503 226	57	中国华能集团公司	140 032
8	中国农业银行股份有限公司	501 368	58	山东魏桥创业集团有限公司	135 393
9	中国航空工业集团公司	495 775	59	陕西延长石油(集团)有限责任公司	134 519
10	中国移动通信集团公司	463 712	60	冀中能源集团有限责任公司	133 934
11	中国工商银行股份有限公司	461 749	61	陕西煤业化工集团有限责任公司	131 890
12	华润(集团)有限公司	420 572	62	北京汽车集团有限公司	131 256
13	中国电信集团公司	413 536	63	山西晋城无烟煤矿业集团有限责任公司	130 992
14	中国建设银行股份有限公司	362 482	64	国家电力投资集团公司	127 343
15	太平洋建设集团有限公司	362 128	65	河钢集团有限公司	125 552
16	中国铁道建筑总公司	336 872	66	中国铝业公司	124 894
17	中国银行股份有限公司	308 900	67	深圳顺丰泰森控股(集团)有限公司	124 405
18	中国南方电网有限责任公司	300 144	68	清华控股有限公司	124 000
19	中国铁路工程总公司	293 940	69	中国第一汽车集团公司	122 323
20	中国联合网络通信集团有限公司	273 951	70	北京京东世纪贸易有限公司	120 622
21	中国建筑股份有限公司	263 915	71	美的集团股份有限公司	120 000
22	广西建工集团有限责任公司	248 948	72	中国国电集团公司	119 268
23	神华集团有限责任公司	240 455	73	中国机械工业集团有限公司	117 155
24	中国兵器工业集团公司	234 771	74	百丽国际控股有限公司	116 810
25	浙江省建设投资集团股份有限公司	232 895	75	南通三建控股有限公司	113 986
26	中国兵器装备集团公司	232 817	76	广厦控股集团有限公司	112 520
27	阳光保险集团股份有限公司	229 788	77	首钢总公司	112 323
28	中国建材集团有限公司	228 448	78	中国中煤能源集团有限公司	112 215
29	海航集团有限公司	220 258	79	中国化工集团公司	111 160
30	中国五矿集团公司	212 406	80	中国南方航空集团公司	108 147
31	河南能源化工集团有限公司	203 520	81	中国华电集团公司	107 100
32	中国中信集团有限公司	201 263	82	中国医药集团总公司	106 772
33	山西焦煤集团有限责任公司	195 121	83	中国远洋海运集团有限公司	106 478
34	比亚迪股份有限公司	193 842	84	万洲国际有限公司	104 000
35	东风汽车公司	189 795	85	中粮集团有限公司	101 708
36	山东能源集团有限公司	188 480	86	中国海洋石油总公司	100 821
37	中国电力建设集团有限公司	187 813	87	三胞集团有限公司	99 820
38	中国中车股份有限公司	183 061	88	晋能集团有限公司	98 665
39	大商集团有限公司	182 586	89	兖矿集团有限公司	97 612
40	中国船舶重工集团公司	182 129	90	中国大唐集团公司	97 091
41	苏宁控股集团有限公司	180 000	91	中国太平洋保险(集团)股份有限公司	97 032
42	华为投资控股有限公司	180 000	92	山西潞安矿业(集团)有限责任公司	95 666
43	中国航天科技集团公司	170 357	93	江苏南通二建集团有限公司	95 657
44	中国宝武钢铁集团有限公司	169 344	94	江苏省苏中建设集团股份有限公司	95 086
45	中国交通建设集团有限公司	167 882	95	碧桂园控股有限公司	94 450
46	大同煤矿集团有限责任公司	162 542	96	上海汽车集团股份有限公司	94 121
47	中国人寿保险(集团)公司	161 530	97	中国航空集团公司	93 802
48	中国电子科技集团公司	158 128	98	重庆商社(集团)有限公司	92 586
49	大连万达集团股份有限公司	155 905	99	交通银行股份有限公司	92 556
50	鞍钢集团公司	155 287	100	山东钢铁集团有限公司	91 275
	中国企业500强平均数				66 966

资料来源：中国企业联合会、中国企业家协会。

2016 中国企业按研发费用排序前 100 名企业

名次	企业名称	研发费用（万元）	名次	企业名称	研发费用（万元）
1	华为投资控股有限公司	7 639 100	51	上海电气(集团)总公司	346 275
2	中国移动通信集团公司	2 395 614	52	新希望集团有限公司	343 200
3	中国航天科工集团公司	2 272 751	53	广州汽车工业集团有限公司	341 718
4	中国石油天然气集团公司	2 255 440	54	利华益集团股份有限公司	308 555
5	中国航空工业集团公司	1 897 183	55	中国华电集团公司	296 708
6	中国兵器装备集团公司	1 726 537	56	中国国电集团公司	294 992
7	阿里巴巴集团控股有限公司	1 706 000	57	河钢集团有限公司	294 240
8	浙江吉利控股集团有限公司	1 425 695	58	阳泉煤业(集团)有限责任公司	289 402
9	山东魏桥创业集团有限公司	1 373 315	59	江铃汽车集团公司	288 207
10	中兴通讯股份有限公司	1 276 206	60	中国能源建设集团有限公司	287 516
11	中国电信集团公司	1 244 713	61	中国机械工业集团有限公司	285 043
12	东风汽车公司	1 218 714	62	中国船舶工业集团公司	281 150
13	中国兵器工业集团公司	1 071 566	63	中国铝业公司	268 928
14	中国铁路工程总公司	1 041 726	64	四川长虹电子控股集团有限公司	266 109
15	国家电网公司	1 029 690	65	华晨汽车集团控股有限公司	258 344
16	百度网络技术有限公司	1 015 075	66	潍柴控股集团有限公司	253 202
17	陕西延长石油(集团)有限责任公司	1 011 778	67	山西潞安矿业(集团)有限责任公司	248 809
18	中国中车股份有限公司	947 123	68	中天科技集团有限公司	242 550
19	中国铁道建筑总公司	944 288	69	江苏沙钢集团有限公司	242 418
20	上海汽车集团股份有限公司	941 062	70	万向集团公司	240 618
21	中国石油化工集团公司	876 447	71	太原钢铁(集团)有限公司	235 651
22	中国第一汽车集团公司	851 019	72	江西铜业集团公司	234 144
23	中国交通建设集团有限公司	840 055	73	中国中信集团有限公司	225 765
24	中国电力建设集团有限公司	761 445	74	铜陵有色金属集团控股有限公司	224 722
25	清华控股有限公司	664 800	75	安徽江淮汽车集团控股有限公司	215 821
26	中国电子信息产业集团有限公司	647 180	76	华泰集团有限公司	213 510
27	北京汽车集团有限公司	618 124	77	新疆特变电工集团有限公司	206 737
28	海尔集团公司	600 100	78	中国海洋石油总公司	206 105
29	美的集团股份有限公司	600 000	79	河南能源化工集团有限公司	186 076
30	中国电子科技集团公司	588 581	80	亨通集团有限公司	185 600
31	中国工商银行股份有限公司	582 146	81	山东胜通集团股份有限公司	182 460
32	中国化工集团公司	573 671	82	三一集团有限公司	179 837
33	中国五矿集团公司	556 080	83	天津百利机械装备集团有限公司	179 343
34	中国平煤神马能源化工集团有限责任公司	553 000	84	大同煤矿集团有限责任公司	179 000
35	北京京东世纪贸易有限公司	538 091	85	天津渤海轻工投资集团有限公司	177 683
36	中国宝武钢铁集团有限公司	506 043	86	中国重型汽车集团有限公司	174 532
37	浪潮集团有限公司	481 779	87	济宁如意投资有限公司	160 983
38	比亚迪股份有限公司	452 161	88	神华集团有限责任公司	159 700
39	首钢总公司	435 860	89	中国南方电网有限责任公司	159 198
40	TCL 集团股份有限公司	426 584	90	中国广核集团有限公司	158 690
41	陕西煤业化工集团有限责任公司	424 000	91	中联重科股份有限公司	157 720
42	中国航天科技集团公司	421 890	92	奇瑞汽车股份有限公司	157 595
43	中国船舶重工集团公司	409 409	93	重庆力帆控股有限公司	152 182
44	海信集团有限公司	407 345	94	郑州宇通集团有限公司	151 542
45	南山集团有限公司	406 448	95	中国东方电气集团有限公司	149 534
46	京东方科技集团股份有限公司	390 380	96	徐州工程机械集团有限公司	149 363
47	珠海格力电器股份有限公司	375 436	97	湖北宜化集团有限责任公司	149 143
48	山西晋城无烟煤矿业集团有限责任公司	369 360	98	德力西集团有限公司	147 056
49	鞍钢集团公司	355 111	99	中国中煤能源集团有限公司	146 141
50	上海建工集团股份有限公司	353 312	100	协鑫集团有限公司	142 986
中国企业 500 强平均数					177 761

资料来源：中国企业联合会、中国企业家协会。

2016 年度中国民营企业 500 强名单

排 序	企业名称	所在地	所属行业	营业收入总额（万元）
1	华为投资控股有限公司	广 东	计算机、通信和其他电子设备制造业	52 157 400
2	苏宁控股集团	江 苏	零售业	41 295 073
3	山东魏桥创业集团有限公司	山 东	有色金属冶炼和压延加工业	37 318 332
4	海航集团有限公司	海 南	综 合	35 233 153
5	正威国际集团有限公司	广 东	有色金属冶炼和压延加工业	33 001 920
6	联想控股股份有限公司	北 京	计算机、通信和其他电子设备制造业	30 695 285
7	中国华信能源有限公司	上 海	批发业	29 094 988
8	京东集团	北 京	互联网和相关服务	26 012 165
9	大连万达集团股份有限公司	辽 宁	综 合	25 498 000
10	恒力集团有限公司	江 苏	化学原料和化学制品制造业	25 164 763
11	万科企业股份有限公司	广 东	房地产业	24 047 724
12	恒大集团有限公司	广 东	房地产业	21 144 400
13	浙江吉利控股集团有限公司	浙 江	汽车制造业	20 879 870
14	江苏沙钢集团有限公司	江 苏	黑色金属冶炼和压延加工业	19 833 975
15	美的集团股份有限公司	广 东	电气机械和器材制造业	15 984 170
16	雪松控股集团有限公司	广 东	商务服务业	15 701 937
17	碧桂园控股有限公司	广 东	房地产业	15 308 698
18	海亮集团有限公司	浙 江	有色金属冶炼和压延加工业	15 169 013
19	新疆广汇实业投资（集团）有限责任公司	新疆维吾尔自治区	零售业	14 561 731
20	苏宁环球集团有限公司	江 苏	房地产业	13 356 839
21	三胞集团有限公司	江 苏	零售业	13 008 768
22	泰康保险集团股份有限公司	北 京	保险业	12 510 400
23	TCL 集团股份有限公司	广 东	计算机、通信和其他电子设备制造业	10 647 350
24	新奥集团股份有限公司	河 北	燃气生产和供应业	10 478 564
25	比亚迪股份有限公司	广 东	汽车制造业	10 347 000
26	青山控股集团有限公司	浙 江	有色金属冶炼和压延加工业	10 286 156
27	中天钢铁集团有限公司	江 苏	黑色金属冶炼和压延加工业	10 133 575
28	东岭集团股份有限公司	陕 西	批发业	9 640 568
29	天能集团	浙 江	电气机械和器材制造业	9 616 325
30	超威集团	浙 江	电气机械和器材制造业	9 565 364
31	海澜集团有限公司	江 苏	纺织服装、服饰业	9 330 468
32	山东东明石化集团有限公司	山 东	石油加工、炼焦和核燃料加工业	8 868 932
33	盛虹控股集团有限公司	江 苏	纺织业	8 804 037
34	浙江荣盛控股集团有限公司	浙 江	化学纤维制造业	8 687 537
35	上海均和集团有限公司	上 海	综 合	8 616 677

续表

排序	企业名称	所在地	所属行业	营业收入总额（万元）
36	阳光保险集团股份有限公司	广东	保险业	8 312 187
37	广厦控股集团有限公司	浙江	房屋建筑业	8 053 913
38	腾邦集团有限公司	广东	软件和信息技术服务业	7 969 120
39	西安迈科金属国际集团有限公司	陕西	批发业	7 917 063
40	南通三建控股有限公司	江苏	房地产业	7 792 830
41	远大物产集团有限公司	浙江	其他服务业	7 574 966
42	浙江恒逸集团有限公司	浙江	化学纤维制造业	7 520 307
43	河北津西钢铁集团股份有限公司	河北	黑色金属冶炼和压延加工业	7 282 800
44	新华联集团有限公司	湖南	综合	7 189 858
45	百度公司	北京	互联网和相关服务	7 054 936
46	河北新华联合冶金控股集团有限公司	河北	黑色金属冶炼和压延加工业	7 007 209
47	新希望集团有限公司	四川	农、林、牧、渔服务业	6 855 884
48	中天控股集团有限公司	浙江	房屋建筑业	6 754 313
49	华泰集团有限公司	山东	造纸和纸制品业	6 670 596
50	新城控股集团股份有限公司	江苏	房地产业	6 598 063
51	山东大海集团有限公司	山东	综合	6 526 700
52	银亿集团有限公司	浙江	批发业	6 525 061
53	中融新大集团有限公司	山东	批发业	6 511 717
54	万达控股集团有限公司	山东	石油加工、炼焦和核燃料加工业	6 423 524
55	三一集团有限公司	湖南	专用设备制造业	6 375 794
56	科创控股集团有限公司	四川	医药制造业	6 367 282
57	修正药业集团	吉林	医药制造业	6 360 145
58	中南控股集团有限公司	江苏	房地产业	6 325 180
59	深圳市大生农业集团有限公司	广东	农业	6 252 486
60	正邦集团有限公司	江西	农业	6 201 286
61	九州通医药集团股份有限公司	湖北	批发业	6 155 684
62	北京建龙重工集团有限公司	北京	黑色金属冶炼和压延加工业	6 133 018
63	奥克斯集团有限公司	浙江	其他制造业	6 123 523
64	利华益集团股份有限公司	山东	石油加工、炼焦和核燃料加工业	6 111 605
65	内蒙古伊利实业集团股份有限公司	内蒙古自治区	食品制造业	6 060 922
66	宁夏天元锰业有限公司	宁夏回族自治区	有色金属冶炼和压延加工业	6 001 122
67	扬子江药业集团	江苏	医药制造业	5 976 948
68	杭州锦江集团有限公司	浙江	有色金属冶炼和压延加工业	5 938 616
69	广东温氏食品集团股份有限公司	广东	畜牧业	5 935 523
70	亨通集团有限公司	江苏	计算机、通信和其他电子设备制造业	5 863 268
71	深圳市怡亚通供应链股份有限公司	广东	仓储业	5 829 050
72	江阴澄星实业集团有限公司	江苏	化学原料和化学制品制造业	5 814 481
73	天津荣程联合钢铁集团有限公司	天津	黑色金属冶炼和压延加工业	5 800 017

续表

排 序	企业名称	所在地	所属行业	营业收入总额（万元）
74	雅戈尔集团股份有限公司	浙 江	综 合	5 633 399
75	通威集团有限公司	四 川	农副食品加工业	5 617 826
76	河南省漯河市双汇实业集团有限责任公司	河 南	农副食品加工业	5 390 431
77	华夏幸福基业股份有限公司	河 北	房地产业	5 382 059
78	广州富力地产股份有限公司	广 东	房地产业	5 373 033
79	唯品会(中国)有限公司	广 东	零售业	5 371 226
80	山东京博控股股份有限公司	山 东	石油加工、炼焦和核燃料加工业	5 310 336
81	盾安控股集团有限公司	浙 江	专用设备制造业	5 256 893
82	红豆集团有限公司	江 苏	纺织服装、服饰业	5 252 176
83	稻花香集团	湖 北	酒、饮料和精制茶制造业	5 232 844
84	济宁如意投资有限公司	山 东	纺织业	5 192 988
85	正泰集团股份有限公司	浙 江	电气机械和器材制造业	5 104 068
86	卓尔控股有限公司	湖 北	综 合	5 086 427
87	山东海科化工集团	山 东	石油加工、炼焦和核燃料加工业	5 083 216
88	江苏南通二建集团有限公司	江 苏	房屋建筑业	5 073 126
89	青建集团股份公司	山 东	房屋建筑业	5 072 174
90	福中集团有限公司	江 苏	综 合	5 064 785
91	正荣集团有限公司	福 建	房地产业	5 040 359
92	特变电工股份有限公司	新疆维吾尔自治区	专用设备制造业	4 901 487
93	江苏三房巷集团有限公司	江 苏	纺织业	4 887 241
94	玖龙纸业(控股)有限公司	广 东	造纸和纸制品业	4 873 991
95	深圳市爱施德股份有限公司	广 东	综 合	4 833 327
96	亚邦投资控股集团有限公司	江 苏	化学原料和化学制品制造业	4 736 603
97	江苏省苏中建设集团股份有限公司	江 苏	房屋建筑业	4 698 991
98	宝塔石化集团有限公司	宁夏回族自治区	石油加工、炼焦和核燃料加工业	4 697 635
99	广州晶东贸易有限公司	广 东	批发业	4 675 145
100	德力西集团有限公司	浙 江	电气机械和器材制造业	4 661 352
101	重庆市金科投资控股(集团)有限责任公司	重 庆	其他金融业	4 658 845
102	山东科达集团有限公司	山 东	土木工程建筑业	4 602 958
103	山东创新金属科技有限公司	山 东	有色金属冶炼和压延加工业	4 567 623
104	杭州娃哈哈集团有限公司	浙 江	酒、饮料和精制茶制造业	4 559 165
105	宁波金田投资控股有限公司	浙 江	有色金属冶炼和压延加工业	4 503 056
106	重庆龙湖企业拓展有限公司	重 庆	房地产业	4 477 704
107	长城汽车股份有限公司天津哈弗分公司	天 津	汽车制造业	4 444 336
108	山东太阳控股集团有限公司	山 东	造纸和纸制品业	4 417 759
109	东方希望集团有限公司	上 海	有色金属冶炼和压延加工业	4 312 798
110	山东晨曦集团有限公司	山 东	石油加工、炼焦和核燃料加工业	4 295 858

续表

排序	企业名称	所在地	所属行业	营业收入总额（万元）
111	内蒙古鄂尔多斯投资控股集团有限公司	内蒙古自治区	综合	4 172 362
112	郑州中瑞实业集团有限公司	河南	商务服务业	4 154 999
113	和润集团有限公司	浙江	食品制造业	4 129 341
114	双胞胎(集团)股份有限公司	江西	农副食品加工业	4 122 745
115	四川科伦实业集团有限公司	四川	医药制造业	4 117 468
116	内蒙古伊泰集团有限公司	内蒙古自治区	煤炭开采和洗选业	4 115 263
117	蓝光投资控股集团有限公司	四川	房地产业	4 081 515
118	临沂新程金锣肉制品集团有限公司	山东	食品制造业	4 029 150
119	四川宏达(集团)有限公司	四川	有色金属矿采选业	4 022 311
120	浙江中成控股集团有限公司	浙江	房屋建筑业	3 989 194
121	江苏永钢集团有限公司	江苏	黑色金属冶炼和压延加工业	3 958 787
122	山东新希望六和集团有限公司	山东	畜牧业	3 946 000
123	日照钢铁控股集团有限公司	山东	黑色金属冶炼和压延加工业	3 933 027
124	浙江桐昆控股集团有限公司	浙江	化学纤维制造业	3 913 421
125	隆鑫控股有限公司	重庆	通用设备制造业	3 912 830
126	华勤橡胶工业集团有限公司	山东	橡胶和塑料制品业	3 892 165
127	天安人寿保险股份有限公司	北京	保险业	3 885 902
128	四川蓝润实业集团有限公司	四川	房地产业	3 868 581
129	江苏南通六建建设集团有限公司	江苏	房屋建筑业	3 821 692
130	人民电器集团有限公司	浙江	电气机械和器材制造业	3 796 752
131	重庆力帆控股有限公司	重庆	汽车制造业	3 788 098
132	物美控股集团有限公司	北京	零售业	3 773 922
133	郑州宇通集团有限公司	河南	汽车制造业	3 768 502
134	广东圣丰集团有限公司	广东	橡胶和塑料制品业	3 730 653
135	山东金诚石化集团有限公司	山东	石油加工、炼焦和核燃料加工业	3 713 878
136	东营鲁方金属材料有限公司	山东	有色金属冶炼和压延加工业	3 711 216
137	创维集团有限公司	广东	计算机、通信和其他电子设备制造业	3 702 372
138	融侨集团股份有限公司	福建	房地产业	3 700 000
139	蓝思科技股份有限公司	湖南	计算机、通信和其他电子设备制造业	3 691 772
140	山东金岭集团有限公司	山东	化学原料和化学制品制造业	6 689 740
141	杭州滨江房产集团股份有限公司	浙江	房地产业	3 668 000
142	江苏阳光集团有限公司	江苏	纺织服装、服饰业	3 650 623
143	弘阳集团有限公司	江苏	批发业	3 594 460
144	山东玉皇化工有限公司	山东	化学原料和化学制品制造业	3 572 264
145	三河汇福粮油集团有限公司	河北	农副食品加工业	3 569 280
146	深圳海王集团股份有限公司	广东	批发业	3 547 024
147	环嘉集团有限公司	辽宁	批发业	3 536 431
148	河北普阳钢铁有限公司	河北	黑色金属冶炼和压延加工业	3 535 037
149	冀南钢铁集团有限公司	河北	黑色金属冶炼和压延加工业	3 521 535

续表

排 序	企业名称	所在地	所属行业	营业收入总额（万元）
150	天瑞集团股份有限公司	河 南	其他制造业	3 500 265
151	均和（厦门）控股有限公司	福 建	综 合	3 455 839
152	中天科技集团有限公司	江 苏	电气机械和器材制造业	3 450 691
153	西王集团有限公司	山 东	农副食品加工业	3 402 859
154	威高集团有限公司	山 东	医药制造业	3 361 631
155	四川德胜集团钒钛有限公司	四 川	黑色金属冶炼和压延加工业	3 356 070
156	天狮集团有限公司	天 津	食品制造业	3 354 195
157	荣盛控股股份有限公司	河 北	房地产业	3 350 280
158	盘锦北方沥青燃料有限公司	辽 宁	石油加工、炼焦和核燃料加工业	3 309 665
159	传化集团有限公司	浙 江	化学原料和化学制品制造业	3 304 487
160	晶龙实业集团有限公司	河 北	计算机、通信和其他电子设备制造业	3 302 668
161	湖南博长控股集团有限公司	湖 南	黑色金属冶炼和压延加工业	3 293 320
162	江西方大钢铁集团有限公司	江 西	黑色金属冶炼和压延加工业	3 290 675
163	远东控股集团有限公司	江 苏	综 合	3 272 223
164	江苏新长江实业集团有限公司	江 苏	黑色金属冶炼和压延加工业	3 272 177
165	富海集团有限公司	山 东	石油加工、炼焦和核燃料加工业	3 254 717
166	维维集团股份有限公司	江 苏	食品制造业	3 250 593
167	浙江昆仑控股集团有限公司	浙 江	综 合	3 237 182
168	东营方圆有色金属有限公司	山 东	有色金属冶炼和压延加工业	3 222 246
169	研祥高科技控股集团有限公司	广 东	计算机、通信和其他电子设备制造业	3 220 692
170	浙江宝业建设集团有限公司	浙 江	房屋建筑业	3 216 547
171	步步高集团	湖 南	零售业	3 214 532
172	山河建设集团有限公司	湖 北	房屋建筑业	3 210 730
173	福晟集团有限公司	福 建	土木工程建筑业	3 209 341
174	上海绿地城市建设发展（集团）有限公司	上 海	房屋建筑业	3 202 709
175	大汉控股集团有限公司	湖 南	商务服务业	3 152 077
176	精功集团有限公司	浙 江	金属制品业	3 151 099
177	法尔胜泓昇集团有限公司	江 苏	金属制品业	3 127 327
178	宁波富邦控股集团有限公司	浙 江	综 合	3 126 715
179	上海复星高科技（集团）有限公司	上 海	商务服务业	3 126 276
180	华芳集团有限公司	江 苏	纺织业	3 118 321
181	金浦投资控股集团有限公司	江 苏	化学原料和化学制品制造业	3 108 087
182	天津友发钢管集团股份有限公司	天 津	金属制品业	3 101 112
183	中基宁波集团股份有限公司	浙 江	商务服务业	3 100 911
184	武安市裕华钢铁有限公司	河 北	黑色金属冶炼和压延加工业	3 096 007
185	金澳科技（湖北）化工有限公司	湖 北	石油加工、炼焦和核燃料加工业	3 094 425
186	河南森源集团有限公司	河 南	电气机械和器材制造业	3 078 635
187	通鼎集团有限公司	江 苏	计算机、通信和其他电子设备制造业	3 063 395
188	波司登股份有限公司	江 苏	纺织服装、服饰业	3 057 110

续表

排　序	企业名称	所在地	所属行业	营业收入总额（万元）
189	双良集团有限公司	江　苏	通用设备制程业	3 034 234
190	华仪集团有限公司	浙　江	电气机械和器材制造业	3 028 480
191	卧龙控股集团有限公司	浙　江	电气机械和器材制造业	3 024 640
192	龙元建设集团股份有限公司	浙　江	房屋建筑业	2 998 118
193	万通海欣控股股份有限公司	山　东	石油加工、炼焦和核燃料加工业	2 936 855
194	北京链家房地产经纪有限公司	北　京	房地产业	2 929 225
195	江苏集群信息产业集团	江　苏	软件和信息技术服务业	2 912 295
196	龙信建设集团有限公司	江　苏	房屋建筑业	2 865 984
197	广西盛隆冶金有限公司	广西壮族自治区	黑色金属冶炼和压延加工业	2 859 460
198	通州建总集团有限公司	江　苏	房屋建筑业	2 831 049
199	富通集团有限公司	浙　江	计算机、通信和其他电子设备制造业	2 806 687
200	澳洋集团有限公司	江　苏	纺织业	2 791 541
201	深圳市信利康供应链管理有限公司	广　东	商务服务业	2 774 617
202	山东泰山钢铁集团有限公司	山　东	黑色金属冶炼和压延加工业	2 744 964
203	常州天合光能有限公司	江　苏	电气机械和器材制造业	2 731 853
204	东岳集团有限公司	山　东	化学原料和化学制品制造业	2 726 062
205	广东海大集团集团股份有限公司	广　东	农副食品加工业	2 718 531
206	江苏扬子江船业集团公司	江　苏	铁路、船舶、航空航天和其他运输设备制造业	2 687 254
207	河北新金钢铁有限公司	河　北	黑色金属冶炼和压延加工业	2 680 263
208	武安市明芳钢铁有限公司	河　北	黑色金属冶炼和压延加工业	2 679 591
209	深圳欧菲光科技股份有限公司	广　东	计算机、通信和其他电子设备制造业	2 674 641
210	东辰控股集团有限公司	山　东	化学原料和化学制品制造业	2 661 065
211	文一投资控股集团	安　徽	房地产业	2 644 813
212	山东胜通集团股份有限公司	山　东	金属制品业	2 633 724
213	河北新武安钢铁集团文安钢铁有限公司	河　北	黑色金属冶炼和压延加工业	2 617 826
214	天士力控股集团有限公司	天　津	医药制造业	2 601 664
215	北京运通国融投资有限公司	北　京	零售业	2 585 210
216	万丰奥特控股集团有限公司	浙　江	通用设备制造业	2 581 805
217	红狮控股集团有限公司	浙　江	非金属矿物制品业	2 563 750
218	华东医药股份有限公司	浙　江	医药制造业	2 537 967
219	香江集团有限公司	广　东	综　合	2 528 000
220	香驰控股有限公司	山　东	农副食品加工业	2 512 189
221	浙江新湖集团股份有限公司	浙　江	综　合	2 503 192
222	浙江富冶集团有限公司	浙　江	有色金属冶炼和压延加工业	2 493 021
223	百兴集团有限公司	江　苏	批发业	2 475 632
224	江苏三木集团有限公司	江　苏	化学原料和化学制品制造业	2 452 757
225	山东博汇集团有限公司	山　东	化学原料和化学制品制造业	2 408 980

续表

排 序	企业名称	所在地	所属行业	营业收入总额（万元）
226	浙江中南建设集团有限公司	浙 江	房屋建筑业	2 408 466
227	中太建设集团股份有限公司	河 北	房屋建筑业	2 403 284
228	江苏沃得机电集团有限公司	江 苏	通用设备制造业	2 401 094
229	龙光基业集团有限公司	广 东	房地产业	2 399 718
230	利群集团股份有限公司	山 东	批发业	2 390 565
231	山东清源集团有限公司	山 东	石油加工、炼焦和核燃料加工业	2 383 193
232	重庆新鸥鹏企业(集团)有限公司	重 庆	房地产业	2 380 557
233	荣民控股集团有限公司	陕 西	综 合	2 380 115
234	江苏新海石化有限公司	江 苏	石油加工、炼焦和核燃料加工业	2 371 994
235	南通化工轻工股份有限公司	江 苏	批发业	2 363 158
236	江苏金峰水泥集团有限公司	江 苏	其他制造业	2 355 165
237	山东汇丰石化集团有限公司	山 东	石油加工、炼焦和核燃料加工业	2 345 983
238	新八建设集团有限公司	湖 北	房屋建筑业	2 342 632
239	包商银行股份有限公司	内蒙古自治区	货币金融服务	2 341 036
240	河北新武安钢铁集团烘熔钢铁有限公司	河 北	黑色金属冶炼和压延加工业	2 336 804
241	江苏省镔鑫钢铁集团有限公司	江 苏	黑色金属冶炼和压延加工业	2 336 656
242	上海均瑶(集团)有限公司	上 海	综 合	2 336 591
243	安徽国购投资集团	安 徽	综 合	2 312 061
244	森马集团有限公司	浙 江	纺织服装、服饰业	2 301 896
245	华峰集团有限公司	浙 江	化学原料和化学制品制造业	2 293 739
246	深圳市富森供应链管理有限公司	广 东	商务服务业	2 290 043
247	俊发地产有限责任公司	云 南	房地产业	2 287 807
248	福建省金纶高纤股份有限公司	福 建	化学纤维制造业	2 283 841
249	宜华企业(集团)有限公司	广 东	木材加工和木、竹、藤、棕、草制品业	2 263 630
250	浙江明日控股集团股份有限公司	浙 江	批发业	2 254 818
251	深圳市华星光电技术有限公司	广 东	其他制造业	2 233 645
252	山东垦利石化集团有限公司	山 东	石油化工、炼焦和核燃料加工业	2 232 061
253	重庆华宇集团有限公司	重 庆	房地产业	2 228 960
254	升华集团控股有限公司	浙 江	批发业	2 221 333
255	中发实业(集团)有限公司	黑龙江	保险业	2 211 978
256	福建永荣控股集团有限公司	福 建	化学纤维制造业	2 205 031
257	兴华财富集团有限公司	河 北	金属制品业	2 203 279
258	江苏新华发集团有限公司	江 苏	批发业	2 181 139
259	晶科能源有限公司	江 西	电气机械和器材制造业	2 173 499
260	浙江龙盛控股有限公司	浙 江	化学原料和化学制品制造业	2 168 761
261	康美药业股份有限公司	广 东	医药制造业	2 164 232
262	浙江逸盛石化有限公司	浙 江	化学原料和化学制品制造业	2 157 191
263	海外海集团有限公司	浙 江	综 合	2 157 098
264	新疆生产建设兵团农八师天山铝业有限公司	新疆维吾尔自治区	有色金属冶炼和压延加工业	2 153 574

续表

排　序	企业名称	所在地	所属行业	营业收入总额（万元）
265	维科控股集团股份有限公司	浙　江	综　合	2 150 299
266	合众人寿保险股份有限公司	湖　北	保险业	2 139 673
267	东方润安集团有限公司	江　苏	黑色金属冶炼和压延加工业	2 135 461
268	攀华集团有限公司	江　苏	金属制品业	2 123 287
269	广东格兰仕集团有限公司	广　东	电气机械和器材制造业	2 119 679
270	国能商业集团有限公司	上　海	综　合	2 112 592
271	东旭集团有限公司	河　北	专用设备制造业	2 108 986
272	永鼎集团有限公司	江　苏	计算机、通信和其他电子设备制造业	2 093 372
273	五星控股集团有限公司	江　苏	批发业	2 092 384
274	深圳市年富供应链有限公司	广　东	商务服务业	2 068 890
275	江苏邗建集团有限公司	江　苏	房屋建筑业	2 067 791
276	河南黄河实业集团股份有限公司	河　南	非金属矿物制品业	2 066 133
277	江苏天工集团有限公司	江　苏	仪器仪表制造业	2 065 783
278	中信国安化工有限公司	山　东	化学原料和化学制品制造业	2 056 122
279	河南众品食业股份有限公司	河　南	农副食品加工业	2 038 515
280	江苏文峰集团有限公司	江　苏	零售业	2 036 510
281	中国万向控股有限公司	上　海	保险业	2 031 032
282	苏州金螳螂企业（集团）有限公司	江　苏	建筑装饰和其他建筑业	2 026 520
283	太平鸟集团有限公司	浙　江	零售业	2 017 294
284	新七建设集团有限公司	湖　北	房屋建筑业	2 011 882
285	西子联合控股有限公司	浙　江	专用设备制造业	1 998 169
286	福建恒安集团有限公司	福　建	造纸和纸制品业	1 989 514
287	南通四建集团有限公司	江　苏	房屋建筑业	1 966 798
288	浙江大东南集团有限公司	浙　江	橡胶和塑料制品业	1 963 616
289	中浪环保股份有限公司	浙　江	废弃资源综合利用业	1 958 170
290	浙江金田阳光投资有限公司	浙　江	商务服务业	1 947 163
291	曙光控股集团有限公司	浙　江	房屋建筑业	1 938 672
292	东兆长泰集团有限公司	北　京	房屋建筑业	1 936 558
293	歌尔股份有限公司	山　东	计算机、通信和其他电子设备制造业	1 928 780
294	江苏新潮科技集团有限公司	江　苏	计算机、通信和其他电子设备制造业	1 928 331
295	无限极（中国）有限公司	广　东	食品制造业	1 927 917
296	成都蛟龙港（成都蛟龙投资有限责任公司、成都蛟龙经济开发有限公司）	四　川	综　合	1 927 697
297	三花控股集团有限公司	浙　江	通用设备制造业	1 920 315
298	华泽集团有限公司	湖　南	酒、饮料和精制茶制造业	1 920 256
299	广州立白企业集团有限公司	广　东	化学原料和化学制品制造业	1 915 305
300	山东五征集团有限公司	山　东	汽车制造业	1 909 945
301	宗申产业集团有限公司	重　庆	铁路、船舶、航空航天和其他运输设备制造业	1 897 603

续表

排 序	企业名称	所在地	所属行业	营业收入总额（万元）
302	湖北枝江酒业集团	湖 北	酒、饮料和精制茶制造业	1 894 632
303	山西潞宝集团	山 西	石油加工、炼焦和核燃料加工业	1 893 429
304	重庆中昂投资集团有限公司	重 庆	房地产业	1 887 097
305	深圳华强集团有限公司	广 东	软件和信息技术服务业	1 883 406
306	山东远通汽车贸易集团有限公司	山 东	零售业	1 871 178
307	海天建设集团有限公司	浙 江	房屋建筑业	1 868 433
308	震雄铜业集团有限公司	江 苏	有色金属冶炼和压延加工业	1 865 676
309	开元旅业集团有限公司	浙 江	综 合	1 862 882
310	中洋联合集团股份有限公司	河 南	批发业	1 862 334
311	宁波均胜电子股份有限公司	浙 江	汽车建筑业	1 855 241
312	同程网络科技股份有限公司	江 苏	互联网和相关服务	1 854 185
313	江苏金昇实业股份有限公司	江 苏	专用设备制造业	1 853 260
314	云南力帆骏马车辆有限公司	云 南	汽车建筑业	1 851 707
315	福星集团控股有限公司	湖 北	综 合	1 849 741
316	得力集团有限公司	浙 江	文教、工美、体育和娱乐用品制造业	1 849 241
317	新华锦集团	山 东	批发业	1 834 646
318	万马联合控股集团有限公司	浙 江	零售业	1 826 642
319	奥康集团有限公司	浙 江	皮革、毛皮、羽毛及其制品和制鞋业	1 818 022
320	花园集团有限公司	浙 江	有色金属冶炼和压延加工业	1 805 079
321	金发科技股份有限公司	广 东	橡胶和塑料制品业	1 799 085
322	润东汽车集团有限公司	江 苏	其他服务业	1 797 299
323	常熟市龙腾特种钢有限公司	江 苏	黑色金属冶炼和压延加工业	1 795 926
324	山东金茂纺织化工集团有限公司	山 东	有色金属冶炼和压延加工业	1 795 827
325	伟星集团有限公司	浙 江	综 合	1 794 755
326	新疆农六师铝业有限公司	新疆维吾尔自治区	金属制品业	1 787 370
327	江苏华宏实业集团有限公司	江 苏	化学纤维制造业	1 785 260
328	利泰集团有限公司	广 东	批发业	1 782 232
329	三鼎控股集团有限公司	浙 江	纺织业	1 775 057
330	东莞华贝电子科技有限公司	广 东	计算机、通信和其他电子设备制造业	1 766 768
331	华立集团股份有限公司	浙 江	综 合	1 765 535
332	河北新武安钢铁集团鑫汇冶金有限公司	河 北	黑色金属冶炼和压延加工业	1 757 822
333	美锦能源集团有限公司	山 西	石油加工、炼焦和核燃料加工业	1 756 734
334	巨星控股集团有限公司	浙 江	通用设备制造业	1 756 344
335	大全集团有限公司	江 苏	电气机械和器材制造业	1 752 255
336	金花投资控股集团有限公司	陕 西	零售业	1 750 658
337	山东中海化工集团有限公司	山 东	石油加工、炼焦和核燃料加工业	1 750 532
338	新凤鸣集团股份有限公司	浙 江	化学纤维制造业	1 747 698
339	宁夏宝丰集团有限公司	宁夏回族自治区	煤炭开采和洗选业	1 743 505

续表

排 序	企业名称	所在地	所属行业	营业收入总额（万元）
340	福建捷联电子有限公司	福 建	计算机、通信和其他电子设备制造业	1 738 684
341	武汉市金马凯旋家具投资有限公司	湖 北	综 合	1 723 033
342	亿阳集团股份有限公司	黑龙江	综 合	1 722 433
343	广东联塑科技实业有限公司	广 东	橡胶和塑料制品业	1 722 105
344	天津亿联投资控股集团有限公司	天 津	房地产业	1 716 660
345	兴惠化纤集团有限公司	浙 江	纺织业	1 715 933
346	华南物资集团有限公司	重 庆	批发业	1 709 903
347	重庆小康控股有限公司	重 庆	汽车制造业	1 708 260
348	天茂实业集团有限公司	湖 北	保险业	1 703 113
349	圆通速递有限公司	上 海	邮政业	1 700 000
350	珠海市魅族科技有限公司	广 东	计算机、通信和其他电子设备制造业	1 696 836
351	大连金玛商城企业集团有限公司	辽 宁	租赁业	1 684 521
352	广州市时代地产集团有限公司	广 东	房地产业	1 679 654
353	浙江东南网架集团有限公司	浙 江	金属制品业	1 671 560
354	浙江宝利德股份有限公司	浙 江	零售业	1 669 310
355	万事利集团有限公司	浙 江	纺织服装、服饰业	1 664 713
356	广州元亨能源有限公司	广 东	批发业	1 663 208
357	福耀玻璃工业集团股份有限公司	福 建	非金属矿物制品业	1 662 134
358	天津华北集团有限公司	天 津	有色金属冶炼和压延加工业	1 656 892
359	河北冠丰冶金工业有限公司	河 北	黑色金属冶炼和压延加工业	1 654 491
360	泰地控股集团有限公司	浙 江	综 合	1 644 695
361	山东金升有色集团有限公司	山 东	有色金属冶炼和压延加工业	1 641 980
362	上海胜华电缆(集团)有限公司	上 海	电气机械和器材制造业	1 639 348
363	四川省乐山市福华农科投资集团有限责任公司	四 川	化学原料和化学制品制造业	1 618 124
364	大运九州集团有限公司	山 西	汽车制造业	1 616 945
365	群升集团有限公司	浙 江	综 合	1 616 454
366	大亚科技集团有限公司	江 苏	木材加工和木、竹、藤、棕、草制品业	1 610 856
367	山东奥德燃气有限公司	山 东	燃气生产和供应业	1 608 656
368	深圳市朗华供应链服务有限公司	广 东	商务服务业	1 605 996
369	方远建设集团股份有限公司	浙 江	房屋建筑业	1 605 537
370	南通建工集团股份有限公司	江 苏	房屋建筑业	1 603 076
371	浙江兴日钢控股集团有限公司	浙 江	有色金属冶炼和压延加工业	1 593 176
372	诸城外贸有限责任公司	山 东	食品制造业	1 572 054
373	青岛世纪瑞丰集团有限公司	山 东	批发业	1 568 242
374	河南金汇不锈钢产业集团有限公司	河 南	有色金属冶炼和压延加工业	1 566 256
375	天颂建设集团有限公司	浙 江	房屋建筑业	1 563 278
376	河南龙成集团有限公司	河 南	黑色金属冶炼和压延加工业	1 562 485
377	河南正商置业有限公司	河 南	房地产业	1 553 167
378	利时集团股份有限公司	浙 江	橡胶和塑料制品业	1 552 607

续表

排 序	企业名称	所在地	所属行业	营业收入总额（万元）
379	江苏爱康实业集团有限公司	江 苏	综 合	1 551 944
380	日照兴业集团有限公司	山 东	综 合	1 551 676
381	瑞声科技控股有限公司	广 东	计算机、通信和其他电子设备制造业	1 550 682
382	山西立恒钢铁集团股份有限公司	山 西	黑色金属冶炼和压延加工业	1 547 965
383	广州美涂士投资控股有限公司	广 东	综 合	1 540 149
384	德华集团控股股份有限公司	浙 江	木材加工和木、竹、藤、棕、草制品业	1 539 368
385	骆驼集团股份有限公司	湖 北	电气机械和器材制造业	1 537 499
386	金龙精密铜管集团股份有限公司	河 南	有色金属冶炼和压延加工业	1 527 299
387	江河创建集团股份有限公司	北 京	建筑装饰和其他建筑业	1 523 959
388	祥生实业集团有限公司	浙 江	房地产业	1 521 901
389	山东铁雄冶金科技有限公司	山 东	综 合	1 521 152
390	程力专用汽车股份有限公司	湖 北	汽车制造业	1 520 362
391	梦金园黄金珠宝集团有限公司	天 津	其他制造业	1 518 686
392	重庆市博赛矿业（集团）有限公司	重 庆	有色金属冶炼和压延加工业	1 518 379
393	宁波申洲针织有限公司	浙 江	纺织服装、服饰业	1 509 908
394	华孚控股有限公司	广 东	纺织业	1 505 838
395	浙江富春江通信集团有限公司	浙 江	计算机、通信和电子设备制造业	1 504 818
396	天津恒运能源集团股份有限公司	天 津	批发业	1 503 723
397	齐鲁制药有限公司	山 东	医药制造业	1 503 569
398	五洲国际集团	江 苏	房地产业	1 500 185
399	浙江国泰建设集团有限公司	浙 江	房屋建筑业	1 497 713
400	大华（集团）有限公司	上 海	房地产业	1 496 574
401	华太建设集团有限公司	浙 江	房屋建筑业	1 495 837
402	中厦建设集团有限公司	浙 江	房屋建筑业	1 493 745
403	广博集团	浙 江	文教、工美、体育和娱乐用品制造业	1 492 421
404	浙江协和集团有限公司	浙 江	黑色金属冶炼和压延加工业	1 490 221
405	山西通才工贸有限公司	山 西	黑色金属冶炼和压延加工业	1 484 791
406	浙江建华集团有限公司	浙 江	批发业	1 477 838
407	浙江元立金属制品集团有限公司	浙 江	金属制品业	1 476 095
408	临清三和纺织集团有限公司	山 东	纺织业	1 475 715
409	远邦控股集团有限公司	北 京	仓储业	1 470 052
410	人本集团有限公司	浙 江	通用设备制造业	1 461 382
411	连云港亚新钢铁有限公司	江 苏	黑色金属冶炼和压延加工业	1 461 259
412	舜宇集团有限公司	浙 江	计算机、通信和其他电子设备制造业	1 460 016
413	绿都控股集团有限公司	浙 江	房地产业	1 455 192
414	广州合生骏景房地产有限公司	广 东	房地产业	1 454 089
415	正太集团有限公司	江 苏	房屋建筑业	1 451 935
416	深圳市华富洋供应链有限公司	广 东	综 合	1 448 344
417	武汉康顺集团有限公司	湖 北	批发业	1 448 088

续表

排 序	企业名称	所在地	所属行业	营业收入总额（万元）
418	信利光电股份有限公司	广 东	计算机、通信和其他电子设备制造业	1 440 446
419	天津恒兴集团有限公司	天 津	黑色金属冶炼和压延加工业	1 438 973
420	安徽蓝德集团股份有限公司	安 徽	有色金属冶炼和压延加工业	1 434 054
421	山东科瑞控股集团有限公司	山 东	专用设备制造业	1 433 286
422	杭州东恒石油有限公司	浙 江	批发业	1 428 846
423	江西济民可信集团有限公司	江 西	医药制造业	1 428 197
424	东莞农村商业银行股份有限公司	广 东	货币金融服务	1 426 360
425	海马汽车集团股份有限公司	海 南	汽车制造业	1 423 927
426	天洁集团有限公司	浙 江	通用设备制造业	1 417 517
427	农夫山泉股份有限公司	浙 江	酒、饮料和精制茶制造业	1 413 864
428	江苏吴中集团有限公司	江 苏	综 合	1 409 488
429	月星集团有限公司	江 苏	综 合	1 407 157
430	腾达建设集团股份有限公司	浙 江	土木工程建筑业	1 403 640
431	赤峰远联钢铁有限责任公司	内蒙古自治区	黑色金属冶炼和压延加工业	1 384 473
432	星星集团有限公司	浙 江	电气机械和器材制造业	1 380 351
433	苏州胜利精密制造科技股份有限公司	江 苏	计算机、通信和其他电子设备制造业	1 376 751
434	江西赣基集团工程有限公司	江 西	土木工程建筑业	1 372 966
435	江苏省建工集团有限公司	江 苏	房屋建筑业	1 372 908
436	济源市万洋冶炼（集团）有限公司	河 南	有色金属冶炼和压延加工业	1 370 500
437	宁波建工股份有限公司	浙 江	房屋建筑业	1 369 580
438	星河湾集团有限公司	广 东	房地产业	1 368 705
439	天津现代集团有限公司	天 津	房地产业	1 367 520
440	厦门禹洲集团股份有限公司	福 建	房地产业	1 367 182
441	中设建工集团有限公司	浙 江	房屋建筑业	1 361 197
442	歌山建设集团有限公司	浙 江	房屋建筑业	1 356 188
443	安徽中鼎控股（集团）股份有限公司	安 徽	橡胶和塑料制品业	1 354 673
444	湖南金龙国际集团	湖 南	废弃资源综合利用业	1 351 750
445	广东电白建设集团有限公司	广 东	房屋建筑业	1 350 020
446	五洋建设集团股份有限公司	浙 江	房屋建筑业	1 348 951
447	金猴集团有限公司	山 东	皮革、毛皮、羽毛及其制品和制鞋业	1 346 096
448	江西博能实业集团有限公司	江 西	金属制品业	1 339 198
449	长春欧亚卖场有限责任公司	吉 林	零售业	1 333 463
450	浙江大华技术股份有限公司	浙 江	软件和信息技术服务业	1 332 909
451	浙江展诚建设集团有限公司	浙 江	房屋建筑业	1 329 050
452	兴隆大家庭商业集团有限公司	辽 宁	零售业	1 324 474
453	东方建设集团有限公司	浙 江	房屋建筑业	1 319 564
454	富丽达集团控股有限公司	浙 江	化学纤维制造业	1 316 310
455	北京明天投资有限公司	北 京	房地产业	1 313 640
456	南通新华建筑集团有限公司	江 苏	房屋建筑业	1 312 637
457	锦联控股集团有限公司	辽 宁	水上运输业	1 307 303
458	北京京奥港集团有限公司	北 京	批发业	1 302 929
459	宝业湖北建工集团有限公司	湖 北	房屋建筑业	1 302 768
460	上海春秋国际旅行社（集团）有限公司	上 海	航空运输业	1 302 375
461	浙江万达建设集团有限公司	浙 江	房屋建筑业	1 301 032
462	高运控股集团有限公司	浙 江	土木工程建筑业	1 294 760

续表

排 序	企业名称	所在地	所属行业	营业收入总额（万元）
463	永兴特种不锈钢股份有限公司	浙 江	黑色金属冶炼和压延加工业	1 293 457
464	华讯方舟科技有限公司	广 东	计算机、通信和其他电子设备制造业	1 284 880
465	大自然钢业集团有限公司	浙 江	黑色金属冶炼和压延加工业	1 283 579
466	山东亨圆铜业有限公司	山 东	金属制品业	1 283 099
467	胜达集团有限公司	浙 江	造纸和纸制品业	1 280 618
468	法派集团有限公司	浙 江	纺织服装、服饰业	1 278 500
469	明阳新能源投资控股集团有限公司	广 东	电气机械和器材制造业	1 267 398
470	万安集团有限公司	浙 江	汽车制造业	1 266 709
471	山东联盟化工集团有限公司	山 东	化学原料和化学制品制造业	1 261 169
472	内蒙古蒙泰煤电集团有限公司	内蒙古自治区	煤炭开采和洗选业	1 258 754
473	汇宇控股集团有限公司	浙 江	房地产业	1 256 650
474	中亿丰建设集团股份有限公司	江 苏	房屋建筑业	1 254 959
475	上海龙昂国际贸易有限公司	上 海	批发业	1 254 233
476	杭州诺贝尔集团有限公司	浙 江	非金属矿物制品业	1 254 158
477	浙江舜江建设集团有限公司	浙 江	房屋建筑业	1 253 290
478	佛山市海天调味食品股份有限公司	广 东	食品制造业	1 245 856
479	江苏高力集团有限公司	江 苏	房地产业	1 242 627
480	海天塑机集团有限公司	浙 江	专用设备制造业	1 241 719
481	华翔集团股份有限公司	浙 江	汽车制造业	1 241 011
482	天津宝迪农业科技股份有限公司	天 津	农副食品加工业	1 234 125
483	人福医药集团股份公司	湖 北	医药制造业	1 233 095
484	振石控股集团有限公司	浙 江	黑色金属冶炼和压延加工业	1 230 545
485	致远控股集团有限公司	浙 江	有色金属冶炼和压延加工业	1 230 165
486	浙江天圣控股集团有限公司	浙 江	化学纤维制造业	1 228 907
487	浙江航民实业集团有限公司	浙 江	纺织业	1 226 359
488	建华管桩集团有限公司	江 苏	非金属矿物制品业	1 224 688
489	新十建设集团有限公司	湖 北	房屋建筑业	1 219 836
490	广州海印实业集团有限公司	广 东	商务服务业	1 219 760
491	佛山市兴海铜铝业有限公司	广 东	综 合	1 219 370
492	淮海控股集团有限公司	江 苏	汽车制造业	1 219 126
493	河南金利金铅集团有限公司	河 南	有色金属冶炼和压延加工业	1 217 706
494	连云港兴鑫钢铁有限公司	江 苏	黑色金属冶炼和压延加工业	1 216 610
495	安徽山鹰纸业股份有限公司	安 徽	造纸和纸制品业	1 213 481
496	辅仁药业集团有限公司	河 南	医药制造业	1 212 194
497	湖北三宁化工股份有限公司	湖 北	化学原料和化学制品制造业	1 210 144
498	江苏国强镀锌实业有限公司	江 苏	其他制造业	1 208 308
499	天津源泰德润钢管制造集团有限公司	天 津	黑色金属冶炼和压延加工业	1 206 247
500	广东江粉磁材股份有限公司	广 东	计算机、通信和其他电子设备制造业	1 205 150

资料来源：中华全国工商业联合会。

2016 年度中国民营制造业排序前 100 名企业

排　序	企业名称	所在地	所属行业	营业收入总额（万元）
1	华为投资控股有限公司	广　东	计算机、通信和其他电子设备制造业	52 157 400
2	山东魏桥创业集团有限公司	山　东	有色金属冶炼和压延加工业	37 318 332
3	正威国际集团有限公司	广　东	有色金属冶炼和压延加工业	33 001 920
4	联想控股股份有限公司	北　京	计算机、通信和其他电子设备制造业	30 695 285
5	恒力集团有限公司	江　苏	化学原料和化学制品制造业	25 164 763
6	浙江吉利控股集团有限公司	浙　江	汽车制造业	20 879 870
7	江苏沙钢集团有限公司	江　苏	黑色金属冶炼和压延加工业	19 833 975
8	美的集团股份有限公司	广　东	电气机械和器材制造业	15 984 170
9	海亮集团有限公司	浙　江	有色金属冶炼和压延加工业	15 169 013
10	TCL 集团股份有限公司	广　东	计算机、通信和其他电子设备制造业	10 647 350
11	比亚迪股份有限公司	广　东	汽车制造业	10 347 000
12	青山控股集团有限公司	浙　江	有色金属冶炼和压延加工业	10 286 156
13	中天钢铁集团有限公司	江　苏	有色金属冶炼和压延加工业	10 133 575
14	天能集团	浙　江	电气机械和器材制造业	9 616 325
15	超威集团	浙　江	电气机械和器材制造业	9 565 364
16	海澜集团有限公司	江　苏	纺织服装、服饰业	9 330 468
17	山东东明石化集团有限公司	山　东	石油加工、炼焦和核燃料加工业	8 868 932
18	盛虹控股集团有限公司	江　苏	纺织业	8 804 037
19	浙江荣盛控股集团有限公司	浙　江	化学纤维制造业	8 687 537
20	浙江恒逸集团有限公司	浙　江	化学纤维制造业	7 520 307
21	河北津西钢铁集团股份有限公司	河　北	黑色金属冶炼和压延加工业	7 282 800
22	河北新华联合冶金控股集团有限公司	河　北	黑色金属冶炼和压延加工业	7 007 209
23	华泰集团有限公司	山　东	造纸和纸制品业	6 670 596
24	万达控股集团有限公司	山　东	石油加工、炼焦和核燃料加工业	6 423 524
25	三一集团有限公司	湖　南	专用设备制造业	6 375 794
26	科创控股集团有限公司	四　川	医药制造业	6 367 282
27	修正药业集团	吉　林	医药制造业	6 360 145
28	北京建龙重工集团有限公司	北　京	黑色金属冶炼和压延加工业	6 133 018
29	奥克斯集团有限公司	浙　江	其他制造业	6 123 523
30	利华益集团股份有限公司	山　东	石油加工、炼焦和核燃料加工业	6 111 605
31	内蒙古伊利实业集团股份有限公司	内蒙古自治区	食品制造业	6 060 922
32	宁夏天元锰业有限公司	宁夏回族自治区	有色金属冶炼和压延加工业	6 001 122
33	扬子江药业集团	江　苏	医药制造业	5 976 948
34	杭州锦江集团有限公司	浙　江	有色金属冶炼和压延加工业	5 938 616
35	亨通集团有限公司	江　苏	计算机、通信和其他电子设备制造业	5 863 268
36	江阴澄星实业集团有限公司	江　苏	化学原料和化学制品制造业	5 814 481

续表

排 序	企业名称	所在地	所属行业	营业收入总额（万元）
37	天津荣程联合钢铁集团有限公司	天 津	黑色金属冶炼和压延加工业	5 800 017
38	通威集团有限公司	四 川	农副食品加工业	5 617 826
39	河南省漯河市双汇实业集团有限责任公司	河 南	农副食品加工业	5 390 431
40	山东京博控股股份有限公司	山 东	石油加工、炼焦和核燃料加工业	5 310 336
41	盾安控股集团有限公司	浙 江	专用设备制造业	5 256 893
42	红豆集团有限公司	江 苏	纺织服装、服饰业	5 252 176
43	稻花香集团	湖 北	酒、饮料和精制茶制造业	5 232 844
44	济宁如意投资有限公司	山 东	纺织业	5 192 988
45	正泰集团股份有限公司	浙 江	电气机械和器材制造业	5 104 068
46	山东海科化工集团	山 东	石油加工、炼焦和核燃料加工业	5 083 216
47	特变电工股份有限公司	新疆维吾尔自治区	专用设备制造业	4 901 487
48	江苏三房巷集团有限公司	江 苏	纺织业	4 887 241
49	玖龙纸业（控股）有限公司	广 东	造纸和纸制品业	4 873 991
50	亚邦投资控股集团有限公司	江 苏	化学原料和化学制品制造业	4 736 603
51	宝塔石化集团有限公司	宁夏回族自治区	石油加工、炼焦和核燃料加工业	4 697 635
52	德力西集团有限公司	浙 江	电气机械和器材制造业	4 661 352
53	山东创新金属科技有限公司	山 东	有色金属冶炼和压延加工业	4 567 623
54	杭州娃哈哈集团有限公司	浙 江	酒、饮料和精制茶制造业	4 559 165
55	宁波金田投资控股有限公司	浙 江	有色金属冶炼和压延加工业	4 503 056
56	长城汽车股份有限公司天津哈弗分公司	天 津	汽车制造业	4 444 336
57	山东太阳控股集团有限公司	山 东	造纸和纸制品业	4 417 759
58	东方希望集团有限公司	上 海	有色金属冶炼和压延加工业	4 312 798
59	山东晨曦集团有限公司	山 东	石油加工、炼焦和核燃料加工业	4 295 858
60	和润集团有限公司	浙 江	食品制造业	4 129 341
61	双胞胎（集团）股份有限公司	江 西	农副食品加工业	4 122 745
62	四川科伦实业集团有限公司	四 川	医药制造业	4 117 468
63	临沂新程金锣肉制品集团有限公司	山 东	食品制造业	4 029 150
64	江苏永钢集团有限公司	江 苏	黑色金属冶炼和压延加工业	3 958 787
65	日照钢铁控股集团有限公司	山 东	黑色金属冶炼和压延加工业	3 933 027
66	浙江桐昆控股集团有限公司	浙 江	化学纤维制造业	3 913 421
67	隆鑫控股有限公司	重 庆	通用设备制造业	3 912 830
68	华勤橡胶工业集团有限公司	山 东	橡胶和塑料制品业	3 892 165
69	人民电器集团有限公司	浙 江	电气机械和器材制造业	3 796 752
70	重庆力帆控股有限公司	重 庆	汽车制造业	3 788 098
71	郑州宇通集团有限公司	河 南	汽车制造业	3 768 502
72	广东圣丰集团有限公司	广 东	橡胶和塑料制品业	3 730 653
73	山东金诚石化集团有限公司	山 东	石油加工、炼焦和核燃料加工业	3 713 878

续表

排序	企业名称	所在地	所属行业	营业收入总额（万元）
74	东营鲁方金属材料有限公司	山东	有色金属冶炼和压延加工业	3 711 216
75	创维集团有限公司	广东	计算机、通信和其他电子设备制造业	3 702 372
76	蓝思科技股份有限公司	湖南	计算机、通信和其他电子设备制造业	3 691 772
77	山东金岭集团有限公司	山东	化学原料和化学制品制造业	6 689 740
78	江苏阳光集团有限公司	江苏	纺织服装、服饰业	3 650 623
79	山东玉皇化工有限公司	山东	化学原料和化学制品制造业	3 572 264
80	三河汇福粮油集团有限公司	河北	农副食品加工业	3 569 280
81	河北普阳钢铁有限公司	河北	黑色金属冶炼和压延加工业	3 535 037
82	冀南钢铁集团有限公司	河北	黑色金属冶炼和压延加工业	3 521 535
83	天瑞集团股份有限公司	河南	其他制造业	3 500 265
84	中天科技集团有限公司	江苏	电气机械和器材制造业	3 450 691
85	西王集团有限公司	山东	农副食品加工业	3 402 859
86	威高集团有限公司	山东	医药制造业	3 361 631
87	四川德胜集团钒钛有限公司	四川	黑色金属冶炼和压延加工业	3 356 070
88	天狮集团有限公司	天津	食品制造业	3 354 195
89	盘锦北方沥青燃料有限公司	辽宁	石油加工、炼焦和核燃料加工业	3 309 665
90	传化集团有限公司	浙江	化学原料和化学制品制造业	3 304 487
91	晶龙实业集团有限公司	河北	计算机、通信和其他电子设备制造业	3 302 668
92	湖南博长控股集团有限公司	湖南	黑色金属冶炼和压延加工业	3 293 320
93	江西方大钢铁集团有限公司	江西	黑色金属冶炼和压延加工业	3 290 675
94	江苏新长江实业集团有限公司	江苏	黑色金属冶炼和压延加工业	3 272 177
95	富海集团有限公司	山东	石油加工、炼焦和核燃料加工业	3 254 717
96	维维集团股份有限公司	江苏	食品制造业	3 250 593
97	东营方圆有色金属有限公司	山东	有色金属冶炼和压延加工业	3 222 246
98	研祥高科技控股集团有限公司	广东	计算机、通信和其他电子设备制造业	3 220 692
99	精功集团有限公司	浙江	金属制品业	3 151 099
100	法尔胜泓昇集团有限公司	江苏	金属制品业	3 127 327

资料来源：中华全国工商业联合会。

2016 年度中国民营服务业排序前 100 名企业

排　序	企业名称	所在地	所属行业	营业收入总额（万元）
1	苏宁控股集团	江　苏	零售业	41 295 073
2	海航集团有限公司	海　南	综　合	35 233 153
3	中国华信能源有限公司	上　海	批发业	29 094 988
4	京东集团	北　京	互联网和相关服务	26 012 165
5	大连万达集团股份有限公司	辽　宁	综　合	25 498 000
6	万科企业股份有限公司	广　东	房地产业	24 047 724
7	恒大集团有限公司	广　东	房地产业	21 144 400
8	雪松控股集团有限公司	广　东	商务服务业	15 701 937
9	碧桂园控股有限公司	广　东	房地产业	15 308 698
10	新疆广汇实业投资(集团)有限责任公司	新疆维吾尔自治区	零售业	14 561 731
11	苏宁环球集团有限公司	江　苏	房地产业	13 356 839
12	三胞集团有限公司	江　苏	零售业	13 008 768
13	泰康保险集团股份有限公司	山　京	保险业	12 510 400
14	东岭集团股份有限公司	陕　西	批发业	9 640 568
15	阳光保险集团股份有限公司	广　东	保险业	8 312 187
16	腾邦集团有限公司	广　东	软件和信息技术服务业	7 969 120
17	西安迈科金属国际集团有限公司	陕　西	批发业	7 917 063
18	南通三建控股有限公司	江　苏	房地产业	7 792 830
19	远大物产集团有限公司	浙　江	其他服务业	7 574 966
20	百度公司	北　京	互联网和相关服务	7 054 936
21	新城控股集团股份有限公司	江　苏	房地产业	6 598 063
22	银亿集团有限公司	浙　江	批发业	6 525 061
23	中融新大集团有限公司	山　东	批发业	6 511 717
24	中南控股集团有限公司	江　苏	房地产业	6 325 180
25	九州通医药集团股份有限公司	湖　北	批发业	6 155 684
26	深圳市怡亚通供应链股份有限公司	广　东	仓储业	5 829 050
27	华夏幸福基业股份有限公司	河　北	房地产业	5 382 059
28	广州富力地产股份有限公司	广　东	房地产业	5 373 033
29	唯品会(中国)有限公司	广　东	零售业	5 371 226
30	卓尔控股有限公司	湖　北	综　合	5 086 427
31	正荣集团有限公司	福　建	房地产业	5 040 359
32	广州晶东贸易有限公司	广　东	批发业	4 675 145
33	重庆市金科投资控股(集团)有限责任公司	重　庆	其他金融业	4 658 845
34	重庆龙湖企业拓展有限公司	重　庆	房地产业	4 477 704
35	郑州中瑞实业集团有限公司	河　南	商务服务业	4 154 999
36	蓝光投资控股集团有限公司	四　川	房地产业	4 081 515
37	天安人寿保险股份有限公司	北　京	保险业	3 885 902
38	四川蓝润实业集团有限公司	四　川	房地产业	3 868 581
39	物美控股集团有限公司	北　京	零售业	3 773 922
40	融侨集团股份有限公司	福　建	房地产业	3 700 000
41	杭州滨江房产集团股份有限公司	浙　江	房地产业	3 668 000
42	弘阳集团有限公司	江　苏	批发业	3 594 460
43	深圳海王集团股份有限公司	广　东	批发业	3 547 024
44	环嘉集团有限公司	辽　宁	批发业	3 536 431
45	荣盛控股股份有限公司	河　北	房地产业	3 350 280
46	步步高集团	湖　南	零售业	3 214 532
47	大汉控股集团有限公司	湖　南	商务服务业	3 152 077
48	上海复星高科技(集团)有限公司	上　海	商务服务业	3 126 276

续表

排　序	企业名称	所在地	所属行业	营业收入总额（万元）
49	中基宁波集团股份有限公司	浙　江	商务服务业	3 100 911
50	北京链家房地产经纪有限公司	北　京	房地产业	2 929 225
51	江苏集群信息产业集团	江　苏	软件和信息技术服务业	2 912 295
52	深圳市信利康供应链管理有限公司	广　东	商务服务业	2 774 617
53	文一投资控股集团	安　徽	房地产业	2 644 813
54	北京运通国融投资有限公司	北　京	零售业	2 585 210
55	百兴集团有限公司	江　苏	批发业	2 475 632
56	龙光基业集团有限公司	广　东	房地产业	2 399 718
57	利群集团股份有限公司	山　东	批发业	2 390 565
58	重庆新鸥鹏企业(集团)有限公司	重　庆	房地产业	2 380 557
59	南通化工轻工股份有限公司	江　苏	批发业	2 363 158
60	包商银行股份有限公司	内蒙古自治区	货币金融服务	2 341 036
61	深圳市富森供应链管理有限公司	广　东	商务服务业	2 290 043
62	俊发地产有限责任公司	云　南	房地产业	2 287 807
63	浙江明日控股集团股份有限公司	浙　江	批发业	2 254 818
64	重庆华宇集团有限公司	重　庆	房地产业	2 228 960
65	升华集团控股有限公司	浙　江	批发业	2 221 333
66	中发实业(集团)有限公司	黑龙江	保险业	2 211 978
67	江苏新华发集团有限公司	江　苏	批发业	2 181 139
68	合众人寿保险股份有限公司	湖　北	保险业	2 139 673
69	五星控股集团有限公司	江　苏	批发业	2 092 384
70	深圳市年富供应链有限公司	广　东	商务服务业	2 068 890
71	江苏文峰集团有限公司	江　苏	零售业	2 036 510
72	中国万向控股有限公司	上　海	保险业	2 031 032
73	太平鸟集团有限公司	浙　江	零售业	2 017 294
74	浙江金田阳光投资有限公司	浙　江	商务服务业	1 947 163
75	重庆中昂投资集团有限公司	重　庆	房地产业	1 887 097
76	深圳华强集团有限公司	广　东	软件和信息技术服务业	1 883 406
77	山东远通汽车贸易集团有限公司	山　东	零售业	1 871 178
78	开元旅业集团有限公司	浙　江	综　合	1 862 882
79	中洋联合集团股份有限公司	河　南	批发业	1 862 334
80	同程网络科技股份有限公司	江　苏	互联网和相关服务	1 854 185
81	福星集团控股有限公司	湖　北	综　合	1 849 741
82	新华锦集团	山　东	批发业	1 834 646
83	万马联合控股集团有限公司	浙　江	零售业	1 826 642
84	润东汽车集团有限公司	江　苏	其他服务业	1 797 299
85	利泰集团有限公司	广　东	批发业	1 782 232
86	金花投资控股集团有限公司	陕　西	零售业	1 750 658
87	亿阳集团股份有限公司	黑龙江	综　合	1 722 433
88	天津亿联投资控股集团有限公司	天　津	房地产业	1 716 660
89	华南物资集团有限公司	重　庆	批发业	1 709 903
90	天茂实业集团有限公司	湖　北	保险业	1 703 113
91	圆通速递有限公司	上　海	邮政业	1 700 000
92	大连金玛商城企业集团有限公司	辽　宁	租赁业	1 684 521
93	广州市时代地产集团有限公司	广　东	房地产业	1 679 654
94	浙江宝利德股份有限公司	浙　江	零售业	1 669 310
95	广州元亨能源有限公司	广　东	批发业	1 663 208
96	深圳市朗华供应链服务有限公司	广　东	商务服务业	1 605 996
97	青岛世纪瑞丰集团有限公司	山　东	批发业	1 568 242
98	河南正商置业有限公司	河　南	房地产业	1 553 167
99	祥生实业集团有限公司	浙　江	房地产业	1 521 901
100	天津恒运能源集团股份有限公司	天　津	批发业	1 503 723

资料来源：中华全国工商业联合会。

优秀企业风采

（排序不分先后）

中国兵器工业集团公司
中国航空工业集团公司
中国黄金集团公司
岭南园林股份有限公司
中国通用咨询投资有限公司
东风汽车公司
北京汽车集团有限公司
东风柳州汽车有限公司
中联重科股份有限公司
山东临工工程机械有限公司
北京牡丹电子集团有限责任公司
金澳科技（湖北）化工有限公司
中国航发北京航空材料研究院
中国核电工程有限公司
中电建路桥集团有限公司
深圳市奇信建设集团股份有限公司
中科电力装备集团有限公司
四川明星电力股份有限公司
北京银行
广州农村商业银行股份有限公司
延边农村商业银行股份有限公司
中国电建集团海外投资有限公司
远东控股集团有限公司
鹏润控股有限公司
无锡市国联发展（集团）有限公司
阳光保险集团股份有限公司
广东省广播电视网络股份有限公司
安徽古井集团有限责任公司
安徽省旅游集团有限责任公司

中国兵器工业集团
NORINCO GROUP

》》中国兵器工业集团公司是中央管理的国有重要骨干企业，是国家国防安全的基础、陆军装备研制生产的主体、全军毁伤打击和信息化装备发展的骨干、国家实施“走出去”和“一带一路”倡议的支撑、国家推进军民融合深度发展的主力。

》》集团公司始终坚持国家利益至上，将军品科研生产放在首要位置，是各大军工集团中仅此一家面向陆军、海军、空军、火箭军以及武警等各军兵种，在装甲突击、防空反导、远程压制、精确打击、高效毁伤、信息夜视等领域提供战略性、基础性技术装备的企业集团。同时，集团公司深入贯彻军民融合深度发展战略，积极推进军工技术民用化、产业化，集中力量打造汽车零部件、工程机械设备、铁路产品、石油化工、特种化工、民爆、光电信息、北斗产业、智能制造、应急产业等先进制造业板块和贸易流通、工程技术管理、金融服务等现代服务业板块；大力发展军贸、战略资源开发、国际工程承包、产品出口及技术引进等国际化经营业务，深入贯彻落实国家“一带一路”倡议部署，着力推动我国装备“走出去”和国际产能合作，为服务国家国防安全和国民经济建设作出积极贡献。

》》集团公司总部位于北京，下设51家子集团和直管单位，主要分布在北京、内蒙古、陕西、山西、江苏、上海等20个省（自治区、直辖市），在全球建立了数十家海外分支机构。2016年年底，集团公司资产总额3 621.6亿元，人员总量25.2万人。集团公司连续13个年度和4个任期蝉联国务院国资委业绩考核A级，获“业绩优秀”“科技创新”“节能减排”三项任期特别奖，并获中组部、国务院国资委党委中管企业领导班子2013—2015年任期综合考核评价优秀等级，在2016年《财富》杂志评选的世界500强企业中位列第134位。

开启建设中国特色先进
兵器工业体系新征程
99A式主战坦克
8×8轮式步兵战车
全固态全相参天气雷达
360吨黑色金属垂直挤压机
嵌入式北斗车联网智能终端
微光夜视头盔、非制冷红外摄像仪
NTE360电动轮矿用车
缅甸蒙育瓦莱比塘铜矿
联系电话
（010）68787000
网　址
www.norincogroup.com.cn
微信公众号 NORINCOGROUP

中国航空工业集团公司

Aviation Industry Corporation Of China

歼-15飞机在辽宁舰上起飞

中国航空工业集团公司（简称“航空工业”）是由中央管理的国有大型企业，是国家授权投资的机构，于2008年11月6日由原中国航空工业第一、二集团公司重组整合而成立。集团公司设有航空武器装备、军用运输类飞机、直升机、机载系统与汽车零部件、通用航空、航空研究、飞行试验、航空供应链与军贸、资产管理、金融、工程建设、汽车等产业，下辖100余家成员单位。拥有27家上市公司，其中A股19家，香港H股5家，德国、新加坡、奥地利上市公司各1家。员工逾45万人，其中两院院士12人，享受政府津贴专家近3 000人。

直-19武装直升机

截至2016年年底，航空工业资产总额约8 679.3亿元，实现营业收入3 712亿元；利润总额167.8亿元。航空工业自2009年起跻身《财富》世界500强企业，排名保持持续增长的势头，2017年的入榜名次为162位，比2009年首次入选前进264位；在2017年世界500强“航天与防务行业”分榜单的15家上榜企业中，航空工业排名第六，利润和利润率居国内上榜企业前列。

2013年1月26日——运20首飞

歼-31

直-10武装直升机

AC313在青藏高原进行维护

歼十雄姿04——腾飞

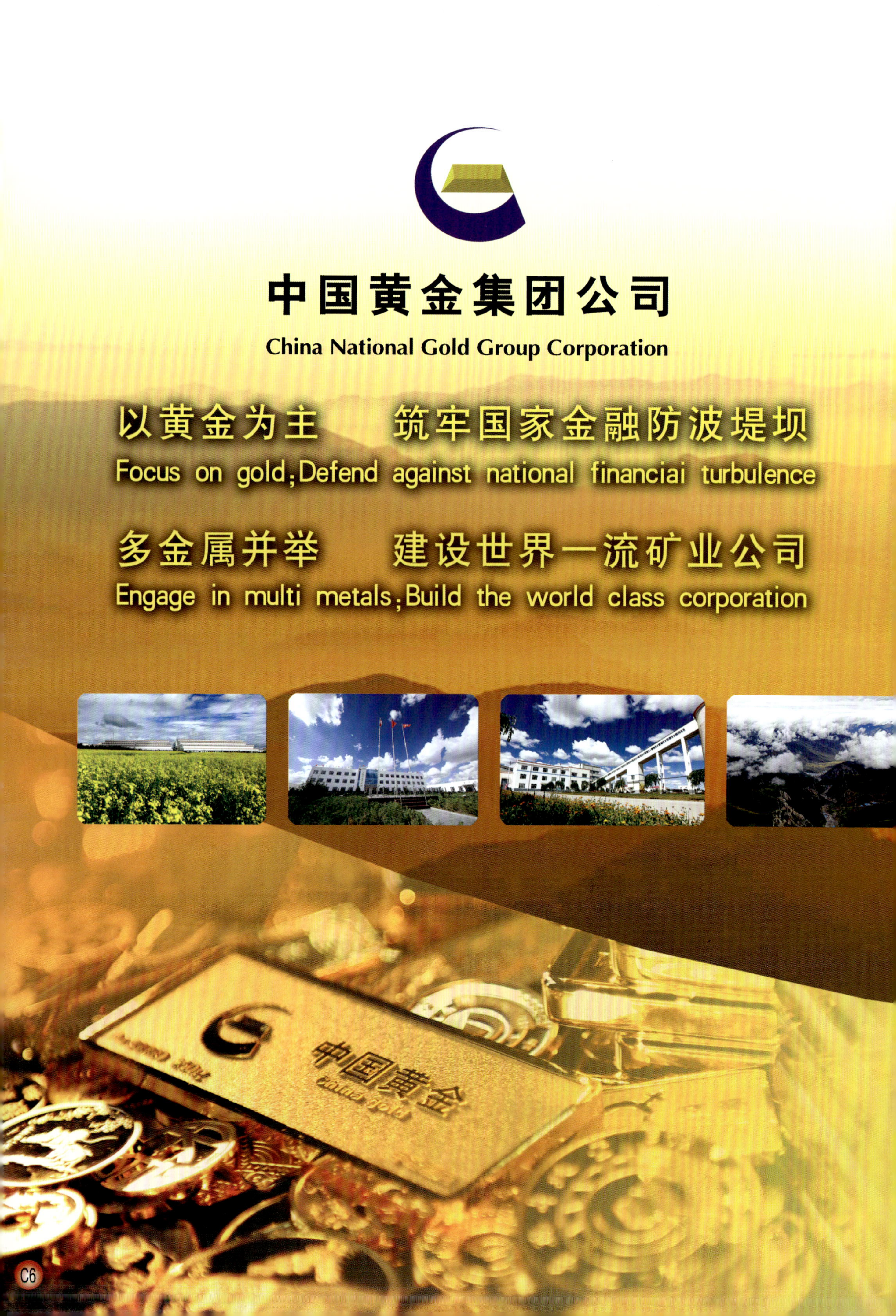
中国黄金集团公司
China National Gold Group Corporation
以黄金为主　筑牢国家金融防波堤坝
Focus on gold;Defend against national financiai turbulence
多金属并举　建设世界一流矿业公司
Engage in multi metals;Build the world class corporation
中国黄金

董事长、党委书记　**宋　鑫**

中国黄金集团公司（简称“中国黄金”）组建于2003年初，其前身是成立于1979年的中国黄金总公司。中国黄金是中国黄金协会会长单位，是世界黄金协会会员单位。

中国黄金的主业是：“贵金属及伴生金属资源开发、冶炼、加工、贸易；辐照加工业；相关工程技术服务”，是集地质勘探、矿山开采、选矿冶炼、产品精炼、加工销售、科研开发、工程设计与建设于一体的大型矿业公司，拥有完整的上下游产业链。自组建以来，中国黄金按照市场经济规律，不断优化调整发展战略、推进改革创新，实现了快速发展。

中国黄金下设中金黄金、中金国际、中金珠宝、中金建设、中金资源、中金辐照、中金贸易七大业务板块，以及内蒙古矿业公司、中金科技等骨干企业和中国黄金报社等文化传媒企业。截至2016年年底，共有252户权属企业，两家上市公司（境内A股上市公司“中金黄金”以及加拿大和香港两地上市的“中金国际”），“中国黄金”品牌已成功在国家工商总局注册，目前全国投资金条及黄金珠宝营销网点2 000多家，遍布全国大中城市。

地址：北京市东城区安定门外大街9号

邮编：100011

电话：（010）56353688

网址：www.chinagoldgroup.com

岭南园林
『行业标杆 百年岭南』
股票代码：002717
成立时间：1998年
上市时间：2014年
岭南园林股份有限公司是一家集生态环境与园林建设、文化与旅游、投资与运营为一体的全国性企业集团。拥有8家子公司、6大区域运营中心、25家分公司，并投资参股十多家公司。
岭南园林
文旅板块-恒润科技
文旅板块-德马吉

让环境更美丽 让生活更美好
喜康人寿保险
金融
产业基金
投资运营
hirain 恒润
DON'T BELIEVE YOUR EYES
demage
文化
水务
水生态
新港永豪
XINGANGYONGHAO
文化科技展示展览
生态
环境
水生态事业发展中心
规划
设计
旅游
市政工程
全域纵横文旅
投资有限公司
景观+
股票代码
002717
岭南园林股份有限公司
LINGNAN LANDSCAPE CO., LTD.
集团总部：广东省东莞市东城区东源路33号
电话：（0769）22000888
传真：（0769）22388949
www.lnlandscape.com

中国通用咨询

China General Consulti

中国通用咨询投资有限公司隶属于中央直属重要骨干企业中国通用技术集团。公司以生态建设、环境保护和节能减排为方向，聚焦节能环保产业、基础设施建设领域以及国家重点工程和重大项目，以咨询业务、商务服务、项目管理和投融资管理等智力和资金支持，为客户提供绿色可持续的整体解决方案和增值服务。

招标采购： 所属招标公司系经原外经贸部批准成立的中国首家专业招标公司，率先与世界银行、亚洲开发银行等国际金融组织合作将国际通行的招标采购规则和做法引进国内，招标采购代理行业公认的国有领军企业。

咨询业务： 环境、市政基础设施项目运作全过程咨询；PPP咨询；境内外园区规划咨询；区域综合开发策划；战略规划及管理咨询；政策咨询等。

投　　资： 聚焦节能环保、新能源、高端装备制造、健康医疗等领域，进行战略性投资和财务性投资。

基金管理： 与地方政府、大型机构合作，发起设立政府引导基金、产业基金、综合基金，为国家战略性新兴产业打造投融资平台。

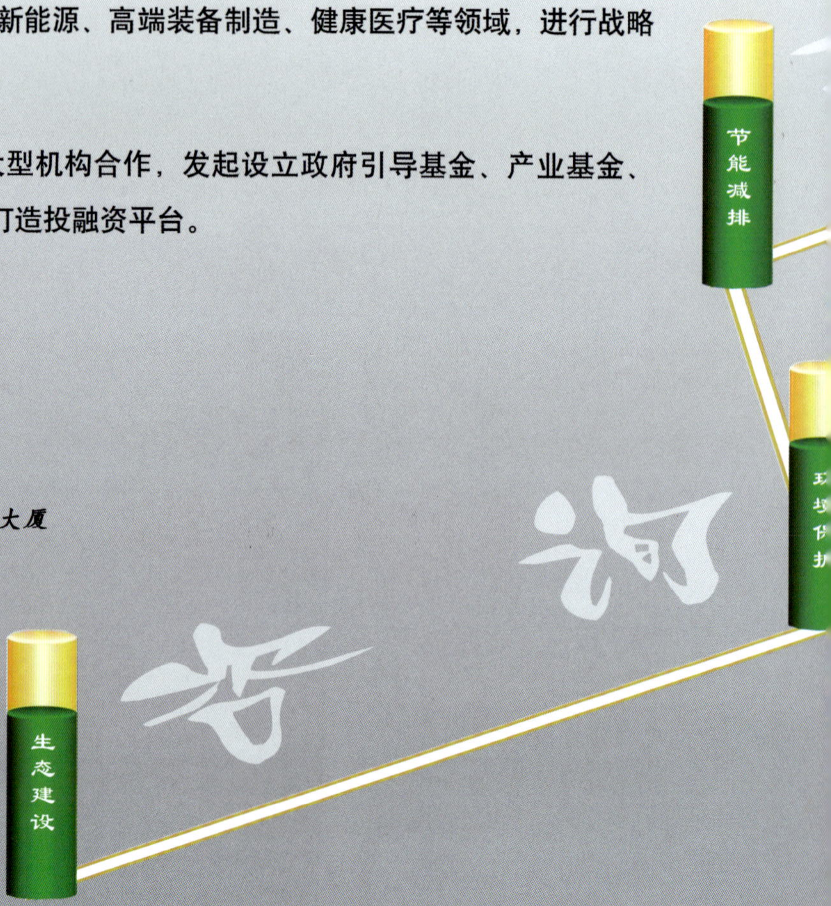

地址：北京市西三环中路90号通用技术大厦

邮编：100055

网址：www.cgci.com.cn

投资有限公司
Investment Co., Ltd.

医疗健康

轨道交通

市政设施

公司拜访中国招标投标协会

公司与邯郸市政府开展合作

公司与中国电力集团开展商务洽谈

公司与山西运城市政府开展合作

公司参加中央企业助推“美好新海南”建设座谈会暨签约仪式

公司出席智慧北斗精准应用峰会并签署战略合作协议

东风汽车公司

DONGFENG MOTOR CORPORATION

4月

《建立人力

东风汽车公司，始建于1969年，属中央直管企业。公司现有从业人员16.6万多名，资产总额2 958亿元，位居2016年《财富》世界500强第81位。

公司业务涵盖了全系列乘用车与商用车整车、新能源汽车、关键总成、汽车零部件、汽车水平事业、汽车装备以及军车等。主要事业分布在武汉、十堰、襄阳、广州等全国20多个城市；在瑞典建有海外研发基地，在俄罗斯建有海外销售公司，拥有法国PSA集团14.0%的股份、是PSA三大股东之一。

公司拥有行业领先的研发实力和自主创新能力。构建了以东风公司技术中心为核心、与各子公司研发机构协同运作的复合开发体系；加大科研投入，配备了技术先进、完整完备的研发与试验设施，专利申请量和科技成果转化率持续提升。

“十二五”期间，公司销量稳步提升，增速跑赢大市，行业地位连续5年保持国内第二，经营保持稳健。“十三五”时期，公司将按照创新驱动、开放合作、主动主导、做强做优、共赢发展的方针，致力于成为“为用户提供全方位优质汽车产品和服务的卓越企业”。

2016年，公司积极展开“十三五”规划，推动各项工作积极有为、经营稳中有进，实现了“十三五”良好开局。全年销售汽车427.7万辆，同比增长10.4%，行业排名第二；销售收入5 717.6亿元，同比增长9.9%；上缴税费536.6亿元，同比增长12.4%。

公司以建设“永续发展的百年东风、在开放中自主发展的东风、面向世界的国际化东风”为愿景，持续为实现“汽车强国梦”“中国梦”做出更大贡献。

东风雪铁龙C6

东风日产新奇骏

东风英菲尼迪Q50L

东风风神AX5

雷诺日产联盟签订
关系的框架性合作协议》

9月7日，神龙公司成都工厂
竣工投产暨东风标致4008正式下线

10月20日，东风与康明斯合作30周年暨新一代
ISZ助力东风“创世纪”卡车合作项目启动

12月8日，东风本田汽车有限公司
第三工厂建设项目启动

东风和一汽共建“前瞻共性技术创新中心”
战略合作框架协议签约

东风猛士

东风天龙旗舰

东风本田新思

东风A9

东风标致4008

北汽集团
BAIC GROUP

董事长：徐和谊

北京汽车集团有限公司（简称“北汽集团”），成立于1958年，是中国主要的汽车集团之一，目前已发展成为涵盖整车研发与制造、通用航空产业、汽车零部件制造、汽车服务贸易、投融资等业务的国有大型汽车企业集团。2016年，北汽集团销售汽车285万辆，营业收入4 061亿元，位列2016年《财富》杂志全球500强第160位。

自1958年北京汽车制造厂率先生产出“井冈山”轿车以来，北汽集团先后自主研制生产了第一代轻型越野车BJ212和第一代轻型载货车BJ130，率先建立了中国汽车工业整车制造合资企业——北京吉普汽车有限公司和中国加入WTO以后整车制造合资企业——北京现代汽车有限公司，收购了瑞典萨博汽车相关知识产权等，创造了中国汽车工业的多项新记录。

经过50多年的发展，北汽集团已拥有“北京”“绅宝”“昌河”“福田”等自主品牌，先后引进

地　址：北京市顺义区双河大街99号　　邮编：101300　　电话：（010）8766400

行有道·达天下

Your Wish · Our Ways

“现代”“梅赛德斯·奔驰”“铃木”等国际品牌，汽车整车产品覆盖轿车、越野车、商用车和新能源汽车各个门类。

北汽集团拥有包括乘用车、越野车、商用车、新能源汽车和动力总成技术的专业研发机构，建立了涵盖汽车零部件、汽车服务贸易、进出口和汽车金融的完整产业链，实现了产业向通用航空等领域的战略延伸。北汽集团以北京为中心，建立了分布全国十余省市的八大乘用车、九大商用车生产基地，并在全球二十多个国家建立了整车工厂。

北汽集团秉承“行有道·达天下”的品牌理念，走规模化、高端化、服务化、国际化、低碳化的可持续发展之路，努力建设制造服务型企业和创新型企业，把北汽集团打造成为一个具有国际竞争力的汽车制造商和服务提供商，为追求幸福出行与高效运输的人们提供科技、安全、品质、环保的全方位解决方案，成为高品质美好出行生活的引领者。

真：(010)87664048　　http://www.baicgroup.com.cn

乘龙汽车 | 东风风行
乘龙腾飞
乘龙汽车
乘龙汽车微信二维码
东风风行微信二维码

中国公交年鉴
风行天下
风行 S500
东风柳州汽车有限公司
DONGFENG LIUZHOU MOTOR CO., LTD.
C17

ZOOMLION

山东临工

山东临工工程机械有限公司

山东临工工程机械有限公司始建于1972年，是国际化的工程机械领先企业，国家高新技术企业。主要产品有装载机、挖掘机、路面机械三大系列、一百多个品种。公司先后被授予“中国机械工业百强”“中国工业行业排头兵企业”“全国重合同守信用企业”“全国五一劳动奖状”“全国质量奖”“亚洲质量卓越奖”等荣誉称号。

公司与国内重点院校、科研院所保持了良好合作关系，建立了开放高效的技术合作与技术创新体系，建立了国家级技术中心和博士后工作站，承担了国家863项目及省级以上多项科研课题，取得450余项国家专利。

公司拥有先进的工艺装备、检测设备和完善的管理体系，保证了产品的性能和质量，客户满意度和市场占有率保持行业前列。

公司持续推进国际化战略，在产品布局、配套体系、人力资源和市场营销等领域逐步迈向国际化，业务遍及90多个国家和地区。

“可靠承载重托”，山东临工将坚持“效率至上，科技领先”发展理念，实施“集约发展，创新驱动”战略，努力打造以“可靠”为核心价值的具有国际竞争力的品牌。

产品组合

可靠承载重托

与清华大学等签署战略合作协议，开启智能制造新航程，董事长王志中出席仪式

总裁于孟生出席山东临工“泰国好司机”公益活动启动仪式

总经理文德刚出席山东临工与央企战略合作签约仪式

挖掘机生产线

牡丹 PEONY

北京牡丹电子

北京牡丹电子集团有限责任公司（简称“牡丹集团”）成立于1973年，是中国知名的传统电视生产商，创造了家喻户晓的“中国之花”——牡丹品牌。

牡丹集团经过两次重大战略转型，现已成功转型为新兴的智能制造服务平台（牡丹IMS智慧+平台）的运营和解决方案提供商，致力于成为行业领先、国内知名的智慧型科技和信息服务解决方案和运营提供商。

目前，牡丹集团建设运营中关村数字电视产业园，拥有国家孵化器2个、众创空间多个，围绕数字电视检测与应用技术、现代显示技术、移动互联和大数据应用技术为市场和客户提供相关技术和解决方案，是北京市重要的战略性新兴产业策源地和创意数字科技产业聚集区。

面向未来，牡丹集团将顺应互联网、物联网、云计算等技术融合发展大趋势，持续打造智能制造服务平台，为北京电子信息产业发展做出新的贡献。

集团有限责任公司

牡丹
PEONY
牡丹IMS"智慧+"平台
IMS智能制造服务系统
IMS
工业制造
服务系统
AES
农业生态
服务系统
WOS
智慧园区
运营系统
牡丹，拥抱互联经济新时代！

2012－2013年度全国企业文化
优秀成果
中国企业联合会　中国企业家协会
二〇一三年六月

国家级
企业管理现代化创新成果
第十九届
成果名称：电子企业发展战略性新兴产业的技术创新管理
等级：二等
创造单位：北京牡丹电子集团有限责任公司
全国企业管理现代化创新成果审定委员会

北京市专利示范单位
北京市知识产权局
二〇一〇年十月

金澳科技（湖北）化工有限公司

金澳科技（湖北）化工有限公司（简称“金澳科技”）始建于1976年，于1997年12月由全国政协委员、中国企业联合会和中国企业家协会副会长、金澳控股集团董事局主席舒心先生整体收购潜江市石油化工厂后改制成立，是集生产、贸易、物流储运等于一体的集团化企业。2017年进入“中国企业500强”。目前，规划总占地面积5 000多亩，现有装置占地面积约2 130亩，总资产160多亿元人民币，年炼油一次加工能力730万吨，主要生产和销售95号、92号车用汽油，0号柴油、聚丙烯、精丙烯、丙烷、MTBE、液化气、石油焦、硫磺等。在册员工1 260人，带动就业3 600人。

金澳科技2017年获得国家发改委批准的每年230万吨的进口原油使用权、国家商务部批准的每年230万吨原油非国营贸易进口允许量及进口资格。

金澳控股集团董事局主席 舒 心

2016年金澳科技党委被中共中央授予“全国先进基层党组织”荣誉称号，2012年金澳科技被国务院授予“全国就业先进企业”荣誉称号。企业还先后获得“高新技术企业”“最具环保社会责任企业”“湖北省模范劳动关系和谐企业”“湖北省纳税信用A级纳税人”等称号；取得AA+级银行信用认证和质量ISO9001、环保ISO14001、职业健康OHSAS18001三个体系认证。

金澳科技拥有重油催化、延迟焦化、柴油蜡油加氢、汽油加氢、柴油加氢改质、芳构化、制氢、硫磺回收等16套主体生产装置，并有配套的水、电、汽、风及80万立方米油品库容设施。所有装置均采用美国霍尼韦尔公司及浙江中控先进的DCS计算机系统自动化控制。拥有年吞吐量500万吨、5 000吨级的长江石化专用码头和年吞吐量300万吨、1 000吨级的汉江石化专用码头各1座。公司正在修建直达厂区、年吞吐量350万吨的货运铁路专用线，并正在规划建设荆州监利至潜江厂区的输油管道项目。

金澳科技产品销售区域主要是湖北、湖南、江西、重庆、贵州、河南、广东、广西等省（自治区、直辖市）。公司将进一步加强终端销售网络建设，计划后期建设或收购加油加气站600多座。

“十三五”期间，金澳科技将继续坚持绿色发展、循环发展和低碳发展的指导思想，以市场为导向，以能源化工为支柱，重点发展石油化工产业链，逐步形成“油头、化身、高化尾”的主干产业，打造核心品牌，增强主干产业对配套产业的带动能力，提升经济效益和社会效益，实现“以产业报国，为荣誉而战”的企业发展愿景。

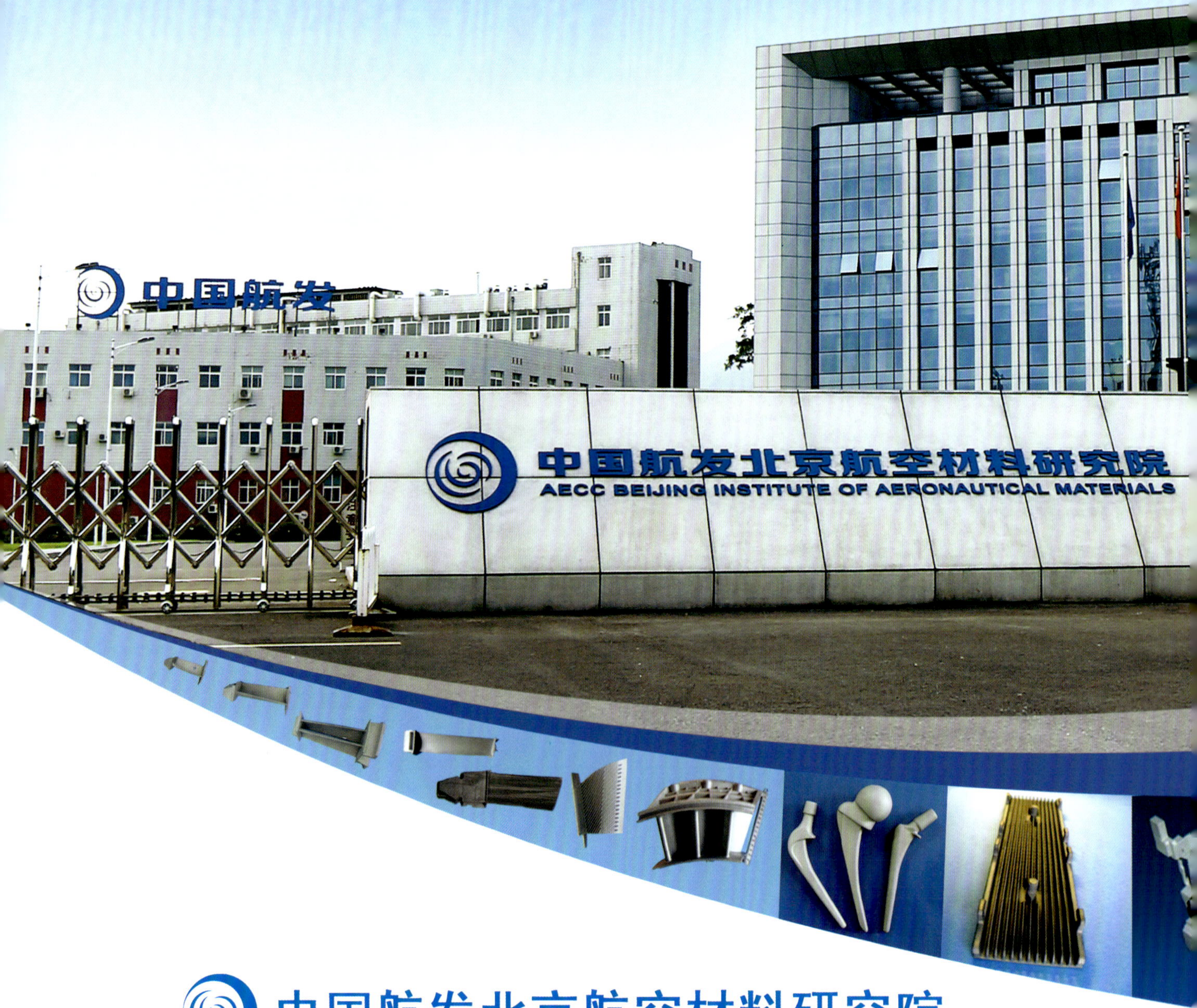

中国航发北京航空材料研究院

中国航发北京航空材料研究院成立于1956年，是我国“一五”计划156个重点建设的项目之一，是国内仅有的面向航空，从事航空先进材料应用基础研究、材料研制与应用技术研究和工程化研究的综合性科研机构，是我国国防科技工业领域高水平材料研究发展中心，是国家科技创新体系和国防科技创新体系的重要组成部分。

单位地址：北京市海淀区温泉镇环山村8号
通信地址：北京市81信箱30分箱　　邮编：100095
电话：（010）62496020　　传真：（010）62456212

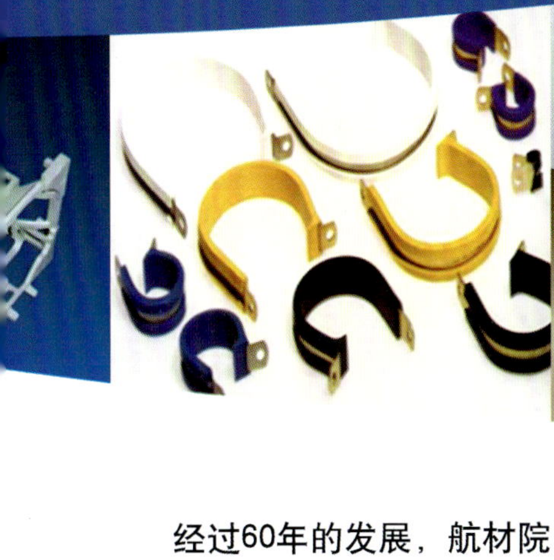

经过60年的发展，航材院已形成涉及17个领域60多个专业，覆盖金属材料、非金属材料、复合材料，材料制备与工艺，材料性能检测、表征与评价以及提供标准化、失效分析和材料数据库等行业服务的综合性科研机构，拥有从业人员5 000余人，具有完整的材料、工艺、检测技术体系。航材院致力于先进材料技术的研发和为客户提供从材料设计、选材、制造到检测、维修的一体化材料解决方案。

中国核电工程有限公司

中核集团

CHINA NUCLEAR POWER ENGINEERING CO., LTD.

华龙一号福清5号、6号机组

华龙示范首堆示范工程夜景

“华龙一号”示范工程钢衬里吊装

“华龙一号”示范工程穹顶吊装

中国核电工程有限公司成立于2007年12月27日，以中核集团旗下的核工业第二研究设计院、核工业第五研究设计院、核工业第四研究设计院为基础重组改制，实现了由科研设计院向EPC工程总承包企业的转型。其前身核二院、核四院、核五院均成立于20世纪50年代，是中国较早从事核工程设计的综合性设计院，是中国核电、核燃料元件工程研究设计的发祥地，参加了“两弹一艇”研发制造任务，为中国国防事业和原子能事业做出了瞩目的贡献。

中国核电工程有限公司是国防科工局确定的重点保军单位之一，是目前仅有的具备核电、核化工、核燃料研发设计能力，专业配备完整的工程公司。公司业务范围涵盖了核电前期策划、可行性研究、项目咨询、环境评估、工程设计、设备采购、施工管理、建设监理、调试实施与管理、技术服务、招标代理、人员培训等，拥有核工业行业所有的工程设计综合甲级资质（涵盖全部21个领域）等共8项甲级资质。近年来，公司先后承接了福建福清核电工程、秦山核电扩建工程（方家山核电工程）、海南昌江核电工程、江苏田湾核电工程、辽宁徐大堡核电工程、湖南桃花江核电工程等核电项目及八二一厂放射性废物处理工程的总承包工作。目前已有8台核电机组顺利交付业主，运行状态良好。

作为中国较早从事核电研究设计的单位，中国核电工程有限公司从技术后援到引进/消化吸收、自主设计再到自主知识品牌，逐步实现了中国百万千瓦级压水堆核电站研发设计的“四级跳”；具有自主知识产权的第三代压水堆核电站“华龙一号”，以其卓越的安全性、成熟性、先进性和经济性获得了国内外专家的一致认可。

融入世界

BEIJING INTERNATIONAL
FILM FESTIVAL

中国企业500强　中国制造业500强　高新技术企业
ZKBF
中科电力
电力工程设计（乙级资质）
电力工程总承包（贰级资质）
设计 研发 生产 销售 安装 维护
变压器/高低压开关柜/电线电缆/智能化产品
中科电力装备产业园（安徽生产基地）
变压器生产
低压开关柜
微机保护
真空断路器
高压开关柜
光伏变压器
220kV油浸式变压器
干式变压器
中科电力装备集团
ZHONGKE ELECTRIC POWER EQUIPMENT GROUP
地址：安徽省蚌埠市国家高新技术开发区长征南路829号
网址：www.zkbf.com.cn
服务热线：400-0552-986

内蒙古生产基地

成套开关柜生产流水线

中科电力装备集团是致力于打造成为国际化的科技型、智能型、节能环保型的高低压成套电气设备生产研发和解决方案提供商。集团自2003年起，陆续投资建设江苏、安徽、内蒙古三大生产制造基地和研发中心，2013年年底成立集团公司，总部座落在安徽蚌埠。是中国企业500强，中国制造业500强，高新技术企业，荣获中国电力行业管理创新奖和中国电力设备管理特别贡献奖。

江苏、安徽、内蒙古三大生产制造基地和研发中心总投资100多亿元，总占地面积2 800多亩。引进了美国、德国、瑞士、加拿大、日本、比利时等国际先进的生产流水线和检测设备，具备智能电网综合节能自动化设备、成套电气设备、500千伏及以下节能型变压器、330千伏及以下特种变压器的设计、制造及试验能力。公司已通过ISO 9001、ISO 14001、OHSAS 18001三大体系认证、CCC认证和CE认证，具有电力工程设计乙级资质和电力工程施工总承包贰级资质。产品广泛运用于国家电网、交通运输、城市建设、石油化工、冶金矿山等重大工程项目，畅销全国30多个省（自治区、直辖市），并出口东南亚和南美等国家和地区。

中科电力本着技术创新，科技兴业的创业理念，与浙江大学、南京理工大学、哈尔滨理工大学、上海交通大学、清华大学等院校进行了广泛的技术交流与合作。获批成立安徽省中科电力汪槱生院士工作站、安徽省博士后科研工作站、安徽省高压输配电装备工程技术研究中心，安徽省企业技术中心。多项产品荣获安徽省工业精品、安徽省名牌产品、安徽省新产品、安徽省科学技术研究成果、高新技术产品。目前，已取得国家专利160多项，产品检测认证80项和软件著作版权60项。

在当今经济全球化的时代背景下，中科电力将沿着“国际化、规模化、产业化”的发展道路，将“中科电力”品牌推向全球，朝着“做国际一流企业、创世界民族品牌”的宏伟目标迈进。

四川明星电力

电力服务新农村建设

现场审核潜心笃志

过军渡发电枢纽工程，大大改善城市生态环境和人居环境

股份有限公司

四川明星电力股份有限公司地处中国观音文化之乡——四川省遂宁市，始建于1958年，1997年6月27日在上海证券交易所上市（代码：600101），是一家以电力、自来水生产供应为主，兼矿产资源开发、水电工程建设、酒店宾馆服务等多种产业为一体的公用事业类上市公司，服务区域1 876.2平方公里，服务用户70余万户、人口160万人。截至2016年12月31日，总资产约28.2亿元，现有分公司6个，全资（控股）子公司14个，在岗职工1 849人。先后获得全国模范职工之家、全国企业文化建设优秀奖、全国劳动争议预防调解示范单位、全国青年文明号、四川省"模范劳动关系和谐企业"、四川省最佳文明单位、四川省五一劳动奖状等全国和省荣誉21项，市荣誉28项，在2015—2016年度遂宁市公共服务行业类行风政风满意度测评中排名首位。

企业文化：
-九大暨庆祝建国68周年朗读者大会

科技兴企：无人机巡线

明星电力光耀遂州

北京银行 BANK OF BEIJING 真诚 所以信赖

引资、上市、跨区域等战略突破。目前，已在北京、天津、上海、西安、深圳、杭州、长沙、南京、济南、南昌、石家庄及乌鲁木齐等十余个中心城市以及香港、荷兰拥有550多家分支机构，开辟和探索了中小银行创新发展的经典模式。

截至2016年年底，北京银行资产达到21 200亿元，全年实现净利润179.2亿多元。成本收入比25.8%，不良贷款率1.3%，拨备覆盖率为256.1%，资本充足率12.2%，各项经营指标均达到国际银行业先进水平，公司价值排名中国区域性发展银行首位，品牌价值达约365.9亿元，一级资本排名全球千家大银行73位，连续4年跻身全球银行业百强，被誉为中国最具创新能力和发展潜力的中小银行。

全国统一客服电话：95526

北京银行成立于1996年，是一家中外资本融合的新型股份制银

www.bankofbeijing.com.cn

延边农村商业银行
Yanbian Rural Commercial Bank

党委书记　董事长　**孙庆良**

理、队伍建设纳入核心驱动。

延边农村商业银行是2011年11月在原延边农村合作银行基础上引入新的发起人组建的商业银行。本行现有营业部1个、分行1个、支行12个、营业网点64个，在职员工1 194人。2016年年底资产总额433.19亿元，其中各项贷款余额95.34亿元；负债总额395.03亿元，其中各项存款余额203.23亿元；所有者权益38.16亿元，股本金16.35亿元；不良贷款余额1.59亿元，不良贷款占比1.67%；拨备前利润达到7.83亿元，税前利润6.90亿元，净利润6.07亿元；本行是宏观审慎评估基础成员行，监管评级2C，主体信用评级为AA-。上年年底本行并表口径资产总额968亿元，其中各项贷款354亿元；负债总额876亿元，其中各项存款688亿元；所有者权益92亿元，股本金30亿元；上年末实现拨备前利润20亿元，净利润15亿元。

成立6年来，本行不断健全现代商业银行经营管理体制和机制，经营效益逐年提升，已经成为延边地区优质的品牌银行。本行将巩固好传统业务，拓展非传统业务，积极探索跨界、混业合作和

中国电建集团海外投资有限公司

POWERCHINA RESOURCES LTD.

中国电建集团海外投资有限公司（POWERCHINA RESOURCES LIMITED，简称“电建海投公司”）是中国电力建设股份有限公司(简称“中国电建”，股票代码：601669）重要骨干控股子公司，于2012年7月1日在北京挂牌设立，注册资本金31.8亿元。

电建海投公司的经营范围为：电力、石油、有色金属等矿产资源的特许经营和房地产、环境保护、重要基础设施项目的投资，工程技术与咨询服务、进出口贸易。

目前，电建海投公司在13个国家和地区设有各层级全资及控股子公司30个、参股公司3个和代表处1个。

电建海投公司是中国电建专业从事海外投资业务市场开发、项目建设、项目运营与投资风险管理的法人主体，为推动中国电建国际业务优先发展战略落地做出了突出贡献。电建海投公司以投资为先导，带动海外EPC业务发展，成为中国电建调整结构、转型升级、推动国际业务优先发展的重要平台与载体。在实践中，电建海投公司也探索出一套集投融资、设计、监理、施工等为一体化的开发模式，有效带动了中国电建投融资结构优化和产业升级，促进了中国电建海外业务产业链向价值链的转变。

电建海投公司在电力能源和矿产资源投资开发领域具有良好的资本运作和项目开发建设能力。目前已建成投产项目有柬埔寨甘再水电站、老挝南俄5水电站、老挝甘蒙塔克水泥厂、老挝南欧江流域一期水电站、尼泊尔

上马相迪A水电站、刚果（金）铜钴矿项目；正在开发建设老挝南欧江流域二期水电站、巴基斯坦卡西姆港燃煤电站项目、印度尼西亚明古鲁燃煤电站项目；正在积极推进柬埔寨、老挝、尼泊尔、坦桑尼亚、印度尼西亚等国家的电力及矿产资源投资开发。

电建海投公司将秉承“大集团、大品牌、大国际”的战略使命，坚持“自强不息，勇于超越；海纳百川，投创未来”的企业精神，继往开来，合作共赢，科学发展，努力构建以海外电力能源投资开发和资产运营为主具有国际竞争力的专业化投资公司。

① 柬埔寨甘再水电站
② 南欧江流域六级水电站
③ 上马相迪A水电站闸坝
④ 卡西姆港燃煤电站全景

全球投资管理专家 Global Investment Management Specialist

远东控股集团 FAR EAST HOLDING GROUP

远东控股集团有限公司创建于1985年，前身为宜兴市范道仪表仪器厂，现为全球投资管理专家、“亚洲品牌500强”“中国企业500强”“中国民营企业500强”“中国最佳雇主企业”。目前年营业收入近500亿元，品牌价值457.92亿元，员工11 000人。

远东始终坚持以“创造价值，服务社会”为使命，以成为“备受员工热爱、备受社会尊敬的企业”为美好愿景，以“和谐共赢，灵活创新”为经营理念，致力做到五个满意：“客户满意、员工满意、股东满意、政府满意、社会满意”。

远东控股集团坚持“主业+投资”的战略。旗下智慧能源（股票代码600869），主营智慧能源和智慧城市技术、产品与服务及其互联网、物联网应用的研发、制造与销售；智慧能源和智慧城市项目规划设计、投资建设及能效管理与服务；智慧能源和智慧城市工程总承包等领域，致力成为全球领先的智慧能源、智慧城市服务商；远东控股对外投资屡创佳绩，整体投资成果优异。截至2017年9月30日，总投资企业数量达到339家，累计实现上市96家（其中新三板28家），预披露12家。

2020年，远东控股集团计划目标：资产总值超过1 000亿元，年品牌价值超过1 000亿元；年营业收入超过1 350亿元，其中智慧能源1 000亿元；年净利润超过100亿元，其中智慧能源50亿元；年市值超过1 500亿元，员工人均年收入20万元以上。

远东控股集团有限公司创始人、党委书记、董事局主席

中国企业联合会、中国企业家协会副会长

中国国际跨国公司促进会副会长

江苏省民营企业发展促进会会长

江苏省工商业联合会副主席

江苏省光电线缆商会会长

远东大学名誉校长

远东慈善基金会名誉理事长

江南大学商学院董事长

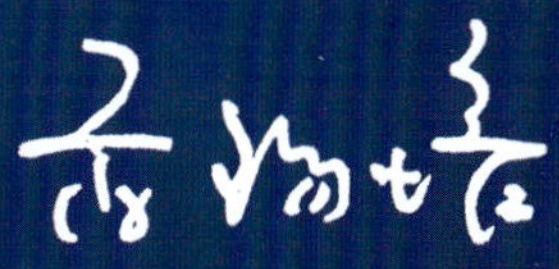

蒋锡培历年所获主要荣誉

1. 中共十六大代表
2. 被国务院授予“全国劳动模范”
3. 被团中央授予“中国五四青年奖章”
4. 被农业部评为“全国优秀乡镇企业经理”“全国优秀乡镇企业家”
5. 被农业部评为“2001年度全国乡镇企业十大新闻人物”
6. 被科技部评为“全国十大杰出跨世纪科技人才”
7. 被全国总工会授予“全国职业道德先进个人”
8. 被国务院经济发展研究中心评为2010年“全国十大杰出企业家”
9. 被江苏省委、江苏省人民政府表彰为“江苏省优秀民营企业家”“江苏省优秀企业家”
10. 被江苏省委评为“江苏省优秀共产党员”等

EAGLE HOLDINGS

鹏润控股

鹏润控股集团成立于1996年，经过20年的开拓进取，务实经营，现已成为以金融、地产为核心的大型多元化投资控股集团。

鹏润集团旗下拥有鹏润金控、鹏润地产、鹏润资本等多家公司。业务范围全面涵盖金融科技、互联网金融、商业保理、股权投资、产业地产、商业地产、住宅地产等多个领域。

鹏润地产作为鹏润控股集团的支柱产业，2007年跻身全国房地产行业百强。

依托产业优势转型应运而生的鹏润金融，以投资及互联网金融两大业务板块为核心业务，专注于创造金融和普惠金融领域，为企业在经营、发展、上市等业务上提供全生命周期的投资与服务，为广大投资人创造安全、持续的投资收益。

鹏润控股
EAGLE HOLDINGS

无锡市国联发展

无锡一棉精密纺纱车间

无锡市国联发展（集团）有限公司（简称“国联集团”）成立于1999年5月8日，是无锡市人民政府出资设立并授予国有资产投资主体资格的国有独资企业集团，注册资本80亿元，拥有全资控股企业90余家，主要业务集中在金融和实业两大板块。截至2016年年底，国联集团总资产779亿元、净资产300亿元，年营业收入127亿元，年实现利润18亿元。2016年，国联集团列中国服务业500强第247位。

金融领域，国联集团已建立起门类齐全的综合金融服务平台，发挥金融全牌照优势，以综合金融信息系统为技术支撑，通过建立包括市场、管理、产品、业务标准等在内的一整套综合金融体系，加快综合金融发展，不断提升综合竞争力。国联集团综合金融管理创新实践获第二十三届全国企业管理现代化创新成果一等奖。实业领域，坚持开放合作，加快转型发展，优化业务布局，形成环保、新能源、装备制造、高档纺织、现代物流等产业基础，并向健康养老等领域积极拓展，产业发展层次和水平持续提升。

围绕“百年国联、千亿集团”发展目标，国联集团将坚持“创新发展、转型发展、开放发展、跨越发展”的理念，进一步谋划和落实“市场化、证券化、国际化、走出去”发展战略，不断“做优做强金融、做大做强实业”，努力建成在国内具有影响力的大型综合性国有资本投资运营集团。

国联投建江西乐平20兆瓦分布式光伏发电项目

集团）有限公司

国联金融大厦

无锡一棉埃塞俄比亚纺织项目投资协议签约

国联综合金融运营中心

华光股份（600475.SH）锅炉汽包发运

阳光保险十二年：以赤诚之心服务社会

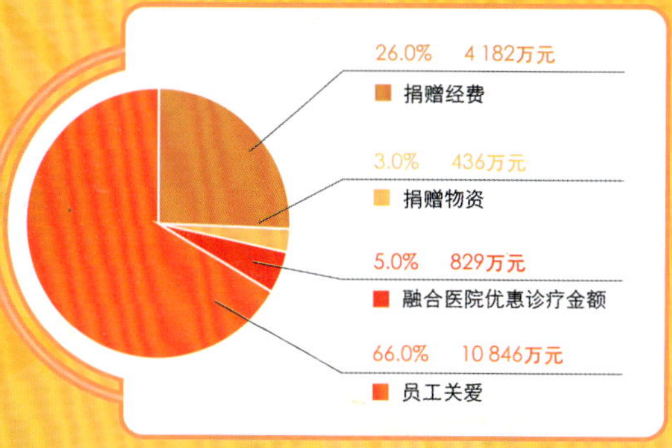

阳光保险集团股份有限公司于2005年7月成立，历经十余年的发展，已成为中国金融业的新锐力量。公司成立5年便跻身中国500强企业、中国服务业100强企业。集团目前拥有财产保险、人寿保险、信用保证保险、资产管理、医疗健康、互联网金融等多家专业子公司。

以人文、科技为驱动，阳光保险集团有效整合旗下保险和投资资源，持续研发满足客户需求的产品，不断升级以“闪赔”“直赔”为特色的服务，着力打造强大的市场拓展能力、卓越的客户服务能力、杰出的风险管控能力和专业的资产管理能力，实现了健康、持续、快速的发展。

阳光保险自成立以来，累计承担社会风险超过2 300 000亿元，已支付各类赔款超980亿元，上缴税收近300亿元，累计为2.6亿客户提供保险保障，在各项公益慈善事业中累计投入超过1.6亿元。

公司进入第二个十年之际，启动“一身四翼”的发展新战略，即在做大做强保险主业的基础上，打造“数据阳光、金融阳光、健康阳光、海外阳光”四个新阳光，使公司具有更多以商业解决社会问题的能力，为阳光的客户提供更多的金融保险服务。

阳光保险秉承“打造符合人性与最具活力的金融保险服务集团”的企业愿景，致力于“让人们拥有更多的阳光”。

广东广电网络
GUANGDONG CABLE NETWORK

广东省广播电视网络股份有限公司是根据中央文化体制改革精神，经广东省委、省政府批准，在整合全省广电网络资源的基础上，于 2010 年 6 月成立的省属大型国有文化企业，是以视频传输为主业、公共信息服务为特色的现代广电网络运营商。公司发展取得显著社会效益，荣获“中国安防十大最具影响力广东企业”“全国文化企业 30 强”“2016 年度广东省优秀企业”“2016 年广东省企业 500 强”等荣誉。

公司负责广东省内广电网络统一规划、建设、经营和管理，以广播电视节目传输和互联网多功能服务为主，全面向产业上下游延伸，积极向全业务综合网络和信息服务商转型，形成了主业突出、多业并举的发展模式。公司注册资本 519 700 万元，拥有广东有线、19 个地（市）分公司和 68 个县级分公司，现有在职人员 9 100 余人。公司网络已经覆盖全省 20 个地（市）、68 个县（区），用户规模达到 1 300 多万户，总资产规模达 160 多亿元。

多年来，随着三网融合不断深化，公司坚持围绕企业发展战略，以整合、融合为主线，不断推进公司体制创新、机制创新、技术创新、业态创新，坚持聚焦“以用户为根本，提升网络质量，提升产品质量，提升服务质量”主业，大力拓展“高清电视、互动电视、宽带业务和家庭网关”增值业务，致力于成为广播电视节目传输的主渠道、现代视听传媒的领军者、智慧城市和智慧家庭建设的主力军、宽带业务的新力量、无线服务的生力军，全面推进产业转型升级，努力实现从传统广电网络运营商向综合信息服务提供商的战略转型和跨越发展。

公司正在大力实施“以用户为根本、以管道为核心、以内容为拓展、以投融资为支点”的发展战略和“创新引领、融合发展、专注开放、合作共赢”的发展理念，以“一手抓产业，一手抓投融资”双轮驱动为主线，重点打造内容、投融资、智慧家庭、无线、行业信息化五大板块，实施“云管端”一体化协同布局，大力推进平台云化、终端社会化、业务互联网化、运营智能化、运维网格化、用户移动化、网络光纤化，力争成为全国一流文化旗舰企业。

▲中国白酒博物馆

产品深加工为主的“实业平台”，以金融集团为主的“金融平台”和以酒文化、酒生态、酒产业、酒旅游为核心的“文旅平台”。

近年来，公司秉承“做真人，酿美酒，善其身，济天下”的核心价值观，大力实施“战略5.0运营五星级”方略，在推进中国梦的伟大进程中，努力实现“中华第一贡”的复兴梦想。

▼古井集团总部